Criminal Tax Law

租稅刑事法

조세형사법

지익상

Criminal Tax Law

法 文 社

머 리 말

저자는 20년 넘게 검사로 재직하면서 대부분 '기업 및 조세사건'과 관련된 특별수사를 담당하였고, 10여년간의 김 · 장 법률사무소 변호사로 근무하는 동안에도 주로 기업 및 조세사건을 맡아 변론하였습니다. 이러한 다양한 수사와 변론 경험을 바탕으로 1999년부터 2014년까지 사법연수원에서 '회사범죄' 강의, 2012년부터 2013년까지는 법무연수원에서 '금융계좌 압수수색실무' 강의, 2014년부터 2018년까지는 조세 전담검사들을 상대로 '조세형사법' 강의, 2015년부터 현재까지 성균관대학교에서 '자금세탁방지 전문가 과정' 강의, 그리고 2015년부터 현재까지 김 · 장 법률사무소에서 조세 전문변호사들과 함께 '조세형사법 연구모임'을 진행하였습니다. 이 과정에서 조세형사법 전반에 대한 다양한 법리와 구체적인 사례를 함께 연구함으로써 조세법 이론과 실무를 심층적으로 접할 수 있는 기회를 갖게 되었습니다. 그러던 중 주변 선 · 후배들로부터 강의자료들을 정리하여 책으로 발간하는 것이 좋겠다는 제안을 받고 이렇게 졸저를 내놓게 되었습니다.

조세형사법은 복잡하고 전문적인 조세실체법, 조세절차법과 그동안 우리 법원과 검찰 등에 의해 축적된 각종 판례와 결정들에 대한 이해를 필요로 할 뿐만 아니라 일반 형사법 이론에 대한 이해도 요구합니다. 또한, 다른 범죄와 마찬가지로 조세범죄 역시 점점 다양화 · 지능화되어 복잡하게 진화하고 있고, 그 영역도 국내에 국한되지 않고 해외로까지 확대되면서 전체적인 이해를 더욱 어렵게 하고 있습니다. 또한 새로운 세원의 발굴을 끊임없이 시도하는 과세관청과 이에 대응하는 납세자인 개인 · 기업 및 그 대리인인 법무 · 세무법인 사이에 법적 논쟁이 이전보다 훨씬 치열하게 되었습니다. 법원과 검찰은 이러한 급변하는 변화에 대응하여 조세전담부를 구성하고, 전문가를 양성하면서 훌륭한 판례와 결정 등을 다수 축적하여 왔습니다. 그 과정에서 조세형사에 대한 법리도 상당부분 발전하고 체계적으로 이루어지게 되었습니다. 이 책을 집필하는 과정에서 이러한 법원과 검찰의 판결과 결정들이 큰 길잡이 역할을 해 주었음을 부인할 수 없습니다.

이 책은 저자가 검사 및 변호사로서의 수사 및 변론 과정, 사법연수원과 법무연수원, 대학 등에서의 강의 경험, 그리고 그동안 축적된 판례 및 결정들에 대한 연구를 통해 조세형사 분야에 대한 복잡한 내용들을 상세하면서도 쉽게 이해할 수 있도록 설명함으로써 조세형사법 이론과 실무 전반에 관한 종합적인 교재 역할을 하게 할 목적으로 저술하였습니다.

이 책은 다음과 같은 방향으로 구성하였습니다.

첫째, 조세형사 분야에 종사하는 판사, 검사, 변호사, 세무사, 회계사 등 실무 전문가와 기업의 법무·세무 담당자 등이 조세형사법 기초부터 고급 단계까지 모두 이해할 수 있도록 조세법 일반이론과 형사법 일반이론을 도표 등을 이용하여 가급적 상세하면서도 간명하게 설명하여 실무상 문제되는 다양한 이슈들 전반에 대해 언제든지 쉽게 찾아보고 참고할 수 있도록 하였습니다.

둘째, 가장 최근까지 선고된 법원과 검찰의 판례, 결정들과 주요 관련 서적과 논문, 그리고 국세청 및 조세심판원 자료들까지 반영하여 설명함으로써 단순한 이론 소개에 그치지 않고 실무에서 바로 적용 가능한 내용이 될 수 있도록 하였습니다.

셋째, 다수의 조세포탈 사례들을 소개하면서 검찰의 공소사실과 피고인의 주장, 이에 대한 법원의 판단 등으로 나누어 정리함으로써 조세법 이론이 실제 형사사건 수사와 재판 과정에서 어떻게 적용되는지를 알기 쉽게 기술하였습니다.

넷째, 1990년대 이후 특별수사와 관련된 대형 조세포탈 사건들을 시대순으로 정리하여 우리나라 조세포탈 사건의 변천 과정을 설명하고자 하였습니다. 이를 통해 조세포탈죄의 핵심 쟁점에 대한 법리구조 및 수사·재판의 시대적 흐름을 통시적으로 고찰해 보고, 앞으로의 방향까지도 예상해 볼 수 있도록 하였습니다.

다섯째, 조세포탈죄에서 가장 어려운 분야인 '부정행위'에 대한 개념 정의를 최대한 구체적으로 하면서도, 개별사건에 대한 단편적인 설명을 나열하기보다는 조세법의 테두리 내에서 이해할 수 있도록 일반적 기준을 제시하려고 노력하였습니다.

여섯째, 일반 기업에서 빈번하게 발생하는 회사 재산의 횡령·배임과 조세포탈의 관계, 역외탈세 과정에서 발생하는 SPC를 통한 거래행위와 조세포탈의 관계를 별도 항목으로 기술하여 구체적인 사건에 대한 수사 및 재판 종사자와 기업의 법무·세무 종사자들로 하여금 이 분야에 대해 종합적으로 이해할 수 있도록 하였습니다.

저자의 이러한 목표와 방향이 조세형사 분야에 관심있는 분들에게 이론적으로

나 실무적으로나 좋은 길잡이 역할을 하였으면 하는 바람입니다.

이 책이 출간되기까지 크게 도움을 주신 분들은 다음과 같습니다. 먼저 이 책의 출간을 독려하고 지원해주신 전 대검찰청 중앙수사부장 박상길 변호사님과 교정 작업과 저술방향에 대해 헌신적인 도움을 주신 법원 부장판사를 역임하신 조성권 변호사님과 검사로서 많은 경험을 갖춘 문종렬 변호사님에게 깊은 감사의 말씀을 드립니다. 또 자료준비와 내용검토를 해주신 권상대 전 대검찰청 정책기획과장님, 김・장 법률사무소 조세팀의 손형민 변호사님, 그리고 이 책을 저술할 수 있는 기회를 제공해 주신 김・장 법률사무소, 법문사 대표님과 출판과정에서 애써주신 편집부 김용석 차장, 영업부 권혁기 차장을 비롯한 직원 여러분들께 깊은 감사인사를 드립니다. 마지막으로 항상 옆에서 변함없이 지켜봐주고 격려해준 아내와 자녀들에게도 고맙고 사랑한다는 말을 전합니다.

계묘년 정초 우거에서

저자 씀

추 천 사

저자는 제가 대검찰청 중앙수사부 과장과 서울중앙지검 특수부장으로 재직할 당시 한보사건 등 대형사건을 함께 수사한 외에, 대검찰청 중앙수사부장으로 있으면서 저자가 일선 검찰청에서 수사한 사건을 보고받고 상의하는 등 기업 탈세를 비롯한 특별수사 분야에서 각별한 인연이 있어 왔습니다. 이후 저자가 사법연수원, 법무연수원, 관세청, 대학 등에서 판·검사, 세관공무원, 금융기관 자금세탁업무담당자 등을 상대로 강의하던 조세형사법 자료와 김·장 법률사무소에서 관련 연구모임을 수년간 진행하면서 만든 자료에 국내 주요 탈세사건 등을 체계적으로 정리하여 책으로 출간한 것입니다.

우선 이 책은 과세관청의 세무 범칙조사 단계부터 검찰과 법원의 수사·재판 단계에 이르기까지 조세 사건의 처리과정을 일목요연하게 다루고 있어 전체적으로 이해하는 데 도움이 될 것입니다. 또한 조세포탈과 관련하여 항상 논쟁이 되고 있는 '사기 그 밖의 부정행위'에 대한 구체적 해석 기준을 제시하면서 세법과 형사법 이론이 개별사건에 어떻게 적용되고 있는지를 사례를 통하여 쉽게 설명하고 있을 뿐 아니라, 최근까지 우리나라의 주요 조세포탈사건을 시대순으로 정리하여 그 이해도를 높이고 있습니다.

나아가 대부분 특별수사 분야에서 문제가 되는 업무상 횡령, 배임 행위와 조세포탈과의 관계 및 논쟁이 계속되고 있는 역외탈세에서 주요한 이슈인 SPC를 이용한 조세포탈사건을 모두 정리하는 등 실제 기업에서 빈번하게 발생하고 있는 현안 이슈들도 빠짐없이 다루고 있습니다.

오랜 기간 특별수사 검사 및 기업형사 전문 변호사로 근무하면서 실무경험이 풍부한 저자가 그동안 사건처리와 변론 과정에서 발생한 조세형사 관련 제반 문제들에 대하여 수집하고 연구한 자료를 묶어 책으로 출간한 것이어서, 기업에 근무하는 법무 및 조세 업무 담당 임·직원들은 물론 판·검사, 변호사, 세무사 등 실무가들에게도 큰 도움이 될 것으로 생각합니다.

전 대검찰청 중앙수사부장　박상길

추 천 사

앨버트 아인슈타인이 친구이자 세무사였던 레오 마터스도르프에게 이렇게 말했다고 한다.

"이건 수학자에게도 너무 어려운 문제야. 철학자가 있어야겠어. 소득세야말로 세상에서 제일 이해하기 어려운 것이야."

(This is too difficult for a mathematician. It takes a philosopher. The hardest thing in the world to understand is the income tax.)

이 유머는 세법(세금)의 해석이 왜 어려우며 어떠한 방식으로 세법을 해석해 나아가야 하는지를 시사한다.

세금은 국가 재정의 기초로서 국가는 무엇을 세금부과의 대상으로 삼을 것인가 또한 어떠한 방법으로 어느 정도의 부담으로 과세할 것인가를 정하게 된다. 국가가 세금의 부과대상을 선택하고 그 과세의 정도를 정하는 것은 결국 그 국가의 역사적 배경과 정치이념, 국정운영의 기조에 따라 결정되는 정책의 문제이고, 그 부과의 방식과 내용을 규정함에 있어서는 합리성과 논리 정합성을 요한다. 따라서, 세법을 제대로 해석하기 위해서는 국가의 국정운영의 기조에 따른 세금정책에 대한 폭넓은 이해를 필요로 할 뿐만 아니라, 복잡다기한 규정내용에 대한 정치한 논리 적합성을 필요로 한다. 이러한 맥락에서 지익상 변호사가 이번에 발간한 '조세형사법'은 이 두 가지 요소가 아주 균형있고 충실하게 조화된 수준높은 세법 안내서이다. 저자는 약 30년간 검사, 변호사를 거치며 겪은 기업 및 조세사건 수사 및 변론경험을 통해 축적한 이론과 실무례를 총합하여 저술을 하였다.

이 책의 주목할 만한 특장점은 다음과 같다. 우선, 지금까지 소개된 세법 관련 이론과 가장 최근까지의 판례 소개는 물론이고, 검찰 결정례를 풍부하게 담아내고 소송당사자의 주장내용까지 요약하여 독자에게 사건을 바라보는 다양한 시각을 보여주고 생동감을 자아내고 있다. 다음으로 지난 30년간 우리나라 조세형사 분야에 이정표가 될 만한 핵심 사건들을 연대순으로 모아 쟁점과 결론을 정리함으로써 사건처리 과정 근저에 깔린 이념과 기조의 변천과정을 알 수 있도록 하였다. 마지막으로 근래 문제되는 회사 재산의 횡령배임과 조세포탈의 관계, SPC를 통한 거래행위와 조세포탈의 관계를 집중적으로 서술함으로써 관심있는 각계 실무자들에게 실질적인 도움이 될 수 있도록 하였다.

세법의 주요 쟁점들을 폭넓게 아우르면서도 알기 쉽게 풀어내기란 결코 쉬운 일은 아니다. 그럼에도 불구하고, 이 책은 그 목표에 충분히 근접하였다고 생각한다. 조세형사법 분야에 관심이 있는 학자, 학생, 실무가 누구라도 사건이 있거나 궁금한 점이 있을 때 언제라도 편안하게 꺼내어 보기를 바란다. 법원에서 수년간 조세사건 재판을 담당하였고 지금도 재판업무에 종사하고 있는 필자로서는 이 책이 분명 독자 여러분에게 큰 도움이 될 수 있을 것이라고 감히 말씀드린다.

수원고등법원 부장판사 정형식(전 서울회생법원장)

대 목 차

세부 목차

제1장 조세범죄 총론

제2장 조세범칙조사와 수사 절차

제3장 조세포탈죄

제4장 특별수사와 조세포탈

제5장 세금계산서 관련 범죄

제6장 기타 조세범처벌 범죄

※ 이 책에서 인용된 법령은 2022.12.19. 현재 시행 중인 것을 기준으로 함.

제1장

조세범죄 총론

제1절 총 설

Ⅰ. 조세의 개념 Ⅱ. 조세의 종류	Ⅲ. 조세범죄

Ⅰ. 조세의 개념

조세는 국가 또는 지방자치단체가 필요한 재원을 조달하기 위하여 반대 급부 없이 강제적으로 법률이 정하는 요건에 해당하는 모든 국민으로부터 거두어 들이는 수입이다. 따라서 다음과 같은 특성이 있다.

① 조세의 징수 주체는 공권력을 가진 국가나 공공단체이다. ② 조세의 징수 목적으로는 국가 또는 지방자치단체의 경비 조달이라는 재원조달의 목적과 경제 활동의 규제와 유도, 산업의 발전 및 보호, 국민경제의 안정 및 성장과 같은 경제정책적 목적, 그리고 사회 복지, 부의 집중 회피를 통한 소득의 재분배 등 사회정책적 목적 등이 있다. ③ 조세의 수입 근거는 국가의 재정권(과세권)에 있다. 이러한 점에서 국가의 형벌권에 의하여 범법자에 대한 처벌을 목적으로 부과되는 벌금, 과료와 구별된다. ④ 조세는 특정한 개인이 아닌 일반 국민(자연인 또는 법인)으로부터 징수한다. 따라서 국가나 공공단체가 특정인에게 일정한 이익을 제공하고 그 대가로 받는 수수료나 수익자 부담금 등은 조세가 아니다. ⑤ 조세는 그 세액이나 세율이 납세자의 의사와는 무관하게 국가가 세법에 따라 강제적으로 정하여 부과·징수하는 수입이다. 이러한 점에서 당사자 계약에 의하여 결정되는 공기업 수입과 재산수입 등과 차이가 있다. ⑥ 조세수입은 금납(金納)을 원칙으로 한다. 조세의 이러한 특성들을 반영하여 헌법 제38조에서는 "모든 국민은 법률이 정하는 바에 의하여 납세의무를 진다"라고 규정하여 모든 국민에게 납세의무를 부과하면서도 헌법 제59조에서는 "조세의 종목과 세율은 법률로 정한다"라고 규정하여 그 과세요건을 엄격하게 법률로 제한[1]하고 있고 있다. 이에 따라 국세기

---

1) 조세법률주의란 모든 조세는 반드시 국민의 대표기관인 국회가 제정한 법률에 의하여만 부과·징

본법 제2조 제1호[2)]와 지방세기본법 제7조[3)]에서는 조세의 세목을 정하고, 각 해당 세법에서는 모든 세목에 대하여 과세요건과 부과·징수절차 등을 상세하게 규정하고 있다.

Ⅱ. 조세의 종류

조세는 부과하는 주체에 따라 정부에서 부과하는 국세와 지방자치단체에서 부과하는 지방세로 분류할 수 있다. 사용용도에 따라서는 특정한 용도를 정해 놓고 거두는 목적세와 그렇지 않는 보통세로 나눌 수 있다. 그리고 국가 안에서 이루어지는 거래에 대하여 부과하는 내국세와 수출입 물품에 대하여 부과하는 관세로 분류하기도 한다.

한편 납세자와 담세자의 일치 여부에 따라 직접세와 간접세로 나누기도 한다. 직접세로는 세금을 납부하는 사람과 부담하는 사람이 동일한 세금으로 재산세, 소득세, 상속세 등이 이에 해당한다. 간접세로는 세금을 납부하는 사람과 부담하는 사람이 다른 세금으로 부가가치세, 주세 등이 이에 해당한다.

세율을 기준으로는 비례세와 누진세로 구분한다. 비례세는 부가가치세와 같이 과세대상의 가격이나 수량의 다소와 관계없이 일정한 세율이 적용되는 조세를 말한다. 누진세는 과세대상의 가격이나 수량이 많을수록 점점 높은 세율이 적용되는 조세로 소득세, 상속세 등 대체로 직접세가 이에 속한다. 누진세는 누진세율을 높

수할 수 있다는 원칙으로 구체적으로 ① 과세요건 법정주의(모든 과세요건과 조세의 부과·징수절차가 법률로 규정되어야 한다는 원칙), ② 과세요건 명확주의(과세요건 등을 법률로 정함에 있어 명확하고 상세하여야 한다는 원칙), ③ 소급과세 금지원칙(신법 시행 이전에 완결된 사실에 대하여는 당해 세법을 소급하여 적용하여서는 아니된다는 원칙), ④ 합법성의 원칙(조세채무는 공법상의 채무로 과세요건이 충족된 이상 과세관청은 임의로 조세를 감면할 수 없고 조세를 징수하지 아니할 자유도 없으며 합법적인 절차에 따라 부과 및 징수를 하여야 한다는 원칙)을 내용으로 하고 있다.

2) 국세기본법 제2조
 1. "국세"(國稅)란 국가가 부과하는 조세 중 다음 각 목의 것을 말한다.
  가. 소득세 나. 법인세 다. 상속세와 증여세 라. 종합부동산세 마. 부가가치세 바. 개별소비세 사. 교통·에너지·환경세 아. 주세(酒稅) 자. 인지세(印紙稅) 차. 증권거래세 카. 교육세 타. 농어촌특별세

3) 지방세기본법 제7조(지방세의 세목) ① 지방세는 보통세와 목적세로 한다.
 ② 보통세의 세목은 다음 각 호와 같다.
 1. 취득세 2. 등록면허세 3. 레저세 4. 담배소비세 5. 지방소비세 6. 주민세 7. 지방소득세 8. 재산세 9. 자동차세
 ③ 목적세의 세목은 다음 각 호와 같다.
 1. 지역자원시설세 2. 지방교육세

이면 일반적으로 고소득자가 많은 세금을 내게 되므로 빈부의 격차를 좁힐 수 있다. 따라서 누진세는 소득을 재분배하는 데 크게 이바지한다.

조세의 종류를 간단한 도면으로 표기하면 아래와 같다.[4)]

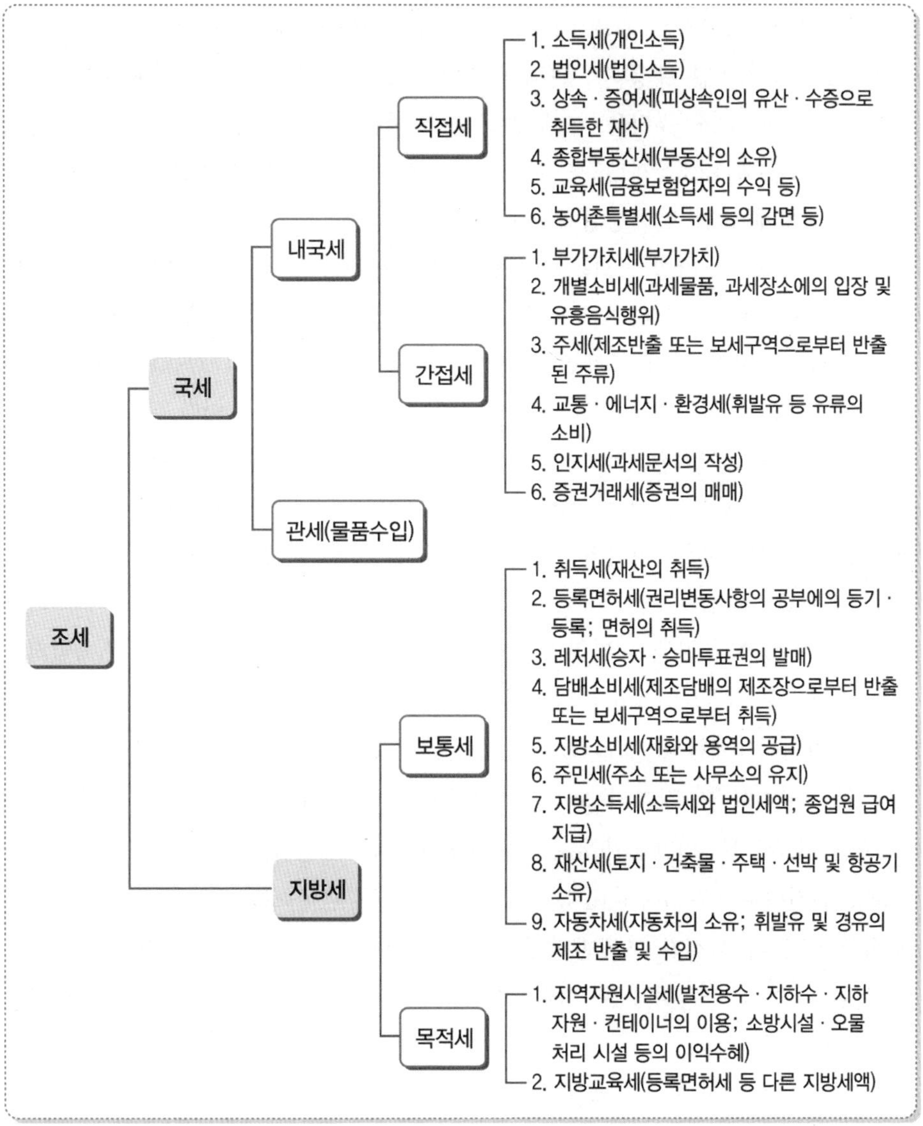

4) 이태로 · 한만수, 조세법강의, 2020, 7면.

Ⅲ. 조세범죄

조세범죄는 조세의 부과·징수·납부와 관련되어 발생하는 모든 범죄를 말한다. 따라서 조세범죄는 내국세와 관세, 그리고 지방세와 관련된 법률에 규정된 처벌규정 모두를 포함하는 광의의 개념을 말한다. 내국세에 관한 법률을 위반한 경우에는 조세범처벌법 규정[5]을, 관세에 관한 법률을 위반한 경우에는 관세법 제268조의2 내지 제282조 규정을, 지방세에 관한 법률 위반의 경우에는 지방세기본법 제101조 내지 제112조, 제133조, 제134조 규정을 각 적용하여 처벌하도록 하고 있다. 지방세법에 대한 범칙행위에 대하여는 구 지방세법 제84조 제1항에서 조세범처벌법을 준용하여 처벌하도록 되어 있어서 이전에는 관세를 제외한 좁은 의미의 조세범죄 개념에 지방세법위반 범죄도 포함시켰었다. 그러나 현행 지방세기본법에서는 앞서 본 바와 같이 조세범처벌법 규정 중 지방세법에서 적용가능한 부분에 대하여는 동일한 내용으로 별도의 독립적인 처벌법규를 두고 있다.

이 책에서는 조세범죄 중 조세범처벌법상 범죄를 중심으로 기술하려고 한다. 조세범죄의 유형으로는 조세의 성립·확정·징수와 관련한 조세포탈범죄와 조세행정질서의 유지를 위한 협력의무, 명령준수의무 등을 위반한 조세질서위반범죄로 크게 나눌 수 있다. 전자에 관한 규정을 위반한 경우를 실질적 조세범죄라고 하고, 후자에 관한 규정을 위반한 경우를 형식적 조세범죄라고도 한다. 조세범처벌법상 조세포탈(같은 법 제3조), 면세유의 부정유통(같은 법 제4조), 면세유류 구입카드 등의 부정 발급(같은 법 제4조의2), 가짜석유제품의 제조 또는 판매(같은 법 제5조), 무면허 주류의 제조 및 판매(같은 법 제6조), 체납처분 면탈(같은 법 제7조), 장부의 소각·파기(같은 법 제8조), 성실신고 방해행위(같은 법 제9조), 세금계산서 관련 발급의무 위반행위(같은 법 제10조), 명의대여행위(같은 법 제11조), 납세증명표지의 불법사용(같은 법 제12조), 원천징수의무 위반(같은 법 제13조), 거짓으로 기재한 근로소득 원천징수영수증 발급행위(같은 법 제14조) 등이 실질적 조세범죄에 해당한다. 나머지 해외금융계좌정보의 비밀유지 의무 등의 위반행위(같은 법 제15조), 해외금융계좌 신고의무 불이행(같은 법 제16조) 등은 형식적 조세범죄에 해당한다.

한편 특정범죄가중처벌등에관한법률 제8조에서는 국세 포탈에 해당하는 조세범처벌법 제3조 제1항, 제4조, 제5조 및 지방세 포탈에 해당하는 지방세기본법 제102조 제1항에 해당하는 죄에 대한 가중처벌규정과 함께 특정범죄가중처벌등에관

5) 조세범처벌법 제2조(정의) 이 법에서 '조세'란 관세를 제외한 국세를 말한다.

한법률 제8조의2에는 조세범처벌법 제10조 제3항 및 제4항 전단에 해당하는 죄를 범한 사람에 대한 가중처벌규정을 두고 있다.

현행 조세범처벌법 및 특정범죄가중처벌등에관한법률에 규정된 조세범죄 내용을 개략적으로 정리하면 아래 표와 같다.

〈조세범처벌법의 범칙행위 유형〉

범칙행위 유형	구분	처벌내용
조세포탈 (제3조)	소액 포탈	포탈세액 2배 이하 벌금 또는 2년 이하 징역
	고액 포탈	포탈세액 3배 이하 벌금 또는 3년 이하 징역 (포탈세액 3억 원 이상이고 탈세비율 30% 이상, 포탈세액 5억 원 이상)
면세유 부정유통 (제4조)	농·어·임업용: 석유판매업자	3년 이하 징역 또는 포탈세액 5배 이하 벌금
	해상용: 정유업자	
면세유류 구입카드 등의 부정발급(제4조의2)		3년 이하 징역 또는 3,000만 원 이하 벌금
가짜석유제품 제조·판매 (제5조)		5년 이하 징역 또는 포탈세액 5배 이하 벌금
무면허 주류 제조·판매 (제6조)		3년 이하 징역 또는 3,000만 원 이하 벌금 (또는 주세 상당액의 3배 금액이 3천만 원 초과시 동 금액 이하 벌금)
체납처분면탈 (제7조)	납세의무자	3년 이하 징역 또는 3,000만 원 이하 벌금
	방조자	2년 이하 징역 또는 2,000만 원 이하 벌금
장부의 소각·파기 (제8조)		2년 이하 징역 또는 2,000만 원 이하 벌금
성실신고방해행위 (제9조)	대리인 거짓신고	2년 이하 징역 또는 2,000만 원 이하 벌금
	방해, 교사	1년 이하 징역 또는 1,000만 원 이하 벌금
세금계산서 수수위반 (제10조)	미발급, 미수취, 거짓 기재 발급·수취	1년 이하 징역 또는 산출세액 2배 이하 벌금
	자료상, 수취, 알선, 중개	3년 이하 징역 또는 산출세액 3배 이하 벌금
명의대여행위	명의차용	2년 이하 징역 또는 2,000만 원 이하 벌금

(제11조)	명의대여	1년 이하 징역 또는 1,000만 원 이하 벌금
납세증명표지의 불법사용(제12조)		2년 이하 징역 또는 2,000만 원 이하 벌금
원천징수의무자의 처벌 (제13조)	미징수	1,000만 원 이하 벌금
	미납부	2년 이하 징역 또는 2,000만 원 이하 벌금
근로소득세 원천징수 영수증 거짓 기재 발급 (제14조)		2년 이하 징역 또는 총급여·지급액 20% 이하 벌금
해외금융계좌정보의 비밀유지의무 등의 위반(제15조)		5년 이하 징역 또는 3,000만 원 이하 벌금
해외금융계좌 신고의무불이행(제16조)		2년 이하의 징역 또는 신고의무 위반금액의 100분의 13 이상 100분의 20 이하 벌금

출처: 기획재정부 발행 '2019 조세개요'(일부 수정).

〈특정범죄가중처벌등에관한법률상 가중처벌 규정〉

가중처벌 대상범죄	조문구분	처벌내용
조세포탈 (조세범처벌법 제3조) 면세유 부정유통(제4조) 가짜석유제품 제조·판매 (제5조) 지방세 포탈 (지방세기본법 제102조 제1항)	특가법 제8조 제1항 제1호, 제2항 (연간 포탈세액등 10억 원 이상)	무기 또는 5년 이상 징역 및 연간 포탈세액등의 2배 이상 5배 이하 벌금 병과
	특가법 제8조 제1항 제2호, 제2항 (연간 포탈세액등 5억 원 이상 10억 원 미만)	3년 이상 징역 및 연간 포탈세액등의 2배 이상 5배 이하 벌금 병과
가공 세금계산서 교부 (조세범처벌법 제10조 제3항, 제4항 전단)	특가법 제8조의2 제1항 제1호, 제2항 (공급가액등의 합계액 50억 원 이상)	3년 이상 징역 및 공급가액등의 합계액에 부가가치세의 세율을 적용하여 계산한 세액의 2배 이상 5배 이하의 벌금 병과
	특가법 제8조의2 제1항 제2호, 제2항 (공급가액등의 합계액 30억 원 이상 50억 원 미만)	1년 이상 징역 및 공급가액등의 합계액에 부가가치세의 세율을 적용하여 계산한 세액의 2배 이상 5배 이하의 벌금 병과

제2절 조세범처벌법의 제정 및 개정[1)]

Ⅰ. 개 요

조세범처벌법은 내국세에 대한 조세범을 처벌하기 위한 행정형법의 일종으로 일반형법에 대한 특별법이다. 현행 조세범처벌법은 제1조에서 목적을, 제2조에서 조세의 정의를 각각 규정하고 있고, 제3조부터 제16조까지 조세포탈 등 각종 조세범죄의 유형을 열거하여 규정하고 있으며, 제18조에 양벌규정을, 제20조에 벌금경합에 관한 제한가중규정인 형법 총칙 규정을 배제하는 내용을, 제21조는 고발전치주의를, 제22조는 공소시효를 각각 규정하고 있다.

위 조세범처벌법은 개별 조세법에 분산되어 있던 조세에 관한 납세의무의 성립과 확정 그리고 부과 규정과 처벌법규 중 처벌법규만을 통폐합하여 1951.5.7. 제정된 이래 아래에서 보는 바와 같이 4차례 개정하여 오고 있다.

Ⅱ. 조세범처벌법 제정

조세범처벌법은 1951.5.7. 법률 제199호로 최초 제정되어 1951.6.7.부터 시행되었다. 이 법은 조세에 관한 법률 위반자를 처벌함으로써 성실한 납세 분위기를 조성함과 동시에 통일적 형사처벌 수단을 확보하여 세법의 실효성을 제고하려는 목적으로 제정되었다. 이전까지는 조세범에 관한 처벌조항들이 개별 세법에 산재해 있어서 통일적인 법 적용에 어려움이 있었는데 이를 모두 폐지하고 대신 새로이 조세범처벌법을 제정하여 이관함으로써 현재와 같은 통일적 법률 체계가 마련되는 계기가 되었다.

1) 김종근, 조세형사법 해설, 2021, 85면 이하 참조.

Ⅲ. 조세범처벌법의 최근 개정 경과[2)]

1. 2010.1.1. 개정 요지

이 법은 1951년 제정된 이후 2010.1.1. 개정 시까지 총 22차례의 부분적인 개정이 있었으나 경제 · 사회적 변화를 충분히 반영하지 못하여 조세 범죄에 대한 효율적인 대응을 하지 못하고 있었다. 이에 법률 제9919호로 전반적인 개정을 하여 2010.1.1.부터 시행함으로써 조세범처벌법이 현재와 같은 통일된 법체계를 갖추었다. 이러한 조세범처벌법 개정을 통하여 구체적으로 조세포탈죄의 양형체계를 개선하여 고액 · 상습 탈세범에 대한 처벌을 강화하고, 당시 문제되고 있던 면세유 부정유통행위 등에 대한 처벌규정을 별도로 신설하였다. 그리고 조세범의 처벌에 있어서도 일반 형사범처럼 책임능력, 종범 감경 등 책임주의 원칙을 전면적으로 구현하는 등 조세범처벌법에 대하여 그 실효성을 제고하고자 하였다.

(1) 고액 · 상습 포탈범에 대한 처벌 강화(제3조)

포탈세액의 규모 등에 따라 조세포탈죄의 법정형을 차등화하여 조세포탈죄의 기본형량을 '2년 이하의 징역 또는 포탈세액의 2배 이하의 벌금'으로 하고, 포탈세액이 3억 원 이상이고 그 포탈세액이 신고 · 납부하여야 할 세액의 100분의 30 이상이거나 포탈세액이 5억 원 이상인 경우에는 그 형량을 '3년 이하의 징역 또는 포탈세액의 3배 이하의 벌금'으로 가중하였다. 그리고 조세포탈죄의 구성요건인 '사기나 그 밖의 부정한 행위'를 조세범처벌법 제3조 제6항 제1호 내지 제6호에서 구체적으로 규정하여 예측 가능성을 높이고, 제7호에서는 '그 밖에 위계에 의한 행위 또는 부정한 행위'라는 일반조항을 두어 제1호부터 제6호에 포섭되지 못한 조세포탈행위를 모두 처벌할 수 있도록 하였다. 또한 일정 기간 이내에 자발적으로 수정신고를 하거나 기한 후 신고를 할 경우에는 임의적 감경을, 상습범의 경우에는 필요적으로 형의 2분의 1을 가중하도록 하는 규정을 신설하였다.

(2) 면세유의 부정유통 및 가짜석유제품의 제조 · 판매에 대한 처벌규정 신설(제4조 및 제5조)

당시 사회적으로 문제되고 있던 면세유를 부정으로 유통하는 행위, 가짜석유제

---

2) 법제처 제정 및 개정 자료 참조.

품을 제조·판매하는 행위 등에 효과적으로 대응하기 위해 별도의 처벌조항을 신설하였다. 원래 면세유의 부정유통, 가짜석유제품의 제조·판매 등에 의한 조세포탈은 구 조세범처벌법 제9조(현행 제3조)에 의해 처벌하였으나, 조세범처벌법 제4조와 제5조에 별도의 처벌조항을 신설하면서 일반 조세포탈범보다 형량을 가중하고 '사기나 그 밖의 부정한 행위'를 구성요건에서 제외하였다.

⑶ 양벌규정 확대 정비(제18조)

양벌규정 적용대상에 국세기본법 제13조에 따른 법인으로 인정되는 단체를 포함하여 그 적용대상을 확대하였다. 그리고 법인 또는 개인이 행위자의 조세범칙행위를 방지하기 위하여 해당 업무에 관하여 상당한 주의와 감독을 하였을 경우 처벌하지 않도록 하는 면책조항을 조세범처벌법 제18조 단서에 신설하였다.

⑷ 조세범 처벌에 있어 형법상의 책임주의 원칙 구현(제20조)

종전의 조세범처벌법은 조세범의 행정범적 성격을 강조하여, 조세범에 대하여 형법 총칙에 규정된 형사미성년자 불처벌규정(제9조), 심신미약자 및 청각 및 언어장애인 감경(제10조 제2항 및 제11조), 법률의 착오로 인한 책임조각(제16조), 종범 감경(제32조 제2항) 등의 적용을 배제하도록 규정하고 있었다. 그런데 위 개정 시 벌금경합에 관한 제한가중규정(제38조 제1항 제2호)의 적용배제 규정만 남겨두고, 형법 총칙의 적용을 배제하는 나머지 조항을 모두 삭제함으로써 조세범 처벌에 있어서도 책임주의를 전면적으로 구현하였다.

2. 2013.7.2. 개정 요지

석유및석유대체연료사업법이 개정됨에 따라 그와 용어를 통일하기 위하여 2013. 1.1. 법률 제11613호로 조세범처벌법 제5조의 문언 중 '유사석유제품'을 '가짜석유제품'으로 변경하였고, 가짜석유제품으로 인한 조세포탈에 대한 처벌을 강화하기 위하여 조세포탈의 행위 유형에 '제조' 외에 '판매'를 추가하여 처벌 범위를 확장하였으며, 법정형을 종전의 '3년 이하의 징역 또는 포탈세액의 5배 이하의 벌금'에서 '5년 이하의 징역 또는 포탈세액의 5배 이하의 벌금'으로 개정하여 2013. 7.2.부터 시행함으로써 처벌을 강화하였다.

3. 2015.12.29. 개정 요지

종전의 조세범처벌법 제11조에서는 조세의 회피 또는 강제집행의 면탈을 목적으로 타인 명의의 사업자등록을 한 자와 이를 허락한 자만을 처벌하도록 규정되어 있었으나, 2015.12.29. 법률 제13627호로 개정을 하면서 타인 명의의 사업자등록을 이용하여 사업을 하거나 자신 명의의 사업자등록을 이용하여 사업을 하도록 허락하는 행위까지 처벌하는 것으로 처벌의 범위를 확장하였다. 그리고 짧은 공소시효로 인하여 발생할 수 있는 조세범에 대한 처벌 공백을 해소하기 위하여 조세범에 대한 공소시효를 5년에서 7년으로 연장하여 2015.12.29.부터 시행하였다.

4. 2019.1.1. 개정 요지

형법의 특별법인 조세범처벌법을 그 성격에 맞게 운영하기 위하여 2018.12.31. 법률 제16108호로 세법상 의무 위반에 대한 형벌만 조세범처벌법에 규정하고, 행정질서벌인 과태료와 몰취 규정은 개별 세법으로 이관하였다. 또한 세금계산서와 유사한 계산서 발급의무 위반 등에 대한 처벌규정을 신설하고, 해외금융계좌 신고의무 불이행에 관한 형벌 규정을 국제조세조정에관한법률에서 조세범처벌법으로 이관하여 2019.1.1.부터 시행하였다.

(1) 과태료 및 몰취 규정의 삭제

부정하게 유통되는 면세유류를 취득하는 자에 대한 과태료 관련 규정이었던 구 조세범처벌법 제4조 제2항 등을 삭제하고, 현금영수증 발급의무 위반에 대한 과태료 관련 규정이었던 같은 법 제15조를 삭제하고, 무면허 주류제조업자에 대한 몰취 규정이었던 같은 법 제19조도 삭제하였다.

(2) 계산서 미발급 · 미수취, 계산서합계표 거짓기재에 대한 처벌규정 신설

종전의 조세범처벌법에는 세금계산서와 달리 계산서의 경우에는, 재화 또는 용역을 공급하지 아니하거나 공급받지 아니하고 계산서를 발급하거나 발급받는 행위 및 매출 · 매입처별 계산서합계표를 거짓으로 기재하여 제출한 경우에만 처벌하고, 계산서의 미발급과 거짓 기재한 계산서 발급 및 매출처별계산서합계표의 거짓 기재 제출행위, 그리고 통정에 의한 계산서 미수취와 거짓 기재된 계산서 수취 및 매입처별 계산서합계표의 거짓 기재 제출행위에 대한 처벌규정을 두고 있지 않았다. 그러나 위 개정 시 이에 대한 처벌규정을 같은 법 제10조 제1항 제2호, 제4호 및 같은 법 제10조 제2항 제2호, 제4호에 각각 신설하였다.

(3) 해외금융계좌정보의 비밀유지의무 위반, 해외금융계좌 신고의무 불이행에 대한 처벌규정 신설(제15조, 제16조)

종전에 구 국제조세조정에관한법률(2018.12.31. 법률 제16099호로 개정되기 전의 것) 제31조의2, 제34조의2에 각 규정되어 있었던 해외금융계좌정보의 비밀유지의무위반 행위에 대한 형벌 규정, 해외금융계좌정보의 신고의무 위반행위에 대한 형벌 규정을 조세범처벌법으로 이관하여 같은 법 제15조, 제16조에 신설하였다.

제3절 조세범죄에 대한 형법 총칙 적용

Ⅰ. 의 의

조세범죄에 대한 처벌도 형사벌의 일종이므로 죄형법정주의[1]가 적용된다. 조세범죄에 대한 처벌의 근거 규정인 조세범처벌법은 일반 형법에 대한 특별법이다. 조세범처벌법은 총칙 규정 없이 총 22개 조문으로 구성되어 있다. 즉, 제1조 목적을 시작으로 제2조는 조세의 정의를, 제3조부터 제16조까지는 조세포탈 등 각종 조세범죄의 유형을 열거하여 규정하고 있으며, 제18조에 양벌규정을, 제20조에 벌금 경합에 관한 제한가중규정인 형법 총칙 규정을 배제하는 내용을, 제21조는 고발전치주의를, 제22조는 공소시효를 각각 규정하여 별도의 총칙 규정은 없다.

한편 형법 제8조에서는 '본법 총칙은 타법령에 정한 죄에 적용한다. 단 그 법령에 특별한 규정이 있는 때에는 예외로 한다'고 규정하고 있다. 따라서 위 형법 규정에 의하여 타 법령에 해당하는 조세범처벌법의 법규에 총칙에 관한 다른 특별한 규정이 없으므로 원칙적으로 형법 총칙을 적용하여야 한다.

Ⅱ. 형법 총칙의 적용

1. 조세범죄의 본질

과거에는 조세범죄를 개개 조세의 부과 · 징수 및 납부에 관한 법규를 위반한

1) 죄형법정주의란 제정된 법률에 의하지 않고서는 처벌되지 않는다는 원칙으로 무엇이 처벌되는 행위인가를 국민이 예측 가능한 형식으로 정해 개인의 법적 안정성을 보호하고 성문 형벌법규에 의한 실정법질서를 확립하여 국가형벌권의 자의적 행사로부터 개인의 자유와 권리를 보장하려는 법치국가 형법의 기본원칙으로, 파생 원칙으로는 ① 성문형법 원칙(관습형법 금지), ② 명확성의 원칙, ③ 엄격해석의 원칙(유추해석 금지), ④ 행위시법 원칙(소급적용 금지), ⑤ 적정형벌 원칙(과잉형벌 금지) 등이 있다.

조세범에 대하여 부과하는 행정벌의 일종으로 보았다. 조세범죄를 단순한 행정범으로 보게 되면 조세범죄는 일반 형사범죄에 비하여 윤리적·반사회적 색채가 약하고 과세권의 효과적인 확보라는 행정목적을 달성하기 위한 범위 내에서 형벌권을 활용하는 개념으로 보게 된다.

이러한 조세범죄의 특수성 때문에 형법의 일반 원리가 조세범죄에서 일부 수정되어 적용되고 있다. 구체적으로 살펴보면, 일반 형사범은 주로 자유형으로 처벌받는데 비하여 조세범죄는 국가의 재정확보가 주된 목적이므로 그 목적이 달성된 경우에는 가벼운 형으로 처벌하는 경향이 있고, 벌금형을 정할 경우에도 포탈세액을 기준으로 배수 벌금을 부과하거나, 조세범칙사건에 대하여 원칙적으로 통고처분을 하고 예외적으로 고발을 하도록 하고 있다. 그리고 조세범칙행위에 대하여는 과세관청의 고발전치주의를 도입하여 조세 확보를 우선시하고 형사처벌은 가능한 한 제한하기 위하여 고발에 신중을 기하도록 하고 있다. 또한 경합범으로 처벌해야 하는 경우에 형법 총칙의 일부 규정을 적용배제하고 있는 것 등도 이러한 행정범적 성격을 반영한 결과였다.

그러나 현대사회로 들어서면서 헌법상 납세의무이행은 국가 공동체 유지를 위한 가장 중요한 필수적 가치로 인식되고 조세포탈 등의 규모와 방식도 이전보다 훨씬 크고 교묘해지면서 조세범죄에 대한 사회적 인식 또한 일반 형사범과 같이 반사회적이고 비윤리적 범죄라는 인식이 국민들의 일반 정서로 자리 잡게 되었다. 이러한 조세에 대한 국민적 인식 변화를 반영하여 조세범죄에 대하여도 일반 형벌과 동일하게 처벌해야 할 필요성이 대두되어 형법 총칙의 법리를 원칙적으로 그대로 적용하도록 개정하였다. 그렇다고 조세범죄가 행정범죄로서의 성격이 전혀 없다고 할 수는 없다. 그러한 행정범적 성격을 고려하여 일부 형법 총칙의 규정에 대하여 합리적 범위 내에서 그 적용을 배제하고 있다.

2. 조세범죄에 적용되는 형법 총칙의 내용

형법은 총 372개 조문으로 구성되어 있다. 그중 제1편 형법 총칙은 86개 조문으로 제2편 형법 각칙은 286개 조문으로 각 구성되어 있다. 형법 총칙의 조문들은 다시 제1장에서 제4장까지로 세분되어 있다. 구체적으로 다음과 같다.

제1장 : 형법의 적용 범위
제2장 : 죄
  제1절 죄의 성립과 형의 감면
  제2절 미수범
  제3절 공범
  제4절 누범
  제5절 경합범
제3장 : 형
  제1절 형의 종류와 경중
  제2절 형의 양정
  제3절 형의 선고유예
  제4절 형의 집행유예
  제5절 형의 집행
  제6절 가석방
  제7절 형의 시효
  제8절 형의 소멸
제4장 : 기간

위와 같은 형법 총칙 조문들을 분석하여 주제를 나누어 보면, 일반적으로 범죄론(구성요건, 인과관계, 위법성, 책임), 미수론, 공범론, 특수 범죄론(과실범, 결과적 가중범, 부작위범), 죄수론, 형벌론 등으로 나눌 수가 있다. 조세범처벌법상 조세범죄에도 이와 같은 형법 총칙의 일반 범죄 이론들은 조세범처벌법에서 특별히 규정하고 있는 경우를 제외하고는 그대로 적용된다고 할 것이다. 다만, 이 책에서는 형법 총칙 내용에 대한 전반적인 기술은 생략하고, 조세포탈죄 등 개별 범죄를 논하면서 공범론 등 해당 범죄에서 논의가 필요한 형법 총칙 적용부분에 대하여 기술을 하도록 하겠다.

제4절 조세범죄에 대한 특례 규정

Ⅰ. 고발전치주의

1. 관련 규정

> **조세범처벌법 제21조(고발)** 이 법에 따른 범칙행위에 대해서는 국세청장, 지방국세청장 또는 세무서장의 고발이 없으면 검사는 공소를 제기할 수 없다.
> **특정범죄가중처벌등에관한법률 제16조(소추에 관한 특례)** 제6조(관세법 위반행위의 가중처벌) 및 제8조(조세포탈의 가중처벌)의 죄에 대한 공소(公訴)는 고소 또는 고발이 없는 경우에도 제기할 수 있다.

2. 의 의

고발전치주의란 조세범처벌법에서 정한 범칙행위에 대해서는 국세청장, 지방국세청장 또는 세무서장의 고발이 없으면 검사는 공소를 제기할 수 없다는 원칙을 말한다(조세범처벌법 제21조). 조세범처벌절차법상 고발은 수사 및 공소제기의 권한을 가진 수사기관에 대하여 조세범칙사실을 신고함으로써 형사사건으로 처리할 것을 요구하는 의사표시이다. 조세범처벌법은 이처럼 과세관청의 고발 행위를 공소제기 조건으로 규정하고 있다. 따라서 과세관청의 고발 없이 검사가 조세범에 대하여 공소제기를 하면 그 공소제기는 법률의 규정에 위반하여 무효인 때에 해당하므로 형사소송법 제327조 제2호에 의하여 공소기각 판결을 선고하여야 한다.

그러나 특가법 제8조에 의해 가중처벌되는 포탈세액등이 연간 5억 원 이상의 조세포탈범에 대해서는 같은 법 제16조에 의하여 고발이 없는 경우에도 공소를 제기할 수 있도록 법률로 규정하고 있으므로 고발없이 공소제기가 가능하다. 한편, 특가법 제8조의2에 의해 가중처벌되는 공급가액등 합계액이 30억 원 이상인 허위 세금계산서 발급 등의 범죄에 대해서는 같은 법 제16조에 고발 없이 공소를 제기할 수 있다는 법률 규정이 없으므로 고발이 필요하다. 법원도 “특가법 제8조의2 제1항의 죄는 조세범처벌법 제10조 제3항 및 제4항 전단의 죄 중 영리의 목적이 있고 공급가액 등의 합계액이 일정금액 이상인 경우를 가중 처벌하는 것에 불과하여 위 조세범처벌법 규정에 의하여 규율되지 아니하는 새로운 유형의 범죄를 신설한 것으로 볼 수 없으므로, 법률에 별도의 규정이 없는 한 조세범처벌법 제21조에 따라 국세청장, 지방국세청장 또는 세무서장의 고발이 없으면 공소를 제기할 수 없다. 그런데 특가법 제16조는 예외적으로 고소 또는 고발 없이 공소를 제기할 수 있는 범죄로 특가법 제6조, 제8조의 죄만을 열거하고 있을 뿐이고, 그 밖에 다른 예외 규정을 두고 있지 아니하므로, 특가법 제8조의2 제1항의 죄는 조세범처벌법 제21조에 따라 국세청장 등의 고발을 소추조건으로 한다고 봄이 타당하다”라고 판시[1]하고 있다.

3. 고발의 요건

조세범처벌법에 따라 고발을 할 경우에는 법이 정한 고발권자인 국세청장, 지방국세청장, 세무서장이 고발을 하여야 한다. 고발장에는 어떠한 유형의 범죄인지에 대한 최소한의 범칙사실은 기재되어 있어야 한다. 고발장 제출 이외에 고발인 조사가 가능하므로 구체적 고발 내용은 그 진술로 보충이 가능하다. 법원도 “조세범처벌법에 의한 고발은 고발장에 범칙사실의 기재가 없거나 특정이 되지 아니할 때에는 부적법하나, 반드시 공소장 기재 요건과 동일한 범죄의 일시·장소를 표시하여 사건의 동일성을 특정할 수 있을 정도로 표시하여야 하는 것은 아니고, 조세범처벌법이 정하는 어떠한 태양의 범죄인지를 판명할 수 있을 정도의 사실을 일응 확정할 수 있을 정도로 표시하면 족하다. 또한, 고발사실의 특정은 고발장에 기재된 범칙사실과 세무공무원의 보충진술 기타 고발장과 같이 제출된 서류 등을 종합하여 판단하여야 한다”라고 판시[2]하고 있다.

고발의 종류에는 조세범처벌절차법 제17조 제2항[3]에 의한 통고처분 미이행에

---

1) 대법원 2014.9.24. 선고 2013도5758 판결.
2) 대법원 2009.7.23. 선고 2009도3282 판결.
3) 제17조(고발) ① 지방국세청장 또는 세무서장은 다음 각 호의 어느 하나에 해당하는 경우에는 통고처분을 거치지 아니하고 그 대상자를 즉시 고발하여야 한다.
1. 정상(情狀)에 따라 징역형에 처할 것으로 판단되는 경우
2. 제15조 제1항에 따른 통고대로 이행할 자금이나 납부 능력이 없다고 인정되는 경우

따른 고발과 통고처분과 무관하게 같은 법 제17조 제1항에 의한 즉시고발이 있다. 즉시고발의 경우에 법 소정의 요건 내지 사유가 있어야 하는데 이 요건 구비 여부에 대한 법원의 심사 가능 여부에 대하여 법원은 "조세범처벌절차법에 즉시고발을 함에 있어서 고발사유를 고발서에 명기하도록 하는 규정이 없을 뿐만 아니라 원래 즉시고발권을 세무공무원에게 부여하였음은 세무공무원으로 하여금 때에 따라 적절한 처분을 하도록 할 목적으로 특별사유의 유무에 대한 인정권까지 세무공무원에게 일임한 것이라고 볼 것이므로 조세범칙 사건에 대하여 관계 세무공무원의 즉시고발이 있으면 그로써 소추의 요건은 충족되는 것이고, 법원은 본안에 대하여 심판하면 되는 것이지 즉시고발 사유에 대하여 심사할 수 없다"고 판시[4]하여 즉시고발이 존재한다면 그 사유 등 요건에 대하여는 법원에서 심사할 수 없고 그 고발 자체로 소추조건이 충족되었다고 보고 있다.

4. 고발의 효력

(1) 주관적 효력

고발은 우선 피고발인이 특정되어야 한다. 법원도 "이 사건 고발장에는 피고발인을 공소외 주식회사라고 명시한 다음, 이어서 위 법인의 등록번호와 대표자인 피고인의 성명·주민등록번호·주소를 기재하고 있을 뿐임을 알 수 있는바, 이와 같은 고발장의 표시를 자연인인 피고인 개인까지를 피고발자로 표시한 것이라고 볼 수는 없다"라고 판시[5]하여 해당 고발이 피고인 개인에 대한 고발 없이 공소제기된 것으로서 그 절차가 법률의 규정에 위반하여 무효인 때에 해당한다는 이유로, 피고인 개인에 대한 공소사실에 대하여는 공소기각 판결을 하였다.

형사소송법 제233조에서는 "친고죄의 공범 중 그 1인 또는 수인에 대한 고소 또는 그 취소는 다른 공범자에 대하여도 효력이 있다"라고 규정하여 고소에 관한 주관적 불가분의 원칙을 정하고 있다. 이러한 명문 규정이 없는 고발의 경우에도 고소에 관한 이 규정을 준용하여 주관적 불가분의 원칙이 적용되는지 문제된다.

---

3. 거소가 분명하지 아니하거나 서류의 수령을 거부하여 통고처분을 할 수 없는 경우
4. 도주하거나 증거를 인멸할 우려가 있는 경우
② 지방국세청장 또는 세무서장은 제15조 제1항에 따라 통고처분을 받은 자가 통고서를 송달받은 날부터 15일 이내에 통고대로 이행하지 아니한 경우에는 고발하여야 한다. 다만, 15일이 지났더라도 고발되기 전에 통고대로 이행하였을 때에는 그러하지 아니하다.

4) 대법원 2007.11.15. 선고 2007도7482 판결.
5) 대법원 2004.9.24. 선고 2004도4066 판결.

이에 대하여 법원은 "조세범처벌법에 의한 고발의 경우에는 이른바 고소·고발 불가분의 원칙이 적용되지 아니하므로, 고발의 구비 여부는 양벌규정에 의하여 처벌받는 자연인인 행위자와 법인에 대하여 개별적으로 논하여야 한다"라고 판시[6] 하여 조세범에 대한 고발은 친고죄와 달리 고소불가분의 원칙이 적용되지 않는다고 하고 있다.

(2) 객관적 효력

고발은 범죄사실에 대한 소추를 요구하는 의사표시로서 그 효력은 고발장에 기재된 범죄사실과 동일성이 인정되는 사실 모두에 미친다. 고발의 객관적 효력범위와 공소장 변경의 허가범위가 동일한지 여부와 관련하여, 법원은 "고발은 범죄사실에 대한 소추를 요구하는 의사표시로서 그 효력은 고발장에 기재된 범죄사실과 동일성이 인정되는 사실 모두에 미치므로, 범칙사건에 대한 고발이 있는 경우 그 고발의 효과는 범칙사건에 관련된 범칙사실의 전부에 미치고 한 개의 범칙사실의 일부에 대한 고발은 그 전부에 대하여 효력이 생기므로, 동일한 부가가치세의 과세기간 내에 행하여진 조세포탈기간이나 포탈액수의 일부에 대한 조세포탈죄의 고발이 있는 경우 그 고발의 효력은 그 과세기간 내의 조세포탈기간 및 포탈액수 전부에 미친다. 따라서 일부에 대한 고발이 있는 경우 기본적 사실관계의 동일성이 인정되는 범위 내에서 조세포탈기간이나 포탈액수를 추가하는 공소장변경은 적법하다"라고 판시[7]하여 고발의 객관적 효력범위와 공소장 변경의 허가범위를 동일하게 보고 있다.

나아가 공소장 변경의 허가범위와 관련한 동일성과 관련하여 법원은 "공소사실의 동일성은 그 사실의 기초가 되는 사회적 사실관계가 기본적인 점에서 동일하면 그대로 유지되는 것이나, 이러한 기본적 사실관계의 동일성을 판단함에 있어서는 그 사실의 동일성이 갖는 기능을 염두에 두고 피고인의 행위와 그 사회적인 사실관계를 기본으로 하되 규범적 요소도 아울러 고려하여야 한다"라고 판시[8]하면서 위 사안에 대해서는 피고인에 대하여 공소가 제기된 당초의 범죄사실과 검사가 공소장변경 신청을 한 범죄사실은 범행 일시와 상대방은 물론 그 수단·방법 등 범죄사실의 내용이나 행위태양이 다르고 경합범 관계에 있으므로 그 기본

---

6) 대법원 2004.9.24. 선고 2004도4066 판결.
7) 대법원 2009.7.23. 선고 2009도3282 판결.
8) 대법원 2002.3.29. 선고 2002도587 판결.

적인 사실관계가 동일하다고 할 수 없다고 하고 있다.

한편 형법상 포괄일죄와 같은 일죄 사이에서는 범죄사실의 동일성이 인정된다. 조세범죄에서는 동일 과세기간을 기준으로 일죄 여부를 판단하고 있다. 법원도 "법인세는 사업연도를 과세기간으로 하는 것이므로 그 포탈범죄는 각 사업연도마다 1개의 범죄가 성립하고, 일죄의 관계에 있는 범죄사실의 일부에 대한 공소제기 및 고발의 효력은 그 일죄의 전부에 대하여 미친다"라고 판시[9]하고 있다.

그러나 수 개의 범칙사실 중 일부에 대한 고발은 고발사실과 동일성이 인정되지 않는 다른 고발사실에 대하여는 고발로서 효력이 없다. 법원도 "고발서의 기재에 의하면 과세관청은 '허위 세금계산서 수취행위'를 범칙사실로 하여 피고인을 고발하였음이 분명하고, 달리 '허위기재한 매입처별세금계산서합계표를 세무서 공무원에게 제출한 행위'를 범칙사실로 하여 고발하였음을 인정할 만한 자료가 없음에도 검사가 피고인을 '허위기재한 매입처별 세금계산서합계표를 세무서 공무원에게 제출한 행위'로만 기소한 경우, 위 고발된 범칙사실과 이 사건 공소사실은 동일성이 인정되지 않으므로 위 범칙사실에 대한 고발의 효력은 이 사건 공소사실에 미칠 수 없고, 결국 이 사건 공소는 중부지방국세청장의 고발 없이 제기된 것으로서 공소제기의 절차가 법률의 규정에 위반되어 무효라고 볼 수밖에 없다"라고 판시[10] 하고 있다.

5. 불기소처분 결정 후 다시 재기시 기존 고발의 유효 여부

검사의 불기소처분에는 확정재판에 있어서의 확정력과 같은 효력이 없다. 따라서 검사가 불기소처분을 한 후에도 공소시효가 완성되기 전이면 언제라도 다시 공소를 제기할 수 있다. 법원도 "검사의 불기소처분에는 확정재판에 있어서의 확정력과 같은 효력이 없어 일단 불기소처분을 한 후에도 공소시효가 완성되기 전이면 언제라도 공소를 제기할 수 있으므로, 세무공무원 등의 고발이 있어야 공소를 제기할 수 있는 조세범처벌법위반죄에 관하여 일단 불기소처분이 있었더라도 세무공무원 등이 종전에 한 고발은 여전히 유효하다. 따라서 나중에 공소를 제기함에 있어 세무공무원 등의 새로운 고발이 있어야 하는 것은 아니다"라고 판시[11] 하고 있다.

---

9) 대법원 2005.1.14. 선고 2002도5411 판결.
10) 대법원 2014.10.15. 선고 2013도5650 판결.
11) 대법원 2009.10.29. 선고 2009도6614 판결.

6. 인지 수사 후 기소 전 고발의 효력

수사기관은 종종 다른 범죄 수사를 하면서 고발이 없는 상태에서 조세범죄에 대한 인지 수사를 먼저 진행하고 수사 결과 공소제기의 요건이 갖추어지면 공소제기 직전에 비로소 고발을 받기도 한다. 이처럼 고발 없는 상태에서 진행한 인지 및 수사의 효력과 관련하여 법원은 "친고죄나 세무공무원 등의 고발이 있어야 논할 수 있는 죄에 있어서 고소 또는 고발은 이른바 소추조건에 불과하고 당해 범죄의 성립요건이나 수사의 조건은 아니므로, 위와 같은 범죄에 관하여 고소나 고발이 있기 전에 수사를 하였다고 하더라도, 그 수사가 장차 고소나 고발이 있을 가능성이 없는 상태 하에서 행해졌다는 등의 특단의 사정이 없는 한, 고소나 고발이 있기 전에 수사를 하였다는 이유만으로 그 수사가 위법하다고 볼 수는 없다"라고 판시[12]하여 고발 전 수사도 유효하다고 하고 있다.

7. 공소제기 후 고발의 취소 가능 시점

조세범에 대한 고발은 소추조건이므로 고발이 취소되면 공소제기 전에는 검사는 '공소권 없음' 처분을 해야 한다. 공소제기 후에 고발을 취소하면 법원은 공소기각 판결을 선고해야 한다. 고발권자인 세무서장 등이 고발을 한 다음 언제까지 그 취소가 가능한지 여부와 관련하여 법원은 "고발은 친고죄의 고소와 같이 소송조건이라 할 것이므로, 형사소송법에 의하여 제1심 판결 선고 전까지 취소할 수 있다"고 판시[13]하여 사정 변경 등에 의한 고발취소를 1심 판결 선고 전까지 인정하고 있다.

8. 공소제기 후 고발의 추완 가능 여부

검찰에서 조세범에 대하여 인지수사를 하는 경우에 수사 당시에는 연간 포탈세액등이 5억 원이 초과되어 과세관청의 고발 없이 공소제기하였다가 그 후 법원에서 포탈세액등이 5억 원 미만으로 변경된 경우에 공소제기의 효력이 문제된다. 이에 대하여 법원은 "검사가 연간 포탈세액등이 5억 원 이상이어서 소추에 고발이 불필요한 특가법위반(조세)죄로 공소를 제기하였으나, 심리과정에서 연간 포탈세액

12) 대법원 1995.2.24. 선고 94도252 판결.
13) 대법원 1957.3.29. 선고 4290형상58 판결.

등이 5억 원 미만으로서 조세범처벌법위반죄에 불과함이 밝혀진 경우, 이에 대해서는 소추에 고발이 필요하므로 고발이 없었다면 공소기각 판결을 면할 수 없다" 라고 판시[14]하고 있다. 이같이 공소제기 이후의 사정변경에 대비하여 검사는 특가법 제8조로 인지수사하여 공소를 제기하는 경우에도 통상적으로 과세관청의 고발을 받아 공소를 제기하고 있다.

또한 공소가 제기된 이후에는 친고죄에 있어 고소의 추완이 허용되지 않는 것과 마찬가지로 고발의 추완도 허용되지 않는다. 법원도 "세무공무원의 고발 없이 조세범칙 사건의 공소가 제기된 후에 세무공무원이 그 고발을 하였다 하여도 그 공소절차의 무효가 치유된다고는 볼 수 없다"라고 판시[15]하고 있다.

Ⅱ. 통고처분 제도

1. 관련 규정

> **조세범처벌절차법 제15조(통고처분)** ① 지방국세청장 또는 세무서장은 조세범칙행위의 확증을 얻었을 때에는 대통령령으로 정하는 바에 따라 그 대상이 되는 자에게 그 이유를 구체적으로 밝히고 다음 각 호에 해당하는 금액이나 물품을 납부할 것을 통고하여야 한다. 다만, 몰수 또는 몰취(沒取)에 해당하는 물품에 대해서는 그 물품을 납부하겠다는 의사표시(이하 "납부신청"이라 한다)를 하도록 통고할 수 있다.
> 1. 벌금에 해당하는 금액(이하 "벌금상당액"이라 한다)
> 2. 몰수 또는 몰취에 해당하는 물품
> 3. 추징금에 해당하는 금액
>
> ② 제1항 단서에 따른 통고를 받은 자가 그 통고에 따라 납부신청을 하고 몰수 또는 몰취에 해당하는 물품을 가지고 있는 경우에는 공매나 그 밖에 필요한 처분을 할 때까지 그 물품을 보관하여야 한다.
> ③ 제1항에 따른 통고처분을 받은 자가 통고대로 이행하였을 때에는 동일한 사건에 대하여 다시 조세범칙조사를 받거나 처벌받지 아니한다.
> ④ 제1항에 따른 벌금상당액의 부과기준은 대통령령으로 정한다.
> **제16조(공소시효의 중단)** 제15조 제1항에 따른 통고처분이 있는 경우에는 공소시효의 진행이 중단된다.

---

14) 대법원 2008.3.27. 선고 2008도680 판결.
15) 대법원 1970.7.28. 선고 70도942 판결.

2. 의 의

통고처분제도는 법원에 의하여 자유형 또는 재산형에 처하는 형사절차에 갈음하여 과세관청이 조세범칙자에 대하여 금전적 제재를 통고하고 이를 이행한 조세범칙자에 대하여는 별도의 고발을 하지 아니하고 조세범칙사건을 신속·간이하게 처리하는 절차를 말한다. 이러한 측면에서 통고처분제도는 형사절차의 사전절차로서의 성격을 가진다고 볼 수 있다. 조세범처벌절차법에서는 지방국세청장 또는 세무서장은 조세범칙행위의 확증을 얻었을 때에는 그 대상이 되는 자에게 그 이유를 구체적으로 밝히고 벌금에 해당하는 금액 등을 납부할 것을 통고하여야 한다고 하여 통고처분제도에 대하여 규정하고 있다(조세범처벌절차법 제15조 제1항).

조세범칙행위는 본래 징역형 또는 벌금형으로 처벌할 수도 있는 범죄행위이나, 범칙자가 통고처분을 받고 통고처분을 받은 대로 벌금 상당액을 납부한 경우에는 형사처벌을 면하게 된다. 지방국세청장 또는 세무서장은 통고처분을 받은 자가 통고처분 통고서를 송달받은 날로부터 15일 이내에 통고대로 이행하지 아니한 경우에는 고발하도록 되어 있다. 다만, 15일이 지났더라도 고발되기 전에 통고처분 내용대로 이행하였을 때에는 고발하지 않도록 되어 있다(같은 법 제17조 제2항).

3. 통고처분 대상

통고처분의 대상으로는 조세범처벌법 제3조부터 제16조까지의 죄에 해당하는 위반행위, 즉 조세범처벌법에 위반하는 모든 행위가 이에 해당한다(조세범처벌절차법 제2조 제1호 참조). 즉 조세범칙행위에 대해서는 일정한 예외를 제외하고 원칙적으로 통고처분을 하고, 이를 이행하지 아니하였을 경우에 고발을 하는 것이 일반적이다.

4. 고발대상

통고처분으로 종결하기에 부적절한 사안이나 통고처분의 실익이 없는 경우에는 통고처분 없이 즉시고발하여야 한다. 이와 관련하여 조세범처벌절차법에서는 ① 정상에 따라 징역형에 처할 것으로 판단되는 경우, ② 통고대로 이행할 자금이나 납부 능력이 없다고 인정되는 경우, ③ 거소가 분명하지 아니하거나 서류의 수령을 거부하여 통고처분을 할 수 없는 경우, ④ 도주하거나 증거를 인멸할 우려가 있는 경우에는 통고처분을 거치지 않고 대상자를 즉시 고발하여야 한다고 규정하고 있다(같은 법 제17조 제1항).

또한, 특가법 제8조에 의하여 가중처벌되는 경우에는 징역형과 벌금형을 필요적으로 병과하도록 되어 있다. 이러한 특가법 제8조 위반 범죄에 대하여 벌금형만 부과할 수 있는 통고처분을 한 경우에 그 적법성이 문제된다. 이에 대하여 법원은 "조세포탈의 가중처벌을 규정한 특가법 제8조에는 법정형으로 무기 또는 3년 이상의 유기징역형만이 있고 그 제16조는 이와 같은 특가법위반에 해당하는 조세범칙사건에 대하여는 고발을 요하지 아니한다고 규정하고 있어 동법 제8조 위반의 조세포탈죄에 대하여는 국세청장, 지방국세청장 또는 세무서장은 통고처분을 할 권한이 없으므로 동 조세포탈의 죄에 대하여 세무서장이 통고처분을 하였다면 이는 중대하고 명백한 하자 있는 무효의 처분이므로 피고인이 그러한 통고처분을 받고서 이를 이행하였다 하더라도 아무런 효력이 없다"라고 판시[16)]하여 특가법위반(조세)죄에 해당하는 조세범칙사건에 대하여는 통고처분을 하지 못하도록 하고 있고, 범칙자가 통고처분을 받고 그 이행을 하였다고 하더라도 일사부재리의 원칙이 적용되지 않는다고 하고 있다. 이와 유사한 특가법 제8조의2에도 명문으로 이와 관련된 규정이 없고, 관련 판례도 없으나, 이 규정 역시 징역형과 벌금형을 필요적으로 병과하도록 되어 있으므로 이러한 법리는 동일하게 적용된다 할 것이다.

5. 통고처분의 효과

(1) 일사부재리 효력

일사부재리의 효력이란 유죄와 무죄판결인 실체재판과 면소판결이 확정되면 동일사건에 대해 다시 심판하는 것이 허용되지 않는다는 원칙을 말한다. 이와 관련하여 헌법 제13조 제1항 후단에서 '모든 국민은 동일한 범죄에 대하여 거듭 처벌받지 아니한다'고 규정하여 이중처벌금지의 원칙을 명시하고 있다. 조세범처벌절차법 제15조 제3항에서도 '통고처분을 받은 자가 통고처분 내용대로 이행하였을 때에는 동일한 사건에 대하여 다시 조세범칙조사를 받거나 처벌받지 아니한다'고 규정하여 일사부재리가 적용된다고 하고 있다.

이러한 원칙에 따라 조세범칙행위자가 통고처분 내용대로 이행하였음에도 이를 간과하고 검사가 공소를 제기한 경우에는 확정판결이 있은 때에 해당하여 면소판

16) 대법원 1982.11.23. 선고 81도1737 판결.

결을 선고하여야 한다. 한편, 법원은 "조세범처벌절차법에 따른 조세범칙사건에 대한 지방국세청장 또는 세무서장의 고발은 수사 및 공소제기의 권한을 가진 수사기관에 대하여 조세범칙 사실을 신고함으로써 형사사건으로 처리할 것을 요구하는 의사표시로서, 조세범칙사건에 대하여 고발한 경우에는 지방국세청장 또는 세무서장에 의한 조세범칙사건의 조사 및 처분 절차는 원칙적으로 모두 종료되고, 따라서 지방국세청장 또는 세무서장이 조세범처벌절차법 제17조 제1항에 따라 통고처분을 거치지 아니하고 즉시 고발하였다면 이로써 형사사건 절차로 이행되어 지방국세청장 또는 세무서장으로서는 동일한 조세범칙행위에 대하여 더 이상 통고처분을 할 권한이 없게 되므로, 지방국세청장 또는 세무서장이 조세범칙행위에 대하여 고발을 한 후에 동일한 조세범칙행위에 대하여 통고처분을 하였더라도, 이는 법적 권한 소멸 후에 이루어 진 것으로서 특별한 사정이 없는 한 효력이 없고, 조세범칙행위자가 이러한 통고처분을 이행하였더라도 조세범처벌절차법 제15조 제3항에서 정한 일사부재리의 원칙이 적용될 수 없다"라고 판시[17]하여 과세관청의 고발 이후에 또 다시 통고처분을 하였고, 그 대상자가 통고처분을 이행하였다고 하더라도 통고처분에 대하여 일사부재리의 원칙을 적용할 수 없다고 하고 있다.

(2) 공소시효의 중단

공소시효의 중단이란 공소시효 중단 사유가 없어지면 처음부터 공소시효기간이 다시 진행되는 제도를 말한다. 조세범처벌절차법 제16조에서는 통고처분이 있는 경우에는 공소시효의 진행이 중단된다고 규정하여 통고처분에 의한 공소시효 중단 제도를 두고 있다. 공소시효의 중단은 형사소송법상의 공소시효의 정지 제도와 달리, 통고처분에 의하여 이미 진행된 공소시효가 무효가 되고 새로이 공소시효가 진행되는 것을 말한다. 통고처분은 통고서가 조세범칙행위자에게 송달된 때 그 효력이 발생한다. 따라서 공소시효의 중단 효과도 통고서가 조세범칙행위자에게 송달된 때에 그 효력이 발생하고 그 송달일 다음 날로부터 새로운 공소시효가 진행된다.

---

17) 대법원 2016.9.28. 선고 2014도10748 판결.

Ⅲ. 공소시효 특례

1. 관련 규정

> **조세범처벌법 제22조(공소시효 기간)** 제3조부터 제14조까지에 규정된 범칙행위의 공소시효는 7년이 지나면 완성된다. 다만, 제18조에 따른 행위자가 「특정범죄가중처벌등에관한법률」 제8조의 적용을 받는 경우에는 제18조에 따른 법인에 대한 공소시효는 10년이 지나면 완성된다.

2. 의　　의

공소시효는 죄를 범하고 일정한 기간이 경과하면 국가의 소추권을 소멸시켜 공소제기를 불가능하게 하는 제도이다. 공소시효가 완성되었는데도 공소가 제기되었다면, 판결로써 면소의 선고를 하여야 한다(형사소송법 제326조 제3호). 조세범처벌법 제22조에서는 같은 법 제3조부터 제14조까지 규정된 범칙행위에 대한 공소시효를 법정형과 무관하게 일률적으로 7년으로 규정하고 있다.[18] 일반 형사범 공소시효가 해당 범죄의 법정형에 따라 최단 1년에서 최장 25년인 것과 차이가 있다. 이는 조세포탈 등 행위는 그 성격상 신고·납부 기한이 경과한 지 상당 기간이 지난 후 세무조사 등에 의하여 밝혀지는 경우가 대부분으로 일반 형사소송법상 공소시효에 의할 경우에 공소시효의 도과로 처벌할 수 없게 되는 경우가 발생할 수 있는데 이를 사전에 예방하여 그 처벌의 실효성을 보장하기 위한 것이다.

3. 공소시효 7년이 적용되지 않는 경우

조세범처벌법에 특별한 규정이 없는 경우에는 형법 총칙이 적용한다. 공소시효도 마찬가지이다. 공소시효 관련 규정인 조세범처벌법 제22조 규정을 보면, 조세범처벌법 제15조(해외금융계좌정보의 비밀 유지의무 등 위반), 제16조(해외금융계좌 신고의무 불이행)를 위반하는 범죄에 대해서는 공소시효에 대해 아무런 규정을 두고 있지 않다. 따라서 이에 대해서는 조세범처벌법 제22조에 의한 공소시효 7년이 적용되지 않고, 형사소송법 제249조가 적용되어 해당 범죄의 법정형에 따라 공소시효가 별도로 결정된다. 이에 의할 경우에 조세범처벌법 제15조의 죄는 공소시효가 7년이고, 조세범처벌법 제16조의 죄는 공소시

---

18) 2015.12.29. 개정 이전에 범한 범행에 대해서는 종전 규정에 따라 공소시효가 5년이나, 현재 시점에서 5년이 모두 경과하였으므로 구별 실익이 없다.

효가 5년이 된다. 또한 특가법 제8조와 특가법 제8조의2의 경우에도 조세범처벌법 제22조가 적용되지 않으므로, 형사소송법 제249조에 따라 공소시효가 10년 또는 15년이 된다.

조세범처벌법 제22조의 공소시효 특례 적용대상에 양벌규정인 제18조가 직접 열거되고 있지는 않다. 그러나 양벌규정상 업무주는 조세범처벌법의 적용에 있어서는 그 행위자와 같은 범칙규정의 적용을 받게 된다. 따라서 행위자의 해당 범칙규정이 조세범처벌법 제22조 소정의 공소시효 특례 적용대상 범죄이면 그 업무주도 7년의 공소시효가 적용된다. 그와 달리 양벌규정에 의해 업무주에게 적용되는 범칙규정이 조세범처벌법 제22조에 열거되어 있지 않으면 업무주에게는 형사소송법 제249조에 따라 공소시효가 결정된다. 다만, 범칙행위의 행위자가 특가법 제8조에 의해 가중처벌되는 경우에는 양벌규정으로 처벌되는 법인에 대해서는 10년의 공소시효가 적용된다(조세범처벌법 제22조 단서). 이 규정은 행위자를 특가법 제8조에 의해 가중처벌하는 경우에 형사소송법 제249조에 의하여 그 공소시효는 15년 또는 10년이다. 그에 비하여 양벌규정의 적용대상인 법인의 공소시효는 7년이 되어 심한 불균형이 발생하므로 이에 대한 조화를 이루기 위하여 단서 조항을 신설하여 10년으로 한 것이다. 한편 조세범처벌법 제22조 단서 규정의 적용을 받는 범죄에 특가법 제8조가 포함되는 것과 달리 특가법 제8조의2는 포함되어 있지 않다. 따라서 특가법 제8조의2의 법인 등 업무주의 공소시효는 조세범처벌법 제22조 본문이 적용되어 7년이다.

행위자별 공소시효 기간을 간단한 표로 정리하면 아래와 같다.

범칙행위			공소시효 기간	
구분		액수	2015. 12. 28. 이전	2015. 12. 29. 이후
업무주의 행위자	조세포탈 (제3조)	10억 원 이상	15년	15년
		5억~10억 원 미만	10년	10년
		5억 원 미만	5년	7년
	세금계산서 관련 범죄 (제10조)	30억 원 이상	10년	10년
		30억 원 미만	5년	7년
	그 외 범칙행위		5년	7년
양벌규정상	행위자의 모든 범칙행위		5년	7년

업무주인 법인 또는 개인		양벌규정에 의한 행위자에게 특가법 제8조(제8조의2 미포함)가 적용되는 경우, 법인에 대해서는 10년

※ 다만, 조세범처벌법 제15조와 제16조는 형사소송법상 공소시효 적용.

4. 공소시효 정지 및 중단

(1) 공소시효 정지

공소시효의 정지란 일정한 사유로 인하여 공소시효의 진행이 정지되고, 그 사유가 소멸한 때로부터 나머지 시효기간이 진행되는 제도를 말한다. 현행법상 공소시효 정지 사유로는 범인이 형사 처분을 면할 목적으로 국외에 있는 경우와 공범의 1인이 공소제기된 경우가 있다(형사소송법 제253조). 전자의 경우에는 조세범이 국내로 입국하게 되면 그날부터 나머지 공소시효가 진행된다. 후자의 경우에는 조세범의 공범이 공소기각 또는 관할위반의 재판이 확정된 때로부터 나머지 기간이 진행된다. 공소시효의 정지 제도는 조세범에도 그대로 적용된다.

(2) 공소시효 중단

공소시효의 정지 제도는 정지 사유가 없어지면 나머지 공소시효 기간만 진행되고, 공소시효중단 제도는 중단사유가 없어지면 처음부터 공소시효 기간이 다시 진행되는 것을 말한다. 현행 형사소송법은 구 형사소송법에서 인정되던 공소시효의 중단 제도가 범죄인에게 지극히 불리하고 시효제도의 본래 취지에 반한다는 이유로 폐지하고 공소시효의 정지제도만을 인정하고 있다. 그러나 조세범처벌절차법에서는 형사소송법 개정 취지와 달리 통고처분이 있는 경우에는 공소시효의 진행이 중단된다고 규정하고 있다(조세범처벌절차법 제16조).

이와 관련하여 공범자 중 1인이 통고처분을 받고 이를 이행하지 않아 고발되어 수사가 진행되고 있고, 다른 1인은 조세범칙조사에 회부되지 않았거나 통고처분 또는 고발이 되지 않은 상태에서 조세범처벌법상 5년의 공소시효가 도과한 경우에 고발되지 않은 다른 1인의 공소시효가 다른 공범에 대한 통고처분으로 더 이상 진행되지 않고 중단된 것으로 볼 수 있는가 하는 문제가 발생한다. 이와 직접 관련된 판례는 없다. 이 문제는 궁극적으로 형사소송법 제253조의 공소시효 정지 사유를 조세범처벌절차법 제16조의 공소시효 중단 사유로 유추적용할 수 있느냐의 문제로 귀착된다. 한편 형벌법규에 처벌의 대상으로서 명시되지 않은 사항에 대하여 그 유추적용을 해서는 안 된다는 유추해석금지의 원칙과 관련하여 법원은 "형벌법규의 해석에 있어서 법규정 문언의 가능한 의미를 벗어나는 경우에는 유추해석으로서 죄형법정주의에 위반하게 된다. 그리고 유추해석금지의 원칙은 모든 형벌법규의 구성요건과 가벌성에 관한 규정에 준용되는데, 위법성 및 책임의 조각사유나 소추조건, 또는 처벌조각사유인 형면제 사유에 관하여 그 범위를 제한적으로 유추적용하게 되면 행위자의 가벌성의 범위는 확대되어 행위자에게 불리하게 되는 바, 이는 가능한 문언의 의미를 넘어 범죄구성요건을 유추적용하는 것과 같은 결과가 초래되므로 죄형법정주의의 파생원칙인 유추해석금지의 원칙에 위반하여 허용될 수 없다"라고 판시[19]하고 있는 바, 이러한 법리에 의하면 형사소송법의 공소시효 정지 제도보다 피고인에게 더 불리한 공소시효 중단 제도에 정지 제도에 해당하는 사유를 유추적용하는 것은 피고인의 가벌성의 범위가 확대되어 피고인에게 불리하게 되는 결과가 초래되므로 죄형법정주의의 파생원칙인 유추해석금지의 원칙에 위반된다고 보는 것이 타당하다고 생각한다.

Ⅳ. 벌금경합에 관한 제한가중규정

1. 관련 규정

> **조세범처벌법 제20조(형법 적용의 일부 배제)** 제3조부터 제6조까지, 제10조, 제12조부터 제14조까지의 범칙행위를 한 자에 대해서는 형법 제38조 제1항 제2호 중 벌금경합에 관한 제한가중규정을 적용하지 아니한다.

2. 의　　의

형법 제8조에서는 타 법령에 규정된 형사범죄에 대하여도 원칙적으로 형법 총칙의 규정이 적용되지만 예외적으로 그 법령에 특별한 규정이 있는 경우에는 형법 총칙의 규정의 적용 배제가 가능하도록 되어 있었다. 그에 따라 2010.1.1. 개정 전 조세범처벌법상에서도 행정법규의 특수성을 고려하여 몇 개의 형법 총칙 배제 규정을 두었었다. 즉 '조세범 중 무면허주류 제조·판매(제8조), 조세포탈(제9조), 체납(제10조), 원천징수불이행(제11조), 납세증명표지의 불법사용(제12조의2), 법인의 결손금 과대계상(제12조의3 제3항) 등의 범죄에 대하여 벌금형으로 처벌할 때에는 형법 총칙상의 책임능력에

19) 대법원 1997.3.20. 선고 96도1167 전원합의체 판결.

관한 규정(형법 제9조, 제10조 제2항, 제11조), 법률의 착오(형법 제16조), 종범 감경(형법 제32조 제2항), 벌금경합에 관한 가중제한의 규정(형법 제38조 제1항 제2호)을 적용하지 아니한다'고 규정하였다(구 조세범 처벌법 제4조 제1항). 이 규정은 형사처벌의 경우뿐만 아니라 통고처분의 경우에도 적용된다. 다만, 징역형으로 처벌하는 때에는 다른 형사범과 마찬가지로 형법 총칙은 당연히 적용된다(위 같은 법 제4조 제1항 단서).

앞에 열거한 조세범을 제외한 다른 조세범에 대하여는 이러한 적용배제 규정은 적용되지 아니함은 물론이나 후술하는 바와 같이 조세범처벌법 제11조의2의 세금계산서 관련 범죄에 대하여는 '벌금경합에 관한 가중제한의 규정만 특별히 적용하지 아니한다(제4조 제2항)'고 규정하여 형법 총칙의 적용을 배제하고 있었다. 그러나 이러한 형법 총칙 배제 규정들은 조세 범죄에 대하여도 세계적인 입법 경향이 형법상 책임주의 원칙을 그대로 적용하고 있다는 주장 등을 받아들여 2010.1.1. 법률 제9919호로 조세범처벌법이 개정되면서 벌금경합에 관한 가중제한의 규정(형법 제38조 제1항 제2호)을 제외하고 모두 삭제되었다.

3. 벌금경합에 관한 제한가중규정

2010.1.1. 조세범처벌법 개정시에도 그대로 유지된 형법 총칙 배제 규정이 바로 조세범처벌법 제20조에 규정된 "조세범처벌법 제3조부터 제6조까지, 제10조, 제12조부터 제14조까지의 범칙행위를 한 자에 대해서는 형법 제38조 제1항 제2호 중 벌금경합에 관한 제한가중규정을 적용하지 아니한다"라는 규정이다. 이 규정은 조세포탈에 대한 벌금형 처벌 기준이 배수형으로 이미 정착되어 있고, 이를 삭제할 경우에 고액 탈세범에 대한 처벌이 약화될 가능성이 있다는 것이 존치의 이유라고 하고 있다.[20]

이 조세범처벌법 제20조 해석과 관련하여 법원은 "형법 제38조 제1항 제2호 중 벌금경합에 관한 제한가중규정을 적용하지 아니한다라는 문언의 의미는 판결이 확정되지 아니한 수개의 조세포탈행위를 동시에 벌금형으로 처벌함에 있어서는 형법 제38조 제1항 제2호 본문에서 규정하고 있는 '가장 중한 죄에 정한 벌금 다액의 2분의 1을 한도로 가중하여 하나의 형을 선고하는 방식'을 적용하지 아니한다는 취지로 해석하여야 하는 것이지, 단지 위 형법조항의 본문 중 후단 부분인 '각 죄에 정한 벌금형의 다액을 합산한 액수를 초과할 수 없다'는 부분만의 적용을 배제한다는 취지로 해석할 수는 없다. 따라서 판결이 확정되지 아니한 수개의 죄

20) 고성춘, 조세형사법, 335면 이하 참조.

에 대하여 벌금을 병과하는 경우에는 각 죄마다 벌금형을 따로 양정하여 이를 합산한 액수의 벌금형을 선고하여야 한다"라고 판시[21]하여 실체적 경합범 관계에 있는 허위 매입처별 세금계산서합계표 제출의 각 범칙행위에 대하여 벌금형으로 처단하면서, 그 형이 가장 무거운 그 판시 2006.1.25.자 허위 매입처별 세금계산서합계표 제출로 인한 조세범처벌법위반죄에 정한 벌금형에 1/2 경합범 가중을 한 형량의 범위 안에서 처단형을 정하여 형법 제38조 제1항 제2호의 벌금경합에 관한 제한가중규정에 따라 벌금형을 선고한 원심판결을 파기하면서 각 죄마다 양정한 벌금을 표시한 다음 이를 합산한다는 취지를 밝혀 최종적으로 벌금형을 선고를 하는 것이 타당하다고 하고 있다.

4. 적용범위

⑴ 특정범죄가중처벌등에관한법률위반의 경우

특가법 제8조 또는 제8조의2에서 벌금형을 필요적으로 병과하도록 규정하고 있는데, 이에 따라 벌금형을 병과하는 경우에도 조세범처벌법 제20조가 적용되므로 벌금경합에 관한 제한가중규정의 적용이 배제된다.[22]

⑵ 양벌규정으로 처벌되는 법인의 경우

법원은 "조세범처벌법 제20조가 적용되는 사람은 '범칙 행위를 한 자', 즉 '행위자'에 국한될 뿐 '행위자와 함께 벌금형이 부과되는 사람'에까지 확장되는 것은 아니고, 양벌규정에 의해 벌금형이 부과된다고 하여 그를 '행위자'라고 평가할 수 없는 점, 양벌규정에 따라 벌금형이 부과되는 사람에게까지 조세범처벌법 제20조를 적용하는 것은 죄형법정주의의 원칙상 허용되지 않는 확장해석 또는 유추해석의 결과에 해당하여 받아들일 수 없는 점 등을 종합하면, 양벌규정(조세범처벌법 제18조)에 따라 벌금형이 부과되는 법인에 대하여 조세범처벌법 제20조를 적용함으로써 형법 제38조 제1항 제2호 중 벌금경합에 관한 제한가중규정을 적용하지 않는 것은 허용되지 않는다"라고 판시[23]하여 양벌규정으로 처벌되는 업무주인 법인과 자연인의 경우에는 형법 제38조 제1항 제2호 중 벌금경합에 관한 제한가중규정이 적용된다고 하고 있다.

---

21) 대법원 1996.5.31. 선고 94도952 판결; 대법원 2009.7.23. 선고 2009도3131 판결 등.
22) 대법원 2001.5.29. 선고 2001도1541 판결; 대법원 1996.5.31. 선고 94도952 판결.
23) 서울고등법원 2021.5.20. 선고 2020노63 판결.

V. 양벌규정

1. 관련 규정

> **조세범처벌법 제18조(양벌규정)** 법인(「국세기본법」 제13조에 따른 법인으로 보는 단체를 포함한다. 이하 같다)의 대표자, 법인 또는 개인의 대리인, 사용인, 그 밖의 종업원이 그 법인 또는 개인의 업무에 관하여 이 법에서 규정하는 범칙행위(「국제조세조정에 관한 법률」 제57조를 위반한 행위는 제외한다)를 하면 그 행위자를 벌할 뿐만 아니라 그 법인 또는 개인에게도 해당 조문의 벌금형을 과한다. 다만, 법인 또는 개인이 그 위반행위를 방지하기 위하여 해당 업무에 관하여 상당한 주의와 감독을 게을리하지 아니한 경우에는 그러하지 아니하다.

2. 의 의

양벌규정은 법인의 대표자나 법인 또는 개인의 대리인, 사용인 기타 종업원이 그 법인 또는 개인의 업무에 관하여 위법행위를 하였을 경우에 행위자를 처벌하는 외에 납세의무자인 그 법인 또는 개인도 처벌하는 규정이다. 조세범처벌법은 업무주와 그 행위자 등 일정한 신분을 가진 자만을 처벌하도록 규정되어 있다. 법인은 범죄행위능력이 없고, 업무주인 개인은 실제 행위자가 아니므로 조세범죄의 정범으로 처벌을 할 수 없게 되면 조세범죄로 인한 이익을 직접 받은 법인 등 업무주에 대하여는 처벌 자체를 아예 하지 못하게 되는 불합리한 결과가 발생할 수 있다. 이러한 불합리성을 극복하고 조세범죄행위의 방지를 통한 국가세입 확보라는 목적의 효율적 달성을 위하여 행위자와 함께 그 감독자인 법인의 감독책임을 물음으로써 조세범죄 단속의 실효를 거두려는 데 양벌규정의 입법 취지가 있다.

양벌책임상 본인인 법인 또는 개인을 확정하는 데에도 당연히 실질과세의 원칙이 적용된다. 따라서 양벌규정상 업무주도 형식상의 명의자를 말하는 것이 아니라 본인의 계산으로 사업을 경영하는 실질적 경영자를 의미한다. 법원도 "도로법위반의 양벌규정 대상자는 차량의 명의상 소유자가 아닌 실질적 소유자이다"라고 판시[24]하여 양벌규정상 업무주에 해당하는 본인을 결정할 때에도 실질 관계에 따라 결정하고 있다.

---

24) 대법원 2007.8.23. 선고 2007도3787 판결.

3. 양벌규정에 의한 행위자의 조세범죄 주체 인정

조세범처벌법은 납세의무자 등 일정한 신분을 가진 자만을 처벌하는 범죄가 대부분이다. 이 경우 신분이 없는 자는 구성요건에 해당하지 않으므로 해당 조문의 정범이 될 수 없다. 조세범처벌법 제18조는 행위자가 업무주의 업무수행과 관련하여 조세범죄를 저지르게 되면 업무주와 행위자를 같은 정범으로 처벌하도록 되어 있다.

신분범을 구성요건으로 하고 있는 조세범처벌법에서 가장 중요한 조세포탈의 예를 들어 보도록 한다. 조세범처벌법 제3조에서는 사기나 그 밖의 부정한 행위로써 조세를 포탈하거나 조세를 환급·공제를 받은 자를 조세포탈죄로 처벌하도록 되어 있다. 여기에서 '조세를 포탈하거나 환급·공제를 받은 자'는 국세기본법 제2조 제9호의 '세법에 따라 납세의무가 있는 납세의무자'로 해석하여 납세의무자의 신분이 있는 경우에는 조세포탈죄의 주체에 해당한다고 해석하고 있다. 한편 조세범처벌법 제18조에서는 '법인 또는 개인의 대리인 등이 조세범처벌법에 규정된 범칙행위를 하면 그 행위자를 처벌하고, 그 법인 또는 개인에게도 벌금형을 과한다'고 규정하고 있어서 그 행위자도 조세포탈죄의 주체로 정하고 있다. 위 제18조의 본문을 살펴보면, 그 행위자가 포탈행위를 하여 조세포탈죄가 성립하면 원칙적으로 업무주인 납세의무자도 당연히 조세포탈죄가 성립하는 형식을 취하고 있다. 그리고 위 제18조 단서에서 '법인 또는 개인이 그 위반행위를 방지하기 위하여 해당 업무에 관하여 상당한 주의와 감독을 게을리하지 아니한 경우에는 그러하지 아니하다'고 정하여 업무주가 조세포탈 방지를 위한 상당한 주의·감독의무를 이행한 경우에는 처벌을 면할 수 있는 형식으로 면책규정을 두고 있다.

이같이 제18조에서 행위자를 조세포탈죄의 행위 주체로 규정은 하고 있지만 조세포탈죄 본래의 구성요건을 정하고 있는 조세범처벌법 제3조 규정에 의할 경우에 행위자는 납세의무자에 해당되지 않아 결과적으로 조세포탈죄의 비신분자에 해당하는 행위자에 대하여 조세범처벌법 제3조의 명문 규정 없이 같은 법 제18조 규정에 의하여 조세포탈죄의 주체로서 처벌이 가능한지 여부가 문제될 수 있다. 이와 관련하여 양벌책임에 대한 규정 형식이 유사한 폐기물관리법위반 사건에서 헌법재판소는 "폐기물관리법에서 양벌규정을 따로 둔 취지는, 이 사건 법률조항이 적용되는 위반행위는 통상 개인적인 차원보다는 법인의 업무와 관련하여 반복적·계속적으로 이루어질 가능성이 크다는 점을 감안하여, 법인의 대표자가 그 업무와 관련하여 위반행위를 저지른 경우에는 그 법인도 형사처벌 대상으로 삼음으로써 위와 같은 위반행위 발생을 방지하고 위 조항의 규범력을 확보하려는 데 있다. 또한, 법인은 기관을 통하여 행위를 하므로 법인이 대표자를 선임한 이상 그의 행위로 인한 법률효과는 법인에게 귀속되어야 하고, 법인 대표자의 범죄행위에 대하여는 법인 자신이 책임을 져야 하는 바, 법인 대표자의 법규위반행위에 대한 법인의 책임은 법인 자신의 법규위반행위로 평가될 수 있는 행위에 대한 법인의 직접책임으로서, 대표자의 고의에 의한 위반행위에 대하여는 법인 자신의 고의에 의한 책임을, 대표자의 과실에 의한 위반행위에 대하여는 법인 자신의 과실에 의한 책임을 지는 것이다(헌법재판소 2010.7.29. 선고 2009헌가25 전원재판부 결정 참조)"라고 판시[25]하고, 또한 "구 건축법 제54조 내지 제56조의 벌칙규정에서 그 적용대상자를 건축주, 공사감리자, 공사시공자 등 일정한 업무주로 한정한 경우에 있어서, 같은 법 제57조의 양벌규정은 업무주가 아니면서 당해 업무를 실제로 집행하는 자가 있는 때에 위 벌칙규정의 실효성을 확보하기 위하여 그 적용대상자를 당해 업무를 실제로 집행하는 자에까지 확장함으로써 그러한 자가 당해 업무집행과 관련하여 위 벌칙규정의 위반행위를 한 경우 위 양벌규정에 의하여 처벌할 수 있도록 한 행위자의 처벌규정임과 동시에 그 위반행위의 이익귀속 주체인 업무주에 대한 처벌규정이다"라고 판시[26]하여 양벌규정의 입법취지 및 납세의무자와 그 행위자에 대한 형사책임 부과 근거를 밝히고 있다.

한편 조세범처벌법 제18조 단서와 같은 면책규정이 없었던 시기[27]에 양벌규정에 의한 업무주 책임을 인정하는 근거에 관하여 학설은 무과실 책임설과 과실 책임설로 나뉘어 있었다. 법원은 그 당시에 이와 관련하여 일관해서 과실 책임설의 입장을 취하고 있었다.[28] 이에 대한 논의는 2010.1.1. 입법적으로 이미 해결되어 그 논의 실익이 거의 없다. 업무주에 대한 양벌규정상 처벌 근거는 조세범처벌법

25) 대법원 2010.9.30. 선고 2009도3876 판결.

26) 대법원 1999.7.15. 선고 95도2870 판결.

27) 2010.1.1. 이전에는 조세범처벌법 제3조는 업무주의 양벌규정과 관련하여 면책규정이 없었는바, 헌법재판소는 이 규정에 대하여 "법인이 고용한 종업원 등의 범죄행위에 대하여 업무주인 법인이 그와 같은 위반행위에 대하여 어떠한 잘못이 있었는지 여부에 대하여 확인하지 않고 곧바로 법인을 행위자와 동일하게 처벌하는 것은 형사법의 기본원리인 책임주의 원칙에 위배된다"라는 이유로 위헌결정을 하였고(헌법재판소 2010.10.28. 선고 2010헌가14 결정 등), 그 위헌결정에 따라 2010.1.1. 면책조항을 입법함으로써 입법적으로 해결하였다.

28) 대법원 2007.11.16. 선고 2005다3229 판결; 대법원 2006.2.24. 선고 2005도7673 판결; 대법원 1992.8.18. 선고 92도1395 판결 등.

제18조 단서에서 규정한 바와 같이 그 행위자인 대표이사 등의 행위자체 때문이 아니라 업무주의 그 대표이사 등의 선임·감독상 과실 행위에 대하여 처벌하는 것이다. 따라서 이 양벌책임에서 업무주로서 납세의무자인 법인 또는 개인은 행위자의 위반행위에 대한 인식이나 고의와 관계없이 성립한다. 조세포탈 행위자가 조세포탈죄 성립 이후에 다른 사유로 처벌받지 않았다고 하더라도 업무주인 법인은 납세의무자로서 조세포탈죄로 처벌이 가능하다. 다만, 행위자의 조세포탈행위 자체가 범죄로 성립되지 아니한 경우에는 당연한 결과로 업무주인 법인의 양벌책임도 인정되지 않는다.

4. 적용요건

(1) 업무주 자격(본인)으로서 법인 또는 개인

조세범처벌법 제18조에서의 법인과 개인은 업무주 자격을 가진 법인 또는 개인을 지칭한다. 그 행위자인 법인의 대표자, 대리인, 사용인, 그 밖의 종업원은 앞서 설명한 바와 같이 업무주를 위하여 업무를 수행한 자들을 의미한다. 국세기본법 제13조[29]에 국세기본법과 세법의 적용을 받는 법인의 범위와 관련하여 상세하게 정하고 있다. 조세범처벌법상 양벌규정이 적용되는 법인의 범위도 이와 같다. 양벌규정상 업무주인 법인과 개인도 명의상 업무주가 아닌 실질적 업무주가 이에 해당한다.

---

29) 국세기본법 제13조(법인으로 보는 단체 등) ① 법인('법인세법' 제2조 제1호에 따른 내국법인 및 같은 조 제3호에 따른 외국법인을 말한다. 이하 같다)이 아닌 사단, 재단, 그 밖의 단체(이하 '법인 아닌 단체'라 한다) 중 다음 각 호의 어느 하나에 해당하는 것으로서 수익을 구성원에게 분배하지 아니하는 것은 법인으로 보아 이 법과 세법을 적용한다.

1. 주무관청의 허가 또는 인가를 받아 설립되거나 법령에 따라 주무관청에 등록한 사단, 재단, 그 밖의 단체로서 등기되지 아니한 것
2. 공익을 목적으로 출연된 기본재산이 있는 재단으로서 등기되지 아니한 것

② 제1항에 따라 법인으로 보는 사단, 재단, 그 밖의 단체 외의 법인 아닌 단체 중 다음 각 호의 요건을 모두 갖춘 것으로서 대표자나 관리인이 관할 세무서장에게 신청하여 승인을 받은 것도 법인으로 보아 이 법과 세법을 적용한다. 이 경우 해당 사단, 재단, 그 밖의 단체의 계속성과 동질성이 유지되는 것으로 본다.

1. 사단, 재단, 그 밖의 단체의 조직과 운영에 관한 규정(규정)을 가지고 대표자나 관리인을 선임하고 있을 것
2. 사단, 재단, 그 밖의 단체 자신의 계산과 명의로 수익과 재산을 독립적으로 소유·관리할 것
3. 사단, 재단, 그 밖의 단체의 수익을 구성원에게 분배하지 아니할 것

⑵ 행위자의 업무관련성 존재

사용인 등이 법인의 업무에 관하여 조세포탈 행위를 한 것으로 인정되기 위해서는 사용인 등의 행위가 객관적으로 법인의 업무와 관련된 것이어야 하고, 주관적으로는 법인의 업무를 위하여 한다는 의사를 가지고 행한 행위이어야 한다. 객관적인 업무관련성은 조세범죄 자체가 불법행위인 점 등을 고려하여 이에 대한 엄격한 제한을 두지 않고 폭넓게 인정하고 있다. 법원도 "양벌규정에서 말하는 법인의 업무라 함은 객관적 외형상으로 보아 법인의 업무에 해당하는 행위이면 족하고 그 행위가 법인 내부의 결재를 밟지 아니하였거나 그 행위의 동기가 직원 기타 제 3자의 이익을 위한 것이라고 하여도 무방하다"라고 판시[30]하고, 또한 "신용카드회사 판촉팀 직원이 신용카드회사와 신용카드 회원모집 대리점 계약을 체결한 회사의 대표이사에게 불법으로 카드 가맹점주의 개인신용정보를 제공한 행위는 객관적 외형상 신용카드회사의 신용카드 회원을 모집하기 위한 행위로서 법인의 업무에 관한 행위라고 할 것이고, 주관적으로도 신용카드 회원모집이라는 회사의 업무를 위하여 개인신용정보를 제공한다는 의사가 있었음이 분명하므로 신용카드회사와 업무관련성이 인정된다"라고 판시[31]하여 행위자의 업무관련성에 대하여 폭넓게 인정하는 경향에 있다.

⑶ 양벌책임의 면책에 대한 입증책임과 입증내용

(가) 입증책임

조세범처벌법 제18조 본문 및 단서 규정을 보면, 행위자의 조세범죄가 성립되면 당연히 업무주인 법인 등의 조세포탈죄도 성립하고, 업무주인 법인 등이 행위자의 업무에 대하여 상당한 주의 또는 감독의무를 게을리하지 않았다는 사실을 주장하고 입증함으로써 비로소 그 책임이 면책되는 형식으로 규정되어 있다. 따라서 조세범처벌법 제18조 단서의 면책규정 적용을 주장하는 법인 등 업무주가 업무위반 행위자의 선임·감독상 과실이 없다는 사실과 기타 면책사유를 증명하여야 양벌책임을 부담하지 않는다.

---

30) 대법원 2002.1.25. 선고 2001도5595 판결.
31) 대법원 2006.6.15. 선고 2004도1639 판결.

(나) 주장사실 및 입증내용

조세범처벌법 제18조 단서에서는 '법인 또는 개인이 그 위반행위를 방지하기 위하여 해당 업무에 관하여 상당한 주의와 감독을 게을리하지 아니한 경우'에는 양벌책임을 면하도록 규정되어 있다. 업무주의 면책 사유가 추상적으로 규정되어 있어 그 판단기준이 문제되었는데, 이에 대하여 법원은 "법인이 상당한 주의 또는 감독을 게을리하였는지 여부는 해당 위반행위와 관련된 모든 사정 즉, 해당 법률의 입법취지, 처벌조항 위반으로 예상되는 법익 침해의 정도, 위반행위에 관하여 양벌규정을 마련한 취지 등은 물론 위반행위의 구체적인 모습과 그로 인하여 실제 야기된 피해 또는 결과의 정도, 법인의 영업 규모 및 행위자에 대한 감독 가능성이나 구체적인 지휘·감독 관계, 법인이 위반행위 방지를 위하여 실제 행한 조치 등을 전체적으로 종합하여 판단하여야 한다"라고 판시[32]하여 면책 사유에 대한 구체적 판단기준들을 제시하고 있다.

2010.1.1 시행된 대검찰청 양벌규정 위헌결정에 따른 업무지침에 의하면, 법인의 책임 여부 판단기준으로 ① 종업원들의 범죄행위에 대하여 법인에게 비난받을 행위가 있었는지, 가령 종업원들의 범죄행위를 지시하였거나 이에 실질적인 가담을 하였거나 도움을 주었는지 여부, ② 업무주의 업무에 관한 종업원 등의 행위를 지도하고 감독하는 노력을 게을리하였는지 등을 판단하여 법인이 행위자들의 위반행위를 방지하기 위하여 상당한 주의 및 감독을 게을리하지 않았는지 여부를 판단하여야 한다고 규정하고 있다. 실무에서는 크게 법인의 위법행위 발생에 대한 사전예방 노력과 행위자의 위반행위 발생 후의 사후 조치를 통한 제재와 재발 방지 실행 여부에 초점을 두고 있다. 구체적으로 ① 임·직원 윤리규범 제정 및 시대 상황 등을 반영한 개정, ② 임·직원을 상대로 한 정기적인 직업 윤리 등에 대한 교육 실시, ③ 임·직원들을 상대로 한 윤리규범 준수서약서 징구 여부, ④ 윤리규범 등에 대한 실질적인 이행상황 점검 및 투명한 평가 실시, ⑤ 규정위반자에 대한 엄정한 조치(손해배상청구, 징계 또는 고발), ⑥ 위반행위에 따른 법인의 적절한 대응 여부(예를 들어, 위반행위가 조세포탈인 경우 탈루세액에 대한 수정신고 이행 여부 등) 등을 종합적으로 고려하여 결정하고 있다.

---

32) 대법원 2012.5.9. 선고 2011도11264 판결; 대법원 2011.7.14. 선고 2009도5516 판결; 대법원 2010. 9.9. 선고 2008도7834 판결; 대법원 2010.4.15. 선고 2009도9624 판결; 대법원 2010.12.9. 선고 2010도12069 판결 등.

최근 법원 및 검찰은 일반 대기업의 임·직원 범행의 경우에는 업무주인 법인 등이 위와 같은 면책을 위한 통상적으로 준수하여야 할 내용들을 적절하게 이행한 사실이 확인되면 업무주인 법인 등에게 양벌책임을 묻지 않는 경향에 있다. 다만, 대표이사 등 법인의 수뇌부가 관여되는 등 임·직원들의 조직적인 조세포탈의 경우에는 면책주장을 받아들이지 않고, 양벌규정을 적용하여 법인을 처벌하고 있다. 법원도 "법인은 기관을 통하여 행위를 하므로 법인이 대표자를 선임한 이상 그의 행위로 인한 법률 효과는 법인에게 귀속되어야 하고, 법인 대표자의 범죄행위에 대하여는 법인 자신이 자신의 행위에 대한 책임을 부담하여야 하는바, 법인 대표자의 법규위반행위에 대한 법인의 책임은 법인 자신의 법규위반행위로 평가될 수 있는 행위에 대한 법인의 직접 책임으로서, 대표자의 고의에 의한 위반행위에 대하여는 법인 자신의 고의에 의한 책임을, 대표자의 과실에 의한 위반행위에 대하여는 법인 자신의 과실에 의한 책임을 부담하는 것이다"라고 판시[33]하고 있다. 대표이사가 위법행위를 하는 법인의 경우에는 아무리 형식적·절차적인 예방조치가 잘 구비되어 있다고 하더라도 실질적인 규범 이행 및 통제에 문제가 있다는 사실을 반영한 것으로 판단된다. 검찰도 이러한 취지에서 조세포탈 행위자가 법인 대표자인 경우에는 일반 임·직원과 구분하여 법인에 대하여 양벌책임을 인정하는 결정을 하였다.[34]

(다) 특가법상 가중처벌규정과 양벌책임

특가법 제8조 제1항에서는 조세범처벌법 제3조 제1항(조세포탈 등), 제4조(면세유의 부정유통) 및 제5조(가짜석유제품의 제조 또는 판매), 지방세기본법 제102조 제1항(지방세의 포탈)에 규정된 죄를 범한 자의 연간 포탈세액등이 5억 원 이상인 경우에 가중처벌하도록 규정되어 있다. 또한 같은 법 제8조의2 제1항에는 영리를 목적으로 조세범처벌법 제10조 제3항(가공세금계산서 발급 및 수취) 및 제4항 전단의 죄(가공세금계산서 발급 및 수취 알선·중개)를 범한 자의 공급가액등의 합계액이 30억 원 이상인 경우에는 가중처벌하도록 규정되어 있다.

양벌규정에 의하여 처벌되는 법인에 대하여도 위 특가법상의 가중처벌 규정을 적용할 수 있는지가 문제가 될 수 있다. 특가법 제8조 제1항에서는 이를 위반한 자에 대하여 징역형과 함께 필요적 벌금형을 선고하도록 되어 있다. 이는 포탈행위를 직접 수행한 자연인인 행위자만을 상정하고 입법한 것으로 보이므로 형벌로

---

33) 대법원 2010.9.30. 선고 2009도3876 판결.

34) 서울중앙지검 2021.6.30. 결정 2018형제52760호 불기소 결정문 참조.

벌금만을 선고받을 수 있는 법인 등은 위 규정을 적용할 수 없다고 본다. 법원도 "특가법 제8조 제1항에서 포탈세액 등에 따라 무기 또는 5년 이상의 징역(제1호), 3년 이상의 유기징역(제2호)에 처하도록 규정하고 있는 한편, 그 제2항에서 그 포탈세액 등의 2배 이상 5배 이하에 상당하는 벌금을 병과한다고 규정하고 있는데, 현행 형벌체계상 법인에게는 징역형을 과할 수 없는 점에 비추어 볼 때 위 특가법 제8조의 규정은 조세포탈범의 법정책임자와 이러한 자의 포탈행위에 가담한 공범자인 자연인을 가중처벌 하기 위한 규정임이 명백하다 할 것이고, 따라서 법인에 대하여는 특가법상으로 법인을 조세범처벌법의 각 본조에 정한 벌금형을 가중하여 처벌한다는 명문의 처벌규정(양벌규정)이 없는 이상 위 특가법 제8조에 의하여 법인을 가중처벌할 수 없다"라고 판시[35]하고 있다.

또한 법원은 "법인의 대표자가 수개의 조세범처벌법 제10조 제3항 위반행위에 대하여 특가법 제8조의2 위반의 1죄로 처벌받는다고 하더라도 조세범처벌법 제18조의 양벌규정에 의하여 처벌되는 법인의 조세범처벌법위반죄는 무거래 세금계산서 수수행위 등으로 인한 조세범처벌법위반죄의 죄수에 관한 일반 법리가 적용되어 특별한 사정이 없는 한 각 세금계산서 등 문서마다 1개의 죄가 성립된다고 보아야 한다"라고 판시[36]하여 가공세금계산서 발급 및 수취행위로 인하여 양벌규정의 적용대상이 되는 업무주인 법인 등도 조세포탈죄에 대한 가중처벌규정인 특가법 제8조와 마찬가지로 특가법 제8조의2를 적용하여 가중처벌 할 수 없다고 하고 있다.

---

35) 대법원 1992.8.14. 선고 92도299 판결.

36) 대법원 2015.6.24. 선고 2014도16273 판결.

제2장

조세범칙조사와 수사 절차

제1절 총　　설

I. 의　　의 | II. 범칙조사 사전단계로서의 세무조사

Ⅰ. 의　　의

조세범칙사건이란 조세범처벌법 제3조부터 제16조까지의 죄에 해당하는 사건을 말한다(조세범처벌절차법 제2조 제1호, 제2호). 조세범칙조사는 세무공무원이 조세범칙행위 등을 확정하기 위하여 조세범칙사건에 대하여 행하는 조사활동을 말한다. 여기서 세무공무원은 지방국세청 소속 공무원의 경우에는 해당 지방국세청장의 제청으로 소재지 관할 지방검찰청의 검사장이 지명하는 공무원과 세무서 소속 공무원의 경우에는 지방국세청장의 제청으로 세무서 관할 지방검찰청의 검사장이 지명하는 공무원을 말한다(같은 법 제2조 제4호).

조세범칙사건은 해당 조세범칙사건의 납세지를 관할하는 세무서장의 관할로 한다. 중요한 사건의 경우에는 지방국세청장의 관할로 할 수 있다. 범칙조사는 과세관청에서 처음부터 직접 착수를 할 수도 있으나 대부분 일반적 세무조사를 거쳐 일정금액 이상의 조세포탈, 허위 세금계산서 혐의금액이 발견된 경우에 세무조사를 범칙조사로 전환하여 진행한다. 검찰 등 수사기관의 고발 요청이 있는 경우에도 통상적으로는 일단 일반 세무조사로 착수하여 수사기관의 통보자료를 확인한 다음에 범칙조사로 전환하여 고발절차를 진행한다.

일반세무조사부터 조세범칙조사 종결까지의 절차를 개략적으로 도면으로 표기하면 아래와 같다.[1)]

1) 소순무 외 8인, 변호사세무편람, 2014, 139면 참조.

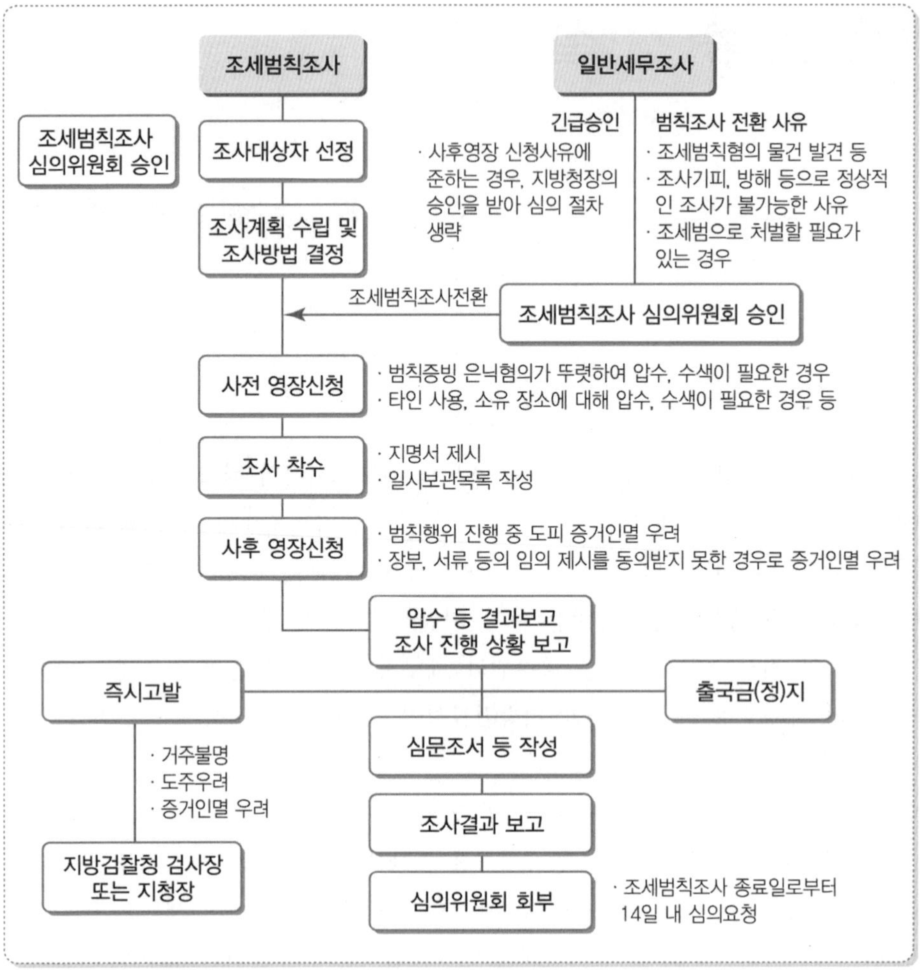

Ⅱ. 범칙조사 사전단계로서의 세무조사

1. 세무조사의 개념

세무조사란 국세의 과세표준과 세액을 결정 또는 경정하기 위하여 질문을 하거나 해당 장부·서류 또는 그 밖의 물건을 검사·조사하거나 그 제출을 명하는 활동을 말하고, 조세범칙조사를 포함한다(국세기본법 제2조 제21호, 제81조의2 제2항 제1호). 일반세무조사는 각 세법에서 규정하고 있는 질문조사권 또는 질문검사권에 근거하여 조사공무원이 납세자의 국세에 관한 정확한 과세표준과 세액을 결정 또는 경정하기 위하여 납세자에게 사전통지를 한 다음에 납세자 또는 납세자와 거래가 있다고 인정되는 자 등을 상대로 질문하고, 장부·서류·물건 등을 검사·조사하거나 그 제출을 명하는 일련의 행위를 말한다(조사사무처리규정 제3조 제1호).

세무조사절차를 살펴보면, 우선 세무조사대상자를 선정해야 한다. 그 다음에 조사계획을 수립하고 조사를 진행한다. 조사결과가 나오면 조사대상자에게 조사결과를 통지한다. 마지막으로 조사결과에 따라 과세관청에서 결정·경정을 하는 순서로 진행된다. 세무조사는 납세의무자의 고의 또는 과실에 의한 오류 신고 내지 조세탈루 행위를 바로 잡기 위한 목적으로 행한다. 세무조사는 조세탈루사실을 밝혀 추가로 부과처분을 하는 것을 원칙으로 하지만, 세무조사 진행 중 명백한 부정행위가 발견되었을 경우에는 조세포탈 여부 등을 결정하기 위한 조세범칙조사로 조사 유형을 전환할 수 있다.

2. 세무조사의 분류

(1) 개　요

세무조사를 실시하는 과세관청에서는 납세자의 권익을 보호하고 재산권이 부당히 침해되지 않도록 세무조사의 목적달성에 필요한 최소한의 범위에서 조사대상, 조사방법, 조사내용 또는 조사범위를 결정한다. 이 결정에 따라 세무조사를 다양한 형태로 분류하여 진행한다. 이와 관련된 사무처리 사항과 절차는 세무공무원의 조사사무처리규정[2]에 상세히 규정되어 있다.

(2) 일반세무조사와 기획조사

일반세무조사란 특정 납세자의 과세표준 또는 세액의 결정 또는 경정을 목적으로 조사대상 세목에 대한 과세요건 또는 신고사항의 적정 여부를 검증하는 일반적인 세무조사를 말한다(조사사무처리규정 제3조 제1호). 이와 대비되는 기획조사란 소득종류별·계층별·업종별·지역별·거래유형별 세부담 불균형이나 구조적인 문제점 등을 시정하기 위하여 국세청장, 지방국세청장 또는 세무서장이 별도 수립한 계획에 따라 지방국세청장 또는 세무서장이 실시하는 세무조사를 말한다(같은 규정 제3조 제21호). 일반세무조사

---

2) 이 규정은 국세청 훈령으로 세무조사의 기본적인 사항과 사무처리 절차를 규정함으로써 국세기본법, 각 세법 및 관계법령에서 정한 바에 따라 적법하고 공정·투명한 조사사무의 집행을 통하여 납세자의 권익보호와 세법질서의 확립 및 효율적인 사무처리에 기여함을 목적으로 총 103개 조항으로 구성되어 있다.

의 조사방식으로는 원칙적으로 전부조사 방식을 활용하나, 예외적으로 부분조사 방식을 활용하기도 한다.

(3) 전부조사와 부분조사

전부조사란 조사대상 과세기간의 신고사항에 대한 적정 여부에 관하여 전반적으로 검증하는 세무조사를 말한다. 부분조사란 통합조사 또는 세목별조사에 의하지 아니하고 특정 사업장, 특정 항목부분 또는 거래 일부 등에 한정하여 적정 여부를 검증하는 세무조사를 말한다(같은 규정 제3조 제24호, 제25호). 부분조사를 할 경우에는 문제가 있는 항목에 대하여만 집중적으로 조사를 진행한다.

(4) 통합조사, 세목별조사 및 동시조사

통합조사란 납세자의 편의와 조사의 효율성을 제고하기 위하여 조사대상으로 선정된 과세기간에 대하여 그 납세자의 사업과 관련하여 신고·납부의무가 있는 모든 세목을 함께 조사하는 것을 말한다(같은 규정 제3조 제22호).

세목별조사란 세원관리상 긴급한 필요가 있거나 부가가치세, 개별소비세, 주세, 재산제세, 원천징수 대상 세목 등 세목의 특성을 고려하여 특정 세목만을 대상으로 실시하는 세무조사를 말한다(같은 규정 제3조 제23호). 세무조사와 조세범칙조사는 통합조사가 원칙이다(국세기본법 제81조의11). 따라서 과세관청이 회사를 상대로 일반세무조사를 진행할 경우에는 통합조사를 원칙으로 하기 때문에 일반적으로 법인세, 부가가치세, 원천세 등 납세의무 있는 모든 세목에 대한 조사를 함께 진행한다. 다만, 예외적으로 부가가치세와 같은 간접세 분야만 한정하여 특별히 조사를 진행할 필요가 있을 경우에 한하여 세목별 조사방식을 채택하여 진행한다.

동시조사란 세무조사시 조사 효율성, 납세자 편의 등을 감안하여 조사대상자로 선정된 납세자와 특수관계에 있는 자 등 관련인들을 함께 조사하거나, 동일한 납세자가 통합조사 또는 세목별조사, 주식변동조사, 자금출처조사 등 여러 유형의 조사대상자로 각각 선정되어 있는 경우에 각 조사의 조사시기를 맞추어 함께 조사하는 것을 말한다(같은 규정 제3조 제26호).

(5) 추적조사와 현장확인

추적조사란 무자료·변칙거래 혐의자, 자료상 혐의자 등과 같이 유통과정 및 거래질서를 문란하게 하는 자 등을 대상으로 재화·용역 또는 세금계산서·계산서의 흐름을 거래의 앞·뒤 단계별로 추적하여 사실관계를 확인하는 세무조사를 말한다(같은 규정 제3조 제20호). 현장확인이란 각 세법에 규정하는 질문조사권 또는 질문검사권에 따라 세원관리, 과세자료 처리 또는 세무조사 증거자료 수집 업무 등을 처리하기 위하여 납세자 또는 그 납세자와 거래가 있다고 인정되는 자 등을 상대로 세무조사에 의하지 아니하고 현장확인 계획에 따라 현장출장하여 사실관계를 확인하는 행위를 말한다. 현장확인으로 처리하는 업무로는 자료상 혐의자료, 위장 가공자료, 조세범칙조사 파생자료로서 단순사실 확인, 위장가맹점 확인 및 신용카드 고액매출자료 등 변칙거래 혐의 자료의 처리를 위한 현장출장확인, 세무조사 과정에서 납세자의 거래처 또는 거래상대방에 대한 거래사실 등 사실관계 여부 확인, 민원처리 등을 위한 현장출장·확인이나 탈세제보자료, 과세자료 등의 처리를 위한 일회성 확인, 사업자에 대한 사업장현황 확인이나 기장 확인, 거래사실 확인 등을 위한 계좌 등 금융거래 확인 등이 있다(같은 규정 제3조 제2호).

⑹ 기타 조사

간편조사란 일정한 요건을 충족하는 중소기업 등을 대상으로 최소한의 해명자료의 요구, 검증 및 현장조사 방법 등에 의해 단기간의 조사기간 동안 조사를 실시하고, 회계·세무 처리과정에서 유의할 사항 안내, 경영·사업자문 등을 하는 세무조사방식을 말한다. 사무실 간이조사란 소규모 납세자에 대해 납세자 편의, 회계투명성, 신고성실도 및 규모 등을 고려하여 현장조사에 의하지 아니하고도 조사의 목적을 달성할 수 있다고 판단되는 경우에 납세자가 제출한 신고서류, 회계서류 및 증빙자료 등을 통해 조사기간의 대부분을 조사관서의 사무실에서 실시하는 세무조사를 말한다. 주식변동조사란 주식변동 과정에서 관련 주주 및 해당 법인의 제세 탈루 여부를 확인하는 세무조사를 말한다. 자금출처조사란 거주자 또는 비거주자가 재산을 취득하거나 채무의 상환 또는 개업 등에 사용한 자금과 이와 유사한 자금의 원천이 직업·나이·소득 및 재산상태 등에 비추어 본인의 자금능력에 의한 것이라고 인정하기 어려운 경우에 그 자금의 출처를 밝혀 증여세 등의 탈루 여부를 확인하기 위하여 행하는 세무조사를 말한다.

이전가격조사란 거주자, 내국법인 또는 외국법인 국내사업장이 국제조세조정에 관한 법률에서 규정하는 국외 특수관계자와의 거래와 관련하여 과세표준 및 세액 신고 시에 적용된 이전가격이 국제조세조정에 관한 법률 제2조에서 규정하는 정상가격과 합치하는지를 확인하기 위하여 행하는 세무조사를 말한다. 위임조사란 지방국세청장이 조사인력·업무량·조사실익 등을 감안하여 지방국세청 조사대상자를 세무서장에게 위임하여 실시하는 세무조사를 말한다. 교차 세무조사란 납세지 관할 지방국세청장이 관할조정을 신청하여 납세지 관할이 아닌 지방국세청장이 실시하는 세무조사를 말한다. 자료상 조사란 재화 또는 용역을 공급하지 아니하고 (세금)계산서를 발급하였거나 매출처별 (세금)계산서합계표를 거짓으로 기재하여 제출하였는지 여부를 확인하는 세무조사를 말한다. 거짓(세금)계산서 수취자 조사란 재화 또는 용역을 공급받지 아니하고 (세금)계산서를 발급받았거나 매입처별 (세금)계산서합계표를 거짓으로 기재하여 제출하였는지 여부를 확인하는 세무조사를 말한다(같은 규정 제3조 제32호 내지 제36호 참조).

3. 세무조사 대상자 선정

(1) 정기선정

세무조사 대상의 정기적 선정은 ① 국세청장이 납세자의 신고 내용에 대하여 과세자료, 세무정보 및 주식회사의 외부감사에 관한 법률에 따른 감사의견, 외부감사 실시내용 등 회계성실도 자료 등을 고려하여 정기적으로 성실도를 분석한 결과 불성실 혐의가 있다고 인정하는 경우와, ② 최근 4과세기간 이상 같은 세목의 세무조사를 받지 아니한 납세자에 대하여 업종, 규모, 경제력 집중 등을 고려하여 대통령령으로 정하는 바에 따라 신고 내용이 적정한지를 검증할 필요가 있는 경우, 그리고 ③ 무작위추출방식으로 표본조사를 하려는 경우 등 신고의 적정성을 검증하기 위하여 그 대상을 일정기간을 두고 정기적으로 선정하는 것을 말한다(국세기본법 제81조의6 제2항)

(2) 비정기선정

세무조사 대상의 비정기적 선정이란 납세자가 불성실한 경우, 즉 ① 납세자가 세법에서 정하는 신고, 성실신고확인서의 제출, 세금계산서 또는 계산서의 작성·교부·제출, 지급명세서의 작성·제출 등의 납세협력의무를 이행하지 아니한 경우와, ② 무자료거래, 위장·가공거래 등 거래내용이 사실과 다른 혐의가 있는 경우, ③ 납세자에 대한 구체적인 탈세 제보가 있는 경우, ④ 신고내용에 탈루나 오류의 혐의를 인정할 만한 명백한 자료가 있는 경우, 그리고 ⑤ 납세자가 세무공무원에게 직무와 관련하여 금품을 제공하거나 금품제공을 알선한 경우 등에 대하여 세무공무원이 그 대상을 시기와 무관하게 필요에 의하여 임의로 선정할 수 있는 것을 말한다(국세기본법 제81조의6 제3항)

(3) 과세표준과 세액의 결정을 위해 필요한 경우

과세관청의 조사결정에 의하여 과세표준과 세액이 확정되는 세목인 상속세, 증여세 등과 같은 부과납세방식의 조세의 경우에는 과세관청의 세액 결정을 위한 조사가 필요하다. 이 경우에는 특별한 사유가 없더라도 과세관청의 필요에 의하여 세무조사를 할 수 있다(국세기본법 제81조의6 제4항). 이것은 과세관청이 과세표준과 세액을 결정하기 위하여 하는 세무조사이다. 예를 들어 상속세의 경우에 세무서장 등은 상속인의 상속세 신고에 따라 과세표준과 세액을 결정할 수 없거나 결정 이후에 그 과세표준과 세액에 탈루 또는 오류가 있는 사실을 발견한 경우에는 즉시 그 과세표준과 세액을 조사하여 결정하거나 경정하도록 하고 있다. 또한 상속재산의 가액이 30억원 이상인 경우로서 상속개시 후 대통령령으로 정하는 기간 이내에 상속인이 보유한 부동산, 주식, 그 밖에 주요 재산의 가액이 상속개시 당시에 비하여 크게 증가한 경우에는 그 결정한 과세표준과 세액에 탈루 또는 오류가 있는지 여부를 조사하도록 되어 있는데 이러한 경우 등이 이에 해당한다(상속세 및 증여세법 제76조 제4항, 제5항).

4. 세무조사 실시

(1) 세무조사반 편성 및 조사 기간

세무조사는 납세지를 관할하는 세무서장 또는 지방국세청장이 수행한다(국세기본법 제81조의6 제1항 본문). 다만, ① 납세자가 사업을 실질적으로 관리하는 장소의 소재지와 납세지가 관할을 달리하는 경우, ② 일정한 지역에서 주로 사업을 하는 납세자에 대하여 공정한 세무조사를 실시할 필요가 있는 경우 등 납세지 관할 세무서장 또는 지방국세청장이 세무조사를 수행하는 것이 부적절하다고 판단되는 경우, ③ 세무조사 대상 납세자와 출자관계에 있는 자, 거래가 있는 자 또는 특수관계인에 해당하는 자 등에 대한 세무조사가 필요한 경우, ④ 세무관서별 업무량과 세무조사 인력 등을 고려하여 관할을 조정할 필요가 있다고 판단되는 경우에는 국세청장 또는 같은 지방국세청 내 소관 세무서 관할 조정의 경우에는 지방국세청장이 그 관할을 조정할 수 있도록 하고 있다(같은 조 제1항 단서, 국세기본법 시행령 제63조의3).

조사반은 조사유형, 조사대상자의 업종·규모 및 조사업무량 등을 고려하여 적정한 인원으로 편성하여야 한다. 전문가 지원, 효율적인 조사관리, 조사성과 제고 등을 위하여 업종별·거래유형별 조사전담반 또는 조사인력을 편성하여 운영할 수 있다(조사사무처리규정 제14조). 세무조사기간은 조사대상 세목·업종·규모, 조사 난이도 등을 고려하여 최소한이 되도록 하여야 한다. 조사대상 과세기간 중 연간 수입금액 또는 양도가액이 가장 큰 과세기간의 연간 수입금액 또는 양도가액이 100억 원 미만인 납세자에 대한 세무조사 기간은 20일 이내로 하도록 되어 있다(국세기본법 제81조의8 제1항 본문, 제2항). 다만, 납세자가 장부·서류 등을 은닉하거나 제출을 지연하거나 거부하는 등 조사를 기피하는 행위가 명백한 경우 등에는 기간을 연장할 수 있다(같은 조 제1항 단서). 기간을 연장하는 경우에는 관할 세무관서의 장의 승인을 받아야 하고, 2회 이후 연장의 경우에는 관할 상급 세무관서의 장의 승인을 받아 각각 20일 이내에서 연장할 수 있다(같은 조 제3항 본문). 이와 별도로 무자료거래, 위장·가공거래 등 거래내용이 사실과 다른 혐의가 있어 실제 거래내용에 대한 조사가 필요한 경우 등 조사에 시간이 필요한 경우에는 위와 같은 세무조사 연장 기간의 제한을 받지 아니하고 조사를 진행할 수 있다(같은 조 제3항 단서).

(2) 세무조사 범위 및 확대 제한

세무조사 공무원은 세무조사를 실시하는 동안 조사대상 과세기간 및 조사대상 세목, 조사기간 등에 대하여는 사전에 정한 범위와 한계를 준수하여 그 범위 내에서 조사하여야 한다(조사사무처리규정 제38조). 다만, 조사공무원은 구체적인 세금탈루혐의가 여러 과세기간 또는 다른 세목까지 관련된 것으로 확인되는 경우 등 국세기본법 시행령 제63조의10 각 호[3]의 어느 하나에 해당하는 경우에는 조사범위를 확대할 수 있다. 이 경우를 제외하고는 조사진행 중 조사범위를 확대할 수 없다(국세기본법 제81조의9, 조사사무처리규정 제39조). 이와 같이 예외적으로 조사범위를 확대하는 경우에는 조사사무처리규정에서 규정하고 있는 납세자보호위원회 등의 승인을 받아야 한다. 세무조사의 범위를 확대하는

3) 제63조의10(세무조사 범위의 확대) 법 제81조의9 제1항에서 "구체적인 세금탈루 혐의가 여러 과세기간 또는 다른 세목까지 관련되는 것으로 확인되는 경우 등 대통령령으로 정하는 경우"란 다음 각 호의 어느 하나에 해당하는 경우를 말한다.

1. 다른 과세기간·세목 또는 항목에 대한 구체적인 세금탈루 증거자료가 확인되어 다른 과세기간·세목 또는 항목에 대한 조사가 필요한 경우
2. 명백한 세금탈루 혐의 또는 세법 적용의 착오 등이 있는 조사대상 과세기간의 특정 항목이 다른 과세기간에도 있어 동일하거나 유사한 세금탈루 혐의 또는 세법 적용 착오 등이 있을 것으로 의심되어 다른 과세기간의 그 항목에 대한 조사가 필요한 경우

경우에는 그 사유와 범위를 납세자에게 문서로 통지하여야 한다(국세기본법 제81조의9 제1항).

(3) 세무조사 방법

세무조사는 납세의무자와 납세의무가 있다고 인정되는 자, 그와 거래가 있다고 인정되는 자를 상대로 질문조사 내지 질문검사권을 행사할 수 있다. 질문검사를 할 경우에는 상대방에 대한 질문 이외에 해당 장부서류 기타 물건을 조사하거나 그 제출을 명할 수 있다(법인세법 제122조, 소득세법 제170조 제1항 참조). 질문검사의 내용에 포함되는 것으로서 가장 중요한 것의 하나가 금융거래확인으로, 이는 법관이 발부한 영장없이 할 수 있다(금융실명거래및비밀보장에 관한법률 제4조 제1항 제2호)[4]. 조사공무원은 국세기본법 제81조의6 제3항 각 호[5]의 어느 하나의 사유에 해당하고 납세자의 증거인멸 우려 등으로 세무조사의 목적을 달성할 수 없다고 판단되는 경우에는 지방국세청장의 승인을 받아 장부·서류 등의 일시 보관 방법에 의한 조사 계획을 수립할 수 있다. 이 계획에 따라 조사 시작시 각 세법의 질문조사권에 따라 장부·서류·증빙 등의 제출을 요구할 수 있고, 국세기본법 제81조의10 제2항[6]에 따라 납세자, 소지자 또는 보관자 등 정당한 권한이 있는 자의 동의를 받아 세무조사 기간 동안 관련 장부·서류·증빙 등을 조사관서에 일시 보관할 수 있다.[7] 장부·서류 등의 일시 보관은 조사 목적에 필요한 최

---

4) 제4조(금융거래의 비밀보장) ① 금융회사등에 종사하는 자는 명의인(신탁의 경우에는 위탁자 또는 수익자를 말한다)의 서면상의 요구나 동의를 받지 아니하고는 그 금융거래의 내용에 대한 정보 또는 자료를 타인에게 제공하거나 누설하여서는 아니 되며, 누구든지 금융회사등에 종사하는 자에게 거래정보등의 제공을 요구하여서는 아니 된다. 다만, 다음 각 호의 어느 하나에 해당하는 경우로서 그 사용 목적에 필요한 최소한의 범위에서 거래정보등을 제공하거나 그 제공을 요구하는 경우에는 그러하지 아니하다.

2. 조세에 관한 법률에 따라 제출의무가 있는 과세자료 등의 제공과 소관 관서의 장이 상속·증여재산의 확인, 조세탈루의 혐의를 인정할 만한 명백한 자료의 확인, 체납자의 재산조회, 「국세징수법」 제14조 제1항 각 호의 어느 하나에 해당하는 사유로 조세에 관한 법률에 따른 질문·조사를 위하여 필요로 하는 거래정보등의 제공

5) 제81조의6(세무조사 관할 및 대상자 선정) ③ 세무공무원은 제2항에 따른 정기선정에 의한 조사 외에 다음 각 호의 어느 하나에 해당하는 경우에는 세무조사를 할 수 있다.

1. 납세자가 세법에서 정하는 신고, 성실신고확인서의 제출, 세금계산서 또는 계산서의 작성·교부·제출, 지급명세서의 작성·제출 등의 납세협력의무를 이행하지 아니한 경우
2. 무자료거래, 위장·가공거래 등 거래 내용이 사실과 다른 혐의가 있는 경우
3. 납세자에 대한 구체적인 탈세 제보가 있는 경우
4. 신고 내용에 탈루나 오류의 혐의를 인정할 만한 명백한 자료가 있는 경우
5. 납세자가 세무공무원에게 직무와 관련하여 금품을 제공하거나 금품제공을 알선한 경우

6) 제81조의10(장부등의 보관 금지) ① 세무공무원은 세무조사(「조세범 처벌절차법」에 따른 조세범칙조사를 포함한다)의 목적으로 납세자의 장부등을 세무관서에 임의로 보관할 수 없다.

② 제1항에도 불구하고 세무공무원은 제81조의6 제3항 각 호의 어느 하나의 사유에 해당하는 경우에는 조사 목적에 필요한 최소한의 범위에서 납세자, 소지자 또는 보관자 등 정당한 권한이 있는 자가 임의로 제출한 장부등을 납세자의 동의를 받아 세무관서에 일시 보관할 수 있다.

소한의 범위에서 실시하여야 한다. 일시 보관한 장부 · 서류 중 증거서류로서의 활용가치가 없다고 판단되는 것은 납세자에게 즉시 반환하여야 한다(조사사무처리규정 제40조).

조사공무원은 세무조사 과정에서 조사받는 납세자에게 과세요건 및 사실관계 규명 등에 필요한 서류 · 증빙 · 물건 등의 제출 · 열람 및 해명을 요구할 경우에는 장부 · 서류 등 자료제출 요구에 의해 요구할 수 있고, 요구사항 목록을 작성하여 보관하여야 한다. 다만, 법령 등에 의해 비치 · 기장 의무가 있는 회계장부 및 관련 증빙은 구두로 요구할 수 있고, 요구사항 목록을 작성 · 보관하여야 한다(같은 규정 제41조). 세무조사는 특정한 세목만을 조사할 필요가 있는 등 대통령령으로 정하는 경우를 제외하고는 납세자의 사업과 관련하여 세법에 따라 신고 · 납부의무가 있는 세목을 통합하여 실시하는 것을 원칙으로 한다(국세기본법 제81조의11).

5. 세무조사 결과

(1) 과세전적부심사청구 기회 제공

세무조사를 종결한 때에는 조사사항에 대한 부과처분을 하기 전에 납세자에게 결정 전 통지를 하여 과세전적부심사청구의 기회를 제공하여야 한다. 이러한 통지를 받은 자는 통지를 받은 날로부터 30일 이내에 통지를 한 세무서장이나 지방국세청장에게 통지 내용의 적법성에 관한 심사를 청구할 수 있다. 과세전적부심사청구를 받은 세무서장, 지방국세청장 또는 국세청장은 각각 국세심사위원회의 심사를 거쳐 결정을 하고 그 결과를 청구를 받은 날부터 30일 이내에 청구인에게 통지하여야 한다.

과세전적부심사 청구에 대한 결정종류로는 ① 청구가 이유 없다고 인정되는 경우에는 청구를 채택하지 아니한다는 결정을 하고, ② 청구가 이유 있다고 인정되

---

7) 이를 세무조사에서는 '예치제도'라고 말하고 있고, 전산자료를 포함한 세무조사와 관련한 모든 자료를 임의제출형식으로 확보하여 조사에 활용하는 조사기법으로 현재도 빈번하게 사용하고 있다. 구 조세범처벌법 제17조에서는 소득세법 · 법인세법 등 세법의 질문 · 조사권 규정에 따른 세무공무원의 질문에 대하여 거짓으로 진술을 하거나 그 직무집행을 거부 또는 기피한 자에 대하여 2,000만원 이하의 과태료에 처하도록 규정되어 있다가 범칙조사와의 형평성, 위헌성 등의 여러 문제가 제기되어 2018.12.31. 폐지되었다. 최근 대법원 법원행정처는 그 연장선상에서 예치제도와 같은 자료의 임의제출방법이 사실상 대물적 강제처분의 성격이 있다는 점을 고려하여 행정영장제도 신설을 위한 연구에 착수하였다. 즉, 예치제도의 문제점으로는 행정조사와 관련해 영장주의 우회 문제, 수집된 자료에 대한 증거능력의 제한 문제 등을 들 수 있고, 이를 보완하기 위하여 징벌적 기능을 갖고 있는 권력적 행정조사에 대하여는 영장주의에 준하는 사법적 통제장치가 필요하다는 의견에 따라 행정영장제도 도입에 대한 연구를 하고 있다.

는 경우에는 청구 전체를 채택하거나 일부를 채택하는 결정을 한다. 다만, 구체적인 채택의 범위를 정하기 위하여 사실관계 확인 등 추가적으로 조사가 필요한 경우에는 세무서장이나 지방국세청장으로 하여금 이를 재조사하여 그 결과에 따라 당초 통지 내용을 수정하여 통지하도록 하는 재조사 결정을 할 수 있다. 마지막으로 ③ 청구기간이 지났거나 보정기간에 보정하지 아니한 경우에는 심사하지 아니한다는 결정을 한다(국세기본법 제81조의15 참조). 과세전적부심사청구가 진행되고 있는 기간에는 그 청구한 부분에 대하여는 결정 또는 경정을 유보하다가 청구가 최종적으로 결정되면 그 결정 내용에 따라 결정 또는 경정하면 된다.

⑵ 결정 또는 경정

세무조사를 종결하는 경우에는 과세관청은 조사결과에 따라 내용을 정리하여 결정 또는 경정한다. 이러한 결정 또는 경정은 세무조사결정통지서를 작성하여 납세자에게 통지하여야 한다.

6. 조세범칙조사로 전환

조세의 부과를 위한 세무조사 중에 조세범칙혐의를 발견하였을 때에는 조세범칙조사를 개시할 수 있다. 이를 조세범칙조사로의 전환이라고 한다. 조세범칙조사 전환사유로는 ① 조세범칙혐의 물건을 발견하였으나, 납세자가 장부·서류 등의 임의제시 요구에 동의하지 아니하는 경우, ② 사업장 등에 이중장부 등 범칙증빙물건이 은닉된 혐의가 뚜렷하여 압수·수색 또는 일시보관이 필요한 경우, ③ 탈세사실을 은폐할 목적으로 장부·서류 등을 파기하여 증거를 인멸하거나 조사기피·방해 또는 거짓 진술을 함으로써 정상적인 조사가 불가능하다고 판단되는 경우, ④ 조세범처벌법 제10조에 따른 세금계산서 발급의무 위반 등의 사실을 발견한 경우, ⑤ 그 밖에 조세범처벌법 제3조부터 제16조까지의 죄에 해당하는 위반행위의 수법, 규모, 내용 등의 정황으로 보아 세법질서의 확립을 위하여 조세범으로 처벌할 필요가 있다고 판단되는 경우 등에 대하여는 세무조사를 조세범칙조사로 전환하도록 하고 있다.

조사관서장이 조세범칙조사를 실시하고자 하는 경우에는 조세범처벌법 제3조에 해당하는 조세범칙사건에 대하여는 범칙위원회의 심의를, 그 밖의 조세범칙사건에 대하여는 조사관서장의 승인을 받도록 되어 있다(조사사무처리규정 제76조 참조).

제2절 조세범칙조사

Ⅰ. 개 요

1. 조세범칙조사 개념

조세범칙조사는 세무공무원이 조세범칙행위 등을 확정하기 위하여 조세범칙사건에 대하여 행하는 조사절차를 말한다(조세범처벌절차법 제2조 제3호). 조세범칙조사는 넓은 의미의 세무조사에 포함된다. 지방국세청장 등은 조세범칙행위의 혐의가 있는 자를 처벌하기 위하여 증거수집 등이 필요한 경우와 연간 조세포탈 혐의금액 등이 대통령령[1]으로 정하는 금액 이상인 경우에는 조세범칙조사를 실시하도록 하고 있다(조세범처벌절차법 제7조 제1항).

조세범죄에 대한 수사 및 공소제기는 일반적으로는 세무조사와 범칙조사를 통한 고발에 의하여 시작된다. 그러나 예외적으로 검찰 등 수사기관에서 특가법 제8조에 해당하는 범죄에 대하여는 직접 인지하거나 기타 조세범죄에 대하여 인지 후 과세관청의 고발을 받아 공소제기를 하기도 한다.

---

1) 조세범처벌절차법 시행령 제6조(조세범칙조사 대상의 선정) ① 법 제7조 제1항 제2호에서 "연간 조세포탈 혐의금액 등이 대통령령으로 정하는 금액 이상인 경우"란 다음 각 호의 어느 하나에 해당하는 경우를 말한다.

1. 연간 조세포탈 혐의금액 또는 연간 조세포탈 혐의비율이 다음 표의 구분에 따른 연간 조세포탈 혐의금액 또는 연간 조세포탈 혐의비율 이상인 경우

연간 신고수입 금액	연간 조세포탈 혐의 금액	연간 조세포탈 혐의 비율
100억원 이상	20억원 이상	15% 이상
5~100억원	15억원 이상	20% 이상
20~50억원	10억원 이상	25% 이상
20억원 미만	5억원 이상	

2. 조세포탈 예상세액이 연간 5억원 이상인 경우

조세범죄는 세법과 회계 등 전문적 지식과 경험을 필요로 한다. 따라서 그에 대한 지식과 경험이 부족한 수사기관에서 처음부터 곧바로 수사를 시작할 경우에는 불필요한 많은 시간과 비용이 소요되어 수사 효율성뿐만 아니라 조세범죄 규명에도 좋지 아니한 영향을 미친다. 이러한 특수성을 반영하여 조세범죄에 대하여는 통상의 형사절차와는 다른 조세범칙절차를 거친 다음에 고발을 거쳐 수사와 공소제기를 하도록 하고 있는 것이다.

2. 조세범칙조사와 세무조사의 차이

조세범칙조사와 세무조사는 모두 과세관청에 의한 행정절차로서 그 개시 내지 대상 선정, 그리고 절차 진행에 있어서 엄격하게 구분되어 시행되고 있지는 않다. 세무조사 과정에서 부정행위가 발견된 경우에도 범칙으로 전환하지 않고 부과처분으로만 세무조사를 종료하는 경우도 있다. 또한 조세범칙조사 도중에 수집한 새로운 과세자료를 조세의 부과·징수에 그대로 활용하여 부과·징수하기도 한다.

그러나 일반 세무조사는 조세의 부과·징수라는 과세권 행사 목적에서 조사가 행하여지는 반면에, 조세범칙조사는 범칙자 또는 고발을 위한 증거 발견·수집이라는 조세 형벌권 행사의 목적에서 조사가 행하여진다는 점에서 우선 큰 차이가 있다. 이 차이점 이외에도 세무조사와 조세범칙조사는 법적 근거, 조사권자, 조사예고 유무, 조사방법, 불복방법, 불이행에 대한 조치 등에서도 차이가 있다. 이와 같이 양자의 근거와 목적이 엄격하게 구분되어 있으므로 그 운용에 있어서도 상호 구별되어 진행되어야 한다.

조세범칙조사와 세무조사의 차이점에 대하여 간단하게 표로 정리하면 아래와 같다.

일반세무조사	구분기준	조세범칙조사
세법상 질문조사권	근거	조세범처벌절차법
과세권행사(행정목적) 통상 20일, 1회 연장기간 20일 이내	성질과 목적	형벌권행사(사법목적)
일반 세무공무원	조사권자	지명받은 세무공무원
세무조사 10일전 사전 통지	조사예고	사전통지없이 불시조사
임의조사	조사방법	임의 또는 강제조사

납세고지(행정처분)	조사결과처분	통고처분, 고발 또는 무혐의처분(준사법처분)
이의신청, 심사·심판청구	불복방법	통고 불이행
강제징수	불이행에 대한 조치	고발

Ⅱ. 조사권자 및 관할

1. 조사권자

조세범칙사건은 지방국세청 또는 세무서 소속 공무원 중에서 소속 지방국세청장의 제청으로 관할 지방검찰청 검사장이 지명한 자가 조사를 진행한다(조세범처벌절차법 제2조 제4호). 세무관서장은 담당 세무공무원이 수행하는 조세범칙조사를 지휘·감독하고, 조사결과를 심사한 다음, 고발 또는 통고처분을 하는 범칙처분권자가 된다. 조사공무원은 조세범처벌절차법에서 형사소송법상 압수수색을 할 수 있는 대물적 강제처분권한이 부여되어 있지만 구속영장 청구와 같은 대인적 강제처분권한은 없다.

일정한 범죄에 대하여 수사권이 부여된 다른 행정관청의 특별사법경찰관리와 달리 조사공무원은 사법경찰관리에 해당하지 않는다. 따라서 조사공무원은 직접 검사의 지휘를 받지 아니하고 독자적으로 범칙조사를 진행한다. 조사공무원은 범칙조사를 통하여 고발을 한 이후에는 검사의 수사와 공소유지를 위하여 고발 내용에 대하여 진술을 하고 자료를 제출하는 등 긴밀한 업무협조를 하고 있다. 이는 고발권자로서의 업무협조관계에 있기 때문이다.

2. 관　　할

조세범칙사건 조사관할은 조세범칙행위 혐의자가 법인인 경우에는 법인세 납세지, 개인인 경우에는 소득세 납세지, 직접 국세와 관련 없는 간접 국세에 대한 조세범칙사건인 경우에는 해당 사업장 관할을 원칙으로 한다. 다만, 지방국세청장이 세무조사를 한 조세범칙사건과 조세범칙조사 대상자가 경영하는 사업의 종류 및 규모, 조세포탈 혐의금액 등을 고려하여 지방국세청장이 직접 조사할 필요가 있다고 인정하는 사건과 같이 중요한 사건의 경우에는 지방국세청장의 관할로 할 수 있도록 하고 있다(조사사무처리규정 제70조 제1항, 조세범처벌절차법 시행령 제2조). 그리고 세무조사 과정에서 조사관할을 달리하는 세목의 조세범칙행위를 발견한 경우로서 해당 세목을 함께 조사할 필요가 있는 경우에는 조사를 시작한 조사관서장의 조사관할로 할 수 있다(같은 규정 제70조 제3항).

또한 납세지와 범칙행위를 한 장소의 소재지가 관할을 달리하는 경우, 일정한 지역에서 주로 사업을 하는 조세범칙행위 혐의자에 대하여 공정한 조세범칙조사를 실시할 필요가 있는 등 납세지 관할 세무서장 또는 지방국세청장이 조세범칙조사를 수행하는 것이 부적절하다고 판단되는 경우, 조세범칙행위 혐의자와 출자관계에 있는 자, 거래가 있는 자 또는 특수관계인에 해당하는 자 등에 대한 조사가 필요한 경우, 세무관서별 업무량과 조사 인력 등을 고려하여 관할을 조정할 필요가 있다고 판단되는 경우에는 국세청장이 그 관할을 조정할 수 있다(같은 규정 제70조 제2항).

조사공무원이 조세범칙조사 과정에서 질문·검사, 일시보관, 압수·수색 등을 하는 경우에는 해당 관할구역에서 행한다. 다만, 조세범칙행위가 진행 중이거나 도피 또는 증거인멸의 우려가 있어 긴급한 경우 또는 이미 시작한 조세범칙사건과 관련하여 다른 관서의 관할구역에서 행할 필요가 있는 경우에는 그러하지 아니하다(같은 규정 제70조 제4항).

Ⅲ. 조세범칙조사 대상자 선정

1. 조사대상자 선정기준 및 방법

조세범칙조사는 조세범칙행위의 혐의가 있는 자에 대한 혐의 입증에 필요한 증거수집 등을 위하여 진행하는 절차이다(조세범처벌절차법 제7조 제1항 제1호). 조세범칙혐의에 대한 조사대상자 선정 단서에는 제한이 없다. 세무조사 진행 중에 조세범칙사건의 단서인 부정행위를 발견하거나, 조세범칙사건을 조사 중에 또 다른 범칙사건의 단서를 발견할 수도 있다. 금융정보분석원(FIU), 세관 등 다른 유관기관으로부터 탈루 혐의가 있는 자금거래 내역을 통보받을 수도 있고, 제3자의 투서, 자수, 신문, 방송 등의 기사와 풍설 등도 조사의 단서가 될 수 있다. 최근에는 검찰, 경찰 등 수사기관으로부터 진행 중이거나 종결한 업무상 횡령, 배임 등 재산범죄에 대한 수사 및 법원 판결 자료를 건네받아 그 범행과정에 혼재되어 있는 조세포탈 혐의를 발견하기도 한다. 또한 회사 세무조사 과정에서는 오너 등의 횡령과 배임, 담합사건 등과 같은 공정거래 이슈 등을 입수하여 범칙사건의 단서로 삼기도 한다. 예치조사 과정에서 우연하게 확보한 세무조사 대상 회사들이 세무조사를 앞두고 대비한 세무법인 등의 세무조사 쟁점에 관한 검토 문건도 범칙조사 개시의 주요 단서가 되기도 한다.

한편 세무조사 과정에서 연간 조세포탈 혐의금액 등이 대통령령으로 정하는 금액 이상인 경우, 즉 연간 조세포탈 혐의금액 또는 연간 조세포탈 혐의비율이 앞서 각주 1) 표에 기재된 바와 같이 일정 금액 또는 일정 비율 이상인 경우와 조세포탈 예상세액이 연간 5억 원 이상인 경우에는 반드시 조세범칙조사를 실시하도록 하고 있다. 따라서 연간 조세포탈 혐의 소득금액 또는 연간 조세포탈 혐의 소득금액 비율 중 어느 하나만 이 기준에 해당하면 조세범칙조사를 실시하여야 한다. 이 연간 조세포탈 혐의금액 조항은 과거에 이러한 기준에 해당하는 경우에도 조세범칙조사를 실시하지 아니하고 세무조사를 종결하는 불합리한 사례가 종종 있어 이를 예방하기 위한 차원에서 둔 규정으로 이 기준에 해당하지 않더라도 앞서 살핀 바와 같이 과세관청의 판단에 의하여 조세범칙조사를 할 수 있다.

조세포탈 예상세액이 연간 5억 원 이상인 경우에는 특가법에 해당하는 조세포탈에 해당하는 경우로서 이는 정상이 징역형에 해당하는 경우에 해당하여 고발의 대상이 되므로 반드시 조세범칙조사를 실시하는 것이 원칙이다. 한편 범칙 혐의자가 과세표준신고서를 제출하지 않거나 사업자등록을 하지 않은 때에는 연간 신고수입금액을 20억 원 미만으로 보아 이 기준에 적용된다(조세범처벌절차법 시행령 제6조 제2항). 조세범처벌법 제10조 제1항, 제2항, 제3항에 대한 세금계산서 사범은 동일하게 세금계산서와 세금계산서 합계표 제출 금액을 합한 금액이 1과세기간 5억 원을 초과하면 원칙적으로 범칙조사로 전환된다. 예외적으로는 외부기관의 고발요청이 있거나 기타 정상을 고려할 때 범칙처분의 필요성이 상당한 경우에 범칙으로 전환할 수 있다. 5억 원을 초과하는 세금계산서 사범의 경우에는 범칙조사심의위원회 심의없이 관서장 승인만으로 범칙조사로 전환된다.

2. 조세범칙조사심의위원회의 심의

(1) 구 성

조세범칙조사 대상자 선정은 조세범칙조사심의위원회('범칙위원회'라고도 한다)의 심의를 거쳐야 한다. 위원회는 각 지방국세청에 위원장 1명을 포함하여 20명 이내의 위원으로 구성된다(조세범처벌절차법 제5조 제1항, 제2항). 위원장은 지방국세청장이 되고, 위원은 지방국세청 소속 공무원 중에서 위원장이 지명하는 6명 이내의 사람과 법률, 회계 또는 세무에 관한 학식과 경험이 풍부한 사람 중에서 위원장이 위촉하는 13명 이내의 사람으로 구성된다. 위촉위원의 임기는 2년이다(조세범처벌절차법 시행령 제3조 제1항, 제2항). 위원회의 위원 중 공무원이 아닌 사람은 형법이나 그 밖의 법률에 따른 벌칙을 적용할 때에는 공무원으로 본다(조세범처벌절차법 제5조 제4항).

위원회 회의는 위원장과 위원장이 지정하는 5명의 위원(위촉위원 3명 이상)으로 구성하고, 매주 1회 또는 필요하다고 판단하는 경우에 소집하고, 그 구성원 3분의 2 이상의 출석으로 개의하며 출석위원 과반수의 찬성으로 의결한다(조사사무처리규정 제73조 제1항, 제2항). 조세포탈 외의 조세범칙사건 등에 대한 조세범칙조사 기간 연장 및 조사범위 확대, 양벌규정의 적용에 대한 심의를 하기 위하여는 3명의 위원으로 범칙위원회를 구성한다. 이 경우 범칙위원회의 의장은 위원장이 지정하는 위원이 된다(같은 규정 제74조).

⑵ 심 의

위원회의 심의사항으로는 ① 조세범처벌법 제3조에 해당하는 조세범칙사건에 대한 조세범칙조사의 실시, ② 제14조 제1항에 따른 조세범칙처분의 결정, ③ 조세범칙조사의 기간 연장 및 조사범위 확대, ④ 조세범처벌법 제18조에 따른 양벌규정의 적용 등이 이에 해당한다(조세범처벌절차법 제5조 제1항). 위 심의사항에 대하여는 반드시 심의를 거쳐야 하지만, 조세범칙행위가 진행 중이거나 혐의자가 도주 또는 증거를 인멸할 우려가 있는 경우에는 지방국세청장은 국세청장의 승인을, 세무서장은 관할 지방국세청장의 승인을 받아 위원회의 심의를 거치지 아니할 수 있다(같은 법 제7조 제2항 단서).

조사관서장이 조세포탈사건에 대하여 조세범칙조사를 실시하고자 하는 경우에는 조세포탈 범칙조사 대상선정 심의요청서를 작성하여 위원회 회의 개최 7일 전까지 위원장에게 심의를 요청하여야 한다. 다만, 조사종료 직전에 조세범칙행위 등을 발견하는 등 긴급하거나 부득이한 경우에는 회의 개최 2일 전까지 심의를 요청할 수 있다. 조사기간 연장과 조사범위 확대가 필요한 경우에는 이를 함께 요청할 수 있다(조사사무처리규정 제77조 제1항, 제2항). 간사는 조사관서장으로부터 선정 심의요청서를 받아 조세범칙조사 대상선정 심의회부서를 작성한 후 회의 개최 5일 전까지 내부·위촉위원들에게 배부한다. 다만, 조사 종료 직전에 조세범칙행위 등을 발견하는 등 긴급하거나 부득이한 경우에 해당하는 경우에는 회의 개최 전일까지 배부할 수 있다(조사사무처리규정 제77조 제4항).

범칙위원회는 조세범칙조사 대상선정 심의요청이 이유 있다고 인정되는 때에는 승인하는 의결을 해야 한다. 위의 승인에는 심의요청 사항 중 일부를 승인하는 경우를 포함한다. 심의요청이 이유 없다고 인정되는 때에는 불승인을 해야 한다. 이 심의결과는 조사관서장에게 즉시 통보하여야 한다(같은 규정 제77조 제6항, 제7항). 심의 효력에 대하여는 명문의 규정은 없지만, 그 의결결과는 과세관청을 기속한다고 보아야 한다. 다만, 명백히 의결이 잘못된 경우와 같이 특별한 경우에는 그에 반대되는 결정을 하는 것도 가능하다.[2)]

법원도 "조세범칙조사심의위원회의 범칙조사 전환 불승인 결정에 반하여 공소제기되어 공소권 남용에 해당한다는 주장과 차명계좌의 개설 시기 및 차명주식의 취득 시기가 명시되어 있지 않아 공소사실이 특정되지 않았다는 주장은 위 피고인들이 이를 항소이유로 삼거나 원심이 직권으로 심판대상으로 삼은 바가 없는 것을 상고이유에서 비로소 주장하는 것으로서 적법한 상고이유가 되지 못한다. 나아가 살펴보더라도 원심판결에 상고이유 주장과 같은 위법이 없다"고 판시[3)]하여 위원회의 심의제도는 세무공무원의 조세범칙조사의 합법성과 적정성을 담보하기 위한 것으로 이 심의내용과 상반되는 검사의 공소제기도 적법하다고 하고 있다.

Ⅳ. 조세범칙조사의 방법

1. 의　　의

조세범칙조사를 개시하는 경우에는 조세범칙조사 대상자에게 조세범칙조사 통지를 하여야 한다. 조사공무원이 조사를 시작할 때에는 조세범칙행위 혐의자 또는 참고인에게 새로이 신분증, 조사원증, 세무공무원 지명서를 제시하고 조세범칙조사를 시작한다는 사실을 알려주어야 한다(같은 규정 제81조 제1항, 제2항). 조세범칙조사는 세무조사와 같은 방법으로 진행한다. 따라서 조사는 임의조사를 원칙으로 혐의자와 참고인에 대하여 심문을 하여 심문조서를 작성할 수 있고, 필요 시에 압수·수색영장 등 강제처분을 할 수도 있다. 강제처분 시에는 형사소송법에 의한 압수·수색절차에 의한다. 조세범칙행위 혐의자에 대하여는 출국금지 조치가 허용된다.

2. 혐의자 및 참고인에 대한 임의 조사

조세범칙행위 혐의자로는 조세범칙행위의 혐의를 받아 조사의 대상이 되는 자

2) 안대희, 조세형사법, 2015, 1024면 참조.
3) 대법원 2015.9.10. 선고 2014도12619 판결.

연인 또는 법인을 말한다. 조세범칙행위 혐의자는 범칙자로서 확정되기 전의 개념으로 조세범칙행위 혐의자로 될 수 있는 가능성이 높은 자를 의미한다. 조세범칙조사 결과에 따라 최종적으로 범칙행위자로 결정된다. 참고인은 조세범칙행위 혐의자 이외의 자로서 당해 범칙사건에 관하여 경험상의 지식 또는 그 범칙사건에 대한 특별한 전문지식이 있는 자 등이다. 범칙사건 해결에 도움이 된다면 누구라도 제한없이 참고인이 될 수 있다. 조세범칙조사의 경우에는 '세무공무원은 납세자가 세법에서 정하는 신고, 성실신고 확인서의 제출, 세금계산서 또는 계산서의 작성 · 교부 · 제출, 지급명세서의 작성 · 제출 등의 납세협력의무를 이행하지 아니한 경우 등을 제외하고는 납세자가 성실하며 납세자가 제출한 신고서 등이 진실한 것으로 추정하여야 한다'는 납세자의 성실성 추정 규정의 적용을 배제하고 있다. 또한 조세범칙조사 때에는 증거인멸을 방지하기 위하여 조사 시작 10일 전 사전통지 없이 조사가 가능하고, 납세자 사유에 의한 연기신청도 받아 주지 않는 조사상의 불이익이 따른다.

조사방법으로는 구두 심문을 원칙으로 하나, 서면에 의한 심문도 가능하다. 조사공무원은 조세범칙행위 혐의자 등을 심문하기 전에는 진술거부권을 행사하더라도 불이익을 받지 아니한다는 사실과 진술을 거부할 권리를 포기하고 행한 진술은 법정에서 유죄의 증거로 사용될 수 있다는 사실 및 변호사, 공인회계사, 세무사 등의 조력권을 알려주고, 이에 대한 답변을 심문조서에 기재하여야 한다(같은 규정 제87조의2). 조사공무원이 조세범칙행위 혐의자 등을 심문하는 때에는 범칙혐의자 또는 참고인 심문조서를 작성하여야 한다. 조세범칙행위 혐의자 등이 심문조서의 작성을 회피하거나 서명 · 날인을 하지 아니한 때에는 그 사유를 심문조서에 기재하고 조사공무원이 서명 · 날인하여야 한다(조세범처벌절차법 제11조). 과세 증거자료, 조세범칙행위 입증자료가 확보되지 아니한 상태에서 조사받은 자의 진술에만 의존하여 확인하는 경우에는 문답형 진술서를 받도록 하고 있다(조사사무처리규정 제87조). 범칙혐의자에 대한 심문조서의 경우에는 사법경찰관 작성의 피의자 신문조서와 동일한 효력이 있다. 따라서 범칙혐의자가 법정에서 그 내용을 부인하면 증거능력이 없다.

한편 세무조사와는 달리 2억 원 이상의 국세를 포탈한 혐의로 세무조사를 받고 있는 사람과 20억 원 이상의 허위 세금계산서 또는 계산서를 발행한 혐의로 조사를 받고 있는 조세범칙행위 혐의자와 중요 참고인이 해외 도주의 우려가 있다고 인정되는 경우에는 출국금지를 요청할 수 있다. 출국금지된 자의 출국금지 사유가 소멸된 경우에는 출국금지의 해제를 요청하여야 한다. 출국금지된 자의 기간을 연장할 필요가 있다고 판단되는 때에는 기간 연장을 요청할 수 있다(조사사무처리규정 제86조).

혐의자 등에 대한 조사과정에 당연히 장부조사, 금융거래 확인조사 등을 할 수가 있으나, 이를 거부하거나 기피하는 경우에 그에 대한 처벌규정이나 강제할 수 있는 방법이 없다. 통고처분 없이 즉시 고발을 할 수 있을 뿐이다.

3. 압수 · 수색영장 신청 및 집행

조사공무원이 조세범칙조사를 하기 위하여 필요한 경우에는 압수 또는 수색할 수 있으며, 장부 · 서류 등을 일시 보관할 수 있다. 다만, 조세범칙조사에서도 세무조사와 마찬가지로 장부와 서류 등의 일시 보관을 원칙적으로 금지하고 당사자의 동의가 있을 때에만 할 수 있도록 하고 있다. 임의제출 형식의 장부 등의 일시 보관 조사는 영치 또는 예치조사라는 용어로 시행되어 왔다. 영치 또는 예치조사는 형사소송법상 영장에 의하지 아니하는 압수와 동일한 개념이다.

세무공무원은 납세자의 장부 등을 세무관서에 일시 보관하려는 경우에는 납세자로부터 일시 보관 동의서를 받아야 하며, 납세자가 반환을 요청한 경우에는 그 반환을 요청한 날부터 14일 이내에 장부 등을 반환하여야 한다. 다만, 조사 목적을 달성하기 위하여 필요한 경우에는 납세자보호위원회의 심의를 거쳐 한 차례만 14일 이내의 범위에서 보관기간을 연장할 수 있다. 납세자에게 장부 등을 반환하는 경우 세무공무원은 장부 등의 사본을 보관할 수 있고, 그 사본이 원본과 다름없다는 사실을 확인하는 납세자의 서명 또는 날인을 요구할 수 있다(국세기본법 제81조의 10).

한편 위와 같은 장부서류 등에 임의제출과는 달리 조세범칙혐의가 구체적이고 명백한 경우로서 범칙혐의의 상당한 이유가 있고 압수 · 수색에 의하지 아니하고는 조사목적을 달성하기가 어렵다고 판단되는 때에는 근무지 관할 검사에게 압수 · 수색영장의 발부를 신청하여 법원으로부터 영장을 발부 받아 집행하여야 한다(조세범처벌절차법 제9조, 조사사무처리규정 제80조 제1항). 압수란 법관이 발부한 영장에 따라 범칙증거물 등 물건의 점유를 취득하는 대물적 강제처분을 말한다. 수색이란 법관이 발부한 영장에 따라 범칙행위의 증거 등을 찾기 위하여 사람의 신체, 물건, 주거, 장소 등에 대하여 행하는 강제처분을 말한다. 이 법에서 규정한 사항 외에 압수 또는 수색과 압수 · 수색영장에 관하여는 형사소송법 중 압수 또는 수색과 압수 · 수색영장에 관한 규정을 준용한다(조세범처벌절차법 제10조). 영장의 청구권자는 검사로서 세무공무원은 특별사법관리에는 해당하지 아니하나 위 조세범처벌절차법 제9조에 의하여 영장을 신청하면 검사는 영장청구권에 의하여 영장신청을 기각하거나 자료보완을 지시할 수가 있다.

조세범처벌절차법은 강제조사의 경우에 사전 압수·수색영장을 원칙으로 하고 있다. 그러나 조세범칙행위가 진행 중인 경우와 조세범칙행위 혐의자가 도주하거나 증거를 인멸할 우려가 있어 압수·수색영장을 발부받을 시간적 여유가 없는 경우에는 영장 없이 압수 또는 수색을 먼저 실시하여 장부 등을 압수하고, 압수·수색한 때부터 48시간 이내에 영장을 청구할 수 있도록 하고 있다(조세범처벌절차법 제9조 제1항 단서, 제2항). 이는 형사소송법 제217조 제1항[4]에 의하여 인정되는 수사기관에 허용되는 영장에 의하지 아니한 긴급 압수·수색의 경우와 유사한 형태이다. 조세범칙조사에 있어서는 세무공무원은 체포 또는 구속영장을 신청할 권한이 없다. 따라서 범칙대상자를 긴급체포를 하지 아니하고서도 위 두 가지 요건만 갖추면 영장 없이 압수·수색을 할 수 있어 그 범위가 넓다.

조세범칙행위가 진행 중이라는 것은 조세범칙행위 중이거나 행위 직후인 자, 범인으로 지목되어 추적되고 있는 때 등을 의미한다(형사소송법 제211조 참조)[5]. 조세범칙행위 혐의자가 도주하거나 증거를 인멸할 우려가 있어 압수·수색영장을 발부받을 시간적 여유가 없는 경우란 조세범칙조사 중 범칙행위를 객관적으로 인정할 만한 증거물을 우연히 발견하였으나 이를 조세범칙행위 혐의자가 은닉하여 증거를 인멸할 우려가 높은 상황 등을 말한다. 또한 장부·서류 또는 물건 등을 임의제출받아 일시보관하고자 하였으나, 그 소유자·소지자 또는 보관자로부터 동의를 받지 못한 경우로서 증거인멸의 우려가 있는 때에는 영장 없이 압수·수색한 후 사후에 영장을 발부받을 수 있다(조사사무처리규정 제80조 제3항). 조사공무원이 영장 없이 압수 또는 수색한 후 압수·수색영장을 발부받지 못한 경우에는 즉시 압수한 물건을 압수당한 자에게 반환하

---

4) 제217조(영장에 의하지 아니하는 강제처분) ① 검사 또는 사법경찰관은 제200조의3(긴급체포)에 따라 체포된 자가 소유·소지 또는 보관하는 물건에 대하여 긴급히 압수할 필요가 있는 경우에는 체포한 때부터 24시간 이내에 한하여 영장 없이 압수·수색 또는 검증을 할 수 있다.
② 검사 또는 사법경찰관은 제1항 또는 제216조 제1항 제2호(체포현장에서의 압수·수색·검증)에 따라 압수한 물건을 계속 압수할 필요가 있는 경우에는 지체 없이 압수수색영장을 청구하여야 한다. 이 경우 압수수색영장의 청구는 체포한 때부터 48시간 이내에 하여야 한다.

5) 제211조(현행범인과 준현행범인) ① 범죄를 실행하고 있거나 실행하고 난 직후의 사람을 현행범인이라 한다.
② 다음 각 호의 어느 하나에 해당하는 사람은 현행범인으로 본다.
1. 범인으로 불리며 추적되고 있을 때
2. 장물이나 범죄에 사용되었다고 인정하기에 충분한 흉기나 그 밖의 물건을 소지하고 있을 때
3. 신체나 의복류에 증거가 될 만한 뚜렷한 흔적이 있을 때
4. 누구냐고 묻자 도망하려고 할 때

여야 한다. 압수·수색영장은 조세범칙행위자에 대하여 허용되는 것이므로 세무조사 중 압수대상물을 발견하였으나 피조사자 등이 임의제출을 거부하는 경우에는 세무조사를 조세범칙조사로 전환한 후에 압수·수색영장을 신청하거나, 조세범칙조사로 전환하면서 동시에 영장없이 압수·수색을 한 다음에 48시간 이내에 압수·수색영장을 신청하여야 한다.

Ⅴ. 조세범칙사건 심사와 처리

1. 심 사

조세범칙조사는 조사공무원이 하지만 조세범칙처분을 위한 심사와 결정은 지방국세청장 또는 세무서장이 한다. 조사공무원이 조세범칙조사를 종료하였을 경우에는 조세범칙 행위자, 범칙경위, 양벌규정 적용여부, 처리의견 등 그 결과를 조사관서장에게 보고하여야 한다(조사사무처리규정 제89조). 조사관서장은 조사결과의 보고를 받아 조세범칙사건의 내용을 검토하고 범칙의 확증유무를 심사하여야 한다. 심사결과 범칙의 확증을 얻기에 충분하지 아니하거나 미진한 사항에 대하여는 조사공무원에게 보완조사 또는 보강증거의 수집을 지시할 수 있다.

조세범칙조사심의위원회의 심의를 거치거나 국세청장 또는 지방국세청장의 승인을 받아 조세범칙조사를 실시한 사건에 대하여 조세범칙처분을 하려는 경우에는 위원회의 심의를 거쳐야 한다(같은 규정 제92조). 조세범칙행위 혐의자가 도주하거나 증거를 인멸할 우려가 있는 경우에는 지방국세청장은 국세청장의 승인을, 세무서장은 관할 지방국세청장의 승인을 받아 위원회의 심의를 거치지 아니할 수 있다(조세범처벌절차법 제14조 제1항 단서). 조사관서장은 조세포탈사건에 대해 범칙위원회에 심의를 요청한 때에는 즉시 그 사실을 조세범칙처분 대상자에게 통지하여야 한다. 통지를 받은 조세범칙처분 대상자는 조세범칙처분 결정을 위한 심의에 서면의견서를 제출하거나 회의에 참석하여 의견을 진술할 수 있다. 조세범칙처분 결정을 위한 심의에 참석하여 의견을 진술하고자 하는 자는 서면으로 참석 이유, 의견서 등을 첨부하여 심의개최 3일 전까지 위원회에 의견진술 신청서를 제출하여야 한다. 범칙처분 결정을 위한 의결은 범칙처분 대상자별로 통고처분, 고발, 무혐의로 의결하고, 간사는 의결내용을 조세범칙처분 심의의결서에 작성한다. 다만, 1회에 한하여 재심의 의결할 수 있다. 양벌규정 적용 대상자에 대한 의결은 양벌규정 적용 승인 또는 불승인의 방법으로 한다.

조세범칙조사심의위원회의 범칙처분결정의 심의 절차는 아래 표와 같다.

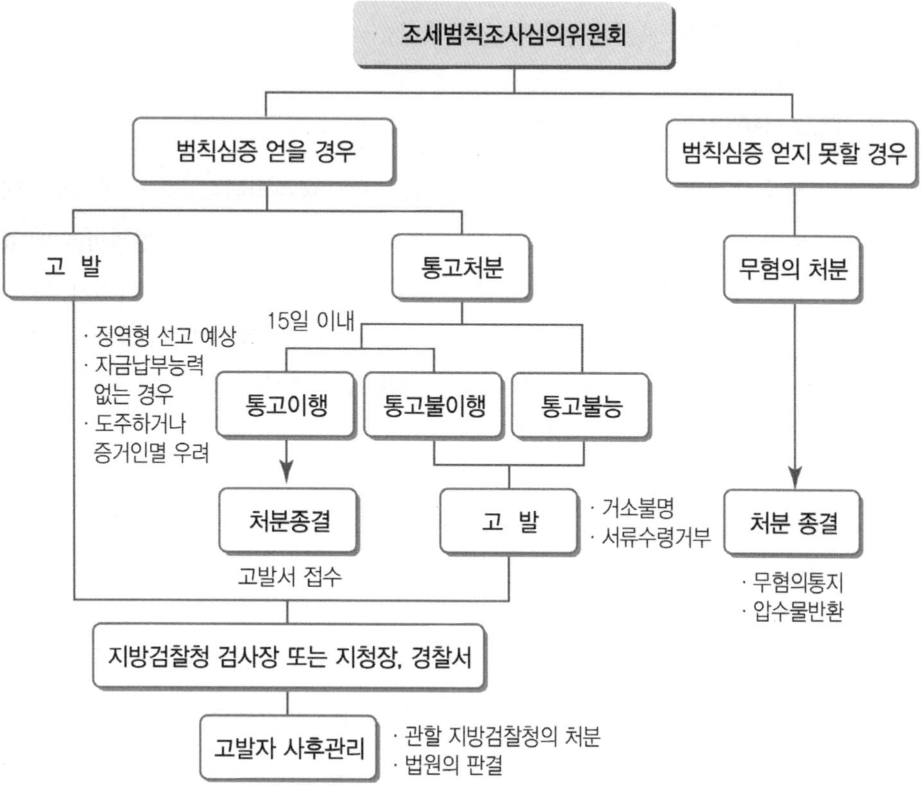

2. 조세범칙처분

조세범칙처분은 조사관서장이 위원회의 심의를 거친 다음에 범칙사실에 대한 증거에 근거하여 통고처분, 고발, 무혐의 처분 중 하나를 하여야 한다. 조사관서장이 조세범칙행위에 대한 확증을 갖지 못한 경우에는 무혐의 처분을 해야 한다. 이 경우에는 그 내용을 조세범칙 혐의자에게 통지하고 압수 물건의 해제를 명하여야 한다(조세범처벌절차법 제19조). 혐의가 인정된다고 확증을 가진 경우에는 통고처분 또는 고발을 하여야 한다.

조사관서장이 통고처분을 한 경우에는 관계 장부와 그 밖의 증빙물건 및 추징세액에 관련된 증빙서류를 보전 관리하여야 한다. 그 보전관리기간은 통고처분하여 그 이행을 완료한 경우에는 추징세액에 대한 불복청구기간이 경과할 시점까지이고, 쟁송이 제기된 경우에는 그 쟁송절차가 완료될 시점까지, 그리고 고발되어 공소제기된 경우에는 법원의 확정판결이 있을 때까지이다. 다만, 증빙물건이 일시 보관 중인 장부 또는 서류인 경우에는 납세자가 서명 또는 날인하여 원본과 다름 없음을 확인한 사본을 보관하여야 한다(조사사무처리 규정 제97조).

3. 통고처분

통고처분은 조세범칙행위자에게 사법절차를 통한 형사처벌에 앞서 범칙사실에 상응하는 벌금 등을 납부할 것을 통보하는 준사법적 행정처분이다. 범칙혐의가 있는 경우로 일정한 고발사유에 해당하지 않는 한 반드시 통고처분을 하여야 한다. 통고처분은 조세범칙사건을 징역형 등 형벌로 하지 아니하고 벌과금으로 결정함으로써 조세부과권의 보호라는 행정상의 목적을 달성함과 동시에 신속간편한 벌과금의 징수로 재정경제에도 도움이 되는 제도이다.

통고처분에 대한 이행 여부는 당사자의 의사에 달려 있고, 이를 이행하지 아니하면 고발이 되어 형사절차로 이행된다. 일부 납부시에는 납부한 금액을 반환한 다음에 고발한다. 통고처분을 이행하면 확정판결과 같은 효력이 발생하여 동일한 사건으로 다시 소추되지 않는다. 통고처분에 대하여는 불복절차가 없으며 불복의 유일한 방법은 통고처분에 대한 이행을 하지 않는 것이다. 실무상으로도 통고처분에 대한 불복 차원에서 그 이행을 하지 아니하고 과세관청으로 하여금 고발을 하게 하여 수사기관의 수사를 받아 무혐의 처분을 받는 경우가 종종 있다. 왜냐하면 통고처분을 하는 사건의 경우에 고발하는 사건에 비하여 법리와 증거 측면에서 부실하거나 부족한 경우가 상대적으로 많기 때문이다. 그러나 납세자의 입장에서는 통고처분에 따른 벌금납부로 종결처리가 가능한 사안에서 수사기관 수사에 이은 공소제기로 징역형 등을 받을 수도 있기 때문에 통고처분 불이행 결정은 전문가의 의견을 참조하여 신중을 기하여야 한다.

한편 통고처분의 성격 및 통고처분에 따른 통고서를 범칙자별로 작성하여야 하는지 여부에 대하여 법원은 "통고처분은 조세범칙자에게 벌금 또는 과료에 해당하는 금액 등을 납부할 것을 통고하는 처분일 뿐 벌금 또는 과료의 면제를 통고하는 처분이 아니며, 통고서는 범칙자별로 작성된다"고 판시[6]하여 통고처분은 범칙사실에 대한 벌금 등을 납부할 것을 통고하는 제재조치일 뿐 벌금 또는 과료의

6) 대법원 2014.10.15. 선고 2013도5650 판결.

면제를 통고하는 처분으로서 기능이 없고, 공동정범, 양벌대상자, 공동사업자에게 개별로 통지하도록 되어 있다.

통고처분은 객관성을 유지하기 위하여 조세범처벌절차법 제15조 제4항과 같은 시행령 제12조 제2항에서 벌금의 부과기준을 정하고 있다. 조세포탈을 예로 들면, 벌금액수를 위반횟수별로 1회의 경우 포탈세액의 0.5배, 2회의 경우 1배, 3회 이상의 경우 2배를 기준으로 정하고 있다. 상습성이 있으면 2분의 1을 가중하도록 되어 있다.

통고처분 벌금 부과기준을 표로 표시하면 아래와 같다.

통고처분 벌금(과태료 포함) 상당액 부과기준(기수시기 2010.1.1. 이후)

조세범처벌법	유 형	기준금액	2년 이내 동일 범칙행위시				
			초범	2회	3회	최소	최 대
제3조	소액 포탈범(3억 원 미만)	포탈세액	0.5배	1배	2배	–	기준금액의 2배
	고액 포탈범(3억 원 30% 이상 또는 3억 원 이상	포탈세액	0.5배	2배	3배	–	기준금액의 3배
제10조	세금계산서 발급의무 위반	산출세액	0.5배	1배	2배	–	기준금액의 2배
	세금계산서 수취의무 위반	산출세액	0.5배	1배	2배	–	기준금액의 2배
	자료상	산출세액	1배	2배	3배	–	기준금액의 3배
	자료상 알선 중개	산출세액	1배	2배	3배	–	기준금액의 3배
	세무상 등의 자료상 알선 중개행위자	산출세액	1.5배	3배	4.5배	–	기준금액의 4.5배

※ 경합시 합산(형법 제38조 제1항 제2호 벌금 제한가중규정 적용 배제, 조세범처벌법 제20조).

통고처분 이행기간은 통고처분의 통고서를 송달받은 날로부터 15일 이내이다. 통고처분을 하는 경우 조세범칙조사를 마친 날부터 10일 이내에 조세범칙행위자 및 「조세범처벌법」 제18조의 양벌책임에 따른 법인 또는 개인별로 통고서를 작성하여 통고하여야 한다(조세범처벌절차법 시행령 제12조 제1항). 통고처분은 공소시효 중단의 효력이 있다. 이에 대하여는 조세범죄 총칙에서 이미 설명하였으므로 여기에서는 생략한다. 통고처분을 이행하면 동일한 사건에 대하여 다시 조세범칙조사를 받거나 처벌받지 아니한다(조세범처벌절차법 제15조 제3항). 여기에서 동일한 사건의 범위는 동일한 범칙자에 대하여 기본적 사실관계가 동일한 경우를 의미한다. 공소사실이나 범칙행위의 동일성 여부 판단기준에 대하여 법원은 "공소사실이나 범칙행위의 동일성 여부는 사실의 동일성이 갖는 법률적 기능을 염두에 두고 피고인의 행위와 그 사회적인 사실관계를 기본으로 하되 그 규범적 요소도 아울러 고려하여 판단하여야 한다"고 판시[7]하고 있다.

한편 조세포탈금액이 5억 원 이상이 되어 특가법에 해당하는 사안에 대하여는 국세청장 등이 이를 통고처분할 수 없고 고발하여야 한다. 법원도 "특정범죄가중처벌등에관한법률 제16조에 의하면 위 법 제8조에 해당하는 조세범칙사건에 대한 공소에는 고발을 요하지 아니하며, 동법 제8조 위반의 조세포탈죄에 대하여는 세무공무원이 통고처분을 할 권한이 없으므로 피고인이 세무공무원의 통고처분으로 범칙금을 납부하였다 하여도 이는 동법위반(조세포탈죄)의 처단에 영향을 미칠수 없고 여기에 일사부재리의 원칙이 적용될 수 없다"고 판시[8]하고 있다.

4. 고 발

고발이란 지방국세청장 또는 세무서장이 검사 등 수사기관에 범죄사실을 고하여 범죄자의 소추를 구하는 의사표시이다. 조세포탈에 대한 고발은 조세범칙조사 중 통고처분 없이 하는 즉시고발과 통고처분 불이행의 경우에 하는 고발이 있다(조세범처벌절차법 제17조). 통고처분과 마찬가지로 고발의 경우에도 원칙적으로 조세범칙조사심의위원회의 심의를 거쳐야 한다(조세범처벌절차법 제14조).

즉시고발 사유로는 ① 정상(情狀)에 따라 징역형에 처할 것으로 판단되는 경우, ② 통고처분에 따른 통고대로 이행할 자금이나 납부 능력이 없다고 인정되는 경우, ③ 거소가 분명하지 아니하거나 서류의 수령을 거부하여 통고처분을 할 수 없는 경우, ④ 도주하거나 증거를 인멸할 우려가 있는 경우 등이 있다. 정상이 징역형에 해당하는 대표적인 경우로는 조세포탈에서 포탈세액이 연간 5억 원 이상인 경우(특가법 제8조)와 가공세금계산서의 공급가액이 30억 원 이상인 경우(특가법 제8조의2)가 대표적이다. 이러한 특가법이 적용되는 조세 범죄는 법정형이 징역형으로 규정되어 있고 벌금형만에 의한 처벌이 불가능하므로 반드시 고발을 하여야 한다. 그 정상이 징역형에 해당하는지 여부에 대한 판단은 객관적이고 합리적이면 된다. 양벌규정이 적용되는 법인이나 사업주도 행위자의 조세포탈 성립 여부에 따라 그 결과가 좌우되므로 당연히 같이 고발을 하고 있다. 이 경우에도 양벌규정 적용을 위한 위원

7) 대법원 2011.1.27. 선고 2010도11987 판결.
8) 대법원 1988.11.8. 선고 87도1059 판결.

회의 심의를 거쳐야 한다(조세범처벌절차법 제5조 제1항 제4호). 통고처분대로 이행할 자금이나 납부능력이 없다고 인정되는 경우란 통고처분을 하더라도 그 이행을 하지 못할 것이 예상되는 경우로서 범칙자의 객관적인 자력 유무를 기준으로 판단하여야 한다. 거소가 분명하지 아니하거나 서류의 수령을 거부하여 통고처분을 할 수 없는 경우를 고발사유로 둔 이유는 통고처분의 통고는 통고서가 범칙자에게 송달되는 경우에 발생하는데 이러한 통고가 불가능한 경우에는 그 이행기간을 기다리는 것이 무의미하기 때문이다. 조세범칙 혐의자가 도주하거나 증거를 인멸할 우려가 있는 경우에 대한 판단은 객관적·합리적 판단에 의하여 하면 된다.

고발의 효력에 대하여는 고발전치주의에서 이미 기술하였으므로 여기에서는 생략한다.

제3절 수 사

Ⅰ. 의의 Ⅱ. 담당기관	Ⅲ. 수사 진행과 방법

Ⅰ. 의 의

조세포탈에 대한 수사는 일반 형사사건 수사와 동일하다. 고발된 포탈사건의 경우에는 고발자료를 토대로, 수사기관 자체의 인지사건의 경우에는 수집된 범죄첩보를 기초로, 각 범죄혐의를 구증하는 데 가장 적합한 수사 담당자를 결정하여 진행한다. 특별수사나 기획수사의 경우와 같이 사안이 중요하고 복잡한 경우에는 별도 수사팀을 구성하기도 한다. 수사 담당자가 결정되면, 향후 수사진행 순서 및 절차, 압수・수색 및 계좌추적 범위, 고발인 및 피고발인 등 소환대상자를 확정하고 그 소환시기를 결정하는 등의 수사계획을 수립한다. 그 이후에 본격적인 압수수색 및 당사자 소환에 들어가면 된다. 조세포탈에 대한 수사는 다른 일반 형사사건에 비해 궁극적으로 포탈사실을 입증하여야 하므로 장부와 자금이동에 대한 조사가 필수적으로, 그 분야에 대한 전문지식을 보유한 검사나 수사관, 그리고 국세청 파견 직원 등 전문가의 도움을 받아 수사를 진행해야 하는 경우가 많다는 것이 특징이다.

Ⅱ. 담당기관

조세범칙사건에 대한 과세관청의 고발은 사안의 경중 등에 따라서 검찰 또는 경찰에 할 수 있다. 조세포탈사건에 대한 수사는 사안의 복잡성과 전문성 때문에 조세전담부서 또는 특별수사 담당부서에서 진행한다.

현재 검찰의 조세전담부서를 간략하게 표로 기재하면 아래와 같다.

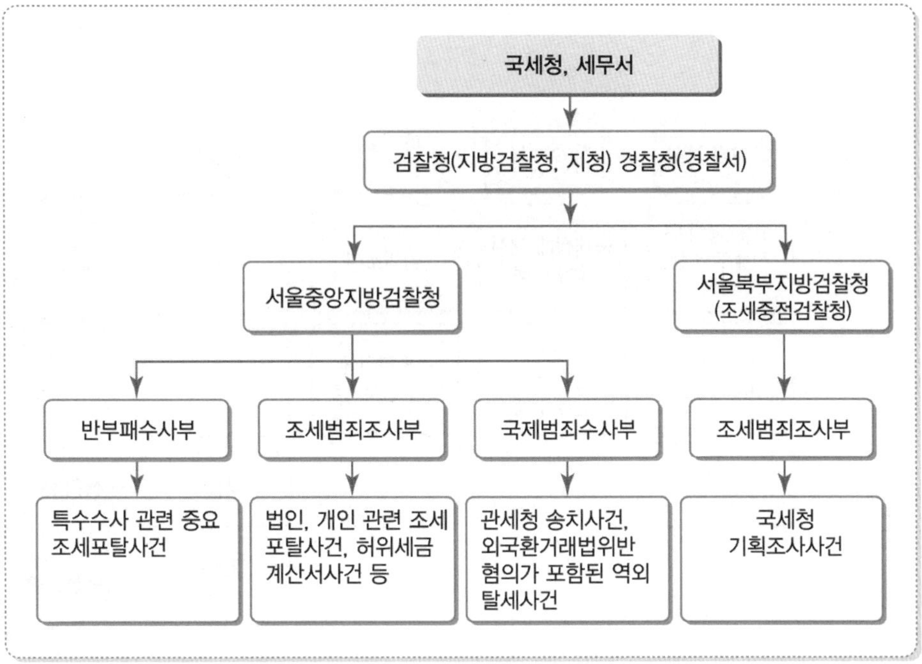

일반적으로 대형 고발사건이 아닌 법인 및 일반 개인 등에 대한 고발사건의 경우에는 조세전담부서에서 수사를 담당하고, 회사 오너 등 대형 고발사건이나 기업범죄 관련 조세포탈 인지사건의 경우에는 특별수사부서에서 주로 담당한다. 현재 서울중앙지방검찰청의 경우에는 반부패수사부, 조세범죄조사부 및 국제범죄수사부 등에서 조세 포탈 등 사건을 담당하고 있다. 각 지방검찰청에서도 조세전담부서나 전담검사를 두어 수사를 진행하고 있다.

또한 검찰은 각 검찰청 소재지의 지역적 특성을 살린 11개 중점검찰청[1]을 설치하여 운영하고 있다. 중점검찰청은 주로 대규모 사건을 다루지만, 민생범죄와 관련된 수사도 담당하고 있다. 조세범죄의 중점검찰청인 서울북부지검은 조세범죄수사를 전담하는 조세범죄조사부를 설치하고 부장검사 1명과 전담검사들을 배치하여 주요한 조세포탈사건과 조세기획수사사건을 담당하고 있다.

---

1) 중점검찰청 제도는 독일 검찰에 있는 제도로 통상 공직비리와 중대 경제범죄를 위주로 직접수사를 한다. 독일에는 금융, 조세 등 전문분야의 범죄를 전담하는 중점검찰청으로 전국에 49개가 있다. 중점검찰청 소속 검사들은 수사와 기소 모두를 담당하고 있다. 우리나라의 중점검찰청은 2015년 3월 서울서부지검의 식품의약안전중점청 지정을 시작으로 울산지검(산업안전), 서울남부지검(금융범죄), 대전지검(특허범죄)에 중점 분야가 지정됐다. 이후 부산지검(해양범죄), 서울동부지검(사이버범죄), 서울북부지검(조세범죄), 의정부지검(환경범죄), 인천지검(국제범죄), 수원지검(첨단산업보호), 제주지검(자연유산보호)이 추가되었다.

조세범죄사건 수사 및 처리 절차를 간략하게 표로 정리하면 아래와 같다.

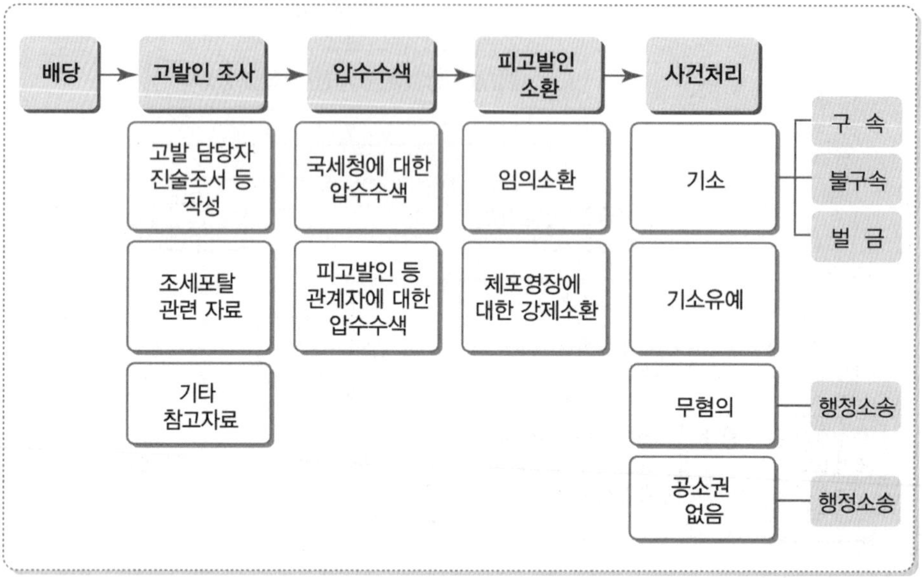

Ⅲ. 수사 진행과 방법

1. 고발인 또는 제보자 조사

조세범죄에 대한 수사는 과세관청의 고발에 의한 경우와 검찰 등 수사기관의 인지에 의한 경우로 대별된다. 과세관청의 고발이 아닌 조세포탈의 단서 수집방법으로는 기업 내부자의 제보접수, 분식회계 의혹 등이 제기되는 기업의 공개자료 분석, 금감원, 예금보험공사, 금융정보분석원(FIU) 등 유관기관의 이첩자료 접수 등이 이에 해당한다. 고발사건이나 제보사건 모두 고발인 또는 제보자를 조사하여 포탈 행위자, 포탈방법 및 포탈금액에 대하여 대략적으로 확인한 다음에 수사계획을 수립하여야 한다. 고발이 아닌 제보 등에 의한 인지사건의 경우에는 범죄 첩보가 수사가치가 있는 신뢰할 만한 정보인지 여부, 즉 범죄혐의가 중대하고 사회적 비난 가능성이 커서 검사 등이 수사할 만한 가치가 있는 정보인지 여부와 제보자의 진술내용, 첩보의 신빙성 등에 비추어 수사가 현실적으로 성공할 가능성은 있는지 등을 먼저 확인하여야 한다. 조사 방법으로는 구두조사나 서면조사 모두 가능하다.

2. 출국금지

조세범죄의 수사를 위하여 조사가 필요한 사람에 대하여는 출국금지 조치를 할 수 있다. 법무부장관은 범죄 수사를 위하여 출국이 적당하지 아니하다고 인정되는 사람에 대하여는 1개월 이내의 기간을 정하여 출국을 금지할 수 있다. 다만, 소재를 알 수 없어 기소중지 또는 수사중지된 사람 또는 도주 등 특별한 사유가 있어 수사진행이 어려운 사람은 3개월 이내로 할 수 있고, 기소중지 또는 수사중지된 경우로서 체포영장 또는 구속영장이 발부된 사람은 영장 유효기간 이내로 할 수 있다(출입국관리법 제4조 제2항).

출국금지를 요청한 기관의 장은 출국금지기간을 초과하여 계속 출국을 금지할 필요가 있을 때에는 출국금지기간이 끝나기 3일 전까지 법무부장관에게 출국금지기간을 연장하여 줄 것을 요청하여야 한다. 추가 연장이 가능한 출국금지기간은 위 출국금지기간 내에서 하여야 한다(같은 법 제4조의2 제1항, 제3항). 출국금지 사유가 없어졌거나 출국을 금지할 필요가 없다고 인정할 때에는 즉시 출국금지를 해제하여야 한다.

3. 압수 · 수색 등 물적 증거 수집

(1) 압수 · 수색의 필요성

조세범죄 수사에 있어서는 범죄혐의 입증을 위하여는 증거물 확보가 무엇보다도 중요하다. 특히 조세포탈에서는 기업오너를 중심으로 상하관계에 있거나 대기업과 관련기업을 중심으로 거래관계에서 발생하는 경우가 종종 있다. 기업임 · 직원이나 협력업체 관계자들의 입장에서 볼 경우에 기업오너나 대기업의 범행을 은폐 · 보호하기 위하여 여러 방안을 만들어 대비하는 것이 너무도 당연하다. 객관적 증거물을 압수 · 수색 등을 통하여 확보를 하게 되면, 압수물 자체로 범죄사실에 대한 결정적 증거로 활용되기도 하지만, 피고발인과 중요 참고인들에 대한 조사과정에서 범행을 부인하지 못하도록 설득하는 데 매우 용이한 도구가 되기도 한다. 이러한 이유로 기업수사에서 압수 · 수색은 수사의 승패를 결정하는 데 가장 중요한 요소가 된다. 최근 수사에 대한 사전 대비, 법원의 영장심사 강화로 인한 불구속 수사의 확대 등 수사환경의 변화로 인하여 피고발인의 자백이나 중요참고인의 고발사실에 부합하는 진술을 확보하기가 어렵게 되었다. 법원은 공판중심주의를 도입하여 종래의 수사기록과 수사기관에서의 관련자 진술 중심에서 공판정에서의 진술과 증거물 중심으로 증거능력 및 증명력 판단기준이 옮겨 가면서 이전보다 훨씬 더 범죄혐의와 직·간접적으로 관련된 객관적인 증거물 확보가 수사의 성패를 좌우하는 중요한 요소가 되고 있다. 압수·수색을 통한 증거물 확보가 복잡한 조세포탈 사건에서 필수적으로 거치는 하나의 과정이 되고 있는 이유이다.

한편 이와 별도로 검찰 등 수사기관에서 과세관청으로부터 고발장과 함께 조세범칙조사 관련 자료를 교부받을 경우에 과거에는 주로 실무자를 대상으로 고발인 조사를 하면서 자연스럽게 임의제출 형식으로 관련 자료를 제한없이 교부받았다. 그에 대하여 피고발인 등은 어떠한 문제제기도 없었다. 그러나 최근 개인정보보호 이슈가 사회적으로 중요한 문제로 제기되고 있고, 과세관청에서 범칙조사 과정에서 확보한 자료에는 직접적인 조세범칙과 관련이 있는 자료 이외에도 금융기관 대출서류와 같이 개인정보보호 이슈가 제기될 수 있는 자료가 있는 등 자료제출의 적법성이 문제될 가능성이 있는 경우가 종종 있다. 이러한 고발인 자료 제출 과정에서의 문제점을 해결하기 위하여 검사는 법원에 과세관청에 대한 압수·수색 영장을 청구하여 직·간접적인 조세범칙혐의 관련 자료 일체를 확보하여 조세포탈 사건에 활용하는 경우가 종종 있다. 이 경우에 압수·수색 영장이 발부되면 그 집행은 일반적인 압수·수색집행과 달리 과세관청은 업무협조차원에서 수사기관에 관련 자료를 제출하는 형식으로 제공하고 있다. 물론 검사는 과세관청 직원이 세무조사과정 등에서 금품을 수수하는 등 부정한 행위가 있는 경우에도 압수·수색을 할 수가 있고, 이 경우에는 일반 압수·수색영장과 마찬가지로 직접 집행한다.

(2) 압수·수색 형태의 변화

압수·수색의 형태도 종래에는 피고발인과 직·간접으로 관계 있는 기업체 사무실, 임·직원 주거지 등에 대한 압수·수색으로 기업 업무처리 장부 및 회계자료를 확보하거나, 주요 임·직원에 대한 계좌추적을 통한 자금흐름 추적 내지 통화내역 조회를 통한 임·직원과 거래처 유착관계 확인이 주된 방법이었다.

그러나 최근에는 컴퓨터 사용이 보편화되고 각종 기업회계자료도 이전의 서류식 장부에서 전산 회계자료로 바뀌었다. 세금계산서도 종이 세금계산서에서 전자세금계산서를 발급하는 것으로 바뀌었다. 결재서류도 대면결재에서 기업 내부 전산망을 통한 전자결재 시스템으로 바뀌게 되었다. 이러한 전반적인 업무변화에 따라 기업체 전산 서버 및 주요 임·직원들의 컴퓨터 압수·수색 및 이와 관련된 디지털 증거자료의 포렌식 기법이 자연스럽게 압수·수색의 핵심기법으로 자리잡게 되었다. 또한 컴퓨터 하드드라이브, DB, 네트웍스, 스마트카드, 유심카드, 스마트 폰, 디지털 카메라, 태블릿 PC, USB, MP3, GPS, CCTV, PDA 등 각종 디지털 기기의 사용이 일상화되면서 이들 기기의 압수·수색과 분석도 범죄혐의를 입증하고 관련자들의 동선을 파악하는 데 중요한 자료로 활용되고 있다. 이러한 기업 전산자료 및 각종 디지털 기기의 수집과 분석은 최근 조세포탈 수사에 있어서 핵심 압수·수색 대상이 되고 있다.

⑶ 디지털 포렌식 및 전산자료 분석 절차

디지털포렌식이란 디지털데이터를 과학적 절차와 기법을 사용하여 수집하고 분석하여 증거로 제출하는 일련의 과정을 말한다. 통상적으로 디지털포렌식은 ① 컴퓨터나 디지털 기기로부터 디지털 증거의 수집, ② 보존, ③ 분석, ④ 문서화를 통한 법정 제출의 4단계 순서로 진행된다.

디지털 증거의 수집은 포렌식을 통하여 전자증거를 수집하는 절차로서 첫 단계라고 할 수 있다. 이 단계에서는 증거의 무결성을 지키는 것이 중요하다. 증거가 수집되면 법정에서 사용하는 데 문제가 없도록 원본 상태대로 잘 보존되어야 한다. 디지털 증거가 의도적으로 파기되거나 비전문가에 의하여 우발적으로 수정되지 않도록 하여야 한다. 이는 증거수집 이전부터 시작하여 피압수자에게 전자증거물이 반환되거나 폐기될 때까지 유지되어야 한다. 분석이란 수집된 데이터로부터 증거자료를 색출하는 과정이다. 대상 전자매체의 파일이나 이메일의 존재 여부를 확인하는 것뿐 아니라 어떠한 경로로 누구에 의하여 해당 데이터가 생성되거나 그 매체에 유입되고 유출되었는지 등을 가려내는 작업을 말한다. 이 단계에서는 분석관의 개인적 역량과 경험, 그리고 분석에 사용되는 기구 등이 결과에 영향을 미치게 된다. 마지막으로 유죄입증의 증거로 사용되기 위하여는 이러한 분석결과를 포렌식 보고서 형태로 작성하여 법원에 제출하여야 한다. 포렌식 관련 법정 증언 등이 이에 해당한다. 분석보고서에는 증거색출 및 보존절차, 분석대상, 검증을 위하여 사용된 도구 및 절차, 검증 결과 등이 일반적으로 포함된다.

⑷ 기업 전산자료와 포렌식 방법

조세포탈을 수사하기 위하여는 회계와 세무신고 자료들을 확인하여야 한다. 종래에는 기업의 업무 전산화가 회계관리, 구매관리, 생산관리, 판매관리 등 각 업무부문별로 관리되어 왔다면 현재는 기업의 모든 업무를 전사적 차원에서 하나로 통합시키는 전사적 자원관리 시스템(ERP)을 구축하여 운영하고 있다. 이러한 이유로 기업에 대한 압수·수색이 개시되면 우선적으로 피압수회사의 전산보유시스템, 운영데이터베이스, 압수대상 업무처리시스템을 파악하여 진행하여야 한다. 수사대상 기업에 대한 회계분석을 통한 조세포탈 범죄혐의를 규명하기 위하여는 회사가 사용하고 있는 전산회계프로그램을 통하여 각 계정과목의 일자별 회계처리, 매출과 매입의 거래 상대방 등 구체적인 사항들을 확인하여야 한다. 동시에 회계처리되고 있는 회사가 여러 곳이면 추가적인 압수·수색이나 임의제출 형식으로 자료를 제출받아 관련 회사의 데이터를 모두 확인하여야만 추후 전산회계장부 분석과정에서 관계 회사간의 매출·매입거래 및 자금의 유출입 경로 등을 정확하게 파악할 수 있게 된다.

경리팀에 대하여 압수·수색을 할 때에는 관련자로부터 사용하는 회계프로그램의 종류, 버전, 비밀번호 설정여부 등에 대한 정보를 입수하여 분석과정에서도 위 프로그램을 사용할 수 있도록 조치하여야 한다. 회계분석 담당 수사팀에서 압수대상 기업에서 사용하고 있는 회계프로그램을 보유하고 있는 경우에는 해당 데이터를 신속하게 추출하고 이를 미리 준비하여간 USB 메모리에 복사하여 오거나 이메일 등으로 송부받아 분석을 하면 된다. 압수대상 기업에서 사용하는 회계프로그램을 수사팀에서 보유하고 있지 않은 경우에는 수사팀이 가져간 노트북 등에 해당 프로그램을 설치한 다음 관련 전산자료를 압수 또는 임의제출받아 수사팀에서 전산회계장부에 접근하여 활용이 가능하도록 조치를 하면 된다.

⑸ 디지털증거의 증거능력

(가) 위법수집증거 배제

디지털증거가 법정에 유효한 증거능력을 가지기 위하여는 절차의 적법성, 증거의 무결성과 동일성, 절차의 신뢰성을 확보하여야 한다. 형사소송법에는 검사는 범죄수사에 필요한 때에는 피의자가 죄를 범하였다고 의심할 만한 정황이 있고 해당 사건과 관계가 있다고 인정할 수 있는 것에 한정하여 지방법원 판사에게 청구하여 발부받은 영장에 의하여 압수, 수색 또는 검증을 할 수 있다고 규정하고 있다(형사소송법 제215조 제1항). 압수수색의 대상, 범위, 집행 방법, 범죄와의 관련성 등을 법으로 명문화하고 있는 것이다.

위법수집증거 배제법칙과 관련하여 법원은 “기본적 인권보장을 위하여 압수수색에 관한 적법절차와 영장주의의 근간을 선언한 헌법과 이를 이어받아 실체적 진실 규명과 개인의 권리보호 이념을 조화롭게 실현할 수 있도록 압수수색절차에 관한 구체적 기준을 마련하고 있는 형사소송법의 규범력은 확고히 유지되어야 한다. 그러므로 헌법과 형사소송법이 정한 절차에 따르지 아니하고 수집한 증거는 기본적 인권보장을 위해 마련된 적법한 절차에 따르지 않은 것으로서 원칙적으로 유죄 인정의 증거로 삼을 수 없다. 수사기관의 위법한 압수수색을 억제하고 재발을 방지하는 가장 효과적이고 확실한 대응책은 이를 통하여 수집한 증거는 물론 이를 기초로 하여 획득한 2차적 증거를 유죄 인정의 증거로 삼을 수 없도록 하는 것이다. 다만, 법이 정한 절차에 따르지 아니하고 수집한 압수물의 증거능력 인정 여부를 최종적으로 판단함에 있어서는, 실체적 진실 규명을 통한 정당한 형벌권의 실현도 헌법과 형사소송법이 형사소송 절차를 통하여 달성하려는 중요한 목표이자 이념이므로, 형식적으로 보아 정해진 절차에 따르지 아니하고 수집한 증거라는 이유만을 내세워 획일적으로 그 증거의 증거능력을 부정하는 것 역시 헌법과 형사소송법이 형사소송에 관한 절차 조항을 마련한 취지에 맞는다고 볼 수 없다. 따라서 수사기관의 증거 수집 과정에서 이루어진 절차 위반행위와 관련된 모든 사정 즉, 절차 조항의 취지와 그 위반의 내용 및 정도, 구체적인 위반 경위와 회피 가능성, 절차 조항이 보호하고자 하는 권리 또는 법익의 성질과 침해 정도 및 피고인과의 관련성, 절차 위반행위와 증거수집 사이의 인과관계 등 관련성의 정도, 수사기관의 인식과 의도 등을 전체적·종합적으로 살펴 볼 때, 수사기관의 절차 위반행위가 적법절차의 실질적인 내용을 침해하는 경우에 해당하지 아니하고, 오히려 그 증거의 증거능력을 배제하는 것이 헌법과 형사소송법이 형사소송에 관한 절차 조항을 마련하여 적법절차의 원칙과 실체적 진실 규명의 조화를 도모하고 이를 통하여 형사사법 정의를 실현하려 한 취지에 반하는 결과를 초래하는 것으로 평가되는 예외적인 경우라면, 법원은 그 증거를 유죄 인정의 증거로 사용할 수 있다고 보아야 한다. 이는 적법한 절차에 따르지 아니하고 수집한 증거를 기초로 하여 획득한 2차적 증거의 경우에도 마찬가지여서, 절차에 따르지 아니한 증거 수집과 2차적 증거 수집 사이 인과관계의 희석 또는 단절 여부를 중심으로 2차적 증거 수집과 관련된 모든 사정을 전체적·종합적으로 고려하여 예외적인 경우에는 유죄 인정의 증거로 사용할 수 있다"고 판시[2]하여 원칙적으로 위법한 절차를 통하여 수집한 증거는 물론 이를 기초로 하여 획득한 2차적 증거를 유죄 인정의 증거로 삼을 수 없다고 하고 있다.

(나) 디지털증거의 무결성과 동일성

디지털증거가 법정에서 유효한 증거능력을 가지기 위하여는 앞서 설명한 위법수집증거가 아니어야 하며, 무결성과 동일성이 유지되어야 한다. 디지털자료의 경우에 증거의 무결성이 증명되면 동일성은 추정된다. 무결성의 입증방법으로는 관련자 입회, 봉인 및 해제과정 녹화 등의 방법이 있고, 원본을 이미징한 복제본 제작시 해시값[3]을 산출하는 등의 방법이 있다.

디지털 저장자료의 원본내용과 출력된 문건의 동일성과 관련하여 대표적으로 쟁점화되었던 일심회 사건에서 법원은 "압수물인 디지털 저장매체로부터 출력한 문건을 증거로 사용하기 위해서는 디지털 저장매체 원본에 저장된 내용과 출력한 문건의 동일성이 인정되어야 하고, 이를 위해서는 디지털 저장매체 원본이 압수시부터 문건 출력시까지 변경되지 않았음이 담보되어야 한다. 특히 디지털 저장매체 원본을 대신하여 저장매체에 저장된 자료를 '하드카피' 또는 '이미징'한 매체로부터 출력한 문건의 경우에는 디지털 저장매체 원본과 '하드카피' 또는 '이미징'한 매체 사이에 자료의 동일성도 인정되어야 할 뿐만 아니라, 이를 확인하는 과정에서 이용한 컴퓨터의 기계적 정확성, 프로그램의 신뢰성, 입력·처리·출력의 각 단계에서 조작자의 전문적인 기술능력과 정확성이 담보되어야 한다. 그리고 압수된 디지털 저장매체로부터 출력한 문건을 진술증거로 사용하는 경우, 그 기재 내용의 진실성에 관하여는 전문법칙이 적용되므로 형사소송법 제313조 제1항에 따라 그 작성자 또는 진술자의 진술에 의하여 그 성립의 진정함이 증명된 때에 한하여 이를 증거로 사용할 수 있다"고 판시[4]하고 있다.

---

2) 대법원 2007.11.15. 선고 2007도3061 전원합의체 판결.

3) 해시값이란 구조, 배열, 고유정보 등 문자열의 코드값을 정수로 보고 규정된 연산을 통하여 얻은 결과값이다. 데이터(파일)가 변형되지 않았는지, 변형되었는지를 확인하기 위하여는 최초에 연산한 결과값으로 이후 동일한 데이터(파일)를 재연산하여 그 결과값이 달라지지 아니하였으면 데이터가 변경되지 않았다고 판단한다.

4) 대법원 2007.12.13. 선고 2007도7257 판결에서 "사법경찰인 국가정보원은 피의자들 혹은 가족, 직원이 입회한 상태에서 각 디지털 저장매체를 압수한 다음 입회자의 서명을 받아 봉인하였고, 각 디지털 저장매체에 저장된 자료를 조사할 때 피의자들 입회하에 피의자들의 서명무인을 받아 봉인 상태 확인, 봉인 해제, 재봉인하였으며, 이러한 전 과정을 모두 녹화하고, 각 디지털 저장매체가 봉인된 상태에서 서울중앙지방검찰청에 송치하였다. 송치를 받은 검찰은 피의자들이 입회한 상태에서

(6) 금융거래 추적

금융거래 추적은 조세포탈 등과 관련된 자금이 예금, 수표, 현금 등으로 금융기관을 통하여 이동하는 과정을 추적하여 자금흐름에 대한 전표, 수표 등 증거자료를 확보하는 한편 당해 금융거래에 직·간접으로 관여한 인물에 대한 정보를 수집하는 일련의 수사과정을 말한다. 조세포탈 수사의 경우에는 법원에 의한 금융거래 추적 영장이 자주 활용되지 않는다. 왜냐하면 금융실명거래및비밀보장에관한법률 제4조 제1항 단서에 의하여 과세관청은 조세범칙조사를 할 경우에는 영장없이 사실조회 형식으로 금융거래 추적을 쉽게 할 수 있기 때문에 과세관청에서 이 제도를 활용하여 가능한 한 많은 자료를 이미 확보하여 검찰 등 수사기관에 송치를 하고 있기 때문이다. 수사기관에서는 과세관청에서 범칙조사 단계에서 누락한 부분에 대하여만 보충적으로 금융거래 추적을 실시하고 있다.

4. 피고발인 등에 대한 조사

(1) 피고발인 등에 대한 조사방법

피고발인이나 참고인 조사는 조세포탈 등 범죄혐의를 입증할 만한 진술증거를 확보하기 위하여 진행한다. 제보자를 제외한 피고발인이나 참고인에 대한 조사는 압수수색을 통한 물적 증거 분석을 종료한 다음에 본격적인 범죄혐의를 입증하는 단계에서 시작한다. 피고발인 등의 소환조사는 출석 통보에 의한 임의조사가 원칙이다. 그러나 피고발인 등이 정당한 이유 없이 출석요구에 응하지 아니하거나 응하지 아니할 우려가 있는 경우에는 체포영장을 발부받아 체포하여 조사하는 강제조사가 가능하다(형사소송법 제200조의2 제1항). 체포된 피고발인 등을 조사하여 범죄혐의가 확인되지 않는 경우에는 신속하게 석방하여야 한다. 조사 후 구속이 불가피할 경우에는 체포상태에서 사후 구속영장을 청구할 수도 있고, 일단 석방한 후에 사전 구속영장을 청구할 수도 있다.

이와 같은 피고발인 등에 대한 진술증거 수집의 법적 근거 규정으로는 '수사에

봉인을 풀고 세계적으로 인정받는 프로그램을 이용하여 이미징 작업을 하였다. 그 결과 디지털 저장매체 원본의 해시(Hash)값과 이미징 작업을 통해 생성된 파일의 해시값이 동일함이 확인되었다. 제1심법원은 피고인들 및 검사, 변호인이 모두 참여한 가운데 검증을 실시하여 이미징 작업을 통해 생성된 파일의 내용과 출력된 문건에 기재된 내용이 동일함을 확인하였다. 이와 같은 절차를 거쳤다면 디지털 저장매체 원본과 출력된 문건 사이의 동일성이 인정된다"고 판시하고 있다.

관하여는 그 목적을 달성하기 위하여 필요한 조사를 할 수 있고, 검사 또는 사법경찰관은 피의자에 대하여 범죄사실과 정상에 관한 필요사항을 신문하여야 하며 그 이익되는 사실을 진술할 기회를 주어야 한다'는 조항들을 들 수 있다(형사소송법 제199조 제1항, 제242조). 피고발인 등에 대한 피의자신문조서는 피의자와의 문답 과정, 답변한 내용, 답변 태도 등을 있는 그대로 생동감 있게 정리해서 조서의 신빙성을 확보하는 것이 좋다. 참고인에 대하여는 조세포탈 등의 경위를 밝히는 데 필요한 회계 책임자인지, 세무신고 관여자인지, 비자금 관리인인지 여부, 그리고 사건 관련성과 가담 정도 등에 따라 조사가 불가피한 참고인인지 여부 등에 관하여 사전에 치밀하게 검토한 다음에 조사에 임하여야 한다.

(2) 피의자신문조서 등의 증거능력 변화

2020.2.4. 형사소송법 제312조 제1항을 개정하여 기존에 위 규정에서 인정하고 있던 검사 작성의 피의자신문조서의 증거능력에 대하여 획기적인 제한을 하고 있다. 즉 이전에는 검사가 피고인이 된 피의자의 진술을 기재한 피의자신문조서는 적법한 절차와 방식에 따라 작성된 것으로서 피고인이 진술한 내용과 동일하게 기재되어 있음이 공판준비 또는 공판기일에서의 피고인의 진술에 의하여 인정되고, 그 조서에 기재된 진술이 특히 신빙할 수 있는 상태하에서 행하여졌음이 증명되면 증거로 할 수 있다고 규정되어 있었다. 따라서 피고인이 법정에서 검찰에서의 진술을 부인하더라도 '특별히 신뢰할 수 있는 상태' 등이 인정되면 검사 작성 피의자신문조서의 증거능력이 인정되었다.

그러나 2022.1.1.부터 적용되는 위 개정 형사소송법에서는 위 제312조 제1항 내용을 전면 개정하여 검사가 작성한 피의자신문조서는 적법한 절차와 방식에 따라 작성된 것으로서 공판준비, 공판기일에 그 피의자였던 피고인 또는 변호인이 그 내용을 인정할 때에 한정하여 증거로 할 수 있다는 내용으로 변경하였다. 또한 2020.2. 위 조항에 대한 개정을 하면서 당시 형사소송법 제312조 제2항의 영상녹화된 피의자신문조서의 증거능력 인정 조항 역시 전체가 삭제되었다. 피고인이 검사가 작성한 조서 내용을 부인할 경우에도 영상녹화물이나 그 밖의 객관적 방법으로 피고인 진술 내용과 동일하다고 증명될 경우에는 증거로 사용할 수 있다는 내용이 규정되어 있었던 중요한 조항이었다. 실무상 물적 증거가 있다고 하더라도 진술로 증거가 보완되어야 유의미한 증거가 되는 경우는 많다. 피의자신문조서의 증거능력에 대하여 피의자의 내용부인에 의하여 증거능력 자체를 인정하지 않는다면 검사의 입장에서는 공소제기에 소극적일 수밖에 없다. 그러나 이와 같은 부작용에 대하여는 위 개정으로 재판이 길어질 우려는 있지만 재판과정에서 실체적 진실의 발견뿐만 아니라 공정한 절차적 인권보장의 기능도 있는 것인 만큼 판사에게는 부담이 되더라도 공판중심주의 입장에서는 올바른 방향으로 입법이 되었다는 견해도 있다.

이렇게 피의자신문조서 증거능력이 제한됨에 따라 검찰도 대응 매뉴얼을 만들어 이에 대비하고 있다. 이에 따르면 우선 수사단계에서는 기존처럼 피의자신문조서를 사건 유형, 조사 목적 등에 따라 적절한 방법으로 계속 작성하여 활용하도록 하고 있다. 다만 피고인이 법정에서 조서 내용을 부인하여 증거능력이 부인될 경우를 대비하여 영상녹화 조사를 적극적으로 실시하고 공소제기 또는 1회 공판기일 전에 공범 등의 주요 진술에 대한 증거보전청구와 증인신문청구 등을 활용하도록 하고 있다. 공판단계에서는 수사 중 피의자 진술을 청취한 조사자나 참여자를 증인으로 신문하는 조사자 증언제도를 적극 활용하도록 하고 있다. 뿐만 아니라 조사자 증언의 신빙성을 증명하고 피고인이 법정에서 혐의를 부인하는 경우에는 이를 탄핵하는 등의 용도로 피의자신문조서와 영상녹화물을 활용하도록 하고 있다. 마지막으로 피고인의 진술 번복 여부, 법정 태도 등을 구형에 적극적으로 반영하도록 하고 있다. 그러나 이러한 대응책이 어느 정도 실효성이 있을지는 의문이 간다.

5. 수사 종결

검사는 사건을 수사하여 최종적으로 그 수사 결과에 따라 공소제기, 불기소 처분 등을 한다. 공소제기는 법원의 공판절차에 회부하는 행위로 피의자 구속 여부에 따라 구속기소, 불구속 기소로 구분한다. 법정형에 벌금형이 있는 사건의 경우에는 불구속 기소를 한 다음에 벌금형을 구형하거나 처음부터 약식명령을 청구할 수 있다. 검사의 불기소 처분에는 혐의가 인정되지 아니하는 경우에 결정하는 무혐의 처분 이외에도 혐의는 인정되지만 정상을 참작하여 기소를 보류하는 기소유예 처분이 있다. 또한 고발 요건 등을 구비하지 못한 경우에는 공소권 없음 처분을 할 수 있다. 고발사건에 관하여 기소 또는 불기소 처분을 할 경우에는 고발인에게 그 취지를 통지하여야 한다(형사소송법 제258조 제1항).

조세범칙사건에 대한 종결에 대하여 간단히 표로서 정리하면 아래와 같다.

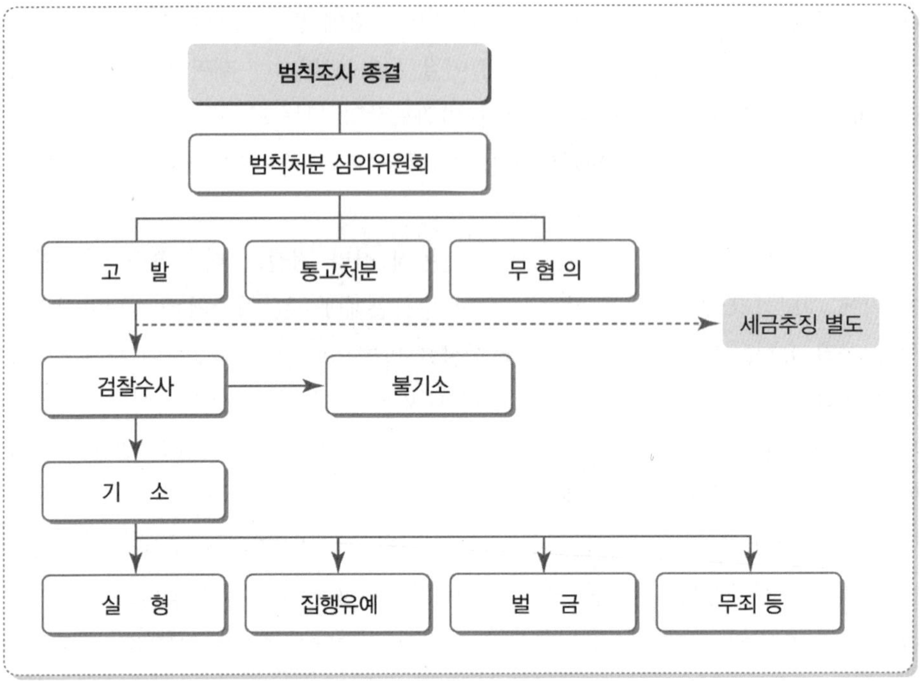

6. 공판 및 형집행 절차

과세관청의 고발 또는 수사기관의 인지에 의하여 시작된 조세범죄는 검찰의 불기소 처분 또는 공소제기에 따른 법원의 최종 판결로 사건이 종결처리된다. 조세범죄에 대한 재판진행은 일반 형사범죄와 동일하게 진행된다. 다만, 특가법이 적용되는 조세포탈사건의 경우에는 징역형과 벌금형을 필요적으로 병과하도록 되어 있다. 필요적으로 병과되는 벌금 액수도 포탈세액의 2~5배에 해당하는 금액으로 법정되어 있다. 이러한 이유로 벌금이 과도하게 선고되어 형집행상 여러 부작용이 발생하기도 한다.

일례로 노역장유치 규정[5]의 개정까지 불러온 2건의 특가법상 조세포탈사건에

---

5) **형법 제69조(벌금과 과료)** ① 벌금과 과료는 판결확정일로부터 30일내에 납입하여야 한다. 단, 벌금을 선고할 때에는 동시에 그 금액을 완납할 때까지 노역장에 유치할 것을 명할 수 있다.
② 벌금을 납입하지 아니한 자는 1일 이상 3년 이하, 과료를 납입하지 아니한 자는 1일 이상 30일 미만의 기간 노역장에 유치하여 작업에 복무하게 한다.
제70조(노역장 유치) ① 벌금이나 과료를 선고할 때에는 이를 납입하지 아니하는 경우의 노역장 유치기간을 정하여 동시에 선고하여야 한다.
② 선고하는 벌금이 1억원 이상 5억원 미만인 경우에는 300일 이상, 5억원 이상 50억원 미만인 경우에는 500일 이상, 50억원 이상인 경우에는 1천일 이상의 노역장 유치기간을 정하여야 한다(신

대하여 공소제기 이후부터 판결 선고 및 집행 절차까지 간단하게 소개하여 공판 및 형집행 절차에 대한 이해를 높이고자 한다. 첫 번째 사건은 법인세 포탈 사건이고, 두 번째 사건은 양도소득세 포탈사건이다.

〈법인세 포탈(H회장 사례)〉

① 2007.11. 검찰, 조세포탈 508억 원, 업무상 횡령 100억 원 등 혐의 불구속 기소

② 2008.9. 검찰, 징역 5년, 벌금 1,010억 원, 벌금 선고유예 구형

※ 법정형: 특가법 제8조 제1항 제1호, 제2항 '무기 또는 5년 이상 징역과 포탈세액 2~5배 상당 벌금 필요적 병과'

※ 법인은 탈루 금액 및 가산세 818억 원 납부

③ 2008.12. 1심, 징역 3년, 집유 5년, 벌금 508억 원 선고(작량감경)

※ 노역장 유치 200일(1일 2억 5,000만 원), 검찰(항소 포기), H회장(항소)

④ 2010.1. 2심, 징역 2년 6월, 집유 4년, 벌금 254억 원 선고(법률상 감경+작량 감경)

※ 노역장 유치 49일(1일 5억 원), H회장 뉴질랜드 출국(지명수배)

⑤ 2012.12. 대법원 판결 확정

※ 노역장 유치: 벌금 확정 판결일로부터 30일 이내 미납부시, 1일~3년 노역장 유치(통상 1일 5만 원~10만 원)

※ 이전 사례: 선박왕 K회장(1일 3억 원), 대기업 L회장(1일 1억 1,000만 원)

⑥ 2014.3.21. 귀국, 노역장 유치

⑦ 2014.3.26. 형집행정지 사유 중 기타 중대한 사유 존재를 적용, 형집행정지(노역장유치 중단) 미납한 벌금 납부

⑧ 2014.5.14. 형법 제70조 제2항 신설

〈양도소득세 포탈〉

① 2013.5. 검찰, 전 대통령 아들인 A법인 J대표에게 범죄수익 은닉 관련 내사 중 조세포탈 단서 확보, 압수수색, 수사 착수

※ 공무원 범죄에 관한 몰수특례법 제9조의2 '추징시효 10년 연장, 가족 등 제3자 추징 가능'

설 2014.5.14.).

② 2013.9. 검찰, 사실은 2006. 임야와 임목 445억 원 상당을 일괄매각하면서 그 속에 포함된 임목 120억 원 상당을 별도 매각한 것처럼 매도가격을 325억 원으로 낮춘 허위 다운계약서를 작성, 신고하는 사기 기타 부정한 방법으로 양도소득세 27억 원 포탈 혐의로 구속 구공판

※ 법정형: 특가법 제8조 제1항 제1호, 제2항 '무기 또는 5년 이상 징역, 포탈세액 등의 2~5배 상당 벌금 필요적 병과'

※ 탈루 금액 및 가산세 납부

③ 2015.8. 대법원, J 징역 3년, 집유 4년 및 벌금 40억 원 선고, 확정

※ 벌금 40억 원에 대하여 1일 400만 원 노역장 유치 1,000일 선고 /
선고기준 벌금 1억 원~5억 원(300일 이상),
벌금 5억 원~50억 원(500일~1,000일),
벌금 50억 원 이상(1,000일 초과)

④ 2015.10. 분납요청, 국세청, 2016.1.~6. 분납허가

※ 2016.1.~6. J대표, 1억4,000만 원 납부, 38억6,000만 원 미납, 노역장 유치기간(38억6,000만 원÷400=)965일

⑤ 2016.7. 교도소에서 노역장 유치(965일) 집행

첫 번째 사건 이후에 1일 노역장유치 금액 관련 법률이 개정되었음에도 개정된 이후의 법률의 적용을 받은 두 번째 사건 역시 위에서 보는 바와 같이 1일 노역장유치 금액이 일반적인 경우에 비해 아직도 너무 높다.

제3장

조세포탈죄

제1절 총　　설

Ⅰ. 서　　론

1. 개　　요

조세범처벌법 제3조는 '사기나 그 밖의 부정한 행위로써 조세를 포탈하거나 조세의 환급·공제를 받은 자'를 조세포탈범으로 처벌하도록 하고 있다. 일반적으로 조세를 탈루하면 세법상 각종 가산세가 부과되고, 납기가 도과할 때까지 조세를 납부하지 않으면 가산금과 중가산금이 추가되므로 국가의 조세수익 일실로 인한 손해는 이로써 충분히 회복할 수 있다. 그런데도 탈루세액에 대한 부과처분 이외에 별도로 조세포탈이라는 형벌로 처벌하는 이유는 조세탈루에 이르게 된 과정과 방법이 통상적이지 않은 반윤리적·반사회적인 자금세탁 등의 방법이 사용되어 공평하고 평등한 조세부담이라는 국민의 일반 법감정과 국가의 조세부과권을 중대하게 침범한 데 대한 상응하는 처벌을 할 필요가 있기 때문이다.

조세범처벌법 제3조 제1항 본문 전단에 규정된 '조세를 포탈한 행위'라 함은 부정환급, 부정공제를 제외한 부정한 행위로써 정당하게 납부하여야 할 세액의 전부 또는 일부를 면하는 행위로서 일반적으로 협의의 조세포탈을 의미한다. 같은 항 본문 후단의 '부정한 행위로써 조세의 환급공제'를 받는 부정환급[1]과 부정공제[2]는

---

1) 부정환급은 세법상 환급규정이 있는 경우에 환급받을 수 없는 세액을 환급받거나 정당한 환급금액을 초과하여 환급받는 것을 말한다. 실무상으로는 부가가치세법상 매입세액이 없거나 매입세액이 매출세액보다 적음에도 매입세액이 존재하거나 매입세액이 매출세액보다 큰 것처럼 조작하여 매입세액을 환급받는 부정환급이 주류를 이루고 있다.

2) 부정공제는 세법상 세액공제를 허용하는 경우에 공제받을 수 없는 세액을 공제받거나 공제받아야 할 세액을 초과하여 부정하게 공제받는 것을 말한다. 소득세법과 조세특례제한법 등에 세액공제 규정이 있으나, 실무상으로는 부가가치세에서의 허위매입세액 공제 문제가 주를 이룬다. 다만, 법인세법과 소득세법상 과세표준결정과 관계되는 소득공제는 세액공제가 아니므로 부정행위로써 이

행위태양에 있어서는 일부 차이가 있지만 부정한 환급 공제를 통하여 세수감소를 초래하는 결과의 발생으로 국가의 과세권이 현실적으로 침해된다는 측면에서는 협의의 조세포탈 구성요건과 차이가 없으므로 조세범처벌법 제3조에서는 협의의 조세포탈과 부정환급·부정공제를 포함하는 광의의 조세포탈행위를 동일하게 조세포탈죄로 처벌하는 규정을 두고 있다.

조세범처벌법 제3조에서 규정하고 있는 조세포탈죄는 형사범과 마찬가지로 구성요건 해당성, 위법성과 책임성의 요건을 충족하여야 처벌할 수 있다. 조세포탈죄 구성요건은 객관적 구성요건과 주관적 구성요건으로 구성되어 있는데, 객관적 구성요건으로는 ① 납세의무자 및 그 행위자, ② 납세의무자에 대한 조세채권의 성립, ③ 사기나 그 밖의 부정한 행위, ④ 조세탈루 결과(포탈세액의 존재), ⑤ 인과관계(사기 그 밖의 부정행위와 조세탈루 결과 사이에 인과관계) 등이 이에 해당하고, 주관적 구성요건으로서 고의(납세의무자가 자기의 행위가 사기 그 밖의 부정한 행위에 해당하는 것을 인식하고 그 행위로 인하여 조세포탈의 결과가 발생한다는 사실을 인식하면서도 부정행위를 감행하거나 감행하려고 하려는 의사[3])가 이에 해당한다.

조세범처벌범은 세법을 위반한 자에 대한 형벌을 규정한 법률로서, 일반 형법에 대한 특별법적 성격을 지니고 있으므로 형법에 우선하여 적용된다.[4] 그러나 조세범처벌법에 다른 특별규정이 없는 경우에는 형법의 일반이론이 적용되므로 조세포탈죄는 형사범과 마찬가지로 위 구성요건 모두를 충족하였을 경우에 성립한다.

2. 관련 법규

(1) 조세범처벌법

조세범처벌법은 세법의 실효성을 높이고 국민의 건전한 납세의식을 확립하기 위하여 세법을 위반한 자에 대한 형벌에 관한 사항을 규정하고 있는 법률이다. 조세범처벌법은 각 개별세법에 분산되어 있던 처벌법규를 통폐합하여 1951년에 제정되고 2010.1.1. 법률 제9919호로 전부 개정되어 총 22개 조에 부칙 5개 조로 이루어져 있다가 여러 차례 부분 개정되어 현재는 2020.12.29. 제17761호로 개정되어 운용되고 있다.

를 하는 경우에는 조세포탈에 해당하고, 부정공제에는 해당하지 않는다.

3) 대법원 2006.6.29. 선고 2004도817 판결.

4) 김완석·박종수·이중교·황남석, 주석 국세기본법, 2020, 29면.

국세에 대한 조세포탈죄의 구성요건은 조세범처벌법 제3조 제1항과 제6항에서 규정하고 있는데 그 내용은 다음과 같다.

> **제3조(조세포탈 등)** ① 사기나 그 밖의 부정행위로써 조세를 포탈하거나 조세를 환급·공제를 받은 자는 2년 이하의 징역 또는 포탈세액, 환급·공제받은 세액(이하 '포탈세액 등'이라 한다)의 2배 이하에 상당하는 벌금에 처한다. 다만, 다음 각 호의 어느 하나에 해당하는 경우에는 3년 이하의 징역 또는 포탈세액 등의 3배 이하에 상당하는 벌금에 처한다.
>
> 1. 포탈세액 등이 3억원 이상이고, 그 포탈세액 등이 신고·납부하여야 할 세액(납세의무자의 신고에 따라 정부가 부과·징수하는 조세의 경우에는 결정·고지하여야 할 세액을 말한다)의 100분의 30 이상인 경우
> 2. 포탈세액 등이 5억원 이상인 경우
>
> ⑥ 제1항에서 "사기나 그 밖의 부정한 행위"란 다음 각 호의 어느 하나에 해당하는 행위로서 조세의 부과와 징수를 불가능하게 하거나 현저히 곤란하게 하는 적극적 행위를 말한다.
>
> 1. 이중장부의 작성 등 장부의 거짓기장
> 2. 거짓 증빙 또는 거짓 문서의 작성 및 수취
> 3. 장부와 기록의 파기
> 4. 재산의 은닉, 소득·수익·행위·거래의 조작 또는 은폐
> 5. 고의적으로 장부를 작성하지 아니하거나 비치하지 아니하는 행위 또는 계산서, 세금계산서 또는 계산서합계표, 세금계산서합계표의 조작
> 6. 『조세특례제한법』 제5조의2 제1호에 따른 전사적 기업자인 관리설비의 조작 또는 전자세금계산서의 조작
> 7. 그 밖의 위계에 의한 행위 또는 부정한 행위

조세포탈은 세목과 관계없이 조세범처벌법 제3조 제1항과 제6항에 의하여 구성요건이 결정되고 포탈세액의 규모와 포탈세액을 기준으로 납부세액의 비율에 따라 법정형의 차이를 두는 형식을 갖추어 행정벌로서의 특수성을 반영하고 있다.

한편 조세범처벌법 제3조 제3항에서는 조세포탈죄를 범한 자가 포탈세액 등에 대하여 국세기본법 제45조에 따라 법정신고기한이 지난 후 2년 이내에 수정신고를 하거나 같은 법 제45조의3 규정에 따라 법정신고기한이 지난 후 6개월 이내에 기한 후 신고하였을 때에는 형을 감경할 수 있도록 하고 있고, 제3조 제4항에서는 조세포탈 상습범의 경우에는 형의 2분의 1을 가중처벌할 수 있도록 하는 등 별도의 가중·감경사유를 두고 있다.

(2) 지방세기본법

지방세란 과세권이 지방자치단체에 있는 조세를 말하는데,[5] 그 구체적인 세목은 지방세기본법에서 정하고 있다. 지방세에 대한 조세포탈죄의 구성요건은 지방세기본법 제102조에서 규정하고 있는데 그 내용은 국세에 대한 조세포탈죄 구성요건과 동일하다.

2010.12.27. 지방세기본법 개정 시 포탈세액의 규모 및 납부세액 대비 포탈세액의 비율에 따른 법정형의 차등이나 상습범 가중, 기수시기, 사기 그 밖의 부정한 행위의 예시 등에 관한 규정이 조세범처벌법의 내용과 거의 동일하게 개정되었고, 2020.12.29.까지 고발규정 등 일부 내용이 개정되었으나 이는 지방세와 국세의 차이를 반영한 사소한 내용에 불과하다.

(3) 특정범죄가중처벌등에관한법률

특가법은 「형법」, 「관세법」, 「조세범처벌법」, 「지방세기본법」, 「산림자원의조성및관리에관한법률」 및 「마약류관리에관한법률」에 규정된 특정범죄에 대한 가중처벌 등을 규정함으로써 건전한 사회질서의 유지와 국민경제의 발전에 이바지함을 목적으로 하고 있다(특가법 제1조). 특가법 제8조에서는 조세포탈죄에 대한 가중처벌요건을 규정하고 있는데 그 내용은 다음과 같다.

> **제8조(조세포탈의 가중처벌)** ① 조세범처벌법 제3조 제1항, 제4조 및 제5조, 지방세기본법 제102조 제1항에 규정된 죄를 범한 사람은 구분에 따라 가중처벌한다.
> 1. 포탈하거나 환급받은 세액 또는 징수하지 아니하거나 납부하지 아니한 세액(이하 "포탈세액 등" 이라 한다)이 연간 10억원 이상인 경우에는 무기 또는 5년 이상의 징역에 처한다.
> 2. 포탈세액 등이 연간 5억원 이상 10억원 미만인 경우에는 3년 이상의 유기징역에 처한다.
>
> ② 제1항의 경우에는 그 포탈세액 등의 2배 이상 5배 이하에 상당하는 벌금을 병과한다.

조세포탈의 규모가 커서 특가법이 적용될 경우에는 특가법 제16조에 의하여 조세범처벌법 제21조에서 규정하고 있는 '국세청장, 지방국세청장 또는 세무서장의 고발이 있어야 공소제기를 할 수 있다'는 고발전치주의 요건 구비가 불필요하여

---

5) 국세기본법 제2조 제7호.

검찰 등 수사기관에서 업무상 횡령 등 일반형사사건 수사과정에서 조세포탈혐의를 발견하면 고발없이 직접 조사하여 공소제기를 할 수 있고, 특가법 제8조 제2항에 의하여 조세범처벌법 제3조와 달리 벌금을 포탈세액 등의 2배 이상 5배 이하의 범위에서 필요적으로 병과하도록 규정하고 있다.

3. 보호법익

조세포탈범죄의 보호법익에 대하여 법원은 "조세의 적정한 부과 · 징수를 통한 국가의 조세수입의 확보가 조세포탈죄의 보호법익이다"라고 판시[6]하고 있다. 즉, 조세포탈범죄는 조세채권을 확정하여 적정하게 과세처분을 해야 하는 국가의 과세권을 침해하는 범죄로 인식하여 조세포탈죄의 보호법익을 국가의 과세권으로 보고 있다.

다만, 아래에서 살피는 바와 같이 조세포탈범죄는 자금세탁범죄의 성격도 아울러 가지고 있으므로, 자금세탁범죄의 보호법익인 건전한 경제거래질서(사회적 법익)를 침해하는 범죄로서의 성격도 일부 가지고 있다고 할 수 있다.

Ⅱ. 자금세탁 범죄의 한 유형으로서 조세포탈

1. 자금세탁행위

(1) 개 념

자금세탁은 범죄행위로부터 얻은 불법재산을 합법재산으로 위장 · 변환하는 과정을 말한다. 이는 불법적으로 획득한 수익을 합법적인 원천에서 발생한 것처럼 보이게 하기 위하여 그 불법적 원천을 은닉하거나 가장하는 것이다. 즉, 자금세탁은 범죄행위로부터 발생한 자산이라는 사실을 인식하면서 ① 당해 자산의 출처를 은닉하거나 위장할 목적 또는 범죄를 저지른 자들의 법적 책임을 면하게 할 목적으로 해당 자산을 전환 또는 양도하는 행위, ② 당해 자산의 성질 · 출처 · 소재 · 처분 · 이동 · 권리 · 소유권을 은닉하거나 가장하는 행위, ③ 당해 자산을 취득 · 소지 · 사용하는 행위를 의미한다.

자금세탁이라는 용어는 1920년대 미국에서 알 카포네 같은 조직범죄자들이 도

---

6) 대법원 2007.10.11. 선고 2007도5577 판결.

박이나 불법주류판매를 통해 얻은 수익금을 주로 세탁소를 이용하여 합법적인 소득인 것처럼 가장한 데서 유래했다. 자금세탁은 처음에는 비공식적으로 사용되다가 1986년 미국에서 '자금세탁통제법'이 제정되면서 공식용어로 등장했고, 그 이후에 UN·EU·국제자금세탁방지기구(FATF) 등 국제기구와 영국·독일·프랑스·일본 등 주요 국가에서 정식용어로 채택하여 사용하고 있다.

자금세탁은 차명 입금, 현금의 국외운반, 유령회사 이용 등 다양한 방법으로 이루어지고 있지만, 통상적으로 범죄수익을 수사기관 등에 적발되지 않도록 가·차명계좌를 통해 은행에 입금한 다음(배치단계), 반복적인 송금 등을 통해 엄격한 금융비밀제도를 가지고 있는 국가에 자금을 송금한 후(반복단계), 최종적으로 해외대출자금 등 합법적 자금인 것처럼 가장하여 들여와 새로운 범죄자금에 사용하거나 합법적인 경제활동에 사용하는 단계(통합단계)라는 3단계 과정을 거쳐 이루어진다. 이러한 자금세탁행위는 조세포탈 구성요건 중 부정한 행위에 내재되어 조세포탈의 주된 수단으로 이용되고 있다.

(2) 현행법상 자금세탁행위

우리나라 현행법상 자금세탁행위는 특정금융거래정보의보고및이용등에관한법률(이하 '특정금융정보법'이라 한다) 제2조 제5호에서 규정하고 있다. 그 법률 규정에 의하면 ① 범죄수익 등의 취득, 처분 또는 발생원인에 관한 사실을 가장하는 행위,[7] ② 특정범죄를 조장하거나 적법하게 취득한 재산으로 가장할 목적으로 범죄수익 등을 은닉하는 행위,[8] ③ 마약류 범죄의 발견 또는 불법수익 등의 출처에 관한 수사를 방해하거나 불법수익 등의 몰수를 회피할 목적으로 불법수익 등의 성질·소재 또는 귀속관계를 은닉 또는 가장하는 행위,[9] ④ 조세포탈 또는 관세포탈 등 조세범죄를 목적으로 또는 세법에 따라 납부하여야 하는 조세를 탈루할 목적으로 재산의 취득·처분 또는 발생원인에 관한 사실을 가장하거나 그 재산을 은닉하는 행위[10] 등의 범죄유형을 자금세탁행위로 규정하고 그에 대한 각종 제재를 하고 있다.

---

7) 범죄수익은닉의규제및처벌등에관한법률(이하 '범죄수익은닉규제법'이라 한다) 제3조 제1항 제1, 2호.
8) 범죄수익은닉규제법 제3조 제1항 제3호.
9) 마약류불법거래방지에관한특례법 제7조 제1항.
10) 특정금융정보법 제2조 제5호, 조세범처벌법 제3조, 관세법 제270조, 지방세기본법 제102조 또는 특가법 제8조.

(3) 자금세탁범죄에 대한 규제 및 최근 법령 개정 내용

우리나라에서 자금세탁범죄에 대한 형사상 규제는 1995년 12월 마약류범죄를 자금세탁범죄로 최초 규제하여 오다가 2001년 9월 자금세탁방지와 관련한 법안인 특정금융정보법과 범죄수익은닉규제법이 제정되면서 일반 중대범죄들의 자금세탁 행위에 대한 규제를 본격적으로 시작하였다. 2001년 11월에는 특정금융정보법 시행령이 대통령령으로 공포되어 재정경제부 소속기관으로 금융정보분석원(FIU)이 설립되었다가 2008년 금융위원회 소속으로 이관되었다.

금융정보분석원(FIU)에서는 ① 은행 등 금융기관으로부터 고액현금거래보고제도[11] 및 혐의거래보고제도[12]를 통하여 범죄단체의 자금세탁, 기업들의 불법적인 비자금 조성, 탈세 및 외화밀반출 등 불법적인 자금거래내역을 보고 받고, ② 이 자료를 기초로 각 국가기관에서 금융정보분석원에 파견된 전문가들이 심사·분석하여 검찰, 경찰, 국세청, 관세청, 금융위원회, 중앙선거관리위원회, 해양경찰청, 국가정보원 등 법집행기관에 수사자료 등 형식으로 정보를 제공하며, ③ 이를 제공받은 법집행기관에서는 이 자료들을 근거로 법집행을 하고 그 결과를 보고하는 시스템으로 운영하고 있다.

범죄수익은닉규제법에서는 특정 범죄와 관련된 범죄수익의 취득 등에 관한 사실을 가장하거나 특정범죄를 조장할 목적 또는 적법하게 취득한 재산으로 가장할 목적으로 범죄수익을 은닉하는 행위를 규제하고, 특정 범죄와 관련된 범죄수익의 몰수 및 추징에 관한 특례를 두고 있다. 이 법에서는 자금세탁범죄에서 특정범죄로 2001년 금융정보분석원 출범 당시 최초 38종 범죄를 지정한 후 그 범위를 시대에 맞게 꾸준히 확대하여 뇌물수수·공여죄, 사기·횡령·배임죄, 저작권법위반죄, 사행행위규제법위반죄, 테러자금금지법위반죄 등을 추가함으로써 다양한 범죄들이 탄력적으로 특정범죄로 지정되는 시스템으로 운영되고 있었다.

그러나 특정범죄를 위 법의 별표에서 열거식으로 규정하여 오면서 사회변화에

---

11) 고액현금거래보고제도(CTR)는 하루에 동일 금융기관에서 1,000만 원 이상의 현금거래를 할 경우에 고객들의 현황을 금융정보분석원에 보고하는 제도이다. 제도 시행 첫해인 2006년 1월에는 보고대상 금액이 5,000만 원이었는데 2008년부터는 3,000만 원, 2010년부터는 2,000만 원, 2019.4.30.부터는 1,000만 원으로 하향조정되어 규제를 강화하였다.

12) 혐의거래보고제도(STR)는 혐의거래를 금융정보분석원에 보고하는 제도로서, 혐의거래란 의심스러운 거래라고도 하며, 어떤 금융거래가 불법자금이라고 의심이 들거나 거래 상대방이 자금세탁을 하고 있다는 의심이 드는 거래를 말한다. 혐의거래 여부는 금융기관 직원의 업무지식·전문성·경험 등을 바탕으로 고객의 평소 거래상황·직업·사업내용 등 전반적인 거래정황을 감안하여 판단한다.

따라 신속하게 범죄수익환수의 필요성이 대두되는 범죄에 대해서 특정범죄로 추가되는 법률 개정이 있기 전까지는 즉각적인 몰수 및 추징이 불가능할 뿐만 아니라 법률의 소급효 논란[13]도 계속하여 발생하고 있었다. 열거식에서 특정범죄로 지정된 범죄들보다 법정형이 더 중하고 범죄수익환수의 필요성이 더 높은 범죄들이 상당 부분 특정범죄에서 누락되는 등 특정범죄 지정 범죄와의 형평성 논란[14]과 함께 조문변경 등으로 인한 입법 공백현상까지 발생[15]하게 되었다.

이러한 문제점을 개선하기 위하여 국제자금세탁방지기구(FATF)의 법 개정 권고[16]를 받아들여 2021.12.9. 범죄수익은닉규제법을 개정하여 2022.1.4.부터 시행하게 하였다. 개정된 법률에 의하면 기존에 별표에서 열거된 특정범죄 중 장기 징역 3년 미만인 일부 범죄는 별표에 열거식으로 그대로 규정하고, 범죄수익은닉규제법 적용대상을 '법정형이 장기 징역 3년 이상인 모든 범죄[17]'로 확대개편하였으며, 그 결과로 범죄수익환수 특정범죄가 크게 확대되었다.

그러나 기존에는 범죄의 성격상 범죄수익 발생이 가능한 범죄들만을 선별하여 개별적으로 나열하는 방식으로 대상범죄를 규율하였으나 개정 기준식에서는 특정범죄 범위가 법정형을 기준으로 무한 확대되어 그 범죄 과정에서 취득한 수익이 과연 범죄수익에 해당하는 것으로 해석할 수 있는지 여부 등에 대한 법적 다툼이 추징과 관련하여 다수 발생할 것으로 예상된다.

(4) 조세포탈죄의 자금세탁범죄로서의 중요성

2001년 범죄수익은닉규제법은 국제자금세탁방지기구(FATF) 가입을 위하여 제정된 법률이었는데, 위 국제자금세탁방지기구(FATF)는 우리 범죄수익환수 법제에 대

---

13) 2018년경 디지털 성범죄에 대한 사회적 관심이 높아지고 조직적 성범죄에 대한 범죄수익환수의 필요성이 대두되었음에도, 2019년 4월에서야 범죄수익은닉규제법이 개정되어 성폭력범죄의처벌등에관한특례법상 카메라 이용 촬영행위와 아동·청소년의성보호에관한법률상 아동·청소년 이용 음란물 제작행위가 특정범죄에 포함되었으나, 이미 발생한 범죄에 적용이 가능한지 여부에 대한 소급효 논란이 있었다.

14) 법정형이 징역 2년 이하인 입찰방해죄(형법 제315조)는 특정범죄로 규정하면서도, 대규모 경제적 이득이 수반될 수 있는 문화재보호법상 무허가 수출행위(법정형 징역 5년 이상), LH사태에서 문제된 공공주택특별법상 미공개정보이용 부동산 매매행위(법정형 징역 5년 이하)는 특정범죄에 포함되지 않았었다.

15) 의료법 제87조 제1항 제2호가 특정범죄로 규정되어 있었으나, 2019년 4월 23일 의료법이 개정되어 위 조문이 제87조의2 제2항 제2호로 변경되었음에도 범죄수익은닉규제법 별표에는 해당 내용이 반영되지 아니하는 입법 공백이 발생하였었다.

16) 미국을 제외한 대부분 선진국가에서는 특정범죄를 열거식이 아닌 기준식으로 정하고 있다.

17) 긴급체포 기준인 '장기 3년 이상의 징역이나 금고'의 법정형을 기준으로 하였다.

한 이행 점검을 통하여 자금세탁범죄의 특정범죄를 최대한 폭넓게 규정하도록 지속해서 권고하여 왔고, 특히 범죄수익은닉규제법의 특정범죄에 조세범죄를 추가할 것을 강력하게 요구하였었다.

그러나 조세범죄를 자금세탁범죄의 특정범죄로 규정할 경우에 미치는 파장이 너무 커서 조세포탈죄 등에 대하여 현행 조세범처벌법을 계속 적용받게 하되, 자금세탁범죄의 범주에 포함시켜 금융정보분석원의 자금세탁자료 등을 활용할 수 있도록 조정하였다. 이러한 조치에 따라 금융정보분석원은 국세청 등 자금세탁범죄들을 수사 내지 조사하고 있는 국가기관들에 대하여 금융정보분석 정보자료들을 계속 제공하고 있다.

2001년 이래로 금융정보분석원에서 국세청 등 각 기관에 제공한 자료의 수를 보면, 조세포탈죄 등이 자금세탁범죄에서 차지하고 있는 비중을 쉽게 알 수가 있다. 금융정보분석원이 법집행기관에 제공한 정보 및 처리현황은 아래 표와 같다. 아래 표에서 기재된 바와 같이 금융정보분석원이 제공한 정보 중 과반수가 넘는 정보가 조세포탈 등과 관련된 정보들로 조세포탈범죄는 자금세탁범죄 중에서 주요 핵심범죄로 자리 잡고 있다.

법집행기관에 제공한 특정금융거래정보의 처리결과(2001년~2020년) (단위: 건)[18]

제공기관	제공	처리중	처리완료	적극	중간	소극
검찰청	18,732	3,444	15,288	4,753	1,010	9,525
경찰청	87,050	60,596	26,454	7,366	2,887	16,201
관세청	31,832	863	30,969	5,275	21,065	4,629
국가정보원	7	0	7	0	0	7
국세청	172,352	24,952	147,400	42,898	94,987	9,515
금융위원회	1,186	939	247	88	5	154
중앙선관위	62	0	62	26	0	36
해양경찰청	283	0	283	192	0	91
합 계	311,504	90,794	220,710	60,598	119,954	40,158

* 적극: 기소(검찰청), 기소의견송치(경찰청), 고발 · 추징(국세청) 등
* 중간: 기소중지(검찰청), 내사중지(검찰청, 경찰청), 누적자료 활용(국세청) 등
* 소극: 무혐의, 입건유예(검찰청), 공소권없음(검찰청), 내사종결(경찰청) 등

18) '2020 자금세탁방지 연차보고서', 금융위원회 금융정보분석원, 2021.

금융정보분석원은 2020년까지 법집행기관에 311,504건을 제공하였고, 수사 등 종결된 건이 220,710건이며, 그중 60,598건이 자금세탁 혐의 등으로 조치되었고, 통상 정보제공에서 종결까지는 3개월에서 2년이 소요되었다.

2. 자금세탁행위로서의 사기나 그 밖의 부정한 행위

자금세탁행위가 별도의 독립된 범죄로 성립하기 위하여는 특정범죄행위 과정에 자금세탁행위가 있어야 한다. 자금세탁범죄는 특정범죄행위를 통해 얻은 범죄수익을 발생원인 또는 취득과 처분을 가장하거나 은닉하는 등의 일련의 과정에서 이용한 자금세탁행위 자체를 별도의 범죄로 처벌하는 파생범죄라고 할 수 있다.[19]

예를 들어, 공무원이 뇌물을 수수하면서 현금이나 본인계좌로 받지 않고 뇌물범죄를 은닉하기 위하여 차명계좌를 이용하여 뇌물을 수수한 경우와 같이 통상의 뇌물수수 방법이라고 보기 어려운 방법을 동원한 경우에 특정범죄인 뇌물수수죄와 뇌물수수 과정에서 파생된 범죄수익 등 가장죄로 처벌할 수 있는바, 여기에서 차명계좌 이용이라는 전형적인 자금세탁행위를 뇌물수수 방법으로 이용한 부분에 대하여 뇌물죄와 별도의 독립된 형벌로 처벌하는 것이 바로 자금세탁범죄이다.

조세포탈죄에서도 단순한 신고누락과 같이 조세를 탈루하는 과정에서 적극적인 부정행위가 없는 경우에는 조세포탈죄를 적용하지 아니하고, 탈루한 조세에 대한 부과처분과 가산세만 부과하도록 되어 있다. 이러한 두 개의 범죄를 구조면에서 볼 때, 조세포탈죄에서 부정한 행위가 뇌물죄의 차명계좌 이용행위처럼 사실상 자금세탁행위의 역할을 하고 있는 것을 알 수 있다. 조세포탈죄에서 부정한 행위가 없으면, 예컨데 뇌물을 자금세탁행위 없는 본인 계좌나 현금으로 수수한 경우에는 뇌물죄로만 처벌받고 별도로 자금세탁범죄로는 가중처벌받지 않듯이 단순 조세탈루의 책임만 부담하고 조세포탈죄로는 처벌받지 않는다.

그러한 측면에서 조세범처벌법 제3조 제6항에서 “사기나 그 밖의 부정한 행위”로 기재된 ① 이중장부의 작성 등 장부의 거짓 기장, ② 거짓 증빙 또는 거짓 문서의 작성 및 수취, ③ 장부와 기록의 파기, ④ 재산의 은닉, 소득 · 수익 · 행위 · 거래의 조작 또는 은폐, ⑤ 고의적으로 장부를 작성하지 아니하거나 비치하지 아니하는 행위 또는 계산서, 세금계산서 또는 계산서합계표, 세금계산서합계표의 조

19) 자금세탁범죄를 범한 자에 대하여 범죄수익은닉규제법 제3조에서는 5년 이하의 징역 또는 3천만 원 이하 벌금에 처하도록 되어 있고, 마약류불법거래방지에관한특례법 제7조에서는 7년 이하의 징역 또는 3천만 원 이하의 벌금에 처하도록 되어 있다.

작, ⑥ 조세특례제한법 제5조의2 제1호에 따른 전사적 기업자원 관리설비의 조작 또는 전자세금계산서의 조작, ⑦ 그 밖의 위계에 의한 행위 또는 부정한 행위 등은 조세포탈죄에서 자금세탁행위로 볼 수 있다.

조세포탈죄를 자금세탁범죄의 일종으로 분류한 이유도 부정한 행위로 지칭되는 사전소득은닉행위들이 바로 자금세탁행위의 성격을 강하게 가지고 있기 때문이다. 다만, 조세포탈죄에서 사전은닉의 대상은 납세자가 납세의무를 부담하고 있는 소득 자체임에 반하여, 자금세탁범죄에서의 가장 및 은닉의 대상인 자금은 범죄와 관련된 불법자금이라는 점에서 근본적인 차이가 있다.

Ⅲ. 구별 개념

1. 절세행위

절세행위란 세법이 인정하고 있는 바에 따라 세액의 감소 내지 경감을 도모하는 행위를 말한다. 절세란 조세탈루 및 조세회피와 구별되며, 통상 세법상의 각종 특혜 또는 경감조치를 활용하는 것을 총칭하는 개념이다. 절세는 세금을 적게 내려고 하는 행위 측면에서는 탈세행위 또는 조세회피행위와 같으나 실정법상 적법한 행위로 세법상 어떠한 불이익도 받지 않는다는 점에서는 조세회피행위 또는 탈세행위와 다르다.

2. 조세회피행위

(1) 개 념

조세회피행위는 납세의무자가 경제인의 합리적이고 통상적인 행위형식에 의한 것과 동일한 경제적 목적을 달성하면서 조세의 부담을 부당하게 감소시키거나 세법의 혜택을 부당하게 받는 행위를 의미한다. 즉, 납세의무자가 일정한 경제적 활동을 함에 있어서 통상적인 법형식이나 거래형식을 선택하지 아니하고 우회행위나 다단계행위 등 이례적인 법형식이나 처리방법을 선택하여 통상적인 법형식을 선택하였을 경우에 부담하게 될 조세의 부담을 경감 또는 배제시키는 것을 말한다. 따라서 조세회피행위는 그 자체로는 과세대상이 되지 않으나, 실질과세의 원칙에 따라 납세의무가 인정될 수 있다.

이러한 조세회피행위로 곧바로 조세포탈이 성립하는 것은 아니며, 조세회피행위를 넘어서는 불법적인 부정행위가 존재하여야 조세포탈죄가 성립된다.[20)] 조세회피행위를 효과면에서 보면, 실질과세의 원칙이 적용되지 아니하는 조세회피행위는 적법행위로서 절세와 같고, 실질과세의 원칙이 적용되어 기존 거래행위가 무시 또는 재구성되는 조세회피행위는 위법행위인 탈세와 유사한 효력을 가진다.

(2) 조세회피행위와 실질과세 원칙과의 관계

조세회피행위는 실질과세의 원칙을 적용하느냐 하지 않느냐에 따라 절세나 탈세로 그 지위가 변할 수 있는 중간개념의 성격을 가지고 있다. 실질과세의 원칙의 적용에 따라 조세회피행위와 관련되어 재구성된 납세의무에 대하여도 조세포탈죄가 성립할 수 있는지 여부가 문제된다. 조세포탈죄가 성립하기 위해서는 조세법률주의에 따라 세법이 정한 과세요건이 충족되어 조세채권의 성립이 전제되어야 하는데 실질과세의 원칙의 적용 이전까지는 과세요건 자체가 구비되어 있지 않다.

또한 실질과세의 원칙 역시 과세관청이 납세의무자의 거래형식을 재구성하는 방법을 통하여 세법상 과세요건사실이 존재하는 것으로 보아 과세할 수 있는 권한을 부여한 것에 불과한 것이다. 따라서 실질과세의 원칙에 의하여 재구성된 거래형식이 거래 당사자들 사이에서 사법적으로까지 적용되지는 않는다. 즉, 조세회피행위는 원칙적으로 사법상 유효한 거래형식을 갖춘 행위이므로 과세관청이 개입하기 전까지는 과세관청이 의도하는 납세의무가 존재할 수 없고, 사후적으로 과세관청이 납세의무자의 거래형식을 실질에 맞게 재구성함으로써 비로소 납세의무가 성립된다. 따라서 납세의무자 입장에서는 과세관청에 의하여 사후에 새롭게 재구성된 납세의무에 대하여까지 예측하기가 사실상 쉽지 않기 때문에 부과처분의 구성요건에 대한 엄격한 입증을 필요로 하는 조세포탈죄를 바로 적용하여 처벌하기에는 많은 어려움이 있다고 본다.

법인세법 제52조와 소득세법 제41조, 제101조 등에 규정되어 있는 부당행위계산부인 내용들은 실질과세의 원칙이 구체화되어 입법된 것으로 볼 수 있으므로 앞서 살핀 법리들이 그대로 적용되어 그 행위 자체만으로는 조세포탈행위로 처벌할 수 없다. 다만, 부당행위계산부인 규정의 적용을 받지 않기 위하여 특수관계 사실을 조작하거나 거래과정에서 계약서를 허위로 작성하는 등의 별도의 부정행

20) 대법원 2020.12.30. 선고 2018도14753 판결 등 참조.

위가 있다면 조세포탈죄가 성립할 수도 있는데 이는 그러한 부정행위로 인하여 조세포탈 구성요건이 충족되었다는 의미로 그러한 행위가 없는 단순한 조세회피 행위는 조세포탈죄가 성립하지 않는다. 조세회피행위에 대하여 실질과세의 원칙을 적용한 결과, 새로이 재구성된 거래행위가 조세포탈행위로까지는 인정하기 어렵다고 하더라도 조세탈루 사실이 인정된다면 당연히 새로운 부과처분 대상이 될 수 있다.

(3) 조세포탈행위와 구별

조세포탈행위는 과세요건사실이 존재하여 조세채무가 성립하였음에도 불구하고 국가가 조세채권을 행사하지 못하도록 불법적인 방법을 사용하는 행위를 의미한다. 이러한 점에서 적법한 절차를 통하여 이루어지는 조세회피행위와 구별된다. 조세를 회피하는 행위는 납세의무자가 법 형식의 선택 가능성을 이용하여 현행법 형식에 따른 과세요건을 회피하거나 혹은 비과세 요건을 확보 내지 확대하여 경제적 이득을 획득하는 행위를 말하는 것이고, 이는 납세의무자가 조세를 납부하지 않겠다는 의사를 가지고 법이 허용하는 범위에서 조세를 납부하지 않을 요건에 해당하는 행위를 실제로 행하거나 조세를 납부할 요건에 해당하는 행위를 실제로 행하지 않는 것을 말한다.

조세회피행위가 단순한 조세회피행위를 넘어 조세포탈까지 이어지려면, 실제로는 조세를 납부하지 않을 요건에 해당하는 행위를 하지 아니하였음에도 이를 한 것처럼 조작 또는 가장하거나 실제로는 조세를 납부할 요건에 해당하는 행위를 하였음에도 이를 하지 아니한 것처럼 조작 또는 가장한 경우와 같이 조세회피행위와 별도로 부정한 행위가 존재하는 경우에 한하여 조세포탈죄가 성립할 수 있다.

(4) 이른바 '조세회피목적'의 의미

(가) 의 의

조세포탈죄 등 성립과 관련하여 납세의무자에게 우회거래, 다단계행위, 그 밖의 비정상거래 등 특정거래 형식을 취한 이유가 조세회피의 목적에 있었는지 아니면 다른 이유가 있었는지 하는 문제가 자주 등장한다. 과세의 대상이 되는 소득, 수익, 재산, 행위 또는 거래의 귀속이 명의일 뿐이고 사실상 귀속되는 자가 따로 있는 경우에는 조세회피목적의 유무와 관계없이 국세기본법상 실질과세의 원칙을 적용하여 실질귀속자를 정하면 된다.

그러나 우회거래 등을 통한 조세회피행위는 다양한 유형이 존재하여 국세기본법의 명문과 일치하지 않는 거래가 있을 수 있다. 이러한 다양한 거래행위 등에 대하여도 국세기본법상 실질과세의 원칙을 적용할 경우에 그 적용요건으로서 등장하는 것이 조세회피목적이다. 법원도 "국세기본법 제14조 제1항에 따라 조세회피행위를 부인할 때 '주식이나 지분의 귀속명의자는 이를 지배·관리할 능력이 없고 그 명의자에 대한 지배권 등을 통하여 실질적으로 이를 지배·관리하는 자가 따로 있으며, 그와 같은 명의와 실질의 괴리가 위 규정의 적용을 회피할 목적에서 비롯된 경우' 당해 주식이나 지분은 실질적으로 이를 지배·관리하는 자에게 귀속된 것으로 보아 그를 납세의무자로 삼아야 할 것이다. 그리고 그 경우에 해당하는지는 당해 주식이나 지분의 취득 경위와 목적, 취득자금의 출처, 그 관리와 처분과정, 귀속명의자의 능력과 그에 대한 지배관계 등 제반 사정을 종합적으로 고려하여 판단하여야 한다"라고 판시[21]하여 국세기본법 제14조 제1항에 의하여 거래의 실질을 결정할 경우에 조세회피의 목적도 실질과세의 원칙의 적용 논리의 하나가 되고 있음을 확인하고 있다.

여기서 조세회피목적이란 어떤 특정거래를 선택하게 된 주된 동기가 조세의 부담을 부당하게 감소시키려는 의도에서 비롯된 것인지 여부에 관한 것으로 이에 반대되는 개념은 조세회피목적 이외의 다른 합리적 목적, 즉 경제적 목적 등이 존재하는지 여부이다. 실무상으로는 우회거래나 다단계거래의 목적이 조세회피목적 또는 경제적 목적, 어느 일방으로 명백하게 구분되는 경우가 많지 않다.

일반적으로 납세자는 사업상 일정한 행위나 거래를 할 때에는 조세혜택을 고려하여 가능한 한 조세부담을 줄이려고 하므로 실제에 있어서는 특정한 행위 또는 거래의 목적이 조세혜택과 다른 사업상의 목적을 동시에 추구하는 경우가 일반적이라 할 것이다. 이러한 경우에는 특정한 행위 또는 거래를 하게 된 목적, 즉 조세혜택의 목적과 그 밖의 다른 사업목적을 비교형량하여 조세혜택이 지배적인 목적이거나 주된 목적인 경우에는 조세회피행위로 보아야 할 것이다.[22]

(나) 조세회피목적과 경제적 목적 구별기준

조세회피목적이 있으면 조세를 부당하게 감소시키려는 의도가 있었다는 의미가 되어 조세를 감소시키는 과정에 부정한 행위가 있으면 조세포탈이 성립하고, 조세

---

21) 대법원 2012.1.19. 선고 2008두8499 전원합의체 판결.
22) 김완석 외 3인, 주석 국세기본법, 삼일인포마인, 2020, 193면 참조.

를 감소시키는 과정에 부정한 행위가 없다면 조세포탈죄는 성립하지 아니하고 실질과세의 원칙의 적용에 의하여 새로이 재구성된 부과처분요건에 따라 부과처분을 받게 된다.

조세회피목적은 조세회피처에 설립된 특수목적법인(SPC)의 이용 자체가 위법한가 여부와 관련하여 종종 문제가 된다. 이와 관련하여 법원은 "오늘날 조세회피처에 설립된 SPC를 이용하는 행위 자체를 금하는 법규가 존재하지 아니하고, 이 SPC를 이용하여 주식 등을 보유하는 등의 투자행위는 합법적인 행위들로, 조세회피처에 설립되었다는 사정만으로 구체적 행위의 동기, 경위 등 정황을 떠나 어느 경우에나 국내 조세회피 목적이 있다고 할 수 없고, 조세회피목적을 입증하기 위해서는 단순한 조세회피행위에서 더 나아가 국내 조세를 회피하기 위한 적극적 은닉의도가 나타나는 등의 특별한 사정이 추가로 증명되어야 한다는 입장이다. 국내에서 임·직원들의 차명계좌를 이용하여 주식을 보유하는 경우에는 금융실명거래 및 비밀보장에 관한 법률에서 금융거래를 실명에 의하도록 하고 이를 위반할 경우 형사처벌대상[23]으로 규정하는 등 원칙적으로 금지된 위법행위인데 반하여, 해외 SPC를 이용하여 주식을 보유하는 경우에는 이를 금지하는 규정이 없다는 점에서 국내에서 차명으로 주식을 보유하는 행위와 해외 SPC를 이용하여 주식을 보유하는 경우를 같이 평가할 수 없다. 따라서 국내에서 차명계좌를 이용하여 주식을 보유하고 있다면 적극적으로 조세를 회피하기 위한 적극적 은닉 의도로 볼 가능성이 높아 조세회피목적이 인정될 개연성이 높다고 보아야 한다"라고 판시[24]하고 있다.

또한 법원은 "납세의무자는 경제활동을 할 때 특정 경제적 목적을 달성하기 위하여 어떤 법적 형식을 취할 것인지 임의로 선택할 수 있고, 과세관청으로서도 특별한 사정이 없는 한 당사자들이 선택한 법적 형식에 따른 법률관계를 존중하여야 한다. 또한, 여러 단계의 거래를 거친 후의 결과에는 손실 등 위험을 부담한데 대한 보상뿐 아니라 당해 거래와 직접적 관련성이 없는 당사자의 행위 또는 외부적 요인 등이 반영되어 있을 수 있으므로, 최종적인 경제적 효과나 결과만 가지고

---

23) 금융실명거래및비밀보장에관한법률 제3조 제3항에 "누구든지 특정금융거래정보의보고및이용등에 관한법률 제2조 제4호에 따른 불법재산의 은닉, 같은 조 제5호에 따른 자금세탁행위 또는 같은 조 제6호에 따른 공중협박자금 조달행위 및 강제집행의 면탈, 그 밖의 탈법행위를 목적으로 타인의 실명으로 금융거래를 하여서는 아니된다"라고 규정하고 있고, 같은 법 제6조에서는 이를 위반한 자에 대하여 5년 이하의 징역 또는 5천만 원 이하의 벌금에 처하도록 되어 있다.

24) 대법원 2015.9.10. 선고 2014도12619 판결(원심: 서울고등법원 2014.9.12. 선고 2014노668 판결).

그 실질이 직접 증여에 해당한다고 쉽게 단정하여 증여세의 과세대상으로 삼아서는 안 된다"라고 판시[25]하여 조세회피목적을 인정하는 데에는 해당 행위 또는 거래를 하게 된 경위와 목적, 그와 같은 거래가 통상적인 것인지, 사업목적상 합리성이 있는지 여부 등을 종합적으로 고려하여 판단해야 한다는 신중한 입장을 견지하고 있다.

따라서 조세포탈죄에 있어서 조세회피목적이 있는지 여부를 인정하는 기준으로서는 ① 우선 납세의무자가 선택한 거래의 법적 형식이나 과정이 처음부터 조세회피의 목적을 이루기 위한 수단에 불과하여 그 재산이전의 실질이 직접적인 거래를 한 것과 동일하게 평가될 수 있어야 하고, ② 당사자가 그와 같은 거래형식을 취한 목적, 제3자를 개입시키거나 단계별 거래과정을 거친 경위 등에 비추어 그와 같은 거래방식을 취한 데에 조세부담의 경감 외에 사업상의 필요 등 다른 합리적 이유가 있는지 여부, ③ 각각의 거래 또는 행위 사이의 시간적 간격, ④ 그러한 거래형식을 취한 데 따른 손실 및 위험부담의 가능성 등 관련 사정을 종합적으로 두루 고려하여 적용 여부를 결정하여야 할 것이다.

3. 조세탈루행위

조세탈루행위는 조세의 납부의무를 면하는 모든 행위를 의미한다. 국세기본법, 법인세법, 소득세법 등에서 자주 사용하는 개념으로 고의나 과실의 유무, 사기나 그 밖의 부정한 행위가 있었는지 여부와 관계없이 납세의무자가 조세나 세금을 누락시키는 행위를 총칭하여 사용된다. 따라서 조세탈루행위 중 부정한 행위의 존재 여부에 따라 단순 탈세에 해당하는지, 조세포탈에 해당하는지 여부가 결정된다.

4. 탈세행위

탈세행위는 납세의무자가 세법 등 관련 규정을 위반하여 조세의 전부 또는 일부를 납부하지 않아 재정권을 침해하여 조세수입의 감소를 가져오는 일체의 행위를 의미하는데 정형화되어 사용하는 용어는 아니다. 역외탈세란 우리나라의 조세부과를 피해 소득이나 자산을 해외로 반출하거나 해외에서 발생한 소득을 신고하지 않아 국내에서 납부하여야 할 조세를 납부하지 않는 행위로 국내에서 발생한 탈세에 대응하여 외국에서 발생한 탈세에 사용되는 용어이다.

25) 대법원 2017.1.25. 선고 2015두3270 판결.

탈세는 법을 위반하였다는 점에서 적법한 절세와 구별된다. 탈세와 조세포탈은 세법 등 관련 규정을 위반한 행위라는 점에 대하여는 동일하나, 탈세와 조세포탈을 굳이 구별한다면, 그 규정위반의 정도가 중하지 아니하여 조세포탈죄에서 요구하는 부정한 행위에 해당하지 않을 정도의 규정위반일 경우에 탈세라고 표현하고, 그 규정위반의 정도가 부정한 행위에 해당될 경우에는 조세포탈이라고 구별을 할 수는 있다. 그러나 탈세를 불법행위를 통해 세금을 회피하는 개념으로 사용할 경우에는 조세포탈과 종종 유사하거나 동일한 개념으로 사용되기도 한다.

일반적으로 탈세행위에 대하여는 본세에 가산세를 부과하여 추징을 하고, 탈세행위가 조세포탈죄 구성요건을 구비하면 조세포탈죄로도 처벌될 수 있다.

제2절 구성요건

Ⅰ. 개　요	Ⅶ. 고　의
Ⅱ. 조세포탈 주체	Ⅷ. 특정범죄가중처벌등에관한법률 제8조에 의한 가중처벌
Ⅲ. 납세의무	Ⅸ. 죄　수
Ⅳ. 사기나 그 밖의 부정한 행위	Ⅹ. 증명책임
Ⅴ. 조세포탈의 결과	Ⅺ. 다른 범죄와 조세포탈과의 관계
Ⅵ 인과관계	

Ⅰ. 개　　요

조세포탈죄가 성립하기 위해서는 일반 형사범과 마찬가지로 구성요건 해당성과 위법성 및 책임성이 있어야 한다. 이를 범죄의 성립요건이라고 한다. 이 가운데 어느 하나라도 갖추지 못한 때에는 조세포탈죄는 성립하지 않는다.

구성요건 해당성이란 구체적인 사실이 범죄의 구성요건에 해당해야 한다는 것이다. 조세포탈죄도 형법과 마찬가지로 죄형법정주의가 적용되는 까닭에 그 구성요건이 조세범처벌법 제3조 제1항에 명문으로 규정되어 있다. 조세범처벌법 제3조 제1항 본문의 '사기 그 밖의 부정한 행위로써 조세를 포탈하거나 조세의 환급 · 공제를 받은 자는 2년 이하의 징역 또는 포탈세액, 환급 · 공제받은 세액의 2배 이하에 상당하는 벌금에 처한다'라는 규정에서 '사기 그 밖의 부정한 행위로써 조세를 포탈하거나 조세의 환급 · 공제를 받은 자'가 조세포탈죄의 추상적 구성요건에 해당한다. 조세포탈죄의 구성요건에 대한 구체적 해석도 형법과 마찬가지로 죄형법정주의 원칙에 따라 엄격하게 해석되어야 하며 유추해석은 허용되지 않는다고 보아야 한다.

Ⅱ. 조세포탈 주체

1. 개　　요

조세포탈죄의 주체와 관련하여서는 조세범처벌법 제3조 제1항에서 '사기나 그 밖의 부정한 행위로써 조세를 포탈하거나 조세를 환급·공제를 받은 자를 징역형 또는 벌금형에 처한다'라고만 규정하고 있을 뿐 범행의 주체를 구체적으로 열거하여 규정하고 있지는 않다. 국세기본법 제2조 제9호에 의하여 국세를 납부할 의무가 있는 납세의무자는 각 세법에 규정되어 있는 납세의무자와 실질과세의 원칙에 의하여 인정되는 실질상 납세의무자로 이들은 당연히 범죄주체에 해당한다.

조세포탈죄의 주체로 누가 될 수 있는가 하는 문제는 행위의 주체 내지 행위능력의 문제로 귀착된다. 형법에서 행위의 주체는 원칙적으로 행위능력이 있는 자연인에 한정된다. 조세포탈죄에서도 자연인만이 조세포탈죄의 주체가 될 수 있다. 따라서 행위능력은 없지만 양벌책임에 의하여 형사책임을 부담하는 법인은 조세포탈죄의 주체는 될 수 없으나, 형벌능력은 인정되므로 형사책임은 부담한다.[1] 한편, 조세범처벌법 제18조에서 양벌책임 행위자로 규정된 법인의 대표자, 법인 또는 개인의 대리인, 사용인, 그 밖의 종업원도 납세의무자를 위하여 행위한 자에 해당하므로 조세포탈의 주체가 된다.

조세포탈죄의 주체는 납세의무라는 일정한 요건과 관련되어 있는 자만이 해당된다고 법률로 명시적으로 규정하고 있다는 측면에서 신분범에 해당한다. 법원도 "조세범처벌법 제9조 제1항 소정의 조세포탈범의 범죄주체는 위 제9조 제1항에 의한 납세의무자와 같은 법 제3조 소정의 법인의 대표자, 법인 또는 개인의 대리인, 사용인, 기타의 종업원 등 행위자라고 할 것이고(이와 같은 법정책임자 이외의 제3자가 공범으로서 범죄의 주체가 될 수 있음은 물론이다), 다만 행위자가 아닌 법인과 개인에 대하여는 행위자가 범칙행위를 한 때에 양벌규정인 위 제3조에 의하여 소정의 벌금형을 과하게 되는 것이다"라고 판시[2]하고 "납세의무자 또는 행위자가

---

1) 다수설은 조세범처벌법과 같은 행정형법에 있어서 법인은 범죄(행위)능력은 없지만 형벌(수형)능력은 가진다고 해석하고 있다(이재상·장영민·강동범, 형법총론, 2022, 107면 참조). 이에 대하여 법인의 범죄와 처벌에 관하여는 명확한 입법을 통하여 법인의 범죄주체를 인정함으로써 책임주의에 부합하는 방향으로 나가는 것이 바람직하다는 견해도 있다(장한철, 조세포탈죄의 성립문제에 관한 일고찰, 법과 정책연구 제5권 제1호, 2018.5, 250~252면 참조).

2) 대법원 1992.8.14. 선고 92도299 판결 등 다수.

아니면서 납세의무자 또는 행위자의 행위에 가공한 제3자의 경우 비신분자인 제3자가 신분범인 납세의무자 등의 행위에 가공한 경우에 해당하여 그 범죄의 가담방법 및 정도에 따라 형법 제30조의 공동정범이나 제31조의 교사범 또는 제32조의 방조범으로 처벌이 가능하나, 독립적으로 조세포탈죄의 정범으로서 주체가 될 수는 없다"라고 판시[3]하여 조세포탈범이 신분범에 해당한다는 점을 명백히 하고 있다.

2. 납세의무자

(1) 의 의

조세포탈죄의 주체가 되는 납세의무자는 세법에 따라 국세를 납부할 의무가 있는 자를 말한다(국세기본법 제2조 제9호). 납세의무자는 개별 세법에 따라 정해지고,[4] 본래의 납세의무자 이외에 연대납세의무자, 제2차 납세의무자 및 납세보증인이 포함된 광의의 납세의무자를 말한다.

본래의 납세의무자는 당연히 조세포탈죄의 주체가 될 수 있으나, 연대납세의무자, 제2차 납세의무자, 납세보증인 등은 세법에 규정된 일정한 요건하에서 조세포탈의 주체가 될 수 있다. 국세를 징수하여 납부할 의무를 부담하는 자인 원천징수의무자는 납세의무자에서 제외된다. 원천징수의무자는 독자적으로 조세포탈의 주체가 될 수는 없고, 납세의무자의 조세포탈행위에 대한 공범이 될 수 있을 뿐이다.

조세포탈죄의 주체는 일반 형사범죄와 마찬가지로 자연인만을 상정하고 있으므로 납세의무자 모두가 조세포탈 주체가 될 수 있는 것이 아니다. 자연인 납세의무자와 업무주인 법인과 자연인의 행위자로서의 자연인만이 주체가 될 수 있다. 납세의무자에는 해당하지만 자연인이 아닌 법인 등은 조세포탈의 주체가 될 수 없고, 양벌규정이 적용되어 조세포탈의 책임만을 부담한다. 한편 실질과세의 원칙상 실질소득의 귀속자가 법인 또는 자연인일 경우에 그들 또한 납세의무자에 포함되므로 실질상 납세의무자와 그들을 위한 행위자도 조세포탈의 주체가 된다.

참고로 현행 세법상 납세자의 범위를 도면으로 표시하면 아래와 같다(국세기본법 제2조 제10호)[5].

---

3) 대법원 2006.6.29. 선고 2004도817 판결; 대법원 2004.11.12. 선고 2004도5818 판결; 대법원 1997.10.28. 선고 97도1908 판결; 대법원 1992.8.14. 선고 92도299 판결.

4) 각 세법에서 규정한 납세의무자로는, 소득세법상의 거주자와 비거주자, 법인세법상의 내국법인과 외국법인, 부가가치세법상의 사업자, 상속세 및 증여세법상의 상속인 또는 유증을 받은 자와 수증자 등이 이에 해당한다.

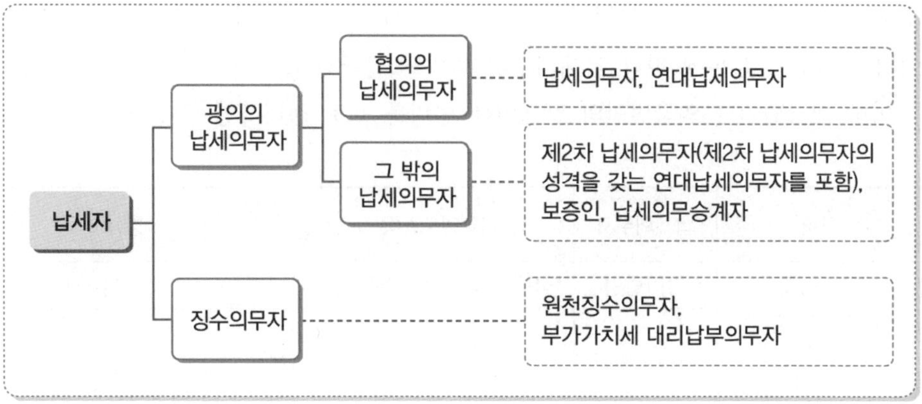

(2) 본래의 납세의무자

(가) 법인세

법인세의 납세의무자는 내국법인과 국내원천소득이 있는 외국법인이다(법인세법 제3조 제1항 제1호, 제2호). 내국법인이란 국내에 본점이나 주사무소 또는 사업의 실질적 관리장소[6]를 둔 법인을 말하고, 외국법인이란 외국에 본점 또는 주사무소를 둔 단체(사업의 실질적 관리장소가 국내에 있지 아니하는 경우만 해당한다)로서 대통령령으로 정하는 기준에 해당하는 법인을 말한다.

법인세의 주된 납세의무자는 원칙적으로 법인격 있는 법인이지만, 법인격을 취득하지 못한 단체[7]도 법인세의 납세의무자에 포함된다. 국가나 지방자치단체도 법인에 포함되는데, 대한민국이나 국내의 지방자치단체는 비과세 법인에 해당한다

---

5) 제2조(정의) 이 법에서 사용하는 용어의 뜻은 다음과 같다.
10. "납세자"란 납세의무자(연대납세의무자와 납세자를 갈음하여 납부할 의무가 생긴 경우의 제2차 납세의무자 및 보증인을 포함한다)와 세법에 따라 국세를 징수하여 납부할 의무를 지는 자를 말한다.

6) 대법원 2016.1.14. 선고 2014두8896 판결은 "내국법인과 외국법인을 구분하는 기준의 하나인 실질적 관리장소란 법인의 사업수행에 필요한 중요한 관리 및 상업적 결정이 실제로 이루어지는 장소를 뜻하고, 법인의 실질적 관리장소가 어디인지는 이사회 또는 그에 상당하는 의사결정기관의 회의가 통상적으로 개최되는 장소, 최고경영자 및 다른 중요 임원들이 통상 업무를 수행하는 장소, 고위관리자의 일상적 관리가 수행되는 장소, 회계 서류가 일상적으로 기록·보관되는 장소 등의 제반 사정을 종합적으로 고려하여 구체적 사안에 따라 개별적으로 판단하여야 한다"고 판시하고 있다.

7) 법인격 없는 사단·재단 기타 단체 중 ① 주무관청의 허가 또는 인가를 받아 설립되거나 법령에 의하여 주무관청에 등록한 사단·재단, 그 밖의 단체로서 등기되지 아니한 것, ② 공익을 목적으로 출연된 기본재산이 있는 재단으로서 등기되지 아니한 것과 ③ 위 ①, ② 외의 법인격 없는 단체 중 국세기본법 제13조 제2항 각호의 요건을 갖춘 것으로서 대표자 또는 관리인이 관할세무서장에게 신청하여 승인을 얻은 것은 세법상 이를 법인으로 본다(국세기본법 제13조 제1항, 제2항).

(법인세법 제3조 제2항). 법인은 그 설립목적에 따라 영리법인과 비영리법인[8]으로 나누어지는데, 이러한 법인의 분류에 따라 납세의무의 범위도 달라진다.

이하 내국법인과 외국법인의 납세의무 범위를 표로 정리하면 아래와 같다.

구분	납세의무자	각 사업연도소득	토지등 양도소득	청산소득
내국법인 (본점, 주사무소 또는 사업의 실질적 관리 장소)	영리법인	국내·외 모든 소득	과세 ○	과세 ○
	비영리법인	국내·외 수익사업소득	과세 ○	과세 ×(국고 귀속 또는 다른 비영리법인 귀속)
외국법인	영리법인	국내 원천소득	과세 ○	과세 × (본점소재지인 외국 발생 소득)
	비영리법인	국내 원천소득 중 수익사업소득	과세 ○	과세 ×

조세범처벌법 제18조는 법인을 포함한 업무주의 형벌책임을 규정한 이외에 조세포탈의 행위자들을 열거하고 그들을 처벌하는 근거규정으로서의 성격을 가지고 있는 바, 법인세에 있어서 조세포탈의 주체는 조세범처벌법 제18조에 규정된 법인을 위한 행위자들이다.

(나) 소득세

소득세의 납세의무자는 거주자와 비거주자로서 국내원천소득이 있는 개인이다(소득세법 제2조 제1항 제1호, 제2호). 거주자란 국내에 주소를 두거나 183일 이상의 거소를 둔 개인을 말하고, 비거주자는 거주자가 아닌 개인을 말한다(소득세법 제1조의2).

여기서 주소는 '생활관계가 형성된 곳'을 말하고, 생활관계가 형성되었는지 여부는 국내에 직업이 있는지, 생계를 같이하는 가족 및 국내에 소재하는 자산의 유무 등 생활관계의 객관적 사실에 따라 판정한다. 거소는 주소지 외의 장소 중 상당기간에 걸쳐 거주하는 장소로서 주소와 같이 밀접한 일반적 생활관계가 형성되지 않은 장소를 말한다.

8) 비영리법인이란 ① 민법 제32조 규정에 의하여 설립된 법인, ② 사립학교법 기타 특별법에 의하여 설립된 법인으로서 민법 제32조에 규정된 목적과 유사한 목적을 가진 법인, ③ 국세기본법 제13조 제4항에 의하여 법인으로 보는 법인격 없는 단체를 말한다(법인세법 제2조 제2호).

생활관계가 형성되었다면 국내에 주소가 있는 것으로 간주되어 국내 거주자가 된다. 생활관계가 형성되지 않았다고 하더라도 183일 이상 계속 국내에 거주하였으면 국내 거주자가 되는데, 이 경우에 명백하게 일시적인 출국 기간은 국내에 체재한 것으로 간주하고, 일시적이 아닌 출입국을 반복한 경우에는 1과세기간 동안 183일 이상 국내에 체재하였으면 계속 183일 이상 체재한 것으로 본다. 따라서 소득세법상 거주자 판단요소로는 직업・가족・자산이 먼저 고려되고, 그 다음으로 국내 체재일수가 고려된다고 볼 수 있다.[9]

비거주자는 국내원천소득에 대하여만 소득세 납부의무를 부담한다(소득세법 제2조). 따라서 국내에 거주하지 않고 국내원천소득도 없는 비거주자는 소득세법상 납세의무자가 아니다.

이하 거주자와 비거주자 납세의무 범위를 표로 정리하면 아래와 같다.

납세의무자	납세의무 범위
거주자 (국내에 주소를 두거나 183일 이상의 거소를 둔 개인)	・국내외 모든 소득에 대한 종합과세대상(이자소득, 배당소득, 사업소득, 근로소득, 연금소득, 기타소득) ・분류과세대상(퇴직소득, 양도소득)
비거주자 (거주자가 아닌 개인)	・국내 사업장과 부동산 소득이 있는 비거주자는 국내 원천소득에 대해 종합과세 ・국내 원천소득으로서 퇴직소득, 양도소득이 있는 비거주자에 대하여는 거주자와 동일 방법으로 분류과세 ・국내사업장이 없는 비거주자에 대하여는 국내 원천소득에 대해 소득별로 분리하여 과세

(다) 부가가치세

부가가치세란 재화의 거래나 용역의 제공과정에서 얻어지는 부가가치(이윤)에 대하여 과세하는 세금으로 사업자가 납부하는 부가가치세는 매출세액에서 매입세액을 차감하여 계산한다. 부가가치세법상 납세의무자는 영리 유무에 불구하고 사업상 재화의 판매나 용역을 제공하는 모든 사업자와 재화를 수입하는 자이다(부가가치세법 제3조). 사업자와 재화를 수입하는 자에는 개인, 법인(국가, 지방자치단체, 지방자치단체조합을 포함한다), 법인격 없는 사단・재단 또는 그 밖의 단체가 이에 포함된다.

9) 서문식, 우리나라 외환관리, 2021, 197면 참조.

(라) 상속세 및 증여세

상속세의 납세의무자는 상속인, 유증 또는 사인증여를 받은 자 및 민법 제1057조의2에 의하여 상속재산을 분여받은 특별 연고자이다(상속세 및 증여세법 제3조의2). 증여세의 납세의무자는 증여에 의하여 재산을 무상으로 취득한 자, 즉 수증자이다(상속세 및 증여세법 제4조의2). 증여자도 일정한 경우에 수증자와 연대하여 납세할 의무를 부담하지만, 고유의 납세의무자는 수증자이다. 수증자는 개인이든 법인이든 상관없지만 영리법인이 증여받은 경우에는 법인세의 부과대상이 되므로 별도로 증여세를 부담하지 아니한다.

(3) 연대납세의무자

(가) 개 념

연대납세의무는 개별세법상 특별한 규정[10]이 없는 한 원칙적으로 세법이 정하는 납세의무자 전원이 관계된 조세 전부에 대하여 상호 연대하여 납세의무를 부담한다. 이는 민법상의 연대채무와 근본적으로 다르지 않아서 각 연대납세의무자는 고유의 납세의무 부분이 없이 관계된 국세 전부에 대하여 상호 연대하여 납세의무를 부담하게 된다.[11] 국세기본법 제25조의2도 세법상 연대납세의무에 관하여 연대채무에 관한 민법 규정을 준용하고 있다.

(나) 공유자, 공동사업자

국세기본법 제25조 제1항에 의하여 공유자 또는 공동사업자가 공유물, 공동사업 또는 그 공동사업에 속하는 재산에 관계되는 국세에 대하여 연대납세의무를 부담하는 경우에는 공유자 또는 공동사업자는 납세의무가 성립된 조세 전부에 대하여 조세포탈의 주체가 될 수 있다.

다만, 앞서 설명한 상속세 및 증여세법, 법인세법[12]과 소득세법 등에서 개별 입

10) 민법은 상속재산은 상속인들의 공유에 속한다고 하고 있어 상속인들은 상속세에 대하여 연대납세의무가 있으나, 상속세 및 증여세법 제3조의2에서 상속인 중 일부가 상속세를 납부하지 않은 경우, 다른 납세의무자들이 미납된 상속세에 대하여 자기가 받았거나 받을 재산을 한도로 연대납부할 책임이 있다고 특별히 규정하여 민법상의 전형적인 연대채무보다는 종된 채무로서의 성격을 인정하고 있다.

11) 대법원 1999.7.13. 선고 99두2222 판결.

12) 연결법인은 각 연결사업연도의 소득에 대한 법인세를 연대하여 납부할 의무가 있으나(법인세법 제3조 제3항) 법인이 해산한 경우에 원천징수하여야 할 법인세를 징수하지 아니하였거나 징수한 법인세를 납부하지 아니하고 잔여재산을 분배한 때에는 청산인과 잔여재산을 분배받은 자가 각각 그 분배한 재산의 가액과 분배받은 재산의 가액을 한도로 그 법인세를 연대하여 납부할 책임을 진다

법을 통하여 지분별 책임의 원칙을 두고 있는 경우가 있다. 예컨대 소득세법 제2조의2 제1항과 제43조에서 각자의 지분별로 납세의무를 부담[13]하고, 연대납세의무가 없어 그 지분비율로 포탈책임을 부담하므로 원칙적으로 그 지분비율만큼 조세포탈의 주체가 된다.

이와 같이 소득세의 지분별 책임의 원칙이 있다고 하더라도 공동사업자 중 일부가 다른 공동사업자들의 대리인 지위에서 행동하여 자기의 지분을 초과하는 부분의 포탈행위에 대하여 고의 또는 인과관계가 인정된다면 공동사업자들의 소득세 전액에 대한 포탈 책임을 부담할 수가 있다. 법원도 "공동사업자들 중 일부가 다른 공동사업자들의 대리인 지위에서 그들에게 귀속될 소득세까지 포탈하였다면 공동사업자들의 소득세 전액을 포탈한 형사상 책임을 부담해야 한다"라고 하면서 그 근거로 "특가법 제8조 제1항의 적용은 고유의 납세의무자로서 포탈한 세액과 조세범처벌법 제3조 소정의 본인의 대리인인 행위자로서 포탈한 세액을 모두 합산한 금액으로 하여 그 적용 여부를 판단하여야 하기 때문이다"라고 판시[14]하여 납세의무자와 납세의무자의 행위자로서 포탈한 금액 전체에 대하여 포탈 책임을 인정하고 있다.

한편, 공동사업에 따른 부가가치세에 대해서는 소득세와 달리 별도의 규정이 없으므로 공동사업자가 연대하여 납세의무를 부담한다. 이와 관련한 위헌소송에서 헌법재판소는 "부가가치세는 사람이 재화 또는 용역을 구입·소비하는 사실에 담세력을 인정하는 소비세의 일종으로서 부가가치를 창출·지배하는 사업자가 그 납세의무자인 반면, 소득세는 사람의 수입사실에 착안하여 소득을 얻는 세금의 일종으로서 소득을 얻는 개인이 납세의무자가 되므로, 두 조세에 대하여 연대납세의

(법인세법 시행령 제116조 제1항).

13) 사업소득이 발생하는 사업을 공동으로 경영하고 그 손익을 분배하는 공동사업의 경우에는 해당사업을 경영하는 장소(이를 '공동사업장'이라 한다)를 1거주자로 보아 공동사업장별로 그 소득금액을 계산하고, 그 소득금액은 공동사업자 간에 약정된 손익분배비율(약정된 손익분배비율이 없는 경우에는 지분비율을 말한다)에 따라 각 공동사업자별로 분배하여 개별적으로 소득세를 과세하므로 공동사업자는 각자 독립적으로 소득세 납세의무를 부담할 뿐 연대납세의무를 부담하지 않는다. 하지만 공동사업자 1인과 대통령령으로 정하는 그의 특수관계인이 공동사업자에 포함되어 있는 경우로서 손익분배비율을 거짓으로 정하는 등 대통령령으로 정하는 사유가 있는 경우(예컨대, 가족공동사업으로 하면 그 수만큼 각자에게 귀속되는 소득이 적어지므로 세율도 낮아진다)에는 그 특수관계인의 소득금액은 그 손익분배비율이 큰 주된 공동사업자의 소득금액으로 보아 주된 공동사업자에게 합산과세한다(소득세법 제43조 제3항). 이때 주된 공동사업자에게 합산과세되는 그 소득금액에 대해서는 해당 특수관계인은 손익분배비율에 해당하는 그의 소득금액을 한도로 주된 공동사업자와 연대하여 납세의무를 진다(소득세법 제2조의2 제1항 단서).

14) 대법원 2005.5.12. 선고 2004도7141 판결.

무에 있어 차이를 두는 것이 조세평등주의 등에 반하는 것이 아니다"라고 결정[15] 하였다.

(다) 분할법인과 분할 신설법인

법인이 분할되거나 분할합병된 후 신설되는 법인에 대하여 분할등기일 이전에 부과된 국세 및 체납처분비에 대하여 분할이나 분할합병으로 설립되는 법인은 승계된 재산가액을 한도로 연대납세의무를 부담하도록 규정하고 있다(국세기본법 제25조 제2항, 제3항). 위 규정은 분할되기 전 법인에 부과되거나 납세의무가 성립된 국세에 대하여 징수확보를 위해 분할 신설법인 등에게 연대납세의무를 부담시키기 위한 규정에 불과하다.

다만, 분할되기 전 법인에 의해 조세포탈행위가 시작된 이후 기수 성립 이전에 분할 신설법인의 대표이사가 분할되기 전 법인에서의 조세포탈행위를 승계받아 조세포탈행위를 완성시키는 등 특별한 행위를 한 경우에 한하여 분할 신설법인의 대표이사도 조세포탈의 주체가 될 수 있다.

(라) 공동상속인

상속세는 상속인 또는 수유자 등이 상속재산을 받았거나 받을 재산을 기준으로 부과하고, 공동상속인의 경우에는 각자가 받았거나 받을 재산을 한도로 다른 공동상속인들의 상속세에 대하여도 연대하여 납부할 의무가 있다(상속세 및 증여세법 제3조의2 제3항). 따라서 원칙적으로 공동상속에서 조세포탈의 책임은 상속인이 원래 부담하는 상속지분에 따른 납세의무에 국한되고, 그 지분을 초과하는 부분에 대해서는 포탈책임이 없다고 할 것이다. 법원도 "공동상속의 경우에는 피상속인의 유산 전체의 가액을 과세표준으로 하여 그 상속세액을 산출하고, 상속인 각자가 상속받거나 받을 재산의 점유비율에 따른 상속세를 납부할 의무가 있다"라고 판시[16]하고 있다.

그러나 공동상속인의 연대납세의무는 다른 공동상속인의 자력상실 또는 체납 등을 요건으로 성립되는 보충적 성격이 아니므로 공동상속인 중 1인이 공동상속인들 전원이 납부하여야 할 상속세 포탈에 관여를 하였다면 그 관여 정도에 따라 자신의 지분에 관한 포탈책임을 부담하는 외에 다른 상속인들의 지분에 대하여도 각 상속인의 행위자로서 조세포탈의 주체가 될 수도 있고, 공범자로서 포탈책임을 부담할 수도 있다.

---

15) 헌법재판소 2006.7.27. 선고 2004헌바70 결정.
16) 대법원 1983.6.28. 선고 82도2421 판결.

(마) 증여자

증여자의 연대납세의무와 관련하여서는 ① 수증자의 주소나 거소가 분명하지 아니하여 조세채권을 확보하기가 곤란한 경우, ② 수증자가 증여세를 납부할 능력이 없다고 인정되는 경우로서 강제징수를 하여도 조세채권을 확보하기 곤란한 경우, ③ 수증자가 비거주자인 경우에는 원래 납세의무자인 수증자가 납부할 증여세에 대하여 증여자가 연대하여 납부할 의무를 진다(상속세 및 증여세법 제4조의2 제6항).

증여자의 연대납세의무는 수증자의 증여세 납세의무가 확정된 이후에 오로지 징수 확보를 위해 납부의무만을 연대하여 부담할 뿐이므로 원칙적으로는 증여자에게 조세포탈의 주체로서 책임을 부담하게 할 수는 없다. 다만, 실제 부모가 자녀에게 증여를 하는 경우에는 증여자인 부모가 수증자인 자녀를 포괄적으로 대리[17]하여 증여행위를 하는 경우가 대부분으로 증여행위 과정에 조세포탈행위가 있다면 증여자인 부모가 수증자인 자녀의 행위자로서 조세포탈 주체가 될 수도 있다.

또한, 증여자가 수증자의 증여세 납부의무를 면하게 해 줄 의도로 수증자가 납부하여야 할 증여세를 대신 납부해 준다면 증여세 납부금액만큼 새로운 증여행위가 되어 수증자는 그에 대한 증여세를 또 납부하여야 한다.

(4) 제2차 납세의무자

(가) 개 념

제2차 납세의무란 주된 납세의무자가 납세의무를 이행할 수 없는 경우에 주된 납세의무자와 특별한 관계에 있는 자가 그 부족액에 대하여 보충적으로 부담하는 납부의무를 말한다(국세기본법 제2조 제11호). 현행 세법상 2차 납세의무자로는 청산인 등의 제2차 납세의무(국세기본법 제38조), 출자자의 제2차 납세의무(국세기본법 제39조), 법인의 제2차 납세의무(국세기본법 제40조), 사업양수인의 제2차 납세의무(국세기본법 제41조)가 있다.

(나) 조세포탈의 주체 해당 여부

제2차 납세의무가 성립하려면 ① 본래 납세의무자의 체납, ② 본래 납세의무자의 재산으로 국세·가산금과 체납처분비에 대한 충당이 부족할 것, ③ 제2차 납세

---

17) 법원도 "피고인이 자신의 자녀들에게 차명주식을 증여하면서 자녀들과 차명주주 사이에 매매가 있는 것처럼 가장하여 증여세를 포탈한 사건에서 자녀들의 대리인으로 포탈책임을 인정하고 자녀별 포탈세액을 전부 합산하는 방법으로 특가법에 의한 포탈금액을 산정하는 것이 정당하다"라고 판시하였다(대법원 2011.6.30. 선고 2010도10968 판결).

의무자가 본래 납세의무자와 일정한 관계에 있을 것이라는 요건을 갖추어야 한다.

본래의 납세의무가 납부 또는 면제 등에 의하여 소멸한 경우에는 제2차 납세의무도 당연히 소멸한다(부종성). 본래의 납세의무자가 납부한 국세·가산금과 체납처분비가 부족한 경우, 그 부족액을 한도로 제2차 납세의무가 성립된다(보충성). 법원도 "제2차 납세의무는 주된 납세의무자의 체납 등 그 요건에 해당하는 사실의 발생에 의하여 추상적으로 성립하고 납부통지에 의하여 고지됨으로써 구체적으로 확정되는 것이고, 제2차 납세의무자 지정 처분만으로는 아직 납세의무가 확정되는 것이 아니다"라고 판시[18]하여 부종성 등을 제2차 납세의무의 성립요건으로 하고 있다.

제2차 납세의무는 본래 납세의무자가 체납하는 경우에 성립하는 납세의무이므로 제2차 납세의무자는 본래 납세의무에 대한 조세포탈의 주체가 될 수 없다. 다만, 법인의 과점주주 등 제2차 납세의무자가 사실상 법인 소유자로서 법인세포탈에 직접 관여하는 경우가 종종 발생하는데 이러한 경우에는 제2차 납세의무자로서의 조세포탈 주체가 아닌 본래 법인의 사실상의 행위자로서 조세포탈의 주체가 될 수 있다.

한편 제2차 납세의무는 주된 납세의무가 이행되지 않는 경우 보충적으로 성립하지만, 그 납세의무는 주된 납세의무자의 의무를 승계하는 것이 아니라 제2차 납세의무자에게 별도로 부과되는 것이므로, 제2차 납세의무와 관련한 조세포탈 행위에 대하여는 조세포탈의 주체가 될 수 있다. 법원도 "무자력 법인의 100% 과점주주인 교회가 제2차 납세의무가 발생할 것을 예견하고 이를 회피하기 위하여 그 교회의 대표자인 담임목사가 사전에 법인의 주식을 교인들에게 위장 분산한 것이 부정한 행위에 해당하여 조세포탈죄가 성립된다"라고 판시[19]하였다.

(5) 납세보증인

납세보증인은 납세자의 국세·가산금 또는 체납처분비의 납부를 보증한 자를 말한다(국세기본법 제2조 제12호). 납세보증인제도는 조세의 징수를 확보하기 위하여 세법이 납세의무자로 하여금 인적·물적 담보를 제공할 수 있는 제도를 마련하고 있는데, 그중 인적 담보제도에 해당한다.

납세보증은 세법규정에 따라 조세채무자인 납세의무자와는 별도로 조세채권자

---

18) 대법원 1995.9.15. 선고 95누6632 판결.
19) 서울고등법원 2005.7.15. 선고 2002노2570 판결.

인 과세관청과 납세보증인이 체결하는 납세보증계약에 의하여 성립하는 공법상의 채무이다. 납세보증인의 보증채무는 본래 납세의무자가 확정되었으나 기한 내에 세금을 납부하지 아니하는 경우에 부담하는 보충적 채무이고, 제2차 납세의무자와는 달리 스스로 국가와 보증채무계약에 따른 이행의무만 있을 뿐이므로 납세보증인은 본래 납세의무에 대한 조세포탈의 주체가 될 수 없다.

(6) 원천징수의무자와 원천납세의무자

(가) 개 념

원천징수란 납세의무자가 자신의 세금을 직접 납부하지 않고, 소득금액·수입금액을 지급하는 자가 납세의무자에게 지급해야 할 금액 중 세법 규정에 따라 일정액을 징수하여 국가에 대신 납부하는 제도를 말한다. 조세를 원천징수하여야 할 의무가 있는 자를 원천징수의무자라고 하고, 소득을 지급받는 자를 원천납세의무자라고 한다(소득세법 제127조, 법인세법 제73조, 제98조, 농어촌특별세법 제7조 제3항 참조).

이 제도는 소득의 발생 원천에서 조세를 징수함으로써 국가의 입장에서는 세원의 누락을 미연에 방지하고 조세수입의 조기 확보와 원천징수의무자가 국가를 대신하여 징수하게 함으로써 조세징수 비용을 절약할 수 있으며, 원활한 조세수입의 확보를 위해 둔 제도이다.

원천징수는 원칙적으로 소득금액 또는 수입금액을 지급할 때에 하여야 하고, 원천징수를 할 시기에 정당한 사유 없이 원천징수를 하지 않으면 조세범처벌법 제13조 제1항의 원천징수의무 불이행죄가 성립한다.

원천징수의무자는 원천징수한 소득세나 법인세를 그 징수일이 속하는 달의 다음 달 10일까지 원천징수 관할세무서 등에 납부하여야 한다(소득세법 제128조, 법인세법 제73조). 원천징수의무자가 정당한 사유 없이 원천징수한 세액의 전부 또는 일부를 위 납부기한까지 납부하지 아니하면 조세범처벌법 제13조 제2항의 죄가 성립한다.

(나) 조세포탈주체 해당 여부

원천징수방식에서 원천납세의무자가 조세의 납부에 직접 관여를 할 수 없다고 하더라도 납세의무 자체는 원천납세의무자가 부담하는 것이므로 원천납세의무자는 원칙적으로 조세포탈의 주체가 될 수 있다. 예를 들면, 소득세법상 원천징수되는 근로소득 등에 대하여는 원천납세의무자가 허위의 세액공제자료 제출과 같은 부정행위를 통하여 조세의 포탈을 할 수 있다.

원천징수의무자는 납세의무자가 아니므로 원칙적으로 납세의무자의 조세포탈행위에 공범이 될 수는 있으나, 독자적인 조세포탈의 주체가 될 수는 없다. 법원도 "조세범처벌법 제9조 제1항 소정의 조세포탈범의 범죄주체는 국세기본법 제2조 제9호 소정의 납세의무자와 조세범처벌법 제3조 소정의 법인의 대표자, 법인 또는 개인의 대리인, 사용인, 기타의 종업원 등의 법정책임자이고, 이러한 신분을 가지지 아니한 자는 비록 원천징수의무자라 하더라도 납세의무자의 조세포탈에 공범이 될 수 있을 뿐, 독자적으로 조세포탈의 주체가 될 수는 없고, 원천징수의무자가 정당한 이유 없이 납세의무자로부터 원천징수세액을 징수하지 아니하거나 또는 그 징수한 세액을 납부하지 아니하는 행위 자체가 처벌대상으로 되는 조세범처벌법 제11조 소정의 범죄는 같은 법 제9조 제1항이 규정하는 이른바 협의의 조세포탈범과는 명백히 구분된다"라고 판시[20]하여 원천징수의무자는 조세포탈의 주체가 될 수 없다고 하고 있다.

또한 법원은 "1인의 원천징수의무자가 수인의 납세의무자와 공모하여 조세를 포탈한 경우에도 조세포탈의 주체는 어디까지나 각 납세의무자이고 원천징수의무자는 각 납세의무자의 조세포탈행위에 가공한 공범에 불과하므로, 그 죄수는 각 납세의무자별로 각각 1죄가 성립하고 이를 포괄하여 1죄가 성립하는 것은 아니라 할 것이다. 따라서 연간 포탈세액이 일정액 이상에 달하는 경우를 구성요건으로 하고 있는 특가법 제8조의 적용에 있어서도 그 적용대상이 되는지 여부는 납세의무자별로 연간 포탈세액을 각각 나누어 판단하여야 하고, 각 포탈세액을 모두 합산하여 그 적용 여부를 판단할 것은 아니다"라고 판시[21]하여 특별한 약정이 없는 이상 원천징수의무자를 원천납세의무자의 행위자로 볼 수 없다는 전제에서 원천징수의무자의 조세포탈의 주체성을 부인하고 있다.

(7) 간접세의 담세자

(가) 개 념

간접세는 납세의무자와 담세자가 일치하지 아니하여 조세의 부담이 다른 사람에게 전가되는 조세를 말한다. 부가가치세, 개별소비세 등이 이에 해당한다. 부가가치세의 납세의무는 재화와 용역을 공급한 자에게 있고(부가가치세법 제3조 제1항, 제2조 제3호) 개별소비세

20) 대법원 2004.11.12. 선고 2004도5818 판결.
21) 대법원 1998.5.8. 선고 97도2429 판결.

등의 납세의무는 과세물품을 제조하여 반출한 자에게 있다(개별소비세법 제3조).

(나) 조세포탈의 주체 해당 여부

간접세의 실질적 담세자는 재화와 용역 등을 공급받는 자이고, 납세의무자인 공급자가 공급을 받는 자로부터 세액을 징수하여 납부한다. 따라서 납세의무자인 공급자의 거래상대방인 담세자는 원칙적으로 간접세에 대한 조세포탈의 범죄주체가 될 수 없고, 납세의무자와 그 행위자의 공범만이 될 수 있다.

법원도 "부가가치세법은 사업상 독립적으로 재화 및 용역을 공급하는 사업자를 부가가치세 납세의무자로 하고 있으므로, 거래상대방인 공급을 받는 자는 이른바 담세자에 불과할 뿐 세법상의 납세의무자가 아니다. 따라서 거래상대방인 공급을 받는 자는 납세의무자의 조세포탈의 공범이 될 뿐이고, 독자적으로 조세포탈의 주체가 될 수는 없는바, 수인의 사업자로부터 재화를 공급받은 자가 그 납세의무자와 공모하여 부가가치세를 포탈한 경우에도 조세포탈의 주체는 어디까지나 각 납세의무자이고 재화를 공급받은 자는 각 납세의무자의 조세포탈에 가공한 공범에 불과하므로, 그 죄수는 각 납세의무자별로 각각 1죄가 성립하고 이를 포괄하여 1죄가 성립하는 것은 아니다"라고 판시[22]하여 간접세의 담세자는 원칙적으로 조세포탈의 주체에 해당하지 않는다고 하고 있다.

그러나 간접세의 담세자는 조세범처벌법 제3조 제1항에 조세포탈죄의 한 유형으로 규정되어 있는 '부정행위에 의한 환급'의 주체가 될 수는 있다. 즉, 개별세법에서 조세의 납세의무자가 아니라 해당 조세를 실질적으로 부담한 담세자에게 조세의 환급이나 공제를 받을 수 있는 자격을 부여하는 경우가 있는데, 이때 담세자가 부정한 행위로 조세의 환급을 받는다면 부정환급에 의한 조세포탈죄가 성립할 수도 있다.

예를 들어, 개별소비세와 교통·에너지·환경세 등이 과세된 석유류를 공급받아서 농어민등에게 면세가격으로 공급하는 석유판매업자는 개별소비세와 교통·에너지·환경세 등의 담세자에 불과할 뿐 납세의무자에 해당하지 아니하나, 조세특례제한법 제106조의2 제2항에 따라 담세자로서 부담한 개별소비세와 교통·에너지·환경세 등의 환급을 부정하게 신청하여 지급받는 것은 가능하므로 그 범위 내에서는 조세포탈의 주체가 될 수 있다.[23]

22) 대법원 2008.4.24. 선고 2007도11258 판결.
23) 김종근, 조세형사법 해설, 2021, 119면.

법원도 렌터카 회사에서 사용하는 승용차는 사업용으로 분류되어 특별소비세(개별소비세)가 면세되는 것을 이용하여, 사실은 실제 차량구입자가 구입대금 기타 운행에 소요되는 제세공과금을 모두 부담하여 자가용처럼 사용하는 것임에도 형식상 렌터카 회사 명의를 빌려 사업용으로 구입한 것처럼 위장한 행위에 대하여 검찰이 렌터카 회사를 특별소비세 등 포탈죄로 기소한 사안에서, "렌터카 회사가 자동차를 구입할 때에 실질적인 소유자들과 공모하여 영업용 차량인 것처럼 구입 신청을 함으로써 그 정을 모르는 납세의무자인 자동차회사로 하여금 자동차 반출 시에 특별소비세 등을 반입자로부터 징수·납부하지 아니하게 하였다면, 렌터카 회사에게 특별소비세 포탈의 고의가 인정될 뿐 아니라 위와 같은 일련의 행위는 그로 인하여 처벌받지 아니하는 자동차 회사를 이용하여 결과적으로 특별소비세 등의 부담을 면한 것으로서 조세범처벌법 제3조 제1항 소정의 부정한 행위에 해당한다"라고 판시[24)]하여 간접세의 담세자도 특별한 경우에는 조세포탈의 주체에 해당된다고 하고 있다.

(8) 실질과세의 원칙에 의한 실질적 납세의무자

실질과세의 원칙이란 과세의 대상이 되는 소득·수익·재산·행위 또는 거래의 귀속이 명의일 뿐이고 사실상 귀속되는 자가 따로 있을 때에는 사실상 귀속되는 자를 납세의무자로 하여 세법을 적용하는 것을 말한다(국세기본법 제14조 제1항). 예를 들어, 사업자등록명의의 대여, 해외 SPC(특수목적법인)에서 흔히 나타나는 위장 주주, 영업허가 명의의 대여, 부동산 명의신탁행위 등 실제 귀속자와 명의상 귀속자가 다른 경우에 실제 소득의 귀속자를 납세의무자로 하여 과세를 하여야 한다는 원칙이다.

실질과세의 원칙은 조세포탈의 주체를 확정하는 데에도 당연히 적용되는 원칙이므로 실질과세의 원칙상 인정되는 실질적 납세의무자도 당연히 납세의무자에 해당하여 조세포탈죄의 주체가 된다. 실질적 납세의무자를 확정하는 문제는 아래 Ⅲ.의 2. (6)(본서, 150면)에서 기술하고 있는 과세대상인 소득의 귀속 문제와 쟁점이 동일하므로 그 부분에서 상세히 설명하고자 한다.

---

24) 대법원 2003.6.27. 선고 2002도6088 판결.

3. 법인의 대표자 등 행위자

(1) 의 의

조세포탈죄는 납세의무자 외에 조세범처벌법 제18조 소정의 행위자도 주체가 될 수 있는 신분범이다. 조세범처벌법 제18조는 '법인의 대표자, 법인 또는 개인의 대리인, 사용인, 그 밖의 종업원이 그 법인 또는 개인의 업무에 관하여 이 법에서 규정한 범칙행위를 하면 그 행위자를 벌한다'라고 규정하여 구체적으로 조세포탈 행위자들을 열거하고 있다.

민법과 조세법과 같은 일반 사법에서는 대리인이 본인을 위하여 한 행위의 효과는 본인에게 귀속되도록 되어 있다. 따라서 납세의무자가 아닌 대리인이 본인인 납세의무자의 업무를 처리하면서 대리인으로서 한 행위의 사법적 효과는 납세의무자에게 당연히 귀속된다.

그러나 형사책임은 행위자 부담이 원칙이기 때문에 납세의무자 아닌 자가 대리인 등의 자격으로 조세포탈행위를 하였다고 하더라도 납세의무자에게 그 형사책임을 물을 수 없다. 납세의무자가 그 행위자의 조세포탈행위에 의하여 실질적인 이익을 취하고도 이러한 형사법의 일반원칙 때문에 형사책임을 면하는 불합리함을 해결하기 위하여 조세범처벌법 제18조의 양벌규정이 입법되었다. 따라서 납세의무자와 무관하게 그의 대리인이나 사용인 등이 조세포탈 행위를 하였다면 대리인 등 행위자는 조세범처벌법 제3조와 제18조에 의하여 조세포탈의 주체가 되고, 납세의무자는 조세범처벌법 제18조의 양벌책임규정에 의하여 형사책임을 지게 된다.[25)]

법원도 "조세포탈의 범죄주체는 납세의무자와 조세범처벌법 제18조의 법인의 대표자, 법인 또는 개인의 대리인, 사용인, 기타의 종업원 등 행위자라고 할 것이고(이와 같은 법정책임 이외의 제3자가 공범으로서 범죄의 주체가 될 수 있음은 물론이다), 다만 행위자가 아닌 법인과 개인에 대하여는 행위자가 범칙행위를 한 때에 양벌규정인 제18조에 의하여 소정의 벌금형을 과하게 되는 것이다"라고 판시[26)]하여 납세의무자와 그 행위자의 처벌근거 규정을 다르게 하여 인정하고 있다.

---

25) 형법상 범죄행위의 주체는 자연인에 한정되며, 법적 의제에 의하여 법인에게 행위능력을 인정할 수 없다. 따라서 법인은 양벌책임규정에 의하여 형사책임만을 부담할 뿐 조세포탈의 주체가 될 수 있는 것은 아니다.

26) 대법원 1992.8.14. 선고 92도299 판결.

따라서 범죄행위능력이 없어 포탈주체가 될 수 없는 법인이 납세의무자인 경우에는 법인의 대표이사 등이 법인의 행위자로서 조세포탈의 주체가 되고, 법인은 양벌규정에 따라 벌금형의 형사책임만을 부담할 따름이다. 개인사업자인 자연인인 납세의무자가 조세포탈행위를 그 대리인 등과 공동하여 행하였다면 개인사업자인 자연인은 납세의무자로서 조세포탈의 주체가 되고, 그 대리인 등은 납세의무자의 행위자로서 조세포탈의 주체가 되어 공범으로 처벌된다.

⑵ 법인의 대표자

법인이란 일정한 사람의 집합(사단) 또는 일정한 목적을 위하여 제공된 재산의 집합체(재단)에 대하여 자연인과 같은 법인격을 부여하여 사람과 동일한 법률상 권리·의무능력을 가진 것을 말한다.

법인은 각 구별기준에 따라 공법인(국가, 지방자치단체 등)과 사법인(사단법인, 재단법인, 각종 회사), 영리법인(상사회사, 민사회사)과 비영리법인(학술, 종교, 예술 등을 목적으로 하는 민법상 법인) 등으로 구별된다. 조세범처벌법 제13조에서는 조세포탈의 주체가 되는 법인의 범위에 국세기본법 제13조 규정에 의하여 정식 법인은 아니지만 법인으로 보는 단체 등도 포함시키고 있다.

법인의 대표자는 대표이사, 재단이사장 등 법령이나 정관의 규정에 의하여 대외적으로는 대표권한을 가지고, 대내적으로는 업무집행권한을 가지고 법인의 업무를 수행하는 자이다. 법인의 대표자에는 법령이나 정관규정과 관계없이 사실상 법인을 지배하는 경영자도 명칭에 관계없이 대표자에 포함될 수 있다.

⑶ 법인의 실질상 업무집행지시자

(가) 개 념

법인의 실질상 업무집행지시자란 회사에서 자신의 영향력을 이용하여 이사에게 업무집행을 지시한 자, 이사의 이름으로 직접 업무를 집행한 자, 그리고 정식 이사가 아니면서 명예회장·회장·사장·부사장·전무·상무·이사 기타 회사의 업무를 집행할 권한이 있는 것으로 인정될 만한 명칭을 사용하여 회사의 업무를 집행한 자를 말한다.

상법에서는 실질적 업무집행지시자 등이 그 임무에 위배하여 회사와 제3자에게 손해를 입힌 경우에는 이사와 동일하게 회사와 제3자에게 각 손해배상책임을 부담하고, 대표소송의 대상이 될 수 있도록 하고 있다(상법 제401조의2, 제399조, 제401조, 제403조). 이 규정은 회사에 대한 영향력을 이용하여 임·직원에게 업무집행을 지시하거나 경영권을 사실상 행사하는 지배주주 등을 이사로 보아 이러한 자는 회사와 제3자에 대하여 이사와 동일한 책임을 지도록 하고, 이들로부터 지시를 받은 이사도 같은 책임을 부담하는 경우에는 실질상 업무집행지시자를 이사와 연대하여 책임을 부담하도록 한 것이다.

여기에서 업무집행지시를 받을 수 있는 대상자로는 이사에 한하지 않고 부장·과장 등 상업사용인도 포함되고, 업무집행의 범위로는 법률행위뿐만 아니라 불법행위를 포함한 사실행위도 포함된다고 본다.

(나) 조세포탈 행위자 해당 여부

법인의 정식 임·직원이 아니면서 위와 같이 실질상 업무집행지시자의 행위가 포탈행위에 해당하는 경우에 실질상 업무집행지시자를 법인의 행위자로서 보아 조세포탈죄로 처벌이 가능한지 여부가 문제될 수 있다.

조세법에서 실질과세의 원칙은 조세포탈의 주체인 행위자를 확정하는 부분에도 당연히 적용되고, 업무집행지시자가 책임지는 업무집행의 범위도 법률행위뿐만 아니라 불법행위가 포함된 사실행위까지 포함되므로 업무집행지시자도 조세포탈 행위자에 해당한다.

법원도 “등기부상 대표이사를 사임한 것으로 등재한 후 사실상 지시를 통하여 회사를 경영하여 온 대주주인 피고인의 경우 실질적 경영자에 해당되어 조세포탈죄의 주체에 해당하는지 여부와 관련하여, 구 조세범처벌법 제3조(현행 조세범처벌법 제18조에 해당)는 법인의 대표자, 법인 또는 개인의 대리인, 사용인 기타의 종업원 등 행위자를 같은 법 제9조 제1항 소정의 조세포탈범으로 처벌하는 근거 조문이 되는 것이고, 여기서 말하는 ‘법인의 대표자’에는 그 명칭 여하를 불문하고 당해 법인을 실질적으로 경영하면서 사실상 대표하고 있는 자도 포함된다”라고 판시[27]하여 법인의 실질상 업무집행지시자를 조세포탈의 주체로 인정하고 있다.

업무집행지시자의 지시를 받아 조세포탈행위를 실행한 이사 등도 납세의무자인 법인의 공동행위자로서 업무집행지시자와 공범으로 처벌된다.

(4) 법인 또는 개인의 대리인

대리인은 법률 또는 본인의 대리권한 부여에 의하여 본인을 대신하여 행위할

27) 대법원 1997.6.13. 선고 96도1703 판결.

대리권을 가진 자를 말한다. 법정대리는 법률에 의하여 대리권이 수여된 경우로서 미성년자에 대한 친권자, 성년 후견인 등이 있다. 본인의 권한 부여에 의하여 대리인이 되는 임의대리는 위임, 고용 등 일반적인 고용계약과 함께 대리권이 부여된다. 대리인은 본인을 대신하여 스스로 의사를 결정하여 의사표시를 하는 자이므로 단순히 본인의 의사를 전달하는 사자와도 다르고, 법인의 기관으로서 행위 그 자체가 법인의 행위와 동일시되는 법인의 대표이사와도 다르다.

대리권한과 관련하여 대리권이 전혀 없는 경우와 대리권의 범위를 벗어난 무권 및 월권대리의 경우가 있는데, 무권 및 월권대리는 본인이나 대리인에 대하여 아무런 법률효과가 없고, 대리인이 상대방에 대하여 불법행위책임을 부담하는 데 불과하므로 무권 및 월권대리인은 조세포탈의 주체가 될 수 없다.

법원도 피고인이 상속세 문제를 해결하여 주겠다는 취지의 소송대리위임장을 받아 제소전 화해 방법으로 그 대리권한을 넘어 상속재산에 대하여 자신 또는 제3자 앞으로 소유권이전등기를 경료하여 상속세를 포탈하였다는 사안에서 "조세포탈의 핵심 부분인 상속재산에 대한 처분권과 관리권에 대한 대리권을 수여한 바가 없으므로 상속인의 대리인에 해당하지 아니하여 조세포탈의 주체가 될 수 없다"고 판시[28]하여 대리인이라고 하더라도 명백한 월권대리행위 부분에 대하여는 조세포탈의 주체에 해당하지 않는다고 하고 있다.

(5) 세무사, 공인회계사 및 변호사

세무사는 회계장부 관리 및 종합소득세, 법인세나 부가가치세 신고업무 등을 수행하고, 공인회계사는 기업의 회계감사, 법인설립 컨설팅업무 또는 세무대리 업무를 수행하는 자이다. 변호사는 형사 피고인을 변호해 주거나 민사소송·행정소송 등에서 소송의 당사자들을 대리하여 소송을 수행하거나, 법률자문을 하는 업무를 수행한다. 세무사 등은 각 납세의무자와의 위임계약에 의하여 위임업무를 수행한다.

이러한 세무사 등이 부정한 행위로 납세의무자가 조세를 포탈하는 데 관여한 경우에 조세범처벌법 제18조의 대리인 등 행위자에 해당하는지 여부가 문제된다. 세무사 등은 일반적으로는 납세의무자와 전문성을 바탕으로 위임계약을 체결하고 포괄적 위임을 받아 기업 등 본인의 통제나 감독에서 벗어나 통상 업무를 수행하

---

28) 대법원 1998.3.24. 선고 97도3368 판결.

므로 위임계약에 의하여 업무를 수행하더라도 바로 조세포탈의 주체가 되는 행위자로서의 대리인으로 보기는 어렵다. 다만, 납세의무자의 대리인으로서 행위자에 해당되지 않는다고 하더라도 위임계약 내용이나 그 관여 정도가 통상적인 자문수준을 뛰어넘어 납세의무자의 조세포탈행위에 가공했다면 그 가담 정도에 따라 공범 또는 종범으로 처벌될 수 있다.[29)]

조세포탈죄의 일반적 성립 여부와 별도로 조세범처벌법 제9조에서는 세무사 등 납세의무자를 대리하여 세무신고를 하는 자가 조세의 부과 또는 징수를 면하게 하기 위하여 타인의 조세에 관하여 거짓으로 신고를 한 경우에 2년 이하의 징역 또는 2천만 원 이하의 벌금에 처하도록 되어 있다. 법원은 "조세범처벌법 제9조는 납세의무자를 대리하여 거짓으로 세무신고를 하는 경우 그 자체로 조세포탈 결과의 발생 위험이 매우 크다는 점을 고려하여 조세포탈 행위와 별도로 그 수단이자 전단계인 거짓신고행위를 처벌하는데 그 취지가 있다"라고 판시[30)]하여 세무사의 경우 납세의무자의 대리인으로서 성실세무신고에 협력할 의무가 있음에도 불구하고 역으로 이를 방해하는 행위는 포탈행위와 별도의 가벌성이 있다고 보고 처벌을 하는 것으로 보고 있다.

⑹ 사용인, 그 밖의 종업원

사용인은 고용계약에 의하여 다른 사람에게 노무를 제공하는 자를 말하고, 일반적으로 직원 또는 종업원이라고 한다. 사용인 범위와 관련하여 법원은 "사용인에는 법인 또는 개인과 정식 고용계약이 체결되어 근무하는 자뿐만 아니라 그들의 업무를 직접 또는 간접으로 수행하면서 그들의 통제 · 감독 하에 있는 자도 포함된다"라고 판시[31)]하여 그 범위를 넓게 인정하고 있다.

종업원이라 함은 명칭 여하를 불문하고 업무주의 사업경영 과정에 있어서 직 · 간접으로 업무주의 감독 · 통제 아래 그 사업에 종사하는 자를 포괄하는 개념이다. 종업원의 범위와 관련하여 법원은 "영업주 스스로 고용한 자가 아니고 타인의 고용인으로서 타인으로부터 보수를 받고 있다고 하더라도 객관적 외관상으로 영업주의 업무를 처리하고 영업주의 종업원을 통하여 간접적으로 감독 · 통제를 받는 자도 이에 포함된다"라고 판시[32)]하여 종업원 역시 폭넓게 인정하고 있다.

---

29) 같은 취지, 안대희, 조세형사법, 2015, 251면.
30) 대법원 2019.11.14. 선고 2019도9269 판결.
31) 대법원 2006.2.24. 선고 2003도4966 판결.
32) 대법원 1987.11.10. 선고 87도1213 판결.

납세의무자가 개인사업자인 경우, 종업원이 개인사업자를 도와 조세포탈행위를 한 경우에는 개인사업자는 납세의무자로서, 종업원은 그 행위자로서 공범이 된다. 한편 종업원이 개인사업자와 무관하게 횡령 등을 하여 조세포탈행위를 한 경우에는 종업원은 납세의무자의 행위자로서 조세포탈죄가 성립하고, 개인사업자는 납세의무자 본인으로서 양벌책임규정에 따라 법정형이 벌금형인 처벌을 받을 수 있다.

4. SPC가 조세포탈죄의 주체(납세의무자)에 해당하는지 여부

이에 대하여는 제3장 제4절에 있는 'SPC를 통한 거래행위와 조세포탈'에서 상세하게 다루고 있으므로 참조하기 바란다.

5. 공 범

(1) 의 의

조세포탈죄의 구성요건은 한 사람이 이를 실행하는 경우를 예상하고 규정하고 있으나, 실제 포탈범행은 혼자서 단독으로 행하여지기도 하고 다른 사람과 공동으로 행하여지기도 한다. 전자의 범죄형태를 단독범이라고 하고, 후자의 범죄형태를 공범이라고 한다. 조세범처벌법에는 공범에 관한 규정이 없다. 따라서 형법 제8조에 의하여 형법 총칙의 공범 관련 규정이 그대로 적용된다.

형법은 총칙 제2장 제3절의 공범 항목에서는 공동정범(제30조)[33], 교사범(제31조)[34], 종범(제32조)[35], 간접정범(제34조)[36]을 규정하고 있다. 형법의 공범 항목에는 이처럼 여러 사람이 함께 실행한 모든 범죄형태를 규정하고 있는데, 이를 광의의 공범이라고 한다. 광의의 공범은 정범과 협의의 공범으로 구별할 수 있다. 이 경우에 있어서 정범에는 공동정범과 간접정범이 이에 해당하고, 협의의 공범에는 교사범과 종범이 이에 해당한다. 형법 제32조에 규정된 종범은 방조범과 동일한 개념이고, 실무에

---

33) 제30조(공동정범) 2인 이상이 공동하여 죄를 범한 때에는 각자를 그 죄의 정범으로 처벌한다.

34) 제31조(교사범) ① 타인을 교사하여 죄를 범하게 한 자는 죄를 실행한 자와 동일한 형으로 처벌한다.

35) 제32조(종범) ① 타인의 범죄를 방조한 자는 종범으로 처벌한다.
② 종범의 형은 정범의 형보다 감경한다.

36) 제34조(간접정범, 특수한 교사, 방조에 대한 형의 가중) ① 어느 행위로 인하여 처벌되지 아니하는 자 또는 과실범으로 처벌되는 자를 교사 또는 방조하여 범죄행위의 결과를 발생하게 한 자는 교사 또는 방조의 예에 의하여 처벌한다.
② 자기의 지휘, 감독을 받는 자를 교사 또는 방조하여 전항의 결과를 발생하게 한 자는 교사인 때에는 정범에 정한 형의 장기 또는 다액에 그 2분의 1까지 가중하고 방조인 때에는 정범의 형으로 처벌한다.

서는 방조범이라는 표현이 자주 사용되고 있다.

한편 조세포탈죄는 납세의무자와 조세범처벌법 제18조에 규정한 납세의무자의 행위자만 범죄의 주체가 되는 신분범이다. 이와 관련하여 조세포탈범과 같은 신분범에 가공한 비신분자의 처벌이 문제될 수 있다. 형법 제33조에서는 신분관계로 인하여 성립될 범죄에 가공한 행위는 신분관계가 없는 자에게도 공동정범, 교사범, 종범의 규정을 적용하고, 다만, 신분관계로 인하여 형의 경중이 있는 경우에는 중한 형으로 벌하지 아니한다고 규정하고 있다.

⑵ 정범과 공범의 구별

(가) 구별 기준

정범의 개념을 어떻게 정의할 것인가에 대하여 형법에 명문의 규정이 없다. 따라서 정범과 공범을 구별하는 기준에 대하여 객관설과 주관설 및 행위지배설이 있으나, 현재는 행위지배설이 통설[37]과 판례의 입장이다. 행위지배설에 의할 경우에는 정범이란 객관적 행위가담과 의사 관여의 정도를 기준으로 구성요건 실현을 지배하거나 공동으로 지배한 자이고, 공범이란 이러한 행위지배 없이 타인의 범죄를 야기 또는 촉진한 자로 보고 있다.

법원도 "공동정범의 본질은 분업적 역할분담에 의한 기능적 행위지배에 있으므로 공동정범은 공동의사에 의한 기능적 행위지배가 있음에 반하여 종범은 그 행위지배가 없는 점에서 양자가 구별된다"고 판시[38]하면서, 그 기능적 행위지배의 개념에 대하여 법원은 "형법 제30조의 공동정범은 공동가공의 의사와 그 공동의사에 기한 기능적 행위지배를 통한 범죄 실행이라는 주관적·객관적 요건을 충족함으로써 성립하는바, 공모자 중 구성요건 행위 일부를 직접 분담하여 실행하지 않은 자라도 경우에 따라 이른바 공모공동정범으로서의 죄책을 질 수도 있는 것이기는 하나, 이를 위해서는 전체 범죄에 있어서 그가 차지하는 지위, 역할이나 범죄 경과에 대한 지배 내지 장악력 등을 종합해 볼 때, 단순한 공모자에 그치는 것이 아니라 범죄에 대한 본질적 기여를 통한 기능적 행위지배가 존재하는 것으로 인정되는 경우여야 한다(대법원 2006.12.22. 선고 2006도1623 판결, 대법원 2007.4.26. 선고 2007도235 판결 등 참조). 그리고 이 경우, 범죄의 수단과 태양, 가담하는 인원과 그 성향, 범행 시간과 장소의 특성, 범행과정에서 타

37) 이재상·장영민·강동범, 형법총론, 2022, 460면.
38) 대법원 1989.4.11. 선고 88도1247 판결.

인과의 접촉 가능성과 예상되는 반응 등 제반 상황에 비추어, 공모자들이 그 공모한 범행을 수행하거나 목적 달성을 위해 나아가는 도중에 부수적인 다른 범죄가 파생되리라고 예상하거나 충분히 예상할 수 있는데도 그러한 가능성을 외면한 채 이를 방지하기에 족한 합리적인 조치를 취하지 아니하고 공모한 범행에 나아갔다가 결국 그와 같이 예상되던 범행들이 발생하였다면, 비록 그 파생적인 범행 하나하나에 대하여 개별적인 의사의 연락이 없었다 하더라도 당초의 공모자들 사이에 그 범행 전부에 대하여 암묵적인 공모는 물론 그에 대한 기능적 행위지배가 존재한다고 보아야 할 것이다(대법원 2007.4.26. 선고 2007도428 판결 참조)"라고 판시[39]하여 공모공동정범자들이 각자의 역할분담에 따라 전체범행의 완성에 필요불가결한 부분을 분업에 의하여 공동으로 범행을 수행하는 경우에는 모든 범행을 공동으로 하지 않았다고 하더라도 기능적 행위지배가 있다고 하고 있다.

한편 조세포탈죄의 공모공동정범에서 피고인이 공모사실과 범의를 부인하는 경우의 증명방법에 대하여, 법원은 "2인 이상이 범죄에 공동가공하는 공범관계에서 공모는 법률상 어떤 정형을 요구하는 것이 아니고 2인 이상이 공모하여 어느 범죄에 공동가공하여 그 범죄를 실현하려는 의사의 결합만 있으면 되는 것으로서, 비록 전체의 모의과정이 없었다고 하더라도 수인 사이에 순차적으로 또는 암묵적으로 상통하여 그 의사의 결합이 이루어지면 공모관계가 성립하고, 이러한 공모가 이루어진 이상 실행행위에 직접 관여하지 아니한 자라도 다른 공모자의 행위에 대하여 공동정범으로서의 형사책임을 지고, 피고인이 공모의 점과 함께 범의를 부인하는 경우에는 이러한 주관적 요소로 되는 사실은 사물의 성질상 범의와 상당한 관련성이 있는 간접사실 또는 정황사실을 증명하는 방법에 의하여 이를 입증할 수밖에 없으며, 이때 무엇이 상당한 관련성이 있는 간접사실에 해당할 것인가는 정상적인 경험칙에 바탕을 두고 치밀한 관찰력이나 분석력에 의하여 사실의 연결상태를 합리적으로 판단하는 방법에 의하여야 한다"고 판시[40]하고 있다.

따라서 조세포탈죄에 있어서의 공동정범은 포탈에 관여하게 된 경위, 포탈의 실행계획 결정에 대한 관여 정도, 사전소득 은닉행위의 가담정도, 포탈 관여에 따른 포탈이익 분배여부 등을 종합적으로 고려하여 기능적 행위지배를 하였다고 평가되는 경우에 조세포탈죄의 공동정범을 인정하여야 할 것이다

---

39) 대법원 2018.4.19. 선고 2017도14322 전원합의체 판결(국가정보원 사이버팀의 인터넷 댓글 게시 등 사건); 대법원 2010.12.23. 선고 2010도7412 판결 등.

40) 대법원 2008.4.24. 선고 2007도11258 판결.

(나) 공범의 정범에의 종속성

협의의 공범인 교사범과 방조범은 정범을 교사 또는 방조함으로써 정범으로 하여금 범죄를 실행하게 하는 범행구조를 취하고 있다. 따라서 정범의 범죄행위는 교사범과 방조범의 범죄구성요건의 일부를 구성하고 있고, 이러한 이유로 공범은 정범이 성립하는 때에 한하여 정범의 행위에 종속되어 성립한다.

법원도 "정범의 성립은 교사범, 방조범의 구성요건의 일부를 형성하고 교사범, 방조범이 성립함에는 먼저 정범의 범죄행위가 인정되는 것이 그 전제요건이 되는 것은 공범의 종속성에 연유하는 당연한 귀결이며, 따라서 교사범, 방조범의 사실 적시에 있어서도 정범의 범죄 구성요건이 되는 사실 전부를 적시하여야 하고, 이 기재가 없는 교사범, 방조범의 사실 적시는 죄가 되는 사실의 적시라고 할 수 없다"고 판시[41]하고, 또한 "원래 방조범은 종범으로서 정범의 존재를 전제로 하는 것이다. 즉 정범의 범죄행위 없이 방조범만이 성립될 수는 없다"고 판시[42]하여 교사범과 방조범의 정범에의 종속성을 인정하고 있다.

다만, 공범의 정범에의 종속성은 범죄구성요건 중 구성요건 해당성과 위법성만 구비하면 되므로 정범이 구성요건에 해당하는 위법한 행위를 하고, 그 과정에서 공범이 교사 내지 방조를 하면 공범이 성립한다. 따라서 정범이 형사미성년으로 형사책임이 부인되어 처벌을 받지 않는다고 하더라도 정범에게 구성요건 해당성이나 위법성이 인정되면 교사범이나 방조범은 정범의 처벌과 무관하게 범죄가 성립한다.[43] 이러한 법리는 조세포탈에서도 그대로 적용된다.

(다) 정범과 공범의 구별 실익

1) 비신분자인 경우 신분범인 조세포탈죄의 주체 해당 여부

조세포탈죄는 납세의무자와 조세범처벌법 제18조(양벌규정) 소정의 법정책임자인 법인의 대표자, 법인 또는 개인의 대리인, 사용인, 그 밖의 종업원 등만이 범죄주체가 될 수 있는 신분범이다. 이러한 신분을 보유하지 못한 제3자는 독자적으로 조세포탈의 주체가 될 수 없다.

신분을 가진 자만이 범죄주체가 될 수 있는 진정신분범에 있어서 신분없는 자

41) 대법원 1981.11.24. 선고 81도2422 판결.
42) 대법원 1974.5.28. 선고 74도509 판결.
43) 김종근, 조세형사법 해설, 2021, 38면 참조.

의 경우에는 교사범 내지 방조범으로 처벌이 될 뿐 공동정범으로 처벌되는 경우는 많지 않다. 그 이유는 공범의 경우에는 정범이 가지고 있는 포탈행위의 주인이라는 인식을 가지고 범행에 가담하는 경우가 많지 않기 때문이다. 즉, 조세포탈행위에 의하여 실제 이익을 취득하는 자는 납세의무자로, 제3자가 포탈행위에 가담하더라도 포탈에 따른 이익을 공유한다는 등 특별한 경우가 아니라면 그 이익을 향유하는 정범과 동일하게 처벌하는 것은 그 형평성에 있어서 문제가 있다. 이러한 이유로 제3자가 조세포탈죄의 공동정범으로 처벌되는 경우는 많지 않으나, 적극적으로 포탈행위에 가담하거나 포탈이익을 공유하는 등의 앞서 설명한 기능적 행위지배가 존재하는 특별한 사정이 있는 경우에는 제3자도 신분자인 납세의무자 등과 함께 공동정범으로 처벌이 가능하다. 이러한 경우에는 형법 제33조[44]를 적용하여 제3자를 공동정범으로 처벌한다. 형법 제33조 전단은 진정신분범[45]과 부진정신분범[46]의 경우에도 일반적 범죄의 공범성립요건과 동일하게 공범이 성립한다는 원칙을 정하고 있는 규정이다. 같은 조 후단은 부진정신분범의 과형에 관한 규정이다.

법원도 "신분관계가 없는 자가 그러한 신분관계에 있는 자와 공모하여 상호신용금고법위반죄를 저질렀다면, 그러한 신분관계가 없는 자에 대하여는 형법 제33조 단서에 의하여 형법 제355조 제2항에 따라 처단하여야 할 것인바, 그러한 경우에는 신분관계가 없는 자에게도 일단 업무상배임으로 인한 상호신용금고법 제39조 제1항 제2호 위반죄가 성립한 다음 형법 제33조 단서에 의하여 중한 형이 아닌 형법 제355조 제2항에 정한 형으로 처벌되는 것으로 보아야 할 것이다(대법원 1986.10.28. 선고 86도1517 판결 참조)"라고 판시[47]하고 있다.

조세범처벌법에서 부진정신분범 관련 규정으로는 조세범처벌법 제10조 제4항이 있다. 즉, 조세범처벌법 제10조 제4항 전단에서는 '제3항의 행위를 알선하거나 중개한 자도 제3항과 같은 형에 처한다'고 규정하고, 같은 항 후단에서는 '이 경우 세무를 대리하는 세무사 · 공인회계사 및 변호사가 제3항의 행위를 알선하거나 중

---

44) 제33조(공범과 신분) 신분관계로 인하여 성립될 범죄에 가공한 행위는 신분관계가 없는 자에게도 전 3조의 규정을 적용한다. 단, 신분관계로 인하여 형의 경중이 있는 경우에는 중한 형으로 벌하지 아니한다.

45) 진정신분범이란 일정한 신분이 있어야 범죄가 성립하는 범죄이다. 조세포탈죄 등이 이에 해당한다.

46) 부진정신분범이란 신분이 없어도 범죄는 성립하지만 신분에 의하여 형벌이 가중되거나 감경되는 범죄이다.

47) 대법원 1997.12.26. 선고 97도2609 판결.

개한 때에는 세무사법 제22조 제2항[48]에도 불구하고 해당 형의 2분의 1을 가중한다'고 규정하고 있다. 즉, 이 규정을 쉽게 해석하면, 제10조 제4항의 범죄는 신분이 없어도 성립하지만, 세무사 등의 신분이 있으면 그 신분으로 인하여 가중처벌하겠다는 것으로 부진정신분범에 관한 과형을 규정하고 있다. 따라서 세무사 신분을 가진 자와 일반 제3자가 공동하여 제10조 제4항의 범죄를 저지른 경우에는 세무사 등의 신분이 없는 제3자는 제10조 제4항 전단에 의하여 같은 조 제3항과 같은 법정형으로 처벌되고, 세무사 등의 신분이 있는 자는 제10조 제4항 후단에 의하여 같은 조 제3항의 법정형에 2분의 1을 가중한 법정형으로 처벌할 수 있게 된다.

2) 정범과 공범의 법정형의 차이

일반 형법에서와 마찬가지로 조세포탈죄에서도 협의의 공범으로는 교사범과 방조범이 이에 해당한다. 조세포탈 교사범이란 정범인 피교사자인 납세의무자 등으로 하여금 조세포탈 범죄를 결의하게 하여 피교사자가 그 교사행위에 따라 조세포탈죄를 범한 경우에 성립한다. 조세포탈 교사범은 형법 제31조 제1항에 따라 포탈범행을 실행한 정범과 동일한 형으로 처벌한다. 교사범을 정범과 같은 형으로 처벌을 하는 이유는 교사범이 범죄의 실행에는 직접 가담하지 아니하였다 하더라도 정범으로 하여금 조세포탈에 대한 결의를 가지게 하여 조세포탈 행위를 유발하게 한 책임이 크기 때문이다. 여기에서 동일한 형이란 법정형을 말하는 것으로 실제 교사범에 대한 선고 형량은 그 교사에 이르게 된 과정과 정상에 따라 정범보다 무거울 수도 있고 가벼울 수도 있다. 이 경우에는 형법 제53조[49]의 정상참작감경의 요건에 따라 형량을 결정한다.

조세포탈 방조범이란 정범인 납세의무자 등이 조세포탈을 한다는 사실을 알면서도 그 실행행위를 용이하도록 도와 준 경우에 성립하는 범죄이다. 조세포탈 방조범은 형법 제32조 제2항에 따라 정범의 형보다 감경한다. 방조범을 정범의 형보다 감경하는 이유는 방조범의 행위가 정범의 범죄를 용이하게 하는 정도에 그치는 것이 대부분으로 포탈 결과에 대하여 미치는 영향이 정범의 책임보다 가벼우므로 그 형도 그에 따라 가볍게 할 필요가 있기 때문이다. 방조범의 형의 감경은 형법 제55조[50]의 법률상 감경의 예에 따른다.

---

48) 세무사법 제22조 ② 세무사로서 「조세범처벌법」에 규정된 범죄와 「형법」 중 공무원의 직무에 관한 죄를 교사(敎唆)한 자는 그에 대하여 적용할 해당 조문의 형기(刑期) 또는 벌금의 3분의 1까지 가중하여 벌한다.

49) 제53조(정상참작감경) 범죄의 정상에 참작할 만한 사유가 있는 경우에는 그 형을 감경할 수 있다.

(3) 공동정범과 공범 관련 사례

(가) 의 의

조세포탈죄에서 공범을 논할 경우에 종종 사업자등록 명의대여자와 세무사·변호사 등이 종종 거론된다. 사업자등록 명의자의 경우에는 명의를 대여받아 실제 사업을 수행하면서 부정행위로 조세를 포탈한 명의차용자가 정범으로 처벌받고, 명의대여자의 경우에는 가담의 정도에 따라 공동정범 또는 종범(방조범)으로 처벌된다. 예외적으로 단순한 명의대여자에 해당하는 경우에는 조세포탈죄의 책임을 면하기도 한다.

법원도 "피고인 명의로 사업자등록을 하였지만 실제로는 피고인의 친형이 자금을 대고 영업을 하며 매출가액의 과소신고로써 조세를 포탈한 경우 사업자등록을 피고인 명의로 하였다는 사실만으로는 피고인에게 조세포탈의 목적이 있다고 볼 수 없다"고 판시[51]하여 단순한 명의대여자에게 조세포탈죄가 성립되지 않는다고 하고 있다. 여기에서 단순 명의대여자란 명의대여 대가로 금품을 받는 등 이해관계가 전혀 없고 인간적 관계 때문에 불가피하게 명의를 대여해 주고 명의대여에 따른 신고·납부행위 정도만 도와주며 그 이상의 협조행위를 하지 않은 자를 말한다.

세무사의 경우에는 조세범처벌법 제9조 제1항에서 납세의무자를 대리하여 세무신고를 하는 자가 조세의 부과 또는 징수를 면하게 하기 위하여 타인의 조세에 관하여 거짓으로 신고를 하였을 때에는 2년 이하의 징역 또는 2천만 원 이하의 벌금에 처한다고 규정하고 있다. 이 규정과 별도로 세무사·변호사의 경우에는 조세포탈행위의 가담 형태에 따라 조세포탈죄 성립 여부가 결정된다. 즉 세무사·변호사가 납세의무자의 대리인으로서 조세포탈에 적극 관여한 경우에는 납세의무자

---

50) 제55조(법률상의 감경) ① 법률상의 감경은 다음과 같다.
1. 사형을 감경할 때에는 무기 또는 20년 이상 50년 이하의 징역 또는 금고로 한다.
2. 무기징역 또는 무기금고를 감경할 때에는 10년 이상 50년 이하의 징역 또는 금고로 한다.
3. 유기징역 또는 유기금고를 감경할 때에는 그 형기의 2분의 1로 한다.
4. 자격상실을 감경할 때에는 7년 이상의 자격정지로 한다.
5. 자격정지를 감경할 때에는 그 형기의 2분의 1로 한다.
6. 벌금을 감경할 때에는 그 다액의 2분의 1로 한다.
7. 구류를 감경할 때에는 그 장기의 2분의 1로 한다.
8. 과료를 감경할 때에는 그 다액의 2분의 1로 한다.
② 법률상 감경할 사유가 수개 있는 때에는 거듭 감경할 수 있다.

51) 대법원 1983.11.8. 선고 83도510 판결.

의 행위자로서 조세포탈죄가 성립하지만, 납세의무자의 조세포탈행위에 적극적으로 가담하지 않고 단순한 원론적인 자문 정도 수준의 행위를 한 경우에는 세무사·변호사의 업무성격상 조세포탈의 공범으로까지 처벌하기는 어렵다 할 것이다. 납세의무자의 대리권 부여는 없었지만 세무사·변호사가 납세의무자의 조세포탈행위에 기능적 행위지배를 할 정도로 깊이 관여를 한 경우에는 일반인과 마찬가지로 납세의무자와 공동정범으로 처벌이 가능하고, 기능적 행위지배까지는 없었지만 적극적으로 도와준 경우에는 공범(교사범 내지 종범)이 성립할 수 있다.

조세포탈죄에서 공동정범과 방조범 등으로 처벌한 몇 개의 실제 사례를 살펴보도록 한다. 조세포탈죄에서 공동정범과 방조범 등의 형량을 정하는데에는 형법 제56조[52]의 가중·감경의 순서에 따라서 결정한다. 조세포탈죄에서 양형의 개별적 고려 요소로는 ① 행위자, ② 포탈 액수 및 포탈률, ③ 범행의 동기, ④ 조세포탈 방법, ⑤ 전과, ⑥ 포탈세액의 납부, ⑦ 범행 후의 태도, ⑧ 피고인의 사업기간 동안 납세실적, ⑨ 피고인이 자료상으로 추정되는 경우 피고인이 설립한 회사들에 대한 납세실적 등을 들 수 있다.[53]

(나) 사 례[54]

1) 공동정범

① 이 사례에서 피고인들은 제약회사 대표이사 등으로, 직원들과 공모하여 의약품의 판매를 늘리기 위한 사례금 명목으로 거래 병·의원, 약국 등에게 법령상 금지되는 리베이트를 제공하면서, 위 리베이트로 제공되는 자금지출 중 접대비 한도를 초과하는 금액은 세무회계상 손금으로 인정받을 수 없다는 점을 알면서도, 수백억 원 상당을 리베이트 제공자금으로 지출하고도, 지출결의서 혹은 경비청구서 등의 장부에는 손비처리가 가능한 판매비, 매출할인비, 금융비 등으로 장부를 거짓 기장하거나 허위 간이영수증 등 허위증빙 자료를 첨부하는 등의 부정한 방

---

52) 제56조(가중·감경의 순서) 형을 가중·감경할 사유가 경합하는 경우에는 다음 각 호의 순서에 따른다.
1. 각칙 조문에 따른 가중
2. 제34조제2항에 따른 가중
3. 누범 가중
4. 법률상 감경
5. 경합범 가중
6. 정상참작감경

53) 조용주, 조세범처벌의 문제점과 적절한 양형을 위한 연구, 조세연구 제6집, 2018.7, 476~482면 참조.

54) 국세청 조세포탈범 명단공개 사이트 참조.

법으로 접대비 한도를 초과하는 금액 상당의 과세표준을 누락하여 신고함으로써 법인세를 포탈하였다고 공소제기되었다. 이에 대해 법원은 "(ⅰ)허위 간이영수증을 이용한 지출을 손금 산입 항목들에 분산 계상한 것은 법인세포탈 의도에서 비롯된 것임이 명확하다. (ⅱ) 세무조사대상 기간 무렵 피고인들은 회사의 대표이사 등 이었다. (ⅲ) 여러 사정들에 비추어 피고인들이 주요 경영사항 및 자금사정에 대하여 보고받았을 것이라고 보이고, 판매예산편성 및 집행과정, 간이영수증을 통한 지출 증빙 등의 절차를 인식하고 있었다고 보인다. (ⅳ) 의료기관 등 개설자에 대한 현금 지급을 금지하기 시작한 2008.12.14. 이전에도 수사기관 및 공정거래위원회 차원에서 리베이트 규제 시도는 계속 존재하였음에도 비용항목을 속여 법인세 신고를 하였다. (ⅴ) 대법원 전원합의체 판결에 의하여 리베이트 제공 자금이 법인세법상 손금에 산입될 수 없다는 입장이 명확해진 것은 이 사건 조세포탈 범행이 성립한 이후에 발생한 사정에 불과하다. 이와 같은 사정하에서는 구체적인 회계처리방법이나 법인세 신고내용까지는 알지 못하였다고 하더라도 부수적으로 조세포탈의 결과가 발생하리라고 충분히 예상할 수 있었다. 따라서 피고인들에게 조세포탈의 결과 발생에 대한 인식과 이를 용인하겠다는 의사가 있고, 조세포탈 범행에 대한 암묵적인 공모는 물론 그에 대한 행위지배가 있었다고 볼 수 있다"고 판시[55]하여 제약회사 대표이사가 영업직원 리베이트 제공행위에 가공한 행위에 대하여 기능적 행위지배가 인정된다고 하면서 공동정범에 해당한다고 선고하였다.

② 실질적인 업무주인 A가 B, C라는 2명의 사장을 고용하여 D라는 동일한 상호로 장소가 다른 3곳에서 유흥주점 영업을 하면서 유흥주점의 각 사업자등록 명의를 위장하고, 일일장부를 파기한 후 현금매출을 신고하지 않고, 허위 매출장을 작성하여 사무실에 비치하는 방법으로 86억 5천만 원 상당의 부가가치세, 개별소비세, 교육세를 공동으로 포탈한 사안에서, 법원은 업무주인 A에 대하여는 징역 2년 6월과 벌금 90억 원을 선고하였다. 또한 피고용자인 B와 C에 대하여는 각 징역 2년 6월에 집행유예 3년 및 벌금 90억 원을 선고하면서 벌금에 대하여는 선고유예 판결을 하였다. 이 판결에서는 같은 공동정범이라고 하더라도 실질적으로 포탈이익을 취한 업무주와 그렇지 아니한 고용사장과는 징역형에도 차이가 있고, 또한 고용사장에 대하여 필요적 병과형인 벌금형을 선고하면서 선고유예 판결을 하였다. 이는 포탈이익 향유 등의 차이가 있기 때문인 것으로 판단된다.

---

55) 부산고등법원 2018.12.27. 선고 2018노423 판결. 대법원 상고기각으로 그대로 확정되었다.

③ 부동산업자인 명의신탁자 A가 무자력자인 회사원 B 앞으로 명의신탁되어 있는 토지를 부동산 컨설팅업자인 C에게 매도하면서 조세를 포탈할 목적으로 명의를 원상회복하지 않고 명의수탁자인 B가 직접 C에게 매도한 것처럼 매매계약을 체결하고 명의수탁자 명의로 신고함으로써 명의신탁자의 양도소득을 은닉하는 방법으로 양도소득세 9억 2천만 원을 공동으로 포탈한 사안에서, 법원은 부동산업자인 A에게 징역 3년에 벌금 7억 원을, 부동산 컨설팅업자인 C에게 징역 2년에 벌금 7억 원을, B에게 징역 1년 6월에 집행유예 3년 및 벌금 7억 원을 각 선고하였다. 이 판결에서는 명의를 대여해 준 명의수탁자 B에 대하여 양도소득세포탈죄를 적용한 것은 그 범행 경위 및 가담 정도에 비추어 기능적 행위지배가 있다고 판단하였기 때문으로 판단된다.

④ 건설업자인 A가 그 임 · 직원인 B · C · D와 공동하여 조경공사를 하면서 허위의 수목매입세금계산서를 수취하고 실물거래 없이 매입세금계산서를 수취하여 13억 3천만 원 상당의 부가가치세, 종합소득세, 법인세를 포탈한 사안에서, 법원은 A에게는 징역 1년 6월에 집행유예 2년 및 벌금 4억 5천만 원을, B · C · D에게는 각각 징역 1년에 집행유예 2년을 각 선고하였다. 이 사안은 특가법 적용사안이 아니어서 벌금을 병과하지 않아도 되나, 건설업자의 경우에는 포탈이익을 직접 취득한 점을 고려하여 벌금을 병과한 것으로 판단된다.

⑤ 피고인이 조세포탈을 목적으로 하는 속칭 '폭탄업체'를 설립하여 매출세금계산서를 발급한 다음 거래처로부터 받은 고철대금과 부가가치세 상당액을 현금으로 모두 출금하고 '폭탄업체'를 폐업하는 방법 등으로 11억 7천만 원 상당의 부가가치세를 포탈한 사안에서, 법원은 피고인에게 징역 3년 및 벌금 13억 원을 선고하였다. 이 판결에서 속칭 '폭탄업체'를 이용한 부가가치세 포탈죄의 정범은 폭탄업체를 운영하다가 폐업을 한 사업자이고, 이 폭탄업체 거래를 도와 부가가치세 포탈에 협조한 자들에 대하여는 방조범으로 의율하여 처벌하고 있다.

2) 공 범

① 매도인인 부동산 임대업자인 A가 매수인인 B와 공동하여 거래외 제3자들로 법인소유자 등인 C · D의 도움을 받아 양도소득세 중과세를 회피할 목적으로 법인을 중간에 끼워 넣고 다운계약서를 작성하는 가장매매행위를 통해 2억 2천만 원 상당의 양도소득세를 포탈한 사안에서, 법원은 A와 B에 대하여는 양도소득세 포탈죄 공동정범으로, C · D에 대하여는 양도소득세포탈죄의 방조범으로 각 의율

하면서 A에게는 징역 1년에 집행유예 2년을, B에게는 징역 8월에 집행유예 2년을, C에게는 벌금 700만 원을, D에게는 징역 4월에 집행유예 2년을 각 선고하였다. 이 판결에서는 공동정범과 방조범의 양형차이가 있고, 같은 공동정범과 방조범 사이에서도 그 정상에 따라 선고형이 다를 수 있다는 것을 알 수 있다.

② 중고자동차 수출업자인 A가 세무사업에 종사하는 B의 도움을 받아 중고자동차 매입금액을 부풀리는 방법으로 부가가치세 매입세액을 과다 공제받아 33억 4천만 원 상당의 부가가치세를 포탈한 사안에서, 법원은 A에 대하여는 징역 3년에 벌금 25억 원을, B에 대하여는 25억 원 상당의 부가가치세 포탈죄의 방조범으로 의율하면서 징역 2년에 집행유예 3년 및 벌금 6억 6천만 원을 각 선고하였다. 이 판결에서는 조세포탈을 도와 준 세무사의 경우에는 일반적으로 조세포탈 방조범으로 의율하고 있음을 보여주고 있다.

③ 컴퓨터 도소매업자인 A는 타인의 명의를 빌려 사업체를 설립하고, 컴퓨터 도소매업자인 B는 A가 부가가치세 포탈을 함에 있어 제품을 판매하여 주어 이를 용이하게 도와 주고, A는 사업체에 부과된 부가가치세를 납부하지 않은 채 폐업하는 방법으로 66억 6천만 원 상당의 부가가치세를 포탈한 사안에서, 법원은 업무주인 A에게는 단독정범으로 의율하면서 징역 3년을 선고하고, 이를 도와준 B에 대하여는 방조범으로 의율하여 징역 1년 6월에 집행유예 3년 및 벌금 34억 원을 선고하였다. 이 판결에서는 방조범인 B에 대하여 징역형은 경한 집행유예형을 선고하면서도 벌금형을 무겁게 부과함으로써 폐업하여 사실상 벌금 납부 능력이 없는 A의 벌금을 대납하게 하려고 한 것으로 판단된다.

④ 조세포탈 목적임을 알고 있으면서 타인에게 명의를 대여하고, 그 지시에 따라 실제로 유류를 공급받지 않았음에도 매입처별세금계산서 합계표를 거짓으로 기재하여 세무서에 제출하는 등으로 도와주어 7억 1천만 원 상당의 부가가치세 포탈을 방조한 사안에서, 법원은 피고인에게 징역 1년에 집행유예 2년 및 벌금 3억 6천만 원을 선고하였다. 이 판결에서는 구체적인 이유는 정확하게 모르겠으나 부가가치세 포탈의 정범에 대한 처벌 내용이 없는 것으로 보아 방조범인 피고인에게 엄한 책임을 부담하게 한 것으로 판단된다.

⑤ 주유소의 명의상 대표로 있으면서 실제 운영자가 허위의 세금계산서 합계표를 제출하는 방법으로 실제 소유주가 7억 4천만 원 상당의 부가가치세를 포탈하는 범행을 용이하게 방조한 사안에서, 법원은 피고인에게 징역 1년 6월에 벌금 15

억 원을 선고하였다. 이 판결도 구체적인 이유는 정확하게 모르겠으나 정범인 실소유자에 대한 처벌 내용이 없는 것으로 보아 방조범인 피고인에게 엄한 책임을 부담하게 한 것으로 판단된다.

⑥ 피고인은 고·비철도매업을 경영하면서 무자료로 폐구리를 매입하여 납품하는 사업자가 속칭 '폭탄업체'로부터 허위 세금계산서를 발급받아 부가가치세를 포탈하는 사실을 알고 있으면서도, 폭탄업체 명의로 허위 세금계산서를 발급하여 폐구리 납품업체가 부가가치세를 포탈하는 것을 용이하게 도와주어 20억 1천만 원 상당의 부가가치세를 포탈하도록 방조한 사안에서, 법원은 피고인에게 징역 3년 및 벌금 69억 원을 선고하였다. 이 판결은 속칭 '폭탄업체'를 이용한 부가가치세 포탈죄에 대한 엄단차원에서 방조범에 대하여도 중한 형을 선고한 것으로 판단된다.

Ⅲ. 납세의무

1. 개 요

납세의무는 조세법규에 의하여 각 세법이 정한 과세요건이 충족되었을 때 국민이 국가에 대하여 부담하는 채무이다. 납세의무자인 국민과 국가와의 관계를 어떻게 바라보는지에 따라 조세에 대한 시각이 달라지는데 과거에는 권력관계설과 채권·채무관계설이 있었다.[56)]

권력관계설은 조세는 국민이 국가의 과세권에 복종하는 것이라고 하면서 납세의무는 과세관청의 부과처분에 의하여 창설되는 것으로 이해하는 견해로, 현재 이 견해를 취하는 국가는 거의 없다. 현재 우리나라를 비롯한 대부분의 국가의 세법은 채권·채무관계설의 입장에서 납세의무를 규정하고 있다. 이 견해에 의할 경우, 납세의무는 과세관청의 어떠한 행위도 필요 없이 과세요건이 충족됨으로써 자동으로 성립한다. 따라서 과세관청의 부과처분은 납세의무를 창설하는 것이 아니라 자동으로 성립된 납세의무를 확인하는 것에 지나지 않는다고 보고 있다. 우리 국세기본법도 이러한 견해에 따라 납세의무의 성립과 확정을 구별하여 규정하고 있다. 즉, 납세의무는 과세요건을 충족하면 자동적으로 성립하고 이후 구체적인 확정절차를 거쳐 확정된 다음 납부 등의 소멸사유로 인하여 소멸된다.

세법에 규정된 과세요건이 충족되면 당연히 이루어지는 납세의무성립은 과세표

56) 이준봉, 조세법총론, 2016, 68면 참조.

준과 세액을 구체적으로 계산하기 이전 단계로서 추상적으로 납세의무가 존재한다는 의미에서 추상적 납세의무라고 한다. 납세의무의 확정은 이미 성립한 납세의무에 대한 과세요건 사실에 대하여 세법을 적용하여 납세의무자가 과세표준과 세액을 구체적으로 계산하고 신고하는 행위 또는 국가가 과세표준과 세액을 구체적으로 계산하고 결정하는 행위를 통하여 이루어진다. 이와 같은 납세의무의 확정은 추상적으로 성립한 납세의무를 구체적으로 확인한다는 의미에서 구체적 납세의무라고 한다. 과세표준과 세액을 구체적으로 확정하는 주체가 누구인가에 따라서 납세의무의 확정방식은 신고납세방식과 부과납세방식으로 구분된다. 조세포탈죄는 이러한 납세의무의 존재를 전제로 납세의무자 또는 그 행위자가 국가의 조세부과권을 침해하는 범죄에 대하여 형벌을 과하는 것으로 납세의무가 존재하지 않는 경우에는 원칙적으로 조세포탈 범죄가 성립하지 않는다.[57] 이러한 의미에서 납세의무의 존재는 조세포탈죄 구성요건과 조세심판 사건의 핵심 구성요건으로 다른 구성요건에 앞서 판단하고 있다. 법원도 "조세포탈죄는 납세의무자가 국가에 대하여 지고 있는 것으로 인정되는 일정액의 조세채무를 포탈한 것을 범죄로 보아 형벌을 과하는 것으로서, 조세포탈죄가 성립되기 위하여는 조세법률주의에 따라 세법이 정한 과세요건이 충족되어 조세채권이 성립하여야만 되는 것이므로, 과세요건을 갖추지 못해 조세채무가 성립하지 않으면 조세포탈죄도 성립할 여지가 없다"라고 판시[58]하고 있다.

조세포탈죄에 있어서 납세의무는 원칙적으로 조세채권과 동일한 개념으로서 국민의 입장에서 본 것인지, 국가의 입장에서 본 것인지에 따라 그 표현만 달라진 것일 뿐이다. 조세포탈의 전제조건인 납세의무가 성립하기 위해서는 일정한 법률상 과세요건의 구비가 필요하다. 그 과세요건을 간략하게 말하자면, ① 세법에서 정한 납세의무자에 해당하여야 하고, ② 세법에서 정한 과세대상소득 또는 거래에 해당하여야 하며, ③ 그 과세대상 또는 거래가 해당 납세의무자에게 실질적으로 귀속되어야 하고, ④ 세액산출의 기초가 되는 과세대상의 수량 또는 가액이 구체적으로 특정되어 존재하여야 한다.

57) 대법원 2020.5.28. 선고 2018도16864 판결.
58) 대법원 2015.6.11. 선고 2015도1504 판결; 대법원 2005.6.10. 선고 2003도5631 판결.

2. 과세대상

(1) 의 의

국가가 조세를 부과하기 위해서는 우선 '누구에게' 조세를 부담하게 할 것인가를 정하여야 한다. 즉, 납세의무자가 누구인지를 결정해야 한다. 그 다음으로는 '어떠한 것'에 조세를 부과할 것인지를 결정해야 하는데 그 '어떠한 것'에 해당하는 것이 과세대상(과세물건)이다. 과세대상이 결정되면 과세표준을 정하기 위하여 과세대상을 금액 또는 수량의 형태로 계량화하여야 한다. 마지막으로 과세표준에 납부할 세액을 산출해내기 위한 세율이 있어야 한다.

조세법상 과세대상은 조세평등주의에 따라 담세능력에 비례하여 결정되는데 통상적으로 ① 소득, ② 소비, ③ 재산 등 3가지로 분류할 수 있다. 일반적으로 사람들은 취득한 소득으로 먼저 소비를 하고 나머지를 재산으로 축적하기 때문에 위 3가지는 완전히 구분된 것이 아니라 상호 연관성을 가지고 있다. 이 소득, 소비, 재산 모두에 세금을 부과할 것인지, 아니면 어느 하나에 세금을 부과할 것인지 여부가 문제될 수 있다. 오늘날 우리나라를 포함한 대부분의 국가에서는 위 3가지 모두에 세금을 부과하는 복수 세제를 채택하고 있다.

(2) 과세대상의 분류

소득(income)을 과세대상으로 하는 조세는 경제가치의 흐름(flow)에 과세하는 세목으로, 국세인 법인세(다만, 양도소득세, 부동산 양도소득에 대한 법인세는 제외)와 소득세, 지방세인 지방소득세 소득분 등이 이에 속한다. 소비(expenditure)를 과세대상으로 하는 조세는 소비를 위한 지출에 과세하는 세목으로서, 국세인 부가가치세, 개별소비세, 주세 및 관세와 지방세인 담배소비세, 레저세, 자동차세 등이 이에 해당한다. 재산(property)을 과세대상으로 하는 조세는 경제가치의 축적(stock)에 과세하는 세목이다. 재산의 보유단계에서 과세하는 재평가세, 종합부동산세, 재산세와 자동차 소유에 대한 자동차세 등이 이에 해당하고, 재산의 변동단계에서 과세하는 국세인 양도소득세 및 부동산 양도소득에 대한 법인세, 상속세, 증여세, 증권거래세, 인지세와 지방세인 취득세, 일부 등록면허세 등도 이에 속한다.

법인세법은 과세대상 소득의 범위를 규정함에 있어 순자산증가설에 기초하고 있다. 순자산증가설에 의한 소득개념은 일정기간에 있어서의 순자산의 증가를 소득으로 보아 정형적인 소득원천에 의하지 않는 일시적 소득도 과세대상에 포함시키는 포괄적 개념이다.

법인세법은 소득의 개념에 관하여 명시적인 규정은 없으나, 법인세법 제14조 제1항에서 '각 사업연도 소득은 그 사업연도에 속하는 익금 총액에서 손금 총액을 뺀 금액으로 한다'는 규정과 법인세법 제15조 제1항[59]과 제19조 제1항[60]에서 각 익금과 손금에 관하여 개괄적으로 정하고 있는 점 등에 비추어 순자산증가설[61]과 총액주의에 근거하고 있는 것으로 해석하고 있다. 따라서 법인세에 있어서는 수익의 원인과 종류에 관계없이 비과세소득이 아닌 나머지 소득 모두가 과세대상 소득이 된다.

그러나 소득세법은 과세대상 소득의 범위를 정함에 있어서 원칙적으로 소득원천설을 채택하고 있다. 소득원천설에 따르면 소득은 일정한 수입 원천으로부터 계속적이고 반복적으로 생기는 수입을 소득으로 보고, 일시적 또는 우발적인 소득은 그 원천을 알 수가 없으므로 소득에서 제외하자는 이론이다. 즉 정형적인 소득 원천에 기초한 소득인 이자소득, 배당소득, 사업소득, 근로소득, 연금소득, 기타소득을 포함하는 종합소득과 퇴직소득, 그리고 양도소득만을 개별적으로 열거하여 소

---

59) 제15조(익금의 범위) ① 익금은 자본 또는 출자의 납입 및 이 법에서 규정하는 것은 제외하고 해당 법인의 순자산(純資産)을 증가시키는 거래로 인하여 발생하는 이익 또는 수입[이하 "수익"(收益)이라 한다]의 금액으로 한다.

60) 제19조(손금의 범위) ① 손금은 자본 또는 출자의 환급, 잉여금의 처분 및 이 법에서 규정하는 것은 제외하고 해당 법인의 순자산을 감소시키는 거래로 인하여 발생하는 손실 또는 비용[이하 "손비"(損費)라 한다]의 금액으로 한다.

61) 법인세의 부과대상이 되는 과세소득은 순자산을 증가시키는 거래로 인하여 발생한 수익인데, 그 순자산의 증가가 없는 경우에는 과세소득이 없어 조세포탈이 성립할 수 없다. 기업회계상 당기순이익에 영향이 없는 자산과 부채계정만의 변동을 초래하는 거래에서는 과세소득이 발생할 수 없다. 예를 들면 고정자산을 가공계상하고 현금을 제외하는 경우, 부외자산의 누락, 매출누락 또는 비용의 과대계상과 관련 없는 가공부채의 계상 등은 그 자체만으로는 순자산을 증가시키는 거래가 아니다.

득세 대상소득으로 하자는 것이다. 기타소득도 종합소득에 포함되어 있으나 소득세법상 기타소득으로 개별적으로 명문화되지 아니한 소득[62]에 대하여는 과세를 할 수가 없다. 위법소득도 과세대상이 되는 것이 원칙이나, 위법소득이라도 소득세법에 과세대상으로 되어 있지 아니한 경우에는 과세소득이 되지 않는다. 소득세법상 열거되지 아니한 소득에 대하여는 소득세포탈죄가 성립될 수 없다.

과세관청은 국가세입 확보를 위하여 과세대상을 확대적용하여 과세하거나 조세포탈로 고발까지 하는 경향이 점차 증가하고 있는데 그와 관련하여 논의가 되고 있는 과세대상들은 아래와 같다.

(3) 위법소득

(가) 의 의

위법소득은 통상적으로 위법하거나 하자 있는 원인으로부터 발생한 소득을 말한다. 위법소득의 구체적인 범위와 형태에 대하여는 일반적으로 횡령, 배임, 뇌물 등 형사상 위법소득과 무효 또는 취소할 수 있는 행위에 기초한 민사상 위법소득,[63] 행정법상의 인·허가 등의 절차를 거치지 않고 이루어진 거래에서 발생된 행정법상 위법소득 등으로 구분하여 이들을 모두 포괄하는 넓은 개념으로 보고 있다.

위법소득에 대한 과세여부와 관련하여, 소득세법에서 뇌물, 알선수재 및 배임수재에 의하여 받은 금품(소득세법 제21조 제1항 제23호, 제24호)과 사해행위 등 규제 및 처벌 특례법에서 규정하는 행위(적법 또는 불법 여부는 고려하지 않는다)에 참가하여 얻은 재산상의 이익(소득세법 제21조 제1항 제3호)은 기타소득으로 규정되어 과세대상 소득이 된다. 그리고 정치인들이 받은 불법정치자금에 대하여는 증여세를 부과할 수 있도록 규정되어 있으므로

62) 소득세법 제21조 제1항에서는 27개 항목을 두어 기타소득을 개별적으로 열거하고 있다. 예를 들면, 뇌물, 배임수재 금품, 법인세법 제67조에 따라 기타소득으로 처분된 소득, 강연료 등이 이에 해당한다.

63) 민사상 하자에 기한 위법소득의 경우 과세여부가 문제될 수 있으나, 대법원 2011.7.21. 선고 2010두23644 전원합의체 판결에서 이를 과세소득으로 인정하고 있다. 이 판결은 "소득세법상 양도소득세 과세대상이 되는 양도는 원인계약이 법률상 유효할 것까지 요구하고 있지 않고, 토지매매가 토지거래허가를 배제하거나 잠탈하는 내용으로서 매매계약이 확정적으로 무효(즉 원래 매매이나 증여로 가장하는 경우)라고 하더라도 매도인 등이 보유하고 있는 양도차익에 대하여 양도소득세를 부과하지 않는 것은 매도인 또는 중간매도인(중간생략등기) 등으로 하여금 과세없는 양도차익을 향유하게 하는 결과가 되어 조세정의와 형평에 어긋난다는 이유로 양도소득세 과세대상에 해당한다"고 판시하였다. 대법원 2012.2.23. 선고 2007도9143 판결도 이 판결의 논리에 따라 중간매도인에 대하여 양도소득세포탈죄의 유죄를 선고하였다.

(조세특례제한법 제76조 제3항) 이들에 대하여는 부과처분이 가능하다.

법인세법에서 위법소득에 대한 과세여부에 대한 명문규정은 없으나 법인세에서는 자산의 순증가액을 소득으로 보기 때문에(순자산증가설) 특별히 소득의 원천을 따질 필요는 없다. 즉, 위법소득이라도 구분 없이 법인의 소득으로 보면 된다. 법원도 "과세소득은 이를 경제적 측면에서 보아 현실로 이득을 지배·관리하면서 이를 향수하고 있어서 담세력이 있는 것으로 판단되면 족하고 그 소득을 얻게 된 원인관계에 대한 법률적 평가가 반드시 적법하고 유효한 것이어야 하는 것은 아니라 할 것이므로 범죄행위로 인한 위법소득이더라도 귀속자에게 환원조치가 취해지지 않은 한 이는 과세소득에 해당된다"라고 판시[64]하여 회사 부사장이 회사 소유의 공장을 양도하고 양도대금을 착복한 사안에서 착복한 양도대금에 대하여 상여로 소득처분을 하고, 법인의 익금으로 산입한 것은 타당하다고 하고 있다.

위법소득은 그 원인행위의 불법성으로 인하여 대부분 과세관청에 그 소득의 신고가 없는 경우가 대부분이므로 이러한 미신고의 경우에 조세포탈죄 처벌 여부가 문제될 수 있다. 위법소득에 대한 과세와 관련하여 사법상의 법률관계와 조세법상 법률관계가 일치하지 아니한 경우가 존재한다.

(나) 소득세법상 열거주의와 위법소득에 대한 과세제한

소득세법은 앞서 설명한 바와 같이 소득원천설의 입장에서 소득세법에 열거한 소득[65]에 대해서만 과세하고 있으므로 그에 열거되지 않은 소득유형에 대하여는 과세대상인 소득으로 볼 수 없다. 위법소득의 과세와 관련하여 소득세법 제21조 제1항에서는 도박 소득, 뇌물 및 알선수재·배임수재에 의하여 받은 금품 등 위법소득의 범주에 속하는 소득 몇 가지를 기타소득에 포함시켜 소득세 과세대상으로 정하고 있으므로 그 외의 위법소득에 대하여는 소득세법을 적용하여 과세를 할 수 없다. 따라서 소득세법에 열거되지 아니한 정치자금을 불법으로 수수한 불법정치자금에 대하여는 소득세법상 위법소득으로 과세하지 못하고, 조세특례제한법 제76조 제3항에 의하여 상속세나 증여세를 부과한다.[66] 그러나 화투·카드 등을 이

---

64) 대법원 1983.10.25. 선고 81누136 판결.

65) 소득세법상 열거된 소득으로는 종합소득(이자소득·배당소득·사업소득·근로소득·연금소득·기타소득), 퇴직소득 또는 양도소득 등이고, 이에 포함되지 아니하는 소득에 대하여는 소득세법상 납세대상소득이 아니어서 소득세포탈죄도 성립할 수 없다.

66) 대법원 1999.4.9. 선고 98도667 판결은 대통령 아들이 지인으로부터 차명계좌를 통하여 불법적인 정치자금을 받아 증여세를 포탈했다는 공소사실로 특가법위반죄(조세)로 기소된 사건으로, 유죄선고되었다.

용한 도박소득은 여러 사람으로부터 재물 등을 모아 우연적 방법으로 득실을 결정하여 재산상의 이익이나 손실을 주는 행위로 '사행행위'로 인한 소득범위에 포함되므로 소득세법 제21조 제1항 제3호에 의하여 기타소득에 해당된다. 성인오락실 불법영업으로 얻은 소득, 성매매업소 운영으로 얻은 소득, 스포츠도박 인터넷사이트 운영으로 얻은 소득, 지적재산권을 침해한 사업으로 얻은 소득은 영리를 목적으로 한 계속적·반복적 활동으로 얻은 소득이므로 기타소득이 아닌 사업소득[67]에 해당하여 소득세법 적용대상이 된다. 이처럼 소득세법상 과세대상이 되는 위법소득들은 일반소득과 마찬가지로 소득세포탈의 대상이 될 수 있다.

다만, 위법소득이 과세소득이 되기 위하여는 그 소득에 대한 현실적인 지배·관리성과 이익향수의 확실성이 있어야 한다. 위법소득이 과세대상이 될 수 있다 하더라도 이러한 현실의 지배·관리성과 이익향수의 확실성이 없을 때에는 소득자체를 구성하는 것이 아니므로 과세대상이 될 수 없다.

일반적인 소득의 확정시기는 권리의무가 확정되는 시기로 보고 있으나, 위법소득에 있어서는 현실적으로 이익을 향수하고 있어야 하므로 과세대상으로 파악할 시점에 당해 소득의 취득이 위법한 행위로 밝혀져 불법원인으로 인한 무효가 되어 현실적으로 이행을 청구할 수 없는 상태가 된 경우에는 과세소득으로 할 수 없다. 법인의 불법 영업이익과 같이 사후에 무효 또는 반환의 문제가 발생할 여지가 없는 경우에는 일반적인 과세소득과 같이 취급하여도 무방하다고 본다. 법원은 "구 이자제한법 제한초과이자는 현실로 지급이 되었을 때에는 그에 대하여 과세할 수 있으나 아직 미지급된 제한초과이자는 그 약정자체가 무효이므로 이행기가 도래하였다 하더라도 그 권리가 확정되었다고 할 수 없어 과세소득이 되지 아니한다"라고 판시[68]하였는데 위법소득에 대한 권리의무 확정시기에 대한 특수성을 반영한 것으로 해석된다.

(다) 법인세법 제67조의 소득처분으로 인한 소득과 조세포탈

1) 의 의

소득처분이란 기업회계상의 당기순이익과 세무회계상의 과세소득의 차이인 익금산입 사항과 손금산입 사항에 대하여 기업회계상의 소득과 마찬가지로 귀속자

67) 불법영업에서 얻은 소득이라 하더라도 그 소득이 독립적인 지위에서 영리를 목적으로 계속적·반복적으로 행하는 활동을 통하여 얻은 소득이라면 사업소득에 포함된다. 이에 반하여 기타소득은 계속성, 반복성이 없이 일시적이고 우발적으로 발생하는 소득을 의미한다.

68) 대법원 1985.7.23. 선고 85누323 판결.

와 소득의 종류를 확정하는 절차[69]를 말한다. 과세관청이 회사 임·직원의 범죄 등으로 인하여 소득처분을 할 경우에는 사외로 유출된 회사자금의 최종 소득귀속자가 누구인지에 따라 소득처분의 종류를 달리하고 있다.[70]

소득세법상 사기, 공갈, 횡령, 배임 등 형법상의 재산범죄로 얻은 위법소득은 기타소득에 포함되어 있지 아니하므로 원칙적으로 소득세 과세대상에 해당하지 않는다. 즉 회사 임원이 회사자금을 횡령하여 개인적인 이익을 취한 경우에 그 횡령으로 인한 불법이익을 소득세포탈로 의율하는 것은 횡령에 의한 소득이 소득세법상 기타소득이나 다른 열거된 소득에 해당되지 아니하므로 그 자체로는 조세포탈죄로 의율하여 처벌할 수 없다.

그러나 이처럼 소득세법상 소득의 범주에 포함되지 아니한 소득이라도 법인세법 제67조의 소득처분에 의하여 인정상여, 인정배당 및 기타소득 등에 해당하게 된 경우에는 소득세의 과세대상이 될 수 있다. 따라서 그러한 소득처분으로 과세대상 소득이 된 경우에 그 과세대상 소득을 취득하는 과정에 부정행위가 존재하는 등 조세포탈죄의 모든 구성요건을 충족한다면 이 또한 소득세포탈죄도 성립할 수 있는지가 문제될 수 있다. 예를 들어, 법인의 대표이사 등이 법인자금을 업무상 횡령한 경우 대표이사는 납세의무자인 법인의 행위자로서 그 횡령과정에 부정행위가 있다면 법인세포탈죄가 성립한다. 이와 별도로 대표이사가 취득한 위법한 횡령소득에 대하여 대표이사 개인에게 소득세포탈죄의 책임을 물을 수 있는지가 문제된다. 이하에서 살펴보기로 한다.

2) 소득처분으로 인한 소득이 포탈소득에 해당하는지 여부

법인의 대표이사가 회사자금을 횡령한 사실이 법인세 신고 이후에 뒤늦게 밝혀지면, 과세관청은 소득처분을 하여 통상적으로 누락된 매출을 익금산입하거나 과대계상된 비용을 손금불산입으로 계상하는 세무조정을 하여 새로운 과세표준을 정하여 해당 법인에 대하여는 탈루한 법인세를 부과처분한다. 그리고 그 행위자인

69) 법인의 매출누락과 비용의 과대계상 등에 의한 법인세포탈의 경우에 법인세법에 의하여 누락된 매출을 익금산입하거나 과대계상된 비용을 손금불산입으로 계상하는 세무조정을 하여 새로운 과세표준을 정하도록 되어 있다.

70) 법인의 외부로 유출된 횡령한 재산의 최종 귀속자가 ① 주주 등(임원 또는 사용인의 주주 등 제외)인 경우에는 배당으로, ② 임원 또는 사용인인 경우에는 상여(귀속자가 불분명한 경우에는 대표자에게 귀속한 것으로 보고 이를 대표자 인정상여라고 한다)로, ③ 법인이거나 개인사업소득자인 경우에는 기타사외유출로, ④ 귀속자가 ①, ②, ③ 이외의 사람인 경우에는 기타소득으로 처분하고, ⑤ 사외에 유출되지 아니한 경우에는 사내유보로 처분한다(소득세법 시행령 제106조 제1항 제1호, 제2호).

대표이사 등에 대하여는 부정행위성립 및 그 포탈인식 정도에 따라 법인세포탈죄와 소득세포탈죄 양죄로 또는 법인세포탈죄로만 고발한다. 납세의무자에 해당하는 법인에 대하여는 양벌책임을 적용하여 법인세포탈죄로 고발한다.

소득처분을 할 경우에 과세관청은 횡령한 회사자금의 최종 귀속자인 대표이사를 상대로 상여(근로소득)처분을 하면서 상여처분된 근로소득에 대하여는 세법에 따라 법인에게 원천징수의무가 있으므로 법인은 대표이사가 납부할 소득세를 대신 납부[71]하여야 한다(소득세법 제127조 제1항 제4호).

이처럼 법인세법 제67조에 따라 소득처분된 소득의 성격과 관련하여 피고인이 법인의 대표이사로서 비용의 과대계상 방법으로 법인자금을 횡령하여 법인세를 포탈한 이외에 이로 인하여 피고인에게 소득처분 등으로 귀속되는 소득에 대하여 종합소득세포탈죄로 함께 공소제기된 사안에서, 법원은 "법인세포탈죄 성립부분과 달리 종합소득세포탈죄 성립부분에 대하여는 당시의 조세범처벌법 제9조의2 제2호[72]에 의하여 소득처분금액은 사기 기타 부정한 행위로 인하여 생긴 소득금액이 아님을 전제로 조세포탈로 처벌할 수 없다"라고 판시[73]하여 원칙적으로 소득처분으로 인한 소득은 법률상 간주규정에 의하여 발생한 소득으로 부정행위로 인하여 발생한 소득이 아님을 확인하고 있다.

이는 세무조정에 의하여 소득처분을 받은 금액은 일종의 간주소득으로서 사실상 소득처분을 받은 자가 실제 소득을 얻은 자인지가 불분명한 경우가 많고, 실제 하나의 행위로 법인세포탈 이외에 소득세포탈로까지 처벌받는 것은 이중처벌의 문제소지가 있어 이러한 부분을 종합적으로 고려하여 판시한 것으로 판단된다. 그러나 구 조세범처벌법 제9조의2가 삭제된 현재 입장에서 본다면, 위와 같은 법리는 다른 특별한 명문규정이 없다면 소득세법상 소득세 부과대상이 되면 소득세포탈대상 소득이 될 수 있다는 소득세포탈죄의 일반원리에 비추어 모든 사안에 그대로 적용할 수 없다고 생각된다.

따라서 소득처분에 의한 위법소득에 대한 소득세포탈죄 성립여부는 앞서 살펴본 바와 같이 소득세법상 소득처분된 금액은 법률상 규정에 의하여 발생한 소득이므로 부정한 행위로 인하여 발생한 소득에 해당되지 않는다는 형식적인 결론보

---

71) 법인이 대표이사를 대신하여 납부한 소득세 및 대표이사가 횡령한 법인자금 등은 법인이 대표이사를 상대로 구상권 내지 손해배상청구를 하면 된다.

72) 2010.1.1. 법률 제9919호로 개정되면서 조세범처벌법 제3조 제6항에 '사기 그 밖에 부정한 행위' 유형을 예시하여 규정하면서 이 규정은 삭제되었다.

73) 대법원 2007.9.6. 선고 2007도299 판결; 대법원 2005.6.10. 선고 2005도1828 판결.

다는 법인자금을 횡령한 대표이사 입장에서 횡령 당시 법인자금 횡령으로 인한 법인세포탈죄 성립사실에 대한 인식 외에 횡령 사실이 뒤늦게 밝혀져 소득세법 규정에 의하여 본인에게 귀속된 횡령금액에 대하여 상여로 소득처분되고, 그에 따라 부과되는 소득세포탈 사실까지 인식을 할 수 있었는지 여부, 즉 조세포탈죄의 주관적 구성요건인 고의요건을 검토하여 조세포탈죄 성립 여부를 결정함이 상당하다고 생각된다.

법원도 "피고인이 회사로부터 횡령금을 빼돌리는 과정에서 회계장부를 조작하는 등의 행위를 한 것은 이 사건 횡령금을 빼돌린 사실을 은폐하기 위한 것일 뿐, 이 사건 횡령금에 대하여 향후 과세관청의 소득처분이 이루어질 것까지 예상하여 그로 인해 자신에게 귀속될 상여에 대한 소득세를 포탈하기 위한 것으로 보기는 어렵다는 이유로 회계장부 조작이 사기 그 밖의 부정한 행위에 해당하지 않는다" 라고 판시[74]하고 있는데, 이는 피고인이 업무상 횡령죄와 그에 따른 법인세포탈 이외에 소득처분에 의하여 법률상 부과되는 소득세에 대한 포탈까지 인식하면서 부정한 행위를 한 것은 아니라는 취지로, 결국 소득처분에 의하여 상여처분된 횡령소득도 원칙적으로는 소득세포탈대상소득에는 해당되지만 포탈의 고의까지 인정하여 처벌하는 것은 무리라고 판단하여 무죄를 선고한 것으로 판단된다.

따라서 업무상 횡령을 한 회사의 대표이사 등의 행위 당시 법인세포탈에 대한 인식 이외에 소득세포탈에 대한 인식이 있었는지를 추가 검토하여 소득세포탈죄의 범의가 존재하는 경우에 한하여 소득세포탈죄도 성립할 수 있다고 생각한다. 예를 들면 업무상 횡령행위 이후에 불법횡령한 자금을 차명계좌 등을 통하여 다시 은닉, 세탁행위를 하는 것과 같이 법인세포탈(업무상 횡령)과 관계된 사전소득은닉행위와는 별개로 법인세포탈(횡령행위) 이후의 부정행위가 성립하는 경우에는 소득세에 대한 포탈죄가 성립할 가능성도 있다고 생각한다.

(라) 몰수 · 추징[75]된 위법소득의 과세대상 해당 여부

소득세법상 기타소득에 포함되는 위법소득인 뇌물죄 · 알선수재죄 및 배임수재죄로 취득한 소득과 관련하여, 뇌물 등을 수수한 사람이 뇌물수수죄 등으로 기소되어 유죄가 인정되는 경우에는 형의 선고 이외에 수수한 금품 등을 몰수하거나,

---

74) 대법원 2010.1.28. 선고 2007두20959 판결.

75) 몰수 · 추징은 형벌의 일종이나, 벌금 · 과료 등 독립적 재산형과는 달리 범죄에 의한 일체의 이득의 취득 금지를 목적으로 범죄행위와 관련된 재산을 박탈하는 부가적인 형벌이다.

이를 몰수할 수 없을 때에는 그 가액을 추징하도록 되어 있다. 이처럼 법원의 유죄판결로 범죄로 인한 위법수익이 몰수·추징까지 된 경우에도 위법소득이 소득세 과세대상에 해당하는지 여부에 대하여 견해가 나누어져 있다가 대법원 2015.7.16. 선고 2014두5514 전원합의체 판결에 의하여 견해가 하나로 통일되었다.

위 판결의 사안은, ① 원고가 재건축정비사업 조합장으로 재직하면서 그 직무와 관련하여 뇌물을 수수한 혐의로 공소제기되어 유죄와 함께 뇌물 상당 금액에 대하여 추징판결이 선고되었고, ② 위 형사판결 확정 후 원고가 위 추징금을 모두 납부를 하였음에도, ③ 그 추징금 납부상태에서 과세관청이 원고가 위 수수한 뇌물에 대하여 원고에게 종합소득세를 부과처분하자 이에 대하여 종합소득세 부과처분 취소청구를 한 것이었다. 법원은 "원고가 뇌물을 수수하여 일시적으로 과세요건을 충족하여 납세의무가 성립하였다고 하더라도 그 후 몰수나 추징과 같은 위법소득에 내재되어 있는 경제적 이익의 상실 가능성이 현실화되는 후발적 사유가 발생하여 소득이 실현되지 아니한 것으로 확정됨으로써 당초 성립하였던 납세의무가 그 전제를 잃게 되었다면 납세의무자는 국세기본법 제45조의2 제2항 등이 규정한 후발적 경정청구를 하여 그 납세의무의 부담에서 벗어날 수 있다고 보아야 하고, 이러한 후발적 경정청구 사유가 존재함에도 과세관청이 당초에 위법소득에 대한 납세의무가 성립하였던 사실이 있었음을 이유로 과세처분을 하였다면 이는 위법하다"라고 판시[76]하여 그 이전의 다른 견해들을 정리하여 하나로 통일하였다. 이는 부과처분 당시에 범죄행위로 인하여 취득한 금품이 몰수되거나 추징된 경우에 그에 대하여 다시 과세하는 것은 이중처벌 성격의 불이익이 존재하는 점 등을 고려하여 부과처분 당시를 기준으로 실질과세의 원칙을 적용한 것으로 판단된다.

일반 실무에서는 과세관청이 업무상 횡령·배임죄 형사판결 등을 근거로 법인세 등 부과처분을 할 경우에는 유관기관인 검찰 등 수사기관의 협조를 사전에 받아 일반 형사사건 진행상황을 계속 모니터링하다가 판결이 확정된 시점에서 확정판결과 관련 기록을 확보하여 과세자료로 활용하는 경우가 대부분이다. 이러한 경우와 달리 판결이 확정되기 이전, 즉, 판결선고가 없어 몰수·추징이 없는 상태에서는 뇌물 등 위법소득도 납세의무 대상에 포함되어 조세포탈죄가 성립할 수 있다. 그러나 과세관청 입장에서는 독자적으로 뇌물죄 등을 적발하는 데 한계가 있

76) 대법원 1998.2.27. 선고 97누19816 판결; 대법원 2002.5.10. 선고 2002두431 판결.

어 수사기관의 수사 및 판결확정 전에 뇌물 등 위법소득에 대하여 소득세를 부과하는 경우는 거의 없다.[77)]

(4) 부가가치세 과세대상으로서 거래

(가) 의 의

부가가치세법 제4조에서는 '사업자가 행하는 재화 또는 용역의 공급과 재화의 수입'을 부가가치세의 과세대상으로 하고 있다. 즉 재화나 용역 그 자체가 아니라 거래가 과세대상이 된다. 재화라 함은 재산적 가치가 있는 상품, 기계 등 모든 유체물과 전기 및 관리할 수 있는 자연력 등 무체물을 말한다. 또한 용역이라 함은 재화 이외에 재산적 가치가 있는 서비스 및 기타 행위로서, 시설물이나 권리의 사용행위도 포함된다.

부가가치세의 특징으로는 제조·도매·소매 등 각 거래단계마다 과세하는 다단계 거래세이며, 특별소비세와는 달리 모든 재화나 용역에 대하여 모든 거래단계에서 과세하므로 일반 거래세이고, 조세의 부담은 최종소비자에게 전가되므로 간접세이다.

부가가치세는 부가가치세법상 재화 또는 용역의 공급, 재화의 수입으로 보지 아니하는 거래에 대하여는 과세할 수 없다. 따라서 부가가치세법 제10조 제9항에 의하여 대통령령으로 정하는 담보제공과 사업양도는 재화의 공급으로 보지 않고 있고, 같은 법 제12조 제1항, 제2항에 의하여 대통령령으로 정하는 용역의 자가공급과 무상공급 등에 대하여는 과세대상에 포함되지 않으므로 부가가치세 납세의무가 존재하지 않는다.

(나) 영세율 거래와 면세 거래

부가가치세법상 영세율[78)]과 면세[79)]가 적용되는 재화 또는 용역의 공급에 대하

---

77) 과세관청의 세무조사 과정에서 입수한 자료 중에는 업무상 횡령·배임 관련 직원비리가 형사사건까지 이르지 않고 내부 징계에 그친 사안들이 종종 있는 바, 그러한 경우에는 징계관련 자료들이 형사판결을 대체하는 과세자료가 된다.

78) 세액을 산출하기 위하여 과세표준에 곱하는 세율이 영(zero)인 것으로, 부가가치세법상 영의 세율이 적용되는 재화 또는 용역을 공급하는 때에는 거래상대방으로부터 거래징수하여야 할 세액이 '0'이 되므로 실질적으로 거래징수할 금액은 없게 되며, 이에 의하여 거래상대방은 부가가치세의 부담이 전혀없이 당해 재화 또는 용역을 사용·소비할 수 있게 된다. 우리나라를 비롯한 대부분의 국가들은 수출품에 영세율을 적용하고 있다. 반면에 수입품에 대하여는 수입가액 전체에 대하여 부가가치세를 부과하는 것이 통상적이다.

79) 면세란 국민들의 복리후생 지원을 위해 기초생활품, 문화, 공익 등 일정한 재화 또는 용역의 공급

여는 부가가치세의 납세의무가 발생하지 않으므로 원칙적으로 조세포탈죄가 성립되지 않는다. 영세율이 적용되는 재화의 공급이라도 과세표준은 존재하고 그에 대한 세율만 '0'이 되는 것이므로 매입세액공제는 허용되고, 가공매입세금계산서에 의하여 부가가치세를 환급받았을 때에는 부정환급죄가 성립한다.[80] 면세대상 재화에 대하여는 매입세액공제도 허용되지 아니하므로 부정환급도 성립할 수 없다.

영세율 및 면세제도를 악용한 금지금 폭탄영업행위와 관련하여, 법원은 "세금계산서를 발행·교부하고 과세표준 및 세액신고서를 제출함으로써 조세의 확정이 정상적으로 이루어졌다고 하더라도 부가가치세를 거래·징수하고서 곧 폐업신고를 하는 징수를 불가능하게 하거나 현저히 곤란하게 하는 부정행위가 있었다면 이를 전체적·종합적으로 고찰할 때 그 실질에 있어서는 부가가치세 미신고 포탈과 다를 바가 없고, 이러한 조세포탈은 각 과세기간별로 그 과세기간 종료 후 25일의 신고·납부기한이 경과하거나 폭탄업체 폐업일로부터 25일의 신고·납부기한이 경과함으로써 기수에 이른다"라고 판시[81]하고 있다.

(다) 자료상 거래

자료상이란 사실상 영업행위를 하지 않거나 명목상으로만 사업을 영위하는 자가 사업자등록을 하고 세금계산서를 처리하여야 할 자로부터 허위세금계산서를 수취하여 이를 필요로 하는 자에게 교부하고, 그 수취·교부의 대가로 수수료를 받는 자를 말한다. 자료상 처벌조항으로는 조세범처벌법 제10조 제3항이 있다. 사업자로 등록된 자가 실물거래가 없이 세금계산서를 교부하였을 때에는 그 사업자는 세금계산서 교부의무자가 아니므로 조세범처벌법 제10조 제1항 소정의 세금계

에 대한 부가가치세의 납세의무를 면제하는 제도로, 우리나라에서는 전단계에서 발생한 매입세액은 공제 또는 환급하지 않고 매출세액만을 면제하는 부분면세방법을 채택하고 있다. 세금을 내지 않는다는 점에서 영세와 같지만 영세는 세금부과대상에 포함되고, 면세는 세금부과대상에서 제외된다는 점에서 차이가 있다. 대법원 2021.1.28. 선고 2020두44749 판결에서는 주거용으로 분양된 소형 오피스텔도 건축물대장에 주택이 아닌 오피스텔로 등록되었다면 국민주택으로 볼 수 없어 부가가치세 과세대상이라고 판시하고, 포장판매하는 김치는 부가가치세 부과대상이라고 판시하는 등 면세대상과 관련된 사례들은 실생활과 밀접한 관계가 많다.

80) 대법원 1982.6.22. 선고 82도938 판결은 "매입세액이 매출세액을 초과한 때에는 구 부가가치세법 제17조 제1항에 의하여 그 초과분의 매입세액은 환급받도록 되어 있는바, 동법 제11조에 의하여 수출하는 재화에 대하여 영의 세율을 적용할 경우에는 매출세액은 영이 되어 매입세액만큼이 그대로 환급세액이 되는 셈이므로 피고인이 재화매입을 가장한 허위의 매입세금계산서에 의하여 부가가치세액을 부정하게 환급받은 경우 법원으로서는 재화를 공급받으면서 징수당한 것처럼 가장한 허위의 매입세액을 확정함으로써 족하고 영의 세율이 적용될 매출세액의 다과는 환급세액의 확정에 직접 영향이 없다"라고 판시하고 있다.

81) 대법원 2007.2.15. 선고 2005도9546 전원합의체 판결; 대법원 2008.1.10. 선고 2007도8369 판결.

산서 허위기재죄로 처벌할 수 없기 때문에 이를 보완하기 위하여 입법화한 것으로 재화 또는 용역의 공급 없이 세금계산서를 교부한 자와 교부받은 자는 사업자등록과 관계없이 행위자로서 범죄의 주체가 된다. 따라서 사업자 명의를 제3자 명의로 하여 놓고, 실물거래 없이 허위세금계산서를 교부한 자도 당연히 이에 해당하고, 사업자 명의를 빌려준 자는 가담 정도에 따라 공범이 될 수 있다.

부가가치세에 있어서는 사업자등록자가 납세의무자이므로 사업자등록을 한 자료상이 가공매출세금계산서를 발행한 다음에 가공세금계산서 발행에 따른 세금을 탈루하기 위하여 가공매입세금계산서를 수취하여 이를 제출한 경우에 일응 가공매출세금계산서 공급가액에서 가공매입세금계산서 공급가액 차액만큼 납세의무가 존재하고, 가공세금계산서라는 부정한 행위를 하였기 때문에 부가가치세 포탈죄가 성립하는 것처럼 보인다. 그러나 부가가치세 납세의무자는 부가가치세법 제4조에 의하여 재화 또는 용역을 공급한 자 또는 재화를 수입한 자로 규정되어 있고, 자료상은 실제 재화 또는 용역을 공급하거나 재화를 수입한 자에 해당하지 아니하므로 이러한 경우에 원칙적으로 부가가치세 포탈죄는 성립하지 않는다.

또한 법원은 "가공의 매입세금계산서상의 공급가액과 가공의 매출세금계산서상의 공급가액이 동일한 이상 부가가치세 포탈세액은 존재하지 않는다"라고 판시[82]하고 있는데, 이는 조세포탈의 결과로서 포탈세액이 존재하지 않는다면 결과적으로 납세의무가 존재하지 아니하여 조세포탈이 성립하지 않기 때문이다. 그러나 실무에서는 이러한 납세의무의 존재 여부와 관계없이 법리상 처벌이 가능한 부정환급으로 의율하여 처벌하고 있다. 법원도 "영세율이 적용되는 수출용 재화를 수출한 것처럼 위장한 다음, 허위의 매입세금계산서를 이용하여 부가가치세를 조기환급받은 사안에서 부정환급이 성립한다"라고 판시[83]하고 있다.

한편 기망행위에 의하여 조세를 포탈하거나 조세의 환급·공제를 받은 경우 조세포탈죄가 성립하는지, 사기죄가 성립하는지 여부가 문제될 수 있다. 이와 관련하여 ① 피고인이 부가가치세법상 사업자등록을 하고, 기망행위에 의하여 일부는 부가가치세 환급을 받았고, 일부는 환급받지 못하여 미수에 그쳤다는 형법상 사기죄 또는 사기미수죄의 주위적 공소사실과 ② 부정한 방법으로 부가가치세를 환급받아 조세범처벌법 제3조 제1항을 위반하였다는 예비적 공소사실로 공소제기된 사안이 있었다. 이에 대하여 법원은 "기망행위에 의하여 국가적 또는 공공적 법익

82) 대법원 2013.5.9. 선고 2010두24449 판결; 대법원 2009.12.24. 선고 2007두16974 판결.
83) 대법원 1999.2.23. 선고 98도4136 판결.

을 침해한 경우에 당해 행정법규에서 사기죄의 특별규정에 해당하는 처벌규정을 별도로 두고 있지 아니하면 사기죄가 성립할 수 있다. 그런데 기망행위에 의하여 조세를 포탈하거나, 조세의 환급·공제를 받은 경우에는 조세범처벌법에서 이러한 행위를 처벌하는 규정을 별도로 두고 있을 뿐만 아니라, 조세를 강제적으로 징수하는 국가 또는 지방자치단체의 직접적인 권력작용을 사기죄의 보호법익인 재산권과 동일하게 평가할 수 없으므로, 조세범처벌법위반죄가 성립함은 별론으로 하고, 형법상 사기죄는 성립할 수 없다"라고 판시[84]하면서 주위적 공소사실인 사기죄에 대하여 무죄판결을 선고하고, 예비적 공소사실인 조세범처벌법위반죄에 대하여는 국세청의 수사의뢰만 있고 정식 고발장이 접수되지 않았다는 이유로 공소기각 판결을 하였다. 즉 기망적 수법에 의한 조세포탈은 형법상의 사기죄와 조세범처벌법위반죄 사이에 특별관계인 법조경합 관계로 본다. 다만, 조세채권 자체, 즉 추상적 조세채권이 성립하지 아니한 경우에는 기망행위로 인하여 침해된 법익이 국가조세 부과권이 아니라 국가의 재산이므로 이 경우에는 사기죄가 성립할 수 있다.

(5) 무형자산의 국가간 이전거래

(가) 의 의

과거에는 국내 자회사의 해외 본사에 대한 로열티 지급, 경영자문료나 용역료 지급 등을 문제삼아 법인세 등 조세포탈 혐의로 고발하는 사례는 거의 없었다.

그러나 국부 유출의 관점 및 로열티나 용역료 등의 객관화, 계량화하기 어려운 평가영역에 속하는 이익에 대하여도 해외 본사와 특수관계에 있는 국내 자회사가 지급한 로열티 등의 거래규모가 증가하면서 그 거래에 대한 객관적 가치를 면밀하게 파악한 다음, 과다지급 등을 이유로 법인세를 부과처분하거나 고발하여 부당한 로열티 지급 등에 제동을 거는 경향이 나타나고 있다.

(나) 관련 사례

1) 해외 본사와 국내 자회사 간 경영자문료 지급 관련 고발 사안

국내 자회사인 자동차 부품 생산업체가 해외에 소재한 본사에게 경영자문료 등

---

84) 대법원 2021.11.11. 선고 2021도7831 판결(원심판결: 서울고등법원 2021.6.4. 선고 2020노2026 판결). 같은 취지 판결로 대법원 2019.12.24. 선고 2019도2003 판결; 대법원 2010.10.28. 선고 2010도7808 판결; 대법원 2008.11.27. 선고 2008도7303 판결 등.

명목으로 매년 수백억 상당 용역비를 지급한 사안에서, 과세관청은 자회사가 제공받은 용역은 명목상 경영자문료로 되어 있지만 사실은 그 용역거래가 실체가 없는 가공거래로 보고 법인세포탈로 고발하였다. 그러나, 검찰은 본사의 제품생산 노하우와 그에 따른 신기술 제공 등 무형의 용역이 국내 자회사 등에게 제공되었고 그에 대한 대가로 경영자문료 등이 지급된 사실은 인정되고, 자회사가 본사에게 지급한 경영자문료 금액 다과에 대하여는 일부 적정성 문제가 있을 수도 있지만 허위로까지 보기는 어렵고, 그 과정에 부정행위를 인정할 자료가 없다는 이유로 무혐의 처분을 하였다.[85]

2) 해외 본사와 국내 자회사 간 로열티[86] 지급 관련 분쟁 사건

국내 자회사인 유통업체가 해외에 소재한 본사에게 상호·상표권 사용료, 상업 및 운영 노하우 제공 등 명목으로 매년 매출액 대비 일정 비율의 로열티를 지급한 사안에서, 국내 자회사가 제공한 상표권 등 사용대가가 과도하게 고평가되어 지급되었다며 고평가되어 본사에 지급된 금액부분에 대하여 노조가 업무상 배임 및 법인세포탈[87]로 고발하였다. 그러나, 검찰은 국내 자회사가 해외 본사로부터 로고, 상표권, 전산시스템 등 많은 상업 및 운영 노하우를 제공받은 사실이 있으며, 그 대가로 지급한 금액이 비록 과다하다고 하더라도 국가간 로열티율은 그 산정방법이 다양하고, 정확한 수치에 기하여 산정할 수 없는 한계가 있으며, 이전가격결정에 양국 간 국세청이 실제 관여를 한다는 점 등을 고려하여 조세 감소의 결과와 부정한 행위를 인정할 수 없다는 이유로 무혐의 처분하였다.[88]

(6) 과세대상[89]의 귀속

(가) 의 의

과세대상의 귀속이란 과세대상과 실제 납세의무를 부담할 자와의 결합관계, 즉

---

85) 대전지방검찰청 2014.11.26. 결정 2013형제44472호 불기소 결정문 참조.
86) 로열티란 상호·상표·운영노하우 등의 사용대가로, 이용하는 회사가 제공하는 회사에 지급하는 금액이다.
87) 국내 자회사가 해외 본사에 실제보다 로열티 비용을 더 지급하기 위하여 국세청 평가 로열티율보다 더 높은 로열티율로 평가한 행위를 허위평가로 인한 부정행위로 보고 국내 자회사가 본사에 지급한 금액에서 국세청 평가 금액을 공제한 나머지 차액만큼을 비용의 과대계상으로 보아 법인세포탈로 고발한 것이다.
88) 서울중앙지방검찰청 2016.3.17. 결정 2015형제82918호 불기소 결정문 참조.
89) 여기에서 과세대상은 통상 조세법에서 사용하는 과세물건과 같은 의미로 사용되고 있고, 과세대상은 최종적으로는 소득화된다는 측면에서 과세소득이라고도 한다.

과세대상이 누구에게 속하여 궁극적으로 누가 납세의무를 부담하는 자인지를 결정하는 것을 말한다. 과세대상의 귀속은 세법 독자적인 입장에서 결정되어야 하므로 법률상의 개념과 반드시 일치하는 것은 아니다. 과세대상의 실질적 귀속자가 결정되면, 최종적으로 납세의무자가 결정되어 조세포탈의 주체가 되는 납세의무자가 확정된다. 개별 세법상 과세대상의 귀속자를 살펴보면, 법인세는 소득을 취득한 법인이, 소득세는 소득을 취득한 개인이, 부가가치세는 부가가치를 창출·지배하는 사업자가, 상속세는 상속재산을 취득하는 상속인(상속에 의한 경우)·수유자(유증에 의한 경우)·수증자(사인증여에 의한 경우)가, 증여세는 증여계약에 의하여 재산을 취득하는 수증인이, 개별소비세는 과세대상의 판매자, 제조·반출자, 수입자, 과세 장소의 경영 수입을 얻은 자가, 등록세는 등기·등록을 신청한 자가, 재산세는 과세대상 재산의 소유자가, 취득세는 과세대상 재산의 소유권을 취득하는 자가, 주민세는 주소지에 거주하는 자가, 지방소득세 소득분은 소득을 취득한 자가, 각 그 소득의 귀속자가 된다.

그러나 사업자등록 명의대여, SPC의 위장주주, 영업허가 명의대여, 부동산의 명의신탁 등 실질적 과세대상 귀속자와 명의상 과세대상 귀속자가 다른 경우에는 실질적 과세대상 귀속자가 누구인지를 확정하여 실제로 과세대상이 귀속되는 자를 납세의무자로 확정하여야 한다. 실제로 과세대상이 누구에게 귀속되는지 여부는 조세포탈의 주체인 납세의무자를 확정하는 문제와 직결되는데 이 실질적 납세의무자를 결정하는 이론이 조세법상 실질과세의 원칙이다.

(나) 과세대상 귀속원리로서의 실질과세의 원칙

1) 의 의

실제 거래에서는 조세회피의 목적도 있지만 단순한 사업상의 편의, 인·허가 문제 해결 등 다양한 사업상 목적으로 사업자등록을 타인 명의로 하거나, 법인의 주주를 차명으로 하는 경우가 종종 발생한다. 이처럼 외관 또는 외부에 표출된 명의, 거래형식 등이 거래의 실질과 다른 경우에 외관이나 명의, 거래형식보다는 실질을 과세기초로 하여 실질적으로 경제적 효과를 얻는 자에게 조세를 부담시켜야 한다는 공평조세부담원칙이 등장하게 되었다. 이러한 이념을 반영한 실질과세의 원칙은 세법의 입법, 해석 및 구체적 적용 등 모든 분야에서 대원칙으로 자리를 잡았고, 과세대상의 귀속과 관련하여서도 이 원칙이 당연히 적용되고 있다.

2) 세법상 실질과세의 원칙 규정

국세기본법 제14조 제1항은 "과세의 대상이 되는 소득, 수익, 재산, 행위 또는 거래의 귀속이 명의일 뿐이고 사실상 귀속되는 자가 따로 있을 때에는 사실상 귀속되는 자를 납세의무자로 하여 세법을 적용한다"라고 하여 과세대상 귀속에 관하여 실질주의를 규정하고 있다.[90] 그리고 같은 조 제2항에서는 '세법 중 과세표준의 계산에 관한 규정은 소득, 수익, 재산, 행위 또는 거래의 명칭이나 형식에 관계없이 그 실질 내용에 따라 적용한다'라고 하여 거래내용에 관한 실질주의를 규정하고 있다.[91] 또한 2007.12.31. 법률 제8830호로 신설된 같은 조 제3항에서는 '제3자를 통한 간접적인 방법이나 둘 이상의 행위 또는 거래를 거치는 방법으로 이 법 또는 세법의 혜택을 부당하게 받기 위한 것으로 인정되는 경우에는 그 경제적 실질 내용에 따라 당사자가 직접 거래를 한 것으로 보거나 연속된 하나의 행위 또는 거래를 한 것으로 보아 이 법 또는 세법을 적용한다'라고 하여 조세회피방지를 위한 경제적 실질주의를 규정하고 있다.

개별세법으로는 국제조세조정에 관한 법률 제3조 제1항, 제2항, 제3항에서 국세기본법 제14조 제1항, 제2항, 제3항과 같은 취지의 규정을 두어 개별세법에 필요한 내용들을 별도로 규정하고 있다.

3) 실질과세의 원칙에서 실질의 판단문제

가) 법적 실질설

실질과세의 원칙에서의 '실질'에 대하여 법적 실질을 의미하는 것인가 아니면 경제적 실질을 의미하는 것인가에 대한 견해의 대립이 있다. 법적 실질설은 '과세의 대상이 되는 소득, 수익, 재산, 행위 또는 거래가 법적으로 누구에게 귀속되는지 여부 및 위 소득, 수익, 재산, 행위 또는 거래에 대한 사실관계가 어느 법 형식에 가장 부합하는지 여부'의 결정기준으로 민법 또는 상법 등 사법상의 법적 실질에 따라 결정해야 한다는 견해이다. 예를 들어, 실제로 유상매매를 하였으나 양도소득세를 회피하기 위하여 등기부상 등기원인을 증여로 기재한 경우 법적 형식은

---

90) 예를 들어, 명의위장사업자의 경우 실제 사업을 수행한 사업자에게 과세하고, 법인의 대표자가 명의인이고 실질적인 대표자가 따로 있는 경우에는 그 실질대표자에게 조세범처벌법을 적용하는 경우 등이 이에 해당한다.

91) 예를 들어, 소득세법 및 법인세법의 특수관계자간 거래에 대한 부당행위계산부인 규정은 거래내용의 실질에 따라 과세하기 위한 것으로, 실질과세의 원칙을 개별세법에서 구체적으로 입법화한 것이다.

증여이나 법적 실질은 양도이다. 따라서 증여세가 아닌 양도소득세를 과세하여야 한다는 견해이다.

이 견해는 조세법률주의 원칙을 중시하여, 어느 행위가 조세회피행위에 해당한다고 하여 이를 부인하기 위해서는 조세법률주의 요청상 그것을 위한 개별적이고 구체적인 특별규정이 있어야 한다고 주장한다. 즉, 실정법상 부당행위계산부인 규정의 대상은 입법을 통해서만 허용된다고 주장하고 있는 견해이다.

나) 경제적 실질설

경제적 실질설은 민법 또는 상법 등 사법상의 형식과는 별개로 세법상 경제적 실질을 기준으로 실질관계를 결정한다는 견해이다. 실질과세의 원칙의 적용대상이 되는 사실관계에서 납세자의 의도 자체는 배제되는 개념이다. 즉 경제적 실질은 '납세자가 일반적으로 경제적 이익을 얻기 위하여 수행하는 통상의 방식을 선택하거나 또는 경제적 이익을 얻기 위한 합리적 의도에 따라 통상의 방식과 다른 방식을 선택하여 수행하는 실질적 활동'을 의미한다고 주장하고 있다.

경제적 실질설 입장에 따를 경우, 과세관청은 '납세자가 선택한 법적 형식이 통상의 방식을 따르는 것이 아니라는 점' 또는 '납세자가 경제적 이익을 얻기 위한 실질적인 활동을 수행하지 않는다는 점'에 대하여 입증책임을 부담하고, 납세자는 '통상의 방식과 다른 방식을 선택하였다고 하더라도 해당 방식 역시 경제적 이익을 얻기 위한 합리적 의도에 따라 이루어진 것이라는 점'에 대하여 입증책임을 부담한다고 한다.[92] 경제적 실질설의 핵심 내용은 당사자가 어떤 거래를 하였든 과세관청은 언제든지 경제적 실질에 따라 '거래의 재구성'을 할 수 있다고 한다. 이 견해에 의하면, 실정법상 부당행위계산부인 규정은 당연히 인정되어야 하는 원칙을 명확히 한 일종의 선언적, 예시적 규정이 된다.

4) 판례 경향

가) 대법원 2012.1.19. 선고 2008두8499 전원합의체 판결 이전

종전 대법원 판례[93]의 견해로 "조세법률주의 원칙은 과세요건 등을 국민의 대표기관인 국회가 제정한 법률로서 규정하여야 하고, 그 법률의 집행에 있어서도 이를 엄격하게 해석 · 적용하여야 하며, 비록 과세의 필요성이 있다 하더라도 행정

---

92) 이준봉, 조세법총론, 2016, 126－127면 참조.

93) 대법원 2009.4.9. 선고 2007두26629 판결; 대법원 2011.5.13. 선고 2010두3196 판결.

편의적인 확장해석이나 유추해석에 의하여 이를 해결하는 것은 허용되지 않는다. 납세의무자가 경제활동을 함에 있어서는 동일한 경제적 목적을 달성하기 위하여 여러 가지의 거래방법 중 하나를 선택할 수 있고, 이러한 선택은 과세관청에 의하여 존중되어야 하며, 그것이 가장행위이거나 법인격 부인의 대상이 되지 아니하는 한 세법에 개별적이고 구체적인 부인규정이 존재하지 않으면 세법상으로도 그 효력을 부인할 수 없다"라는 법적 실질설의 입장이었다.

나) 대법원 2012.1.19. 선고 2008두8499 전원합의체 판결

법적 실질설 입장에 있었던 기존 판결들의 견해는 위 대법원 2008두8499 전원합의체 판결을 기점으로 실질의 의미에 대하여 법적 실질 이외에도 경제적 실질을 따를 수도 있는 방향으로 바뀌었다. 즉, 이 판결에서 대법원은 "어떤 행위에 있어서 그 행위의 실질과 법적인 형식 사이에 괴리가 존재하고, 그 괴리의 원인이 조세회피를 하는데 있다면 법적 안정성과 예측 가능성이 훼손되지 않는 범위 내에서는 경제적 실질에 따라 과세하는 것이 조세법 원리에 부합한다"라고 판시하여 사법적으로 유효한 행위에 대하여 과세관청이 경제적 실질에 맞게 거래를 재구성하여 과세를 한 행위는 세법상 정당하다고 하였다. 이 판결의 구체적인 사안 및 판시내용은 아래와 같다.

모회사 외국법인 A회사가 100% 지분을 소유하고 있는 자회사들인 외국법인 B회사와 외국법인 C회사가 내국법인 D회사의 지분을 각 50%씩 취득하고, B회사가 75% 지분을 소유하고 있는 내국법인 E회사의 나머지 지분 25%를 C회사가 취득하자, 관할 행정청에서 A회사가 D회사 및 E회사의 과점주주라고 보고, A회사에 대하여 구 지방세법 제105조 제6항에 따라 취득세 등 부과처분을 하였다. 대법원은 "① A회사는 위와 같은 주식지분을 통하여 실질상 지배 · 관리하에 있던 사실상 손자회사인 D · E회사로 하여금 부동산을 취득하게 하고, ② 자회사인 B · C회사는 인적 · 물적 시설도 갖추지 않아 독자적인 의사결정이나 사업수행능력이 없었으며, 단순히 D · E회사의 주식을 보유하고 있을 뿐 다른 사업실적이 없었고, ③ B · C회사가 이 사건 주식을 취득한 자금 등은 모두 모회사인 A회사가 제공하고, 그 주식등 취득 · 보유 · 처분 모두 A회사의 의사결정에 의하여 이루어졌으며, ④ A회사가 D · E회사 주식을 직접 구입하지 않고, B · C회사 명의로 분산취득함으로써 이 사건 주식취득 자체로는 과점주주의 요건에 미달하도록 한 것은 오로지 구 지방세법 제105조 제6항에 의한 취득세 납세의무를 회피하기 위한 사정으

로 보이는 점 등을 종합할 때, A회사는 실질적으로 지배·관리하고 있는 B·C회사를 통하여 D·E회사를 실질적으로 지배·관리하고 있으므로 D·E회사 명의로 취득한 부동산, 즉 과세물건의 실제 귀속자는 A회사로 부동산 취득세의 납세의무자가 된다"라고 판시하여 원심의 판시내용[94]과 다른 판결을 하였다.

위 대법원 2008두8499 전원합의체 판결은 "가장행위나 법인격 부인 대상이 되지 아니하는 경우에도 ① 실질적으로 지배·관리하는 자[95]가 따로 있어 명의와 실질의 괴리가 있고, ② 위와 같은 명의와 실질의 괴리가 조세회피의 목적에서 비롯되었을 것이라는 요건을 충족하면 실질과세의 원칙에 따라 과세할 수 있다"고 판시하면서 실질과세의 원칙의 적용범위를 경제적 실질설의 영역까지 확대하는 결과를 가져와 이 판결 이후에 과세관청에서는 실질과세의 원칙을 적용함에 있어 경제적 실질설을 채택하여 조세를 부과하거나 조세포탈 내지 허위세금산서 발급 및 수취죄로 고발하는 사례가 비약적으로 증가하였다.

다) 위 대법원 2008두8499 전원합의체 판결 이후

위 대법원 2008두8499 전원합의체 판결 이후에는 이 판결의 취지에 따라 선고를 한 판결들이 다수 있다. 즉, 증여세 합산과세를 통한 증여세 누진세율을 피하기 위하여 교차증여를 하자 실질은 각자 자신의 직계 비속에게 증여한 것으로 인정하여 증여세를 부과한 처분에 대하여 취소를 구하는 사안에서 법원은 "납세의무자가 선택한 거래의 법적 형식이나 과정이 처음부터 조세회피목적을 달성하기 위한 수단에 불과하여 재산 이전의 실질이 직접적인 증여를 한 것과 동일하므로 그 실질에 부합하게 각자의 직계비속들에게 직접 추가 증여를 한 것으로 볼 수 있으므로 증여세 과세가 타당하다"라고 판시[96]한 사례도 있고, 이와 달리 법원은 "납세의무자가 경제활동을 할 때 특정 경제적 목적을 달성하기 위하여 어떤 법적 형식을 취할 것인지는 임의로 선택할 수 있고, 과세관청도 특별한 사정이 없는 한

---

94) 원심은 "① B·C회사의 D·E회사 주식취득비율로 볼 때 과점주주 요건인 51%에 이르지 못하여 당시 지방세법 제105조 제6항의 과점주주에 해당되지 않음에도 과점주주로 간주하여 처분을 하였고, ② 경제적 효과가 A회사에게 미친다고 하더라도 A회사와 B·C·D·E 각 자회사와 손자회사들의 내심의 의사는 이 사건 주식은 A회사가 아니라 D·E회사가 소유하게 하려는 것이고, ③ 위 자회사들과 손자회사들의 법인격을 부인할 수 없으며, ④ 당사자의 의사를 무시하고 명문의 규정도 없이 실질과세 원칙만을 근거로 한 이 사건 과세관청의 처분은 위법하다"'고 판시하였다.

95) 실질적으로 이를 지배·관리하는 자라 함은 ① 취득 경위와 목적, ② 취득 자금의 출처, ③ 그 관리와 처분 과정, ④ 귀속명의자의 능력과 그에 대한 지배관계 등을 종합적으로 고려하여 결정해야 한다고 한다.

96) 대법원 2017.2.15. 선고 2015두46963 판결; 대법원 2019.1.31. 선고 2014두41411 판결.

당사자들이 선택한 법적 형식에 따른 법률관계를 존중하여야 하며, 또한 여러 단계의 거래를 거친 후의 결과에는 손실 등 위험부담에 대한 보상뿐만 아니라 당해 거래와 직접적 관련성이 없는 당사자의 행위 또는 외부적 요인들이 반영될 수 있으므로 최종적인 경제적 효과나 결과만 가지고 그 실질이 직접 증여에 해당한다고 쉽게 단정하여 증여세를 부과할 수 없다"라고 판시[97]하는 등 실질과세의 원칙을 적용하여 거래를 재구성한 다음 과세한 과세관청의 처분을 부정한 사례[98]들도 있다.[99]

그러나 앞서 소개한 사례들은 궁극적으로는 위 대법원 2008두8499 전원합의체 판결의 취지를 반영하여 실질과세의 원칙을 적용하여 우회거래·다단계거래를 하나의 거래로 재구성할 수 있는지 여부를 검토해 본 결과, 거래를 재구성까지 하여 부과하기에는 무리가 있다고 판단하여 재구성까지는 인정하지 않는 사안들로서 위 판결의 취지와 다르지 않다고 생각한다. 거래의 재구성까지 하여 조세를 부과하고, 조세포탈 등으로 처벌까지 하려면, 납세의무자가 조세를 회피할 목적으로 실질과 괴리되는 비합리적인 거래의 형식이나 외관을 취하였다는 등의 예외적 사정이 엄격하게 증명되는 경우로 한정하여 신중하게 적용하여야 한다. 판단대상인 실질에는 경제적 목적, 당사자 의사 등 검토하여야 할 요소들이 너무 많고 다양하므로 그러한 부분들에 대한 충분한 사전 검토가 전제된 이후에 적용하여야 한다고 생각한다.

5) 실질과세의 원칙과 조세법률주의와의 관계

가) 의 의

실질과세의 원칙은 조세평등주의 이념을 실현하기 위하여 법률상의 형식과 경제적 실질이 서로 부합하지 않는 경우에 과세원인 행위의 법적 형식보다 실질적

---

97) 대법원 2017.1.25. 선고 2015두3270 판결.

98) 대법원 2017.12.22. 선고 2017두57516 판결은 "납세의무자는 경제활동을 할 때 동일한 경제적 목적을 달성하기 위하여 여러가지 법률관계 중 하나를 선택할 수 있고, 과세관청으로서는 특별한 사정이 없는 한 당사자들이 선택한 법률관계를 존중하여야 하며, 또한 여러 단계의 거래를 거친 후의 결과에는 손실 등의 위험부담에 대한 보상뿐만 아니라 외부적인 용인이나 행위 등이 개입되어 있을 수 있으므로, 여러 단계의 거래를 거친 후의 결과만을 가지고 그 실질이 하나의 행위 또는 거래라고 쉽게 단정하여 과세대상으로 삼아서는 아니된다"라고 판시하고 있다. 이와 같은 취지의 판결로 대법원 2018.2.28. 선고 2017두6074 판결; 대법원 2018.7.24. 선고 2015두46239 판결 등이 있다.

99) 유철형, "실질과세 원칙 적용해 소득귀속되지 않은 자를 납세의무자로 할 수 있나", 세정일보 2021.10.25. 자 참조.

인 소득 또는 권리관계에 따라 과세함으로써 조세를 공평하게 부과하겠다는 원칙을 말한다. 조세법률주의는 법률의 근거 없이 국가는 조세를 부과·징수할 수 없고, 국민은 조세의 납부를 요구받지 아니한다는 원칙으로 과세요건 법정주의, 과세요건 명확주의, 그리고 조세법령 불소급의 원칙과 엄격해석원칙 등을 그 주된 파생원칙으로 하고 있다. 조세법률주의에 의할 경우 납세의무자는 사적자치의 원칙 내지 계약자유의 원칙이 적용되는 사법적 관계에 있어서 사법상 법적 형식을 자유롭게 선택할 수 있고, 당사자가 선택한 법적 형식은 과세요건에 해당하는지 여부를 판단함에 있어서도 존중되어야 한다고 하면서 법적 안정성과 예측 가능성을 중시한다.

납세의무자가 이러한 조세법률주의를 이용하여 어떠한 합리적인 이유가 없음에도 불구하고 통상적으로 이용되지 않는 법적 형식을 선택한 결과, 원래 의도한 경제적 목적을 달성하면서도 통상 이용하는 법적 형식을 선택한 경우에 부담해야 하는 조세부담을 경감하거나 면할 수 있다. 이러한 행위는 조세회피행위로 사법상으로는 유효하기 때문에 원칙적으로는 다른 법적 제재를 가할 수 없다. 그러나 이러한 조세회피를 시도하여 조세를 납부하지 않는 납세의무자와 통상의 법적 형식을 그대로 준수하여 납세의무를 이행한 납세의무자 사이에는 조세부담의 불공평이 발생하게 되고 이로 인하여 조세평등주의가 침해될 수 있다. 따라서 이러한 조세회피행위가 발생하는 경우에는 조세법률주의와 실질과세의 원칙이 상호충돌하게 된다.

이러한 경우 과세관청은 납세의무자가 취한 법적 형식이나 거래의 외양은 조세회피목적에서 시작된 것으로 실질과 다르다는 사실을 증명하여 실질귀속자나 실질 내용에 따라 조세 부과처분을 하거나 범칙혐의가 있을 경우에는 고발을 하는 입장을 취하게 되고, 납세의무자는 이와 반대로 자신이 선택한 법률적 형식이나 외양은 합리적·경제적 이유 등에서 기인한 선택이었다는 사실을 증명하면서 조세부과처분에 불복하거나 고발사건에서 무혐의 주장을 하게 된다.

나) 실질과세의 원칙과 조세법률주의 상호관계

실질과세의 원칙과 조세법률주의 상호관계와 관련하여 위 대법원 2008두8499 전원합의체 판결은 "실질과세의 원칙은 헌법상의 기본이념인 평등의 원칙을 조세법률관계에 구현하기 위한 실천적 원리로서, 조세의 부담을 회피할 목적으로 과세요건사실에 관하여 실질과 괴리되는 비합리적인 형식이나 외관을 취하는 경우에 그 형식이나 외관에 불구하고 실질에 따라 담세력이 있는 곳에 과세함으로써 부당한 조세회피행위를 규제하고 과세의 형평을 제고하여 조세정의를 실현하고자 하는데 주된 목적이 있다. 이는 조세법의 기본원리인 조세법률주의와 대립관계에 있는 것이 아니라 조세법규를 다양하게 변화하는 경제생활 관계에 적용함에 있어 예측 가능성과 법적 안정성이 훼손되지 않는 범위 내에서 합목적적이고 탄력적으로 해석함으로써 조세법률주의의 형해화를 막고 그 실효성을 확보한다는 점에서 조세법률주의와 상호보완적이고 불가분의 관계에 있다고 할 것이다. 물론 실질과세의 원칙을 지나치게 확장하여 적용하게 되면 조세법률주의가 형해화되고 과세권이 남용될 수 있다는 부작용이 생길 수 있다. 그러므로 당사자가 선택한 법률관계의 효력을 부인하기 위해서는 원칙적으로 별도의 개별규정이 필요하고, 다만 형식적인 귀속명의자는 소득이나 수익, 재산, 거래 등의 과세대상을 지배·관리할 능력이 없고 그 명의자에 대한 지배권 등을 통하여 실질적으로 이를 지배·관리하는 자가 따로 있으며, 그와 같은 명의와 실질의 괴리가 조세를 회피할 목적에서 비롯된 경우 등의 예외적 사정이 증명되는 경우에는 그 과세대상을 실질적으로 이를 지배·관리하는 자에게 귀속된 것으로 보아 그를 납세의무자로 삼아야 할 것이고, 이러한 예외적인 경우에 해당하는지 여부는 과세대상의 귀속 경위와 목적, 출처, 그 관리와 처분 과정, 귀속명의자의 능력과 그에 대한 지배관계 등 제반 사정을 종합적으로 고려하여 판단하여야 한다"라고 판시[100]하여 실질과세의 원칙과 조세법률주의는 상호보완적이고 불가분적인 관계에 있음을 명백히 하였다.

앞서 설명한 바와 같이 위 대법원 2008두8499 전원합의체 판결 이후에 과세관청은 그 이전에 비하여 실질과세의 원칙을 폭넓게 적용하여 적극적으로 조세포탈과 허위세금계산서 혐의로 고발을 하고 있으나, 수사기관과 법원에 의하여 상당수 고발사건이 무혐의 처분되거나 무죄가 선고되어 실질과세의 원칙 적용에 있어서 조화를 이루고 있다.

(다) 관련 사례

1) 명의대여

가) 의 의

명의대여란 성명·상호를 사용하여 사업을 할 것을 타인에게 허락하는 것을 말

100) 대법원 2020.12.30. 선고 2018도14753 판결(원심판결: 서울고등법원 2018.9.5. 선고 2016노407 판결)도 같은 취지로 판결하였다.

한다. 이 경우 거래의 상대방은 명의대여자를 사업주로 오인하고 거래를 하는 경우가 있기 때문에 상법 제24조는 제3자의 신뢰이익의 보호를 위하여 거래에서 발생한 채무에 관하여 명의대여자에게 사업주와 연대하여 선의의 제3자에 대한 변제책임을 지우고 있다.

한편 사업을 하려고 하는 자는 사업장마다 대통령령으로 정하는 바에 따라 사업개시일부터 20일 이내에 사업장 관할 세무서장에게 사업자등록을 신청하여야 한다(부가가치세법 제8조 제1항, 소득세법 제168조, 법인세법 제111조). 사업자등록제도는 과세관청으로 하여금 부가가치세 납세의무자를 파악하고 그 과세자료를 확보하게 하려는 의도로 둔 제도이다. 타인 명의로 사업자등록을 하거나 타인 명의의 사업자등록을 차용하여 사업을 하게 되면 소득의 실질귀속자에 대한 조세의 부과와 징수가 어려워지고 강제집행 또한 곤란하게 되므로 조세범처벌법 제11조[101]에서 별도로 규정을 두어 사업자등록 명의 차용 및 대여 행위에 대하여 처벌을 하고 있다.

법원은 "조세범처벌법 제11조 규정의 내용, 입법 취지 및 형벌 법규는 엄격하게 해석하여야 한다는 죄형법정주의 원칙 등에 비추어 보면, 위 구성요건은 사업자등록에서의 사업자의 성명 자체를 다른 사람의 것을 사용하거나 이를 허락한 경우를 말하는 것일 뿐이고, 다른 특별한 사정이 없는 한 법인의 사업자등록을 하면서 단지 법인의 대표자 성명을 다른 사람의 것을 사용하거나 이를 허락한 경우에는 위 구성요건에 해당하지 않는다"라고 판시[102]하여 법인대표자 명의대여는 명의대여에 해당하지 않는다고 하여 확대해석을 제한하고 있다. 실거래에서 당사자들은 명의대여 사실을 쉽게 인정하지 않는 경우가 대부분이기 때문에 명의대여에 의하여 이루어진 계약이나 거래인지 여부가 의심되는 경우에는 적극적으로 실질과세의 원칙에 따라 과세대상인 계약이나 거래의 실질귀속자를 결정하여 납세의무자를 확정하여야 한다.

나) 사 례

A가 B회사와 독립채산제 판매약정을 체결한 다음 A가 B회사의 영업소에서 B회사 영업이사 직함을 사용하여 B회사가 생산한 제품을 A의 계산으로 판매하여

101) 조세범처벌법 제11조 제1항, 제2항은 타인의 성명을 사용하여 사업자등록을 하거나 타인 명의의 사업자등록을 이용하여 사업을 영위한 자는 2년 이하의 징역 또는 2천만 원 이하의 벌금에 처하고, 자신의 성명을 사용하여 타인에게 사업자등록을 할 것을 허락하거나 자신 명의의 사업자등록을 타인이 이용하여 사업을 영위하도록 허락한 자는 1년 이하의 징역 또는 1천만 원 이하의 벌금에 처하도록 규정되어 있다.

102) 대법원 2016.11.10. 선고 2016도10770 판결.

이득을 취하고도 법인세 및 부가가치세 신고는 B회사 명의로 한 사안에서, 법원은 "소득이나 수익, 재산, 행위 또는 거래 등의 과세대상에 대하여 귀속 명의와 달리 실질적으로 지배·관리하는 자가 따로 있는 경우에는 형식이나 외관을 이유로 귀속 명의자를 납세의무자로 삼을 것이 아니라, 실질과세의 원칙에 따라 실질적으로 당해 과세대상을 지배·관리하는 자를 납세의무자로 삼아야 할 것이다. 그리고 그러한 경우에 과세대상을 지배·관리하는 자에 해당하는지 여부는 ① 명의사용의 경위와 당사자의 약정 내용, ② 명의자의 관여 정도와 범위, ③ 내부적인 책임과 계산관계, ④ 과세대상에 대한 독립적인 관리처분 권한의 소재 등 여러 사정을 종합적으로 고려하여 판단하여야 한다"라고 판시[103]하면서 A의 매출누락에 대한 법인세와 부가가치세를 B회사에 부과한 것은 잘못되었다고 하고 있다.

또한 2개 입시학원의 실질적 경영자인 A가 두 학원의 원장으로 B를 임명한 후 경리담당자를 통하여 회계업무를 직접 전결처리한 사안에서, 법원은 "실질과세의 규정은 소득의 형식적인 귀속자가 아닌 그 실질적인 귀속자에 조세부담의 의무를 부과하려는 것이므로 소득의 귀속은 형식적인 영업명의, 법률관계에 의하여 결정할 것이 아니라, 실질적인 영업활동에 의하여 생기는 이익의 귀속관계에 의하여 결정되어야 할 것이므로 종합소득세 납세의무자는 명목상 원장인 B가 아닌 소득의 실질적인 귀속자인 A이다"라고 판시[104]하여 실질의 판단기준으로 '이익의 귀속'을 들고 있다.

같은 취지에서 건설업 면허 없는 A가 B회사의 건설면허를 대여받아 건설업을 하여 얻은 수익에 대하여 과세관청이 B회사에게 법인세를 부과한 사안에서, 법원은 "실질적으로 건설업을 경영하여 소득을 얻어 경제적 이익을 향수한 소득의 귀속자는 A이므로 명의대여자인 B회사에게 공사수익 전체에 대하여 법인세를 부과할 수 없고, B회사에게는 건설업면허 대여 대가로 얻은 소득에 대하여만 법인세와 방위세를 부과하여야 한다"라고 판시[105]하였다.

2) 명의신탁

가) 의 의

명의신탁이란 자신의 부동산, 주식 등 재산을 타인 명의로 해 두는 것을 말한

---

103) 대법원 2014.5.16. 선고 2011두9935 판결.
104) 대법원 2002.4.9. 선고 99도2165 판결.
105) 대법원 1989.9.29. 선고 89도1356 판결.

다. 명의신탁은 등기부등본처럼 공부상 소유관계가 공시되는 부동산, 주식, 차량, 기계장비, 선박, 항공기나 각종 지적재산권에 국한된다. 주식명의신탁제도는 ① 상속인에게 미리 주식을 이전하여 상속세를 회피하거나, ② 주식소유를 분산하여 주식배당소득을 분산시켜 종합소득세를 회피하거나, ③ 주식소유를 분산하여 대주주, 과점주주, 제2차 납세의무자, 그리고 세법상 특수관계인에 해당되지 않도록 하여 세법상 불이익을 회피하는 등으로 조세를 면탈하는 수단으로 악용되는 경우가 많아 이를 규제하기 위한 여러 제도들을 두고 있다. 대표적으로 명의신탁 증여의제 제도가 있다.

명의신탁 증여의제란 권리의 이전이나 행사에 등기 등을 요하는 재산에 있어서 실제소유자[106](명의신탁자)와 명의자(명의수탁자)가 다른 경우에는 국세기본법 제14조(실질과세의 원칙)에도 불구하고 그 명의자로 등기 등을 한 날에 실제 소유자가 그 명의자에게 그 재산가액을 증여한 것으로 보는 것을 말한다(상속세 및 증여세법 제45조의2 제1항). 타인의 명의로 재산의 등기 등을 한 경우와 실제 소유자 명의로 명의개서를 하지 아니한 경우에는 조세회피의 목적이 있는 것으로 추정한다(같은 조 제3항). 법원도 "차명주식에 대하여 조세회피목적으로 추정이 되는 경우에는 명의자가 이러한 추정을 벗어나기 위해서는 그가 조세회피목적이 없었다는 점에 대해 주장 및 입증책임을 부담한다"라고 판시[107]하면서도, "명의신탁이 조세회피 목적이 아닌 다른 이유에서 이루어지고, 그 명의신탁에 부수하여 사소한 조세경감이 생긴 것에 불과하다면 조세회피목적이 있었다고 볼 수 없다"라고 판시[108]하여 조세회피목적의 부존재 입증은 명의자에게 그 책임은 있지만 그 입증 정도로는 명의신탁의 주된 목적을 증명하면 충분하다고 하고 있다. 이는 모든 거래에는 납세의무자의 조세경감의도가 존재할 수밖에 없다는 현실을 반영한 것으로 판단된다.

한편 1997.1.1.에 모든 토지와 건물의 명의신탁행위에 대하여는 '부동산 실권리자명의 등기에 관한 법률'에 따라 과징금(부동산 가액의 10% 내지 30%)이 부과되고 형사처벌을 하도록 되어 있어 그 시점 이후의 토지 · 건물에 대한 명의신탁에 대하여는 증여의제로 인한 증여세가 과세되지 않는다. 현재는 주로 주식의 명의신탁이 문제되고, 그 내용도 차명주식에 의한 주식양도소득세와 종합소득세포탈이 주

106) 실제소유자란 주식의 명의신탁 당시 나이, 직업, 소득 및 재산상태 등으로 보아 해당 주식 등의 실제소유자임이 객관적으로 인정된 자를 말한다. 2019.1.1. 이후 조세회피 목적으로 명의신탁을 활용하는 주체는 실제소유자라는 점을 고려하여 납세의무자를 실제소유자로 변경하였다.

107) 대법원 2002.9.10. 선고 2002두5351 판결.

108) 대법원 2006.5.12. 선고 2004두7733 판결.

를 이룬다. 법원은 "납세의무자가 명의를 위장하여 소득을 얻더라도, 명의위장이 누진세율 회피, 수입의 분산, 감면특례의 적용, 세금납부를 하지 아니할 무자력자의 명의사용 등과 같이 조세회피의 목적에서 비롯되고 나아가 여기에 허위계약서 작성과 대금의 허위지급, 과세관청에 대한 허위 조세신고, 허위의 등기·등록, 허위의 회계장부 작성·비치 등과 같은 적극적인 행위까지 부가되는 등 특별한 사정이 없는 한 명의위장 사실만으로 구 국세기본법 제26조의2 제1항 제1호에서 정한 '사기 그 밖의 부정한 행위에 해당한다고 볼 수 없다"라고 판시[109]하여 단순한 명의사용만으로는 조세포탈죄가 성립되지 않고 조세회피의도와 그에 따른 적극적 부정행위가 있어야 조세포탈이 성립될 수 있다고 하고 있다.

나) 사 례

① **부동산 명의신탁**: 의약품 전문직종 종사자인 피고인 A는 경매를 통해 토지를 취득한 후 장기보유 중이던 그 토지 위에 상가를 신축하여 상가분양사업을 함에 있어서 토지취득가격을 높여 분양수익이 거의 없는 것처럼 가장하여 종합소득세를 줄이는 방법으로 명의신탁 방법을 이용하기로 공모하고, 건설업자인 B에게 경락받은 가격보다 높은 가격에 토지를 매도한 것처럼 A를 매도인, B를 매수인으로 한 가장매매계약을 체결한 다음, B로 하여금 B 명의로 건물신축판매업을 위한 사업자등록과 건축허가명의를 받아 상가를 신축분양하였고, 종합소득세 신고도 건설업자인 B 명의로 하게 함으로써 명의신탁에 따른 사업자등록 등 명의대여라는 부정행위로 종합소득세를 포탈하였다고 공소제기되었다. 이 사안에서 법원은 "소득이나 수익, 재산, 행위 또는 거래 등의 과세대상에 관하여 귀속 명의와 달리 실질적으로 지배·관리하는 자가 따로 있을 경우에는 형식이나 외관을 이유로 귀속명의자를 납세의무자로 할 것이 아니라, 실질과세의 원칙에 따라 실질적으로 당해 과세대상을 지배·관리하는 자를 납세의무자로 삼아야 할 것이다. 그리고 그에 해당하는지는 명의신탁의 경위와 당사자의 약정 내용, 명의자의 관여 정도와 범위, 내부적인 책임과 계산 관계, 과세대상에 대한 독립적인 관리처분 권한의 소재 등 여러 사정을 종합적으로 고려하여 판단하여야 한다"라고 판시하면서 A와 B의 관계는 명의신탁 관계가 아니라 공동사업 관계이고, A의 부정행위 가담과 A와 B 사이의 분배이익지분 등에 대한 증명이 부족하다는 이유로 A에게 무죄를 선고[110]하

---

109) 대법원 2018.12.13. 선고 2018두128 판결; 대법원 2018.3.29. 선고 2017두69991 판결; 대법원 2017.4.13. 선고 2015두44158 판결; 대법원 2013.12.12. 선고 2013두7667 판결 등.

였다.

② 주식의 명의신탁[111]: 대기업 회장인 A는 상장법인의 경우 친족 기타 특수관계인과 함께 3% 이상 주식을 소유하거나 회사별 소유주식의 시가 총액이 각 100억 원 이상인 대주주에 해당하는 경우[112] 그 소유주식의 양도소득에 대하여 양도소득세를 납부할 의무가 있음을 잘 알고 있으면서, 임·직원 및 친인척 명의로 다수의 차명계좌를 개설한 다음 계열사 주식 등을 매수·매도하고, 자금 추적을 피할 수 있는 소액 현금 입·출금, 주식 매각대금을 이용한 채권 및 부동산 매입 등의 방법으로, 차명계좌의 재산이 A의 소유인 사실을 과세기관이 발견하기 어렵게 하고, 소득이 발생한 종합소득세 신고기한인 다음 해의 5월 31일까지 관할 세무서에 주식 양도소득 및 종합소득 과세표준을 신고하지 아니하여 사기 그 밖의 부정한 행위로써 조세를 포탈하였다고 공소제기되었다. 이 사안에서 법원은 "과세관청은 차명주주를 이용한 개별 과세거래를 발견하기가 매우 어려울 뿐만 아니라 차명주주의 재산만 세원으로 포착할 수 있을 뿐 담세력의 원천인 양도소득 등이 실질적으로 귀속되는 A로부터 양도소득 등을 징수하는 것은 불가능하므로, A가 차명주주 명의로 양도소득세 등을 납부하는 등의 방법을 통하여 스스로 세금을 부담한 바 없다면, 차명으로 주식을 거래하고 양도소득세 등을 신고·납부하지 아니한 A의 행위는 적극적인 소득은닉행위로서 양도소득세 등의 부과·징수를 불가능하게 하거나 현저히 곤란하게 하는 사기 기타 부정한 행위에 해당한다"라고 판시[113]하였다.

3) 속칭 '부당한 끼워넣기' 사례

위 대법원 2008두8499 전원합의체 판결 이후에 과세관청은 과거 단순히 소득귀

---

110) 서울고등법원 2019.12.5. 선고 2019노508 판결(이 판결은 상고포기로 확정되었다).

111) 실제소유자가 타인의 동의를 얻어 동인 명의로 증권계좌를 개설하여 조세포탈 등의 목적으로 주식매매 등 금융거래를 하면 조세포탈죄 이외에 금융실명거래및비밀보장에관한법률 제6조, 제3조에 의하여 5년 이하의 징역 또는 5천만 원 이하의 벌금으로 처벌될 수 있다.

112) 양도소득세 부과대상이 되는 대주주 기준이 계속 낮아져서 2020.4.1.경부터 2022.12.31.까지는 코스피 상장회사의 경우에는 주식지분율이 1% 이상이거나 시가총액이 10억 원 이상, 코스닥 상장법인의 경우에는 주식지분율이 2% 이상이거나 시가총액이 10억 원 이상, 코넥스의 경우에는 주식지분율이 4% 이상이거나 시가총액이 10억 원 이상, 비상장 회사의 경우에는 주식 지분율이 4% 이상이거나 시가총액이 10억 원 이상, 비상장 벤처기업의 경우에는 주식 지분율이 4% 이상이거나 시가총액이 40억 원 이상이다. 대주주 기준에 해당되지 아니하는 소액주주들도 비상장주식 또는 외국에 상장된 주식을 매매하거나 상장주식이더라도 장외거래를 통하여 양도차익을 얻은 경우에는 양도소득세를 부담해야 한다.

113) 대법원 2020.12.30. 선고 2018도14753 판결.

속자 쟁점 위주의 유형화된 사례들 중심으로 실질과세의 원칙을 적용하여 부과하던 기존의 소극적 경향에서 벗어나 위 판결 취지를 적극 반영하여 경제적 측면에서 거래의 실질적 존재 여부 및 그 구체적 거래내용까지 조사하여 속칭 '부당한 끼워넣기' 사건 등에 대한 부과처분 및 고발을 대대적으로 하였다.

그 대표적 사례로 실제거래는 A회사와 B회사 간 직접 이루어졌음에도 불구하고 계열사인 H회사의 매출을 증대시킬 의도로 A-H-B라는 거래구조를 만들어 H회사가 중간에서 실제 용역을 제공받거나 제공한 사실이 없음에도 H회사가 중간에서 용역을 제공받거나 제공한 것처럼 위장한 다음 A회사와의 관계에서는 허위(가공)세금계산서를 수수하고, B회사와의 관계에서는 허위(가공)세금계산서를 발급한 공소사실로 공소제기되어, 법원에서 유죄판결이 선고[114]된 사례가 있다.

또한 반도체 제조 관련 M회사가 기존의 [M회사(제조회사)-D도매상-S회사(납품받은 회사)] 거래구조에서 D도매상의 경제상황이 악화되어 도매상 담보요건구비를 하지 못하자 담보능력이 있는 K도매상을 끼워 넣어 [M회사-K도매상-D도매상-S회사]로 거래구조만 바꾸고, 반도체부품 이동경로는 기존 거래내용대로 [M회사-D도매상-S회사]로 계속 거래하여 과세관청이 M회사가 K도매상 등에 대하여 허위세금계산서를 교부하고, 수수한 죄로 고발한 사안도 있었다. 이에 대해 검찰은 "K도매상이 직접 제품이동에 관여하지는 않았지만 M회사에서 D도매상으로의 직접 제품이동은 거래 편의상 그렇게 하는 것이 효율적이어서 한 것일 뿐으로 재화 이동에 따른 위험부담은 계속 M회사 또는 K도매상이 부담하고 있었다"는 이유 등으로 무혐의 처분[115]하는 등 허위세금계산서 교부 및 수수죄로 고발된 다수의 사례에서 검찰이나 법원에서는 끼워넣어진 회사나 개인사업자가 해당 거래에서 각자 고유한 기능이나 역할을 하고 있었다는 이유로 무혐의 처분을 하였다.

거래 중간에 끼어있던 회사들의 허위세금계산서 발급 및 수취 혐의에 대하여 거래실질을 결정하는 요소들로는 ① 실제로 용역 제공 및 재화 이동이 있었는지 여부, ② 직접적인 용역제공이나 재화 이동이 없었다고 하더라도 중간에서 다른 경제적 기능이나 역할을 담당하였는지, 즉 사업상 특별한 목적이 존재하였는지 여부, ③ 재화이동 및 재고에 대한 위험책임을 부담하고 있었는지 여부 등이 있고, 검찰 등 수사기관 및 법원에서는 위와 같은 각 요소들을 종합적으로 고려하여 결정하고 있다. 과세기관에 의하여 고발된 사건 중 위 ②, ③의 요건과 관련하여 상

114) 대법원 2019.9.10. 선고 2019도7905 판결.
115) 서울서부지방검찰청 2015.4.30. 결정 2014형제42435호 사건 불기소 이유서 참조.

당수 사건이 무혐의 처분되거나 무죄판결이 선고되고 있다.

4) 위탁매매 결정에 실질과세의 원칙을 적용한 사례

위탁매매라 함은 자기의 명의로 타인의 계산에 의하여 물품을 구입 또는 판매하고 보수를 받는 것으로서 명의와 계산이 분리되는 것을 본질로 하는 계약이므로, 어떠한 계약이 일반매매계약인지 위탁매매계약인지는 계약의 명칭 내지 형식적인 문언을 떠나 그 실질을 중시하여 판단하여야 한다. 이러한 위탁매매는 일반매매와 외양상 유사하여 이를 구분하는데 여러 복잡한 요소들이 있어 그 구분과 관련하여 항상 분쟁을 발생시킬 가능성이 존재한다.

위탁매매와 일반매매의 구분과 관련하여 조세심판원 결정과 검찰 결정에 일부 이견이 있었던 사안으로, 그 결정 과정을 간단하게 요약하면 다음과 같다. 과세관청은 사실은 제조사인 대기업인 A회사가 납품상인 C회사로부터 국내 원료를 직접 매수하였고 A회사의 자회사인 B회사는 위 매매과정의 중간에서 검수 등 용역만을 제공하는 위탁매매 업무만을 수행하였으므로 A회사는 B회사로부터 위탁업무를 수행한 용역비 상당의 세금계산서를 발급받아야 한다는 사실을 알고 있었음에도, B회사의 매출을 늘려줄 목적으로 B회사가 C회사로부터 원료를 매입하여 검수 등 용역을 수행한 뒤 다시 A회사에 매매한 것처럼 가장함으로써 A회사와 B회사가 통정하여 일반 매매대금을 공급금액으로 하는 허위세금계산서를 발급 내지 수취하였다는 혐의로 고발하였다. 과세관청은 고발의 근거로 ① 거래 당사자는 모회사인 A회사와 자회사인 B회사로서 B회사는 다른 회사들과는 거래관계가 없이 C회사 등 여러 업체로부터 원료를 공급받아 A회사에만 원료를 전량 공급하고, B회사는 중간에서 재고를 보유하고 있지 아니한 점, ② B회사는 A회사로부터 재화공급에 따른 대가로 고정수수료(마진)를 지급받은 점, ③ B회사가 A회사에 공급하는 재화의 이전이 실제로는 자회사인 B회사를 경유하지 않고 최초 공급자인 C회사로부터 직접 A회사로 이전되는 점, ④ A회사와 B회사의 대금지급이 상호연계되어 있어 B회사가 대금지급에 대한 위험을 부담하고 있지 않은 점, ⑤ 내부보고서 등에 이러한 거래구조는 위탁매매거래로 인식될 위험이 있다고 스스로 인정하고 있는 점 등을 종합하면 위 매매는 실제로는 위탁매매이므로 실제 제공한 용역대금만큼만 공급금액으로 하는 세금계산서를 발행하였어야 함에도 실제와 다른 일반매매대금을 공급금액으로 과대 기재된 세금계산서를 잘못 발급한 사실이 있다는 점을 들었다.

이에 대하여 검찰은 과세관청의 거래형태에 관한 주장들을 대부분 사실로 인정하면서도 피고발된 대표이사에 대하여는 고발된 계약내용이 위탁매매인지, 일반매매인지 일반인 입장에서 구분하여 인식하기가 쉽지 않았을 뿐만 아니라, 허위세금계산서 수수 등의 통모한 사실도 인정하기 어렵다는 이유로 무혐의 처분[116]하였다.

검찰의 결정 이후에 구 부가가치세법 제17조에 의한 매입세액을 불공제한 처분 및 법인세법 제76조에 의한 증빙불비 가산세 부과처분 취소사건이 조세심판원에서 진행되어 결정되었다. 조세심판원은 그 결정문에서 ① 납세의무자는 경제활동을 함에 있어 여러 가지 법률관계 중 하나를 선택할 수 있고, 과세관청은 특별한 사정이 없는 한 납세의무자가 선택한 법률관계를 존중하여야 한다. ② 위탁매매에서 일반적으로 사용되는 '구매대행 합의서'라는 계약명칭 사용만으로는 그 거래가 위탁매매임을 인정할 근거자료가 되기 어렵고 실질관계가 그에 부합하여야 한다. ③ 사적자치의 원칙상 일반매매의 경우에도 고정수수료(마진)를 받을 수 있다. ④ 자회사인 B회사가 모회사인 A회사에 제공하는 재화의 이전이 B회사를 경유하지 않고, 직접 C회사로부터 A회사에 이전되었다고 하더라도 이는 민법이 점유개정과 목적물 반환청구권의 양도를 동산에 관한 소유권이전의 방법으로 인정하고 있으므로 거래방식의 차이일 뿐 위탁매매 여부와는 무관하다. ⑤ B회사가 자금지급에 대한 위험부담을 하지 않는다는 주장에 대한 인정근거가 부족하다는 등의 이유로 위 거래를 일반매매거래로 인정하여 부가가치세 및 법인세 부과를 취소하였다.[117]

한편, 이와 유사한 사례로 부과처분되고, 고발된 또 다른 대기업 모회사와 자회사 사건에서는 조세심판원에서 먼저 매입세액을 불공제한 과세처분 및 증빙불비 가산세 부과처분을 취소하였고,[118] 검찰은 납세의무의 존재와 관련된 조세심판원 결정과 행정소송판결은 형사사건과의 관계에서 기속력이 있고, 관련 형사사건의 재심사유 등에 해당한다는 법원 판결 내용[119]에 따라 허위세금계산서 고발사건을

116) 서울중앙지검 2014형제30855호, 2015형제5604호 불기소 결정서 참조. 검찰 불기소결정 이후에 진행된 사실과 다른 세금계산서상 매입세액은 공제받을 수 없다는 구 부가가치세법 제17조(납부세액)를 근거로 매입세액(매입가격의 10%)을 불공제한 과세처분을 취소하고 법인세법 제76조에 의한 증빙불비 가산세(공급가액의 2%) 부과처분을 취소해 달라는 청구인의 심판청구에 대하여 조세심판원은 원고 청구를 인용하면서 이 사건 매매를 위탁매매가 아닌 일반매매로 판단하였다.

117) 조세심판원 2017.11.8. 자 조심2014구3765 결정.

118) 조세심판원 2016.12.20. 자 조심2016부275 결정.

119) 대법원 2015.10.29. 선고 2013도14716 판결은 "조세심판원이 재조사결정을 하고 그에 따라 과세관청이 후속처분으로 당초 부과처분을 취소한 경우, 형사소송법 제420조 제5호에 정한 재심사유에 해당한다"라고 판시하고, 또한 대법원 1985.10.22. 선고 83도2933 판결도 "조세부과처분을 취소하는 행정소송판결이 확정된 경우에는 형사소송법 제420조 제5호의 재심사유에 해당한다"라고

무혐의 처분[120]하였다.

3. 납세의무의 성립

(1) 의 의

납세의무는 과세대상이 납세의무자에게 귀속됨으로써 세법이 정하는 바에 따라 과세표준의 계산 및 세율의 적용이 가능하게 되는 시점, 즉 개별 조세법이 정하는 과세요건이 충족된 경우에 성립한다. 납세의무는 법률이 정하는 과세요건이 충족되었을 경우에 당연히 성립하므로 과세관청이나 납세의무자의 특별한 행위가 필요없을 뿐만 아니라 납세의무자가 이를 인식할 필요도 없다.[121] 이렇게 성립한 납세의무는 일부 성립과 동시에 확정되는 조세를 제외하고는 추상적으로 존재하고 있는 상태이므로 이를 구체적인 납세의무로 확정하기 위해서는 과세표준과 세율이 확정되어야 한다. 이는 납세의무자의 신고나 과세관청의 결정 또는 경정에 의하여 구체적으로 확정된다. 이러한 구체적 납세의무는 납세의무자와 과세관청의 고의 또는 과실에 의한 소득의 누락, 탈루, 착오 등이 있을 수 있으므로 객관적으로 성립한 추상적 납세의무와 그 차이가 있을 수 있다.[122]

(2) 성립시기

납세의무 성립시기는 국세기본법 제21조 및 지방세기본법 제34조에서 기간단위로 과세하는 세목과 어떤 사실의 발생에 대하여 과세하는 세목 등으로 구분하여

판시하고 있다.

120) 서울중앙지검 2015형제87826호, 89459호, 89460호 불기소 결정문 참조.

121) 대법원 1985.1.22. 선고 83누279 판결은 "조세채무는 법률이 정하는 과세요건이 충족되는 때에는 그 조세채무의 성립을 위한 과세관청이나 납세의무자의 특별한 행위가 필요없이 당연히 자동적으로 성립하는 것이므로 이 사건 과세요건의 충족사실인 이 사건 대지에 대한 건축금지조치가 해제된 때로부터 1년 6월이 경과됨으로써 납세의무자가 위 건축금지의 해제사실을 알지 못하였거나 알 수 없었는지의 여부에 구애됨이 없이 이 사건 조세채무가 당연히 성립한다"라고 판시하고 있다.

122) 이창희, 세법강의, 2019, 129면에 의하면 구체적으로 확정된 납세의무는 판결로 확정된 민사채권과 달리 행정청의 처분이나 납세의무자의 행위에 의하여 증액 또는 감액이 될 수 있고, 그와 관련하여 분쟁이 발생하면, 최종적으로 법원 판결에 의하여 확정된다고 하고 있다.

규정하고 있다. 조세의 성립시기에 대하여 살펴보면 다음과 같다. ① 법인세와 소득세는 각 소득별로 과세기간 중의 소득금액을 합산하여 과세표준을 산정하는데 소득에 대한 과세기간은 원칙적으로 1월 1일부터 12월 31일까지(법인세법 제6조 제5항, 소득세법 제5조 제1항)이므로 과세기간이 끝나는 때인 12월 31일에 납세의무가 성립(다만, 청산소득에 대한 법인세는 그 법인이 해산을 하는 때로 하고, 거주자가 사망한 때에는 사망한 날까지로 한다)한다. ② 상속세는 상속이 개시되는 때, 즉 피상속인이 사망한 때 또는 실종선고 기간이 만료된 때에 성립한다. ③ 증여세는 증여에 의하여 재산을 취득한 때, 예컨대 재산의 취득에 소유권이전등기 등이 필요한 경우에는 소유권이전등기 신청서 접수일에 성립한다. ④ 종합부동산세는 부동산 보유자에 대하여 부과하는 세금으로 그 성립시기는 과세기준일인데, 그 과세기준일은 재산세 과세기준일과 동일하게 매년 6월 1일로 되어 있어 같은 날 성립한다. ⑤ 부가가치세는 과세기간이 끝나는 때로, 즉 일반 부가가치세는 과세기간을 6개월 단위로 하므로 제1기의 경우에는 그 기간이 1월 1일부터 6월 30일까지이고, 제2기의 경우는 7월 1일부터 12월 31일까지이므로, 각 6월 30일과 12월 31일에 성립된다. 다만, 수입재화의 경우에는 세관장에게 수입신고를 하는 때에 성립한다. ⑥ 개별소비세 · 주세 또는 교통 · 에너지 · 환경세는 과세물품을 제조장으로부터 반출하거나 판매장에서 판매하는 때 또는 과세장소에 입장하거나 과세유흥장소에서 유흥음식행위를 한 때 또는 과세영업장소에서 영업행위를 한 때에 납세의무가 성립한다. ⑦ 원천징수하는 소득세 · 법인세는 소득금액 또는 수입금액을 지급하는 때에, 납세조합이 징수하는 소득세 또는 예정신고 · 납부하는 소득세는 과세표준이 되는 금액이 발생한 달의 말일에, 중간예납하는 소득세 · 법인세 또는 예정신고기간 · 예정부과기간에 대한 부가가치세는 중간예납기간 또는 예정신고기간 · 예정부과기간이 끝나는 때에, 수시부과하여 징수하는 국세는 수시 부과할 사유가 발생한 때에, 각 납세의무가 성립한다.

⑶ 납세의무 성립과 관련한 사례

(가) 증여계약이 무효인 경우, 증여세 납세의무도 성립되지 않는다고 본 사례

A재단법인이 주무관청인 문화관광부장관 허가 없이 그 소유의 B신문사 주식을 피고인의 아들인 C와 D에게 증여한 행위와 관련하여, C와 D의 법정대리인인 피고인이 증여세 포탈혐의로 공소제기된 사안에서, 법원은 “재단법인의 기본재산의

처분은 정관변경을 요하는 것이므로 주무관청의 허가가 없으면 그 처분행위는 물권계약으로 무효일 뿐 아니라 채권계약으로서도 무효이고, 증여를 원인으로 주권이 교부되고 명의개서절차까지 완료되었다고 하더라도 그 원인이 된 증여행위가 부존재하거나 무효인 경우라면 그로 인한 재산 이전의 효력이 처음부터 발생하지 아니하므로 증여세를 납부할 의무도 없으므로, 재단법인의 주식 양도로 인한 증여세 포탈의 점은 범죄사실의 증명이 없는 때에 해당한다"라고 판시[123]하여 납세의무의 발생원인이 된 계약이 무효이면 이를 전제로 성립된 납세의무도 당연히 무효라고 하고 있다.

(나) 소득의 귀속시기 등이 문제된 사례

관급공사를 수주한 피고인 A회사가 비자금을 조성할 목적으로 최저가로 입찰한 협력업체를 하도급업체로 선정한 후 실제 공사대금은 입찰가로 하면서도 공사대금을 부풀려 하도급계약을 체결한 후 대금을 지급한 다음, 다른 사업연도에 이르러 부풀린 공사금액만큼을 현금으로 되돌려 받았음에도 이를 되돌려받은 사업연도의 법인세 과세표준에 익금으로 산입하면서 납부기한을 도과함으로써 법인세를 포탈한 혐의로 공소제기되었다. 이 사안에서 법원은 "A회사가 협력업체에 부풀린 공사금액을 지급한 사업연도에 실제 공사대금보다 과대계상한 공사금액을 손금불산입하는 것은 별론으로 하더라도 A회사가 협력업체로부터 실제로 차액을 돌려받은 사업연도의 익금으로는 볼 수 없음에도(법원은 이 사안에서 A회사 익금산입시점을 공사금액을 협력업체에 다시 반환받기로 약정하고 지급한 사업연도에 권리의무확정 법리상 이미 차액을 반환받을 권리의 실현가능성이 높을 정도로 성숙·확정되었다고 보고 차액에 해당하는 채권이 공사금액 지출 사업연도의 익금에 귀속되어야 한다고 판단하고 있다), A회사가 협력업체로부터 차액을 돌려받은 사업연도의 익금으로 산입되어 납세의무가 성립한다는 것을 전제로 조세포탈죄 성립을 주장하는 것은 소득의 귀속시기에 대한 법리를 오해한 잘못이 있다"라고 판시[124]하였다. 여기서 법원은 소득의 귀속시기에 대한 법리오해 이외에도 법인세법 제18조 제2호[125]는 이미 과세된 소득은 이후 사업연도에 환입되더라도 익금에 산입하지 않는다고 정하고

---

123) 대법원 2005.6.10. 선고 2003도5631 판결.

124) 대법원 2020.5.28. 선고 2018도16864 판결.

125) **법인세법 제18조(평가이익 등의 익금불산입)** 다음 각 호의 금액은 내국법인의 각 사업연도의 소득금액을 계산할 때 익금에 산입하지 아니한다.
   2. 각 사업연도의 소득으로 이미 과세된 소득(이 법과 다른 법률에 따라 비과세되거나 면제되는 소득을 포함한다)

있어서 이처럼 부풀려 지급한 공사금액 중 차액은 그 지출 사업연도 과세표준에 포함되었어야 할 소득으로서, 나중에 그 차액을 돌려받더라도 반환받은 사업연도의 익금에 산입할 수 없음에도 반환받은 사업연도의 익금으로 산입하여 유죄판결을 한 것은 법리 오해라고 하고 있다.

(다) 부가가치세 과세대상(거래)으로서 '재화의 공급' 해당 여부가 문제된 사례

피고인이 봉안당 건축 및 분양사업 등을 목적으로 설립된 A재단의 대표자로 취임하여 봉안당 분양권과는 근본적으로 달라서 현실적으로 이용가치가 전혀 없는 분양권을 양도하는 과정에서 부가가치세를 포탈하였다고 공소제기된 사안에서, 법원은 "이 사건 현실적으로 이용가치가 전혀 없는 봉안당 분양권의 양도가 부가가치세 과세거래인 '재화의 공급'에 해당한다고 할 수 없음에도 부가가치세에 대한 조세채무가 성립한 것을 전제로 부가가치세에 대한 조세포탈죄를 인정한 것은 위법하다"라고 판시[126]하였다. 또한 법원은 "도박은 참여한 사람들이 서로 재물을 걸고 우연한 사정이나 사태에 따라 재물의 득실을 결정하는 것이다. 따라서 도박행위는 일반적으로 부가가치를 창출하는 것이 아니므로 부가가치세 과세대상이 아니다. 카지노사업의 수입은 고객으로부터 카지노시설물 입장의 대가로 받는 입장료 수입과 고객이 도박을 위해 건 돈에서 받아 간 돈을 제외한 도박수입으로 대별되는데, 입장료 수입은 부가가치세 과세대상에 해당하나, 도박 수입은 부가가치를 창출하는 것이 아니어서 부가가치세 과세대상에 해당하지 않는다"라고 판시[127]하였다.

한편으로 법원은 "사설 스포츠도박 인터넷 사이트를 개설·운영하는 경우, 스포츠도박 사업자가 정보통신망에 구축된 시스템 등을 통하여 고객들에게 도박에 참여할 수 있는 기회를 제공하고 이에 대한 대가로서 금전을 지급받는 경우에는 비록 그 행위가 사행성을 조장하더라도 재산적 가치가 있는 재화 또는 용역의 공급에 해당하므로 부가가치세 과세대상으로 보아야 한다"라고 판시[128]하여 부가가치세 납세의무가 성립되려면, 우선 과세대상에 해당하여야 하는데 부가가치세 과세대상은 기본적으로 부가가치 창출이 가능한 재화나 용역의 공급이어야 한다고 하고 있다.

---

126) 대법원 2015.6.11. 선고 2015도1504 판결.
127) 대법원 2006.10.27. 선고 2004두13288 판결.
128) 대법원 2017.4.7. 선고 2016도19704 판결.

4. 납세의무 확정

(1) 의 의

납세의무의 확정은 추상적으로 성립된 납세의무의 내용을 구체적으로 확정하는 것으로서 행정법상 확인행위에 해당한다. 국세기본법 제22조 제1항에서는 '국세는 이 법 및 세법에서 정하는 절차에 따라 그 세액이 확정된다'고 규정하고 있다. 이는 납세의무자 또는 과세관청이 추상적으로 성립된 납세의무를 기초로 하여 구체적으로 해당 과세대상에 대한 과세표준과 세액을 결정해야 한다는 것이다.

납세의무만 성립된 상태에서의 납세의무를 추상적 납세의무라고 하고, 납세의무가 확정된 상태에서의 납세의무를 구체적 납세의무라고 한다. 예를 들어, 소득세의 경우에는 납세의무 성립시기가 과세기간이 끝나는 때인 12월 31일이므로 이 시점에서의 납세의무를 추상적 납세의무라고 하고, 납세의무자가 과세표준과 세액을 세무서에 다음해 5월 31일까지 신고·납부하였다면 이 시점에서의 납세의무를 구체적 납세의무라고 한다. 추상적 납세의무 성립은 개별 조세실체법 규정에 의하여 결정되고, 구체적 납세의무 확정은 조세절차법 규정에 의하여 결정된다. 전자는 부과제척기간[129]과 관련이 있고, 후자는 국세징수권의 소멸시효[130]와 관련이 있다. 납세의무의 확정방식에 따라 크게 신고납세방식과 부과납세방식, 그리고 자동

129) 일반적으로 국세 부과제척기간은 상속·증여세를 제외한 일반 국세의 경우에 국세를 부과할 수 있는 다음 날로부터 5년이나, 예외적으로 부과제척기간이 15년인 경우는 부정행위 및 미신고에 의하여 상속·증여세를 포탈 또는 탈루한 경우, 부정행위로 국제거래에서 발생한 국세를 포탈한 경우가 이에 해당하고, 10년인 경우로는 상속·증여세를 통상적으로 탈루한 경우, 상속·증여세 이외의 조세에서 부정행위에 의한 조세포탈의 경우 등이 이에 해당하고, 7년인 경우에는 상속·증여세 이외의 조세에서 미신고한 경우 등이 이에 해당한다. 또한 50억 원 이상 고액 상속·증여재산의 경우에는 과세관청이 상속·증여사실을 안 날로부터 1년 이내이고, 조세쟁송에 의한 경우에는 판결이 확정된 날로부터 1년 이내이다(국세기본법 제26조의2).

130) 국세징수권은 이를 행사할 수 있는 때(확정방식에 따라 법정신고 납부기한의 다음 날 또는 납세고지에 따른 납부기한의 다음 날)로부터 5년(5억 원 이하) 또는 10년(5억 원 이상)간 행사하지 아니하면 소멸시효가 완성된다(국세기본법 제27조).

확정방식이 있다.

(2) 신고납세방식

(가) 개 념

이는 납세의무자가 스스로 납세의무 성립요건의 충족 여부를 조사·확인하고 이에 따라 관련 세법을 적용하여 과세표준과 세액을 신고함으로써 납세의무를 확정하는 방식이다. 현행 세법상 이 방식을 채택하고 있는 세목으로는 법인세, 소득세,[131] 부가가치세, 개별소비세, 주세, 증권세, 교육세, 교통·에너지·환경세, 농어촌특별세, 취득세, 등록면허세, 관세 등이다. 과세대상의 파악은 누구보다도 납세의무자가 정확히 알고 있어 그에게 1차적 신고·납부를 맡기는 제도로서 민주적 납세방식에 적합하고 조세의 효율적 징수 요청에도 부합하지만, 이 제도의 성공 여부는 납세의무자의 조세에 대한 인식수준에 달려 있다.

신고납세방식의 조세에 있어서는 원칙적으로 납세의무자가 당해 국세의 과세표준과 세액을 신고하는 때에 확정되고, 신고가 없거나 신고내용에 오류·탈루가 있어 정부가 경정 또는 결정을 한 경우에는 그 시점에 새로운 납세의무가 확정된다.

(나) 신고납부기한

신고납세방식의 조세에 있어서 각 개별세법 규정에 언제까지 과세표준신고서를 제출하지 않으면 안 된다라는 규정이 있는데 이를 법정신고기한이라 한다(국세기본법 제2조 제16호). 과세표준신고서를 법정신고기한 내에 제출한 자에 한하여 그 과소신고를 수정하기 위한 수정신고가 가능하고(국세기본법 제45조 제1항), 법정신고기한 내에 과세표준신고서를 제출하지 않은 자에 대하여는 신고불성실 가산세 등의 불이익이 부과된다.

(다) 수정신고와 기한 후 신고

과세표준신고서를 법정기한 내에 제출한 자는 누락, 오류 등 사항이 있는 경우 과세관청이 각 세법에 따라 해당 국세의 과세표준과 세액을 결정 또는 경정하여 통지하기 전까지 수정·보완한 과세표준 수정신고서를 제출할 수 있는데 이를 수정신고제도라고 한다. 수정신고는 부과제척기간이 끝나기 전까지는 언제든지 가능하다.[132] 수정신고는 증액수정신고만 가능하고, 사실상 감액청구는 경정청구권의

131) 소득세는 부과납세방식이었으나, 1996.1.1.부터 신고납세방식으로 변경되었고, 양도소득세는 1999. 12. 개정으로 신고납세방식으로 변경되었다.

대상으로 수정신고 대상이 아니다.

법정신고기한 내에 과세표준신고서를 제출하지 아니한 자로서 납부할 세액이 있는 자는 납세고지가 있기 전까지는 기한 후 과세표준신고서를 제출할 수 있는데, 이를 기한 후 신고라고 한다. 기한 후 신고는 납세의무를 확정하는 효력이 없으므로 과세관청은 세법에 따라 당해 국세의 과세표준과 세액을 결정하여야 한다. 기한 후 신고는 수정신고[133]와 달리 무신고 가산세 감면[134]을 받을 수 있다. 조세포탈 범죄의 기수 이후에 포탈세액의 일부를 수정신고 또는 기한 후 신고를 통하여 납부하더라도 범죄의 성립에는 영향이 없다.

다만, 탈루금액에 대한 수정신고를 한 시점이 신고·납부기한 내인 경우에는 아직 범죄의 기수 시기가 도래하지 않은 경우에 해당하므로 조세포탈죄가 성립하지 않는다. 법원도 "수정신고가 신고납세방식의 조세에 있어서 신고·납부기한의 경과 후에 있거나 부과납세방식의 조세에 있어서 정부의 결정 또는 조사 결정 후에 있는 경우에는 조세포탈죄의 성립에 영향을 미치지 아니한다. 따라서 정부의 경정 결정에 의하여 적정한 세액을 납부하였다고 하더라도 이로써 그 포탈행위와 포탈의 결과가 소실되는 것이 아니어서 그러한 납부 사유는 양형참작사유는 될지언정 이미 기수가 된 조세포탈죄에는 아무런 영향이 없다"라고 판시[135]하고 있다.

(라) 경정청구

신고납세방식의 조세에 있어서 외국납부세액공제 등 각종 조세특례를 적용받지 못하거나, 착오 등으로 매출을 과대계상하거나 매입을 과소계상한 과세표준 등이 제출되어 세액변동이 있는 통상적인 경우, 소송에 대한 판결이 다른 내용으로 확정되었을 경우 등 후발적 사유가 발생한 경우에 과세관청에 청구하는 제도를 경정청구라 한다.

통상적 사유로 인한 경정청구는 법정신고기한이 지난 후 5년 이내에 청구가 가

---

132) 국세기본법 제45조 제1항, 제26조의2 제1항 참조.

133) 수정신고의 경우에는 국세기본법 제48조 제2항 제1호에서 과소신고·초과환급신고 가산세를 감면하도록 하고 있다.

134) 국세기본법 제48조 제2항 제2호는 과세표준신고서를 법정신고기한까지 제출하지 아니한 자가 법정신고기한이 지난 후 기한 후 신고를 한 경우(제47조의2에 따른 무신고 가산세만 해당하며, 과세표준과 세액을 결정할 것을 미리 알고 기한 후 과세표준신고서를 제출한 경우는 제외한다)에는 법정신고기한이 지난 후 1개월 내지 6개월 이내에 기한 후 신고를 한 경우 각 신고도과기간에 따라 감면비율을 정하고 있다.

135) 대법원 2011.6.30. 선고 2010도10968 판결; 대법원 1988.11.8. 선고 87도1059 판결; 대법원 1977. 3.24. 선고 76도3961 판결.

능하다. 후발적 사유로 인한 경정청구는 결정 또는 경정이 있음을 안 날로부터 90일 이내에 경정청구를 할 수 있다. 경정청구는 경정청구한대로 과세표준을 확정하는 효력은 없고, 청구를 받은 과세관청이 청구이유를 조사·확인하여 청구사유가 정당하면 경정청구일로부터 2개월 내에 환급을 해 주고, 그 사유가 정당하지 않으면 경정청구를 거부할 수 있다. 경정청구권자는 이 거부처분에 대하여 행정소송을 제기할 수 있다.

(3) 부과납세방식

부과납세방식은 과세관청의 부과처분에 의하여 납세의무를 확정하는 방식으로서 과세관청이 과세표준과 세액을 결정하여 고지함으로써 납세의무가 확정된다.

부과납세방식은 납세의무자에게 과세표준과 세액의 신고를 요하는 경우와 그렇지 않은 경우로 구분된다. 전자의 경우 과세표준신고는 부과처분을 위한 협력의무의 이행에 불과할 뿐이므로 세액을 확정하는 효력은 없다. 과세관청은 납세의무자의 신고내용에 귀속되지 않고 별도의 조사를 거쳐 부과처분을 하여 납부할 세액을 확정한다. 상속세와 증여세가 이러한 방식을 취한다. 한편 후자의 경우에는 납세의무자의 신고없이 과세관청이 직접 과세대상을 파악하여 부과결정하는 것으로 재산세가 이러한 방식을 취한다.

(4) 자동확정방식

자동확정방식은 납세의무의 성립과 동시에 특별한 절차없이 세액이 자동확정된다. 인지세, 원천징수하는 소득세 또는 법인세, 중간예납하는 법인세(세법에 따라 정부가 조사·결정하는 경우는 제외한다) 등은 납세의무가 성립하는 때 특별한 절차없이 그 세액이 확정된다.

(5) 부정환급과 부정공제

(가) 의 의

환급이란 이미 세금으로 납부한 금액 중 잘못 납부하거나 초과하여 납부한 금액이 있거나 세법에 따라 환급받아야 할 환급세액이 있을 때 그 잘못 납부한 금액, 초과하여 납부한 금액 또는 환급세액을 반환받는 것을 말한다(국세기본법 제51조 제1항).

부정환급이란 세법이 일정한 경우에 세액을 환급하도록 정한 경우에 사기 그 밖의 부정한 행위로써 정당하게 환급받을 수 없는 세액을 환급받거나, 정당하게 환급받을 수 있는 금액을 초과하여 환급받는 것을 말한다. 실무상으로는 부가가치세법상 매입세액이 매출세액을 초과하여 그 매입세액을 환급받는 경우의 부정환급이 주로 문제가 된다.

부정공제는 세법상 세액의 산출에 있어 세액의 공제를 허용하는 경우에 부정한 행위로써 정당하게 공제받을 수 없는 세액을 공제받거나, 정당하게 공제받아야 할 세액을 초과하여 공제를 받는 것을 말한다. 세액공제란 과세표준에 세율을 적용하여 산출한 세액에서 이중과세의 해소, 조세정책상 이유 등으로 세법상 일정한 금액을 공제하여 주는 제도이다. 부정공제에는 세액공제만 포함하고, 과세표준 산출시에 공제되는 각종 소득공제는 포함하지 아니한다. 실무상으로는 부가가치세에서의 허위매입세액공제가 주로 문제가 된다.

(나) 납세의무의 확정과 기수 성립

조세포탈에 있어서는 납세의무가 확정되어야 현실적인 조세포탈의 결과가 발생한다. 납세의무가 확정된 시점을 기수시기로 보고 있어 납세의무의 확정과 기수시기는 밀접한 관계가 있다.

조세포탈죄에서 기수시기와 관련하여, 부과납세방식에 의한 조세는 원칙적으로 해당세목의 과세표준을 정부가 결정하거나 조사결정한 후 그 납부기한이 지난 때에 조세포탈죄의 기수가 성립한다. 다만, 납세의무자가 조세를 포탈할 목적으로 세법에 따른 과세표준을 신고하지 아니함으로써 해당세목의 과세표준을 정부가 결정하거나 조사결정할 수 없는 경우에는 해당 세목의 과세표준의 신고기한이 지난 때에 기수가 성립한다. 부과납세방식에 의하지 아니하는 신고납세방식 등의 조세는 그 신고·납부기한이 지난 때에 조세포탈의 기수가 성립한다(조세범처벌법 제3조 제5항 제1호, 제2호).

그러나 조세범처벌법 제3조 제5항은 과세표준 및 세액에 관한 미신고와 허위과소신고를 실행행위로 하는 조세포탈에 대하여 적용되고 있어서 납세의무의 확정이나 과세표준신고와 무관하게 이루어지는 부정환급과 부정공제에도 동일하게 적용될 수 있는지가 문제된다.

부정환급은 그 경위가 어떠하든 과세표준의 신고기한의 경과시나 국가에 의하여 부정환급이 결정된 시점이 아니라 환급금의 지급된 시점에서 국가의 조세수입이 감소하는 결과가 발생한다. 따라서 부정환급의 경우에는 환급금이 지급된 때에 확정되고, 기수도 성립된다. 법원도 "부가가치세 조기환급신고를 하여 부정환급을 받은 경우에 부가가치세 신고납부기한 경과와 상관없이 실제 환급을 받았을 때 부정환급에 의한 조세포탈죄가 성립한다"라고 판시[136]하고 있다.

부정공제의 경우에는 일반적으로 과세표준과 세액의 결정과정에서 부정공제가 이루어지므로 이러한 유형의 부정공제, 예를 들어 부가가치세 과세표준 신고 시 허위의 매입세액공제에 의하여 세액이 감소되는 경우에는 조세범처벌법 제3조 제5항 제2호가 적용되어 신고납부기한의 경과로 부정공제 결과가 확정되어 기수가 된다. 그러나 과세표준 및 세액의 결정과정과 무관한 부정공제, 예를 들어 허위의 재해손실 세액공제신청에 의한 부정공제의 경우에는 부정공제가 이루어지는 시점에 부정공제가 확정되고 기수가 된다.

5. 과세표준

(1) 의 의
(2) 과세표준 및 납부세액 계산방법
(가) 소득세
(나) 법인세
(다) 부가가치세
(라) 상속세
(마) 증여세
(3) 과세표준 및 납부세액 계산 관련 쟁점
(가) 매출누락에 대응하는 손금(필요경비) 존재 사실에 대한 입증책임 및 방법
(나) 과세표준 계산에서 위법비용의 공제 여부
(다) 포탈세액에서 위장명의인의 기납부세액 공제 여부
(4) 과세표준 확정과 손익의 귀속시기
(가) 의 의
(나) 소득의 귀속원리로서 권리의무확정주의
(5) 부정행위의 주된 대상으로서 과세표준
(가) 의 의
(나) 법인세 및 사업소득세의 각 과세표준 구성요소에 대한 부정행위 유형
(다) 부가가치세
(라) 상속세
(마) 증여세

(1) 의 의

과세표준이란 납세의무자가 납부할 각종 조세에 있어서 세액계산의 기준이 되는 과세대상의 수량 또는 가액을 말한다. 과세표준에 세율을 곱하면 산출세액이 계산된다. 납세의무자가 신고·납부 또는 과세관청의 부과처분 과정에서 이용된 과세표준이 납세의무를 확정시키는 최초 기초자료가 되는 까닭에 조세포탈죄에 있어서도 포탈금액을 산정하는 기초적인 자료가 된다. 조세포탈죄에 있어서 포탈세액은 과세표준에 세율을 곱하여 산출되기 때문에 과세표준이 특정되지 아니하면 포탈세액 또한 특정되지 아니하여 조세포탈죄 자체도 성립할 수 없다.[137] 또한

136) 대법원 2007.12.27. 선고 2007도3362 판결.

137) 일반 형사범인 업무상배임죄 등에 있어서는 피해금액이 정확하게 특정되지 아니하더라도 타인의 사무를 처리하는 자의 배임행위에 의하여 피해를 입은 사실이 확실히 입증된다면 금액불상 피해를 입힌 범죄사실로 처벌이 가능한 데 반하여, 조세포탈죄에서는 이러한 경우 금액불상의 포탈로는 처벌할 수 없다. 다만, 추계 등 방법으로 포탈금액을 산정할 수 있는 경우에는 포탈금액이 특

비용이 소득을 초과하여 과세표준이 마이너스(－)가 된 경우에는 포탈세액이 없는 결과가 되므로 조세포탈죄가 성립하지 않는다.[138]

따라서 과세표준은 일차적으로 각종 세액을 산출하는 기능을 하는 한편 포탈금액을 결정하는 기준이 되기 때문에 조세포탈을 시도하려는 자의 입장에서는 과세표준의 결정요소들 중 어떤 요소들에 대한 조작 내지 은폐를 통하여 납부할 세금을 축소하거나 면제받으려고 시도할 것인가를 먼저 결정해야 한다. 이러한 경우에 통상적으로 가장 먼저 고려하는 것이 과세표준계산과 직접 관계되는 수익누락 및 비용의 과대계상 등이다. 이러한 의미에서 과세표준은 조세포탈죄에 있어서 부정한 행위의 주요 대상이 될 수밖에 없다.

(2) 과세표준 및 납부세액 계산방법

(가) 소득세

1) 개 념

소득세는 일정한 소득을 과세대상으로 하여 과세소득을 얻은 개인을 납세의무자로 하는 국세이다. 소득세는 신고납세방식의 조세로서 납세의무자가 과세표준과 세액을 신고하는 때에 납세의무가 구체적으로 확정된다. 다만, 납세의무자가 과세표준과 세액을 신고하지 아니하거나 과소신고한 경우에 한하여 관할세무서장이 그 과세표준과 세액을 결정하거나 경정하도록 되어 있다(소득세법 제80조 제1항). 소득세의 납세의무자는 거주자와 비거주자로 구분하여 거주자는 소득의 원천지가 국내에 있든 국외에 있든 모든 소득에 대하여 과세하고, 비거주자는 국내원천소득에 대하여만 과세한다(소득세법 제3조 참조).

현행 소득세법은 과세소득을 ① 이자소득, ② 배당소득, ③ 사업소득, ④ 근로소득, ⑤ 연금소득, ⑥ 기타소득, ⑦ 퇴직소득, ⑧ 양도소득의 8가지로 구분하여 제한적으로 열거하고 있다. 소득세법은 그 소득이 발생한 원인(원천)에 따라 과세할 수 있는 규정이 있는 경우에만 과세를 할 수가 있는 데, 이를 열거주의(소득원천설)라고 한다. 따라서 소득세법에 열거되지 않는 것은 거주자의 경제적 부가 증가하더라도 과세되지 않는다. 예를 들어, 채권양도로 인한 매매차익에 대해서는

정된 것으로 볼 수 있다.

138) 결손이 발생한 당해년도에는 납부하는 세금이 없으므로 조세포탈이 성립되지 않더라도 결손 이후에 흑자가 발생할 경우에는 결손금이월에 따라 흑자년도의 과세표준에서 고의로 소득누락된 금액이나 과대계상된 비용 등이 공제되면, 그 해의 조세포탈로 처벌될 수는 있다.

소득세법상 소득세를 과세할 수 있는 규정이 없으므로 과세대상이 되지 않는다.[139] 그리고 앞서 본 것처럼 위법소득은 법인세와 달리, 소득세법상 과세소득으로 열거되어 있어야만 과세할 수 있다.

소득세의 과세표준은 크게 종합소득, 퇴직소득 및 양도소득으로 분리하여 계산한다. 현행 소득세법은 이자소득, 배당소득, 사업소득, 근로소득, 연금소득, 기타소득을 종합소득으로 분류하여 '종합과세'를 하고, 퇴직소득, 양도소득에 대해서는 '분류과세'를 하고 있다. 현행 소득세법은 누진세율을 채택하고 있으므로, 소득을 합산하여 과세를 하는 종합과세의 경우에는 세 부담이 높아지고, 이로 인하여 소득재분배 효과를 기대할 수 있다. 다만, 퇴직소득, 양도소득은 장기간에 걸쳐 생성된 소득이 일시에 실현되는 특징을 가지고 있고, 이를 일시에 과세하면 세 부담이 급격히 증가하여 납세자에게 과도한 부담을 지우게 되므로, 종합소득에 합산하지 않고 따로 소득을 계산하고 있는데, 이를 분류과세라고 한다.

종합소득에 해당하는 이자소득, 배당소득, 사업소득, 근로소득, 연금소득, 기타소득은 모두 합산하여 과세하는 것이 원칙이나, 일부 소득에 대하여는 예외적으로 '분리과세'를 하고 있다. 연간 2,000만 원 이하의 금융소득(이자소득, 배당소득), 근로소득 중 일용직 근로자의 급여 등이 이에 해당한다. 분리과세대상 소득은 종합소득에 합산되지 않으므로 소득이 지급되는 시점마다 소득세가 원천징수되고, 그 이후에 별도로 신고·납부하지 않는다. 이하에서 소득세의 과세표준 및 납부세액 계산에 대하여는 종합소득, 퇴직소득 및 양도소득으로 분리하여 설명하도록 하겠다.

2) 과세표준 및 납부세액 계산방법

가) 이자소득

이자소득이란 금전을 대여하여 원금 규모와 대여기간에 비례하여 발생하는 소득을 말한다. 예금·할부금·수수료·공제금·체당금·소개료 기타 그 명목을 불문한다. 이자소득에는 이자부 소비대차에 있어서의 이자뿐만 아니라 채권 또는 증권의 이자와 할인액, 상호신용계 또는 신용부금으로 인한 이익 및 저축성 보험의 보험차익 등이 포함된다(소득세법 제16조 제1항). 이 밖에 위와 유사한 소득으로서 금전의 사용에

---

139) 다만, 2023.1.1. 시행되는 소득세법에 의하면, 소득의 종류에 금융투자소득이 추가되고, 채권 등의 양도로 발생하는 소득은 금융투자소득에 해당되어 소득세가 과세된다(소득세법 제4조 제1항 제2조의2, 제87조의6 제1항 제2호 참조).

따른 대가의 성격이 있는 것도 이자소득으로 보고 있다(소득세법 제16조 제1항 제12호).

이자소득의 과세표준이 되는 이자소득금액은 해당 과세기간의 총수입금액이다(소득세법 제16조 제2항). 총수입금액이 곧 이자소득금액이 되며 수입에 대응하는 비용을 인정하지 않는다. 이 점에서 이자소득 과세는 배당소득 과세와 마찬가지로 자기자본의 투자를 전제로 하고 있다.

이자소득에 대하여는 14%(비영업대금의 이익의 경우에는 25%)의 세율로 소득세를 원천징수하여 납부하도록 하고 있다. 그리고 거주자는 이자소득·배당소득을 합하여 그 금액이 연 2,000만 원을 초과하는 때에는 그 초과소득은 다른 종합소득과 합산하여 6% 내지 45%의 종합소득세율을 적용하여 종합과세한다.

나) 배당소득

배당소득이란 출자자(주주 또는 사원)가 법인으로부터 그 투자비율에 따라 받는 소득을 말한다. 배당소득은 주로 내국법인이 주주에게 현실적으로 분배하는 현금 또는 주식으로 이루어진다. 그러나 이익배당의 형식으로 금전 또는 주식이 지급되지는 아니하지만 이익배당을 한 것과 같은 경제적 이익을 주는 일정한 경우(잉여금의 자본전입)에 배당으로 의제하는 경우(의제배당), 법인세법에 의하여 배당으로 처분한 금액 등도 배당소득에 포함되며(인정배당), 그 밖에 국내 또는 국외에서 받는 집합투자기구로부터의 이익, 외국법인으로부터 받는 이익이나 잉여금의 배당 또는 분배금과 해당 외국의 법률에 의한 건설이자의 배당 등도 배당소득에 포함된다.

배당소득 과세표준도 이자소득의 경우와 마찬가지로 배당소득금액의 계산에 있어서도 비용의 공제가 인정되지 않는다. 따라서 배당소득 과세표준은 해당 과세기간 총배당수입금액과 일치한다(소득세법 제17조 제3항). 다만, 내국법인이 지급하는 배당, 의제배당 및 인정배당으로서 종합과세의 대상인 것 중 자기주식 소각이익의 자본전입, 자기주식 보유법인의 주식발행 초과금 등의 자본전입과 같은 일부 의제배당소득의 경우와 법인세의 비과세·감면 또는 소득공제(유동화 전문회사 등에 대한 소득공제)를 받은 법인이나 과세특례를 적용받는 배당소득을 제외한 나머지 배당소득이 종합과세될 때에는 총수입금액에 11/100을 가산한 금액을 배당소득금액으로 한다(소득세법 제17조 제3항 단서). 이는 총수입금액이 100만 원일 경우에 배당소득금액을 111만 원으로 늘려 잡는 방식인데, 이는 법인단계에서 납부한 세액의 일부를 주주단계에서 부담하여야 할 세액에서 공제하여 주는 법인세 주주귀속방식을 부분적으로 채택한 것이다. 따라서 배당금의 100분의 11에 상당하는 금액을 배당소득금액에 가산함과 동시에 같은 금액을 배당세액 공제액으로서 공제해야 한다(소득세법 제56조 제1항).

배당소득에 대한 납부세액 계산도 이자소득과 마찬가지로 종합과세와 분리과세로 나누어진다. 배당소득 중 비실명배당소득(소득세법 제14조 제3항 제3호, 제129조 제2항 제2호) 등 4개 배당소득(소득세법 제14조 참조)에 대하여는 종합소득에서 분리하여 원천징수한다. 분리과세되는 배당소득에 대하여는 배당세액공제가 배제되고, 이를 지급하는 자는 지급액의 14%를 원천징수하여 납부하게 된다(소득세법 제129조 제1항 제2호). 한편 종합과세되는 배당소득에 대하여는 배당세액공제를 통하여 법인세 부담을 피하게 하고 있다.

다) 사업소득

사업소득은 영리를 목적으로 독립된 지위에서 계속적·반복적으로 하는 사업에서 발생하는 소득을 말한다(소득세법 제19조 제1항 제21호). 독립된 지위에서 수행하는 활동에서 얻은 소득이라는 점에서 근로소득과 구분된다. 따라서 계속적·반복적으로 부동산을 양도하여 얻은 소득이라면 부동산 매매업으로서 사업소득에 해당하나, 그렇지 않은 경우 양도소득에 해당한다.

소득세법은 사업의 종류를 농업(작물생산업 제외), 임업, 어업, 광업, 제조업, 건설업, 부동산업 및 임대업 등 19가지로 구분하고(소득세법 제19조 제1항 제1호 내지 제21호 참조), 이들 각 업종을 소득세법 시행령에서 다시 세분하고 있다(소득세법 시행령 제31조 이하 참조).

과세표준에 해당하는 사업소득금액은 총수입금액에서 필요경비를 공제하여 산출한다(소득세법 제19조 제2항). 총수입금액은 해당 과세기간에 수입하였거나 수입할 금액의 합계액이고, 필요경비는 총수입금액에 대응하는 비용으로서 일반적으로 용인되는 통상적인 것의 합계액으로 한다(소득세법 제24조, 제27조). 과세표준에 해당하는 사업소득금액은 해당 과세기간의 총수입금액에서 이에 사용된 필요경비를 공제한 금액이다.

개인사업자의 경우에는 법인과 달리 자본금의 개념이 확립되어 있지 아니하여, 개인사업자가 개인적 목적으로 자본을 인출·사용하여도 법인세법과는 달리 대표자에 대한 가지급금 인정이자를 계산하지 않는다. 다만, 초과인출금(사업용 자산의 합계액이 부채의 합계액에 미달하는 경우에 그 미달하는 금액)에 대한 지급이자는 필요경비에 산입하지 않는다(소득세법 제33조 제1항 제5호, 소득세법 시행령 제61조 제1항 제2호). 또한 법인은 순자산증가설의 입장에서 총익금에서 총손금을 기준으로 차감하여 사업연도 소득금액을 계산하지만, 개인은 소득을 구분하여 열거된 각 소득의 총수입금액의 합계액에서 이에 대응하는 필요경비의 합계액을 차감하여 각 구분된 소득금액을 계산한다. 법인의 대표자에 대한 급여는 손금에 산입하지만, 개인사업자인 대표자의 급여는 필요경비에 산입하지 않는다.

사업소득 세율은 종합소득 세율과 동일하고, 소득세법상 사업소득의 총수입 금액 및 필요경비는 법인세법상 익금과 손금의 개념, 그리고 소득금액 계산방법과 유사하므로 관련 내용은 종합소득과 법인세 과세표준 계산을 참조하면 된다.

라) 근로소득

근로소득이란 근로자 등이 사용자로부터 비독립적 지위에서 근로를 제공하고 받은 소득을 말한다. 근로제공의 법률관계는 근로계약이나 고용계약이 일반적이지만 회사의 이사·감사와 같이 위임계약에 의하는 경우 또는 공무원과 같이 공법상의 근무관계인 경우도 있다. 직종에 따라 정도의 차이는 있으나, 종속성을 그 특징으로 하고 있다. 근로소득은 근로의 제공이 자기의 계산에 기초를 두지 않는 비독립적이라는 점에서 자기의 계산에 기초를 두고 있는 사업소득과 구별된다. 또한 근로제공의 대가와 밀접한 관련이 있다는 점에서 기타소득과 구별되며, 고용의 계속을 전제로 한 급여라는 점에서 퇴직 시에 지급받는 퇴직소득과도 구별된다.

과세표준에 해당하는 근로소득금액은 소득세법 제20조 제1항 각호의 총급여액에서 제47조에 따른 근로소득공제를 적용한 금액으로 한다(소득세법 제20조 제2항). 근로소득 또는 퇴직소득에 대한 필요경비는 그 입증이 곤란함을 감안하여 실액공제를 허용하지 않고 해당 근로소득 또는 퇴직소득을 얻기 위하여 통상 소요되리라고 예상되는 표준적인 금액을 필요경비로서 공제하고 있다. 근로소득공제액은 총 급여액 중 500만 원까지는 70%, 그리고 500만 원 초과 1,500만 원까지는 40%, 1,500만 원 초과 4,500만 원까지는 15%, 4,500만 원 초과 1억 원까지는 5%, 1억 원을 초과하는 경우에는 2%를 공제한다(소득세법 제47조 제1항). 이는 최저 생계비 내지는 필요경비 공제의 기능을 한다. 일용근로자의 경우에도 근로소득공제가 허용되며, 근로소득공제액은 1일 15만 원으로 한다(소득세법 제47조 제2항).

최종적으로 납부할 근로소득세는 총소득금액에서 근로소득공제를 한 다음 인적공제 등 소득공제를 하여 소득구간별로 6% 내지 45%의 소득세율을 곱하여 나온 금액에서 마지막으로 세액공제를 한 금액을 납부하면 된다.

마) 연금소득

연금소득은 해당 과세기간에 발생한 공적연금소득, 연금계좌수령연금소득 및 기타 유사연금소득으로 구분된다. 공적연금소득이란 공적연금 관련법에 따라 받는 각종 연금으로서 국민연금법에 따라 받는 각종 연금, 공무원연금법·군인연금법·사립학교교직원연금법 또는 별정우체국법에 따라 받는 각종 연금 및 국민연금과 직영연금의 연계에 관한 법률에 따라 받는 연계노령연금·연계퇴직연금을 말한다. 연금계좌수령연금소득이란 연금계좌(연금저축계좌 및 퇴직연금계좌)에 이체 또는 입금되어 해당 금액에 대한 소득세가 이연된 소득으로서 연금형태로 인출하는 경우의 연금을 말한다. 기타 유사 연금소득이란 연금계좌수령연금소득과 유사하고 연금형태로 받는 것으로서 대통령령이 정하는 것을 말한다(소득세법 제20조의3 제1항).

연금소득 과세표준인 연금소득금액의 계산은 소득세법 제20조의3 제1항 각호의 소득의 합계액(제2항의 규정에 의하여 연금소득에서 제외되는 소득과 비과세소득을 제외한다)에서 제47조의2에 따른 연금소득공제를 적용한 금액으로 한다(소득세법 제20조의3 제3항).

연금소득의 합계액이 연 1,200만 원 이하인 경우로서 해당 소득이 있는 거주자가 합산을 원하지 아니하는 경우에는 이를 분리과세(연말정산에 의한 원천징수)하며, 나머지 경우에는 다른 소득과 합산하여 과세한다(소득세법 제14조 제3항 제9호). 연금세율은 소득세 세율과 동일하다.

바) 기타소득

기타소득이란 소득세법에서 규정하고 있는 이자소득, 양도소득 등 7개 소득 이외의 소득으로서 소득세법 제21조에서 기타소득으로 열거하고 있는 소득을 말한다(소득세법 제21조 제1항). 기타소득은 대체로 일시적·우발적으로 발생한 소득들로 이루어져 있으며 계속적인 장기소득은 이에 해당하지 않는다. 기타소득은 소득발생시에 20% 세율로 원천징수되고(소득세법 제127조 제1항 제6호, 제129조 제1항 제6호, 제145조), 종합소득에 합산하여 과세되는데 연간 300만 원 이하의 기타소득은 납세자가 분리과세를 선택할 수 있다. 열거주의 과세방식에 의하므로 현행 소득세법에 열거되지 아니한 기타소득은 과세대상 소득이 아니다.

기타소득의 과세표준에 해당하는 기타소득금액은 총수입금액에서 이에 대응되는 필요경비를 공제하여 계산하는 것이 원칙이다(소득세법 제21조 제3항). 필요경비는 기타소득의 종류에 따라 필요경비율을 60% 내지 90%로 별도로 정하고 있다(소득세법 시행령 제87조 참조). 이와 같은 표준경비가 적용되지 않는 나머지 경우에 있어서는 소득세법 제27조의 일반 규정에 따라 원칙적으로 대응경비를 필요경비로 한다(소득세법 제37조 제2호).

사) 퇴직소득

퇴직소득이란 근로소득이 있는 자가 근로관계 또는 이와 유사한 관계를 종료함에 따라 그 사용자로부터 받는 일시적 소득을 말한다. 장기간에 걸쳐 조성되어 소득이 일시에 실현되는 특색을 지니고 있을 뿐만 아니라 퇴직 후의 생활자금이 되는 점을 고려하여 종합소득과 별도로 분류과세한다. 퇴직으로 인하여 지급받는 금원이라도 퇴직급여지급규정에 의하여 지급되는 것이 아니라면 퇴직소득에 속하지 않고(소득세법 제20조 제1항 제4호), 소득세법 시행령 제38조 제1항 제13호에 규정하는 근로소득으로 본다.

퇴직소득금액은 퇴직급여, 명예퇴직수당, 단체퇴직보험금 등의 합계금액이다(소득세법 제22조 제3항). 퇴직소득의 과세표준은 퇴직소득금액에서 퇴직소득공제를 한 금액이다(소득세법 제14조, 제48조). 퇴직급여는 근속에 대한 보상적 성격을 띤 것이므로 근로소득과 유사하나, 퇴직급여의 일시지급으로 인하여 누진종합과세한다면 조세부담이 과중해지기 때문에 소득세법은 종합소득과는 별도로 분리해서 기본세율을 적용하는 외에 퇴직소득공제를 인정하고 있다. 퇴직소득이 있는 거주자에 대하여는 퇴직소득금액의 100분의 40에 상당하는 금액과 근속연수에 따라 정한 금액을 순차로 공제한다(소득세법 제48조 제1항). 해당 연도의 퇴직소득금액이 퇴직소득공제 금액에 미달하는 경우에는 그 퇴직소득금액을 공제액으로 한다(제2항).

퇴직소득세 산출방법은 해당연도의 과세표준을 근속연수로 나눈 금액에 종합소득의 세율을 적용하고, 다시 근속연수를 곱한 금액을 세액으로 한다(소득세법 제55조 제2항). 따라서 원칙적으로 퇴직소득세 세율은 종합소득세 세율과 동일하다.

아) 양도소득

양도소득세 산출방식을 도표로 정리하면 아래와 같다.

[양도소득세 산출방식]

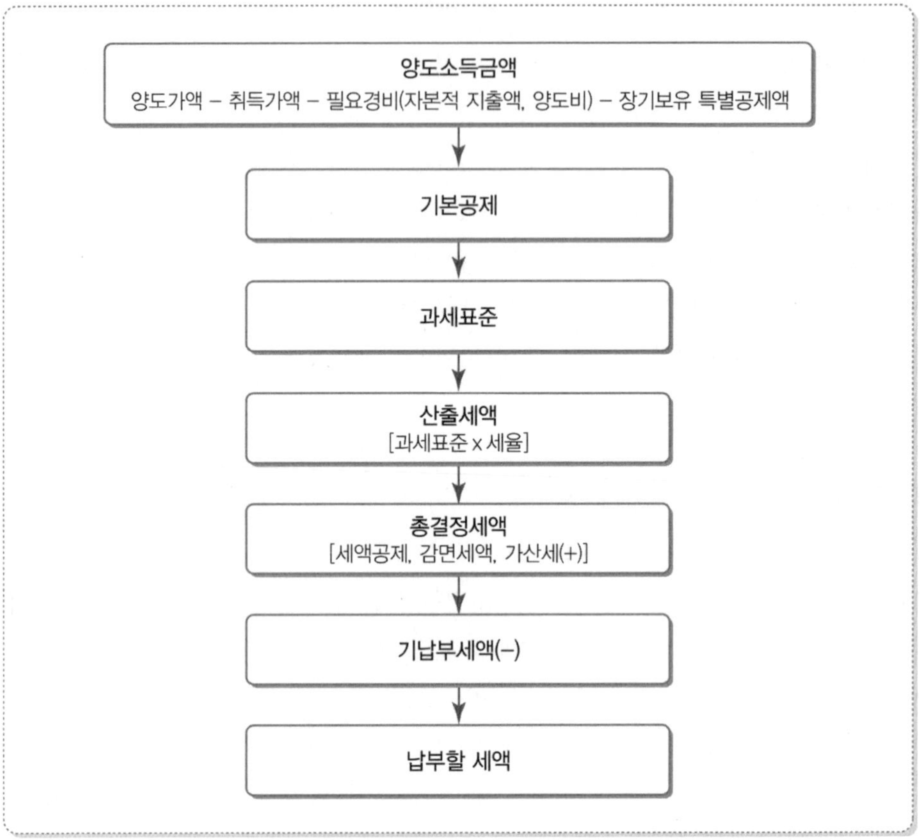

이하에서 양도소득세액 산출방법에 대하여 간략하게 설명하도록 한다. 양도소득이란 재고자산 이외의 자산의 양도로 인하여 발생하는 양도차익으로 이루어지는 소득이다. 양도소득의 과세대상이 되는 자산은 ① 토지와 건물, ② 특정의 부동산에 관한 권리, ③ 주권상장법인의 주식 또는 출자지분으로서 대주주가 양도하는 주식 또는 출자지분, ④ 비상장법인의 주식 또는 출자지분, ⑤ 기타자산으로 대별할 수 있다(소득세법 제94조). 양도라 함은 자산에 대한 등기·등록에 관계없이 매도·교환·법인에 대한 현물출자 등으로 인하여 그 자산이 유상으로 사실상 이전되는 것을 말한다(소득세법 제88조 제1항 본문). 유상양도만을 의미하므로 증여나 상속과 같은 무상이전은 제외된다.

양도소득 과세표준은 토지, 건물, 부동산에 관한 권리, 기타 자산 등에 대한 양도소득금액에서 양도소득기본공제(소득별로 연 250만 원)를 차감하여 계산한다(소득세법 제103조 제1항). 양도소득금액은 양도소득의 총수입금액(양도가액)에서 필요경비를 공제한 금액인 양도차익에서 다시 장기보유특별공제액을 공제하여 계산한다(소득세법 제95조 제1항).[140] 양도차익은 양도가액에서 취득가액 등의 필요경비를 공제하여 계산한다. 양도차익의 계산에 있어서 양도가액에서 공제할 필요경비에는 취득가액[141], 자본적 지출액[142] 및 양도비가 포함된다(소득세법 제97조 제1항). 타인으로부터 매입한 자산인 경우의 실지거래가액에는 매입가액에 취득세, 등록세 기타 부대비용을 가산한 금액으로 한다(소득세법 시행령 제163조 제1항 제1호 및 제89조 제1항 제1호).

부동산 양도가액과 관련하여 2007.1.1. 이후부터는 모든 자산에 대하여 양도소득세 과세는 실지거래가액을 기준으로 하도록 되어 있다. 주식 등과 기타 자산을 양도하는 경우에도 실지거래가격에 의한다. 그리고 실지거래가격을 알 수 없는 경우에는 매매사례가액, 감정가액, 환산가액(취득가액에 한한다), 기준시가에 의하여 양도차익을 추계한다. 한편 양도차익을 계산함에 있어서는 동일기준의 원칙이 적용된다. 즉 양도차익을 계산함에 있어서 양도가액을 실지거래가액(소득세법 제96조 제3항에 따른 의제실지거래가액 및 제114조 제7항에 따라 매매사례가액·감정가액·환산취득가액이 적용되는 경우 그 매매사례가액·감정가액·환산취득가액 등을 포함한다)에 따르고, 양도가액을 기준시가에 따를 때에는 취득가액도 기준시가에 따르게 되어 있다(소득세법 제100조 제1항 본문).

기준시가란 토지·건물 등과 같은 자산의 양도가액과 취득가액을 계산하기 위한 기준이 되는 가액으로서, 국세청장 등이 결정한 가격 또는 일정한 방법에 따라서 평가한 가격을 말한다. 기준시가 유형으로는 부동산 가격공시에 관한 법률의 규정에 의한 개별공시지가, 납세지 관할세무서장이 평가한 금액 또는 국세청장이 고시한 배율방법에 의하여 평가한 가액(토지), 국세청장이 산정·고시한 가액(건물, 공동주택 등과 부동산을 취득할 수 있는 권리 등)으로 대별할 수 있다(소득세법 제99조). 기준시가는 양도소득세는 물론 법인세, 상속세, 증여세 및 부가가치세 등의 과세표

140) 양도소득과세표준＝양도소득금액－양도소득기본공제(연 250만 원)
양도소득금액＝양도차익－장기보유특별공제
양도차익＝양도가액－필요경비

141) 취득가액에는 취득세와 등기비용, 법무사 수수료, 부동산 매수를 위한 컨설팅 비용, 소송비용 등도 이에 해당한다.

142) 베란다 샤시, 거실 확장공사비, 난방시설 교체비 등 건물의 용도변경 또는 대수선 공사비용이 이에 해당하고, 벽지, 장판, 싱크대 교체비용, 오피스텔에 설치하는 비품구입비, 임대용 건물의 내장공사비 등은 이에 해당하지 않는다.

준을 산정하는 기준이 된다.

양도소득에 대한 소득세는 종합소득, 퇴직소득에 대한 소득세와는 구분하여 별개의 세액으로 계산한다(소득세법 제4조, 제15조 및 제93조). 양도소득에 대한 소득세 산출도 종합소득 등에 대한 소득세 산출과 마찬가지로 세액의 산출기준에 따라 산출세액, 결정세액 및 총결정세액으로 구분하여 계산한다(소득세법 제93조). 양도소득세액 계산은 양도소득금액에서 양도소득 기본공제를 하여 산출된 양도소득 과세표준에 소득세법 제104조에 규정된 각종 다양한 형태의 기본세율을 곱하여 양도소득 산출세액을 계산한다(소득세법 제93조 제1호). 이와 같은 계산을 통하여 산출된 양도소득 산출세액에서 소득세법 제90조에 규정되어 있는 감면세액을 공제하여 양도소득 결정세액을 계산하면 된다(소득세법 제93조 제2호). 마지막으로 양도소득 결정세액에 가산세를 가산하여 양도소득 총결정세액을 계산한 다음 선양도한 자산에 대한 기납부세액이 있으면 이를 공제하면 최종적으로 납부할 세액이 결정된다(소득세법 제93조 제3호). 가산세에는 감정가액 또는 환산취득가액 적용에 따른 가산세(법인세법 제114조의2), 신고불성실가산세와 납부불성실가산세 등(국세기본법 제47조의2 내지 제47조의4)이 있다.

양도소득세의 세율은 과세대상자산에 따라 누진세율 적용대상 자산(토지 건물 부동산에 관한 권리 및 기타자산, 종합소득세율이 적용)과 비례세율 적용대상 자산(토지·건물과 부동산의 보유기간과 비사업용 토지 및 미등기양도자산의 해당 여부에 따라 세율이 별도 규정) 두 가지가 있다. 주식 등에 대하여는 주식 종류와 대주주 여부, 보유기간 등에 따라 10% 내지 30% 세율이 적용된다. 이에 대하여는 소득세법 제104조 제1항 제1호 내지 제14호에서 상세하게 규정되어 있다.

자) 종합소득

① **과세표준 계산방법**: 종합소득세 산출방식을 도표로 정리하면 아래와 같다.

[종합소득세 산출방식]

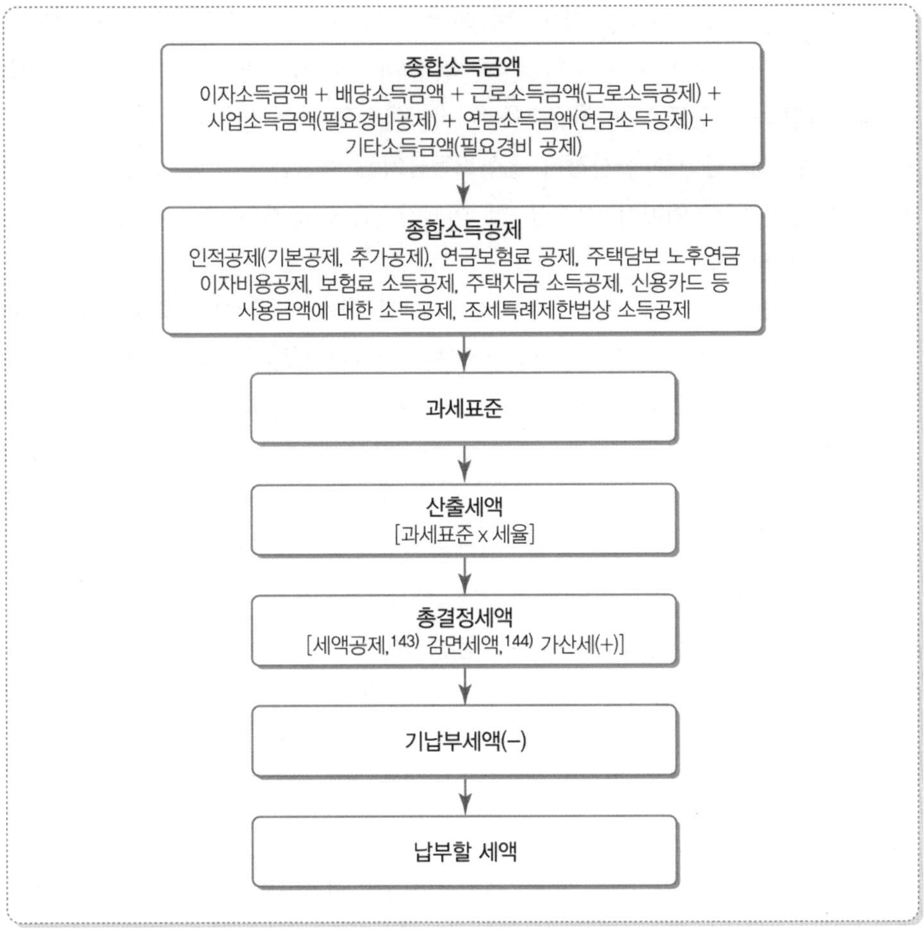

이하에서 종합소득세액 산출방법에 대하여 간략하게 설명하도록 한다. 소득세의 과세표준은 종합소득, 퇴직소득 및 양도소득으로 구분하여 계산한다. 종합소득금액은 각 소득별로 총수입금액에서 필요경비를 공제하여 산출한다. 종합소득 중 사업소득과 기타소득은 그 총수입금액과 이에 소요된 필요경비가 있으면 이를 공제하여 소득금액을 산출하고, 이자소득, 배당소득, 근로소득, 연금소득에는 그 성격

143) 세액공제 항목으로는 자녀 세액공제(7세 이하 자녀 1명 연 15만 원, 2명 30만 원, 3명 이상은 연 30만 원과 2명을 초과하는 1명당 연 30만 원을 합한 금액), 재해손실세액공제, 보장성 보험료 공제(연 100만 원 한도, 12%), 의료비 공제(연 700만 원 한도, 15%), 교육비 공제(취학전, 초중고 연300만 원, 대학생 700만 원, 대학원생 공제제외), 기부금 공제 등이 이에 해당한다.

144) 조세특례제한법 제7조의 중소기업에 대한 특별세액감면이 이에 해당한다.

상 필요경비가 없다. 종합소득세는 기간과세의 원칙에 따라 과세기간 단위로 과세표준을 산정하고 누진세율을 적용하여 과세하므로 어떤 수입금액이 어느 연도에 귀속되는지를 잘 검토하여 총수입금액을 결정해야 한다. 종합소득은 이자소득, 배당소득, 사업소득, 근로소득, 연금소득, 기타소득으로 구분하여 위와 같이 각 소득별로 산출된 소득금액을 합산하여 종합소득금액을 계산한다(소득세법 제14조 제2항). 종합소득 과세표준은 종합소득금액에서 결손금 및 이월결손금을 공제한 후, 종합소득공제를 차감하여 계산한다.

② **결손금 및 이월결손금 공제**: 종합소득금액을 계산한 후 그 종합소득금액에서 사업소득에서 발생한 결손금 및 이월결손금을 공제한다(소득세법 제45조). 결손금이란 필요경비가 총수입금액을 초과하는 경우 그 초과하는 금액을 말한다. 그 결손금은 사업자가 비치·기록한 장부에 의하여 증명된 것이어야 한다. 결손금은 사업소득·기타소득에서 발생할 수 있으나, 사업소득에서 발생한 결손금에 대해서만 공제를 인정하고, 기타소득에 대해서는 결손금 공제를 인정하지 않는다. 반면 사업소득·기타소득 이외의 소득은 필요경비가 총수입금액을 초과할 수 없으므로 결손금이 발생하지 않는다. 한편 이월결손금이란 부동산 임대업을 영위하는 거주자가 해당 과세기간의 소득별 소득금액을 계산함에 있어서 발생한 소득별 결손금과 그 밖의 사업소득금액을 계산함에 있어서 발생한 결손금으로서 해당 과세기간의 종합소득 과세표준의 계산에 있어서 공제하고 남은 결손금을 말한다(소득세법 제45조 제2항, 제3항).

각 소득별 결손금은 해당 이월결손금이 발생한 연도의 종료일로부터 15년 이내에 종료하는 과세기간의 소득금액을 계산함에 있어서 해당 소득별로 이를 공제한다. 이 경우 부동산 임대업에서 발생한 이월결손금은 해당 소득금액에서 각각 공제하여야 하지만, 그 밖의 사업소득에서 발생한 이월결손금은 종합소득 과세표준을 계산할 때 사업소득금액·근로소득금액·연금소득금액·기타소득금액·이자소득금액·배당소득금액에서 순서대로 공제한다(소득세법 제45조 제1항, 제3항).

③ **종합소득공제**: 종합소득공제란 종합소득금액에서 일정액을 차감함으로써 세부담을 덜어주는 제도로서, 소득금액이 존재하더라도 생계를 유지하기 위한 최소한의 비용에 대해서는 세금을 부과하지 않겠다는 넓은 의미의 세금감면 제도이다.

동일한 소득을 얻은 자라도 부양가족의 수가 많거나 사회보장제도를 세제 면에서 지원할 필요가 있는 경우에는 종합소득공제를 통해 세 부담을 경감시켜 준다. 전자에 해당하는 공제는 인적공제로 기본공제[145]와 추가공제[146]가 있고, 후자에 해당하는 공제로는 연금보험료공제[147], 주택담보노후연금 이자비용공제[148], 보험료 소득공제[149], 주택자금 소득공제[150], 신용카드 등 사용금액에 대한 소득공제[151] 등이 있다.

④ **납부세액 계산**: 종합소득 과세표준에 세율을 곱하면 종합소득 산출세액이 된다. 소득세율은 과세표준이 높아질수록 세율이 높아지는 누진세율이다. 2021년부터 소득재분배 기능을 강화하기 위해 최고세율을 45%로 인상하였다. 종합소득세 세율은 아래 표와 같다(소득세법 제55조).

종합소득 과세표준	세율
1,200만 원 이하	과세표준의 6%
1,200만 원 초과~4,600만 원 이하	72만 원+(1,200만 원을 초과하는 금액의 15%)
4,600만 원 초과~8,800만 원 이하	582만 원+(4,600만 원 초과하는 금액의 24%)
8,800만 원 초과~1억 5천만 원 이하	1,590만 원+(8,800만 원을 초과하는 금액의 35%)
1억 5천만 원 초과~3억 원 이하	3,760만 원+(1억 5천만 원 초과하는 금액의 38%)
3억 원 초과~5억 원 이하	9,460만 원+(3억 원 초과하는 금액의 40%)
5억 원 초과~10억 원 이하	1억 7,460만 원+(5억 원 초과하는 금액의 42%)
10억 원 초과	3억 8,460만 원+(10억 원 초과하는 금액의 45%)

(나) 법인세

1) 의 의

법인세는 법인의 소득에 대하여 부과되는 국세이다. 법인세 산출방식을 도표로 표시하면 아래와 같다.

---

145) 기본공제는 본인 및 해당 과세기간의 소득금액이 100만 원 이하(근로소득만 있는 경우 총 급여금액이 500만 원 이하)인 배우자, 직계존비속·형제자매(생계를 같이 하는 60세 이상 및 20세 이하)에 대하여 1인당 연간 150만 원이 공제된다.

146) 기본공제에 해당하는 자가 경로우대자 공제(만 70세 이상, 연 100만 원), 장애인 공제(연 200만 원), 부녀자 공제(연 50만 원), 한 부모 공제(연 100만 원)요건을 충족하는 경우에 추가공제한다.

147) 공적연금 관련 법에 따른 기여금, 개인적으로 납입한 연금보험료 전액이 이에 해당한다.

148) 거주자가 주택담보노후연금을 받는 경우에 주택담보노후연금에 대하여 발생한 이자비용, 200만 원, 연금소득금액 중 가장 작은 금액을 공제받을 수 있다.

149) 근로소득이 있는 경우에 건강보험료, 고용보험료 등의 본인 부담부분을 공제받을 수 있다.

150) 무주택 세대의 세대주인 거주자가 근로소득이 있을 경우에 주택청약종합저축에 납입한 금액, 전세보증금 차입금의 원리금 상환액 등에 대하여 공제를 받을 수 있다.

151) 근로소득이 있는 거주자가 체크카드, 현금영수증 발행, 신용카드로 결제한 부분에 대하여 사용 내역 등에 따라 15% 내지 40% 범위 내에서 공제받을 수 있다.

[각 사업연도 소득에 대한 법인세 산출방식]

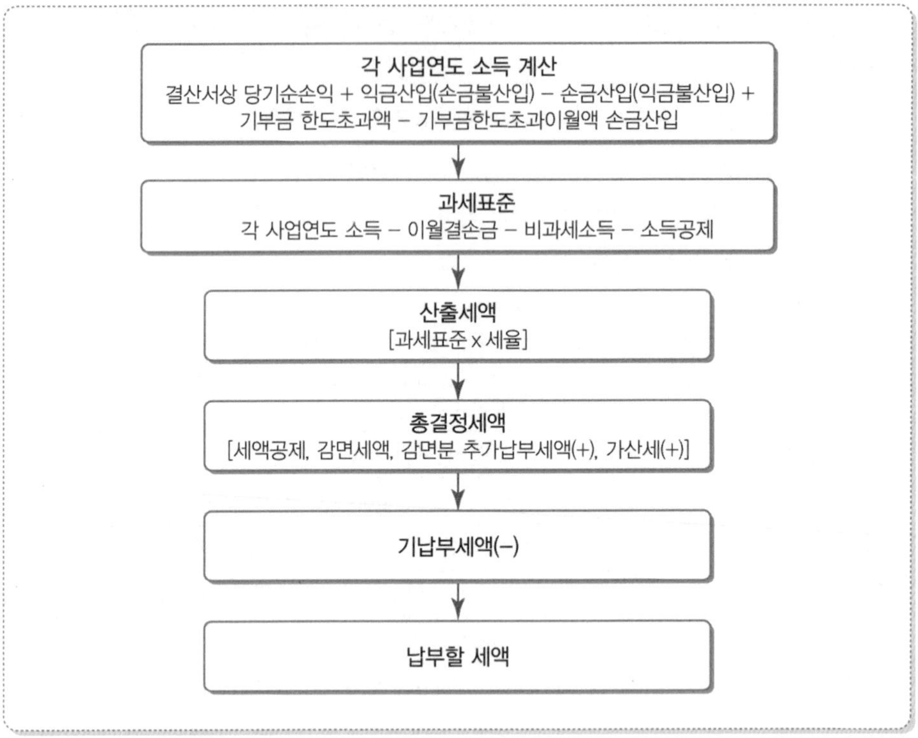

이하에서 법인세 산출방법에 대하여 간략하게 설명하도록 한다. 법인세는 법인이 얻은 소득에 대하여 부과하는 조세이다. 이때 과세대상이 되는 소득은 ① 각 사업연도의 소득, ② 청산소득, ③ 법인세법 제55조의2에 따른 토지 등 양도소득이다(법인세법 제4조).

각 사업연도의 소득은 각 사업연도별로 귀속되는 익금의 총액에서 손금의 총액을 뺀 금액으로 하고 있다(법인세법 제14조). 법인세법 제15조와 제19조에서 각기 익금과 손금에 관하여 규정하고 있다. 익금은 해당 법인의 순자산을 증가시키는 거래로 인하여 발생하는 이익 또는 수입(이하 '수익'이라 한다)의 금액을 말하고, 자본 또는 출자의 납입과 세법에서 특별히 규정하는 익금불산입 항목을 제외한다(법인세법 제15조). 주요 익금항목은 법인세법 및 같은 법 시행령에 열거되어 있는데, 열거된 항목 이외에 '그 밖의 수익으로서 그 법인에 귀속되었거나 귀속될 금액'까지 익금으로 규정함으로써 순자산을 증가시키는 거래를 포괄적으로 익금의 범위에 포함시키고 있다(법인세법 시행령 제11조 각호 참조). 따라서 상품의 판매, 기타 자산의 양도, 역무의 제공, 수증 등 기업이 대외적 거래에 의하여 수수하는 각종의 수익은 물론, 타인의 불법행위로 인하여 받은 손해배상, 토지수용으로 인한 손실보상금 등도 모두 익금에 해당하고, 그 원인행위가 무효이거나 위법하더라도 법인이 경제적으로 그 이익을 향유하는 한 익금에 해당한다. 또한 소득의 성질이 기타소득이라 하더라도 법인의 소득으로 과세된다. 한편, 법인세법에서는 이론상 또는 조세정책상의 이유로 순자산을 증가시킴에도 익금으로 산입하지 않는 익금불산입 규정을 두고 있는데, 자본거래로 인한 수익의 익금불산입 등이 이에 해당한다.

손금은 해당 법인의 순자산을 감소시키는 거래로 인하여 발생하는 손실 또는 비용(이하 '손비'라 한다)의 금액을 말하나, 자본 또는 출자의 환급, 잉여금의 처분과 세법에서 특별히 규정한 손금불산입 항목을 제외한다(법인세법 제19조 제1항). 또한 손금은 법인의 사업과 관련하여 발생하거나 지출된 손실 또는 비용으로서 일반적으로 인정되는 통상적인 것이거나 수익과 직접 관련된 것(법인세법 제19조 제2항)이어야 한다고 규정하고 있어 손금 해당기준으로 '사업관련성', '통상성' 내지 '수익성'을 제시하고 있다. 법인세법은 무한정 손금으로 인정하지 않고 그 수입금액에 비례하여 설정된 한도범위 내에서만 손금으로 인정하는 접대비 한도(법인세법 제25조 제4항)와 같이 불필요한 지출을 억제하고 과다한 비용을 상당부분 손금으로 인정하지 아니하는 경우가 많으므로 회계상의 비용보다 범위가 좁은 면이 있으나, 반면에 기업회계기준에서 비용으로 보지 아니하는 준비금 등을 손금으로 인정하기도 한다. 법원도 "통상적인 비용이란 납세의무자와 같은 종류의 사업을 영위하는 다른 법인도 동일한 상황 아래에서는 지출하였을 것으로 인정되는 비용을 말한다. 따라서 사회질서에 심히 반하는 뇌물 등 위법비용은 통상성이 인정되지 않으므로 손금으로 인정되지 않는다"라고 판시[152]하여 위법비용에 대하여 통상성 요건불비를 이유로 손금성을 제한하고 있다.

또한 법인세법은 위와 같은 기본적 손금요건을 갖추고 있는 손금이라고 하더라도, 조세정책상 이유로 다양한 손금불산입 규정을 두고 있다. 법인이 지배주주인 임·직원에게 정당한 사유 없이 동일 직위에 있는 다른 임·직원에게 지급하는 금액을 초과하여 보수를 지급한 경우 그 초과금액은 과다경비로 보아 손금에 산입하지 아니한다(법인세법 제26조, 법인세법 시행령 제43조).

법인세법은 과세표준확정신고시에 기업회계기준을 준용하여 작성한 재무상태표·포괄손익계산서 및 이익잉여금처분계산서(또는 결손금처리계산서)와 세무조정

152) 대법원 2009.11.12. 선고 2007두12422 판결.

계산서, 부속서류, 현금흐름표 등을 제출하도록 하고 있으며, 재무상태표, 포괄손익계산서, 이익잉여금처분계산서(또는 결손금처리계산서) 및 세무조정계산서를 첨부하지 않은 법인세 신고는 적법한 신고로 보지 아니한다(법인세법 제60조 제2항, 제5항, 법인세법 시행령 제97조 제4항, 제5항). 기업이익은 회계장부를 근거로 작성된 재무제표상의 당기순이익, 즉 총수익에서 총비용을 공제한 금액이고, 법인세는 이 기업이익에 세법상 가감조정하여 과세대상으로 한다.[153]

2) 세무조정

법인세법상 세무조정이란 법인세 신고과정에서 기업회계상의 당기순이익에 익금산입 및 손금불산입사항과 손금산입 및 익금불산입사항을 가감조정함으로써 세무회계상의 과세소득을 산출하는 절차를 말한다.

각 사업연도의 소득은 각 사업연도별로 귀속되는 익금의 총액에서 손금의 총액을 뺀 금액이다(법인세법 제14조). 각 사업연도의 소득은 기업회계에 의해 산정된 당기순이익을 기초로 세무조정이라는 과정을 거쳐 계산한다. 익금과 손금은 회계상 수익과 비용에 대응되는 개념이나, 세법상 익금과 손금의 범위는 회계상 수익과 비용의 범위와 일치하지 않는다. 따라서 수익에서 비용을 공제하여 산출한 기업회계의 당기순이익에서 익금산입·불산입, 손금산입·불산입이라는 세법상 세무조정을 거쳐 기업회계상 이익을 법인세법상 소득으로 변환시키는 것이다. 예를 들어, 회계장부상 이익이 아닌데 법인세법상 익금인 경우에는 익금산입하고, 반대로 회계장부상 이익인데 법인세법상 익금이 아닌 경우에는 익금불산입한다. 손금도 마찬가지이다.

그리고 법인세포탈은 통상은 매출누락 또는 비용의 과대계상의 방법으로 이루어지는데, 매출누락의 경우 매출누락분은 익금으로 산입하여야 할 사항을 제외한 것이므로 익금산입하여 과세소득을 산출하고, 비용의 과대계상의 경우 과다계상분은 손금에서 제외되어야 할 사항을 산입한 것이므로 손금불산입하여 과세소득을 계산한다.

---

153) 각 사업연도 법인세 과세소득 계산은
과세소득 = 익금총액 − 손금총액, 익금총액 = 기업의 총수익금 + 익금산입액 − 익금불산입액
손금총액 = 기업의 총손비 + 손금산입액 − 손금불산입액
과세소득 = 기업회계상 당기순이익 + (익금산입액 + 손금불산입액) − (손금산입액 + 익금불산입액)
= 결산서상 당기순이익 + 익금가산액 − 손금가산액이 된다.

3) 과세표준의 계산

각 사업연도의 소득에 대한 법인세의 과세표준은 각 사업연도의 소득 범위에서 이월결손금, 비과세소득금액, 소득공제금액을 차례로 공제한 금액으로 한다(법인세법 제13조 제1항 본문).

결손금이란 그 사업연도에 속하는 손금의 총액이 그 사업연도에 속하는 익금의 총액을 초과하는 경우에 그 초과하는 금액을 말하며, 결손금이 발생한 사업연도 말부터 15년간 이월하여 그 사업연도의 소득에서 공제할 수 있고, 다만 이월결손금은 각 사업연도의 소득의 60%의 범위 내에서만 공제할 수 있다(법인세법 제13조 제1항 단서). 비과세소득이란 순자산의 증가를 가져오는 소득이긴 하나, 조세정책상의 이유로 과세하지 않는 소득이다. 비과세소득은 국가가 과세를 포기한 소득이므로 별도의 신청절차 없이 당연히 과세되지 않는다. 공익신탁법에 따른 공익신탁의 신탁재산에서 생기는 소득이 비과세소득에 해당한다(법인세법 제51조). 소득공제란 조세정책상 이유로 과세대상소득 중 일부를 과세표준 계산시 차감해 주는 것을 말한다. 비과세소득과 달리 소득공제를 받기 위해서는 소득공제를 신청하여야 한다. 유동화전문회사 등에 대한 소득공제가 이에 해당한다(법인세법 제51조의2).

4) 산출세액의 계산

법인세 산출세액은 각 사업연도 소득에 대한 법인세의 과세표준에 세율을 곱하여 계산한 금액(법인세법 제55조의2에 따른 토지 등 양도소득에 대한 법인세액과 조세특례제한법 제100조의32에 따른 미환류소득[154]에 대한 법인세액이 있으면 이를 합한 금액)이 산출세액이 된다. 법인세 세율은 아래 표와 같다(법인세법 제55조).

과세표준	세율
2억 원 이하	과세표준의 10%
2억 원 초과~200억 원 이하	2천만 원+(2억 원을 초과하는 금액의 20%)
200억 원 초과~3천억 원 이하	39억 8천만 원+(200억 원을 초과하는 금액의 22%)
3천억 원 초과	665억 8천만 원+(3천억 원을 초과하는 금액의 25%)

154) 자기자본이 500억 원을 초과하는 법인(중소기업 제외)이나 상호출자제한기업에 속하는 법인이 기업소득 중 일정 부분 이상을 투자, 임금 또는 배당 등으로 환류하지 아니한 소득이 있는 경우에는 미환류소득에 대한 법인세(세율 20%)를 추가하여 납부하도록 되어 있다.

5) 납부세액의 계산

위와 같이 과세표준에 세율을 곱하여 계산한 '산출세액'에서 세액감면[155]과 세액공제의 혜택을 받게 되는 경우 산출세액에서 감면세액과 세액공제액을 차감한 금액을 '결정세액'이라고 한다. 법인세법상 세액공제는 외국납부세액공제(제57조), 재해손실세액공제(제58조), 사실과 다른 회계처리로 인한 경정에 따른 세액공제(제58조의3)가 있고, 조세특례제한법상 경기부양이나 투자 촉진을 위한 정책적 고려로서 세액공제가 넓게 인정되고 있다.

이처럼 세액공제를 통해 조세를 감면해주더라도 최소한의 세금은 납부하도록 할 필요가 있는데, 이를 '최저한세'라고 한다. 세액감면이나 세액공제로 인하여 납부할 세액이 최저한세에 미달하는 경우에는 최저한세까지만 세액감면이나 공제를 허용한다. 결정세액은 납세자가 해당 사업연도에 납부하여야 하는 세금의 총액을 의미한다. 법인은 보통 중간예납 또는 원천징수 등을 통하여 사업연도 중에 세금의 일부를 미리 납부하게 되므로, 이러한 기납부세액을 차감한 세액이 최종적으로 납부할 세액이 된다.

(다) 부가가치세

1) 의 의

부가가치세란 상품(재화)의 거래나 서비스(용역)의 제공과정에서 얻어지는 부가가치(이윤)에 대하여 과세하는 세금이며, 사업자가 납부하는 부가가치세는 매출세액에서 매입세액을 차감하여 계산한다. 일반과세자에 대한 부가가치세 산출방식을 도표로 정리하면 아래와 같다.

이하에서 부가가치세 산출방법에 대하여 간략하게 설명하도록 한다. 재화와 용역의 공급에 대한 부가가치세의 과세표준은 해당 과세기간에 공급한 재화 또는 용역의 공급가액을 합한 금액으로 한다(부가가치세법 제29조 제1항). 한편 재화의 수입에 대한 부가가치세의 과세표준은 그 재화에 대한 관세의 과세가격과 관세, 개별소비세, 주세, 교육세, 농어촌특별세 및 교통·에너지·환경세를 합한 금액으로 한다(제2조).

155) 법인세 세액감면으로는 조세특례제한법 제6조에 따른 창업중소기업에 대한 세액감면이 있다.

[일반과세자에 대한 부가가치세 산출방식]

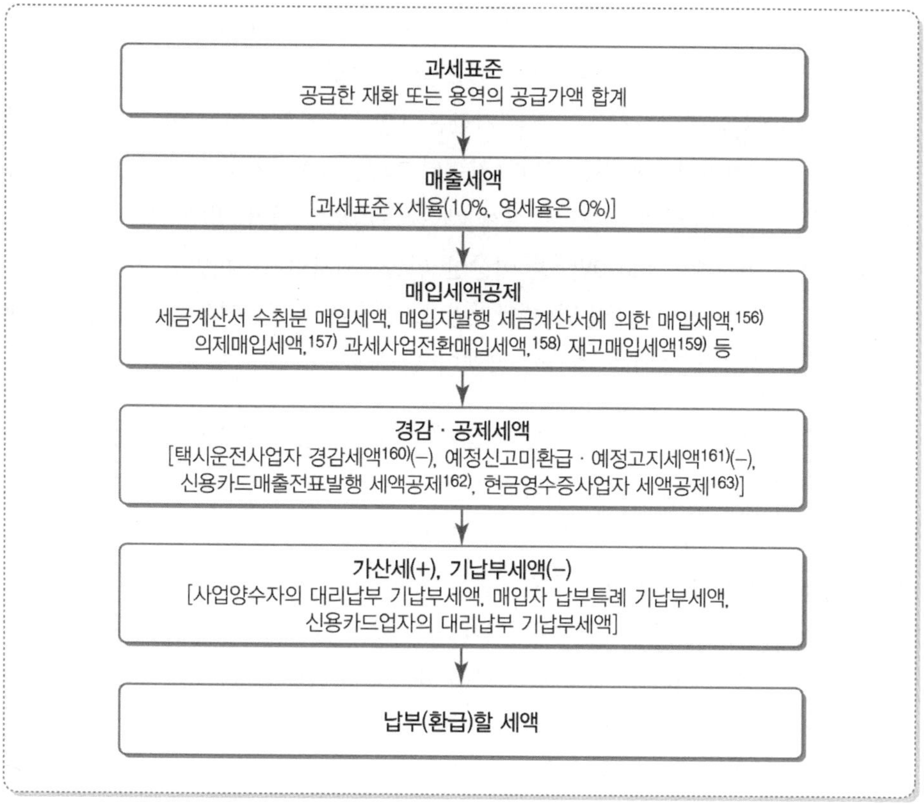

156) 세금계산서 발급의무가 있는 사업자가 재화 등을 공급하고 그에 대한 세금계산서를 발급하지 않는 경우에 재화 등을 공급받은 사업자(매입자)가 관할세무서장의 확인을 받아 세금계산서를 발급할 수 있는 제도이다.

157) 사업자가 부가가치세 면세 물품인 농산물, 축산물, 수산물, 임산물을 원재료로 하여 제조 또는 가공한 재화를 공급하거나 용역을 창출하여 부가가치세가 과세되는 경우, 매입금액의 일정비율을 매입세액으로 공제하여 주는 것으로 주로 음식점업과 제조업자를 위한 제도이다.

158) 면세사업에 사용하던 재화를 과세사업 또는 과세·면세사업에 공통으로 사용하는 경우에 부가가치세 신고시 매입세액 불공제 제도에 따라 공제받지 못한 금액을 공제받는 제도를 말한다.

159) 간이과세자에서 일반과세자로 전환되는 경우에 간이과세자일 때 일부만 공제받은 매입세액에 대하여 전환일 현재 보유하고 있는 재고품 및 감가상각자산 판매시 적용되는 10%의 부가가치세 차이만큼 추가로 공제해 주는 것을 말한다.

160) 일반택시 운송사업자가 조세특례제한법 제106조의7 규정에 따라 부가가치세를 경감받는 세액을 말한다.

161) 정부정책에 의하여 면제된 예정고지세액을 기납부세액의 성격으로 보아 납부세액에서 차감하거나, 예정신고시에 환급세액이 발생하는 경우에 바로 환급받기 어려우므로 미환급세액을 확정신고시 납부세액에서 공제하는 것을 말한다.

162) 주로 사업자가 아닌 자에게 재화 등을 공급하는 사업장 기준 공급가액 합계액이 10억 원 이하인 일반개인사업자로 신용카드매출전표의 발행분에 대하여 매입세액을 공제하는 제도이다.

163) 직전 연도 재화 등 공급가액 합계액이 10억 원 이하의 개인사업자가 현금영수증을 발행한 경우에 부가가치세 신고시에 연간 1천만 원 한도 내에서 발행금액의 1.3% 세액공제를 하는 것을 말한다.

재화와 용역의 공급가액은 제3항 제1호 내지 제6호에 규정된 가액[164]을 말한다. 그 경우 대금, 요금, 수수료, 그 밖의 어떤 명목이든 상관없이 재화 또는 용역을 공급받는 자로부터 받는 금전적 가치 있는 모든 것을 포함하되, 부가가치세는 포함하지 않는다(제3조). 부가가치세의 과세기간은 1년을 2기로 구분하여, 제1기는 1월 1일부터 6월 30일까지, 제2기는 7월 1일부터 12월 31일까지로 하고 있다. 부가가치세의 세율은 단일 비례세율로서 현재 세율은 10%로 되어 있다(부가가치세법 제30조). 부가가치세는 1년간 매출액이 8,000만 원 이상인 일반과세자와 그 미만인 간이과세자에 따라 세율과 이에 따른 계산방법이 달라진다. 일반과세자의 경우에는 매출세액(매출액의 10%)에서 매입세액을 제외한 금액이 납부세액이 된다.

2) 허위매입세금계산서 등의 경우 매입세액 불공제 및 포탈세액계산 포함 여부

부가가치세법상 매출누락을 목적으로 세금계산서를 교부받지 않고 그 부분에 대하여 무자료로 매입하는 경우와 세금계산서를 교부받더라도 매입처별세금계산서합계표에 기재하여 제출하지 않는 경우 등이 있는데, 이처럼 매입세금계산서를 교부받지 않거나 매입처별세금계산서합계표를 제출하지 않더라도 과세표준 및 납부세액의 계산에 있어서 매입세액 공제를 허용할 것인지가 부가가치세 포탈죄에서 종종 문제된다.

부가가치세법은 세금계산서를 발급받지 않거나 발급받은 세금계산서에 필요적 기재사항의 전부 또는 일부가 기재되어 있지 아니하였거나 사실과 다르게 기재된 경우, 매입처별세금계산서합계표를 제출하지 않거나 제출한 매입처별세금계산서합계표의 기재사항 중 거래처별 등록번호 또는 공급가액의 전부 또는 일부가 기재

---

164) 부가가치세법 제29조(과세표준) ③ 제1항의 공급가액은 다음 각 호의 가액을 말한다. 이 경우 대금, 요금, 수수료, 그 밖에 어떤 명목이든 상관없이 재화 또는 용역을 공급받는 자로부터 받는 금전적 가치 있는 모든 것을 포함하되, 부가가치세는 포함하지 아니한다.

1. 금전으로 대가를 받는 경우: 그 대가. 다만, 그 대가를 외국통화나 그 밖의 외국환으로 받은 경우에는 대통령령으로 정한 바에 따라 환산한 가액
2. 금전 외의 대가를 받는 경우: 자기가 공급한 재화 또는 용역의 시가
3. 폐업하는 경우: 폐업 시 남아 있는 재화의 시가
4. 제10조 제1항 · 제2항 · 제4항 · 제5항 및 제12조 제1항에 따라 재화 또는 용역을 공급한 것으로 보는 경우: 자기가 공급한 재화 또는 용역의 시가
5. 제10조 제3항에 따라 재화를 공급하는 것으로 보는 경우: 해당 재화의 취득가액 등을 기준으로 대통령령으로 정하는 가액
6. 외상거래, 할부거래, 대통령령으로 정하는 마일리지 등으로 대금의 전부 또는 일부를 결제하는 거래 등 그 밖의 방법으로 재화 또는 용역을 공급하는 경우: 공급 형태 등을 고려하여 대통령령으로 정하는 가액

되어 있지 아니하였거나 사실과 다르게 기재된 경우에는 매입세액은 공제되지 아니한다(부가가치세법 제39조 제1항 제1호, 제2호)고 규정하여 세금계산서를 발급받지 않거나 주요 요건이 불비된 세금계산서를 발급받거나 허위 세금계산서를 발급받아 제출 또는 미제출을 한 경우에 매입세액을 미공제하도록 되어 있다.

작성일자가 잘못 기재된 세금계산서와 관련하여 법원은 "세금계산서 작성일자가 속하는 과세기간이 사실상의 거래시기가 속하는 과세기간과 같은 이상, 사실상의 거래시기와 다소 일치하지 않는 세금계산서가 작성되었다 하더라도 그 세금계산서의 기재내용에 의하여 거래사실이 확인되면 그 세금계산서에 기재된 매입세액은 공제되어야 한다"라고 판시[165]하여 동일한 사업연도에 속하는 한 세금계산서상 작성일자 등 사소한 기재오류는 매입세액공제를 허용하여 동일한 사업연도를 전제로 하여 실제 거래사실 여부 및 세금계산서 기재내용을 종합하여 판단하고 있다.

또한 법원은 "부가가치세법에 의하면 사업자가 정부에 납부하여야 할 부가가치세액은 매출세액에서 매입세액을 공제한 금액으로 하되 세금계산서를 교부받지 아니하였거나 교부받은 세금계산서를 제출하지 아니한 경우에는 매입세액을 공제하지 아니하는 것으로 되어 있고(부가가치세법 제39조 제1항), 조세포탈범에 대한 형사절차에서 확정하여야 할 포탈세액은 당해 포탈범에 대하여 부과하여야 할 세법상의 납세의무액수와 그 범위를 같이 하여야 하므로 매입세금계산서를 교부받지 아니하거나 제출하지 아니한 경우, 매입세액을 매출세액에서 공제하지 않고 포탈세액을 인정하여야 한다"라고 판시[166]하여, 실제 부가가치세를 지급하고 물건을 매입한 경우라도 세금계산서를 교부받지 아니하거나 매입처별세금계산서합계표를 제출하지 않았다면 누락된 매출세액 전체에 대해 부가가치세 포탈이 성립한다고 하고 있다.

나아가 법원은 "재화나 용역을 공급하는 사업자가 가공의 매출세금계산서와 함께 가공의 매입세금계산서를 기초로 부가가치세의 과세표준과 납부세액 또는 환급세액을 신고한 경우에는 그 가공의 매출세금계산서상 공급가액에 대하여는 부가가치세의 과세대상인 재화나 용역의 공급이 없는 부분으로서 이에 대한 추상적인 납세의무가 성립하였다고 볼 수 없으므로, 비록 공제되는 매입세액이 가공이라고 하더라도 이러한 경우에는 가공의 매출세액을 초과하는 부분에 한하여 그 가

165) 대법원 1996.6.14. 선고 95도1301 판결.
166) 대법원 2000.2.8. 선고 99도5191 판결.

공거래와 관련된 부가가치세의 포탈이나 부정환급·공제가 있었다고 보아야 한다" 라고 판시[167]하여 부가가치세포탈 성립과 포탈세액 범위를 제시하고 있다.

(라) 상속세

상속세란 피상속인의 사망으로 그 재산이 가족이나 친족 등에게 무상으로 이전되는 경우에 당해 상속재산에 대하여 부과하는 세금을 말한다. 상속세 산출방식을 도표로 정리하면 아래와 같다.

[상속세 산출방식]

상속재산가액
본래의 상속재산(법정상속재산 + 유증재산 + 사인증여재산 + 채무이행 중인 재산[168] + 특별연고자 분여재산[169] 포함) + 추정상속재산[170] + 간주상속재산[171])

↓

상속세과세가액
상속재산가액 – 비과세상속재산가액 – 과세가액 불산입액[172] – 공제금액(공과금 · 장례비 · 채무 공제) + 증여재산가액[173]

↓

과세표준
상속세과세가액 – 상속공제[174] – 감정평가수수료

↓

산출세액
[과세표준 x 세율 + 세대생략 상속할증세액[175]]

↓

결정세액
[증여세액공제, 문화재등징수유예세액(–), 외국납부세액공제, 단기재상속세액공제, 신고세액공제, 가산세(+)]

↓

납부할 세액

---

167) 대법원 2009.12.24. 선고 2007두16974 판결.

168) 상속개시일 전 10년 이내에 피상속인이 상속인에게 증여하거나 상속개시일 전 5년 이내에 피상속인이 상속인이 아닌 자에게 증여하여 그 증여채무이행중 증여자가 사망한 경우의 상속재산가액에 포함된다.

169) 상속인이 없는 경우 피상속인과 생계를 같이 하고 있던 자, 피상속인의 요양간호를 한 자는 법원에 상속분여를 청구하여 상속재산의 전부 또는 일부를 분여받을 수 있고, 나머지는 국가에 귀속된다.

이하에서 상속세 산출 방법에 대하여 간략하게 설명하도록 한다. 상속세는 부과납세방식의 조세로서 과세관청의 부과처분에 의하여 과세표준과 세액이 결정되어 납세의무가 구체적으로 확정된다.

상속세 과세표준은 상속세의 세율을 적용하여 세액산출의 기초가 되는 금액으로서, 무제한 납세의무를 부담하는 거주자와 제한된 납세의무를 부담하는 비거주자에 따라 그 계산방법을 달리한다. 피상속인이 거주자인 무제한 납세의무자는 상속세 과세가액에서 상속세 및 증여세법 제18조 내지 제24조에서 정하고 있는 기초공제, 배우자 상속공제, 그 밖의 인적공제, 금융재산 상속공제, 재해손실 공제, 동거주택 상속공제 등 상속공제액과 상속재산의 감정평가 수수료를 뺀 금액이 과세표준이 된다(상속세 및 증여세법 제25조 제1항). 피상속인이 비거주자인 제한납세의무자의 과세표준은 상속세 과세가액에서 기초공제를 한 금액이 과세표준이 된다. 즉, 기초공제 이외의 인적공제 등 각종 상속공제의 혜택이 주어지지 않는다.

납부하여야 할 상속세는 과세표준에 세율을 적용하여 산출하는데, 구체적 과세표준은 상속세 및 증여세법 제13조 내지 제15조에 의한 과세가액에서 제18조 내지 제24조의 상속공제 금액(과세가액 공제금액)과 대통령령으로 정하는 상속재산 감정평가 수수료를 뺀 금액이다. 상속세 세율은 5단계 초과 누진세율로 되어 있다.[176] 각종 상속공제를 하여 산출된 과세표준이 50만 원 미만인 때에는 상속세를 부과하지 않는다(상속세 및 증여세법 제25조 제2항).

---

170) 피상속인이 처분한 재산가액 및 인출금액이 자산별(① 현금, 예금 및 유가증권, ② 부동산 및 부동산에 관한 권리, ③ 그 밖의 재산)로 1년 이내 2억 원, 2년 이내 5억 원 이상인 경우에 사용용도가 명백하지 않은 경우에 상속추정재산에 해당한다.

171) 상속재산으로 간주하는 피상속인의 재산으로 사망보험금, 피상속인에게 지급될 퇴직금, 신탁재산 등이 이에 해당한다.

172) 과세가액불산입재산은 공익사업 출연재산과 공익신탁재산 등으로 재산의 일부에 대하여만 과세가액에 산입하지 않거나 일정한 조건 아래 다시 과세할 수 있다.

173) 상속개시일 전 10년 이내에 피상속인이 상속인에게 증여한 재산가액과 5년 이내에 피상속인이 상속인이 아닌 자에게 증여한 재산가액을 말한다.

174) 피상속인의 배우자가 살아 있는 한 배우자상속공제 5억 원과 일괄공제 5억 원 등 최소한 10억 원을 상속공제로 받을 수 있는데, 상속공제로는 크게 인적공제인 기초공제, 인적공제(배우자 상속공제, 기타 인적공제), 일괄공제와 물적공제인 가업상속공제, 영농상속공제, 금융재산상속공제, 재해손실공제, 동거주택상속공제 등이 있고, 상속공제는 무제한 인정되는 것이 아니라 상증세법 제24조에서 상속공제종합한도액을 규정하고 있다.

175) 손자가 부모를 생략하고 조모부 또는 외조모부로부터 직접 증여를 받는 경우에는 세대할증과세가 되고, 가산되는 세액은 증여세산출세액에 30%에 상당하는 금액이고, 증여재산가액이 20억 원을 초과하는 경우에는 40%이다.

176) **제26조(상속세 세율)** 상속세는 제25조에 따른 상속세의 과세표준에 다음의 세율을 적용하여 계산한 금액(이하 "상속세산출세액"이라 한다)으로 한다.

(마) 증여세

증여세란 타인(증여자)으로부터 재산을 증여받은 경우에 그 재산을 증여받은 자(수증자)가 부담하는 세금을 말한다. 증여세 산출방식을 도표로 정리하면 아래와 같다.

이하에서 증여세 산출방법에 대하여 간략하게 설명하도록 한다. 증여세도 부과납세방식의 조세로서 과세관청의 부과처분에 의하여 과세표준과 세액이 결정되어 납세의무가 구체적으로 확정된다.

증여세의 과세표준은 상속세 및 증여세법 제55조 제1항의 규정에 의하여, 다음 각호의 어느 하나에 해당하는 금액에서 대통령령이 정하는 증여재산의 감정평가 수수료를 차감한 금액으로 한다.

1. 제45조의2(명의신탁재산의 증여의제)에 따른 명의신탁 재산의 증여의제: 그 명의신탁재산의 금액
2. 제45조의3(특수관계법인과의 거래를 통한 이익의 증여의제) 또는 제45조의4(특수관계법인으로부터 제공받은 사업기회로 발생한 이익의 증여의제)에 따른 이익의 증여의제: 증여의제이익
3. 제1호 및 제2호를 제외한 합산배제증여재산[177]: 그 증여재산 가액에서 3천만 원을 공제한 금액
4. 제1호부터 제3호까지 외의 경우: 제47조제1항[178]에 따른 증여세 과세가액에서 제

과세표준	세 율
1억 원 이하	과세표준의 100분의 10
1억 원 초과 5억 원 이하	1천만 원+(1억 원을 초과하는 금액의 100분의 20)
5억 원 초과 10억 원 이하	9천만 원+(5억 원을 초과하는 금액의 100분의 30)
10억 원 초과 30억 원 이하	2억4천만 원+(10억 원을 초과하는 금액의 100분의 40)
30억 원 초과	10억4천만 원+(30억 원을 초과하는 금액의 100분의 50)

177) 10년 이내에 동일인으로부터 증여받은 경우에도 다른 과세대상 증여재산과 합산하지 않는 재산을 합산배제증여재산이라고 하고, ① 타인의 기여에 의하여 재산가치가 증가하는 경우, ② 전환사채 등이 주식으로의 전환 교환 인수를 함으로써 얻은 이익의 증여, ③ 주식 등의 상장에 따른 이익의 증여, ④ 합병에 따른 상장 등 이익의 증여, ⑤ 재산취득 후 재산가치 증가에 따른 이익의 증여, ⑥ 특수관계법인과의 거래를 통한 이익의 증여의제, ⑦ 특수관계법인으로부터 제공받은 사업기회로 발생한 이익의 증여의제, ⑧ 명의신탁재산의 증여의제, ⑨ 재산취득자금의 증여 추정(2022.1.1.이후 증여분) 등이 이에 해당한다(상속세 및 증여세법 제47조 제1항).

178) **제47조(증여세 과세가액)** ① 증여세 과세가액은 증여일 현재 이 법에 따른 증여재산가액을 합친 금액[제31조 제1항 제3호, 제40조 제1항 제2호 및 제3호, 제41조의3, 제41조의5, 제42조의3, 제45조 및 제45조의2부터 제45조의4까지의 규정에 따른 증여재산(이하 "합산배제증여재산"이라 한다)의 가액은 제외한다]에서 그 증여재산에 담보된 채무(그 증여재산에 관련된 채무 등 대통령령으로 정하는 채무를 포함한다)로서 수증자가 인수한 금액을 뺀 금액으로 한다.

53조(증여재산 공제)[179]와 제54조(준용규정)에 따른 금액을 뺀 금액

[증여세 산출방식]

증여재산가액
본래의 증여재산 + 증여의제재산[180] + 증여추정재산[181]

↓

증여과세가액
비과세재산(−), 과세가액불산입재산(−), 채무인수액(−), 10년 내 재차증여재산가산액[182](+)

↓

과세표준
증여재산공제, 재해손실공제,[183] 감정평가수수료공제

↓

산출세액
[증여세 과세표준×세율+세대생략가산액]

↓

결정세액
[조세특례제한법상 면제세액 등(문화재 등 징수유예세액, 영농자녀 증여세면제), 세액공제, 가산세(+)]

↓

납부할 세액

---

179) **제53조(증여재산 공제)** 거주자가 다음 각 호의 어느 하나에 해당하는 사람으로부터 증여를 받은 경우에는 다음 각 호의 구분에 따른 금액을 증여세 과세가액에서 공제한다. 이 경우 수증자를 기준으로 그 증여를 받기 전 10년 이내에 공제받은 금액과 해당 증여가액에서 공제받을 금액을 합친 금액이 다음 각 호의 구분에 따른 금액을 초과하는 경우에는 그 초과하는 부분은 공제하지 아니한다.
1. 배우자로부터 증여를 받은 경우: 6억원
2. 직계존속[수증자의 직계존속과 혼인(사실혼은 제외) 중인 배우자를 포함한다]으로부터 증여를 받은 경우: 5천만원. 다만, 미성년자가 직계존속으로부터 증여를 받은 경우에는 2천만원으로 한다.
3. 직계비속(수증자와 혼인 중인 배우자의 직계비속을 포함)으로부터 증여를 받은 경우: 5천만원
4. 제2호 및 제3호의 경우 외에 6촌 이내의 혈족, 4촌 이내의 인척으로부터 증여를 받은 경우: 1천만원

180) 증여의제란 세법상 완전포괄주의 과세방식에 따라 경제적으로나 실질적으로 증여와 같은 효과가 있어 증여로 간주되는 것으로, 특수관계인과의 거래를 통한 이익의 증여, 명의신탁재산의 증여의제, 특수관계법인으로부터 제공받은 사업기회로 발생한 이익의 증여의제, 특정법인과의 거래를 통한 증여의제가 이에 해당한다.

181) 증여추정이란 과세관청에서 증여세를 과세하더라도 납세의무자가 반증을 하면 증여로 보지 않는 것으로, 양도자가 특수관계인(양수인)에게 양도한 재산을 그 양수인이 3년 이내에 당초 양도자의 배우자 등에게 다시 양도하면 양수자가 그 재산을 양도할 당시의 재산가액을 그 배우자 등이 증여받은 것으로 추정하거나, 직업, 연령, 소득 등에 비추어 재산의 자력취득이 어려운 경우에 재산

증여세의 과세표준은 증여과세가액과 마찬가지로 재차증여 등 합산과세[184]할 특별한 경우가 아닌 한 증여행위별, 증여자별로 분리하여 산정한다[185]. 산정된 과세표준 금액이 50만 원 미만인 때에는 증여세를 부과하지 않는다(상속세 및 증여세법 제55조 제2항). 증여세율은 상속세율과 동일하다. 납부할 증여세는 상속세 및 증여세법 제55조에 따른 과세표준에 증여세 세율을 적용하여 계산한 금액으로 한다.

(3) 과세표준 및 납부세액 계산 관련 쟁점

(가) 매출누락에 대응하는 손금(필요경비) 존재 사실에 대한 입증책임 및 방법

1) 의 의

납세의무자가 매출을 누락하여 신고하였다가 이후 과세관청의 조사에 의해 매출누락이 발견된 경우에 비로소 그 누락매출에 대응하는 손금 또는 필요경비를 주장하면서 포탈세액에서 공제를 요구하는 경우가 종종 발생한다. 원칙적으로 손금 또는 필요경비는 과세표준의 신고 시에 전부 신고하도록 되어 있어, 매출누락

취득자금 증여추정 등이 이에 해당한다.

182) 금년에 1억 원을 증여받고, 내년에 또 1억 원을 받는다면 마지막 증여받은 금액을 기준으로 과거 10년 간 증여받은 금액을 합산하여 증여세를 계산하고, 기존에 낸 세금만큼은 기납부세액으로 이중과세를 방지하기 위하여 차감하는 계산방식을 취하고 있다.

183) 상속세와 마찬가지로 증여개시 후 6개월 이내에 재난으로 증여재산이 멸실되거나 훼손된 경우에는 그 손실가액을 과세가액에서 공제한다.

184) 합산과세시 동일인의 범위

증여자	10년 이내 증여자	법률적 관계	합산여부
부	모	부부	○
부	모	이혼 또는 사별	×
(외)조부	(외)조모	부부	○
부	조부		×
조부	외조부		×

185) 동일인 증여재산 합산과세란 해당 증여일 전 10년 이내에 동일인으로부터 받은 증여재산가액을 합친 금액이 1천만 원 이상인 경우에는 그 가액을 증여세 과세가액에 가산하는 제도이다. 예를 들어, (손)자가 동일인 합산과세 범위에 포함되지 않는 조부와 부로부터 각 1억5천만 원을 증여받은 경우에 증여세를 가장 적게 납부하기 위하여는 증여공제 5천만 원은 할증세율이 부과되는 조부로부터 받는 증여재산에서 공제하고, 나머지 증여재산에 대하여 할증세율 가산하여 계산하고, 부로부터 받은 증여재산에 대한 증여세를 계산하여 합하면, 즉, 1억 원(증여가액)×10%(증여세율)×1.3(할증세율)×0.97(자진신고 공제세율 3%)+(1억 원×10%+5천만 원×20%)×0.97=3,201만 원이 (손)자가 납부해야 하는 증여세가 되고, 동일인 합산과세 범위에 포함되는 부와 모로부터 각 1억5천만 원을 증여받은 경우에는 증여공제 5천만 원을 부모 중 한 사람으로부터 공제한 다음에 동일인에 포함된 부모의 증여재산 모두를 합한 2억5천만 원에 대한 증여세, 즉, 1억 원×10%(증여세율)+1억5천만 원×20%(증여세율)=4,000만 원×0.97=3,880만 원이 자가 납부해야 하는 증여세가 된다.

과 동시에 그에 따른 비용이 누락되었다면 이는 납세의무자의 귀책사유에 의한 것이므로 신고누락된 매출에 대한 손금 또는 필요경비가 실제 소요된 사실은 이를 주장하는 납세의무자가 입증하여 그에 따른 손금성을 인정받아야 한다.

법원도 법인세 부과처분 취소사건에서 "매출납세의무자가 법인세의 과세표준 등 신고에 있어 신고누락한 매출액 등의 수입이 발견되면 과세관청으로서는 그 누락된 수입을 익금에 산입할 수 있고, 만약 납세의무자가 과세표준 등 신고에 있어 익금에 산입될 수입의 신고만을 누락한 것이 아니라 손금에 산입될 비용에 관하여도 신고를 누락한 사실이 있는 경우에는 그와 같이 비용을 신고누락하였다는 사실에 관하여는 그 비용의 손금 산입을 주장하는 자의 입증에 의해 비용의 존재와 비용액을 가려야 할 것이며, 그와 같은 입증이 없는 이상 사실상 그와 같은 별도 비용은 없다고 할 수 있을 것이고, 이 경우 총손금의 결정방법과는 달리, 그 수입누락 부분에 대응하는 손금만을 실지조사가 아닌 추계조사방법에 의하여 산출·공제할 수는 없다"라고 판시[186]하여 누락수입에 대응하는 비용의 신고누락에 대한 입증책임은 납세의무자에게 있고, 누락수익에 대응하는 손금만을 추계조사방법으로 산출·공제할 수 없다고 하고 있다.

또한 법원은 "투전기업소를 경영하는 자가 국세청에서 작성된 현금수입업종 지역별 시설등급별 1일 수입금액 산정표에 따라 부가가치세의 과세표준과 납부세액을 신고납부하는 경우, 위 산정표는 사업자가 신고하여야 할 수입금액의 하한선을 정한 것으로 기준 이상의 수입금액을 신고한 사업자에 대하여는 더 이상 세무조사를 하지 않고 종결처리하여 주는 것에 불과하지, 그 이상의 수입금액이 있는 경우에도 그 기준을 초과하는 수입금액에 대하여는 납세의무를 면제하여 준다는 관행이 성립된 것으로 보이지 아니하므로, 위 산정표상의 기준을 초과하여 수입금액을 신고하였다고 하더라도 실제수입금액을 누락하여 신고한 사실이 밝혀진 이상 그 누락된 부분에 관하여는 조세포탈죄가 성립한다"라고 판시[187]하여 이러한 입증책임 원리는 조세포탈사건에서도 동일하게 적용된다고 하고 있다.

186) 대법원 1999.11.12. 선고 99두4556 판결; 대법원 2001.4.24. 선고 2000두9526 판결; 대법원 2003.11.27. 선고 2002두2673 판결; 대법원 2011.1.27. 선고 2010도13764 판결 등.
187) 대법원 1994.6.28. 선고 94도759 판결.

2) 대표적 사례[188]

가) 공소사실 요지 및 쟁점

① 공소사실 요지: 피고인 A는 개인병원 원장으로 일부 수술비 수익을 차명계좌를 통해 누락·은닉한 채 피고인 명의 통장에 입금된 금액만 신고함으로써 부정한 방법으로 종합소득세를 포탈하였다.

② 쟁 점: 과세관청은 피고인이 차명계좌를 통하여 매출누락한 진료비 등을 반영하여 종합소득세를 재산정하면서 매출신고누락 부분에 대응하는 재료비 등 필요경비에 대하여 구체적인 증빙이 없다는 등의 이유로 비용 부인을 한 것이 정당한지 여부와 증빙이 없는 경우 필요비용 산정방법의 적정성 및 입증책임 소재 여부이다.

나) 피고인 주장 사실 요지[189]

① 이 사건에 대한 조세행정소송에서 과세관청은 피고인이 이 사건 차명계좌를 통하여 수령한 진료비 등을 반영하여 종합소득세를 재산정하면서 구체적 증빙이 없다는 등의 이유로 수술에 필수적으로 소요되는 재료비를 주요경비로 인정하지 아니하였다. 그러나 형사사건인 조세포탈죄 구성요건에 대한 입증책임은 검사에게 있고, 조세행정사건에서의 과세관청보다 조세포탈사건에서의 검사는 포탈세액 등에 관하여 더 엄격한 증명책임을 부담한다. 따라서 관련 조세행정사건에서 확정된 세액과 조세포탈사건에서 인정되는 포탈세액은 부합하지 않을 수 있다. 더구나 포탈세액에 따라 특가법 또는 조세범처벌법으로 구성요건이 달라지는 경우에는 죄형법정주의 원칙이나 책임없는 자에게 형벌을 부과할 수 없다는 형사법의 기본원리인 책임주의 원칙상 검사가 더욱 엄격한 증명책임을 부담해야 한다.

② 행정소송법상 취소판결의 기속력은 인용판결이 확정된 경우에 한하여 인정되고 기각판결에는 인정되지 않는다. 따라서 조세행정소송에서 확정된 납세의무액보다 적은 금액으로 포탈세액을 인정하거나 무죄판결을 선고하는 것은 취소판결의 기속력에 반하지 않는다.

③ 이 사건에서 재료비가 소요된 사실은 분명하므로, 검사가 소요된 재료비 액

---

188) 서울고등법원 2021.5.12. 선고 2020노1398 판결(1심판결: 서울중앙지방법원 2020.7.17. 선고 2015고합1201 판결) 피고인 상고포기로 확정되었다.

189) 이 사안은 원심판결에 대하여 피고인이 항소를 한 사안으로 원심은 이 건 고발과 함께 부과처분된 종합소득세에 대한 행정소송 결과를 근거로 대부분 법원의 직권판단에 의하여 유죄 선고를 하여 검사의 주장 내용이 거의 없었던 사안이므로 별도로 검사의 주장 요지를 기재하지 아니한다.

수를 입증하여 결과적으로 공소제기된 포탈세액 전체를 입증하여야 하며, 재료비 지출에 대한 증빙이 없다는 이유로 조세행정사건에서와 같이 추계방식에 의하여 포탈세액을 산정하는 것은 형사사건에서의 입증책임의 원칙이나 책임주의 원칙에 반하다.

④ 피고인이 위 재료비와 관련하여 공제되어야 하는 주요 경비에 상응하는 조세포탈액에 대하여는 조세포탈의 고의가 있다고 할 수 없다.

다) 법원의 판단

① “납세의무자에 대한 조세포탈의 형사 피고사건이 계속 중 포탈세액에 관한 부과처분을 취소하는 행정판결이 확정된 이상 형사재판에서 별도로 행정판결과 모순·저촉되는 납세의무범위를 확정할 수 없다(대법원 1982.3.23. 선고 81도1450 판결)”라는 판결과 “일반적으로 조세포탈범에 대한 형사절차에서 확정하여야 할 포탈세액은 결국 당해 포탈범에 대하여 부과되어야 할 세법상의 납세의무액수와 그 범위를 같이 하여야 할 것이다(대법원 1988.3.8. 선고 85도1518 판결)”라는 판결, 그리고 “과세관청이 실지조사방법에 의하여 거주자 또는 법인의 소득에 대한 과세표준과 세액을 결정하면서 당해 거주자 또는 법인의 당초 신고에서 누락된 수입금액을 발견한 경우에, 누락수입에 대응하는 비용에 관한 신고를 누락하였다고 하여 그 공제를 받고자 한다면 그 비용의 필요경비 또는 손금 산입을 구하는 납세의무자가 스스로 그 누락사실을 주장·입증하여야 한다(대법원 2011.1.27. 선고 2010도13764 판결)”라는 판결 내용을 전제로 아래와 같이 이 사건을 판결하였다.

② 조세포탈죄의 구성요건은 세법상의 납세의무의 존재와 범위를 전제로 한다. 따라서 검사는 이에 대한 입증책임을 부담한다 할 것인데, 세법상 납세의무의 존재와 범위에 관한 확정된 행정판결이 있는 경우 검사는 이에 관한 자료를 제출하는 방식으로 세법상의 납세의무의 존재와 범위를 증명할 수 있다.

③ 행정판결은 기준경비율 제도하에서 주요 경비의 존재를 객관적인 증빙에 의하지 아니하고 통계에 의한 평균치나 감정 등에 의한 추정치로 증명하는 것이 허용될 수 없다는 취지에서 피고인의 재료비를 필요경비로 공제되어야 한다는 주장을 배척하였다. 이와 같은 법리는 조세포탈의 액수가 문제되는 형사사건인 이 사건에서도 마찬가지라 할 것이다.

④ 구 소득세법 시행령 제143조 제3항 제1호 가목은 ‘증빙서류에 의하여 지출하였거나 지출할 매입비용’만을 주요 경비로 인정하고 있고, 관련 고시에 매입비용에 대한 증빙서류로, 세금계산서, 계산서, 신용카드매출전표, 영수증 등 실제 금

전거래가 있었음을 직접적으로 '증빙'하는 자료만을 들고 있어, 사실조회 회신결과나 감정결과 등 사후적으로 금전거래를 추정하는 형태의 자료가 위 소득세법 시행령 규정의 '증빙서류'에 해당한다고 볼 수 없다.

⑤ 관할 세무서가 피고인이 신고한 매입비용과 세무조사에서 인정된 매입비용, 그리고 기준경비율에 의한 경비, 관련 행정사건에서 피고인이 주장하는 재료비 중 구체적인 증빙자료를 제출한 부분에 대하여 추가로 주요 경비로 인정하였으므로, 피고인이 주장하는 재료비를 주요 경비로 공제하지 아니하였다고 하여 소득금액을 추계함에 있어서 수입금액에서 경비를 전혀 공제하지 않은 경우와 같다고 볼 수는 없다.

⑥ 확정된 관련 행정판결에 기초하여 피고인이 부담하는 납세의무의 존재와 범위를 인정하는 것이, 검사가 부담하는 입증책임에 반하는 사실인정이라고 할 수 없고, 이 사건 차명계좌를 사용하면서 관련 증빙자료를 제대로 구비하지 않은 것은 피고인의 자발적인 선택과 행위에 의한 것으로, 그에 관한 형사책임을 피고인에게 묻는다고 형벌의 책임주의 원칙 등에 반한다고 볼 수 없다.

⑦ 피고인이 차명계좌를 사용하고 인건비, 재료비에 대한 증빙자료를 제대로 갖추지 아니하면서 그에 터 잡아 수입금액을 축소하여 종합소득세를 신고·납부하였는 바, 피고인이 그 과정에서 비록 구체적인 포탈세액을 인식하지 못하였을지라도 정당한 세액을 신고·납부하지 않는다는 점을 인식·인용하였던 것으로 충분히 인정된다

(나) 과세표준 계산에서 위법비용의 공제 여부

1) 의 의

위법비용이란 법규에 위배하여 지출된 비용이다. 여기에서 위반의 대상이 되는 법규는 비교적 가벼운 행정법규위반부터 그 비용 사용이 형사처벌에 해당하는 중대한 법규위반까지 다양하다. 위법소득이 과세대상이 될 수 있는 것과 마찬가지로, 소득을 얻기 위하여 지출한 비용 중 위법비용도 일반적으로 법인세법상 손금 또는 소득세법상 필요경비로서 공제될 수 있는지가 문제될 수 있다.

법원은 "법인세법에는 일반적으로 위법소득을 얻기 위하여 지출한 비용이나 지출 자체에 위법성이 있는 비용의 손금산입을 부인하는 내용의 규정이 없고 법인세는 원칙적으로 다른 법률에 의한 금지의 유무와 관계없이 담세력에 따라 과세되어야 하므로 그 손금산입을 인정하는 것이 '사회질서에 심히 반하는' 등의 특별

한 사정이 없는 한 이러한 위법성이 있는 비용도 손금으로 산입하는 것이 타당하다"고 판시[190]하여 과연 어떠한 비용이 '사회질서에 심히 반하는 비용'에 해당하는지 여부가 비용의 통상성 등과 관련되어 논의되기 시작하였다.

즉 법인세법에서는 손금을 '다른 특별한 규정이 없으면 그 법인의 사업과 관련하여 발생하거나 지출된 손실 또는 비용으로서 일반적으로 인정되는 통상적인 것이거나 수익과 직접 관련된 것이어야 한다'라고 규정하고 있다(법인세법 제19조 제2항). 또한 소득세법에서도 필요경비를 '해당 과세기간의 총수입금액에 대응하는 비용으로서 일반적으로 용인되는 통상적인 것의 합계액으로 한다'라고 규정(소득세법 제27조 제1항)하여 양 법 모두 '일반적으로 인정되는 통상적인 것'을 요건으로 하고 있다.

위법비용과 비용의 통상성 관계와 관련하여 담배의 수입·판매업체가 대리점에 판매촉진수단으로 지급한 인건비와 차량지원비가 접대비인지 판매부대비용인지 여부가 문제된 사안에서 법원은 "일반적으로 용인되는 통상적인 비용이라 함은 납세의무자와 같은 종류의 사업을 영위하는 다른 법인도 동일한 상황 아래에서는 지출하였을 것으로 인정되는 비용을 의미하고, 그러한 비용에 해당하는지 여부는 지출의 경위와 목적, 형태, 액수, 효과 등을 종합적으로 고려하여 객관적으로 판단하여야 하는데, 특별한 사정이 없는 한 사회질서를 위반하여 지출된 비용은 여기에서 제외된다. 법인이 사업을 위하여 지출한 비용 가운데 상대방이 사업에 관련있는 자들이고 지출의 목적이 접대 등의 행위에 의하여 사업관계자들과의 사이에 친목을 두텁게 하여 거래관계의 원활한 진행을 도모하는 데 있는 것이라면 그 비용은 접대비라고 할 것이나, 그 지출경위나 성질, 액수 등을 건전한 사회통념이나 상관행에 비추어 볼 때 상품 또는 제품의 판매에 직접 관련하여 정상적으로 소요되는 비용으로 인정되는 것이라면 이는 판매부대비용에 해당한다(대법원 2007.10.25. 선고 2005두8924 판결, 대법원 2009.7.9. 선고 2007두10389 판결 등 참조). 이 사건 인건비 및 차량지원비의 지출이 법률상 허용되지 않거나 사회질서에 위반된다고 할 수는 없는 점 등을 종합하여 보면, 이 사건 인건비 및 차량지원비는 일반적으로 용인되는 통상적인 것으로서, 판매의 장려를 목적으로 거래처 영업지역의 특수사정 등을 감안하여 상대방 사업자에게 지급된 판매부대비용에 해당하므로, 이 사건 처분 중 이를 접대비로 보고 그 전부를 접대비 한도초과액으로서 손금불산입한 부분은 위법하다"고 판시[191]하여 손금은 일반적으로 용

---

190) 대법원 2009.6.23. 선고 2008두7779 판결; 대법원 1998.5.8. 선고 96누6158 판결.
191) 대법원 2009.11.12. 선고 2007두12422 판결.

인되는 통상적인 비용이어야 한다는 사실을 전제로 이 사건 인건비 등은 일반적으로 용인되는 통상성을 가진 판매부대비용이라고 하면서, 이와 반대로 사회질서에 심히 반하는 비용은 일반적으로 용인되는 통상적인 비용으로 볼 수 없다 하여 '통상성'을 반사회적 비용 구분의 근거로 삼고 있다.

2) 사회질서에 심히 반하는 위법비용

구체적으로 어떠한 비용이 손금으로 인정될 수 있는 위법비용인지 여부와 관련하여 몇 개의 사례를 들면 다음과 같다. 우선 사회질서에 심히 반하지 않는 위법비용으로 인정한 사안으로, 법원은 "무허가 폐기물처리업자에게 폐기물을 매립하게 하고 지급한 대가는 법에 위반되는 비용이기는 하지만 법에 위반되는 비용이라고 해서 반드시 사회질서에 반하는 지출은 아니다"라고 판시[192]하고, 또한 "외환위기 상황에서 신탁겸영은행이 수탁고 격감, 기존 신탁계약 등의 대규모 해지·인출사태 등을 방지하기 위하여 불가피하게 다른 시중은행들과 협의를 거쳐 한 보전금의 지출은 사업상 필요할 뿐만 아니라 통상적이었으므로 손금산입을 인정할 수 있다"고 판시[193]하여 경미한 행정법규 위반한 비용에 대하여는 손금산입을 인정하였다.

반면에 사회질서에 심히 반하는 위법비용으로 본 사안으로, 법원은 "의약품 도매상이 약국 등 개설자에게 의약품 판매촉진의 목적으로 이른바, '리베이트'라고 불리는 금전을 지급하는 것은 법령이 이를 명시적으로 금지하고 있지 않더라도 사회질서에 위반하여 지출된 것에 해당하여 그 비용은 손금에 산입할 수 없다고 보아야 한다"라고 판시[194]하고, "피고인들은 이 사건 유흥주점의 유흥접객원과 영업상무 등에게 성매매수당 내지 성매매유치수당을 지급하였음을 알 수 있다. 이러한 수당은 성매매 및 그것을 유인하는 행위를 전제로 지급된 것으로서 그 비용의 지출은 선량한 풍속 기타 사회질서에 심히 반하므로 필요경비로 인정할 수 없다"고 판시[195]하였으며, 나아가 "보일러 회사가 동종업체에게 지출한 담합사례금은 독점규제 및 공정거래에 관한 법률 제19조 제1항 제8호를 위반하여 다른 사업자와 공동으로 부당하게 입찰에서의 자유로운 경쟁을 제한하기 위하여 지출된 담합금에 해당하므로 그 지출 자체가 사회질서에 반하는 것으로서 법인세법 제19조

---

192) 대법원 1998.5.8. 선고 96누6158 판결.
193) 대법원 2009.6.23. 선고 2008두7779 판결.
194) 대법원 2015.1.15. 선고 2012두7608 판결.
195) 대법원 2015.2.26. 선고 2014도16164 판결.

제2항에서 말하는 '일반적으로 용인되는 통상적인 비용'이나 '수익과 직접 관련된 비용'에 해당한다고 볼 수 없어 이를 손금에 산입할 수 없다"라고 판시[196]하였다.

이상의 판결 내용들을 종합할 때, '사회질서에 심히 반하는 위법'은 위반과 관련된 규정이 단순한 행정법규위반인지 아니면 형사적 처벌이 뒤따를 수 있는 중대한 법규위반인지 여부와 그 위반 내용 및 정도 등을 종합적으로 고려하여 비용으로서 일반 통상성을 가지고 있는지 여부를 기준으로 손금 해당 여부를 결정하고 있음을 알 수 있다.

(다) 포탈세액에서 위장명의인의 기납부세액 공제 여부

1) 의 의

실질적 납세의무자가 명의상의 납세의무자를 내세우거나 제3자 명의의 사업자등록을 하고 사업을 하는 경우는 통상 자신의 누진세율 적용을 면하거나 매출을 분산하여 조세를 포탈하려고 할 때에 발생한다. 이러한 명의위장 사실이 세무조사 등을 통하여 뒤늦게 발견되어 실질적 납세의무자에게 과세처분을 하려고 하는 경우에 명의위장자들이 기납부한 세금은 세법에 따라 환급세액에서 공제하여야 할 세액들을 공제한 후에 남은 금액에 대하여는 환급받아야 한다. 이 경우 그 위장명의로 납부한 세액을 실질적 납세의무자의 포탈세액에서 공제할 수 있는지가 문제된다.

국세에 있어 과오납금(잘못 납부한 세액, 초과 납부한 세액) 또는 환급세액으로 납세의무자에게 반환되어야 할 금액을 국세 환급금이라고 한다(국세기본법 제52조 제1항). 여기에서 오납액은 납부 또는 징수의 기초가 된 신고 또는 부과처분이 부존재하거나 당연무효임에도 불구하고 납부·징수된 세액을 의미하고, 초과납부액은 신고 또는 부과처분이 당연무효는 아니나 납부 이후에 취소·경정되어 전부 또는 일부가 감소된 세액을 의미하며, 환급세액은 적법하게 납부되었으나 사후에 국가가 이를 보유할 정당한 이유가 없게 되어 개별세법에서 환부하기로 정한 세액을 의미한다. 오납액, 초과납부액, 환급세액 모두 국가가 법률상 원인없이 수령·보유하고 있는 것으로서 부당이득에 해당한다.

법원도 "국세기본법상 국세환급금 및 환급가산금결정에 관한 규정은 이미 납세의무자의 위와 같은 환급청구권이 확정된 국세환급금 및 환급가산금에 대한 내부적인 사무처리절차로서 과세관청의 환급절차를 규정한 것에 지나지 않고 위 규정

196) 대법원 2017.10.26. 선고 2017두51310 판결.

에 의한 국세환급금결정에 의해 비로소 환급청구권이 확정되는 것이 아니므로, 국세환급금결정이나 이 결정을 구하는 신청에 대한 환급거부결정은 항고소송의 대상이 되는 처분이라고 할 수 없고, 민사소송으로 곧바로 부당이득반환청구를 해야 한다"고 판시[197]하고 있다.

국세기본법에서는 세무서장은 국세환급금으로 결정한 금액은 납세자가 동의하는 경우에 납세고지에 의하여 납부하는 국세, 세법에 따라 자진납부하는 국세에 충당하도록 되어 있고, 체납된 국세・가산금과 체납처분비(다른 세무서에 체납된 국세・가산금과 체납처분비를 포함한다)에 대한 충당의 경우에는 납세자의 동의 없이 충당할 수 있도록 되어 있다(국세기본법 제51조 제2항).

한편 충당의 법적 성격 및 효력과 관련하여 법원은 "충당은 처분이라기보다는 국가의 환급금채무와 조세채권이 대등액에서 소멸되는 점에서 민법상 상계와 비슷하고, 소멸 대상인 조세채권이 존재하지 않거나 당연무효 또는 취소되는 경우에는 그 충당의 효력이 없는 것으로서 이러한 사유가 있는 경우에 납세의무자로서는 충당의 효력이 없음을 주장하여 언제든지 민사소송에 의하여 이미 결정된 국세환급금의 반환을 청구할 수 있다"고 판시[198]하고, "국세환급금의 충당이 있는 경우에는 국세의 납기가 도래한 시기에 소급해 환급금 반환채무가 대등액의 범위에서 소멸하는 것이 아니라, 충당행위가 있는 날로부터 장래를 향하여 충당의 효력이 발생한다"고 판시[199]하고 있다.

국세기본법은 국세・가산금 또는 체납처분비를 납부할 의무는 ① 납부・충당되거나 부과가 취소된 때, ② 국세를 부과할 수 있는 기간에 국세가 부과되지 아니하고 그 기간이 끝나거나(국세기본법 제26조의2), 국세징수권의 소멸시효가 완성된 때에 소멸한다(국세기본법 제26조)고 정하고 있어, 충당도 조세채권 소멸의 한 유형으로 보고 있다.

2) 포탈세액 계산에서 위장명의인의 기납부세액의 공제 여부

납세의무자 본인이 제3자 명의로 위장납세신고를 한 것은 세법에 의한 정당한 신고라 할 수 없으므로 납세의무자가 제3자 명의로 납부한 세액을 포탈세액에서 공제하는 것은 정당하지 않은 것으로 보일 수도 있다. 이 문제는 납세의무자 이외의 납세자도 환급청구를 할 수 있는가 하는 문제와 관련이 될 수 있다.

---

197) 대법원 1989.6.15. 선고 88누6436 전원합의체 판결.
198) 대법원 1994.12.2. 선고 92누14250 판결.
199) 대법원 2000.4.25. 선고 98두12987 판결.

국세기본법 기본통칙은 '국세환급금은 환급하여야 할 국세가산금 또는 체납처분비를 납부한 해당 납세자에게 환급함을 원칙으로 하나, 특별한 규정이 있는 때에는 그러하지 아니하다(국세기본법 기본통칙 51－0…1 1항). 또한 명의위장임이 확인되어 실질소득자에게 과세함에 있어 당초 신고한 명의자의 소득금액을 결정취소함에 따라 발생하는 환급세액은 실질소득자의 기납부세액으로 공제하고 잔여환급액이 있는 경우에는 실질소득자에게 환급한다(국세기본법 기본통칙 51－0…1 제2항)'. 따라서 제3자 명의의 과세소득의 신고라도 그것이 세법상 적법한 신고일 경우에는 그 위장명의에 의한 과세소득이 실지사업자의 소득신고로 볼 수 있는 한 포탈세액의 계산에서 당연히 공제되어야 한다.

법원도 "이미 납부한 원천징수분이 유령회사 명의로 납부되었다고 하더라도 그 실질에 있어서는 실수요자인 피고인 2 주식회사가 납부한 것이 기록상 분명하고 그 외의 다른 사람이 납부하였다고 볼 자료가 없는 이 사건에 있어서는 이는 위 추계결정세액에서 공제되어야 함이 당연하다 할 것이다"라고 판시하였다. 또한 제3자 명의로 된 예금의 이자수익을 계상누락하여 법인세를 포탈한 사건에서 법원은 "법인의 이자소득에 대해 금융기관이 원천징수하여 납부한 법인세는 기납부 세액으로서 납부하여야 할 법인세액에서 차감하여야 하며, 실질과세의 원칙 등에 비추어 과세당국이 명의에 관계없이 그 진정한 소유자가 누구임을 밝혀 그에게 과세하는 것과 마찬가지로 세금이 원천징수되었다면 그 세금이 실질로 누구의 부담으로 납부되었느냐를 기준으로 '기납부세액'에 해당하는지를 가려야 하므로, 법인의 이자소득에 대하여 원천징수되어 납부된 세금이 법인의 이름이 아닌 명의수탁자들의 소득세 명목으로 납부되었다 하더라도 법인이 이를 실질 부담한 이상, 위 소득세 상당 금액은 법인이 납부하여야 할 법인세액을 산정할 때 '기납부세액'으로 공제되어야 한다"라고 판시[200]하여 같은 입장을 취하고 있다.

거래의 위장을 통하여 낮은 세율을 적용받아 조세를 납부하였다가 조세포탈 사실이 적발된 후에 높은 세율이 적용되어 실거래에 대한 포탈세액을 산출할 때에도 위장명의와 마찬가지로 포탈세액계산에서 기납부세액을 공제하는 것은 당연하다.

3) 과세표준 및 납부세액 계산

위와 같이 위장명의 등으로 거래를 하고 신고・납부를 하였다가 세무조사 등을 통하여 적발되었을 경우에는 세무조사 등에 의하여 새롭게 부과처분을 받는 것이

---

200) 대법원 2005.1.14. 선고 2002도5411 판결(원심판결: 서울고등법원 2002.9.13. 선고 2002노1097 판결).

므로 이 경우에는 실질과세의 원칙에 의하여 실제명의자 또는 실제거래에 따른 금액을 기준으로 과세표준을 정하여야 한다. 따라서 A가 B 명의를 이용하여 일부 위장거래를 한 경우에는 위장거래에 따른 실제 이익이 귀속되는 A의 소득으로 보아, A의 기존 신고소득과 합하여 과세표준과 세액을 재계산하여야 한다.

(4) 과세표준 확정과 손익의 귀속시기

(가) 의 의

1) 과세표준 확정과 손익의 귀속시기 관계

법인세와 소득세의 과세표준이 되는 소득금액의 계산은 일정기간을 단위로 하기 때문에 소득을 구성하는 개개의 수익 또는 손비가 어느 사업연도에 속하는지에 따라 과세표준의 크기에 영향을 미친다. 즉, 어떤 익금이나 손금이 어느 사업연도에 귀속되는가에 따라 각 사업연도의 소득이 달라지고 그에 따른 세액 및 누진세율의 적용 또한 달라질 뿐 아니라 국세부과의 제척기간의 기산점, 국세징수권 소멸시효의 기산점, 조세범처벌법상 조세포탈의 기수시기 및 공소시효의 기산점도 달라진다.

이러한 이유로 실무에서는 손익의 귀속시기에 대한 논쟁이 자주 발생하고, 조세포탈사건에서는 조세포탈죄 성립 여부, 특정범죄가중처벌등에관한법률 적용 여부, 범칙행위자 해당 여부 등을 정하는 주요한 요소가 되기도 한다.

2) 세법상 손익의 귀속시기

법인세법 제14조 제1항에서는 '내국법인의 각 사업연도의 소득은 그 사업연도에 속하는 익금의 총액에서 그 사업연도에 속하는 손금의 총액을 뺀 금액으로 한다'라고 규정하고 있다. 한편 사업연도 소득을 결정하는 익금과 손금의 산입시기와 관련하여 법인세법 제40조 제1항에서는 '내국법인의 각 사업연도의 익금과 손금의 귀속 사업연도는 그 익금과 손금이 확정되는 날이 속하는 사업연도로 한다'라고 규정하고, 소득세법 제39조 제1항은 '거주자의 각 과세기간 총 수입금액과 필요경비의 귀속연도는 총수입금액과 필요경비가 확정된 날이 속하는 과세기간으로 한다'라고 규정하여 개별적인 수익과 비용에 대한 권리의무가 확정되는 시점을 해당 사업연도 손익의 귀속기준으로 삼고 있다. 이를 세법상 권리의무확정주의라고 한다.

그러나 기업회계는 세법상 손익의 귀속시기와 달리 수익은 실현주의에 의하여 인식하고 비용은 발생주의에 의하여 인식하고 있다. 기업회계기준에서 수익은 실현주의에 의하여 인식하면서도 비용은 발생주의에 의하여 인식하도록 한 것은 비용에 대한 인식을 앞당겨 함으로써 그에 대한 대응이 가능하도록 하기 위한 이유도 있다. 소득세법과 법인세법 모두 손익의 귀속시기에 관하여 권리의무확정주의를 채택하고 있는데, 권리의무확정주의는 발생주의[201]에 기초를 둔 상태에서 실현주의[202]를 법률적 기준으로 정한 것이라고 말할 수 있다.

3) 입증책임

손익의 귀속시기의 입증책임과 관련하여, 법원은 "과세처분의 적법성에 대한 입증책임은 과세관청에 있으므로 손익이 어느 사업연도에 속하는지 여부가 쟁점이 되어 부과처분의 적법성이 문제되는 경우에 과세관청은 과세소득이 존재한다는 사실 및 그 소득이 당해 사업연도에 귀속되었다는 사실을 입증하여야 하며, 그 소득이 어느 사업연도에 속한 것인지 확정하기 곤란하다 하여 과세대상 소득의 확정시기와 관계없이 과세관청이 그 과세소득을 조사·확인한 대상 사업연도에 소득이 귀속되었다고 할 수 없다"라고 판시[203]하여 소득의 귀속시기는 과세처분의 적법성과 관련이 있으므로 과세관청에 그 입증책임이 있다고 하고 있다.

(나) 소득의 귀속원리로서 권리의무확정주의

1) 의 의

권리의무확정주의에서 말하는 권리확정이란 반드시 민법이나 상법상의 권리확정, 즉 민법이나 상법에 규정된 각 권리의 발생요건이라든가 유효조건을 충족하고 권리로서 법적으로 보장된 상태를 말하는 것이 아니고, 널리 권리의 실현이 가능하다고 인정될 수 있는 상태를 말한다. 법원도 "소득이 발생하였다고 하기 위해서는 소득이 현실적으로 실현될 것까지는 없더라도 적어도 소득이 발생할 권리가 그 실현의 가능성에 상당히 높은 정도로 성숙·확정되어야 하고, 권리가 이런 정도에 이르지 아니하고 단지 성립된 것에 불과한 단계에서는 아직 소득세의 과세

201) 수익과 비용의 발생사실만으로 수익과 비용을 인식하는 것으로 현금의 수입이나 유출이 없어도 수익과 비용이 발생할 수 있다. 그러나 그 발생시점을 선택하기가 곤란하여 그 측정이 어렵거나 주관적이 되기 쉬워 회계상으로나 조세행정면에서 현실적이지 않은 점이 많다.

202) 수익과 비용이 객관적으로 검증가능한 금액으로 실현되었을 때를 손익의 귀속시기로 보는 주의로 기업회계에서 수익과 관련비용은 대응하여 인식해야 한다는 수익·비용대응의 원칙은 실현주의를 그 전제로 하고 있다.

203) 대법원 2007.6.28. 선고 2005두11234 판결; 대법원 2000.2.25. 선고 98두1826 판결.

대상으로서의 소득발생이 있다고 볼 수 없다"라고 판시[204]하고, "구체적으로 어떠한 사실을 가지고 소득이 발생할 권리가 성숙·확정되었다고 할 것인가는 반드시 일률적으로 말할 수 없고, 개개의 구체적인 권리의 성질과 내용 및 법률상 사실의 여러 조건을 종합적으로 고려하여 이를 결정하여야 함이 상당하다"라고 판시[205]하고 있다.

한편 법원은 "손금에서도 권리의무확정주의가 적용되어 해당 사업연도에 손금으로 계상할 수 있는 것은 원칙적으로 그 사업연도에 확정되어 계상한 익금에 대응하는 것에 한한다"라고 판시[206]하고 있다. 그러나 익금에 대응하는 비용이라도 당해 사업연도에 확정되지 않은 것은 손금으로 계상할 수 없다. 한편 수익과 비용을 대응시킬 수 없는 일반관리비 등은 권리의무확정주의에 의하여 이행할 의무가 확정된 날이 속하는 사업연도를 귀속연도로 하여야 한다.

법인세법 시행령 제68조 내지 제79조에서 손익의 귀속시기에 관하여 권리의무확정주의를 기초로 하여 거래유형별로 귀속시기를 규정하고 있다. 이 규정들은 원칙적으로 권리의무확정주의를 따르면서도 기업회계와 세무회계와의 적용상 차이를 좁히기 위하여 거래유형 중 일부에 대하여는 발생주의 또는 실현주의에 따른 기업회계 처리방식도 적용하고 있다.

2) 거래의 유형별 손익 귀속시기

가) 상품, 제품 등의 판매

상품, 제품 또는 기타 생산품을 판매함으로써 생긴 손익의 귀속은 그 상품 등을 인도한 날이 속하는 사업연도로 한다(법인세법 시행령 제68조 제1항 제1호). 인도란 민법상의 인도 개념과 같다. 납품계약 또는 수탁가공계약에 의하여 물품을 납품하거나 가공하는 경우에는 물품을 계약상 인도하여야 할 장소에 보관한 날로 보고, 다만 계약에 따라 검사를 거쳐 인수 및 인도가 확정되는 물품의 경우에는 그 검사가 완료된 날로 한다(법인세법 시행규칙 제33조 제1호). 물품을 수출하는 경우에는 수출물품을 계약상 인도하여야 할 장소에 보관한 날을 인도한 날로 본다(같은 조 제2호).

법원도 "구체적인 제품의 종류, 수량, 규격 및 단가가 확정되지 아니한 상태에서 선수금을 받거나 거래증거금 명목으로 약속어음만을 받은 때에는 아직 인도할

---

204) 대법원 2011.9.29. 선고 2009두11157 판결; 대법원 2004.11.25. 선고 2003두14802 판결.
205) 대법원 2002.7.9. 선고 2001두809 판결; 대법원 2011.9.29. 선고 2009두11157 판결.
206) 대법원 1985.4.23. 선고 82누427 판결.

수 있는 상태에 있는 것으로 볼 수 없다"라고 판시[207]하고, "세금계산서를 전 사업연도 중에 발행하였다고 하더라도 대금의 귀속연도는 물품을 실제 인도한 당해 사업연도이다"라고 판시[208]하고 있다.

나) 상품 등의 사용판매

상품 등의 사용판매란 매매계약이 아직 이루어지지 않은 상태에서 상품 등을 고객에게 인도하여 고객이 그 상품을 사용하여 보고 매입하겠다는 의사표시를 함으로써 판매가 성립되는 특수한 형태의 판매행위다. 이러한 사용판매의 손익의 확정시기는 상대방이 상품에 대한 구입의 의사를 표시한 날이다. 다만, 일정기간 내에 반송하거나 거절의 의사를 표시하지 아니하면 판매가 확정되는 것으로 하는 특약이 있으면 그 기간의 만료일이 될 것이다(법인세법 시행령 제68조 제1항 제2호).

다) 상품 등 이외의 자산의 양도

상품, 제품 및 기타 생산품 이외의 자산을 양도함으로써 생긴 익금과 손금의 귀속시기는 그 대금을 청산한 날이 속하는 사업연도로 한다. 다만 대금을 청산하기 전에 소유권이전등기를 하거나 자산을 인도하거나 상대방이 자산을 사용수익하는 경우에는 소유권이전등기일과 인도일 및 사용수익일 중 빠른 날이 속하는 사업연도로 한다(법인세법 시행령 제68조 제1항 제3호).

법원도 "상품 등 이외의 자산의 양도에 관하여 대금청산 전에 소유권이전등기를 한 경우 그 소유권이전등기일을 귀속시기로 정한 것은 소득의 귀속시기를 획일적으로 정하기 위한 의제규정이므로 법률행위에 의한 이전이거나 법률의 규정에 의한 이전이든 간에 규정의 문언대로 소유권이전등기일을 그 소득의 귀속시기로 보아야 한다"라고 판시[209]하고 있다.

라) 위탁판매

위탁판매란 위탁자와 수탁자 간의 위탁매매계약에 의해서 수탁자가 위탁자를 대리하여 상품 등을 판매하는 거래를 말한다. 위탁판매의 경우에는 위탁자로부터 수탁자에게 인도되어 수탁자가 상품을 판매하게 되는데, 이 중 수탁자가 그 위탁자산을 매매한 날이 속하는 사업연도에 손익이 귀속된다(법인세법 시행령 제68조 제1항 제4호). 위탁판매의 경우에는 수탁판매회사로 재화가 이동해도 장부상으로만 재고의 이동으로 표시할

207) 대법원 1983.3.8. 선고 81누347 판결.
208) 대법원 1982.10.12. 선고 82누114 판결.
209) 대법원 1991.11.22. 선고 91누1691 판결.

뿐 매출로 보지 않으므로 별도의 회계처리는 할 수 없고, 수탁판매회사에서 소비자에게 상품 등의 판매 시에 회계처리를 한다.

실무에서 주로 발생하는 것은 문제된 거래가 위탁매매계약에 해당하는지, 일반적인 상품판매계약에 해당하는지를 구분하는 것으로, 그 구분기준은 대금결제방식, 거래명의 및 계산방식 등을 종합하여 판매형태를 결정하여야 한다.

마) 장기할부판매

장기할부판매는 물건값을 두 번 이상에 걸쳐 나누어 받기로 약속하고 파는 할부판매 중에서 첫 지급일의 다음 날부터 최종 지급일까지의 기간이 1년 이상인 할부판매를 말한다. 장기할부판매는 대금회수기간이 길고, 매출금액도 다액으로 결제까지 지급이자, 수금비용 및 대손상각 등의 사후비용이 많이 발생하므로 이를 조정하기 위하여 세법은 할부기준을 적용하여 익금의 일부를 이연시키고 있다. 장기할부조건으로 판매 또는 양도한 경우에 그 할부조건에 따라 각 사업연도에 회수하였거나 회수할 금액과 이에 대응하는 비용을 각각 수익과 비용으로 결산서에 계상한 경우에는 이를 당해 사업연도의 익금과 손금에 각각 산입한다(법인세법 시행령 제68조 제2항 본문). 이때 인도일 이전에 회수하거나 회수할 금액은 인도일에 회수한 것으로 보며, 법인이 그 기간 중에 폐업한 경우에는 그 폐업일 현재 익금에 산입하지 아니하는 금액과 이에 대응하는 비용을 폐업일이 속하는 사업연도의 익금과 손금에 각각 산입한다(법인세법 시행령 제68조 제3항).

법원도 "장기렌탈계약 및 장기할부판매계약의 중도해지에 따른 손해배상채권의 익금산입시기는 그 해지일이 속하는 사업연도이고, 그 지연손해금 채권의 익금산입시기는 해당기간이 속하는 사업연도이다"라고 판시[210]하고 있다.

바) 건설 · 제조 기타 용역의 제공

건설 · 제조 기타 용역의 제공으로 인한 익금과 손금은 그 목적물의 건설 등의 착수일이 속하는 사업연도부터 그 목적물의 인도일이 속하는 사업연도까지 그 목적물의 건설 등을 완료한 정도, 즉 작업진행률을 기준으로 하여 계산한 수익과 비용을 각각 해당 사업연도의 익금과 손금에 산입한다(법인세법 시행령 제69조 제1항 본문). 다만, 중소기업법인이 수행하는 계약기간 1년 미만인 건설 등의 경우 및 기업회계기준에 따라 그 목적물의 인도일이 속하는 사업연도의 수익과 비용으로 계상한 경우 익금과 손금

210) 대법원 2005.5.13. 선고 2004두3328 판결.

의 귀속연도는 그 목적물의 인도일이 속하는 사업연도로 할 수 있다(법인세법 시행령 제69조 제1항 단서). 계약기간이란 건설 등의 착수일부터 인도일까지의 기간을 말하며, 작업진행률은 원칙적으로 총공사예정비(기업회계기준을 적용하여 계약 당시에 추정한 공사원가에 당해 사업연도 말까지의 변동상황을 반영하여 합리적으로 추정한 공사원가로 한다)에 해당 사업연도 말까지 발생한 총공사비 누적액이 차지하는 비율로 산정하되, 예외가 있다(법인세법 시행규칙 제34조 제1항 내지 제3항). 예외적으로 법인이 비치·기장한 장부가 없거나 장부의 내용이 충분하지 아니하여 작업진행률을 계산할 수 없다고 인정되거나 법인세법 제51조의2 제1항 각호의 어느 하나에 해당하는 법인으로서 국제회계기준을 적용하는 법인이 수행하는 예약매출의 경우에는 목적물의 인도일(용역제공의 경우에는 그 제공을 완료한 날)이 속하는 사업연도의 익금과 손금에 산입한다(법인세법 시행령 제69조 제2항, 법인세법 시행규칙 제34조 제4항).

법원도 "건설 등 용역의 제공에 대한 손익의 귀속시기를 작업진행률을 기준으로 하는 것은 공사가 여러 회계기간에 걸쳐 이루어지는 장기도급계약에 있어서도 권리의무확정주의를 엄격히 적용하면 공사가 완성되어 인도될 때까지 수익을 계상하지 않고 있다가 공사가 완성된 때 일시에 거액의 수익을 계상하게 되기 때문에 기간수익이 불균형적으로 나타나는 불합리한 결과를 가져오게 되는 경우가 있기 때문이다"라고 판시[211]하고 있다.

사) 이자소득 및 배당소득

금융기관을 제외한 법인이 수입하거나 지급하는 이자 및 할인액은 소득세법 시행령 제45조 규정에 의한 수입시기(실제로 받은 날 또는 받기로 한 날)에 해당하는 날이 속하는 사업연도로 하고 있다(법인세법 시행령 제70조 제1항 제1호, 제2호). 이자소득 등의 손익의 귀속시기에 대하여 현금주의 또는 권리의무확정주의 입장을 취하고 있다. 법인이 수입하는 배당소득의 귀속 사업연도 역시 소득세법 시행령 제46조의 규정에 의한 수입시기(잉여금처분결의일 또는 실제로 받은 날)가 속하는 사업연도로 한다고 하고 있다(법인세법 시행령 제70조 제2항).

법원도 "이자채권이 현실적으로 실현될 가능성이 없다고 하더라도 이는 회수불능으로 확정된 때에 대손사유가 될 뿐이지 이로 인하여 수입이자의 귀속시기에 영향을 미치는 것이 아니다"라고 판시[212]하고 있다. 이는 개인의 경우 대손상각처리[213]가 인정되지 않으므로 이자소득의 실현 가능성이 없는 경우에 소득이 발생하

211) 대법원 1995.7.14. 선고 94누3469 판결.
212) 대법원 2005.5.26. 선고 2003두797 판결.

지 않는 것으로 보고 있는 것과 구별된다.

아) 임대료 등 기타 손익

자산의 임대로 인한 익금과 손금의 귀속시기는 임대차계약 등에 의하여 임대료의 지급일이 정하여진 경우에는 그 지급일, 그 지급일이 정하여지지 아니한 경우에는 그 지급받은 날이 속하는 사업연도로 한다(소득세법 시행령 제71조 제1항 제1호, 제2호). 다만 결산을 확정함에 있어 이미 경과한 기간에 대응하는 임대료 상당액과 이에 대응하는 비용을 당해 사업연도의 수익과 손비로 계상하는 경우에는 이를 각각 그 계상한 사업연도의 익금과 손금으로 하되, 1년 이상의 장기임대의 경우에는 수익과 손비계상이 없더라도 이미 경과한 기간에 대응하는 임대료 상당액과 이에 대응하는 비용을 당해 사업연도의 익금과 손금으로 한다(법인세법 시행령 제71조 제1항 단서).

법원도 "임대료를 사실상 당해 사업연도에 수익할 수 없게 하는 명백한 사유가 있으면, 실제로 수입으로 확정되는 날이 속하는 사업연도의 수익으로 계상한다"라고 판시[214]하고 있다.

자) 무상으로 받은 자산

무상으로 받은 자산의 익금확정시기는 그 수증재산을 받을 권리가 확정된 때에 속하는 사업연도라고 할 것이므로, 수증재산에 관한 소유권이전등기를 경료하지 아니하였더라도 사실상 증여받은 때에는 그 사업연도의 익금으로 확정된다(법인세법 제14조 제1항, 제40조 제1항, 법인세 시행령 제11조 제5호).

(5) 부정행위의 주된 대상으로서 과세표준

(가) 의 의

조세포탈죄는 납세의무자가 부정한 행위로서 조세를 포탈하거나 조세의 환급·공제를 받은 때에 성립한다. 조세포탈에서 부정한 행위는 조세의 부과와 징수를 불가능하게 하거나 현저히 곤란하게 하는 적극적 행위를 말한다.

조세포탈 방법으로는 ① 소득세와 법인세에서 각 납세의무 성립요건인 국내거주자 해당성과 내국법인 해당성을 조작 또는 은폐하여 납세의무자에 해당되지 않

213) 대손상각이란 특정채권의 회수가 불가능할 때 이 채권을 회계상 손실로 처리하는 것을 말한다. 세법에서는 기업이 자의적으로 대손금을 필요경비로 계상하는 것을 방지하기 위하여 대손요건을 법으로 규정하고 있다. 대손금의 요건은 소득세법 규정과 법인세법, 부가가치세법에 규정되어 있다. 이러한 규정의 적용이 되지 않는 일반 개인의 사적인 이자거래에는 이 규정이 적용될 수 없다.

214) 대법원 1986.3.25. 선고 86누30 판결.

는 것으로 위장하거나,[215] ② 실소유자가 명의대여 등을 통하여 소득의 귀속을 위장하기도 하고, ③ 납세의무가 성립되지 않거나 또는 조세포탈의 결과가 없는 것처럼 조작 또는 은폐하기도 하며, ④ 부정한 행위가 존재하지 않는 것처럼 가장하기도 하고, ⑤ 부정한 행위와 조세포탈의 결과 사이의 인과관계를 부인하기도 하며, ⑥ 조세포탈의 고의를 부인하기도 한다.

그중에서 가장 많이 이용되는 조세포탈의 방법으로는 위 ③의 방법과 같이 납세의무의 성립 및 조세포탈의 결과와 직·간접적으로 관계되는 과세표준을 조작·은폐하여 과세표준을 조작하는 행위가 가장 많이 이용된다. 이러한 이유로 과세표준은 부정한 행위의 주요대상이 될 수밖에 없다.

(나) 법인세 및 사업소득세의 각 과세표준 구성요소에 대한 부정행위 유형

1) 회계장부와 증빙의 조작

법인세와 사업소득세 등 포탈에 있어서 일반적으로 포탈의 주된 수법으로는 회계장부와 증빙의 조작과 함께 과세표준을 구성하는 수익누락 또는 비용의 과대계상 등을 하는 것이다. 회계장부는 기업 또는 개인사업체의 거래를 조직적·계속적으로 기록하는 모든 장부를 말하며, 재무제표의 작성과 관련된 재무상태표, 손익계산서[216], 현금흐름표, 생산일계표, 월말잔액 시산표, 자금현황장부, 출장여비정산서, 매입·매출장 등이 이에 해당한다.

215) 서울중앙지방법원 2013.2.12. 선고 2011고합1291 판결과 2011고합1292 판결은 "조세포탈죄가 조세포탈의 방법을 제한하고 있지 않음에 비추어 과세의 대상 이외에 납세의무 성립의 요건 자체를 은폐하여 납세의무를 회피하는 행위도 부정한 행위'에 포함되고, 하나의 행위만으로는 적극적인 부정한 행위를 인정할 수 없다고 하더라도 여러 개의 행위를 종합함으로써 조세포탈의 적극적 행위인 부정행위를 인정할 수 있다"라고 판시하고 있다. 그러나, 위 제1심 판결에 대한 항소심 판결은 거주자 해당성과 내국법인 해당성과 같은 납세의무자 해당성 여부를 은폐하는 행위도 부정행위에 해당할 수 있다고 하면서도 위 사안에서는 거주자 해당성 및 내국법인 해당성에 대한 은폐행위 등이 부정행위를 인정하기에는 부족하다고 판시하였다. 대법원도 항소심 판결을 그대로 받아들여 확정되었다.

216) 아래 표에서 보는 바와 같이 재무상태표와 손익계산서상 순이익은 항상 일치하게 되어 있다. 법인세포탈을 의도하는 자는 각 사업연도의 소득금액을 줄이거나 비용 등 공제항목을 늘리는 등으로 과세표준을 줄이는 방법으로 부정행위를 시도하게 된다. 예를 들어 아래 재무상태표와 손익계산서 구성 항목 중 재무상태표의 자산을 줄이거나 자본·부채를 늘린다거나, 손익계산서의 수익을 줄이거나 비용을 늘리는 행위 등이 부정행위에 해당하게 된다.

재무상태표	
자 산	부 채
	자 본
	순이익

손익계산서	
비 용	수 익
순이익	

증빙으로는 세금계산서, 영수증, 일기장, 계약서, 신용카드 매출전표, 구매품의서, 구매요청서 등이 이에 해당하고 구체적 거래사실을 입증하는 자료이다. 회계장부는 기능에 따라 모든 거래를 계정과목별로 분류·계산하여 기재연·월·일, 상대계정과목과 분개장의 면수와 금액 등을 기재하고 있는 총계정원장과 모든 거래를 차변 및 대변으로 분개기록하는 장부로 거래발생순으로 거래연·월·일, 내용, 계정과목과 금액을 기재하는 분개장, 그리고 개별 거래를 기재하는 입금전표, 출금전표 및 대체전표를 지칭하는 전표로 분류한다.

통상적으로 법인세와 사업소득세는 과세표준과 세액 신고 시에 수익누락 또는 비용의 과대계상에 의한 허위신고와 함께 이러한 사실에 대한 적발을 피하기 위하여 사전에 관련 회계장부를 이에 맞추어 허위기재하거나 그에 따른 허위증빙을 갖추어 두는 방법을 이용한다. 조세포탈 등을 하기 위하여 정상적인 회계기록을 고의적으로 허위 계산하거나 결산방법을 조작하는 것을 분식회계라고 한다. 분식회계는 일반적으로 매출증가를 가장하기 위하여 이용되나, 조세포탈을 위한 분식회계는 이와 정반대의 방법으로 이루어진다.

2) 수익누락

법인세와 사업소득세포탈에 있어서 가장 전형적인 조세포탈의 수법 중 하나는 매출누락을 통한 수익누락이다. 기업회계상 수익은 매출, 영업외 수입 등으로 구성되어 있는데 수익누락 중 가장 빈번하게 발생하는 사례는 매출누락이다. 매출누락은 매출을 회계장부에 기재하지 아니하고 누락시키는 것을 말한다. 매출누락의 형태로는 생산량 등 수량을 조작하는 방법, 매출에누리 등 매출취소를 위장하는 방법, 등급을 위장하는 방법, 부산물 등 소득을 누락하는 방법, 매출인식 시기를 이연시키는 방법 등이 있다. 매출누락은 법인세와 사업소득세포탈과 직접 관련된다. 매출누락은 세금계산서 발급 및 수취와 관련되는 부가가치세 부과대상 거래에서는 부가가치세 포탈로 이어지고, 개별소비세 부과대상 거래에서는 개별소비세 포탈이 성립한다. 매출누락은 영업활동과 관련하여 발생한 수익의 누락을 통하여 조세포탈을 하기도 하고, 영업활동과 관련이 없는 영업외 수익을 누락하여 포탈하기도 한다.

영업외 수익은 세법상 사업수입금액을 제외한 대부분의 익금항목이 이에 해당한다. 이자수익, 주식배당액을 제외한 배당금 수익, 임대료, 단기투자자산 처분이익, 단기투자자산 평가이익, 외환차익, 외화환산이익, 지분법이익, 장기투자증권손상차손환입, 투자자산 처분이익, 유형자산 처분이익, 사채상환이익, 전기오류수정이익 등이 이에 해당한다. 영업외 수익누락도 매출누락과 마찬가지로 누락분만큼의 자산을 과소계상하거나 부채를 과대계상한다. 그리고 영업외 수익으로 되는 잡이익과 리베이트 성격의 매입 장려금 등을 누락하는 사례도 종종 있다. 리베이트는 계약 시부터 일정비율로 정하는 것이 일반적이어서 가격조작의 수단도 되고, 리베이트는 회계상 공식화되지 아니하는 경우가 대부분으로 이를 누락하기가 용이하다.

한편 과세연도에 따라 법인세 과세표준과 세율이 달라지므로 낮은 세율이 적용되는 사업연도로 과세시기를 이월시켜 소득을 누락하기도 한다. 장기도급공사 및 플랜트 제조사업 분야에서는 도급금액 또는 계약금액은 특정되어 있어 조작하기 어려우므로 자재비 등 실제 소요공사비를 줄이거나 총공사 예정비를 과대계상하는 방법으로 공사진행률을 조작하여 매출을 줄여 소득을 누락하기도 한다.

3) 비용의 과대계상

비용의 과대계상을 통한 소득누락은 수익에 대응하는 제조원가나 일반관리비와 판매비 등을 가공계상하거나 과대계상하여 당기순이익을 감소시킴으로써 결과적으로 과세표준 구성요소인 소득금액을 줄이는 것을 말한다. 비용의 과대계상은 매출누락과 함께 전형적인 조세포탈 방법의 하나이다. 비용은 손금 또는 필요경비로 인정되는 비용(제조원가, 판매비와 관리비 등)과 일정한 한도 내에서만 손금으로 인정되는 비용(판매 · 관리비 항목에는 포함되나 접대비 등과 같이 한도가 있는 비용), 그리고 손금으로 인정되지 않는 비용(업무무관비용) 등으로 구분된다. 이 경우 과대계상된 비용은 손금 또는 필요경비에 해당하는 항목으로 위장하는 것이 일반적이다. 또한 비용은 장부에 기재되어 증빙요건을 갖추어야 손비로 인정되므로 그러한 증빙의 존재가 거의 없이 이루어지는 수익(매출)누락과 차이가 있어 조세포탈죄 성립에 있어서도 차이가 있다.[217]

비용을 과대계상하는 방법으로도 다양한 형태가 있다. 비용의 과대계상은 매출이 확정되어 있어 매출누락이 용이하지 않은 건설업과 같은 업체에서 주로 이루어진다. 건설은 대부분 도급계약금액이 확정되어 있어서 매출누락이 쉽지 않다.

---

217) 수익누락은 비용과대계상과 달리 그 증빙이 없거나, 관련 자료만으로는 수익누락사실을 입증하는데 충분하지 아니한 경우가 많은데, 이러한 점을 고려하여 통상적으로 적발이 용이하지 않은 방법으로 수익누락을 한 경우에는 증빙조작 없이도 그 자체로 적극적 부정행위가 존재하는 것으로 인정하는 경우가 많다.

그러나 건설공사 수주 관련 비용 등 공사과정에서 장부상 기재할 수 없는 예기치 않은 비용 등이 많이 발생한다. 이러한 비용에 충당하기 위하여 일정한 비자금 조성이 필요하다. 이를 위하여 인건비와 하도급 계약금액, 그리고 재료비 등의 과대계상을 통하여 비자금을 조성하여 사용한다.

접대비는 일정한 한도액의 범위 내에서만 손금으로 인정되고, 그 한도초과액은 손금불산입하고 있어 이를 피하기 위하여 실제 접대비를 그 한도가 없는 복리후생비, 광고선전비, 회의비, 행사비 등 다른 비용계정이나 자산계정으로 분산처리하는 경우가 종종 있는데 이러한 경우, 장부상 계정분산 이외에 적극적으로 증빙까지 위장을 한 경우에는 조세포탈죄가 성립한다. 이처럼 손금에 포함되지 않는 비용을 손금으로 처리되는 항목으로 분산하여 장부에 허위 계상한 다음, 이 사실이 발견되지 않게 하기 위하여 적극적으로 증빙을 위조하거나 거짓 증빙을 이용한 경우에는 조세포탈죄가 성립된다. 이러한 비용의 과대계상을 통한 조세포탈은 그 비용의 처리가 복잡하거나 다양하여 비용에 대한 증빙과 그에 대한 회계처리가 쉽게 적발되기 어려운 직종에서 주로 활용된다. 재고자산은 정상적인 영업과정에서 판매를 위하여 보유하거나 생산과정에 있는 자산, 생산 또는 서비스 제공 과정에 투입될 원재료나 소모품 형태로 존재하는 자산을 말한다. 매출원가는 당기상품매입액에 전기이월상품을 합한 금액에서 기말상품재고액을 공제하여 산출하는데, 기말상품재고액을 감소시키면 매출원가는 증가되고 매출이익은 감소하게 된다. 이처럼 재고자산의 누락을 통한 포탈은 상품, 제품, 반제품, 원재료 등 실재하는 재고품의 수량을 축소 조작하여 당기순이익을 감소하는 방법이 가장 통상적이다.

마지막으로 기업회계상 가장 중요한 요소인 판매비와 관리비의 과대계상을 통한 포탈이다. 판매비와 관리비는 제품, 상품, 용역 등의 판매활동과 기업의 관리활동에서 발생하는 비용으로서 매출원가에 속하지 아니하는 모든 영업비용을 포함한다. 급여, 퇴직급여, 명예퇴직금, 복리후생비, 임차료, 접대비, 감가상각비, 무형자산상각비, 세금과 공과금, 광고선전비, 연구비, 경상개발비, 대손상각비, 보관료, 운송비, 견본비, 잡비, 보험료, 수선비 등 매출원가에 속하지 아니하는 모든 영업비용이 이에 해당한다. 판매비와 관리비에는 접대비의 한도초과액 등과 같이 세무회계와 기업회계와의 차이로 인하여 손금에 산입되지 아니하는 항목이 많다. 이러한 금액은 손금부인되어 과세소득에 포함되고 세무상의 추징, 가산세 등의 부과대상은 되나 부정소득금액에서는 제외된다.

기업회계 비용 중 세법상 손금부인을 피하기 위하여 항목을 위장하여 계상하고 증빙까지 조작하는 경우에는 부정행위에 해당하여 조세포탈이 될 수 있다. 이에 해당하는 항목으로는 접대비와 지급이자 등에서 자주 발생한다. 판매비와 관리비 중 과대계상이 많이 행하여지는 항목으로는 임금, 퇴직금, 상여금의 가공 내지 과대계상, 감가상각비 과대계상, 대손금과 대손충당금 과대계상, 접대비와 광고선전비의 과대계상 등이 이에 해당한다. 한편 기업회계상 영업외비용은 이자비용, 유가증권 처분손실, 유가증권손상차손, 외환차손, 유형자산처분손실 등 영업과 관련 없이 발생하는 모든 비용으로 세법상으로도 대부분 손금에 산입되는 비용이다. 영업외비용의 과대계상은 주로 지급이자 과대계상이 문제되나, 주식투자에 따른 유가증권평가와 처분손실의 과대계상, 해외투자와 환율변동에 따른 외환차손과 외화환산손실 등의 과대계상도 종종 있다.[218]

(다) 부가가치세

1) 세액결정의 구성요소

부가가치세는 재화 또는 용역의 공급을 받은 자로부터 징수한 매출세액에서 공급받은 재화 또는 용역에 대한 매입세액을 공제하여 산출한다. 재화 또는 용역의 공급에 대한 부가가치세의 과세표준은 해당 과세기간에 공급한 재화 또는 용역의 공급가액을 합한 금액으로 하고, 재화의 수입에 대한 부가가치세의 과세표준은 그 재화에 대한 관세의 과세가격과 관세, 개별소비세, 주세, 교육세, 농어촌특별세 및 교통·에너지·환경세를 합한 금액으로 한다(부가가치세법 제29조 제1항, 제2항). 매출세액은 해당 과세기간에 공급한 재화 또는 용역의 공급가액을 합한 금액에 부가가치세율 10%를 곱한 금액으로 하고(같은 법 제37조 제1항), 납부세액은 매출세액(같은 법 제45조 제1항에 따른 대손세액을 뺀 금액으로 한다)에서 같은 법 제38조[219]에 따른 매입세액, 그 밖에 이 법 및 다른 법률에 의하여 공제되는 매입세액을 뺀 금액으로 한다. 이 경우 매출세액을 초과하는 부분의 매입세액은 환급세액

---

218) 안대희, 조세형사법, 2015, 686면 이하 참조.

219) **부가가치세법 제38조(공제하는 매입세액)** ① 매출세액에서 공제하는 매입세액은 다음 각 호의 금액을 말한다.

1. 사업자가 자기의 사업을 위하여 사용하였거나 사용할 목적으로 공급받은 재화 또는 용역에 대한 부가가치세액(제52조 제4항에 따라 납부한 부가가치세액을 포함한다)
2. 사업자가 자기의 사업을 위하여 사용하였거나 사용할 목적으로 수입하는 재화의 수입에 대한 부가가치세액

② 제1항 제1호에 따른 매입세액은 재화 또는 용역을 공급받는 시기가 속하는 과세기간의 매출세액에서 공제한다.

③ 제1항 제2호에 따른 매입세액은 재화의 수입시기가 속하는 과세기간의 매출세액에서 공제한다.

으로 한다(같은 법 제37조 제2항). 따라서 부가가치세의 포탈은 정당하게 납부하여야 할 매출세액을 누락에 의하여 감소시키거나 공급받지 아니한 재화 또는 용역에 대한 매입세액을 부당하게 공제하는 방법으로 이루어진다.

매출세액의 누락은 재화 또는 용역의 공급을 받은 자로부터 부가가치세를 징수하고서도 이를 누락한 경우도 있고 거래상대방으로부터 그 징수 자체를 하지 아니한 경우에도 성립할 수 있다. 매출세액을 감소시키는 행위는 과세표준이 되는 매출을 누락하는 행위로 누락한 만큼 세금계산서 없이 재화와 용역을 공급한 것을 말하고, 매입세액의 증가는 매출원가 등 비용을 과대계상한 것으로 재화와 용역의 공급 없이 세금계산서만 교부받아 제출하거나 허위의 매입세액공제를 한 것이다. 법원도 "부가가치세 포탈은 세금계산서의 거짓 또는 가공 발급이 당연히 수반되고 그러한 행위는 부정행위에 해당한다"라고 판시[220]하고 있다.

2) 매입세액 불공제

매출누락에 의한 부가가치세 포탈에 있어서 매출금액을 누락시킬 경우에는 그에 따른 매입금액을 같이 누락시키거나, 처음부터 매출누락을 의도하고 세금계산서를 교부하지 아니하고 무자료로 매입하거나, 세금계산서를 교부받더라도 매입처별세금계산서합계표에 기재하지 아니하는 방법 등을 사용한다. 부가가치세법상 매입처별세금계산서합계표를 제출하지 않은 경우와 제출한 매입처별세금계산서합계표의 필요적 기재사항의 전부 또는 일부가 기재되지 않았거나 사실과 다르게 기재된 경우에는 매입세액은 공제되지 아니한다(부가가치세법 제39조 제1항 제1호).

이 경우 매입세금계산서를 교부받지 아니하였거나 제출하지 아니하더라도 포탈세액의 계산에 있어서는 매입세액공제를 허용할 것인지 여부가 문제된다. 법원은 "일반적으로 형사절차에서 확정하여야 할 포탈세액은 해당 포탈범에 대하여 부과하여야 할 세법상의 납세의무액수와 그 범위를 같이 하여야 할 것이므로 납세의무자가 교부받지 아니하고 제출하지 아니한 매입세금계산서에 근거한 매입세액공제는 포탈세액계산에 있어서도 허용하지 아니한다"라고 판시[221]하고 있다. 따라서 실제 부가가치세를 지급하고 물건을 매입한 경우라도 세금계산서를 교부받지 아니하거나 매입처별세금계산서합계표를 제출하지 아니하였다면 매입세액공제를 할 수 없고 누락된 매출세액 전체에 대한 부가가치세 포탈이 성립한다.

220) 대법원 2009.1.15. 선고 2006도6687 판결; 대법원 2005.9.30. 선고 2005도4736 판결 등.
221) 대법원 2000.2.8. 선고 99도5191 판결.

부가가치세 포탈은 크게 매출세액의 감소와 관계가 있는 무자료거래(매출누락)와 매입세액의 부당공제와 관련이 있는 가공거래로 분류된다. 이것은 법인세포탈에서의 매출누락과 비용의 과대계상과 대비되는 것으로 부가가치세 포탈에 있어서는 무자료거래와 가공세금계산서가 이에 해당한다. 무자료거래는 부가가치세 포탈과 관련되고, 가공거래는 매입세액의 부정공제와 그에 따른 부가가치세 부정환급과 관련된다.

3) 무자료 거래(매출누락)

무자료 거래란 재화 또는 용역의 제공을 하였음에도 세금계산서를 발급하지 아니하고 한 거래를 말한다. 무자료 거래행위로 공급자의 매출세액이 누락되고 공급받는 자에 대하여는 매입세액이 누락된다. 세금계산서의 발행 없는 무자료거래가 한 번 발생하면 그 무자료 재화를 매입한 사람이 다시 물건을 판매하는 경우에도 역시 세금계산서 없이 재화를 공급할 수밖에 없어 거래의 모든 단계에서 무자료로 인한 매출누락이 연쇄적으로 발생한다. 예를 들어 주류판매대리점에서 주류를 유흥음식점에 무자료로 공급하면 유흥음식점에서도 그 주류판매와 관련된 매출누락이 이루어져 개별소비세, 부가가치세와 소득세 등을 포탈하게 된다. 이 경우에 유흥음식점에서 주류판매에 대한 매출에 대하여 세금계산서를 발행하기 위해서는 자료상 등으로부터 허위세금계산서를 공급받아야 한다.

4) 가공거래

가공거래란 재화나 용역의 공급 없이 세금계산서를 교부하거나 교부받는 거래를 말한다. 가공거래에 의하여 매입세액의 부정공제가 발생하면 그에 따른 부가가치세의 포탈 또는 부정환급이 발생하게 된다. 부정환급은 가공거래와 필연적 관련이 있으며, 가공의 세금계산서에 의하여 매입세액을 공제하면 부가가치세 부정환급이 이루어진다. 가공거래는 통상 자료상을 통하여 행하여지는데, 자료상이란 사실상 영업행위를 하지 않거나 명목상으로만 사업을 영위하는 자가 사업자등록을 하고 세금계산서를 처리하여야 할 자로부터 허위의 세금계산서를 수취하여 이를 필요로 하는 자에게 교부하고 그 수취·교부의 대가로 수수료를 받는 자를 말한다.

5) 부가가치세 포탈과 법인세 및 종합소득세포탈과 관계

부가가치세의 포탈은 그에 따른 법인 또는 개인사업자의 매출누락과 비용의 과대계상과 상호 관련이 있어서 법인세 또는 종합소득세포탈이 동시에 이루어지는 경우가 많다. 거짓세금계산서 및 가공세금계산서 발급 및 수취를 통하여 조세탈루를 하게 되면 그 자체로 부정한 행위에 해당되어 조세포탈죄가 성립한다.

법원도 "부가가치세 확정신고를 함에 있어 세금계산서를 발급하지 아니하고 매출액을 고의로 신고 누락하였다면 위 세금계산서의 불발급은 조세의 부과와 징수를 불가능하게 하거나 현저하게 곤란하게 하는 적극적 행위로서 구 조세범처벌법 제9조 제1항 위반죄에 해당한다"라고 판시[222]하고 있다.

법인세 또는 종합소득세와 부가가치세는 각 신고·납부기한이 다르므로 부가가치세 포탈이 성립하더라도 법인세 또는 종합소득세포탈의 기수시기가 미도래하여 성립하지 아니할 수 있다. 또한 일부 부가가치세 포탈이 성립되더라도 당해 사업연도 전체의 소득감소에 영향을 미치지 못하거나, 당해 사업연도가 결손된 경우에는 법인세 또는 종합소득세포탈이 성립되지 않는 경우도 있다.

(라) 상속세

상속세의 과세표준은 상속세 과세가액에서 상속공제액을 뺀 금액이다. 상속재산의 은닉, 허위의 부채부담 등 허위로 과세표준을 줄이는 행위가 부정행위가 될 수 있다. 상속세는 상속인들이 피상속인 사망이 발생한 달의 말일부터 6개월 이내에 상속신고를 하게 되어 있다. 상속세는 본래 부과납세방식의 조세로서 신고·납부기한의 경과로 조세포탈이 성립하는 것이 아니라 신고 후에 정부의 결정 또는 조사결정을 통하여 조세포탈이 성립한다. 상속세는 배우자공제 등 상속공제액이 많아 일반인에게는 상속세 포탈이 거의 없는 경우가 대부분이고, 일부 부유층에서 상속세가 문제된다.

상속세 포탈은 상속재산을 은닉한 다음 신고를 누락하는 경우와 피상속인의 부채 및 상속재산에 부가되어 있는 부채를 과대계상하여 상속세 과세표준을 줄이는 방법이 주로 사용된다. 상속재산을 은닉하는 방법은 현금 등 유동자산과 귀금속, 서화, 골동품 등 은닉이 용이한 유동성 자산의 경우에는 과세당국이 파악하기 어려우므로 이러한 점을 이용하여 신고에서 누락하는 경우이다. 상속재산을 그대로 두고 상속재산 신고만 하지 않은 경우에는 적극적 행위가 없으므로 부정한 행위가 있다고 볼 수 없다. 상속재산인 차명예금을 다른 타인 명의의 예금으로 전환하여 인출한 다음 현금화하거나 채권을 매입하는 경우, 피상속인 사망 전에 부동산,

---

222) 대법원 1985.9.24. 선고 85도842 판결.

주식 등의 상속재산을 미리 양도하여 현금화한 다음에 사전 상속하거나, 은행 등 금융기관에 차명으로 예치하여 은닉하였다가 신고를 누락하는 등 상속재산을 은닉하기 위한 적극적인 행위가 있어야 부정한 행위가 성립할 수 있다.

상속재산에 부가되어 있는 부채 등을 과대계상하는 방법으로는 상속 건물에 임대부동산이 포함된 경우에 임대보증금을 과대계상하여 신고하는 경우와 회사의 지분을 상속받으면서 회사가 부담하지도 않는 허위 가공채무를 신고하는 경우 등이 이에 해당할 수 있다.

(마) 증여세

증여세의 과세표준은 증여세 과세가액에서 증여재산공제를 한 금액이다. 증여자금의 위장과 자본거래를 통한 우회적 증여 등으로 허위로 과세표준을 줄이는 행위가 부정한 행위가 될 수 있다. 증여세는 증여받은 날이 속하는 달의 말일부터 3개월 내에 증여신고를 하게 되어 있으므로 신고 없이 이 기간이 지나면 증여세 포탈이 성립할 수 있다.

증여세 포탈 방법으로는 상속세와 마찬가지로 증여세 과세표준이 되는 증여재산을 은닉하거나 증여재산을 차용 또는 매매에 의하여 인도받는 것처럼 위장하는 방법 등이 있다. 증여세의 포탈에 있어서도 단순히 증여재산을 신고하지 아니한 것만으로는 증여세 포탈이 성립하지 않고 적극적인 은닉행위가 있어야 부정행위가 성립한다. 2003.12.30. 상속세 및 증여세법 개정으로 모든 자산의 무상이전이나 기여에 의한 자산가치의 증가가 증여세 부과대상이 되는 등 증여에서 완전포괄주의가 도입되었다. 증여의제규정 및 자본거래를 이용한 부의 무상이전행위도 증여세 부과대상이므로 부정한 행위가 있으면 조세포탈이 성립할 수 있다.

경제가 발달함에 따라 기업을 소유하는 수단인 주식과 지분을 통하여 부의 세습이 이루어지는 경우가 많이 발생하여 그와 관련된 증여세 포탈이 주로 발생한다. 주식은 그 시가가 수시로 변동되고, 그 보유로 기업에 대한 지배권도 가질 수 있으며, 기업 간의 합병과 감자, 증자에 따라 주식 관계 변동이 수반되고 그에 따른 자산가치의 변화도 발생한다. 이러한 주식의 특성을 이용한 증여세 포탈방법으로는 법인의 증자대금을 증여받고도 그 자금출처를 위장하거나, 부모로부터 주식을 증여받고 매매로 위장하거나, 부모의 차명주식을 증여받고 이를 차명인으로부터 직접 매수한 것처럼 가장하거나, 부모가 자녀들에게 비상장회사의 차명주식을 증여하면서 차명주주와 자녀들 사이에 매매가 있었던 것처럼 외관을 위장하여 특수관계자 차명주식 증여사실을 은닉한 다음 비상장회사를 상장시켜 우회적으로 증여하여 의제증여세를 포탈하는 방법 등이 그 예가 될 수 있다.

Ⅳ. 사기나 그 밖의 부정한 행위

1. 총 설

(1) 의 의

(가) 개 념

조세포탈은 '부정한 행위'로서 조세를 포탈하거나 조세를 환급·공제를 받은 경우에 성립한다. 부정한 행위란 조세범처벌법 제3조 제6항 각호의 어느 하나의 행위에 해당하는 행위로서 조세의 부과와 징수를 불가능하게 하거나 현저히 곤란하게 하는 적극적 행위를 말한다(조세범처벌법 제3조 제1항, 제6항).

사기란 허위로 사실을 기망하여 착오를 일으키게 하는 일체의 행위를 말한다. 기망이란 재산상의 거래관계에 있어서 거래 당사자가 지켜야 할 신의와 성실의 의무를 배반하는 모든 적극적 또는 소극적 행위를 말한다. 기망행위는 경험법칙상 일반인을 착오에 빠지게 할 수 있는 정도이어야 한다. 법원도 "어떤 행위가 다른 사람을 착오에 빠지게 한 기망행위에 해당하는가의 여부는 거래의 상황, 상대방의 지식, 경험, 직업 등 행위 당시의 구체적 사정을 고려하여 일반적, 객관적으로 결정하여야 한다"라고 판시[223]하고 있다. '그 밖의 부정한 행위'는 다양하여 사기와 유사한 행위에 한정되는 것이 아니다. 부정행위는 작위와 부작위를 포함한다. 법인세와 소득세포탈에 있어서 이중장부의 작성 등 적극적인 장부조작과 회계분식행위 등이 작위에 의한 부정행위에 속하고, 신고납세방식의 조세에 있어서 장부미비치·미기장 행위로서의 부작위와 허위의 장부를 작성하고 세금계산서를 발급하지 않는 행위로서의 부작위 등이 과세표준신고서 미제출이라는 부작위와 함께

223) 대법원 1992.3.10. 선고 91도2746 판결.

포괄하여 조세포탈의 부정행위에 해당하는 경우가 부작위에 의한 부정행위의 대표적 사례에 해당한다. 또한 부과납세방식의 조세인 상속세와 증여세에 있어 납세의무자가 조세포탈의 수단으로서 과세표준신고서 미신고・과소신고의 전・후단계로서 '적극적 소득은닉행위'가 있는 경우에는 미신고・과소신고라는 부작위와 반복된 차명계좌 등을 통한 자금세탁행위와 같은 작위가 결합된 예가 될 수 있다.

한편 조세범처벌법 제3조 제6항 제1호 내지 제7호에서는 종래 판례 등에 의하여 인정되어 오던 부정한 소득은닉행위들을 유형화하여 구체적으로 규정함으로써 납세의무자인 국민들의 조세포탈의 성립요건이 되는 부정행위에 대한 이해도를 높게 함과 동시에 예측가능성을 제고하고 있다. 조세범처벌법 제3조 제6항 제7호에서는 부정한 행위 유형의 하나로 '그 밖의 위계에 의한 행위 또는 부정한 행위'라고 규정하여 제1호 내지 제6호에 기재된 부정한 행위태양에 해당하지 않는 부정행위들도 제한 없이 부정행위에 해당할 수 있도록 함으로써 부정행위 유형을 포괄적으로 규정하고 있다. 따라서 제1호 내지 제6호에 해당되지 아니하더라도 사회통념상 적극적 위계에 의한 행위 또는 부정행위와 같이 평가될 수 있는 행위들이면 부정행위에 해당되어 조세포탈이 성립할 수 있다. 법원도 "사기 그 밖의 부정한 행위라 함은 조세의 포탈을 가능하게 하는 행위로서 사회통념상 부정이라고 인정되는 행위, 즉 조세의 부과와 징수를 불가능하게 하거나 현저히 곤란하게 하는 위계 그 밖의 부정한 적극적 행위를 말한다"라고 판시[224]하여 '사회통념상 부정'이라는 포괄적 개념의 부정행위를 인정하고 있다.[225]

---

224) 대법원 2013.9.12. 선고 2013도865 판결; 대법원 2012.6.14. 선고 2010도9871 판결 등.

225) 조세포탈죄의 부정행위 관련 외국의 입법은 그 형식과 내용에서 우리나라와는 다르다. 독일은 조세기본법 제370조 제1항 제1 내지 3호에서 '세무관청 또는 기타 관청에 대하여 과세상 중요한 사실에 관하여 부정확하거나 불완전한 진술을 한 경우, 의무에 반하여 과세상 중요한 사실을 세무관청에 알리지 아니한 경우, 의무에 반하여 수입인지 또는 수입증지를 사용하지 아니하여 조세액을 감소시키거나 자기 또는 타인으로 하여금 부당한 조세상의 이익을 얻게 한 자' 등을 5년 이하의 징역 또는 벌금에 처하도록 규정하고 있고, 미국은 26 U.S. Code 제7201조에서 '누구든지 어떠한 방법이든 이 법률에 의하여 부과되는 어떠한 종류의 조세나 그 납부에 관하여 고의로 포탈하거나 침해한 자'를 10만 달러 이하 또는 5년 이하의 징역에 처하도록 규정하고 있으며, 일본은 소득세법 제238조에서 '사기 기타 부정한 행위에 의해 소득세를 면하거나 소득세를 환부받은 자'를 10년 이하의 징역 또는 8,000만엔 이하의 벌금에 처하거나 병과한다고 규정하는 등 개별세법(소득세법, 법인세법, 소비세법 등)에서 '사기 기타 부정한 행위'를 동일한 부정행위 요건으로 하여 규정하고 있다. 이와 같이 미국처럼 조세포탈죄의 행위수단을 규정함에 있어서 특정한 행위수단을 요구하지 않는 입법과 독일과 일본처럼 특정한 행위수단을 요구하는 입법으로 크게 분류된다. 다만, 미국 연방대법원은 판례{Sansone v. United States, 380 U.S. 343(1965)}로 조세포탈 성립요건으로 '고의, 조세 부족분의 존재, 조세포탈을 위한 적극적인 행위'를 추가 요건으로 요구하고 있어, 미국은 적극적 행위를 요구하고 있는 반면, 일본 최고재판소는 "부정한 행위의 개념에 대하여 포탈의 의도를 가지고 그 수단으로서 세금의 부과징수를 불능 혹은 심히 곤란케 할 만한 위

1) 조세포탈 실행의 착수로서의 부정행위

조세포탈죄에서의 실행의 착수란 조세포탈죄 구성요건에 해당하는 행위의 실현을 개시함을 말한다. 개별 범죄에서 실행의 착수는 '어떤 죄를 범하려는 의도가 행위자의 행동에 의하여 외부적으로 표현되고, 이른바 구성요건에 속하는 행위사실의 일부분 또는 이에 밀접한 관계가 있는 행위를 구체적으로 행하였을 때' 실행의 착수가 있다고 본다. 즉 조세포탈죄에서는 부정행위[226]의 일부분 또는 이와 밀접한 관계가 있는 행위를 구체적으로 행한 경우에 실행의 착수가 있다고 보고 있다.

미수범이 성립하기 위하여는 실행의 착수가 필요하다. 실행의 착수 자체가 없다면 '예비'에 지나지 않는다. 조세포탈죄에는 미수범 처벌규정이 없으므로 실행의 착수와 관련한 논의는 그 실익이 크지는 않으나, 사전소득 은닉행위와 관련하여 인과관계, 고의의 범위, 공범의 성립문제, 죄수론 등에서 논의의 실익이 있을 수 있다.[227]

2) 장기부과제척기간 및 중가산세요건으로서의 부정한 행위와 동일 개념 여부

부가가치세 부과처분취소소송과 같은 조세행정소송에서도 부과제척기간 도과 여부 및 부당무신고 중가산세 부과요건과 관련하여 '부정한 행위'가 자주 등장한다. 즉, 국세기본법 제26조의2 제1항은 국세를 부과할 수 있는 제척기간으로 '국세를 부과할 수 있는 날로부터 5년'으로 규정하고 있고, 같은 조 제2항 제2호에서는 '납세자가 대통령령으로 정하는 부정한 행위로 국세를 포탈하거나 환급·공제를 받은 경우에는 그 국세를 부과할 수 있는 날부터 10년'으로 규정하고 있다. 한편 국세기본법 제47조의2, 제47조의3에서는 '세법에 따른 국세의 과세표준 무신고, 과소신고, 초과환급신고를 할 경우에는 가산세를 부과할 수 있다'고 규정하고 있고, 그중 '부정행위로 과세표준 무신고, 과소신고, 초과환급신고를 하는 경우에는 일반 가산세보다 가중하여 중가산세를 부과할 수 있다'고 규정하고 있다. 위 국세기본법의 위임을 받아 제정된 국세기본법 시행령 제12조의2 제1항에서는 '국세기본법 제26조의2 제2항에서 대통령령으로 정하는 사기나 그 밖의 부정한 행위란

계나 기타 공작을 한 것을 말한다"라고 판시(昭和 42년 11월 8일 일본형사판례집 21권 9호 1197면)하여 위계 요건은 요구하고 있으나 적극적 행위는 요구하고 있지 않는 등 우리나라의 부정행위 개념과는 다르다. 독일, 일본, 미국의 입법례는 다음 논문을 참조하면 된다(이성일, 소송사기, 조세포탈죄, 위계공무집행방해죄의 행위수단의 통일적 이해, 법조 제71권 제1호 83~85면; 황남석, 조세포탈죄의 객관적 구성요건으로서의 부정행위, 사법 제42호, 2017, 378~408면 참조).

226) 이를 조세포탈죄에서 포괄하여 사전소득 은닉행위라는 표현을 사용하기도 한다.

227) 김종근, 조세형사법, 2021, 151면 참조.

조세범처벌법 제3조 제6항에 해당하는 행위를 말한다'고 규정하고 있다. 따라서 조세범처벌법 제3조 제6항 소정의 부정행위의 개념과 장기부과제척기간이나 중가산세 부과요건으로 되어있는 부정행위의 개념은 동일하다고 볼 수밖에 없다.

법원도 "조세범처벌법상 형사처벌 대상인 '사기 기타 부정한 행위로써 조세를 포탈한 경우와 부당무신고 가산세 부과요건인 사기 기타 부정한 방법으로 무신고한 과세표준이 있는 경우에 있어서 사기 기타 부정한 행위는 같은 의미로 해석될 수 있다"라고 판시[228]하여 국세기본법 시행령과 동일하게 보고 있다.

⑵ 부정행위의 판단기준

(가) 추상적 판단기준

조세포탈에서 부정한 행위에 해당하려면 조세범처벌법 제3조 제6항 제1호 내지 제7호에 해당하는 행위로서 조세의 부과와 징수를 불가능하게 하거나 현저히 곤란하게 하는 적극적 행위이어야 한다. 이와 같은 부정행위 성립과 관련된 구성요소에 대하여 간단하게 도표로 작성하면 아래와 같다.

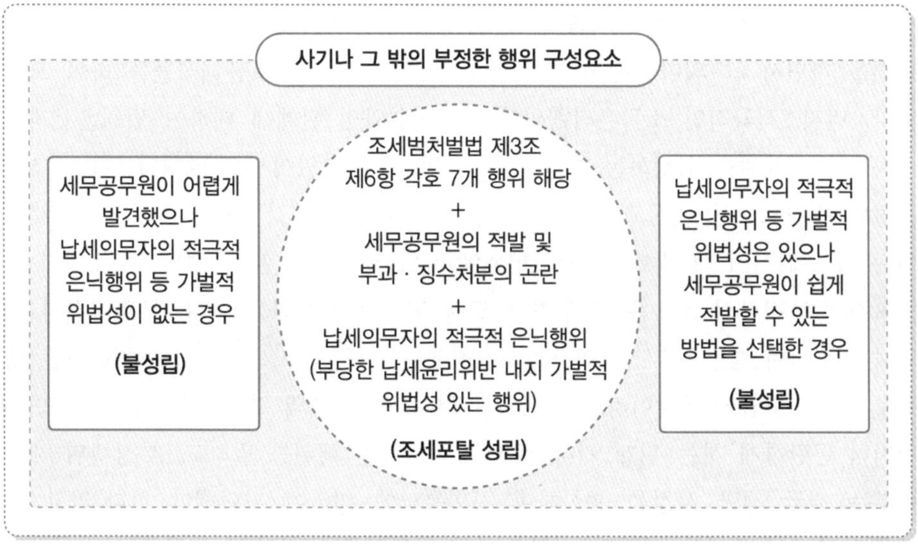

위 도표에 대하여 간단하게 설명하면 아래와 같다. 우선 조세포탈의 부정행위에 해당하려면, 조세범처벌법 제3조 제6항에서 부정행위 행위태양으로 정하고 있는

228) 대법원 2019.7.25. 선고 2017두65159 판결.

① 이중장부의 작성 등 장부의 거짓 기장, ② 거짓 증빙 또는 거짓 문서의 작성 수취, ③ 장부와 기록의 파기, ④ 재산의 은닉, 소득·수익·행위·거래의 조작 또는 은폐, ⑤ 고의적으로 장부를 작성하지 아니하거나 비치하지 아니하는 행위 또는 계산서, 세금계산서 또는 계산서합계표, 세금계산서합계표의 조작, ⑥ 조세특례제한법 제5조의2 제1호에 따른 전사적 기업자원 관리설비의 조작 또는 전자세금계산서의 조작, ⑦ 그 밖의 위계에 의한 행위 또는 부정한 행위 등 7개 행위 중 하나에 해당하여야 한다. 그리고 위와 같은 행위 이외에 납세의무자의 그러한 행위가 사회통념상 '조세의 부과와 징수를 불가능하게 하거나 현저히 곤란하게 하는 적극적 행위'에 해당하여야 비로소 조세포탈에서 요구하는 부정행위에 해당한다. 이처럼 적극적인 소득은닉행위를 부정행위 성립요건의 핵심으로 보는 이유는 조세포탈죄도 형사범으로서 조세포탈 행위자에게 형벌을 가하기 위해서는 반드시 행위자의 비난가능성 있는 행동이 전제되어야 한다는 형사책임의 대원칙이 반영된 것으로 해석된다. 그러나 이와 같은 부정행위 성립과 관련한 조세범처벌법상 용어들은 추상적인 개념이 다수이고 그 해석상 불명확한 요소들이 상당수 있어서 이에 대한 추가적인 해석을 필요로 하는 경우들이 종종 발생한다.

이러한 추상적 부정행위 판단 기준들에 대하여 법원은 개개의 사건들에 대한 판결을 하면서 그 의미들에 대하여 가능한 범위 내에서 보충해석들을 하여 오고 있다. 먼저, 적극적인 소득은닉행위와 부정행위와의 관계에 대하여 법원은 "과세권자가 조세채권을 확정하는 부과납세방식의 조세에 있어서도 납세의무자가 조세포탈의 수단으로서 미신고·과소신고의 전·후단계에 '적극적인 소득은닉행위'를 하는 경우에 사기 그 밖에 부정한 행위에 해당한다"라고 판시[229]하여 부정행위 성립요건으로 적극적 소득은닉행위가 반드시 필요하다고 하고 있다. 부정행위의 개념과 관련하여 법원은 "사기 그 밖의 부정행위는 조세의 포탈을 가능하게 하는 행위로서 사회통념상 부정이라고 인정되는 행위, 즉 조세의 부과·징수를 불능 또는 현저히 곤란하게 하는 위계 기타 부정한 적극적인 행위를 말하고, 부정행위 해당 여부는 결국 제반 사정을 종합하여 사회통념에 의하여 판단해야 한다"라고 판시[230]하여 사회통념상 인정되는 부정이 조세포탈에서 말하는 부정행위의 기본적 개념이라고 하고 있고, 그 판단 역시 사회통념에 의하여 하여야 한다고 하고 있어서 사회통념이라는 개념을 부정행위 해석의 중요한 기준으로 보고 있다.

229) 대법원 1999.4.9. 선고 98도667 판결.
230) 대법원 2014.2.21. 선고 2013도13829 판결.

한편 부정행위 성립의 중요한 요건 중 하나인 조세의 부과와 징수를 불가능하게 하거나 현저히 곤란하게 하는 행위에 대한 일반적 의미와 관련하여 법원은 "조세포탈죄에서 사기 기타 부정한 행위란 조세의 포탈을 가능하게 하는 행위로써 사회통념상 부정이라고 인정되는 행위, 즉 조세의 부과와 징수를 불가능하게 하거나 현저히 곤란하게 하는 위계 기타 부정한 적극적 행위를 말한다. 따라서 다른 행위를 수반함이 없이 단순히 세법상의 신고를 하지 않거나 허위의 신고를 함에 그치는 것은 이에 해당하지 않지만, 과세대상의 미신고나 과소신고와 아울러 수입이나 매출 등을 고의로 장부에 기재하지 않은 행위 등 적극적 은닉 의도가 나타나는 사정이 덧붙여진 경우에는 조세의 부과와 징수를 불능 또는 현저히 곤란하게 만든 것으로 볼 수 있다"라고 판시[231]하여 단순한 미신고나 과소신고만으로는 조세의 부과와 징수를 불가능하게 하거나 현저히 곤란하게 하는 행위로 볼 수 없고, 추가적으로 조세범처벌법 제3조 제6항 기재와 같은 객관적인 적극적 부정행위가 드러나야 한다고 보고 있다.

마지막으로 이러한 납세의무자의 적극적 부정행위 내지 적극적 소득은닉행위가 존재하는지 여부에 대한 판단을 하면서 고려하여야 할 점과 관련하여 법원은 "적극적 은닉의도가 객관적으로 드러난 것으로 볼 수 있는지 여부는 수입이나 매출 등을 기재한 기본장부를 허위로 작성하였는지 여부뿐만 아니라 당해 조세의 확정방식이 신고납세방식인지 부과납세방식인지, 미신고나 허위신고 등에 이른 경위 및 사실과 상위한 정도, 허위 신고의 경우 허위 사항의 구체적 내용 및 사실과 다르게 가장한 방식, 허위내용의 첨부서류를 제출한 경우에는 그 서류가 과세표준 산정과 관련하여 가지는 기능 등 제반 사정을 종합하여 사회통념상 부정이라고 인정될 수 있는지에 따라 판단하여야 한다"라고 판시[232]하고 있다.

이와 같이 법원은 부정행위에 대한 해석을 보완하기 위하여 조세포탈로 문제된 개별사건에 대한 판결을 선고하면서 부정행위 개념에 대한 구체적인 판단기준들을 계속하여 제시하여 오고 있지만 그 제시기준 또한 추상적인 부분들이 있어 실제 특정 사안이 발생한 경우에는 부정행위의 유형별 사례에 대한 정확한 이해와 일반적 부정행위 성립이론에 근거한 통상의 경험칙을 통하여 직·간접적으로 해결할 수밖에 없을 것으로 생각된다. 법원의 부정행위 판단기준으로 등장하는 '사회통념상 부정'이라는 개념은 어떠한 행위가 사회통념과 관련하여 부정행위에 해

231) 대법원 2016.2.18. 선고 2014도3411 판결; 대법원 2012.3.15. 선고 2011도13605 판결.
232) 위 대법원 2014.2.21. 선고 2013도13829 판결; 대법원 2015.1.29. 선고 2011도13730 판결.

당하는지를 일률적으로 말하기는 쉽지 않지만 조세포탈을 적용할 시점에서의 사회공동체가 추구하는 가치, 즉 사회상규의 위배와 관련되는 보편적 규범들을 종합하여 그 해당 여부를 판단하여야 한다고 생각한다.

(나) 조세포탈행위의 가벌성 요건으로서 납세윤리 위반

조세포탈죄는 형사벌의 일종으로 그 보호법익인 '조세의 적정한 부과·징수를 통한 국가의 조세수입의 확보'라는 목적 달성을 위한 마지막 수단으로 국민들에게 행사되는 형사벌이다. 국가가 형벌권을 행사하려면 그에 상응하는 납세의무자의 납세윤리 위반행위가 있어야 하고, 그러한 위반행위로는 국가의 과세권을 침범하는 실질적인 납세윤리에 반하는 가벌성이 높은 행위들이어야 한다. 위반의 대상이 되는 규정으로는 비교적 가벼운 행정법규위반부터 위반행위 자체가 형사처벌에 해당하는 중대한 규정위반까지 다양하다. 가벌적 납세윤리위반행위는 행위자의 법규위반의 내용 및 조세포탈에 이르게 된 과정과 방법이 반윤리적·반사회적 행위에 해당하는지 여부에 따라 달라질 수밖에 없고, 그 정도에 따라 부정행위 성립 여부에도 영향을 미치게 된다. 조세포탈죄로 처벌하기 위해서는 그 가벌적 요건으로서 납세의무자의 납세윤리 위반이 존재하여야 하고, 그 위반의 정도는 국가의 형벌권 발동이 필요할 정도의 중대한 위반이어야 한다. 이러한 의미에서 납세윤리 위반의 점은 조세의 부과·징수를 불능 또는 현저하게 곤란하게 하는 위계 기타 부정한 행위와 함께 부정한 행위 해당 여부를 결정하는 또 하나의 근거가 될 수 있다.

(다) 조세의 부과와 징수를 불가능 또는 현저히 곤란하게 하는 행위

1) 의 의

조세의 부과와 징수를 불가능하게 하거나 현저히 곤란하게 하는 행위 역시 부정한 행위에 해당되는지 여부 판단의 중요 근거 중 하나가 된다. 조세의 부과와 징수를 불가능하게 하거나 현저히 곤란하게 하는 행위란 세무공무원이 성실한 주의의무를 다하여 해당 장부 및 증빙서류를 조사하더라도 납세의무자의 거짓기재 내지는 은닉행위 등으로 인하여 허위신고사실 등을 적발하기 어려워 적정한 부과·징수권을 행사할 수 없는 경우를 말한다.

법원도 "조세의 징수는 납세의무자의 납세신고나 과세관청의 부과처분 등에 의하여 조세채권이 구체적으로 확정되는 것을 당연한 전제로 하므로 사기 그 밖의 부정한 행위로써 위와 같은 조세의 확정을 불가능하게 하거나 현저히 곤란하게 한 경우에는 그에 따라 조세의 징수 역시 당연히 불가능하거나 현저히 곤란하게 되어 국가의 조세수입이 침해된다는 의미에서 조세포탈죄를 구성한다는 데에는 의문의 여지가 없다"라고 판시[233]하여 부정행위 성립 요소로 세무공무원으로 하여금 조세의 부과와 징수를 불가능 또는 현저히 곤란하게 하는 행위에 해당하는지 여부를 주요 기준으로 보고 있다.

따라서 납세의무자가 회계장부에 거짓 기재행위 등을 하였더라도 그 은닉의 정도가 약하여 세무공무원이 용이하게 소득의 탈루사실을 적발할 수 있었다면, 조세의 부과와 징수를 불가능 또는 현저히 곤란하게 하는 행위에 해당하지 아니하므로 부정행위로 인정되지 않는다. 이러한 부정한 행위의 판단주체는 구체적 사건에서의 개개의 세무공무원이 아니라 일반 세무공무원으로서 마땅히 지녀야 할 회계와 전문세무지식을 가진 평균적인 사람을 기준으로 하여야 한다. 법원도 피고인이 임·직원 등 회사의 특수관계인에게 금원을 대여할 경우 대여금에 대하여 이자를 부과하여 그 금액을 법인의 수익금으로 계상하는 등 절차를 거쳐 익금산입한 후 그에 상응하는 법인세를 납부하여야 함에도 불구하고 대여금을 전액 변제받은 것처럼 허위 분개전표를 작성하여 그 이자 상당액을 익금산입하지 아니함으로써 법인세를 포탈하였다고 기소된 사안에서, "매 사업연도 중의 종업원 단기대여금 원장 등 회계장부에는 각 대여금의 대여 및 상환일시 등이 기재되어 있어 일시 변제받은 것으로 처리한 기간을 제외한 나머지 사업연도 중의 대여금의 존재는 쉽게 알 수 있었으므로, 특수관계인에 대한 대여사실을 감추기 위하여 매 사업연도 말에 대여금을 변제받은 것처럼 분개전표를 작성하고 그에 따라 결산장부를 정리한 행위만으로는 조세포탈에 해당한다고 볼 정도의 적극적인 부정한 행위가 있었다고 보기는 어렵다"라고 판시[234]하여 세무공무원이 용이하게 적발이 가능한 경우에는 부정행위에 해당하지 않는다고 하고 있다.

이와 반대로 법원은 "A회사의 대표이사인 B가 러시아의 무기수출업체로부터 수령할 무기중계료 수입을 외부에서 파악하지 못하도록 회계처리를 하지 않기로 마음먹고, 그 무기중계거래를 미국법인인 C회사의 베트남 무기중계사업으로 위장한 후 중계수수료도 미국에 있는 B 및 C회사의 공동명의로 개설된 계좌를 통하여 수령하는 등의 행위를 한 다음, 그 무기중개수수료 수입을 누락한 허위의 장부를 작성하고 이에 기초하여 A회사의 법인세 신고를 한 경우, 이러한 행위는 과세대상의

233) 대법원 2007.2.15. 선고 2005도9546 전원합의체 판결.
234) 대법원 2006.6.29. 선고 2004도817 판결.

단순한 미신고나 과소신고에 그치는 것이 아니라, 무기중개수수료 수입의 외부 노출을 막기 위한 거래명의 위장 및 해외계좌의 사용, 그 수입을 누락한 장부의 허위기장 등 적극적인 소득은닉행위가 수반된 것으로서 조세의 부과와 징수를 현저히 곤란하게 하는 사기 기타 부정한 행위에 해당한다"라고 판시[235]하여 납세의무자의 적극적 소득은닉행위로 세무공무원의 적발이 곤란하게 된 경우에는 부정행위가 성립된다고 하고 있다.

2) 조세의 징수만을 불가능 또는 현저히 곤란하게 하는 행위

가) 의 의

조세의 부과처분에는 절차상 문제를 없도록 위장한 상태에서 징수만을 불가능 또는 현저히 곤란하게 하는 행위가 부정한 행위에 해당하는 것으로 볼 수 있는지 문제된다. 조세포탈죄는 부정행위로 조세의 부과와 징수를 불가능하게 하거나 현저히 곤란하게 하는 경우 성립한다. 조세의 징수는 조세채권의 확정을 전제로 하고 있으므로, 부정행위로써 조세채권의 확정을 불가능하게 하거나 현저히 곤란하게 한 경우에는 조세포탈죄가 성립하는 데에는 의문의 여지가 없다.

한편 납세자의 신고에 의해 조세채권이 확정되는 신고납세방식의 조세에 있어서 사전소득은닉행위는 있지만, 외관상으로는 과세표준을 제대로 신고하여 조세채권의 확정에는 아무런 방해나 영향을 미치지는 않으면서 실제로는 조세의 징수를 불가능 또는 현저히 곤란하게 하는 행위가 존재하여 결과적으로 부과된 조세에 대한 집행을 할 수 없게 한 경우에는 그 가벌성이 조세부과를 불가능하게 한 경우와 비교하여 결코 낮다고 볼 수가 없다. 이러한 이유 때문에 이 경우에도 통상의 조세포탈죄를 적용하여 처벌이 가능한지 여부에 대한 논의가 있어 왔다. 이 문제는 변칙적 금지금[236] 거래과정에서 사전에 치밀한 계획하에 여러 단계를 거치면서 조세회피행위를 하여 징수를 면한 부가가치세 포탈 사례에 대하여 대법원에서 전원합의체 판결로 유죄를 선고하면서 그 논란이 일단락되었다.[237]

---

235) 대법원 2012.6.14. 선고 2010도9871 판결.

236) 금지금이란 금괴, 골드바 등 원재료 상태로서 순도가 99.5% 이상인 금을 말한다.

237) 금지금 거래를 이용한 부가가치세 포탈이 문제되기 시작한 시점은 2005년경으로 과세관청이 수입업체, 영세율 도관업체, 폭탄업체, 과세도관업체, 수입업체 등이 조직적으로 연계하여 조세포탈을 한다는 사실을 확인하였으나, 그 입증이 쉽지 않아 통일적 과세보다는 업체별로 부분적인 가공거래 또는 위장거래로 부과처분을 하다가 검찰이 직접 일제수사를 나서면서 2008년 초경 수사결과를 발표하였는데 그 수사결과에 의하면, 1999년부터 2004년까지 금괴가 수입가보다 저가로 재수출됨으로써 연간 590억 원 상당의 국부가 유출되었고, 부정환급된 세금이 2조 원에 이르는 등 국가에 막대한 피해를 야기한 사실을 확인하고 부가가치세 포탈죄 등으로 102명을 구속기소하였다.

즉 허위의 수출계약서 등을 통하여 영세율[238]로 금지금을 구입하여 이를 가공・수출하지 않은 채 구입 즉시 구입 단가보다 낮은 가격에 국내업체에 과세금으로 판매하여 부가가치세를 징수하고서도 곧바로 폐업신고를 하고 거래징수한 부가가치세를 납부하지 않은 지능적인 부가가치세 포탈 사안에 대하여, 법원은 "변칙적 금지금 거래행위의 동기 내지 목적, 조세징수가 불가능하거나 현저히 곤란하게 된 이유와 경위 및 그 정도 등을 전체적, 객관적, 종합적으로 고찰할 때, 처음부터 조세의 징수를 회피할 목적으로 사기 기타 부정한 행위로써 그 재산의 전부 또는 대부분을 은닉 또는 탈루시킨 채 과세표준만을 신고하여 조세의 정상적인 확정은 가능하게 하면서도 그 전부나 거의 대부분을 징수 불가능하게 하는 등으로 과세표준의 신고가 조세를 납부할 의사는 전혀 없이 오로지 조세의 징수를 불가능하게 하거나 현저히 곤란하게 할 의도로 사기 기타 부정한 행위를 하는 일련의 과정에서 형식적으로 이루어진 것이어서 실질에 있어서는 과세표준을 신고하지 아니한 것과 다를 바 없는 것으로 평가될 수 있는 경우에 한하여 조세포탈죄가 성립할 수 있다"라고 판시[239]하여 금지금 사건에서 다른 특별한 사정이 있다면 조세의 징수만을 불가능 또는 현저히 곤란하게 하는 행위만으로도 부정행위가 성립되어 궁극적으로 조세포탈죄로 처벌할 수 있다고 판결하였다.

그러나 위와 같은 판결은 조세포탈의 거래전말이 충분하게 입증된 경우에 예외적으로 적용가능한 것으로, 이러한 입증이 쉽지 아니한 일반 거래에서 일반적으로 적용하였을 경우에는 현행 조세의 부과 및 징수체계에 적지 않은 혼란[240]을 야기할 수 있다. 따라서 위와 같은 법리는 영세율[241] 및 면세금 제도 등을 치밀하게

---

238) 영세율이란 부가가치세 부과대상에 해당되기는 하나 그 세율이 0%가 적용되는 것으로 대표적으로 수출품이 이에 해당하고, 금지금 사건 당시에 외환위기를 극복하는 차원에서 금의 수출을 장려하여 금지금도 영세율을 적용하였다. 수출품에 대하여 수출업자가 부가가치세를 환급받을 수 있는 것은 영세율을 적용받기 때문이다. 반면에 수입품에 대하여는 수입가액 전부에 대하여 부가가치세를 부과한다. 이와 유사한 개념으로 면세는 부가가치세 부과대상에 해당하지 아니하여 매출세액과 매입세액의 공제가 없다.

239) 대법원 2007.2.15. 선고 2005도9546 전원합의체 판결.

240) 위 대법원 2005도9546 전원합의체 판결의 소수의견으로 ① 신고・납세방식의 조세의 본질에 반하는 결과가 초래된다는 의견, ② 부정행위의 범위가 지나치게 넓어져 그 행위의 정형성이 무너져 죄형법정주의 원칙에 반하다는 의견, ③ 조세의 징수를 불가능한 시점에 기수시기가 된다면 신고・납부기한이 경과한 때 기수시기가 성립하도록 되어 있는 조세범처벌법 규정과 부조화가 된다는 의견, ④ 어떠한 경우가 과세표준 및 세액의 신고가 형식적인 것에 불과하여 실질적으로 과세표준을 신고하지 아니한 것과 동일한 것으로 평가될 수 있는 경우에 해당하는지 여부가 불분명하다는 의견, ⑤ 조세채무의 확정과 확정된 세액을 징수하는 문제는 별개의 문제라는 의견 등이 제시되었는데, 이는 위 판결이 일반적으로 적용될 수 없다는 것을 반증하는 것이기도 하다.

241) 영세율과 면세의 비교

악용한 변칙적 금지금 거래나 유류·비철금속·휴대폰이나 메모리칩 등을 이용한 유사사례 등에 한하여, 그 거래 자체가 오로지 탈세에 의하여 이익을 취할 계획 아래 과세표준과 세액의 신고가 그 실질에 있어서는 과세표준을 신고하지 아니한 것과 다를 바 없는 형식적인 것에 불과한 경우에 예외적으로 적용하여야 할 것이다. 아래에서는 이와 같은 판결이 선고하게 된 배경을 돕기 위하여 변칙적 금지금 거래에 대하여 간단하게 소개하도록 하겠다.

나) 변칙적 금지금 거래

① 일반적 범행구조도(서울중앙지검 발표자료 참조)

〈금괴변칙거래 범행구조도〉

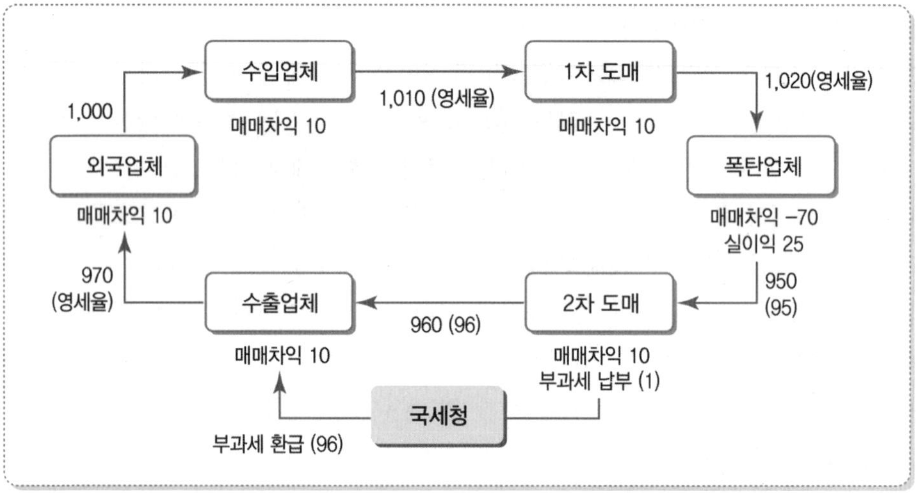

※ 실질환급: 포탈액(96) 분배=수입업체(10)+수출업체(10)+1, 2차 도매업체(20)+폭탄업체(25)+외국업체(30).

※ ( )안은 부가세.

영세율	면 세
과세사업자, 부가가치세율 0%	면세사업자, 부가가치세 면제
세금계산서 미발행이 원칙이나, 내국신용장 등에 의해 공급하는 재화는 영세율 세금계산서 발행 부가가치세 신고의무 ○	부가가치세 신고의무 × (협력의무 ○－매입처별 세금계산서합계표 제출의무)
매입세액 공제(환급)	매입세액 불공제(매출세액만 면제, 부분면세 제도)
국제적인 이중과세 방지와 소비지국 과세를 실현 수출의 지원과 육성 외화획득 재화 또는 용역	저소득층의 세부담 역진성 완화 기초생활필수품, 국민후생·문화 관련 재화·용역

② **범행구조도 해설**: 위 구조도를 간단하게 설명하면, ① 수입업체는 수출용 금지금을 수입하여 거래위장업체인 1차 도매업체에 매매차익을 남기고 영세율을 적용하여 부가가치세 납부없이 매도하고, 매매차익만큼 이익을 취한다. ② 1차 도매업체는 폭탄업체에 매매차익을 남기고 영세율을 적용하여 부가가치세 납부없이 매도하고 매매차익만큼 이익을 취한다. ③ 수출업체는 바지사장을 내세워 폭탄업체인 금괴도매상을 설립한 뒤 짧은 기간 금괴를 거래한 다음 부가가치세를 납부하지 않고 폐업시킨다. 폭탄업체는 세금을 부담하지 않고 금괴원가를 수입업체의 매입가격보다 낮게 매출하여 수출업체로 하여금 부가가치세 환급을 받도록 도와주고 매매과정에서 입은 손해 및 거래참여 이익은 부가가치세 환급금 중 일부로 충당한다. ④ 2차 도매업체는 폭탄업체로부터 수입가격보다 낮게 매입하여 수출업체에게 매매차익을 남기고 정상적 거래인 것처럼 매도하면서 매매차익에 상당하는 부가가치세를 납입하고 매매차익만큼 이익을 취한다. ⑤ 수출업체는 원래 수입가격보다 낮은 가격으로 2차 도매업체로부터 매수하여 과세관청으로부터 매입가격의 10%에 해당하는 부가가치세를 환급받고 환급받은 부가가치세를 이용하여 위 거래에 참여한 각 업체들에게 약속한 이익을 분배하고, 외국업체에는 원래 수입가격보다 낮은 가격에 재수출을 함으로써 그 차액만큼 국부를 유출시킨다. ⑥ 외국업체는 국내 수입업체에 수출한 가격보다 낮은 가격으로 국내 수출업체로부터 매수하여 그 차액만큼 이익을 취득하고, 국내 수입업체에 구입한 가격보다 높은 가격으로 재차 국내 수입업자에게 수출한다. 이처럼 폭탄업체, 폭탄업체와 정상적으로 거래를 하는 것처럼 위장하는 도매업체, 도매업체와 거래하는 수입·수출업체들이 각자의 역할에 따라서 수입－국내거래－수출을 반복하면서 폭탄업체는 부가가치세를 포탈하고, 수출업체는 수입가보다 저가로 수출하여 국부를 유출시키면서 부가가치세를 부정환급받는 형태로 부가가치세 포탈을 하는 것이다.[242]

③ **금지금 폭탄영업행위**: 금지금 폭탄영업행위라 함은 수출용 원재료로 금지금을 구입할 때 부가가치세 부과시 영(0)세율을 적용받는 영세율 제도를 악용하여, 처음부터 부가가치세를 포탈할 의도로 폭탄업체가 허위로 발급받은 구매승인서 등을 토대로 금지금을 영세율로 매입한 후 이를 가공·수출하지 않고 국내업체에 과세하여 판매하고 이에 따른 부가가치세를 거래징수한 다음, 신고·납부기한에

242) 고성춘, 조세형사법, 460면 이하 참조.

이르러 부가가치세를 신고만 하고 납부하지 않은 채 거래대금을 현금으로 전액 인출·은닉하고, 폐업·도주하는 방식으로 부가가치세를 포탈하는 행위이다.

이러한 금지금 폭탄영업행위가 부정행위에 해당하는지 여부에 대하여 법원은 "금지금 폭탄영업행위는 그에 따른 세금계산서를 발행·교부하고 과세표준 및 세액신고서를 제출함으로써 조세의 확정이 정상적으로 이루어졌다 하더라도 이를 전체적·종합적으로 고찰할 때 그 실질에 있어서는 부가가치세를 신고하지 않은 것과 다를 바가 없으므로, 조세범처벌법 제9조 제1항에서 정하고 있는 조세포탈행위에 해당하는 것으로 보아야 하고, 이러한 조세포탈 범행은 각 과세기간별로 그 과세기간 종료 후 25일의 신고·납부기한이 경과하거나 폭탄업체의 폐업일로부터 25일의 신고·납부기한이 경과함으로써 기수에 이르게 된다"라고 판시[243]하여 금지금 폭탄영업행위를 부정행위에 해당한다고 하였다.

④ **폭탄업체와 금지금 공급업체 사이의 공범 성립 여부**: 위와 같이 폭탄업체에 대하여 조세포탈죄가 성립하면 폭탄업체에 대하여 금지금을 공급한 국내 도관업체 등은 형사상 공범책임 등 어떠한 책임을 부담하는지가 문제된다.

법원은 "피고인이 이 사건 도관업체 또는 폭탄업체에게 영세율로 금지금을 공급할 당시 그 업체 또는 그 다음단계의 업체가 금지금을 실제로 수출하지 않고 불법으로 내수로 유통시킬 것을 잘 알면서도, 영세율 거래로 위장하여 매출처로부터 부가가치세 상당액을 거래징수하지 않았고, 나아가 과세로 매입한 금지금을 위와 같이 영세율로 매출하면서 매출세액은 영세율로 신고하여 납부하지 않으면서도 매입세액을 환급받거나 납부세액에서 공제받는 것은 사기 기타 부정한 행위에 해당하고, 금지금 공급업체의 영세율 매출에 따른 부가가치세 포탈범행과 폭탄업체의 부가가치세 포탈범행은 그 납세의무자를 달리하는 별개의 조세포탈 범행이므로, 금지금 공급업체는 전자의 범죄행위와 후자의 범죄행위에 대한 공범행위에 대하여 실체적 경합범의 죄책을 부담한다"라고 판시[244]하여 납세의무자는 본인의 포탈행위에 대하여는 정범으로, 다른 납세의무자의 포탈행위에 가공한 경우에는 공범으로 처벌하며 그 관계는 실체적 경합관계에 있다고 하고 있다.

⑤ **폭탄업체에 의하여 유통된 금지금을 매입한 수출업체의 환급행위**: 금지금 사건에서 최종적으로 폭탄업체에 의하여 유통된 금지금을 매입한 수출업체의 부정환급행위가 별도로 범죄를 구성하는지가 문제된다. 이에 대하여 법원은 "금지금 수

243) 대법원 2008.1.10. 선고 2007도8369 판결; 대법원 2007.2.15. 선고 2005도9546 전원합의체 판결.
244) 대법원 2008.4.24. 선고 2007도11258 판결.

출업체가 일련의 금지금 폭탄영업의 과정에서 금지금 매입처 등과 공모하여 이미 폭탄업체를 거쳐 부가가치세가 포탈된 과세금지금을 매입하여 이를 수출하면서 부가가치세 매입세액을 환급받은 경우, 금지금 폭탄영업행위 자체를 조세포탈행위로 처벌하는 이상, 수출업체가 폭탄업체들이 쿠션업체 또는 바닥업체를 통해 전전 유통시킨 수입 금지금들을 매입하여 수출한 후 그 매입에 따른 부가가치세를 환급받았다고 하더라도, 수출업체가 사전에 폭탄업체 등과 공모하여 그와 같은 행위를 하였을 경우 폭탄업체에 의한 조세포탈 범행의 공범으로 인정될 수는 있을지언정, 수출업체에 의한 부가가치세 환급행위 자체가 조세포탈행위와 별도로 조세범처벌법 제3조 제1항에서 정한 사기 기타 부정한 행위에 해당하게 되는 것으로 볼 수는 없다"라고 판시[245]하여 부정환급행위에 대하여 별도 조세포탈죄 성립을 부인하고 있다.

한편, 법원은 "연속되는 일련의 거래과정에서 매출세액의 포탈을 목적으로 하는 악의적 사업자가 존재하고, 그로 인하여 자신의 매입세액 공제·환급이 다른 세수의 손실을 가져온다는 사정을 알았거나 중대한 과실로 알지 못한 수출업자는 비록 공범으로 처벌되지 않았다 하더라도 매입세액의 공제·환급을 구하는 것이 신의성실의 원칙에 위배되어 허용되지 않는다"라고 판시[246]하여 수출업자의 부가가치세 환급거부처분취소청구를 기각하였다.

(라) 적극적 행위

앞서 살핀 바와 같이 법원은 "조세포탈죄에서 사기 기타 부정한 행위란 조세의 포탈을 가능하게 하는 행위로서 사회통념상 부정이라고 인정되는 행위, 즉 조세의 부과·징수를 불능 또는 현저히 곤란하게 하는 위계 기타 부정한 적극적인 행위를 말하는데, 어떤 다른 행위를 수반함이 없이 단순한 세법상의 신고를 하지 아니하거나 허위의 신고를 하는 데에 그치는 것은 이에 해당하지 않는다"라고 일관되게 판시[247]하여 오고 있다. 따라서 다른 어떤 적극적 행위를 수반함이 없이 단순히 세법상의 신고를 하지 아니하거나 허위의 신고를 함에 그치는 것은 부정행위에 해당하지 아니한다.

그러나 이러한 미신고나 과소신고의 경우라도 적극적 부정행위에 대한 하나의

245) 대법원 2008.1.10. 선고 2007도8369 판결.
246) 대법원 2011.1.20. 선고 2009두13474 전원합의체 판결.
247) 대법원 2003.2.14. 선고 2001도3797 판결; 대법원 2012.6.14. 선고 2010도9871 판결 등.

판단기준이 되고 있는 적극적 은닉의도가 나타나는 사정이 덧붙여진 경우에는 부정행위에 해당한다. 법원도 "과세대상의 미신고나 과소신고와 아울러 장부상의 허위기장 행위, 수표 등 지급수단의 교환 반복행위, 여러 개의 차명계좌를 반복적으로 이용하는 행위 등 적극적 은닉의도가 나타나는 사정이 덧붙여진 경우에는 조세의 부과징수를 불능 또는 현저히 곤란하게 만든 것으로 인정할 수 있다"라고 판시[248)]하고, "적극적 은닉의도가 객관적으로 드러난 것으로 볼 수 있는지 여부는 수입이나 매출 등을 기재한 기본장부를 허위로 작성하였는지 여부 뿐만 아니라, 당해 조세의 확정방식이 신고납세방식인지 부과납세방식인지, 미신고나 허위신고 등에 이른 경위 및 사실과 상위한 정도, 허위신고의 경우 허위 사항의 구체적 내용 및 사실과 다르게 가장한 방식, 허위 내용의 첨부서류를 제출한 경우에는 그 서류가 과세표준 산정과 관련하여 가지는 기능 등 제반 사정을 종합하여 사회통념상 부정이라고 인정될 수 있는지에 따라 판단하여야 한다"라고 판시[249)]하고 있다.[250)]

그리고 사실적 · 물리적 행위를 수반하지 않은 부작위가 적극적 행위에 해당할 수 있는지 의문이 제기될 수 있다. 이에 대하여 법원은 "부동산을 개발하여 전매하는 사업을 영위하면서 상당한 양도차익을 얻었음에도 매입 · 매출에 관한 장부를 기장 · 비치하지 아니하였고 그 사업과정에 관한 세금계산서를 전혀 발급하거나 발급받지 아니하였으며 법인세 확정신고도 전혀 하지 아니한 부작위의 경우도 적극적 은닉의도가 객관적으로 드러난다면 부정한 행위에 해당한다"라고 판시[251)]하여 부작위에 의한 부정행위의 성립도 인정하고 있다.

결국 적극적 부정행위는 궁극적으로 형사처벌과 부과처분을 구별하는 경계가 될 수 있는데, 이러한 적극적 부정행위(적극적 은닉의도)는 아래에서 설명하는 납세의무자의 납세의무위반의 정도, 그에 따른 세무공무원의 적발 곤란성 등과도 밀

---

248) 대법원 2012.6.14. 선고 2010도9871 판결; 대법원 2012.3.15. 선고 2011도13605 판결; 대법원 2011.3.24. 선고 2010도13345 판결.

249) 대법원 2014.2.21. 선고 2013도13829 판결.

250) 적극적 은닉의도에 대한 구체적 적용기준이 법원에 의하여 거의 제시되고 있기는 하나, 추가로 적극적 은닉의도가 과세관청의 실지조사권을 무력화하기 위한 기망적 의도이고, 세수감소를 일으킨 소득은닉행위가 있다고 하더라도 그러한 적극적 은닉의도의 가능성에 대한 합리적 의심이 없어야 할 뿐만 아니라, 다른 의도의 가능성에 대한 합리적 의심도 배제되어야만 비로소 부정행위의 성립요소로서의 적극적 은닉의도가 인정된다는 취지의 법리를 선언할 필요가 있다는 견해도 있다(김천수, '조세포탈의 목적'의 구체적 적용에 관한 소고-사기 기타 부정한 행위의 적극적 은닉의도를 중심으로(4), 조세와 법 제12권 제2호, 2019.2, 83~85면 참조).

251) 대법원 2013.9.12. 선고 2013도865 판결.

접한 관계가 있다.

2. 납세의무자의 납세의무위반 및 세무공무원의 적발 곤란성 관계

(1) 의 의

조세포탈죄의 고발은 필연적으로 세무조사 및 조세범칙조사(이하, '세무조사' 등이라 한다)를 거쳐야 하므로 납세의무자의 어떠한 행위가 '조세의 부과와 징수를 불가능하게 하거나 현저히 곤란하게 하는 적극적 행위'에 해당하는지 여부는 담당 세무공무원들에 의하여 행해지는 세무조사 등과 밀접한 관계가 있을 수밖에 없다. 조세범처벌법 제3조 제6항의 '조세의 부과와 징수를 불가능하게 하거나 현저히 곤란하게 하는 적극적 행위'만이 부정행위에 해당한다라는 문언대로만 부정행위를 해석할 경우에 세무조사 등에 의하여 실제 적발되고, 고발까지 되는 모든 부정행위는 결과적으로 조세의 부과와 징수를 불가능하게 하거나 현저히 곤란하게 하는 부정행위가 아니기 때문에 부정행위에 해당되지 않는다는 결론에 이른다. 이론상으로는 이러함에도 실제 세무조사 등에서는 납세의무자에 대한 부정행위 유형들이 발견되면 세무공무원의 적발 곤란성과 같은 문제들은 사실상 검토하지 않고 부정행위가 존재하는 것으로 추정하여 고발을 하고 있다.

여기에서 어느 정도까지의 부정행위를 위 명문 규정에 실질적으로 부합하는 부정행위로 볼 것인가 하는 문제가 발생한다. 납세의무자의 경미한 부정행위 등에 대하여는 우선적으로 조세채권의 확보를 위한 제도 가운데 실효성이 가장 큰 가산세 등의 행정적 처분에 의하여 해결하여야 하고, 마지막 수단인 형사처벌은 중대한 부정행위들에 한하여 엄격하게 적용되어야 하는 것이 형사법이 추구하는 목표이다. 통상적으로 납세의무자는 탈세를 시도하기 전에 어떠한 방법으로 납부를 하여야 세금을 적게 부담하는 것인지 또는 면제받는 것인지에 대하여 사전에 치밀한 검토 및 계획을 수립한 다음에, 그에 따른 구체적 부정행위를 실행하고 마지막으로 허위과소신고 또는 미신고를 한다. 따라서 납세의무자가 심사숙고하여 선택한 부정행위 방법의 난이도에 따라 납세자의 납세의무위반 정도와 세무공무원의 적발 가능성 여부도 동시에 결정된다. 여기에 부차적으로 세무공무원의 세무조사 능력과 의지, 그리고 탈세의 대상이 되는 세목의 종류와 관련 증빙 등의 복잡성 등도 직·간접적으로 영향을 미칠 수 있다.

(2) 세무조사 공무원과 적발 곤란성 관계

세무조사란 각 세법에서 정하고 있는 질문조사권과 검사권, 그리고 조세범처벌절차법에 따라 세무조사 공무원이 납세의무자의 국세에 관한 정확한 과세표준과 세액을 결정 또는 경정하기 위하여 납세의무자 또는 납세의무자와 거래가 있는 자 등을 조사하고, 장부·서류 등을 검사하거나 제출을 받아 진행하는 조사행위다.

세무조사에는 정기적으로 조사하는 정기세무조사와 수시세무조사가 있다. 수시세무조사는 납세의무자가 세법에서 정하는 신고, 세금계산서 작성·교부 등의 납세협력의무를 이행하지 아니한 경우, 신고 내용에 탈루나 오류의 혐의를 인정할 만한 명백한 자료가 있는 경우, 무자료거래, 위장·가공거래 등 거래내용이 사실과 다른 혐의가 있는 경우, 납세의무자에 대한 구체적인 탈세 제보가 있는 경우, 납세의무자가 세무공무원에게 직무와 관련하여 금품을 제공하거나 금품제공을 알선한 경우가 있을 때 수시로 진행하는 세무조사를 말한다.

세무조사기간은 조사대상 세목·업종·규모·조사 난이도 등을 고려하여 정하게 되어 있으나, 그 기간이 최소한이 되도록 조사기간을 미리 예정하여 시행하도록 운용되고 있다. 세무조사 기간은 연간수입금액 또는 양도가액이 100억 원 미만인 납세의무자의 경우에는 20일 이내[252]로 하고, 조사를 기피하는 행위가 명백한 경우, 조세탈루 혐의가 포착되거나 조세범칙조사를 개시하는 경우, 거래처 조사, 거래처 현지 확인 또는 금융거래의 현지 확인이 필요한 경우에는 기한을 연장할 수 있다. 다만, 무자료거래, 위장·가공거래 등 혐의가 있는 경우, 역외거래를 이용하여 해외로 소득의 변칙유출 혐의가 있는 경우, 명의위장·이중장부의 작성·차명계좌의 이용·현금거래의 누락 등의 방법으로 세금을 탈루한 경우, 거짓계약서 작성, 미등기양도 등을 이용하여 부동산투기 등을 통해 탈루한 경우, 상속세·증여세 조사, 주식변동 조사, 범칙사건 조사 및 출자·거래관계에 있는 관련자에 대하여 동시조사를 하는 경우 등에 대하여는 세무조사기간이 무제한으로, 제한이

---

252) 통상 소규모 개인·법인 사업자들은 20일, 그외 사업자들은 20~40일 정도이고, 상속세 조사나 자금출처 조사 등은 그 기간이 더 길게 규정되어 있다. 그러나 조사 과정에서 조사 범위 확대 및 기한 연장이 가능하므로 큰 의미는 없다.

없다(국세기본법 제81조의8).

세무조사 중에 범칙혐의가 발견되어 추가 증거수집의 필요가 있거나 포탈혐의 금액 등이 일정 기준을 넘는 경우 등에는 조세범칙조사로 전환을 할 수 있다. 세무조사반 편성도 조사 유형 및 조사대상자의 업종, 규모 등 조사업무량과 조사기간, 법인의 규모 등을 고려하여 인원을 편성한다. 위와 같이 국세기본법 등 관련 법령에 따라 한정된 시간에 소수의 인원으로 진행되는 세무조사 및 조세범칙조사 과정에서는 조사를 담당하는 세무공무원의 능력과 의지가 매우 중요할 수밖에 없다. 이러한 다양하고 복잡한 세무조사 과정에서 평균적 세무공무원이 세법이 정한 절차에 따라 장부와 증빙을 확인하더라도 그 발견이 불가능하거나 현저히 곤란하였는지 여부에 따라 납세의무자에 대한 조세의 부과와 징수를 불가능하게 하거나 현저히 곤란하게 하는 적극적 부정행위에의 해당 여부도 최종적으로 결정된다.

⑶ 납세자의 납세윤리 위반 정도와 적발 곤란성 관계

조세포탈은 형사범의 일종으로서 국가의 과세권을 침해하는 정도가 크고 윤리적 비난가능성이 큰 행위를 처벌대상으로 삼아야 하므로 가벌적 구성요건으로서의 납세윤리 위반 정도가 큰 행위일수록 부정행위에 해당될 가능성이 높다. 조세포탈에서 가벌적 위법성은 납세자가 선택한 부정행위 방법에 따라 달라진다. 즉 납세자가 탈세를 위한 방법으로 형사처벌이 따르지 않는 단순한 법규 위반에 해당하는 방법을 선택하였는지, 아니면 반사회적 행위로 형사처벌까지 하고 있는 방법을 선택하였는지 여부에 따라 납세의무 위반 정도도 결정되고, 세무공무원의 적발의 난이도도 그와 비례하여 대부분 결정된다. 예를 들면, 장부의 조작 없이 재무제표 등 신고 서류만 조작한 경우, 단순히 장부의 비치 의무만을 위반한 경우, 단순하게 타인 명의를 이용한 거래 등은 납세의무 위반 정도도 높지 않으면서 객관적 적발 가능성도 용이하다. 그러나 이와 달리 납세자가 문서위조나 차명계좌 이용과 같이 그 행위 자체로 형사처벌이 되는 방법을 이용하면 납세윤리 위반의 정도도 커지고, 세무공무원 입장에서는 그만큼 적발하기가 곤란해져서 이러한 경우에는 일반적 경미한 규정 위반과 달리 부정한 행위에 해당할 가능성이 매우 높아진다.

참고로 차명계좌에 대한 형사처벌은 2014.11.28.경부터 시행되었으므로 차명금지법 시행 이전의 차명계좌를 이용한 조세탈루행위와 시행 이후의 차명계좌를 이용한 조세탈루행위는 부정행위의 해당성을 판단하는데에도 차이가 있다고 보아야 한다. 법원이 “피고인이 여러 은행에 그의 실명과 가명으로 된 여러 개의 예금계좌를 가지고 있으면서 1978, 1979년도의 이자소득을 그의 실명과 가명계좌에 나누어 입금한 사실은 인정되나, 사람에 따라서는 그 자신의 편의나 은행 측의 권유로 여러 은행과 거래할 수도 있고 또 그의 자금을 어느 계좌에 입금시키든 이를 나무랄 수는 없는 이치이며 또한 이 사건 당시는 금융실명거래에 관한 법률이 거론되기 이전으로 가명 내지 무기명예금이 일반화되어 있었고, 위 가명계좌에는 이자소득이 아닌 다른 자금도 입출금되었으며 1978, 1979년도의 이자소득은 실명계좌를 통한 입금액이 훨씬 많고 또 1980년도의 이자소득은 전부 실명계좌에만 입·출금되었으므로 위 가명계좌에 따른 거래를 특별히 문제 삼을 수는 없고, 따라서 이자소득이 여러 은행의 당좌나 가명 예금계좌에 분산입금되었다고 하여도 그 자체만으로는 조세를 포탈하기 위한 사기 기타 부정한 행위에 해당한다고 할 수 없고, 또한 피고인이 종합소득세 확정신고를 할 때 사업소득만 신고하고 이자소득에 대한 신고를 누락하였다고 하여도 이는 전체 소득으로 보면 과소신고이고 이자소득만으로 볼 때에는 무신고에 불과할 뿐이므로 이것을 가지고 사기 기타 부정한 행위라고 말할 수는 없다”라고 판시[253]한 이유도 1980년 전후에는 가·차명계좌 사용에 대한 이용행위가 일반적으로 허용되었다는 점을 반영하여 판시한 것으로 차명금지법 시행 이후인 현재에는 그 평가가 달라져야 한다고 본다.

(4) 신고서류, 장부 내지 증빙 등에 대한 조작과 적발 곤란성 관계

과세관청에 의한 부과 및 고발은 세무조사를 통하여 이루어지고, 세무조사 시에는 세무조사 공무원은 납세자가 세법에 따라 장부를 보존하고 있는 경우에는 납세자가 신고 관련 제출서류와 보존중인 장부와 증빙에 근거하여 조사 결정하여야 한다.

세무조사에서의 장부조사는 납세자가 기장·비치하고 있는 회계장부의 조작 여부 등을 조사하여 조세부과 및 포탈 여부를 확인하는 것을 말한다. 장부는 결산 절차에 의하여 결산서류인 재무상태표와 손익계산서로 정리되고, 납세의무자는 이를 근거로 세무조정 과정을 거쳐 과세표준과 세액을 확정한 다음, 법인세의 경우 법인세 과세표준신고서에 세액조정계산서, 재무상태표, 손익계산서, 세무조정계산서 부속서류, 현금흐름표 등을 첨부하여 과세관청에 제출함으로써 세무신고를 하게 된다. 장부조사는 자산, 부채 및 자본의 재무상태표 계정과목과 수익과 비용의 손익

253) 대법원 1988.12.27. 선고 86도998 판결.

계산서 계정과목의 진실 여부를 보존 중인 장부를 통하여 확인함으로써 당기순이익의 조작 여부를 판단하는 것이 장부조사의 기본이다. 각 세법에서는 장부의 기장의무와 장부와 중요한 증빙서류의 비치·보관의무를 부과하고 있다. 법인세법에서는 확정신고기한 종료일로부터 5년간 비치보관의무를 부여하고 있고(법인세법 제112조, 제116조), 조세를 포탈하기 위한 증거인멸의 목적으로 세법에서 비치하도록 하는 장부 또는 증빙서류를 그 보관기간 이내에 소각·파기 또는 은닉한 자는 2년 이하의 징역 또는 2천만 원 이하의 벌금에 처하도록 되어 있다(조세범 처벌법 제8조).

구체적 탈세제보에 의하지 않는 일반적인 세무조사의 경우에는 이렇게 보관되어 있는 장부와 증빙서류 또는 실물, 자금 등을 정밀하게 대조하여 조작 흔적을 발견하거나, 거래관계자와 내부직원을 조사하여 조작 사실을 적발한다. 장부조사의 대상이 되는 것은 재무상태표와 손익계산서 등 재무제표, 총계정원장 등 주요장부와 매출처 원장 등 보조장부와 전표 등이 있다. 증빙서류로는 거래형태에 따라 거래상대방으로부터 받은 주문서, 송품장, 영수증, 견적서, 세금계산서, 신용카드 매출전표, 지출품의서 등이 있다. 최근에는 전산시스템에 의하여 회계처리 및 세무신고를 하는 경우가 많으므로 이 경우에는 전산기록이 장부조사의 대상이 된다. 이처럼 회계자료와 증빙서류 등은 매우 복잡·방대하고 그 조작의 수법도 다양한데 비하여 장부조사를 담당하는 세무공무원은 한정되어 있고 그 기간도 제한적이어서 그 조작가능성을 확인하는 것은 쉬운 일이 아니다.

과세표준신고서에 따른 부속 신고서류와 나머지 장부 및 증빙 등에 대한 조작범위에 따라 3가지로 구분이 가능하다. 즉 ① 단순히 허위로 과소 기재된 과세표준신고서와 함께 이에 부합하는 허위재무상태표와 허위손익계산서 등 부속 신고서류들만 존재하고, 나머지 장부와 증빙은 조작이 되지 않았거나, 장부와 증빙자체가 아예 보관되어 있지 않은 경우와 ② 허위로 과소기재된 과세표준신고서와 함께 그에 부합하는 허위 부속 신고서류와 그에 더하여 장부까지는 조작되어 존재하지만, 증빙은 조작이 되지 않았거나, 증빙 자체가 아예 보관되어 있지 않은 경우, 그리고 마지막으로 ③ 허위로 과소 기재된 과세표준신고서와 함께 그에 부합하는 허위 부속 신고서류와 그에 더하여 보관 중인 나머지 장부와 증빙까지 허위신고 내용과 일치하도록 조작된 경우가 있을 수 있다.

이러한 개별 경우들에 대하여 세무공무원의 적발가능 난이도를 살펴보면, ①의 경우에는 세무공무원 입장에서는 세법상 보존해야 할 장부와 증빙이 없으므로 미보존에 따른 손금부인 등 세법상 불이익을 납세의무자에게 부담시키는 방법으로 부과처분을 쉽게 할 수 있다. 뿐만 아니라 객관적으로 용이하게 소득은닉 사실을 확인할 수가 있으므로 세무공무원의 적발 곤란성이 인정되기 어렵다. 통상 판례에서 적극적 행위가 수반되지 아니한 단순한 미신고 또는 과소 신고만 있는 경우가 이에 해당하고 이 경우에는 부정행위에 해당하지 않는다고 일관되게 판시[254]하고 있다. ③의 경우에는 허위신고 서류의 허위성을 확인하기 위해서는 세무공무원이 세무조사기간 내에 일일이 장부와 개개의 증빙에 대한 신빙성까지 조사하여야 하는 어려움이 있어 객관적으로 조작사실을 적발하는 것이 불가능하거나 현저히 곤란한 경우에 해당하여, 이 경우에는 거의 예외 없이 부정한 행위에 해당한다고 보고 있다. 문제는 ②의 경우인데 이 경우에는 조작대상이 된 장부 종류, 그리고 조작 내용과 정도, 기타 포탈 정황 등까지를 종합적으로 고려하여 장부의 조작행위가 객관적으로 세무공무원에 의한 적발을 불가능하게 하거나 현저히 곤란하게 하는 행위에 해당할 경우에 부정행위에 해당한다고 보아야 한다.

(5) 관련 사례

(가) 공소사실의 요지 및 쟁점

A회사의 임원들인 피고인들은 자사 의약품의 판매를 늘리기 위한 사례금 명목으로 병·의원, 약국 등에게 법령상 금지되는 리베이트를 제공하면서 리베이트로 제공되는 자금지출 중 접대비 한도를 초과하는 범위는 세무회계상 손금으로 인정받을 수 없다는 점을 알면서도 접대비 한도를 초과하여 리베이트 자금을 지출하면서 손금으로 인정받을 수 있는 각종 비용을 허위 계상하는 방법으로 법인세를 포탈하였다는 공소사실로 공소제기되었다. 이 공소사실 중 회사의 자금을 병·의원 및 약국에 리베이트 명목으로 지출한 후 그 지출한 자금 중 법인세법상 접대비 한도를 초과하는 금액도 모두 손금으로 인정받기 위하여 전액 손금으로 산입되는 각종 비용 항목에 나누어 계상하고 그 지출에 대한 증빙으로 허구의 경비청구서 및 영수증 등을 마련한 행위가 구 조세범처벌법 제9조 제1항이 규정하는 '사기 기타 부정한 행위'에 해당하는지에 관하여 제1심과 항소심은 그 견해를 달리하였다.

---

254) 대법원 2011.4.28. 선고 2011도527 판결; 대법원 2003.3.12. 선고 2001도3797 판결 등.

(나) 제1심 판결의 요지(유죄)

제1심은 피고인들이 리베이트로 지출한 비용 전액을 손금으로 산입되는 각종 항목에 분산 계상하고 이를 은폐하기 위하여 허구 경비청구서 및 영수증 등을 마련하였으므로, 이는 부정한 행위에 해당한다고 보아 조세포탈죄에 대하여 유죄를 선고하였다.

(다) 항소심 판결의 요지(무죄)

항소심은 리베이트로 지출한 비용에 대하여 영수증 등 증빙자료를 첨부한 비율이 2~3%에 불과하고 첨부한 증빙자료마저도 매우 형식적이어서 증빙자료로서의 효용이 거의 없어 세무조사를 통한 리베이트의 적발이 비교적 용이하다는 이유를 들어 피고인들의 행위가 조세를 포탈하기 위한 '사기 기타 부정한 행위'에 해당하지 않는다고 보아, 피고인들에 대하여 유죄로 인정한 제1심판결을 파기하고 무죄를 선고하였다.

(라) 대법원 판결의 요지(유죄)

대법원은 "이 사건에서 ① 피고인들은 A회사가 2년에 걸쳐 적어도 수백억 원을 병 · 의원 및 약국에 리베이트로 지출하였다고 진술한 사실, ② 피고인들은 그와 같이 지출한 리베이트 비용에 관하여 회계처리를 하면서 이를 법인세법상 전액 손금으로 산입되는 시장조사비, 홍보비, 복리후생비, 소모품비, 여비교통비 등 리베이트 성격과는 동떨어진 판매비 및 관리비 항목에 지출한 것처럼 경비청구서를 작성하도록 한 사실, ③ 나아가 경비청구서에 리베이트 지출과는 무관한 간이영수증, 현금영수증 및 상품권 구매를 증빙하는 영수증 등 그 지출에 관한 일부 허위의 증빙서류를 첨부한 사실, ④ 그 과정에서 피고인들은 본사 직원 및 각 지점의 영업사원들로 하여금 가능한 많은 액수의 허위 영수증 등 증빙서류를 첨부하도록 지시하고 그 이행을 수시로 독려한 사실, ⑤ 그 후 A회사는 리베이트를 판매비 및 관리비 항목에 지출한 것처럼 허위로 작성한 경비청구서를 기초로 총계정원장 및 표준손익계산서를 작성한 다음, 위와 같은 경위로 작성한 표준손익계산서를 법인세 신고서류로 첨부하고 이에 맞추어 법인세를 신고한 사실, ⑥ 경비청구서에 첨부된 영수증 등 증빙서류가 경비청구서의 금액에 현저히 미치지 못하거나 그 경비의 명목과 일치하지 않고 경비의 지출이 아닌 단순한 구매 영수증이 첨부되었다고는 하지만, 세무공무원 5명이 동원된 이 사건 리베이트에 관한 범칙조사 과정에서 그 조사대상인 경비청구서의 양이 매우 방대하여 전수조사를 하는 것이 불가능함에 따라 각 1개월 분량의 경비청구서를 표본으로 추출하여 조사할 수밖에 없었고, 세무조사를 담당한 B세무서는 2009.12.10. 범칙조사에 착수하여 2010.1.8.에야 피고인들을 조세포탈 혐의로 검찰에 고발하고, 그 후에도 2010.2.12. 경까지 계속하여 범칙조사를 진행한 사실을 알 수 있다.

이러한 사실관계를 통하여 알 수 있는 다음과 같은 사정, 즉 ① A회사의 병·의원 및 약국에 대한 리베이트 지출행위는 그 자체로 형사처벌의 대상이 되는 위법한 행위인 점, ② 그런데도 피고인들은 리베이트로 지출한 비용 전액을 손금으로 산입되는 각종 항목에 분산하여 계상하였으므로 이는 법인세를 포탈하려는 의도임이 명백한 점, ③ 피고인들은 리베이트 금액 전체에 관한 허위의 경비청구서를 작성하였을 뿐만 아니라 그 지출을 증빙하기 위한 의도로 허위의 영수증까지 일부 첨부하였는데 관련자들의 진술 등에 비추어 경비청구서에 첨부된 영수증 등 증빙서류의 비율이 전체 리베이트 금액의 2~3%에 불과하다고 단정할 수 없는 점, ④ 리베이트 지출을 은폐하기 위한 허위의 경비청구서와 영수증 등의 작성 및 수집을 위하여 본사 직원과 각 지점 영업사원들이 조직적으로 동원된 점, ⑤ 리베이트를 지출한 기간 및 그 규모와 이를 적발하기 위한 범칙조사에 동원된 세무공무원의 인원 및 범칙조사 기간 등에 비추어 리베이트 비용의 적발이 매우 용이하였다고 단정하기 어려운 점 등을 종합하여 보면, 피고인들의 위와 같은 행위는 법인세를 포탈하겠다는 적극적 은닉의도 하에 이루어진 것으로서 조세의 부과와 징수를 불가능하게 하거나 현저히 곤란하게 하는 위계 기타 부정한 적극적 행위에 해당한다고 보기에 충분하다"라고 판시[255]하여 세무조사 과정에서의 증빙 등의 조사 곤란성과 부정행위 해당성 관계에 대해 판시하고 있다.

한편 위 판결에서는 "의약품 도매상이 의료기관 개설자 또는 약국 등의 개설자에게 지급하는 리베이트는 건전한 사회질서를 위반하여 지출한 것으로서 구 법인세법 제19조 제2항에서 말하는 '일반적으로 용인되는 통상적인 비용이나 수익과 직접 관련된 비용'에 해당한다고 볼 수 없고, 따라서 이를 손금에 산입할 수 없다고 보아야 한다"라고 판시하여[256] 리베이트라는 위법비용은 통상적 비용이 아니라는 이유로 손금부인을 하였다.

---

255) 대법원 2015.1.29. 선고 2011도13730 판결.
256) 같은 취지의 판결 대법원 2015.1.15. 선고 2012두7608 판결.

3. 부정행위의 범위

(1) 부정행위의 구성요소

부정행위의 범위와 관련하여 허위과소신고 포탈유형 또는 미신고 포탈유형 모두 사전소득은닉행위와 허위과소신고행위 또는 미신고행위 모두가 부정행위의 범위에 포함된다는 포괄설과 허위과소신고 포탈유형에 있어서는 허위과소신고만 부정행위가 되고 사전소득은닉행위는 포탈을 위한 대내적 준비행위에 불과하여 부정행위에 포함되지 아니하고, 미신고 포탈유형에 있어서는 사전소득은닉행위만 부정행위가 되고 단순한 부작위인 미신고는 실행행위인 부정행위에 포함되지 아니한다는 제한설이 있었다.[257] 우리나라에서는 부정행위를 규정하고 있는 조세범처벌법 제3조 제6항의 제1호 내지 제7호는 사전소득은닉행위들을 부정행위의 유형으로 명시적으로 정하고 있고, 이러한 행위들은 허위과소신고 또는 미신고와 함께 조세포탈범죄를 완성하는 구조를 가지고 있어 포괄설의 입장에서 입법화되어 이에 대한 논의실익이 없다.

법원도 허위과소신고 포탈유형과 미신고 포탈유형을 구분하지 아니하고 부정행위의 범위와 관련하여 "다른 행위를 수반함이 없이 단순히 세법상의 신고를 하지 아니하거나 허위의 신고를 하는데 그치는 것은 부정행위에 해당하지 않지만, 과세대상의 미신고나 과소신고와 아울러 수입이나 매출 등을 고의로 장부에 기재하지 아니하는 행위 등 적극적 은닉의도가 나타나는 사정이 덧붙여진 경우에는 부정행위가 인정된다"라고 판시[258]하여 부정 인정과 관련하여 포괄설의 입장을 취하고 있다.

포괄설에 의할 경우에 부정행위의 성립 여부는 ① 조세범처벌법 제3조 제6항 각호에 기재되어 있는 하나의 행위, ② 위 조항 각호에 기재되어 있는 하나의 행위 자체만으로는 부정행위 인정이 부족하다 하더라도 그에 부수된 일련의 행위들,

---

257) 최근 일본 판례와 학설은 단순과소신고 이외 허위과소신고 포탈유형에 대하여는 허위과소신고행위 자체만으로 구성요건이 되는 실행행위라고 보고, 미신고 포탈유형에 대하여는 사전소득은닉행위에 의한 포탈결과 방지의무를 이행하지 아니한 부작위범이라 하여 부작위가 완성되는 미신고행위 자체를 구성요건이 되는 실행행위로 보고, 사전소득은닉행위는 실행행위가 아닌 구성요건적 상황으로 보고 있다고 한다(안대희, 조세형사법, 2015, 336~339면 참조). 부정행위를 사전소득은닉행위 중심으로 파악하고 포탈의 결과와 직접 인과관계가 있는 허위과소신고 또는 미신고행위까지를 실행행위에 포함시키는 이른바 포괄설의 입장에 있는 우리나라 통설·판례의 입장과는 일부 차이가 있다.

258) 대법원 2013.9.12. 선고 2013도 865 판결; 2012.6.14. 선고 2010도9871 판결.

③ 위 조항 각호에 기재되어 있는 여러 행위들과 ①②의 각 사전소득은닉행위들로 인하여 발생한 포탈 결과가 반영된 과소신고 내지 미신고 행위까지를 종합하여 결정하여야 한다.

(2) 부정행위의 존재 시점

조세포탈의 실행행위를 구성하는 부정행위는 통상적으로 사전소득은닉행위와 그에 따른 과소신고행위 내지 미신고행위로 구성되고, 사전소득은닉행위에 이은 과소신고행위 또는 미신고행위로 실행행위는 완성되며, 신고·납부기한의 도과로 포탈의 결과가 발생하여 기수가 된다. 부과납세방식의 조세에 있어서는 납세의무자의 신고에 의하여 해당 세목의 과세표준을 정부가 결정하거나 조사결정한 후 그 납부기한이 지난 때 기수가 되지만, 납세의무자가 과세표준을 신고하지 아니함으로써 해당 세목의 과세표준을 정부가 결정하거나 조사결정할 수 없는 경우에는 과세표준의 신고기한이 지난 때에 기수가 된다. 신고납세방식의 조세에 있어서는 그 신고·납부기한이 지난 때 기수가 되어 조세포탈죄가 완성된다. 따라서 부정행위는 일반적으로 기수 이전에 존재하는 행위만 해당하는 것이 원칙이다.

그러나 예외적으로 조세포탈죄 기수 시점 이후에도 부정행위가 존재할 수 있고, 신고납부기한(기수시점)이 지난 시점에서 행하여지는 세무조사에서 이미 과소신고 또는 미신고된 부분에 대한 적발이나 추가적인 부과·징수를 피하기 위하여 적극적으로 부정행위를 할 수가 있다. 여기에서 기수가 성립된 이후에 행하여진 부정행위가 이미 진행된 과소신고 내지 미신고 행위에 수반한 부정행위에 해당하는지 여부가 문제될 수 있다. 이와 관련하여 법원은 부과납세방식의 조세에 있어서 기수 시점 이후의 부정행위도 그 전의 부정행위와 관련이 있는 경우에는 부정행위에 포함된다고 하고 있다.[259)]

---

259) 대법원 1983.6.28. 선고 82도2421 판결은 상속세포탈사건으로 "상속인 중 1인이 상속재산의 협의분할 후 상속포기 신고를 한 다음 마치 상속개시 전에 매수한 것을 피상속인에게 명의신탁하여 둔 것처럼 가장하여 다른 공동상속인을 상대로 명의신탁해제로 인한 소유권이전등기청구소송을 제기하여 의제자백을 받아 소유권이전등기를 한 행위는 상속포기를 합리화하기 위한 행위로 이러한 일련의 행위는 허위상속신고행위라는 부정행위와 함께 상속세포탈을 위한 부정행위에 해당한다"고 하고 있고, 대법원 1999.4.9. 선고 98도667 판결은 증여세포탈사건으로 "증여받은 정치자금을 타인 명의의 예금계좌를 빌려 예금한 차명계좌 이용행위 한 가지만으로써 적극적 소득은닉행위가 된다고 단정할 것은 아니나, 과세대상의 미신고나 과소신고와 아울러 수표 등 지급수단의 교환반복행위 기타의 은닉행위가 곁들여져 있다거나, 차명계좌의 예입에 의한 은닉행위에 있어서도 여러 곳의 차명계좌에 분산 입금한다거나 순차 다른 차명계좌에의 입금을 반복하거나 단 1회의 예입이라도 그 명의자와의 특수한 관계 때문에 은닉의 효과가 현저해지는 등으로 적극적 은닉

또한 과세표준신고를 하지 않거나 신고내용에 오류나 탈루의 혐의가 있어 신고·납부기한의 경과 후 과세관청이 부과결정을 하거나 경정을 하는 경우,[260] 세무조사를 하는 세무공무원에게 적극적으로 허위의 답변을 하는 등 기망행위를 하는 경우에는 허위과소신고 또는 미신고에 수반하는 부정행위에 해당할 수 있다. 부과납세방식조세와 신고납세방식조세 모두 종국적으로 세무조사(조세범칙조사)를 통하여 그 시점에서의 부정행위 존재 여부를 확인하여 추가 부과 및 고발을 하고 있으므로 이와 같은 법리들은 동일하게 적용된다고 보는 것이 타당하다.[261]

따라서 조세포탈죄에 있어서 실행의 착수, 공범의 성립, 인과관계, 고의의 범위, 죄수 등은 이러한 부정행위 성립과 관련한 포괄설의 입장에서 관련 법리를 적용하면 된다.

4. 부정행위의 유형

의도가 나타나는 행위"에 해당한 경우에는 최초 차명계좌 입금행위라는 경미한 부정행위에 기수시점 이후의 적극적 사후소득은닉행위까지 고려하여 모두 부정행위로 보고 있다.

260) 국세기본법 제81조의6 제3항 참조.

261) 같은 취지로 안대회, 조세형사법, 2015, 332면, 388~389면; 김종근, 조세형사법 해설, 2021, 157면, 187면 참조.

(1) 의 의

(가) 관련 규정

1951.5.7. 법률 제199호로 단행법으로 최초로 제정된 조세범처벌법은 조세범에 대한 처벌규정이 각 세법에 분산규정되어 통일적 적용에 어려움이 있었으나, 이를 보완하기 위하여 2010.1.1. 전면개정을 단행하였다. 그 개정을 통하여 조세범처벌법 제3조 제6항에서 부정행위 유형으로 7가지를 명시하였다. 또한 부정행위 개념을 위 7가지 부정행위 유형에 해당하면서도 조세의 부과와 징수를 불가능하게 하거나 현저히 곤란하게 하는 적극적 행위를 말한다고 규정하고 있다.

(나) 부정행위 유형의 입법과정 및 존재 의미

조세범처벌법에 부정행위 유형이 명시적으로 규정되기 전에는 실무에서는 장부와 증빙서류의 조작, 거래계약서의 허위작성, 위장명의와 위장거래의 이용, 세금계산서의 허위작성 및 미교부 등을 부정한 행위로 적용하였으나, 그 적용이 일관적이지 않아서 통일적인 법 적용에 어려움이 없지 않았다. 이러한 이유로 납세자 입장에서 부정행위에 대한 예측가능성이 결여되고 과세관청의 자의적인 법 해석이 가능하였기 때문에 명확성의 원칙에 위배된다는 비난을 받았었다.

이에 따라 그 당시까지 법원의 판례에 의하여 인정되어 온 부정행위의 행위태양들을 가능한 한 유형화하여 구체적으로 그 기준을 제시하였으나, 이 기준 또한 추상적이고, 각호 예시 내용들도 다양한 사회발전에 충실하게 따라가지 못하여 제7호에 별도의 포괄규정을 두어 이러한 다양성에 능동적으로 대응하도록 하고 있다. 납세의무자가 신고납부 과정에서 위 부정행위 유형에 해당하는 행위를 한 경우에는 통상적으로 그러한 방법을 선택하게 된 동기가 있을 것이고, 그 동기는 조세회피라는 부적절한 이유에서 시작된 경우가 대부분이었다. 이러한 이유로 과세관청에서는 통상적으로 납세의무자에게 부정한 유형의 행위가 존재하면 은닉을 위한 적극적 행위가 있었는지에 대한 추가 확인없이 그 부정행위 유형의 존재자체로 부정행위가 있는 것으로 추정되는 것처럼 해석하여 부과처분 및 고발을 하여 왔었다. 그러나 모든 인간의 행위에는 각기 다른 다양한 동기가 존재할 수가 있어서, 조세범으로의 처벌은 조세탈루행위에 대한 가산세 등 행정적 제재를 적용한 다음의 마지막 단계에서 행하는 형사적 제재행위로 죄형법정주의에 근거한 구성요건을 가능한 한 엄격하게 적용하여야 한다. 이러한 점에서 부정행위가 성립하기 위해서는 우선 법률에서 규정하고 있는 부정한 행위 유형에 해당하는 행위를 하여야 하고, 그러한 행위가 조세의 부과와 징수를 불가능 또는 현저히 곤란하게 하는 적극적 행위에 해당할 수도 있다는 인식을 하면서도 능동적으로 그 행위로 나아간 경우에 한하여 비로소 부정행위가 성립한다고 보아야 한다.

(다) 입증책임

헌법 제27조 제4항은 '형사피고인은 유죄가 확정될 때까지 무죄로 추정된다'고 규정하여 무죄추정의 원칙을 명시하고 있다. 무죄추정의 원칙은 형사소송법적으로 국가, 즉 공소제기를 담당하는 검사가 유죄의 입증을 해야 한다는 것이 원칙이다. 무죄추정의 원칙은 형사영역에서의 원칙이기 때문에 행정법 영역에 속하는 조세법이나 민법 등과 같은 영역에서는 적용될 수 없다. 즉 조세소송에서는 조세법률관계의 특수성 때문에 과세처분 전반에 대한 입증책임이 누구에게 존재하는가 하는 문제보다는 개별적 과세요건에 대한 일반적인 증명책임의 분배원칙에 따라 증명책임을 부담하는 자가 어느 정도 입증을 하면 그 증명책임을 다한 것으로 볼 수 있느냐가 더욱 중요한 문제가 된다.

법원도 "소득세법의 규정에 의한 납세자의 과세표준확정신고에 오류 또는 탈루가 있어 이를 경정함에 있어서는 장부나 증빙에 의함이 원칙이라 하겠으나 다른 자료에 의하여 그 신고내용에 오류 또는 탈루가 있음이 인정되고 실지조사가 가능한 때에는 그 다른 자료에 의하여서도 이를 경정할 수 있는바, 실지조사는 그것이 실제의 수입을 포착하는 방법으로서 객관적이라고 할 수 있는 한 특별한 방법상의 제한이 없다 할 것이므로, 납세의무자의 금융기관계좌에 입금된 금액을 조사하는 방법으로 납세의무자의 총수입금액을 결정하는 것은 객관성이 있는 적법한 실지조사방법에 속한다 할 것이고, 일반적으로 세금부과처분 취소소송에 있어서 과세요건 사실에 대한 입증책임은 과세관청에 있다 할 것이나 구체적인 소송과정에서 경험칙에 비추어 과세요건사실이 추정되는 사실이 밝혀지면 상대방이 문제가 된 당해 사실이 경험칙 적용의 대상 적격이 되지 못하는 사정을 입증하지 않는 한 당해 과세처분을 과세요건을 충족시키지 못한 위법한 처분이라고 단정할 수 없다"라고 판시[262]하여 증명책임의 분배를 중요시하고 있다.

262) 대법원 2004.4.27. 선고 2003두14284 판결.

조세포탈죄도 형사벌의 일종이므로 무죄추정의 원칙이 당연히 적용되므로 조세포탈죄 일반적 구성요건에 대하여는 공소를 제기한 검사에게 입증책임이 있고, 부정행위의 존재도 조세포탈죄의 구성요건의 일부로서 당연히 검사에게 그 입증책임이 있다고 할 것이다. 다만, 부정행위를 포함한 구성요건을 형성하는 개개의 과세요건 사실들을 인정하는 데에는 조세법의 특수성을 반영하여 증명책임의 분배원칙이 적용되어야 한다.

(2) 이중장부의 작성 등 장부의 거짓 기장(제1호)

(가) 의 의

장부란 수입과 지출 등의 거래, 자산과 부채, 자본의 증감을 기재한 회계서류를 말한다. 장부의 종류로는 재무상태표, 손익계산서, 합계잔액시산표 등의 법정 재무제표뿐만 아니라 계정별원장, 생산일계표, 현금일보, 판매일보, 노임대장, 일기장, 분개장, 전표 등 사업을 영위하면서 증빙 등 기초자료에 근거하여 작성하는 서류 모두가 장부에 해당된다. 국세기본법 제16조,[263] 법인세법 제66조 제3항, 소득세법 제80조 제3항에서는 국세인 법인세와 소득세의 과세표준 조사와 결정은 납세의무자가 보존하고 있는 장부에 따르도록 규정하고 있다.

장부의 거짓 기장이란 소득 내지 거래를 은폐·축소하기 위해 소득산출의 기초가 되는 수입과 비용 등의 계정과목을 사실과 다른 내용의 장부로 작성하는 것을 의미한다. 여기에는 이중으로 두 개의 별도 장부를 작성하는 방법과 이중장부를 작성하지 않고 하나의 장부에 매출과 비용을 허위로 기재하는 방법 등이 있다. 일반적으로 전자는 매출누락과 비용 과대계상 등이 빈번하게 이루어진 경우에 이용되고, 후자는 그러한 경우가 많지 않은 경우에 이용된다. 법인세나 사업소득세의 납세의무자가 조세포탈을 하기 위해서는 허위 기재된 과세표준신고서와 신고서에 부속된 제출서류인 재무제표 등과 세무조정신고서를 작성·제출해야 하는데 이러한 신고서 및 부속서류의 허위 기재내용과 회계 장부와 증빙서류 내용을 일치시키기 위하여 회계장부 등의 조작이 불가피하고 그렇게 하여야만 세무공무원에 의

---

263) 국세기본법 제16조(근거과세) ① 납세의무자가 세법에 따라 장부를 갖추어 기록하고 있는 경우에는 해당 국세 과세표준의 조사와 결정은 그 장부와 이와 관계되는 증거자료에 의하여야 한다.
② 제1항에 따라 국세를 조사·결정할 때 장부의 기록 내용이 사실과 다르거나 장부의 기록에 누락된 것이 있을 때에는 그 부분에 대해서만 정부가 조사한 사실에 따라 결정할 수 있다.
③ 정부는 제2항에 따라 장부의 기록 내용과 다른 사실 또는 장부 기록에 누락된 것을 조사하여 결정하였을 때에는 정부가 조사한 사실과 결정의 근거를 결정서에 적어야 한다.

하여 허위 신고사실이 쉽게 적발되지 않는다. 허위, 과소 신고 또는 미신고에 수반되는 회계장부가 조작된 경우에는 일반적으로 세무공무원의 조세부과를 어렵게 하는 행위로 볼 수 있으므로 부정행위에 해당한다.

(나) 부정행위에 해당한다고 본 사례

1) 매출누락을 위한 이중장부 작성

가) 매입매출장 별도 작성행위

법원은 "실제 거래상황이 기재된 장부인 일기장을 작성, 보관하는 외에 그보다 매출액을 적게 기재한 허위의 매입매출장을 작성하여 이에 의하여 세무신고를 함으로써 매출액을 실제보다 과소하게 신고한 행위는 조세의 부과와 징수를 불가능하게 하거나 현저히 곤란하게 한 적극적 행위로서 사기 기타 부정한 행위에 해당한다"라고 판시[264)]하여 허위의 매입매출장 작성을 전형적인 회계장부의 거짓기장의 한 사례로 보고 있다.

나) 생산일계표, 월말잔액시산표, 자금현황장부 별도 작성행위

법원은 "허위의 생산일계표, 월말잔액시산표, 자금현황장부를 작성·비치하고 이에 맞추어 총매출 외형을 줄이고, 실제보다 값이 싼 제품의 수량을 많게 하는 내용의 신고를 하여 조세를 포탈한 일련의 행위는 조세부과를 현저하게 곤란하게 하는 부정행위에 해당하고, 그 신고의 근거자료가 된 위 허위의 장부 등을 세무서에 제출한 여부나 세무관서에서 조사한 여부는 부정행위 성립에 영향이 없다"라고 판시[265)]하여, 허위의 생산일계표 등 작성행위 역시 전형적인 회계장부의 거짓기장의 한 유형으로 보고 있고, 이러한 허위의 장부 등을 세무서에 제출한 여부나 세무관서에서 조사한 여부는 부정행위 성립과 무관하다고 하고 있다.

다) 판매일보 별도 작성행위

법원은 "실제 판매액과 달리 판매액을 허위기재한 판매일보를 작성하고 이에 맞추어 경리 장부와 표준계산서를 작성한 후 이를 근거로 조세를 신고·납부하였다면 위 조세를 포탈할 목적으로 위와 같은 허위장부를 작성하여 조세근거서류로 구비함으로써 조세의 부과징수를 곤란하게 한 것으로서 조세범처벌법 제3조 제1항에 규정된 포탈행위에 해당한다"라고 판시[266)]하여 허위 판매일보를 작성한 행위

---

264) 대법원 1989.9.26. 선고 89도283 판결.
265) 대법원 1984.2.28. 선고 83도214 판결.

는 전형적인 이중장부의 작성행위의 한 사례로 보았다.

라) 비밀장부 별도 작성행위

법원은 "법인의 대표이사가 경리담당 상무와 공모하여 법인의 수입금을 그 수입금원장으로부터 일부 누락시켜 이를 비밀장부를 만들어 별도로 기장·관리하게 하여 법인세 과세표준 및 세액신고시 이를 누락한 다음 과소신고하도록 함으로써 그 수입금 누락분에 상응하는 법인세 등을 포탈하였다면 사기 기타 부정한 방법으로 조세를 포탈한 경우에 해당한다"라고 판시[267]하여 비밀장부의 작성행위를 전형적인 이중장부의 작성행위로 보았다.

마) 매입·매출장부 허위 작성행위

법원은 "부동산매매회사의 경영자가 토지 등의 매매금액을 감액하여 허위내용의 매입·매출장부를 작성하고, 그 차액을 차명계좌에 보관하는 한편 장부상 금액을 기준으로 법인세 과세신고를 한 경우, 사기 기타 부정한 방법으로 조세를 포탈한 것에 해당한다"라고 판시[268]하여 장부의 이중작성과 차명계좌를 이용한 매출누락행위를 부정행위의 한 사례로 보았다.

바) 계정별원장, 조정 후 수입금액명세서 허위 작성행위

법원은 "피고인은 2001 사업연도에 귀속되어야 할 매출금의 신고를 누락하는데 그치지 않고, 나아가 그 매출누락사실이 쉽게 발견되지 않도록 하기 위하여 미리 지급된 이 사건 선수금을 상환한 것처럼 예금과 허위로 상계처리한 다음 이에 따라 세무조정계산서 작성시 대차대조표, 계정별원장, 조정후 수입금액명세서 등을 허위로 작성하여 이를 과세관청에 제출한 경우 사기 기타 부정한 행위에 해당한다"라고 판시[269]하여 과세표준신고서와 관련 부속제출서류 이외의 장부의 거짓 기장행위는 부정행위에 해당한다고 하고 있다.

사) 매출장부 별도 작성행위

법원은 "피고인이 회사의 법인세 및 부가가치세를 신고하면서 실제 매출액에서 자재비, 인건비 등을 공제하고 남은 순수익만을 기재한 매출장부를 작성하고, 이

266) 대법원 1981.7.28. 선고 81도154 판결.
267) 대법원 1986.12.23. 선고 86도156 판결.
268) 대법원 2007.10.11. 선고 2007도4697 판결.
269) 대법원 2004.9.24. 선고 2003도1851 판결.

를 세무사에게 제출하는 방법으로 위 회사의 매출액을 실제보다 과소하게 신고한 행위는 장부의 거짓기장 또는 거짓문서의 작성으로 조세의 부과와 징수를 불가능하게 하거나 현저히 곤란하게 한 적극적 행위로써 사기 기타 부정한 행위에 해당한다"라고 판시[270]하여 매출장부를 별도로 작성하는 행위는 장부의 거짓기장의 전형적인 사례로 보았다.

2) 매출누락을 위한 세금계산서 미발행과 매입매출장부 허위 기재행위

법원은 "피고인이 실제 매출금액 중 일부에 대하여는 세금계산서를 발행하지 아니하고 매입매출장 및 수입금장부 등에 그 부분에 대한 기재를 누락시킨 다음 위 매입매출장 등을 근거로 부가가치세 확정신고와 법인세과세표준 및 세액신고를 한 경우, 이와 같은 행위는 조세의 부과와 징수를 불가능하게 하거나 현저하게 곤란하게 하는 적극적 행위에 해당한다"라고 판시[271]하고, 또한 "재화를 외상판매한 때에도 그 재화가 인도되는 시기가 속하는 과세기간에 대한 부가가치세 예정 또는 확정신고를 하여야 하며, 과세표준과 납부세액을 확정신고한 이후에 외상판매한 재화가 반품되어 왔을 경우에는 부가가치세법 시행령 제59조의 규정에 의하여 그 반품되어 온 때가 속하는 과세기간 내에 국세청장이 정하는 바에 따라 세금계산서를 수정교부하여 세액을 시정하는 것은 별론으로 하고, 재화를 반품받기 이전에 과세확정신고를 함에 있어 일부 세금계산서를 발급하지 아니하고 장부에 기장도 하지 아니한 채 실제 매출액(외상판매분 포함)보다 과소하게 과세표준과 납부세액을 확정신고하였다면 이는 사기나 기타 부정한 행위로써 조세를 포탈한 경우에 해당한다"라고 판시[272]하여 매출누락을 위한 세금계산서 미발행과 그에 따른 장부의 허위 기장행위들을 포괄하여 부정행위로 보고 있다.

3) 비용 과다계상을 위한 허위장부 작성

가) 노임대장, 출장여비정산서 허위 기재행위

법원은 "단순한 과세표준의 미신고 또는 감소신고가 아니라 지출경비에 관한 장부인 노임대장 및 출장여비정산서를 허위작성·비치하여 놓고 그에 따라 지출경비를 과대계상함으로써 법인소득금액을 감소시키는 방법으로 법인세를 포탈한 것은 사기 기타 부정한 방법으로 조세를 포탈한 행위이다"라고 판시[273]하여 회계

270) 대법원 2014.1.23. 선고 2012도10571 판결.
271) 대법원 1995.4.25. 선고 94도1379 판결.
272) 대법원 1983.1.18. 선고 81도2686 판결.

장부인 분계장의 허위기재를 장부의 거짓기장으로 보아 부정행위에 해당한다고 하고 있다.

나) 매입매출장 허위 기재행위

법원은 "가공경비를 발생시키고 그러한 경비를 실제로 지출한 양 세무관련 장부를 허위로 작성한 후 세무서에 법인세 과세표준신고를 하면서 가공경비를 비용에 산입시킨 채 허위신고를 한 경우 사기 기타 부정한 행위에 해당한다"라고 판시[274)]하고, 또한 "회사 종업원에게 지급하지도 않은 임금을 마치 지급한 것처럼 가장하여 가공의 비용을 손금으로 처리함으로써 법인의 소득을 누락시키는 경우 사기 기타 부정한 행위에 해당한다"라고 판시[275)]하여 매입매출장 등 허위 기재행위를 장부의 허위기장의 전형적인 유형으로 보고 부정행위에 해당한다고 하고 있다.

(다) 부정행위에 해당하지 않는다고 본 사례

1) 세무신고서 부속서류인 재무상태표 등 사실상 신고서류만 거짓작성한 행위

법원은 "실제 매출액의 약 1%만을 수입으로 신고하면서 그러한 내용의 세금신고서를 작성하였고 같은 내용으로 연도말 재무제표와 감사보고서가 작성 내지 첨부되었다고 하더라도 이는 신고행위에 부수한 것에 불과하여, 이러한 사정만으로 신고 내용에 관한 기초장부 등과 같은 근거 서류를 조작하거나 작성하였다고 평가할 수 없고 그 밖에 어떠한 부정행위를 적극적으로 하였다고 인정할 만한 증거가 없다"라고 판시[276)]하였다. 또한 "피고인은 이 사건 자산양도차익 예정신고 및 예정신고 자진납부계산서를 제출함에 있어서 취득가액과 양도가액을 실제 거래액대로 기재하지 아니하고 시가표준액을 기준으로 기재하여 신고하였을 뿐, 위 신고에 있어서 조세의 부과징수를 불능 또는 현저하게 곤란하게 하는 위계 기타 부정한 적극적인 행위가 수반되었다고 인정할 증거가 없다면 사기 기타 부정한 행위에 해당하지 않는다"라고 판시[277)]하였다. 이는 다른 회계장부의 조작이 없는 세무신고서의 부속서류인 재무상태표, 손익계산서 등의 거짓 작성이나 자산양도차익을 실제 거래액대로 하지 않고 시가표준액을 기준으로 한 행위는 단순한 허위신고행

---

273) 대법원 1985.7.23. 선고 85도1003 판결.
274) 대법원 2002.7.26. 선고 2001도5459 판결.
275) 대법원 1998.6.23. 선고 98도869 판결.
276) 대법원 2018.11.9. 선고 2014도9026 판결.
277) 대법원 1981.7.28. 선고 81도532 판결.

위에 불과하여 사전소득 은닉행위로 볼 수 없는 사안으로 그러한 행위만으로는 부정행위에 해당하지 않는다는 기존의 원칙들을 확인한 판결들이다.

2) 건설공사에서 작업진행률 축소 조작 및 귀속연도 변경행위

피고인이 아파트 건설공사의 수익금액을 공사진행 기준으로 산정하면서 공사도급계약금액을 과대계상하여 작업진행률을 축소조작하는 방법으로 수익을 누락시켰다고 공소제기된 사안에서, 법원은 "작업진행률을 조작하면서 공사도급계약서나 수익관련 서류를 조작함이 없이 단순히 대차대조표와 손익계산서를 허위작성하고 그에 따른 법인세를 과소신고한 것만으로는 적극적인 부정한 행위가 없다"라고 판시[278]하고, 또한 "작업진행률을 조작하여 익금을 과대계상한 결과 그 이후의 과세연도법인세 신고 시에 과대계상한 익금을 공제하는 소극적 방법으로 그 과세표준을 과소신고 하였을 뿐 새롭게 과세요건 발견을 곤란하게 하거나 허위의 사실을 작출하는 등의 행위를 한 바 없다면 부정행위로 볼 수가 없다"라고 판시[279]하고 있다.

위 판결들은 기본적으로 건설공사에서 작업진행률을 조작하거나 변경시키는 행위는 세무신고서류만으로 가능하다는 전제에서 부정행위에 해당하지 않는다고 판시하고 있으나, 건설공사 현장에서의 작업진행률의 조작이나 변경은 전문적이고 복잡한 문제를 수반하여 그에 대한 조작이나 변경을 하였을 경우 세무공무원이 그 내용을 쉽게 발견할 수가 있겠는가 하는 문제는 여전히 남는다.

3) 단순한 변호사 사건수입명세서 허위 작성행위

법원은 "사건진행부와 대조해 본 결과 변호사 사건수입명세서에 일부 수입이 누락된 채 신고되었다거나 변호사 사무실의 수임사건에 관한 기본적인 정보를 기재한 문서인 사건진행부에 일부 사건에 관하여 수임료가 기재되어 있지 않았다는 등의 점만으로는 사기 기타 부정한 방법으로 소득세를 포탈하였다고 할 수 없다" 라고 판시[280]하고 있는데, 변호사 사무실에서 작성하는 변호사사건수입명세서의

278) 대법원 2004.12.24. 선고 2002도6069 판결(원심판결: 부산고등법원 2002.10.16. 선고 2002노464 판결).

279) 대법원 2013.11.28. 선고 2013두12362 판결.

280) 대법원 2007.6.28. 선고 2002도3600 판결의 원심 판결은 "사건진행부는 경리장부가 아닌 것으로 보여지고, 변호사사건수입명세서 또한 변호사가 소득세법에 의하여 관할 세무서장 앞으로 제출하는 사업장 현황보고서의 첨부서류로서 일종의 신고 문서이고 장부가 아닌 것으로 보여지는 이상 변호사사건수입명세서에 기재된 금액이 실제와 달리 과소하게 기재되어 있다 하더라도 이는 단순한 과소 신고에 불과하고, 달리 사후에 세무공무원의 조사에 대비하여 사전에 소득을 은폐하기

성격을 장부로 보지 않고 단순한 비망록 정도의 문서로 보면서 다른 경리장부의 조작이 없다면 적극적 행위가 없으므로 부정행위에 해당하지 않는다고 판단하였다.

(3) 거짓 증빙 또는 거짓 문서의 작성 및 수취(제2호)

(가) 의 의

국세기본법 제85조의3은 납세자로 하여금 세법에서 규정하는 바에 따라 모든 거래에 관한 장부 및 증거서류를 성실하게 작성하여 보존할 의무를 부여하고 있고, 법인세법 제112조, 소득세법 제160조도 마찬가지이다. 회계장부 이외에 과세의 중요한 근거자료가 되거나 세무조사 시 장부기재의 진위를 확인하는 데 사용되는 증거를 통상 증빙 또는 증빙서류라고 말한다. 거래의 증빙서류에는 계약서, 영수증, 신용카드 매출전표, 송장, 출고증 등이 있다. 장부는 위 증거서류에 의해 작성하는데, 그러한 증거서류가 사실과 다르다면 이와 일치하는 장부를 작성하더라도 정확한 과세표준을 산출할 수 없다. 이러한 경우를 처벌하기 위해 제1호와 별도로 제2호를 규정하고 있다.

(나) 부정행위에 해당한다고 본 사례

1) 취득원인을 가장하기 위해 허위증빙 작성행위

가) 주식매매계약서 허위작성, 매매대금 지급 가장행위

법원은 "피고인이 명의신탁의 형태로 보유하고 있던 차명주식을 자신의 자녀들에게 증여하였음에도 자녀들이 차명주주로부터 주식을 직접 매수한 것처럼 보이기 위하여 허위의 주식매매계약서를 작성하고, 양수대금을 실제로 지급하는 것처럼 차명주주 명의의 계좌로 금원을 송금하고, 차명주주들의 주식양도차익에 대한 양도소득세와 자녀들의 주식양수대금에 대한 증여세까지 자진신고·납부하게 함으로써 실질적인 매매인 것처럼 조작하여 주식이전에 대한 증여세의 부과·징수를 현저히 곤란하게 하는 사기 기타 부정한 방법으로 자녀들에게 부과될 증여세를 포탈한 경우에 해당한다"라고 판시[281]하여 매매를 가장하여 증여를 한 사안에서 주식매매계약서의 허위작성과 함께 이러한 사실이 적발되지 않도록 하기 위하

위하여 경리장부를 조작하거나, 사건의뢰인들과 통모하여 사건 수임료를 조작하는 등의 적극적인 행위가 개입되지 않은 이상 위 사건진행부상 수임료 부분을 누락하여 신고하였다는 이유만으로는 세법상의 사기 기타 부정한 행위로 평가된다고 보여지지 않는다"라고 판시하였다.

281) 대법원 2006.6.29. 선고 2004도817 판결.

여 매매대금 지급사실까지 가장한 행위는 부정행위에 해당한다고 하고 있다.

나) 노점임대계약서, 노점임대대장 허위 기재행위

법원은 "회사의 대표이사인 피고인이 그 회사가 실제로 상가점포 74개를 분양하고도 분양하지 않고 이를 임대한 것처럼 노점임대계약서, 노점임대대장 등 관계서류를 허위로 작성·비치하고, 이에 맞추어 부가가치세의 신고를 누락하고, 법인세 과세소득 신고 시에 분양대금을 임대보증금으로 회계처리하여 법인소득에 대한 결산신고 시에 결손난 것처럼 허위신고를 하여 조세를 포탈한 일련의 행위는 조세부과를 현저하게 곤란하게 하는 부정행위에 해당한다"라고 판시[282]하여 계약서를 허위로 작성·비치하고, 그에 기하여 분양소득을 누락하여 결손처리하는 방법으로 법인세를 납부하지 아니한 행위는 부정행위에 해당한다고 하고 있다.

다) 매매계약서 허위 작성행위

법원은 "피고인들이 상호 공모하여 상속세 및 증여세를 포탈할 목적으로 피고인들이 상속하거나 증여받은 부동산을 매수한 것처럼 매매를 원인으로 한 소유권이전등기절차를 경료한 후 상속세법에 의한 상속세와 증여세의 과세표준을 신고하지 아니한 경우 사기 기타 부정한 행위에 해당한다"라고 판시[283]하고, 또한 "취득세와 등록세의 중과를 피하기 위하여 과세표준 산정의 기초가 되는 시설공사도급계약서의 도급계약금액을 허위로 작성한 경우에도 사기 기타 부정한 행위에 해당한다"라고 판시[284]하여 허위 매매계약서 등을 이용하여 증여행위를 매매행위로 가장하거나 세금의 중과를 피한 행위 등도 부정행위에 해당한다고 하고 있다.

라) 상속재산협의약정서 허위 작성행위

법원은 "상속인 중 1인이 상속재산의 협의분할 후 상속포기 신고를 한 다음, 마치 상속개시 전에 매수한 것을 피상속인에게 명의신탁하여 둔 것처럼 가장하여 다른 공동상속인을 상대로 신탁해제로 인한 소유권이전등기청구소송을 제기하여 의제자백에 의한 승소판결을 얻어 자기 명의의 소유권이전등기를 경료한 것은 상속세를 포탈하기 위한 사기 기타 부정한 행위에 해당한다"라고 판시[285]하여 허위 상속재산협의약정서를 작성한 다음 허위소송을 제기하여 의제자백을 받아 상속재

282) 대법원 1984.4.24. 선고 83도892 판결.
283) 대법원 1984.6.26. 선고 81도2388 판결.
284) 서울고등법원 1996.2.16. 선고 95노3082 판결.
285) 대법원 1983.6.28. 선고 82도2421 판결.

산을 누락하여 상속세를 포탈한 행위는 부정행위에 해당한다고 하고 있다.

마) 허위기재된 등기부등본 이용행위

법원은 "피고인이 체비지를 1974.4.24. 매수하였으면서도 자산양도차익 예정신고를 함에 있어서 그 양도소득세 등을 감면받기 위하여 그로부터 5년이나 경과한 1979.6.27. 매수한 것으로 된 등기부등본을 제출하여 마치 피고인이 위 토지를 1979.6.27. 매수한 것처럼 가장하였다면 이는 사기의 방법을 사용한 경우에 해당한다"라고 판시[286]하여 허위기재된 등기부등본을 이용하여 토지 양도소득세를 감면받은 행위는 부정행위에 해당한다고 하고 있다.

2) 매출을 축소하기 위해 허위증빙 작성행위

가) 허위계약서 작성행위

법원은 "피고인이 홍콩 영화를 수입하면서 홍콩 소재의 영화수출회사와 공모하여 사용료 대금을 실제 금액보다 낮게 기재한 허위계약서 등을 이용하여 수입 및 통관절차를 밟음으로써 위 영화수출회사의 국내원천소득에 대한 법인세의 과세표준을 허위 과소 신고한 경우, 이는 영화수출회사와 공모하여 영화수출회사들의 국내원천소득에 대한 원천징수 법인세 일부를 사기 또는 부정한 방법으로 포탈한 경우에 해당한다"라고 판시[287]하여 수익누락을 위한 허위계약서 작성행위는 부정행위에 해당한다고 하고 있다.

나) 허위출고증 작성 제출행위

법원은 "정당하게 발급된 출고증을 회수하고 허위 내용의 출고증을 각 영업소에 송부하여 이를 세무서에 제출하게 하는 행위는 조세의 포탈을 가능하게 하는 사회통념상 부정이라고 인정되는 적극적 행위로서 사기 기타 부정한 행위에 해당한다"라고 판시[288]하여 매출감소를 위하여 허위출고증을 작성하여 정상적인 출고증과 교체한 행위를 부정행위에 해당한다고 하고 있다.

다) 신용카드 매출전표 조작행위

법원은 "피고인이 실제 매출액이 기재된 개인 기록표를 은닉하는 한편, 신용카드 매출전표에 봉사료를 실제보다 과다계상함으로써 매출액 산정의 기초가 되는

---

286) 대법원 1988.12.27. 선고 86도998 판결.
287) 대법원 1998.5.8. 선고 97도2429 판결.
288) 대법원 1985.12.10. 선고 85도1043 판결.

주대를 축소한 후 이를 기초로 과세표준과 세액을 과소하게 신고·납부하였다면, 이는 조세의 부과와 징수를 불가능하게 하거나 현저히 곤란하게 하는 위계 기타 부정한 적극적인 행위로서 사기 기타 부정한 행위에 해당한다"라고 판시[289]하고, 또한 "유흥업소 남자 웨이터들에게 매출액의 일정비율을 지급한 것은 성과급 형태의 보수에 해당할 뿐 이를 과세표준인 매출액에서 제외되는 봉사료로 볼 수 없음에도 피고인이 원래 웨이터들에게 성과급으로 지급하기로 약정된 매출액의 15%를 초과한 금액을 신용카드 매출전표에 봉사료인 것처럼 허위로 기재하고 웨이터나 웨이터보조로 하여금 봉사료 지급대장에 서명·날인하도록 하는 등의 방법으로 매출액을 감액하여 신고한 것은, 조세의 부과와 징수를 현저히 곤란하게 한 것으로 사기 기타 부정한 행위에 해당한다"라고 판시[290]하여 불특정 다수인을 상대하여 매출누락을 하기 쉬운 유흥업소 등에서 신용카드 매출전표에 허위기재를 하여 매출을 누락한 행위는 부정행위에 해당한다고 하고 있다.

3) 손금으로 인정받기 위한 경비청구서 허위작성과 허위영수증 첨부행위

법원은 "제약회사의 임원인 피고인들이 병·의원 및 약국에 리베이트 명목으로 지출한 비용을 모두 손금으로 인정받기 위하여 전액 손금으로 산입되는 각종 비용항목에 나누어 계상하고 그 지출에 대한 증빙으로 허위의 경비청구서 및 영수증 등을 마련한 행위는, ① 그 자체로도 형사처벌의 대상이 되는 위법한 행위인 점, ② 그런데도 피고인들은 리베이트로 지출한 비용 전액을 손금으로 산입되는 각종 항목에 분산계상하였으므로, 이는 법인세를 포탈하려는 의도임이 명확한 점, ③ 피고인들은 리베이트금액 전체에 관한 허위의 경비청구서를 작성하였을 뿐만 아니라 그 지출을 증빙하기 위한 의도로 허위의 영수증까지 일부 첨부한 점, ④ 허위의 경비청구서와 영수증 등의 작성 및 수집을 위하여 본사 직원과 각 지점 영업사원들이 조직적으로 동원된 점 등을 종합하면, 법인세를 포탈하겠다는 적극적 은닉의도 하에 이루어진 것으로서 조세의 부과와 징수를 불가능하게 하거나 현저히 곤란하게 하는 위계 기타 부정한 적극적 행위에 해당한다"라고 판시[291]하

---

289) 대법원 2005.12.22. 선고 2003도6433 판결.

290) 대법원 2007.3.15. 선고 2006도8690 판결.

291) 대법원 2015.1.29. 선고 2011도13730 판결로, 경비청구서나 총계정원장의 허위기재 내용이 있더라도 그 장부에 부합하는 증빙자료의 비율이 2~3%에 불과하고 간이세금계산서 첨부 등 부적정한 증빙현황 등에 비추어 세무공무원이 허위비용의 계상이 있었음을 쉽게 알 수 있으므로 부정행위에 해당하지 않는다고 본 원심을 파기하였다.

여 손금에 해당되지 않는 위법비용을 손금으로 인정받기 위하여 손금으로 산입되는 항목에 분산배치한 후 경비청구서를 허위 작성하고 허위영수증 등을 첨부한 행위는 부정행위에 해당한다고 하고 있다.

(다) 부정행위에 해당하지 않는다고 본 사례

1) 사회통념상 용인되는 방법으로 한 종된 이자소득 누락행위

법원은 "피고인이 이자소득을 여러 은행의 당좌나 가명예금계좌에 분산입금되었다고 하여도 그 자체만으로는 조세를 포탈하기 위한 사기 기타 부정한 행위에 해당한다고 할 수 없고, 또한 종합소득세 확정신고를 할 때 사업소득만 신고하고 이자소득에 대한 신고를 누락하였다고 하여도 이는 전체소득으로 보면 과소신고이고, 이자소득만으로 볼 때에는 무신고에 불과할 뿐이므로 이것을 가지고 사기 기타 부정한 행위라고 말할 수는 없으며, 나아가 피고인이 돈을 빌려주고 그 담보조로 가등기를 설정받음에 있어 그 일부를 다른 사람 명의로 마쳤다거나 피고인이 세무조사를 받음에 있어 이자소득이 없다고 답변하였다고 하여도 그와 같은 행위가 부정한 적극적인 행위라고 말할 수는 없다"라고 판시[292]하여 주된 사업소득을 신고하면서 종된 이자소득만 가명계좌에 입금한 행위는 가명계좌 사용이 통상적으로 행해지던 그 시기에 어느 정도 용인된 행위이고, 대여금을 빌려주고 담보조로 가등기를 제3자 명의로 받았다거나 세무조사 과정에서의 일부 허위진술 등만으로는 사회통념상 부정행위에 해당하는 행위로 인정하기에 부족하다고 보았다.

2) 부당행위계산부인 사건에서 허위분개전표만을 작성한 행위

법원은 "신문사 전무이사가 단지 특수관계인에 대한 대여사실을 감추기 위하여 매 사업연도 말에 대여금을 변제받은 것처럼 분개전표를 작성하고 그에 따라 결산장부를 정리한 행위를 조세포탈에 해당한다고 볼 정도의 적극적인 부정한 행위가 있었다고 보기 어렵다"라고 판시[293]하였다. 이 사안에서는 탈루소득인 무상대여를 특수관계인의 거래로 인한 부당행위계산으로 부인하고 세무조정하여 법인세법상 인정이자 및 지급이자 부인금액을 소득금액에 포함시킴으로써 생긴 소득을 탈루금액으로 하였는데, 이는 개정 전 구 조세범처벌법 제9조의2 제1호 소정의 세무회계와 기업회계와의 차이로 인하여 발생한 금액에 해당하고, 또한 매 사업연도

292) 대법원 1988.12.27. 선고 86도998 판결.
293) 대법원 2006.6.29. 선고 2004도817 판결.

중의 종업원단기대여금원장 등 회계장부에는 각 대여금의 대여 및 상환일시 등이 기재되어 있어 일시 변제받은 것으로 처리한 기간을 제외한 사업연도 중의 대여금의 존재를 쉽게 알 수 있어 적발이 용이하였던 사정을 고려하여 부정행위에 해당하지 않는다고 보고 있다.

(4) 장부와 기록의 파기(제3호)

(가) 의 의

국세기본법 제85조의3은 납세자에게 장부와 증거서류를 국세의 법정신고기한이 지난 날로부터 5년간 보존할 의무를 부여하고 있다. 장부와 기록을 단순히 기장·비치하지 아니하는 것만으로는 적극적 부정행위가 있다고 할 수 없다. 그러나 이를 넘어서 장부를 작성하였음에도 조세를 회피할 목적으로 이를 적극적으로 파기·은닉하여 세무공무원의 조사에 의한 정확한 소득 파악을 곤란하게 하여 이로 인해 조세의 부과와 징수가 불가능하거나 현저히 곤란하게 되었다면 부정행위가 된다.

한편, 조세포탈과 별도로 조세범처벌법 제8조는 '조세를 포탈하기 위한 증거인멸의 목적으로 세법에서 비치하도록 하는 장부 또는 증빙서류를 해당 국세의 법정신고기한이 지난 날부터 5년 이내에 소각·파기 또는 은닉한 자는 2년 이하의 징역 또는 2천만 원 이하의 벌금에 처한다'고 규정하고 있다.

(나) 부정행위에 해당한다고 본 사례

1) 거래현황자료 파기, 세금계산서 미교부·미제출 행위

법원은 "부가가치세를 포탈할 의도 아래 실제의 거래현황이 기재된 장부 등을 소각 등의 방법으로 없애 버리고 또 일부의 매입자들에 대하여는 세금계산서를 교부하지 아니하였을 뿐만 아니라 세무신고 시에는 교부하였던 세금계산서의 일부마저 누락시킨 채 일부의 세금계산서와 이를 토대로 만든 허위의 매입·매출장을 제출하는 방법으로 매출신고를 과소신고한 행위는 조세의 부과와 징수를 불가능하게 하거나 현저히 곤란하게 하는 적극적 행위에 해당한다"라고 판시[294]하고, 또한 "피고인이 과세처분이 있기에 앞서 법인의 실제 영업실적에 따른 일계표, 월말계산서, 비공식 지불장부 등을 감춘 채 관할세무서에 외형 수입액을 과소신고한 경우에는 사기 기타 부정한 행위에 해당한다"라고 판시[295]하여 거래현황장부 등을

294) 대법원 1988.3.8. 선고 85도1518 판결.
295) 대법원 1982.1.19. 선고 80도1474 판결.

파기 또는 은닉하고 그에 따라 세금계산서를 미발급하는 등으로 조세를 포탈한 행위는 전형적인 부정행위의 한 유형으로 보고 있다.

2) 위장사업자등록, 거래장부 파기 행위

법원은 "피고인이 부가가치세를 포탈할 의도로 타인들 명의로 위장 사업자등록을 하여 거래를 하고 거래에 관한 장부를 파기한 다음 부가가치세 신고시 고의로 그 매출액의 일부를 신고에서 누락시켰다면 이는 조세의 부과와 징수를 불가능하게 하거나 현저하게 곤란하게 하는 적극적 행위로서 사기 기타 부정한 행위에 해당한다"라고 판시[296]하여 위장사업자를 통하여 거래를 한 다음 장부를 파기한 행위는 부정행위에 해당한다고 하고 있다.

(다) 부정행위에 해당하지 않는다고 본 사례

법원은 "만기 전의 약속어음을 할인·매입하여 되파는 영업을 하는 자가 비용지출의 영수증과 간이계산서를 보관하지 않고 폐기한 경우 비용지출의 영수증은 총수입금액에서 공제할 필요경비의 계산에 필요한 서류로서 그것이 폐기되고 없으면 필요경비의 공제를 받을 수 없어 오히려 자신에게 불리할 뿐이므로 이를 폐기한 것을 가지고 소득금액을 감추는 행위라고 할 수는 없으며, 간이계산서가 거래내역을 기록하여 보관할 용도로 작성되는 것이 아니라 할인대금의 산출근거를 간이하게 확인만 할 용도로 작성되는 것이라면 경리직원들로부터 이를 건네받아 그 내용을 확인한 후 따로 보관하지 않은 채 바로 폐기해 버렸다 하여 그것을 가지고 소득을 감추는 부정한 행위라고 할 수는 없다"라고 판시[297]하여 납세의무자에게 손금인정상 유리한 자료인 필요경비 영수증과 간이계산서 파기행위는 증빙의 파기·은닉에 해당되지 아니하여 부정행위에 해당하지 않는다고 하였다.

(5) 재산의 은닉, 소득·수익행위·거래의 조작 또는 은폐(제4호)

(가) 의 의

조세범처벌법 제3조 제6항 제4호에 부정행위의 한 유형으로 규정되어 있는 재산의 은닉, 소득·수익행위·거래의 조작 또는 은폐는 모든 세목의 조세에서 발생할 수 있는 행위로 가장 중요하면서도 쟁점이 많이 있는 부정행위 유형이다. 이와

296) 대법원 2000.12.26. 선고 2000도3674 판결.
297) 대법원 2000.4.21. 선고 99도5355 판결.

관련하여 논의될 수 있는 내용들은 차명계좌의 사용, 사업자등록명의 위장, 거래명의 위장, 명의신탁 등이 있다. 이러한 차명계좌의 사용, 사업자등록명의의 위장 등은 그러한 행위가 있다고 하더라도 그것만으로 바로 부정행위가 성립하는 것이 아니고 적극적 부정행위가 있거나 적극적 은닉의도가 나타난 사정이 덧붙여져야 부정행위에 해당한다.

(나) 차명계좌 이용행위

1) 의 의

가) 개 념

차명계좌란 가족, 임·직원, 지인 등 타인 명의를 빌리거나 도용하여 개설한 불법적 금융거래계좌를 말한다. 이러한 차명계좌는 주로 비자금을 관리하거나 불법적인 금융거래, 탈세, 로비활동, 범죄수익 운용 등의 불법적인 자금을 관리하기 위하여 이용된다.

나) 차명거래금지 법률

1993.8.12.에 도입한 금융실명거래 및 비밀보장에 관한 법률에 따라 금융기관과의 모든 금융거래에 있어서 가명이나 차명 등이 아닌 실명에 의하도록 되어 있다. 2014.11.29.부터는 불법재산의 은닉이나 탈세, 자금세탁 등을 목적으로 차명계좌거래를 한 경우 5년 이하의 징역 또는 5천만 원 이하의 벌금이 부과되고, 불법목적으로 차명거래를 할 경우에는 명의를 빌린 사람과 함께 불법인 것을 알고서도 명의를 빌려준 사람도 공범으로 처벌된다(금융실명거래 및 비밀보장에 관한 법률 제6조, 제3조 제3항).

그러나 모든 차명계좌 이용행위가 처벌의 대상이 되는 것은 아니고, 가족끼리 증여세 면세한도 범위, 예를 들어 성년 자녀의 경우 5,000만 원, 미성년자의 경우 2,000만 원, 처의 경우 6억 원 이내의 범위 내의 가족명의 통장과 동창회, 종친회 통장 등은 허용된다. 한편 실명이 확인된 계좌에 보유하고 있는 금융자산은 명의자의 소유로 추정하고 있어 차명계좌에 입금된 자금은 차명계좌 명의인의 소유로 추정된다(같은법 제3조 제5항). 이처럼 차명계좌 사용이 불법화됨에 따라 차명계좌를 사용하고 있는 사실을 신고하였을 때에는 탈세액이 1천만 원 이상 추징되는 경우 건당 1백만 원, 신고연도 기준 1인당 연간 5천만 원 한도 내에서 신고포상금[298]도 받을 수

298) 국세청은 2018년에 전년도 차명계좌 신고포상금 지급금액은 19억 8,500만 원이고, 보상건수도 1천 998건으로 매년 신고 건수가 빠르게 증가하는 추세에 있다고 발표하였다.

있다(국세기본법 제84조의2, 같은법 시행령 제65조의4).

다) 차명계좌 관련 조세포탈 유형

차명계좌 이용행위에 대하여 형사처벌을 하는 것과 별도로 차명계좌를 이용하여 조세를 탈루하였을 경우에 어느 경우에 조세포탈죄로 처벌을 할 수 있는지가 종종 문제되어 왔다.

차명계좌 관련 조세포탈 유형에 대하여 간단하게 도표로 표시하면 아래와 같다.

〈차명주식 또는 차명계좌 관련 조세포탈 유형〉

① 대주주가 상장주식을 차명으로 취득하여 양도세 득세 누락신고	② 금융소득종합과세 대상자가 차명으로 주식취득을 하거나 예금가입을 하여 금융소득종합과세 회피	③ 차명계좌로 자금출처 입증 또는 차명계좌를 통한 수입누락

차명계좌 또는 차명주식과 관련된 조세포탈 유형으로는 위 표에서 본 바와 같이 크게 3가지로 나누어 볼 수 있다. 첫째, 대주주가 회사 임·직원들의 차명계좌를 이용하여 상장주식을 취득하여 양도소득세 등을 포탈하는 유형으로 이전에 대주주 경영권 방어 등의 명분으로 자주 활용되었다. 이러한 행위는 대주주 양도소득세 및 배당소득세포탈 이외에 내부정보를 이용한 주식 불공정거래 혐의로 처벌될 가능성이 있다. 둘째, 금융소득종합과세 대상자가 차명으로 주식을 취득하거나 차명으로 예금에 가입하여 금융소득에 대한 종합과세를 회피하는 유형이다. 이는 대규모 자금을 보유하고 있는 고액소득자들에 해당하는 것으로 가족들과 지인들의 차명계좌가 주로 활용되고, 최종적으로는 배당소득세 및 이자소득세포탈을 뛰어넘어 증여세와 상속세를 포탈하는 방법으로 종종 활용되어 왔다. 셋째, 차명계좌를 자금출처 입증자료로 활용하거나 차명계좌를 통하여 수입의 일부를 수수함으로써 법인세와 소득세, 그리고 증여세를 포탈하는 유형이다. 이 유형은 이익의 수입단계에서부터 부외자금화하여 세금을 회피하는 방법으로 불특정 다수로부터 수입을 얻는 업종 등에서 자주 사용되고, 일반 기업의 경우에서도 비자금을 형성하는 방법으로 활용된다.

라) 부정행위 성립기준

차명계좌를 이용한 행위라고 하여 모두 부정행위에 해당하는 것이 아니다. 그 부정행위 성립기준에 대하여 간단하게 도표로 표기하면 아래와 같다.

〈부정행위 성립기준〉

조세포탈 성립 인정	조세포탈 성립 부정
· 다수의 차명계좌 사용 및 차명계좌 폐지 후 다른 차명계좌 반복사용 등으로 적극적으로 소득 등을 은닉한 경우	· 기존 차명상태의 소극적 유지 · 차명상태에서 통상적으로 행할 수 있는 행위를 한 경우

차명계좌 이용행위에 대하여 기존에는 비교적 관대하여 소극적으로 차명상태에서 통상적으로 행할 수 있는 행위, 즉 직계비속, 처, 회사 임·직원 등 쉽게 발견할 수 있는 차명계좌를 이용한 소득은닉행위 등을 한 경우에는 부정행위로 보지 않고, 이에 더하여 추가적인 적극적인 소득은닉행위를 한 경우에 한하여 예외적으로 부정행위에 해당하는 것으로 해석하여 왔다. 법원도 "일반적으로 다른 사람 명의의 예금계좌를 빌려 예금하였다 하여 그 차명계좌 이용행위 한 가지만으로써 구체적 행위의 동기, 경위 등 정황을 떠나 어느 경우에나 적극적 소득은닉 행위가 된다고 단정할 것은 아니나, 과세대상의 미신고나 과소신고와 아울러 장부상의 허위기장 행위, 수표 등 지급수단의 교환 반복행위 기타의 은닉행위가 곁들여져 있다거나, 차명계좌의 예입에 의한 은닉행위에 있어서도 여러 곳의 차명계좌에 분산 입금한다거나 순차 다른 차명계좌에의 입금을 반복하거나 단 1회의 예입이라도 그 명의자와의 특수한 관계 때문에 은닉의 효과가 현저해지는 등으로 적극적 은닉의도가 나타나는 사정이 덧붙여진 경우에는 조세의 부과징수를 불능 또는 현저히 곤란하게 만든 것으로 인정할 수 있다"라고 판시[299]하여 단순한 차명계좌 이용행위와 부정행위에 해당하는 조세회피의도가 명백한 차명계좌 이용행위의 구분을 적극적 은닉의도라는 주관적 기준을 중심으로 구분하고 있다.

차명계좌를 이용한 조세포탈행위는 차명계좌에 대한 형사처벌 시행시점인 2014. 11. 이후에는 부정행위의 구성요소 중 하나인 가벌적 납세의무 위반이 훨씬 높아진 점에 비추어 부정행위 해당가능성도 이전보다 훨씬 높아졌다고 보아야 할 것이다.

2) 부정행위에 해당한다고 본 사례

가) 해외법인 대표 차명계좌 이용행위

법원은 "피고인의 자금을 관리한 공소외인과 피고인의 관계, 피고인이 공소외인

299) 대법원 2009.5.29. 선고 2008도9436 판결 등.

명의의 계좌를 이용하게 된 동기 및 경위 등에 비추어, 피고인이 해외법인의 대표이사인 공소외인 명의의 계좌에 자신의 소득을 입금하게 하고 자신의 목적을 위하여 그 계좌에서 지출하여 사용하게 함으로써 국내 과세관청으로 하여금 자신의 소득 발견을 어렵게 한 것은 피고인에 대한 조세의 부과징수를 불능 또는 현저히 곤란하게 만든 것에 해당한다"라고 판시[300]하여 비록 다수의 차명계좌를 이용한 경우가 아니더라도 해외법인 대표이사의 계좌는 은닉의 효과가 매우 큰 차명계좌로 보아 이를 이용한 행위를 부정행위에 해당한다고 하고 있다.

나) 차명계좌 분산 예치, 현금·약속어음·자기앞수표 등 교환 반복거래 행위

법원은 "피고인이 다른 사람들에게 자기앞수표를 지급하거나 차명 송금 내지는 타인 명의 계좌로 송금하는 등의 방법으로 금원을 대여하였다가 그 이자는 약속어음, 자기앞수표, 현금 등으로 직접 지급받거나 여러 개의 차명계좌 또는 특수한 관계에 있는 법인 계좌로 분산하여 지급받은 후 피고인이 단순히 세법상의 소득신고를 하지 아니하는데 그치지 아니하고 위와 같이 장기간에 걸쳐 상이한 지급수단인 약속어음, 자기앞수표 등에 의한 자금거래를 반복하고, 여러 개의 차명계좌를 이용하는 등의 방법으로 자금거래 사실을 은닉한 이상, 이러한 위 피고인의 행위는 조세의 부과·징수를 불가능하게 하거나 또는 현저하게 곤란하게 하는 사기 기타 부정한 행위에 해당한다"라고 판시[301]하여 개인과 법인 차명계좌 등에 이자수익 등을 분산하여 예치시키고, 그 과정에서 현금 및 자기앞수표 등을 통하여 반복거래 행위를 한 것은 부정행위에 해당하는 것으로 보고 있다.

다) 투전기 사업자의 다수 가명계좌 이용한 매출누락 행위

법원은 "피고인이 자신의 투전기 업소에서 수입한 수입금액을 숨기기 위하여 허위로 장부를 작성하여 각 사업장에 비치하고, 여러 은행에 200여개의 가명계좌를 만들어 7개의 투전기 업소에서 수입한 금액을 분산하여 입금하면서 그 가명계좌도 1개월 미만의 짧은 기간 동안만 사용하고 폐지한 뒤 다시 다른 가명계좌를 만들어 사용하는 등의 행위를 반복하였다면 이와 같은 행위는 조세의 부과와 징수를 현저하게 곤란하게 하는 적극적인 행위에 해당한다"라고 판시[302]하여 다수의 차명계좌를 사용한 수입금 분산예치와 반복된 그러한 행위는 전형적인 부정행위

300) 대법원 2016.2.18. 선고 2014도3411 판결.
301) 대법원 2007.8.23. 선고 2006도5041 판결.
302) 대법원 1994.6.28. 선고 94도759 판결.

에 해당한다고 하고 있다.

라) 상속재산 은닉을 위한 순차적 가·차명계좌 이용행위

법원은 "피고인이 상속재산을 은폐하기로 공동상속인들과 공모하고, 무기명 양도성예금을 해지하여 각기 다른 가명 또는 차명으로 분할 예입하였다가 다시 해지하여 다른 사람의 명의로 분할 예입하고, 가명 또는 차명으로 된 예수금증서 영수인란의 피상속인 명의의 인영을 지우고 명의인들의 인장을 찍어 그들이 직접 해지하는 것처럼 하여 인출한 후 상속세 과세표준을 신고한 경우 이와 같은 행위는 조세의 부과와 징수를 현저하게 곤란하게 하는 적극적인 행위에 해당한다"라고 판시[303]하여 가·차명계좌를 이용한 순차적 상속재산 은닉행위는 부정행위에 해당한다고 하고 있다.

3) 부정행위에 해당하지 않는다고 본 사례

가) 단순한 차명계좌 사용행위

법원은 "차명계좌의 사용이 장부상의 허위 기장행위, 수표 등 지급수단의 교환을 반복하는 행위 기타의 은닉행위가 곁들여져 있다거나, 차명계좌의 예입에 의한 은닉에 있어서도 여러 곳의 차명계좌에 분산 입금한다거나 순차 다른 차명계좌에의 입금을 반복하거나 단 1회의 입금이라도 그 명의자와의 특수한 관계 때문에 은닉의 효과가 현저해지는 등으로 적극적 은닉의도가 나타나는 사정이 덧붙여진 경우에는 사전소득은닉행위로 인정할 수 있으나, 단순히 증여받은 수표를 차명계좌에 입금한 행위만으로는 부정한 행위에 해당하지 않는다"라고 판시[304]하여 단순히 소극적으로 차명계좌를 이용한 행위는 적극적 은닉의도가 없으므로 부정행위에 해당하지 않는다고 하고 있다.

나) 신용불량으로 인한 차명계좌 이용행위

법원은 "피고인이 신용불량 상태에 있어 처 명의로 봉안당 사업에 참여하는 바람에 그 사업으로 인한 정산금을 처 명의의 계좌로 수령한 것에 불과하여 적극적인 소득은닉 의도가 있었다고 보기 어려워 사기 기타 부정한 행위로써 종합소득세를 포탈하였다고 보기는 어렵다"라고 판시[305]하여 차명계좌의 사용 이유가 종합

---

303) 대법원 1997.5.9. 선고 95도2653 판결.
304) 대법원 1999.4.9. 선고 98도667 판결.
305) 대법원 2016.10.27. 선고 2015도11504 판결.

소득세 회피의도보다는 신용불량에 따른 불가피한 이유로 인한 경우에는 부정행위에 해당하지 않는다고 하고 있다.

다) 1993년 금융실명제 실시 이전의 차명거래행위

법원은 "피고인이 여러 은행에 그의 실명과 가명으로 된 여러 개의 예금계좌를 가지고 있으면서 1978, 1979년도의 이자소득을 그의 실명과 가명계좌에 나누어 입금한 사실은 인정되나, 사람에 따라서는 그 자신의 편의나 은행측의 권유로 여러 은행과 거래할 수도 있고 또 그의 자금을 어느 계좌에 입금시키든 이를 나무랄 수는 없는 이치이며 또한 이 사건 당시는 금융실명거래에 관한 법률이 거론되기 이전으로 가명 내지 무기명예금이 일반화되어 있었고, 위 가명계좌에는 이자소득이 아닌 다른 자금도 입·출금되었으며 1978, 1979년도의 이자소득은 실명계좌를 통한 입금액이 훨씬 많고 또 1980년도의 이자소득은 전부 실명계좌에만 입·출금되었으므로 위 가명계좌에 따른 거래를 특별히 문제삼을 수는 없고, 따라서 이자소득이 여러 은행의 당좌나 가명 예금계좌에 분산 입금되었다고 하여도 그 자체만으로는 조세를 포탈하기 위한 사기 기타 부정한 행위에 해당한다고 할 수 없고, 또한 피고인이 종합소득세확정신고를 할 때 사업소득만 신고하고 이자소득에 대한 신고를 누락하였다고 하여도 이는 전체 소득으로 보면 과소신고이고 이자소득만으로 볼 때에는 무신고에 불과할 뿐이므로 이것을 가지고 사기 기타 부정한 행위라고 말할 수는 없다"라고 판시[306]하여 1993년 금융실명제 실시 이전에는 차명계좌의 이용행위가 납세윤리 위반 정도가 높지 않은 행위였고, 주된 소득인 사업소득은 제대로 신고하고 종된 소득인 이자소득만 문제된 점 등을 고려하여 부정행위에 해당하지 않는다고 하고 있다.

라) 증여세 포탈에서 단순한 차명거래행위

피고인이 1998.3. 증여자로부터 1억 원이 입금된 다른 사람 명의의 차명통장을 교부받아 보관하고 있다가 1998.7.23.경 다른 사람 명의로 100만 원권 자기앞수표 100장을 인출하여 보관하였고, 2001.3.23.경 피고인의 아파트 구입대금으로 그 자기앞수표 100장을 그대로 매도인의 은행예금계좌에 입금한 사안에서, 법원은 "차명계좌 통장에 돈을 입금한 것은 증여자가 증여행위 이전에 한 행위로서 거기에 피고인이 공모 가공하였음을 인정할 증거가 없는 이상, 피고인이 그와 같은 차명

306) 대법원 1988.12.27. 선고 86도998 판결.

통장을 받아 그대로 보관하다가 그 후 통장 명의자 앞으로 자기앞수표를 발행·인출한 것만을 가지고 조세포탈을 위한 적극적인 은닉행위를 하였다고 보기는 어렵다"라고 판시[307]하여 증여세 포탈에서 차명거래 이용행위 시점의 여러 정황에 비추어 조세회피목적보다는 적극적 은닉의도가 없는 단순한 차명계좌 이용행위로 보아 부정행위에 해당하지 않는다고 보고 있다.

(다) 사업자등록 명의위장행위

1) 의 의

사업자등록 명의위장이란 실제 사업자가 타인의 성명을 사용하여 사업자등록하거나 이미 타인 명의로 등록된 사업자등록증을 이용하여 사업을 영위하는 것을 말한다. 실제 거래에서도 사업자등록 명의를 빌려준 형식적 명의자와 실제 경영자가 다른 이유로는 조세회피목적 이외에도 인·허가 관계 등 사업상의 편의 때문에 발생하는 경우도 상당수 있다. 이러한 명의위장에 이용되는 형식적 명의자는 가족, 친·인척, 임·직원 등 실제 경영자와 친분관계가 존재하는 경우가 많아 명의대여 이유에 대하여 자세히 알지 못하고 대여해 주는 경우가 종종 있다. 이러한 이유로 명의를 대여한 자나 명의를 차용한 자 모두 명의위장사실만으로는 부정행위에 바로 해당한다고 보기 어렵다.

이러한 점을 고려하여 법원도 "납세자가 명의를 위장하여 소득을 얻더라도 그것이 조세포탈과 관련이 없는 행위인 때에는 명의위장 사실만으로 사기 기타 부정한 행위에 해당한다고 할 수 없으나, 그것이 누진세율 회피, 수입의 분산, 감면특례의 적용, 세금 납부를 하지 아니할 무자력자의 명의사용 등과 같이 명의위장이 조세회피의 목적에서 비롯되고, 나아가 여기에 허위 매매계약서의 작성과 대금의 허위지급, 허위의 양도소득세 신고, 허위의 등기·등록, 허위의 회계장부 작성·비치 등과 같은 적극적인 행위까지 부가된다면 이는 조세의 부과와 징수를 불가능하게 하거나 현저히 곤란하게 하는 사기 기타 부정한 행위에 해당한다"라고 판시[308]하여 명의위장행위가 부정행위에 해당하기 위해서는 조세회피목적과 적극적인 은닉행위들이 추가적으로 필요하다고 하고 있다.

한편, 조세포탈과 별도로 조세범처벌법 제11조 제1항에서는 '조세의 회피 또는 강제집행의 면탈을 목적으로 타인의 성명을 사용하여 사업자등록을 하거나 타인

---

307) 대법원 2003.5.30. 선고 2003도1137 판결.
308) 대법원 2013.12.12. 선고 2013두7667 판결; 대법원 2017.4.13. 선고 2015두44158 판결.

명의의 사업자등록을 이용하여 사업을 영위한 자는 2년 이하의 징역 또는 2천만 원 이하의 벌금에 처한다'고 규정하여 명의를 차용한 자를 처벌하고 있고, 제2항에서는 '조세의 회피 또는 강제집행의 면탈을 목적으로 자신의 성명을 사용하여 타인에게 사업자등록을 할 것을 허락하거나 자신 명의의 사업자등록을 타인이 이용하여 사업을 영위하도록 허락한 자는 1년 이하의 징역 또는 1천만 원 이하의 벌금에 처한다'라고 규정하여 명의를 대여해 준 자를 처벌하고 있다.

2) 부정행위에 해당한다고 본 사례

가) 타인명의 위장 사업체를 이용한 법인수익 분산행위

법원은 "피고인이 다른 사람들의 명의를 빌려 3개의 위장 사업체를 설립하여 법인의 매출을 분산하는 등으로 매출을 과소 신고한 것은 사기 기타 부정한 방법에 의한 법인세포탈행위에 해당한다"라고 판시[309]하여 사업장을 사실상 혼자 경영하면서 누진세율 적용을 회피하기 위하여 여러 명의 제3자와 함께 공동명의로 사업을 영위하는 것처럼 위장하는 행위는 부정행위에 해당한다고 보고 있다.

나) 사업자명의 차용 및 세금계산서 미발급 매출누락행위

법원은 "피고인이 명의를 빌려 사업자등록을 하고 차명계좌를 통해 매출금을 입금받고도 세무사에게는 세금계산서를 발급하지 아니한 매출액과 지출한 급여 일부를 누락한 자료를 건네 그로 하여금 실제 매출과 다른 내용의 장부를 작성하고 부가가치세 및 종합소득세 신고를 하게 한 것은 사기 기타 부정한 행위에 해당한다"라고 판시[310]하여 조세를 포탈할 의도로 세금계산서를 교부하지 않은 다음 부가가치세 확정신고를 하면서 고의로 매출액을 신고에서 누락하고 다른 사람들의 명의를 빌려 위장 사업체를 설립하여 매출을 분산한 행위는 적극적 은닉의도가 있는 부정행위로 보고 있다.

다) 사업자명의 차용 및 카드가맹점 개설 수익누락행위

법원은 "피고인이 유흥주점을 경영함에 있어서 제3자의 이름으로 사업자등록을 한 뒤 그 이름으로 카드가맹점을 개설하고 신용카드 매출전표를 작성하여 피고인의 수입을 숨기는 등 행위는 사기 기타 부정한 행위에 해당한다"라고 판시[311]하여

309) 대법원 2009.5.28. 선고 2008도7210 판결.
310) 대법원 2011.3.24. 선고 2010도13345 판결.
311) 대법원 2006.6.15. 선고 2006도1933 판결; 대법원 2004.11.12. 선고 2004도5818 판결.

불특정 다수인을 상대로 하는 영업장인 유흥주점의 실영업주가 타인 명의 사업자등록을 차용하여 매출을 누락한 행위는 부정행위에 해당한다고 하고 있다.

라) 과세특례자 사업자명의 차용

법원은 "부가가치세 일반과세자인 피고인이 과세특례자인 타인 명의의 사업자등록을 마치고 실제로는 자신의 거래임에도 타인의 거래인 것처럼 위장한 다음 과세특례를 적용한 세액만 납부한 경우 사기 기타 부정한 행위에 해당한다"라고 판시[312]하여 조세감면특례의 적용을 받기 위한 사업자등록 명의위장행위는 부정행위에 해당한다고 하고 있다.

3) 부정행위에 해당하지 않는다고 본 사례

가) 단순 사업자미등록 영업행위

법원은 "다른 어떤 행위를 수반함이 없이 단순히 사업자등록을 하지 아니하거나 소득신고를 하지 아니함에 그치는 것은 사기 기타 부정한 행위에 해당하지 아니한다"라고 판시[313]하여 단순히 사업자등록 없이 영업을 한 행위만으로는 부정행위에 해당하지 않는다고 하고 있다.

나) 사업자등록 직권말소 후 사업자미등록 영업행위

법원은 "피고인은 사업자등록을 하고 미술장식품 제작·설치 중개업을 하여 오다가 납세 신고를 하지 아니하여 관할관청에 의하여 사업자등록이 직권말소되고, 그 후로도 피고인은 사업자등록을 하지 아니한 채 위 중개업을 계속하면서 납세신고를 하지 아니한 경우 피고인이 단순히 납세신고를 하지 아니한 것 외에 다른 부정행위에 대한 증명이 없는 이상 사기 기타 부정한 행위에 해당한다고 할 수는 없다"라고 판시[314]하여 사업자등록 직권말소 후에 다른 적극적 행위 없이 계속하여 미등록영업행위를 한 것만으로는 부정행위에 해당하지 않는다고 하고 있다.

다) 단순한 사업자등록 명의대여행위

법원은 "피고인 명의로 사업자등록을 하였지만 실제로는 피고인의 친형이 자금을 대고 영업을 하며 매출가액의 과소신고로써 조세를 포탈한 경우 사업자등록을 피고인 명의로 하였다는 사실만으로는 피고인에게 조세포탈의 목적이 있다고 볼

312) 대법원 1984.1.31. 선고 83도3085 판결.
313) 대법원 2000.4.21. 선고 99도5355 판결.
314) 대법원 2003.2.14. 선고 2001도3797 판결.

수 없다"라고 판시[315]하여 단순히 타인에게 자신의 사업자등록을 대여해 준 것만 가지고는 조세포탈에 대한 목적이 없어서 조세포탈죄가 성립할 수 없다고 하고 있다.

(라) 거래당사자 명의위장

1) 의 의

거래당사자 명의위장행위는 거래당사자에 따라 과세대상이 되지 아니한 경우 또는 거래내용에 따라 세율의 차등적용이 있는 경우에 과세를 면하기 위하여 또는 낮은 세율을 적용받기 위하여 거래당사자 또는 거래형태를 위장하는 것을 말한다.

2) 부정행위에 해당한다고 본 사례

가) 결손법인을 이용한 거래소득의 귀속 위장행위

법원은 "피고인이 A회사 매출로 처리되어야 할 금원을 관계 서류를 수정·조작하여 A회사의 매출에서 제외시키고 이를 적자 누적으로 인하여 법인세가 부과되지 아니하는 다른 법인에 입금처리하는 방법으로 주식회사 A회사 소득금액을 과소신고하는 경우 사기 기타 부정한 행위로써 A회사의 법인세를 포탈한 경우에 해당한다"라고 판시[316]하여 법인세가 부과되지 않는 결손법인을 이용한 소득누락행위는 부정행위에 해당한다고 하고 있다.

나) 도매업자, 소매업자 및 실수요자 사이의 거래에서 소매업자 명의 은닉행위

법원은 "가스소매업자인 피고인 A가 가스판매사업을 하는 것을 감추고 실수요자 B가 가스를 직접 가스도매업체인 C로부터 공급받는 것으로 가장하고 가스도매업체인 C로 하여금 실수요자 B 앞으로 세금계산서를 발급하게 하였다면 이러한 피고인 A의 위장, 은폐행위는 단순히 사업자등록이나 세법상의 신고를 하지 아니한 것에 그치지 아니하고 피고인 A에 대한 부가가치세 등의 부과·징수를 불능하게 하거나 현저히 곤란하게 하는 사기 기타 적극적인 부정행위에 해당한다"라고 판시[317]하여 3자간 단계거래에서 중간 거래자의 명의를 은닉하여 허위세금계산서를 미발급 등을 한 행위는 부정행위에 해당한다고 하고 있다.

---

315) 대법원 1983.11.8. 선고 83도510 판결.
316) 대법원 1996.12.10. 선고 96도2398 판결.
317) 대법원 1983.2.22. 선고 82도1919 판결.

다) 토지를 양수한 매수인의 매도인 명의의 위장사업을 통한 양도소득 은닉행위

법원은 "토지를 매도하고도 양도소득세의 징수를 면탈할 목적으로 매수인과 공모하여 실제로는 매수인이 A아파트를 건축함에도 불구하고 매도인 명의로 사업자등록을 하고 건축허가를 받아 마치 매도인이 자기가 A아파트를 건축하여 직접 분양하는 것처럼 사위의 방법을 사용하여 양도소득세를 포탈하였다면 조세범처벌법 제3조 제1항에 해당한다"라고 판시[318]하여 매수인이 실제 사업을 하였음에도 토지 양도소득세를 면하기 위하여 양도사실을 숨기고 매도인 명의로 위장사업을 하여 양도소득을 은닉한 행위는 부정행위에 해당한다고 하고 있다.

라) 렌터카회사 명의를 이용한 개인용 차량 매수행위

법원은 "자동차의 실제 매수자는 개인들이고 그 구입대금 기타 운행에 소요되는 제세공과금 역시 개인들이 부담하여 자가용으로 사용하는 것임에도 형식상으로 렌트카 영업을 하는 회사 명의를 빌려 대여용인 것처럼 구입하게 하는 방법으로 렌트카 회사가 부가가치세 신고시에 매입세액을 환급받았다면 이는 부가가치세 환급을 받을 수 없는 자가 환급권이 있는 것처럼 부정환급을 받은 것이므로 사기 기타 부정한 행위에 해당한다"라고 판시[319]하여 환급요건에 해당되지 않음에도 렌터카 회사의 명의를 이용하여 부정환급을 받은 행위는 부정행위에 해당한다고 하고 있다.

마) 허위 주식양도양수계약서 작성과 양도대금 및 양도소득세 등 위장 지급행위

법원은 "피고인 A가 피고인 B로 하여금 이 사건 주식을 C가 D로부터 양수하는 것처럼 허위의 주식양도양수계약서를 작성하게 하였을 뿐만 아니라, 양수대금을 실제로 지급하는 것처럼 송금하고 D의 주식 양도차익에 대한 양도소득세와 C의 주식 양수대금에 대한 증여세까지 자진 신고납부하게 함으로써 실질적인 매매인 것처럼 조작하였다면 주식이전에 대한 증여세의 부과·징수를 현저히 곤란하게 하는 사기 그 밖의 부정한 행위에 해당한다"라고 판시[320]하여 사실은 주식증여를 하면서 주식매매로 가장하기 위하여 허위의 주식양도양수계약서를 작성한 이외에 양수대금 지급과 관련 양도소득세와 증여세 납부까지 위장한 행위는 부정행위에

318) 대법원 1983.11.8. 선고 83도2365 판결.
319) 대법원 2003.6.27. 선고 2002도6088 판결.
320) 대법원 2006.6.29. 선고 2004도817 판결.

해당한다고 하고 있다.

3) 부정행위에 해당하지 않는다고 본 사례

가) 단순한 타인명의 현금카드 사용행위

법원은 "피고인이 다른 사람 명의의 현금카드를 교부받아 이를 장기간 사용하기는 하였으나, 과세관청으로부터 증여세의 과세를 회피하기 위한 목적으로 또다시 차명계좌를 이용하여 소위 '자금세탁'을 하거나 인출한 수표를 현금으로 교환하는 등의 적극적인 소득 은닉행위를 하지는 아니하였으므로 증여세 포탈죄가 성립하지 아니한다"라고 판시[321]하여 단순한 타인명의 현금카드만 사용하고 다른 적극적 소득은닉행위가 없다면 증여세 포탈을 위한 부정행위에 해당하지 않는다고 하고 있다.

나) 법인의 대표를 바지사장으로 임명하여 위장한 행위

법원은 "자력이 없는 자를 바지사장으로 내세워 명목상 대표이사로 등기하였다 하더라도 대표이사의 자력 유무는 조세범죄의 성립 여부에 아무런 영향이 없으므로 이를 조세의 부과와 징수를 불가능하게 하거나 현저히 곤란하게 하는 행위라 할 수 없고, 회사의 본점 사무실을 허위로 이전하였다 하더라도 이는 세적이 변경된 것에 불과하므로 이를 조세의 부과와 징수를 불가능하게 하거나 현저히 곤란하게 하는 행위라 할 수 없고, 토지의 매매와 관련하여 매매대금의 액수 등에 대한 허위의 서류를 작성·비치하는 등의 구체적인 행위가 있음을 인정할 증거가 없는 이 사건에 있어 회사를 무단폐업한 것만으로 조세의 부과와 징수를 불가능하게 하거나 현저히 곤란하게 하는 위계 기타 부정한 행위에 해당한다고 볼 수 없다"라고 판시[322]하여 법인세의 경우 유령회사를 이용하여 위장 영업행위를 하면 부정행위에 해당되나, 법인 대표자의 명의를 위장하거나 법인 소재지를 위장하더라도 법인세의 납세의무는 법인에게 있는 것이므로 이러한 행위는 납세의무와 무관한 행위들로서 부정행위에 해당하지 않는다고 하고 있다.

(마) 미등기 전매행위와 양도소득세포탈

1) 부동산 중간매도인의 미등기 전매행위

법원은 "피고인이 A로부터 토지를 매입하여 B에게 매도하였고 위 B는 다시 C

321) 대법원 2008.6.12. 선고 2008도2300 판결.

322) 서울고등법원 1996.7.22. 선고 96노695 판결(상고취하로 그대로 확정되었다).

에게 매도하였는데도 마치 위 A가 C에게 직접 매도한 양 허위의 매매계약서를 작성하도록 주선하고 국토이용관리법상 토지거래신고도 하지 않았으며, 소유권이전등기도 C에게 직접 경료하게 하는 한편, 위 전매행위로 얻은 양도차익에 관하여 소득세법 소정의 예정신고나 확정신고를 아니한 경우 조세의 부과와 징수를 불가능하게 하거나 현저히 곤란하게 하는 사기 기타 부정한 적극적 행위에 해당한다"라고 판시[323]하고, 또한 "피고인은 A로부터 부동산을 매수한 후 이를 B에 매도하였음에도 양도소득세를 포탈할 목적으로 위 부동산을 C가 A로부터 매수하여 D에게 매도하고, D가 이를 다시 B에게 매도한 것처럼 위장하여 D명의로 양도차액확정신고를 한 경우 사기 기타 부정한 행위에 해당한다"라고 판시[324]하여 토지 중간매도인의 미등기 전매행위로 인한 양도소득 미신고행위를 양도소득세포탈의 부정행위로 보고 있다.

2) 토지거래허가구역 내 토지 중간매도인의 미등기 전매행위

법원은 "국토의 계획 및 이용에 관한 법률에서 정한 토지거래허가구역 내의 토지 등을 매수하였으나 그에 따른 토지거래허가를 받지 아니하고 이전등기를 마치지도 아니한 채 토지를 제3자에게 전매하여 매매대금을 수수하고도 최초의 매도인이 제3자에게 직접 매도한 것처럼 매매계약서를 작성하고 그에 따른 토지거래허가를 받아 이전등기까지 마친 경우에, 이전등기가 말소되지 아니한 채 남아 있고 중간매도인이 수수한 매매대금도 제3자에게 반환하지 아니한 채 그대로 보유하고 있는 때에는 예외적으로 중간 매도인에게 자산의 양도로 인한 소득이 있다고 보아 양도소득세 과세대상이 된다고 보아야 하고, 제3자에게 그 토지를 전매하지 아니하고 그 토지를 취득할 수 있는 권리를 양도한 경우라고 하여 달리 볼 것은 아니며, 이와 같은 미등기 전매행위는 부정행위에 해당한다"라고 판시[325]하여 토지거래허가구역 내 전매행위에 따른 양도소득 미신고행위도 양도소득 보유 여부에 따라 부정행위에 해당할 수도 있다고 보고 있다.

3) 상속인의 상속등기 이전 없는 전매행위

법원은 "토지를 상속받은 후 상속세 등을 포탈하기 위하여 법정신고기한 내에 상속세 신고를 하지 않은 채 이를 타인에게 미등기 전매하고 등기명의인인 전 소

323) 대법원 1992.9.14. 선고 92도2439 판결.
324) 대법원 1983.9.13. 선고 83도1231 판결.
325) 대법원 2012.2.23. 선고 2007도9143 판결.

유자 명의로부터 위 매수인 앞으로 바로 소유권이전등기를 마쳤다면 이는 사기 기타 부정한 행위에 해당된다"라고 판시[326]하여 상속재산에 대한 상속인의 미등기 전매행위도 부정행위로 보고 있다.

(바) 부가가치세 등에 있어서 거래의 조작 또는 은폐

1) 매출누락을 통한 거래의 조작 또는 은폐행위

법원은 "거래 상대방에게 금을 공급함에 있어 부가가치세를 포탈할 의도로 세금계산서를 교부하지 아니하였다가 부가가치세 확정신고시에 고의로 그 매출액을 신고에서 누락시켰다면 이는 조세의 부과와 징수를 불가능하게 하거나 현저하게 곤란하게 하는 적극적 행위로서 사기 기타 부정한 행위에 해당한다"라고 판시[327]하여 부가가치세 포탈을 위하여 세금계산서를 미교부하고 그에 따른 매출누락 신고행위를 부정행위로 보고 있다.

2) 중간공급자의 세금계산서 미교부를 통한 거래은폐행위

법원은 "석유정제업자로부터 석유류를 공급받아 다시 주유소에 공급하는 사업자가 석유 정제업자로부터 공급받은 석유류를 제3자에게 공급하면서 부가가치세를 포탈할 의도로 세금계산서를 교부하지 않은 다음 부가가치세 확정신고를 하면서 고의로 그 매출액을 신고에서 누락하였다면, 이는 사기 기타 부정한 행위로써 부가가치세의 부과와 징수를 불가능하게 하거나 현저하게 곤란하게 한 것이므로 조세포탈죄가 성립한다"라고 판시[328]하여 유류 중간공급업자가 세금계산서를 미교부하여 자신의 거래를 은폐한 행위를 부정행위로 보고 있다.

3) 제조업자의 세금계산서 미교부를 통한 거래은폐행위

법원은 "피고인이 제조·판매한 알미늄샷시 중 일부의 세금계산서를 발급하지 아니한 후 부가가치세 확정신고를 함에 있어 이 세금계산서를 발급하지 아니한 매출액을 고의로 신고누락한 경우, 이 세금계산서 불발급은 조세의 부과와 징수를 불가능하게 하거나 현저하게 곤란하게 하는 적극적 행위라고 할 것이어서 단순한 신고누락이라고 할 수 없다"라고 판시[329]하여 부가가치세 포탈을 위한 세금계산서

---

326) 대법원 1992.4.24. 선고 91도1609 판결.
327) 대법원 2000.2.8. 선고 99도5191 판결.
328) 대법원 2009.1.15. 선고 2006도6687 판결.
329) 대법원 1983.9.27. 선고 83도1929 판결.

미발급을 통한 거래 은폐행위를 부정행위로 보고 있다.

4) 매출장부 은닉 후 과소신고행위

법원은 "피고인이 영업실적에 따른 일계표, 월말계산서, 비공식 지불장부 등을 감춘 채 관할세무서에 외형수입액을 과소신고하였다면 허위 과소신고 행위 자체가 사기 기타 부정한 행위에 해당한다고 할 것이므로 실외형수입액과의 차액에 대하여 조세포탈의 범의가 있었다고 할 것이다"라고 판시[330]하여 매출장부 등을 은닉한 다음 매출을 축소신고한 행위를 부정행위로 보고 있다.

5) 위장 폐업신고 후 비밀공장 운영행위

법원은 "피고인이 조세를 포탈할 목적으로 형식상으로 폐업신고를 한 다음 피고인 집에서 비밀공장을 설치하고 제조에 관한 허가나 사업자등록 없이 외형상으로는 전자제품을 수입하는 것처럼 위장하여 은밀히 전자오락기구를 제조하면서도 세금계산서를 발행하지 않고 관할세무서에 과세자료를 제출하지 아니하였다면, 이는 단순히 세법상의 신고를 아니한 것에 그치지 않고, 조세의 부과·징수를 불능 또는 현저하게 곤란케 하는 위계 기타 부정한 적극적인 행위에 해당한다"라고 판시[331]하여 피고인 스스로 조세포탈을 목적으로 위장 폐업신고를 한 다음 세금계산서 미발급을 통한 거래 은폐행위를 부정행위로 보고 있다.

(사) 차명주식

1) 의 의

실제 주주가 될 의사가 없이 명의상으로만 주주로 등재되어 있는 자를 명의주주라고 말한다. 이러한 주주명의의 차용행위는 과점주주의 제2차 납세의무나 간주취득세, 대주주의 양도소득세 등을 회피하기 위한 수단으로 많이 사용된다. 그러나 주주명의의 차용행위는 위와 같은 조세회피목적 이외에도 상법상 요구되는 발기인 수의 충족, 1인당 주식담보대출 한도를 피하여 타인 명의로 추가 대출을 받기 위한 목적 등에 의하여도 이루어지기도 한다. 따라서 구체적인 차용 동기, 경위 등을 고려하여 부정행위 해당 여부를 결정하여야 한다.

법원도 "다른 사람 명의를 빌려 주식을 보유하였다 하더라도 그 차명주식 이용

---

330) 대법원 1982.1.19. 선고 80도1474 판결.
331) 대법원 1981.12.22. 선고 81도337 판결.

행위 한 가지만으로는 구체적인 행위의 동기, 경위 등 정황을 떠나 어느 경우에나 적극적인 소득 은닉행위가 된다고 단정할 것은 아니다"라고 판시[332]하여 차명주식 이용행위 이외에 적극적인 은닉의도가 추가되는 경우에 비로소 부정행위에 해당한다고 하고 있다.

2) 부정행위에 해당한다고 본 사례

가) 차명주식 거래와 양도차익에 대한 추가 은닉행위

법원은 "피고인은 A증권, B회사의 주식을 대량으로 매수·매도하면서 타인 명의로 개설한 주식 위탁계좌를 통해 법령이 정한 대주주로서 소유한 주식이 아닌 것처럼 가장하여 매수·매도하여 주식양도차익을 얻은 다음 이 이익금을 다시 차명계좌로 입·출금을 반복하여 분산·관리한 사실 등에 비추어 이는 사기 그 밖의 부정한 방법에 해당한다"라고 판시[333]하여 차명주식 거래행위 이외에 이 사실을 은폐하기 위하여 추가적으로 자금세탁행위를 한 행위는 부정행위에 해당한다고 보고 있다.

나) 자녀들에게 차명주식을 증여하고도 허위 매매계약서를 이용하여 이를 은닉하는 방법으로 의제증여세를 면한 행위

피고인이 합병을 통한 우회상장을 전제로 자신의 자녀들에게 A회사 발행의 차명주식을 이전한 후 합병을 통한 우회상장을 하여 차명주식 가치를 증가시키는 방법으로 증가된 가액을 증여하고 그에 따른 의제증여세를 포탈하였다고 하여 기소된 사안에서, 법원은 "피고인이 자녀들에게 차명주식을 증여하였음에도 피고인의 자녀들이 차명 주주들로부터 주식을 직접 매수하는 것처럼 보이기 위하여 허위의 주식매매계약서를 작성하고, 주식매매대금이 실제로 지급된 것과 같은 외관을 만들기 위하여 피고인 자녀들 명의의 예금계좌에서 직접 매도인인 차명주주들 명의의 예금계좌로 금원을 이체하거나 피고인의 자녀들 명의의 예금계좌에서 출금한 금원을 차명주주들의 예금계좌에 그대로 입금한 후 명목상 매도인인 차명주주들의 명의로 주식양도차익에 대한 양도소득세를 자진하여 신고·납부함으로써, 적극적으로 피고인의 자녀들과 차명주주들 사이에 실질적인 매매가 있는 것과 같은 외관을 만드는 방법으로 의제증여세 부과의 전제가 되는 '최대주주인 피고인과 특수관계에 있는 자녀들 사이의 차명주식 증여사실'을 숨기는 등의 방법으로 의제

332) 대법원 2011.7.28. 선고 2008도5399 판결.
333) 대법원 2011.1.27. 선고 2010도1191 판결.

증여세의 부과와 징수를 불가능하게 하거나 현저히 곤란하게 하였으므로 사기 기타 부정한 행위에 해당한다"라고 판시[334]하였다. 이 사안에서 법원은, 피고인이 자녀들에게 차명주식을 이전한 사실을 적극적으로 숨김으로써 합병차익 의제증여세 부과의 전제가 되는 '주식의 증여사실이나 3년 내에 증여받은 재산으로 주식을 취득한 사실'의 발견을 어렵게 하여 의제증여세 부과와 징수를 어렵게 하였고, 그 당시에 이미 피고인은 자녀들에게 차명주식의 발행회사인 A회사의 우회상장을 염두에 두고서 코스닥 상장법인인 B회사를 인수한 것으로 볼 수 있으므로 피고인에게는 합병을 통한 우회상장을 전제로 주식거래를 한 후 합병을 통한 우회상장으로 양도된 주식의 가치를 증가시켜 그 증가된 가액을 자녀들에게 증여함으로써 그에 따른 의제증여세를 포탈하겠다는 범의가 충분히 있었다고까지 보고 있다.

다) 주식 양도소득세포탈에 회사 임·직원 차명계좌 이용행위

법원은 "그룹회장인 피고인이 회사 임·직원들 명의로 1,000개가 넘는 차명계좌를 개설·이용하여 피고인 소유의 주식·현금·채권 등을 분산해 놓고, 하나의 차명계좌에서 다른 차명계좌로 재산을 이전할 때에는 과세관청의 추적이 불가능하도록 수표나 계좌이체가 아닌 현금출금의 방법을 사용하는 등으로 피고인의 차명주식 보유사실을 발견하기 어렵게 하고 그 차명주식 거래로 인한 양도소득을 신고하지 않은 행위는 적극적 은닉의도가 현저히 드러난 부정행위에 해당한다"라고 판시[335]하여 회사 대주주가 다수의 계열사 임·직원들의 차명계좌를 이용하여 계열사 주식 등에 대한 대주주 주식 양도소득세를 포탈한 행위는 부정행위에 해당한다고 하고 있다.

3) 부정행위에 해당하지 않는다고 본 사례

가) 매매대금지급 가장 없이 허위 주식양도계약서만 체결한 명의신탁주식 증여행위

법원은 "명의신탁된 주식의 명의를 수증자의 명의로 변경하면서 실질적인 주주인 명의 신탁자가 명의신탁주식을 회수하여 수증자에게 증여하는 형식을 취하지 아니하고 명의수탁자가 수증자에게 막바로 양도한 것처럼 주식양도계약서를 작성한 사실만 가지고는 사기 기타 부정한 행위로써 증여세를 포탈하였다고 단정하기는 어렵고, 위 주식양도계약서 내용대로의 주식변동상황명세서를 작성하여 각 해

334) 대법원 2011.6.30. 선고 2010도10968 판결.
335) 대법원 2009.5.29. 선고 2008도9436 판결(원심판결: 서울고등법원 2008.10.10. 선고 2008노1841 판결).

당 법인의 법인세 과세표준신고시 관할세무서에 제출하였다고 하여 달리 볼 것은 아니다"라고 판시[336]하여 허위 주식양도계약서 체결에 따른 매매대금의 위장지급과 같은 추가적인 은닉행위가 없이 허위 주식양도계약서 작성행위만 가지고는 적극적 부정행위로 볼 수 없다고 하고 있다.

나) 주식명의신탁 행위에 따르는 단순한 양도소득세 미신고 등 부수적 행위

A가 B회사의 주식 일부를 C 등에게 명의신탁한 후 명의수탁자인 C 명의 주식의 양도에 관하여 양도소득세를 신고하지 아니하였고, 명의신탁 주식과 관련된 이자 및 배당소득에 관하여 명의수탁자인 C 명의로 종합소득세 신고를 하였는데, 이에 대하여 관할 세무서장이 A의 상속인들에게 양도소득세 부당무신고 가산세 및 종합소득세 부당과소신고 가산세를 부과처분한 사안에서, 법원은 "명의신탁이 누진세율의 회피 등과 같은 조세포탈의 목적에서 비롯되었다고 볼 만한 사정이 발견되지 않는 점 등 제반 사정에 비추어 A의 주식 명의신탁행위로 양도소득세가 과세되지 못하였고 종합소득세와 관련하여 세율 구간 차이에 따라 산출세액에서 차이가 발생하였더라도, A의 주식 명의신탁행위와 이에 뒤따르는 부수행위를 조세포탈의 목적에서 비롯된 부정한 적극적인 행위로 볼 수 없다"라고 판시[337]하여 누진세율 회피와 같은 조세회피목적이 없는 주식의 명의신탁행위에서 불가피하게 부수되는 양도소득세 미신고와 수탁자 명의로의 종합소득세 부과에 따른 신탁자에 대한 종합소득세 축소 부과의 결과가 있었다고 하더라도 이 사실만으로는 조세회피목적이 없어 부정행위로 볼 수 없다고 하고 있다.

다) 장외에서의 대주주 양도소득세 대상이 되는 차명주식 양도행위

법원은 "코스닥 상장법인의 주식의 양도로 인하여 발생하는 소득 중 당해 법인의 대주주가 양도하는 것과 코스닥시장 외에서 양도하는 것은 모두 양도소득세 과세대상이 되므로, 피고인이 코스닥시장 외에서 주식회사 주식을 양도한 행위는 자신의 이름으로 양도를 한 것이나 타인의 이름을 빌려 양도를 한 것이나 양도소득세 과세요건을 충족하다는 측면에서는 아무런 차이가 없다"라고 전제한 다음 "피고인이 주식의 장외거래로 인한 양도소득에 대하여 과세관청에 대하여 신고를 하지 않는 것을 넘어 그 양도사실을 은닉하기 위하여 어떠한 위장행위를 하였다는 사실을 인정할 아무런 증거가 없다"고 판단하였다.

336) 대법원 2006.6.29. 선고 2004도817 판결.
337) 대법원 2017.4.13. 선고 2015두44158 판결.

나아가 "피고인이 주식을 취득하면서 그 절반 이상을 3% 이하로 분산하여 위장 취득한 행위를 사전소득은닉행위로 평가할 수 있다는 검사의 주장에 대하여 주식의 차명 보유나 장외 거래행위 자체가 위법인 것은 아니고, 양도소득세의 과세대상이 되는 소득이란 자산의 처분으로 인하여 비로소 발생하는 것이라 할 것이므로 위와 같은 행위를 이미 발생한 소득에 대한 적극적인 은닉행위로 평가하기도 어려우므로, 주식의 장외 매도로 인한 양도차익 부분과 관련하여 사기 기타 부정한 행위로써 양도소득세를 포탈하였다고 할 수 없다"라고 판시[338]하여 코스닥시장 내에서 주식양도행위는 해당 법인의 3% 이상 주식을 소유한 대주주 등이 아닌 한 그 양도소득세가 과세되지 아니하므로, 위 3% 요건에 해당되는 대주주 등이 타인의 이름을 빌려 거래를 하는 경우에는 비과세요건을 작출하는 것이 되어 부정한 행위에 해당하지만, 주식의 장외거래는 이와 달리 대주주 양도소득세 부과 요건인 3% 이상 소유 요건과 무관하게 언제나 양도소득세 과세대상이 되므로 장외에서의 대주주 주식양도행위에 대하여는 부정행위로 보지 않았다.

4) 대주주 양도소득세 과세규정 시행(1999.1.1.) 전·후의 차명주식 거래

가) 과세대상이 되기 전에 취득한 차명주식의 과세규정 시행 후 양도행위

법원은 "대주주의 상장주식 양도로 인한 양도소득세는 1999.1.1.부터 과세대상이 되었는데, 과세규정 시행 이전에 차명주식을 취득한 경우에는 대주주의 상장주식 양도로 인한 양도소득세 납세의무에 대하여 예견할 수 없었으므로, 양도소득세 과세규정이 시행된 이후에 차명주식을 양도하고 양도소득세를 납부하지 않은 것은 사기 기타 부정한 행위라고 볼 수 없다"라고 판시[339]하여 대주주 양도소득세 과세규정 시행 이전에 취득한 주식에 대하여는 과세규정 시행 전·후 양도와 무관하게 부정행위로 보지 않고 있다.

나) 과세대상되기 전에 취득한 차명주식의 과세규정 이후에 배정된 무상주 양도행위

피고인이 과세규정이 시행되기 전에 차명으로 주식을 취득하고, 과세규정 시행 이후 주식배당 및 자산재평가적립금의 자본전입이 이루어져 차명주식에 대하여 무상주를 배정받아 그 무상주를 양도하고도 양도소득세를 납부하지 않은 사안에서, 법원은 "기존 주식의 취득 당시에는 조세납부 의무가 없었으므로 대주주의 상

338) 대법원 2011.7.28. 선고 2008도5399 판결.
339) 대법원 2013.9.26. 선고 2013도5214 판결; 대법원 2009.5.29. 선고 2008도9436 판결.

장주식 양도로 인한 양도소득세 납세의무에 대하여 예견할 수 없었고, 자산재평가적립금 등 자본준비금이나 이익잉여금을 자본에 전입하여 무상주가 배정되는 경우에는 발행법인의 순자산이나 이익 및 주주의 지분비율, 실질적인 재산적 가치에는 아무런 변화가 없으므로, 취득 당시 과세대상이 아닌 기존 주식이 과세대상으로 전환된 후에 그 기존 주식에 관하여 자산재평가적립금이나 이익잉여금의 자본전입에 따른 무상주가 배정되었다고 하여 새로운 사기 기타 부정한 행위가 있었다고 볼 수 없으므로, 위 무상주를 양도함으로써 얻은 양도소득에 대하여 별도의 조세포탈죄가 성립하지 아니한다"라고 판시[340]하여 대주주 양도소득세 부과대상이 아닌 당초 주식에 대한 무상주 배정으로 취득한 무상주의 양도행위에 대하여는 무상주 배정시점과 무관하게 부정행위로 볼 수 없다고 하고 있다.

다만 위 판결과 함께 법원은 "과세규정 시행 이후 차명으로 주식을 취득하고 그 차명주식에 대하여 주식배당 및 자산재평가적립금의 자본전입이 이루어져 무상주가 배정된 경우, 기존 주식에 대하여 사기 기타 부정한 행위가 인정되는 이상 자산재평가적립금이나 이익잉여금의 자본전입으로 기존 주식의 보유 비율에 따라 무상주가 배정되었다고 하더라도 그 무상주의 양도로 인한 포탈세액은 기존 주식의 취득으로 인하여 생겨난 것이므로, 이러한 무상주의 양도로 인한 양도소득세도 포탈세액에 포함된다고 할 것이다"라고 판시[341]하여 당초 주식의 취득시점에 따라 무상주 양도에 따른 대주주 양도소득세 부과 여부가 결정된다고 하고 있다.

다) 과세대상이 된 이후에 취득한 차명주식의 양도행위

법원은 "피고인이 1999.1.1. 이후에 임·직원들 명의로 수백개의 차명계좌를 개설하여 사용하면서 피고인 소유의 주식, 현금, 채권 등을 분산해 놓았으며, 하나의 차명계좌에서 다른 차명계좌로 재산을 이전할 때에는 과세관청의 추적이 불가능하도록 수표나 계좌이체가 아닌 현금출금의 방법만 사용하고, 한편으로 다수의 분산된 차명계좌로 주식을 취득하고 매도하는 거래를 하고도 그 양도소득을 신고하지 아니한 행위는 세무공무원이 다수의 차명계좌의 주식이 모두 대주주인 피고인의 소유로서 양도소득 과세대상에 해당함을 발견하는 것을 불가능 또는 현저히 곤란하게 하는 사회통념상 부정한 행위로서 적극적 은닉의도가 현저하므로 사기 그 밖의 부정한 행위에 해당한다"라고 판시[342]하여 과세대상이 된 이후에 다수의 차명

---

340) 대법원 2015.9.10. 선고 2014도12619 판결.
341) 위 대법원 2015.9.10. 선고 2014도12619 판결.

계좌를 이용한 대주주 양도소득세포탈행위는 부정행위에 해당한다고 하고 있다.

라) 과세대상이 되기 전에 취득한 차명 신주인수권부사채를 과세규정 시행 이후에 신주인수권 행사 후 주식 양도행위

법원은 "피고인이 과세규정이 시행되기 전에 신주인수권부사채를 임·직원들 명의로 취득하였지만, 과세규정의 시행으로 피고인이 대주주의 주식양도로 인한 납세의무를 예견할 수 있게 된 후인 1999.12.20.경부터 2002.3.14.경까지 위 신주인수권부사채에 부여된 신주인수권을 행사하고 임·직원들의 계좌를 통해 신주인수대금을 납입하는 방법으로 주식을 차명으로 취득한 다음 전담 직원을 두어 차명주식과 그 매각대금 등을 관리하게 하는 등의 행위를 한 점은 그 주식 등이 피고인의 소유임을 은닉함으로써 조세의 부과 징수를 불능 또는 현저히 곤란하게 하는 별도의 사기 기타 부정한 행위에 해당한다"라고 판시[343]하여 신주인수권부사채의 경우에는 신주인수권 행사시점이 과세규정 시행 이후이고, 차명으로 배정받은 후 이를 매도한 행위에 대하여 부정행위에 해당한다고 하고 있다.

(아) 가장행위

1) 의 의

가장행위란 상대방과 통모하여 진의 아닌 거짓의 법률행위를 하는 것을 말한다. 예를 들어 양도소득세를 절약하기 위하여 매매대금을 실제의 금액보다 적게 표시하기로 상대방과 통모하여 허위계약서를 만드는 행위라거나, 부동산을 증여하기로 합의하고 부동산매매계약서를 작성하는 행위 등을 말한다. 가장행위는 당사자 사이에서는 민사법상 언제나 무효이나(민법 제108조 제1항), 선의의 제3자에게는 대항하지 못한다(제2항). 가장행위는 실질과세의 원칙에 따라 감추어진 진의의 사실이 과세를 위한 기준이 된다. 한편 조세회피행위는 진의를 은닉하지 않는 적법한 행위로 부정행위에 해당하지 않지만, 가장행위는 무효인 법률행위가 되면서 부정행위에 해당하여 조세포탈죄가 성립할 수 있다.

2) 부정행위가 성립한다고 본 판례

법원은 "회사가 사채를 쓰는 과정에서 대표이사 명의의 단기대여금계정을 이용하여 사채를 조달한 때에는 동인으로부터 단기대여금채권을 변제받은 것으로 하

342) 대법원 2009.5.29. 선고 2008도9436 판결.
343) 대법원 2015.9.10. 선고 2014도12619 판결.

고, 사채를 변제한 때에는 동인에게 이를 대여한 것으로 위장처리하고 각 사업년도마다 이에 대한 법인세법상의 인정이자를 미수수익으로 가공처리해 온 경우 그것이 사실상 허위인 단기 대여금채권의 인정이자로 가공처리한 미수수익채권인 이상 이를 면제하여 주었다 하여도 위 대표이사에게는 아무런 이익이 귀속된 바 없으므로 이는 법인세법 시행령 제47조 제1항이 정하는 인정이자로 볼 수 없어 이에 대한 종합소득세 등을 부과한 것은 위법하다"라고 판시[344)]하여 법인이 사채권자에게 대여한 돈을 가장하여 대표이사 가수금으로 적어두고 그 지급이자를 대표이사 가지급으로 적어 두었다면 가지급금은 인정이자 계산 대상이 아니라고 하여 가장행위의 경우에 실질과세의 원칙에 의하여 재구성되는 실질관계에 따라서 과세처분을 하여야 한다고 하고 있다.

한편 A회사 및 B회사 모두의 자산관리자인 C회사의 대표이사인 D가 A회사의 채권을 매각하여 얻을 수 있었던 수익 중 일부를 B회사에 불법적으로 이전하여 법인세를 포탈하였다는 내용으로 공소제기된 사안에 대하여, 법원은 "C회사가 통모하여 B회사에 A회사의 채권을 매도한 계약과 위 매매로 A회사가 얻을 수 있었던 수익 중 일부를 B회사에 불법적으로 이전한 행위는 무효이므로, 이전하고자 한 수익 상당액은 A회사의 수익으로 귀속되어야 하고, 위 수익 상당액이 이미 B회사에 이전되었다 하더라도 A회사는 그에 상당하는 손해배상채권 또는 부당이득반환청구권을 취득하므로 이를 A회사의 익금으로 보고 배당가능이익에 포함된 것으로 볼 여지가 있는데도, 이와 달리 수익 상당액이 사외유출되어 A회사의 배당가능이익에 포함되지 않는다고 본 원심판단에 법리오해 및 심리미진의 위법이 있다"라고 판시[345)]하여 위 A회사와 B회사의 거래는 가장매매로 무효이고, 그 수익의 이전과정에 배임행위와 명의위장행위와 같은 부정행위가 있으므로 조세포탈죄가 성립한다고 하고 있다.

(자) 조세회피처 SPC 등을 이용한 위장 · 은닉행위

이에 대하여는 제3장 제4절(본서, 415면 이하)에 있는 'SPC를 통한 거래행위와 조세포탈'에서 상세하게 다루고 있으므로 그 부분을 참조하기 바란다.

---

344) 대법원 1986.11.19. 선고 86누449 판결.

345) 대법원 2011.3.10. 선고 2008도6335 판결(원심판결: 서울고등법원 2011.10.6. 선고 2011노806 판결).

(6) 고의적으로 장부를 작성하지 아니하거나 비치하지 아니하는 행위(제5호 전단)

(가) 의 의

고의적으로 장부를 작성하지 아니하거나 비치하지 아니하는 행위란 개인사업자 중 소규모 사업자를 제외한 나머지 일반사업자와 법인은 그 사업에 관한 모든 거래사실이 객관적으로 파악될 수 있도록 장부에 기록관리를 하여야 하고 증명서류를 보존하여야 할 의무가 있는데(소득세법 제160조, 법인세법 제112조), 이 의무에 위반하여 납세의무자가 고의적으로 장부를 작성하지 아니하거나 비치하지 아니하는 것을 말한다. 이러한 행위는 적극적 은닉의도가 있으면 부정행위에 해당할 수 있다.

(나) 부정행위에 해당한다고 본 사례

1) 부동산 개발사업자의 장부 미작성 · 미비치행위

법원은 "피고인이 부동산을 개발하여 전매하는 사업을 영위하면서 상당한 양도차익을 얻었음에도 매입 · 매출에 관한 장부를 기장 · 비치하지 아니하였고 그 사업과정에 관한 세금계산서를 전혀 발급하거나 발급받지 아니하였으며 법인세 확정신고도 전혀 하지 아니한 경우, 이러한 피고인의 행위는 조세의 부과와 징수를 불가능하게 하거나 현저히 곤란하게 하는 적극적 행위로서 사기 기타 부정한 행위에 해당한다"라고 판시[346]하여 세금계산서 거래 없이 장부 미작성 · 미비치는 적극적 은닉의도가 있는 행위로 부정한 행위에 해당한다고 보고 있다.

2) 대부업자의 장부 미작성 · 미비치행위

대부업자인 피고인이 거래장부 등 관련 서류를 작성하지 아니하거나 파기 · 은닉하고 대부업 이자소득에 관한 종합소득세, 상가 및 주택의 임대수익에 관한 부가가치세 신고를 하지 않아 사기 그 밖의 부정한 행위로써 조세를 포탈하였다고 공소제기된 사안에서, 법원은 "피고인은 대부업을 영위하는 사업자로서 소득세법에 따라 성실하게 장부를 비치 · 기록할 의무가 있고, 장기간 상당한 규모의 대부업에 종사하였음에도 아무런 장부를 작성하지 않았다는 것은 그 자체로 매우 이례적인 점 등의 사정에 비추어 볼 때 피고인의 일련의 행위는 조세포탈의 의도를 가지고 거래장부 등을 처음부터 고의로 작성하지 않거나 이를 은닉함으로써 조세의 부과 · 징수를 불능 또는 현저하게 곤란하게 하는 적극적인 행위로서 사기나

---

346) 대법원 2013.9.12. 선고 2013도865 판결.

그 밖의 부정한 행위에 해당한다"라고 판시[347]하여 적극적 은닉의도로 장부를 미작성·미비치한 행위는 부정행위에 해당한다고 하고 있다.

3) 합성수지 원료 중간도매상의 사업자 미등록, 장부 미작성·미비치행위

법원은 "합성수지 원료의 중간도매상인이 사업자등록도 아니하고 장부를 비치·기장하지도 아니한 채 세금계산서를 발급받음이 없이 합성수지 원료를 매입하여 세금계산서를 발급하지 아니하고 이를 매출한 후 부가가치세 확정신고도 전혀 하지 아니하였다면 이러한 행위는 조세의 부과와 징수를 불가능하게 하거나 현저히 곤란하게 하는 적극적 행위에 해당한다"라고 판시[348]하여 사업자 미등록 상태에서의 장부 미작성·미비치 행위는 적극적 은닉의도가 있는 부정행위로 보고 있다.

4) 무허가 해상용 면세 경유 판매업자의 장부 미작성·미비치행위

법원은 "편취하거나 장물로 취득한 해상용 면세 경유를 판매하면서 부가가치세를 포탈하기 위하여 석유판매업 사업자등록을 하지 아니하고 관련 장부를 전혀 비치·기재하지 않으면서 세금계산서도 발행하지 않은 것은 조세의 부과와 징수를 불가능하게 하거나 현저하게 곤란하게 하는 적극적 행위에 해당한다"라고 판시[349]하여 사업자 미등록 상태에서 장부 미작성·미비치 행위는 적극적 은닉의도가 있는 부정행위로 보고 있다.

5) 수입금액·사용금액에 대한 장부 미작성·미비치행위

법원은 "피고인이 입점업체 매장사용료, 직원들의 식대수입, 재활용 판매대금 등 수입금액을 횡령하고 이러한 과정에서 조세를 납부하지 아니한 행위는 사기 그 밖의 부정한 방법으로 법인세를 포탈한 것이다"라고 판시[350]하여 피고인 본인의 수입금액·사용금액에 대한 장부 미작성·미비치 행위는 적극적 은닉의도가 있는 부정행위로 보고 있다.

---

347) 대법원 2015.10.15. 선고 2013도9906 판결.
348) 대법원 1988.2.9. 선고 84도1102 판결.
349) 대법원 2004.5.28. 선고 2004도1297 판결.
350) 대법원 2008.7.24. 선고 2007도6721 판결.

(다) 부정행위에 해당하지 않는다고 본 사례

1) 불가피한 사정으로 장부를 미작성 · 미비치행위

법원은 "피고인이 회사를 폐업하고도 그로부터 25일 이내 과세표준 및 세액을 세무서에 신고하지 아니하였고, 피고인이 위 회사가 도산되어 피신한 상태에서 세금신고를 할 겨를이 없다고 주장하는 상황에서 세법상 요구되는 장부를 비치 · 기장하지 않았다는 사유로써 적극적인 부정행위가 있었다고 볼 수는 없다"라고 판시[351)]하여 장부를 미작성 · 미비치를 한 사실은 있지만, 그 미작성 · 미비치 과정에 불가피한 사정이 있는 경우에는 부정행위에 해당하지 않는다고 하고 있다.

2) 세법상의 장부 형식은 아니더라도 실제 거래내역을 작성 관리한 행위

법원은 "만기 전의 약속어음을 할인 · 매입하여 되파는 영업을 하는 자가 세법상 요구되는 장부를 비치 · 기장하지 아니하는 대신 거래내역과 그로 인한 손익을 매입 · 매출대장 또는 손익계산서의 형태로 손쉽게 출력하여 확인할 수 있도록 약속어음의 매입 · 매출에 관한 사항을 사실대로 정확하게 컴퓨터에 입력하여 보관 · 관리함으로써 소득세의 부과 · 징수에 필요한 거래내역 및 손익에 관한 기록을 컴퓨터 자료의 형태로 사실대로 정확하게 유지 · 관리하여 왔다면, 세법상 요구되는 장부를 그것과 별도로 따로 비치 · 기장하지 아니하였다 하여 그것을 가지고 소득을 감추는 부정한 행위를 하였다고 하기는 어렵다"라고 판시[352)]하여 세법상의 장부를 미작성 · 미비치한 사실은 인정되지만, 실제 거래내역 등을 작성한 행위 등에 비추어 적극적 은닉의도가 있었다고 볼 수 없으므로 부정행위에 해당하지 않는다고 하고 있다.

3) 착오로 장부를 미작성 · 미비치행위

법원은 "피고인이 1986년도 귀속 종합소득세를 서면신고함에 있어서 국세청이 수년간 일정액 이상의 소득세를 신고납부하게 되면 실질조사를 하지 않기로 하여 왔기 때문에 피고인도 소득세표준율 이상으로 신고하기만 하면 필요경비지출에 따른 증빙서류를 갖추지 아니하여도 무방하리라고 생각하였고, 피고인이 경영하는 업체가 1985년부터 소득세 과세표준 확정신고에 따른 서면조사 결정업체로 지정

351) 대법원 1983.5.10. 선고 83도693 판결(원심판결: 서울고등법원 1983.2.10. 선고 82노2900 판결).
352) 대법원 2000.4.21. 선고 99도5355 판결.

받았기 때문에 공인회계사에게 영업과 관련한 장부의 기장 및 제세금의 신고 등을 대리하게 하였다면 증빙서류 없이 이 사건 필요경비를 계상하여 신고하였다 하더라도 사기 기타 부정한 행위로써 조세를 포탈한 경우에는 해당하지 않는다"라고 판시[353]하고, 또한 "바다이야기 게임장 사업자가 세무사 상담을 받고 다른 게임장들과 동일한 방법으로 이용자들로부터 받은 게임기 투입총액에서 경품으로 제공한 상품권 총구입가액을 공제한 금액을 부가가치세 과세표준이 되는 매출액으로 보고 부가가치세를 신고·납부한 경우에는 과세관청이 상품권제공 게임장의 부가가치세 과세표준에 관하여 명확한 입장표명을 하지 않았음을 이유로 조세포탈 범의를 인정할 수 없다"라고 판시하여[354] 장부의 미작성·미비치 행위에 착오 등 상당한 이유가 있는 경우에는 부정행위에 해당하지 않는다고 하고 있다.

(7) 계산서, 세금계산서, 계산서합계표, 세금계산서합계표의 조작(제5호 후단)

(가) 의 의

세금계산서란 일반사업자가 재화 또는 용역을 공급할 때 부가가치세 거래 징수 사실을 증명하기 위하여 교부하는 영수증을 말한다. 세금계산서에는 공급자의 사업자번호와 성명, 명칭, 공급받는 자의 등록번호, 공급가액, 부가가치세액, 작성연월일 등을 기재하도록 되어 있다. 세금계산서는 사업자등록을 한 사업자에 한하여 교부할 수 있으며, 간이과세자는 영수증만 교부할 수 있고, 면세사업자는 부가가치세 납세의무 자체가 없으므로 세금계산서를 교부할 수 없고 공급가액만 기재된 계산서만 교부할 수 있다. 계산서에는 실체적인 금전거래에 대하여 부가가치세액은 표시되지 않고 공급가액만 기재되어 발급되기 때문에 매입세액공제를 받을 수 있는 증명서류로는 활용할 수 없다.

이렇게 거래의 증빙자료가 되는 계산서, 세금계산서, 계산서합계표, 세금계산서합계표를 조작하는 것도 조세포탈죄의 부정행위에 해당할 수 있다. 조작이란 세금계산서 등에 거짓으로 기재하거나 실물거래 없이 세금계산서를 수수하는 것을 의미한다. '조작'이라는 단어의 문언적 의미에 비추어 세금계산서 등의 미발급·미수취, 세금계산서합계표 등의 미제출은 조세범처벌법 제3조 제6항 제4호의 '행위·거래의 은폐'에 해당하거나 제7호의 '그 밖에 위계에 의한 행위'에 해당한다고 볼 수 있다.

---

353) 대법원 1990.9.11. 선고 90도1491 판결.
354) 대법원 2008.4.10. 선고 2007도9689 판결.

세금계산서를 발급하지 않거나 허위 기재된 세금계산서를 교부받는 경우는 단순히 세법상의 신고를 하지 아니한 것이 아니라 조세의 부과·징수를 불가능하게 하거나 현저하게 곤란하게 하는 적극적 행위로서의 사전소득 은닉행위에 해당한다고 하고 있다. 법원도 "세금계산서의 불발급 또는 허위의 세금계산서 수취는 부가가치세 포탈뿐만 아니라 법인세 또는 소득세포탈에 있어서도 당연히 사전소득 은닉행위에 해당한다"라고 판시[355]하고 있다.

한편, 조세포탈과 별도로 조세범처벌법 제10조에서는 세금계산서 등 관련 범죄에 대해 별도로 처벌하는 규정을 두고 있다.

(나) 부정행위에 해당한다고 본 사례

1) 가공의 매입세금계산서를 이용한 매입세액공제 및 손금 반영행위

법원은 "실제로는 세금계산서의 수수 없이 소위 무자료거래를 통하여 재화나 용역을 공급받음으로써 원래 매입세액을 공제받을 수 없는 경우임에도, 속칭 자료상 등으로부터 허위의 세금계산서를 구입하여 마치 세금계산서상의 가공의 공급자로부터 재화나 용역을 공급받은 것처럼 가장하여 매입세액을 공제받았다면, 이러한 행위는 조세의 부과와 징수를 현저하게 곤란하게 하는 적극적인 행위에 해당한다"라고 판시[356]하고, 또한 "회사의 실제 운영자인 피고인이 이른바 자료상으로부터 허위의 세금계산서를 구입한 후 그 세금계산서상의 공급가액에 상당하는 유류를 위 회사가 실제 매입한 것처럼 위장하여 이를 손금에 반영함으로써 위 회사의 법인세 과세표준을 적게 신고하고 그 신고서에 위와 같이 위장된 매입액을 반영한 대차대조표, 손익계산서 등의 서류를 첨부한 행위는 단순히 세법상의 미신고나 허위신고에 그치는 것이 아니라 법인세의 부과·징수를 불가능하게 하거나 어렵게 하는 부정행위에 해당한다"라고 판시[357]하여 자료상을 통하여 허위세금계산서를 구입하여 매입세액의 공제를 받거나 허위 매입액이 반영된 대차대조표 등을 작성하여 조세포탈에 이용한 행위는 부정행위로 보고 있다.

2) 작성일자가 사업자등록 이후로 허위기재된 세금계산서로 부가가치세 매입세액을 환급받은 행위

법원은 "사업자등록이 되어 있지 않던 9개 입주업체의 사업자등록을 대행한 다

---

355) 대법원 1998.6.23. 선고 98도869 판결.
356) 대법원 2005.9.30. 선고 2005도4736 판결.
357) 대법원 2011.4.28. 선고 2011도527 판결.

음, 그 사업자등록 이전의 거래이거나 이미 과세기간이 경과함으로써 매입세액을 환급받을 수 없는 경우임에도 세금계산서 작성일자를 허위로 기재하여 그 거래시기가 마치 사업자등록 이후이며 환급신고 당시의 과세기간에 이루어진 것처럼 가장하여 매입세액을 환급받은 것이라면, 이와 같은 행위는 조세의 부과와 징수를 현저하게 곤란하게 하는 적극적인 행위에 해당한다"라고 판시[358]하여 세금계산서 작성일자를 사업자등록 이후로 조작하여 매입세액을 환급받은 행위를 부정행위로 보고 있다.

3) 부정한 수정세금계산서를 이용한 매출액 축소신고행위

법원은 "A회사는 정상 단가에 따라 매매대금을 정하고 그 매매대금에서 일정 금액을 할인해 준 것이므로 A회사가 당초 매매대금 액수를 공급가액으로 하여 세금계산서를 발급한 것은 정당하고, 매매대금에서 할인해 준 금액은 A회사가 영업비용 지원을 위해 지급받지 않기로 한 것에 불과하여 법령에서 정하고 있는 수정세금계산서 발급 사유에 해당하지 않음에도, 피고인이 당초 매매대금의 합계액으로 세금계산서를 발급하고 그대로 신고함에 따라 부과될 부가가치세의 부담을 줄이고자 매매대금에서 할인해 준 금액만큼을 감액하는 내용의 수정세금계산서를 발급하고, 부가가치세 확정신고를 하면서 수정세금계산서를 기초로 그만큼 매출액을 감소시킴으로써 과세표준과 세액에 관한 허위의 신고를 한 것은 단순히 세법상의 허위 신고를 한 데에 그친 것이 아니라 조세부과와 징수를 현저히 곤란하게 하는 적극적인 행위에 나아간 것이므로 사기 기타 부정행위에 해당한다"라고 판시[359]하여 적극적으로 허위 수정세금계산서까지 발행하면서 매출액을 축소신고하여 부가가치세를 포탈한 행위는 부정행위에 해당한다고 하고 있다.

4) 세금계산서 미발행 · 미교부 후 매출 축소신고행위

법원은 "피고인 A는 프랜차이즈 사업체를 운영하면서 세금계산서를 교부하지 아니한 매출분을 누락시킨 허위의 과세표준 및 세액신고서를 제출하는 방법으로 부가가치세와 법인세를 포탈하고, 피고인 B는 위 기간 동안 각 가맹점주와 가맹점 계약을 체결하고 그들로부터 받은 가맹비와 가맹점 개설비 등에 대하여 세금계산서를 발급하지 아니하는 등 방법으로 매출액을 누락시키거나 줄이는 행위를 한

---

358) 대법원 1996.6.14. 선고 95도1301 판결.
359) 대법원 2014.5.29. 선고 2012도11972 판결.

다음 허위로 매출액을 축소 신고한 경우에는 사기 기타 부정한 방법에 의한 조세포탈행위에 해당한다"라고 판시[360]하고, 또한 "석유정제업자로부터 석유류를 공급받아 다시 주유소에 공급하는 사업자가 석유정제업자로부터 공급받은 석유류 중 일부를 제3자에게 공급하면서 부가가치세를 포탈할 의도로 세금계산서를 교부하지 않은 다음 부가가치세 확정신고를 하면서 고의로 그 매출액을 신고에서 누락한 행위는 사기 그 밖의 부정한 행위에 해당한다"라고 판시[361]하여 부가가치세를 포탈하기 위하여 세금계산서를 미발행하고 매출을 축소신고한 행위는 부정행위에 해당한다고 하고 있다.

(다) 부정행위에 해당하지 않는다고 본 사례

1) 법인세포탈을 위하여 허위 매입처별세금계산서합계표를 제출한 행위

법원은 "법인세포탈과 관련하여, 피고인이 회사의 부가가치세를 신고하면서 매입처별 세금계산서합계표를 허위기재하여 제출하고 회사의 법인세 과세표준과 세액을 신고하지 아니한 경우, 부가가치세와 법인세는 공히 신고납세방식을 취하고 있기는 하나, 그 과세의 목적이나 과세대상, 과세시기 등을 달리하여 각 신고행위는 전혀 별개의 행위이므로, 이 사건에서 매입처별 세금계산서합계표를 허위 기재하여 제출한 행위는 부가가치세와 관련된 행위일 뿐 이를 들어 법인세의 포탈을 위한 행위로 볼 수 없고, 어떤 다른 행위를 수반함이 없이 단순히 세법상의 신고를 하지 아니하거나 허위의 신고를 함에 그치는 것은 사기 기타 부정한 행위에 해당하지 아니하므로, 피고인이 회사의 법인세와 관련하여 그 과세표준과 세액을 신고하지 아니한 행위를 사기 기타 부정한 행위로 볼 수 없다"라고 판시[362]하고 있다.

그러나, 매입처별세금계산서합계표는 세금계산서를 기초로 작성되는 것으로 세금계산서와 달리 볼 이유가 없고, 조세범처벌법에서도 세금계산서합계표의 조작도 부정행위의 한 유형으로 기재되어 있는 점 등에 비추어 개별 사안에 따라서는 부정행위가 될 수도 있다고 생각한다. 이 건에서는 부가가치세 포탈의사로 한 부정행위를 법인세포탈의 인식을 가지고 하였다고까지 보기에는 무리가 있다고 보아

360) 대법원 2008.7.24. 선고 2007도4310 판결.
361) 대법원 2009.1.15. 선고 2006도6687 판결.
362) 대법원 2011.4.28. 선고 2011도527 판결(원심판결: 부산고등법원 2010.12.29. 선고 2010노852 판결).

법인세포탈에 대한 고의를 인정하기 어려워 무죄를 선고한 것으로 보인다.

2) 교통세 포탈을 위하여 거래품목을 다르게 기재한 허위세금계산서 작성·제출 행위

피고인들은 유사석유제품을 제조·판매하였음에도 그 기간 중 경유 등을 단순 판매한 것처럼 거래품목을 경유로 기재한 세금계산서를 발행하고 이를 관할세무서장에게 신고하는 등 사위 기타 부정한 방법으로 교통세를 포탈하였다고 공소제기된 사안에서 법원은 "피고인들은 부가가치세와 관련하여 거래 상대방에게 세금계산서를 발행하고 이에 맞추어 관할세무서에 부가가치세 신고를 하였을 뿐 교통세에 관련하여서는 별도로 세금계산서를 발행하거나 관할세무서에 신고한 일이 없음을 인정할 수 있고, 교통세는 국가가 휘발유 및 이와 유사한 대체유류 또는 경유 및 이와 유사한 대체유류를 과세물품으로 하여 이를 제조하여 반출하는 자에게 그 과세물품의 반출 수량에 따라 부과하는 세금으로서 사업상 독립적으로 재화 또는 용역을 공급하는 자에게 부과하는 부가가치세와는 독립된 별개의 국세이고, 따라서 부가가치세와 관련하여 발행한 세금계산서가 교통세의 부과와 징수에 있어서도 어떤 역할을 한다는 등의 특별한 사정이 없는 한, 피고인들이 거래품목을 다르게 기재한 세금계산서를 발행하고 이에 맞추어 관할세무서에 부가가치세 신고를 하였다고 하더라도, 피고인들의 그러한 행위가 부가가치세와 별도의 세목인 교통세의 부과와 징수에 어떠한 영향을 주었다고 볼 수는 없는바, 따라서 위와 같이 거래품목을 다르게 기재한 세금계산서를 발행하고 이에 맞추어 관할세무서에 부가가치세의 신고를 한 행위는 '교통세'에 대해서는 위에서 본 바와 같은 특별한 사정이 없는 한 그 세금의 부과와 징수를 불능 또는 현저히 곤란하게 하는 적극적 행위로 볼 수 없다"라고 판시[363]하였다. 이 사건에서 제출된 허위세금계산서는 부가가치세에 대한 신고를 위하여 제출된 것으로, 이와 별개인 교통세에 대하여는 세금계산서의 발행이나 신고를 하지 않았다 하여 이 세금계산서의 허위기재가 교통세 포탈에 있어서의 부정행위는 되지 않는다고 한 것이다.

(8) 전사적 기업자원 관리설비의 조작 또는 전자세금계산서의 조작(제6호)

(가) 전사적 기업자원관리설비의 조작

전사적 기업자원 관리설비란 기업의 경영자원을 효율적으로 관리하여 기업경쟁

363) 대법원 2005.3.25. 선고 2005도370 판결.

력을 높이기 위해서는 기업 내의 모든 경영자원을 전사적으로 통합된 관점에서 관리할 수 있도록 지원해 주는 시스템으로, 구매·설계·건설·생산·재고·인력 및 경영정보 등 기업의 인적·물적 자원을 전자적 형태로 관리하기 위하여 사용되는 컴퓨터와 그 주변기기, 소프트웨어, 통신 설비, 그 밖의 유형·무형의 설비로서 감가상각 기간이 2년 이상인 설비를 의미한다. 조세범처벌법은 조세특례제한법 제5조의2 제1호[364]에 따른 전사적 기업자원 관리설비의 조작을 부정행위의 유형으로 예시하고 있다. 컴퓨터와 소프트웨어 등이 발달함에 따라 기존에 사용하던 장부를 대신하여 전사적 기업자원 관리설비를 구축하여 사용하는 경우가 많아짐에 따라 이를 조작하여 조세포탈하는 것을 방지하기 위하여 부정행위의 유형 중 하나로 규정하고 있다.

(나) 전자세금계산서 및 전산자료의 조작

전자세금계산서 작성이란 계산서 작성자의 신원 및 계산서의 변경 여부 등을 확인할 수 있는 공인인증 시스템을 거쳐 전사적 기업자원 관리설비 또는 전자세금계산서 발급을 대행하는 사업자(ASP)의 전자세금계산서 발급시스템을 이용하여 정보통신망으로 세금계산서를 작성하는 것을 말한다. 법인사업자 및 직전 연도의 사업장별 재화 및 용역의 공급가액의 합계액이 2억 원 이상인 개인사업자는 전자적 방법으로 세금계산서를 발급하도록 규정하고 있다(부가가치세법 제32조 제2항, 부가가치세법 시행령 제68조 제1항). 전자세금계산서의 조작도 앞선 세금계산서와 마찬가지로 부정행위에 해당할 수 있다.

한편 컴퓨터를 이용한 회계장부의 작성은 회계자료를 소프트웨어에 입력하면 자동으로 총계정원장 등 기초장부는 물론 결산서류인 재무상태표와 손익계산서 등이 작성되게 되어 있어 회계장부의 작성 및 보존이 매우 편리하여진 장점이 있는 반면에 소프트웨어 기술이 발전하여 언제라도 흔적을 남기지 않고 수정 및 삭제를 할 수 있어 소득은닉의 한 방법으로 활용될 수 있다. 이러한 컴퓨터 회계장

364) **조세특례제한법 제5조의2(중소기업 정보화 지원사업에 대한 과세특례)** 대통령령으로 정하는 중소사업자가 중소기업기술혁신 촉진법 제18조, 산업기술혁신 촉진법 제19조 및 정보통신산업 진흥법 제44조 제1항에 따라 2015년 12월 31일까지 지급받는 중소기업 정보화 지원사업을 위한 출연금 등을 다음 각 호의 어느 하나에 해당하는 설비에 투자하는 경우에는 그 투자금액을 소득세법 제32조 및 법인세법 제36조를 준용하여 손금에 산입할 수 있다.

1. 구매·설계·건설·생산·재고·인력 및 경영정보 등 기업의 인적·물적 자원을 전자적 형태로 관리하기 위하여 사용되는 컴퓨터와 그 주변기기, 소프트웨어, 통신설비, 그 밖의 유형·무형의 설비로서 감가상각 기간이 2년 이상인 설비(이하 "전사적(全社的) 기업자원 관리설비"라 한다).

부상의 전자기록을 조작하는 행위는 당연히 사전소득 은닉행위에 해당할 수 있다.

(9) 그 밖에 위계에 의한 행위 또는 부정한 행위(제7호)

(가) 의 의

개정 조세범처벌법의 제3조 제6항 제7호는 '그 밖의 위계에 의한 행위 또는 부정한 행위'를 부정행위 유형 중 하나로 규정하고 있다. 따라서 제1호 내지 제6호에서 규정하고 있는 행위 태양에 해당하지 않더라도, 조세의 부과와 징수를 불가능하게 하거나 현저히 곤란하게 하는 적극적 행위에 해당한다면 제7호 규정에 따라 부정행위로 인정될 수 있다. 부정환급이나 경정청구의 경우에 그 구성요건이 고유한 의미의 조세포탈과 차이가 있고, 세무조사 과정에서의 세무공무원에 대한 기망행위도 납부기한 도과 문제와 관련하여 부정행위의 범위에 포함되는가에 대하여 의문이 있을 수 있으므로 이에 대하여 이하에서 간단하게 기술하고자 한다.

(나) 부정환급청구의 경우

환급이란 납세자가 세금으로 납부한 금액 중 잘못 납부하거나 초과하여 납부한 금액이 있거나 세법에 따라 환급하여야 할 환급세액이 있을 경우에 그 잘못 납부한 금액, 초과하여 납부한 금액 또는 환급세액을 돌려받는 행위를 말한다(국세기본법 제51조 제1항). 법원은 "오납액이란 납부 또는 징수의 기초가 된 신고(신고납세의 경우) 또는 부과처분(부과납세의 경우)이 부존재하거나 당연무효임에도 불구하고 납부 또는 징수된 세액을 말하고, 초과납부액은 신고 또는 부과처분이 당연무효는 아니나 그 후 취소 또는 경정됨으로써 그 전부 또는 일부가 감소된 세액을 말하며, 환급세액은 적법히 납부 또는 징수되었으나 그 후 국가가 보유할 정당한 이유가 없게 되어 각 개별세법에서 환부하기로 정한 세액을 말하므로, 위 오납액과 초과납부액 및 환급세액은 모두 조세채무가 처음부터 존재하지 않거나 그 후 소멸되었음에도 불구하고 국가가 법률상 원인 없이 수령하거나 보유하고 있는 부당이득에 해당하므로 과세관청의 환급거부결정은 납세의무자가 갖는 환급청구권의 존부나 범위에 구체적이고 직접적인 영향을 미치는 처분이 아니어서 항고소송의 대상이 되는 처분이라고 볼 수 없다"라고 판시[365]하여 환급청구에 따른 환급거부결정은 처분이 아니어서 항고소송의 대상이 아니라 민사소송으로 부당이득반환청구에 의하여야 한다

365) 대법원 1989.6.15. 선고 88누6436 전원합의체 판결.

고 하고 있다.

부정환급·공제란 환급·공제요건이 충족되지 않았음에도 부정한 행위로써 환급·공제를 받거나 정당하게 환급받아야 할 세액을 초과하여 환급·공제를 받는 것을 말한다. 부정환급·공제도 조세포탈과 마찬가지로 허위신고를 전제로 성립되는 범죄로 그 허위신고로써 바로 부정행위에 해당한다고 보지 않고 그 신고 전 단계에서 적극적 은닉행위가 있어야 성립한다. 법원도 "사기 기타 부정한 행위로 부가가치세를 조기환급받았을 경우에는 신고·납부기간의 경과와 상관없이 실제 환급을 받았을 때 부정환급에 의한 조세포탈죄가 성립하므로 그 후에 수정신고를 하였다거나 환급세액을 스스로 반환한 사실이 있다고 하더라도 달리 볼 것은 아니고, 조세포탈의 범의는 사기 기타 부정한 행위로 실제 조기환급을 받았을 때를 기준으로 판단하여야 한다"라고 판시[366]하여 부정한 행위의 존재를 부정환급의 당연한 전제요건으로 하고 있다.

부정환급에서 주로 문제가 되는 부가가치세 부정환급은 부가가치세 매입세액공제로서 이는 매입세액이 매출세액을 초과하는 경우에 성립한다. 이 경우에는 허위로 부풀려진 매입세액의 제출이 필요한데 이는 전형적인 부정행위에 해당하는 거짓 매입세금계산서합계표 제출을 통하여 이루어진다. 따라서 부가가치세 매입세액공제행위에는 불가피하게 부정행위가 수반되게 되어 있다.

(다) 경정청구의 경우

경정청구제도란 과세표준신고서를 법정기간 내에 제출한 자 또는 국세청의 과세표준 및 세액의 결정을 받은 자가 과세표준이 과다하게 신고되거나 결손금액 또는 환급세액이 과소신고된 경우 법정신고기한 경과 후 5년 이내에 최초에 신고한 국세의 과세표준 및 세액의 결정 또는 경정을 한 과세관청에 청구하는 것을 말한다(국세기본법 제45조의 2 제1항). 경정청구가 이유 있는 경우에는 과세관청의 경정결정에 의한 새로운 세액을 부과받음과 동시에 조세를 환급·공제받게 되거나 경정청구가 이유 없는 경우에는 과세관청은 새롭게 결정 또는 경정하여야 할 이유가 없다는 뜻을 통지하여야 한다.

이러한 경정청구가 허위인 경우, 즉 감액경정청구에 의하여 조세를 포탈하거나 과세관청이 부정행위에 의하여 착오에 빠져 조세를 환급·공제한 경우에는 조세

---

366) 대법원 2007.12.27. 선고 2007도3362 판결.

포탈과 부정환급·공제로 처벌될 수 있다. 경정청구에 의한 조세포탈과 부정환급·공제도 당연히 부정행위가 있어야 처벌할 수 있고, 경정청구에는 근거자료를 제출하도록 되어 있으므로 허위의 근거자료 제출이 사전소득은닉행위가 된다.

(라) 세무조사 과정에서 세무공무원에 대한 기망행위

세무조사란 과세관청이 개인 또는 법인에 대하여 기납부한 세금 중 허위 신고·납부된 부분이 있는지 여부에 대하여 신고서류 및 납세의무자가 보관 중인 장부 등의 조사를 통하여 확인하는 제도를 말한다. 부과납세방식의 조세에 있어서는 과세관청의 조사결정을 거쳐 결정에 따른 납부기한이 경과되면 조세포탈죄의 기수가 되므로 조세포탈의 의사로 허위의 자료를 제출하고 세무공무원에게 적극적으로 허위의 진술을 하는 행위는 조세의 부과와 징수를 불가능하게 하거나 현저하게 어렵게 하는 적극적 행위가 될 수 있다. 신고납세방식의 조세에 있어서는 신고·납부기한의 도과로 조세포탈이 확정되고, 세무조사는 그 신고·납부기한 이후에 진행하게 되어 있으므로 세무조사 과정에서 거짓말을 한 경우에 조세포탈 기수가 성립된 이후에 부정행위를 한 결과가 된다. 그러나 신고납세방식의 조세도 세무조사에 의하여 과세관청에 의하여 부과되는 부과납세방식의 조세로 변경되므로 신고·납부한 조세에 이미 일부 허위장부 등과 허위신고 및 미신고한 경우에 세무조사 과정에서 허위사실이 적발되지 않게 하기 위하여 적극적으로 거짓말을 한 경우에는 세무조사 전의 사전소득 은닉행위와 허위신고 및 미신고 등과 함께 당연히 부정행위가 된다고 볼 수 있다.

다만, 사전소득 은닉행위가 없이 허위신고만 있는 상태에서 허위신고 사실을 숨기기 위하여 적극적으로 거짓말을 한 경우가 문제될 수가 있으나, 부정한 행위에는 제한이 없기 때문에 적극적 거짓말은 '그 밖의 위계에 의한 행위'의 유형에 해당하는 부정행위가 될 수도 있다. 그러나 단순한 답변 부인이나 소극적 거짓말은 부정행위에 해당하지 않고, 거짓말 자체가 사전소득은닉행위에 해당할 정도의 내용을 가진 적극적인 경우[367]에만 부정행위에 해당할 수 있다고 본다.

---

367) 대표적으로는 거짓말과 함께 거짓말을 합리화하기 위하여 새로운 거짓 증빙자료를 제출하는 경우가 이에 해당할 수 있다.

5. 부정행위 관련 기업회계와 세무회계의 차이 및 소득처분으로 처분된 금액

(1) 의 의

구 조세범처벌법(2010.1.1. 법률 제9919호로 개정되기 전의 것) 제9조의2는 '법에 의한 소득금액 결정에 있어서 세무회계와 기업회계와의 차이로 인하여 생긴 금액(제1호)', '법인세의 과세표준을 법인이 신고하거나 정부가 결정 또는 경정함에 있어서 그 법인의 주주·사원·사용인 기타 특수한 관계에 있는 자의 소득으로 처분된 금액(제2호)'은 사기 기타 부정한 행위로 인하여 생긴 소득금액으로 보지 아니한다고 규정하고 있었으나, 2010.1.1. 동법 개정시 삭제되었다.

국세청 2010년 개정세법 해설에 의하면, 구 조세범처벌법 제9조의2 삭제 이유는 '종전 조세범처벌법 제9조의2 규정은 조세포탈행위에 속하지 않는 것을 한정적으로 열거한 것이 아니라 예시한 것에 불과하여 특별히 현재와 같은 2가지 경우만 예시할 필요가 없고, 또한 제3조 조세포탈죄 규정에서 '사기 그 밖의 부정한 행위'의 유형을 예시하고 있으므로 존치 필요성이 없어서 삭제를 하였다'고 기재하고 있다. 즉 구 조세범처벌법 제9조의2가 조세포탈 행위에 속하지 않는 것을 한정적으로 열거한 것이 아니라 예시한 것에 불과하므로 특별히 이 경우만 예시할 필요가 없어서 삭제한다는 취지로, 결국 이 규정이 현행 조세범처벌법에서 삭제되었다고 하여 현재 이 법리가 적용되지 않는다는 것은 아니라는 취지이다.

법원도 "법인세법상의 부당행위계산 부인으로 인한 세무조정금액은 특별한 사정이 없는 한 구 조세범처벌법 제9조의2 제1호 소정의 세무회계와 기업회계의 차이로 인하여 생긴 금액에 해당한다고 할 것이므로, 이는 사기 기타 부정한 행위로 인하여 생긴 금액에 해당하지 않는다"고 판시[368]하고 있다. 따라서 기업회계와 세무회계의 차이로 인한 소득은 부정행위로 인하여 발생한 소득이 아니므로 그와 관련

368) 대법원 2006.6.29. 선고 2004도817 판결.

하여서는 일응 부정행위가 성립되지 않는 것이 원칙이겠지만, 위 판결에서 지적하고 있다시피 특별한 경우에는 이 경우에도 부정행위로 인한 소득에 해당할 수가 있다고 하고 있으므로 그 특별한 경우가 어떠한 경우인지에 대한 검토가 필요하다.

(2) 기업회계와 세무회계의 차이로 인하여 발생한 금액(제1호)

(가) 의 의

법인세법상 소득, 익금, 손금은 기업회계상의 당기순이익, 수익, 비용의 개념에 각각 대응하는 개념이나, 그 내용이 반드시 일치하는 것이 아니다. 기업회계는 실제 거래의 내용을 일반적으로 인정된 회계원칙(기업회계기준)에 따라 처리하고 재무제표의 사용자가 기업 실체에 관하여 적정한 보고를 하는 것을 목적으로 하나, 세무회계는 세법의 규정에 따라 법인의 과세소득과 세액을 공평하고 정확하게 산출함을 목적으로 하고 있다. 기업회계와 세무회계를 간단하게 비교하면 아래 표와 같다.

〈기업회계와 세무회계 비교〉

구분	기업회계	세무회계
개념	기업의 재무상태와 경영성과, 기간손익을 주주들에게 제공하는 것을 주요 내용으로 하는 회계	국가재정조달을 위해 공평·타당한 조세부담 기준으로서의 과세소득을 계상·적용하는 것을 주요 내용으로 하는 회계
산출방법	당기순이익＝수익－비용 (발생주의와 실현주의 및 수익비용 대응의 원칙에 의한 수익과 비용 계산)	각 사업연도 소득＝익금－손금 (순자산증가설과 권리의무확정주의에 의한 익금과 손금의 계산)
손익의 인식기준 및 이익개념에 의한 차이	기업회계는 발생주의(실현주의, 수익·비용 대응의 원칙)에 따라, 법인세법은 권리의무확정주의에 따라 손익귀속 사업연도를 판단하는데, 개정된 법인세법에서는 기업회계기준을 상당부분 수용하여 규정(다만, 일반적으로 세무회계는 기업회계에 비하여 소득은 빠르게, 비용은 천천히 인식하려는 경향이 있음)	
법률 및 조세 정책에 의한 차이	준비금의 손금 산입, 감가상각비 한도 초과액 및 일정한도 초과 접대비의 손금불산입, 부당행위계산부인금액의 익금산입과 소득처분(특수관계자에게 이익을 분여한 것으로 처분, 배당, 상여, 기타 사외유출 또는 기타 소득으로 처분) 등	
세무조정	과세표준＝(수익＋익금산입－익금불산입)－(비용＋손금산입－손금불산입)	

세무회계는 기업회계에 의해 산정된 당기순이익을 기초로 세법상 세무조정을 거쳐 정당한 세액을 산출하는 회계처리 방법을 말한다. 기업회계에 따른 당기순이익과 세무회계에 따른 과세소득은 차이가 발생하는 경우가 종종 있다. 이러한 기업회계와 세무회계의 차이를 그 발생원인에 따라 분류하면, ① 손익의 귀속시

기,[369] 자산·부채의 평가[370]와 같이 세법에서 기업회계의 일부를 수정하는 경우, ② 의제배당,[371] 간주익금[372]과 같이 세법에서 창설적인 규정을 두고 있는 경우, ③ 부당행위계산부인[373]이나 실질과세의 원칙과 같이 기업회계상 인정되는 사항을 세법에서 배제하는 경우로 분류할 수 있다. 조세포탈죄가 성립하려면 납세의무의 존재(포탈결과의 존재)와 부정행위 사이에 인과관계가 존재하여야 하므로 부과대상이 된 과세(탈루)소득이 부정행위로 인하여 발생한 소득이어야 한다. 이 형사법 원칙을 반영하여 입법한 것이 구 조세범처벌법 제9조의2 제1호이다. 구 조세범처벌법 제9조의2 제1호는 납세자가 기업회계기준에 따라 성실하게 회계장부를 작성·비치하고도 세무조정 과정에서 복잡하고 전문적인 세법을 숙지하지 못하거나 잘못 해석하여 조세탈루가 생기는 경우를 처벌하는 것이 너무 가혹하므로 처벌대상에서 제외하려는 의도로 규정된 것으로 보인다.

따라서 부과처분의 대상이 된 과세소득이 부당행위계산부인 규정 등 세무회계와 기업회계 차이를 규정하고 있는 세법의 규정이 적용된 결과로 인해 발생한 소득이라면 원칙적으로 부정한 행위로 인해 발생한 소득금액에 해당하지 않으므로 조세포탈죄가 성립하지 않는다. 법원도 "법인세법상 부당행위계산부인으로 인한 세무조정금액은 특별한 사정이 없는 한 구 조세범처벌법 제9조의2 제1호 소정의

369) 법인세법에서 손익의 귀속시기는 기업회계와 달리 권리의무확정주의 원칙에 따라 익금과 손금이 확정된 날이 속하는 사업연도로 하도록 되어 있고(법인세법 제40조), 이 규정에 따라 법인세법 시행령 제68조 내지 제71조와 조세특례제한법 등에서는 개별 항목들에 대한 귀속사업연도를 별도로 규정하고 있는데, 이 경우를 제외하고는 기업회계기준 또는 관행에 따르도록 되어 있다(법인세법 제43조).

370) 법인세법에서는 법인이 보유하는 자산과 부채의 장부가액을 증액 또는 감액한 경우에는 그 평가일이 속하는 사업연도와 그 후의 각 사업연도 소득금액을 계산할 때 그 자산과 부채의 장부가액은 평가 전의 가액으로 하도록 규정하고 있고(법인세법 제42조), 법인세법 시행령 제72조와 제73조에서 개별 항목들에 대한 자산의 취득가액과 부채의 범위 등에 대하여 별도로 규정하고 있다.

371) '의제배당'이란 상법에 따른 배당이 아니면서 세법상 배당으로 간주되는 것으로, 자본잉여에 해당하는 금액, 즉 ① 주식의 소각, 자본의 감소·퇴사·탈퇴나 출자의 감소가 있는 경우, ② 법인의 잉여금의 전부, ③ 법인이 해산하는 경우, ④ 법인이 합병하는 경우에 주주 또는 사원이 받는 이익이 당초 그들이 투하한 자본보다 많을 때에 그 초과하는 부분은 결과적으로 경제적 이익을 받은 것이므로 이를 배당으로 보아 과세하는 것을 말한다(법인세법 제16조).

372) '간주익금'이란 법인이 부동산 임대업의 임대보증금 또는 전세금을 운용하여 발생하는 금융수익이 적정수준에 미달하는 경우에 그 차액을 익금으로 간주하는 것을 말한다(조세특례제한법 제138조). 이는 법인세 부담을 부당하게 회피하는 것을 방지하기 위하여 둔 제도이다.

373) '부당행위계산의 부인'이란 과세관청이 법인의 행위 또는 소득금액의 계산이 특수관계인과의 거래로 인하여 그 법인의 소득에 대한 조세를 부당히 감소시킨 것으로 인정되는 경우에 그 법인의 행위 또는 소득금액의 계산에 관계없이 '시가'에 따라 그 법인의 사업연도의 소득을 계산하는 것을 말하고(법인세법 제52조 제1항), '시가'란 건전한 사회통념 및 상거래 관행과 특수관계인이 아닌 자간의 정상적인 거래에서 적용되거나 적용될 것으로 판단되는 금액을 기준으로 하여 정하여야 한다(제2항)고 규정하고 있다.

세무회계와 기업회계의 차이로 인하여 생긴 금액에 해당한다고 할 것이므로, 이는 사기 기타 부정한 행위로 인하여 생긴 금액에 해당하지 않는다"라고 판시[374]하여, 기업회계와 세무회계의 차이로 인한 소득은 부정행위로 인하여 발생한 소득이 아니므로 그와 관련하여서는 원칙적으로 부정행위가 성립되지 않는다고 하면서도, 예외적으로 특별한 경우에는 부정행위에 해당한다고 하고 있다. 이 특별한 경우와 관련하여 특수관계자 사이의 부당행위계산부인과 관련하여 발생한 조세포탈 사안에 대하여 다른 일반사건과 마찬가지로 부정행위 성립요건은 그대로 적용하되 위 규정취지를 반영하여 다른 조세포탈죄보다도 그 기준을 상대적으로 엄격하게 적용하고 있는 것으로 보인다. 한편 이러한 기업회계와 세무회계의 차이로 인해 생긴 문제에 대해서는 이미 삭제된 규정임에도 그에 구애받지 않고 위 규정의 입법취지 등은 고려하되 개별 사안에 따라 고의 조각 또는 법률의 착오를 적용하거나 부정행위에 해당되지 않는 사례로 구분하여 구체적 사안에 따라 형사법의 일반이론을 적용하여 조세포탈죄 성립 여부를 결정하여야 한다는 견해도 있다. 이하에서는 부당행위계산부인 사안과 관련하여 부정행위에 해당하지 않는다고 본 사례와 부정행위에 해당한다고 본 사례를 소개하기로 한다.

(나) 부정행위에 해당하지 않는다고 본 사례

1) 특수관계자 사이의 무이자 금전대여 및 허위 변제용 분개전표 작성행위

피고인은, 임·직원 등 회사의 특수관계인들에게 금원을 대여할 경우 대여금에 대하여 이자를 부과하여 그 금액을 법인의 수익금으로 계상하는 등 절차를 거쳐 익금산입한 후 그에 상응하는 법인세를 납부하여야 함에도 불구하고, 대여금을 전액 변제받은 것처럼 허위 분개전표를 작성한 다음 위와 같은 대여금이 없는 것처럼 결산장부를 정리하여 법인소득을 탈루시키는 방법으로 법인세를 포탈하였다고 공소제기되었다. 이 사안에서 법원은 "피고인이 특수관계인들에 대한 각 대여금을 변제받은 사실이 없음에도 매 사업연도 말경에 이를 일시 변제받은 것처럼 분개전표를 작성하도록 하여 위 각 대여금이 없는 것으로 결산장부를 정리하고 위 각 대여금에 대하여 법인세법에 의한 인정이자와 지급이자 부인에 의한 세무조정 소득금액 상당의 법인소득을 탈루시킨 사실은 인정되나, 위 탈루소득금액은 위 무상대여를 특수관계인과의 거래로 인한 부당행위계산으로 부인하고 세무조정하여 법인세법에 의한 인정이자 및 지급이자 부인액을 소득금액에 포함시킴으로써 생긴

374) 대법원 2006.6.29. 선고 2004도817 판결.

소득금액으로서,[375] 조세범처벌법 제9조의2 제1호 소정의 세무회계와 기업회계와의 차이로 인하여 발생한 금액에 해당하고, 매 사업연도 중의 종업원 단기대여금 원장 등 회계장부에는 위 각 대여금의 대여 및 상환일시 등이 기재되어 있어 일시 변제받은 것으로 처리한 기간을 제외한 나머지 사업연도 중의 대여금의 존재는 쉽게 알 수 있었던 사실이 인정되므로, 단지 특수관계인에 대한 대여사실을 감추기 위하여 매 사업연도 말에 대여금을 변제받은 것처럼 분개전표를 작성하고 그에 따라 결산장부를 정리한 행위만으로는 위 제9조의2 제1호의 적용을 배제하고 조세포탈에 해당한다고 볼 정도의 적극적인 부정한 행위가 있었다고 보기는 어렵다"라고 판시[376]하였다.

위 판결은 이 사건의 탈루소득인 무상대여를 특수관계인의 거래로 인한 부당행위계산으로 부인하고 세무조정하여 법인세법상 인정이자 및 지급이자 부인금액을 소득금액에 포함시킴으로써 생긴 소득금액은 개정 전 구 조세범처벌법 제9조의2 제1호 소정의 세무회계와 기업회계와의 차이로 인하여 발생한 금액에 해당하고, 또한 매 사업연도 중의 종업원 단기대여금 원장 등 회계장부에는 각 대여금의 대여 및 상환일시 등이 기재되어 있어 일시 변제받은 것으로 처리한 기간을 제외한 나머지 사업연도의 대여금의 존재를 쉽게 알 수 있었던 사정을 고려하여 부정행위로 인정하기에 부족하다고 본 사안으로, 단순하게 구 조세범처벌법 제9조의2 제1호 소정의 세무회계와 기업회계와의 차이로 인하여 발생한 금액이라는 이유만으로 부정행위를 부인한 것은 아니다.

2) 특수관계자 사이의 부동산 저가 임대행위

법원은 "사기 기타 부정한 행위로 인한 장기 부과제척기간이 문제된 사안에서 사업자가 특수관계자에게 부동산을 저가로 임대하였다는 이유로 부당행위계산부인 규정을 적용한 과세관청의 주장이 타당하다고 하면서도, 적극적인 은닉이나 장부의 조작을 하지 않았던 이상 사기 기타 부정한 행위가 인정될 수 없음을 전제로 5년의 부과제척기간이 적용된다"라고 판시[377]하고, 조세심판원도 피상속인이

---

375) 법인이 특수관계인에게 업무와 관련 없이 무상으로 금원을 대여하는 경우 과세관청이 이를 부당행위계산으로 보아 그에 관한 인정이자를 계산하여 익금에 산입할 수 있고(법인세법 제52조 제1항, 법인세법 시행령 제88조 제1항 제6호), 이러한 인정이자와 별도로, 법인이 특수관계인에게 금원을 대여하기 위해 금융기관에서 금원을 차입한 경우, 그 차입금에 관한 지급이자는 손금으로 인정하지 않는다(법인세법 제28조 제1항 제4호 나목).

376) 대법원 2006.6.29. 선고 2004도817 판결.

377) 대법원 2009.9.24. 선고 2007두7505 판결.

특수관계자에게 임대하고 임대료를 받은 부분에 대하여 과세관청이 국유재산 사용료율을 적용하여 개별공시지가의 5%에 해당하는 금액을 적정 임대료로 보아 저가 임대에 의한 부당행위계산부인을 문제삼은 사안에서, "이러한 경우 납세자의 입장에서는 과세관청의 적정 임대료가 얼마인지 사전에 인식하기가 사실상 어려워 저가 임대행위를 사기 기타 부정한 행위로 볼 수 없다"라고 결정[378]하여 부당행위계산부인으로 발생한 임대소득에 대하여는 추가적인 적극적인 장부의 조작행위 내지 은닉의도가 드러나지 않으면 부정행위로 볼 수 없다고 하고 있다.

(다) 부정행위에 해당한다고 본 사례

1) 명의위장 및 허위증빙을 통한 부당행위계산부인 대상거래인 사실의 은폐행위

법원은 "법인세법상 부당행위계산부인으로 인한 세무조정금액 등 세무회계와 기업회계의 차이로 생긴 금액은 특별한 사정이 없는 한 사기 기타 부정한 행위로 얻은 소득금액으로 볼 수 없으나, 법인세법상 부당행위계산에 해당하는 거래임을 은폐하여 세무조정금액이 발생하지 않게 하기 위하여 부당행위계산의 대상이 되지 않는 자의 명의로 거래를 하고 나아가 그 사실이 발각되지 않도록 허위 매매계약서의 작성과 대금의 허위지급 등과 같이 적극적으로 서류를 조작하고 장부상 허위기재를 하는 경우에는 그것이 세무회계와 기업회계의 차이로 생긴 금액이라 하더라도 이는 사기 기타 부정한 행위로써 국세를 포탈한 경우에 해당한다"라고 판시[379]하여 해당 거래가 부정행위계산부인의 대상거래에 해당하지 않는다는 사실을 나타내기 위하여 명의위장과 허위계약서 작성 등 적극적 은닉행위가 있는 경우에는 부당행위계산부인으로 생긴 소득임에도 불구하고 부정행위에 해당한다고 보고 있다.

2) 허위증빙 등으로 당해거래가 부당행위계산부인의 대상거래인 사실을 은폐한 행위

법원은 "특수관계자들로부터 주식을 시가보다 12배 이상 되는 고액으로 매수하면서 그 고가 매입사실이 발각되지 않기 위하여 매수일자가 소급된 허위의 매매계약서와 회계장부를 작성·비치하는 등 부당행위계산에 해당하는 거래임을 은폐하기 위하여 적극적으로 서류를 조작하고 장부상 허위기재하는 경우에는 세무회계와 기업회계의 차이로 인한 것으로 보아 조세포탈에 해당하지 않는 것으로 볼 수는 없다"라고 판시[380]하여 해당 거래가 부당행위계산부인 대상에 해당하는 거래

378) 국세심판원 2005.4.22. 자 2003서3459, 3460 결정.
379) 대법원 2013.12.12. 선고 2013두7667 판결.

임을 은폐하기 위하여 허위증빙을 작성하는 등 적극적 행위를 한 경우에는 부당행위계산부인으로 생긴 소득임에도 불구하고 부정행위에 해당한다고 보고 있다.

(3) 소득처분된 금액(제2호)

(가) 의 의

세무조사 등 실지조사에 의한 소득처분은 법인세의 과세표준을 신고하거나 결정 또는 경정함에 있어서 익금에 산입한 금액이 법인의 내부에 유보된 것인지 또는 사외로 유출된 것인지를 먼저 확정하고, 만일 당해 금액이 사외로 유출된 것이라면 누구에게 어떤 소득의 형태로 귀속된 것인지를 특정하여 그 귀속자와 소득의 종류를 확정하는 세법상의 절차를 말한다. 실지조사에 의하여 소득처분을 하는 경우에는 익금에 산입한 금액이 사외로 유출되었는지 여부에 따라 사외유출로 된 경우에는 '사외유출'로 처분하고, 사외유출이 되지 아니한 경우에는 '사내유보'로 처분한다. 사외유출된 금액은 다시 그 최종 귀속자에 따라 상여(임원 또는 사용인)·배당(출자자)·기타 사외유출(법인 또는 사업을 영위하는 개인의 경우)·기타소득(귀속자가 그 외의 자인 경우) 등으로 처분하는 한편, 익금가산액이 사외에 유출된 것이 분명함에도 최종적으로 누구에게 귀속된 것인지가 분명하지 아니한 경우에는 대표자[381]에게 귀속된 것으로 간주하여 '대표자 인정상여' 처분[382]을 하도록 규정하고 있다(법인세법 제67조, 법인세법 시행령 제106조).[383]

구 조세범처벌법 제9조의2 제2호 규정은 세무조정에 의해 소득처분을 받은 금액은 일종의 간주소득으로 사실상 소득처분을 받은 자가 실지로 소득을 얻었는지

---

380) 대법원 2002.6.11. 선고 99도2814 판결.

381) 법원은 "실질적 대표자일지라도 명의상 대표자가 따로 있는 경우 실질적 대표자를 법인세법 시행령 제106조 제1항 제1호 나목의 '임원 또는 사용인'에 해당되는지에 관하여 보건대, 회사와 사용관계에 있지 아니함이 분명하고, 대표이사나 이사회의 일원으로 위 주식처분이익의 귀속 당시 법인세법 시행령 제43조 제6항 각 호의 임원에 해당한다고 볼 수도 없으므로 실질적 대표자를 회사의 임원 또는 사용인으로 보고 상여로 처분한 과세처분은 위법하다"라고 판시하고 있다(대법원 2008.9.25. 선고 2008두10966 판결).

382) 법원은 "법인세법상 대표자 인정상여제도는 그 대표자에게 그러한 소득이 발생한 사실에 바탕을 두는 것이 아니라 법인에 의한 세법상의 부당행위를 방지하기 위하여 그러한 행위로 인정될 수 있는 일정한 사실에 대하여 그 실질에 관계없이 무조건 대표자에 대한 상여로 간주하도록 하는데 그 취지가 있다"라고 판시하고 있다(대법원 1992.7.14. 선고 92누3210 판결).

383) 법원은 "법인이 매출사실이 있음에도 불구하고 매출액을 장부에 기재하지 아니하거나 가공의 비용을 장부에 계상한 경우 특별한 사정이 없는 한 그 매출누락액 또는 가공비용액 상당의 법인의 수익은 사외로 유출된 것으로 보아야 하며, 이 경우 그 매출누락액 등의 전액이 사외로 유출된 것이 아니라고 볼 특별한 사정은 이를 주장하는 법인측에서 입증할 필요가 있다"라고 판시하고 있다(대법원 2007.6.14. 선고 2007두6595 판결; 대법원 2012.11.29. 선고 2011두4053 판결 등 참조).

여부가 명확하지 아니하고, 또한 법인세포탈로 처벌받는 경우에 소득처분된 금액에 대해 소득세포탈까지 인정하는 것은 이중처벌의 문제가 있어 이를 포탈소득에서 제외하도록 한 취지였었다. 따라서 위 규정은 소득처분 대상자의 소득세포탈 제외 규정으로 해석되었었다.

(나) 법인세포탈죄 이외에 소득세포탈죄 성립 여부

법인의 임·직원들이 그 업무를 수행하면서 부정한 방법으로 수익을 누락하거나 비용을 과대계상하는 등으로 비자금을 조성한 다음 개인적으로 이를 사용하면 업무상 횡령죄로 처벌을 받는다. 이러한 횡령사실을 확인한 과세관청에서는 위 업무상 횡령 과정에서 법인의 소득이 감소된 부분에 대하여 해당 임·직원들과 법인을 상대로 법인세포탈죄로 고발[384]을 하면서 최종적으로 횡령소득이 귀속된 임·직원에게 상여 등으로 소득처분을 함과 동시에 법인에게는 탈루된 법인세 부과처분을 하고, 임·직원들에게 상여처분하여 발생한 소득세에 대하여는 일반 급여와 마찬가지로 원천징수를 하여 오고 있다.

이 경우에 있어서 과세관청이 부정행위에 관여한 임·직원들에게 법인세포탈죄 이외에 소득처분을 하여 부과된 소득세에 대한 소득세포탈죄로까지 처벌을 할 수가 있는지가 문제된다. 업무상 횡령이라는 한 개의 범행 과정에서 파생적으로 발생된 법인세포탈죄와 소득세포탈죄는 일련의 연속된 하나의 행위로 인식되어 있어서 양죄 모두를 처벌할 경우에 너무 가혹한 처벌이 될 수 있다는 견해가 꾸준하게 제기되어 왔다. 이러한 이유로 업무상 횡령죄와 동전의 양면 관계에 있는 법인세포탈죄에 대하여는 당연히 그 범죄성립을 인정하여 왔었으나 그와 별도로 회사의 회계·세무책임자가 아니면 쉽게 알기 어려운 소득처분에 따라 세법상 부과되는 소득세에 대하여 업무상 횡령자금의 최종적 사용자를 상대로 소득세포탈을 적용하여 처벌하는 것이 행위자의 포탈에 대한 인식과 관련한 조세포탈의 고의 법리상 적정한지 여부에 대하여도 논의가 있어 왔다.

법원은 "법인의 대표자가 법인의 자금을 횡령하는 과정에서 법인의 장부를 조작하는 등의 행위를 한 것은 그 횡령금을 빼돌린 사실을 은폐하기 위한 것일 뿐, 그 횡령금에 대하여 향후 과세관청의 소득처분이 이루어질 것까지 예상하여 그로 인해 자신에게 귀속될 상여에 대한 소득세를 포탈하기 위한 것으로 보기 어려우

---

384) 법원은 "조세포탈행위는 횡령범행과는 전혀 다른 법익을 침해하는 행위로서 이를 횡령의 불가벌적 사후행위라고 볼 수 없다"라고 판시하고 있다(대법원 1992.3.10. 선고 92도147 판결).

므로, 사기 기타 부정한 행위로써 국세를 포탈한 경우에 해당하지 않는다"라고 판시[385]하였다. 또한 법인의 대표자가 허위의 세금계산서를 수취하여 장부상 매입액을 과다계상하여 소득을 은닉한 사안에서, 법원은 "그 대표자가 장차 은닉된 소득이 사외유출되어 그 귀속자가 밝혀지지 아니함에 따라 자신이 그 법인의 대표자로서 인정상여 처분을 받을 것까지 모두 예상하여 그로 인해 부과될 소득세를 포탈하기 위하여 행한 것으로 보기는 어려우므로, 사기 기타 부정한 행위로써 국세를 포탈한 경우에 해당한다고 볼 수는 없다"라고 판시[386]하여 법인세포탈죄 성립 이외에 소득세포탈죄까지 성립하는 것에 대하여는 부정적인 입장에 있다. 조세범처벌법 제9조의2 제2호 규정이 삭제된 현행법 체계 내에서도 위 판례에서 설시한 바와 같이 횡령행위에 관여한 법인의 임·직원의 경우에 통상적으로 법인자금의 횡령행위로 법인소득이 감소된다는 사실에 대하여는 인식을 할 수가 있다고 본다.

그러나 세법상 소득처분이라는 제도에 의하여 횡령자금 사용이 자신의 소득세 과세대상 소득이 될 수도 있다는 사실과 횡령행위를 은폐하기 위해 사용한 회계장부 등의 조작행위 내지 자금세탁행위가 소득세포탈의 부정행위에도 해당할 수도 있다는 사실까지 인식한다는 것은 그 기대가능성이 높지 않다고 보인다. 따라서 법원에서도 이러한 사정들을 종합적으로 고려하여 법인세포탈 이외에 소득세포탈에 대한 고의를 인정하기가 어렵다는 이유로 소득세포탈죄 성립을 부인하고 있는 것으로 판단된다.

Ⅴ. 조세포탈의 결과

1. 의　　의

조세포탈죄는 부정한 행위로써 조세를 포탈하거나 조세의 환급·공제를 받는 경우에 성립하는 결과범이다. 포탈세액은 조세포탈의 결과에 해당한다. 추상적 납세의무는 법률이 정하는 과세요건이 충족되면 과세관청이나 납세의무자의 특별한 행위가 없더라도 당연히 성립하고, 구체적 납세의무는 각 세법이 정한 절차에 따라 신고·납부를 하거나 과세관청이 납세의무자에게 과세표준과 세액을 결정하여 고지함으로써 확정된다. 이러한 구체적 납세의무가 확정되는 과정에서 부정한 행위가 개입되어 납세의무자가 실제 신고·납부한 세액이 정당한 세액에 미치지 못

385) 대법원 2010.1.28. 선고 2007두20959 판결.
386) 대법원 2010.4.29. 선고 2007두11382 판결.

하는 경우, 즉 포탈의 결과가 있는 경우에 조세포탈죄가 비로소 성립한다. 여기에서 '정당세액'이란 국세청 또는 납세의무자 등이 세무조사 등 가능한 모든 방법을 동원하여 마지막으로 확인한 실체에 가장 부합하는 세액을 말한다.

2. 조세포탈의 결과로서의 포탈세액

조세포탈죄는 그 구성요건으로 조세포탈의 결과, 즉 포탈세액이 존재하여야 한다. 조세포탈죄의 주체는 납세의무자와 그 행위자로 한정된 신분범이므로 포탈세액의 산정은 납세의무자별, 행위자별로 산정하는 것이 원칙이다. 포탈세액은 조세포탈죄에 있어서 단지 양형에만 영향을 주는 요소가 아니라 적용법조 및 법정형을 결정하는 중요한 요소이다. 조세범처벌법에서도 일반 형벌과 달리 경제범죄 영역에서 불법하게 취득한 이익의 완전 박탈이나 국고에 미친 금전상의 손실에 대한 보전 목적으로 조세포탈죄의 벌금형의 기준을 포탈세액의 2배 또는 3배 이하로 규정하여 배수벌금형 제도를 채택하고 있다. 또한 포탈세액이 5억 원 이상이면 특정범죄가중처벌등에관한법률 제8조에 따라 가중처벌하도록 되어 있어, 포탈세액은 벌금액 결정기준이 될 뿐만 아니라 특가법의 적용 여부를 판단하는 기준도 된다.

조세포탈범에 대한 형사절차에서 확정하여야 할 포탈세액은 세법에 의해 납부하여야 할 정당한 세액과 조세포탈의 결과로 확정된 세액과의 차액으로, 당해 포탈범에 대하여 부과되는 세법상의 납세의무액수와 그 범위를 같이 하여야 한다. 법원도 "부가가치세법에 의하면 사업자가 정부에 납부하여야 할 부가가치세액은 매출세액에서 매입세액을 공제한 금액으로 하되 세금계산서를 교부받지 아니하였거나 교부받은 세금계산서를 제출하지 아니한 경우에는 매입세액을 공제하지 아니하는 것으로 되어 있고, 조세포탈범에 대한 형사절차에서 확정하여야 할 포탈세액은 당해 포탈범에 대하여 부과하여야 할 세법상의 납세의무액수와 그 범위를 같이 하여야 하므로 매입세금계산서를 교부받지 아니하거나 제출하지 아니한 경우, 매입세액을 매출세액에서 공제하지 않고 포탈세액을 인정하여야 한다"라고 판시[387]하고, 또한 "법인세는 신고납세방식을 원칙으로 하고 있으므로, 법인세의 과세표준이나 세액을 허위로 과소신고하여 조세를 포탈한 경우에는 그 신고·납부기한이 경과됨으로써 기수로 되고, 그 이후에 발생한 가산세는 원래 벌과금적 성질을 가지는 것이므로 포탈세액에 포함시킬 수 없다"라고 판시[388]하여 조세포탈죄

387) 대법원 2000.2.8. 선고 99도5191 판결; 대법원 1988.3.8. 선고 85도1518 판결.
388) 대법원 2002.7.26. 선고 2001도5459 판결.

에서의 포탈세액과 세법상 인정되는 납세의무범위는 일치하여야 한다고 한다. 세무조사 등을 통하여 과세처분되는 세액에는 부정행위 여부와 관계 없이 납부하지 않았던 조세 전체에 대하여 부과처분되므로 부과처분 세액 중에 조세포탈죄의 구성요건인 부정행위가 인정되지 않는 세액이나 고의 요건을 충족하지 못한 세액 등은 포탈세액에서 당연히 제외되어야 한다.

과세관청은 납세의무자가 과세표준 신고를 하지 않았거나 신고한 내용에 탈루 또는 오류가 있는 경우에는 통상적으로 세무조사와 조세범칙조사를 통하여 결정 또는 경정을 하게 된다. 세무조사 등 과정에서 과세관청이 포탈세액의 기준이 되는 소득금액을 결정하는 방법으로는 실지조사에 의한 소득금액 결정과 추계조사에 의한 소득금액 결정이 있다. 과세관청은 납세의무자가 기신고·납부한 세액이 최종적으로 세무조사 등을 통하여 결정된 정당한 세액에 미달하는 경우에만 추가적인 부과처분 및 그에 따른 고발을 할 수 있다. 따라서 조세포탈의 결과인 포탈세액의 결정은 과세관청의 세무조사 등을 통한 실지조사 또는 추계조사결정에 의한 포탈세액 계산과 직접적이면서도 매우 밀접한 관계가 있을 수밖에 없다.

3. 실지조사 또는 추계조사결정에 의한 포탈세액 계산

(1) 의 의

과세관청이 조세포탈로 고발하기 위해서는 세무조사 및 조세범칙조사를 하여 확정한 정당한 세액이 기신고·납부한 세액을 초과하고 있어야 하고, 그 신고·납부과정에 부정한 행위가 존재하여야 한다. 법인세, 소득세, 부가가치세 등 신고납세방식의 조세에서 과세표준 신고를 하여야 할 자가 그 신고를 하지 않거나 그 신고내용에 탈루 또는 오류가 있는 경우 등에는 과세관청이 과세표준과 세액을 결정, 경정한다(소득세법 제80조 제1항, 제2항, 법인세법 제66조 제1항, 제2항). 그리고 과세관청이 이처럼 과세표준과 세액을 결정 또는 경정할 때에는 장부나 그 밖의 증명서류를 근거로 하여야 하는데(소득세법 제80조 제3항, 법인세법 제66조 제3항), 이를 '실지조사결정'이라고 한다. 그러나 과세표준의 결정 또는 경정을 하는데 있어 장부와 증빙서류가 없거나 중요한 부분이 미비 또는 허위인 경우 등 실지조사를 할 수 없을 때에는 수입·지출 현황, 생산량, 판매량 등 간접자료에 의해 소득금액을 추정하여 산정할 수밖에 없는데, 이를 '추계조사결정'이라고 한다(소득세법 제80조 제3항 단서, 법인세법 제66조 제3항 단서).

법원도 "과세관청에서의 과세표준과 세액은 실지조사의 방법에 따라 결정하는 것이 원칙이고, 추계조사 방법은 납세자의 장부나 증빙서류 등이 없거나 그 중요부분이 미비 또는 허위로 기재되어 신뢰성이 없고 달리 과세관청이 그 소득의 실액을 밝힐 수 있는 방법이 없는 때에 한하여 예외적으로 허용된다"라고 판시[389]하고, 또한 "납세자가 비치, 기장한 장부나 증빙서류 중 일부 허위로 기재된 부분이 포함되어 있다고 하더라도 그 부분을 제외한 나머지 부분은 모두 사실에 부합하는 자료임이 분명하여 이를 근거로 과세표준을 계산할 수 있다면 그 과세표준과 세액은 실지조사의 방법에 의하여 결정하여야지 추계조사 방법에 의해서는 아니된다"라고 판시[390]하고 있다.

(2) 실지조사결정

(가) 장부 및 증빙 조사

기업의 회계장부와 그 증빙서류는 세법에 의하여 확정신고기한 종료일로부터 5년간 비치·보관하도록 되어 있고(법인세법 제112조, 제116조, 소득세법 제160조, 제160조의2), 조세를 포탈하기 위한 증거인멸의 목적으로 세법에서 비치하도록 하는 장부 또는 증빙서류를 그 보관기간 이내에 소각·파기 또는 은닉한 자는 2년 이하의 징역 또는 2천만 원 이하의 벌금에 처하도록 되어 있다(조세범처벌법 제8조). 이렇게 작성된 장부들은 결산 서류인 재무상태표와 손익계산서로 정리되고, 납세의무자는 이러한 기업회계상 결산서류를 근거로 세무조정을 한 다음 과세표준과 세액을 확정하여 신고서와 그 부속서류인 재무상태표, 포괄손익계산서, 이익잉여금처분계산서 등을 첨부·제출하여 신고를 하게 된다.

조세포탈의 규명은 장부의 조사에서 시작하여 매출누락 또는 비용의 과대계상액을 확인하여 실제 거래내역과 소득금액을 찾아내는 과정이다. 장부의 조작은 세무신고 자료인 과세표준신고서와 재무상태표 등의 기재내용을 총계원장과 보조장부 등 장부의 기재내용과 장부작성의 기초가 되는 회사 내부에서 작성하거나 거래관계 있는 제3자로부터 받은 영수증, 세금계산서, 전표, 계약서, 견적서, 출하장, 주문서, 매출전표 등 관련 증빙서류와 대조하거나 금융거래추적 등의 방법을 사용하여야 그 입증이 가능하다. 회계장부 및 증빙서류가 작성되지 않았거나 파기·은닉된 경우에는 비밀장부 등 이중장부의 확보 또는 자금의 흐름을 파악할 수 있는 금융거래 추적이 유력한 입증방법이 될 수 있다. 비밀장부 등 실거래장부는 거래

389) 대법원 1996.1.26. 선고 95누6809 판결.
390) 대법원 1996.1.26. 선고 95누6809 판결.

현실상 거래 상대방 또는 동업자와의 정산 필요성, 회사내부 자금관리 등의 이유로 작성하여 보관하는 것이 일반적이다.

비밀장부와 같은 실거래장부를 확보한 경우에는 대부분 그 장부의 신빙성이 인정되기 때문에 조세포탈의 유력한 증거가 될 수 있다. 법원도 "내부용인 실거래장부(비밀장부)와 외부용인 세무신고용 장부를 기장해오다 신고용 장부에 의해 법인세 과세표준 등 확정신고를 한 경우, 그 2개 장부를 대조하여 신고용 장부에 의한 신고내용이 실제 거래장부와 일치하지 않는 부분의 차액을 각 매출누락과 가공경비로 보아 익금산입과 손금부인을 하여 과세처분한 것은 다른 특별한 사정이 없는 한 납세의무자의 확정신고 내용에 오류, 탈루가 있어 이를 경정한 적법한 처분이고 나아가 실제거래장부(비밀장부)에 기재되지 아니한 비용을 실지비용이라고 추후에 주장하여 인정받기 위하여는 위 비밀장부에 이를 기재하지 아니한 납득할 만한 사정과 지출증빙의 유무와 그 증빙의 증거능력과 증명력을 밝혀 보아야 한다"라고 판시[391]하였다.

한편 과세관청은 통상적으로 과세자료 예치를 통하여 장부 등을 확보한 다음에 장부조사를 우선 실시하면서 조세포탈의 단초를 찾아 관련자 조사를 병행하여 조세포탈 사실을 입증하는 경우가 많지만, 수사기관은 기업에 대한 업무상 횡령 등을 조사하는 과정에서 자연스럽게 관련자 진술을 먼저 확보한 다음에 관련자 진술을 보완하는 차원에서 압수수색을 통하여 관련 장부 등을 압수하여 장부 등에 대한 확인조사를 하는 경우가 많다.

(나) 금융거래 추적

금융거래 추적은 조세포탈 등과 관련된 자금이 예금, 수표, 현금 등으로 금융기관을 통하여 이동한 과정을 추적하여 자금흐름에 대한 전표, 수표 등 증거자료를 확보하는 한편 당해 금융거래에 직·간접으로 관여한 인물에 대한 정보를 수집하는 일련의 조사과정을 말한다. 금융거래라 함은 '각종 금융기관이 취급하는 예금, 적금, 신탁재산, 주식, 채권 등 금융자산을 대상으로 하는 거래내역'을 의미하고, 금융거래의 추적은 '금융기관을 상대로 조세포탈 혐의자 등의 위 금융거래 정보를 확보하는 절차'이다. 금융거래의 내용에 대한 정보 또는 자료로는 입출금거래 내역서, 예금거래 신청서, 각종 전표 및 수표, 금융기관을 지정하여 발행되는 약속어음과 자기앞수표 등이 촬영된 마이크로필름, 금융거래의 사실이 수록된 전산자료

391) 대법원 1994.11.18. 선고 93누7211 판결.

및 그 사실이 출력된 자료 등은 금융거래의 자료이고, 그 자료로부터 알게 된 내용은 금융거래의 정보이다.

금융거래 추적은 조세포탈과 관련된 자금의 종류, 규모, 관련 인물 등에 관한 증거를 포탈혐의자를 조사하기 전에 미리 확보하여 사건 전말에 대한 진술에 신빙성이 있는지를 확인하고, 객관적인 증거를 제시할 수 있다는 점에서 그 중요성이 크다. 수사기관에서는 법원으로부터 금융계좌 추적용 압수·수색·검증영장을 반드시 받아서 금융거래추적을 하여야 하지만, 과세관청에서는 세무조사와 관련하여 조세법에 따라 제출의무가 있는 과세자료 및 소관관서의 장이 상속·증여재산의 확인, 조세탈루 혐의를 인정할 만한 명백한 자료의 확인, 체납자의 재산조회 등의 사유로 조세법에 따른 질문조사를 위하여 필요로 하는 거래자료는 예외적으로 영장 없이 그 제공을 요구할 수 있다(금융실명거래 및 비밀보장에 관한법률 제4조 제1항 제2호).

(다) 진술에 의한 입증

과세관청에 의한 세무조사 등에 있어서 장부와 증빙자료 이외에도 납세의무자, 경리관계자, 거래상대방, 금융기관 관계자 등 관련자들의 진술도 조세포탈을 인정하는 주요한 자료가 될 수 있다. 과세관청에서 조세범칙조사를 하면서 작성하는 심문조서는 고발된 이후 수사기관이나 재판단계에서 진술자가 그 내용을 부인할 경우에는 증거능력이 없지만, 전체적인 조세포탈과정을 입증하는 데에는 주요한 자료가 된다. 심문조서 등의 증거능력과 증명력을 높이기 위하여 장부와 증빙서류 등 다른 물적 증거로 이들을 보완하여 조세포탈의 입증자료로 활용하고 있다.

그러나 이러한 장부나 증빙이 없는 경우에 관련자 진술만으로 구체적 포탈소득과 같은 내용을 인정할 수가 있느냐가 문제되는데, 이 경우에는 그 진술내용이 최소한의 포탈사실과 소득을 특정할 수 있을 정도로 구체적이고 신빙성이 있어야 할 뿐만 아니라, 향후 수사 및 재판과정에서 진술의 변경 또는 번복 가능성까지를 검토하여 고도의 신빙성이 있는 경우에만 증거로 하여야 한다. 실무에서는 추계에 의한 포탈소득의 인정과 관련하여 관련자의 진술이 특별히 신빙성이 있는 경우에 한하여 제한적으로 증거로 인정하고 있다.

(3) 추계조사결정

(가) 의 의

추계조사결정이란 실지조사결정을 할 수 없을 때 과세표준과 세액을 세법이 정하는 통계적·경험적 방법에 의하여 결정하는 방법을 말한다. 소득세법 및 법인세법상 추계조사 사유로는 ① 소득금액을 계산할 때 필요한 장부와 증빙서류가 없거나 중요한 부분이 미비 또는 허위인 경우, ② 기장의 내용이 시설규모·종업원수·원자재·상품 또는 제품의 시가·각종 요금 등에 비추어 허위임이 명백한 경우, ③ 기장의 내용이 원자재 사용량·전력 사용량 기타 조업상황에 비추어 허위임이 명백한 경우를 규정하고 있다(소득세법 제80조 제3항 단서, 같은 법 시행령 제143조 제1항, 법인세법 제66조 제3항 단서, 같은 법 시행령 제104조 제1항).

또한 사업수입금액의 추계방법에 대한 소득세법 및 법인세법 시행령은 ① 기장이 정당하다고 인정되어 기장에 의하여 조사결정한 동일 업황의 다른 사업자의 수입금액을 참작하여 계산하는 방법(동업자권형법), ② 사업과 관련된 인적·물적 시설(종업원·객실·사업장·차량·수도·전기 등)의 수량 또는 가액과 매출액의 관계를 정한 영업효율이 있는 때에는 이를 적용하여 계산하는 방법(영업효율법), ③ 국세청장이 업종별로 투입 원재료에 대하여 조사한 생산수율을 적용하여 계산한 생산량에 당해 과세기간 중에 매출한 수량의 시가를 적용하여 계산하는 방법(생산수율법) 등을 규정하고 있다(소득세법 시행령 제144조 제1항, 법인세법 시행령 제105조 제1항).

소득금액의 추계방법으로는 수입금액에서 ① 매입비용과 사업용 유형자산 및 무형자산에 대한 임차료로서 증명서류에 의하여 지출하였거나 지출할 금액, ② 대표자 및 임원 또는 직원의 급여와 임금 및 퇴직급여로서 증명서류에 의하여 지급하였거나 지급할 금액, ③ 사업수입금액에 기준경비율[392]을 곱하여 계산한 금액을 공제한 금액을 과세표준으로 하여 그 세액을 결정 또는 경정한다(소득세법 시행령 제143조 제3항, 법인세법 시행령 제104조 제2항).

---

392) 경비율제도는 주요 경비는 증빙에 의해 필요경비를 인정하고 기타경비는 경비율에 의해 필요경비를 인정하는 기준경비율과 필요경비 전부를 경비율에 의해 인정하는 단순경비율로 구분한다. 직전연도 수입금액이 정해진 금액 이상이면서 장부를 기장하지 않은 사업자는 기준경비율 적용 대상자가 된다. 다만, 약사, 의사, 변호사, 변리사 등 전문직 사업자 및 현금영수증 미가맹 사업자 및 발급거부자 등은 직전연도 수입금액 및 신규 사업자 여부 상관없이 기준경비율 대상자에 해당된다. 소득세법 시행령 제143조 제4항 등에서 단순기준율 적용대상자를 정하고 있다. 기준경비율이 적용되는 사업자의 경우에는 사업의 기본비용인 매입비용, 임차료, 인건비 등 주요 경비는 증빙에 의해 확인되는 금액으로 하고, 기타 비용은 정부에서 정한 기준경비율에 필요경비를 산정해 소득금액을 계산한다. 따라서 기준경비율 적용대상자가 주요 경비를 지출한 경우에는 반드시 증빙서류를 갖추어 놓아야 한다. 그렇지 않으면 실제 비용을 지출하고도 지출 사실을 인정받지 못한다. 기준경비율에 의한 소득금액=수입금액－주요경비(매입비용＋임차료＋인건비)－(수입금액×기준경비율).
신규 사업자이거나 직전연도 수입금액이 기준금액 미만인 사업자로서 직전연도 수입금액이 기준수입금액에 미달하는 사업자와 당해연도 신규업자로서 장부를 기장하지 않은 사업자는 단순경비율 적용 대상자에 해당한다. 단순 경비율이 적용되는 소규모 사업자에 대하여는 납세 편의를 위해 단순경비율로 필요경비 전부를 인정해서 소득 금액을 계산한다. 업종별 기준경비율과 단순경비율은 국세청 고시로 하고 있다. 단순경비율에 의한 소득금액=수입금액－(수입금액×단순경비율).

(나) 추계조사방법

추계조사에 의한 결정에 있어 특별한 사정이 없다면 법령에서 정한 추계방법을 이용해야 한다. 법원도 법인세법 시행령 제104조 제2항 등의 규정에 의하면 단순경비율 방식으로 추계를 하여야 함에도 검사가 임의로 매출원가기준 추계방법을 사용하여 산출한 사안에서, "법인세법 시행령 제104조 제2항이 추계결정의 방법을 제한적으로 열거하고 있는 것은 아니나, 위와 같이 법령에 추계방법이 규정되어 있는 경우에는 구체적 사안에서 그 방법이 불합리하다고 볼 특별한 사정이 없는 한 단순경비율방식을 적용한 추계방법을 적용하여야 한다"라고 판시[393]하고, 과세관청이 법령에서 정한 추계방법으로 추계계산을 한 사안에서, 법원은 "과세관청이 법령에서 정한 방법으로 추계과세를 하였다 하더라도 그 추계방법에 의한다면 불합리하게 된다고 볼 만한 특수한 사정이 있는 경우에는, 이러한 특수한 사정을 참작하지 아니하고 행하여진 추계과세는 그 추계방법과 내용에 있어 합리성과 타당성을 인정할 수 없어 위법하다"라고 판시[394]하고 있다.

추계방법선택의 적정성에 대한 입증책임과 관련하여, 법원은 "그 추계방법의 적법 여부가 다투어지는 경우에 합리성과 타당성에 대한 증명책임은 과세관청에 있지만, 과세관청이 관계 규정이 정한 방법과 절차에 따라 추계하였다면 합리성과 타당성은 일단 증명되었고, 구체적인 내용이 현저하게 불합리하여 수입금액의 실액을 반영하기에 적절하지 않다는 점에 관하여는 이를 다투는 납세자가 증명하여야 한다"라고 판시[395]하고 있다. 이에 의하면 궁극적으로 수입금액의 추계가 정당한 것으로 인정되기 위하여는 수입금액을 추계할 수 있는 요건을 형식적으로 갖추었다는 것만으로는 부족하고 추계의 내용과 방법이 구체적인 사안에서 가장 진실에 가까운 수입금액의 실액을 반영할 수 있는 방법인지 여부까지 확인하여 그 방법을 찾아 적용해야 한다는 것을 전제로 이러한 추계방법이 적법하다는 입증책임은 원칙적으로 과세관청에게 있고, 과세관청이 소득표준율의 결정을 관계 규정이 정한 방법과 절차에 따라 결정하였음을 입증하게 되면, 그 구체적인 내용이 현저하게 불합리하여 소득실액을 반영하기에 적절하지 않다는 점에 관하여는 이를 다투는 납세의무자에게 입증책임이 있다는 것을 확인하고 있다.

---

393) 대법원 2011.4.28. 선고 2011도527 판결.
394) 대법원 1998.5.12. 선고 96누5346 판결.
395) 대법원 2010.10.14. 선고 2008두7687 판결.

한편, 법원은 "추계방법의 객관성과 합리성을 인정할 수 없어 조세포탈에 대해 무죄를 선고하게 되는 경우, 현저히 정의와 형평에 반하는 것이라고 할 만한 사정이 보이지 아니하는 이상, 무죄로 판단하는 것에서 더 나아가 직권으로 포탈세액을 추정 계산하면서까지 공소사실에 포함된 일부 범죄사실을 유죄로 인정할 필요가 없다"라고 판시[396]하였는바, 이는 공소사실 중 대부분이 증거불충분으로 무죄를 선고하면서 나머지 부분에 대하여 추계방법을 직권으로 적용하지 아니하였다고 하여 위법한 것은 아니라는 취지의 판결이다.

(다) 추계조사방법으로 산출된 세액을 포탈세액으로 할 수 있는지 여부

추계조사방법에 의한 소득금액 산출은 어느 정도는 실제소득과 차이가 날 수밖에 없다. 실체적 진실발견을 목적으로 하는 형사소송에서 실제소득이 아닌 추계조사방법으로 결정된 세액을 포탈세액으로 인정할 수 있는지 문제된다. 일반 형사절차에서 범죄사실의 입증은 정황증거와 간접증거라도 경험칙과 논리법칙에 의하여 범죄사실을 인정할 수 있는 것이므로, 조세포탈범에서도 간접증거, 정황증거에 의하여 포탈세액을 산정하는 것이 일응 허용된다고 보고 있다. 그러나 조세포탈죄의 경우 포탈세액에 따른 배수벌금제도를 채택하고 있고, 그 규모에 따라 특정범죄가중처벌에관한법률위반죄 적용 여부도 달라질 수 있을 뿐만 아니라, '의심스러우면 피고인의 이익으로'라는 형사피고인의 무죄추정의 원칙과 죄형법정주의 원칙의 적용을 받고 있으므로 이러한 원칙들은 추계조사방법에 의한 포탈금액산정에도 당연히 적용되어야 한다. 따라서 추계조사방법에 의한 포탈세액의 인정은 추계에 의하여 산출된 액수가 통계적·경험적으로 판단할 경우에 최소한의 액수이고 어떠한 경우에도 포탈세액이 그 이하로는 될 수 없다는 증명이 있는 경우에만 한정되어 적용되어야 한다.

법원도 "피고인들이 원심법원에 제출한 장부들은 사후에 일괄 작성된 것으로 의심되어 믿을 수 없고, 세무공무원들이 세칭 마담들로부터 직·간접적으로 확인한 유흥접객원들에 대한 봉사료 지급 내역과 웨이터들이 보관하고 있던 부수입 수첩에 기재된 봉사료 금액 등 객관적으로 인정되는 유흥접객원 봉사료와 웨이터 봉사료를 확정한 후 이를 부가가치세 등의 과세표준에서 제외하여 포탈세액을 계산한 것은 정당하다. 조세포탈죄에 있어서 수입·지출에 관한 장부 기타 증빙 서류를 허위 작성하거나 이를 은닉하는 등의 방법으로 그 수입금액을 줄이거나 지

396) 대법원 2007.8.23. 선고 2006도5041 판결.

출경비를 늘림으로써 조세를 포탈한 경우 그 포탈세액의 계산 기초가 되는 수입 또는 지출의 각개 항목에 해당하는 사실 하나하나의 인정에까지 확실한 증거를 요한다고 고집할 수는 없는 것으로서, 이러한 경우에는 그 방법이 일반적으로 용인될 수 있는 객관적, 합리적인 것이고 그 결과가 고도의 개연성과 진실성을 가진 것이라면 추정계산도 허용된다"라고 판시[397]하였다. 또한 "유흥주점 업주의 소득세 포탈 사건에서 엑셀파일 및 일일주류현황 자료는 이 사건 유흥주점의 경리업무를 담당하던 A와 B에 의하여 업무상 필요에 따라 그때그때 작성된 것으로서, 이 사건 유흥주점에 대한 세무조사 당시는 물론 현재까지 남아 있는 이 사건 유흥주점의 매출자료 중 그 객관성과 신뢰성이 가장 높은 자료라고 볼 수 있으므로, A가 엑셀파일로 작성한 '월별 회계자료'를 기초로 하되, 위와 같은 파일 자료가 없는 2012년 3, 5, 6, 8, 11, 12월 매출액의 경우에는 B가 작성한 '2012년도의 일일주류현황자료'를 기준으로 삼아 이 사건 유흥주점의 과세표준을 추정계산 방식에 의하여 산출한 것은 허용될 수 있는 방법에 해당한다"라고 판시[398]하는 등 일관되게 추계조사결정에 의한 포탈세액 산정을 허용하고 있다.

이처럼 추계조사에 의한 포탈세액 산정을 허용하면서도 법원은 "오락실 경리직원이 집 아궁이에서 주워서 승낙없이 제출된 임의제출한 영수증의 증거능력이 부인된다고 볼 수 없고, 이들을 근거로 이 사건 외형수입금액 등의 추정계산은 합리적인 근거에서 나온 것이고 또한 최소한도의 액으로 인정이 되는 객관적인 금액으로, 조세포탈범의 형사절차에 있어서는 합리적이며 그 결과가 신뢰할 수 있는 고도의 개연성, 진실성이 있으면 이를 허용할 수 있다"라고 판시[399]하였다. 또한 "종전부터 카지노 영업자가 수입·지출증빙서류를 제대로 갖추지 아니하고 고의로 은닉하는 등의 방법으로 장부상 성실기재를 하지 아니하여 세무당국에서도 추계조사결정방식에 의한 소득세 부과를 하여 온 사실을 인정할 수 있어 본건 포탈세액을 산정함에 있어서 세무관서의 추계조사결정에 의한 과세표준 및 세액을 기준으로 하였음은 부득이한 조치로서 정당하고, 형사재판 절차에 있어서 외형수입금액 등의 추정계산은 그 추정방법이 객관적이고 합리적이며 그 결과가 신뢰할 수 있는 고도의 개연성, 진실성이 있으면 이를 허용할 수 있다 할 것인바, 이 사

397) 대법원 2005.5.12. 선고 2004도7141 판결. 같은 취지 판결로 대법원 2004.5.28. 선고 2004도925 판결 등.

398) 대법원 2015.2.26. 선고 2014도16164 판결(원심판결: 서울고등법원 2014.11.7. 선고 2014노1428, 2014노1695(병합) 판결).

399) 대법원 1984.11.27. 선고 83도264 판결.

건의 추계된 외형 수입금액은 원심 판시 증거에 의하면 합리적인 근거에서 나온 것이고, 또한 최소한도의 액으로 인정이 되며, 위 행위 당시 시행된 소득세법 제120조에 의한 추계조사결정방법에 의하여 소득세를 부과하는 경우에 그 과세표준은 총수입금액에 소득표준율을 곱하여 계산한 소득금액에서 소득세법 제63조 내지 제66조의 규정에 의한 소득공제를 하여 결정되는 것이므로(같은 법 시행령 제169조 제2항 제1호), 원심이 위와 같은 소득세 산정방식에 따라 이건 포탈세액을 산정함에 있어 총 수입금액에 소득표준율을 곱하여 소득금액을 산정하고 이에 논지와 같은 배당금 등의 공제를 하지 아니한 조처는 정당하다"라고 판시[400]하였다. 즉, 추계조사에 의하여 산정된 포탈금액은 피고인이 포탈한 최소한의 금액에 해당되어 피고인에게 추계에 따른 불이익이 없어야 한다는 조건하에서만 추계조사결정에 의한 포탈세액계산을 인정하고 있다.

이뿐만 아니라 법원은 "피고인 회사의 부가가치세 및 법인세포탈액을 계산함에 있어서, 세무당국 신고 매출금액이 실제 매출액의 50% 정도에 이른다는 피고인 회사의 대표이사 진술을 토대로 하여 실 매출액을 신고금액의 2배로 계산하여 추계과세한 것은 법령에서 정하지 아니한 임의의 방법에 의한 것이고, 그 방법이 일반적으로 용인될 수 있는 객관적이고 합리적인 것이며, 그 결과가 고도의 개연성과 진실성을 가진 것이라고도 보기 어렵다"라고 판시[401]하였다. 또한, 피고인의 식당 매출신고 누락으로 인한 조세포탈 사건에서 법원은 "검사가 한 포탈세액의 추정계산은 ① 무자료 매입 쇠고기 부분의 매출에도 신용카드매출 부분이 있음이 분명하고 이 사건 식당의 신용카드매출액은 그 전액이 이미 신고되었음에도 무자료 매입 쇠고기 부분의 매출액 전부가 신고누락되었음을 전제로 계산한 것인 점, ② 수사기관이 압수수색으로 확보한 이 사건 식당의 잡기장에 기재된 숫자를 모두 현금매출액으로 간주하여 계산하였는 바, 그 결과 이 사건 식당의 총매출액 대비 현금매출액의 비율은 30%나 되는데, 이는 강남세무서 직원들이 이 사건 식당에서 15일간 함정수사를 포함하여 입회조사한 현금매출액 비율 12%와도 불일치하는 것인 점, ③ 소득세법 시행령 제144조 제1항 제4호와 부가가치세법 시행령 제69조 제1항 제4호의 각 (마)목의 '일정기간 동안의 매출액과 부가가치액의 비율을 정한 부가가치율'을 적용하여 한우고기 및 수입쇠고기의 누락매출액을 계산하면서 한우고기의 경우에는 전국 일반음식점업의 평균 부가가치율인 36.96%를 적용하고

400) 대법원 1982.1.19. 선고 80도1474 판결.
401) 대법원 1997.5.9. 선고 95도2653 판결(원심판결: 서울고등법원 1995.9.28. 선고 94노3146 판결).

수입쇠고기의 경우는 아무런 근거 없이 그 2배인 79.92%의 부가가치율을 적용한 점 등 그 객관성과 합리성을 인정할 수 없는 사유들이 있어 이를 받아들일 수 없다"라고 판시[402]하고 있다. 나아가 법원은 "신축상가 중 일부 점포를 분양한 뒤 종합소득세 과세표준확정신고를 하면서 취득원가 중 공사원가를 상가의 총건설공사비를 분양가액의 비율로 안분계산하여 신고하고 그에 관한 장부와 증빙서류를 제출하였는데 과세관청이 바닥면적의 비율로 안분계산해야 한다는 이유로 소득표준율을 적용하여 종합소득세 부과처분을 한 경우, 규모가 크고 층별, 용도별로 이용가치가 다른 이 사건 상가의 경우 총건설공사비를 바닥면적의 비율로 안분하여 분양점포의 공사원가를 계산하는 것은 합리적인 원가계산방법이라고 할 수 없다"라고 판시[403]하였다.

이와 같은 판결들을 종합하면, 추계조사에 의한 포탈세액 인정조건으로는 과세관청이 추계에 의한 포탈소득을 최소한으로 인정하여 그 인정된 포탈소득이 실제로 포탈한 금액을 초과하지 아니한다는 사실이 증명되고, 그 사실증명의 방법이 합리성과 객관성 있는 방법이라는 것을 입증함으로써 추계절차와 결과 모두 합리적인 의심이 없을 정도의 증명을 갖춘 경우에 한하여 인정할 수 있다 할 것이다.

4. 조세포탈결과가 문제된 사례

(1) 납세의무확정 이후 해당 과세표준 변경[404]으로 포탈결과가 부존재하게 된 경우

(가) 의 의

개별 세법에 정한 절차에 의하여 납세의무자가 스스로 과세표준과 세액을 법정

402) 대법원 2007.8.23. 선고 2006도5041 판결.

403) 대법원 1999.10.8. 선고 98두915 판결.

404) 여기에서 '해당과세표준 변경'은 국세청 또는 납세의무자 등이 세무조사 등 가능한 모든 방법을 동원하여 마지막으로 확인한 실제 세액 계산의 기준이 되는 소득개념으로, 일반적으로 정당소득이라고 한다. 이러한 의미에서 정당소득이란 과세관청이나 납세의무자의 이해관계와 무관하게 세법원칙에 따라 객관적으로 정확하게 계산된 소득을 말한다. 예를 들어 과세관청은 통상적으로 세무조사에서 납세의무자가 원칙적으로 신고납부해야 함에도 그 이행을 하지 않은 부분만을 찾아 부과시키고 있지만, 정당한 세무조사라면 납세의무자가 기신고·납부한 세액 중 과오납된 세액이 있으면 이러한 부분까지를 직권조사하여 정확한 납부세액을 조사결정하여야 한다. 이렇게 적법하게 확정된 정당한 세액을 기준으로 세무조사시까지 납세의무자가 기신고·납부한 세액을 초과하는 금액이 존재하는 경우에만 부과처분 또는 고발을 하는 것이 세법에 따른 올바른 처분이다. 그러나 정당소득 또한 과세관청, 조세심판원, 그리고 최종 결정기관인 법원도 결정과정에 오류가 있을 수 있으므로 100% 객관적일 수는 없다.

기한까지 신고하거나 과세관청이 과세표준과 세액을 결정하여 고지함으로써 납세의무가 확정된 이후에 납세의무자는 납부세액을 과다하게 신고하여 납부한 부분에 대하여 감액을 요구하는 경정청구를 할 수 있고, 이와 반대로 납부세액을 과소하게 신고·납부한 부분에 대하여 수정신고를 할 수도 있다. 또한 과세관청은 세무조사를 마쳤을 때에는 그 조사를 마친 날로부터 20일 이내에 조사결과를 납세의무자에게 설명하고, 이를 서면으로 통지를 하여야 하는데, 이러한 세무조사를 시행한 과세관청이 부과처분을 하면서 납세의무를 확정하기 전에 고지한 과세예고통지 등을 수령한 납세의무자가 그 적법성을 다투며 과세전적부심사를 할 수 있다. 과세전적부심사기간이 상당기간 소요되는 경우에는 당해 쟁점에 대한 과세처분 등이 불확정상태에 놓이는 경우도 있다.

이러한 납세의무자의 경정청구 등에 대하여 과세관청은 그 청구 등의 적부를 판단하여야 하고, 납세의무자는 과세관청의 모든 처분에 대하여는 조세심판원 또는 감사원에 심판청구를 하거나 심사청구를 할 수 있으며, 최종적으로는 조세행정소송[405]을 통하여 권리를 구제받을 수 있다. 과세관청에서 세무조사 등을 통하여 납세의무자에 대하여 부과처분 및 고발을 하게 되면, 납세의무자는 조세심판원 등에 과세관청에 의하여 새롭게 부과처분된 납세의무의 존재 및 그 범위를 다투면서 부과처분 취소를 구하는 심판청구 내지 행정소송을 제기함과 동시에 조세포탈 고발사건 수사에 대응하게 된다.

수사기관 및 법원에 의하여 진행되는 조세포탈 사건 수사와 형사재판은 조세심판 또는 행정소송과 별도로 진행되기 때문에 수사기관의 조세포탈에 대한 수사 및 법원의 형사재판이 진행되거나 종료된 이후에 조세포탈죄 성립의 전제가 되는 납세의무의 존재나 그 범위에 대하여 부과처분취소를 결정하거나 경정처분이 취소되는 경우가 있을 수 있다. 이처럼 납세의무 확정 이후에 조세심판원 또는 행정소송 등에서 납세의무가 변경·취소된 경우에 고발되거나 재판진행 또는 확정된 조세포탈죄의 납세의무에는 어떠한 영향을 미치는가 하는 문제가 등장한다.

(나) 조세심판원 결정과 행정소송 확정판결의 기속력

조세범처벌법상 고발은 과세관청이 국가 조세권을 확보하기 위하여 조세부과처

405) 조세소송은 행정소송에 해당하므로 행정소송법의 적용을 받는 바, 같은 법 제26조는 직권심리를 할 수 있음을 규정하고 있다. 대법원 1997.10.28. 선고 96누14425 판결도 "당사자 사이에 다투지는 아니하였지만 기록에 현출된 자료에 의하여 상속세 신고세액 공제액에 관하여 법원이 심리·판단하는 것은 정당하고, 거기에 변론주의를 위반한 위법이 없다"라고 판시하고 있다

분을 하면서, 그와 관련하여 납세의무자가 조세범처벌법에서 규정하는 절차를 위배하였다거나 조세포탈 혐의가 발생된 경우에 행하는 부수적 처분의 성격이 강하므로, 조세법 테두리 내에서는 조세부과처분에 대한 조세심판원과 행정소송의 결정이 조세형사사건의 결정 또는 판결보다 우선시되는 경향이 있다.

조세심판원이 납세의무자의 심판청구를 전부 또는 일부를 인용하는 경우[406]에는 그 인용부분에 대하여 과세관청은 다툴 수가 없어 조세심판원의 인용결정은 사실상 최종심으로서의 역할을 하기 때문에, 조세심판원은 납세의무자의 심판청구 인용결정에 대하여는 신중하면서도 과세관청의 입장에서 보수적으로 결정하는 경향에 있다. 법원은 "조세심판원이 재조사결정을 하고 그에 따라 과세관청이 후속처분으로 당초 부과처분을 취소한 경우, 형사소송법 제420조 제5호에 정한 재심사유에 해당한다"라고 판시[407]하여 조세심판원 결정은 형사소송법상 재심사유에 해당한다고 하고 있다. 또한 조세행정소송이 조세포탈과 관련된 형사사건을 기속하는지 여부와 관련하여서도 법원은 "행정처분을 취소하는 행정판결이 확정되면 당해 처분의 위법이 확정되고, 별도의 행정처분을 기다림이 없이 당해 행정처분의 효력은 처분 시에 소급하여 소멸하고 처음부터 당해 처분이 행하여지지 않았던 것과 같은 상태로 되는 효과, 즉 형성력이 있고 이와 같은 취소 판결의 형성력은 당사자 이외의 제3자에게도 효력이 미치며 취소 판결은 또한 당해 사건에 관하여 당사자 및 관계 행정청을 기속하므로(행정소송법 제13조), 조세부과처분의 취소 판결이 확정된 경우에 그 판결에 의하여 확정된 부과처분 그 자체의 위법여부 및 부과 금액이 그 후 다른 민사사건이나 형사사건의 선결문제로 되는 경우에 있어서는 이들 민형사 사건에 대하여 재판을 하는 법원으로서도 행정사건의 판결에 따라야 하고 이와 저촉되는 다른 판단을 한다면 취소의 행정판결에 위와 같은 효력이 인정되는 취지가 몰각되는 결과가 되므로 이에 어긋나는 판단은 할 수 없다"라고 판시[408]하여 조세행정소송판결의 기속력을 인정하고 있다.

나아가 법원은 "조세의 부과처분을 취소하는 행정소송판결이 확정된 경우 그 조세부과처분의 효력은 처분 시에 소급하여 효력을 잃게 되고 따라서 그 부과처분을 받은 사람은 그 처분에 따른 납세의무가 없다고 할 것이므로, 위 확정된 행

406) 그러나 조세심판원에서 납세의무자의 심판청구에 대하여 청구기각결정을 한 경우에는 청구인용결정과 달리 납세의무자는 행정소송을 제기하여 불복할 수 있다.

407) 대법원 2015.10.29. 선고 2013도14716 판결.

408) 대법원 1982.3.23. 선고 81도1450 판결.

정판결은 조세포탈에 대한 형사소송법 제420조 제5호 소정의 무죄 내지 원판결이 인정한 죄보다 경한 죄를 인정할 명백한 증거라 할 것이므로 재심사유에 해당한다"라고 판시[409]하여 행정소송판결이 확정되면 과세관청의 부과처분은 소급하여 그 효력을 잃고, 그 소급효에 따라 관련 형사사건에도 영향을 미친다고 하고 있다. 따라서 납세의무자에 대한 조세포탈의 형사사건이 계속 중에 포탈세액에 관한 부과처분을 취소하는 조세심판원 결정 및 행정판결이 확정된 이상 형사사건에서 별도로 조세심판원 결정 또는 행정판결과 모순 저촉되는 납세의무의 범위를 확정할 수 없다 할 것이다.

다만, 사설 스포츠 도박 인터넷사이트를 개설·운영하면서 발생한 소득을 신고하지 않는 방법으로 종합소득세를 포탈하였다고 공소제기된 사안에서, 법원은 "종합소득세를 포탈한 경우 납부기한 후에 몰수나 추징의 집행이라는 후발적 사유가 발생하여 당초의 부과처분을 경정하더라도 조세포탈죄의 성립에 영향을 미치지 않는다"라고 판시[410]하였다. 이는 뇌물죄 등 형사 유죄판결로 위법수익이 몰수·추징된 이후에 몰수·추징부분에 대한 부과처분에 대하여는 후발적 경정청구를 할 수 있다고 판시한 대법원 2015.7.16. 선고 2014두5514 전원합의체 판결과 대비된다.

⑵ 납세의무확정 이후 다른 항목의 소득변경으로 포탈 결과가 부존재하게 된 경우

(가) 의 의

앞의 (1)에서는 납세의무 확정 이후에 동일한 세목에 대한 소득변경으로 포탈 결과가 부존재하게 된 경우에 관하여 기술하였다. 이와 달리 납세의무 확정 이후 다른 항목의 소득변경으로 포탈 결과가 부존재하게 된 경우, 예를 들어 법인세포탈로 공소제기된 사안에서 공소제기된 법인세포탈 세부항목 중 공소제기된

409) 대법원 2015.10.29. 선고 2013도14716 판결; 대법원 1985.10.22. 선고 83도2933 판결은 '조세포탈에 관한 형사판결이 있은 후에 그 조세부과처분을 취소하는 행정소송판결이 확정된 경우에는 형사소송법 제420조 제5호 소정의 재심사유에 해당한다'라고 판시하여 같은 취지로 선고하고 있다.

410) 대법원 2017.4.7. 선고 2016도19704 판결에서는 "원심은 신고납세방식의 조세인 종합소득세를 포탈한 경우 그 신고·납부기한이 지난 때에 조세포탈행위의 기수가 되므로 그 납부기한 후에 몰수나 추징의 집행이라는 후발적 사유가 발생하여 당초의 부과처분을 경정하더라도 조세포탈죄의 성립에 영향을 미치지 않는다는 이유로, 이 부분 공소사실이 유죄로 인정된다고 판단하였다. 원심의 이러한 판단은 논리와 경험의 법칙에 반하여 자유심증주의의 한계를 벗어나거나 몰수·추징 등 후발적 사유에 따른 조세포탈죄의 성립 여부, 공소권 남용에 관한 법리를 오해한 잘못이 없다"라고 판시하고 있다.

포탈항목이 아닌 다른 항목(사유)에 대하여 과세관청이 당초 납세의무에 대한 부과처분을 취소한 결과, 그 부과처분의 취소 효과가 소급적용되고 법인세 세액산정을 총액주의로 하는 특수성 등으로 인하여 당해 사업연도의 조세포탈의 결과(납세의무)가 존재하지 않는 결과가 되었다면 그 경우에도 조세포탈의 결과가 존재하지 않는다고 하여 조세포탈죄가 성립되지 않는다고 할 것인지 여부가 문제될 수 있다.

(나) 법인세포탈세액 산정 원칙으로서 순자산증가설 내지 총액주의

법인세 및 소득세포탈은 각 역년(歷年) 또는 사업연도 소득에 대하여 성립하는 단순 일죄이고 그 단일불가분의 소득에 대한 포탈행위가 법적 평가의 대상이 되고 개개의 계정과목 또는 거래사실이 독립하여 평가의 대상이 되는 것이 아니다.[411] 따라서 소득의 입증자료로서 개개의 계정과목은 주요사실이 아니고 주요사실이 되는 소득금액을 입증하는 하나의 항목에 불과하다.

법원도 "법인세는 사업연도를 과세기간으로 하는 것이므로 그 포탈범죄는 각 사업연도마다 1죄가 성립하고, 일죄의 관계에 있는 범죄사실의 일부에 대한 공소제기 및 고발의 효력은 그 일죄의 전부에 대하여 미치므로, 동일한 사업연도 내의 법인세포탈에 대하여 계정과목이 다른 포탈소득을 추가하여 기소하는 것은 별도로 고발을 받지 아니하더라도 이미 고발된 법인세포탈과 동일성이 있는 사실이어서 적법한 고발이 있는 것으로 본다"라고 판시[412]하여 법인세포탈에서는 포탈세액 산정 시에는 계정과목에 관계 없는 무색무취한 순자산증가설과 총액주의 원칙을 채택하고 있다.

따라서 법인세의 경우에 동일 세목에서 같은 계정과목 내에서의 포탈세액에 대한 공소장 변경은 물론 계정과목이 다른 포탈세액의 공소장 변경도 같은 과세연도에 속하고 동일성의 범위 내에 있으면 허용된다. 법원도 "매출누락으로 기소된 피고인에 대하여 별도로 비용의 과대계상이 인정되는 경우 이를 포탈소득에 추가하는 공소장 변경도 허용된다"라고 판시[413]하고 있는데, 이는 이러한 순자산증가설 내지 총액주의 원칙을 반영한 것이다.

---

411) 개개의 계정과목은 실제소득금액의 내용을 구성하는 것으로 공소사실로 표시되지 아니하나 재판상 중요한 공격·방어의 방법이 된다. 따라서 개개의 계정과목의 변경은 실제소득금액의 변경과 포탈세액의 변경을 가져오고 그에 따라 공소장 변경의 필요성이 검토되어야 한다.

412) 대법원 2005.1.14. 선고 2002도5411 판결.

413) 서울고등법원 2002.9.13. 선고 2002노1097 판결.

한편 법인세법은 익금 및 손금 개념을 포괄적으로 정의하고 있으며 이는 소득의 개념 중 순자산증가설에 터잡은 것으로 납세의무자가 특정 사업연도에 벌어들인 전체 수익과 지출한 전체 비용을 기준으로 익금과 손금을 계산하여 과세표준을 결정한다. 조세소송에서도 납부세액 결정과 관련하여 총액주의[414]와 쟁점주의[415]가 대립하고 있고, 법인세에 있어서 총액주의가 판례 및 통설의 견해이다. 이 총액주의에 따를 경우 법인세에 있어서 조세포탈의 결과(납세의무 존재)는 조세포탈로 고발 또는 공소제기된 이후에 고발사실에 포함되지 아니한 다른 항목에 대한 경정청구 등에 의하여 소득이 경정된 경우에 그 경정된 소득까지를 소급반영하여 객관적으로 재계산된 정당한 소득에서 기존에 신고한 소득을 차감하여 정당한 소득이 기존에 신고한 소득에 미달하는 경우에는 조세포탈죄가 성립되지 않게 된다.

(다) 최근 사례

1) 사안 개요

과세관청이 2013년 A회사에 대한 세무조사를 통하여 '가공 감가상각비' 및 '투자주식처분손실'과 관련된 비용을 부인하여 그 부분에 해당하는 만큼 부과처분을 하였고, 그중 '가공 감가상각비' 부분만 부정행위가 존재한다는 이유로 법인세포탈죄 공소사실에 포함되어 공소제기된 상태에서 납세의무자는 위 두 가지 부과처분에 대하여 불복심판청구를 제기하였다. 이에 조세심판원이 이 두 가지 처분 중 공소제기되지 않은 '투자주식처분손실' 부분에 대한 과세처분만을 취소하여 이 취소된 부분에 대한 비용을 손금산입하여 해당 사업연도의 법인세액을 재산정한 결과 법인세액이 0원으로 산정되어 해당 사업연도에 대한 법인세 부과처분 전부를 취소한 경우에 그 취소의 효과가 조세포탈죄에서 공소제기된 납세의무에도 영향을 미쳐 해당 사업연도의 조세포탈죄가 성립하는지 여부가 문제되었다.

---

414) 총액주의는 과세처분에 의하여 확정된 세액이 조세실체법에 의하여 객관적으로 존재하는 세액을 초과하는지 여부가 심판의 대상과 범위가 된다. 이에 따르면, 소송에서 다투어지는 특정 과세 항목과 무관한 다른 항목을 인용하여 그 결론을 달리 할 수 있다. 대법원 2009.5.14. 선고 2006두17390 판결은 "피고가 원고의 당초 신고내용 가운데 가공경비를 부인하여 한 이 사건 부과처분 중 원고가 당초 신고에서 누락한 인건비가 추가 공제되어야 한다는 주장을 받아들여 그에 따라 재산출된 정당한 세액을 초과하는 부분이 위법하다고 판단한 것은 정당하다"고 판시하여 총액주의 입장에서 판시하고 있다.

415) 쟁점주의는 심판의 대상 및 범위를 과세관청의 처분이유와 관계되는 세액의 적법 여부로 한정하는 견해이다.

2) 판결 결과

이에 대하여 법원은 "조세포탈죄는 납세의무자가 국가에 대하여 지고 있는 것으로 인정되는 일정액의 조세채무를 포탈한 것을 범죄로 보아 형벌을 과하는 것으로서, 조세포탈죄가 성립하기 위해서는 조세법률주의에 따라 세법이 정한 과세요건이 충족되어 조세채권이 성립하여야만 되는 것이므로, 세법이 납세의무자로 하여금 납세의무를 지도록 정한 과세요건이 구비되지 않는 한 조세채무가 성립되지 않음은 물론 조세포탈죄도 성립할 여지가 없다(대법원 1989.9.29. 선고 89도1356 판결; 2005.6.10. 선고 2003도5631 판결 참조). 또한 과세관청이 조세심판원의 결정에 따라 당초 부과처분을 취소하였다면 그 부과처분은 처분시에 소급하여 효력을 잃게 되어 원칙적으로 그에 따른 납세의무가 없어진다(대법원 1985.10.22. 선고 83도2933 판결; 대법원 2015.10.29. 선고 2013도14716 판결 참조). 이러한 법리는 조세포탈로 공소제기된 처분사유가 아닌 다른 사유로 과세관청이 당초 부과처분을 취소한 경우에도 마찬가지로 적용된다고 할 것이므로, 이러한 경우에도 조세채무의 성립을 전제로 한 조세포탈죄는 성립할 수 없다"라고 판시[416]하면서 원심판결 중 법인세포탈과 관련하여 특정범죄가중처벌등에관한법률위반(조세)죄를 유죄로 인정한 일부 원심판결을 무죄취지로 파기환송하였다.

이 판결로 과세관청은 향후 법인에 대하여 세무조사를 한 다음에 고발을 할 경우에는 법인세 과세항목이 복잡 다양하고, 해외사업을 많이 수행하는 법인 등의 경우에는 해당 사업연도의 납세의무범위를 결정함에 있어서 조세심판원에서 진행 중인 불복청구 및 경정청구 부분까지 고려하여 종합적인 검토를 한 다음에 납세의무존재(조세포탈의 결과)에 문제가 없는 경우에 고발하여야 하는 부담을 안게 되었다. 최근 검찰에서도 위 판결을 원용하여 납세의무가 존재하지 않는다는 이유로 법인세포탈혐의로 고발된 사안에서 피고발인을 무혐의 결정을 한 사례[417]도 있다.

5. 조세포탈죄의 기수시기

(1) 의 의

조세포탈죄는 부정한 행위로써 조세를 포탈하거나 환급·공제를 받은 경우에 성립하는 범죄로 협의의 조세포탈과 부정환급·부정공제라는 결과가 발생하여야

416) 대법원 2020.12.30. 선고 2018도14753 판결.
417) 서울중앙지방검찰청 2021.6.30. 결정 2018형제52760호 사건 불기소 결정문 참조.

비로소 처벌이 가능한 결과범이다. 조세범처벌법에서는 모든 조세범죄에 대하여 미수범 처벌규정을 두고 있지 아니하므로 미수범은 처벌하지 않는다.

조세포탈죄 기수시기의 기준이 되는 조세포탈의 결과가 어느 시점에 발생하는지에 대하여 과거에는 확정시설[418]과 납기설[419]이 있었는데, 1963.1.1. 조세범처벌법에서 납기설의 입장에서 입법화함으로써 현재는 논의 실익이 없다. 조세포탈죄의 보호법익은 '국가 과세권의 보호'이므로 납세의무자가 국가 과세권을 침해하여 세법이 정한 납부기한까지 조세를 납부하지 않으면 그 납부기한이 지난 시점에서 조세포탈죄의 기수가 성립한다. 조세범처벌법 제3조 제5항에서는 납세의무자가 부정한 방법으로 국가의 조세의 부과와 징수를 불가능하게 하거나 어렵게 하여 국가의 조세수입 확보를 침해한 시점, 즉 부과납세방식의 조세에서는 납세의무자의 과세표준신고와 미신고의 경우를 나누어, 과세표준신고가 있는 경우에는 납세의무자의 신고에 따라 과세관청이 부과결정하면서 정한 결정세액의 납부기한이 경과한 시점에, 과세표준 미신고의 경우에는 부과납세방식의 조세에서 미신고로 인하여 과세관청의 부과결정이 아예 있을 수 없어 납부기한을 정할 수 없으므로 세법상 신고기한이 도과한 시점으로, 신고납세방식의 조세에서는 개별세법에서 정한 신고납부기한의 경과시점으로, 각 기수시기로 명문화하였다.

다만, 과세표준 및 세액에 관한 허위과소신고 또는 미신고가 실행행위를 구성하지 않는 허위의 경정청구 또는 과세표준신고와 다른 허위의 환급신청 내지 세액공제신청 등에 의해 성립되는 부정환급이나 부정공제 등에 대하여는 조세범처벌법 제3조 제5항에 명문규정이 없으므로 일반 형법상 결과범의 기수 성립이론에

---

418) 납세의무자가 납부하여야 할 세액이 확정된 때를 조세포탈의 기수 시점으로 보는 견해로, 대법원 2007.2.15. 선고 2005도9546 전원합의체 판결에서는 "납세의무자가 과세표준을 제대로 신고하는 등으로 조세의 확정에는 아무런 지장을 초래하지 아니하였지만, 그 신고에 따른 조세를 체납할 의도로 그 신고 이전에 사기 그 밖의 부정한 방법으로 재산의 전부 또는 대부분을 은닉 또는 탈루시킨 경우 그 과세표준의 신고는 조세를 납부할 의사는 전혀 없이 오로지 조세의 징수를 불가능하게 하거나 현저히 곤란하게 할 의도로 사기나 그 밖의 부정한 행위를 하는 일련의 과정에서 형식적으로 이루어지 것이어서 실질에 있어서는 과세표준을 신고하지 아니한 것과 다를 바 없다"라고 판시하여 조세의 포탈죄에 해당한다고 판시하였는바, 이 판결의 별개의견으로는 이 경우 납세의무자가 정당한 세액의 조세채권이 확정되는데 어떠한 방해나 지장을 초래하지는 않았으므로 조세포탈죄가 성립하지 않는다고 보고 있다(이태로·한만수, 조세법강의, 2020, 1274~1275면 참조).

419) 납세의무자의 납부하여야 할 세액에 대해 법률상 납부하여야 할 때를 기준으로 조세포탈의 기수 시점으로 보는 견해로, 조세포탈죄 보호법익은 '조세의 적정한 부과·징수를 통한 국가의 조세수입의 확보'가 침해되었을 때에 기수가 성립된다고 하는 것으로, 그러한 결과는 세법에 정한 납부기한까지 조세가 납부되지 않음으로써 발생하였다고 볼 수 있다는 논리에 기초한다(김종근, 조세형사법 해설, 2021, 199면 참조).

따라 범죄결과가 발생된 시점에 기수가 성립한다.[420)]

(2) 부과납세방식 조세의 경우

부과납세방식 조세란 과세관청의 부과처분에 의하여 과세표준과 세액을 확정하는 방식의 조세를 말한다. 부과납세방식의 조세는 해당 세목의 과세표준을 정부가 결정하거나 조사결정한 후 그 납부기한이 지난 때를 기수시기로 한다. 다만, 납세의무자가 조세를 포탈할 목적으로 세법에 따른 과세표준을 신고하지 아니함으로써 해당 세목의 과세표준을 정부가 결정하거나 조사결정할 수 없는 경우에는 해당 세목의 과세표준의 신고기한이 지난 때로 한다(조세범처벌법 제3조 제5항 제1호).

부과납세방식의 조세에는 상속세, 증여세 등이 있다. 상속세 납부의무가 있는 상속인 또는 수유자는 상속개시일이 속하는 달의 말일부터 6개월 이내에 상속세의 과세가액 및 과세표준을 관할세무서장에게 신고하여야 한다(상속세 및 증여세법 제67조). 증여세 납세의무가 있는 자는 증여받은 날이 속하는 달의 말일부터 3개월 이내에 증여세의 과세가액 및 과세표준을 관할세무서장에게 신고하여야 한다(상속세 및 증여세법 제68조). 부과납세방식의 조세에 있어서도 통상 납세의무자에게 과세표준 및 세액의 신고의무를 부여하고 있는데, 이러한 신고는 납세의무를 확정시키는 효력은 없고 조세행정상 협력의무에 불과하다. 납세의무자의 신고의무의 이행 여부에 따라 세액공제의 혜택을 받거나 가산세 부과의 불이익을 받을 뿐이다. 부과납세방식의 조세 중 납세의무자에게 신고의무가 부여된 세목은 과세관청이 그 신고에 의하여 과세표준과 세액을 결정하거나 그 신고한 과세표준과 세액이 탈루, 오류가 있는 경우 그 과세표준과 세액을 조사하여 결정한다.

부과납세방식의 조세는 조세채권의 확정권이 과세관청에게 있다. 법원은 "부과납세방식의 조세에 있어서 납세의무자의 과세표준확정신고에 의하여 과세표준확정신고 결정을 할 경우에도 그와 같은 결정과 통지가 없는 한 조세채무를 확정하는 부과처분은 있었다고 할 수 없다"라고 판시[421)]하여 부과납세방식의 조세에 있어서는 납세의무자의 과세표준확정신고서에 의한 과세표준확정신고만으로 조세채

---

420) 조세범처벌법상 기수시기에 대한 입법은 우리나라가 유일하고, 이는 기수시기에 대한 입법화를 통하여 학설상 다툼을 해결하기 위한 목적으로 보이기는 하나, 조세포탈행위 특성상 수정신고와 기수시기, 부정환급·공제의 경우에 있어서 기수시기, 자동확정방식의 기수시기에 대하여는 현행 조세범처벌법 제3조 제5항에 의하여 해결되지 않으므로 추가 입법이 필요하다는 견해도 있다(이천현, 조세포탈죄의 기수시기와 죄수, 경희법학 제48권 제4호, 2013.12, 343~344면 참조).

421) 대법원 1998.2.27. 선고 97누18479 판결.

무를 확정하는 효력이 발생하지 않는다고 하고 있다. 또한 법원은 "피고인이 주식의 매도단가를 낮추어 양도차익을 허위로 적게 신고하고 그에 따른 양도소득세만 사전납부 한 것은 사실이나, 관할세무서장의 과세처분경정만 있을 뿐이고 양도소득세의 납부기한이 기재된 부과처분결정을 통지한 사실도 없고 탈루세액에 대한 납부고지통지 전 탈루세액 전부 납부한 이상 위 범칙 행위는 납부기한 미경과로 미수에 그친 것이므로 조세범처벌법상 죄가 되지 않는다"라고 판시[422]하여 부과납세방식의 조세포탈사건에서 납부기한이 기재된 부과처분통지가 송달된 사실이 없으면 조세범처벌법위반죄로 처벌할 수 없다고 하였다.[423]

납세의무자가 조세를 포탈할 목적으로 세법에 따른 과세표준을 신고하지 아니하여 과세관청이 과세표준과 세액을 결정할 수 없게 되었다면, 이와 같은 경우 납부기한이 있을 수 없으므로 이때에는 과세표준의 신고기한이 지난 때 기수시기가 된다(제1호 단서). 이 경우에는 과세표준 미신고로 인하여 과세관청의 부과결정 자체가 있을 수 없어 부과처분에 따른 납부기한도 있을 수 없으므로 과세표준신고를 이행한 납세의무자와의 형평성 등을 고려하여 본래의 부과납세의무 확정과 무관하게 세법상 신고기한이 도과됨으로써 조세포탈죄 기수가 성립하게 한 것이다.

(3) 신고납세방식 조세의 경우

신고납세방식 조세란 납세의무자가 스스로 과세요건의 충족을 조사·확인하여 과세표준과 세액을 신고함으로써 납세의무를 확정하는 방식의 조세를 말한다. 신고납세방식의 조세는 과세표준 허위신고, 과세표준 미신고 모두 과세표준에 관한 신고·납부기한이 지난 때에 조세포탈죄 기수가 성립한다. 따라서 납세의무자가 과세표준과 세액을 허위신고하였으나 과세관청이 그 신고의 오류를 발견하고 경정하여 납세의무를 재확정하는 경우에도 신고·납부기한이 지난 때 기수가 되고, 납세의무자가 조세를 포탈할 목적으로 과세표준을 신고하지 않은 경우에도 당해 세목의 과세표준의 신고기한이 지난 때 기수가 된다. 확정신고 이외에 예정신고가 있는 소득세와 부가가치세의 경우에는 확정신고 시에 기수가 성립한

---

422) 대법원 2000.10.11. 선고 2000도1056 판결.

423) 다만, 부과처분통지의 송달과 관련하여, 상속세 또는 증여세에서 납세의무자가 허위·과소신고한 대로 부과결정이 이루어지고, 부과처분통지 전에 납세의무자의 자진납부로 납세고지 없이 상속세 및 증여세 사무처리규정 제40조 제1항 제2호에 의한 상속세 또는 증여세 결정통지서, 재산평가명세서만을 통지함으로써 부과결정에 따른 납부기한이 없는 경우가 있는데, 이 경우에도 결과범의 기수시기에 관한 일반론에 따라 세액을 과소하게 확정하는 부과결정이 이루어진 때에 기수가 성립한다고 봄이 타당하다고 본다(김종근, 조세형사법 해설, 2021, 200면 참조).

다(소득세법 제105조, 제106조, 부가가치세법 제48조). 법원도 "납세자가 양도소득세 예정신고를 한 후 그와 다른 내용으로 확정신고를 한 경우에는 그 예정신고에 의하여 잠정적으로 확정된 과세표준과 세액은 확정신고에 의하여 확정된 과세표준과 세액에 흡수되어 소멸하고, 이에 따라 예정신고를 기초로 이루어진 징수처분 역시 효력을 상실한다"라고 판시[424]하고 있다.

신고납세방식의 조세에는 소득세, 법인세, 부가가치세, 개별소비세, 주세, 증권거래세 등이 있다. 소득세는 소득의 종류에 따라 종합과세되는 종합소득세와 별도로 분류과세되는 양도소득세, 퇴직소득세로 나눌 수 있다. 종합소득세는 매년 1월 1일부터 12월 31일까지 1년을 과세기간으로 하고, 과세기간의 다음 연도 5월 1일부터 5월 31일까지 신고·납부하여야 한다(소득세법 제5조, 제70조 제1항). 양도소득세의 경우 토지 또는 건물, 부동산에 관한 권리 등을 양도한 경우 양도일이 속하는 말일부터 2월 이내에 예정신고를 하고, 주식 또는 출자지분 양도의 경우 양도일이 속하는 반기의 말일부터 2개월 이내에 예정신고를 하고, 확정신고는 양도일이 속하는 연도의 다음 연도 5월 1일부터 5월 31일까지 하여야 한다(소득세법 제105조, 제110조). 법인세는 각 사업연도의 소득 등을 과세소득으로 정하고 있고, 사업연도는 법령이나 법인의 정관 등에서 정하는 1회계기간으로 하고, 다만 그 기간은 1년을 초과하지 못한다(법인세법 제4조 제1항, 제6조). 그리고 각 사업연도의 종료일이 속하는 달의 말일부터 3개월 이내에 법인세를 신고·납부하여야 한다(법인세법 제60조 제1항). 구체적인 사업연도는 법령이나 정관에서 규정하고 있으나, 대부분의 법인은 사업연도를 매년 1월 1일부터 12월 31일까지로 정하고 있으므로, 다음 해 3월 31일까지 법인세를 신고·납부하여야 하고, 4월 1일이 되면 기수가 된다(사업연도를 3월 1일부터 다음해 2월 말까지 하는 법인의 기수시기는 6월 1일이다). 부가가치세의 과세기간은 제1기와 제2기로 나누고, 제1기는 매년 1월 1일부터 6월 30일까지, 제2기는 7월 1일부터 12월 31일까지이다(부가가치세법 제5조 제1항). 부가가치세는 과세기간이 끝난 후 25일 이내에 신고·납부하여야 하므로(부가가치세법 제49조 제1항), 기수시기는 제1기의 경우에는 7월 26일이고, 제2기의 경우에는 다음 해 1월 26일이다. 법원은 "사업자가 폐업한 경우의 과세기간은 폐업일이 속하는 과세기간의 개시일로부터 폐업일까지이므로(부가가치세법 제5조 제3항), 사업자가 폐업한 경우 부가가치세 포탈의 범칙행위는 폐업일로부터 25일의 신고·납부기한이 경과함으로써 기수에 이른다"라고 판시[425]하고 있다.

---

424) 대법원 2008.5.29. 선고 2006두1609 판결.

일반 형사범과 마찬가지로 법원도 "신고납세방식 조세에서 납세의무자가 조세를 포탈할 목적으로 법에 의한 과세표준을 신고하지 아니함으로써 당해 세목의 과세표준을 정부가 결정 또는 조사결정을 할 수 없는 경우에는 당해 세목의 과세표준 신고기한이 경과한 때에 조세포탈범죄는 기수에 이르고, 범죄가 완성된 이후에 정부의 과세결정이 있다거나 납세의무자가 포탈세액 전부 또는 일부를 납부하였다는 사정은 범죄성립에 영향을 미치지 아니한다"라고 판시[426]하고 있다.

이상의 기수시기에 대한 설명을 세목별로 간략하게 도표로 정리하면 다음과 같다.

세목	신고 · 납부기한	기수시기
소득세	과세연도의 다음 연도 5월 1일부터 5월 31일까지	다음 해 6월 1일
법인세	각 사업연도의 종료일이 속하는 말일부터 3개월 이내	다음 해 4월 1일
부가가치세	과세기간이 종료 후 25일 이내	제1기: 7월 26일 제2기: 다음 해 1월 26일

(4) 자동확정방식 조세의 경우

자동확정방식 조세란 조세채무의 확정을 위하여 특별한 절차를 필요로 하지 않고 납세의무가 성립함과 동시에 확정되는 방식을 말한다. 이에 해당하는 조세로는 인지세, 원천징수하는 법인세 · 소득세가 이에 해당한다. 원천징수의무자는 원천징수한 소득세, 법인세를 그 징수일이 속하는 달의 다음 달 10일까지 관할 세무서 등에 납부하여야 한다(소득세법 제128조, 법인세법 제73조, 제98조).

자동확정방식 조세의 기수시기는 조세범처벌법 제3조 제5항 제2호에 따라 신고 · 납부기한의 다음날이다. 법원도 "원천징수하는 소득세 · 법인세포탈은 원천징수의무자의 신고 · 납부기한인 그 징수일이 속하는 달의 다음 달 10일이 경과하면 기수가 된다"라고 판시[427]하고 있다.

425) 대법원 2007.2.15. 선고 2005도9546 판결.
426) 대법원 2011.6.30. 선고 2010도10968 판결.
427) 대법원 1998.5.8. 선고 97도2429 판결(원심판결: 서울고등법원 1997.9.9. 선고 96노1193 판결).

(5) 수정신고, 기한 후 신고의 경우

수정신고란 납세의무자가 법정신고기한 내에 과세표준을 신고하였으나 그 신고 내용에 오류·탈루가 있어 당초 과세표준을 과소신고한 경우 관할 세무서장이 해당 국세의 과세표준과 세액을 결정 또는 경정하여 통지하기 전으로서 국세기본법 제26조의2(국세의 부과제척기간)에 따른 기간이 끝나기 전까지 할 수 있는 신고를 말한다(국세기본법 제45조 제1항). 기한 후 신고란 세법에서 정한 법정신고기한까지 과세표준신고서를 제출하지 아니한 자가 관할 세무서장이 해당 국세의 과세표준과 세액을 결정하여 통지하기 전까지 할 수 있는 신고를 말한다(국세기본법 제45조의3 제1항). 기한 후 신고는 수정신고와 유사하나, 과세표준을 신고하지 않은 경우를 전제로 한다는 점에서 차이가 있다.

법정신고기한이 지난 후 2년 이내에 수정신고하거나 법정신고기한이 지난 후 6개월 이내에 기한 후 신고를 한 경우에는 조세범처벌법 제3조 제3항 및 국세기본법 제48조에 의하여 형을 감경하거나 가산세 감면혜택이 주어진다. 법원은 "과세표준이나 세액을 허위로 과소신고하여 조세를 포탈한 경우에는 그 납부기한이 경과됨으로써 조세포탈죄는 기수가 되고, 납부기한 이후에 수정신고를 하였다고 하더라도 이미 완성된 조세포탈죄의 성립에 아무런 영향을 미칠 수 없다"라고 판시[428]하여 범죄성립 후 수정신고는 범죄성립과 무관하게 정상참작 사유 정도에 불과하다고 보고 있다. 기한 후 신고에도 동일한 법리가 적용된다.

(6) 부정환급, 부정공제의 경우

(가) 의 의

조세범처벌법 제3조 제5항 규정은 과세표준과 세액에 대해 허위신고 또는 미신고로 성립하는 협의의 조세포탈에 대한 일반적인 조세포탈죄의 기수시기를 정한 것으로, 부정환급·부정공제, 허위의 경정청구 등에는 적용할 수 없다.[429] 따라서

---

428) 대법원 1988.11.8. 선고 87도1059 판결.

429) 기수시기와 관련하여 본문에서 별도의 항목으로 다루지 않은 제2차 납세의무에 대한 조세포탈의 기수시기와 관련하여, 대법원 2006.11.24. 선고 2005도5567 판결(원심: 서울고등법원 2005.7.15. 선고 2002노2570 판결)에서는 "주된 납세의무자인 A회사의 재산으로는 객관적으로 법인세 등 징수부족액이 생길 것으로 인정된다고 하여도 이 때에는 과점주주인 교회의 제2차 납세의무가 추상적으로 성립할 뿐이고, 그 후 과세관청이 교회에 대하여 A회사의 체납세액과 가산금 등을 납부고지함으로써 구체적으로 확정되었는데, 교회가 고지받은 납부기한 내에 위 체납세액 등을 모두 납부하였으므로 제2차 납세의무 포탈의 기수에는 이르지 않았다고 할 것인바(공소사실대로 100%

조세범처벌법 제3조 제5항을 적용할 수 없는 조세포탈범에 대해서는 조세포탈범도 당연히 형사범에 포함되므로 일반 형사범의 결과범의 기수시기 법리를 적용하여 포탈의 결과가 발생한 시점에 기수가 성립되는 것이 상당하다고 본다.[430]

(나) 부정환급

부가가치세 환급이란 매출세액보다 매입세액이 많을 때 이미 납부받은 부가가치세를 다시 되돌려 받는 것을 말한다. 부가가치세 확정신고 시 환급세액이 발생한 경우, 과세관청은 확정신고기한이 경과한 후 30일 이내에 사업자에게 환급세액을 지급하여야 한다. 예정신고 시에는 환급세액이 발생하여도 실제로 지급되지 않으며 확정신고 시에 납부할 세액에서 공제하거나 환급한다. 다만, 사업자가 수출 등으로 영세율을 적용받는 경우 등에는 예정신고 기한이 지난 후 15일 이내에 사업자에게 환급세액을 조기환급하여야 한다(부가가치세법 제59조, 부가가치세법 시행령 제106조). 부정환급이란 실물거래 없이 수취한 가공 세금계산서나 공급가액이 과다기재된 세금계산서를 이용하여 부정하게 매입세액 공제를 받는 경우와 같이 부정한 방법으로 부가가치세를 환급받는 것을 말한다.

부정환급의 경우 그 기수시기를 언제로 보아야 하는지 문제가 된다. 부정환급은 과세표준 신고기한의 경과시나 부정환급이 결정된 시기가 아니라 환급금의 지급이 이루어지는 때에 국가의 조세수입의 감소가 초래되는 결과가 발생하므로 그 시점에 기수가 성립한다고 보아야 한다.[431] 법원도 "사기 기타 부정한 행위로 부가가치세를 조기환급 받았을 경우에는 신고·납부기간의 경과와 상관없이 실제 환급을 받았을 때 부정환급에 의한 조세포탈죄가 성립하므로 그 후에 수정신고를 하였다거나 환급세액을 스스로 반환한 사실이 있다고 하더라도 달리 볼 것은 아니고, 조세포탈의 범의는 사기 기타 부정한 행위로 실제 조기환급을 받았을 때를

교회 소유 주식을 교회가 과점주주인 사실을 위장하기 위하여 사전에 교인들에게 명의신탁을 하였다고 하여도 A회사의 과점주주로서 제2차 납세의무를 포탈하기 위한 준비행위 혹은 실행행위의 일부를 한 것일 뿐이다), 조세범처벌법에 위 조세포탈행위의 미수범 처벌에 관한 규정이 없는 이상 위 공소사실은 범죄가 되지 않는 경우에 해당한다"라고 판시하여 제1심의 판결을 파기하면서 무죄를 선고하였는바, 제2차 납세의무는 신고기한이 없는 부과납세방식의 조세로 이에 대한 조세포탈의 기수시기에 대하여는 조세범처벌법 제3조 제5항을 적용할 수 없어 결과범의 기수시기에 관한 일반론에 따라 제2차 납세의무가 성립되고 부정행위에 따른 포탈의 결과가 발생한 시점에 기수가 성립된다고 봄이 상당하다(김종근, 조세형사법 해설, 2021, 117~118면 참조).

430) 김종근, 조세형사법 해설, 200면도 같은 취지이다.

431) 같은 취지로 안대희, 조세형사법, 2015, 405면; 김종근, 조세형사법 해설, 2021, 204면; 김태희, 조세범처벌법, 2020, 249면 참조.

기준으로 판단하여야 한다"라고 판시[432]하고 있다.

(다) 부정공제

세액공제란 과세표준에 세율을 적용하여 산출된 확정된 세액에서 일정한 금액을 공제하는 세금혜택제도이다. 세액공제는 과세표준에 세율을 곱하여 산출된 세액에서 일부 세액을 공제하여 주는 것으로 과세대상인 과세표준에서 일정 소득을 공제하여 주는 소득공제와 다르다. 소득세법상 세액공제로는 배당세액공제, 외국납부세액공제, 재해손실세액공제, 근로소득세액공제 등이 있고(소득세법 제56조 내지 제61조), 법인세법상 세액공제로는 외국납부세액공제, 재해손실세액공제, 투자세액공제 등이 있다(법인세법 제57조 내지 제59조).

부정공제는 부정한 행위로 세액공제 요건이 충족되지 않음에도 공제를 받거나 정당하게 공제받아야 할 세액을 초과하여 공제받는 것을 말한다. 부정공제는 조세범처벌법 제3조 제1항에서 부정행위로 '조세'의 공제를 받는 경우 처벌한다고 규정하고 있으므로, 부정공제는 세액공제만 포함하고 소득공제는 포함하지 아니한다. 과세표준 및 세액에 관한 허위과소신고가 실행행위를 이루는 유형의 부정공제는 조세범처벌법 제3조 제5항에 따라 신고·납부기한의 경과로 조세포탈죄의 기수가 되고, 과세표준 및 세액에 관한 허위 과소신고가 실행행위를 이루지 않는 유형의 부정공제는 결과범의 기수시기에 관한 일반론에 따라 조세포탈죄의 구성요건적 결과가 발생하는 시기, 즉 부정공제가 확정되는 시기에 기수가 성립한다.[433]

Ⅵ. 인과관계

형법 제17조에서는 '어떤 행위라도 죄의 요소되는 위험 발생에 연결되지 아니하는 때에는 그 결과로 인하여 벌하지 않는다'라고 규정하여 범죄행위와 결과 사이에 인과관계가 인정되지 아니하면 처벌할 수 없도록 하고 있다. 형법에서 인과관계가 문제되는 것은 결과범으로, 일반적인 경험에 비추어 그러한 행위로부터 그러한 결과가 발생하는 것이 상당하다고 인정될 때, 그 행위와 결과 사이에는 인과관계가 있다고 한다.

---

432) 대법원 2007.12.27. 선고 2007도3362 판결.
433) 같은 취지로는 김종근, 조세형사법 해설, 2021, 204면.

조세포탈죄도 형사범의 일종임과 동시에 결과범이므로 조세포탈을 위한 실행행위인 부정행위와 조세포탈의 결과 사이에 인과관계가 인정되어야 행위자에게 조세포탈의 책임을 물을 수 있다. 납세의무자가 부정행위로 허위신고 내지 미신고를 하여 납부할 세액을 면제받거나 감경받은 경우에는 통상적으로 부정행위와 포탈의 결과 사이에 인과관계가 인정되어 조세포탈죄로 처벌된다. 포탈의 결과가 납세의무자의 부정행위로 인한 것이 아니라 다른 원인에 기인한 것이 입증되면 부정행위와 포탈의 결과 사이에 인과관계가 인정되지 아니하여 조세포탈로 처벌되지 않는다.

Ⅶ. 고 의

1. 의 의

형법 제13조에서는 '죄의 성립요소인 사실을 인식하지 못한 행위는 벌하지 아니한다. 다만, 법률에 특별한 규정이 있는 경우에는 예외로 한다'라고 규정하고, 제14조에서는 '정상적으로 기울여야 할 주의를 게을리하여 죄의 성립요소인 사실을 인식하지 못한 행위는 법률에 특별한 규정이 있는 경우에만 처벌한다'고 규정하여 형법에서는 원칙적으로 고의범만을 처벌하고 있다. 형법상 고의의 개념은 구성요건에 해당하는 사실을 인식하고 그 인식된 결과를 실현하려고 하는 주관적 의사이다. 고의는 확정적 고의뿐만 아니라 미필적 고의[434)]가 있어도 된다.

조세범처벌법에는 고의에 대한 직접적인 규정이 없지만 조세포탈죄도 형사범의 일종으로 조세의 특수성이 우선 적용되는 부분을 제외하고는 형사법 이론이 그대로 적용되므로 고의에 관한 형법이론이 그대로 적용된다. 법원은 "사기 기타 부정한 행위로 조세를 포탈함으로써 성립하는 조세포탈범은 고의범이지 목적범이 아니므로 피고인에게 조세를 회피하거나 포탈할 목적까지 가질 것을 요하는 것이 아니며, 이러한 조세포탈죄에 있어서 범의가 있다고 함은 납세의무를 지는 사람이 자기의 행위가 사기 기타 부정한 행위에 해당한다는 것을 인식하고 그 행위로 인

434) 대법원 1992.3.10. 선고 92도147 판결은 부가가치세액을 교부하지 아니하고 도급관계에 있던 운송업체들로부터 허위과대 계상된 세금계산서를 교부받아 매입세액공제를 한 부가가치세 포탈사안에서 "그 운송업체들이 과대계상된 매출세액을 신고·납부하지 아니하거나 납부한 후에 환급받을 수도 있다는 점에서 적어도 미필적으로라도 인식하여 조세포탈의 범의가 있다"라고 판시하여 부가가치세 포탈과 관련하여 미필적 고의를 명시적으로 인정하고 있다.

하여 조세포탈의 결과가 발생한다는 사실을 인식하면서 부정행위를 감행하거나 하려고 하는 것이다"라고 판시[435]하고 있다.

한편 위 조세포탈죄에서 고의의 내용 및 법리가 의제증여세 포탈범죄에도 그대로 적용되는지 여부와 관련하여 법원은 "의제증여세 포탈범죄가 성립하기 위하여는 구 조세범처벌법에서 정한 조세포탈의 주체가 조세의 부과와 징수를 불가능하게 하거나 현저히 곤란하게 하는 사기 그 밖의 부정한 행위를 할 당시에 '합병에 따른 상장등 이익에 대한 증여세 납세의무를 염두에 두고 자신의 부정한 행위로 인하여 의제증여세 포탈의 결과가 발생한다는 사실'을 인식할 것을 요한다"라고 판시[436]하여 의제증여세 포탈에 있어서도 당연히 고의가 존재하여야 하고, 고의 내용을 구성하는 구성요건 인식의 대상에 대하여 구체적으로 설시하고 있다.

2. 고의에서 인식의 대상

(1) 의 의

조세포탈죄에서 고의는 조세포탈 구성요건적 사실에 대한 인식이다. 조세포탈죄는 납세의무자 등이 부정행위로써 조세를 포탈하거나 조세의 환급·공제를 받아 성립하는 범죄이다. 이러한 조세포탈죄 구성요건에서 조세포탈범이 인식하여야 하는 구체적 사실로는 ① 자신이 납세의무자 또는 납세의무자의 행위자에 해당한다는 사실, ② 납세의무가 존재한다는 사실, ③ 자신의 행위가 부정행위에 해당한다는 사실, ④ 포탈의 결과가 발생한 사실, ⑤ 부정행위와 조세포탈의 결과 사이에 인과관계가 존재한다는 사실 등이다.[437]

이러한 모든 사실들에 대한 인식이 있을 경우에 조세포탈죄에 있어서 고의가 존재한다고 할 수 있다. 조세포탈죄에서 고의에 대한 논의가 일반 형법에서보다 자주 논의가 되는 이유는 조세법이 다양한 거래관계를 규율하고, 관련 조세법 또한 복잡하여 일반 납세의무자 입장에서 이러한 사실과 법리를 모두 인식하면서 조세포탈행위로 나간다는 것에 대한 기대가능성이 높지 않기 때문이다.

---

435) 대법원 2006.6.29. 선고 2004도817 판결; 대법원 1999.4.9. 선고 98도667 판결.

436) 대법원 2011.6.30. 선고 2010도10968 판결.

437) 조세포탈죄에서 고의와 관련하여서는 이준봉, "조세포탈죄의 고의에 관한 연구", 조세법연구(제25권 제3호), 2019 참조.

(2) 납세의무자 등 해당 사실에 대한 인식

납세의무자 본인이 행위자가 되어 포탈행위를 할 경우에는 이 부분에 대한 인식은 거의 문제가 되지 않는다. 그러나 법인의 대표자와 종업원과 같이 납세의무자의 행위자가 납세의무자의 포탈범행에 관여를 한 경우와 납세의무자와 그 행위자에 해당하지 않는 제3자가 조세포탈행위에 가공한 경우에는 납세의무자가 누구인지를 인식하고 조세포탈행위를 하여야 고의가 성립되어 조세포탈의 주체 또는 공범이 될 수 있다.

(3) 납세의무 존재사실에 대한 인식

납세의무의 존재사실에 대한 인식은 해당 소득 또는 거래가 과세대상에 해당한다는 사실에 대한 인식이 있어야 한다. 소득세 등의 포탈에 있어서 허위 과소신고의 경우에는 납세의무가 있는 소득에 해당하고, 그중 신고에서 누락된 소득이 존재한다는 사실을 인식하면 된다. 미신고의 경우에는 납세의무가 있는 소득이 존재한다는 사실의 인식만 있으면 된다.

(4) 부정행위에 해당한다는 사실에 대한 인식

부정행위에 해당한다는 사실에 대한 인식은 조세포탈죄의 고의에서 가장 중요한 사실의 인식 부분이다. 부정행위 개념과 관련하여 우리 조세범처벌법이 채택하고 있는 포괄설의 입장에서는 조세범처벌법 제3조 제6항의 각 사전소득 은닉행위에 과세표준의 허위신고와 미신고까지를 포함하는 일련의 행위를 부정행위로 보고 있으므로 이러한 사실들에 대한 인식이 있어야 한다. 부정행위에 해당한다는 사실은 조세포탈죄의 객관적 구성요건에 해당하는 것으로 그 행위가 부정한가 여부는 객관적으로 부정행위에 해당하면 되고, 주관적으로 평가할 사항은 아니다.

(5) 포탈의 결과 발생사실에 대한 인식

포탈의 결과 발생사실의 인식은 신고납세방식의 조세포탈에 있어서는 납부하여야 할 정당한 세액의 전부 또는 일부를 신고·납부하지 않은 상태에서 신고·납부기한이 경과한 사실을 인식하는 것이고, 부과납세방식의 조세에서는 과세관청의 결정 또는 조사결정을 거쳐 결정된 세액에 납부하여야 할 정당한 세액의 전부 또는 일부가 있다는 사실을 알면서 납부기한이 경과한 사실을 인식하는 것이다. 포탈소득에 대하여는 납세의무와 마찬가지로 정확한 금액까지 인식할 필요가 없다.

납세의무자가 본인의 명의가 아닌 타인 명의로 세금을 납부한 경우에 포탈세액에 대한 인식이 있었다고 볼 수 있는지가 문제될 수 있는데 이와 관련하여 법원은 “공동사업을 경영하는 자가 사업등록을 함에 있어 자신의 지분은 신고하지 아니하고, 또한 종합소득세 과세표준을 신고함에 있어서도 그 공동사업에서 발생한 자신의 소득금액을 종합소득금액에 합산하지 아니하고 누락시킴으로써 종합소득세를 일부 탈루한 채 납부하였다고 하더라도 만약 그 공동사업자가 당해 공동사업에서 발생한 자신의 소득금액에 대한 소득세를 사업자등록을 할 때 자신의 지분 또는 손익분배의 비율을 가지고 있는 것으로 신고된 다른 공동사업자 명의로 납부하였다면, 그와 같이 납부한 세액에 대하여는 사기 기타 부정한 행위로써 조세를 포탈하려는 고의가 있다고 볼 수 없다”라고 판시[438]하여 자신의 명의가 아니더라도 실제 납부하여야 할 조세를 타인 명의로라도 납부를 한 경우에는 조세포탈의 고의를 인정할 수 없다고 하고 있다.

한편 가공세금계산서에 의하여 부가가치세에서 매입세액을 공제받는 경우에 부가가치세 포탈의 범의가 문제될 수 있는데 이와 관련하여 법원은 “부가가치세 포탈에 있어서 가공원가의 계상을 위하여 실제 매입하지도 아니한 물건에 대한 세금계산서만 교부받으면서 그 세금계산서의 발행자에게 세금계산서의 기재대로 실제로 물건을 공급한 것처럼 납부할 부가가치세를 교부하였다면 그 부가가치세에 상당하는 금액을 교부받은 세금계산서의 발행인이 이를 납부하지 아니하였다고 예상할 만한 특별한 사정이 없는 한 부가가치세를 포탈할 범의가 있었다고 보기 어렵다”라고 판시[439]하고 있다. 나아가 “피고인에게 구 조세범처벌법 소정의 조세포탈죄의 고의가 있다고 하려면, 피고인에게 허위의 세금계산서에 의하여 매입세액의 환급을 받는다는 인식 이외에 위 허위의 세금계산서 발행업체들이 위 허위의 세금계산서상의 매출세액을 제외하고 부가가치세의 과세표준 및 납부세액을 신고·납부하거나 또는 위 허위의 세금계산서상의 매출세액 전부를 신고·납입한 후 그 매출세액을 환급받는 등으로 위 허위의 세금계산서상의 부가가치세 납부의무를 면탈함으로써 결과적으로 피고인이 위 허위의 세금계산서에 의한 매입세액의 공제를 받는 것이 국가의 조세수입의 감소를 가져오게 될 것이라는 인식이 있어야 한다(대법원 1990.10.16. 선고 90도1955 판결; 대법원 2010.1.14. 선고 2008도8868 판결 등 참조). 피고인 A가 이른바 자료상으로부터 허위의

438) 대법원 1994.6.28. 선고 94도759 판결.

439) 대법원 1990.10.16. 선고 90도1955 판결.

세금계산서를 구입하면서 부가가치세 상당액을 지급한 사실, 피고인 A에게 허위의 세금계산서를 발행한 대부분의 업체들이 그 세금계산서상의 공급가액을 포함하여 산출한 매출세액을 신고하였고, 그중 일부 업체들은 신고한 매출세액을 실제로 납부한 점 등에 비추어 피고인 A에게는 허위의 세금계산서에 의하여 매입세액의 환급을 받는다는 인식이 있었다고 할 것이나, 이를 넘어서 허위의 세금계산서상의 부가가치세 납부의무를 면탈함으로써 결과적으로 피고인 A가 허위의 세금계산서에 의한 매입세액의 공제를 받는 것이 국가의 조세수입의 감소를 가져오게 될 것이라는 인식까지도 있었다고 보기는 어렵고 따라서 피고인 A에게 부가가치세 포탈에 관한 고의가 있었다고 볼 수 없다"라고 판시[440]한 바 있다. 이에 따르면, 일반적으로 부가가치세액까지를 지급하며 허위세금계산서를 교부받는 행위는 교부받은 세금계산서를 이용하여 매입세액공제를 받더라도 그 부가가치세액을 세금계산서를 발급한 제3자가 납부할 것이 예상되는 경우에는 제3자가 부가가치세를 포탈할 것이라고 인식하기가 어려워 부정환급죄 성립은 별론으로 하고, 부가가치세 포탈죄로는 처벌하기가 어렵다고 할 것이다.

⑹ 부정행위와 포탈의 결과 발생 사이의 인과관계 존재사실에 대한 인식

조세포탈죄 고의의 인식대상으로 부정행위와 포탈의 결과 발생 사이의 인과관계에 대한 인식도 당연히 포함된다. 법원도 "조세포탈죄에 있어서 범의가 있다고 함은 납세의무를 지는 사람이 자기의 행위가 사기 기타 부정한 행위에 해당한다는 것을 인식하고 그 행위로 인하여 조세포탈의 결과가 발생한다는 사실을 인식하면서 부정행위를 감행하거나 하려고 하는 것이다"라고 판시[441]하여 인과관계도 고의의 인식대상으로 하고 있다.

3. 고의와 사실의 착오 및 법률의 착오 관계

(1) 의 의

형법 제15조에서는 "특별히 무거운 죄가 되는 사실을 인식하지 못한 행위는 무거운 죄로 벌하지 아니한다(제1항). 결과 때문에 형이 무거워지는 죄의 경우에 그 결과의 발생을 예견할 수 없었을 때에는 무거운 죄로 벌하지 아니한다(제2항)"라고 규정

440) 대법원 2011.4.28. 선고 2011도527 판결.
441) 대법원 2006.6.29. 선고 2004도817 판결.

하고, 형법 제16조에서는 “자기의 행위가 법령에 의하여 죄가 되지 아니한 것으로 오인한 행위는 그 오인에 정당한 이유가 있는 때에 한하여 벌하지 아니한다”라고 규정하여 사실의 착오와 법률의 착오(위법성의 착오)를 규정하고 있다. 형법상 사실의 착오는 고의를 조각하고, 법률의 착오는 그 착오에 정당한 사유가 있을 경우, 즉 정당한 사유를 착오 회피가능성의 의미로 보고 착오를 회피할 가능성이 없는 상태에서 행위를 하였다면 책임의 조각 또는 고의가 조각되는 것으로 보고 있다.[442)]

착오란 행위자의 주관적 인식과 객관적 사실 사이에 차이가 있는 것을 말한다. 고의는 모든 객관적 구성요건요소에 대한 인식을 요하는데, 사실의 착오는 행위 시에 이러한 인식의 전부 또는 일부를 결한 경우이다. 따라서 사실의 착오가 인정되면 고의가 성립되지 않는다. 그러나 일반적으로 행위자의 주관적 인식과 객관적인 실제 상황이 완전히 일치하는 경우는 드물다. 그렇다고 이러한 주관적 인식과 객관적 사실이 다르다고 하여 바로 고의를 부인할 수는 없으므로 주관적 인식과 객관적 사실이 어느 정도까지 부합하여야 고의를 인정할 수 있는가 하는 문제가 발생한다.

사실의 착오로는 행위의 객체에 대한 착오와 실수로 행위자가 의도한 객체가 아닌 다른 객체에 결과가 발생하는 방법의 착오가 있다. 법률의 착오란 사실에 대한 인식은 있으나 위법성에 대한 인식을 하지 못한 경우를 말한다. 법률의 착오로는 법률의 부지[443)]와 법률 자체는 알고 있었으나 그에 내재한 위법성 조각사유 등을 오해하여 위법성이 조각되는 것으로 착오하는 위법성 조각사유에 대한 착오가 있다. 조세포탈죄에 있어서도 이와 같은 형법상 착오의 법리는 그대로 적용된다.[444)] 조세포탈죄에 있어서 사실의 착오가 문제되는 것으로는 과세대상 해당성에 대한 착오와 개별세법에서 정하고 있는 구체적 내용에 대한 착오가 있을 수 있다.

---

442) 대법원 1974.11.12. 선고 74도2676 판결은 “주거를 이동하고 예비군대원 신고를 한 자가 바로 주민등록을 옮기지 않고 후에 옮기면서 예비군대원 신고를 하지 않은 행위와 관련하여 향토예비군설치법규상 정당한 사유에 대한 오인에서 나온 행위였다면 이는 법률착오가 범의를 조각하는 경우이다”라고 판시하고, 본문에서 인용한 대법원 2008.4.10. 선고 2007도9689 바다이야기 게임장 관련 판결에서도 법률의 착오를 고의의 조각사유로 보고 있다.

443) 법원은 “형법 제16조의 법률의 착오는 단순한 법률의 부지를 말하는 것이 아니고, 일반적으로 범죄가 되는 경우이지만 자기의 특수한 경우에 법령에 의하여 허용된 행위로서 죄가 되지 아니한다고 그릇 인식하고 그와 같이 그릇 인식함에 정당한 이유가 있는 경우에는 벌하지 않는다는 취지이다”라고 판시하여 단순한 법률의 부지는 법률의 착오로 보고 있지 않고 있다(대법원 2006.4.28. 선고 2003도4128 판결; 대법원 2004.2.12. 선고 2003도6282 판결 등).

444) 김종근, 조세형사법 해설, 2021, 218면 이하 참조.

⑵ 과세대상에 대한 착오

과세대상에 대한 착오란 과세대상인 소득 또는 거래가 있다는 사실을 알고는 있었지만, 관련 세법을 잘 알지 못하거나 다르게 해석하여 그것이 과세대상에 해당하지 않는 것으로 착오를 일으켜 이를 신고·납부에서 누락하는 경우 등을 말한다. 이에 대하여 법률의 착오로 보거나 법률의 착오에도 해당하지 않는 단순한 법률의 부지로 보고 있는 견해 등이 있다. 법원은 "부가가치세 과세표준을 게임기 투입총액에서 경품으로 제공한 상품권 총구입가액을 공제한 금액으로 알고 신고·납부한 사안에서 세무사의 상담을 받고 다른 게임장들과 동일한 방법으로 부가가치세 과세표준으로 신고하였으며, 과세관청도 위 부가가치세 과세표준에 대하여 명확한 입장표명을 하지 않다가 사행성 게임장 사업이 사회문제로 대두된 2006. 1.경 비로소 경품으로 제공된 상품권 가액은 부가가치세 과세표준에서 공제하지 않는다는 견해를 밝힌 점 등으로 보아 피고인에게 조세포탈의 범의가 있다고 보기 어렵다"라고 판시[445]하여 과세표준과 관련하여 법리를 오인한 행위를 법률의 착오로 보아 고의의 문제로 다루고 있다.

한편 과세대상이 아닌 조세법에서 구체적으로 규정하고 있는 과세표준의 산정 등과 관련 있는 내용에 대한 착오, 예를 들어 세법상 익금에 해당하는 사항을 익금이 되지 않는 것으로 오해하거나 세법상 손금에 해당하지 않는 사항을 손금이 되는 것으로 오인한 경우에 이를 법률의 착오로 볼 것인지, 아니면 법률의 부지로 볼 것인지에 대하여 견해의 대립이 있다. 익금성과 비손금성의 문제는 전적으로 법적 평가와 관련된 법률상의 문제일 뿐 아니라 단순일죄인 조세포탈의 고의를 전체가 아닌 계정과목별로 분리하여 그 익금성·비손금성의 인식을 요한다고 해석하는 것은 형법이론에 반하므로 이를 법률상의 착오로 보아 그 정당한 이유가 있는 경우에만 고의를 조각하는 것이 타당하다는 견해[446]가 있다. 세법 규정 자체가 원래 불명확한 경우도 있고, 그 내용이 복잡하고 전문적인 법률로서 이를 모두 이해하기가 쉽지 않은 특수성 등을 고려하면 납세의무자가 이를 착오로 인식하지 못한 경우를 단순한 법률의 부지[447]라고 보아 형사책임을 부여하는 것은 형법상의

445) 위 대법원 2008.4.10. 선고 2007도9689 판결.
446) 안대희, 조세형사법, 2015, 448면.
447) '법의 부지는 용서되지 않는다'는 격언에서처럼 단순한 법률의 부지는 원칙적으로 형사책임을 부담하고, 다만, 착오에 의하여 위법하다는 것을 인식하지 못한 경우처럼 법률의 착오가 문제되고 그 착오에 정당한 사유가 있으면 형사책임을 부담하지 않는다.

책임주의 원칙에도 반할 여지가 있으므로 이 견해가 타당하다고 본다.

이와 관련하여 세무회계와 기업회계와의 차이로 인한 금액은 포탈소득에서 제외하도록 한 구 조세범처벌법 제9조의2 제1호가 문제된다. 이 규정은 현재는 삭제되었지만 삭제되기 이전에는 행위자의 인식 여부 또는 착오와 무관하게 이 규정이 적용되었다. 따라서 접대비, 기부금, 감가상각비, 대손충당금, 제세공과금 등의 손금한도 및 손금산입 여부가 문제된 경우에는 착오에 정당한 이유가 있다는 등을 근거로 포탈소득에서 일괄 제외되었으나, 실제로 상당수 회계담당자나 납세의무자들이 이러한 내용을 알고 있는 경우가 많아 일괄적으로 그 책임을 면하게 하는 것이 타당하지 않은 면이 있었다. 이 규정의 삭제로 세무회계와 기업회계의 차이로 인한 소득도 그 특수성을 감안하되 일반 소득과 마찬가지로 일반 부정행위 요건을 충족하는지 여부, 착오이론에 따른 고의의 성립 문제, 인과관계 이론 등을 적용하여 구체적으로 판단하여야 한다. 법원도 세무회계와 기업회계에 의한 차이로 인한 소득에 대하여 이러한 특성을 종합적으로 고려하여 조세포탈죄의 성립 여부를 결정하고 있다.[448)]

Ⅷ. 특정범죄가중처벌등에관한법률 제8조에 의한 가중처벌

1. 개 요

(1) 의 의

특정범죄가중처벌등에관한법률 제8조[449)]에서는 연간 포탈한 세액이 일정액 이상인 경우에 형벌을 가중하는 구성요건을 만들었는데, 조세범처벌법 제3조 제1항(조세포탈 등), 제4조(면세유의 부정유통) 및 제5조(가짜 석유제품의 제조 또는 판매)에 규정된 3개 유형의 조세포탈범죄와 지방세기본법 제102조 제1항(지방세의 포탈)에 해당하는 범죄를 범하고, 그 연간 포탈세액 등을 합산한 금액이 5억 원 또는

---

448) 앞서 기술한 '부정행위 관련 기업회계와 세무회계의 차이 및 소득처분으로 처분된 금액' 부분 참조.

449) 특가법 제8조(조세포탈의 가중처벌) ① 「조세범처벌법」 제3조 제1항, 제4조 및 제5조, 「지방세기본법」 제102조 제1항에 규정된 죄를 범한 사람은 다음 각 호의 구분에 따라 가중처벌한다.
1. 포탈하거나 환급받은 세액 또는 징수하지 아니하거나 납부하지 아니한 세액(이하 "포탈세액등"이라 한다)이 연간 10억원 이상인 경우에는 무기 또는 5년 이상의 징역에 처한다.
2. 포탈세액등이 연간 5억원 이상 10억원 미만인 경우에는 3년 이상의 유기징역에 처한다.
② 제1항의 경우에는 그 포탈세액등의 2배 이상 5배 이하에 상당하는 벌금을 병과한다.

10억 원 이상에 해당하면 그 금액에 따라 가중처벌하도록 하고 있다.

원래 조세포탈사범의 죄수는 위반사실의 구성요건 충족 횟수를 기준으로 하여 예를 들면, 소득세포탈사범은 각 과세연도의 소득세마다, 법인세포탈사범은 각 사업연도의 법인세마다, 그리고 부가가치세의 포탈사범은 각 과세기간인 6개월의 부가가치세마다 1죄가 성립하는 것이 원칙이다.

그러나 특가법 제8조 제1항은 연간 포탈세액이 일정액 이상이라는 가중사유를 구성요건화하여 조세범처벌법 제3조 제1항의 행위와 합쳐져서 하나의 범죄유형을 형성하여 그에 대한 법정형을 별도로 규정한 것이므로, 조세의 종류를 불문하고 1년간 포탈한 세액을 모두 합산한 금액이 특가법 제8조 제1항 소정의 금액 이상인 때에는 같은 항 위반의 1죄만이 성립한다. 법원도 "원래 조세포탈범의 죄수는 위반사실의 구성요건 충족 횟수를 기준으로 하여 예컨대, 소득세포탈범은 각 과세년도의 소득세마다, 법인세포탈범은 각 사업년도의 법인세마다, 그리고 부가가치세의 포탈범은 각 과세기간인 6월의 부가가치세마다 1죄가 성립하는 것이 원칙이나, 특가법 제8조 제1항은 연간 포탈세액이 일정액 이상이라는 가중사유를 구성요건화하여 조세범처벌법 제9조 제1항의 행위와 합쳐서 하나의 범죄유형으로 하고 그에 대한 법정형을 규정한 것이므로, 조세의 종류를 불문하고 1년간 포탈한 세액을 모두 합산한 금액이 특가법 제8조 제1항 소정의 금액 이상인 때에는 같은 항 위반의 1죄만이 성립하고, 또한 같은 항 위반죄는 1년 단위로 하나의 죄를 구성하며 그 상호 간에는 경합범 관계에 있다 할 것이고, 따라서 같은 항에 있어서 '연간'은 그 적용대상이 되는지 여부를 판단하기 위한 포탈세액을 합산하여야 할 대상기간을 의미할 뿐만 아니라, 그 죄수와 기판력의 객관적 범위를 결정하는 중요한 구성요건의 하나이므로 일반인의 입장에서 보아 어떠한 조세포탈행위가 같은 항 위반의 죄가 되고 또 어떤 형벌이 과하여지는지 알 수 있도록 그 개념이 명확하여야 하는데, 같은 항에서와 같이 연간이라는 용어를 사용하면서 그 기산시점을 특정하지 아니한 경우에는 역법상의 한 해인 1월 1일부터 12월 31일까지의 1년간으로 이해하는 것이 일반적이며 이렇게 보는 것이 형벌법규의 명확성의 요청에 보다 부응한다 할 것이고, 그리고 포탈범칙행위는 조세범처벌법 제9조의3 소정의 신고·납부기한이 경과한 때에 비로소 기수에 이르는 점 등에 비추어 보면, 특가법 제8조 제1항에서 말하는 '연간 포탈세액 등'은 각 세목의 과세기간 등에 관계없이 각 연도별(1월 1일부터 12월 31일까지)로 포탈한 또는 부정환급받은 모든 세액을 합산한 금액을 의미한다 할 것이다"라고 판시[450]하여 특가법 제8조 제1항 구성요소들에 대한 일반적 개념과 요건 등을 제시하고 있다.

그리고 특가법 제8조 제1항에 의해 가중처벌되는 경우에는 같은 조 제2항에 의하여 그 포탈세액 등의 2배 이상 5배 이하의 벌금을 필요적으로 병과하도록 되어 있다. 조세범처벌법의 일반규정인 제3조 제2항은 징역형과 벌금형을 임의적으로 병과하도록 규정되어 있으나, 특가법에서는 이와 달리 필요적으로 병과하도록 하되 벌금에 대하여도 가중처벌을 하고 있다.

한편, 양벌규정으로 처벌되는 법인에 대해서도 위 특가법의 가중처벌 규정을 그대로 적용할 수 있는지 여부가 문제된다. 이와 관련하여 법원은 "특가법 제8조 제1항에서 포탈세액 등에 따라 무기 또는 5년 이상의 징역(제1호), 3년 이상의 유기징역(제2호)에 처하도록 규정하고 있는 한편, 그 제2항에서 그 포탈세액 등의 2배 이상 5배 이하에 상당하는 벌금을 병과한다고 규정하고 있는데, 현행 형벌체계상 법인에게는 징역형을 과할 수 없는 점에 비추어 볼 때 특가법 제8조의 규정은 조세포탈범의 법정책임자와 이러한 자의 포탈행위에 가담한 공범자인 자연인을 가중처벌하기 위한 규정임이 명백하다고 할 것이고, 따라서 법인에 대하여는 특가법상으로 벌금형을 가중하여 처벌한다는 명문의 처벌규정(양벌규정)이 없는 이상, 위 특가법 제8조에 의하여 법인을 가중처벌할 수 없다"라고 판시[451]하고 있다.

(2) 법률규정상 특성

특가법 제8조는 그 조항에 규정된 죄를 지은 사람의 포탈세액 등이 연간 일정한 금액 이상에 달할 경우 가중하여 처벌하는 규정으로서, 단기간 내에 많은 금액의 조세를 부정한 행위로써 포탈하거나 환급·공제받은 사람을 포탈세액 등의 금액에 따라 엄하게 처벌함으로써 건전한 사회질서를 유지하고 국민경제의 발전에 기여하려는 데에 그 입법취지가 있다.

그렇기 때문에 일반 조세포탈범에 비하여 법정형이 매우 높을 뿐만 아니라, 일반 조세포탈사범의 경우에는 징역형과 선택적으로 벌금을 부과하도록 되어 있음에 비하여 특가법은 징역형과 별개로 포탈세액의 2배 이상 5배 이하의 벌금형을 필요적으로 병과하도록 하여 엄중한 처벌을 하고 있다. 이러한 이유 등으로 특가법의 법정형이 너무 무거워 법관의 양형재량을 축소하고 연간 포탈세액의 개념이

450) 대법원 2000.4.20. 선고 99도3822 전원합의체 판결.
451) 대법원 1992.8.14. 선고 92도299 판결.

모호하다는 이유로 위헌심판이 제기되기도 하였으나 헌법재판소는 위 처벌조항은 과잉처벌도 아니고 연간 포탈세액의 개념도 모호하지 아니하다고 하면서 합헌결정[452]을 하였다.

특가법에 의한 조세포탈죄의 가중처벌 규정은 포탈규모가 큰 조세포탈의 경우에는 일반 범죄가 아닌 국가의 존립기반이 되는 국가의 재정권을 심각하게 침범하는 반사회적, 반윤리적 범죄라는 인식하에 입법을 한 것으로 다른 일반 처벌규범과 구분되는 특징이 있다.

2. 개별 구성요건

(1) 합산기간

(가) 연간의 의미

특가법 제8조 제1항은 포탈세액을 합산하는 대상기간으로 연간이라는 표현을 사용하고, 그 연간의 개념은 1년을 의미하는 것임은 명백하나, 그 기산점에 대해서는 명확히 규정하고 있지 아니하여 해석상 문제가 있었다. 그러나 앞서 소개한 대법원 2000.4.20. 선고 99도3822 전원합의체 판결에 의하여 "일반인의 입장에서 보아 어떠한 조세포탈행위가 어떤 항 위반의 죄가 되고 또 어떤 형벌이 과하여지는지 알 수 있도록 그 개념이 명확하여야 하는데, 연간이라는 용어를 사용하면서 그 기산시점을 특정하지 아니한 경우에는 역법상의 한 해인 1월 1일부터 12월 31일까지의 1년간으로 이해하는 것이 일반적이며 이렇게 보는 것이 형벌법규의 명확성의 요청에 보다 부응한다 할 것이다"라고 하여 연간의 개념을 명확하게 하고 있다.[453]

(나) 세목이 다른 경우 합산대상연도 결정기준

특가법은 세목을 불문하고 1년간 포탈한 세액을 모두 합산한 금액을 기준으로 하므로 법인세, 소득세, 부가가치세, 상속세, 증여세 등의 포탈세액의 합계가 5억원을 초과하면 성립한다. 이렇게 여러 세목이 합하여 포탈세액을 결정할 때 각 세목에 따라 과세대상기간에 따른 조세채권 성립시기와 그 확정시기가 다르게 되는

---

452) 헌법재판소 2009.3.26. 선고 2008헌바52, 104(병합) 결정; 헌법재판소 2005.7.21. 선고 2003헌바98 결정; 헌법재판소 1998.5.28. 선고 97헌바68 결정 참조.

453) 위 대법원 전원합의체 판결의 소수의견은, '연간'은 기소된 최초의 포탈 등 범칙행위의 성립시기인 어느 해의 특정시점으로부터 1년의 기간을 뜻하는 기간으로 하여야 한다는 견해이다.

경우가 발생하는데 이러한 경우에는 성립시기와 무관하게 '확정시기'를 기준으로 연간 포탈세액을 산정하여야 한다. 예를 들어 신고납세방식의 조세에서는 신고납부기한이 확정시기이므로 그 신고납부기한이 도래한 해에 합산하면 된다. 부과납세방식의 조세에서는 각 세법에 따른 신고 후에 부과처분에 따른 납세기한이 해당하는 해에 합산하면 되나, 부과납세방식의 조세에서 무신고인 경우에는 법정신고기한의 도과로 확정되므로 신고기한이 도래하는 해에 합산하면 된다. 한편 부가가치세의 경우 1년을 제1기와 제2기로 나누어 제1기는 1월 1일부터 6월 30일까지이고, 제2기는 7월 1일부터 12월 31일까지인데, 그 신고납부기한은 과세기간이 끝난 후 25일이 되는 날이므로, 당해연도 부가가치세 포탈세액은 1월 25일이 확정시기인 전년도 제2기 부가가치세와 7월 25일이 확정시기인 당해연도 제1기 부가가치세의 합산액이 된다. 즉, 과세기간이나 성립시기와 상관없이, 역법상 한해인 1월 1일부터 12월 31일까지 포탈이 확정된 세액들을 합산하여 특가법의 적용 여부를 정한다.

법원도 "조세포탈범칙행위의 기수시기는 납세의무자의 신고에 의하여 부과징수하는 조세에 있어서는 당해 세목의 과세표준에 대한 정부의 결정 또는 심사결정을 한 후 그 납부기한이 경과한 때, 이에 해당하지 아니하는 조세에 있어서는 그 신고·납부기한이 경과한 때로 규정하고 있으므로, 내국법인의 각 사업연도 소득에 대한 법인세포탈의 범칙행위는 각 사업연도의 종료일부터 3월이 경과한 때 기수에 이르고, 부가가치세 포탈의 범칙행위는 제1기분인 1.1.부터 6.30.까지와 제2기분인 7.1.부터 12.31.까지의 각 과세기간별로 그 각 과세기간 종료 후 25일의 신고·납부기한이 경과함으로써 기수에 이르며, 한편 특가법 제8조 제1항에서 말하는 '연간 포탈세액 등'은 각 세목의 과세기간 등에 관계없이 각 연도별(1.1.부터 12.31.까지)로 포탈한 또는 부정환급받은 모든 세액을 합산한 금액을 의미한다. 피고인 주식회사의 1996년도분 부가가치세 중 제1기분(1996.1.1.부터 같은 해 6.30.까지) 부가가치세 포탈은 그 신고·납부기한인 1996.7.25.이 경과함으로써, 제2기분(1996.7.1.부터 같은 해 12.31.까지) 부가가치세 포탈은 그 신고·납부기한인 1997.1.25.이 경과함으로써 각 기수에 이르고, 피고인 주식회사의 1996년도분 법인세포탈은 그 신고·납부기한인 1997.3.31.이 경과함으로써 기수에 이른다고 할 것이므로, 피고인 주식회사의 1996년도분 부가가치세 포탈은 제1기분과 제2기분별로 각각 별개의 죄가 성립하고, 그중 제1기분 부가가치세 포탈은 제2기분 부가가치세포탈 및 1996년도 법인세의 포탈과는 그 연도를 달리하여, 위 1996년도분 법인세 및 부가가치세 포탈 전부를 포괄하여 특가법 제8조 제1항 위반죄로 처벌할 수 없다"라고 판시[454]하고 있다.

예를 들어 법인의 대표이사 A가 아래와 같이 2019년부터 2021년 사이에 법인세와 부가가치세를 포탈하였다고 가정할 경우에 연간포탈세액과 적용법조를 살펴보기로 한다.

순번	세목	과세기간	신고·납부기한	포탈세액
1	2018년 제2기 부가가치세	2018. 7. 1.~12. 31.	2019. 1. 25.	1억 원
2	2018 사업연도 법인세	2018. 1. 1.~12. 31.	2019. 3. 31.	2억 원
3	2019년 제1기 부가가치세	2019. 1. 1.~6. 30.	2019. 7. 25.	1억 원
4	2019년 제2기 부가가치세	2019. 7. 1.~12. 31.	2020. 1. 25.	2억 원
5	2019 사업연도 법인세	2019. 1. 1.~12. 31	2020. 3. 31.	3억 원
6	2020년 제1기 부가가치세	2020. 1. 1.~6. 30.	2020. 7. 25.	1억 원
7	2020년 제2기 부가가치세	2020. 7. 1.~12. 31.	2021. 1. 25.	2억 원
8	2020 사업연도 법인세	2020. 1. 1.~12. 31.	2021. 3. 31.	3억 원
9	2021년 제1기 부가가치세	2021. 1. 1.~6. 30.	2021. 7. 25.	1억 원

법인의 대표이사 A는 납세의무자인 법인의 행위자로서 2019년도 포탈세액이 4억 원, 2020년 포탈세액이 6억 원, 2021년 포탈세액이 6억 원이 된다. 따라서 A는 2020년과 2021년도에는 특가법 적용대상이 되고, 2019년도에는 특가법 적용대상이 아니므로 2018년 제2기 부가가치세 포탈죄, 2019년 제1기 부가가치세 포탈죄와 법인세포탈죄가 각 성립하게 된다. 그리고 위 각 특가법 위반의 포탈죄와 각 조세범처벌법 위반의 포탈죄는 경합범 관계에 있다. 납세의무자인 법인은 그 대표이사인 A의 포탈행위로 인하여 양벌책임을 부담한다.

(2) 합산대상 세목 종류

포탈세액의 합산은 조세의 세목을 불문하고 연간포탈된 모든 국세(관세 제외)와 지방세의 포탈세액이 합산대상이 된다. 조세범처벌법 제2조는 조세를 관세를 제외한 '국세'를 말한다고 규정하고 있고, 국세기본법 제2조는 '국세'를 소득세, 법인세,

454) 대법원 2002.7.23. 선고 2000도746 판결.

상속세와 증여세, 부가가치세, 개별소비세, 주세, 인지세, 증권거래세, 교육세, 농어촌특별세 등으로 규정하고 있으며, 지방세기본법 제7조는 '지방세'를 취득세, 주민세, 지방소득세, 재산세, 자동차세 등으로 규정하고 있다. 따라서 합산대상 세목으로는 분류과세하는 종합소득세, 퇴직소득세, 양도소득세는 물론, 직접세인 소득세와 간접세인 부가가치세도 합산하여야 한다. 조세포탈에 해당하는 부정환급금과 부정공제액도 당연히 포탈세액에 포함된다. 또한 본세에 부가하여 과세되는 농어촌특별세와 교육세, 방위세 등도 합산해야 된다.

그러나 가산세는 벌과금적 성질을 가지는 것이므로 연간 포탈세액을 산정함에 있어서 이를 합산할 수 없다. 법원도 "법인세는 신고납세방식을 원칙으로 하고 있으므로, 법인세의 과세표준이나 세액을 허위로 과소신고하여 조세를 포탈한 경우에는 그 신고·납부기한이 경과됨으로써 조세포탈죄는 기수로 되고, 그 이후에 발생한 가산세는 원래 벌과금적 성질을 가지는 것이므로, 포탈세액에 포함시킬 수 없다"라고 판시[455]하고 있다.

⑶ 납세의무자, 행위자, 공범 등의 포탈세액 합산

(가) 납세의무자의 경우

조세포탈의 주체는 국세기본법 제2조 제9호 소정의 납세의무자와 조세범처벌법 제18조 소정의 법인의 대표자, 법인 또는 개인의 대리인, 사용인, 기타 종업원 등이다. 조세포탈은 납세의무를 전제로 하고 있고, 납세의무는 납세의무자별로, 각 세목별로 과세기간의 경과로 성립하므로, 조세포탈은 납세의무자, 세목, 과세기간이 다른 경우 별개의 죄가 성립한다. 특가법에 의한 조세포탈에서도 별개의 조세포탈을 연간을 기준으로 합산하여 포탈세액 등을 정하도록 되어 있으므로 납세의무자가 같은 연도에 세목이 다른 수개의 조세를 포탈한 경우에는 이를 합산해야 한다.

한편 납세의무자가 한편으로는 납세의무자의 지위에서 조세를 포탈하고, 다른 한편으로는 납세의무자의 행위자로서 조세를 포탈한 경우에는 두 조세의 포탈세액을 합하여 특가법상 포탈세액을 산정하여야 한다. 법원도 "A와 B가 C, D, E와 함께 지분을 출자하여 공동사업체를 설립하였으나 A와 B가 그 실질적인 경영자로서 다른 공동사업자들로부터 영업을 위임받아 사무를 처리하는 대리인의 지위에

455) 대법원 2002.7.26. 선고 2001도5459 판결; 대법원 1996.12.10. 선고 96도2398 판결.

서 그들에게 귀속될 소득세까지 포탈하였다면, A와 B는 자신들의 몫뿐만 아니라 공동사업자들의 소득세 전액에 대하여도 포탈의 책임을 져야 하므로 A와 B가 각각 납세의무자로서 포탈한 세액과 행위자로서 포탈한 세액을 합산하여 A와 B에게 특가법 제8조를 적용할 것인지 여부를 결정하여야 한다"라고 판시456)하고 있다.

(나) 행위자의 경우

납세의무자의 행위자도 납세의무자와 함께 조세포탈의 주체에 해당하므로 특가법 규정상 포탈세액의 합산도 납세의무자의 경우와 원칙적으로 동일하다. 따라서 행위자가 여러 명의 납세의무자에게 귀속되는 조세를 포탈한 경우, 납세의무자별로 포탈세액을 분리하지 않고 행위자의 포탈세액을 전부 합산하여 특가법 제8조 제1항의 적용 여부를 판단하여야 한다.

법원도 "유사폭탄업체를 설치하여 부가가치세를 포탈한 사안에서 연간 포탈세액이 일정액 이상인 경우를 구성요건으로 하는 특정범죄가중처벌등에관한법률 제8조 제1항은 이러한 조세포탈범을 가중처벌하기 위한 규정이므로, 이 법률조항을 적용할 때에는 납세의무자별로 구분하지 아니하고 조세범처벌법 제18조의 행위자로서 포탈한 세액을 모두 합산하여 그 적용 여부를 판단하여야 한다"라고 판시457)하고, 또한 피고인이 자신의 자녀들에게 차명주식을 증여하였는데도 자녀들의 대리인으로서 그들에게 부과될 증여세의 과세표준이나 세액을 신고하지 아니하는 방법으로 증여세를 포탈하였다고 하여 공소제기된 사안에서, "피고인의 자녀별 포탈세액 전부를 합산하는 방법으로 피고인이 행위자로서 포탈한 세액을 산정하여 특가법 제8조 제1항의 위반 여부를 판단한 것이 정당하다"고 판시458)하여 납세의무자의 행위자도 행위자로서 포탈한 세액 모두를 합산하여 특가법 제8조의 적용 여부를 결정하여야 한다고 하고 있다.

(다) 공범의 경우

조세포탈의 공범은 납세의무자 및 그 행위자와 같은 조세포탈죄의 주체가 아니므로 포탈세액을 합산함에 있어 납세의무자 등과 차이가 있다. 공범이 여러 명의 납세의무자와 공모하여 그 납세의무자별로 성립한 포탈행위에 가공한 경우에는

456) 대법원 2005.5.12. 선고 2004도7141 판결.
457) 대법원 2018.4.26. 선고 2017도21429 판결.
458) 대법원 2011.6.30. 선고 2010도10968 판결.

각 납세의무자별로 성립한 포탈세액 전체를 공범자의 포괄일죄로 보아 포탈세액을 합산하여 특가법 제8조 제1항의 적용 여부를 결정하여야 하는 것이 아니다. 즉 이 경우에는 조세포탈의 주체는 각각의 납세의무자들로, 공범의 포탈범죄는 각 납세의무자별로 일죄가 성립하고, 포탈세액도 납세의무자별로 연간 포탈세액을 각각 나누어 계산하되, 개별 포탈범죄들에 대하여는 경합범으로 처벌하여야 한다. 그렇게 하지 않으면 조세포탈의 주체인 납세의무자나 그 행위자는 포탈세액이 적은 조세범처벌법위반으로 처벌받는데 반하여, 조세포탈 이익의 귀속이나 행위의 가벌성 측면에서 상대적으로 가벼운 공범에 대해 포탈세액의 합산으로 특가법위반죄로 가중처벌되는 불합리한 결과가 초래될 수 있기 때문이다.[459]

법원도 “1인의 원천징수의무자가 수인의 납세의무자와 공모하여 조세를 포탈한 경우에도 조세포탈의 주체는 어디까지나 각 납세의무자이고 원천징수의무자는 각 납세의무자의 조세포탈에 가공한 공범에 불과하므로, 그 죄수는 각 납세의무자별로 각각 1죄가 성립하고 이를 포괄하여 1죄가 성립하는 것은 아니라 할 것이고, 그러므로 특가법 제8조의 적용에 있어서도 그 적용대상이 되는지 여부는 납세의무자별로 연간 포탈세액을 각각 나누어 판단하여야 하고, 각 포탈세액을 모두 합산하여 그 적용 여부를 판단할 것은 아니다”라고 판시[460]하였다. 또한 “피고인이 발행한 허위의 세금계산서를 이용하여 부당하게 부가가치세액(매입세액)을 공제받거나 환급받은 업체는 A회사가 1994년도 제2기 부가가치세 금 158,000,000원, 1995년도 제1기 부가가치세 금 15,127,022원, B회사가 1994년도 제2기 부가가치세 금 145,000,000원, C회사가 1994년도 제2기 부가가치세 금 12,000,000원, D회사가 1994년도 제2기 부가가치세 금 683,865,825원이므로, 피고인을 A회사, B회사, C회사의 각 조세범처벌법위반죄와 D회사의 특가법위반죄의 각각의 종범으로 처벌하여야 할 것임에도, 위 각 업체의 부가가치세 포탈행위 전체를 포괄일죄로 보아 피고인을 부가가치세 합계 금 1,013,992,847원의 포탈로 인한 특가법위반죄의 종범으로 처단한 것은 잘못이다”라고 판시[461]하여 공범자의 경우에는 납세의무자 및 그 행위자와 달리 정범인 납세의무자를 기준으로 포탈세액을 합산하고 있다.

459) 같은 취지, 안대희, 조세형사법, 2015, 483면.
460) 대법원 1998.5.8. 선고 97도2429 판결.
461) 대법원 1997.9.26. 선고 97도1876 판결.

(라) 공동사업자 등의 경우

국세기본법에는 공유물, 공동사업 또는 그 공동사업에 속하는 재산과 관계되는 국세 및 강제징수비는 공유자 또는 공동사업자가 연대하여 납부할 의무를 지도록 되어 있다(국세기본법 제25조 제1항). 세법상 연대납세의무가 인정되는 국세에 있어서 그 납세의무는 공동사업자 전원에게 개인별로 전체 세액에 대하여 인정되는 것이기 때문에 포탈세액의 계산에 있어서도 이를 지분별로 나누지 않고 전체 세액을 포탈세액으로 하고 있다. 소득세법 제43조(공동사업에 대한 소득금액 계산의 특례)와 같이 개별 세법에 별도의 규정이 없는 부가가치세, 개별소비세 등은 국세기본법[462]에 따라 포탈세액의 계산을 공동사업에 부과된 전체 세액을 기준으로 특가법 적용 여부를 정해야 한다.

한편 이와 달리 소득세법 제2조의2 제1항에서는 공동소유자산 또는 공동사업을 경영하여 얻은 소득에 관하여 그 지분 또는 손익분배의 비율에 의하여 분배되거나 분배될 소득금액에 따라 각 거주자별로 그 소득금액을 정하도록 되어 있고, 예외적으로, 같은 조 제3항에 따른 주된 공동사업자에게 합산과세되는 경우 그 합산과세되는 소득금액에 대해서는 주된 공동사업자의 특수관계인은 같은 조 제2항에 따른 손익분배비율에 해당하는 그의 소득금액을 한도로 주된 공동사업자와 연대하여 납세의무를 지도록 규정(소득세법 제2조의2 제1항, 제43조 제2항, 제3항)하여 예외적으로 연대책임을 인정하고 있다. 따라서 소득세에서 공동사업소득자의 경우에는 포탈세액을 계산함에 있어서 지분별로 나누어 포탈세액을 정하고 그에 따라 특가법 해당 여부를 결정하여야 한다. 예를 들어, 개인사업체로 유흥업소를 공동으로 경영하면서 소득세, 부가가치세 및 개별소비세를 포탈한 경우에 소득세는 공유지분별로 안분하여 포탈금액을 정하고, 부가가치세 및 개별소비세는 전체 세액을 포탈세액으로 정하여야 한다.

공동상속인의 상속세에 대하여는 상속지분 한도 내에서만 연대책임이 인정되고, 상속지분을 초과하는 부분에 대하여는 연대책임을 인정하고 있지 않다(상속세 및 증여세법 제3조의2 제1항, 제3항). 따라서 공동상속인 중 1인이 자신의 지분을 초과하는 부분에 대하여 상속세를 포탈하는 데 관여한 경우, 포탈세액 산정이 문제될 수가 있는데, 이러한 경우에는 자신의 지분에 대하여는 납세의무자로서 포탈세액 전체를 부담하고, 다른 상

462) 국세기본법 제3조 제1항에서는 국세에 관하여 개별 세법에 별도의 규정이 있는 경우를 제외하고는 국세기본법에서 정하는 바를 따르도록 되어 있다.

속인의 지분에 대하여는 대리인인 행위자로 인정되는 경우에 한하여 포탈세액을 본인의 포탈세액과 합산하여 계산하고, 납세의무자의 행위자가 아닌 단순한 공범에 해당하는 경우에는 본인이 납세의무자로서 부담하는 세금과 합산하지 않고 다른 납세의무자인 상속인의 포탈범행에 대한 개별적 공범으로 처벌하여야 한다.

3. 고발 및 공소시효

조세포탈죄는 과세관청의 고발이 있어야 공소제기가 가능하다(조세범처벌법 제21조). 그러나 포탈세액 등이 연간 5억 원 이상이어서 특가법 제8조로 가중처벌되는 경우에는 고발이 없는 경우에도 공소를 제기할 수 있다(특가법 제16조). 다만, 검사가 공소제기 단계에서는 연간 포탈세액 등이 5억 원 이상이어서 공소제기에 고발이 불필요한 특가법위반죄(조세)로 공소를 제기하였으나, 공판진행 과정에서 연간 포탈세액 등이 5억 원 미만으로서 조세범처벌법위반죄에 해당하는 사실이 뒤늦게 밝혀진 경우에는 공소제기 요건인 고발 없는 공소제기가 되어 공소기각판결을 면할 수 없다.

법원도 "조세포탈범칙행위를 국세청장 등의 고발을 요하지 않는 특가법위반(조세)죄로 기소하였는데, 법원이 포탈 세액을 감축하여 인정하면서 국세청장 등의 고발이 없음에도 조세범처벌법 제9조 제1항 제3호 위반죄로 인정한 것은 위법하다"라고 판시[463]하고 있다. 이러한 이유로 통상적으로 검사는 업무상 횡령 등 일반 형사사건 수사과정에서 조세포탈 혐의를 인지할 경우에는 특가법 제8조의 해당 여부를 불문하고 과세관청의 고발을 받아 수사하고 공소를 제기하고 있다.

한편 조세범에 대한 공소시효는 대부분 7년인데, 범칙행위자가 특가법 제8조에 의해 가중처벌되는 경우에는 양벌규정으로 처벌되는 법인에 대해서는 10년의 공소시효가 적용된다(조세범처벌법 제22조 단서). 조세포탈 행위자가 특가법 제8조에 의해 가중처벌을 되는 경우에는 형사소송법 제249조에 의해 공소시효가 15년 또는 10년인데 반하여, 법인에 대한 공소시효는 조세범처벌법에 의한 공소시효로 하면 7년이 되어 불균형이 발생하므로 이와 조화를 이루기 위하여 단서 조항을 신설하였다.

463) 대법원 2008.3.27. 선고 2008도680 판결.

IX. 죄 수

1. 의 의

죄수는 범죄의 수가 1개인지, 여러 개인지를 정하는 문제이다. 형법 각칙 및 조세범처벌법의 각 구성요건은 원칙적으로 행위자가 1개의 행위로 1개의 구성요건을 실현했을 때에 적용된다. 형법상 1개의 죄에 해당하는지 여부와 수개의 죄에 해당하는지 여부는 과형상 차이[464]와 고발의 효력[465] 및 공소제기의 효력[466]에 영향을 미친다. 형법은 죄수에 관하여 형법 제37조 내지 제40조에서 실체적 경합범과 상상적 경합범을 규정하고 있다. 조세범처벌법은 죄수에 관하여 특별한 규정이 없다. 따라서 죄수에 관하여는 형법 제8조에 의하여 형법이 원칙적으로 적용된다.

2. 조세포탈죄에서의 죄수를 정하는 기준

형법상 범죄의 수를 어떻게 정할 것인가의 기준에 대하여 행위표준설, 법익표준설, 의사표준설, 구성요건표준설 등이 있으나, 구성요건표준설이 통설[467]이다. 법원도 "조세포탈의 죄수는 위반사실의 구성요건 충족 회수를 기준으로 하여 정하는 것으로서 법인세나 법인영업세는 사업연도를 과세기간으로 하는 것이므로 각 그 포탈범죄는 각 사업연도마다 그리고 물품세는 매월분을 익월 말일까지 납부해야 하는 것이므로 그 포탈범죄는 그 납기마다 각각 1개씩의 범죄가 성립한다"라고 판시[468]하여 구성요건표준설(구성요건 충족 횟수)을 기준으로 하고 있다.

조세범처벌법 제3조 제1항에서는 조세포탈죄 구성요건에 대하여 모든 세목의 조세를 포괄하여 규정하면서, 납세의무자가 다른 경우 별개의 죄가 되고, 세목이

464) 수개의 조세포탈 범죄를 경합범 가중할 경우에는 가장 중한 죄에 정한 장기 또는 다액에 그 1/2까지 가중한다(형법 제38조 제1항). 다만, 조세포탈죄의 경우에 벌금형에 대하여는 경합가중의 제한 규정이 적용되지 아니하므로 벌금형을 선고하는 수개의 죄의 경우 각 죄별로 합산한 벌금을 선고한다(조세범처벌법 제20조).

465) 법원은 "고발의 효력은 고발장에 기재된 범죄사실과 동일성이 인정되는 사실 모두에 미치므로, 한 개의 범칙사실의 일부에 대한 고발은 그 전부에 대하여 효력이 생긴다"고 판시하고(대법원 2009.7.23. 선고 2009도3282 판결), 또한 "수개의 범죄사실 중 일부만을 범칙사건으로 하는 고발이 있는 경우 고발장에 기재된 범칙사실과 동일성이 인정되지 않는 다른 범칙사실에 대해서까지 그 고발의 효력이 미칠 수 없다"고 판시하고 있다(대법원 2014.10.15. 선고 2013도5650 판결).

466) 형사소송법 제248조 제2항은 범죄사실 일부에 대한 공소제기의 효과는 그 전부에 미친다고 규정하고 있다.

467) 이재상 · 장영민 · 강동범, 형법총론, 2022, 550면.

468) 대법원 1987.12.22. 선고 87도84 판결.

나 과세기간이 다른 경우에도 별개의 죄가 되는 것으로 정하고 있다. 따라서 소득세포탈의 죄수는 각 과세연도의 소득세마다, 법인세포탈의 죄수는 각 사업연도의 법인세마다, 그리고 부가가치세의 포탈의 죄수는 각 과세기간인 6월의 부가가치세마다 1죄가 성립한다. 법원도 "원래 조세포탈범의 죄수는 위반사실의 구성요건 충족 횟수를 기준으로 하여 예컨대, 소득세포탈범은 각 과세년도의 소득세마다, 법인세포탈범은 각 사업년도의 법인세마다, 그리고 부가가치세의 포탈범은 각 과세기간인 6월의 부가가치세마다 1죄가 성립하는 것이 원칙이다"라고 판시[469]하여 같은 견해를 취하고 있다.

소득세의 경우 종합소득세, 양도소득세, 퇴직소득세가 분류과세되고, 각각의 과세표준 신고가 다른 양식의 신고서에 의해 별도로 행하여지고 있으므로 각 세목별로 별도로 조세포탈죄가 성립한다. 그러나 법인세의 경우 각 사업연도의 소득에 대한 법인세와 토지 등 양도소득에 대한 법인세가 하나의 신고서식에 따라 신고를 하고 있으므로 포괄하여 하나의 법인세포탈죄가 성립한다. 다만, 본세에 부가하여 부과되는 농어촌특별세, 교육세는 세목이 다르므로 별개의 죄가 성립하지만, 본세의 납세의무의 성립과 동시에 성립하고, 본세에 부가하여 하나의 문서로 과세표준과 세액의 신고가 이루어지므로 상상적 경합 관계에 있다.[470]

한편 특가법위반죄의 죄수와 관련하여 법원은 "원래 조세포탈범의 죄수는 위반사실의 구성요건 충족 회수를 기준으로 1죄가 성립하는 것이 원칙이지만, 특정범죄 가중처벌 등에 관한 법률 제8조 제1항은 연간 포탈세액이 일정액 이상이라는 가중사유를 구성요건화하여 조세범처벌법 제9조 제1항의 행위와 합쳐서 하나의 범죄유형으로 하고 그에 대한 법정형을 규정한 것이므로, 조세의 종류를 불문하고 1년간 포탈한 세액을 모두 합산한 금액이 특정범죄 가중처벌 등에 관한법률 제8조 제1항 소정의 금액 이상인 때에는 같은 항 위반의 1죄만이 성립하고, 같은 항 위반죄는 1년 단위로 하나의 죄를 구성하며 그 상호간에는 경합범 관계에 있고, 같은 항에 있어서의 '연간 포탈세액 등'은 각 세목의 과세기간과 관계없이 각 연도별(1월 1일부터 12월 31일까지)로 포탈한 세액을 합산한 금액을 의미한다"라고 판시[471]하여 구성요건표준설의 입장에서 연도별로 죄수를 정하고 있다.

---

469) 대법원 2000.4.20. 선고 99도3822 전원합의체 판결.
470) 안대희, 조세형사법, 2015, 497면.
471) 대법원 2001.3.13. 선고 2000도4880 판결.

X. 증명책임

1. 형사재판에서의 조세포탈죄 공소사실에 대한 증명책임

형사재판에서 공소제기된 범죄사실에 대한 증명책임[472]은 검사에게 있고, 유죄의 인정을 위한 증거의 증명력 정도는 법관으로 하여금 합리적인 의심을 할 여지가 없을 정도로 공소사실이 진실한 것이라는 확신을 가지게 하는 증명력을 가진 증거에 의하여야 한다. 이 같은 증명력 있는 증거가 없다면 설령 피고인에게 유죄의 의심이 간다 하더라도 피고인의 이익으로 판단할 수밖에 없다.[473] 조세포탈죄도 형사판결이므로 공소제기된 조세포탈 범죄사실, 즉 납세의무의 존재, 부정행위와 조세포탈의 결과 사이의 인과관계 및 고의 등에 대한 증명책임은 당연히 검사에게 있다.

한편 조세포탈의 결과로서의 납세의무 존재(포탈 세액)와 관련하여 법원은 "납세의무자에 대한 형사사건이 계속 중 포탈세액에 관한 부과처분을 취소하는 행정판결이 확정된 이상 형사재판에서 별도로 행정판결과 모순 저촉되는 납세의무의 범위를 확정할 수 없다"라고 판시[474]하여 개별적 구성요건요소 중 하나인 납세의무의 존재와 포탈의 결과에 대하여 형사판결은 행정소송의 결과를 따르도록 하고 있다. 따라서 납세의무의 존재 등 개별 조세법에 따른 납세의무 등을 결정하는 구체적 사실들에 대한 조세소송에서의 증명책임의 논리는 형사판결에서도 그대로 적용된다고 보아야 한다.

2. 조세소송에서의 과세처분의 적법성에 대한 증명책임

조세소송에서 피고의 지위에 있는 과세관청은 원고의 지위에 있는 납세의무자에 비하여 전문성과 예치, 금융거래추적 등 광범위한 실지조사권을 가지고 있어 우월한 위치에 있는 것처럼 보인다. 그러나 실제 소송에 있어서는 납세의무자는 조세법리와 소송절차에 밝은 변호사를 대리인으로 선임하여 치밀하게 과세요건들

472) 법원은 증거에 의하여 재판에 필요한 심증을 형성해야 하고, 증거조사를 해 보았음에도 공소사실의 존부에 관한 판단이 불분명한 때에는 이러한 증명곤란으로 인한 불이익을 최종적으로 검사 또는 피고인에게 부담시켜야 하는데 이를 증명책임이라고 한다.

473) 대법원 2001.8.21. 선고 2001도2823 판결; 대법원 2006.3.9. 선고 2005도8675 판결도 같은 취지로 판시하고 있다.

474) 대법원 1982.3.23. 선고 81도1450 판결.

에 대하여 다투고 있는 반면에, 사실상 조사권만 있는 과세관청에서는 관련법에 의하여 정하여져 있는 세무조사 기간 내에 과세표준신고서와 그 부속서류, 장부와 증빙, 그리고 납세의무자 등의 확인서 등을 근거로 새롭게 과세요건을 구성하여 과세처분한 과세대상 및 처분 전반에 대한 적법성을 증명하여야 한다. 그러나 대개의 과세자료가 납세의무자의 영역에 있고, 실제 과세처분되는 사안들은 사안 자체도 다양하면서도 복잡한 경우가 많을 뿐만 아니라, 그 의사결정과정도 단순하지가 않아 실지조사권을 행사하여도 전체적인 내용을 단기간 내에 파악하기가 쉽지 않은 경우가 많다.

이와 같은 이유로 조세소송에 있어서의 증명책임[475]은 누가 증명책임을 부담하느냐 하는 문제보다도 원칙적으로 증명책임을 부담하는 당사자가 어느 정도를 증명하면 증명책임을 다한 것으로 보고, 다른 당사자가 어떤 반대 증명을 해야 하느냐 하는 문제, 즉 증명의 전환이 중요한 문제가 되고 있다.

조세소송에 있어서 특별한 사정이 있는 경우를 제외하고는 원칙적으로 그 과세요건 사실의 존재 및 절차의 적법성에 관하여는 당해 과세관청에게 증명책임이 있다. 법원도 “추계과세를 함에 있어서 추계과세의 필요성이나 합리성에 대한 증명책임은 과세관청에게 있다”라고 판시[476]하고, 또한 “대표자의 급료는 특별한 사정이 없는 한 당해 법인의 필요경비(손금산입액)라 할 것인데 소득세나 법인세 과세처분취소소송에 있어서의 과세근거로 되는 과세표준의 입증책임은 과세관청에 있는 것이고 과세표준은 수입으로부터 필요경비를 공제한 것이므로 수입 및 필요경비의 입증책임은 과세관청에 있다 할 것이나 필요경비는 납세의무자에게 유리한 것이고 그 필요경비를 발생시키는 사실관계의 대부분은 납세의무자가 지배하는 영역 안에 있는 것이어서 그 입증이 손쉽다는 것을 감안해 보면 납세의무자가 그에 관한 입증활동을 하지 않고 있는 필요경비에 대해서는 부존재의 추정을 하는 것이 마땅하고 이와 같은 부존재의 추정을 용인하여 납세의무자에게 입증의 필요성을 인정하는 것은 공평의 관념에도 부합된다”라고 판시[477]하여 원칙적으로는 과세관청에게 과세표준에 대한 증명책임을 부여하고 특별한 경우에 부분적으로 증명책임을 전환하고 있다.

---

475) 과세관청이 부담하는 입증책임의 정도는 행정소송법 제8조 제2항에서 민사소송법을 준용하고 있으므로 과세관청은 ‘의심을 완전히 배제할 수는 없지만 의심에 침묵을 명할 정도의 정확성’을 입증하면 된다(이시윤, 신민사소송법, 2018, 534면 참조).

476) 대법원 1988.10.25. 선고 87누175 판결.

477) 대법원 1988.5.24. 선고 86누121 판결.

다만 법원은 "제2차 납세의무자에 대한 부과처분통지서인 납세고지서나 납부통지서에 필요적 기재사항이 기재되었는가의 여부는 부과처분절차상의 적법요건에 해당한다 할 것이므로 이에 대하여도 일응 과세관청에 그 입증책임이 있다 할 것이다"라고 판시[478]하고, 또한 "과세처분의 적법성에 대한 입증책임은 과세관청에 있으므로 어느 사업연도의 소득에 대한 법인세 과세처분의 적법성이 다투어지는 경우 과세관청으로서는 과세소득이 있다는 사실 및 그 소득이 당해 사업연도에 귀속되었다는 사실을 입증하여야 한다"라고 판시[479]하여 과세절차 및 과세처분의 적법성에 대하여는 원칙적으로 과세관청에게 증명책임이 있다고 일관되게 판시하여 오고 있다.[480]

3. 증명 책임의 전환

조세소송에 있어서는 원칙적으로 그 과세요건 사실의 존재 및 절차의 적법성에 관하여는 당해 과세관청에게 증명책임이 있다. 그러나 실제 현실에서는 과세관청에게 실지조사권이 부여되어 있기는 하지만 강제조사권까지 인정되는 것은 아니고, 조세회피 심리가 만연하여 그 회피 방법도 다양하고, 과세요건사실을 구체적으로 증명해야 하는 과세자료들 또한 납세의무자의 영역에 있는 까닭에 조세소송에 있어서도 일반 행정소송에서 요구하는 정도의 증명을 요구한다면, 이는 과세관청에게 사실상 불가능한 증명을 요구하는 결과가 되어 조세사건의 특수성을 감안하지 않는 불합리하고 부당한 결론이 도출될 수 있다.

이러한 불합리를 극복하기 위하여 증명책임에 관한 전환 논리들이 개별 사안들의 심리 과정에서 법원판결들로 형성되어 왔다.[481] 그 논리의 첫째로, 법원은 "민사소송법의 규정이 준용되는 행정소송에 있어서 증명책임은 원칙적으로 민사소송의 일반원칙에 따라 당사자 사이에 분배되고 항고소송의 경우에는 그 특성에 따라 당해 처분의 적법을 주장하는 피고에게 그 적법사유에 대한 증명책임이 있다 할 것인 바, 피고가 주장하는 당해 처분의 적법성이 합리적으로 수긍할 수 있는 일응의 증명이 있는 경우에는 그 처분은 정당하다 할 것이며 이와 상반되는 주장

---

478) 대법원 1986.10.28. 선고 85누555 판결.

479) 대법원 2000.2.25. 선고 98두1826 판결.

480) 권리발생요건, 즉 조세채권의 발생요건에 관하여는 조세채권자인 국가 등이 입증책임을 부담하고, 권리장애요건인 사실 및 권리소멸요건인 사실에 관하여는 조세채무자인 납세자가 입증책임을 부담한다는 법률요건분류설(우리나라 다수설)과 같은 입장에 있다.

481) 서울행정법원 조세소송실무연구회, 조세소송실무(개정판), 사법발전재단, 2016, 100면.

과 증명은 그 상대방인 원고에게 그 책임이 돌아간다고 할 것이다"라고 판시[482]하여 과세관청이 당해 처분의 적법성을 합리적으로 수긍할 수 있을 정도로 일응 증명을 한 경우에는 그 처분은 정당하다고 보고 이와 상반되는 주장과 증명책임을 상대방인 납세의무자가 해야 한다고 하고 있다.

둘째로 법원은 "과세처분의 적법성에 대한 증명책임은 과세관청에게 있으므로 소득액 확정의 기초가 되는 필요경비액에 대한 증명책임도 원칙적으로 과세관청에게 있고 다만 구체적 경비항목에 관한 증명의 난이라든가 당사자 사이의 형평 등을 고려하여 납세자측에 그 증명책임을 돌리는 경우가 있음에 불과하므로 이 사건 사업소득의 필요경비인 대지가액을 산정함에 있어 그 가액이 얼마인가 하는 점은 과세처분의 적법성에 대한 증명책임을 지는 피고가 입증할 사항이고 납세자인 원고에게 그 증명책임이 있는 것이 아니다"라고 판시[483]하고, 또한 "법인세 과세처분 취소소송에 있어서의 과세근거로 되는 과세표준의 증명책임은 과세관청에 있는 것이고, 과세표준은 수입으로부터 필요경비를 공제한 것이므로 수입 및 필요경비의 증명책임은 과세관청에 있다 할 것이나, 필요경비는 납세의무자에게 유리한 것이고 그 필요경비를 발생시키는 사실관계의 대부분은 납세의무자가 지배하는 영역 안에 있는 것이어서 그가 증명하는 것이 손쉽다는 점을 감안해 보면, 납세의무자가 증명활동을 하지 않고 있는 필요경비에 대해서는 부존재의 추정을 용인하여 납세의무자에게 증명의 필요성을 인정하는 것이 공평의 관념에도 부합된다"라고 판시[484]하여 수입과 필요경비 같은 과세표준을 결정하는 요소들에 대한 증명책임은 원칙적으로는 과세관청에게 있으나, 필요경비 중 구체적인 항목인 필요경비나 손금은 납세자의 영역에 있어 그러한 부분에 대한 과세관청의 증명이 너무 어려워서 그 증명상 형평이 문제되는 경우에는 부존재로 추정하여 납세자측에 그에 대한 증명책임을 돌리고 있다.

셋째로 법원은 "소득세법의 규정에 의한 납세자의 과세표준확정신고에 오류 또는 탈루가 있어 이를 경정함에 있어서는 장부나 증빙에 의함이 원칙이라고 하겠으나 다른 자료에 의하여 그 신고내용에 오류 또는 탈루가 있음이 인정되고 실지조사가 가능한 때에는 그 다른 자료에 의하여서도 이를 경정할 수 있는 바, 실지조사는 그것이 실제의 수입을 포착하는 방법으로서 객관적이라고 할 수 있는 한

482) 대법원 1984.7.24. 선고 84누124 판결; 대법원 2012.6.18. 선고 2010두27639 전원합의체 판결.
483) 대법원 1984.7.24. 선고 84누8 판결.
484) 대법원 2004.9.23. 선고 2002두1588 판결.

특별한 방법상의 제한이 없다 할 것이므로, 납세의무자의 금융기관계좌에 입금된 금액을 조사하는 방법으로 납세의무자의 총수입액을 결정한 것은 객관성이 있는 적법한 실지조사방법에 속한다 할 것이고, 일반적으로 세금부과처분 취소소송에 있어서 과세요건 사실에 관한 증명책임은 과세권자에게 있다 할 것이나 구체적인 소송과정에서 경험칙에 비추어 과세요건사실이 추정되는 사실이 밝혀지면 상대방이 문제로 된 당해 사실이 경험칙 적용의 대상 적격이 되지 못하는 사정을 증명하지 않는 한 당해 과세처분과 과세요건을 충족시키지 못한 위법한 처분이라고 단정할 수는 없다"라고 판시[485]하고, 또한 "과세요건사실의 존재에 대한 증명책임은 과세관청에게 있지만, 경험칙에 비추어 과세요건사실이 추정되는 사실이 소송과정에서 밝혀지면 경험칙 적용의 대상이 되지 아니하는 사정을 주장하는 편에서 그러한 사정을 증명하지 않는 한, 그 세금부과처분에 대하여 과세요건을 충족시키지 못한 위법한 처분이라고 할 수 없는 것인바, 증여세부과처분 취소소송에서 원고가 그 부로부터 금원을 취득한 사실이 인정되었다면 그 금원을 부의 채무변제에 사용하였다는 주장에 대한 증명책임은 원고에게 있다"라고 판시[486]하여 과세관청에서 일정한 증명을 한 경우에는 과세요건사실이 사실상 추정되게 하여 상대방으로 하여금 그 추정사실과 반대되는 사실에 대한 증명책임을 부과하는 등으로 증명 정도를 완화하는 방법을 인정하고 있다.

조세포탈 사건에 있어서 증명책임의 전환은 법률의 규정이 있는 경우에도 헌법상 무죄추정원칙에 반하여 허용되지 않는다는 견해도 있으나, 법률에 특별한 규정이 있는 경우에는 조세소송과 동일하게 허용된다는 것이 일반적 견해이다. 법원도 "법인세법에 의하면 법인이 사업집행상의 필요에 의하여 비용을 지출한 경우 손금으로 인정받을 수 있는 항목 및 그 용인한도액은 법정되어 있으므로, 비용의 허위계상 또는 과다계상의 방법으로 공금을 정식경리에서 제외한 뒤 그 금액 상당을 손금으로 처리한 경우, 그 금액이 전부 회사의 사업집행상 필요한 용도에 사용되었더라도, 그 용도를 구체적으로 밝혀 그것이 손비로 인정될 수 있는 항목이고 손금 용인한도액 내의 금액임을 입증하지 못하는 이상 조세포탈의 죄책을 면할 수 없다(대법원 2002.9.24. 선고 2002도2569 판결 등 참조)"라고 판시[487]하여 조세포탈에 있어서도 증명책임의 전환을 전제로 판시하고 있다.

---

485) 대법원 2004.4.27. 선고 2003두14284 판결.
486) 대법원 1990.4.27. 선고 89누6006 판결.
487) 대법원 2007.6.1. 선고 2005도5772 판결.

4. 개별 과세요건들에 대한 증명책임

과세처분의 적법성에 대한 증명책임은 원칙적으로 과세관청에게 있다. 따라서 과세요건인 과세대상, 과세대상의 귀속자, 제2차 납세의무, 필요경비 및 손비, 부당행위계산부인의 요건, 상속재산의 가액, 양도차익 등은 과세관청에게 증명책임이 있다. 그러나 비과세요건, 신의칙의 적용요건 등 납세의무자측의 예외적이고 특수한 사정에 관한 것들은 납세의무자에게 증명책임이 있다.

증여세의 예를 들어보면, 증여란 대가 없는 재산의 양도를 말하므로, 과세관청은 양도에 있어서 대가가 없었다는 점을 증명해야 한다. 그러나 대가가 없었다는 점은 소극적 사실로서 증명이 어려우므로 과세관청은 수증자가 재산을 취득할 자력이 없었다는 간접사실을 증명하게 된다. 법원도 "수증자에게 일정한 직업과 별다른 수입이 없는 사실이 과세관청의 증명에 의하여 일단 증명된 경우에는 그 자금출처에 대한 증명의 필요가 수증자에게 돌아가고, 따라서 그가 납득할 만한 자금출처를 대지 못하면 그 취즉자금을 증여받은 것으로 인정함이 타당하다"라고 판시[488]하여 증명의 전환을 통하여 적정하게 증명책임을 분배하고 있다.

과세대상의 귀속과 관련하여서도 법형식 또는 외관상의 과세대상 귀속자가 사실상의 귀속자와 다른 경우 공부상의 명의자에게 과세처분을 하였을 때 그가 동시에 소득의 실질적 귀속자라는 점에 대한 증명책임은 궁극적으로 과세관청이 부담하여야 한다. 그러나 사실과 다른 외관상의 법형식을 만들어 낸 사실은 통상적으로 납세의무자의 생활영역에 속하는 것이므로 그러한 외관을 초래한 명의자로서는 자신이 소득의 실질적 귀속자가 아니라는 점을 증명할 필요가 있다고 함이 공평의 측면에서 타당하다. 법원도 "거래 등의 귀속 명의와 실질적인 귀속주체가 다르다고 다투어지는 경우에도 특별한 사정이 없는 한, 과세관청이 사업명의자를 실사업자로 보아 과세를 한 이상 거래 등의 귀속 명의와 실질이 다르다는 점은 과세처분을 받은 사업명의자가 주장 · 증명할 필요가 생기는데, 이 경우에 증명의 필요는 법관으로 하여금 과세요건이 충족되었다는데 대하여 상당한 의문을 가지게 하는 정도면 족하다"라고 판시[489]하고 있다.

필요경비와 손비와 관련하여 법원은 "손비처리한 매입내역과 관련하여 발급받

488) 대법원 1984.3.27. 선고 83누710 판결; 대법원 1988.2.9. 선고 87누963 판결 등.
489) 대법원 2014.5.16. 선고 2011두9935 판결.

은 세금계산서가 자료상으로부터 받은 허위세금계산서인 것이 입증되었다면 그러한 비용이 실제로 지출되었다는 사실은 납세의무자가 입증하여야 할 것이다"라고 판시[490]하고, 또한 "과세관청으로서는 신고된 필요경비가 허위라는 것을 증명하면 족한 것이지 과세관청에게 그 허위내용으로 신고된 비용에 대응하는 무엇인가의 다른 실지비용이 전혀 아무것도 없음을 빠짐없이 입증할 것이 요구되지 않는다"라고 판시[491]하여 형평에 부합하도록 증명책임을 적절하게 분배하고 있다.

부당행위계산부인의 요건과 관련하여, 법원은 "부당행위계산부인의 적용 기준이 되는 '시가'에 대한 주장·증명책임은 과세관청에 있다"고 판시[492]하고, 또한 "법인세법 제52조 소정의 부당행위계산부인 제도는 경제인의 입장에서 볼 때 부자연스럽고 불합리한 행위계산을 하므로 인하여 경제적 합리성을 무시하였다고 인정되는 경우에 한하여 적용되는 것이고, 경제적 합리성 유무에 대한 판단은 당해 거래행위의 대가관계만을 따로 떼내어 단순히 특수관계자가 아닌 자와의 거래형태에서는 통상 행하여지지 않은 것이라 하여 바로 이에 해당되는 것으로 볼 것이 아니라, 거래행위의 제반 사정을 구체적으로 고려하여 과연 그 거래행위가 건전한 사회통념이나 상관행에 비추어 경제적 합리성을 결한 비정상적인 것인지의 여부에 따라 판단하여야 한다"라고 판시[493]하고 있다.

이와 같이 조세포탈 구성요건을 형성하는 개별 과세요건에 들어가면 증명책임이 전환되는 등 쉽게 이해되지 않은 부분들이 많아 조세포탈죄 증명책임을 어렵다고 느끼는 것이다.

XI. 다른 범죄와 조세포탈과의 관계

1. 개 요

조세포탈죄는 부정한 행위로써 조세를 포탈하거나 조세의 환급·공제를 받은 경우에 성립한다. 조세포탈죄 성립요건으로서의 부정행위는 매우 다양하여 그 자체로 독자적인 범죄를 구성하는 경우도 있고, 다른 요건들과 결합하여 별도의 범죄를 구성하는 경우도 있다. 그러한 범죄들은 조세포탈행위와 중복하여 장시간에

490) 대법원 2011.4.28. 선고 2010두28076 판결.
491) 대법원 1995.7.14. 선고 94누3407 판결.
492) 대법원 2013.9.27. 선고 2013두10335 판결.
493) 대법원 2006.5.11. 선고 2004두7993 판결.

걸쳐 행하여질 수도 있고, 짧은 시간 내에 행해질 수도 있는데, 조세포탈죄와 관계에서 상상적 경합[494]의 관계에 있을 수도 있고, 실체적 경합[495]의 관계에 있을 수도 있으며, 때로는 법조경합[496]의 관계에 있을 수도 있다.

통상적으로 조세포탈죄와 동시에 그 범죄성립이 논해지는 범죄들로는 업무상횡령죄, 업무상배임죄, 사기죄, 국외재산도피죄, 세금계산서 관련 범죄, 금융실명거래및비밀보장에관한법률위반죄, 도시및주거환경정비법위반죄, 의료법위반죄 등이 있는데 업무상횡령죄와 업무상배임죄는 제3절에서 별도로 자세히 다루므로 본절에서는 나머지 죄와의 관계에 대하여 설명하도록 하겠다.

2. 사기죄와의 관계

사기죄는 사람을 기망하여 재물을 교부받거나 재산상의 이익을 취득하고 또는 이러한 방법으로 제3자로 하여금 재물의 교부를 받거나 재산상의 이익을 취득하게 한 때에 성립한다(형법 제347조 제1항). 조세포탈죄는 사기 그 밖의 부정한 행위로 과세관청을 기망하여 조세를 포탈하거나 환급·공제를 받은 때에 성립한다.

이 경우 조세포탈죄의 구성요건 이외에 사기죄의 구성요건을 동시에 충족하는 경우에 조세포탈죄 외에 사기죄도 성립하는지 여부가 문제된다. 이와 관련하여 법원은 "기망행위에 의하여 국가적 또는 공공적 법익을 침해한 경우라도 그와 동시에 형법상 사기죄의 보호법익인 재산권을 침해하는 것과 동일하게 평가할 수 있는 때에는 당해 행정법규에서 사기죄의 특별관계에 해당하는 처벌규정을 별도로 두고 있지 않는 한 사기죄가 성립할 수 있는데, 기망행위에 의하여 조세를 포탈하거나 조세의 환급·공제를 받은 경우에는 조세범처벌법 제3조에서 이러한 행위를 처벌하는 규정을 별도로 두고 있을 뿐만 아니라, 조세를 강제적으로 징수하는 국가 또는 지방자치단체의 직접적인 권력작용을 사기죄의 보호법익인 재산권과 동일하게 평가할 수 없는 것이므로 조세범처벌법위반죄가 성립함은 별론으로 하고, 형법상 사기죄는 성립하지 않는다"라고 판시[497]하였다. 위 사안은 주유소 운영자

---

494) 상상적 경합이란 한 개의 행위가 여러 개의 죄에 해당하는 경우를 말한다.

495) 실체적 경합이란 행위단일성이 인정되지 않는 수개의 행위를 하여 수개의 구성요건에 해당하는 죄를 지은 경우를 말한다.

496) 법조경합이란 1개 또는 수개의 행위가 2개 이상의 형벌규정에 해당되는 외관을 가지고 있어도 사실은 그러한 형벌법규 상호간의 관계상 그중 1개만이 적용되고 다른 것의 적용을 배척하는 경우를 말한다.

497) 대법원 2008.11.27. 선고 2008도7303 판결.

가 농·어민 등에게 조세특례제한법에서 정한 면세유를 공급한 것처럼 위조한 면세유류공급확인서를 정유회사에 제출하여 기망당한 정유회사로부터 면세유를 공급받음으로써 정상유와의 가격 차액 상당의 이득을 취득하였다는 것이었는데, 정유회사에 대하여 사기죄를 구성하는 것은 별론으로 하고, 국가 또는 지방자치단체를 기망하여 국세 및 지방세의 환급세액 상당을 편취한 것으로 볼 수는 없다고 하여 사기죄와 조세포탈죄 관계를 법조경합 관계로 보고 있다.

한편 부가가치세에서 원천징수세액을 임의사용한 경우에 횡령죄 또는 사기죄의 성립여부가 문제될 수 있다. 이에 대하여 법원은 "부가가치세는 사업상 독립적으로 재화 또는 용역을 공급하는 자 즉 사업자가 이를 납부할 의무를 지는 것으로서, 사업자가 재화 또는 용역을 공급하는 때에는 과세표준에 세율을 적용하여 계산한 부가가치세를 그 공급을 받는 자로부터 징수하여야 하고, 부가가치세법상 사업자만이 부가가치세의 납세의무자이고 그 거래 상대방인 공급을 받는 자는 이른바 재정학상의 담세자에 불과할 뿐 조세법상의 납세의무자가 아니며, 사업자가 매출세액을 징수하는 경우에 부가가치세의 납부의무자도 아닌 거래 상대방을 위하여 이를 보관하는 관계에서 징수하는 것이라고 할 수는 없고, 사업자는 과세기간 종료 후에 그 기간 동안 발생한 매출세액과 매입세액 여하에 따라 매출세액의 징수 여부에 관계없이 자신의 책임 하에 부가가치세 납부의무를 이행하는 것이므로 일단 징수한 매출세액은 공급자의 소유로 귀속되는 것이므로, 부가가치세법상의 사업자가 공급받는 자로부터 부가가치세 명목으로 징수한 매출세액을 다른 용도로 사용하였더라도 횡령죄에 해당한다고 할 수 없다. 다만 이와 같은 경우에 사업자가 상대방에게 이를 반환하여야 할 의무가 성립하더라도 이는 민사상 채무에 불과하고, 만약 사업자가 부가가치세 과세대상이 아님을 알면서 상대방을 기망하고 징수한 경우에는 사기죄를 구성할 뿐이다"라고 판시[498]하여 부가가치세 납세의무자가 담세자로부터 징수한 부가가치세를 임의로 사용한 행위에 대하여는 담세자에 대한 관계에서 보관하는 자의 지위에 있지 아니하다는 이유로 횡령죄 성립을 부인하면서, 이와 별개로 피해자를 상대로 한 사기죄는 성립할 수 있다고 하고 있다.

498) 대법원 1999.11.26. 선고 99도1969 판결.

3. 국외재산도피죄와의 관계

국외재산도피죄란 외국환거래법령을 위반하여 대한민국 또는 대한민국 국민의 재산을 국외로 이동하거나 국내로 반입하여야 할 재산을 국외에서 은닉 또는 처분하여 도피시켰을 때에 성립하는 범죄를 말한다(특정경제범죄가중처벌등에관한법률 제4조 제1항).

그러나 외국환거래법이 2017.1.17. 자로 개정[499]되면서 법령상 국내회수의무를 규정하고 있는 유일한 규정인 외국환관리법 제7조가 삭제됨에 따라, 외국환거래법상 채권의 국내회수의무를 전제로 하는 특정경제범죄가중처벌등에관한법률 제4조 제1항 후단의 재산국외도피죄는 사실상 사문화되었다.

이 법이 사문화되기 이전에 국외재산도피죄는 SPC나 해외계좌를 이용하여 불법적으로 재산을 국외로 이동하거나 국내에 반입하여야 할 재산을 국외에서 은닉 또는 처분한 경우에 주로 문제되었다. 이 경우에는 조세포탈죄와 별도로 해외재산 국내회수의무와 관련한 국외재산도피죄가 성립되어 양죄의 관계가 문제되었다.

이와 관련한 사례로서, 국내 거주자인 피고인이 홍콩법인에서 발생한 소득을 은닉하기 위해 조세피난처인 영국령 버진아일랜드(BVI) 등에 다수의 페이퍼 컴퍼니를 설립한 다음, 홍콩법인의 수익금을 페이퍼 컴퍼니 앞으로 커미션 등 명목으로 송금하고, 피고인이 페이퍼 컴퍼니로 이전된 돈에 대한 사실상의 처분권을 갖는 인출서명권(Beneficial Owner)을 보유하면서도 외양상으로는 그 페이퍼 컴퍼니의 지배구조를 복잡하게 변경하는 등 변칙거래 수단을 동원하는 방법으로 홍콩법인의 차명주주 배당소득 등 종합소득세를 포탈하고, 이와 같이 국내로 반입하여야 할 재산을 국외에서 은닉 또는 처분하였다며 국외재산도피 혐의로 공소제기된 사안에서, 법원은 "피고인이 BVI 법인 주식 모두를 자신의 실명으로 직접 보유하고 있고, BVI 법인에 다층적 지배구조가 존재하지 않고, 통상적인 투자구조의 형태를 벗어난 것이라고 보기 어려운 점, 피고인이 BVI 법인 계좌의 실질 소유자로서 자신이 아닌 다른 사람의 인적사항을 기재하지 않을 뿐만 아니라, 위 계좌의 인출서명권 역시 피고인이 가지고 있는 점 등을 고려하면 사기 기타 부정한 행위가 인정되지 않는다. 한편 국외에서의 은닉 또는 처분에 의한 재산국외도피죄는 법령에 의하여 국내로 반입하여야 할 재산을 이에 위반하여 은닉 또는 처분시킨 때에 성

---

499) 이 개정 외국환거래법 시행일은 2018.1.18.부터이나, 외국환거래법 부칙 제2조에서 이 법 전에 발생한 채권에 대하여도 소급적용하도록 되어 있다.

립한다. 그러므로 위 조항에서 말하는 '국내에 반입하여야 할 재산'이라 함은 법령에 의하여 국내에 반입하여야 할 의무를 부담하는 대한민국 또는 대한민국 국민의 재산을 의미하는 것으로 보아야 하는데(대법원 2003.10.10. 선고 2003도3516 판결, 대법원 2010.9.9. 선고 2007도3681 판결 등 참조) 이 의무를 위반한 사실을 인정할 증거가 없다"라고 판시[500]하여 조세포탈죄와 함께 경합범으로 공소제기된 국외재산도피죄 등에 대하여 무죄를 선고하였다.

4. 세금계산서 관련 범죄와의 관계

조세범처벌법 제10조의 세금계산서 관련 범죄와 조세범처벌법 제3조의 조세포탈죄는 별개의 범죄로 실체적 경합범 관계에 있다. 법원도 "조세범처벌법 제10조 제3항 제3호의 죄와 조세범처벌법 제3조 제1항의 죄는 구성요건적 행위태양과 보호법익이 서로 다를 뿐 아니라 어느 한 죄의 불법과 책임 내용이 다른 죄의 불법과 책임 내용을 모두 포함하고 있지 아니하므로, 세금계산서합계표를 허위기재하여 정부에 제출하는 방법으로 부가가치세를 포탈하거나 부가가치세의 환급·공제를 받는 경우, 조세범처벌법 제10조 제3항 제3호의 죄와 조세범처벌법 제3조 제1항의 죄는 별개로 성립한다"라고 판시[501]하고 있다.

5. 금융실명거래및비밀보장에관한법률위반죄와의 관계

금융실명거래및비밀보장에관한법률 제3조 제3항에서는 누구든지 특정금융거래정보의보고및이용등에관한법률 제2조 제4호에 따른 불법재산의 은닉, 같은 조 제5호에 따른 자금세탁행위 또는 같은 조 제6호에 따른 공중협박자금조달행위 및 강제집행의 면탈, 그 밖에 탈법행위를 목적으로 타인의 실명으로 금융거래를 하여서는 아니된다고 규정하고, 같은 법 제6조 제1항에서는 그 위반자에 대하여 5년 이하의 징역 또는 5천만 원 이하의 벌금에 처하도록 하고 있다.

차명계좌를 이용한 부정행위로 조세포탈을 한 경우에 차명계좌 이용에 대한 처벌규정인 금융실명거래및비밀보장에관한법률위반죄와 조세포탈죄의 관계가 문제되나, 양죄는 구성요건을 별도로 하고 있고 보호법익도 달리하고 있으므로 실체적 경합범 관계[502]에 있다.

---

500) 대법원 2018.11.9. 선고 2014도9026 판결(원심판결: 서울고등법원 2014.6.27. 선고 2012노594 판결, 제1심판결: 서울중앙지방법원 2012.2.9. 선고 2011고합119 판결).

501) 대법원 2011.12.8. 선고 2011도9242 판결.

502) 피고인이 차명주식을 상속받은 뒤 이를 미신고 상태에서 양도하여 양도소득세를 포탈한 혐의로

6. 도시및주거환경정비법과 의료법 · 약사법상 리베이트와 조세포탈 관계

도시및주거환경정비법 제132조에서는 누구든지 추진위원, 조합임원의 선임 등과 관련하여 금품, 향응 또는 그 밖의 재산상 이익을 제공하거나 제공의사를 표시하거나 제공을 약속하는 행위를 하여서는 아니된다고 규정하고, 같은 법 제135조에서는 그 위반자에 대하여 5년 이하의 징역 또는 5천만 원 이하의 벌금에 처하도록 되어 있다.

한편 의료법 제23조의5에서는 의료인, 의료기관 개설자(법인의 대표자, 이사, 그 밖에 이에 종사하는 자를 포함한다) 및 의료기관 종사자는 「약사법」 제47조 제2항[503]에 따른 의약품공급자로부터 의약품 채택 · 처방유도 · 거래유지 등 판매촉진을 목적으로 제공되는 금전, 물품, 편익, 노무, 향응, 그 밖의 경제적 이익을 받거나 의료기관으로 하여금 받게 하여서는 아니된다고 규정하고, 같은 법 제88조에서는 그 위반자에 대하여 3년 이하의 징역이나 3천만 원 이하의 벌금에 처하도록 되어 있다.

도시및주거환경정비법과 의료법상 각 위법비용인 리베이트를 제공하면서 이를 손금산입이 가능한 항목으로 분산처리하여 사기 기타 부정행위가 인정될 경우 조세포탈죄가 성립할 수 있는데, 이 경우 양죄는 구성요건을 달리하고 보호법익도 다르므로 실체적 경합범 관계[504]에 있다.

고발한 사안에서, 차명주식을 선대로부터 상속받은 뒤 차명상태를 그대로 유지하고 세금을 신고하지 않았다는 점만으로는 적극적 은닉행위가 없다는 이유로 상속세포탈혐의는 검찰에서 무혐의 처분되었고, 대법원 2019.7.18. 선고 2019두741 판결은 대주주 양도소득세 회피 등 목적 아래 상속받은 차명주식 일부를 매각한 부분과 주식대량보유 보고의무 및 소유상황 보고위반 혐의인 금융실명거래및비밀보장에관한법률위반죄와 자본시장과금융투자업에관한법률위반 등 부분에 대하여는 벌금형 선고를 하였다.

503) 약사법 제47조 제2항에서는 '의약품공급자(법인의 대표자나 이사, 그 밖에 이에 종사하는 자를 포함하고, 법인이 아닌 경우 그 종사자를 포함한다. 이하 이 조에서 같다) 및 의약품공급자로부터 의약품의 판매촉진 업무를 위탁받은 자(법인의 대표자나 이사, 그 밖에 이에 종사하는 자를 포함하고, 법인이 아닌 경우 그 종사자를 포함한다. 이하 이 조에서 같다)는 의약품 채택 · 처방유도 · 거래유지 등 판매촉진을 목적으로 약사 · 한약사(해당 약국 종사자를 포함한다. 이하 이 조에서 같다) · 의료인 · 의료기관 개설자(법인의 대표자나 이사, 그 밖에 이에 종사하는 자를 포함한다. 이하 이 조에서 같다) 또는 의료기관 종사자에게 금전, 물품, 편익, 노무, 향응, 그 밖의 경제적 이익(이하 "경제적 이익등"이라 한다)을 제공하거나 약사 · 한약사 · 의료인 · 의료기관 개설자 또는 의료기관 종사자로 하여금 약국 또는 의료기관이 경제적 이익등을 취득하게 하여서는 아니 된다' 고 규정하고, 같은 법 제94조에서는 그 위반자에 대하여 3년 이하의 징역이나 3천만 원 이하의 벌금에 처하도록 하고 있다.

504) 대법원은 2019.7.4. 회사 자금 수백억여원을 횡령하고(업무상 횡령) 병원 등에 의약품 리베이트 62억여 원을 제공하고(약사법위반), 그 과정에서 법인세를 포탈(조세포탈)한 혐의로 A제약회사 회장에게 징역형과 벌금형을 선고한 원심판결을 상고기각하여 확정하였다.

제3절 회사자금에 대한 횡령·배임과 조세포탈

Ⅰ. 총 설

1. 의 의

횡령죄란 타인의 재물을 보관하는 자가 그 재물을 횡령하거나 반환을 거부함으로써 성립하는 범죄이다. 배임죄란 타인의 사무를 처리하는 자가 그 임무에 위배하는 행위로 인하여 재산상의 이익을 취득하거나, 제3자로 하여금 이를 취득하게 하여 본인에게 손해를 가함으로써 성립하는 범죄이다. 횡령죄에는 단순 횡령죄, 업무상 횡령죄, 점유이탈물 횡령죄가 있고, 배임죄에는 단순 배임죄와 업무상 배임죄, 배임수증재죄가 있다.

횡령·배임죄는 재산범죄의 주요유형으로서 당사자들의 경제적 이해관계에 미치는 영향이 클 뿐만 아니라 발생하는 사실 또한 다양하여 그 법리가 복잡하다. 횡령·배임죄는 사인간의 거래관계에서 분쟁이 발생하여 고소·고발에 의하여 수사가 개시되는 경우가 일반적이나, 기업운영과정에서 발생하는 업무상 횡령·배임 사건은 회사 경영진 또는 임원에 의해 발생한데다가 피해자가 다수이고, 그 피해 규모 또한 매우 커서 경제에 미치는 효과가 크기 때문에 수사기관에서 직접 인지하여 수사가 시작되기도 한다.

조세포탈죄는 부정한 행위로써 조세를 포탈하거나 조세의 환급·공제를 받은 경우에 성립하므로 일반 사인간에 발생하는 단순한 횡령·배임의 경우에는 별도로 조세포탈죄를 구성하는 경우가 거의 없다. 따라서 여기에서는 회사자금의 업무상 횡령·배임과정에서 발생하는 조세포탈에 대하여 주로 살펴보기로 한다.

2. 업무상 횡령죄와 업무상 배임죄에 대한 형벌 체계

단순 횡령죄와 배임죄는 형법 제355조[1]에 규정되어 있고, 업무상 임무에 위배하여 횡령 및 배임죄를 범한 경우의 업무상 횡령 및 배임죄는 형법 제356조[2]에 규정되어 있다. 횡령·배임의 이득액에 따른 가중처벌규정으로서 특정경제범죄가중처벌등에관한법률 제3조[3]가 있다. 이와 별도로 타인의 사무를 처리하는 자가 그 임무에 관하여 부정한 청탁을 받고 재물 또는 재산상의 이익을 취득하거나 제3자로 하여금 이를 취득하게 한 때에 성립하는 배임수증재죄는 형법 제357조[4]에 규정되어 있다.

3. 업무상 횡령죄와 업무상 배임죄의 관계

형법상 업무상 횡령죄와 업무상 배임죄가 같은 장에서 같은 조문으로 규정되어 있어 양죄의 관계가 문제된다. 양죄 모두 타인에 대한 신뢰관계를 배신한다는 점에 공통점이 있으며, 차이점으로는 업무상 횡령죄의 객체가 재물인데 반하여 업무상 배임죄의 객체는 재산상의 이익이라는 점에 있다. 업무상 횡령죄는 재물에 관

---

1) **제355조(횡령, 배임)** ① 타인의 재물을 보관하는 자가 그 재물을 횡령하거나 그 반환을 거부한 때에는 5년 이하의 징역 또는 1천500만원 이하의 벌금에 처한다.
② 타인의 사무를 처리하는 자가 그 임무에 위배하는 행위로써 재산상의 이익을 취득하거나 제삼자로 하여금 이를 취득하게 하여 본인에게 손해를 가한 때에도 전항의 형과 같다.

2) **제356조(업무상의 횡령과 배임)** 업무상의 임무에 위배하여 제355조의 죄를 범한 자는 10년 이하의 징역 또는 3천만원 이하의 벌금에 처한다.

3) **제3조(특정재산범죄의 가중처벌)** ① 형법 제347조(사기),제347조의2(컴퓨터등사용사기), 제350조(공갈), 제350조의2(특수공갈), 제351조(제347조, 제347조의2, 제350조 및 제350조의2의 상습범만 해당한다), 제355조(횡령·배임) 또는 제356조(업무상의 횡령과 배임)의 죄를 범한 사람은 그 범죄행위로 인하여 취득하거나 제3자로 하여금 취득하게 한 재물 또는 재산상 이익의 가액(이하 이 조에서 "이득액"이라 한다)이 5억원 이상일 때에는 다음 각 호의 구분에 따라 가중처벌한다
1. 이득액이 50억원 이상일 때: 무기 또는 5년 이상의 징역
2. 이득액이 5억원 이상 50억원 미만일 때: 3년 이상의 유기징역
② 제1항의 경우 이득액 이하에 상당하는 벌금을 병과(倂科)할 수 있다.

4) **제357조(배임수증재)** ① 타인의 사무를 처리하는 자가 그 임무에 관하여 부정한 청탁을 받고 재물 또는 재산상의 이익을 취득하거나 제3자로 하여금 이를 취득하게 한 때에는 5년 이하의 징역 또는 1천만원 이하의 벌금에 처한다.
② 제1항의 재물 또는 재산상 이익을 공여한 자는 2년 이하의 징역 또는 500만원 이하의 벌금에 처한다.
③ 범인 또는 그 사정을 아는 제3자가 취득한 제1항의 재물은 몰수한다. 그 재물을 몰수하기 불가능하거나 재산상의 이익을 취득한 때에는 그 가액을 추징한다.

하여만 범죄가 성립된다는 점에서 경제적 가치가 있는 재산에 관하여 범죄가 성립하는 업무상 배임죄와의 관계에서 우선 적용되는 특별법과 일반법 관계에 있다.

양죄의 차이점을 간단하게 표로 정리하면 아래와 같다.

	횡령죄	배임죄
공통점	타인에 대한 신뢰관계에 위배한다는 배신성을 본질로 함	
차이점	· 범죄의 주체: 위탁관계에 의하여 타인의 재물을 보관하는 자 · 행위: 재물을 횡령 또는 반환을 거부하는 행위 · 범죄의 객체: 재물	· 범죄의 주체: 타인의 사무를 처리하는 자 · 행위: 임무에 위배하는 행위로 재산상 이익을 취득하거나 제3자로 하여금 취득하게 하여 본인에게 손해를 가하는 행위 · 범죄의 객체: 재산상 이익

4. 업무상 횡령 · 배임죄와 조세포탈과의 관계

업무상 횡령 · 배임죄 및 배임수증재죄와 직접 관계되는 포탈범죄로는 법인세포탈죄가 있고, 횡령 · 배임에 의하여 발생하는 소득의 최종 귀속자와의 관계에서 2차적으로 발생하는 소득세포탈죄도 문제될 수 있다.

업무상 횡령 · 배임죄는 타인의 물건 또는 재산이 업무상의 임무와 연결되어 있는 경우에 가중처벌하는 죄로 업무자라는 신분에 의하여 형이 가중되는 부진정신분범이다. 업무란 직업 또는 직무와 같은 것으로 그 지위에 기하여 반복 또는 계속적으로 행하는 사무를 말한다. 업무의 근거는 법령, 계약, 관례에 의할 수 있고, 사실상의 것도 포함된다. 업무의 내용은 공적인 것이든 사적인 것이든 불문한다. 따라서 법인의 대표이사와 임 · 직원, 그리고 그들의 위임에 의하여 업무를 수행하는 자 및 사실상 업무수행자 등이 범죄의 주체가 된다.

법원도 "형법 제356조에서 말하는 업무는 직업 혹은 직무라는 말과 같아 법령, 계약에 의한 것 뿐만 아니라 관례를 좇거나 사실상이거나를 묻지 않고 같은 행위를 반복할 지위에 따른 사무를 가리킨다고 할 것이다(대법원 1971.1.12. 선고 70도2216 판결 참조). 그런데, 피고인은 1974.5.20. 등기부상으로 공소외 주식회사의 대표이사를 사임한 후에도 1975.7.경까지 계속하여 사실상 대표이사 업무를 행하여 왔고 회사원들도 피고인을 대표이사의 일을 하는 사람으로 상대해 온 사실을 인정할 수 있으므로 피고인은 여전히 위 회사의 원목 판매대금을 보관할 업무상의 지위에 있었던 자라고 할 수 있으니 피고인에 대하여는 업무상 횡령죄가 적용되어야 할 것이다"라고 판시[5]하여 사실상 업무수행자도 범죄주체에 해당한다고 하여 그 범위를 넓게 인정하고 있다.

조세포탈죄의 범죄 주체도 앞서 살핀바와 같이 법인의 대표자, 법인의 대리인, 사용인 그 밖의 종업원, 그리고 사실상 경영인도 명칭여하를 불문하고 해당하여 업무상 횡령·배임죄의 범죄주체와 거의 일치한다. 회사자금의 횡령·배임은 회사의 업무담당자가 불법영득의 의사로 그 임무에 위배되는 위법한 행위를 하여 회사에 손해를 가하는 범죄로 그 피해자는 해당 회사이다. 조세포탈은 회사의 업무담당자가 부정한 행위를 하여 법인의 소득금액을 실제와 다르게 허위로 신고하거나 신고 자체를 아예 하지 않아 국가의 조세수입을 감소시키는 범죄로 그 피해자는 국가이다.

또한 회사 대표이사 등 임·직원이 횡령·배임행위를 하여 회사 재산을 감소시킨 경우에는 그 금액만큼 법인세 신고소득에서 누락시킬 수밖에 없어서 필연적으로 법인세 탈루로 이어지고, 그 범행과정에 부정행위요건이 충족된다면 법인세포탈죄도 당연히 성립하게 된다.

업무상 횡령·배임죄와 법인세포탈죄의 관계는 원칙적으로 실체적 경합관계에 있으므로 별개의 구성요건을 가진 범죄이다. 업무상 횡령·배임죄는 대표이사 등이 법인의 수익을 감소시킨다는 사실을 인식하면서 수익을 감소시키는 횡령·배임행위를 하면 법인세포탈죄의 구성요건인 부정행위의 존재 여부와 무관하게 범죄가 성립한다. 통상적으로 대표이사 등이 횡령·배임행위를 할 경우에는 범죄사실을 은폐하기 위한 적극적인 행위를 하기 때문에 법인세포탈죄에서 요구하는 정도의 부정행위가 존재하는 경우가 대부분이다. 이 경우에는 업무상 횡령·배임죄 및 법인세포탈죄가 함께 성립한다. 그러나 조세회피 의도하에서 행하여진 단순탈루행위에는 부정행위가 존재하지 않을 수 있으므로 그런 경우에는 업무상 횡령·배임죄는 성립할 수 있지만 법인세포탈죄는 성립하지 않는다. 이러한 측면에서 업무상 횡령·배임죄의 성립구성요건이 법인세포탈죄 성립구성요건보다 더 넓고 다양하다고 볼 수 있다.[6)]

5) 대법원 1982.1.12. 선고 80도1970 판결.

6) 업무상 횡령·배임행위는, 예를 들자면, 단순한 착오 등에 의한 소득감소행위는 이에 해당하지 않겠으나, 부정행위가 없는 단순한 조세회피 의도하에서 행하여진 소득감소행위, 소극적 부정행위에 의한 소득감소행위, 적극적 부정행위에 의한 소득감소행위 등 다양한 형태의 소득감소행위에 의해 이루어질 수 있다.

Ⅱ. 조세포탈죄에 대한 인식 변화와 형사처벌 강화

1. 업무상 횡령·배임죄와 조세포탈죄의 상호관계에 대한 인식변화

(1) 업무상 횡령·배임죄와 조세포탈죄를 별개의 사건으로 인식하던 시기

1993년 금융실명제가 실시되기 이전까지는 우리나라 사회·경제적 분위기가 차명계좌사용과 같은 자금세탁이나 그 과정에서 행하여지는 탈세는 국민들 사이에서 특별한 범죄의식 없이 행하고 있었던 행위들이었다. 이러한 분위기에 편승하여 정기적인 법인의 세무조사와 진정·고발에 의하여 공식적으로 문제가 제기된 조세포탈사건 이외에는 과세관청이나 수사기관 모두 조세포탈죄를 독립적인 중대범죄로 인식하여 적극적으로 고발을 하거나 별도로 수사를 개시하지는 않았다. 또한 회사재산에 대한 업무상 횡령·배임혐의로 고소·고발되거나 수사기관의 인지에 의하여 공소제기되어 형사처벌을 받게 된 사람을 상대로 사실상 동일한 범죄사실에 해당하는 내용으로 조세포탈죄로의 고발 및 재수사는 이중처벌의 성격이 강하여 당사자에게 너무 가혹하다는 인식도 과세관청과 수사기관에 광범위하게 퍼져 있어서 특별한 경우가 아닌 한 별도로 조세포탈죄에 대하여는 문제를 삼지 아니하였다.

따라서 수사기관에서는 회사재산에 대한 횡령·배임죄에 대한 공소제기 후에 과세관청에 조세참고자료로 통보도 하지 않았었고, 과세관청에서도 수사기관에서 진행하는 업무상 횡령·배임사건에 대한 수사 결과에 대하여 특별한 관심을 두지 않았다. 이러한 분위기는 2000년 이전까지 유지되어 그 시기에 수사기관에 의해 진행된 회사재산의 횡령·배임죄가 법인세포탈죄까지 함께 기소되어 처벌된 사례는 거의 없었다.[7]

(2) 업무상 횡령·배임죄와 조세포탈죄를 필요에 따라 적용하였던 시기

2000년을 전후하여 민주화에 이은 정권교체가 되면서 정권 실세와 언론기관 등 수사성역들에 대한 수사가 시작되었다. 그 사회적 신분 등으로 인하여 상대적으로 수사 진행이 어려웠던 사회지도층을 상대로 수사가 시작되면서, 그때까지 별다른

7) 1997년에 발생한 외환위기가 도화선이 되어 수많은 기업들의 도산하는 등으로 고소·고발 및 수사기관 인지에 의하여 비자금 조성사실이 다수밝혀졌음에도 업무상 횡령·배임죄 처벌 이외에 법인세포탈죄로 별도 처벌한 사례는 거의 없었다.

죄의식없이 만연하게 행하여져 오는 바람에 상대적으로 세무조사에 따른 고발과 수사가 용이하게 되었던 법인세포탈죄와 회사자금 횡령·배임죄가 본격적인 수사의 대상이 된 것이다.

이러한 조세포탈에 대한 수사상황이 언론을 통하여 일반 국민들에게 알려지면서, 국민들도 조세포탈죄에 대한 새로운 인식을 갖게 되었다. 조세포탈죄에 대한 국민들과 과세관청, 그리고 수사기관의 인식 변화는 점차 조세포탈죄에 대한 처벌 대상을 넓히는 계기가 되었고, 국민들 사이에서도 조세포탈죄에 대한 처벌에 대하여 특별한 거부감없이 받아들이는 분위기가 조성되었다. 이러한 분위기는 2000년경에 시작되어 2010년경까지 이어지게 되었고, 이 시기에는 유력 정치인과 언론인, 그리고 대기업 오너 등 사회지도층이 주로 조세포탈죄로 고발 및 인지수사 대상이 되었다.[8)]

(3) 최근 경향

국민들의 조세포탈에 대한 인식 변화와 함께 과세관청에서는 세원확보 필요성이 점차 증가하면서 수사 및 재판과정에서 그 혐의가 이미 입증되어 법인세 등 부과가 용이하고, 법인세 규모도 일반 개인의 소득세 규모에 비하여 상대적으로 큰 회사자금의 횡령·배임 과정에서의 법인세 탈루에 대해 법인세 부과 및 법인세포탈에 대한 고발 필요성이 점차 커지게 되었다.

한편 수사기관에서도 국가 조세권을 침해하면서도 자금세탁범죄의 일종인 조세포탈죄에 의하여 침해되는 국가적·사회적 법익이 다른 범죄에 비하여 결코 작지 않다는 인식이 확대되면서 조세포탈죄에 대하여 적극적으로 수사하는 분위로 점차 바뀌게 되었다. 이러한 조세포탈에 대한 전반적인 분위기 변화는 유관기관간 조세포탈 관련 자료제공으로 이어지면서 회사재산의 횡령·배임죄 처벌 이후에 따로 법인세포탈죄에 대한 고발이 빈번하게 행해지고 있다.

다만, 과세관청의 법인세포탈에 대한 고발이 수사자료 확보 등 문제로 업무상 횡령·배임사건에 대한 수사 및 재판이 최종적으로 종료한 시점에서 대부분 이루어지기 때문에 업무상 횡령·배임죄를 저지른 사람의 입장에서는 이미 처벌을 받아 종료된 사안임에도 다시 동일한 범죄사실로 이번에는 조세포탈죄로 수사와 재판을 받는 결과가 되어 장기간 일상 생활로 복귀하지 못하는 불안정한 상태에 놓

---

8) 이 시기까지는 일반 중소기업 및 중견기업에 대한 회사재산 횡령·배임죄 수사중 포착된 법인세포탈죄에 대해 추가 인지 후 공소제기하는 것에 대하여는 소극적인 분위기가 강하였다.

이는 등 이중의 고통을 받는 부작용[9]이 있을 수 있다.

2. 법인의 횡령 · 배임에 대한 인식 변화와 적극적 대응 필요성

과거에는 회사의 임 · 직원의 업무상 횡령 · 배임범죄가 적발된 경우에 가능한 한 외부에 공개하지 않고 내부에서 조용하게 처리하던 관행이 있었는데, 최근에는 회사들마다 임 · 직원 비위 관련 관계규정을 정비하여 임 · 직원 비위가 발생한 경우에는 그 규정에 따라 엄격하게 대처하는 방식으로 변화하였다. 이는 회사에서 양벌책임을 면하려는 고육책에서 비롯된 것으로 대부분의 회사에서 일반적으로 시행되고 있다.

예를 들어, 회사 임 · 직원의 업무상 횡령 · 배임혐의가 발생하면, 회사는 해당 임 · 직원을 업무상 횡령 · 배임죄 등으로 수사기관에 고발하고, 횡령 · 배임금액에 대하여는 환수조치를 하면서 그에 따라 세무조정을 하여야 한다. 임 · 직원에 대한 변호사 비용지원 등은 손금으로 처리 가능한 범위 내에서만 지원하고, 나머지는 개인부담으로 하도록 하고 있다. 사안에 따라서는 일체의 법률비용을 지원하지 못하는 경우도 있을 수 있다.

형사판결이 확정되면, 판결에 의하여 확정된 횡령금액에 대하여 비위임 · 직원을 상대로 손해배상청구 등[10]을 하여 피해금원에 대한 환수조치를 하여야 한다. 또한 과세관청의 부과처분에 앞서 횡령 · 배임금액에 대하여 세무조정을 하여 소득처분을 하여야 한다.

이 경우 소득처분[11]에는 사외유출과 사내유보가 있는데, 사외유출은 회사자금이

---

9) 최근의 한 사례를 예를 들면, 대기업 임원이었던 피고인은 업무상 횡령 혐의로 2015.2.경 수사가 개시되어, 수사결과 2015.4.경 공소제기되었고 2016.5. 법원에서 업무상 횡령죄에 대한 유죄가 확정되었다. 그 이후 과세관청에서 유죄재판기록을 근거로 2018.2.경 세무조사를 진행하여 같은 해 7.경 법인세포탈 범칙혐의로 고발하였고, 수사 결과, 추가 공소제기되어 2022년 초경 최종적으로 판결이 확정되었는바, 사실상 동일한 하나의 사건으로 업무상 횡령죄와 법인세포탈죄로 번갈아가며 처벌을 받으면서 7년이라는 시간이 소요되었다.

10) 피해금원 환수방법으로는 임 · 직원 채용시에 작성하는 취업계약에 따른 책임(민법 제390조), 민사상 불법행위책임(민법 제750조), 상법상 회사에 대한 책임(상법 제399조), 민법상 부당이득반환청구권(민법 제741조) 등의 방법이 있다.

11) **법인세법 제67조(소득처분)** 다음 각 호의 법인세 과세표준의 신고 · 결정 또는 경정이 있는 때 익금에 산입하거나 손금에 산입하지 아니한 금액은 그 귀속자 등에게 상여(賞與) · 배당 · 기타사외유출(其他社外流出) · 사내유보(社內留保) 등 대통령령으로 정하는 바에 따라 처분한다.

1. 제60조에 따른 신고
2. 제66조 또는 제69조에 따른 결정 또는 경정
3. 「국세기본법」 제45조에 따른 수정신고

회사 밖으로 나간 경우로서 그 소득처분 내용으로는 앞서 설명한 것처럼 상여, 배당, 기타사외유출, 기타소득 처분을 할 수 있다. 사내유보는 회사자금이 외부로 유출되지 아니한 것으로 판단되는 경우에 하는 조치로, 업무상 횡령·배임행위가 있었지만 횡령·배임한 자금에 대하여 회수가 가능하다고 판단하여 손해배상채권이 회사 채권화되면서 회사 자금으로 포함되는 경우에 한하여 사내유보처분[12)]을 할 수 있고, 이에 대하여는 과세관청의 사후관리를 받도록 되어 있다. 그러나 횡령·배임금액에 대한 구상권 행사가 힘들다고 판단되어 포기한 경우에는 사외유출로 보고 비위임·직원을 상대로 상여처분을 하여야 한다.[13)]

또한 회사에서는 법인세 탈루가 없도록 하기 위하여 비용의 과대계상 등의 방법으로 횡령·배임한 금액만큼을 손금불산입하여 손금처리한 당해년도 법인세를 수정신고하면서 본세와 가산세를 납부하여야 한다. 한편으로 비위임·직원에 대하여는 회사 사규에 따라 징계조치를 하여야 한다. 이러한 일련의 과정을 사전에 갖추어진 시스템에 따라 이행을 할 경우에 법인은 양벌책임을 면할 수 있다.

이하에서는 업무상 횡령죄와 업무상 배임죄로 나눠서 각각의 구체적인 사안과 조세포탈죄의 관계에 대해 자세히 검토해 보기로 한다.

Ⅲ. 업무상 횡령죄와 조세포탈죄의 관계

1. 의 의

업무상 횡령죄는 업무상의 임무에 위배하여 타인의 재물을 보관하는 사람이 그

---

12) 사내유보처분한 금액에 대하여는 세무상 미수금(유보)으로 잡아야 하고, 그에 따라 과세관청의 관리하에 있게 되며, 가해 임·직원으로부터 미수금을 받거나 대손요건이 충족되면 유보추인을 할 수 있다.

13) 법원은 "법인의 대표이사 또는 실질적 경영자 등이 그의 지위를 이용하여 법인의 수익을 사외에 유출시켜 자신에게 귀속시킨 금원 가운데 법인의 사업을 위하여 사용된 것이 분명하지 아니한 것은 특별한 사정이 없는 한 상여 내지 임시적 급여로서 근로소득에 해당한다 할 것이나(대법원 1999.12.24. 선고 98두7350 판결; 대법원 2001.9.14. 선고 99두3324 판결 등 참조), 한편 법인의 피용자의 지위에 있는 자가 법인의 업무와는 무관하게 개인적 이익을 위해 법인의 자금을 횡령하는 등 불법행위를 함으로써 법인이 그 자에 대하여 그로 인한 손해배상채권 등을 취득하는 경우에는 그 금원 상당액이 곧바로 사외유출된 것으로 볼 수는 없고(대법원 1989.3.28. 선고 87누880 판결 참조), 해당 법인이나 그 실질적 경영자 등의 사전 또는 사후의 묵인, 채권회수포기 등 법인이 그에 대한 손해배상채권을 회수하지 않겠다는 의사를 객관적으로 나타낸 것으로 볼 수 있는 등의 사정이 있는 경우에만 사외유출로 보아 이를 그 자에 대한 상여로서 소득처분할 수 있다 할 것이며, 대표이사의 직위에 있는 자라 하더라도 그 실질상 피용자의 지위에 있는 경우에는 이와 마찬가지로 보아야 할 것이다"라고 판시하고 있다(대법원 2004.4.9. 선고 2002두9254 판결).

재물을 횡령하거나 반환을 거부함으로써 성립되는 범죄를 말한다.

여기에서 업무는 법령, 계약에 의한 것뿐만 아니라 관례를 좇거나 사실상의 것이거나를 묻지 않고 같은 행위를 반복할 지위에 따른 사무를 가리키며, 횡령죄에 있어서 재물 보관에 관한 위탁관계는 사실상의 관계에 있으면 충분하다(대법원 2008.1.31. 선고 2007도9632 판결). 횡령행위란 불법영득의사를 실현하는 일체의 행위를 말하는 것으로서 불법영득의사가 외부에 인식될 수 있는 객관적 행위가 있을 때 성립한다(대법원 1998.2.24. 선고 97도3282 판결).

법인세포탈과 관련하여 종종 논의되는 업무상 횡령행위는 크게 대별하여 법인의 대주주나 대표이사 등 법인 경영진에 의하여 조직적으로 행해지는 부외자금(비자금) 조성·관리·사용행위와 법인 임·직원들의 개인적 일탈에서 비롯되어 행해지는 업무상 횡령행위로 대별될 수 있다. 위 두 가지 업무상 횡령행위는 법인의 수익을 감소시킨다는 점에서는 공통되므로 납세의무자인 법인에게 법인세 탈루의 결과를 초래한다는 점에서는 동일하나, 법인의 행위자들의 포탈행위에 따른 법인의 양벌규정 적용 여부에 대해서는 그 행위자들에 대한 법인의 관리·감독의무 이행여부에 따라 달라질 수 있으므로 법인의 양벌책임 성립과 관련하여서는 차이가 있을 수 있다.

2. 법인 경영진의 부외자금(비자금) 조성·관리·사용을 통한 업무상 횡령과 법인세포탈

(1) 의 의

부외자금이란 장부에 기록되지 않아 기업회계에 드러나지 않도록 숨겨진 상태에서 거래되는 자금으로 일명 '비자금'이라고도 한다. 부외자금을 조성하는 이유는 커미션, 뇌물, 정치자금, 임·직원의 판공비 등으로 지출하면서도 정상적으로 회계처리가 되기 어려운 용도로 사용되는 경우가 대부분이나, 때로는 업무와 관련되어 지출되면서도 세무처리를 위한 증빙을 갖추기 어려운 경우도 종종 있는데, 이러한 경우에 손금인정 및 그에 따른 법인세포탈 여부 등이 문제될 수 있다.

부외자금을 조성하는 방법으로는 비용의 과대계상 또는 가공계상, 수익의 과소계상 또는 수익탈루, 리베이트 명목 자금수수, 임금장부의 조작, 허위의 영수증 처리, 투자금 횡령 등으로 다양하고, 이 과정에서 재무제표를 실제보다 과대 또는 과소 표시하여야 하므로 분식회계와도 불가분의 밀접한 관계가 있다.

기업이 부외자금을 조성·관리한 후 이를 임의로 사적인 용도에 사용한 경우에는 이를 업무상 횡령 또는 업무상 배임죄로 처벌할 수 있다는 점에 대하여는 이견이 없고 이러한 경우의 부외자금 조성은 세법상으로는 사외유출로 인정되어 법인세포탈과 소득처분에 따른 소득세포탈 여부가 문제될 수 있다.

(2) 부외자금(비자금)의 조성·관리 행위와 업무상 횡령죄 및 법인세포탈죄 성립 여부

(가) 업무상 횡령죄 성립 여부

법인의 대표이사 등의 부외자금 조성행위 그 자체만으로 바로 업무상 횡령죄가 성립한다고 보기는 어려우며, 분식회계를 통하여 조성된 부외자금이 법인의 관리·소유상태에서 벗어난 시점에 이르러야만 업무상 횡령죄 등이 성립한다고 보는 것이 일반적 견해이다.

법원도 "피고인이 조성한 비자금이 회사의 장부상 일반자금 속에 은닉되어 있었다 하더라도 이는 당해 비자금의 소유자인 회사 이외의 제3자가 이를 발견하기 곤란하게 하기 위한 장부상의 분식에 불과하면 그것만으로 피고인의 불법영득의사를 인정할 수 없다"라고 판시[14]하여 불법영득의사[15]가 인정되지 아니하는 단계에서는 업무상 횡령죄가 성립하지 않는다고 하고 있다.

다만, 극히 예외적으로 법원은 "법인의 운영자나 관리자가 회계로부터 분리시켜 별도로 관리하는 법인의 비자금에 있어서는 그 조성행위가 법인을 위한 목적이 아니고 행위자가 법인의 자금을 빼내어 착복할 목적으로 행하여졌음이 명백히 밝혀진 경우라면 비자금 조성행위 자체로 불법영득의 의사가 실현된 것으로 보고 횡령죄의 성립을 인정할 수 있다"라고 판시[16]하여 부외자금 조성행위 자체만으로 횡령죄에 해당한다고 본 사례가 있기는 하나 이는 부외자금 조성과정에 사실상 사용이라는 처분의 성격이 내재되어 있어서 불법영득의사까지 인정되는 경우로, 일반적인 경우는 아니다.

부외자금은 통상 법인계좌가 아닌 임·직원들의 차명계좌에 입금하여 두거나

---

14) 대법원 1999.9.17. 선고 99도2889 판결.

15) 불법영득의 의사란 소극적 요소로서 재물에 대한 권리자의 종래의 지위를 계속적으로 배제하려는 의사와 적극적 요소로서 타인의 재물을 자기의 소유물과 같이 그 경제적 용법에 따라 이용, 처분할 의사를 말하는 것으로 초과 주관적 구성요건요소를 말한다. 법원도 "불법영득의 의사라 함은 타인의 재물을 보관하는 자가 자기 또는 제3자의 이익을 꾀할 목적으로 업무상의 임무에 위배하여 보관하는 타인의 재물을 자기의 소유인 경우와 같이 사실상 또는 법률상 처분하는 의사를 의미한다"라고 판시하고 있다(대법원 2002.2.5. 선고 2001도5439 판결).

16) 대법원 2006.6.27. 선고 2005도2626 판결.

현금 등의 형태로 금고 등에 현물보관하게 된다. 이와 같은 방법으로 회사 관리하에서 부외자금을 관리하고 있는 행위만으로는 업무상 횡령죄가 성립하였다고 보기 어렵다.

법원도 "회사의 대표이사와 경리이사가 변칙회계처리로 법인 자금을 인출하여 차명계좌에 입금 관리한 경우라 하더라도 애초부터 피고인들이 법인의 자금을 빼내어 개인적으로 착복할 목적으로 비자금을 조성하였음이 명백하지 아니한 이상, 위 비자금 조성의 주재자가 회사의 대표이사이고 비자금 집행 또한 대표이사가 하였으며 조성된 비자금 중 상당 부분이 개인적으로 유용되있다고 볼 수 없는 등 여전히 법인의 관리하에 있는 것으로 볼 여지가 충분하므로 위와 같은 비자금의 입금·관리행위만으로는 불법영득의 의사가 실현되었다고 보기 어렵고 따라서 범죄수익은닉의 규제 및 처벌에 관한 법률에 정한 범죄수익에 해당한다고 할 수 없다"라고 판시[17]하고 있다.

한편, 법인의 대표자가 매출누락·가공비용계상을 하여 조성한 부외자금이 불법영득의사에 기인한 것인지 여부의 판단기준과 관련하여 법원은 "일반적으로 법인의 무자료 거래는 매출누락을 통한 세금포탈과 비자금 조성을 목적으로 이루어지는데, 비자금이 법인과는 아무런 관련이 없거나 대표자가 개인적 용도로 착복할 목적으로 조성된 경우에는 비자금 조성행위 자체로써 불법영득의사가 실현된 것으로 보나, 비자금 조성이 법인의 운영에 필요한 자금을 조달하는 수단으로 인정되는 경우에는 횡령죄가 성립하지 아니하는 것으로 본다. 그런데 피고인 1이 '섬유제품' 자체를 횡령하였다고 본다면 무자료 거래를 통하여 조성된 비자금이 어떤 용도로 사용되는지에 관계없이 언제나 횡령죄가 성립한다는 결론에 이르게 된다. 무자료 거래를 통하여 조세를 포탈하고 비자금을 조성하는 것은 비록 위법한 행위이기는 하지만, 비자금 조성이 대표자의 개인적 목적에 의한 것이 아니라 법인의 운영에 필요한 자금을 조달하는 수단인 경우라면 '섬유제품' 소유자인 피고인 5 회사의 이익에는 반하지 않으므로, 앞서 본 법리에 따라 특별한 사정이 없는 한 '섬유제품'에 대한 불법영득의사는 인정하기 어렵다"라고 판시[18]하여 일반 직원에 의한 업무상 횡령과 대주주 등의 비자금 조성행위를 구별하여 불법영득의사 등을 판단하고 그에 따라 업무상 횡령죄 성립여부를 결정하고 있는데 이는 궁극적으로 앞서 살펴본 업무상 횡령 판결들과 그 취지를 같이 하고 있다.

---

17) 대법원 2006.8.24. 선고 2006도3039 판결.
18) 대법원 2016.8.30. 선고 2013도658 판결.

(나) 법인세포탈죄 성립 여부

우리나라 현행 법인세법은 소득에 대한 개념을 이해하는 데 있어 순자산증가설의 입장을 취하고 있다. 순자산증가설에 의할 경우 소득이란 일정기간 내의 재산증가의 총액에서 그 기간 내에 발생된 재산감소의 총액을 차감한 잔액을 의미하게 된다.

법인세법에서는 이 견해에 따라 내국법인의 각 사업연도의 소득은 그 사업연도에 속하거나 속하게 될 익금의 총액에서 그 사업연도에 속하거나 속하게 될 손금의 총액을 공제한 금액으로 하며, 이 경우에 익금(益金)이라 함은 자본 또는 출자의 납입 및 법인세법에서 규정하는 것을 제외하고 그 법인의 순자산을 증가시키는 거래로 인하여 발생하는 수익의 금액을 말하고, 손금(損金)이라 함은 자본 또는 지분의 환급, 잉여금의 처분 및 법인세법에서 규정하는 것을 제외하고 그 법인의 순자산을 감소시키는 거래로 인하여 발생하는 손비의 금액이라고 규정하고 있다(법인세법 제14조, 제15조 제1항, 제19조 제1항).

또한 내국법인의 각 사업연도의 익금과 손금의 귀속사업연도는 그 익금과 손금이 확정된 날이 속하는 사업연도로 한다(같은 법 제40조 제1항)고 규정하여 권리의 확정시점을 해당 권리의 행사에 따른 익금의 귀속시기로 한다는 권리의무확정주의를 채택하고 있다.

한편 법인세포탈죄는 납세의무자인 법인의 행위자가 자기의 행위가 부정한 행위에 해당한다는 것을 인식하고 그 행위로 인하여 법인세포탈의 결과가 발생한다는 사실을 인식하면서 부정행위를 감행하여 조세포탈의 결과가 발생한 경우에 성립한다. 업무상 횡령죄에서 주관적 성립요건으로는 고의 이외에 불법영득의사가 있어야 한다. 업무상 횡령죄에서 불법영득의 의사는 업무상 자기 또는 제3자의 이익을 위하여 타인의 재물을 보관하는 자가 그 위탁의 취지에 반하여 그 재물을 자기의 소유인 것처럼 이용·처분하려는 의사를 말한다. 불법영득의사는 단순한 고의 이외에 추가적인 주관적 요소로서 법인세포탈죄에서의 고의와 차이가 있다.

법인세포탈에서 과세소득의 감소는 일반적으로 매출누락 또는 비용의 과대계상으로 기인하고, 그러한 행위는 장부의 허위기장 또는 미기장으로 이어져 법인세포탈과 관련된 부정행위들도 부외자금 조성단계 전후 시점에 통상적으로 실행되어 완성된다. 따라서 부외자금의 조성행위는 그 단계에서 이미 법인세포탈의 주된 구성요건적 행위가 되어 그 이후에 이루어지는 부외자금의 사용과는 무관하게 법인세포탈죄가 성립하게 된다. 이러한 이유로 부외자금 조성·관리와 사용이 시간적으로 분리되어 행하여지는 경우에는 법인세포탈죄가 업무상 횡령죄보다 선행적으로 성립하는 것이 일반적이다.

부외자금은 장기간에 걸쳐 조성되는 경우가 대부분이기 때문에 부외자금의 존재 자체만으로는 법인세포탈의 직접적인 자료가 되지 못하는 경우가 많다. 법인세포탈이 성립되기 위하여는 부외자금의 조성시기와 원인이 명확하게 밝혀지거나 최소한 과세기간인 당해 사업연도 내에 해당 부외자금이 조성된 사실을 밝혀야 법인세포탈의 직접적인 입증자료가 될 수 있다.

법원도 "법인이 이전부터 보유하고 있던 차명주식 등 부외자산을 당해 사업연도에 이르러 비로소 법인의 회계장부에 계상하면서 마치 이를 그 해에 새로 매수하는 것처럼 회계처리하는 방법으로 금원을 인출하여 법인의 비자금 관리계좌에 입금함으로써 동액 상당의 현금자산을 법인의 회계장부 밖으로 유출하였더라도, 그 현금자산 유출은 법인의 당해 사업연도 법인세의 과세표준이 되는 소득에 아무런 영향을 미치지 않았으므로, 당해 사업연도 법인세를 포탈한 것에 해당하지 않는다"라고 판시[19]하여 부외자금의 사외유출이 없는 상태에서, 회계상의 일부 변화는 있었지만 당기순이익의 계산과 법인세 과세표준의 계산에 변화가 없는 경우에는 법인세포탈이 성립하지 않는다고 하고 있다.

이와 같은 취지에서 기업회계상 당기순이익에 영향이 없는 자산과 부채계정만의 변동을 초래하는 거래에서는 순자산의 증가가 없어 과세소득이 발생할 수 없다. 예를 들면 고정자산을 가공계상하고 현금을 제외하는 경우, 부외자산의 누락, 매출누락 또는 비용의 과대계상과 관련 없는 가공부채의 계상 등은 그 자체만으로는 순자산을 증가시키는 거래가 아니므로 과세소득이 없어 조세포탈이 성립할 수 없다.

한편 법인에서 부외자금을 조성하는 대표적인 방법들로는 ① 위장계열사를 설립한 다음 비용을 과다·허위 지급한 후 현금으로 되돌려 받는 방법, ② 계열사 또는 하청업체와의 거래 시 담합에 의해 물품구입대금, 공사대금 등 비용을 과다계상하여 지불한 다음 그 차액을 되돌려 받는 경우, ③ 원자재 수입과정에서 실제 가격보다 높은 가격으로 수입하는 것처럼 대금을 지급하고 무역상을 통하여 수입가격의 일부를 되돌려 받는 방법, ④ 근무하지 않는 자에게 노임을 지급하거나 과

19) 대법원 2005.1.14. 선고 2002도5411 판결.

다하게 지급하여 되돌려 받는 방법, ⑤ 장부조작으로 투자금을 전용하여 비자금을 조성하는 방법 등 다양한 방법이 사용된다. 이에 대하여는 제3장 제2절 Ⅲ. 5. (5)(본서, 218면)의 '부정행위의 주된 대상으로서 과세표준'에서 상세하게 다루고 있으므로 여기에서는 생략하기로 한다. 이와같이 부외자금을 조성하는 과정에 법인세포탈죄에서 요구하는 부정한 행위가 존재한다면 법인세포탈죄가 성립한다.

(3) 부외자금(비자금)의 사용행위와 업무상 횡령죄 및 법인세포탈죄 성립 여부

(가) 업무상 횡령죄 성립 여부

1) 불법영득의사의 객관적 표현으로서 부외자금의 개인적 사용

대표이사 등이 조성·관리하던 부외자금은 불법영득의 의사로 개인적인 용도로 사용한 경우에 비로소 업무상 횡령죄가 성립한다. 업무상 횡령죄가 성립하기 위하여는 객관적 구성요건으로 ① 업무상 위탁관계에 의하여 타인의 재물을 보관하는 자라는 행위자 신분, ② 자기가 점유하는 타인의 재물, ③ 횡령 또는 반환을 거부하는 행위와 주관적 구성요건으로 ①②③ 사실에 대한 인식인 고의와 불법영득의 의사도 있어야 한다.

업무상 횡령죄는 최종적으로 행위자가 불법영득의 의사를 표현하는 행위를 하면 그 즉시 기수에 이른다. 즉 업무상 횡령죄는 불법영득의 의사가 행위로써 외부에 표현되는 순간 이미 기수에 이르고, 기수 성립요건으로 그 처분행위가 종료될 필요는 없다. 이러한 이유로 업무상 횡령죄에서는 미수는 이론상으로만 가능하고 실제로는 발생하기 어렵다. 따라서 법인의 대표이사 등이 부외자금을 조성·관리하다가 개인적 용도로 부외자금을 사용하는 순간 불법영득의사가 외부에 객관적으로 표현되었다고 볼 수 있어서 그 시점에서 업무상 횡령죄의 실행의 착수와 함께 기수가 성립한다.

이와 반대로 부외자금을 업무유관비용, 즉 회사를 위하여 사용을 한 경우에는 불법영득의사가 없으므로 업무상 횡령죄가 성립하지 않는다.

2) 업무상 횡령죄와 법인세포탈죄에서 부외자금 사용처에 대한 증명책임

부외자금을 현금으로 인출하여 사용한 경우에 검사가 부외자금인 현금의 사용처를 구체적으로 밝히지 못한 경우에도 업무상 횡령죄로 처벌이 가능한가 의문이 들 수 있다.

이와 관련하여 법원은 “불법영득의사를 실현하는 행위로서의 횡령행위가 있다는 점에 대한 입증책임은 검사에게 있으며, 그 입증은 법관으로 하여금 합리적인 의심을 할 여지가 없을 정도의 확신을 생기게 하는 증명력을 가진 엄격한 증거에 의하여야 하고, 이와 같은 증거가 없다면 설령 피고인에게 유죄의 의심이 간다고 하더라도 피고인의 이익으로 판단할 수밖에 없다”라고 판시[20]하여 원칙적으로 검사에게 부외자금 사용처에 대한 증명책임을 부여하고 있다.

다만, 법원은 “피고인이 자신이 인출하여 보관하고 있다가 사용한 돈의 행방이나 사용처를 제대로 설명하지 못하거나 피고인이 주장하는 사용처에 사용된 자금이 그 돈과는 다른 자금으로 충당되는 것으로 드러나는 등 피고인이 주장하는 사용처에 그 돈이 사용되었다는 자료가 부족하고 오히려 피고인이 그 돈을 개인적 용도로 사용하였다는 점에 대한 신빙성 있는 자료가 많을 때에는 피고인이 그 돈을 불법영득의 의사로 횡령한 것으로 추단할 수 있다”라고 판시[21]하여 증명책임을 피고인에게 전환하는 듯한 판례도 있다. 그러나 이 경우에도 증명책임은 여전히 검사에게 있기 때문에 최대한 횡령 혐의자가 자금을 사용하였다고 주장하는 용처에 대한 정밀한 조사를 통하여 횡령 혐의자의 변소의 신빙성을 탄핵할 필요가 있다. 통상적으로 부외자금은 조성 · 관리단계를 벗어나 최종적으로 사용된 경우에 비로소 그 사용처에 따라 업무상 횡령죄의 성립 여부가 결정된다.

그러나 조세포탈의 경우에는 자금이 법인에서 사외유출되어 사용되면 자금을 사용한 자가 그 용도를 명백하게 밝히지 못한다면 조세포탈죄의 죄책을 면할 수 없다. 법원도 “법인세법에 의하면 법인이 사업집행상의 필요에 의하여 비용을 지출한 경우 손금으로 인정받을 수 있는 항목 및 그 용인한도액은 법정되어 있으므로 비용의 허위계상 또는 과다계상의 방법으로 공금을 정식경리에서 제외한 뒤 그 금액상당을 손금으로 처리한 경우 그 금액들이 전부 회사의 사업집행상 필요한 용도에 사용되었다고 하더라도 그 용도를 구체적으로 밝혀 그것이 손비로 인정될 수 있는 항목이고 손금 용인한도액 내의 전액임을 입증하지 못하는 이상 조세포탈의 죄책을 면할 수 없다”라고 판시[22]하여 납세의무자에게 사용처 및 정당한 회계처리 여부에 대한 증명책임까지 부과하여 일반 업무상 횡령죄에서의 증명책임과 달리 해석하고 있다.

---

20) 대법원 1998.2.13. 선고 97도1962 판결.
21) 대법원 2006.8.24. 선고 2006도3039 판결; 대법원 2002.7.26. 선고 2001도5459 판결.
22) 대법원 2002.9.24. 선고 2002도2569 판결; 대법원 2007.6.1. 선고 2005도5772 판결.

이러한 조세포탈죄에서의 증명책임 전환에 대하여는 다른 견해도 있다. 즉 조세포탈이 형사법의 영역에 들어온 이상 일반 형사범죄와 마찬가지로 형사소송법 대원칙에 따라 조세포탈죄 공소사실의 존재에 대한 모든 입증책임은 검사에게 있으므로 부외손금인정에 따른 포탈세액 입증책임도 검사에게 있다는 견해도 있다.[23] 조세포탈에서 입증책임의 상세내용에 대하여는 제3장 제2절 X.의 증명책임을 참조하면 된다.

(나) 법인세포탈죄의 성립 여부

1) 부외자금을 업무무관비용으로 사용한 경우

부외자금을 업무와 무관한 비용으로 사용하였을 경우에는 당연히 손금으로 인정받지 못하므로 사용한 업무무관비용 전액에 대하여 법인세 탈루가 된다. 부외자금을 조성하는 단계에서 이미 법인세 탈루가 성립되고, 탈루 과정에 부정한 행위가 존재하면 조세포탈죄도 성립되므로 부외자금이 구체적으로 어디에 사용되었는지 여부는 법인세포탈의 성립과는 무관하게 된다.

2) 부외자금을 업무유관비용으로 사용한 경우

가) 의 의

부외자금을 회사를 위한 정당한 용도로 사용하고서도 그 조성행위 자체에 대한 형사처벌 및 법인세 탈루 사실이 밝혀지는 것을 두려워하여 과세표준신고시에 이를 손금으로 신고하지 않는 경우가 대부분이다. 이를 부외손금 또는 부외경비라고 한다.

이러한 부외손금은 나중에 과세관청이 세무조사 등에 의하여 조세포탈 사실을 밝혀 포탈금액을 확정할 경우에 납세의무자가 신고에서 누락한 부외손금을 어떻

23) 이 견해의 주된 주장요지는 "조세소송에서 과세관청에게 부과된 증명책임을 전환하는 근거는 과세요건사실을 입증하는 자료가 납세자의 생활영역에 있기 때문이다. 그런데 형사소송의 영역으로 들어오면 피고인에 대한 공소사실은 기본적으로 모두 피고인의 영역에서 발생한 것임에도 필요경비에 대하여만 피고인의 영역에서 발생한 것이라는 이유로 피고인 스스로 조세포탈죄에 관한 무죄를 입증하라는 것은 형사소송법상 무죄추정의 원칙, 위법수집증거의 배제, 자백의 임의성 법칙, 자백의 보강법칙, 전문법칙 등 소극적 실체적 진실발견주의(적극적 실체적 진실발견주의는 범죄자를 빠짐없이 처벌하라는 의미이고, 소극적 실체적 진실발견주의는 죄없는 사람이 억울하게 처벌받아서는 안 된다는 원칙으로 우리 형사소송법은 두 가지 실체적 진실주의가 충돌할 경우에 후자를 우선시키려고 하고 있다)에 반한다. 따라서 검사에게 조세포탈죄의 구성요건에 대한 입증책임이 있으므로 포탈세액 산정의 전제가 되는 부외자금의 사용처 및 그 사용액의 손금성 역시 '합리적인 의심이 없을 정도의 증명'을 해야 한다"라고 하고 있다(곽태훈, 조세포탈에서 포탈세액의 입증문제, 2020 변호사, 2020, 191~195면 참조).

게 할 것인가 하는 문제가 발생한다. 손금 또는 필요경비는 업무관련성과 일반적으로 용인되는 통상성이 있어야 하는 것으로(법인세법 제19조 제1항, 제2항, 소득세법 제27조 제1항, 제33조 제1항 제13호), 비용이 업무관련성 또는 통상성 없이 지출된 경우에는 당연히 손금 또는 필요경비로 인정할 수 없지만 이러한 요건들을 구비하여 부외자금이 사용된 경우에 어떻게 할 것인지 여부가 문제된다.

부외자금을 회사를 위한 업무유관비용으로 사용을 하였다고 하더라도 포탈소득에서 손금으로 공제되는 금액은 세법상 손금으로 공제할 수 있는 사항에 대한 것이어야 한다. 따라서 손금으로 특정되지 아니하거나 업무와 무관한 비용, 손금한도를 초과한 비용(기부금, 접대비), 그리고 사회적 질서에 반하는 위법비용(뇌물, 불법 리베이트) 등은 그 지출사실이 인정되더라도 손금으로 인정되지 아니한다.

손금은 손금성이 인정되고 결산조정사항[24]이 아닌 한 장부기재와 다르더라도 실제 지출사실이 인정된다면 포탈소득의 산정 시에도 이를 공제하여야 한다. 이와 관련하여 폐기물처리 회사가 과세표준 신고 시 불법폐기물 처리사실을 숨기기 위하여 불법폐기물 처리비용을 차량유지비 등으로 가공으로 계상하여 과세관청이 비용을 손금부인한 사안에서 법원은 "법인소득세 산정 시 손금에 산입할 비용에 관하여 납세의무자가 신고한 비용중 일부가 허위임이 밝혀지거나 스스로 허위임을 시인하면서 다른 비용으로 소요되었다고 주장하는 경우 그 다른 비용의 존재를 납세의무자가 입증하면 이를 손금산입할 수 있다"고 판시[25]하여 납세의무자가 가공경비를 계상하여 조성한 부외자금을 업무 유관비용으로 사용한 경우에는 납세의무자가 그 경비의 실제 사용처와 손금성까지 모두 입증한 경우 손금산입을 허용하고 조세포탈죄의 책임을 면할 수 있다고 하고 있다.[26]

나) 부외손금에 해당하는 비용 사례

부외자금 사용과 관련하여 주장되는 대표적인 사용처로는 ① 임원 또는 사용인에 대한 급료, 보수, 상여금과 퇴직위로금 및 복리후생비 등 부외 인건비이다. 부외 인건비도 세법상 인정되는 범위에 있고, 실제 지급한 사실이 증명된 경우에는 장부기재와 상관없이 손금으로 인정될 수 있다. ② 실제로 접대비로 사용을 하고 장부상 접대비로 계상하지 아니하였으나 손금산입한도 내[27]의 접대비일 경우에는

24) 결산을 통해 회사장부에 반영하여야 손비를 익금·손금으로 인정되는 사항을 말한다.
25) 대법원 1998.5.8. 선고 96누6158 판결.
26) 법인세포탈죄로는 처벌받지 않더라도 법인은 그 위반행위에 대하여 법인세법에 따른 적격증빙미수취 가산세 및 법인세 지연납부에 대한 가산세 등은 당연히 부담하여야 한다.

손금으로 인정될 수 있다. 그러나 실제로 일정금액 이상의 접대비의 경우 신용카드를 사용하여야 하는 등 현실적인 접대비 사용제한 때문에[28] 접대비로 인정되는 경우는 거의 없을 것이다. ③ 정치자금법에 의하여 후원회에 기부한 정치자금도 기부금으로서 손금에 산입된다(조세특례제한법 제76조 제1항). 그러나 정치자금법에 의하지 아니하고 정치자금을 받은 자는 상속세 또는 증여세가 부과된다(조세특례제한법 제76조 제2항, 제3항). ④ 사업자의 사업에 직접 사용되고 있는 부외고정자산에 대한 유지관리비 등은 결산조정사항이 아닌 경우에 필요경비에 해당될 수 있으나 감가상각비는 결산조정사항이므로 손금으로 인정되지 않는다(법인세법 제23조 제1항, 소득세 시행령 제62조 제1항). ⑤ 부외 광고료, 부외 수수료, 부외 여비·교통비 및 잡비 등 판매관리비는 업무관련성이 인정되면 손금산입이 허용된다. ⑥ 세법상 채권자가 불분명한 사채의 이자 등은 손금으로 산입될 수 없으나, 부외채무에 대한 채권자가 확인되는 경우에는 그 지급이자도 비용이므로 손금산입이 된다(법인세법 제28조 제1항).

(4) 횡령금액이 최종적으로 귀속된 자에 대한 소득세포탈죄 성립 여부

업무상 횡령과정에서 누락시킨 법인소득에 대해 법인의 대표이사 등에게 법인세포탈죄 이외에 업무상 횡령의 결과로 횡령금액이 귀속된 것에 대하여 소득세포탈죄로 처벌을 할 수가 있는지가 문제된다. 이에 대하여는 제3장 제2절 Ⅲ. 2.의 (3) (다)(본서, 141면) 법인세법 제67조의 소득처분으로 인한 소득과 조세포탈 부분과 같은 절 Ⅳ. 5.의 (3)(본서, 309면)의 소득처분으로 처분된 금액(제2호) 부분에서 상세하게 다루고 있으므로 여기에서는 생략하기로 한다.

(5) 양벌책임 대상자이자 납세의무자인 법인의 법인세포탈죄 성립 여부

이에 대하여는 제1장 제4절 Ⅴ. 4.의 (3)(본서, 37면)의 양벌책임의 면책에 대한 증명책임과 증명내용 부분에서 상세하게 다루고 있으므로 여기에서는 생략하기로

---

27) 법인세법 제25조에서는 접대비 기본한도를 12,000,000원(중소기업은 36,000,000원)×해당 사업연도의 개월 수×1/12 정하고 있다. 수입금액별 한도로는 수입금액 100억 원 이하는 0.3%로 3천만 원, 100억 원 초과 500억 원 이하는 3천만 원+(수입금액−100억 원)×0.2%로, 500억 원 초과는 1억 1천만 원+(수입금액−500억 원)×0.03%로, 각 계산한 금액이 한도가 된다. 따라서 매출액 40억 원인 중소기업의 경우, 접대비한도는 기본한도 36,000,000원+수입금액별 한도 30,000,000원 =66,000,000원이 접대비 한도이다.

28) 법인세법 제25조 제2항에서는 건별 접대비 한도로 경조금은 20만 원, 경조금 이외의 지출은 3만 원으로 한도를 정하고, 접대비를 3만 원 이상 지출하면 카드나 현금영수증이나 세금계산서를 발행해서 그 요건을 구비하여야 비용으로 인정해 준다.

한다.

3. 법인 임 · 직원의 개인적 일탈에 의한 업무상 횡령과 법인세포탈

법인의 일반 임 · 직원의 개인적 일탈에 의하여 발생되는 업무상 횡령죄의 경우에는 일반적으로 부외자금 조성 · 관리과정이 생략되므로 불법영득의 의사로 법인의 재물을 횡령하면 그 즉시 업무상 횡령죄가 성립한다. 이 경우에 있어서 법인세포탈죄 성립은 앞서 설명한 법인의 대표이사 등 경영진에 의하여 부외자금이 조성되어 사용되는 법인세포탈과 그 법리가 동일하다.

다만, 양벌책임의 대상자인 납세의무자인 법인의 양벌책임 면책증명에 있어서 법인의 경영진이 부외자금을 조성하여 횡령한 경우보다 상대적으로 면책증명이 용이하다. 이에 대하여는 제1장 제4절 Ⅴ.의 4.의 (3)(본서, 37면)의 양벌책임의 면책에 대한 증명책임과 증명내용 부분을 참조하면 된다.

또한 후술하는 업무상 횡령 이후에 횡령금을 익금에 산입시키는 과정에서 행하여지는 소득처분에서 일부 차이가 존재할 뿐이다.

4. 업무상 횡령죄와 법인세포탈죄 양죄의 관계

(1) 양죄는 구성요건과 증명책임이 다른 별개의 죄

법원은 "법인의 운영자 또는 관리자가 법인의 자금을 이용하여 비자금을 조성하였다고 하더라도 그것이 당해 비자금의 소유자인 법인 이외의 제3자가 이를 발견하기 곤란하게 하기 위한 장부상의 분식에 불과하거나 법인의 운영에 필요한 자금을 조달하는 수단으로 인정되는 경우에는 불법영득의 의사를 인정하기 어렵다. 다만 법인의 운영자 또는 관리자가 법인을 위한 목적이 아니라 법인과는 아무런 관련이 없거나 개인적인 용도로 착복할 목적으로 법인의 자금을 빼내어 별도로 비자금을 조성하였다면 그 조성행위 자체로써 불법영득의 의사가 실현된 것으로 볼 수 있는바, 이때 그 행위자에게 법인의 자금을 빼내어 착복할 목적이 있었는지 여부는 그 법인의 성격과 비자금의 조성 동기, 방법, 규모, 기간, 비자금의 보관방법 및 실제 사용용도 등의 제반 사정을 종합적으로 고려하여 판단하여야 한다(대법원 2010.12.9. 선고 2010도11015 판결 등 참조). 그런데 이 사건과 같이 피고인이 회사의 비자금을 사용한 사실은 인정하면서도 그 비자금을 회사를 위하여 인출 · 사용하였다고 주장하면서 불법영득의사의 존재를 부인하는 경우, 피고인이 주장하는 비자금의 사용이 회사의 운영과정에서 통상적으로 발생하는 비용에 대한 지출로서 회사가 그 비용을 부담하는 것이 상당하다고 볼 수 있는지 여부, 비자금 사용의 구체적인 시기·대상·범위·금액 등에 대한 결정이 객관적·합리적으로 적정하게 이루어졌는지 여부 등을 비롯하여 그 비자금을 사용하게 된 시기, 경위, 결과 등을 종합적으로 고려하여, 해당 비자금 사용의 주된 목적이 피고인들의 개인적인 용도에 사용하기 위한 것이라고 볼 수 있는지 여부 내지 불법영득의사의 존재를 인정할 수 있는지 여부에 대하여 판단하여야 할 것이다(대법원 2011.12.22. 선고 2011도12041 판결 등 참조). 한편 불법영득의사를 실현하는 행위로서 횡령행위가 있다는 점은 어디까지나 검사가 입증하여야 하는 것으로서, 그 입증은 법관으로 하여금 합리적인 의심을 할 여지가 없을 정도의 확신을 생기게 하는 증명력을 가진 엄격한 증거에 의하여야 하고, 이와 같은 증거가 없다면 설령 피고인에게 유죄의 의심이 간다 하더라도 피고인의 이익으로 판단할 수밖에 없다(대법원 1998.2.13. 선고 97도1962 판결 등 참조). 원심은 그 판시와 같은 사정을 들어, 검사가 제출한 증거들만으로는 적어도 2003년부터 2005년까지 ○○ 주식회사의 부외자금이 조성될 당시 피고인 1이 그 자금을 빼내어 착복할 목적이 있었는지에 관하여 합리적 의심의 여지가 없을 정도로 입증되었다고 보기 어렵고, 유죄의 의심이 간다 하더라도 그 기간에 해당하는 공소사실에 관하여는 피고인의 이익으로 판단할 수밖에 없으므로, 그 부분 공소사실은 범죄의 증명이 없는 경우에 해당한다고 판단하고, 나머지 1998년부터 2002년까지의 부외자금 조성에 의한 특정경제범죄가중처벌등에관한법률위반(횡령)의 점은 공소시효가 완성되었다고 판단한 것은 정당하다.

한편 법인세법에 의하면 법인이 사업집행상의 필요에 의하여 비용을 지출한 경우 손금으로 인정받을 수 있는 항목 및 그 용인한도액이 법정되어 있으므로 주식회사의 이사 등이 비용의 허위계상 또는 과다계상의 방법으로 공금을 정식경리에서 제외한 뒤 그 금액 상당을 손금으로 처리한 경우 그 금액이 전부 회사의 사업집행상 필요한 용도에 사용되었더라도 그 용도를 구체적으로 밝혀 그것이 손비로 인정될 수 있는 항목이고 손금용인한도액 내의 금액임을 입증하지 못하는 이상 조세포탈의 죄책을 면할 수 없다(대법원 1989.10.10. 선고 87도966 판결 참조). 원심은, 피고인 1이 부외자금으로 ○○의 사업집행에 필요한 용도로 사용한 부분이 있다고 하더라도 그 대부분은 용도가 금액별로 구체적으로 밝혀지지 아니하여, 손비로 인정될 수 있는 항목으로서 손금용인한도액 내의 금액이라는 점을 인정할 자료가 부족하므로, 부외자금을 조성하는 과정에서 법인세를 포탈하였다고 인정함이 상당하다고 판단하였다. 원심의 위와 같은 판단은 정당하고, 거기에 상고이유 주장과 같이 필요한 심리를 다하지 아니한 채 논리와 경험의 법칙을 위반하여 자유심증주의의 한계를 벗어나거나 횡령죄와 조세포탈죄의 상관관계 등 조세포탈죄의 성립에 관한 법리, 허위계상 비용과 부외자금 지출항목의 손금산입 등 포탈세액의 범위에 관한 법리를 오해하는 등의 위법이 없다"라고 판시[29]하였다.

즉, 업무상 횡령죄에서 개인용도에 사용한 부분에 대한 증명책임은 검사에게 있고, 그 부분에 대한 증명이 불충분하다는 이유로 무죄를 선고하면서도, 조세포탈죄와 관련하여서는 사업관련성이 있어 회사를 위하여 사용한 자금이라고 하더라도 그 용도를 구체적으로 밝혀 손비인정 항목에 해당한다는 사실과 해당 금액 또한 손금용인 항목 내의 금액에 해당된다는 사실에 대한 증명은 납세의무자인 피고인에게 있음을 전제로 이 사건 부외자금이 대부분 용도가 구체적으로 밝혀져 있지 아니하고, 손비항목 및 손금용인 한도액 내의 금액이라는 점을 증명할 자료가 없어 손금산입대상이 될 수 없다는 이유로 조세포탈죄에 대하여는 유죄를 선고하고 있다. 앞서 조세포탈죄 증명책임 부분에서 살펴 본 과세사실에 대한 증명책임의 전환을 적용하여 판시하고 있는 것이다.

⑵ 양죄의 관계는 실체적 경합관계

법원은 "회사 대표자가 회사자금을 인출하여 횡령함에 있어 경비지출을 과다계상하여 장부에 기장하고 나아가 이를 토대로 법인세 등의 조세를 납부한 경우 국가의 조세수입의 감소를 초래하여 조세를 포탈하였다고 할 것이고 위와 같은 조세포탈 행위는 횡령범행과는 전혀 다른 새로운 법익을 침해하는 행위로서 이를 횡령의 불가벌적 사후행위라고는 볼 수 없다"라고 판시[30]하여 강관가공물량 또는 운송물량 등을 실제 물량보다 늘리는 등의 방법으로 강관외주가공비 또는 운송비를 허위로 과다계상하여 세금계산서를 작성·교부받는 일방 회계장부를 정리하고 나아가 위 각 회사 모두 법인세 및 방위세를 납부함에 있어 위와 같이 과다계상된 손금(경비지출액)을 토대로 산출된 세액만을 납부함으로써 법인세 등을 포탈한 행위에 대하여 법인세포탈죄와 업무상 횡령죄 성립을 인정하고 양죄는 실체적 경합관계에 있다고 하고 있다.

---

29) 대법원 2015.9.10. 선고 2014도12619 판결.
30) 대법원 1992.3.10. 선고 92도147 판결.

5. 법률비용 지출과 업무상 횡령 및 법인세포탈의 관계

(1) 의 의

법인의 대표이사 등이 불법행위를 하여 자신이 당사자가 된 민·형사재판에서의 변호사 비용을 법인의 비용으로 사용하게 되면 불법영득의 의사가 인정되어 업무상 횡령 또는 업무상 배임죄가 성립하고, 그 비용과 관련한 계약 체결 및 비용집행 과정에 허위계약서 작성과 같은 부정행위가 존재하면 법인세포탈죄로도 처벌받을 수 있다.

법원도 "법인의 구성원은 적법한 방법으로 그 법인을 위한 업무를 수행하여야 하므로, 법인의 구성원이 업무수행에 있어 관계 법령을 위반함으로써 형사재판을 받게 되었다면 그의 개인적인 변호사비용을 법인자금으로 지급한다는 것은 횡령에 해당하며, 그 변호사비용을 법인이 부담하는 것이 관례라고 하여도 그러한 행위가 사회상규에 어긋나지 않는다고 할 만큼 사회적으로 용인되어 보편화된 관례라고 할 수 없다"라고 판시[31)]하였다. 또한 "원칙적으로 단체의 비용으로 지출할 수 있는 변호사 선임료는 단체 자체가 소송당사자가 된 경우에 한하므로 단체의 대표자 개인이 당사자가 된 민·형사사건의 변호사 비용은 단체의 비용으로 지출할 수 없고, 예외적으로 분쟁에 대한 실질적인 이해관계는 단체에게 있으나 법적인 이유로 그 대표자의 지위에 있는 개인이 소송 기타 법적 절차의 당사자가 되었다거나 대표자로서 단체를 위해 적법하게 행한 직무행위 또는 대표자의 지위에 있음으로 말미암아 의무적으로 행한 행위 등과 관련하여 분쟁이 발생한 경우와 같이, 당해 법적 분쟁이 단체와 업무적인 관련이 깊고 당시의 제반 사정에 비추어 단체의 이익을 위하여 소송을 수행하거나 고소에 대응하여야 할 특별한 필요성이 있는 경우에 한하여 단체의 비용으로 변호사 선임료를 지출할 수 있다"라고 판시[32)]하여 변호사 선임료가 불법영득의사 없는 정당한 비용에 해당하기 위하여는 통상적으로 당해 임·직원 사건이 정상적인 회사업무 처리와 관련성이 있어야 하고, 회사의 이익을 위하여 특별히 지출할 필요성이 존재하여야 한다고 하고 있다.

통상적으로 법인의 임·직원들의 단일한 민·형사사건에 대하여 법인자금으로 변호사비용을 지출하는 경우에는 부정행위 없이 단순히 자금지원행위만 하는 경

---

31) 대법원 2003.5.30. 선고 2002도235 판결.
32) 대법원 2006.10.26. 선고 2004도6280 판결.

우가 대부분이다. 이 경우에 법인의 대표이사 등이 자신들의 사건이 순수한 개인적 비리에 해당함에도 법률비용을 회사비용으로 지출했다면 업무상 횡령죄는 당연하게 성립하나, 허위계약서 체결과 같은 부정한 행위가 존재하지 않으므로 법인세포탈죄는 성립하지 않고 단순한 법인세 탈루만 문제된다.

또한 불법행위를 한 법인의 임·직원에 대한 범죄사실이 다수인 경우에 법인의 입장에서 일부 범죄사실에 대한 비용지출에 대하여는 법인을 위한 부분에 해당되어 부당하지 않고, 일부 범죄사실에 대하여는 순수한 개인적 비리에 해당하여 부당하다고 판단되는 경우에는 형사 변호비용이 혼재되어 있어 최초 선임단계에서 선임료를 분리하여 계약을 체결하지 않는 한 각 부분을 특정할 수 없다. 이러한 경우에 변호비용 지출은 액수 불상의 업무상 횡령죄에 해당하지만 법인세 탈루는 탈루금액 특정과 관련하여 과세하기가 쉽지 않은 면이 있다.

한편 법인이 변호사와 수임계약을 체결하면서 실제 변호사의 용역제공내역은 대표이사 등에 대한 개인적 형사사건 변호업무임에도 불구하고 용역제공내역에 대하여 그와 무관한 자문용역을 제공하는 내용으로 계약을 체결하여 비용을 지출한 다음 손금처리를 한 경우에는 변호사 선임비용 지출금액만큼 업무상 횡령죄가 성립하고 법인세포탈죄도 성립할 수도 있다. 최근 과세관청은 법인의 대주주나 대표이사들의 민·형사사건에 대한 변호사비용을 법인자금으로 지출하는 행위에 대하여 관련규정을 엄격하게 적용하여 과세를 강화하는 추세에 있다.

(2) 변호사 비용에 대한 불법영득의사 관련 사례

(가) 불법영득의 의사가 있다고 본 사례

1) 조세포탈행위에 대한 형사재판의 변호사 비용

법원은 "주식회사는 그 구성분자인 주주와 독립된 별개의 권리주체로서 그 이해가 반드시 일치하는 것은 아니므로 주주총회의 의결권에는 스스로 한계가 있고 그 한계를 벗어나는 사항에 대하여서는 비록 그 의결이 있었다 해도 범죄를 구성할 수 있는 것인 바, 형사재판을 받는 대표이사의 개인적인 변호사비용과 그의 정신적, 육체적 손해에 대한 보상금을 요양비 또는 퇴직위로금 명목으로 가장하여 회사자금으로 지급하였다면 이는 주식회사 제도의 목적에 비추어 볼 때 주주총회의 결의에 관계없이 횡령에 해당한다. 대표이사가 회사를 위한 탈세행위로 인하여 형사재판을 받는 경우 그 변호사 비용과 벌금을 회사에서 부담하는 것이 관례라고 하여도 그러한 행위가 사회상규에 어긋나지 않는다고 할 만큼 사회적으로 용인되어 보편화된 관례라고 할 수 없다"라고 판시[33]하여 탈세행위로 인한 형사재판에 대한 변호사 비용에 대하여 업무상 횡령에서의 불법영득의 의사를 인정하고 있다.

한편 이 사안에서 피고인들은 개인적인 변호사 비용을 지급함에 있어서 그 명목을 요양비 또는 퇴직위로금으로 가장하였는데, 이러한 행위는 법인세포탈에 있어서 부정행위에 해당할 수 있다.

2) 학원분규과정에서 발생한 형사사건의 변호사 비용

법원은 "법인으로부터 용도가 엄격히 제한된 자금을 위탁받아 집행하면서 그 제한된 용도 이외의 목적으로 자금을 사용하는 것은 그 사용이 개인적인 목적에서 비롯된 경우는 물론 결과적으로 자금을 위탁한 본인을 위하는 면이 있더라도 그 사용행위 자체로서 불법영득의 의사를 실현한 것이 되어 횡령죄가 성립하는바, 사립학교법 제29조 및 같은법 시행령에 의해 학교법인의 회계는 학교회계와 법인회계로 구분되고 학교회계 중 특히 교비회계에 속하는 수입은 다른 회계에 전출하거나 대여할 수 없는 등 용도가 엄격히 제한되어 있기 때문에 교비회계자금을 다른 용도에 사용하였다면 그 자체로서 횡령죄가 성립한다 할 것이므로(대법원 2002.5.10. 선고 2001도1779 판결 참조), 피고인들이 교비회계자금에서 변호사비용을 지출한 행위는 그 자체로서 업무상횡령죄를 구성하는 것이다"라고 판시[34]하였다. 이 사건에서 피고인은 직원들이 노동쟁의를 일으키자 이에 대항하여 보도자료를 배포하거나, 쟁의기간 중 다른 운전기사를 채용하고 직원들에 대한 급여를 체납함으로 인하여 명예훼손죄 및 노동쟁의조정법위반죄 등으로 기소되어 벌금 및 선고유예의 판결이 각 선고되어 확정되었고, 이와 관련하여 사용된 변호사 비용은 불법영득의 의사가 있다고 하고 있다.

3) 재건축조합장의 자신의 공갈사건에 대한 대의원회 승인 후 변호사 비용 지출행위

법원은 "재건축조합 조합장이 재건축업무대행사로부터 금품을 갈취하였다는 취지의 공소사실 내용은 재건축조합 조합장으로서의 적법한 업무집행에 관련된 것이 아니라 조합장 개인의 위법행위에 관한 것일 뿐이고, 그러한 개인적 비리와 관련하여 조합장이 구속됨으로써 재건축조합의 업무 수행에 지장이 초래된다 하여

33) 대법원 1990.2.23. 선고 89도2466 판결.
34) 대법원 2003.5.30. 선고 2002도235 판결.

도 이는 그 개인에 대한 적법한 법 집행으로 인하여 재건축조합이 입는 반사적인 불이익에 지나지 않으므로, 가사 그 고소사실에 대한 혐의가 분명하지 않고 조합장의 업무집행을 방해하는 데 고소의 주목적이 있었다 하더라도, 조합장 개인을 위해 위 형사사건의 변호인을 선임하는 것이 재건축조합의 업무라고 볼 수는 없다 할 것이니, 이러한 사정 아래 피고인이 재건축조합의 자금으로 그 자신의 변호사 비용을 지출하였다면 이는 횡령에 해당한다. 위 형사사건의 변호사 선임료를 지출함에 있어 이사 및 대의원회의 승인을 받았다 하여도 재건축조합의 업무집행과 무관한 조합장 개인의 형사사건을 위하여 변호사 선임료를 지출하는 것이 위법한 이상 위 승인은 내재적 한계를 벗어나는 것으로서 횡령죄의 성립에 영향을 미치지 아니한다"라고 판시[35]하고 있다.

4) 의약품 리베이트 제공 관련 약사법위반 등 사건의 변호사 비용

제약회사 임·직원들이 병·의원 개설자 및 소속 의사들에게 의약품 판매를 위하여 리베이트 등 경제적 이익을 제공한 사건과 관련하여 법원은 "제약회사 영업사원들이 병의원 개설자 및 소속 의원들에게 현금 등을 제공한 행위(약사법위반죄)[36], 수사 제보자에게 진정취하서를 작성하게 하는 등 강요·협박한 행위(협박, 강요죄), 리베이트 관련 전산자료를 삭제하도록 지시하여 증거인멸을 교사한 행위(증거인멸교사), 약사법위반에 대한 법인의 양벌책임(약사법위반) 등의 혐의로 유죄를 선고받은 사람들과 법인에 대하여 지출한 변호사 비용은 법인을 위해 적법하게 수행한 직무행위 등과 관련하여 발생한 분쟁에 대한 비용으로 보기 어려워, 법인의 자금에서 지출할 수 없다고 보아야 한다"라고 판시[37]하고 있다.

(나) 불법영득의 의사가 없다고 본 사례

1) 회사가 실질적인 당사자로 임원에 대한 업무집행정지가처분 사건의 변호사 비용

법원은 "법인의 이사를 상대로 한 이사직무집행정지가처분 신청이 받아들여질 경우, 당해 법인의 업무를 수행하는 이사의 직무집행이 정지당함으로써 사실상 법

---

35) 위 대법원 2006.10.26. 선고 2004도6280 판결.

36) 부산고등법원 2018.12.27. 선고 2018노423 판결은 리베이트 제공행위가 병원에 대한 의약품 공급을 유지 내지 확대하는 데 기여한 것도 어느 정도 사실이나, 대법원 2013.4.25. 선고 2011도9238 판결 내용(뇌물제공 행위를 업무상 횡령죄로 인정)을 전제로 "리베이트 제공행위는 의약품 공급 목적 이외에도 피고인들은 매출실적에 따라 평가를 받는 영업 담당 직원들이므로 리베이트 제공행위에 있어 피고인들의 개인적인 이익을 도모하기 위한 목적이 전혀 없었다고 볼 수도 없다"라고 판시하고 있다.

37) 부산고등법원 2018.12.27. 선고 2018노423 판결. 대법원에서 상고기각으로 확정되었다.

인의 업무수행에 지장을 받게 될 것이 명백하므로, 해당 법인으로서는 그 이사 자격의 부존재가 객관적으로 명백하여 항쟁의 여지가 없는 경우가 아닌 한 위 가처분신청에 대항하여 항쟁할 필요가 있고, 위와 같은 필요에서 법인의 대표자가 법인 경비에서 당해 가처분사건의 소송비용을 지급하는 것은 법인의 업무수행을 위하여 필요한 비용을 지급하는 것에 해당한다. 따라서 이러한 지급을 가지고 법인의 경비를 횡령한 것이라고 할 수 없다(대법원 2010.6.24. 선고 2010도4512 판결 참조). 이러한 법리는 상가관리운영위원회의 운영위원장이 그에 대하여 제기된 직무집행정지가처분 신청에 대응하기 위하여 선임한 변호사의 선임료를 상가 관리비에서 지급한 경우에도 마찬가지로 적용된다. 그리고 법인 자체가 소송당사자가 된 경우에는 원칙적으로 그 소송의 수행이 법인의 업무수행이라고 볼 수 있으므로 그 소송에서 법인이 형식적으로 소송당사자가 되어 있을 뿐 실질적인 당사자가 따로 있고 법인으로서는 그 소송의 결과에 있어서 별다른 이해관계가 없다고 볼 만한 특별한 사정이 없는 한 그 변호사 선임료를 법인의 비용으로 지출할 수 있다(대법원 2008.6.26. 선고 2007도9679 판결 등 참조)"라고 판시[38]하여 소송의 당사자 명의만 임원명의로 되어 있고, 그 소송의 내용에 비추어 실질적인 당사자가 법인인 경우에는 불법영득의 의사가 없다고 하고 있다.

2) 정상적인 업무처리과정에서 발생한 사건에 대한 변호사 비용

법원은 "연합회 회장 및 운영위원장 지위에 있는 피고인에 대하여 예산횡령 등의 혐의로 검찰에 진정이 제기되어 무혐의 처분된 사건에서 연합회가 회비로 변호사비용을 지출할 수 있다"라고 판시[39]하고 있는데, 이 진정사건은 피고인이 연합회 회장으로서 그 수사 결과에 따라 피고인이 회장으로서 집행한 사업이나 예산 등의 법적 효력이 문제될 여지가 있었으므로 이는 대표자로서 단체를 위하여 적법하게 행한 직무행위와 관련한 분쟁에 해당하여 변호사 비용 집행이 적법하다고 보고 있다

3) 의약품 리베이트 제공 관련 약사법위반 등 사건의 변호사 비용

제약회사 대표이사가 병·의원 개설자 및 소속 의사들에게 의약품 판매를 위하여 리베이트 등 경제적 이익을 제공한 사건과 관련하여 법원은 "이 사건 리베이트 사건에서 대표이사가 약사법위반 범행에 관여한 사실이 결국 밝혀지지 않은 점,

38) 대법원 2019.5.30. 선고 2016도5816 판결.
39) 대법원 2019.1.31. 선고 2018도16972 판결.

이 사건 수사내용은 대표이사의 지위에서 행한 업무와 밀접한 관련이 있었던 점, 대표이사의 약사법위반 범행 입건 여부에 따라 법인의 업무수행에 차질이 예상되고, 관계 당국에 의한 약가인하, 영업정지 등 행정제재를 받을지 여부나 제재 수위 등이 달라질 수 있어 수사에 적극적으로 대처할 필요가 있었다고 보이는 점, 수사가 다른 부서까지 확대될 것이 충분히 예상되어 수사가 확대되지 않도록 변호인의 조력을 받는 것이 부당하다고 볼 수 없는 점 등을 근거로 대표이사에게 지급한 비용은 불법영득의사를 인정하기 어렵다"라고 판시[40]하고 있다.

Ⅳ. 업무상 배임죄·배임수재죄와 법인세포탈과의 관계

1. 의 의

업무상 배임죄란 타인의 사무를 처리하는 자가 그 업무상 임무에 위배하는 행위로 인하여 재산상의 이익을 취득하거나 제3자로 하여금 이를 취득하게 하여 본인에게 손해를 가하는 범죄를 말한다. 또한 타인의 사무를 처리하는 자가 그 임무에 관하여 부정한 청탁을 받고 재물 또는 재산상의 이익을 취득하는 경우에는 배임수재죄가 성립한다.

법원은 "배임죄에 있어서 임무에 위배하는 행위라 함은 처리하는 사무의 내용, 성질 등 구체적 상황에 비추어 법령의 규정, 계약의 내용 또는 신의칙상 당연히 하여야 할 것으로 기대되는 행위를 하지 않거나 당연히 하지 않아야 할 것으로 기대되는 행위를 함으로써 본인과의 신임관계를 저버리는 일체의 행위를 의미한다"라고 판시[41]하여 배신설의 입장을 취하고 있다.

회사의 임·직원이 회사에 대한 배임행위로 인하여 회사에 손해를 끼치고, 그 손해가 회사의 소득감소의 결과를 초래하면 업무상 배임죄 외에 법인세 탈루 또는 법인세포탈이 성립될 수 있다. 그러나 업무상 배임행위로 회사에 손해를 끼친다고 하여도 그 손해가 추상적이어서 구체적인 금액으로 산정되기 어려운 경우도 있다. 또한 업무상 배임죄는 위태범이므로 구체적인 재산상 손해의 결과가 발생하지 않더라도 재산상 위험을 발생하게 한 행위에 대하여 업무상 배임죄가 성립하는 경우가 있는데, 이러한 경우에도 법인세포탈의 결과가 발생하지는 아니하였으

40) 위 부산고등법원 2018.12.27. 선고 2018노423 판결.
41) 대법원 2004.7.9. 선고 2004도810 판결; 대법원 2000.12.8. 선고 99도3338 판결.

므로 법인세포탈죄는 성립하지 않는다.

회사 임·직원의 배임행위의 원인으로는 거래 상대방과의 특별한 관계로부터 기인하는 경우와 거래 상대방으로부터 금품을 받고 행하는 경우가 대부분이다. 이러한 이유로 실무에서는 배임수재죄와 관련한 법인세포탈죄와 법인의 대주주와 같은 특수관계자와의 거래에서 발생하는 업무상 배임죄와 관련된 법인세포탈죄가 종종 문제된다. 거래 상대방과의 특별한 관계로 인한 업무상 배임죄는 조세법상 부당행위계산부인과 밀접한 관계에 있다.

2. 부당행위계산부인과 업무상 배임죄 및 법인세포탈죄와 관계

(1) 부당행위계산부인

(가) 개 념

법인세법에서 부당행위계산부인이란 내국법인의 행위 또는 소득금액의 계산이 특수관계인과의 거래로 인하여 그 법인의 소득에 대한 조세의 부담을 부당하게 감소시킨 것으로 인정되는 경우에는 그 법인의 행위 또는 소득금액의 계산에 대해 세법에서 정한 '시가' 등 일정한 방법으로 그 법인의 사업연도의 소득금액을 다시 계산하는 것을 말한다(법인세법 제52조 제1항).

부당행위계산부인을 적용할 때에는 건전한 사회통념 및 상거래 관행과 특수관계인이 아닌 자 간의 정상적인 거래에서 적용되거나 적용될 것으로 판단되는 가격(요율·이자율·임대료 및 교환비율과 그 밖에 이에 준하는 것을 포함하며, 이하 "시가"라 한다)을 기준으로 한다(법인세법 제52조 제2항). 예를 들어, 법인이 특수관계자에게 자산을 저가 양도 내지 고가 매입하는 경우, 특수관계자로 하여금 회사 사택을 무상 사용하게 하는 경우, 특수관계인으로부터 무수익자산을 매입하여 그 자산에 대하여 비용을 부담하는 경우, 특수관계자에게 저리 자금대여와 고리 자금차용 등과 같은 거래를 하면서 시가와 거래가의 차액이 3억 원 이상이거나 시가의 5% 이상의 차액 거래를 함으로써 조세를 부당하게 감소시킨 것으로 인정되는 경우에는 거래행위와 무관하게 시가 등을 기준으로 소득금액을 다시 정하여 법인에게는 법인세를, 그 소득의 귀속자에게는 상여 등으로 처분하여 소득세를 부과하는 것[42]을 말한다.

---

42) 이 제도는 과세소득계산상의 범위 내에서만 변동을 초래할 뿐, 당사자간에 약정한 법률행위의 효과를 부인하거나 새로운 법률행위의 창설이나 변경, 소멸을 가져오지 않는다. 부당행위계산부인의 대상이 되는 행위·계산은 사법상으로는 적법 유효한 것으로서 이를 부인하는 것은 조세회피행위

여기에서 시가의 산정기준으로는 ① 해당 법인이 특수관계인 외의 불특정다수인과 계속적으로 거래한 가격 또는 특수관계인이 아닌 제3자간에 일반적으로 거래되는 가격이 있는 경우와 같이 시가가 존재할 경우에는 시가를 기준으로 하고, ② 시가가 불분명한 경우에는 감정평가법인이 감정한 가액이 있는 경우에는 그 가액을 기준으로 하고(주식 등은 제외), ③ 그 다음으로 보충적 평가방법인 상속세및증여세법 규정[43]을 준용하여 평가한 가액을 기준으로 한다(법인세법 제52조 제2항, 법인세법 시행령 제89조 제1항, 제2항).

업무상배임죄는 업무상횡령죄와 달리 범죄의 객체가 재산상 이익으로 비상장법인주식양도의 경우와 같이 시가에 대한 산정을 객관적으로 평가하기 쉽지 않은 경우가 있어 공소제기시에 피해금액을 액수불상으로 기재하는 경우가 종종 있다. 이러한 경우에 포탈금액의 특정을 필수적 요건으로 하고 있는 조세포탈의 경우에 포탈금액을 어떻게 결정하여야 하는지 여부가 문제될 수 있는데, 이 경우에도 원칙적으로 위 법인세법상 시가의 산정기준에 따라 평가를 하여야 한다.

다만, 앞서 제3장 제2절 Ⅴ. 3.의 (3)(본서, 316면)의 추계조사결정에서 살핀 바와 같이 조세포탈죄도 일반 형사범죄와 마찬가지로 간접증거, 정황증거에 의하여 포탈세액을 산정하는 것이 허용되고는 있으나, 조세포탈죄의 경우 포탈세액에 따른 배수벌금제도를 채택하고 있고, 그 규모에 따라 특정범죄가중처벌에관한법률위반죄 적용 여부도 달라질 수 있을 뿐만 아니라, '의심스러우면 피고인의 이익으로'라는 형사피고인의 무죄추정의 원칙과 죄형법정주의 원칙의 적용을 받고 있으므로 이러한 원칙들은 재산상 이익을 별도의 가치평가방법에 의하여 포탈금액을 산정하여야 하는 데에도 적용되어야 한다고 생각한다.

따라서 가치평가방법에 의한 포탈세액의 인정은 가치평가에 의하여 산출된 액수가 통계적·경험적으로 판단할 경우에 최소한의 액수이고 어떠한 경우에도 포탈세액이 그 이하로는 될 수 없다는 증명이 있는 경우에만 한정되어 적용되어야 한다고 생각한다.

(나) 자산의 저가양도와 관련하여 발생하는 과세문제

부당행위계산부인의 여러 유형[44] 중 법인이 자산을 특수관계자에게 시가보다 저가로 양도하는 경우를 사례로 들어 부당행위계산부인에 따른 과세문제를 보기

를 방지하여 조세의 공평을 실현하고자 하는 것에 불과한 세법상의 적용문제이기 때문이다.

43) 상속세및증여세법 제63조(유가증권 등의 평가), 상속세및증여세법시행령 제54조(비상장주식 등의 평가) 등 참조.

44) 법인세법 제88조에서 부당행위계산의 유형 등을 상세하게 규정하고 있다.

로 한다. 법인이 보유 자산을 저가로 양도한 경우에는 시가와 양도가액의 차액을 전액 익금산입하고 양수한 특수관계자가 개인일 경우에는 상여 등으로 소득처분하고, 법인일 경우에는 기타사외유출로 소득처분한다.

상증세법은 특수관계인 사이에 시가보다 낮은 가액으로 양수하거나 시가보다 높은 가액으로 양도한 경우에 그 차액 중 일정금액을 증여한 것으로 보고 있다. 즉 시가보다 낮게 양수하였다면 양수인이, 시가보다 비싸게 양도하였다면 양도인이 일정금액을 증여받은 것으로 보고 있다. 이때 증여재산가액은 시가와 대가(매도가격)의 차액에서 시가의 30% 또는 3억 원 중 적은 금액을 뺀 금액이다.

이러한 저가양도의 경우에 양도인에게는 양도소득세를, 양수인에게는 증여세를 부담시키는 것이 이중과세가 아닌가 하는 의문이 있을 수 있다. 이에 대하여 법원은 "증여세와 양도소득세는 납세의무의 성립요건과 시기 및 납세의무자를 서로 달리하는 것이어서, 과세관청이 각 부과처분을 함에 있어서는 각각의 과세요건에 따라 실질에 맞추어 독립적으로 판단하여야 할 것으로, 위 규정들의 요건에 모두 해당할 경우 양자의 중복적용을 배제하는 특별한 규정이 없는 한 어느 한 쪽의 과세만 가능한 것은 아니다"라고 판시[45]하여 이중과세가 아니라고 하고 있다.

법인이 보유자산을 특수관계 없는 자에게 저가양도한 경우에는 부당행위계산의 부인규정을 적용하지 아니하고, 자산을 특별히 시가보다 저렴하게 양도함으로써 이익을 제공하였다고 인정되는 금액은 별도로 접대비나 기부금, 업무무관경비 등의 일반적인 손비 부인규정을 적용한다. 법인이 특수관계인 외의 자에게 정당한 사유 없이 자산을 정상가액보다 낮은 가액으로 양도한 경우에는 정상가액은 시가에 시가의 100분의 30을 더하거나 뺀 범위의 가액으로 한다(법인세법 제24조 제1항, 같은 법 시행령 제35조).

거래당사자간 특수관계가 없는 경우는 부당행위계산부인이 적용되지 않으므로 증여로 보는 대상과 증여재산가액 산정방법에도 차이가 있다. 특수관계가 있는 경우에는 시가와 대가 차액에서 시가의 30% 또는 3억 원 중 적은 금액을 뺀 금액을 증여가액으로 보지만, 특수관계가 없는 경우에는 일단 시가와 대가의 차액이 시가의 30%를 벗어나는 경우만 과세대상으로 삼고, 이때 시가와 대가의 차액에서 3억 원을 뺀 금액을 증여재산가액으로 본다. 특수관계가 없다면 대가와 시가가 차이가 난다는 이유만으로 증여가 있었다고 단정하기 어렵기 때문이다.

법원도 "구 상증세법 제35조 제2항의 입법 취지는 거래 상대방의 이익을 위하

45) 대법원 2003.5.13. 선고 2002두12458 판결.

여 거래가격을 조작하는 비정상적인 방법으로 대가와 시가의 차액에 상당하는 이익을 사실상 무상으로 이전하는 경우에 그 거래 상대방이 얻은 이익에 대하여 증여세를 과세함으로써 변칙적인 증여행위에 대처하고 과세의 공평을 도모하려는 데 있다. 그런데 특수관계가 없는 자 사이의 거래에서는 서로 이해관계가 일치하지 않는 것이 일반적이어서 대가와 시가 사이에 차이가 있다는 사정만으로 그 차액을 거래 상대방에게 증여하였다고 보기 어려우므로, 구 상증세법 제35조 제2항은 특수관계자 사이의 거래와는 달리 특수관계가 없는 자 사이의 거래에 대하여는 '거래의 관행상 정당한 사유가 없을 것'이라는 과세요건을 추가하고 있다. 이러한 점들을 종합하여 보면, 재산을 저가로 양도·양수한 거래 당사자들이 그 거래가격을 객관적 교환가치가 적절하게 반영된 정상적인 가격으로 믿을 만한 합리적인 사유가 있었던 경우는 물론, 그와 같은 사유는 없더라도 양도인이 그 거래가격으로 재산을 양도하는 것이 합리적인 경제인의 관점에서 비정상적이었다고 볼 수 없는 객관적인 사유가 있었던 경우에도 구 상증세법 제35조 제2항에서 말하는 '거래의 관행상 정당한 사유'가 있다고 봄이 타당하다(대법원 2013.8.23. 선고 2013두5081 판결 참조). 한편 구 상증세법 제35조 제2항에 따른 과세처분이 적법하기 위해서는 양수자가 특수관계인이 아닌 자로부터 시가보다 현저히 낮은 가액으로 재산을 양수하였다는 점뿐만 아니라 거래의 관행상 정당한 사유가 없다는 점도 과세관청이 증명하여야 한다(대법원 2011.12.22. 선고 2011두22075 판결 참조)"라고 판시[46]하여 특수관계자가 아닌 경우에는 거래관행을 고려하여 과세관청에게 입증책임을 부담시키고 있다.

자산의 시가가 7억 원, 매도가격(대가) 3억 원, 당초 취득금액 1억 원으로 가정할 경우의 과세문제를 특수관계인 사이의 거래와 그 이외의 자 사이의 거래로 구분하여 과세처분과정을 기술하면 아래와 같다.

〈특수관계인 사이의 거래〉

거래당사자		과세 및 소득처분 내역	
양도자	양수자	양도자	양수자
법인	개인	부당행위: 4억 원 익금산입 4억 원 상여 등 소득처분	소득세 과세시 증여세 비과세 처분시 취득가액: 3억 원+4억 원

46) 대법원 2018.3.15. 선고 2017두61089 판결.

47) 법인세법 제67조, 같은 법 시행령 제106조 제1항 제1호 다목에 의하여 시가(7억 원)에서 매매가액(3억 원)을 차감하여 4억 원을 익금에 산입하고 기타사외유출로 처분한다.

48) 상속세 및 증여세법 제35조 제1항, 같은 법 시행령 제26조 제2항에 의하여 시가(7억 원)에서 매매

법인	법인	부당행위: 4억 원 익금산입 기타사외유출[47]	법인세 과세문제 없음 처분시 3억 원을 취득가액으로 한 법인세 납부
개인	개인	부당행위: 양도가 시가인 7억 원 양도차익: 7억 원－1억 원＝6억 원	증여가액 : 7억 원－3억 원－min (7억 원×30%, 3억 원)＝1.9억 원[48] 처분시 취득가액: 3억 원＋1.9억 원
개인	법인	부당행위: 양도가 시가인 7억 원 양도차익: 7억 원－1억 원＝6억 원	법인세 과세문제 없음(상동). 단, 유가증권인 경우[49] 양수시 4억 원 익금산입, 처분시 손금가산(3억 원＋4억 원)

〈특수관계인 이외의 자 사이의 거래〉

거래당사자		과세 및 소득처분 내역	
양도자	양수자	양도자	양수자
법인	개인	기부금: 1.9억 원[50] 익금산입 기타사외유출[51] 소득처분	증여가액: 7억 원－3억 원－3억 원[52]＝1억 원 처분시 취득가액: 3억 원＋1억 원
법인	법인	기부금: 1.9억 원 익금산입 기타사외유출 소득처분	법인세 과세문제 없음 처분시 3억 원을 취득가액으로 한 법인세 납부
개인	개인	부당행위: 해당없음 양도차익: 3억 원－1억 원＝2억 원	증여가액: 7억 원－3억 원－3억 원＝1억 원 처분시 취득가액: 3억 원＋1억 원
개인	법인	부당행위: 해당없음 양도차익: 3억 원－1억 원＝2억 원	법인세 과세문제 없음(상동)

가액(3억 원)을 차감하고, 시가(7억 원)의 30%와 3억 원 중 작은 금액(2.1억 원)을 차감한 1.9억 원이 증여가액이 된다. 이때 처분시 취득가액은 매수가액(3억 원)에 위 증여가액 1.9억 원을 가산한 4.9억 원이 된다.

49) 법인세법 제15조 제2항 제1호에 의하여 유가증권인 경우 시가(7억 원)와 매매가액(3억 원)의 차액 4억 원을 익금에 산입하고 유보로 처분한다.

50) 법인세법 제24조, 같은 법 시행령 제35조에 의하여 시가(7억 원)에서 시가의 30%(2.1억 원)를 차감한 정상가액(4.9억 원)과 매매가액(3억 원)의 차이인 1.9억 원을 실질적으로 증여한 것으로 인정하여 기부금으로 보아 익금에 산입한다.

51) 법인세법 제67조, 제24조, 같은 법 시행령 제106조 제1항 제3호 가목에 위하여 위 기부금 1.9억 원을 기타사외유출로 소득처분한다.

52) 상속세 및 증여세법 제35조 제2항, 같은 법 시행령 제26조 제3항, 제4항에 의하여 시가(7억 원)에서 매매가액(3억 원)을 차감하고, 추가로 3억 원을 차감한 1억 원이 증여가액이 된다. 이때 처분시 취득가액은 매수가액(3억 원)에 위 증여가액(1억 원)을 가산한 4억 원이 된다.

(다) 특수관계자간의 법인 저가양도에서 발생가능한 법인세 포탈 관련 문제들

1) 의 의

법인이 그 자산을 특수관계자에게 시가보다 저가로 양도하는 경우와 같은 사례, 예를 들어 모회사의 대표이사가 모회사가 소유하고 있는 비상장회사인 자회사를 모회사와 특수관계에 있는 다른 양수법인에게 양도하는 과정에서 양도대상이 된 자회사의 자산(주식가치)을 저가로 평가한 다음, 저평가한 주식가치평가보고서를 이용하여 양도가액을 시가보다 낮은 가격으로 결정하는 등의 방법으로 법인세를 포탈하였다는 가정하에서 발생가능한 법인세 포탈 관련 문제들에 대하여 살펴 보기로 한다. 참고로 이 사례에서 양도법인인 모회사 대표이사는 법인세포탈죄 성립 여부와 별개로 본인의 행위가 업무상 배임죄의 구성요건을 충족할 경우에는 업무상 배임죄로도 처벌이 가능하다.

2) 납세의무(조세포탈의 결과)의 존재 여부

가) 포탈금액의 산정

위 사례에서 양도법인인 모회사의 납세의무(조세포탈의 결과)가 존재하려면 양도대상 법인인 자회사의 시가가 거래가액을 초과하여야 하고, 이 경우에 법인세법 등 규정에 의하여 평가한 시가에서 거래가액을 공제한 금액만큼이 법인세포탈액을 결정하는 소득금액이 된다.

나) 양도법인에 대한 시가 산정 방법

앞서 살핀 바와 같이 비상장법인의 주식가치평가 관련 규정[53]에 따라 비상장법인의 경우에 해당 법인이 불특정 다수인간에 계속적으로 거래한 가격이 있는 경우(시가가 존재하는 경우)에는 그 거래가격에 따르고, 불특정 다수인간 거래가격이 없어 그 시가가 불분명한 경우에는 감정평가법인 등이 평가한 가액으로 하나, 주식의 경우에는 감정평가가액으로 할 수 없도록 규정되어 있으므로 법인세법상 가치평가규정에 따라 원칙적으로 상증세법에 규정된 보충적 평가방법에 따라 평가하되, 일반법인의 경우에는 순손익가치와 순자산가치를 '3' 대 '2'의 비율로 가중평균한 가액으로 하고, 부동산과다보유법인의 경우에는 순손익가치와 순자산가치를

53) 법인세법 제52조 제2항(부당행위계산의 부인), 법인세법 시행령 제89조(시가의 범위 등), 상속세및증여세법 제63조(유가증권 등의 평가), 상속세및증여세법 시행령 제54조(비상장주식 등의 평가) 등 참조.

'2' 대 '3'의 비율로 가중평가한다. 실제거래에서 비상장주식의 경우에는 불특정 다수인간 거래가격이 사실상 거의 존재하지 않기 때문에 상증세법상 보충적 평가방법이 주식가치평가의 주된 방법이 된다. 상증세법으로 평가를 할 경우에는 순손익가치와 순자산가치에 따른 가중 및 법인자산을 구성하는 요소에 부동산이 있는 경우에는 개별 부동산 등에 대한 공정가치평가를 별도로 하여 장부가액에서 조정을 해야 한다. 이러한 이유로 상증세법으로 주식가치를 평가하더라도 평가자에 따라 평가금액이 다양할 수밖에 없다.

한편 실제 거래에서는 법인에 대한 인수합병과 관련한 주식가치평가방법과 관련하여 법인 상황이나 업종 등에 따라 상증세법 이외에 현금흐름할인법(DCF 방식) 등 다양한 평가방법이 활용[54]되고 있고, 이러한 평가방법의 사용은 다수의 법원 판결[55]에 의하여 용인되고 있다. 실거래에서 DCF 방식[56]이 다른 주식가치평가방법보다 자주 활용되는 이유는 투자자들이 얻고자 하는 것이 미래의 현금흐름이라면, 기업이란 '미래의 현금흐름'의 묶음과 다를 바가 없고, DCF 방식은 바로 이 묶음의 현재가치를 직접 구한다는 점에서 투자자의 요구에 정확히 부응하고 있기 때문이라고 하고 있다.[57]

다) 실거래가격 결정 과정

양도·양수법인에서의 실제 거래가격 결정은 주식가치평가 내역을 참조하여 양도·양수법인간 협의를 통하여 가격을 조정한 다음 이사회 결의를 거쳐 최종적으로 매도·매수가격을 결정한다. 일반적으로 이사회 구성원들은 주식가치평가에 대

---

54) 대법원 2015.7.23. 선고 2013다62278 판결에서는 "정상적인 거래의 실례가 있으면 그 거래가격을 비상장주식의 시가로 보아 주식가액을 결정하여야 할 것이나, 이러한 시가가 없으면 비상장주식의 평가에 관하여 보편적으로 인정되는 시장가치방식, 순자산가치방식, 수익가치방식 등 여러 가지 평가방법을 활용하되, 비상장주식의 평가방법을 규정한 관련 법규들은 그 제정 목적에 따라 서로 상이한 기준을 적용하고 있으므로, 어느 한 가지 평가방법이 항상 적용되어야 한다고 단정할 수 없고, 당해 회사의 상황이나 업종의 특성 등을 종합적으로 고려하여 공정한 가액을 산정하여야 한다"라고 판시하고 있다.

55) 대법원 2011.3.24. 선고 2008두9577 판결; 대법원 2016.8.30. 선고 2013도658 판결; 대법원 2010.12.9. 선고 2009도6411 판결; 대법원 2009.10.29. 선고 2008도1103 판결; 대법원 2008.5.29. 선고 2005도4640 판결; 대법원 2005.4.29. 선고 2005도856 판결; 대법원 2007.3.15. 선고 2004도5742 판결; 대법원 2001.9.28. 선고 2001도3191 판결 등 참조.

56) DCF 평가방식에 의하여 시가를 평가할 경우에 영업활동별 예상성장률, 할인율(가중평균자본비율) 등 가치평가를 결정하는 인자들에 대하여 평가자에 따라 달리 평가할 수 있는 요소가 많으므로, 평가자들이 그와 같은 인자들을 어떻게 결정하는지 여부에 따라 다양한 평가금액이 산출될 수 있다.

57) 송옥렬, "회사법상 비상장주식 평가의 쟁점과 대안" 법학 제52권 제3호, 서울대학교 법학연구소, 2011, 319~320면; 양인준, "세법상 비상장주식 평가문제와 그 대안", 조세연구 제17권 제1집, 한국조세연구포럼, 2017, 177~180면 참조.

한 비전문가로 구성되어 있어서 회계사 등 전문가가 작성한 주식평가보고서의 기재 금액에 의해 상당부분 영향을 받을 수밖에 없지만, 주식가치평가보고서의 평가금액에 반드시 기속될 의무는 없고, 법인의 양도·양수 목적, 법인이 처해 있는 가치평가 시 포함되지 않는 대내외적인 상황, 주식가치평가보고서의 가치평가금액 등을 고려하여 최종 거래가격을 결정하면 된다. 이러한 의미에서 주식가치평가보고서는 양도인과 양수인이 최종 거래가격을 결정할 경우에 합리적 이유만 존재한다면 그 평가금액과 다르게 실제 거래가격을 결정하여도 무방한 참고자료에 불과하게 된다.

라) 포탈금액 결정

조세포탈죄의 경우에 포탈세액에 따른 배수벌금제도를 채택하고 있고, 그 금액에 따라 특가법 적용 여부가 결정되는 등 피고인의 이해관계에 미치는 영향이 크므로 포탈금액의 결정에도 '의심스러우면 피고인의 이익으로'라는 형사피고인의 무죄추정의 원칙과 죄형법정주의 원칙이 적용되어야 한다. 따라서 형사처벌을 위한 포탈소득금액은 합리적·객관적인 방법으로 산정되어야 하고, 산정된 포탈소득은 실제로 포탈한 금액을 초과하지 아니한다는 사실이 추가로 증명되어 최소한의 금액으로 결정되어야 한다. 주식가치평가는 시가를 확정할 수 없는 경우에 하는 보충적 평가방법에 불과하고, 그에 의하여 산정한 평가액이 곧바로 실제의 주식가액에 해당한다고 볼 수도 없다.[58] 따라서 주식가치평가보고서가 여러 개 작성되고 그 작성과정이 위법하지 않고 그 평가금액이 각기 다른 경우에는 그 평가금액들이 명백하게 허위임을 인정할 증거가 없다면 그중 최소금액을 기준으로 포탈소득을 결정하는 것이 형사소송법의 이념과 원칙에 부합한다고 본다. 이러한 측면에서 주식가치평가보고서와 관련한 직접적인 사례는 아니지만 추계조사에 의한 포탈세액 인정과 관련한 대법원 판례[59]를 여기에 유추적용할 수가 있을 것으로 생각된다.

58) 대법원 2001.9.28. 선고 2001도3191 판결; 대법원 2005.4.29. 선고 2005도856 판결 등에서 이를 명시적으로 확인하고 있다.

59) 대법원 1984.11.27. 선고 83도264 판결; 대법원 1982.1.19. 선고 80도1474 판결 등에서는 "과세관청이 추계에 의한 포탈소득을 최소한으로 인정하여 그 인정된 포탈소득이 실제로 포탈한 금액을 초과하지 아니한다는 사실이 증명되고, 그 사실증명의 방법이 합리성과 객관성 있는 방법이라는 것을 입증함으로써 추계절차와 결과 모두 합리적인 의심이 없을 정도의 증명을 갖춘 경우에 한하여 포탈세액으로 인정할 수 있다"고 판시하고 있다.

3) 부정행위 성립 관련

가) 부당행위계산부인과 부정행위

앞서 제3장 제2절 Ⅳ.의 5.의 (2)의 '기업회계와 세무회계의 차이로 인하여 발생한 금액(제1호)'항에서 설명한 바와 같이(본서, 304면) 조세포탈죄가 성립하려면 포탈소득과 부정행위 사이에 인과관계가 존재하여야 하므로 부과대상이 된 과세(포탈)소득은 부정행위로 인하여 발생한 소득이어야 한다. 그러나 부당행위계산부인 규정이 적용되어 발생한 소득금액은 원칙적으로 부정행위로 인하여 발생한 소득금액에 해당하지 않으므로 조세포탈죄가 성립하지 않는다. 다만, 법원은 부당행위계산부인 사건이라고 하더라도 예외적으로 특별한 사정이 있는 경우에는 앞서 기업회계와 세무회계의 차이로 인하여 발생한 금액항에서 소개한 것처럼 법인세포탈죄가 성립된다고 하고 있다.[60]

나) 상증세법상 평가방법 이외의 평가방법의 선택과 상증세법상 평가금액보다 낮게 평가된 경우의 부정행위 해당 여부

시가가 존재하지 않는 경우에 보충적 시가산정방법으로 DCF 방식 등 상증세법상 평가방법 이외의 평가방법도 법인 상황이나 업종 등에 따라 실제 거래에서 거래당사자가 자유롭게 선택하여 활용할 수 있으므로 평가방법의 선택 및 평가절차에 명백한 위법이 확인되지 않는다면 평가방법으로 상증세법상의 방법을 선택하지 아니하였다거나 상증세법에 의한 평가금액보다 DCF 방식에 의한 평가금액이 낮다는 이유만으로 그 즉시 이를 조세회피행위에 해당한다거나 조세포탈을 위한 부정행위에 해당한다고 볼 수는 없다. 주식가치평가와 관련한 전형적 부정행위로는 주식가치평가자인 회계사 등으로 하여금 허위로 주식가치평가금액을 낮게 평가하게 한 후에 이를 주식가치평가보고서 형식으로 허위작성[61]하게 한 다음에 이

---

60) 대법원 2013.12.12. 선고 2013두7667 판결; 대법원 2002.6.11. 선고 99도2814 판결 참조.

61) 주식가치평가보고서는 주식에 대한 적정가격평가를 위해 회사재무제표 등 사실관계를 기초로 법령에 따른 평가방법을 적용해서 산출된 평가액을 기재한 것이므로 그 내용을 허위 평가한 경우에는 형사공문처벌을 하고 있다. 즉, 공인회계사법 제53조 제2항, 제15조 제3항에 의하여, 공인회계사가 직무를 행할 때 고의로 진실을 감추거나 허위보고를 한 경우에는 3년 이하의 징역 또는 1천만 원 이하의 벌금에 처하도록 하고 있다. 주식가치를 과다평가한 내용의 자산양수도가액평가의견서(주식가치평가보고서)를 작성한 사안에서 법원은 "공인회계사법상 직무를 행할 때 고의로 허위보고를 한다는 의미는 행위자인 공인회계사가 회계에 관한 감사·감정·증명·계산 등의 직무를 수행할 때 사실에 관한 인식이나 판단의 결과를 표현함에 있어 자신의 인식판단이 보고서에 기재된 내용과 불일치하는 것임을 알고서도 내용이 진실 아닌 기재를 한 것을 말한다"라고 판시하고, 또한 "피고인이 제공받은 자료를 그대로 이용하여 평가의견서를 작성하였을 뿐 진실을 은폐한 사실이

를 악용하여 시가(실제가격)보다 낮은 거래가격을 결정하여 과세관청에 신고함으로써 법인세(양도소득)를 포탈하는 방법이다. 그러나 주식가치평가는 상증세법 또는 DCF 방식 중 어떠한 방식에 의하더라도 본질적으로 평가자가 허위평가사실을 인정하지 않는 한 주관적인 가변적 평가 요소의 개입[62]이 가능하게 되어 있어 정확한 평가금액의 확정이 사실상 어려우므로, 평가금액이 서로 다르다는 이유만으로 단정적으로 허위평가에 따른 허위 주식가치평가보고서라고 볼 수는 없다.

다) 조세의 부과와 징수를 어렵게 하는 적극적 부정행위 해당 여부

조세포탈죄의 구성요건 중 하나인 부정행위가 성립하기 위하여는 조세범처벌법 제3조 제6항 각호 중 어느 하나에 해당하더라도, 조세의 부과와 징수를 불가능하게 하거나 현저히 곤란하게 하는 적극적 부정행위가 추가로 존재하여야 한다. 법원은 “조세포탈죄에서 ‘사기 기타 부정한 행위’란, 조세의 포탈을 가능하게 하는 행위로서 사회통념상 부정이라고 인정되는 행위, 즉 조세의 부과와 징수를 불가능하게 하거나 현저히 곤란하게 하는 위계 기타 부정한 적극적 행위를 말한다”라고

없고, 피고인이 주식의 가격을 과다하게 추정하였다고 하더라도 이는 주식의 가격에 관한 의견을 제시한 것에 불과하여, 이를 두고 진실을 은폐하는 행위라고 할 수는 없다는 주장에 대하여 피고인들이 실제로는 양도가액이 15억 원에 불과한 공소외 1 회사의 기업가치를 허위 계약서상의 양도가액인 200억 원 상당이 되도록 평가하여 달라는 부탁을 받고, 그 부탁받은 금액에 상응하는 평가보고서를 작성하여 제출한 이상, 피고인들은 고의로 공소외 1 회사의 기업가치에 관한 진실을 감추었다고 충분히 인정할 수 있고, 허위보고에 의한 공인회계사법위반죄 성립과 관련하여서는 ① 법문에 의하더라도 공인회계사가 직무를 행할 때 허위보고를 하여서는 아니됨에도 그에 위반하여 허위보고를 한 때에 위 범죄가 성립하는 것이어서, 평가 의뢰를 한 상대방이 그것이 허위임을 알았는지 여부를 구별하지 아니하는 점, ② 공인회계사가 직무상 작성하는 평가보고서는, 공인회계사와 같은 전문적인 지식을 갖추지 못하여 평가되는 회사의 기업가치 또는 주식가치를 알 수 없는 불특정 다수인에게 적지 않은 영향을 미치기 때문에, 공인회계사로 하여금 평가를 의뢰받은 사항을 보고하는 때에는 어떠한 경우에도 허위의 내용을 보고하지 않도록 하려는 취지에서 규정된 것으로 보이므로, 평가를 의뢰한 상대방으로부터 허위로 평가해 달라는 부탁을 받고 그 부탁에 따라 허위보고를 함으로써 그 상대방이 허위보고임을 잘 알고 있었다고 하더라도, 공인회계사가 직무를 행하면서 허위보고를 한 이상 이를 처벌함이 상당할 것인 점, ③ 공인회계사가 허위보고를 하는 계기는 대부분 평가 의뢰자의 부탁이 있기 때문일 것인데, 그러한 경우가 위 죄의 처벌 대상에서 제외된다면 허위의 평가보고서가 범람할 우려가 없지 아니하여 위 죄가 규율하고자 목적을 전혀 달성할 수 없게 될 것인 점 등에 비추어 보면, 평가를 의뢰한 상대방이 허위임을 알고 있는 경우에도 당연히 성립한다고 볼 것이다”라고 판시(대법원 2012.5.24. 선고 2010도2797 판결; 원심판결: 서울고등법원 2010.2.5. 선고 2009노2546 판결)하고 있다.

62) 상증세법으로 평가를 할 경우에는 순손익가치와 순자산가치에 따른 가중을 해야 하고, 법인자산의 구성요소로 부동산이 있는 경우에는 개별 부동산 등에 대한 평가를 별도로 하여 장부가액에서 조정을 하여야 하므로 상증세법으로 평가하더라도 금액이 다양할 수밖에 없고, DCF 방식으로 평가를 할 경우에는 영업활동별 예상성장률, 할인율(가중평균자본비용) 등 평가결정 인자들에 대하여 평가자에 따라 달리 평가할 수 있는 요소들이 많으므로 평가자들이 그와 같은 인자들을 어떻게 결정하는지 여부에 따라 다양한 평가금액이 산출될 수 있다.

판시[63]하여 조세포탈죄가 성립하기 위하여는 적극적 부정행위가 존재하여야 하고, 이는 사회공동체가 추구하는 가치 즉 사회상규의 위배와 관련되는 보편적 규범들을 종합하여 판단하여야 한다고 하고 있다.[64]

그러나 일반적인 특수관계자 사이의 법인의 저가양도행위에 따른 부당행위계산부인사건의 경우에는 양도대상인 법인 주식의 시가를 얼마로 볼 것인가라는 세법상 평가의 문제에 귀착되는 경우가 많아 적극적 은닉의도가 밖으로 드러날 정도의 부정행위가 없는 경우가 대부분이다. 즉 납세의무자는 주식가치평가자가 작성한 주식가치평가보고서 내용에 기초하여 양도대상 법인의 거래가격을 최종 결정하기 때문에 그 과정에 사회통념상 받아들이기 어려운 특별한 부정행위가 존재하기 어렵고, 과세관청은 납세의무자가 선택한 가치평가방법과 평가금액이 적정하지 않아 신고가격이 부당하다고 판단될 경우에는 납세의무자가 신고한 거래가격에 구애되지 않고 언제든지 스스로 적정하다고 판단되는 상증세법상 보충적 평가방법 등을 선택하여 재산정한 금액을 기초로 과세처분을 하면 되기 때문에 양도대상 주식의 시가를 평가하고 정당한 세액을 부과·징수하는 것이 불가능하거나 현저한 곤란에 처하였다고 보기도 어렵다. 물론 납세의무자에게 법인의 저가양도 거래과정에 과세관청으로 하여금 부과처분을 어렵게 하는 명백한 불법행위가 존재하는 경우에는 적극적 부정행위를 인정할 수 있으나 그러한 경우는 예상하기 쉽지 않다.

4) 고의 성립 관련

조세포탈죄의 고의가 성립하기 위하여는 피고발인이 조세포탈죄 구성요건에 해당하는 구체적 사실, 즉 ① 자신이 납세의무자 또는 납세의무자의 행위자에 해당한다는 사실, ② 납세의무(포탈의 결과)가 존재한다는 사실, ③ 자신의 행위가 부정행위에 해당한다는 사실, ④ 부정행위와 조세포탈의 결과 사이에 인과관계가 존재한다는 사실 등 모든 사실에 대한 인식이 있어야 한다. 부당행위계산부인 규정

---

63) 대법원 2014.2.21. 선고 2013도13829 판결.

64) 법원은 "납세의무자의 적극적 부정행위 내지 소득은닉행위가 존재하는지 여부에 대한 판단은 수입이나 매출 등을 기재한 기본장부를 허위로 작성하였는지 여부뿐만 아니라 당해 조세의 확정방식이 신고납세방식이지 부과납세방식인지, 미신고나 허위신고 등에 이른 경위 및 사실과 상위한 정도, 허위신고의 경우 허위 사항의 구체적 내용 및 사실과 다르게 가장한 방식, 허위내용의 첨부서류를 제출한 경우에는 그 서류가 과세표준 산정과 관련하여 가지는 기능 등 제반 사정을 종합하여 사회통념상 부정이라고 인정될 수 있는지에 따라 판단하여야 한다"라고 판시하고 있다(대법원 2014.2.21. 선고 2013도13829 판결; 대법원 2015.1.29. 선고 2011도13730 판결 등).

등과 같은 세무회계와 기업회계와의 차이로 인한 과세소득과 그에 따른 포탈의 결과 발생은 회계·세무담당자가 아닌 일반 임·직원의 입장에서 인식하기 쉬운 부분이 아니므로 고의의 일반이론을 적용할 경우에도 그러한 특수성을 반영하여 착오에 따른 고의의 성립 문제, 인과관계 이론 등을 종합적으로 검토하여 구체적으로 고의 성립 여부를 판단하여야 한다.

5) 특수관계자간 법인의 저가양도에 따른 법인세 포탈죄 적용 한계

법인의 인수·합병과정에서 양도대상이 되는 법인에 대한 거래가격을 결정하는데 회계사 등에 의한 해당 법인에 대한 주식가치평가행위는 사실상 필요적으로 거쳐야 하는 하나의 과정이 되고 있다.[65] 주식가치평가는 평가자의 주관에 따라 평가금액이 달라질 가능성이 상존하여 납세의무자가 자신이 의뢰한 평가자에 의하여 평가된 평가금액을 선택하여 결정한 최종 거래가액과 과세관청의 평가의견이 다른 경우가 수시로 발생할 수 있다. 평가금액에 차이가 발생하고 그 차이 발생에 대한 합리적 설명이 부족하다는 이유만으로 과세관청에서 납세의무자의 거래가격 결정과정에서의 불법행위의 존재에 대한 충분한 확인없이 조세포탈죄로 의율할 경우에는 사회·경제적 파장이 클 수밖에 없다. 따라서 회계사의 평가금액에 의한 납세의무자의 거래가격과 과세관청의 평가금액 사이에 차이가 발생하여 탈루금액이 존재하게 되더라도 과세관청은 납세의무자에게 원칙적으로 부과처분만을 하는 것이 상당하고, 예외적으로 거래가격 결정과정에서 명백한 불법행위가 발견된 경우에 한하여 법인세포탈죄로 고발을 하여야 할 것으로 생각된다. 특수관

---

65) 상장주식도 비상장주식과 마찬가지로 시가가 있으면 이를 기준으로 결정하되, 시가가 없을 경우에는 상증세법상 보충적 평가방법을 적용한다. 상장주식은 평가기준일(평가기준일이 공휴일 등 매매가 없는 날인 경우에는 그 전일을 기준으로 하므로 사망일이 일요일인 10월 25일이라면 금요일인 10월 23일을 기준으로 함) 이전·이후 각 2개월 동안 공표된 매일의 거래소 최종 시세가액의 평균액(평균액을 계산할 때 평가기준일 이전·이후 각 2개월 동안에 증자·합병 등의 사유가 발생하여 그 평균액으로 하는 것이 부적당한 경우에는 평가기준일 이전·이후 각 2개월의 기간 중 대통령령으로 정하는 바에 따라 계산한 기간의 평균액으로 함)으로 하고, 다만, 상증세법 제38조에 따라 합병으로 인한 이익을 계산할 때에는 합병(분할합병을 포함)으로 소멸하거나 흡수되는 법인 또는 신설되거나 존속하는 법인이 보유한 상장주식의 시가는 평가기준일 현재의 거래소 최종 시세가액으로 한다(상증세법 제63조 제1항 제1호 가목). 합산기간 4개월을 계산함에 있어 기준일 이후 2개월이 되는 날이 토요일 또는 일요일이라면 그 날을 제외하고 그 이전까지의 종가평균액을 계산하면 되므로 이 날을 제외한 결과 합산기간이 4개월에 미달하게 되더라도 그 기간 동안의 종가평균액을 시가로 인정받을 수 있다(상증세법 시행규칙 제16조의3 제1항). 한편 경영권의 양도와 관련한 주식거래는 경영권 프리미엄이 발생되므로 최대주주 등의 주식에 대해서는 시가 또는 보충적 평가에 의하여 산출된 금액의 20%를 가산하도록 되어 있다(상증세법 제63조 제3항). 이와 같이 상장주식은 비상장주식에 비하여 보충적 평가방법이 상대적으로 간단하게 되어 있다.

계자간 법인의 저가양도행위에 대한 법인세포탈죄 성립에 대하여는 앞서 설명한 바와 같이 고려하여야 할 사항들이 너무 많아 그 적용에 신중을 기하여야 한다.

(2) 부당행위계산부인행위와 업무상 배임 및 법인세포탈 관계

타인의 사무를 처리하는 법인의 대표이사 등이 특수관계자 아닌 제3자에게 이익을 주기 위해 임무를 위배하는 행위를 하여 법인에게 손해를 끼친 경우에 업무상 배임죄가 성립하는 것과 마찬가지로 법인의 대표이사 등이 특수관계자에게 이익을 주기 위해 임무에 위배하여 법인에게 손해를 끼치는 행위를 하면 특별한 사정이 없는 한 업무상 배임죄가 성립한다. 또한 대표이사 등의 업무상 배임 과정에 부정행위가 존재하면 그 이익을 취득한 사람이 특수관계자에 해당하는지 여부와 무관하게 법인세포탈죄도 성립한다. 한편 부당행위계산부인은 기업회계와 세무회계의 차이 중의 하나로서 구 조세범처벌법 제9조의2에서 부정행위로 인한 소득에 해당하지 않는 것으로 규정되어 있었으나, 2010.1.1. 개정으로 현재는 이 조항이 삭제되어, 앞서 '제3장 제2절 Ⅳ의 5.의 (2)(본서, 304면)의 기업회계와 세무회계의 차이로 인하여 발생한 금액(제1호)'항에서 설명한 바와 같이 일정한 요건[66]하에서 법인세포탈죄도 성립된다.

법원도 "피고인은 공소외 1주식회사가 1997.12.23. 특수관계자들로부터 상장주식으로서 당시 시가가 주당 540원이던 공소외 2주식회사(이하 '공소외 2회사'라고 한다) 주식 1,548,245주를 주당 6,760원에 매수함에 있어, 매매계약서와 회계장부상으로는 고가매입이 아닌 것처럼 가장하기 위하여 그 매수일자를 위 주식시세가 높았던 1997.7.2.로 소급하여 기재하였고, 1997.12.23. 동일자로 공소외 2회사 주식 1,200,000주를 J물산 주식회사에 주당 540원에 매도하였는데, 그로 인하여 7,464,000,000원의 투자자산처분손실을 입었고, 따라서 그만큼 소득금액이 줄어들어 그에 상당하는 세금 2,089,920,000원을 면하였다는 것이어서 피고인은 공소외 1주식회사로 하여금 이 사건 공소외 2회사 주식을 시가보다 12배 이상 되는 고액으로 매수하게 하면서 그 고가매입사실이 발각되지 않기 위하여 매수일자가 소급

66) 부당행위계산부인에 따른 세액은 납세자가 선택한 민사법상 거래관계는 그대로 인정하면서 형식적 거래대금과는 다른 시가평가액을 적용하는 등으로 세법상 취급만을 달리하는 것이므로 원칙적으로 금액차이 자체만으로는 조세포탈에서 요구하는 부정한 행위라고 할 수 없고, 금액평가차이 이외에 별도의 적극적인 은닉행위가 추가로 필요하다. 적극적 은닉행위와 관련하여 대법원 2006.6.29. 선고 2004도817 판결에서는 "단지 특수관계인에 대한 대여사실을 감추기 위하여 허위로 분개전표를 작성하고 그에 따라 결산장부를 정리한 행위만으로는 (구 조세범처벌법)제9조의2 제1호의 적용을 배제하고 조세포탈에 해당한다고 볼 정도의 적극적인 부정행위가 있었다고 보기 어렵다"고 판시하고 있다.

된 허위의 매매계약서와 회계장부를 작성, 비치한 사실을 알 수 있는바, 그와 같이 부당행위계산에 해당하는 거래임을 은폐하기 위하여 적극적으로 서류를 조작하고 장부상 허위기재하는 경우까지 세무회계와 기업회계의 차이로 인한 것으로 보아 조세포탈에 해당하지 않는 것으로 볼 수는 없다 할 것이다"라고 판시[67]하여 법인세포탈을 인정하고 있는데, 이 사안에서 피고인의 주식의 고가매수행위는 업무상 배임행위에 해당하여 업무상 배임죄로도 처벌이 가능하고, 양죄의 관계는 실체적 경합관계에 있다고 하고 있다.

3. 배임수재죄와 법인세포탈과의 관계

배임수재죄는 타인의 사무를 처리하는 자가 그 임무에 관하여 부정한 청탁을 받고 재물 또는 재산상의 이익을 취득하는 경우에 성립한다. 거래 상대방으로부터 금품을 수수하면서 받는 부정한 청탁내용으로는 계약금액을 과대계상해 달라는 것과 같이 법인의 수익과 직접 관련이 있는 경우도 있을 수 있고, 하도급업체 선정 및 계속적 거래관계 유지와 같이 직접적으로 법인의 수익과 무관한 경우도 있을 수 있다.

전자와 같이 금품을 받고 합리적 근거없이 계약금액을 높여 허위인 계약서를 작성한 다음 대금을 지급하면 과대계상한 금액만큼 수익누락의 결과가 발생하여 조세포탈이 성립함과 동시에 배임수재죄가 성립하고, 양죄 관계는 실체적 경합관계에 있게 된다. 후자의 경우와 같이 부정한 청탁내용이 법인의 수익과 직접적으로 무관한 경우에는 배임수재죄는 성립하지만 법인세포탈죄는 성립하지 않는다.

최근에는 업무상 횡령죄 이외에도 업무상 배임죄 내지 배임수재죄로 유죄판결을 선고받고 그 판결이 확정된 다음에 과세관청에 의해 법인세포탈죄로 고발된 사례 등이 점점 늘어가고 있다. 이 경우에 업무상배임죄 등과 법인세포탈죄가 동시에 공소제기되는 경우는 드물고, 일반적으로는 업무상 배임죄 등이 먼저 공소제기되어 유죄판결을 받으면, 그에 따라 과세관청에서 법인세포탈죄를 추가로 고발을 하고 있다.

---

67) 대법원 2002.6.11. 선고 99도2814 판결.

V. 업무상 횡령 · 배임과 관련한 구체적인 사례에서의 법률관계와 조세포탈 관계

1. 대표이사의 부외자금 사용과 관련한 법률관계

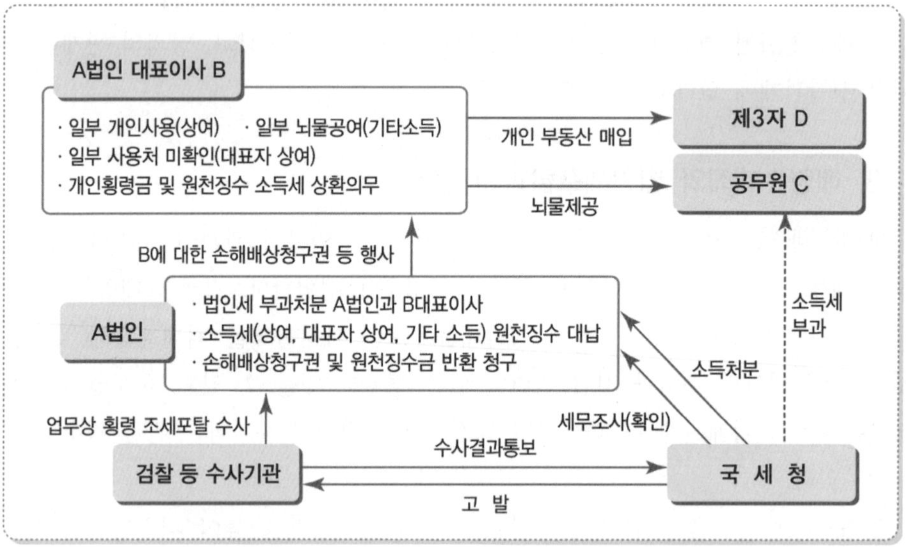

이 도표에 있는 사례는 A법인 대표이사 B가 법인자금으로 비자금을 조성하여, 조성한 자금 중 일부는 공무원 C에게 뇌물을 제공하고, 일부는 제3자인 D로부터 자신의 개인 부동산을 매입하는 데 사용하고, 나머지 자금은 사용처에 대하여는 진술을 거부하고 있다고 가정을 할 경우에 발생할 수 있는 법률적 문제들이다.

이 사안에 대하여 발생할 수 있는 법률관계를 간단하게 설명하면 아래와 같다.

① 대표이사 B는 A법인 자금으로 비자금을 조성하여 뇌물을 제공하고 개인 부동산 등을 매입하는 데 사용한 부분에 대하여 업무상 횡령죄와 뇌물공여죄, 그리고 납세의무자인 A법인의 행위자로서 법인세포탈죄로 처벌을 받을 수 있고, B에게 상여 또는 대표자 상여 등으로 소득처분된 부분에 대하여는 경우에 따라서는 소득세포탈죄로도 형사처벌을 받을 수 있다. 또한 B는 민사적으로 횡령금액과 소득처분 과정에서 법인이 대납한 원천징수소득세 등에 대한 손해배상 및 부당이득 반환 책임을 부담하게 된다.

② A법인은 대표이사인 B의 법인세포탈죄에 대하여 양벌책임을 부담하고, 횡령

자금만큼 법인소득 누락으로 인한 법인세를 납부하여야 하고, B 등에게 소득처분된 소득세에 대하여는 원천징수의무를 부담하여 대납하여야 한다. 다만, 불법행위를 한 B대표이사를 상대로 횡령금에 대한 손해배상과 소득세 대납분에 대한 부당이득반환청구 등을 할 수 있다.

③ 공무원 C는 뇌물수수죄로 처벌받음과 동시에 취득한 뇌물에 대하여 기타소득처분되어 소득세를 납부하여야 하고, 뇌물수수 전후 과정에 자금세탁행위 등 부정한 행위가 있으면 소득세포탈도 될 수 있다.

2. 업무상 횡령·배임행위로 인한 사외유출금액 등에 대한 과세처분

(1) 의 의

법인의 실질적 경영자인 대표이사가 업무상 임무에 위배하여 법인의 자금으로 개인 부동산을 매입하여 업무상 횡령죄가 성립하는 경우에 형사법적으로는 횡령금액은 당연히 사외로 유출된 것으로 보아야 한다.

그러나 이 경우에 추후에 횡령사실이 밝혀져서 횡령의 피해자인 법인이 가해자인 대표이사를 상대로 손해배상소송을 제기하여 손해배상채권을 취득한 경우에 익금으로 횡령금액 자체를 산입해야할지, 손해배상채권을 산입해야할지 하는 문제가 발생할 수 있다. 횡령된 금액 자체를 익금으로 본다면 횡령된 금액 자체는 사외유출에 해당하여 귀속자에 대한 소득처분을 하여야 하지만, 손해배상채권을 익금으로 볼 경우에는 손해배상채권의 회수가능성에 따라 사내유보로 볼 수도 있고 사외유출로 볼 수도 있다.

횡령금액이 사외유출되었는지, 사내유보로 남아 있는지에 대한 판단 여부에 따라 대표이사의 근로(상여)소득 여부와 법인의 원천징수의무 역시 결정되기 때문에, 법인과 대표이사 입장에서는 매우 중요한 문제가 된다.

앞서 살핀 바와 같이 소득처분이란 기업회계에 의한 이익금액과 법인세법상의 과세소득금액 간의 차액에 대한 귀속문제에 대한 세무회계상의 결정을 말한다. 사외유출이란 일반적으로 법인의 관리소유상태에서 벗어나 법인 이외의 자에게 소득이 유출된 것을 말하고, 사내유보란 여러 법률관계상 아직도 법인의 관리소유상태에 있다고 판단되는 경우에 하는 처분이다.

사외유출에 해당하는지, 사내유보에 해당하는지에 대한 구별과 관련하여, 헌법재판소는 “실질적 경영자가 법인의 재산을 횡령한 경우 그 횡령금의 사외유출 여부는 법원이 피해 법인과 횡령한 대표이사 간의 관계의 실질을 심리하여 피해 법인의 횡령금액 회수의사 유무를 확정하는 법원의 고유권한인 사실인정의 문제에 불과하여 헌법소원의 대상이 될 수 없다"고 판시[68]하여 횡령금 회수가능성과 관련한 법원의 최종적 사실인정 문제로 보고 있다.

이 구별과 관련하여, 법원은 "법인의 피용자의 지위에 있는 자가 법인의 업무와는 무관하게 개인적 이익을 위해 법인의 자금을 횡령하는 등 불법행위를 함으로써 법인이 그 자에 대하여 그로 인한 손해배상채권 등을 취득하는 경우에는 그 금원 상당액이 곧바로 사외유출된 것으로 볼 수는 없고(대법원 1989.3.28. 선고 87누880 판결 참조), 해당 법인이나 그 실질적 경영자 등의 사전 또는 사후의 묵인, 채권회수포기 등 법인이 그에 대한 손해배상채권을 회수하지 않겠다는 의사를 객관적으로 나타낸 것으로 볼 수 있는 등의 사정이 있는 경우에만 사외유출로 보아 이를 그 자에 대한 상여로서 소득처분할 수 있다 할 것이며, 대표이사의 직위에 있는 자라 하더라도 그 실질상 피용자의 지위에 있는 경우에는 이와 마찬가지로 보아야 할 것이다"라고 판시[69]하여 법인이 손해배상채권을 취득한 경우에는 그 채권회수가 객관적으로 불가능하다고 판단되는 경우에 한하여 사외유출로 결정하여야 한다고 하였다.

또한 법원은 "법인의 실질적 경영자인 대표이사 등이 법인의 자금을 유용하는 행위는 특별한 사정이 없는 한 처음부터 회수를 전제로 하여 이루어진 것이 아니어서 그 금액에 대한 지출 자체로서 이미 사외유출에 해당한다. 여기서 그 유용 당시부터 회수를 전제하지 않은 것으로 볼 수 없는 특별한 사정에 관하여는 횡령의 주체인 대표이사 등의 법인 내에서의 실질적인 지위 및 법인에 대한 지배 정도, 횡령행위에 이르게 된 경위 및 횡령 이후의 법인의 조치 등을 통하여 그 대표이사 등의 의사를 법인의 의사와 동일시하거나 대표이사 등과 법인의 경제적 이해관계가 사실상 일치하는 것으로 보기 어려운 경우인지 여부 등 제반 사정을 종합하여 개별적·구체적으로 판단하여야 하며, 이러한 특별한 사정은 이를 주장하는 법인이 입증하여야 한다"라고 판시[70]하여 법인의 대표이사 등이 법인의 자금을 유용하는 행위는 원칙적으로 사외유출에 해당하지만, 그 유용 당시부터 회수를 예정하였고, 회수가 예정대로 가능하다는 등의 특별한 사정이 있는 경우에는 사내유보로 본다는 것이고, 그 특별한 사정에 대한 증명책임은 법인에게 있다고 하고 있다.

68) 헌법재판소 2009.2.26. 선고 2006헌바65 결정.
69) 대법원 2004.4.9. 선고 2002두9254 판결.
70) 대법원 2010.1.28. 선고 2007두20959 판결.

(2) 사내유보와 사외유출에 따른 소득처분 내용

먼저 사내유보와 사외유출 여부가 결정되고, 소득의 최종귀속자의 신분에 따라 아래와 같이 소득처분을 하게 된다. 이를 간단히 표로 정리하면 아래와 같다.

사내유보	· 소유관계, 채권채무 약정관계, 관리관계 중 어느 하나라도 법인과 연관관계 유무 기준 · 유보금액은 기업회계상 잉여금을 초과한 세법상 잉여금이 되어 감가상각 한도초과액, 퇴직급여 충당금 한도초과액 등 세무조정에 영향, 소득처분 등 체계적 관리 필요	
사외유출 (원천징수의무 있고, 회사는 구상권 행사 가능)	상 여 (대표자 상여)	임원에게 귀속(귀속이 불분명한 경우 대표자에게 귀속된 것으로 간주)
	배 당	개인 주주에게 귀속
	기타소득	임원, 주주, 법인 또는 사업자 외의 자에게 귀속
기타사외유출 (귀속자는 소득세 또는 법인세 납부, 원천징수의무 없음)	법인이나 개인 사업자에게 귀속	

업무상 횡령·배임행위를 한 결과, 사외유출과 기타사외유출로 소득처분된 경우에는 앞서 설명한 내용으로 충분하다. 다만 사내유보로 소득처분한 경우에는 통상적으로 발생하는 문제에 대하여 간단하게 부연 설명하면 아래와 같다.

법인에서 대표이사 등이 허위채권을 만들거나 비용과대계상을 통하여 부외자금을 조성하여 사용하다가 과세관청에 의하여 그 사실이 밝혀지면, 법인에서는 대표이사에 대하여 손해배상청구를 한다. 법인은 대표이사에 대한 손해배상채권을 익금으로 산입하면서 채권에 대한 회수가능성이 있는 것으로 판단하여 사내유보로 처리한다. 사내유보로 처리한 횡령금을 법인이 대표이사를 상대로 강제집행절차까지 이행하였지만 결과적으로 회수가 되지 아니하면 대손처리를 하여 손금산입한다. 이렇게 횡령금을 사내유보로 소득처분을 하게 되면 법인은 횡령금의 사외유출에 따른 소득세에 대한 원천징수의무를 면할 수 있게 된다.

만약 횡령금 자체를 사외유출로 소득처분한 경우에 횡령금 자체는 위법소득에 해당하기는 하지만 횡령한 자가 대표이사 등 실질적인 경영자에 해당하는 경우에는 특별한 사정이 없는 한 상여 내지 근로소득으로 과세된다(대법원 2004.4.9. 선고 2002두9254 판결).

한편 사외유출 이후에 대표이사가 횡령금의 전부나 일부를 반환한 경우에 국가가 이미 징수하여 간 세금을 환급해 주어야 하는가 하는 문제가 있다. 이에 대하여 법원은 “본래 사외유출되어 당해 법인의 대표자 등에게 귀속된 금액에 관하여 일단 소득세 납세의무가 성립하면 사후에 그 금액이 당해 법인에 환원되었다 하더라도 이미 성립한 소득세 납세의무에 영향을 미칠 수 없으므로 구 법인세법 시행령 제106조 제1항 제1호에 따라 소득처분을 하는 것이 원칙이지만, 같은 조 제4항 본문은 당해 법인이 소정 기한 내에 자발적인 노력에 의하여 금액을 회수한 경우에는 그 금액이 사외유출되지 아니한 것으로 보아 위 원칙에 따른 소득처분을 하지 아니함으로써 당해 법인에 자발적인 자기시정의 기회를 준 것이다. 따라서 당해 법인이 사외유출된 금액을 회수하더라도 그것이 당해 법인의 자발적인 노력에 의한 것이 아닌 경우에는 다시 원칙으로 돌아가 소득처분을 하도록 한 것이 같은 항 단서이므로, 그것이 헌법상 보장된 재산권의 본질적인 내용을 침해한다거나 소득세법을 위배하여 소득의 귀속이 없음에도 과세하는 것이라고 볼 수 없다”라고 판시[71]하여 자발적인 노력에 의하여 변제한 경우에만 사내유보로 처리하여 소득세 부과를 하지 않고 있다(법인세법 시행령 제106조 제4항).[72]

---

71) 대법원 2011.11.10. 선고 2009두9307 판결.

72) 내국법인이 「국세기본법」 제45조의 수정신고기한 내에 매출누락, 가공경비 등 부당하게 사외유출된 금액을 회수하고 세무조정으로 익금에 산입하여 신고하는 경우의 소득처분은 사내유보로 한다. 다만, 다음 각 호의 어느 하나에 해당되는 경우로서 경정이 있을 것을 미리 알고 사외유출된 금액을 익금산입하는 경우에는 그러하지 아니하다.

1. 세무조사의 통지를 받은 경우
2. 세무조사가 착수된 것을 알게 된 경우
3. 세무공무원이 과세자료의 수집 또는 민원 등을 처리하기 위하여 현지출장이나 확인업무에 착수한 경우
4. 납세지 관할세무서장으로부터 과세자료 해명 통지를 받은 경우
5. 수사기관의 수사 또는 재판 과정에서 사외유출 사실이 확인된 경우
6. 그 밖에 제1호부터 제5호까지의 규정에 따른 사항과 유사한 경우로서 경정이 있을 것을 미리 안 것으로 인정되는 경우

제4절 SPC를 통한 거래행위와 조세포탈

Ⅰ. 개　　요

1. 의　　의

특수목적법인(Special Purpose Company, 이하 SPC라 한다)은 특수한 목적을 달성하기 위하여 설립되는 법인이다. 통상적으로 SPC란 단순히 자산 보유나 특정한 투자 목적으로 설립된 법인으로, 운영 효율성 및 비용 절감을 위해 별도의 인적·물적 자본을 갖추지 않은 형태로 운용되는 법인들을 지칭한다. 이러한 SPC로는 특정 부동산 개발을 목적으로 하는 SPC, 부실채권을 매각하여 은행의 부실을 막기 위한 목적의 자산유동화전문회사와 같은 SPC, 특정 영화를 제작하기 위한 SPC, 특정 선박의 소유를 목적으로 하는 SPC, 투자 등 목적으로 조세회피지역에 설립되는 SPC[1] 등이 있다.

SPC는 인적·물적 자본이 없는 유한회사 또는 주식회사인 경우가 대부분으로 그 설립이 용이하면서도 이를 설립한 모회사 또는 주주로부터 독립된 실체를 가지고 있어, 특정 프로젝트 자체를 위한 독립된 사업수행에 용이하기 때문에 사업 목적상 자주 활용되고 있다. 그러나 한편으로 SPC의 설립 및 청산이 용이하고 폐쇄성을 가지고 있어서 조세포탈 등 범죄에도 쉽게 악용될 수 있는 단점도 있다.[2]

---

1) BVI(영국령 버진아일랜드) 등 조세회피처 SPC는 설립시 차명인을 이사나 주주로 등재 가능하고, 공시제도, 최소 자본요건, 외환거래제한, 법인설립목적 등이 부존재하는 등 홍콩 SPC상의 설립요건과도 차이가 있어 내국법상 특수목적법인과는 다른 단순한 페이퍼컴퍼니에 불과하고, 이러한 SPC 이용행위는 그 자체로 국내 과세관청의 적발곤란성이 존재하여 부정행위 성격이 강하므로 역외탈세에 대한 형사처벌을 강화하기 위하여 부정행위 개념에 대한 법원의 해석론을 검토해야 한다는 견해도 있다(이임동, 조세회피처 페이퍼컴퍼니를 이용한 조세포탈죄 성립 여부에 관한 소고, 조세연구 제19권 제1집, 2019.3, 187~234면 참조).

2. 국내외 SPC 설립과 이를 이용한 거래의 적법성 여부

우리나라의 법령에 인적·물적 자본이 없는 SPC의 설립을 금지하거나, 투자목적으로 설립된 SPC에 대하여 인적·물적 자본이 없다는 이유로 그 실체를 부인하고 있는 규정은 존재하지 아니한다.

오히려 이러한 SPC의 설립을 장려하여 투자 형태별로 투자에 이용할 수 있도록 자본시장법 제184조 제7항, 자산유동화법 제20조 제2항, 부동산투자회사법 제11조의2, 선박투자회사법 제3조 제5항 등에 SPC 설립 관련 규정들을 두고 있고, 법인세법 제51조의2에는 유동화전문회사 등에 대한 소득공제 조항 및 구 조세특례제한법 제119조 제1항에 등록·면허세 면제조항을 별도로 두어 SPC가 정당한 납세의무자임을 전제로 SPC에게 세제상 혜택까지 부여하고 있다. 나아가 국제조세조정에 관한 법률 제27조, 제28조는 조세회피처[3]의 인적·물적 자본이 없는 SPC라도 그 실체가 인정됨을 전제로 그 SPC의 유보소득을 당해 SPC의 주주가 배당받은 것으로 간주할 수 있는 요건들까지 규정하고 있다.

조세법상 종종 문제가 제기되는 조세피난처에 있는 해외 SPC의 경우에도 국내 SPC와 마찬가지로 그 설립 및 이용 행위가 적법한지 여부가 문제될 수 있다. 이는 SPC가 설립되어 이용되고 있는 해당 국가의 법률에 의하여 결정하여야 한다.

법원도 "외국의 법인격 없는 사단·재단 기타 단체가 구 소득세법 제119조 제8호 내지 제10호 소정의 국내원천소득을 얻어 이를 구성원인 개인들에게 분배하는 영리단체에 해당하는 경우, 법인세법상 외국법인으로 볼 수 있다면 그 단체를 납세의무자로 하여 국내원천소득에 대하여 법인세를 과세하여야 하고, 법인세법상

---

2) 특수목적법인을 둘러싼 법적 분쟁을 예방하기 위하여 정책적으로 SPC의 권리능력을 제한하자는 견해도 있다. 이 견해에 따르면, 입법적으로 특수목적법인의 권리능력에 대해 ① 허용되는 업무의 범위를 정확하게 규정하고, ② 업무제한금지규정에 위반한 행위는 효력이 없다고 규정함으로써 효력규정임을 명백히 표시하고, ③ 상호에 특수목적을 나타내는 문구를 필수적으로 넣도록 함으로써 공시의 효과를 높여야 한다고 주장하고 있다(김중곤, 특수목적법인(SPC)의 권리능력, BFL, 서울대학교 금융법센터, 13권, 2005, 74~91면 참조).

3) 2010년 개정세법해설서에서는 조세회피처 세제는 조세회피를 위하여 우리나라보다 세율이 낮은 지역에 자회사를 두어 소득을 유보하는 것을 방지하기 위한 것으로 국조법상 '법인 부담세액이 실제 발생소득의 100분의 15이하인 국가 또는 지역'을 우리나라에서는 조세회피처 기준으로 삼고 있고, 이 기준은 각국의 법인세율에 따라 그 기준이 다를 수 있는 상대적 개념이라고 하고 있다. OECD 유해조세경쟁보고서에 의하면 조세회피처 특징으로 ① 무세 또는 경과세, ② 실효성 있는 정보교환의 부재, ③ 법집행의 투명성 결여, ④ 실질적인 활동요건의 부재 등을 들 수 있다고 한다(오윤, '조세 피난처를 이용한 조세회피와 탈세 대응방안', 역외탈세의 현안 및 대책세미나, 법무연수원, 2013, 14-15면).

외국법인으로 볼 수 없다면 거주자의 경우와 동일하게 단체의 구성원들을 납세의 무자로 하여 그들 각자에게 분배되는 소득금액에 대하여 소득세를 과세하여야 한다. 그리고 여기서 그 단체를 외국법인으로 볼 수 있는지 여부에 관하여는 법인세법상 외국법인의 구체적 요건에 관하여 본점 또는 주사무소의 소재지 외에 별다른 규정이 없는 이상 단체가 설립된 국가의 법령 내용과 단체의 실질에 비추어 우리나라의 사법(사법)상 단체의 구성원으로부터 독립된 별개의 권리·의무의 귀속주체로 볼 수 있는지 여부에 따라 판단하여야 할 것이다"라고 판시[4]하여 SPC의 적법성은 설립국가의 법령에 따르도록 하고 있다.

따라서 조세회피처 국가에 설립된 SPC가 적법한지 여부는 해당 국가의 근거법령에 따라 적법하게 설립되었는지 여부를 우선적으로 살펴보아야 한다. 예를 들어 조세피난처인 홍콩에 설립된 SPC의 경우에는 홍콩 회사법에 SPC설립 규정이 존재[5]하고, 그 규정에 따라 설립되었다면 이 SPC는 적법한 홍콩법인으로 외국법인에 해당한다. 조세피난처에 해당하는 국가들은 SPC의 설립 및 이용과 관련하여 홍콩과 유사한 규정들을 가지고 있어서 SPC의 설립 및 이용은 세계적으로 통용되는 제도로 볼 수 있다.

3. 조세포탈과 관련하여 SPC를 통한 거래행위에서 발생할 수 있는 쟁점

법인은 본래 물리적으로 실재하지 않는 가공의 존재로서 '법률상' 인격이 부여되어 주주와 구별되는 독립된 법인격을 가진 권리·의무 주체이다. 따라서 개인이 법인을 설립하고 법인을 통해 사업소득을 얻는 경우에는, ① 법인이 수취한 소득에 대하여 법인에게는 '법인세'가 과세되고, ② 나머지 법인소득에 대하여는 법인이 주주에게 배당을 하는 때에 그 주주는 '배당소득세'를 과세해야 한다.

법률상 특별한 근거 없이 임의로 법인소득 전체에 대하여 직접 주주의 개인소

4) 대법원 2012.1.27. 선고 2010두5950 판결.

5) 홍콩 회사법(Companies Ordiance 32 Private Company Limited By Shares)에서는 법인의 설립을 위하여 상호, 정관, 주소, 자본금, 주주 및 이사의 요건을 갖추어 등기소에 등록할 것을 요구하고 있다. 구체적 등록 내용으로는, ① 법인 상호는 영문, 중문 내지 영문과 중문의 혼용으로 표기할 수 있고, ② 정관은 회사의 골격에 관한 기본정관(Memorandum of Association) 및 운영사항을 규정하는 부속정관(Article of Association)으로 구성되어 있으며, ③ 회사의 주소는 반드시 홍콩에 두어야 하는데, 별도의 사무실을 두지 않을 경우 회사 비서역의 주소지를 회사의 주소지로 등록할 수 있고, ④ 자본금은 HKD 1불 이상임을 요건으로 하며, ⑤ 주주 및 이사에 관하여, 주주는 국적 및 연령에 제한 없이 개인 또는 법인으로 최소 1인 이상이어야 하고, 이사는 국적에 관계없이 18세 이상의 개인으로 최소 1인 이상이어야 한다고 규정하고 있다[프레미아티엔씨(PREMIA TNC) 공식 블로그 참조].

득으로 보아 과세하는 것은 조세법률주의에 반하여 허용될 수 없다. 이러한 일반적 세법원칙을 그대로 적용할 수 없는 경우가 SPC를 통한 국내외 거래에서 종종 나타나고 있다.

이처럼 SPC를 둘러싸고 발생할 수 있는 문제로는 SPC를 통한 거래행위에서 SPC가 일반 법인과 마찬가지로 조세포탈의 주체(납세의무자)에 해당하는지 여부와 이와 관련되어 SPC의 실질적 소유자(주주) 확정 문제, 그리고 SPC에 귀속된 소득에 대한 실질적 납세의무자 확정 문제 등이 있다. 이와 함께 SPC 이용행위가 어떠한 경우에 부정행위에 해당하는지 여부 및 이와 관련하여 해외 SPC 유보소득에 대한 배당간주규정과 관련된 부정행위 성립 여부 등이 문제될 수 있다.

다만, 조세회피처 SPC를 통한 거래행위의 조세포탈 구성요건도 국내 거래에서의 일반 조세포탈과 마찬가지로 앞서 설명한 조세범처벌법 제3조의 조세포탈 법리가 그대로 적용된다.

Ⅱ. SPC가 조세포탈죄의 주체(납세의무자)에 해당하는지 여부

1. 의 의

SPC가 일반 법인과 마찬가지로 각국의 상법 등 법률에 설립 근거가 있고, 그 규정에 따라 운영된 경우에는 이러한 SPC는 그 주주와 구별되는 독립된 법인격을 가진 정당한 법인이므로 SPC의 소득은 당연히 그 SPC가 납세의무자로서 그가 속한 국가의 법인세 납세의무를 부담하여야 한다. 따라서 원칙적으로 법인격이 부인될 정도의 특별히 부실한 법인이 아닌 한 SPC의 소득에 대하여는 법인세를 부과하여야 하고, 소득이 직접 그 주주에게 귀속된 것으로 보아 소득세를 부과해서는 안 된다.

법원도 이와 같은 취지에서 SPC 소유의 소득과 재산을 주주의 것과 엄격히 구별하여, SPC의 임원이 1인 주주의 동의를 받아 SPC의 자산을 저가 양도하고, SPC의 소득을 세무관서에 제대로 신고하지 아니한 경우에 SPC에 대한 배임죄 및 법인세포탈을 인정하고 있고,[6] 실질과세의 원칙과 관련한 대법원 2012.1.29. 선고

---

6) 대법원 2011.3.10. 선고 2008도6335 판결은 "자산관리자인 A회사의 대표이사 B가 채권을 매각하여 얻을 수 있었던 수익 중 일부를 다른 회사에 불법적으로 이전하여 법인세를 포탈하고, 업무상 배임행위를 하였다"는 내용의 공소사실에 대한 판결로 A회사가 SPC인 경우이다.

2008두8499 전원합의체 판결[7] 이후에도 SPC의 경우에 배임죄 및 법인세포탈을 계속 인정[8]하고 있다.

그러나 위의 사례들과 달리 SPC가 특별한 역할 없이 단순히 차명계좌처럼 운영되는 경우와 같이 오로지 거래의 위장과 은닉 등에 이용되는 경우에는 SPC의 조세포탈 주체의 해당 여부가 문제될 뿐만 아니라 SPC의 이용 그 자체로 조세포탈의 부정행위에 해당할 수도 있어 그 부분에 대한 검토 필요성이 존재한다.

2. SPC와 법인격 부인론

(1) 개 념

종래 SPC에 대하여 세법상 소득귀속자의 지위를 부인할 경우에 종종 등장하는 이론이 법인격 부인론이다. 법인격 부인론은 법인격 자체를 박탈하는 것이 아니고, 특정 사안에서 법인격이 남용되었다고 판단되는 경우에 법인과 그 법인의 배후에 있는 사원(주주)을 동일시하여 법인격의 독립성을 부인하는 사법상 이론을 말한다.

법원은 "법인격 남용이 인정되어 법인격부인이 인정되려면, 외형상으로는 법인의 형식을 갖추고 있으나 실질적으로는 그 법인격의 배후에 있는 사람의 개인기업에 불과[9]하고, 법인과 그 법인격이 배후자에 대한 법률적용을 회피하기 위한 수단으로 함부로 이용되거나, 채무면탈, 계약상 채무의 회피, 탈법행위 등 위법한 목적 달성을 위하여 회사제도를 남용하는 등의 주관적 의도 또는 목적이 인정되는 예외적인 경우라야 한다"라고 판시[10]하고, 또한 "현행 법령상으로 인적・물적자본

---

7) 대법원 2012.1.19. 선고 2008두8499 전원합의체 판결에 관하여는 '과세대상 귀속원리로서의 실질과세의 원칙'을 논하는 부분(본서, 151면)에서 상세하게 소개하였다.

8) 대법원 2012.7.26. 선고 2009도5935 판결.

9) 이와 관련하여 법원은 "법인이 그 법인격의 배후에 있는 사람의 개인기업에 불과하다고 보려면, 원칙적으로 문제가 되고 있는 법률행위나 사실행위를 한 시점을 기준으로, ① 법인과 배후자 사이에 재산과 업무가 구분이 어려울 정도로 혼용되어 있는지 여부, ② 법률이나 정관에 규정된 주주총회나 이사회를 개최하고 의사결정을 하였는지 여부, ③ 법인자본의 부실정도, ④ 영업의 규모나 직원의 수 등을 종합하여 법인은 이름뿐이고 실질적으로는 개인영업에 지나지 않을 정도로 형해화되었는지 여부를 판단하여야 한다"라고 판시하고 있다(대법원 2008.9.11. 선고 2007다90982 판결).

10) 위와 같은 법인격 부인의 법리를 전제로, 대법원 2006.8.25. 선고 2004다26119 판결은 "친자회사는 상호간에 상당 정도의 인적・자본적 결합관계가 존재하는 것이 당연하므로, 자회사의 임・직원이 모회사의 임・직원 신분을 겸유하고 있었다거나 모회사가 자회사의 전 주식을 소유하여 자회사에 대해 강한 지배력을 가진다거나 자회사의 사업 규모가 확장되었으나 자본금의 규모가 그에 상응하여 증가하지 아니한 사정 등만으로는 모회사가 자회사의 독자적인 법인격을 주장하는 것이 자회사의 채권자에 대한 관계에서 법인격의 남용에 해당한다고 보기에 부족하고, 적어도 자회사가

없이 설립된 SPC도 원칙적으로 그 주주와 별개의 독립된 법인격을 가지는 것으로 인정된다. SPC는 일시적인 목적을 달성하기 위하여 최소한의 자본 출자요건만을 갖추어 인적·물적 자본 없이 설립되는 것이 일반적이므로, SPC가 설립지의 법령이 요구하는 범위 내에서 최소한의 출자재산을 가지고 있다거나 SPC를 설립한 회사의 직원이 SPC의 임·직원을 겸임하여 SPC를 운영하거나 지배하고 있다는 사정만으로는 SPC의 독자적인 법인격을 인정하는 것이 신의성실의 원칙에 위배되는 법인격의 남용으로서 심히 정의와 형평에 반한다고 할 수 없다"라고 판시[11)]하여 SPC의 법인격 부인이론 적용에 신중을 기하고 있다.

(2) 법인격 부인론의 조세포탈에의 적용

SPC의 법인격이 그 실체와 관계되어 사법적으로 부인되는 경우에는 통상적으로 당해 SPC는 세법상 소득귀속자의 지위를 인정받지 못하여 SPC 배후에 있는 사람 또는 다른 법인이 소득귀속자가 되어 납세의무자가 된다.

따라서 SPC에 소득귀속자의 지위가 존재하는지 여부가 문제되고 있는 경우에는 일반적으로 해당 SPC의 법인격이 존재하는지 여부를 우선 살펴보고, SPC의 법인격이 존재한다고 판단되는 경우에 세법상 실질과세의 원칙을 적용하여 소득이 최종적으로 누구에게 귀속되었는지를 확인하여 실질적 소득귀속자를 납세의무자로 결정하게 된다. 이러한 이유로 조세포탈에서 법인격 부인이론은 SPC의 실체가 문제되어 실질과세의 원칙에 따라 실질적 소득귀속자를 확정하고 납세의무자를 결

독자적인 의사 또는 존재를 상실하고 모회사가 자신의 사업의 일부로서 자회사를 운영한다고 할 수 있을 정도로 완전한 지배력을 행사하고 있을 것이 요구되며, 구체적으로는 모회사와 자회사 간의 재산과 업무 및 대외적인 기업거래활동 등이 명확히 구분되어 있지 않고 양자가 서로 혼용되어 있다는 등의 객관적 징표가 있어야 한다"고 판시하여 그렇지 아니한 경우 자회사의 법인격을 인정하고 있다.

11) 대법원 2010.2.25. 선고 2007다85980 판결의 원심판결(서울고등법원 2007.11.1. 선고 2005나28336 판결)은 "D건설은 피고(S레져 주식회사)의 공사자금 조달을 위하여 SPC인 M사를 설립하였고, M사의 자본금이 0.01달러, 발행주식이 1주이며, 그 주식을 D건설이 소유하고 있었고, M사의 이사 3인 중 2인이 D건설의 국제금융팀 직원인 사실을 인정하면서도, M사는 위와 같은 자본구성이나 인적구성에도 불구하고 피고로부터 이 사건 회원권을 매수하면서 D은행을 통하여 자금을 조달하여 그 대금을 지급하였고, M사가 회원권 대금을 지급하기 위하여 발행한 채권대금 회수의 실효성을 확보하고자 D건설과 이 사건 옵션계약을 체결하였으며, D건설 및 피고와는 독립된 이해관계를 가지고 있기 때문에 M사의 의사결정을 독립적인 대리인인 D은행이 담당하였고, M사는 그 선택에 의하여 이 사건 회원권을 그대로 보유하거나 또는 D건설에 대하여 이 사건 회원권을 매입가격에 구입하거나 제3자가 구입하도록 주선해 줄 것을 요구할 수 있는 권리를 보유하고 있는 등의 사정을 들어 M사가 독자적인 법인격을 보유하고 있다"라고 판시하여 M사의 법인격을 인정하였고, 대법원은 원심판결을 수긍하고 있다.

정할 경우에 주된 판단요소로서 역할을 하게 된다.

국내에서 조세포탈과 관련하여 법인격 부인이 문제되었던 사건은 앞으로 조세포탈 주체와 관련하여 소개하려고 하는 제약회사 전문마케팅업체 사안과 재개발·재건축 홍보대행업체 사안으로, 조세심판원과 검찰은 이 두 사건에서 제약회사 전문마케팅업체와 재개발·재건축 홍보대행업체의 법인격을 각각 인정하여 납세의무자로 인정하였다.

실제 SPC의 법인격과 관계되어 발생한 조세포탈 사건들의 대부분은 조세회피처에 설치된 SPC가 관련된 역외탈세 사건들이다. 역외탈세 사건과 관련하여 특별한 사정이 있는 극히 예외적인 경우에 한해 SPC의 실체를 부인하는 것이 최근 경향이다.

조세회피처인 영국령 버진아일랜드(BVI) 등 조세회피처에 SPC를 설립한 후 그 명의를 이용하여 국내 계열회사에 주식투자를 하여 양도소득세 및 종합소득세(배당소득)를 포탈한 사안에서, 법원은 "소득 등의 과세대상에 관하여 귀속명의와 달리 실질적으로 귀속되는 사람이 따로 있는 경우에는 형식이나 외관을 이유로 귀속명의자를 납세의무자로 삼지 아니하고 실질적으로 귀속되는 사람을 납세의무자로 삼겠다고 하면서, 재산의 귀속명의자는 재산을 지배·관리할 능력이 없고, 명의자에 대한 지배권 등을 통하여 실질적으로 지배·관리하는 사람이 따로 있으며, 명의와 실질의 괴리가 조세를 회피할 목적에서 비롯된 경우에는 재산에 관한 소득은 재산을 실질적으로 지배·관리하는 사람에게 귀속된 것으로 보아 그를 납세의무자로 삼아야 한다"라고 판시[12]하여 실질과세의 원칙을 적용하면서 법인격 부인의 법리도 함께 검토하고 있다.

또한 국내거주자가 조세회피처인 홍콩에 SPC를 편의치적[13] 목적으로 설립했지

---

12) 대법원 2012.1.19. 선고 2008두8499 전원합의체 판결; 대법원 2014.7.10. 선고 2012두16466 판결 참조. 한편 대법원 2012두16466 판결은 "① 프랑스에 본점을 둔 법인인 A가 네덜란드에 본점을 둔 법인인 B를 설립한 사실, ② B는 1994.3.8. 대전 서구 탄방동에 본점을 둔 한국법인인 C를 설립하여 그 주식을 보유하다가, 2006.9.26. 주식회사 D유통과 E유통 주식회사(이하 이들을 '이 사건 주식양수법인'이라 한다)에 C법인 전체 주식 중 79.44%(이하 '이 사건 주식'이라 한다)를 양도함으로써 이득을 얻은 사실 등을 인정한 다음, B법인의 설립 목적과 설립 경위, 사업활동 내역, 그 임·직원 및 사무소의 존재, 이 사건 주식의 매각과 관련한 의사결정과정, 매각자금의 이동 등과 같은 제반 사정에 비추어, B는 A로부터 구조적으로 독립된 지주회사로서 이 사건 주식 양도소득의 실질귀속자로 볼 수 있다"라고 판시하고 있다

13) 편의치적이란 해운업계에서 선박소유 회사들이 세무, 노동, 해운정책 등에 기한 각 국가의 각종 규제를 회피할 목적으로 규제가 상대적으로 느슨한 국가에 형식상의 회사를 설립한 후 당해 회사의 명의로 선박의 소유권을 귀속시켜 당해 국가의 국적을 유지하여 해상에서의 사고 등으로 인한 피해보상을 사고선박 자체에 한정시키고자 하는 제도를 말한다.

만 이후 그 선박을 처분하고 SPC 명의로 금융자산만을 보유하고 있던 사안에서, 법원은 "SPC가 편의치적 목적으로 설립되어 달리 조세회피목적이 있다고 볼 수 없는 상태에서 SPC가 설립되었다는 사정만으로 SPC의 법인격을 부인할 수 없고, 이 사건 SPC가 과세대상의 형식적인 귀속명의자로서 실질적으로 이를 지배·관리하는 자에게 과세대상이 귀속된 것으로 보려면 그러한 명의와 실질의 괴리가 '조세를 회피할 목적'에서 비롯된 경우 등 예외적인 사정들이 증명되어야 한다. 따라서 이러한 증명이 없는 이 사건 소득이 SPC가 아니라 곧바로 국내거주자에게 귀속되었다고 볼 수 없다"라고 판시[14)]하여 사실상 거의 모든 경우에 있어서 SPC의 실체를 인정하고 있다.

최근에는 국내법인이 홍콩에 법인을 설립하여 그 홍콩법인이 국내법인의 주식을 취득하여 양도한 거래와 관련하여 발생한 양도차익, 배당소득 등에 대한 법인세를 포탈하였다고 공소제기된 사안에서, 법원은 "홍콩법인의 자금이 그 주주인 국내법인과 구분되어 관리되고, 홍콩법인이 매년 재무제표를 작성하여 홍콩 회계법인의 감사를 받고 적법하게 법인세 신고를 했다는 점 등을 근거로 홍콩 법인이 형해화되었다고 보기 어렵다"라고 하면서 홍콩법인의 실체를 인정하면서 홍콩법인의 홍콩법상 납세의무를 인정하여 국내 법인세포탈 부분에 대하여는 국내법상의 납세의무가 없음을 이유로 무죄를 선고[15)]하였다.

한편 SPC가 실체가 없다는 사실에 대한 증명책임과 관련하여 법원은 "소득의 귀속이 명목뿐이고 사실상 그 소득을 얻은 자가 따로 있다는 점은 이를 주장하는 자에게 증명책임이 있다"라고 판시[16)]하여 SPC의 소득귀속자로서의 지위를 부인하면서 그 뒤에 있는 실질적인 소득귀속자에게 새로운 부과처분을 한 과세관청에게 그 증명책임이 있다고 하고 있다.

최근의 판결 등을 살펴보면, SPC의 경우 실질과세의 원칙을 적용하여 다단계·우회거래 등의 경우에 실질적인 수익자, 실질적인 거래자를 중심으로 일정 사안에서 거래를 재구성하여 세법상 소득귀속자의 지위를 새롭게 부여하는 경우는 있어도 법인격 자체를 완전히 부인하는 경우는 없었던 것으로 보인다.[17)]

14) 서울행정법원 2015.1.9. 선고 2014구합51333 판결.
15) 대법원 2020.12.30. 선고 2018도14753 판결로, 그 판시내용은 아래 '해외 SPC 소유자가 누구인지에 따라 조세포탈 주체와 세목이 달라진 사례' 항목(본서, 432면)에서 추가로 설명하였다.
16) 대법원 2014.5.16. 선고 2011두9935 판결.
17) 법인격 부인의 기준을 제시하였던 민사판결 내지 조세관련 판결들도 당해 사안에서 문제된 SPC에 대하여 실제로 법인격을 부인하고 있는 경우는 없다.

3. 조세포탈의 주체 결정에 실질과세의 원칙과 법인격 부인론이 문제 되었던 사례

(1) 제약회사 전문마케팅업체 사례

(가) 의 의

이 사례는 제약회사가 의료법상 쌍벌제를 회피할 목적으로 인적·물적 자본이 제대로 갖추어지지 아니하여 법인으로서의 실체가 불분명한 전문마케팅업체를 이용하여, 사실은 제약회사가 전문마케팅업체를 통하여 우회적으로 의사 등에게 리베이트 비용을 제공하여 그 비용은 제약회사의 접대비에 해당하여 제약회사가 납세의무자가 되어야 할 뿐만 아니라 한도 초과된 접대비는 손비로 처리하여서는 아니됨에도 불구하고 납세의무자를 전문마케팅업체로 허위신고를 하면서 접대비 전부를 손비처리하여 법인세를 탈루하였다고 보아 제약회사에게 탈루세액을 부과처분한 사안이다.

이 사안에서 접대비 처리와 관련한 납세의무자가 제약회사인지 또는 전문마케팅업체인지 여부가 쟁점이 되어 실질과세의 원칙에 대해 판단하면서 전문마케팅업체의 법인격(실체)도 함께 판단되었다.

(나) 사안 개요

1) 심판청구 사실의 요지

청구법인(제약회사)이 의약품 전문마케팅업체(의료도매상)에게 의약품 판매와 관련하여 홍보용역수수료 등을 지급한 다음 부가가치세 신고시 관련 매입세액을 전부 공제받고 법인세 신고시 그 매입액을 판매장려금으로 보아 손금에 산입한 것에 대하여, 처분청이 위 홍보용역수수료 등은 청구법인이 형식적인 전문마케팅업체를 통하는 우회적인 방법으로 구체적 증빙없이 병·의원과의 친분관계의 유지를 위하여 직접 청구법인의 접대비로 지출되었으므로 매입세액을 불공제하고, 접대비 한도 초과액을 손금불산입 결정하자 청구법인이 이에 불복하여 심판청구를 하였다.

2) 쟁 점

의약품 전문마케팅업체가 청구법인으로부터 홍보용역수수료 등 명목으로 지급받아 홍보에 사용한 용역비용이 실질과세의 원칙 등에 의할 경우, 의약품 전문마케팅업체의 수익과 비용으로 보아야 하는지 아니면 청구법인이 우회적으로 의약품 전문마케팅업체를 이용하였을 뿐인 것으로서 청구법인의 직접 비용으로 보아야 하는지 여부이다.

(다) 청구법인 주장의 요지

① 의약품 전문마케팅업체가 다른 업체와의 마케팅 사업을 정상적으로 수행할 정도의 인적·물적 자본을 갖추고, 실제로 업무를 수행하고 받은 소득에 대한 법인세 등도 정상적으로 신고·납부하였다. ② 의약품 전문마케팅업체는 청구법인으로부터 위탁받은 업무를 청구법인의 간섭없이 독립적으로 수행하였다. ③ 청구법인의 의약품 전문마케팅업체를 통한 판매대행용역은 정상적으로 체결된 용역계약에 따라 실제 계약내용대로 이행되었다.

(라) 처분청 주장의 요지

① 의약품 전문마케팅업체는 의료법상 제약회사의 쌍벌제 적용을 회피를 위하여 설립된 업체로 사실상 정상적인 사업자로 볼 수 없다. ② 의약품 전문마케팅업체 직원들은 원래 청구법인 직원이었는데 이들을 퇴사시킨 후 제약회사들의 리베이트에 대한 제재와 관련된 꼬리자르기를 위해 외주업체인 전문마케팅업체를 설립한 다음 실제 영업에서는 청구법인이 이들을 통제·관리하였다. ③ 청구법인과 의약품 전문마케팅업체 사이에 체결된 판매대행용역계약은 이러한 이유 등으로 실제로 계약내용대로 이행되지 않은 계약이다. ④ 청구법인이 지급한 용역비 중 대부분이 리베이트 등으로 사용되는 등 실질과세의 원칙상 청구법인의 접대비로 보는 것이 타당하다. ⑤ 청구법인은 판매대행용역비 지급사실을 은폐하기 위하여 처방실적자료 증빙, 수수료 지급 관련 증빙 등을 폐기하였다.

(마) 조세심판원의 판단

① 청구법인은 의약품 전문마케팅업체와 용역계약을 체결하여 의약품 판매와 관련된 영업을 위탁하면서 그 대가로 문제가 된 수수료를 지급하였다. ② 의약품 전문마케팅업체는 청구법인 외에 다른 제약회사의 의약품 판매대행도 하고 관련 세금도 납부하였다. ③ 이 사건에서 계약상 용역내용 및 실제 수행한 용역내용, 지급수수료 산정 및 지급방법 등에 비추어 청구법인이 전문마케팅업체의 비용 사

용을 통제·관리하지 않았다. ④ 청구법인과 의약품 전문마케팅업체의 영업활동이 약사법 등에 위반된다고 고발되거나 처벌된 사실이 없다. ⑤ 문제가 된 수수료를 청구법인의 접대비로 볼 경우 한도 초과액만큼 법인세가 부과되는 동시에 이를 재원으로 하여 지출된 의약품 전문마케팅업체의 접대비도 한도 초과액만큼 과세되어 이중과세가 된다. ⑥ 의약품 전문마케팅업체의 인적·물적 자본 구비 여부 및 매출규모, 다른 업체와의 사업 및 법인세 납부현황 등을 고려할 때, 법인으로서의 실체를 부인할 수 없다. ⑦ 이상의 이유로 문제가 된 수수료가 청구법인이 의약품 전문마케팅업체를 우회하여 직접 병·의원에 지출한 접대비라고 보기 어렵다는 이유로 과세관청이 청구법인에게 법인세 및 부가가치세를 과세한 처분은 잘못이라고 판단하였다.

(2) 재개발·재건축 홍보대행업체 사례

(가) 의 의

이 사례는 건설회사가 도시 및 주거환경정비법(이하 '도정법'이라 한다)의 규제를 회피할 목적으로 인적·물적 자본이 제대로 갖추어지지 아니하여 법인으로서의 실체가 불분명한 홍보대행업체를 이용하여, 사실은 건설회사가 홍보대행업체를 통하여 우회적으로 재건축조합원 등에게 금품을 제공한 것이어서 그 비용은 건설회사의 위법비용에 해당하므로 건설회사가 납세의무자가 되어야 할 뿐만 아니라 위법비용은 손비로 처리할 수 없음에도 불구하고 납세의무자를 홍보대행업체로 허위신고를 하면서 위법비용 전부를 손비처리하여 법인세를 포탈하였다고 고발된 사안이다.

이 사안에서 위법비용사용과 관련한 납세의무자가 건설회사인지 또는 홍보대행업체인지 여부가 쟁점이 되어 실질과세의 원칙을 적용하여 판단하면서 홍보대행업체의 법인격(실체)도 함께 문제되었다

(나) 사안 개요

1) 고발사실의 요지

사실은 피고발인 건설회사인 A법인이 재개발·재건축 관련 조합원들에 대한 금품 향응 등 관련 비용(이하 '위법비용'이라 한다)을 홍보대행업체인 B법인을 직접 통제·관리하면서 우회적으로 지출하였음에도 불구하고, 위 위법비용을 홍보대행업체인 B법인이 독립적으로 지출한 정당한 홍보비용인 것처럼 허위의 홍보용역계

약을 체결하고 가장지급하는 등의 부정한 방법으로 A법인의 법인세를 포탈하였다.

2) 쟁 점

홍보대행업체인 B법인이 피고발인인 건설회사 A법인과 홍보용역계약을 체결하고 A법인으로부터 홍보용역비용 명목으로 지급받아 사용한 위법 홍보비용(리베이트, 도정법위반 비용 등)이 실질과세의 원칙 등에 비추어 홍보대행업체인 B법인의 독립된 수익과 비용으로 보아 B법인을 납세의무자로 볼 것인지 아니면 건설업체인 A법인의 비용으로 보아 납세의무자를 A법인으로 볼 것인지 여부 및 그 과정에 부정행위가 있었는지 여부이다.

(다) 고발인 주장의 요지

고발인은 ① 건설회사인 A법인은 업무상 목적보다는 조합원들에 대한 금품·향응 등 제공에 따른 도정법위반을 면할 의도로 홍보대행업체인 B법인을 우회적으로 이용하였다. ② 홍보대행업체인 B법인은 대표자와 직원 1~2명이 근무하고, 별도 사무실이 없는 등 인적·물적 자본이 제대로 갖추어져 있지 않은 비정상적 사업체이다. ③ 건설회사인 A법인은 홍보대행업체인 B법인과 홍보용역계약을 체결하고 다른 홍보용역비 지급내역에 위법 홍보비용도 포함시켜 위법비용을 지급하고 그 집행을 직접 통제·관리하였다. ④ 건설회사 A법인은 홍보대행업체인 B법인이 보유한 위법비용과 관련된 증빙을 파기하도록 지시하였다.

(라) 피고발인 주장의 요지

① 건설회사 A법인은 홍보전문성이나 홍보비용 측면에서 효율적이라고 판단하여 인적·물적 자본을 갖춘 홍보대행업체 B법인과 홍보용역계약을 체결한 것으로 홍보대행업체 이용은 조세회피목적(리베이트 등 우회지급 목적)이 아닌 사업상 목적에서 비롯된 것이다. ② 건설회사 A법인은 홍보대행업체 B법인과 정당한 홍보용역계약을 체결하고 정당한 홍보용역비를 지급하였다. ③ 건설회사 A법인은 홍보비용 지급 이후에는 홍보대행업체인 B법인의 구체적 홍보비용 집행에 관여하지 않고, 홍보대행업체 B법인이 독자적으로 홍보비용을 집행하였다. ④ 실질과세의 원칙 등에 비추어 홍보대행업체인 B법인은 실체가 있고, 실제 홍보비용의 집행도 B법인이 주도하였다. ⑤ 홍보비용 관련 증빙은 건설회사 A법인의 증빙이 아닌 홍보대행업체인 B법인의 적격 증빙으로 건설회사 A법인은 위 증빙 등을 보존할 의무가 없어

보존을 하지 않았고, 증빙을 보존하여야 하는 홍보대행업체 B법인에게 증빙 파기를 지시한 사실이 없다.

(마) 검찰의 결정

① 홍보대행업체 B법인은 건설회사 A법인과 체결한 홍보용역계약에 따라 홍보용역비를 받고, 독립된 주체로서 홍보용역을 제공하였다. ② 홍보대행업체는 홍보업무를 하는 데 필요한 인적·물적 자본을 갖추어 다른 건설사 등의 홍보용역업무를 수행하고, 독립적인 회계 및 세무신고를 하였으므로 법인격 부인 대상에 해당하지 않는다. ③ 건설회사 A법인의 직원과 홍보대행업체 B법인의 임·직원 사이에 일부 유착의혹이 있다 하더라도 이를 위법비용 집행을 직접 통제·관리한 근거로 볼 수 없다. ④ 위법비용 지출 관련 장부와 증빙자료 보관의무는 납세의무자인 홍보대행업체인 B법인에게 있고, 건설회사 A법인이 위법비용 증빙에 대한 파기 지시를 한 증거가 없는 등 부정행위를 인정할 증거가 없다. ⑤ 납세의무자인 피고발인 건설회사 A법인 및 그 행위자에 대하여 조세포탈 혐의를 인정할 자료 없다.[18]

4. 해외 SPC 거래에서도 소득의 귀속에 관한 실질과세의 원칙 적용 여부

홍콩 등 외국에 설립된 외국법인의 해외거래에 대하여는 원칙적으로 국내 법인세법이 적용되지 아니한다. 반면 내국에서 적용되는 실질과세의 원칙이 거주자나 내국법인이 우리나라의 조세를 회피하기 위하여 조세피난처에 외형뿐인 SPC를 설립하여 두고 법인 형식만을 이용하는 국제거래에도 적용될 수 있는지 여부 및 내국법인이 국외 특수관계자와 함께 파생상품에 근거한 권리를 보유하다가 국외 특수관계자에게 권리의 전부를 행사할 수 있게 하는 방법으로 이익을 분여하는 행위가 부당행위계산부인의 대상이 되는지 여부 등이 문제될 수 있다.

이와 관련하여 국내 거주자인 피고인이 국내 법인세법에 따른 소득처분이 없는 이상 홍콩법인에서 조세회피처 소재 SPC들에 송금된 금액을 배당소득이나 근로소득으로 볼 수 없으므로 자신에게 소득세 납세의무가 없다는 주장에 대하여, 법원은 "구 국세기본법 제14조 제1항에서 규정하는 실질과세의 원칙은 소득이나 수익,

18) 서울중앙지검 2021.6.30. 결정, 2018형제52760호 불기소 결정문 참조.

재산, 거래 등의 과세대상에 관하여 그 귀속명의와 달리 실질적으로 귀속되는 사람이 따로 있는 경우에는 형식이나 외관을 이유로 그 귀속명의자를 납세의무자로 삼지 아니하고 실질적으로 귀속되는 사람을 납세의무자로 삼겠다는 것이다. 따라서 재산의 귀속명의자는 이를 지배·관리할 능력이 없고, 그 명의자에 대한 지배권 등을 통하여 실질적으로 이를 지배·관리하는 사람이 따로 있으며, 그와 같은 명의와 실질의 괴리가 조세를 회피할 목적에서 비롯된 경우에는, 그 재산에 관한 소득은 그 재산을 실질적으로 지배·관리하는 사람에게 귀속된 것으로 보아 그를 납세의무자로 삼아야 한다. 이러한 실질과세의 원칙은 비거주자나 외국법인이 원천지국인 우리나라의 조세를 회피하기 위하여 조세조약상 혜택을 받는 나라에 명목회사를 설립하여 그 법인형식만을 이용하는 국제거래뿐만 아니라, 거주자나 내국법인이 거주지국인 우리나라의 조세를 회피하기 위하여 소득세를 비과세하거나 낮은 세율로 과세하는 조세피난처에 사업활동을 수행할 능력이 없는 외형뿐인 이른바 '기지회사(Base Company)'를 설립하여 두고 그 법인형식만을 이용함으로써 그 실질적 지배·관리자에게 귀속되어야 할 소득을 부당하게 유보하여 두는 국제거래에도 마찬가지로 적용된다"고 판시[19]하였다. 즉, 소득처분이 없더라도 소득의 실지 귀속에 따라 납세의무는 엄연히 발생하는 것이고, 나아가 홍콩에서 설립된 외국법인에 대하여는 국내 법인세법이 적용되지 아니하므로, 피고인과 같이 해석할 경우에는 사실상 우리나라 과세관청이 국내 거주자가 외국법인으로부터 받는 실질적 배당소득에 대한 과세를 포기하는 부당한 결과가 초래되므로 조세회피처인 영국령 버진아일랜드(BVI) SPC에 귀속된 소득에 대하여도 실질과세의 원칙을 적용하여 피고인 개인에게 귀속되어 납세의무가 존재한다고 한다는 것이다.

또한 조선회사로부터 수취한 어드레스 커미션 소득과 페인트·윤활유 공급업체들로부터 수취한 리베이트 소득은 각 계약당사자인 SPC인 S1 등에 입금된 리베이트로 피고인 자신에게 귀속된 소득이 아니어서 이를 사용한 사실이 없으므로 이 소득에 대하여는 납세의무가 없다는 주장에 대하여, 법원은 "국세기본법(2007.12.31. 법률 제8830호로 개정되기 전의 것) 제14조 제1항에서 규정하는 실질과세의 원칙은 소득이나 수익, 재산, 거래 등의 과세대상에 관하여 귀속 명의와 달리 실질적으로 귀속되는 자가 따로 있는 경우에는 형식이나 외관을 이유로 귀속 명의자를 납세의무자로 삼을 것이 아니라 실질적으로 귀속되는 자를 납세의무자로 삼겠다는 것이므로, 재산의 귀속 명의자는

19) 대법원 2018.11.9. 선고 2014도9026 판결.

이를 지배·관리할 능력이 없고, 명의자에 대한 지배권 등을 통하여 실질적으로 이를 지배·관리하는 자가 따로 있으며, 그와 같은 명의와 실질의 괴리가 조세를 회피할 목적에서 비롯된 경우에는 그 재산에 관한 소득은 재산을 실질적으로 지배·관리하는 자에게 귀속된 것으로 보아 그를 납세의무자로 삼아야 할 것이다(대법원 2012.4.26. 선고 2010두11984 판결 참조). 이 원칙에 비추어 사실관계를 살펴보면, 이 사건 커미션 및 리베이트 계약의 당사자는 S1과 각 단선회사 등 SPC들이고, 그 커미션 등의 사용 또한 피고인 개인을 위하여 지출되었다고 단정하기 어렵다"라고 판시[20]하여 해외 SPC에서 소득 귀속자의 지위를 확정하는 데에도 실질과세의 원칙을 적용하고, 그 원칙 적용에 따라 위 소득들은 피고인이 아닌 SPC인 S1 등에 귀속되는 소득이라고 판단하여 피고인의 납세의무를 부인하여 무죄를 선고하였다.

참고로 이 사안에서 중고선박매매 등과 관련하여 취득한 리베이트 등은 실질과세의 원칙을 적용한 결과 그 소득이 최종적으로 피고인에게 귀속된 것으로 확인되어 피고인의 납세의무가 인정되고, 아래 Ⅲ.의 3.의 (2)(본서, 447면)에서 살피는 바와 같이 부정행위도 인정되었다.

5. SPC 이용거래에서 국내거주자 및 내국법인 해당 여부가 문제된 사례

(1) 의 의

소득세의 납세의무자는 거주자와 비거주자로서 국내원천소득이 있는 개인이다. 거주자란 국내에 주소를 두거나 183일 이상의 거소를 둔 개인을 말하고, 비거주자는 거주자가 아닌 개인을 말한다.

법인세의 납세의무자는 내국법인과 국내원천소득이 있는 외국법인이다. 내국법인이란 국내에 본점이나 주사무소 또는 사업의 실질적 관리장소를 둔 법인을 말하고, 외국법인이란 외국에 본점 또는 주사무소를 둔 단체로서 대통령령으로 정하는 기준에 해당하는 법인을 말한다.

이 사안은 우리나라와 일본, 홍콩 등에 체류하면서 SPC를 통해 보유한 선박을 국내외 선사에 임대해 벌어들인 수입을 조세회피처 SPC 등에서 관리하고, 또 해운업을 목적으로 홍콩에 SPC와 회사를 설립한 뒤 국내에 대리점을 두고 실제 사업은 국내에서 수행을 하였음에도 소득세와 법인세의 납세의무를 면하기 위하여 국내 거주자성과 홍콩 SPC가 내국법인에 해당한다는 사실을 위장한 사안이다.

---

20) 대법원 2016.2.18. 선고 2014도3411 판결.

(2) 사안 개요

(가) 공소사실의 요지

① 피고인 A는 국내거주자임에도 이를 위장한 채 역외소득에 대한 과세를 하지 않는 조세회피처인 홍콩과 케이맨제도 등에 설립된 SPC 등을 통하여 선박중계수수료 등의 소득을 누락하여 소득세를 포탈하였다.

② SPC인 피고인 B법인은 차량운송사업을 목적으로 홍콩에 설립된 법인이고, C법인은 한국에 설립된 법인으로 B법인과 에이전트계약을 체결한 것처럼 가장하였으나, 실제로는 사업의 주요 업무를 전반적으로 수행한 법인임에도 국내법인이 아닌 것처럼 가장하여 법인세를 포탈하였다.[21)]

(나) 쟁 점

이 사건의 쟁점은 ① 피고인 A가 국내거주자에 해당하는지 여부, ② SPC인 피고인 B법인이 국내법인에 해당하는지 여부, ③ 거주자성 및 국내법인 해당성에 대한 일부 허위 주장 및 증명행위 등이 부정한 행위에 해당하는지 여부 등이다.

(3) 검찰 주장의 요지

① 피고인 A는 사실과 달리 국내에 일정한 거주지가 있음에도 이를 은폐하고, 국내법인들의 지분을 차명보유하여 지분이 없는 것처럼 가장하였으며, 국내 부동산들의 보유사실을 은폐하고, 국내에 직업과 소득이 없는 것처럼 가장한 사실이 있으므로 법률상 국내거주자에 해당하여 종합소득세 납부의무가 있고, 이러한 행위는 소득세에 대한 납세의무자 해당성을 위장하기 위한 행위들로 부정한 행위에 해당한다.

② 홍콩에 설립된 SPC인 피고인 B법인과 그 에이전트인 국내에 설립된 C법인의 조직구조 및 사업수행 관계를 보면 C법인의 사업 전반, 특히 사업에 있어 필요한 중요한 관리와 상업적 의사결정이 C법인이 소재한 국내에서 이루어졌으므로 C법인은 내국법인에 해당함에도 이러한 사실을 은폐한 후 C법인이 B법인의 에이전트인 것처럼 가장하고, B법인에서 실질적인 영업 및 운항업무가 수행되는 것처럼 가장하였으므로 B법인이 비록 홍콩에 설립되었다 하더라도 국내법인에 해당하고,

---

21) 서울고등법원 2014.2.21. 선고 2013노874 판결; 대법원 2016.2.18. 선고 2014도3411 판결은 원심판결을 그대로 확정했다.

그 과정에서 위와 같이 가장행위를 한 것은 법인세 납세의무자 해당성을 위장하기 위한 행위들로 부정행위에 해당한다.

(4) 피고인 주장의 요지

① 피고인 A는 일본 거주자일 뿐이지 우리나라 소득세법상의 국내거주자가 아니다. ② SPC인 피고인 B법인은 홍콩에 설립된 외국법인으로 우리나라 법인세법상의 내국법인이 아니다. 따라서 국내거주자 및 내국법인임을 전제로 한 납세의무는 성립되지 않는다. ③ 피고인 A가 국내거주자가 아니라고 주장하고, SPC인 피고인 B법인이 내국법인이 아니라고 주장한 행위는 부정한 행위에 해당하지 않는다. 따라서 피고인 A와 SPC인 피고인 B법인은 각 우리나라의 납세의무자가 아닐 뿐만 아니라 그 과정에 부정한 행위도 없으므로 조세포탈죄가 성립하지 않는다.

(5) 법원의 판단

법원은 다음과 같은 이유로 부정행위가 아니라고 판단하였다. ① 피고인 A 및 그 가족의 생활관계, 주민등록지, 국내자산 보유현황, 국내에서의 직업활동 및 경제활동, 국내에서의 사회활동, 국내 병의원이용 등을 종합할 때, 피고인 A는 국내 소재 주택에 거주하면서 사회활동을 한 것으로 보이므로 소득세법상 국내거주자로서 납세의무를 부담한다. ② SPC인 피고인 B법인은 B법인의 이사회가 홍콩에서 개최되지 않고 의사결정권자인 피고인 A가 국내거주자인 점, 피고인 A는 국내에 이전트인 C법인을 통하여 B법인의 업무보고를 받고 지시를 한 점, 자금관리, 대리점 관리 등 일상적 관리도 C법인에서 이루어진 점, SPC인 B법인은 홍콩에 조세회피 목적으로 설립된 점, SPC인 B법인의 실무는 사실상 B법인에서 대부분 수행하되, 핵심 의사결정은 대표이사인 피고인 A에 의해 이루어진 점 등을 종합하면, SPC인 B법인은 실질적 관리장소를 국내에 둔 내국법인으로서 법인세 납세의무가 있다. ③ 피고인 A가 자신의 국내 거주자성과 SPC인 B법인이 내국법인에 해당하는지 여부에 대한 주장과 입증행위를 부정행위로 볼 수 있는지 하는 점과 관련하여서는 우선 피고인 A가 타인명의로 임대계약을 체결하고 주민등록상 주소를 실제 주거지로 이전하지 않았다는 점만으로는 부정행위가 인정되지 않는다. 나아가 SPC인 피고인 B법인이 홍콩법에 따라 적법하게 설립되고 정당한 회계를 거쳐 법인세를 납부해 온 점, B법인은 실체를 갖고 활동하여 단순히 거래명의만을 가장하기 위한 형식상 법인이 아닌 점 등에 비추어 B법인이 C법인에게 선박운용에 관한 권한을 포괄위임한 점만으로는 부정행위에 해당하지 않고, B법인이 존재하지도 아니함에도 허위로 그 존재를 가장하였거나 C법인과 B법인 사이에 위임계약이 없음에도 있는 것처럼 가장하였다는 등의 적극적 위계행위가 존재하지 아니하는 상태에서 홍콩에 SPC인 B법인을 설립하고 국내에 있는 C법인과의 에이전트계약을 통한 거래행위를 하면서 B법인을 국내에서 실질적으로 관리한 행위를 부정행위로 볼 수 없다.

6. 해외 SPC 소유자가 누구인지에 따라 조세포탈 주체와 세목이 달라진 사례

(1) 의 의

조세회피처에 설립된 SPC 중 상당수는 그 주주명의를 차명으로 하여 설립하는 경우가 많고, 그 설립 및 운용절차가 폐쇄적이어서 실질적인 주주가 누구인지를 파악하기가 쉽지 않다. SPC의 주주가 법인인지, 개인인지에 따라 SPC의 배당소득의 귀속주체가 달라지고, 그 귀속주체에 따라 법인세포탈 또는 소득세포탈로 달라지게 된다.

SPC도 법인이기 때문에 차명주주에 대한 실소유자로 추정되는 자가 차명주식의 소유권을 부인할 경우에 그 실소유주를 어떻게 객관적으로 결정하여야 할지가 문제된다.

이와 같은 경우처럼 법인이 실질적으로는 당해 법인의 소유 주식을 다른 법인의 명의만을 빌려 인수한 것이라고 인정하기 위하여 고려하여야 할 사항 및 그 판단기준과 관련하여, 법원은 "어떤 주식이 실질적으로는 당해 법인의 소유인데 그 주식을 인수할 당시 다른 법인의 명의만을 빌려 인수한 것이라고 인정하기 위하여는, 그 주식을 인수할 당시의 당해 법인과 다른 법인의 관계, 다른 법인 명의로 주식을 인수하게 된 경위, 주식인수대금을 조달하여 납입한 경위, 주권의 소지 여부, 당해 법인이 주주로서 실질적으로 권리를 행사하였는지 여부, 주식처분에 따른 이익이 당해 법인에 귀속되었는지 여부 및 그 밖의 모든 사정을 종합적으로 고려하되, 당해 법인과 다른 법인이 엄연히 법인격을 달리하는 별개의 법인으로서 각기 권리의무의 귀속주체가 될 수 있다는 점을 감안하여 단순히 주식취득에 따른 경제적 효과가 직·간접적으로 당해 법인에 미치는지 여부를 기준으로 판단할 것이 아니라 법률상으로도 당해 법인을 실질적인 주식인수인으로 평가할 수 있는지를 기준으로 판단하여야 한다"라고 판시[22]하여 법인의 주주명의 등이 차명 등으로 그 자체로 실질적 소유주를 확정하기 어려운 경우에 실소유자 결정을 위한 구체적 판단기준을 제시하고 있다.

⑵ 사건 개요

(가) 공소사실의 요지

① 주위적 공소사실 요지로, 피고인 A는 피고인 B법인의 대표이사 겸 대주주로 홍콩에 설립한 SPC인 C법인을 통하여 국내주식을 차명 취득한 다음 이를 처분하여 소득을 취득하고도 신고를 하지 않아 양도소득세 및 종합소득세를 포탈하였다.

② 예비적 제1공소사실 요지로, 피고인 A는 실질과세의 원칙상[23] 내국법인인 B법인 소유로 인정되는 홍콩에 설립된 SPC인 C법인을 통하여 국내주식을 차명 취득한 다음 이를 처분하여 소득을 취득하고도 신고를 하지 않아 B법인의 법인세를 포탈하였다.

③ 예비적 제2공소사실 요지로, 피고인 A는 내국법인인 B법인 소유로 홍콩에 설립된 SPC인 C법인을 통하여 국내주식을 차명 취득한 다음, 이를 처분하여 국제조세조정에 관한 법률 제17조에 규정된 배당간주금액 상당의 소득이 발생하였으면 B법인의 소득에 포함하여 신고했어야 함에도 이를 신고하지 않아 B법인의 법인세를 포탈하였다는 취지로 공소제기된 사건이다.[24]

(나) 쟁 점

이 사건의 쟁점은 ① 해외 SPC인 C법인의 소유자를 개인인 A로 볼 것인지, 아니면 내국법인인 B법인으로 볼 것인지 여부 및 ② 해외 SPC를 이용한 행위 자체가 조세포탈죄의 부정한 행위에 해당하는지 여부와 ③ 국제조세조정에 관한 법률

---

22) 대법원 2010.10.28. 선고 2009도1149 판결 등 참조.

23) 실질과세의 원칙에 의하여 당사자가 선택한 법률관계를 부인하기 위하여는 원칙적으로 별도의 개별 규정이 필요하고, 다만 형식적인 명의귀속자는 소득이나 수익, 재산, 거래 등의 과세대상을 지배·관리할 능력이 없고, 그 명의자에 대한 지배권 등을 통하여 실질적으로 이를 지배·관리하는 자가 따로 있으며, 그와 같은 명의와 실질의 괴리가 조세를 회피할 목적에서 비롯된 경우 등의 예외적 사정이 증명되는 경우에는 그를 납세의무자로 삼아야 할 것이고, 이러한 예외적인 경우에 해당하는지 여부는 과세대상의 귀속 경위와 목적, 출처, 그 관리와 처분과정, 귀속명의자의 능력과 그에 대한 지배관계 등 제반사정을 고려하여 판단하여야 한다(대법원 2012.1.19. 선고 2008두8499 전원합의체 판결 참조).

24) 서울고등법원 2018.9.5. 선고 2016노407 판결; 대법원 2020.12.30. 선고 2018도14753 판결에서 원심판결에 대하여 일부 파기환송하였으나, 이 부분에 대하여는 원심을 그대로 유지하였다.

제17조의 간주배당과 같은 기업회계와 세무회계의 차이로 인한 금액이 부정한 행위로 인하여 발생한 소득금액에 해당하는지 여부와 부정행위 성립 여부 등이다.

(3) 검찰 주장의 요지

검찰 주장의 요지는 다음과 같다. ① 주위적 공소사실과 관련하여, 피고인 A가 법인의 실체가 없는 해외 SPC인 C법인의 소유자로서 C법인 명의를 차용하여 국내 주식을 취득·양도하였으므로 A가 주식양도에 따른 소득에 대하여 양도소득세 및 배당소득세를 납부할 의무를 부담한다. ② 예비적 공소사실 1과 관련하여, 피고인 A가 실체가 없는 해외 SPC인 C법인의 소유자가 아니라면 실질과세의 원칙상 실체가 없는 SPC인 C법인의 소득귀속자로 인정되는 내국법인인 B법인이 SPC인 C법인 명의를 빌려 국내주식을 취득·양도하였으므로 주식양도에 따른 소득에 대하여 법인세를 납부할 의무를 부담하고, 그 과정에 부정한 행위가 존재한다. ③ 예비적 공소사실 2와 관련하여, B법인이 자회사인 해외 SPC인 C법인이 국내주식을 취득한 다음 이를 처분하여 소득을 취득하였음에도 그에 대한 배당소득을 신고하지 아니하였으므로 법인세를 납부할 의무를 부담하고, 그 과정에 부정한 행위가 존재한다.

(4) 피고인 주장의 요지

① 주위적 공소사실과 관련하여, 해외 SPC인 C법인은 소득귀속자의 지위가 인정되는 독립된 외국법인으로 피고인 A의 개인소유가 아니므로 피고인 A는 소득세 등 포탈주체가 아니다. ② 예비적 공소사실 1과 관련하여, 해외 SPC인 C법인은 소득귀속자의 지위가 인정되는 독립된 외국법인으로 내국법인인 B법인에게 C법인 소득이 귀속되지 아니하여 납세의무자는 해외법인인 C법인이고, 해외 SPC인 C법인을 이용한 행위를 부정행위로 볼 수 없다. ③ 예비적 공소사실 2와 관련하여, B법인의 자회사인 해외 SPC인 C법인이 취득한 소득을 B법인이 배당받지 아니한 경우 국제조세조정에 관한 법률 제17조의 배당가능 유보소득으로 간주되고, 이 소득은 세무회계와 기업회계와의 차이로 인하여 생긴 금액으로 부정한 행위로 인하여 생긴 소득금액으로 볼 수 없고, 그 외에 다른 적극적 행위가 없으므로 부정행위가 성립되지 않는다.

(5) 법원의 판단

주위적 공소사실과 관련하여, 홍콩 SPC 2개에 대한 소유자를 내국법인인 P의 대주주 겸 대표이사인 피고인 A로 볼 것인지, 아니면 내국법인인 P로 볼 것인지 여부에 대하여, 위 대법원 2009도1149 판결 내용 등을 전제로, 피고인 A가 주식을 인수하면서 해외 SPC인 C법인 명의만을 빌린 것이라는 사실을 인정하기 위하여는 ① 이 사건 주식을 인수할 당시 피고인 A와 SPC인 C법인과의 관계, ② SPC인 C법인의 계좌에 입금된 주식인수 대금을 조달하여 납입한 경위, ③ 피고인 A가 SPC인 C법인의 주주로서 실질적으로 권리를 행사하였는지 여부, ④ C법인의 주식처분에 따른 이익이 피고인 A에게 귀속되었는지 여부 등을 종합적으로 고려하여 판단한 결과, 피고인 A를 SPC인 C법인이 취득한 이 사건 주식의 실질적 인수인으로 평가하기 어렵다.

예비적 공소사실 1과 관련하여, 앞서 기술한 ①, ②, ③, ④의 요건을 종합하면 B법인이 해외 SPC인 C법인의 소유자로 인정은 되나, SPC인 C법인이 독립된 법인으로서의 법인격을 보유하였는지 여부와 관련하여 우리나라 사법규정에 비추어 인적·물적 자본 없이 설립된 SPC도 원칙적으로 그 주주와는 별개의 독립된 법인격을 지닐 뿐만 아니라, 법인격남용이 인정되려면 적어도 탈법행위 등 위법한 목적 달성을 위하여 회사제도를 남용하는 등의 주관적인 의도 또는 목적이 인정되는 경우에 한정[25]되어야 하다는 사실을 전제로 해외 SPC인 C법인에 대하여는 형식적인 소득의 귀속명의자에 불과하다고 볼 수 없다.

예비적 공소사실 2와 관련하여, 구 국제조세조정에 관한 법률 제17조의 배당간주규정에 의한 배당소득은 세무회계와 기업회계의 차이로 인하여 생긴 금액에 해당한다. 구 조세범처벌법 제9조의2에서는 세무회계와 기업회계와의 차이로 인하여 생긴 금액은 부정한 행위로 인하여 생긴 소득금액으로 보지 아니한다는 취지의 규정이 있었는데 이는 적법한 기업회계를 믿고 이에 따라 행위를 한 자는 세법상의 간주규정에 따라 부과징수의 대상이 되는 것은 별론으로 하더라도, 적어도 부정행위로써 세금을 포탈하려 하였다고 보는 것은 어렵다는데 있다. 피고인 A는 국제조세조정에 관한 법률 규정에 따라 세무적으로 배당이 의제된 것으로서 실제 배당을 받은 것이 아니다. 기업회계상으로도 피고인 A에게 배당한 것으로 기재되

---

25) 대법원 2006.8.25. 선고 2004다26119 판결; 대법원 2010.2.25. 선고 2007다85980 판결 등 참조.

지 아니하였다. 국제조세조정에 관한 법률 규정은 조세의 부과 및 징수에 관한 규정일 뿐 곧바로 형사책임인 조세포탈을 묻는 근거로는 보기 어렵다. 이러한 사정들을 고려할 때 피고인 A에게 부정행위가 있다고 볼 수 없다.

7. 해외 중계무역 SPC의 소득귀속 주체 관련 사례

(1) 의 의

이 사례는 내국법인이 중국에 반제품을 수출을 하면서 중국의 반덤핑 관세, 중국에서 부과하는 증치세[26] 절감, 수출물품생산에 사용되는 원·부자재에 대한 영업비밀의 보호 및 보안 문제 해결을 위하여 홍콩에 SPC 2개를 설립하여 중계무역에 이용하는 과정에서 발생한 SPC의 유보소득과 SPC 임·직원들의 급여에 대한 조세포탈 여부가 문제되어 고발된 사안이다.

(2) 공소사실의 요지

피고인 A는 내국법인인 피고인 B법인의 대표이사로 사실은 홍콩에 SPC로 설립된 C와 D법인은 조세회피목적으로 설립되어 실체가 없는 SPC들로 피고인 B법인의 또 다른 자회사인 중국에 설립된 F법인과의 사이의 중계무역에 전혀 역할을 하지 않았음에도 불구하고 내국법인인 B법인이 SPC인 홍콩의 C·D법인을 통하여 중국에 있는 F법인에게 중계무역을 한 것처럼 위장하여 SPC인 홍콩의 C·D법인에 중계매매 차익명목 금원과 임·직원들 가공급여 등 명목으로 소득을 누락하는 등의 부정한 방법으로 B법인의 법인세를 포탈하였다.

(3) 쟁 점

이 사건 고발은 홍콩의 SPC인 C·D법인이 실체가 없는 조세회피목적으로 설립된 SPC에 해당함을 전제한 것으로, 이 사건 SPC인 홍콩법인인 C·D법인이 중계무역의 형식을 통하여 얻은 이익은 실질적인 소유자인 B법인의 소득이므로 B법인이 이에 대하여 법인세 납세의무를 부담함에도 불구하고 홍콩의 SPC인 C법인에게 소득을 유보하거나 C·D법인의 임·직원들에게 가공급여명목으로 비용처리함으로써 법인세를 포탈하였다고 하고 있다.

---

26) 중국의 증치세는 17%로 우리나라 부가가치세와 유사하게 상품(재화)의 거래나 용역의 제공 과정에서 얻어지는 부가가치(이윤)에 대하여 과세하는 세금이다.

그런데 이 사건 홍콩 SPC인 C·D법인이 실체가 있는 독립된 법인이라고 한다면 그들이 중계무역을 통해 발생한 소득에 대하여는 그 귀속주체인 홍콩 SPC인 C·D법인에게 납세의무가 발생할 뿐 내국법인인 B법인에게 법인세 납세의무가 성립한다고 볼 수 없다.

따라서 이 사건의 쟁점은 ① 홍콩 SPC인 C·D가 법인으로서의 실체가 있는지 여부, ② SPC인 C·D가 조세회피목적으로 설립되었는지, 사업상의 목적으로 설립되었는지 여부, ③ SPC인 C의 유보소득과 임·직원 급여와 관련하여 SPC를 이용한 거래행위가 부정한 행위에 해당하는지 여부 등이다.

⑷ 검찰 주장의 요지

① 홍콩 SPC인 C·D법인은 특별한 역할 없이 피고인 A가 비자금을 만들기 위한 의도로 설립한 법인으로 인적·물적 자본도 없고 전문적으로 SPC를 관리하여 주는 홍콩 컨설팅업체 주소지에 홍콩 SPC인 C·D법인의 주소지를 두고, SPC를 설립하여 준 컨설팅업체가 회계 및 세무신고를 대행하였다. ② 홍콩 SPC인 C·D법인의 업무는 국내 B법인의 임·직원이 국내에서 대부분 수행하고, 수출물품은 국내 B법인에서 중국 자회사인 F법인으로 바로 이동되고, 홍콩 C·D법인과는 서류상으로만 거래하였다. ③ 홍콩 SPC의 하나인 C법인의 경우, 차명주주로 위장하고 국내 자회사로 신고없이 거래를 하였고, C·D법인에 남겨진 이익은 차명으로 B법인의 비자금으로 관리되었다. ④ 홍콩 SPC인 C법인이 중계무역을 통하여 얻은 이익은 모회사인 국내법인인 B법인의 소득이므로 국내법인인 B법인이 이에 대하여 법인세 납세의무를 부담하는데도 불구하고 홍콩 SPC인 C법인에 소득을 유보시키거나, 홍콩 SPC인 C·D법인의 임·직원들 가공급여 명목의 비용으로 처리를 함으로써 부정한 방법으로 법인세를 포탈하였다.

⑸ 피고인 주장의 요지

① 홍콩 SPC인 C·D법인은 실제 중계무역을 하였으므로 C·D법인이 취득한 중계수수료 등 유보소득과 C·D법인의 임·직원들의 급여는 정상적인 비용지출이다. ② 홍콩 SPC 설립 및 운영은 홍콩법에 따라 적법하게 한 것이다. ③ 홍콩 SPC인 C·D법인은 홍콩의 독립된 법인으로서 그 귀속주체인 홍콩 SPC인 C·D법인에게 홍콩법상 납세의무가 있고, 실제로도 홍콩에서 법인세 등을 납부하였다. ④ 홍콩 SPC인 C·D법인의 유보소득은 독립적인 C·D법인의 소득이므로 이에

대하여 내국법인인 B법인에게 법인세 납세의무가 없고, 그 과정에 부정한 행위도 없다.

(6) 법원의 판단

① 홍콩 SPC인 C・D법인은 홍콩 회사법에 의한 법인의 상호, 정관, 주소, 자본금, 주주 및 이사 등 설립요건을 모두 구비하였다. ② SPC설립에 컨설팅 회사를 비서역으로 선임하고, 주소지를 위 컨설팅 회사 주소지로 한 것은 적법하여 실체적・절차적 하자가 없다.[27] ③ 홍콩 SPC인 C・D법인은 실제로 중계무역을 하였고, 그 과정에서 발생한 소득에 대하여 위 컨설팅 회사로 하여금 홍콩법에 따라 회계처리하게 하고 법인세 신고를 하여 세금을 납부하였다.[28] ④ 홍콩에 별도의 사무실이 없다거나 C・D법인의 임・직원이 B법인의 임원과 겹친다거나 홍콩법인 업무를 B법인에서 실제 수행한 사실 등은 SPC 운영과정에서 충분히 있을 수 있어 이 사실만으로는 SPC인 C・D법인의 법인격이 형해화되었다고 볼 수 없다. ⑤ SPC인 C・D법인의 운용으로 인하여 법인세가 절감되었다 하더라도 이 사실만으로 C・D법인이 조세회피목적으로 설립되었다고 단정할 수 없다. ⑥ SPC인 C법인의 유보소득과 관련하여 그 과정에 허위증빙이 작성되거나 허위 회계처리가 이루어지거나 임・직원 급여 지급과정에 적극적 위법행위가 없어 부정한 행위가 존재한다고도 볼 수 없다. ⑦ 홍콩 SPC인 C・D법인의 실체도 인정되고 소득귀속자의 지위도 인정된다.[29]

---

27) 앞서 설명한 바와 같이 대법원 2012.1.27. 선고 2010두5950 판결에 의하면 "어떠한 단체를 외국법인으로 볼 것인지 여부는 그 단체가 설립된 국가의 법령내용에 따라 판단하여야 한다"고 하고 있다.

28) 법인설립에 관한 사항 등을 규정하는 홍콩기업조례를 보면, 홍콩의 회사들은 반드시 그 주소지를 홍콩에 두어야 하는데, 별도의 사무실을 두지 않는 경우에는 회사 비서역의 주소지를 회사의 주소지로 등록할 수 있도록 되어 있다. 국내 다수의 대기업들도 인건비, 사무실 임대료 등 비용절감 등을 이유로 별도의 사무실을 두지 않는 경우에 이러한 홍콩에서 법인설립을 대행하고 각종 신고서류 작성, 세금신고 등 관련업무를 제공하는 전문회사를 SPC 비서역으로 선임하여 그 주소지를 SPC의 주소지로 삼아 손쉽고 효율적인 방법으로 홍콩에 SPC를 설립하여 운영하고 있다.

29) 수원고등법원 2020.11.13. 선고 2019노502 판결(1심판결: 수원지방법원 2019.10.17. 선고 2017고합522 판결). 검찰의 상고포기로 위 고등법원 판결은 그대로 확정되었다.

Ⅲ. 조세회피처 SPC 등을 이용한 위장 · 은닉행위와 부정행위 성립 여부

1. 의 의

역외탈세에 대한 개념이 명확히 정립된 것은 아니지만, 조세회피처에 설립된 SPC[30]의 이용 등을 통해 납세의무자가 아닌 것처럼 위장하거나 국내소득을 해외로 유출하거나 또는 해외에서 발생한 소득을 은닉함으로써 세금을 내지 않거나 축소하는 것을 역외탈세라고 부르고 있다.

조세회피처란 법인의 실제 발생소득 전부 또는 상당 부분에 대하여 조세를 부과하지 아니하거나 법인의 부담세액이 당해 실제 발생소득의 15% 이하인 국가 또는 지역을 말한다. 기업의 입장에서 조세회피처를 활용할 경우에 절세나 탈세가 가능하지만 정부의 입장에서 보면 대규모 세수 감소가 발생한다. 조세회피처는 세제상의 우대뿐만 아니라 외국환관리법과 회사법 등의 규제가 적고 기업경영상 장애요인이 거의 없음은 물론 모든 금융거래의 익명성이 철저하게 보장되기 때문에 탈세와 자금세탁에 자주 이용된다.

조세회피처 국가들로는 개인소득세 · 법인세를 전혀 부과하지 않는 바하마 · 버뮤다군도 등과 같은 국가와 소득 · 자본 등에 대한 세율이 다른 지역에 비하여 낮은 것은 아니지만 국외 원천소득에 대하여 과세하지 않고 국내 원천소득에 대하여만 과세하는 홍콩, 파나마, 코스타리카와 같은 나라, 그리고 특정한 형태의 기업이나 사업활동에 세제상 우대 조치를 하여 주는 룩셈부르크, 바레인, 모나코, 마카오와 같은 국가가 있다.

조세회피처에 설립된 SPC는 법인으로서 외형만 갖추고 있을 뿐 인적 · 물적 자본을 보유하지 않은 명목상의 회사인 경우가 대부분으로 조세회피처에 있는 SPC를 이용하는 행위 자체가 소득을 은닉하거나 거래를 위장하기 위한 부정행위에 해당하는 것이 아닌가 하는 근본적인 의문이 발생할 수 있다. 조세회피처 소재 SPC를 이용하는 행위 자체가 소득을 은닉하거나 거래를 위장하기 위한 부정행위에 해당하는 것으로 볼 수 있는지 여부는 조세회피처에 SPC의 설립과 이용이 적

30) 특수목적법인(SPC)은 특정한 목적을 수행하기 위하여 최소한의 자본출자 요건만을 갖추어 설립되는 회사로서 인적 · 물적 자본을 보유하고 있지 않은 경우가 대부분으로 페이퍼컴퍼니 형태로 운영된다고 하여 페이퍼컴퍼니라는 명칭으로 사용되기도 한다.

법한 행위인가 여부를 먼저 살펴보아야 하다. SPC 설립과 이용행위의 적법함은 앞서 이미 설명하였다.

조세회피처로 자주 이용되는 라부안과 영국령 버진아일랜드, 케이맨제도 등에 설치된 법인들은 인적·물적 자본이 없는 SPC인 경우가 많고, 이러한 명목회사는 그 명의만을 제공하는 도관회사로서의 역할을 하는 경우가 대부분이다. 이러한 이유 때문에 조세피난처 소재 SPC를 이용하는 행위 자체가 소득을 은닉하거나 거래를 위장하기 위한 부정행위에 해당할 수 있는 여지가 있다.

오늘날 조세회피처에 SPC를 설립하여 이용하는 목적으로는 조세회피 목적 이외에도 여러 가지 다양한 경제적 이유에서 이루어지기 때문에 그 구체적인 행위의 동기, 경위 등을 고려하여 조세회피의도가 있는지 여부를 먼저 살펴본 다음, 조세회피의도가 존재하면 그 다음 단계로 조세회피 과정에서 장부의 허위기재나 거래단계 조작 등과 같은 적극적인 소득은닉행위가 있었는지를 확인하여 두 가지 요건이 모두 충족된 경우에 비로소 부정행위에 해당한다고 보고 있다.

2. 부정행위에 해당하지 않는다고 본 사례

(1) 대주주의 조세회피처 SPC를 이용한 단순한 계열사 주식 매매행위

대주주인 피고인이 해외 조세회피처 BVI(British Virgin Island)에 수개의 SPC를 설립한 다음, 해외에서 현지 금융기관을 통해 국내 주식에 투자하는 경우에 국내에는 해외 금융기관 명의만 드러날 뿐 실제 투자자가 확인되지 않는 점을 이용하여 조세회피처 SPC 명의로 국내 주식 등에 투자하여 발생한 양도소득과 배당소득을 해외로 송금받아 이를 지배·관리하면서도 과세신고를 하지 않은 사안에서, 법원은 "오늘날 조세피난처에 설립된 SPC를 이용하는 행위 자체를 금하는 법규는 존재하지 아니하고, 이 사건과 같이 BVI에 설립된 해외 SPC를 이용하여 주식을 보유하는 등의 투자행위는 합법적인 행위인 점, 국내에서 임·직원들의 차명계좌를 이용하여 주식을 보유하는 것은 금융실명거래 및 비밀보장에 관한 법률을 위반한 위법행위인데 반해, 해외 SPC를 이용하여 주식을 보유하는 경우는 이를 금지하는 규정이 없다는 점에서 국내에서 차명으로 주식을 보유하는 행위와 해외 SPC를 이용하여 주식을 보유하는 경우를 동일하게 평가할 수 없는 점, 이 사건 각 SPC 보유계좌의 실질적 수익자(Beneficial Owner)는 피고인으로서, 해외 금융계좌 개설시 피고인의 인적사항이 제출되었던 것으로 보이고, 달리 귀속주체를 은닉하기 위하여 출자구조를 다단계화하는 방법, 귀속주체의 국적을 변경하는 방법 등의 적극적인 행위는 없었던 점 등에 비추어 보면, 피고인이 위 각 SPC를 이용하여 주식을 양도하거나 배당을 받은 행위에 조세회피 목적을 넘어서는 불법적인 적극적 소득은닉행위가 있었다고 볼 수 없다"라고 판시[31]하여 조세회피의 목적이 있다고 하더라도 불법적인 적극적 소득은닉행위가 없이 조세회피처 SPC를 단순하게 이용한 조세회피행위는 부정행위에 해당하지 않는다 하고 있다.

다만 이러한 경우에도 실질과세의 원칙에 의하여 재구성된 거래사실에 따라 조세의 부과처분은 할 수 있다.

(2) 조세회피처 SPC를 매개로 한 단순한 해외 자회사 저가 양도행위

피고인들이 지배하는 내국법인인 A회사가 보유하는 싱가포르 B회사의 주식을 일본 C회사에 매도하기로 합의한 상태에서, 조세회피처인 말레이시아 라부안에 설립된 SPC(이하 'PGC'라 한다)에 위 싱가포르 B회사 주식을 저가로 양도하고(이하 '제1주식 양도'라고 한다), 위 PGC로 하여금 위 싱가포르 B회사 주식을 다시 일본 C회사에 고가로 매도하게 하여(이하 '제2주식 양도'라고 한다), 피고인들이 지배하는 내국법인인 A회사가 그 차액에 상당하는 법인세를 포탈하였다고 공소제기된 사안에서, 법원은 "이 사건 주식과 관련한 일련의 거래가 내국법인의 법인세 납부의무를 회피할 목적에서 비롯된 우회양도라거나, PGC가 형식명의자에 불과하여 내국법인이 PGC를 통하여 이 사건 주식의 양도이익을 실질적으로 지배하고 있다고 인정하기에 부족하므로, 내국법인에게 위 주식양도로 인한 법인세 납부의무를 인정하기 어렵고, 나아가 제2주식 양도계약은 PGC와 일본 회사 간의 계약으로, PGC는 외국법인으로서 원칙적으로 국내원천소득에 대해서만 법인세 납부의무를 부담하는데 싱가포르 회사 주식의 양도로 발생하는 소득은 국내 원천소득에 해당하지 않으므로 PGC는 제2주식 양도계약에 대하여 과세관청에 신고할 의무가 없는 점, PGC와 일본 회사는 제2주식 양도계약 당시 그 계약내용을 언론을 통해 공개하기로 합의하고 이후 일본 회사는 제2주식 양도계약의 내용을 공개 및 공시하였던 점 등 고려하면, 제1주식 양도계약과 관련한 주식매수의향서나 이사회의사록을 소급하여 작성하였다는 점만으로는 조세의 부과징수를 불가능하게 하거나 현저히 곤란하게 할 정도의 위계 기타 부정한 적극적 행위로 보기 어렵다"라고 판

31) 대법원 2015.9.10. 선고 2014도12619 판결(원심판결: 서울고등법원 2014.9.12. 선고 2014노668 판결).

시[32]하여 조세회피처 SPC도 독자적인 법인격을 보유한 해외법인이고, 일부 양도과정에 일부 문서를 소급하여 작성한 점만으로는 적극적 은닉행위로 볼 수 없다고 하면서 부정행위에 해당하지 않는다고 하고 있다.

⑶ SPC를 실명보유한 상태에서 다수의 SPC를 이용하여 한 거래행위

국내거주자인 피고인이 홍콩법인에서 발생한 소득을 은닉하기 위해 조세회피처인 영국령 버진아일랜드(BVI) 등에 다수의 SPC를 설립한 다음, 홍콩법인의 수익금을 SPC 앞으로 커미션 등 명목으로 송금하고, 피고인이 SPC로 이전된 자금에 대한 사실상의 처분권을 갖는 인출서명권(Beneficial Owner)을 보유하면서도 외양상으로는 그 SPC의 지배구조를 복잡하게 변경하는 등 변칙거래 수단을 동원하는 방법으로 홍콩법인의 차명주주 배당소득 등 종합소득세를 포탈하였다고 공소제기된 사안에서, 법원은 "피고인이 BVI법인 주식 모두를 자신의 실명으로 직접 보유하고 있고, BVI법인에 다층적 지배구조가 존재하지 않고, 통상적인 투자구조의 형태를 벗어난 것이라고 보기 어려운 점, 피고인이 BVI법인 계좌의 실질소유자로서 자신이 아닌 다른 사람의 인적사항을 기재하지 않을 뿐만 아니라, 위 계좌의 인출서명권 역시 피고인이 가지고 있는 점 등을 고려하면 사기 기타 부정한 행위가 인정되지 않는다"라고 판시[33]하여 SPC를 실명보유한 행위는 적극적 은닉행위에 해당한다고 볼 수 없어 부정행위에 해당하지 않는다고 하고 있다.

⑷ SPC를 선박의 편의치적제도에 이용하는 행위

법원은 "편의치적이란 해운업계에서는 선박소유회사들이 세무, 노동, 해운정책 등에 기한 각 국가의 각종 규제를 회피할 목적으로 규제가 상대적으로 느슨한 국가에 형식상의 회사를 설립한 후 당해 회사의 명의로 선박의 소유권을 귀속시켜 당해 국가의 국적을 유지하는 것을 말하는데, 해운업계에서는 해상에서의 사고 등으로 인한 피해보상을 사고 선박 자체에 한정시키는 방법으로 해상운송에서 일어날 수 있는 위험을 회피하기 위하여 다단계 출자구조, 주식의 명의신탁 및 특수목적법인(SPC) 설립 등의 방법을 이용해 왔기 때문에 이른바 편의치적제도는 그 자체로 위법한 것이라고 할 수는 없고, 그것이 세금을 포탈하는 수단으로 이용되는

---

32) 대법원 2013.11.28. 선고 2012도10513 판결(원심판결: 서울고등법원 2012.8.17. 선고 2012노1087 판결, 제1심판결: 서울중앙지방법원 2012.3.30. 선고 2011고합1164 판결).

33) 대법원 2018.11.9. 선고 2014도9026 판결(원심판결: 서울고등법원 2014.6.27. 선고 2012노594 판결, 제1심판결: 서울중앙지방법원 2012.2.9. 선고 2011고합119 판결).

경우에 한하여 사기 기타 부정한 방법에 해당한다고 할 것이다"라고 판시[34]하여 SPC를 편의치적제도에 단순히 이용하는 행위는 적법한 행위이므로 부정행위로 보지 않고 있다.

따라서 편의치적제도 이용행위가 부정행위가 되기 위해서는 SPC 이용 과정에 별도로 적극적인 불법행위가 있어야 한다.

(5) SPC를 이용한 다단계 출자구조와 주식의 명의신탁을 이용한 편의치적 행위

피고인이 디수의 SPC를 설립하여 선박을 편의치적하고, 이를 통합하는 지주회사로서 SPC인 A회사 및 B회사를 설립한 후 피고인과 그 배우자 명의로 보유하던 위 A회사 및 B회사 주식 100%를 조세회피처인 케이맨 소재 SPC에게 명의신탁하여 피고인이 위 SPC 지분을 100% 보유하며 지배하고 있는 사실을 은폐하고, 다수의 SPC 명의로 해외에 계좌를 개설하여 수익금을 해외에서 수령·관리하면서 재산의 보유사실을 은닉하고, 피고인이 국내거주자가 아닌 것처럼 보이기 위해 국내에 일정한 거주지가 있음을 은폐하며, 국내법인들의 지분이 없는 것처럼 가장하고, 국내 부동산들의 보유사실을 은폐하며, 국내에는 직업과 소득이 없는 것처럼 가장하는 방법으로 SPC인 A회사 및 B회사의 배당유보소득, 각종 리베이트 수입 등에 관한 소득세를 포탈하였다고 공소제기된 사안에서, 법원은 "① 선박의 편의치적, 다단계 출자구조, 주식의 명의신탁 및 특수목적법인의 설립 등은 해상운송에서 일어날 수 있는 위험을 선박 자체에 한정시키기 위한 해운업계의 관행으로 보이는 점, ② 피고인은 이 사건 배당가능 유보소득에 관한 납세의무를 부담하게 되었을 뿐 주식의 명의신탁에서 더 나아가 위 소득에 대한 조세를 포탈하기 위하여 적극적인 행위를 하였다고 보기 어려운 점, ③ 피고인이 비거주자가 되기 위하여 취한 일련의 조치들은 허위 또는 가장행위에 해당하지 않는 점 등에 비추어 살펴보면, 피고인이 다수의 페이퍼 컴퍼니를 이용하여 단계적인 출자구조를 만들고 그 주식을 명의신탁한 행위나 피고인과 그 가족들 명의로 보유하던 국내 자산을 양도하는 등 비거주자가 되기 위하여 행한 행위들이 조세를 포탈하기 위한 적극적인 사기 기타 부정한 행위에 해당한다고 볼 수 없다"라고 판시[35]하여 불법적인 적극적 행위 없이 적법하거나 관행적으로 행하여지고 있는 제도를 이용하여

34) 서울고등법원 2014.2.21. 선고 2013노874 판결; 대법원 1994.4.12. 선고 93도2324 판결.
35) 대법원 2016.2.18. 선고 2014도3411 판결.

조세회피를 한 행위만으로는 부정행위에 해당하지 않는다고 하고 있다.

(6) SPC를 이용한 단순한 수증행위

SPC를 이용하여 해외에서 증여를 받은 경우에 SPC를 이용한 수증행위가 부정행위에 해당하기 위한 요건에 대하여, 법원은 "SPC를 이용하여 증여를 받고도 그 증여세를 납부하지 아니하여 부정행위로 증여세를 포탈하였다는 위 공소사실이 유죄로 인정되기 위해서는, 이 사건 SPC 보유계좌에 입금된 자금의 조성 경위와 과정을 알면서도 이를 증여받았다는 사정만으로는 부족하고, 직접 수증재산 및 수증사실에 대한 적극적인 은닉행위를 하였거나 이에 가담한 사실이 인정되어야 비로소 조세포탈죄에서 정한 '사기 그 밖의 부정한 행위'를 인정할 수 있다. 이 사건의 수증자금은 다른 SPC가 보유중이었던 자금 중 일부를 송금받거나 위 SPC계좌 자체에 관한 수익적 소유자의 지위를 이전받는 방법으로 재산을 증여받은 것으로, 이러한 수증행위가 수증사실을 은닉하기 위한 적극적 행위로서 부정행위에 해당한다고 볼 수 없다"고 판시[36]하여 비록 증여받은 자금이 정당한 자금이 아니라는 사실을 알았다고 하더라도 단순히 SPC를 통하여 증여를 받은 행위만으로는 부정행위에 해당하지 않는다고 하고 있다.

(7) 조세회피처 SPC의 경우에도 국조법상 배당간주규정[37] 적용 여부

피고인의 조세회피처에 설립된 SPC인 S1, S2는 고정된 시설을 통해 선주사업을 실질적으로 영위하고 있어서 구 국제조세조정에관한법률(이하 '국조법'이라 한다) 제18조 제1항 본문[38]에 해당하는 법인으로 같은 법 제17조[39]의 특정외국법인 유

---

36) 대법원 2020.12.30. 선고 2018도14753 판결.

37) 국제조세조정에 관한 법률이 2021.12.21. 일부 개정되어 기존의 제17조, 제18조의 특정외국법인의 유보소득 배당간주 규정이 일부 내용과 함께 제27조, 제28조로 변경되었다.

38) **제18조(적용 범위)** ① 특정외국법인이 제17조 제1항의 국가 또는 지역에 사업을 위하여 필요한 사무소, 점포, 공장 등의 고정된 시설을 가지고 있고, 그 시설을 통하여 사업을 실질적으로 하고 있는 경우에는 제17조를 적용하지 아니한다. 다만, 다음 각 호의 어느 하나에 해당하는 특정외국법인의 경우에는 그러하지 아니하다(2011.12.31. 법률 제11126호로 개정되기 전의 것).
   1. 도매업, 금융 및 보험업, 부동산업, 임대업 및 대통령령으로 정하는 사업서비스업을 하는 특정외국법인으로서 대통령령으로 정하는 요건에 해당하는 법인
   2. 주식, 출자지분 또는 채권의 보유, 지식재산권의 제공, 선박·항공기·장비의 임대, 투자신탁 또는 기금에 대한 투자를 주된 사업으로 하는 법인

39) **제17조(특정외국법인의 유보소득의 배당간주)** ① 법인의 부담세액이 실제발생소득의 100분의 15 이하인 국가 또는 지역에 본점 또는 주사무소를 둔 외국법인에 대하여 내국인이 출자한 경우에는 그 외국법인 중 내국인과 특수관계가 있는 법인(이하 "특정외국법인"이라 한다)의 각 사업연도 말 현재 배당 가능한 유보소득(유보소득) 중 내국인에게 귀속될 금액은 내국인이 배당받은 것으로 본다.

보소득 합산과세규정(Controlled Foreign Corporation Rule, 이하 'CFC규정[40]'이라 한다)의 적용이 배제되고, 그렇지 않다고 하더라도 S1, S2는 법률상·계약상 배당을 할 수 없도록 되어 있어 배당소득을 취득할 수 없고, 실제 배당해야 할 잔존소득도 없으므로 CFC규정을 적용할 수 없다고 하면서, 피고인에게 종합소득세(배당소득세)에 대한 납세의무를 부담하지 않는다는 주장에 대하여, 법원은 "① 조세피난처인 케이만에 설립된 SPC인 S1, S2는 비록 하위의 단선회사들을 통하여 선박을 보유하고 있다. 이들은 단선회사들의 지주회사로서 SPC일 뿐 사업을 수행할 고정된 시설도 없고 실제로 운용할 인적 자원도 전혀 없으므로 구 국조법 제18조 제1항 본문의 고정된 시설을 통하여 사업을 실질적으로 사업을 수행하는 회사에 해당하여 같은 법 제17조의 특정외국법인의 배당간주규정이 적용되지 않는다는 주장은 이유없다(위 조항 단서는 당해 법인이 위 본문의 적용대상임을 전제로 하면서 그에 대하여 다시 예외를 규정한 것이므로, S1, S2가 위 조항 본문이 정한 경우에 해당하지 않는 한 단서의 적용 여부에 관하여는 더 나아가 판단할 필요가 없다). ② S1, S2의 주식에 질권이 설정되어 있거나 각 단선회사가 금융기관과 금융기관의 승인 없이 배당을 할 수 없다는 약정을 체결하였다는 사정이 있더라도 배당가능 유보소득으로서 피고인에게 배당한 것으로 간주할 수 있다. ③ S1, S2가 일부 손실이 발생한 사실이 있으나 배당가능소득을 산출하거나 그에 대한 소득세포탈죄의 성립여부를 판단할 경우에는 여러 해에 걸친 손익을 합산하여서는 아니되고, 각 사업연도별로 배당가능 유보소득을 산출하여야 한다"라고 판시[41]하여 S1, S2의 배당가능 유보소득 전체가 피고인에게 배당된 것으로 간주된다고 보이고, 국내 거주자인 피고인은 위 배당간주소득에 대한 소득세를 납부할 의무가 있다고 하고 있다.

(8) 조세회피처 SPC(특정외국법인)의 배당소득 미신고행위

피고인의 조세회피처 SPC인 S1, S2의 배당가능 유보소득에 대하여는 실질적으

② 제1항을 적용받는 내국인의 범위는 특정외국법인의 각 사업연도 말 현재 발행주식의 총수 또는 출자금액의 100분의 20 이상을 직접 또는 간접으로 보유한 자로 한다. 이 경우 발행주식의 총수 또는 출자금액의 100분의 20을 판단할 때에는 「민법」 제779조에 따른 가족의 범위에 속하는 사람이 직접 보유하는 발행주식 또는 출자지분을 포함한다(2011.12.31. 법률 제11126호로 개정되기 전의 것).

40) 특정국가에 외국자회사를 설립하여 외국자회사의 소득에 대한 소재지국에서의 유효세율이 모회사의 거주지국에서 과세되었더라면 적용되었을 유효세율에 미달하는 경우에 국조법에서 규정하고 있는 CFC규정을 적용하여 외국자회사의 유보소득을 모회사의 거주지국에서 과세하는 제도를 말한다.

41) 위 대법원 2016.2.18. 선고 2014도3411 판결.

로 배당소득을 얻은 사실도 없을 뿐만 아니라, 이 배당간주 소득은 기업회계와 세무회계의 차이로 인하여 생긴 금액으로 부정행위로 발생한 소득도 아니고, 그 과정에 적극적 부정행위도 없다는 주장에 대하여, 법원은 "구 조세범처벌법 제9조 제1항 소정의 '사기 기타 부정한 행위'라 함은 조세의 부과와 징수를 불가능하게 하거나 현저히 곤란하게 하는 위계 기타 부정한 적극적인 행위를 말하는 것이고(대법원 2003.2.14. 선고 2001도3797 판결 등 참조), 이러한 사기 기타 부정한 행위로 조세를 포탈함으로써 성립하는 조세포탈범은 고의범이지 목적범은 아니므로 피고인에게 조세를 회피하거나 포탈할 목적까지 가질 것을 요하는 것이 아니며, 이러한 조세포탈죄에 있어서 범의가 있다고 함은 납세의무를 지는 사람이 자기의 행위가 사기 기타 부정한 행위에 해당하는 것을 인식하고 그 행위로 인하여 조세포탈의 결과가 발생한다는 사실을 인식하면서 부정행위를 감행하거나 하려고 하는 것이다(대법원 2006.6.29. 선고 2004도817 판결). 세무회계와 기업회계와의 차이로 인하여 생긴 금액을 사기 그 밖의 부정한 행위로 인하여 생긴 소득금액으로 보지 아니한다는 취지의 구 조세범처벌법 제9조의 2의 규정취지는 적법한 기업회계를 믿고 이에 따라 행위한 자는 세법상의 간주 규정에 의하여 후에 과세의 부과징수 대상이 되는 것은 별론으로 하더라도, 적어도 사기 기타 부정한 행위로써 세금을 포탈하려 하였다는 것으로는 인정하기 어렵다는 데에 있는 것으로 보이고, 이는 법인세의 영역에서뿐만 아니라 적법한 기업회계를 믿은 개인의 소득세 부분에 대하여도 같은 취지로 해석하여야 할 것으로 보인다. 따라서 배당가능 유보소득에 대한 조세포탈죄가 성립하려면, 단순히 국조법에서 배당가능 유보소득에 대하여 이를 배당받은 것으로 간주된다는 점 외에 더 나아가 피고인이 조세를 포탈하고자 적극적인 부정행위를 하였다는 점이 충분히 입증되어야 이 부분에 관한 조세포탈의 고의를 인정할 수 있을 것으로 보이는 바, 이 부분에 관한 증거가 없다"라고 판시[42]하여 해외 SPC의 간주배당으로 인한 소득과 같이 세무회계와 기업회계의 차이로 인하여 생긴 소득에 대하여 부정행위와 조세포탈의 고의 성립에 있어 더욱 엄격한 기준으로 신중을 기하여야 한다고 하고 있다.

42) 위 대법원 2016.2.18. 선고 2014도3411 판결.

3. 부정행위에 해당한다고 본 사례

(1) 소득은닉을 위한 SPC 거래와 외국인 명의의 차명계좌를 동시에 이용한 행위

피고인은 홍콩 SPC인 A법인이 취득한 부당한 이익에 대하여 차명주주배당을 받아 자신이 관리하는 홍콩의 현지계좌로 이체를 통하여 최종적으로 소득을 취득하였는데, 피고인이 차명주주를 통하여 배당받는 과정에서 홍콩 SPC인 A법인으로부터 미국 국적의 차명주주가 배당받는 것처럼 가장한 행위의 부정행위 해당 여부가 문제되었다.

이와 관련하여, 법원은 "피고인은 자신의 출자로 조세피난처인 홍콩에 미국 국적의 차명주주를 통하여 SPC인 A홍콩법인을 설립한 후 사실은 B회사에서 C회사에 직접 원자재를 납품하면서도 마치 A홍콩법인이 B회사로부터 원자재를 구입하여 C회사에게 판매하는 것처럼 거래단계를 조작하여 A법인으로 하여금 거액의 거래중개 수익을 취득하게 한 다음, A회사 수익에 대하여 피고인이 주주배당을 받아 자신이 관리하는 홍콩 현지계좌 등을 통하여 취득하기로 하되 배당은 마치 A회사의 미국 국적의 차명주주 D가 받는 것으로 가장하여 종합소득세를 포탈한 행위는 사기 그 밖의 부정한 행위에 해당한다"라고 판시[43]하여 단순한 SPC 이용 이외에 적발하기 곤란한 차명계좌를 통하여 해외에서 소득을 적극적으로 은닉한 행위는 부정행위에 해당하는 것으로 보고 있다.

이 사건은 해외 SPC를 이용한 초창기 조세포탈 사건으로 해외 SPC에 대한 법인으로서 실체를 부인하지 않고서도 실질과세의 원칙을 적용하여 배후에 있는 개인을 소득귀속자의 지위로 인정하여 종합소득세포탈을 인정한 사건으로서 의미가 있는 사건이다.

(2) 소득은닉을 위한 SPC 거래와 해외법인 대표이사 차명계좌를 동시에 이용한 행위

피고인은 SPC가 소유한 중고선박 매매와 관련하여 취득한 리베이트 소득과 런던 K사의 배당소득은 SPC에 귀속된 소득으로 피고인이 이를 사용하지 않았으므로 그 소득에 대한 종합소득세 납세의무를 부담하지 않을 뿐만 아니라, 해외법인 대

---

43) 대법원 2011.1.27. 선고 2010도1191 판결.

표이사 명의의 차명계좌를 이용한 행위만으로는 적극적 부정행위에 해당하지 않는다고 주장하였다.

이에 대하여, 법원은 “중고선박 매매와 관련하여 취득한 리베이트 소득과 런던 K사의 배당소득은 피고인이 최종 사용하였으므로 위 소득들은 피고인에게 귀속되어 종합소득세 납세의무를 부담한다. 구 조세범처벌법(2010.1.1. 법률 제9919호로 전부 개정되기 전의 것) 제9조 제1항에 규정된 조세포탈죄에서 ‘사기 기타 부정한 행위’란 조세의 포탈을 가능하게 하는 행위로서 사회통념상 부정이라고 인정되는 행위, 즉 조세의 부과와 징수를 불가능하게 하거나 현저히 곤란하게 하는 위계 기타 부정한 적극적 행위를 말한다. 따라서 다른 행위를 수반함이 없이 단순히 세법상의 신고를 하지 않거나 허위의 신고를 함에 그치는 것은 이에 해당하지 않지만, 과세대상의 미신고나 과소신고와 아울러 수입이나 매출 등을 고의로 장부에 기재하지 않은 행위 등 적극적 은닉의도가 나타나는 사정이 덧붙여진 경우에는 조세의 부과와 징수를 불능 또는 현저히 곤란하게 만든 것으로 볼 수 있다(대법원 2012.3.15. 선고 2011도13605 판결 등 참조). 일반적으로 다른 사람 명의의 예금계좌를 빌려 예금하였다고 하여 그 차명계좌를 이용하는 점만으로 구체적 행위의 동기, 경위 등 정황을 떠나 어느 경우에나 적극적 소득은닉 행위가 된다고 단정할 것은 아니지만, 장부에의 허위 기장행위, 수표 등 지급수단의 교환반복행위 기타의 은닉행위가 곁들여져 있는 경우, 차명계좌를 이용하면서 여러 곳의 차명계좌에 분산 입금하거나 순차 다른 차명계좌에의 입금을 반복하는 행위 또는 단 1회의 예입이라도 그 명의자와의 특수한 관계 때문에 은닉의 효과가 현저해지는 등으로 적극적 은닉의도가 있다고 인정되는 경우에는 조세의 부과징수를 불능 또는 현저히 곤란하게 만든 것으로서 ‘사기 기타 부정한 행위’에 해당할 수 있다”고 판시[44]하여 적발하기 곤란한 해외 법인의 대표이사 명의의 계좌에 자신의 소득을 입금하게 하고 자신의 목적을 위하여 그 계좌에서 지출하여 사용하게 함으로써 국내 과세관청으로 하여금 자신의 소득발견을 어렵게 한 행위는 피고인에 대한 조세의 부과징수를 불능 또는 현저히 곤란하게 하는 부정행위에 해당한다고 하고 있다.

(3) 대주주의 조세회피처 SPC를 이용한 계열사 주식 매수 및 배당 행위

이 사건에서 대주주인 피고인이 계열사 C가 보유하고 있던 또 다른 계열사인

44) 위 대법원 2016.2.18. 선고 2014도3411 판결.

D의 지분(주식) 100%를 회사 임원인 B를 통하여 영국령 조세피난처인 BVI(British Virgin Islands)에 설립하여 실질적으로 소유·지배하고 있는 SPC인 A에 매각하게 하였다. 이후 피고인의 지시를 받은 B는 D로부터 위 주식에 대한 배당금을 SPC인 A계좌로 지급받아 피고인에게 송금하여 개인적으로 사용하게 하였다.

이러한 경우 종합소득세 실질적 납세의무자인 피고인은 소득이 발생한 다음 해 5.31.까지 관할 세무서에 종합소득 과세표준을 신고하여야 함에도 신고를 하지 아니하고, 이와 같은 방법으로 배당금이 피고인의 소유인 사실을 과세당국이 발견하기 어렵게 하고, 배당소득 과세표준을 신고하지 아니함으로써, 사기나 그 밖의 부정한 행위로써 종합소득세를 포탈하였다고 공소제기되자, 법원은 피고인에게 배당소득에 대한 소득귀속자의 지위를 인정한 다음, 앞서 부정행위에 해당하지 않는다고 본 사례에서 살핀 '대주주의 조세회피처 SPC를 이용한 단순한 계열사 주식 매매행위' 사안과는 다르게 이 사건은 대주주로 있는 회사의 임원인 B를 인출서명권자(Beneficial Owner)로 한 SPC인 A로부터 배당금을 전달받아 개인생활비로 사용하였고, 임원인 B도 그룹에서 퇴직하는 것과 같은 외관을 만들었으며, SPC인 A의 Beneficial Owner도 B로 지정하여 배당소득의 귀속자가 피고인임을 적극적으로 은폐한 행위를 부정행위로 인정하여 종합소득세포탈을 인정하였다.[45)]

---

45) 대법원 2015.9.10. 선고 2014도12619 판결(원심판결: 서울고등법원 2014.9.12. 선고 2014노668 판결).

제4장

특별수사와 조세포탈

제1절 총　　설

Ⅰ. 의　의
Ⅱ. 특별수사에서 조세포탈 사건의 중요성
Ⅲ. 수사기관과 국세청 사이의 정보교류 및 수사 공조

Ⅰ. 의　　의

특별수사라 함은 국가·사회 법질서의 근간을 해치는 중대 범죄에 대한 수사를 의미하며, 통상 공직비리 등 부정부패사범과 대기업범죄 등 경제사범에 대한 수사를 말한다. 이러한 특별수사의 주요 대상범죄로는 부패범죄, 기업범죄, 금융증권범죄, 집단적 피해를 발생시킨 대형 재산범죄, 국가산업발전을 저해하는 첨단기술유출범죄, 재정경제를 침해하는 대형 조세포탈범죄 등을 들 수 있다.

이러한 특별수사의 대상범위는 경제사회 구조가 변화됨에 따라 변경되어 왔는데, 정부가 경제발전을 주도하던 시절에는 국가의 경제적·사회적 자원배분을 담당하는 공무원들의 뇌물수수 등 공직부패를 중점적으로 취급하였다. 대기업이 경제발전을 주도하기 시작한 1990년대 이후에는 대기업 경영진과 임원들의 비자금 조성과 업무상 횡령, 부당내부거래와 관계사 부당지원 및 업무상 배임, 그리고 대규모 부정여신, 주가조작 등 금융증권 관련 비리가 주요 대상으로 떠오르게 되었다. 우리나라 경제사회 구조가 개방화, 글로벌화됨에 따라 무역거래와 국제투자 및 자본거래 등에 관련 범죄가 많아지게 되었다. 이에 따라 관련 증거의 수집과 범죄수익의 추적 등 특별수사의 무대가 국내에서 해외부문으로까지 확대되게 되었다.

통상 특별수사 대상범죄는 사안이 광범위하고 복잡하며 수사에 있어서 자금흐름추적, 회계분석, 디지털증거분석 등 전문성이 요구되므로 많은 수사인력과 비용이 투입된다. 또한 수사대상 인물이나 기업의 사회적 지명도가 높아 다른 일반범죄에 비하여 수사에 대한 저항[1)]도 매우 크고, 언론과 사회의 이목이 집중되므로

---

1) 수사대상자는 자신이 수사대상자로 선정된 데 대하여 거의 모든 경우에 표적·편파 수사라는 주장

수사상황과 결과에 따라 중요한 국가정책이 변경되거나 내각이 개편되는 등 정치적, 사회적 파장을 불러 오는 경우도 적지 않다. 이러한 특별수사 대상에 대한 진상규명이 제대로 되지 않을 경우에 수사를 담당한 검찰 등 수사기관뿐만 아니라 해당 정권도 국민적 신뢰를 잃게 되는 경우가 많다. 따라서 특별수사를 담당하는 수사기관은 국민이 수긍할 수 있는 수사 결과를 도출하기 위하여 수사 초기단계부터 미리 사건이 어떻게 전개될지 여러 가지 예상 시나리오를 준비하면서 신속하면서도 신중하게 수사에 착수한다.

우리나라에서 조세포탈 사건이 특별수사의 한 유형으로 자리잡게 된 지 벌써 20년이 지나가고 있다. 조세포탈 사건이 특별수사 사건의 주요한 유형으로 세간에 관심을 끌었던 최초의 사건은 1997년 발생한 대통령 아들의 비리사건이다. 이 최초 사건부터 최근까지의 특별수사 차원에서 진행되었던 주요 조세포탈 사건들을 살펴봄으로써 조세포탈 사건의 유형 변화와 그 법리의 발전과정에 대하여 살펴보고자 한다.

Ⅱ. 특별수사에서 조세포탈 사건의 중요성

우리나라에서 1993년 금융실명제가 실시되기 이전까지는 사회·경제적 분위기가 차명계좌사용이나 탈세는 국민들 사이에서 특별한 범죄의식 없이 행하고 있었던 행위들이었다. 따라서 조세포탈로 수사를 진행하게 되면 표적수사 내지 정치탄압이라는 등의 주장을 할 수 있을 정도로 사회적 분위기가 조세포탈에 대하여 관대하였던 반면에 실제 조세포탈사범에 적용되는 조세범처벌법 제3조와 포탈금액에 따라 가중처벌되는 특정범죄가중처벌등에관한법률 제8조[2]는 위헌소송이 제기[3]

을 제기하고 있고, 엄정한 법집행절차에 대하여서도 과잉수사라고 항상 비판하고 있다.

2) **특정범죄가중처벌등에관한법률 제8조(조세 포탈의 가중처벌)** ①「조세범처벌법」 제3조 제1항, 제4조 및 제5조,「지방세기본법」 제102조 제1항에 규정된 죄를 범한 사람은 다음 각 호의 구분에 따라 가중처벌한다.
   1. 포탈하거나 환급받은 세액 또는 징수하지 아니하거나 납부하지 아니한 세액(이하 "포탈세액등"이라 한다)이 연간 10억원 이상인 경우에는 무기 또는 5년 이상의 징역에 처한다.
   2. 포탈세액등이 연간 5억원 이상 10억원 미만인 경우에는 3년 이상의 유기징역에 처한다.
   ② 제1항의 경우에는 그 포탈세액등의 2배 이상 5배 이하에 상당하는 벌금을 병과한다.

3) 헌법재판소는 "피고인은 위 법률 제8조 제1항의 제1호·제2호는 첫째, 지나치게 가혹하고 무거운 형벌을 규정하고 있고, 둘째, 법정형의 하한이 너무 높게 규정되어 있어서 형의 선고유예가 불가능함은 물론 포탈세액이 10억 원 이상인 경우에는 달리 감경사유가 없는 한 집행유예의 선고도 불가능하며 또 과중한 벌금을 필요적으로 병과하도록 규정하여 법관의 양형판단의 재량권을 부당하게 침해하고 있고, 셋째, 구성요건 중 '연간 포탈세액 등'의 개념이 모호하여 죄형법정주의에 반한다는

될 정도로 그 법정형이 너무 높았다. 이에 따라 기업인 등이 정치 권력자의 눈 밖에 벗어나 세무조사를 받게 되고 조세포탈죄로 입건되어 처벌받게 되면 패가망신하는 상황에 직면할 수밖에 없게 되어 정권에 충성하면서 사업을 하는 정경유착을 할 수밖에 없어 사업외적인 요소에 신경을 쓰면서 사업을 해야 하는 등 2중의 고통을 받으며 기업활동을 할 수밖에 없었다.

특별수사의 대상이 되는 고위공직자 부정부패나 기업의 비자금 조성·사용에 대한 수사 착수는 관련 회사의 임·직원들의 제보 내지 관련 진술에서 시작되는 경우가 많다. 수사기관이 수사과정에서 그러한 진술을 확보하는 수단으로 활용하였던 방법으로 수사 대상자 소유 기업에 대한 세무조사 의뢰 등 조세포탈에 대한 조사 압박 등이 종종 활용되었다. 회사의 대표이사 등이 회계처리를 하지 않고 수입을 회사에 입금시키지 아니하여 매출을 누락하거나 비용을 과다계상하는 등의 방법으로 회사자금을 이용하여 비자금을 조성한 다음에 개인적으로 사용하거나 뇌물로 제공할 경우에는 업무상 횡령죄 등이 성립한다.

이러한 재산범죄는 그 범행의 본질상 은밀하게 수행될 수밖에 없으므로 그 이행과정에는 조세범처벌법에서 요구하는 사기 그 밖의 부정한 행위가 내재되어 있어 거의 예외없이 법인세포탈이 동시에 성립하게 된다. 이처럼 기업에 있어서의 비자금 조성·사용행위와 같은 재산범죄는 대부분 조세포탈과 직·간접적으로 밀접하게 연결되어 있을 수밖에 없다. 기업의 비자금 등과 같은 재산범죄를 수사하는 검찰 등 수사기관은 조세포탈죄를 별건으로 인지하여 수사할 것인지를 결정하는 권한이 있었고, 이러한 결정권한은 수사과정에서 재산범죄와 관련된 부패범죄를 추가로 밝히는 데 큰 무기가 되었다.

다만 대부분 업무상 횡령 등과 같은 재산범죄로 공소제기를 하면서 사실상 이

이유로 위헌소송을 제기하였으나, 헌법재판소는 '첫째, 국민의 일반 법감정 내지 비난 여론, 범죄예방을 위한 형사정책적 측면 등을 종합적으로 고려할 때 과잉처벌이라고 단정할 수 없고, 둘째, 일정액 이상의 조세포탈범에 대하여 그 위법성과 비난가능성의 정도를 높게 평가하여 징벌의 강도를 높이고자 한 입법자의 결단이라 보아야 할 것이고 이러한 입법자의 결단은 입법재량의 한계를 벗어난 자의적인 것이라고 보기 어렵고, 셋째, 연간이라는 용어 자체가 건전한 상식과 통상적인 법감정을 가진 사람으로 하여금 구체적으로 어떠한 행위가 이에 해당하는 지 의심을 가질 정도로 불명확한 개념이라고 볼 수는 없고, 다만 위 법률조항이 갖는 구조적 특성에 기인하는 해석상의 이견은 관련규정 및 법률이론에 입각한 법관의 보충적 해석과 판례의 축적을 통하여 충분히 해결될 수 있는 것이므로, 본 조항이 죄형법정주의가 요구하는 처벌법규의 명확성의 원칙에 위배된 것이라고 할 수 없다. 결국 본 조항은 입법재량 범위내의 것으로서 형벌체계상의 균형을 상실한 것이라거나 과잉처벌이나 명확성원칙을 위반한 것으로 볼 수 없다"고 하면서 합헌 결정하였다(헌법재판소 1998. 5.28. 선고 97헌바68 전원재판부 결정).

중처벌적 성격이 강한 조세포탈죄에 대하여 추가 공소제기하는 행위는 당사자에게 너무 가혹하다는 생각 때문에 수사압박 자료로만 사용하고 특별한 경우가 아닌 한 별건으로 입건하지 않는 경향에 있었다. 또한 과세관청에 조세참고자료로 통보도 하지 않았었고, 과세관청에서도 검찰의 입장을 고려하여 추가 고발 등에 대하여 특별한 고려를 하지 않았다.

그러던 중 1997년 대통령 아들 등 정치인과 언론인·대기업 오너 등의 비리가 발생하면서 국민적 공분을 일으키게 되었고 그에 대한 수사과정에서 관련자들이 진술을 거부하는 등 수사에 비협조적인 모습들이 나타나 수사기관에서 관련자 진술확보가 어렵게 됨에 따라 구체적인 관련자의 진술 없이도 자금흐름만으로도 입증이 가능하여 그 처벌이 상대적으로 용이한 조세포탈죄 적용을 적극적으로 검토하게 되는 계기가 되었다. 이러한 이유 등으로 조세포탈죄에 대한 수사가 특별수사 사건의 전면에 갑자기 등장하게 되었고, 그 이후 몇 개의 조세포탈 사건 수사가 진행되면서 자연스럽게 조세포탈죄에 대한 수사가 특별수사의 한 유형으로 자리잡게 되었다.

최근에는 정치인 및 언론사 사주, 대그룹 오너들의 각종 비리 사건, 그리고 해외에서 벌어지는 역외탈세 등에 조세포탈은 빠지지 않는 단골 범죄 유형이 되었다. 조세포탈 사건이 특별수사사건의 한 유형으로 확실하게 자리잡고, 사회적으로 영향력 있는 인사들이 조세포탈이 주된 대상이 되어 수사와 재판을 받는 과정에서 치열한 조세법상 법리공방을 하게 됨에 따라 형사조세이론도 한층 더 발전하는 계기가 되었다.

Ⅲ. 수사기관과 국세청 사이의 정보교류 및 수사 공조

검찰 등 수사기관의 탈세수사 단서로는 세무관서에서의 고발이 일반적이나, 다른 일반 형사사건 수사 중 탈세사실 발견, 탈세 관련자 등의 진정, 제보, 신문보도, 금융정보분석원 통보자료 등 제한이 없다. 국세청의 조세범칙사건 단서로는 세무조사 중 조세범칙사건의 발견, 검찰, 세관, 금융정보분석원 등 타 유관기관으로부터 통보, 제3자의 제보 또는 투서, 신문·잡지·방송 등의 기사, 풍설 등 그 단서에 제한이 없다.

조세포탈에 대한 수사는 국세청의 고발에 의하거나 수사기관 자체 인지에 의한 경우이든 검찰의 조세전담 부서 또는 특별수사 부서에서 담당하는 것이 일반적이다. 특별수사 부서에서는 앞서 설명하였듯이 전형적인 기업범죄, 경제범죄 또는 화이트칼라범죄로서 국가경제의 기본질서를 침해하는 중요하면서도 전문적인 지식이 요구되는 사건들을 주로 수사한다. 수사기관과 국세청은 개별사건에 있어 상호 탈세정보 교환, 고발 및 수사과정에서 조사 및 수사 협조 등 모든 면에서 원활한 업무협력관계를 유지하기 위하여 양기관 협의체를 구성하는 등 국가기관간 업무의 효율성을 높이려고 노력하고 있다. 특별수사의 핵심 대상 사건은 사건의 파장을 고려하여 검찰과 국세청이 고발 전부터 서로 자료를 공유하여 공소제기가능 여부까지 사전에 검토한 다음에 공소제기가 가능하다는 판단이 되는 경우에 비로소 고발을 하는 경우도 있다.

국세청 고발없이 수사기관이 조세포탈 사건을 독자적으로 인지하여 공소제기하는 경우에는 통상적으로 국세청은 수사기관의 수사자료를 확보하기가 쉽지 않고 재판확정 전까지는 사실관계가 불확정적인 경우가 많으므로 수사 결과와 재판 결과까지를 확인한 다음에 관련 자료를 이첩받아 조세범칙조사를 거쳐 조세포탈에 대한 고발 여부를 결정하는 것이 일반적 경향이다. 이러한 이유로 업무상 횡령죄 등으로 기소된 다음에 대법원에서 최종적으로 유죄확정판결을 받는 데까지는 통상적으로 1~3년의 기간이 소요되므로 당사자 입장에서는 재산범죄에 대한 수사·재판에 이어 조세포탈로 또 다시 수사와 재판을 받게 되어 장기간에 걸쳐 이중의 수사·재판으로 정신이 피폐해지는 경우가 많다.

이와 반대로 국세청 고발에 의하여 조세포탈로 공소제기되는 경우에는 제3자가 별도로 고발 등을 하지 않는다면 검찰 등 수사기관 스스로 업무상 횡령죄 등을 추가로 인지하여 기소하지는 않고 있다. 조세포탈죄는 그 자체로 법정형이 높고, 조세포탈죄로 처벌받음으로써 당사자가 불법적으로 취득한 범죄수익을 환수하는 효과가 있으므로 업무상 횡령죄로 또다시 처벌하는 데 그 실익이 크지 않을 뿐만 아니라 너무 가혹하다고 생각하기 때문이다. 물론 다른 특별한 사정이 있으면 검찰 등 수사기관에서 조세포탈과 관련된 업무상 횡령죄 등 일반 형사범죄를 추가 인지하여 공소제기하는 것도 가능하다.

이하에서는 우리나라에서 특별수사와 관련되어 수사되었던 대형 조세포탈 사건들을 발생 순서에 따라 소개하면서 수사 착수의 배경과 수사 및 재판 진행 결과, 그리고 당해 사건이 조세 형사사건에 미친 영향 등에 대하여 살펴보도록 하겠다.

제2절 1990년대 특별수사 대상이 되었던 조세포탈 사건들

Ⅰ. 대통령 아들 B 조세포탈 사건(1997년)[1]

1. 배 경

(1) 수사착수 배경

1997년 A그룹 회장 비리 수사 당시 수많은 정치인들과 대통령의 아들인 B도 깊이 관여가 되었다는 제보로 시작된 이 사건은 처음에는 별건수사, 표적수사는 안 된다는 반대주장에 막혀 수사진행이 제대로 되지 못하였다. 그러나 이에 대한 국민여론이 악화되어 헌정중단 가능성까지 나오자 재수사를 착수하는 방향으로 급선회하여 수사가 진행되었다.

수사가 시작되기는 하였지만 B가 기업 등으로부터 정치자금을 받은 사실을 밝히기가 어려웠고 수수한 자금과 그 명목을 연결하는 것은 더더욱 어려웠다. 그런데 광범위한 자금추적 과정에서 B 소유의 비자금을 B와 친분이 있는 C회사를 경영하는 D가 관리하고 있던 사실을 발견하게 되었고, 그 관리자금 중 청탁내용이 확인된 부분은 알선수재 혐의를 적용하고, 나머지 자금에 대하여는 어떤 법을 적용할지를 놓고 고민하게 되었다.

(2) 조세포탈죄 적용 배경

위 자금을 추적하는 과정에서 B 소유의 비자금을 관리하던 D는 다른 기업인들

---

1) 대법원 1999.4.9. 선고 98도667 판결.

로부터 자금을 받아 차명계좌에 입금한 다음에 다른 차명계좌와 헌수표 등을 이용하여 반복적으로 자금을 세탁하는 등의 방법으로 자금의 출처를 숨겨 비자금을 사용한 사실을 확인하였다.

수사기관 입장에서는 청탁내용이 확인되지 않은 활동비 명목의 자금 등에 대하여 처벌하지 않고 그대로 면죄부를 줄 경우에 현직 대통령 아들이라 봐주기 수사를 하였다는 오명을 뒤집어쓰는 어려운 상황에 처할 우려가 있었다. 따라서 자금수수사실과 세탁사실까지 입증된 상태에서 법률 적용은 가능하였지만 그 당시까지만 해도 사회분위기상 특별수사에서 직접 인지하여 적용하기 꺼려하였던 조세포탈이라는 마지막 카드를 활용하여 처벌함과 동시에 범죄로 인하여 취득한 범죄수익을 환수할 수 있게 되어 일거양득의 결과를 거둘 수 있었다. 이에 대하여 B의 변호인은 조세포탈죄 적용이 과도한 편파수사로 공소권 남용이라는 주장을 강하게 제기하였다.

2. 공소사실 요지(증여세 및 종합소득세포탈)

(1) 1994년~1995년 공소외 E 등으로부터 활동비 명목으로 현금을 증여 받고 그 자금을 차명계좌에 은닉한 다음 또 다른 차명계좌와 헌수표 등을 반복적으로 사용하여 소득의 귀속사실을 은닉함으로써 증여세를 포탈하였다.

(2) 1994년~1995년 B가 관리하던 비자금을 D에게 교부하여 보관하게 한 다음 이자 명목으로 자금세탁된 헌수표 등을 받은 다음 타인 명의의 차명계좌에 입금시키는 등의 부정한 방법으로 위 이자소득을 은닉하여 1995년과 1996년 종합소득세를 각 포탈하였다.

3. 이 사건이 조세포탈사건에 미친 영향

(1) 특별수사에서 최초로 정치인에 대하여 증여세포탈죄를 인지수사한 사건

이 사건 이전까지는 정치권 등 사회 각 분야에서 불법으로 정치자금을 제공하거나 차명계좌를 이용하는 등의 행위가 너무 광범위하게 행하여지고 있어서 수사기관이 조세포탈죄를 직접 인지할 경우에 표적수사 또는 별건수사라는 오해를 받을 가능성이 충분히 있어서 그 법적용에 대하여 많은 고민을 하였다. 그러나 대통령 아들 B에 대한 처벌여론이 높아짐에 따라 그 단계에서 적용가능한 조세포탈사건을 인지수사함으로써 조세포탈을 특별수사사건의 영역에 끌어들이는 계기를 마련하였다. 이 사건이 조세포탈죄에 대한 국민들의 인식이 바뀌는 결정적인 계기가 되어 이후의 다른 사건부터는 자연스럽게 특별수사에 조세포탈죄를 포함하는 것에 대한 저항이 급격하게 줄어 들게 되었다.

참고로 이 사건에서 피고인 B의 변호인은 정치자금 수수행위에 대하여 조세포탈죄를 적용한 공소사실에 대하여 공소권 남용이라고 주장하며 강력하게 항의하였으나, 법원은 "정치자금 성격의 활동비 지원에 대하여 이를 증여 또는 이자로 보고 전례 없이 증여세 또는 종합소득세를 부과하면서 조세포탈죄로 처벌하는 경우에는 수사기관으로서는 금품이 수수된 목적과 경위에 관한 실체적 진실을 밝혀내기보다는 적용하기 용이한 조세포탈죄를 적용 처단함으로써 자의적인 법운용이 이루어질 가능성이 있을 뿐만 아니라, 알선의 대가인 활동비에 대하여는 법정형이 낮은 알선수재죄로 처벌하고 알선의 대가가 아닌 활동비에 대하여는 법정형이 높은 조세포탈죄로 처벌하는 결과가 초래된다고 하더라도, 알선수재죄와 조세포탈죄는 각각 구성요건을 달리하는 것으로서 각 죄의 법정형을 어떻게 정할 것인지 여부는 입법정책의 문제이므로, 위와 같은 각 사유는 어느 것도 위의 범죄의 성립을 조각할 사유라 할 수 없다"고 판시[2]하여 수사기관의 조세포탈죄 적용에 대한 정당성을 인정하여 주었다. 이 판결은 이후 수사기관이 특수수사사건에서 조세포탈죄를 부담없이 적용하게 하는 계기를 만들어 주었다.

(2) 증여 후 사후적 은닉행위도 부정행위가 된다고 인정한 최초 사례

일반적인 조세포탈의 경우에 범죄가 성립되기 위하여는 포탈행위자의 소득에 대한 사전적 은닉행위가 있은 다음에 허위 신고·납부 후 신고기간이 도과하여 기수가 되는 구조이다. 그러나 이 사건에서 B는 제3자들로부터 활동비 명목으로 금품을 수수함으로써 증여행위가 이루어진 다음에, 증여세 신고기한인 3개월 내에 그 신고를 하지 아니한 상태에서 차명계좌와 헌수표 등을 반복적으로 사용하여 자금세탁을 한 후에 비로소 수증받은 자금을 사용하였다. 이러한 수증행위 이후에 이루어진 자금세탁 행위를 통한 사후적 은닉행위도 통상적인 수증행위 이전의 사전적 은닉행위와 마찬가지로 부정행위에 해당하고, 그에 따라 조세포탈죄도 성립한다고 판시하여 사후적 소득은닉행위를 부정행위로 인정하는 최초 판결이 되었다.

---

2) 위 대법원 1999.4.9. 선고 98도667 판결.

법원은 "조세범처벌법 제9조, 특정범죄가중처벌등에관한법률 제8조가 규정하는 조세포탈죄에 있어서의 '사기 기타 부정한 행위'라고 함은 조세의 포탈을 가능하게 하는 행위로서 사회통념상 부정이라고 인정되는 행위, 즉 조세의 부과·징수를 불능 또는 현저히 곤란하게 하는 위계 기타 부정한 적극적인 행위를 말하는 것이므로, 과세권자가 조세채권을 확정하는 부과납부방식의 소득세와 증여세에 있어서 납세의무자가 조세포탈의 수단으로서 미신고·과소신고의 전(후)단계로서 '적극적인 소득 은닉행위'를 하는 경우에 '사기 기타 부정한 행위'에 해당한다"고 판시하여 미신고·과소신고의 후단계로서 '적극적인 소득 은닉행위'의 개념을 인정하고, 이 경우도 부정행위에 해당한다고 하였다.

Ⅱ. A언론사 B대표이사의 조세포탈 사건(1999년)

1. 배　　경

국세청에서 A언론사 대표이사 B가 대주주로 있는 C그룹에 대한 세무조사를 실시하는 과정에서 C그룹과는 무관한 B의 A언론사 주식에 관한 수증자료를 확보하여 B를 증여세포탈 등의 혐의로 고발하였다. 이는 C그룹의 법인세포탈 등의 혐의와는 무관한 전형적인 별건수사로 해당 언론사 기자들은 당시 정부에 호의적이지 않았던 언론사 길들이기 차원에서 무리하게 표적 고발을 하였다고 주장하며 언론탄압을 강하게 주장하였던 사건이다.

2. 공소사실 요지(증여세포탈)

(1) 1993.8.13. 금융실명제 시행으로 공동상속재산인 가명 또는 차명주식을 실명으로 전환하는 과정에서 일부 주식을 차명계좌를 그대로 이용하여 실명전환한 다음, 계속 관리하다가 순차 매도하여 현금화함으로써 그 현금을 이용하여 B 명의로 주식을 매입하거나 전환사채를 매입한 다음 주식으로 전환하는 등의 방법으로 증여사실을 은닉하여 증여세를 포탈하였다.

(2) 직계존속 등으로부터 A언론사 명의신탁 주식 등을 B가 증여받으면서 명의신탁 주식을 원소유자 명의로 원상회복시키지 않고 명의수탁자가 B에게 주식들을 직접 매도하는 것처럼 허위의 매매계약서를 작성하고, 매매대금 상당액을 위 B의

자금으로 명의수탁자 계좌에 각 입금시킨 후 전액 현금으로 인출하여 마치 대금을 지급하고 위 주식을 매입한 것처럼 위장하고, A언론사의 주주명부에 위 B 명의로 명의개서를 경료함으로써 증여세를 포탈하였다.

3. 이 사건이 조세포탈사건에 미친 영향

이 사건에서는 증여자 소유의 제3자에게 명의신탁된 주식을 수증자에게 증여를 하면서 명의신탁자인 증여자가 명의신탁 주식을 회수하여 자신의 명의로 변경하지 아니한 채 제3자인 명의수탁자가 수증자에게 직접 양도한 것처럼 허위 내용의 주식양도계약서를 작성하는 방법으로 주식매매를 가장하여 명의신탁 주식을 증여를 하는 경우에 있어서 증여세포탈의 부정행위가 성립하기 위하여는 어떠한 요건사실이 필요한지가 문제되었다.

법원은 "이 사건에서와 같은 허위의 주식양도계약서 작성행위 뿐만 아니라, 주식양도계약 당사자 사이에 양수대금을 실제로 송금하는 등 실질적인 매매인 것처럼 위장하였다면 증여사실을 적극적으로 은닉하여 주식 이전에 대한 증여세의 부과와 징수를 곤란하게 한 부정행위에 해당한다"고 판시하여 증여세포탈이 성립한다[3]고 하였다.

Ⅲ. D항공 A회장 조세포탈 사건(1999년)[4]

1. 배　　경

국내 대형 항공사인 D항공은 외국기업 두 곳의 항공기를 구매할 때 특정 P사의 엔진을 장착하는 조건으로 리베이트를 받았다. 이 중 일부 리베이트는 국내로 들여와 A회장 등이 개인적으로 사용했다. 개인 목적으로 사용하기 위해 여러 개의 당좌수표로 분산하여 현금화하여 자금 출처조사를 어렵게 하였다. 일부 리베이트는 조세회피 지역인 '아일랜드 더블린' 지역의 현지법인에 이전하여 해외유출되었

3) 뒤에 설명하는 대법원 2006.6.29. 선고 2004도817 판결에서는 "명의신탁된 주식의 명의를 수증자의 명의로 변경하면서 실질적인 주주인 명의신탁자가 명의신탁주식을 회수하여 수증자에게 증여하는 형식을 취하지 아니하고 명의수탁자가 수증자에게 막바로 양도한 것처럼 주식양도계약서를 작성한 사실만 가지고는 사기 기타 부정한 행위로써 증여세를 포탈하였다고 단정하기는 어렵다"고 판시하여 부정행위 성립을 부인하고 있다.

4) 대법원 2001.12.11. 선고 2000도2898 판결.

으나, 탈세만 인정되고 부정행위가 인정되지 아니하여 조세포탈로는 공소제기되지 아니하였다.

항공기 구매과정에서 위와 같이 리베이트 명목으로 자금을 건네받아 개인세금 납부, 유상증자 대금 등에 임의 사용하는 과정에서 회계분식 사실이 추가로 확인되어 업무상 횡령죄와 법인세포탈죄 등으로 공소제기되었다.

2. 공소사실 요지(법인세포탈)

항공기 구매과정에서 구매할 항공기에 미국의 항공기 제작사인 P사가 제작한 항공기엔진을 장착해 주는 대가로 엔진 송장 발행가격의 30~44%에 해당하는 돈을 받기로 이면계약을 체결하고, P사로부터 엔진구입에 대한 대가로 수천억원 상당을 리베이트 명목으로 건네받아 자금을 국내로 반입하면서 위 리베이트로 받은 자금은 영업선수금으로 회계처리를 하여 보관을 한 상태에서, 법인으로부터 가지급금 명목으로 수시로 법인자금을 인출하여 A회장 일가의 개인용도로 사용한 다음, 이 사용자금을 리베이트 자금으로 반제한 것처럼 허위 전표와 재무제표를 작성하여 회계분식을 하는 부정한 방법으로 법인세를 포탈하였다.

3. 이 사건이 조세포탈사건에 미친 영향

이 사건은 수사 및 재판과정에서는 업무상 횡령 사실과 그 과정에서 발생된 법인세포탈에 대한 범죄사실에 대하여 충분하게 입증되어 특별한 쟁점 없이 포탈금액 및 양형위주로 재판이 진행되었다. 그러나 대기업 오너의 리베이트 수수행위에 대하여 업무상 횡령과 조세포탈을 동시에 적용하여 엄격하게 법적용을 함으로써 향후 업무상 횡령과 조세포탈을 동시에 처벌하는 초석이 되었다.

제3절 2000년대 특별수사 대상이 되었던 조세포탈 사건들

Ⅰ. 언론사 사주 등의 조세포탈 사건(2001년)

1. 배 경

국세청은 2001.2.부터 당시 마지막 수사 성역으로 여겨지고 있던 국내 23개 중앙 언론사들을 대상으로 전면적인 세무조사에 나서 4개월여 동안 세무조사를 진행하였다. 세무조사 결과 23개 언론사가 1조 3,500억 원 상당의 소득을 탈루한 것으로 드러나 5,056억 원의 세액을 추징당했다. 세무조사에 의하여 확인된 언론사 사주들에 대한 범칙행위 중 포탈의 규모가 크고 죄질이 나쁘다고 인정된 G · H · I 등 6개 신문사 사주와 관계자들이 이례적으로 검찰에 고발되었다.

검찰에 고발된 6개 언론사는 광범위한 자금추적에 이은 관련자 소환조사 등을 통하여 고발사실 중 상당부분의 혐의가 인정되어 그중 혐의가 상대적으로 무거운 G, H, I신문사 사주 등 3명이 한꺼번에 구속되는 초유의 사태가 발생하였다. 이 과정에서 사주가 구속된 G, H신문사는 언론사 세무조사를 언론탄압이라고 강력하게 주장하였다.

당시 고발사실의 주요 요지는, 사주일가가 사실은 자신들의 계열사 증자대금 등으로 사용하고도 복리후생비와 접대비로 지출한 것처럼 가장하여 회계처리를 하는 방법으로 법인세를 탈루한 경우, 제3자에게 명의신탁되어 있는 신문사 주식 등을 매매한 것처럼 가장하여 2세에게 증여한 경우, 분식회계를 통하여 결손금을 과대계상한 다음 사주 일가로부터 회수해야 할 가지급금 이자 등을 회수하지 않고 다른 공장 등에서 각각 회수한 것처럼 위장하고, 그 과정에서 사주들로부터 원천징수하여 납부하였어야 할 소득세를 납부하지 않은 경우, 신문사 소속 임원이 버스 외부 광고대행을 하면서 지급받은 광고대행 수수료에 대하여 신문사 소속 영업사원이나 인척 등의 명의로 위장하여 허위 세금계산서를 발급하여 그 수입금액을 누락한 경우, 광고 의뢰 업체에 대하여 세금계산서 등 영수증을 요구하지 않고 수입금액을 누락하고, 가짜 간이영수증 등 위법한 증빙서류를 첨부하여 비용을 허위계상하는 방법으로 법인세를 탈루한 경우, 광고활동비와 취재비를 사주 계좌에 입금한 다음 유용하게 하여 법인세를 탈루한 경우, 신문사와 특수관계에 있는 사주 소유의 비상장주식을 고가로 매입하여 법인세를 탈루한 경우 등 탈루 유형이 매우 다양하다.

이하에서는 대표적인 두 가지 사례만 소개하고자 한다.

2. G언론사 D대표이사의 조세포탈 사건[1]

(1) 대표적 공소사실 요지(법인세 및 증여세포탈)

(가) 사실은 복리후생비로 지출한 사실이 없음에도 직원들에게 복리후생비를 지출한 것처럼 허위전표를 작성하거나 예수금 계정 중 환불 또는 변제의무 없는 자금임에도 마치 광고료를 환불한 것처럼 허위 분개전표를 작성하게 하고, 가공인물 명의로 허위 작성한 영수증을 첨부하는 등의 부정한 방법으로 법인의 손금을 허위로 과대계상하여 소득을 누락시킴으로써 법인세를 포탈하였다.

(나) 임·직원 등 회사의 특수관계인에게 대여한 대여금 전액을 변제받은 것처럼 허위 분개전표를 작성하여 그 이자 상당액을 익금 산입하지 아니하는 부정한 방법으로 이자소득을 누락하여 법인세를 포탈하였다.

(다) 사실은 제3자에게 명의신탁한 주식을 증여하였음에도 명의수탁자인 제3자로 하여금 수증자와 허위의 주식매매계약서를 작성하게 하고, 실제 매매거래가 있었던 것처럼 현금을 매매대금으로 입금시킨 다음 매매자금 추적이 불가능하도록 전액 현금으로 다시 인출해가서 마치 실제로 매매거래를 한 것처럼 가장하는 부정한 방법으로 증여세를 포탈하였다.

(라) 제3자인 임·직원 명의로 명의신탁하여 관리하고 있던 주식을 증여하면서

---

1) 대법원 2006.6.29. 선고 2004도817 판결.

명의수탁자인 임·직원과 수증자 사이에 직접 매매가 있었던 것처럼 허위의 매매계약서를 작성하는 부정한 방법으로 증여사실을 은닉하여 증여세를 포탈하였다.

(2) 이 사건이 조세포탈사건에 미친 영향

(가) 피고인의 부정행위 성립과 관련한 주장과 그에 대한 법원 판단

1) 명의신탁 주식에 대하여 매매계약과 대금지급까지를 가장한 증여행위

위 대표적 공소사실 (다)와 같이 명의수탁자와 수증자 사이에 직접 매매가 있었던 것처럼 허위의 매매계약서를 작성하고, 그 매매대금 상당액을 현금으로 각 입금시킨 후 전액 현금으로 인출하여 마치 매매대금을 지급하고 위 주식을 매입한 것처럼 위장한 행위에 대하여 피고인은 부정행위가 성립하지 않는다고 주장하였다. 이에 대해 법원은 "조세범처벌법 제9조 제1항 소정의 '사기 기타 부정한 행위'라 함은 조세의 부과와 징수를 불가능하게 하거나 현저히 곤란하게 하는 위계 기타 부정한 적극적인 행위를 말하는 것이고(대법원 1998.5.8. 선고 97도2429 판결, 2003.2.14. 선고 2001도3797 판결 등 참조), 이러한 사기 기타 부정한 행위로 조세를 포탈함으로써 성립하는 조세포탈범은 고의범이지 목적범은 아니므로 피고인에게 조세를 회피하거나 포탈할 목적까지 가질 것을 요하는 것이 아니며, 이러한 조세포탈죄에 있어서 범의가 있다고 함은 납세의무를 지는 사람이 자기의 행위가 사기 기타 부정한 행위에 해당하는 것을 인식하고 그 행위로 인하여 조세포탈의 결과가 발생한다는 사실을 인식하면서 부정행위를 감행하거나 하려고 하는 것이다(대법원 1999.4.9. 선고 98도667 판결 등 참조). 이 사건에서 피고인 1이 피고인 2로 하여금 이 사건 주식을 공소외 6이 공소외 7로부터 양수하는 것처럼 허위의 주식양도·양수계약서를 작성하게 하였을 뿐만 아니라, 나아가 양수대금을 실제로 지급하는 것처럼 송금하고 공소외 7의 주식양도차익에 대한 양도소득세와 공소외 6의 주식양수대금에 대한 증여세까지 자진신고·납부하게 함으로써 실질적인 매매인 것처럼 조작하여 주식이전에 대한 증여세의 부과·징수를 현저히 곤란하게 하는 사기 기타 부정한 방법으로 공소외 6에게 부과될 증여세를 포탈하였다는 이유로 이 부분 공소사실을 유죄로 인정한 조치는 옳다"고 판시하여 명의신탁 주식 증여행위의 부정행위 해당 요건사실에 대하여 구체적으로 설시하고 있다.

2) 부당행위계산부인으로 발생한 인정이자소득에 대한 부정행위 성립 여부

위 대표적 공소사실 (나)와 같은 부당행위계산부인에 대한 부정행위 성립과 관련하여 법원은 "조세범처벌법 제9조 제1항은 사기 기타 부정한 행위로써 조세를 포탈한 자는 조세포탈죄로 처벌하도록 규정하되, 같은 법 제9조의2 제1호는 법에 의한 소득금액결정에 있어서 세무회계와 기업회계와의 차이로 인하여 생긴 금액은 사기 기타 부정한 행위로 인하여 생긴 소득금액으로 보지 아니한다고 규정하고 있는바, 위 각 규정에 의하면, 법인세법상의 부당행위계산부인으로 인한 세무조정금액은 특별한 사정이 없는 한 위 제9조의2 제1호 소정의 세무회계와 기업회계와의 차이로 인하여 생긴 금액에 해당한다고 할 것이므로, 이는 사기 기타 부정한 행위로 인하여 생긴 소득금액에 해당하지 않는다 할 것이다. 이 사건 탈루소득금액은 위 각 무상대여를 특수관계인과의 거래로 인한 부당행위계산으로 부인하고 세무조정하여 법인세법에 의한 인정이자 및 지급이자 부인액을 소득금액에 포함시킴으로써 생긴 소득금액으로서, 조세범처벌법 제9조의2 제1호 소정의 세무회계와 기업회계와의 차이로 인하여 발생한 금액에 해당하고, 또 위와 같은 사정하에서 단지 특수관계인에 대한 대여사실을 감추기 위하여 매 사업연도 말에 대여금을 변제받은 것처럼 분개전표를 작성하고 그에 따라 결산장부를 정리한 행위만으로는 위 제9조의2 제1호의 적용을 배제하고 조세포탈에 해당한다고 볼 정도의 적극적인 부정한 행위가 있었다고 보기는 어렵다"고 판시하였다. 특수관계인에 대한 무상대여에 대한 부당행위계산부인으로 인한 세무조정금액은 기업회계와 세무회계 차이에서 발생한 소득으로서 부정행위로 인하여 발생한 소득에 해당하지 않고, 무상대여사실을 은닉하기 위해 대여금을 변제받은 것처럼 분개전표를 작성하고 결산장부를 정리한 행위만으로는 조세포탈을 위한 부정행위로 인정하기가 어렵다는 것이다.

(나) 검사의 부정행위 성립과 관련한 주장과 그에 대한 법원 판단

위 대표적 공소사실 (라)와 같이 제3자인 임·직원 명의신탁 주식에 대한 매매를 가장한 증여행위에 있어서 매매대금의 입·출금 조작 없이 매매계약서만 허위로 작성한 행위도 적극적 부정행위에 해당한다는 검사의 주장에 대하여, 항소심은 "명의신탁된 주식의 명의를 수증자의 명의로 변경하면서 실질적인 주주인 명의신탁자가 명의신탁주식을 회수하여 수증자에게 증여하는 형식을 취하지 아니하고 명의수탁자가 수증자에게 막바로 양도한 것처럼 주식양도계약서를 작성한 사실만 가지고는 사기 기타 부정한 행위로써 증여세를 포탈하였다고 단정하기는 어렵다"고 판시하여 이 부분 공소사실에 대하여 유죄를 선고한 제1심판결을 파기하고 무죄를 선고하였고, 대법원에서 그대로 확정되었다.

이 판결은 앞서 살펴본 위 (다)의 공소사실과 부정행위 해당 여부를 구분하여 판시함으로써 명의신탁주식의 매매를 가장한 증여행위의 경우에 있어서 적극적 부정행위 성립의 경계를 정하고 있다.

3. H언론사 K대표이사의 조세포탈 사건[2)]

(1) 대표적 공소사실 요지(법인세 및 증여세포탈)

(가) 임·직원으로 하여금 가공의 취재조사 자료비 지급품의서를 작성하거나, 실제 지출되지 않은 광고활동비를 지급된 것처럼 장부를 조작하고 회사 자금을 인출하거나, 회사에 입금시켜야 할 보험회사 이자배당금을 빼돌린 채 장부에 기재하지 않고 차명계좌에 관리하는 방법으로 소득을 누락·신고하여 법인세를 포탈하였다.

(나) 재단으로부터 그 재단 소유의 언론사 주식을 증여받았음에도 불구하고 마치 수증자들이 세법에 근거하여 그들 소유의 주식을 실명 전환한 것처럼 위장하여 증여사실을 은닉함으로써 증여세를 포탈하였다.

(다) 언론사 주식을 매수하였으나 명의개서는 하지 않은 상태에서 위 주식을 자녀에게 증여하고도, 증여사실을 숨긴 채 원래 매도인에게 명의신탁되어 있던 주식을 실제 소유자에게 명의 전환한 것처럼 가장하는 방법으로 증여사실을 은닉함으로써 증여세를 포탈하였다.

(라) 주식매수 대금을 증여하면서 차명계좌의 이용, 수표 등 현금 위장 또는 변칙적인 회계처리하는 방법으로 증여사실을 은닉함으로써 증여세를 포탈하였다.

(2) 이 사건이 조세포탈사건에 미친 영향

(가) 피고인의 부정행위 성립과 관련한 주장과 그에 대한 법원 판단

위 대표적 공소사실 (가)에 대하여 법원은 “이 사건 취재조사 자료비를 전용한 것에 그치지 아니하고 적극적으로 가공의 취재조사 자료비 지급품의서를 작성하고 거기에 맞추어 회계전표와 장부를 허위로 기재한 후 인출한 돈을 별도의 예금계좌에 관리하였고, 광고유치와 관련 없이 적극적으로 광고접대비 지급원장을 허위로 기재하고 광고활동비 명목으로 인출한 매월 일정금액을 별도의 예금계좌에

2) 대법원 2005.6.10. 선고 2003도5631 판결.

관리하면서 사적 용도에 사용하였으며, 보험회사로부터 보험 이자배당금을 지급받아 익금처리하지 않은 것에 그치지 아니하고 적극적으로 차명계좌 등 별도의 여러 예금계좌에 분산 입금하거나 순차 입금을 반복하는 등으로 은닉하여 관리한 행위는 부정행위에 해당한다"고 판시하여 소득 은닉의 방법으로 차명계좌 등 별도의 다수 예금계좌에 분산 입금하거나 순차 입금을 반복하는 행위는 적극적 부정행위에 해당한다고 하고 있다.

(나) 검사의 납세의무 성립과 관련한 주장과 그에 대한 법원 판단

위 대표적 공소사실 (나)에 대하여 법원은 "조세범처벌법 제9조 제1항 소정의 조세포탈죄는 납세의무자가 국가에 대하여 지고 있는 것으로 인정되는 일정액의 조세채무를 포탈한 것을 범죄로 보아 형벌을 과하는 것으로서, 조세포탈죄가 성립하기 위하여는 조세법률주의에 따라 세법이 정한 과세요건이 충족되어 조세채권이 성립하여야만 되는 것이므로, 세법이 납세의무자로 하여금 납세의무를 지도록 정한 과세요건이 구비되지 않는 한 조세채무가 성립하지 않음은 물론 조세포탈죄도 성립할 여지가 없는 것이다(대법원 1989.9.29. 선고 89도1356 판결 참조). 한편, 재단법인의 기본재산의 처분은 정관변경을 요하는 것이므로 주무관청의 허가가 없으면 그 처분행위는 물권계약으로 무효일 뿐 아니라 채권계약으로서도 무효이며(대법원 1974.6.11. 선고 73다1975 판결; 대법원 1991.5.28. 선고 90다8558 판결 등 참조), 증여를 원인으로 주권이 교부되고 명의개서 절차까지 완료되었다고 하더라도 그 원인이 된 증여행위가 부존재하거나 무효인 경우라면 그로 인한 재산 이전의 효력이 처음부터 발생하지 아니하므로 증여세의 과세대상이 될 수 없다고 할 것이다(대법원 1999.8.24. 선고 99두5962 판결 참조). 재단법인이 그 소유의 주식을 증여한 것은 재단법인의 기본재산의 처분에 해당하는데 위 주식의 양도에 대하여는 당시 주무관청인 문화관광부장관의 허가가 없었으므로 위 증여행위는 물권계약으로서뿐만 아니라 채권계약으로서도 무효이므로 위 주식을 취득할 수 없어 증여세를 납부할 의무도 없으므로 재단법인의 주식양도로 인한 증여세포탈의 점은 범죄사실의 증명이 없는 때에 해당한다"고 판시하여 과세요건 자체가 구비되지 않은 조세에 대하여는 납세의무가 없으므로 조세포탈죄가 성립하지 않는다고 하면서, 그에 대한 하나의 사례로 재단법인의 기본재산의 처분 당시 주무관청의 허가가 없으면 그 처분행위는 무효이어서 수증자가 주식을 취득할 수 없는 경우에 해당되어 증여세 납세의무가 없으므로 조세포탈죄도 성립할 수 없다고 하고 있다.

Ⅱ. A그룹 B회장 조세포탈 사건(2007년)

1. 배 경

A그룹 B회장은 건설업으로 시작하여 제조, 금융, 조선업을 넘어 언론으로까지 사업을 확장하였다. 그러던 중 여러 사업상 악재가 발생하여 이를 극복하는 과정에서 법인 자금을 개인통장 계좌에 분산·임의로 사용한 사실이 발견되어 업무상 횡령 등 혐의로 수사를 받게 되었다.

수사 결과 B회장은 계열 회사의 법인세 부담을 피하기 위하여 회계장부 등을 조작하는 방법으로 수백억원의 법인세를 포탈하고 회사자금을 횡령한 공소사실로 기소되어 제1심에서 징역형에 대하여는 집행유예를 선고받았고, 특정범죄가중처벌에관한법률위반(조세)의 경우에 위 징역형 이외에 필요적으로 병과되는 벌금으로 508억 원(환형유치[3] 204일, 1일 2억 5천만 원)을 선고 받았다. 항소심에서 징역형에 대하여는 제1심과 동일하게 선고받았고, 벌금은 254억 원(환형유치 51일, 1일 5억 원)으로 감형선고를 받았음에도 이에 불복하여 상고를 제기하였다.

이에 대하여 대법원이 상고기각 판결을 선고하자 즉시 벌금을 납부할 수 없었던 B회장은 해외로 도주하여 벌금미납으로 수배를 받게 되었다. B회장은 2년 넘게 해외도피생활을 마치고 귀국하여 벌금납부 대신 노역을 선택하면서 위와 같은 고액 벌금선고 사실과 환형유치 사실이 언론에 공개되면서 '황제노역'에 대한 공분이 일기 시작하였다. 이러한 비판여론을 의식한 검찰은 노역장 집행을 중단하고 그 사이에 구속집행일자에 산입되는 영장실질심사 1일과 노역장 유치기간인 5일 합하여 6일간 노역대가로 30억 원의 벌금을 공제하고 나머지는 벌금으로 납부하도록 하였다. 이것이 이른바 '황제노역사건'이다.

---

3) 벌금은 판결이 확정된 뒤 30일 내에 납부하는 것이 원칙으로 이 기간이 지나도록 벌금을 내지 않는 사람은 교도소 노역장에 유치되어 작업을 하도록 되어있다. 이것을 환형유치라고 한다. 이때 벌금액에 충당할 노동의 대가, 즉 '일당'이 얼마인지는 법원이 정하게 된다. 벌금형 판결문에 "피고인이 벌금을 내지 아니하는 경우에는 얼마(금액)를 1일로 환산한 기간 피고인을 노역장에 유치한다"고 기재하고 있다. 예를 들어 환형유치의 1일 환산 금액은 5만 원으로 하면 벌금 100만 원을 선고받고 벌금을 납부하지 않는다면 20일을 교도소에서 작업을 해야 한다. 노역장 유치는 교도소 생활과 동일하다. 단, 환형유치 기간은 3년을 넘을 수 없다(형법 제69조).

2. 공소사실 요지(법인세포탈)

계열 회사들의 수입 금액의 증가로 당기 순이익이 급증하여 납부하여야 할 법인세액이 급증하게 되자, 법인들에 대한 법인세 부담을 회피하기 위하여 공사원가 관련 전표를 허위로 전산 회계장부에 입력하는 고의적인 조작을 통하여 가공원가를 과대계상하여 소득을 감소시키는 부정한 방법으로 법인세를 포탈하였다.

3. 이 사건이 조세포탈사건에 미친 영향

(1) 법인세포탈에서 벌금형에 대한 선고유예 구형의 관행이 사라지는 계기가 된 사건

특정범죄가중처벌등에관한법률 제8조에 의하면 포탈세액이 연간 10억 원 이상인 경우에는 무기 또는 5년 이상 징역에 처하고, 포탈세액의 2~5배의 벌금형을 병과하도록 되어 있다. 이 사건의 경우 법인세포탈 금액이 508억 원으로 위 법규정에 의하면 원칙적으로 징역형 이외에 필요적으로 병과되는 벌금은 1,016억 원~2,540억 원 범위 내에서 정한 다음에 법률상감경 내지 작량감경을 하여 최종 선고형량을 결정해야 한다. 이와 같이 법인세포탈의 경우에 개인이 납부해야 하는 벌금이 너무 과도하게 커지는 경향이 있어서 이 판결 이전에는 법인세포탈과 별도로 부과된 법인세를 완납하거나 그에 부가적으로 발생한 업무상 횡령금액을 회사에 반납하였을 경우에는 검찰에서 법인세포탈에 대한 벌금형에 대하여는 너무 가혹하다는 생각에서 종종 벌금형과 함께 그에 대한 선고유예를 구형하였다.

이 사건에서 B회장도 법인에 부과된 법인세를 모두 납부하였고, 개인이 횡령한 금액을 모두 회사에 원상회복시켰다. 검찰은 이러한 정상 등을 고려하여 B회장에게 징역형 구형과 함께 벌금 1,016억 원을 구형함과 동시에 벌금형에 대하여는 선고유예를 구형하였다.

그러나 제1심 및 항소심 법원에서 벌금형에 대하여 검찰의 구형대로 선고유예를 하지 않고, 벌금액수에 대하여만 법률상감경 내지 작량감경하여 선고를 하게 되었고, 그 결과 황제노역과 같은 사태가 발생하게 된다. 이를 계기로 이러한 판결을 선고한 법원도 여론의 뭇매를 맞게 되고, 검찰 또한 벌금형에 대한 선고유예 구형을 함으로써 재벌에 대한 봐주기 구형을 하였다는 이유로 국민들의 비난을 받게 되었다. 검찰에서 이 사건 이후에는 법인세포탈죄 등에서 벌금형에 대하여 선고유예 구형을 하는 일부 관행은 사라지게 되었다.

(2) 노역장유치 제도 개선에 기여한 사건

앞서 살핀 바와 같이 황제노역에 대한 국민들의 비판이 거세지자 국회는 2014. 5.14. 고액벌금에 대하여 단기의 노역장 유치를 하지 못하도록 형법을 개정하였다. 고액 벌금형 선고시 환형유치기간의 하한을 정하는 조항을 신설하였다. 즉 벌금액수가 1억 원 이상 5억 원 미만일 때는 300일 이상, 5억 원 이상 50억 원 미만일 때에는 500일 이상, 50억 원 이상인 때에는 1,000일 이상의 환형유치기간이 되어야 한다고 명문화하였다(형법 제70조).

이 법인세포탈 사건은 법인세포탈 그 자체보다는 노역장 유치제도의 개선에 큰 영향을 끼친 사건이었다. 그 배경에는 특정범죄가중처벌등에관한법률에 규정된 조세포탈범행에 대하여 필요적으로 병과되는 벌금 법정형이 너무 높았던 것이 그 하나의 원인이 되었다.

Ⅲ. C그룹 D회장 조세포탈 사건(2008년)[4]

1. 배 경

2008년 중순경 국세청에서 C그룹에 대한 세무조사를 실시했다. 이 과정에서 농협 로비 사건이 수면 위에 떠오르게 되었다. 농협이 S증권을 인수하는 과정에서 로비자금이 전달되었고, S증권 주식투자를 통해 시세차익을 크게 남긴 C그룹 D회장이 로비에 깊이 관여한 정황이 있다는 것이었다. 또한 D회장에게는 농협의 자회사인 H사를 시세보다 헐값에 인수하는 특혜를 받았다는 의혹도 제기되었다. 국세청은 세무조사 결과 D회장을 수사기관에 고발하였다.

수사기관은 이와 별도로 D회장의 S증권 주가조작, H사 헐값 인수 로비 등에 대한 제보를 받아 내사를 진행하던 중 국세청 고발이 있게 되자 본격 수사에 착수하였다. 수사결과 H사 인수를 위해 농협 회장에게 뇌물을 건네고 수백억원 대의 세금을 포탈한 혐의로 D회장이 구속되었다. 계속된 수사 과정에서 D회장은 거액의 비자금을 조성하여 정치권 인사들에게 뇌물을 주었다고 진술하면서 대규모

---

4) 대법원 2011.10.13. 선고 2011도8478 판결(원심판결: 서울고등법원 2010.1.8. 선고 2009노2487 판결).

정관계 로비사건으로 확대되어 속칭 'E게이트'로 비화되었다.

그 과정에서 수사기관은 D회장이 N전 대통령에게 뇌물을 제공하였다는 혐의에 대한 수사에 착수하였고, N전 대통령은 수사기관 조사를 받던 중에 자살을 하여 해당 사건은 '공소권 없음'으로 종결 처리되는 비극이 발생하였다.

2. 대표적 공소사실 요지(종합소득세 및 양도소득세포탈)

(1) 홍콩 SPC인 A법인 관련 종합소득세포탈

조세피난처인 홍콩에 A라는 현지 법인을 설립한 후 사실은 공소외 A3주식회사에서 공소외 A1주식회사와 공소외 A2유한공사에 직접 원자재를 납품하였음에도 불구하고 마치 A법인이 공소외 A3주식회사로부터 원자재를 구입하여 다시 공소외 A1주식회사와 공소외 A2유한공사에 판매하는 것처럼 거래단계를 조작하여 A법인에 이익을 이전하고, 그 배당은 A법인에서 공소외 A7과 그의 딸 공소외 A8에게 주주배당을 하는 것처럼 가장하여 지급함으로써 배당소득을 은닉하는 방법으로 종합소득세를 포탈하였다.

이 부분 공소사실에 대한 간략한 범죄 체계도는 아래와 같다.

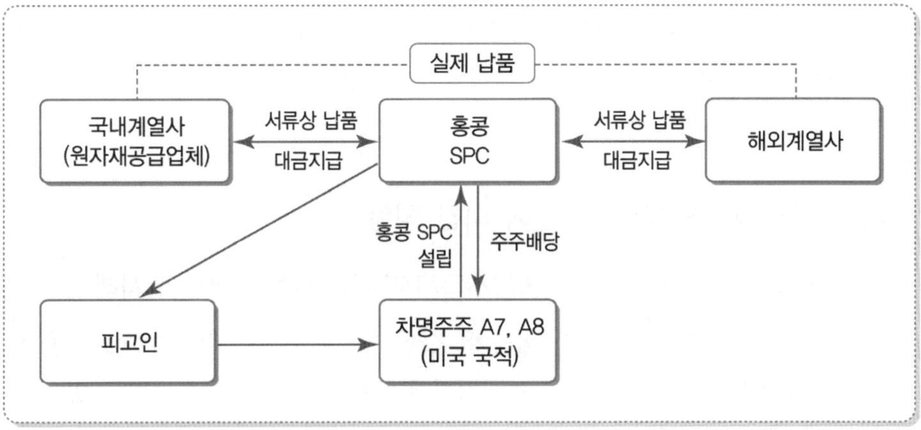

- 서류상 거래단계를 조작하여 홍콩 SPC에 거래중개 이익으로 약 5,500만 달러를 이전함.
- 홍콩 SPC는 차명주주에게 배당하는 것처럼 가장하여 피고인에게 입금함.
- 홍콩 SPC 설립하여 거래단계 조작 및 주주를 위장한 것을 사기 기타 부정한

행위로 보았음.

(2) S증권 주식매매 양도소득세포탈

거액의 시세차익을 얻기 위해 S증권 주식을 대량으로 매수·매도하려고 계획하였으나, 피고인과 그 특수관계인인 처 공소외 A9는 2005.6.28. 위 S증권 주식을 발행주식 총수의 3퍼센트 이상을 이미 소유하고 있어 그 시세차익에 대하여 거액의 양도소득세가 부과될 것을 우려하여 차명계좌인 공소외 A7, A8 명의를 이용하여 S증권 주식을 매수·매도함으로써 백억이 넘는 주식매수·매도에 따른 시세차익을 얻었음에도 피고인이 마치 대주주 양도소득세 요건이 되지 않는 3퍼센트 미만 및 시가총액 100억 원 미만의 주식을 보유한 것처럼 가장함으로써 수십억 상당의 양도소득세를 포탈하였다.

(3) F주식회사 주식매매 양도소득세포탈

피고인은 F주식회사의 주식을 인수하여 경영권을 확보하기로 계획한 상태에서, 미리 위 F주식회사 주식을 매수하였다가 경영권 인수 후 매도하여 시세차익을 얻더라도 법령이 정한 양도소득세 부과대상인 대주주로서 소유한 주식이 아닌 것처럼 가장하기 위하여 공소외 A7 및 A8의 명의를 빌려 차명으로 주식을 매수하여 위 회사의 실질적 대주주가 되었다. 피고인은 그 이후에 위와 같이 차명으로 취득한 위 F주식회사 주식을 매도하여 수십억 원 상당 양도차익을 얻었음에도 그에 대한 소득신고를 하지 않아 양도소득세를 포탈하였다.

3. 이 사건이 조세포탈 사건에 미친 영향

(1) 조세피난처 SPC 이용한 종합소득세포탈을 인정한 대표적 사례

이 사건은 해외 SPC를 이용한 초창기 조세포탈 사건으로 해외 SPC에 대한 법인으로서 실체를 부인하지 않고서도 실질과세의 원칙을 적용하여 배후에 있는 개인을 소득귀속자의 지위로 인정하여 종합소득세포탈을 인정한 대표적 사건으로서 의미가 있는 사건이다.

이 사건 이후의 SPC 관련 사건에서 조세피난처 SPC의 소득귀속자의 지위 및 그 법인의 실체에 대하여는 거의 예외 없이 인정하여 오고 있다. 이 사건에서 홍콩 SPC인 A법인이 취득한 부당한 이익에 대하여 피고인은 종국적으로 차명주주배당을 받아 자신이 관리하는 홍콩의 현지 계좌 이체를 통하여 취득하였다.

법원은 피고인이 배당받는 과정에서 마치 홍콩 SPC인 A법인의 미국 국적의 차명주주가 배당받는 것처럼 가장하여 배당소득 귀속을 은닉한 행위에 대하여 부정행위를 인정하여 종합소득세포탈을 유죄로 인정한 드문 사례이다.

(2) 대주주가 아닌 것처럼 가장한 실제 대주주의 주식거래 행위

피고인은 S증권, F주식회사 등의 주식을 대량으로 매수·매도하면서 타인 명의로 개설한 주식위탁계좌를 통해 매수·매도하는 방법으로 법령이 정한 대주주로서 소유한 주식이 아닌 것처럼 가장·은닉한 행위를 부정행위로 보아 대주주 양도소득세포탈죄를 인정하고 있다.

Ⅳ. D섬유 A회장 조세포탈 사건(2009년)[5)]

1. 배　　경

N전 대통령 재임하던 시절에 D섬유 A회장은 N전 대통령을 대신하여 가난한 측근들에게 생활비를 대주는 등의 활동을 한 것으로 소문이 나 있었다. N전 대통령 퇴임 후에 N전 대통령 주변 비리에 대해 내사를 하는 수사기관 입장에서는 A회장은 당연히 최우선 대상이었다. 내사진행 중 다른 벤처기업 비리수사 과정에 D섬유의 관련 부분이 확인되면서 A회장에 대하여 본격적인 수사에 착수하였다.

수사 결과 구속된 A회장은 표적수사 대상인 N전 대통령에 대한 진술을 거부하여 검찰이 해당 진술을 확보하기 위하여 자신에 대한 별건수사를 진행하여 구속시킨 것이라고 주장하며 수사에 강력하게 반발한다. 검찰은 범죄첩보가 있는데 수사하지 않는다면 직무유기이고, 수사 중 별도 범죄혐의가 드러나면 이 또한 당연히 수사해야 하므로 별건수사가 아니라고 주장하며 억울하다는 입장이었다. 그러나 최종 수사결과 A회장과 N전 대통령 사이의 비리는 발견되지 않았다.

그러던 중 앞서 설명한 C그룹 D회장 조세포탈 사건 수사가 시작되면서 이 사건은 뒤로 밀리고 N전 대통령과 D회장에 대한 본격적인 수사가 진행되었다. 검찰수사가 정권교체 시기에 이루어지면 위와 같이 표적·별건수사 논란에 빠져 수사의 공정성은 의심받는 경우가 많다. 그러나 정권교체 시기에는 전 정권에서 특혜

---

5) 대법원 2012.5.24. 선고 2010도8614 판결(원심판결: 대전고등법원 2010.6.18. 선고 2009노491 판결).

를 누렸다고 의심받는 기업들과 그들에 대한 비호의혹이 있는 정치인과 공직자들에 대한 관련 정보가 많이 양산되어 수사기관 입장에서는 수사하지 않을 수 없는 측면도 있다.

2. 공소사실 요지(법인세포탈)

주주임원에 대한 단기 대여금 형식으로 회삿돈 수십억원을 빼내서 회계장부상 비용 과다계상 등으로 허위변제 처리하는 부정한 방법으로 법인세를 포탈하였다.

3. 이 사건이 조세포탈사건에 미친 영향

이 사건은 회사 돈인 횡령자금의 사용처가 밝혀지지 않고 조세포탈 액수가 상당한 규모이고 사후에 회사로부터 대여금 형식으로 처리하고서도 합법적인 것처럼 변칙으로 회계처리한 사실 등이 입증되어 부정행위가 인정됨에 따라 어렵지 않게 유죄로 인정되었기 때문에 조세포탈사건 판례에 끼친 영향은 크지 않다.

다만, A회장의 경우에는 물론 정치적인 이유는 있었지만 2003년도에 조세포탈 등 혐의로 유죄판결을 받고, 또 다시 조세포탈죄로 유죄판결을 받는 등 그 범죄입증이 상대적으로 용이한 조세포탈죄가 특별수사의 단골 범죄유형으로 자리잡아 가는 시기에 있어서 발생한 또 하나의 조세포탈사건으로서 의의가 있다.

Ⅴ. A그룹 M회장 조세포탈 사건(2009년)[6]

1. 배　경

1996년도에 발생한 B회사 전환사채 편법증여 사건[7]은 A그룹 승계구도를 합법화시킨 사건이라는 부정적 인식이 퍼지면서 M회장 등에 대한 비판 여론이 일어나게 되었다. 이에 B회사에 대한 전·현직 임원들이 업무상 배임 혐의로 조사를 받게 되었는데 혐의입증이 안 되어 무혐의 처리가 되었다.

---

6) 대법원 2009.5.29. 선고 2008도9436 판결.

7) B회사는 비상장회사로 법원 재판 과정에서는 전환사채를 주식으로 전환하면 예상되는 가격은 최소한으로 산정해도 주당 1만 4,825원이 예상되었음에도 이사회 결의를 통하여 전환사채를 7,700원에 기존 주주들에게 발행하였으나 기존 주주였던 S계열사 등이 일제히 권리를 포기하고 제3자 배정방식으로 M회장의 자녀가 7,700원에 배당받은 사건이다.

그러던 중 A그룹에서 비자금을 조성하여 정기적으로 공무원들에게 지급하여 관리하였다는 폭로가 이어져 검찰에서는 이를 수사하기 위한 A그룹 특별수사감찰본부가 설치되어 전방위 수사를 진행하였다. 특별수사감찰본부는 A그룹 계열사 압수수색을 통하여 A그룹 M회장의 자금이 A그룹 임·직원들의 차명으로 관리되고 있다는 사실을 확인하였다.

이 무렵 정치권에서는 이 사건을 수사하기 위한 특별검사를 임명하여, 특별검사가 특별수사감찰본부의 자료를 이첩받아 수사를 진행하도록 하였다. 특별검사의 수사대상은 A그룹의 지배권 승계와 관련된 수사 및 재판 과정에 있어서의 불법행위 의혹과 수사 방치 의혹을 받고 있던 고소·고발사건, A그룹 불법로비와 관련하여 불법비자금을 조성한 경위와 그 비자금이 정치권 등에 대한 로비자금으로 사용되었다는 의혹사건 등이었다.

특별검사는 특별수사감찰본부가 수사 초기에 적발한 비자금은 M회장이 선대로부터 증여받은 자금으로 A그룹 임·직원 명의의 차명계좌 수백개로 분산·관리하면서 계열사 주식들을 매수·매도하는 과정에서 대주주 양도소득세 해당사실에 대하여 은닉한 사실을 확인하고 M회장 등 4명을 특정범죄가중처벌등에관한법률위반(조세) 등으로 공소제기하였다.

2. 공소사실 요지

A그룹 계열사의 주식에 대하여 친족 기타 특수관계인과 함께 3% 이상 소유하거나 회사별 소유 주식의 시가총액이 각 100억 원 이상인 대주주의 경우에는 주식매도에 따른 양도차익에 대하여 양도소득세를 신고·납부하여야 함에도 불구하고 A그룹 전·현직 임원 명의의 차명 증권위탁계좌 수백개를 이용하여 M회장 소유의 계열사 주식 수백만주를 매수·매도하여 양도차익이 발생하였음에도 M회장 본인이 아닌 A그룹 계열사 임·직원 등의 차명계좌로 거래함으로써 대주주 양도소득세 과세대상인 사실 및 주식 양도 차익을 은닉하여 과세관청에 포착되기 어렵게 하고 그 주식거래로 인한 소득을 신고하지 아니하여 부정한 행위로써 양도소득세를 포탈하였다.

3. 이 사건이 조세포탈사건에 끼친 영향

(1) 차명계좌를 이용한 조세포탈의 경우 구체적 부정행위 성립기준 제시

다수의 차명계좌의 이용이 문제된 이 사건에서 법원은 "조세범처벌법 제9조, 특정범죄가중처벌등에관한법률 제8조에 규정된 조세포탈죄의 사기 기타 부정한 행위는 조세의 포탈을 가능하게 하는 행위로서 사회통념상 부정이라고 인정되는 행위, 즉 조세의 부과징수를 불가능하게 하거나 현저히 곤란하게 할 정도의 위계 기타 부정한 적극적 행위를 말하고 다른 어떤 행위를 수반함이 없이 단순히 세법상의 신고를 하지 아니하는 경우에는 여기에 해당하지 아니한다(대법원 2005.6.23. 선고 2004도5649 판결; 대법원 2007.10.11. 선고 2007도5577 판결 등 참조). 그리고 일반적으로 다른 사람 명의의 예금계좌를 빌려 예금하였다는 사실만으로 구체적 행위의 동기, 경위 등 정황을 떠나 어느 경우에나 적극적인 소득은닉 행위가 된다고 단정할 것은 아니라 할 것이지만, 차명계좌의 예입에 의한 은닉행위에 있어서도 여러 곳의 차명계좌에 분산 입금한다거나 순차 다른 차명계좌에의 입금을 반복하거나 단 1회의 예입이라도 그 명의자와의 특수한 관계 때문에 은닉의 효과가 현저해지는 등으로 적극적 은닉의도가 나타나는 사정이 덧붙여진 경우에는 조세의 부과징수를 불능 또는 현저히 곤란하게 만든 것으로 인정할 수 있겠으나(대법원 1999.4.9. 선고 98도667 판결 등 참조), 이러한 행위가 사기 기타 부정한 행위에 해당하는지 여부는 조세납부의무의 존재를 당연히 전제로 하는 것이다"라고 판시하여 단순한 차명계좌 이용만으로는 부정행위에 해당하지 아니하고, 다수의 차명계좌에 분산 입금한다거나 순차 다른 차명계좌에의 입금을 반복하거나 단 1회의 예입이라도 그 명의자와의 특수한 관계 때문에 은닉의 효과가 현저해지는 등으로 적극적 은닉의도가 나타나는 사정이 덧붙여진 경우에 한하여 부정행위가 성립된다고 하여 차명계좌를 이용한 조세포탈의 경우에 발생할 수 있는 구체적 부정행위 유형들을 비교적 상세하게 제시하고 있다.

(2) 과세대상이 되기 전(1999.1.1.)에 취득한 차명주식의 과세규정 시행 후 양도행위

또한 이 사건에서는 대주주 양도소득세 제도의 시행 전·후 시점에 있어서 과세대상에 대한 인식 여부와 관련하여 부정행위 성립 내지 고의 존재 여부가 문제되었다.

이에 대하여 법원은 "M회장이 1998.12.31. 이전에 차명계좌를 이용하여 주식을 취득할 당시에는 대주주의 상장주식 양도로 인한 양도소득세 납세의무에 대하여 예견할 수 없었고, 상장주식 양도소득세 과세규정이 시행된 1999.1.1. 이후에 그 주식을 차명계좌에 보유하다가 매도하는 행위가 있었을 뿐이므로, 양도소득세 과세대상에 해당하는 점과는 별도로 조세포탈죄의 사기 기타 부정한 행위라고 볼 수 없다"고 판시하여 1998.12.31. 이전에 차명계좌를 통하여 주식을 취득할 당시에는 대주주의 상장주식 양도로 인한 양도소득세 납세의무에 대하여 예견할 수 없었으므로, 과세규정 시행 이후에 매도를 하였다고 하더라도 조세포탈에 대한 고의 내지 부정행위가 없었다는 이유로 무죄를 선고하였다.

(3) 과세대상되기 전(1999.1.1.)에 취득한 차명주식의 과세규정 시행 이후에 배정된 무상주 양도행위

참고로 이 사건 이후에 선고된 다른 회사의 대주주 양도소득세포탈사건에서 법원은 "피고인이 과세규정이 시행되기 전에 차명으로 주식을 취득하고, 과세규정이 시행된 이후 주식배당 및 자산재평가적립금의 자본전입이 이루어져 차명주식에 대하여 무상주를 배정받아 그 무상주를 양도하고도 양도소득세를 납부하지 않은 사안에서, 기존 주식의 취득 당시에는 조세납부의무가 없었으므로 대주주의 상장주식 양도로 인한 양도소득세 납세의무에 대하여 예견할 수 없었고, 자산재평가적립금 등 자본준비금이나 이익잉여금을 자본에 전입하여 무상주가 배정되는 경우에는 발행법인의 순자산이나 이익 및 주주의 지분비율, 실질적인 재산적 가치에는 아무런 변화가 없으므로, 취득 당시 과세대상이 아닌 기존 주식이 과세대상으로 전환된 후에 그 기존 주식에 관하여 자산재평가적립금이나 이익잉여금의 자본전입에 따른 무상주가 배정되었다고 하여 새로운 사기 기타 부정한 행위가 있었다고 볼 수 없으므로, 위 무상주를 양도함으로써 얻은 양도소득에 대하여 별도의 조세포탈죄가 성립하지 아니한다. 다만, 과세규정 시행 이후 차명으로 주식을 취득하고 그 차명주식에 대하여 주식배당 및 자산재평가적립금의 자본전입이 이루어져 무상주가 배정된 경우, 기존 주식에 대하여 사기 기타 부정한 행위가 인정되는 이상 자산재평가적립금이나 이익잉여금의 자본전입으로 기존 주식의 보유 비율에 따라 무상주가 배정되었다고 하더라도 그 무상주의 양도로 인한 포탈세액은 기존 주식의 취득으로 인하여 생겨난 것이므로, 이러한 무상주의 양도로 인한 양도소득세도 포탈세액에 포함된다고 할 것이다"라고 판시[8]하였다.

이에 따라 당초 차명 주식의 최초 취득시점이 대주주 양도소득세 과세규정 시행(1999.1.1.) 전·후 시점 중 어느 시점인지 여부에 따라 그로부터 파생된 무상주 양도에 따른 양도소득에 대한 대주주 양도소득세포탈죄 성립 여부가 결정된다고 하고 있다.

Ⅵ. H그룹 C회장 조세포탈 사건(2010년)

1. 배 경

금융감독원에서 H그룹 비자금 의심 차명계좌 5개를 발견하여 수사기관에 그 자금출처와 사용처에 대한 수사를 의뢰하면서 수사가 시작되었다. 수사기관에서는 이 수사의뢰에 관련 첩보를 더하여 그룹 전체에 대한 전면 수사로 확대하자 H그룹에서는 조직적으로 수사에 항의하면서 수사기관과 H그룹 사이의 갈등상태에서 5개월 동안 수사가 진행되었다.

수사기관에서는 H그룹에 대한 수사는 차명비리와의 싸움이라고 하면서 관련자들을 소환조사하고, 압수수색을 10여회 넘게 실시하였으며, 금융계좌에 대한 추적도 20여회 정도 실시하였다. 수사과정에서 과잉수사 주장이 계속되었지만 수사기관에서는 H그룹 C회장 등 임·직원 11명을 특정경제범죄가중처벌등에관한법률위반(업무상 횡령 등) 및 특정범죄가중처벌등에관한법률위반(조세) 등으로 불구속 구공판하였다.

2. 대표적 공소사실 요지(대주주 양도소득세포탈)

H그룹 내에 C회장 보유 자산을 관리하는 별도 관재팀을 두어 C회장 일가의 재산을 수백개의 차명계좌에 분산관리하면서 3개 계열사의 주식을 차명으로 매수·매도하여 대주주 양도소득세 과세대상인 사실과 양도차익을 은닉하여 양도소득세를 포탈하였다.

3. 이 사건이 조세포탈사건에 미친 영향

C회장은 이 사건 수사 2~3년 전에 이 사건과 별도의 사건에서 위와 같은 임·

---

8) 대법원 2015.9.10. 선고 2014도12619 판결.

직원 차명계좌 일부가 적발되어 과세관청으로부터 차명주식 운용에 따른 양도소득세 부과처분을 받았었다. 그러한 사실이 있었음에도 계속하여 일부 차명계좌를 운영한 데 대하여 검찰은 대주주 양도소득세포탈을 적용하여 처벌하였다.

이 사건과 함께 앞서 살펴본 A그룹 M회장 사건 등을 계기로 검찰에서는 그룹 회장의 비자금 수사를 하게 되면 거의 예외 없이 차명주식 등 차명자산을 밝혀내서 양도소득세포탈 등으로 형사처벌을 하여 오고 있다.

Ⅶ. H제약회사 A대표이사 조세포탈 사건(2010년)[9]

1. 배 경

의약품 산업은 제약회사의 최종 생산품인 의약품이 최종 소비자인 환자에게 바로 판매되지 않고 의료기관이라는 중간 매개체를 통해서 판매되는 구조이다. 처방전이 필요한 전문의약품의 경우 환자는 의사가 처방해 준 처방전 내용대로만 의약품 소비가 가능하다. 이로 인하여 대부분 약의 선택권은 최종 소비자인 환자에게 있지 않고 중간 매개체에 해당하는 의사와 약사에게 있게 된다.

제약회사 입장에서는 아무리 좋은 약을 만들어도 의사나 약사가 환자에게 조제해 주지 않는다면 매출이 발생할 수 없기 때문에 [제약회사 – 병원(의사) – 약국(약사)] 사이를 연결하는 리베이트 구조를 활용하지 않을 수 없다. 이처럼 상시화되어 있던 의약품 리베이트 관행을 뿌리뽑기 위하여 의약품에 대한 리베이트 쌍벌제를 도입하였다.

의약품 리베이트 쌍벌제는 리베이트를 주는 사람과 받는 사람을 모두 처벌하는 규정이다. 판매 촉진을 목적으로 한 금전, 물품, 편익, 노무, 향응 등 각종 리베이트를 준 사람은 물론, 리베이트를 받은 의료인도 처벌하는 제도로 지난 2010.11.부터 시행되어 왔다.

리베이트 쌍벌제 시행 후 수천여명에 이르는 의·약사가 리베이트 수수 혐의로 수사가 되었지만, 실제 처벌로 이어지는 경우는 소수에 불과한 것으로 나타났다. 의사의 경우에 금고 이상의 형이 확정되면 의료법에 따라 의사면허를 취소당하게 되어 있어서 리베이트 교부 및 수수 행위가 인적 관계를 바탕으로 은밀하게 이루어져 그 처벌에 이르기까지 혐의입증이 쉽지 않기 때문이다.

---

9) 대법원 2015.1.29. 선고 2011도13730 판결.

대기업 계열사였던 H제약회사도 이러한 리베이트 관행에서 자유로울 수가 없어서 의사 등에게 수백억 원 상당의 리베이트를 제공하게 되었다. 이 사건은 식약처 조사 사실이 언론보도로 공개되면서 수사로 이어졌다.

2. 공소사실 요지

H제약회사는 의약품 제조·판매 등을 목적으로 설립된 법인으로, A대표이사는 H제약회사 의약품의 판매를 늘리기 위하여 자사제품 사용에 대한 사례금 명목으로 거래 병·의원, 약국 등에게 법령상 금지되는 리베이트를 제공하였다. 위 리베이트로 제공되는 자금 중 접대비 한도를 초과하는 자금은 세무회계상 손금으로 인정받을 수 없다는 점을 잘 알면서도 리베이트로 지출한 자금 중 법인세법상 접대비 한도를 초과하는 금액에 대하여는 전액 손금으로 산입되는 각종 비용 항목에 나누어 계상하여 회계처리하고, 그 회계처리 내용이 사실인 것처럼 관련 지출에 대한 증빙으로 허위 내용의 경비청구서 및 영수증 등을 첨부한 지출결의서 또는 관련 장부를 작성하는 부정한 방법으로 소득을 누락하여 신고함으로써 법인세를 포탈하였다.

3. 이 사건이 조세포탈 사건에 미친 영향

(1) 의약품 리베이트는 접대비가 아닌 반사회질서에 위배되는 위법비용으로 전액 손금 불산입

의약품 리베이트로 제공되는 비용의 법적 성격에 대하여, 법원은 "의약품 도매상이 약국 등 개설자에게 금전을 제공하는 것이 약사법 등 관계 법령에 따라 금지된 행위가 아니라고 하여 곧바로 사회질서에 위반하여 지출된 비용이 아니라고 단정할 수는 없고, 그것이 사회질서에 위반하여 지출된 비용에 해당하는지 여부는 그러한 지출을 허용하는 경우 야기되는 부작용, 그리고 국민의 보건과 직결되는 의약품의 공정한 유통과 거래에 미칠 영향, 이에 대한 사회적 비난의 정도, 규제의 필요성과 향후 법령상 금지될 가능성, 상관행과 선량한 풍속 등 제반 사정을 종합적으로 고려하여 사회통념에 따라 합리적으로 판단하여야 한다. 의약품 도매상이 약국 등 개설자에게 의약품 판매촉진의 목적으로 이른바 '리베이트'라고 불리는 금전을 지급하는 것은 약사법 등 관계 법령이 이를 명시적으로 금지하고 있지 않더라도 사회질서에 위반하여 지출된 것에 해당하여 그 비용은 손금에 산입할 수 없다고 보아야 한다"고 판시하여 그 이전에 접대비 항목으로 의율하여 처리하던 의약품 리베이트 비용의 성격에 대하여 전액 손금처리가 불가능한 반사회적 위법비용에 해당한다고 재차 확인하면서 리베이트 금액 전체에 대하여 법인세포탈을 인정하였다.

(2) 세무공무원 조사곤란성과 부정행위 성립 여부

이 사건 공소사실 중 회사의 자금을 병·의원 및 약국에 리베이트 명목으로 지출한 후 그 지출한 자금 중 법인세법상 접대비 한도를 초과하는 금액을 손금으로 인정받기 위하여 전액 손금으로 산입되는 각종 비용 항목에 나누어 계상하고 그 지출에 대한 증빙으로 조잡한 허위의 경비청구서 및 영수증 등을 첨부해 놓은 구체적 행위들에 대하여 본건 세무조사 과정에서 조사공무원이 이러한 부정행위의 적발을 용이하게 할 수 있었는지 여부에 대한 판단을 다르게 함으로써 구 조세범처벌법 제9조 제1항이 규정하는 '사기 기타 부정한 행위'의 해당 여부에 대한 제1심과 항소심은 그 견해를 달리 하였다.

이에 대하여 대법원은 "이 사건에서 ① 피고인들은 H제약회사가 2년에 걸쳐 적어도 수백억원을 병·의원 및 약국에 리베이트로 지출하였다고 진술한 사실, ② 피고인들은 그와 같이 지출한 리베이트 비용에 관하여 회계처리를 하면서 이를 법인세법상 전액 손금으로 산입되는 시장조사비, 홍보비, 복리후생비, 소모품비, 여비교통비 등 리베이트 성격과는 동 떨어진 판매비 및 관리비 항목에 지출한 것처럼 경비청구서를 작성하도록 한 사실, ③ 나아가 경비청구서에 리베이트 지출과는 무관한 간이영수증, 현금영수증 및 상품권 구매를 증빙하는 영수증 등 그 지출에 관한 일부 허위의 증빙서류를 첨부한 사실, ④ 그 과정에서 피고인들은 본사 직원 및 각 지점의 영업사원들로 하여금 가능한 많은 액수의 허위 영수증 등 증빙서류를 첨부하도록 지시하고 그 이행을 수시로 독려한 사실, ⑤ 그 후 H제약회사는 리베이트를 판매비 및 관리비 항목에 지출한 것처럼 허위로 작성한 경비청구서를 기초로 총계정원장 및 표준손익계산서를 작성한 다음, 위와 같은 경위로 작성한 표준손익계산서를 법인세 신고서류로 첨부하고 이에 맞추어 법인세를 신고한 사실, ⑥ 경비청구서에 첨부된 영수증 등 증빙서류가 경비청구서의 금액에 현저히 미치지 못하거나 그 경비의 명목과 일치하지 않고 경비의 지출이 아닌 단순한 구매 영수증이 첨부되었다고는 하지만, 세무공무원 5명이 동원된 이 사건 리베이트에 관한 범칙조사 과정에서 그 조사대상인 경비청구서의 양이 매우 방대하여 전수 조사를 하는 것이 불가능함에 따라 각 1개월 분량의 경비청구서를 표본으로 추출하여 조사 할 수밖에 없었고, 세무조사를 담당한 B세무서는 2009.12.10. 범칙조사에 착수하여 2010.1.8.에야 피고인들을 조세포탈 혐의로 수사기관에 고발하고, 그 후에도 2010.2.12.경까지 계속하여 범칙조사를 진행한 사실을 알 수 있다.

이러한 사실관계를 통하여 알 수 있는 다음과 같은 사정, 즉 ① H제약회사의 병·의원 및 약국에 대한 리베이트 지출행위는 그 자체로 형사처벌의 대상이 되는 위법한 행위인 점, ② 그럼에도 피고인들은 리베이트로 지출한 비용 전액을 손금으로 산입되는 각종 항목에 분산하여 계상하였으므로 이는 법인세를 포탈하려는 의도임이 명백한 점, ③ 피고인들은 리베이트 금액 전체에 관한 허위의 경비청구서를 작성하였을 뿐만 아니라 그 지출을 증빙하기 위한 의도로 허위의 영수증까지 일부 첨부하였는데 관련자들의 진술 등에 비추어 경비청구서에 첨부된 영수증 등 증빙서류의 비율이 전체 리베이트 금액의 2~3%에 불과하다고 단정할 수 없는 점, ④ 리베이트 지출을 은폐하기 위한 허위의 경비청구서와 영수증 등의 작성 및 수집을 위하여 본사 직원과 각 지점 영업사원들이 조직적으로 동원된 점, ⑤ 리베이트를 지출한 기간 및 그 규모와 이를 적발하기 위한 범칙조사에 동원된 세무공무원의 인원 및 범칙조사 기간 등에 비추어 리베이트 비용의 적발이 매우 용이하였다고 단정하기 어려운 점 등을 종합하여 보면, 피고인들의 위와 같은 행위는 법인세를 포탈하겠다는 적극적 은닉의도 하에 이루어진 것으로서 조세의 부과와 징수를 불가능하게 하거나 현저히 곤란하게 하는 위계 기타 부정한 적극적 행위에 해당한다고 보기에 충분하다"고 판시[10]하여 법인세포탈을 위한 회사 임·직원의 조직적 은폐 행위들에 대하여 한정된 세무조사 기간 내에 세무공무원 몇 명이 그러한 은폐 사실들을 쉽게 적발할 수 있는지 여부 등에 대하여 최초로 구체적이면서 종합적으로 판단함으로써 조세포탈에 있어서 부정행위에 대한 개념을 그 이전보다 훨씬 명확하게 한 사례로서 의미가 있는 사건이다.

---

10) 대법원 2015.1.29. 선고 2011도13730 판결.

제4절 2010년대 특별수사 대상이 되었던 조세포탈 사건들

Ⅰ. 완구업체 P회장 역외탈세 사건(2011년)[1)]

1. 배　　경

역외탈세란 경제가 발달하고 외환거래의 자유화, 글로벌화에 따른 외국과 다양한 형태의 거래가 다수 발생함에 따라 이러한 거래들을 이용하여 자산가들이 세금을 내지 않고 소득 또는 자산을 해외로 내보내거나, 해외에서 발생한 소득을 신고하지 않고 조세피난처에 SPC를 설립하여 소득을 은닉하는 방법 등으로 해외에서 조세를 탈루하는 것을 말한다.

역외탈세는 주로 조세피난처에 SPC를 설립하고 그 SPC 주주를 차명으로 하는 방식 등으로 은밀하고 치밀하게 이루어져 납세자와 과세관청 사이의 정보비대칭이 현저하게 존재하는 분야이다. 이러한 역외탈세 범죄들에 대하여 2010년경부터 과세관청에서는 대대적인 세무조사를 하고 적극적으로 고발까지 하면서 세간에 많은 관심을 불러 일으켰다.

역외탈세 사건 수사는 그 본질적인 특성상 핵심 증거가 해외에 다수 소재하고 있다. 회계사, 세무사, 변호사 등 전문가의 조력을 받아 장기간 다수의 복잡한 거

1) 대법원 2018.11.9. 선고 2014도9026 판결.

래를 통하여 거래구조를 왜곡하고, 과세당국과 검찰의 수사에 대비하여 관련자료를 미리 폐기, 은닉하는 경우가 많아 조사도 쉽지 않다. 반면에 탈루금액이 천문학적 액수에 달하여 과세관청 입장에서는 국가의 세수확보에 많은 도움이 된다. 이러한 이유 등으로 과세관청 입장에서는 역외탈세에 관심을 가질 수밖에 없지만, 그 범행이 국내와 해외가 연계되어 이루어지는 바람에 그 조사 등이 쉽지 않은 까닭에 기획된 세무조사 형태로 진행하게 된다.

역외탈세 조사의 경우에는 고발 이전 단계부터 검찰과 과세관청 사이의 협조관계를 공고히 구축하여 상호협력을 긴밀히 하고, 해외 조사당국 등과 협력하여 외국에 소재하는 관련 증거들을 확보할 필요가 있다. 또한 개별사건의 파급력이 막대하므로 미리 관련 조약, 해외법령 등에 대한 자세한 법리 검토를 통하여 신중하게 조사를 진행하여야 할 필요가 있다.

최초의 역외탈세 사건으로는 2011년 카자흐스탄에서 구리채광사업으로 큰 수익을 남긴 구리업체 대주주인 속칭 구리왕 사건이다. 이 사건에 대하여 과세관청은 어렵게 세무조사를 벌여 천억 원이 넘게 과세하였으나 과세전적부심사에서 구리왕이 소득세법상 거주자에 해당하지 않는다고 판단하면서 과세관청은 그 부과처분 자체를 하지 못하였다.[2)]

구리왕에 대한 세무조사 이후에 과세관청은 계속하여 완구업체 P회장, 국내 A업체 Y회장과 선박업체 R회장 등 해외에서 거액의 수익을 취득하고 탈세의혹이 있는 자산가들을 상대로 본격적으로 세무조사를 진행하여 탈루세액에 대한 부과처분을 함과 동시에 조세포탈 혐의로 고발까지 하게 되었다. 그 과정에서 고발된 자산가 중 한 사람이 완구업을 경영하면서 홍콩에서 큰돈을 벌었던 P회장이다.

P회장은 국내에서 봉제사업을 하다가 1996년경부터는 홍콩에 법인들을 설립하여 중국에서 제조한 봉제인형을 태국과 미국 등에 수출하여 큰 수익을 얻었다. 과

---

2) 이 사건에서 쟁점은 해외에 주로 살았던 속칭 구리왕 A씨가 세금부과 대상인 우리나라의 '거주자'인지 여부였다. 국세청은 A씨가 조세피난처인 라부안에 둔 회사 등을 통해 국내 부동산과 주식 등에 수천억 원을 투자하였고, 우리나라에 자주 입·출국한 점 등을 들어 우리나라 거주자라고 주장했다. 그러나 A씨는 주로 홍콩과 영국을 오가며 생활하였으며, 우리나라에는 1년에 한 달 정도만 머물렀다는 점을 주장하며 우리나라 거주자가 아니라고 주장하였다. 소득세법상 국내 거주자는 '국내에 거소(居所)를 두거나 1년 이상 거소를 둔 개인'으로 규정하고 있지만, 소득세법 시행령에서는 해외에 살더라도 가족이나 재산 등 실질적인 생활근거가 우리나라에 있으면 거주자로 인정하여 세금을 부과할 수 있도록 하고 있다. 과세전적부심사위원회에서는 "A씨의 국내 거주일수 등을 감안할 때 A씨는 우리나라 거주자로 볼 수 없고 따라서 세금 부과는 부당하다"고 판단했다. 국세청은 이러한 결정을 받아들여 A씨에 대한 세금부과를 포기하였다.

세당국은 P회장에 대한 세무조사를 한 결과, 조세피난처인 영국령 버진아일랜드(BVI)에 4개 SPC를, 말레이시아 라부안에 3개 SPC를 각 설립하고 홍콩법인의 자금을 해외 SPC에 송금하거나 차명주주가 배당소득을 대신 수령하는 방법으로 소득세를 포탈했다고 판단하여 고발하였다.

2. 대표적 공소사실 요지(종합소득세포탈, 국외재산도피)

(1) 피고인은 봉제인형 수출업 등의 목적으로 국내법인을 운영하다가 홍콩에 현지 법인을 설립하여 미국 F사에 봉제인형을 수출하여 왔다. 피고인은 홍콩 현지법인으로부터 커미션 명목 등으로 받은 이익을 조세피난처인 영국령 버진아일랜드(BVI) SPC인 R, T 법인 앞으로 이전한 다음 피고인이 실질적으로는 그 소득을 지배·관리함에도 불구하고 외양상으로는 위 SPC들이 소득을 귀속하고 있는 것처럼 지배구조를 복잡하게 수개의 SPC를 설립하는 방법으로 소득의 귀속을 위장하고, 그와 같이 설립한 SPC를 이용하여 수차례 자금을 주고받는 방법으로 홍콩 현지법인의 소득을 축소신고하여 종합소득세를 탈루하였다.

(2) 홍콩 현지법인이 미국 F사로부터 받은 중개수수료 명목으로 신고된 소득에 대하여 발생한 배당소득은 사실은 피고인이 실질적으로 배당받은 것임에도 불구하고 홍콩 현지법인의 차명 주주들 명의로 그 지분에 따른 배당을 받아 이를 모두 피고인이 인출, 홍콩에서의 경비, 체재비 등으로 사용하였다. 또한 위와 같이 피고인의 자금을 적립하여 4개의 SPC 명의 계좌 및 스위스 비밀계좌로 이전하여 발생한 예금의 이자소득과 SPC 명의 계좌에 적립된 적립금 일부를 홍콩 소재 현지회사에 대여하여 발생한 이자소득, 그리고 SPC 명의로 투자하여 발생한 배당소득 및 SPC 명의로 취득한 비상장주식에 대한 배당소득을 의도적으로 신고 누락하였다. 이와 같은 부정한 방법으로 종합소득세를 포탈하였다.

(3) 누구든지 법령에 위반하여 대한민국 또는 대한민국 국민의 재산을 국외에 이동하거나 국내로 반입하여야 할 재산을 국외에서 은닉 또는 처분하는 방법으로 도피시켜서는 아니된다.

피고인은 홍콩 은행에 BVI 소재 법인 명의의 계좌를 개설하고, 봉제인형 수출사업에서 매년 발생한 매출액 중 각종 비용 등을 공제한 이익금을 위 계좌들로 송금하기로 마음먹었다. 위와 같이 송금될 금원은 피고인에게 배당된 수익(배당소득)으로서 피고인이 비거주자에 대하여 보유하게 된 배당금 청구권이고 또한 미화

10만 달러 이상이었으므로, 피고인은 외국환 관련 법령에 따라 이를 6월 이내에 국내에 회수하여야 할 의무를 지게 되었다. 그럼에도 피고인들은 봉제인형 수출사업에서 발생한 이익금을 위 BVI 소재 법인 계좌에 송금한 후 이를 6월 내로 국내에 회수하지 아니하였다.

이로써 피고인들은 공모하여 법령에 위반하여 국내에 반입하여야 할 대한민국 국민의 재산을 국외에서 은닉 또는 처분하여 이를 도피시켰다.

이 사건 공소사실에 대한 심급별 판결결과는 아래 표와 같다.

〈심급별 판결 비교〉

<table>
<tr><th></th><th>공소사실</th><th>제1심</th><th>항소심</th><th>대법원</th></tr>
<tr><td rowspan="2">특가법 위반 (조세) 및 조세범 처벌법 위반</td><td>① 홍콩 현지법인을 이용한 소득 탈루</td><td rowspan="2">무죄
(1) 2000. 7. 이후 국내 거주자 인정
(2) 납세의무 부정
(3) 사기 기타 부정한 행위 부정
(4) 조세포탈의 고의 부정</td><td>2001 및 2002 과세연도 부분 유죄
(1) 2001 과세연도부터 국내 거주자 인정
(단 2000 과세연도는 국내 거주자 부정－무죄)
(2) 납세의무 인정
(3) 사기 기타 부정한 행위 인정
(4) 조세포탈의 고의 인정</td><td rowspan="3">무죄
사기 기타 부정행위 부정</td></tr>
<tr><td>② 홍콩 현지법인 차명주주 배당소득 탈루
③ SPC 명의 계좌에서 발생한 예금 이자소득 탈루
④ 스위스 비밀계좌에서 발생한 예금 이자소득 탈루
⑤ SPC 명의로 발생한 대여금 이자소득 탈루
⑥ SPC 명의로 국내투자조합에 투자하여 발생한 배당소득 탈루
⑦ SPC 명의로 취득한 비상장주식에 대한 배당소득 탈루</td><td>무죄
검사 항소이유서 미제출로 판단하지 아니함.</td></tr>
<tr><td colspan="2">특정경제범죄가중처벌등에관한법률위반
(재산국외도피)</td><td>무죄
재산을 국내로 회수하여야 할 법령상의 의무 부정</td><td>무죄
좌동</td></tr>
</table>

3. 이 사건이 조세포탈사건에 미친 영향

(1) 피고인의 주장 및 이에 대한 법원의 판단

(가) 국제거래에서도 실질과세의 원칙 적용 여부

법원은 "구 국세기본법 제14조 제1항에서 규정하는 실질과세의 원칙은 소득이나 수익, 재산, 거래 등의 과세대상에 관하여 그 귀속명의와 달리 실질적으로 귀속되는 사람이 따로 있는 경우에는 형식이나 외관을 이유로 그 귀속명의자를 납세의무자로 삼지 아니하고 실질적으로 귀속되는 사람을 납세의무자로 삼겠다는 것이다. 따라서 재산의 귀속명의자는 이를 지배·관리할 능력이 없고, 그 명의자에 대한 지배권 등을 통하여 실질적으로 이를 지배·관리하는 사람이 따로 있으며, 그와 같은 명의와 실질의 괴리가 조세를 회피할 목적에서 비롯된 경우에는, 그 재산에 관한 소득은 그 재산을 실질적으로 지배·관리하는 사람에게 귀속된 것으로 보아 그를 납세의무자로 삼아야 한다. 이러한 실질과세의 원칙은 비거주자나 외국법인이 원천지국인 우리나라의 조세를 회피하기 위하여 조세조약상 혜택을 받는 나라에 명목회사를 설립하여 그 법인형식만을 이용하는 국제거래뿐만 아니라, 거주자나 내국법인이 거주지국인 우리나라의 조세를 회피하기 위하여 소득세를 비과세하거나 낮은 세율로 과세하는 조세피난처에 사업활동을 수행할 능력이 없는 외형뿐인 이른바 '기지회사(Base Company)'를 설립하여 두고 그 법인형식만을 이용함으로써 그 실질적 지배·관리자에게 귀속되어야 할 소득을 부당하게 유보하여 두는 국제거래에도 마찬가지로 적용된다"고 판시하여 영국령 버진아일랜드(BVI) SPC에 귀속된 소득에 대하여 실질과세의 원칙을 적용하여 피고인 개인에게 귀속된다고 하여 국제거래에 있어서도 국내거래와 동일하게 실질과세의 원칙이 적용된다고 하고 있다.

(나) 조세피난처 SPC의 이용행위가 부정행위에 해당하기 위한 요건

조세피난처 SPC의 단순한 이용행위 자체가 부정행위에 해당하는지 여부에 대하여, 법원은 "구 조세범처벌법 제9조 제1항에서 말하는 '사기 기타 부정한 행위'란 조세의 부과와 징수를 불가능하게 하거나 현저히 곤란하게 하는 위계 기타 부정한 적극적인 행위를 말하고, 다른 어떤 행위를 수반함이 없이 단순히 세법상의 신고를 하지 아니하거나 허위의 신고를 함에 그치는 것은 여기에 해당하지 않는다.

또한 납세자가 명의를 위장하여 소득을 얻더라도, 명의위장이 조세포탈의 목적에서 비롯되고 나아가 여기에 허위 계약서의 작성과 대금의 허위지급, 과세관청에 대한 허위의 조세 신고, 허위의 등기·등록, 허위의 회계장부 작성·비치 등과 같은 적극적인 행위까지 부가되는 등의 특별한 사정이 없는 한, 명의위장 사실만으로 위 조항에서 정한 '사기 기타 부정한 행위'에 해당한다고 볼 수 없다"고 판시하여 피고인에게 귀속되어야 할 자금이 영국령 버진아일랜드(BVI)에 있는 SPC의 계좌에 위장된 명목으로 송금되어, 우리나라의 과세관청 입장에서는 위 자금이 피고인에게 귀속되었다는 사실을 현실적으로 알기 어렵게 되었고, 피고인이 위 자금에 대하여 우리나라는 물론 다른 어느 나라에서도 소득세 신고를 하지 않은 사실이 있는데, 이는 조세당국 등이 피고인의 소득을 파악하는 것을 곤란하게 하려는 의도에서 이루어졌다는 사실을 전제로 하더라도 신고내용에 관한 기초장부 등과 같은 근거 서류를 조작하거나 작성한 사실이 없을 뿐만 아니라, 그 밖에 어떠한 부정행위를 적극적으로 하였다고 인정할 만한 증거가 없다는 이유로 무죄를 선고하였다.

이처럼 단순한 조세회피처 SPC의 이용행위만으로는 부정행위가 성립할 수 없다는 사실을 이 판결에서 명백하게 하고 있다.

⑵ 검사의 주장 및 이에 대한 법원의 판단

(가) 한미조세협약에 따른 거주자[3] 인정 기준

한미조세협약에 따른 거주자 인정 효력과 관련하여, 법원은 "「대한민국과 미합중국간의 소득에 관한 조세의 이중과세 회피와 탈세방지 및 국제무역과 투자의 증진을 위한 협약」(이하 '한미조세협약'이라고 한다) 제3조 제(2)항 (a)호는 '(1)항의 규정에 의한 사유로 인하여 어느 개인이 양 체약국의 거주자인 경우에는 그가 주거를 두고 있는 그 체약국의 거주자로 간주된다'고 규정하고, 같은 항 (b)호는 '동 개인이 양 체약국 내에 주거를 두고 있거나 또는 어느 체약국에도 주거를 두고 있지 아니하는 경우에 그는 그의 인적 및 경제적 관계가 가장 밀접한 그 체약국

3) 거주자란 국내에 주소를 두거나 183일 이상의 거소를 둔 개인을 말한다(소득세법 제1조의2). 관련 법령과 판례에 의한 거주자 판단의 주요 기준으로는 국내 및 국외 체류일수, 생계 장소, 국내의 주택 소유 여부, 국내의 재산 보유 현황 및 소득 현황, 직업 현황, 주민등록 및 재외국민등록 등 공적인 신고 현황, 국내외 세무신고 현황, 금융계좌, 카드현황 및 소비현황, 사회활동이나 복지혜택(국내병원 이용 등) 현황이다. 거주자 해당 여부는 대한민국 국민이라는 개념과는 상이한 것이며, 당해 개인의 국적이나 외국 영주권 취득 여부는 일응 참고자료가 되나 결정적인 기준은 아니다.

(중대한 이해관계의 중심지)의 거주자로 간주된다'고 규정하고 있다. 한편 같은 항 (e)호는 '본항의 목적상 주거는 어느 개인이 그 가족과 함께 거주하는 장소를 말한다'고 규정하고 있다.

피고인은 2000년에 우리나라 세법상 거주자인 동시에 미국 세법상 거주자에 해당하더라도, 1992년경 미국으로 이주하여 그의 가족과 함께 항구적 주거를 형성하여 생활하였고, 사업목적상 우리나라에 체류하다가도 업무를 마치면 미국으로 돌아가 가족과 함께 거주하였으므로, 피고인이 가족과 함께 거주한 항구적 주거는 미국에 있었다는 이유로, 피고인은 2000년에 한미조세협약 제3조 제(2)항에 따라 미국의 거주자로 간주되고, 우리나라와 미국의 과세당국이 피고인의 중대한 이해관계 중심지가 2000년에 우리나라에 있었다고 인정하여 피고인을 우리나라의 거주자였다고 보기로 상호합의를 하였더라도, 한미조세협약 제3조 제(2)항에 따른 위 판단에 영향이 없다고 하면서, 피고인은 2000 과세연도에 국외원천소득에 대하여 우리나라 과세관청에 세금을 납부할 의무가 없다는 등의 이유로, 2000년 귀속 종합소득세포탈로 인한 특정범죄가중처벌등에관한법률위반(조세)죄가 성립하지 않는다"고 판시하여 구체적인 한미조세협약에 따른 우리나라와 미국의 거주자 판단 기준에 대하여 밝히면서 한미조세협약 규정에 따른 거주자 결정 효력이 한미간 상호합의에 따른 거주자 결정 효력보다 우선한다고 하고 있다.

(나) 국외재산도피죄에서 국내에 반입하여야 할 재산의 의미

국외재산도피죄에서 국내에 반입하여야 할 재산의 의미와 관련하여, 법원은 "구 특정경제범죄가중처벌등에관한법률(2012.2.10. 법률 제11304호로 개정되기 전의 것) 제4조 제1항 후단이 규정하는 국외에서의 은닉 또는 처분에 의한 재산국외도피죄는 법령에 의하여 국내로 반입하여야 할 재산을 이에 위반하여 은닉 또는 처분시킨 때에 성립한다. 그러므로 위 조항에서 말하는 '국내에 반입하여야 할 재산'이란 법령에 의하여 국내에 반입하여야 할 의무를 부담하는 대한민국 또는 대한민국 국민의 재산을 의미하는 것으로 보아야 한다"고 판시하여 해외직접투자 신고 당시 '결산 후 배당금'에 관한 국내 회수의무를 부과하는 내용의 신고수리 조건이 부가되었다고 인정할 증거가 없다는 이유로 무죄를 선고하였다.

이 판결로 구 특정경제범죄가중처벌등에관한법률 제4조 제1항 후단이 규정하는 '국외에서의 은닉 또는 처분에 의한 재산국외도피죄는 법령에 의하여 국내로 반입하여야 할 재산을 이에 위반하여 은닉 또는 처분시킨 때에 성립한다'에서 말하는

‘국내에 반입하여야 할 재산’이란 법령에 의하여 국내에 반입하여야 할 의무를 부담하는 대한민국 또는 대한민국 국민의 재산을 의미하는 것으로 보아야 한다고 해석하여 법정형이 매우 높은 국외재산도피죄 적용을 엄격하게 제한하는 기준이 마련되었다.

Ⅱ. 국내 A회사 Y회장의 조세포탈 사건(2011년)[4)]

1. 배 경

역외탈세는 국부 불법유출과 과세권 잠식, 재정 건전성 약화 등의 문제를 초래한다. 과세관청이 이러한 투자왜곡 및 역외탈루소득에 대한 세원관리를 강화할 필요성을 느끼고 시도한 방법으로는 정확한 실태 파악과 그에 따른 법리 검토, 그리고 제도 보완보다는 역외탈세 의혹이 있는 업체들에 대한 대대적인 세무조사를 통한 단속이 우선이었다. 그러다 보니 역외탈세 법리 적용에 있어서 제일 먼저 등장하는 거주자성 문제, 해외 SPC에도 실질과세의 원칙을 적용한 소득귀속자 지위 확정이 가능한지 여부 및 SPC이용행위가 부정행위에 해당하는지 여부 등 해외 SPC를 통하여 벌어진 소득 탈루행위에 대한 복잡한 법리들이 과세관청에서 행하는 과세처분의 발목을 잡기 시작하였다.

그러던 중 과세관청은 국내 A회사의 사주인 국내 거주자 Y회장 등이 양도계약이 확정된 상태에서 위 A회사 등이 보유한 M사 지분을 말레이시아 라부안에 설립한 SPC에 저가로 양도하였다가 원래 매수인에게 재차 양도하는 방법으로 조세를 탈루한 사실을 적발했다.

과세관청은 Y회장 등이 이 탈루행위에 더하여 내국법인이 주식을 저가로 매수할 수 있는 콜옵션 권리를 해외 SPC에 이전하고, 콜옵션 권리를 포기하여 수백억 원 상당의 이익을 실현하는 과정에 부정행위가 존재한다고 판단하여 부과처분 외에 조세포탈 혐의를 적용하여 검찰에 고발을 하였다.

이 사건 역시 구리왕과 완구왕 사건처럼 과세관청의 역외탈세 기획사건의 일환으로 진행된 사건이다. 구리왕 사건의 실패를 교훈삼아 국내 거주자에 해당하는 역외탈세 혐의자를 그 대상으로 하였다. 그러나 이 사건 역시 부정행위가 성립되지 아니하여 무죄 판결이 선고되었다.

---

4) 대법원 2013.11.28. 선고 2012도10513 판결.

2. 공소사실 요지(법인세포탈)

피고인은 조세회피지역인 말레이시아 라부안에 설립된 SPC인 P사 및 내국법인인 A회사의 최대주주로, SPC인 P사와 A회사가 보유하고 있던 외국회사인 M사 주식지분 100%를 싱가포르 B사에 매각하기로 하였다. 피고인은 위 A회사가 보유하고 있던 M사 주식을 미리 조세회피지역에 있는 SPC인 P사로 저가에 양도하여 보유하고 있다가 재차 B회사에 고가로 이전함으로써 A회사가 M사 주식양도로 얻게 되는 양도소득을 축소시키는 방법으로 국내에서 부담하여야 할 세금을 포탈하기로 마음먹었다.

위 계획에 따라 피고인은 A회사가 보유하고 있는 M사 주식을 SPC인 P사에 저가에 양도하였다. 그 후 피고인은 P사가 위와 같이 A사로부터 양수하여 보유하고 있던 M사 주식 100%를 싱가포르에 있는 B사에 고가로 이전하고 P사를 통하여 매도대금을 지급받았다. 과세관청에는 A회사가 최초 저가로 SPC인 P사로 매도할 당시의 매도대금을 신고하여 법인세의 과세표준과 세액을 과소신고한 후 납부기한을 도과함으로써 사기 기타 부정한 행위로써 법인세를 포탈하였다.

이하 이 사건 공소사실에 따른 사실관계를 정리하면 아래와 같다.

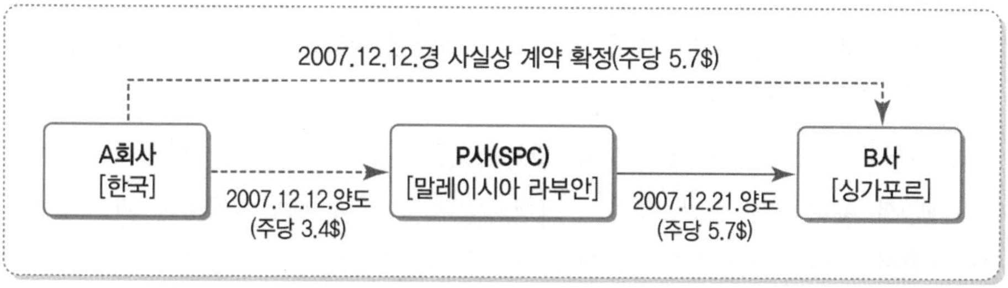

※ 조세피난처인 라부안에 설립된 SPC(P사)에게 주식을 저가에 우회양도하는 방법으로 A회사가 대한민국 법인세를 포탈하였다고 공소제기

3. 이 사건이 조세포탈사건에 미친 영향

(1) 조세피난처 SPC 이용행위의 부정행위 성립요건으로서 적극적 행위

이 사건은 내국회사가 보유하고 있던 외국회사 주식지분을 싱가포르에 있는 외국회사에 매각하는 과정에서 그 중간에 말레이시아 라부안에 설립된 SPC를 끼워

넣어 주식을 저가에 우회양도하는 방법으로 법인세를 포탈하였다고 공소제기된 사건이다.

법원은 "라부안에 설립된 SPC는 외국법인으로 그 소득귀속자의 지위가 인정된다. 위 SPC의 대주주는 미국 거주자로 국내 거주자에 해당하지 아니한다. 위 SPC는 미국조세경감을 위하여 설립된 것으로 국내조세회피 목적이 없다. 이 사건 거래대상이 된 주식은 외국법인이 발행한 주식으로 유가증권시장 등에 상장된 것이 아니어서 국내원천소득에 해당하지 않으므로 외국법인인 라부안에 설립된 SPC 및 싱가포르 법인은 위 주식양도양수에 대한 우리나라의 법인세 납세의무를 부담하지 않는다. 위 SPC와 싱가포르 법인은 2차 주식양도계약을 투명하게 공개하였고, 우리나라 과세관청도 이러한 사실을 알면서 1차 주식양도계약을 기초로 부과처분하였다. 이러한 사정 등에 비추어 주식매수의향서나 이사회 의사록을 소급하여 작성하였다는 점만으로 부정행위로 볼 수 없고, 이 사건 조세피난처 SPC를 이용한 행위만으로는 부정행위도 성립되지 않는다"고 판시[5]하여 조세피난처 SPC도 소득귀속자의 지위가 인정되는 독자적인 외국법인에 해당하고, 그 SPC의 단순한 이용행위와 그 과정에서 발생한 경미한 부수적인 위반행위만으로는 적극적인 부정행위가 성립하지 않는다고 판시하여 역외탈세에서 적극적인 부정행위가 없는 SPC 이용행위는 부정행위에 해당하지 않는다고 하고 있다.

(2) 형사사건 관련 법인세등 부과처분 취소소송에서 인정한 국제거래에서의 조세법 원칙의 적용 여부

위 형사사건과 함께 진행된 조세 행정소송은 제1심과 항소심 모두 과세관청이 패소하면서 무려 7년 동안 장기간 진행되었다. 그러나 대법원에서는 과세관청이 승소하면서 SPC를 이용한 역외탈세에 대한 많은 대응논리를 제공하였다.

이 부과처분 취소사건에서는 실질과세의 원칙이 거주자나 내국법인이 우리나라의 조세를 회피하기 위하여 조세피난처에 외형뿐인 '기지회사(Base Company)'를 설립하여 두고 법인형식만을 이용하는 국제거래에도 적용될 수 있는지 여부 및 내국법인이 국외 특수관계자와 함께 파생상품에 근거한 권리를 보유하다가 국외 특수관계자에게 권리의 전부를 행사할 수 있게 하는 방법으로 이익을 분여하는 행위가 부당행위계산부인의 대상이 되는지 여부 등이 쟁점이 되었다.

---

5) 위 대법원 2013.11.28. 선고 2012도10513 판결.

이에 대하여 법원은 "(1) 구 국세기본법(2010.1.1. 법률 제9911호로 개정되기 전의 것) 제14조 제1항에서 규정하는 실질과세의 원칙은 소득이나 수익, 재산, 거래 등의 과세대상에 관하여 귀속명의와 달리 실질적으로 귀속되는 사람이 따로 있는 경우에는 형식이나 외관을 이유로 귀속명의자를 납세의무자로 삼지 아니하고 실질적으로 귀속되는 사람을 납세의무자로 삼겠다는 것이다. 따라서 재산의 귀속명의자는 지배·관리할 능력이 없고, 명의자에 대한 지배권 등을 통하여 실질적으로 지배·관리하는 사람이 따로 있으며, 명의와 실질의 괴리가 조세를 회피할 목적에서 비롯된 경우에는, 재산에 관한 소득은 재산을 실질적으로 지배·관리하는 사람에게 귀속된 것으로 보아 그를 납세의무자로 삼아야 한다. 그리고 실질과세의 원칙은 비거주자나 외국법인이 원천지국인 우리나라의 조세를 회피하기 위하여 조세조약상 혜택을 받는 나라에 명목회사를 설립하여 법인형식만을 이용하는 국제거래뿐만 아니라, 거주자나 내국법인이 거주지국인 우리나라의 조세를 회피하기 위하여 소득세를 비과세하거나 낮은 세율로 과세하는 조세피난처에 사업활동을 수행할 능력이 없는 외형뿐인 이른바 '기지회사(Base Company)'를 설립하여 두고 법인형식만을 이용함으로써 실질적 지배·관리자에게 귀속되어야 할 소득을 부당하게 유보하여 두는 국제거래에도 마찬가지로 적용될 수 있다. (2) 국조법의 제·개정 연혁, 구 국조법(2010.1.1. 법률 제9914호로 개정되기 전의 것) 제3조 제2항의 신설 경위, 구 법인세법(2010.12.30. 법률 제10423호로 개정되기 전의 것)과 구 국조법의 상호관계, 부당행위계산부인의 대상과 유형을 정한 구 법인세법 시행령(2008.2.29. 대통령령 제20720호로 개정되기 전의 것) 제88조 제1항 각 호와 구 국조법의 적용배제 범위를 정한 구 국조법시행령(2009.2.4. 대통령령 제21299호로 개정되기 전의 것) 제3조의2 각 호의 성격과 체계 등을 종합하면, 특수관계 있는 사람들 사이의 국제거래에 대하여 구 국조법에서 정한 이전가격세제의 적용이 어렵고 거래의 실질이 내국법인의 국외 특수관계자에 대한 이익의 무상이전에 해당하는 경우에는 구 국조법 시행령 제3조의2 각 호에 포함되는 것으로 해석하여야 한다. 따라서 내국법인이 국외 특수관계자와 함께 파생상품에 근거한 권리를 보유하다가 보유비율에 상응하는 권리를 행사하지 아니한 채 국외 특수관계자에게 권리의 전부를 행사할 수 있게 하는 방법으로 국외 특수관계자에게 이익을 분여하는 행위는 구 국조법 시행령 제3조의2 제1호에서 정한 '자산의 무상이전'에 준하는 것으로서 법인세법 제52조 제1항, 법인세법 시행령 제88조 제1항 제7호의2에 따른 부당행위계산부인의 대상이 된다"고 판시[6]하여 실질과세의 원칙과 부당행위계산부인 법리를 일정

6) 대법원 2015.11.26. 선고 2014두335 판결.

한 해외거래에 확대 적용할 수 있도록 하였다는 데 그 의의가 있다.

Ⅲ. 선박업체 C그룹 K회장의 조세포탈 사건(2011년)[7]

1. 배 경

구리왕, 완구왕 그리고 벤처왕 등이 과세관청의 역외탈세 기획사건으로 조사가 시작되었으나 앞서 설명한 것처럼 과세관청의 고발사건은 역외탈세 법리 등의 준비가 부족하였다. 아시아 선박 투자왕으로 통하였던 C그룹 K회장에 대한 역외탈세 조사 또한 예외가 아니었다.

K회장은 첫 직장으로 국내 해운사에 입사하여 근무하다가 자동차회사로 옮겨 일본에서 근무하다가 1991년 일본에서 해운사를 설립했다. 일본에서 주로 자금을 빌려 배를 매입한 뒤 임대 운임은 달러로 받아 수익을 내는 방식으로 사업을 키워나갔다.

K회장은 파나마에 세운 SPC를 통해 보유한 선박 160여 척을 국내외 선사에 임대해 벌어들인 수입을 홍콩과 스위스 등 해외계좌에 넣어 관리했다. 또 해운업을 하기 위해 홍콩에 SPC와 회사를 설립한 뒤 국내에 대리점을 두고 실제 사업은 국내에서 수행하였다. 홍콩 조세법상 홍콩 현지에서 직접 발생하지 않은 수입에 대하여는 과세하지 않는다는 방침에 따라 국내와 홍콩에서 과세를 피할 수 있었다

2010.12.경 과세관청이 C그룹에 대한 기획세무조사를 진행한 후 2011.3.경 수천억 원의 조세포탈혐의로 고발한 것을 계기로 검찰이 본격 수사에 착수하였다. 국세청 고발 몇 년 전에 검찰에서는 C그룹 산하 호텔 건설사업과 관련하여 횡령 등

7) 대법원 2016.2.18. 선고 2014도3411 판결.

혐의로 K회장의 자금 담당 직원들을 수사하면서 C그룹을 압수수색하였다.

압수수색 과정에서 국내 유명회계법인에서 세무자문한 참고자료를 압수하였다. 그 압수한 세무자문자료에는 K회장이 종합소득세 부과를 면하기 위하여 거주자 요건들을 세탁하기 위하여 노력한 사실 등이 기재되어 있었다.

검찰에서는 조세포탈과 관련한 주요 자료를 확보하기는 하였으나, 다른 자료들에 대한 추가 확보가 어려워 C그룹에 대한 탈세수사를 진행하지 못하고 있었다. 검찰에서는 C그룹 소속의 위 직원을 업무상 횡령죄로 공소제기를 한 후에 과세관청에서 C그룹에 대한 역외탈세 기획조사를 진행하게 되었다.

과세관청은 위 공소제기된 자금담당 직원 등의 협조를 받아 세무조사를 실시하였고, 추가 자료를 확보하여 고발까지 할 수 있었다. K회장은 2006~2010년 수천억 원 상당의 소득을 탈루한 혐의로 수천억 원의 세금을 추징당했다. 해당 금액은 과세관청의 역대 역외탈세 적발액 중 최고 금액이었다. 검찰에는 K회장을 조세포탈 혐의로 고발했다.

조세포탈 고발을 받은 검찰은 고발사건 수사과정에서 C그룹 회계자료 분석 등을 통하여 K회장의 업무상 횡령 사실을 추가 확인하여 특정범죄가중처벌등에관한법률위반(조세)죄 이외에도 특정경제범죄가중처벌등에관한법률위반(업무상 횡령)죄로 추가 기소하거나, 관련자료를 과세관청에 통고하여 조세부과처분에 활용하도록 하였다.

2. 공소사실 요지(종합소득세 및 법인세포탈)

(1) 종합소득세포탈

과세관청의 추적을 근본적으로 차단하기 위하여 피고인은 국내에 일정한 거주지가 있다는 사실을 은폐하고, 국내 법인들의 지분을 보유하지 않은 것처럼 가장하였을 뿐만 아니라 국내 부동산들의 보유 사실을 은폐하였으며, 나아가 국내에는 직업과 소득이 없는 것처럼 위장하여 마치 대한민국 거주자가 아닌 것처럼 가장하였다. 이와 같은 부정행위 이외에도 아래와 같은 각 부정행위를 하였다.

(가) S1, S2의 배당가능 유보소득, 조선회사들로부터 어드레스 커미션 소득, 페인트・윤활유 공급업체들로부터 수취한 리베이트 소득에 대하여는 피고인이 다수의 SPC를 설립하고 이를 이용한 단계적 출자구조 및 주식의 명의신탁을 통해 피고인이 위 회사들의 사실상 100% 주주인 사실을 은폐하는 부정한 방법으로 종합

소득세를 포탈하였다.

(나) 중고선박 매매와 관련하여 취득한 리베이트 소득, 런던의 K사 배당소득에 대하여는 SPC 대표자 명의의 해외 차명계좌를 이용하여 위 수익금들을 해외에서 수령하여 적극적으로 은닉하는 부정한 방법으로 종합소득세를 포탈하였다.

(2) 홍콩에 설립한 C사의 법인세포탈

C사는 홍콩에 설립된 법인이나 그 임원은 모두 국내 거주자이며, C사의 국내 에이전트인 Y해운에서 C사의 사업 전반을 실질적으로 수행하였고, 피고인도 국내에서 출근하며 C사와 Y해운의 핵심 경영활동 수행하는 등 C사는 실질적 관리장소를 국내에 둔 내국법인으로 법인세 납세의무가 있다. 그럼에도 피고인은 조세를 포탈하기 위하여 조세피난처인 홍콩에 C사를 설립하고, SPC를 이용하여 피고인이 C사와 Y해운 지분의 100% 보유 주주임을 은폐하고, 형식상 에이전트 계약으로 Y해운이 C사의 대리점인 것처럼 역할을 축소·가장하고 C사에 직원을 형식적으로 파견하여 실질적 영업을 하고 있는 것처럼 가장하는 등 부정행위로 내국법인에 해당하는 C사가 취득한 소득에 대하여 신고·납부를 하지 않음으로써 법인세를 포탈하였다.

이 사건 공소사실에 따른 판결결과를 요약하면 아래 표와 같다.

〈종합소득세포탈 부분〉

<table>
<tr><th>납세의무 부담</th><th colspan="2">소득별 납세의무</th><th colspan="3">조세를 포탈하기 위한 사기 기타 부정한 행위</th><th colspan="2">결론</th></tr>
<tr><th>1심, 2심 대법원</th><th>1심 인정 소득</th><th>2심, 대법원</th><th>1심 이유</th><th colspan="2">2심 이유, 대법원</th><th>1심</th><th>2심 대법원</th></tr>
<tr><td rowspan="4">국내거주자로서 종합소득세 납세의무 부담
(1) 주된 생활의 근거지
(2) 경제 활동의 중심지</td><td>SPC인 S1, S2의 배당가능 유보소득에 대한 납세의무</td><td>○</td><td rowspan="3">1. 다수의 SPC를 이용한 단계적 출자구조 및 주식의 명의신탁을 통해 피고인이 사실상 100% 주주인 사실을 은폐</td><td rowspan="3">전부 ×
(거주자, SPC 이용거래만을 부정행위 불성립, 배당간주소득은 기업회계와 세무회계 차이로 부정행위 불성립)</td><td>×</td><td rowspan="4">유죄</td><td rowspan="3">무죄</td></tr>
<tr><td>조선회사들로부터의 어드레스 커미션 소득에 대한 납세의무</td><td rowspan="2">×
(커미션, 리베이트가 피고인에게 귀속, 사용되었다고 보기 어려움)</td><td>×</td></tr>
<tr><td>페인트·윤활유 공급업체들로부터 수취한 리베이트 소득에 대한 납세의무</td><td>×</td></tr>
<tr><td>중고선박 매매와 관련하여 취득한 리베이트 소득에 대한 납세의무</td><td>○</td><td>2. 과세관청의 추적을 근본적으로 차단하기 위하여</td><td>SPC를 차명계좌와 동일 유형 인정, 수차 입·송금 반복, 과</td><td>○</td><td>유죄</td></tr>
</table>

	런던의 K사의 배당 소득에 대한 납세의무	○	마치 대한민국 거주자가 아닌 것처럼 가장	세관청 소득 발견 어렵게 함			

〈법인세포탈 부분〉

납세의무 부담	조세를 포탈하기 위한 사기 기타 부정한 행위		결론	
1심, 2심	1심	2심, 대법원	1심	2심, 대법원
홍콩 소재 C법인은 실질적 관리장소를 국내에 둔 내국법인으로서 납세의무 부담 (1) C법인과 국내 소재 Y해운 조직구조 및 실질적인 관계 (2) C법인 사업에 있어 필요한 중요한 관리와 상업적 의사결정이 국내에서 이루어졌음	○ (Y해운이 C법인의 에이전트인 것처럼 가장하였다는 점)	× (C법인은 대중국 진출 및 세금절감면에서 유리한 홍콩에 홍콩 관련 법률에 따라 설립한 회사로서 홍콩회계법인에서 감사받고 조세를 납부한 점, C법인은 실체를 갖고 활동하는 법인이고 단순히 거래명의만을 가장하기 위한 형식상의 법인은 아닌 것으로 보이는 점에 비추어 C법인이 선박운영 관련 각종 권한을 Y해운에 포괄 위임한 점만으로 부정행위 불인정)	유죄	무죄

3. 이 사건이 조세포탈사건에 미친 영향

이 사건은 탈루 금액이 수천억 원에 이른 국내 최대규모 조세포탈사건으로 제1심에서는 위 공소사실 전체에 대하여 유죄가 선고되었다. 항소심과 대법원에서는 법인세 및 대부분 소득세포탈 부분에 대하여 무죄가 선고되고 일부 소득세포탈 부분만이 유죄로 선고되었다. 그 과정에서 검찰과 피고인의 변호인들 사이에 치열한 법리공방이 이루어져 역외탈세사건에서 제기될 수 있는 거의 모든 문제들이 쟁점화되었다.

그 당시까지 역외탈세에 관한 충분한 관련 법리나 판례가 축적되어 있지 않은 분야였던 납세의무자의 국내 거주자 해당 및 내국법인 해당 여부와 부정행위 성립 여부, 해외소득 귀속자 해당 여부 및 해외법인 대표이사 명의 차명계좌 이용행위의 부정행위 해당 여부, 조세회피처 SPC를 이용한 편의치적과 다단계 SPC를 이용한 조세회피 행위의 부정행위 해당 여부 등에 대한 법리가 정립되는 계기가 되었다. 이러한 측면에서 역외탈세 분야에서 이 사건은 매우 중요한 사건에 해당한다.

이하에서는 쟁점별로 구분하여 살펴보도록 하겠다.

(1) 종합소득세포탈

(가) 소득세 납세의무자인 국내 거주자 해당 여부

1) 피고인 주장 요지

피고인은 국내에서 사업을 영위한 적이 없으며, C그룹의 핵심적 사업영역인 선박의 신축, 선박파이낸스 등이 홍콩에서 이루어지고, 과세기간 동안의 생활은 주로 일본에서 하였기 때문에 홍콩이나 일본의 거주자일 뿐 국내 거주자가 아니므로 국내에 소득세 납세의무가 없다. 가사 피고인이 국내 거주자에 해당하고 일부 허위의 외관이 있더라도 과세관청이 적절한 판단에 따라 과세를 하면 되는 사안이므로 부정행위에 해당하지 않는다.

2) 법원의 판단

이에 대하여 법원은 "구 소득세법(2009.12.31. 법률 제9897호로 개정되기 전의 것) 제1조 제1항 제1호는 '국내에 주소를 두거나 1년 이상의 거소를 둔 개인'을 각자의 소득에 대한 소득세를 납부할 의무를 지는 '거주자'로 규정하고 있다. 그리고 구 소득세법 시행령(2010.2.18. 대통령령 제22034호로 개정되기 전의 것) 제2조는 제1항에서 '주소는 국내에서 생계를 같이하는 가족 및 국내에 소재하는 자산의 유무 등 생활관계의 객관적 사실에 따라 판정한다'고 규정하고, 제2항에서 '거소는 주소지 외의 장소 중 상당기간에 걸쳐 거주하는 장소로서 주소와 같이 밀접한 일반적 생활관계가 형성되지 아니한 장소로 한다'고 규정하고 있다. 피고인이 국내에 생계를 같이하는 가족이 있었던 점, 국내에서 그룹의 전체 업무를 통제하고 사업상 중요한 결정을 내린 점, 주된 거주지인 국내에서 경영활동을 수행할 필요가 있었던 점, 국내 경영활동 및 사회활동에 필요한 국내 자산을 보유한 점 등에 비추어, 피고인은 이 사건 과세기간에 소득세법상 국내 거주자에 해당한다"고 판시하면서 그 과세기간 동안 일본의 거주자였다는 피고인의 주장을 배척하였다.

이 사건 1심 법원부터 대법원까지 구체적으로 들고 있는 피고인의 국내 거주자 인정 근거로는 다음과 같은 것들이 있다. ① 피고인은 국내에 언제든지 계속적으로 사용할 목적으로 항구적인 주소지[8]를 두고 있다. ② 국내에 생계를 같이 하는 가족이 있다. ③ 국내에 직업과 소득이 있다. ④ 국내에 차명으로 재산을 보유하고 있

---

8) OECD 모델조약 제4조에 의하면, 항구적 주거는 개인이 언제든지 계속적으로 사용할 수 있게 하기 위해 마련된 주거로서, 성질상 단기일 수밖에 없는 체류(관광, 출장, 연수, 학교과정 참여 등)를 위한 경우가 아닌 주거를 말한다.

다. ⑤ 국내에서 은행 계좌를 개설하고 신용카드를 이용하고, 골프장을 이용하는 등 경제적·법률적 관계를 형성하고 있다. ⑥ 피고인과 그 가족들이 홍콩과 일본에 비하여 국내에서 가장 오랫동안 체류하면서, 그들의 진료를 국내 의료기관에서 받아 왔다. ⑦ 국적과 영주권은 생활 근거지에 우선한 판단근거가 될 수 없다.

다만 이에 덧붙여 법원은 이 사건에서 피고인이 국내 거주자 해당사실에 대한 일부 허위 외관을 창출하였다고 하더라도 이것만으로는 부정행위에 해당되지 않는다고 하여 거주자성과 관련된 일부 허위 주장들을 별도의 부정행위로까지 보고 있지 않다. 그러나 피고인이 국내 거주자인 사실을 증거에 의하여 인정함으로써 피고인이 국내의 종합소득세포탈의 주체에 해당한다고 하고 있다.

(나) 이 사건 SPC인 S1, S2가 국조법상 특정외국법인 유보소득 합산과세규정(Controlled Foreign Corporation Rule, 이하 'CFC규정'이라 한다)의 적용을 받는지 여부

1) 피고인 주장 요지

피고인은 이 사건 공소사실 (1)의 (가)에 있는 SPC인 S1, S2는 고정된 시설을 통해 선주사업을 실질적으로 영위하고 있어서 국조법 제18조 제1항 본문[9]에 해당하는 법인으로 같은 법 제17조[10]의 CFC규정의 적용[11]이 배제되고, 그렇지 않다고 하더라도 S1, S2는 법률상·계약상 배당을 할 수 없도록 되어 있어 배당소득을 취득할 수 없고, 배당할 잔존소득이 없어 CFC규정의 적용을 할 수 없다고 주장한다.

---

9) **제18조(적용 범위)** ① 특정외국법인이 제17조제1항의 국가 또는 지역에 사업을 위하여 필요한 사무소, 점포, 공장 등의 고정된 시설을 가지고 있고, 그 시설을 통하여 사업을 실질적으로 하고 있는 경우에는 제17조를 적용하지 아니한다. 다만, 다음 각 호의 어느 하나에 해당하는 특정외국법인의 경우에는 그러하지 아니하다(2011.12.31. 법률 제11126호로 개정되기 전의 것).
  1. 도매업, 금융 및 보험업, 부동산업, 임대업 및 대통령령으로 정하는 사업서비스업을 하는 특정외국법인으로서 대통령령으로 정하는 요건에 해당하는 법인
  2. 주식, 출자지분 또는 채권의 보유, 지식재산권의 제공, 선박·항공기·장비의 임대, 투자신탁 또는 기금에 대한 투자를 주된 사업으로 하는 법인

10) **제17조(특정외국법인의 유보소득의 배당간주)** ① 법인의 부담세액이 실제발생소득의 100분의 15 이하인 국가 또는 지역에 본점 또는 주사무소를 둔 외국법인에 대하여 내국인이 출자한 경우에는 그 외국법인 중 내국인과 특수관계가 있는 법인(이하 "특정외국법인"이라 한다)의 각 사업연도 말 현재 배당 가능한 유보소득(유보소득) 중 내국인에게 귀속될 금액은 내국인이 배당받은 것으로 본다. ② 제1항을 적용받는 내국인의 범위는 특정외국법인의 각 사업연도 말 현재 발행주식의 총수 또는 출자금액의 100분의 20 이상을 직접 또는 간접으로 보유한 자로 한다. 이 경우 발행주식의 총수 또는 출자금액의 100분의 20을 판단할 때에는 「민법」 제779조에 따른 가족의 범위에 속하는 사람이 직접 보유하는 발행주식 또는 출자지분을 포함한다(2011.12.31. 법률 제11126호로 개정되기 전의 것).

11) 구 국조법 제17조, 제18조는 2021.12.21. 일부 내용이 개정되면서 제27조, 제28조로 대체되었다.

SPC인 S1, S2가 국조법상 특정외국법인의 유보소득에 대한 배당간주 과세 규정이 적용되는 법인에 해당하지 아니하면 피고인은 종합소득세(배당소득세)에 대한 납세 의무를 부담하지 않는다.

2) 법원의 판단

이에 대하여 법원은 "① 조세피난처인 케이맨에 설립된 SPC인 S1, S2는 하위의 단선회사들을 통하여 선박을 보유하고 있다. 이들은 단선회사들의 지주회사로서 SPC일 뿐 사업을 수행할 고정된 시설도 없고 실제로 운용할 인적 자원도 전혀 없다. 그러므로 국조법 제18조 제1항 본문의 고정된 시설을 통하여 사업을 실질적으로 수행하는 회사에 해당하여 같은 법 제17조의 특정외국법인의 배당간주규정이 적용되지 않는다는 주장은 이유없다(위 조항 단서는 당해 법인이 위 본문의 적용대상임을 전제로 하면서 그에 대하여 다시 예외를 규정한 것이므로, S1, S2가 위 조항 본문이 정한 경우에 해당하지 않는 한 단서의 적용 여부에 관하여는 더 나아가 판단할 필요가 없다). ② S1, S2의 주식에 질권이 설정되어 있거나 각 단선회사가 금융기관과 금융기관의 승인 없이 배당을 할 수 없다는 약정을 체결하였다는 사정이 있더라도 배당가능 유보소득으로서 피고인에게 배당한 것으로 간주할 수 있다. ③ S1, S2가 일부 손실이 발생한 사실이 있으나 배당가능소득을 산출하거나 그에 대한 소득세포탈죄의 성립여부를 판단할 경우에는 여러 해에 걸친 손익을 합산하여서는 아니되고, 각 사업연도별로 배당가능 유보소득을 산출하여야 한다"라고 판시하여 S1, S2의 배당가능 유보소득 전체가 피고인에게 배당된 것으로 간주된다고 보이고, 국내 거주자인 피고인은 위 배당간주소득에 대한 소득세를 납부할 의무가 있다고 하고 있다.

(다) 실질과세의 원칙에 의한 해외 SPC인 S1, S2에 입금된 소득의 귀속자 확정

1) 피고인의 주장 요지

피고인은 SPC인 S1, S2에 입금된 리베이트 등은 자신에게 귀속된 소득이 아니어서 이를 사용한 사실이 없으므로 이 소득에 대하여는 납세의무가 없다.

2) 법원의 판단

이에 대하여 법원은 "국세기본법(2007.12.31. 법률 제8830호로 개정되기 전의 것) 제14조 제1항에서 규정하는 실질과세의 원칙은 소득이나 수익, 재산, 거래 등의 과세대상에 관하여 귀속 명의와

달리 실질적으로 귀속되는 자가 따로 있는 경우에는 형식이나 외관을 이유로 귀속 명의자를 납세의무자로 삼을 것이 아니라 실질적으로 귀속되는 자를 납세의무자로 삼겠다는 것이므로, 재산의 귀속 명의자는 이를 지배·관리할 능력이 없고, 명의자에 대한 지배권 등을 통하여 실질적으로 이를 지배·관리하는 자가 따로 있으며, 그와 같은 명의와 실질의 괴리가 조세를 회피할 목적에서 비롯된 경우에는 그 재산에 관한 소득은 재산을 실질적으로 지배·관리하는 자에게 귀속된 것으로 보아 그를 납세의무자로 삼아야 할 것이다(대법원 2012.4.26. 선고 2010두11984 판결 참조). 이 원칙에 비추어 사실관계를 살펴보면, 이 사건 커미션 및 리베이트 계약의 당사자는 S1과 각 단선회사 등 SPC들이고, 그 커미션 등의 사용 또한 피고인 개인을 위하여 지출되었다고 단정하기 어렵다"라고 판시하여 해외 SPC에서 소득 귀속자의 지위를 확정하는 데에도 실질과세의 원칙을 적용하고, 그 원칙 적용에 따라 위 소득들은 피고인이 아닌 SPC인 S1 등에 귀속되는 소득이라고 판단하여 피고인에 대하여 무죄를 선고하였다.

(라) 특정외국법인인 S1, S2의 배당간주소득 미신고행위의 부정행위 해당 여부

1) 피고인의 주장 요지

피고인은 SPC인 S1, S2의 배당가능 유보소득에 대하여는 실질적으로 배당소득을 얻은 사실도 없고, 이 배당간주소득은 기업회계와 세무회계의 차이로 인하여 생긴 금액으로 부정행위로 발생한 소득도 아니고, 그 과정에 적극적 부정행위도 없다.

2) 법원의 판단

이에 대하여 법원은 "조세범처벌법 제9조 제1항 소정의 '사기 기타 부정한 행위'라 함은 조세의 부과와 징수를 불가능하게 하거나 현저히 곤란하게 하는 위계 기타 부정한 적극적인 행위를 말하는 것이고(대법원 2003.2.14. 선고 2001도3797 판결 등 참조), 이러한 사기 기타 부정한 행위로 조세를 포탈함으로써 성립하는 조세포탈범은 고의범이지 목적범은 아니므로 피고인에게 조세를 회피하거나 포탈할 목적까지 가질 것을 요하는 것이 아니며, 이러한 조세포탈죄에 있어서 범의가 있다고 함은 납세의무를 지는 사람이 자기의 행위가 사기 기타 부정한 행위에 해당하는 것을 인식하고 그 행위로 인하여 조세포탈의 결과가 발생한다는 사실을 인식하면서 부정행위를 감행하거나 하려고 하는 것이다(대법원 2006.6.29. 선고 2004도817 판결). 세무회계와 기업회계와의 차이로 인하여 생긴 금액을 사기 그 밖의 부정한 행위로 인하여 생긴 소득금액으로 보지 아니한다는 취지의 구 조세범처벌법 제9조의 2의 규정취지는 적법한 기업회계를 믿고 이에 따라 행위한 자는 세법상의 간주 규정에 의하여 후에 과세의 부과징수 대상이 되는 것은 별론으로 하더라도, 적어도 사기 기타 부정한 행위로써 세금을 포탈하려 하였다는 것으로는 인정하기 어렵다는 데에 있는 것으로 보이고, 이는 법인세의 영역에서뿐만 아니라 적법한 기업회계를 믿은 개인의 소득세 부분에 대하여도 같은 취지로 해석하여야 할 것으로 보인다. 따라서 배당가능 유보소득에 대한 조세포탈죄가 성립하려면, 단순히 국조법에서 배당가능 유보소득에 대하여 이를 배당받은 것으로 간주된다는 점 외에 더 나아가 피고인이 조세를 포탈하고자 적극적인 부정행위를 하였다는 점이 충분히 입증되어야 이 부분에 관한 조세포탈의 고의를 인정할 수 있을 것으로 보이는 바, 이 부분에 관한 증거가 없다"라고 판시하여 세무회계와 기업회계의 차이로 인하여 생긴 소득에 관하여는 다른 조세포탈에 비하여 부정행위와 조세포탈의 고의 인정에 있어 더욱 엄격한 기준으로 신중을 기하여야 한다고 하고 있다.

(마) 소득은닉을 위한 SPC거래와 대표이사 차명계좌를 동시에 이용한 행위의 부정행위 해당 여부

1) 피고인의 주장 요지

피고인은 위 공소사실 (1)의 (가)에 기재된 중고선박 매매와 관련하여 취득한 리베이트 소득과 런던 K사의 배당소득은 SPC에 귀속된 소득으로 피고인이 이를 사용하지 않았으므로 그 소득에 대한 종합소득세 납세의무를 부담하지 않는다. 또한 해외법인 대표이사 명의의 차명계좌를 이용한 행위만으로는 적극적 부정행위에 해당하지 않는다.

2) 법원의 판단

이에 대하여 법원은 "중고선박 매매와 관련하여 취득한 리베이트 소득과 런던 K사의 배당소득은 피고인이 최종 사용하였으므로 위 소득들은 피고인에게 귀속되어 종합소득세 납세의무를 부담한다. 구 조세범처벌법(2010.1.1. 법률 제9919호로 전부 개정되기 전의 것) 제9조 제1항에 규정된 조세포탈죄에서 '사기 기타 부정한 행위'란 조세의 포탈을 가능하게 하는 행위로서 사회통념상 부정이라고 인정되는 행위, 즉 조세의 부과와 징수를 불가능하게 하거나 현저히 곤란하게 하는 위계 기타 부정한 적극적 행위를 말한다. 따라서 다른 행위를 수반함이 없이 단순히 세법상의 신고를 하지 않거나 허위의 신고를 함에 그치는 것은 이에 해당하지 않지만, 과세대상의 미신고나 과소신고와 아울러 수입이나 매출 등을 고의로 장부에 기재하지 않은 행위 등 적극적 은닉의도가 나타나는 사정이 덧붙여진 경우에는 조세의 부과와 징수를 불능 또는 현저히 곤란하게 만든 것으로 볼 수 있다(대법원 2012.3.15. 선고 2011도13605 판결 등 참조). 일반적으로 다른 사람 명의의 예금계좌를 빌려 예금하였다고 하여 그 차명계좌를 이용하는 점만으로 구체적 행위의 동기, 경위 등 정황을 떠나 어느 경우에나 적극적 소득은닉 행위가 된다고 단정할 것은 아니지만, 장부에의 허위 기장행위, 수표 등 지급수단의 교환반복행위 기타의 은닉행위가 곁들여져 있는 경우, 차명계좌를 이용하면서 여러 곳의 차명계좌에 분산 입금하거나 순차 다른 차명계좌에의 입금을 반복하는 행위 또는 단 1회의 예입이라도 그 명의자와의 특수한 관계 때문에 은닉의 효과가 현저해지는 등으로 적극적 은닉의도가 있다고 인정되는 경우에는 조세의 부과징수를 불능 또는 현저히 곤란하게 만든 것으로서 '사기 기타 부정한 행위'에 해당할 수 있다" 고 판시하여 해외 법인의 대표이사 명의의 계좌에 자신의 소득을 입금하게 하고 자신의 목적을 위하여 그 계좌에서 지출하여 사용하게 함으로써 국내 과세관청으로 하여금 자신의 소득 발견을 어렵게 한 행위는 피고인에 대한 조세의 부과징수를 불능 또는 현저히 곤란하게 하는 부정행위에 해당한다고 하고 있다.

(바) 조세회피처 SPC를 이용한 편의치적과 다단계 SPC를 이용한 조세회피 행위의 부정행위 해당 여부

1) 검사의 주장 요지

편의치적 제도는 금융상의 이점, 선원 고용의 자율성 등 해운업의 여러 경제적 이점이 있어 국제관례상 이용되어 온 것이므로, 단순히 편의치적 행위 자체만으로는 범죄행위가 될 수 없다. 그러나 해운업은 그 특성상 주요 거래가 해외에서 이루어지고, 수입 및 비용의 지출 등 금전거래 또한 해외 거래를 통하여 이루어지기 때문에 운영자가 그 소유관계를 스스로 신고하지 않는 한 과세관청이 이를 추적하거나 확인하기가 곤란하다는 특징이 있다. 한편 우리 법원도 일관되게 실질적인 소유관계를 신고하지 않고 편의치적 선박이 국내로 입항한 경우에는 관세법위반에 해당한다고 하고 있다.

피고인이 대규모 해운업체를 운영하면서 과세관청의 추적이 곤란한 편의치적

제도를 활용하였을 뿐만 아니라 조세회피처 SPC를 활용한 단계적인 회사지배구조를 만들고, 국내·외로 재산들을 반출입하면서 이와 관련된 신고를 전혀 이행하지 않았다. 이와 같은 사실 등에 비추어 볼 때 피고인은 조세를 납부할 의사가 전혀 없었다고밖에 볼 수 없고, 그 과정에서 조세회피처 SPC를 이용한 편의치적 행위와 다단계 SPC를 이용한 조세회피 행위들은 부정행위에 해당한다.

2) 법원의 판단

이에 대하여 법원은 "명의를 위장하여 소득을 얻더라도, 비거주자 또는 외국법인의 명의사용 등과 같이 명의위장이 조세회피의 목적에서 비롯되고 나아가 여기에 허위계약서의 작성과 대금의 허위지급, 과세관청에 대한 허위의 조세 신고, 허위의 등기·등록, 허위의 회계장부 작성·비치 등과 같은 적극적인 행위까지 부가되는 등의 특별한 사정이 없는 한 명의위장 사실만으로 구 조세범처벌법 제9조 제1항에서 정한 '사기 기타 부정한 행위'에 해당한다고 할 수 없다. ① 선박의 편의치적, 다단계 출자구조, 주식의 명의신탁 및 특수목적법인의 설립 등은 해상운송에서 일어날 수 있는 위험을 선박 자체에 한정시키기 위한 해운업계의 관행으로 보이는 점, ② 피고인은 이 사건 배당가능 유보소득에 관한 납세의무를 부담하게 되었을 뿐 주식의 명의신탁에서 더 나아가 위 소득에 대한 조세를 포탈하기 위하여 적극적인 행위를 하였다고 보기 어려운 점, ③ 피고인이 비거주자가 되기 위하여 취한 일련의 조치들은 허위 또는 가장행위에 해당하지 않는 점 등을 앞서 본 관련 규정과 법리에 비추어 살펴보면, 피고인이 다수의 페이퍼컴퍼니를 이용하여 단계적인 출자구조를 만들고 그 주식을 명의신탁한 행위나 피고인과 그 가족들 명의로 보유하던 국내 자산을 양도하는 등 비거주자가 되기 위하여 행한 행위들이 조세를 포탈하기 위한 적극적인 사기 기타 부정한 행위에 해당한다고 볼 수 없다"고 판시하여 해운업계의 편의치적은 해상에서 발생한 사고에 대한 피해배상을 사고 선박 자체에 한정시키기 위하여 다단계 출자구조, 주식 명의신탁 및 SPC 설립 등의 방법을 일반적으로 이용해 온 제도로 해외 SPC의 명의로 명의위장을 한 것만으로는 부정행위로 볼 수 없고, 그에 더 나아가 허위계약서 작성, 허위 회계장부 작성 등의 불법행위까지 부가되는 등의 특별한 사정이 있는 경우에 부정행위가 성립한다고 하고 있다.

(2) 법인세포탈

법인세포탈과 관련하여서는 홍콩에 설립된 C사의 내국법인 해당성 여부가 쟁점이 되었다.

(가) 검사의 주장 요지

법인세법 제2조에서 규정하고 있는 내국법인이라 함은 국내에 본점이나 주사무소 또는 사업의 실질적 관리장소를 둔 법인을 말한다. 여기서 실질적 관리장소란 법인이 사업을 수행함에 있어 중요한 관리 또는 상업적 의사결정이 실질적으로 이루어지는 장소이다(국세청 예규).

검사는 다음과 같은 사실에 비추어 홍콩에 설립된 C사는 내국법인에 해당한다고 주장했다. ① 홍콩 C사의 설립을 국내에서 기획하고 주도하였다. ② 홍콩 C사 자금의 지배·관리·처분권을 국내에서 행사하였다. ③ 홍콩 C사 임·직원 인사권을 국내에서 행사하였다. ④ 홍콩 C사의 신규사업 입안 시행 및 법률검토 업무 등 사업에 필요한 '상업적 의사결정'이 국내에서 이루어졌다. ⑤ 홍콩 C사에는 고위급 수준의 일상적 관리와 상업적 의사결정을 수행할 조직이 없었다. ⑥ 피고인은 대리점 계약을 이용한 거래구조 재편을 통해 자동차 해상운송사업의 실질적 관리장소가 국내에 없는 것처럼 위장하였다. ⑦ 피고인은 홍콩 C사 설립 이전인 2003년부터 국내에서 자동차 해상운송사업을 실질적으로 운영하였다. 이와 같이 홍콩 C사는 내국법인에 해당함에도 국내 법인세 부담을 회피할 의도로 국내에 사업의 실질적 관리장소가 없는 것처럼 위장한 행위는 부정행위에 해당한다.

(나) 법원의 판단

이에 대하여 법원은 검사의 주장 사실을 대부분 사실로 받아 들여 C사가 내국법인에 해당하는 사실을 인정하면서 "외국회사인 피고인 C사가 홍콩에서 설립되어 국내에 실질적 관리장소를 둔 내국법인으로서 단순히 거래명의만을 가장하기 위한 형식상의 법인이 아니고, 피고인 C사와 Y해운이 체결한 에이전트 계약도 허위의 사실 또는 가장행위라고 보기 어려운 사실 등에 비추어, 피고인 C사가 Y해운에 그 업무를 포괄적으로 위임하고 피고인이 피고인 C사의 대표자로서 국내에서 피고인 C사를 실질적으로 관리한 행위 등을 피고인 C사의 법인세를 포탈하기 위한 적극적인 사기 기타 부정한 행위에 해당한다고 볼 수 없다"고 판시하여 내국법인 해당사실에 대하여 일부 허위의 외관이 있다 하더라도 그것만으로는 부정행위에 해당되지 않는다고 하여 이 부분에 대한 별도의 부정행위의 성립은 인정하지 않고 있다. 홍콩에 설립된 피고인 C사는 결과적으로 내국법인에 해당하여 법인세포탈의 주체에 해당한다고 하고 있다.

Ⅳ. Y그룹 B회장 조세포탈 사건(2011년)[12)]

1. 배　　경

수사기관은 2010년 말경 Y그룹의 계열사가 무자료 거래와 가공 급여 등의 방법으로 비자금을 조성하여 정관계 로비를 하였다는 비리 의혹에 대한 제보를 입수하였다. 이에 특별수사팀을 구성하여 수사에 착수하였다.

3개월 동안 수사를 한 결과, B회장 등 6명을 특경가법위반(횡령)죄와 특가법위반(조세) 등으로 기소하였다. 공소제기 후 8년 동안 제1심, 항소심, 대법원 파기환송을 거듭하면서 6번의 재판을 받아 2019년에 비로소 재판이 확정되었다.

2. 대표적 공소사실 요지(법인세 및 부가가치세 포탈)

계열회사의 공장에서 생산하는 스판덱스 등 섬유제품을 대리점에 판매하면서 세금계산서를 발행하지 않는 무자료 거래 및 가공 급여 등 항목에 대한 허위 회계처리를 이용하여 매출을 누락시키거나 비용을 과대계상한 후 법인세 과세표준 및 세액을 각 신고하면서 세금계산서를 발행하지 않거나 허위 장부를 작성하는 부정한 방법으로 결손연도인 2001년도 법인소득에서 상당 금액을, 결손연도인 2002년도 법인소득에서 상당 금액을 각 누락시켜 누락금 전액을 2003년도 법인세 산정시 이월결손금으로 공제되게 한 다음, 2003년도 법인소득에서 위와 같이 과대계상된 무자료 및 가공 급여 비용만큼 소득을 누락신고하여 2003년도 법인세의 신고기한을 경과함으로써 2003년도 법인세를 포탈하였다.

그리고 2003.7.1.부터 2003.12.31.까지 상당 금액의 스판덱스 등 섬유제품을 판매하고도 세금계산서를 발행하지 않는 부정한 방법으로 2003년도 제2기분 부가가치세 과세표준 및 세액을 신고하면서 매출액에서 세금계산서가 발급되지 않은 금

12) 대법원 2016.8.30. 선고 2013도658 판결.

액을 누락시킨 다음 부가가치세 신고기한인 2004.1.25.을 경과함으로써 2003년도 제2기분 부가가치세를 포탈하였다.

또한 2004.1.1.부터 2004.6.30.까지 상당 금액의 스판덱스 등 섬유제품을 판매하고도 2004년도 제1기분 부가가치세 과세표준 및 세액을 신고하면서 위와 같이 세금계산서를 발행하지 않는 부정한 방법으로 매출액에서 세금계산서가 발급되지 않은 금액을 누락시킨 다음 부가가치세 신고기한인 2004.7.25.을 경과함으로써 2004년도 제1기분 부가가치세를 포탈하였다. 이로써 2004년 신고기한이 도래한 법인세액과 부가가치세액을 포탈하였다.

3. 이 사건이 조세포탈사건에 미친 영향

(1) 이 사건 무자료 거래에서 과세대상이 거래된 섬유제품인지, 그 반대급부인 판매대금인지 여부

이 사건에서는 무자료 거래에서 과세대상이 거래가 된 섬유제품 자체인지, 그 반대급부인 판매대금인지 여부가 문제되었다.

이에 대하여 대법원은 "원심은 피고인 등이 피고인5 회사의 '섬유제품을 횡령'하였음을 전제로, 피고인5 회사가 그 대리점에 직접 무자료로 섬유제품을 공급한 것이 아니라, 피고인 등이 수율을 낮게 조작하는 등의 방법으로 생산된 섬유제품 중 일부를 피고인5 회사의 장부에 재고자산으로 계상되지 않도록 한 다음 이를 그 대리점에 무자료로 판매하여 임의 소비한 것이므로, 이를 두고 구 부가가치세법(2008.12.26. 법률 제9268호로 개정되기 전의 것) 제6조 제1항에서 정한 본래적 의미의 '재화의 공급'에 해당한다고 볼 수는 없으나, '재화의 공급으로 의제'되는 '개인적 공급'에는 해당하므로(같은 조 제3항), 피고인5 회사는 위 무자료 거래에 관하여 부가가치세 납부의무를 부담한다는 등 그 판시와 같은 이유를 들어 피고인이 2004년 신고기한이 도래한 피고인5 회사의 2003년도 제2기분과 2004년도 제1기분 부가가치세를 포탈하였다는 공소사실을 유죄로 인정하였다. 한편 원심은, 위와 같이 피고인 등이 피고인5 회사의 '섬유제품을 횡령'하였음을 전제로 '횡령한 섬유제품'의 시가 상당액을 피고인5 회사의 익금으로 산정함으로써 대표이사인 피고인이 피고인5 회사의 2003년도, 2005년도, 2006년도, 2007년도 및 2009년도 법인세를 포탈하였다는 공소사실도 유죄로 인정하였다. 그러나 위와 같은 원심의 판단은, 피고인이 피고인5 회사의 '섬유제품'을 횡령하였음을 전제로 하는 것인데, 앞서 본 바와 같이 피고인이 무자료 거래를 통하여 횡령한 대상 또는 객체는 무자료로 거래된 ‘섬유제품’이 아니라 그 반대급부인 ‘판매대금’으로 보아야 하므로, 그 전제가 부정되는 원심의 위와 같은 판단은 더 이상 유지될 수 없다”고 판시하였다.

나아가 대법원은 “구 부가가치세법 제6조 제3항은 ‘개인적 공급’의 개념을 ‘사업자가 자기의 사업과 관련하여 생산하거나 취득한 재화를 자기나 그 사용인의 개인적인 목적 또는 기타의 목적으로 사용·소비하거나 자기의 고객이나 불특정 다수인에게 증여하는 경우에 대통령령이 정하는 것은 재화의 공급으로 본다’고 규정하고 있고, 구 부가가치세법 시행령(2012.2.2. 대통령령 제23595호로 개정되기 전의 것) 제16조 제1항은 ‘법 제6조 제3항의 규정에 의하여 재화의 공급으로 보는 것은 사업과 직접 관계없이 개인적인 목적 또는 기타의 목적을 위하여 사업자가 재화를 사용·소비하거나 사용인 또는 기타의 자가 재화를 사용·소비하는 것으로서 사업자가 그 대가를 받지 아니하거나 시가보다 낮은 대가를 받는 것으로 한다’고 규정하고 있는데, 앞서 본 바와 같이 이 사건 섬유제품 무자료 거래는 가격 등에서 정상거래와 차이가 없을 뿐 아니라, 횡령의 객체를 무자료 거래의 대상인 ‘섬유제품’이 아니라 그 반대급부인 ‘판매대금’으로 보는 이상 무자료 거래의 주체는 피고인이 아니라 피고인5 회사로 보아야 할 것이므로, 이 사건 무자료 거래는 피고인5 회사의 본래적 의미의 ‘재화의 공급’으로 보아야 할 것이다. 따라서 그 판시와 같은 이유로 위 무자료 거래를 재화의 공급으로 의제되는 ‘개인적 공급’으로 평가한 원심의 판단은 구 부가가치세법 제6조 제1항의 ‘재화의 공급’ 및 같은 조 제3항의 ‘개인적 공급’에 관한 법리를 오해한 잘못이 있다”고 판시하여 부가가치세와 법인세포탈대상 및 금액산정을 섬유제품 자체가 아니라 제품의 판매대금을 기준으로 산정해야 한다고 하고 있다.

(2) 금융회사의 지배구조에 관한 법률 제32조 제1항에 규정된 조세범처벌법위반죄와 다른 죄의 경합범일 경우 분리 심리하여 판결선고해야 하는지 여부

이 사건이 8년간 재판이 진행된 이유 중 하나는 B회장이 계열사 중 몇 개가 금융사업을 영위하고 있어 B회장이 금융회사의 최대주주 중 최다출자자에 해당할 경우에는 그 적격성 심사를 위하여 조세범처벌법위반죄를 분리하여 판결해야 하는 문제가 있었다.

이에 대하여 대법원은 재상고심에서 “금융회사의 지배구조에 관한 법률 제32조 제1항은, 금융위원회는 해당 조항의 적용을 받는 금융회사의 최대주주 중 최다출자자 1인(이하 '적격성 심사대상'이라함)에 대하여 대통령령으로 정하는 기간마다 독점규제 및 공정거래에관한법률, 조세범처벌법 및 '금융과 관련하여 대통령령으로 정하는 법령'을 위반하지 아니하는 등 대통령령으로 정하는 요건(이하 '적격성 유지요건'이라함)에 부합하는지 여부를 심사하여야 한다고 규정하고 있다. 같은 조 제4항은, 금융위원회는 제1항에 따른 심사 결과 적격성 심사대상이 적격성 유지요건을 충족하지 못하고 있다고 인정되는 경우 해당 적격성 심사대상에 대하여 해당 금융회사의 경영건전성을 확보하기 위한 일정한 조치를 이행할 것을 명할 수 있다고 규정하고 있다. 또한 같은 조 제5항은, 금융위원회는 제1항에 따른 심사 결과 '적격성 심사대상이 제1항에 규정된 법령의 위반으로 금고 1년 이상의 실형을 선고받고 그 형이 확정된 경우' 등 일정한 경우 법령 위반 정도를 감안할 때 건전한 금융질서와 금융회사의 건전성이 유지되기 어렵다고 인정되면 해당 적격성 심사대상이 보유한 금융회사의 의결권 있는 발행주식 총수의 100분의 10 이상에 대하여는 의결권을 행사할 수 없도록 명할 수 있다고 규정하고 있다. 한편 같은 조 제6항은, 제1항에 규정된 법령의 위반에 따른 죄와 다른 죄의 경합범에 대하여는 형법 제38조에도 불구하고 이를 분리 심리하여 따로 선고하여야 한다고 규정하고 있다. 금융사지배구조법 제32조 제1항, 제4항, 제5항의 규정을 종합하여 보면, 같은 조 제1항의 적격성 심사규정은, 적격성 심사대상에 대한 주기적인 적격성 심사를 통하여 건전한 금융질서와 금융회사의 경영건전성을 유지하는 것을 그 입법목적으로 한다고 볼 수 있다. 위와 같은 입법목적을 고려하면, 같은 조 제6항의 분리 심리·선고 규정은 피고인이 같은 조 제1항의 적격성 심사대상에 해당하는 경우에만 적용되는 규정이라고 봄이 타당하다(대법원 2018.3.15. 선고 2017도21120 판결). 이러한 법리는 이 사건에도 적용해야 한다"고 판시하면서 사건을 다시 파기환송함으로써 결과적으로 복역기간이 줄어드는 결과로 이어졌다.

Ⅴ. 전 대통령 차남 J 조세포탈 사건(2013년)[13)]

1. 배 경

서울중앙지검의 전 대통령 일가 미납 추징금 특별환수팀이 미회수 범죄수익에 대한 환수대상 재산을 추적하는 과정에서 전 대통령 차남 J의 탈세 정황이 포착되

13) 대법원 2015.8.13. 선고 2014도14841 판결.

었다. J는 2006년 자신이 대표로 있던 회사들을 통해 오산시 택지개발 사업에 뛰어 들었다. 당시 오산시는 새로운 도시기본계획에 따른 신도시 개발계획을 추진했었다. 검찰은 J가 부지를 매입해 부동산 개발사업에 나서는 과정에서 양도세 포탈의 정황을 포착한 것으로 알려졌다. 한편 J는 2003년경에도 자금 출처가 불명확한 채권이 발견되어 이를 은닉하여 증여세를 포탈한 혐의로 공소제기되어 재판을 받은 전력이 있었다. 이번에는 토지를 매도하면서 매매가를 줄여서 신고하여 양도소득세를 포탈한 혐의로 공소제기되어 재판을 받게 된 것이다.

이 사건으로 J는 최종적으로 2015년 법원으로부터 집행유예 선고와 벌금 40억 원을 병과받고 확정되었다. 이 벌금 40억 원 중에 납부한 1억 4,000만 원을 제외한 벌금 미납액은 38억 6,000만 원이었다.

검찰은 이 미납금에 대하여 노역장유치 집행을 하였다. 노역장 유치 당시에 이른바 '황제노역'을 방지하기 위해 2014년 개정된 현행 형법을 따르게 되어 있었다. 개정 형법에 따르면 미납 벌금이 5억 원에서 50억 원 미만일 경우 500일 이상 1,000일 미만으로 노역해야 한다. 이 규정에 따라 미납 벌금이 38억 6,000만 원인 J의 노역장 유치기간은 965일, 일당 400만 원[14]으로 결정되었다. 벌금 34억 2,000만 원을 안 낸 친척인 L씨도 2년 4개월의 노역장에 유치되었다.

2. 공소사실 요지(양도소득세포탈)

피고인과 그 친척인 L은 오산시 소재 이 사건 임야와 인근 토지를 매도하면서 그 임야에 식재되어 있는 임목에 대하여는 별도로 그 가치를 산정하여 거래금액으로 포함시키지 아니하였음에도 불구하고, 수수한 매매대금 중 일부 금액을 임목비 매도로 발생한 산림소득으로 별도로 신고하여 소득세 대상 소득에서 제외시킴으로써 양도소득세를 포탈하기로 공모하였다.

이 계획에 따라 이 사건 임야의 총 매매대금으로 토지대금 수백억 원과 임목비 백여억 원 상당 합계 수백억 원이라는 허위 내용이 기재된 2005.7.28. 자 매매계약서를 작성하고, 임목비 백여억 원 부분을 산림소득으로 별도 신고하여 소득공제를 받은 다음, 위 임야에 대한 토지거래허가구역 지정이 해제된 이후인 2011.7.27. 경 과세관청에 허위 내용이 기재된 2005.7.28. 자 매매계약서를 첨부하여 이 사건 임야를 매도하면서 임목비를 공제한 금액을 매도금액으로 하여 양도소득세 신고

14) 소액의 벌금을 내지 못하여 노역하는 일반 서민들은 1일 일당 5만 원에서 10만 원 정도로 계산되어 노역을 집행한다.

를 하였다.

이로써 피고인들은 공모하여 사기나 기타 부정한 방법으로 진정한 매매대금과 허위로 신고한 임목비가 공제된 토지대금의 차액인 허위 임목비 백여억 원에 해당하는 양도소득세를 포탈하였다.

3. 이 사건이 조세포탈 사건에 미친 영향

이 양도소득세포탈사건 자체로는 다른 조세포탈 사건에 미친 영향은 크지 않다. 다만, 이 사건은 앞서 살펴본 황제노역 사건의 부당한 판결 결과에 따라 노역장 유치제도를 일부 개정하였음에도 불구하고 아직도 특가법위반(조세)사건의 벌금의 법정형이 너무 높게 규정되어 있어서 1일 노역장 유치금액이 과도하게 높을 수 있다는 또 다른 우려를 보여준 사건이다.

한편 위 특가법위반(조세)사건의 항소심 재판 진행과정에서 임야 매수인 P에 대한 위증교사 문제가 제기되었다. 이 위증교사 사건의 경위를 간단하게 살펴보면, 피고인 J에 대한 이 사건 항소심 첫 공판이 시작되자 J의 변호인이 이 사건은 검찰이 전 대통령 일가에 대한 미납 추징금 환수와 관련해 무리하게 공소를 제기한 사건이라고 주장하며 혐의를 전면 부인하기 시작하였다.

이어서 문제된 임야를 매수한 건설업자 P가 제1심 증언에 이어 항소심에서도 재차 증인으로 출석하여 "임목비는 전씨가 요구한 것"이라고 진술하였던 검찰 참고인 조서 내용 및 제1심 재판 증언 내용을 번복하면서, "임목비는 예전부터 논의해왔던 부분이다"고 전씨 등에게 유리하게 진술을 바꾸었다. 검찰은 J 등이 P에게 거짓 진술을 강요했다고 판단하여 이 부분에 대한 수사를 별도로 진행하여 J와 P를 위증교사죄와 위증죄로 각각 벌금 500만 원과 300만 원에 약식기소하였다. 이 사건은 위 벌금액대로 대법원에서 유죄로 확정되었다.

조세포탈 사건에서 이러한 무리한 위증교사 등의 행위가 발생하는 이유는 조세포탈죄의 징역형과 병과되는 벌금의 법정형이 너무 높기 때문이다. 이 사건도 그러한 이유에서 발생한 사건이다.

Ⅵ. E그룹 A회장 조세포탈 사건(2013년)[15)]

1. 배 경

무리한 사업확장과 그룹 지배권 강화과정에서 E그룹의 A회장이 비자금을 조성하여 사용하였다는 의혹이 비자금을 관리하던 내부 제보자로부터 제기되었다.

수사 결과 A회장은 회장 산하에 전담팀을 두고 거액의 비자금을 조성하여 해외 SPC 7곳과 국내 차명계좌를 이용하여 계열사의 주식에 대하여 주식거래를 하고 그 과정에서 거액의 양도소득세 등을 포탈한 사실과 회사자산을 횡령하고 회사에 손해를 끼친 사실이 추가로 밝혀졌다.

검찰 스스로가 대그룹 오너의 대규모 역외탈세 범죄를 최초로 규명한 사건이라고 의미를 부여했을 만큼, 역외탈세 사건이 공소사실 중 상당부분을 차지하고 있다.

2. 대표적 공소사실 요지(양도소득세 및 종합소득세포탈, 법인세포탈)

(1) 국내 차명주식 관련 양도소득세 및 종합소득세포탈

다수의 명의를 차용하여 개설한 다수의 증권계좌로 피고인 소유의 차명주식을 매수·매도하면서 자금추적을 피할 수 있는 소액 현금 입·출금, 주식 매각대금을 이용한 묻지마채권, 무기명채권, 미술품 매입 등의 부정한 방법으로 대주주 양도소득세 과세대상인 사실과 주식양도차익 및 배당·이자소득을 은닉하여 신고를 하지 않음으로써 양도소득세 및 종합소득세를 각 포탈하였다.

(2) 해외 SPC를 이용한 양도소득세 및 종합소득세포탈

조세회피처인 영국령 버진아일랜드(BVI) 등에 다수 SPC를 설립한 다음, 그 명의로 아래 (가), (나), (다), (라)와 같은 방식으로 계열사 주식을 취득하여 매도함으로써 양도차익 또는 배당소득을 얻었음에도 양도소득 또는 종합소득(배당소득)을 과세관청에 신고하지 아니하였다.

(가) 4개의 SPC인 K, L, M, N사(실질적 수익자를 피고인 A로 하였음)를 이용하여 계열사가 1999년 발행한 해외 신주인수권부사채(BW)를 사채와 분리된 신주인수권을 인수하고, 2004년경 신주인수권을 행사하여 위 SPC 명의로 계열사 주식을

15) 대법원 2015.9.10. 선고 2014도12619 판결.

취득하고, 이를 매도하여 양도소득세 및 종합소득세(배당소득세)를 포탈하였다.

(나) SPC P사 1개를 이용하여 계열사가 1997년 발행한 전환사채를 인수한 후 전환권을 행사하여 위 SPC 명의로 주식을 취득하여 종합소득세(배당소득세)를 포탈하였다.

(다) SPC Q사 1개를 이용하여 NOTE를 매수, 매도하여 양도소득세 및 종합소득세(배당소득세)를 포탈하였다.

(라) SPC인 R사(실질적 수익자를 회사 임원으로 하였음) 1개를 이용하여 계열사 주식을 취득하여 SPC인 R사로 배당받아 종합소득세(배당소득세)를 포탈하였다.

이하 이 사건 해외 SPC 관련 공소사실 중 무죄선고된 부분을 간단하게 요약하면 아래 표와 같다.

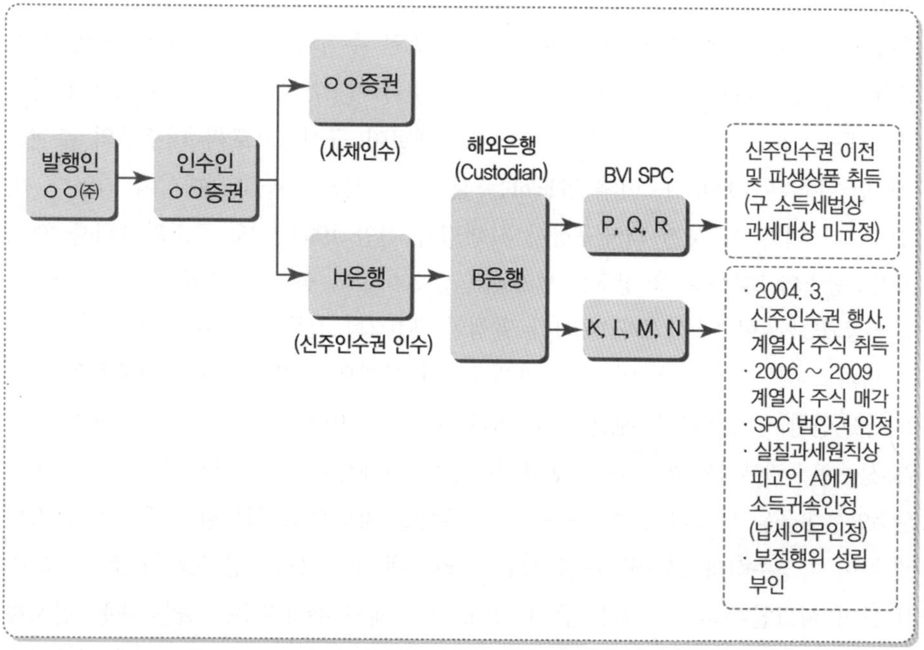

(3) 법인세포탈

계열사의 부외자금을 조성하여 비자금으로 사용할 의도로, 그 부외자금을 손금처리가 가능한 판매촉진비, 복리후생비, 회의비, 교재비, 조사연구비 등에 정상적으로 지급한 것처럼 전표를 작성하는 등 장부를 조작하거나 증빙을 조작하여 손금 해당 항목으로 가장한 다음에 현금 등으로 인출하여 은닉하는 부정한 방법으로 소득을 누락하여 법인세를 포탈하였다.

3. 이 사건이 조세포탈사건에 미친 영향

(1) 국내 차명주식 관련 양도소득세 및 종합소득세포탈

(가) 과세규정 시행(1999.1.1.) 이전에 취득한 신주인수권을 과세규정 시행 이후에 신주인수권을 행사하여 취득한 주식양도차익이 포탈소득에 해당하는지 여부

피고인 A는 과세규정 시행 이후 신주인수권의 행사로 인하여 취득한 주식의 매매차익을 조세포탈 대상소득에서 제외되어야 한다는 주장을 하였다.

이에 대하여 법원은 "1998.12.28. 법률 제5580호로 개정된 소득세법 제94조 제3호(이하 '이 사건 과세규정'이라 한다) 및 1998.12.31. 대통령령 제15969호로 개정된 소득세법 시행령 제157조 제4항은 주권상장법인 주식의 합계액 중 100분의 5 이상의 주식을 소유한 주주 등(이하 '대주주'라 한다)이 그 주식을 양도함으로써 발생한 소득을 양도소득세 과세대상의 하나로 새로이 규정함으로써 대주주의 주권상장법인 주식은 1999.1.1. 이후 양도하는 분부터 양도소득세 과세대상이 되었다. 피고인 A가 비록 이 사건 과세규정이 시행되기 전인 1997.3.25. 공소외 1회사(2002.10.17. 공소외 2회사로 그 상호를 변경하였고, 2007.9.1. 공소외 2회사와 공소외 3회사로 분할되었다. 이하 'ㅇㅇ'라 한다)가 발행한 제102회 신주인수권부사채를 임·직원들 명의로 취득하였지만, 이 사건 과세규정의 시행으로 피고인 A가 대주주의 주식양도로 인한 납세의무를 예견할 수 있게 된 후인 1999.12.20.부터 2002.3.14.까지 위 신주인수권부사채에 부여된 신주인수권을 행사하고 임·직원들의 계좌를 통해 신주인수대금을 납입하는 방법으로 ㅇㅇ주식을 차명으로 취득한 다음, 전담 직원을 두어 차명주식과 그 매각대금 등을 관리하게 하는 등의 행위를 한 점은 그 주식 등이 피고인 A의 소유임을 은닉함으로써 조세의 부과징수를 불능 또는 현저히 곤란하게 하는 별도의 '사기 기타 부정한 행위'에 해당한다"고 판단하여 신주인수권 취득 당시 주식양도 과세규정이 존재하지 않았더라도, 과세규정이 시행된 이후 신주인수권을 행사한 시점에는 주식양도로 인한 납세의무를 충분히 예견할 수 있었다고 판단하여 조세포탈 대상소득에 해당한다고 하였다.

(나) 과세규정 시행 이전에 차명으로 취득한 원주식에 대하여 무상증자 및 주식배당을 통해 배정받은 무상주 양도차익이 포탈소득에 해당하는지 여부

피고인 A는 과세규정 시행 이후 취득한 기존 주식에 대하여 배정된 무상주에 대한 매매차익은 조세포탈의 대상소득에서 제외되어야 한다는 주장을 하였다.

이에 대하여 법원은 "피고인 A가 이 사건 과세규정이 시행된 후에 차명으로 취득한 ○○주식에 대하여 1999.3.12.경 주식배당 및 1999.12.8.경 자산재평가적립금의 자본전입이 이루어져 무상주가 배정된 사실을 알 수 있다. 이와 같이 이익잉여금 등을 자본에 전입하여 무상주가 배정되는 경우에는 기존 주식의 재산적 가치에 반영되고 있던 이익잉여금 등이 전입되면서 자본금이 증가함에 따라 그 증자액에 해당하는 만큼의 신주가 발행되어 기존의 주주에게 그가 가진 주식의 수에 따라 무상으로 배정되는 것이어서 발행법인의 순자산이나 이익 및 주주의 지분비율, 실질적인 재산적 가치에는 아무런 변화가 없다. 따라서 취득 당시 과세대상인 기존 주식에 대하여 '사기 기타 부정한 행위'가 인정되는 이상 자산재평가적립금이나 이익잉여금의 자본전입으로 기존 주식의 보유 비율에 따라 무상주가 배정되었다고 하더라도 그 무상주의 양도로 인한 포탈세액은 기존 주식의 취득으로 인하여 생겨난 것이므로, 이러한 무상주의 양도로 인한 양도소득세도 포탈세액에 포함된다고 할 것이다"라고 판시하여 무상주는 실질적으로 원주식이 분할된 것에 불과하고, 주식배당 역시 같은 효과가 발생하므로 조세포탈죄의 성립요건인 납세의무, 부정행위, 고의 등을 판단함에 있어서는 원주식 취득시점을 기준으로 평가함이 상당하다고 하고 있다.

(2) 해외 SPC를 이용한 양도소득세 및 종합소득세포탈

(가) 조세회피처에 설립된 해외 SPC를 이용한 행위가 부정행위에 해당하는지 여부

검사는 이 사건 해외 SPC를 이용한 행위 자체가 부정행위에 해당한다는 주장을 하고 있다.

이에 대하여 대법원은 "비록 피고인이 이 사건 각 SPC를 실질적으로 지배·관리하고 있어 피고인 A에게 과세대상 소득이 귀속된 것으로 보아야 하나, 이 사건 각 SPC를 이용하여 주식을 양도하거나 배당을 받은 행위에 조세회피 목적을 넘어

서는 불법적인 적극적 소득은닉행위가 있었다는 점에 관한 검사의 증명이 부족하다고 판단하여 이 부분 각 공소사실을 무죄로 선고한 원심판결은 정당하다"고 판시하고 있다.

이와 관련한 이 사건 원심 판결의 주요 요지는 "원칙적으로 이 사건 조세회피처에 설립된 SPC는 적법하게 설립된 법인들로, 독립된 권리를 가진 실체있는 법인이다. 따라서 법적 형식만으로 볼 때는 각 SPC들이 이 사건 주식들을 보유하는 것이 맞다. 그러나 실질과세의 원칙을 적용하면, ① 각 SPC는 피고인 A의 재산을 보유·관리하고 있을 뿐 그 외 별다른 사업실적이 없고, 인적 조직이나 물적 시설을 갖추고 있는 것도 없어서 독자적으로 의사를 결정하거나 사업목적을 수행할 능력이 없다. ② SPC에 입금된 돈이 피고인 A의 의사에 따라 개인적인 용도에 사용되기 위해 출금되었다. ③ SPC는 피고인 A의 재산을 관리하기 위하여 설립되었고, 피고인 A가 실질적으로 지배하고 있었다. ④ 국내 조세를 회피하기 위한 목적이 있었다고 보기에 충분하다는 사실 등을 종합하면, 과세대상을 실질적으로 지배·관리하는 피고인 A에게 소득이 귀속된 것으로 볼 수 있으므로 피고인 A가 납세의무자에 해당한다"고 판시하였다.

그리고 "SPC 이용행위의 부정행위 성립 여부에 대하여서는 ① SPC를 이용하여 주식을 보유하는 등의 투자행위는 합법적인 행위이다. ② 여러 방법 중 조세를 절감하는 방안을 선택하는 것은 헌법상 보장된 자유이다. ③ 국내 차명계좌와 달리 해외 SPC를 이용하여 주식을 보유하는 경우를 금지하는 규정이 없어 부정행위를 판단함에 있어 본질적인 차이가 있다. ④ 해외 법인이 국내 주식을 취득하기 위해서는 이를 대행해 줄 금융기관과 계약을 체결할 수밖에 없는데, 이 사건 SPC가 취한 거래방식은 피고인 A가 소득을 은닉하기 위해 계획하거나 창출해 낸 것이 아니다. ⑤ SPC 보유계좌의 실질적인 수익자는 피고인 A로, 계좌 개설시 피고인 A의 인적사항이 제출된 것으로 보여 귀속주체를 은닉하기 위한 적극적인 행위가 없었다는 점 등을 고려하면 조세포탈에서 요구하는 조세회피목적을 넘어서는 불법적인 '적극적인 소득은닉행위'가 있다고 볼 수 없다"고 하여 피고인 A의 납세의무는 인정하면서도 부정행위 성립에 대하여는 부인하고 있다.

(나) 위 공소사실 2. (2)(다)에서 NOTE가 양도소득세 과세대상인지 여부

위 공소사실 2. (2)(다)에서 SPC가 매수하여 매도한 것은 주식이 아니라 NOTE로 위 NOTE가 양도소득세에서 과세대상에 해당되는지 여부가 문제되었다.

이에 대하여 법원은 "이 사건 NOTE는 블룸버그 사이트에서 유가증권으로 등록되어 정보가 공시되고, 노트의 상환 및 매도내역 기재 내용이 주식과 다르며, 노트 보관자의 상환요구시 주식이 아닌 채권형태로 상환거래가 가능한 점 등을 종합할 때, 단순한 보관증서가 아닌 파생결합증권으로 판단된다. 이와 같은 파생결합증권은 세법상 양도세 과세대상에 해당되지 않는다"고 판시하여 NOTE의 양도소득에 대하여는 양도세 과세대상이 아니므로 그에 대한 납세의무가 없다고 하고 있다.

(다) 위 공소사실 2. (2)(라)에서 SPC의 실질적 수익자를 제3자로 한 경우

위 공소사실 2. (2)(라)에서는 대주주인 피고인 A는 계열사가 보유하고 있던 또 다른 계열사의 지분(주식) 100%를 회사임원을 통하여 영국령 조세피난처인 BVI (British Virgin Islands)에 설립하여 실질적으로 소유·지배하고 있는 SPC인 R에 매각하게 하였다. 이후 피고인의 지시를 받은 회사임원은 주식을 매수한 계열사로부터 위 주식에 대한 배당금을 SPC인 R의 계좌로 지급받아 피고인 A에게 송금하여 개인적으로 사용하게 하였다.

앞서 살펴본 다른 SPC의 경우에는 실질적 수익자를 피고인 A로 하였지만 SPC인 R의 실질적 수익자는 피고인 A로 하지 않고 회사임원 명의로 하였다.

이에 대하여 법원은 "SPC 소득의 실질적인 소유자는 실질과세의 원칙상 피고인 A로 피고인 A가 납세의무자에 해당한다. 그러나 SPC의 설립과 운용에 있어서 다른 SPC와 달리 실질적인 수익자를 피고인 A로 하지 않고 회사 임원으로 한 점 등에 비추어 피고인 A가 실질적 수익자로 되어 있는 위 K, L, M, N SPC들과 달리 판단된다. 이러한 방법으로 실질적 수익자를 은닉한 행위 등은 배당소득의 귀속자를 적극적으로 은닉하였다고 보여지므로 부정행위가 성립한다"고 판시하여 SPC의 실질적 수익자를 SPC의 실질적 소유자로 하였는지, 또는 제3자로 하였는지 여부 등 과세당국이 발견하기 어렵게 한 행위 정도에 따라 적극적 은닉의도 해당 여부를 구분하여 판단하고 있다.

(3) 부외자금 관련 업무상 횡령죄와 법인세포탈의 구성요건 차이를 확인

피고인 A가 사업 관련성이 있는 분야에 공적으로 사용한 비용에 대하여는 법인세법상 손금산입 대상이므로 최소한 공적인 용도로 사용되었다는 탄핵증거가 제출되어 형법상 업무상 횡령죄가 성립되지 아니한다고 인정된 비용은 법인세법상 손금으로 처리를 하여야 한다고 주장하였다.

이에 대하여, 법원은 "법인세법에 의하면 법인이 사업집행상의 필요에 의하여 비용을 지출한 경우 손금으로 인정받을 수 있는 항목 및 그 용인한도액이 법정되어 있으므로 주식회사의 이사 등이 비용의 허위계상 또는 과다계상의 방법으로 공금을 정식경리에서 제외한 뒤 그 금액 상당을 손금으로 처리한 경우 그 금액이 전부 회사의 사업집행상 필요한 용도에 사용되었더라도 그 용도를 구체적으로 밝혀 그것이 손비로 인정될 수 있는 항목이고 손금용인한도액 내의 금액임을 입증하지 못하는 이상 조세포탈의 죄책을 면할 수 없다(대법원 1989.10.10. 선고 87도966 판결 참조). 피고인 A가 부외자금으로 ○○의 사업집행에 필요한 용도로 사용한 부분이 있다고 하더라도 그 대부분은 용도가 금액별로 구체적으로 밝혀지지 아니하여, 손비로 인정될 수 있는 항목으로서 손금용인한도액 내의 금액이라는 점을 인정할 자료가 부족하므로, 부외자금을 조성하는 과정에서 법인세를 포탈하였다고 인정함이 상당하다"고 판단하여 법인을 위하여 사용한 자금이라고 하더라도 손금항목에 대한 입증이 되지 않고 부외자금 조성과정에 부정행위가 존재한다면 조세포탈에 해당할 수 있다고 하면서 업무상 횡령죄와 조세포탈죄 구성요건의 차이를 구별하여 판단하고 있다.

Ⅶ. P그룹 M회장 조세포탈 사건(2013년)[16)]

1. 배 경

P그룹의 경우에는 해외거래가 사업의 상당부분을 차지하고 있어서 항상 역외탈세에 노출되어 있었다. 국세청에서 2010년에 이어 2013년에 P그룹에 대한 세무조사를 진행하였다. 이 당시에는 역외탈세가 과세당국의 주요 이슈가 되고 있어서 국내 본사와 해외 법인, 그리고 조세회피처 SPC 사이의 자금거래 등에 대하여 과

16) 대법원 2020.12.30. 선고 2018도14753 판결.

세관청의 관심이 높았던 시기였다.

세무조사 결과, P그룹의 M회장 등이 바하마 등 조세회피처에 설립한 SPC를 활용하여 조세를 탈루한 사실이 밝혀져 고발이 되었고, 결국 수사로 이어지게 되었다. 수사기관에서는 과세관청 고발사실을 근거로 세무조사 당시에 제기된 비자금 및 조세 탈루 이슈 전반에 대하여 조세포탈과 업무상 횡령 등 혐의로 수사를 진행하였다.

2. 대표적 공소사실 요지(양도소득세 및 종합소득세포탈, 법인세포탈 등)

(1) 국내 차명주식을 통한 주식 양도소득세 및 종합소득세포탈

다수의 임・직원 명의를 차용하여 개설한 다수의 증권계좌를 이용하여 계열사 주식들을 관리하면서 다수의 차명계좌를 사용, 자금 추적을 피할 수 있는 소액 현금 입・출금, 주식 매각대금을 이용한 채권 및 부동산 매입 등의 방법으로 차명계좌의 재산이 주식 양도소득세 대상자의 소유인 사실을 과세당국이 발견하기 어렵게 하고 주식 양도차익과 배당소득을 은닉하여 양도소득세 및 종합소득세를 포탈하였다.

(2) 가공의 고정자산 등에 대한 회계장부 조작을 통한 조세포탈

손금으로 인정받기 어려운 불량 매출채권 등 부실자산을 정리하지 않은 상태에서 그룹의 주력회사인 A, B, C회사를 D회사로 합병한 후, 위 부실자산들을 실물 없는 가공의 기계장치로 대체하여 자산을 과다계상한 다음 이에 터잡아 허위로 감가상각비를 계상하거나 가공의 매출원가로 계상하는 등 허위 회계처리하여 소득을 누락시키는 방법으로 법인세를 포탈하였다.

(3) 해외 SPC를 이용한 양도소득세・종합소득세・법인세・증여세포탈

(가) 홍콩 SPC 2개를 이용한 조세포탈

1) 주위적 공소사실(양도소득세 및 종합소득세포탈)

국내법인 P의 대주주 겸 대표이사인 피고인이 홍콩에 SPC 2개를 설립한 다음 싱가포르 자회사의 자금을 대여받아 그 자금으로 국내 계열사 주식을 취득・매도하면서 한편으로 해외부실채권을 신고하는 기회에 싱가포르 자회사의 위 SPC 2개에 대한 대여금 채권을 회수불능 채권으로 분류하여 대손처리함으로써 싱가포르 자회사와 SPC 사이의 자금의 소유관계를 단절시켜 SPC의 재산이 주식 양도소득세 대상자의 소유인 사실을 과세당국으로 하여금 발견하기 어렵게 하여 주식 양도차익과 배당소득을 은닉하여 양도소득세 및 종합소득세를 포탈하였다.

2) 제1예비적 공소사실(법인세포탈)

피고인이 대표이사 겸 대주주로 있는 국내법인 P가 싱가포르 자회사의 자금을 대여받아 홍콩에 설립한 SPC 2개 명의로 국내 계열사 주식을 매수·매도하여 양도차익이 발생하였다. 한편 위 SPC 2개에 대한 대여금에 대한 원금 및 이자를 싱가포르 자회사로 하여금 전액 대손처리하게 함으로써 채무면제이익을 주었음에도 위 양도소득과 채무면제소득이 발생한 다음 해 3.31.까지 과세관청에 이에 대한 P법인에 대한 법인세 과세표준을 신고하지 아니하는 부정행위로 법인세를 포탈하였다.

3) 제2예비적 공소사실(법인세포탈)

피고인이 대표이사 겸 대주주로 있는 국내법인 P가 싱가포르 자회사의 자금을 대여받아 홍콩에 설립한 SPC 2개 명의로 국내 계열사 주식을 매수·매도하여 양도차익과 배당소득이 발생하였다. 한편 위 SPC 대여금에 대한 원금 및 이자를 싱가포르 자회사로 하여금 전액 대손처리하게 함으로써 채무면제이익이 발생하였다. 그 결과 국제조세조정에관한법률 제17조에 따라 위 SPC의 대주주인 국내법인 P에게 법인소득(배당간주소득)이 발생하였다. 위 SPC소득을 다음 해 3.31.까지 과세관청에 P법인의 과세표준으로 합산하여 신고하여야 함에도 이를 고의적으로 누락 또는 은폐하는 부정행위로 법인세를 포탈하였다.

이하 이 사건 공소사실을 정리하면 아래 표와 같다.

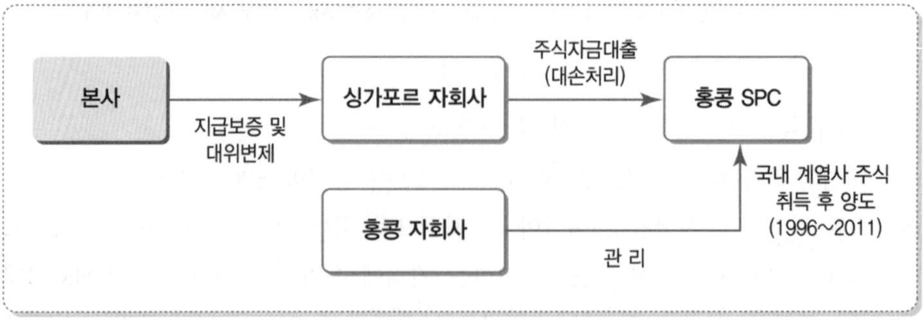

※ 국세청: 홍콩 SPC의 주식양도 소득에 대하여 본사에게 국제조세조정에관한 법률상 배당간주 규정에 따른 법인세 과세 및 고발

※ 검찰: 홍콩 SPC의 실체를 부인하고 대주주 개인의 양도소득세포탈로 기소 (주위적 공소사실)

※ 홍콩 SPC의 실체를 인정하고 본사의 법인세(주식양도소득과 채무면제소득) 포탈로 기소(제1예비적 공소사실)

※ 홍콩 SPC의 실체를 인정하고 본사의 법인세(배당간주소득) 포탈로 기소(제2예비적 공소사실)

(나) 홍콩 SPC를 이용한 양도소득세포탈

홍콩 SPC 4개를 이용하여 국내법인 P가 발행하는 신주인수권부사채를 취득한 후 신주인수권을 행사하여 배정받은 신주를 매도하여 발생한 양도차익을 은닉하고, 과세관청에 신고하지 않아 양도소득세를 포탈하였다.

(다) 미국 SPC를 이용한 증여세포탈

해외 SPC들에 있는 출처불명의 자금들을 자녀 소유인 미국 SPC로 송금하여 증여세를 포탈하였다.

3. 이 사건이 조세포탈사건에 미친 영향

(1) 회계장부 조작을 통한 조세포탈

(가) 과세관청의 부과처분이 신의성실원칙에 반하는 위법처분에 해당하기 위한 요건

피고인은 조세포탈의 전제가 되는 법인세 부과처분이 신의성실의 원칙에 반하여 위법하다는 주장을 하였다.

이에 대하여, 법원은 "조세법률관계에 있어서 신의성실의 원칙이나 신뢰보호의 원칙 또는 비과세관행 존중의 원칙은 합법성의 원칙을 희생하여서라도 납세자의 신뢰를 보호함이 정의에 부합하는 것으로 인정되는 특별한 사정이 있을 경우에 한하여 적용되는 예외적인 법 원칙이다. 그러므로 과세관청의 행위에 대하여 신의성실의 원칙 또는 신뢰보호의 원칙을 적용하기 위해서는, 과세관청이 공적인 견해표명 등을 통하여 부여한 신뢰가 평균적인 납세자로 하여금 합리적이고 정당한

기대를 가지게 할 만한 것이어야 한다(대법원 2013.12.26. 선고 2011두5940 판결 참조). 이 사건 피합병법인의 재정상태가 어려워지자 이를 법정관리 등을 통하여 정리하려고 하였으나 당시 ㅇㅇ은행장 등의 제안에 따라 위 피합병법인을 합병함으로써 아무런 대가없이 수천억대의 부실채권을 떠안게 되었더라도 그러한 사정만으로 금융당국과 은행의 강요에 의하여 합병되었다거나 그 과정에서 과세관청이 공적인 견해표명 등을 통하여 부여한 신뢰가 존재하였다고 단정할 수 없다"고 판시하여 이 사건 법인세 부과처분은 신의성실의 원칙에 반하는 위법한 처분이 아니라고 하고 있다.

(나) 회계분식행위만으로도 부정행위에 해당할 수 있는지 여부

피고인은 이 사건 회계분식행위만으로는 적극적 은닉의도 및 조세의 부과·징수를 불능 또는 현저히 곤란하게 하는 부정행위에 해당하지 않는다고 주장하였다.

이에 대하여, 법원은 "구 조세범처벌법(2010.1.1. 법률 제9919호로 전부 개정되기 전의 것) 제9조 제1항에 규정된 조세포탈죄에서 '사기 기타 부정한 행위'라 함은, 조세의 포탈을 가능하게 하는 행위로서 사회통념상 부정이라고 인정되는 행위, 즉 조세의 부과와 징수를 불가능하게 하거나 현저히 곤란하게 하는 위계 기타 부정한 적극적 행위를 말한다. 따라서 다른 행위를 수반함이 없이 단순히 세법상의 신고를 하지 아니하거나 허위의 신고를 함에 그치는 것은 이에 해당하지 않지만, 과세대상의 미신고나 과소신고와 아울러 수입이나 매출 등을 고의로 장부에 기재하지 않는 행위 등 적극적 은닉의도가 나타나는 사정이 덧붙여진 경우에는 조세의 부과와 징수를 불능 또는 현저히 곤란하게 만든 것으로 인정할 수 있다 할 것이다(대법원 2012.6.14. 선고 2010도9871 판결 등 참조). 이때 적극적 은닉의도가 객관적으로 드러난 것으로 볼 수 있는지 여부는 수입이나 매출 등을 기재한 기본 장부를 허위로 작성하였는지 여부뿐만 아니라, 당해 조세의 확정방식이 신고납세방식인지 부과과세방식인지, 미신고나 허위신고 등에 이른 경위 및 사실과 상위한 정도, 허위신고의 경우 허위 사항의 구체적 내용 및 사실과 다르게 가장한 방식, 허위 내용의 첨부서류를 제출한 경우에는 그 서류가 과세표준 산정과 관련하여 가지는 기능 등 제반 사정을 종합하여 사회통념상 부정이라고 인정될 수 있는지 여부에 따라 판단하여야 한다(대법원 2014.2.21. 선고 2013도13829 판결 참조). 이 사건 부실자산을 가공기계장치에 따른 감가상가비 또는 가공 매출원가로 대체하여 쉽게 발견하기 어려운 회계분식과 같은 방법을 택하였다면 오랜 기간에 걸쳐 누적되어 온 부실자산을 정리하기 위하여 한 행위라고 하더라도 적극적 은닉의도를 부정할 수 없다"고 판시하여 장부상 회계분식행위라도 그 적발이 곤란한 경우에는 부정행위에 해당할 수 있다고 하고 있다.

(다) 법인세에서 납세의무확정 이후 다른 항목에 대한 소득변경으로 포탈결과가 부존재하게 된 경우 조세포탈죄 성립 여부

과세관청이 이 사건 세무조사를 통하여 '가공 감가상각비' 및 '투자주식처분손실' 관련 비용을 부인하여 그 부분에 해당하는 만큼 법인세 부과처분을 하였고, 그중 '가공 감가상각비' 부분은 부정행위가 존재한다는 이유로 법인세포탈죄의 공소사실에 포함되어 공소제기되었다.

이에 납세의무자는 위 두 가지 항목에 대한 부과처분에 대하여 불복하여 심판청구를 제기하였고, 조세심판원은 이 두 가지 항목에 대한 부과처분 중 공소제기되지 않은 '투자주식처분손실' 부분에 대한 과세처분만을 취소하였다. 조세심판원이 취소한 부분에 대한 비용을 손금산입하여 해당 사업연도의 법인세액을 재산정한 결과 법인세액이 0원으로 산정되어 해당 사업연도에 대한 법인세 부과처분 전부를 취소하였다.

이때 그 부과처분 취소의 효과가 조세포탈죄에서 공소제기된 납세의무에도 영향을 미쳐 해당 사업연도의 납세의무가 존재하지 않는 결과가 되는바, 이 경우의 조세포탈죄 성립 여부와 관련하여, 법원은 "조세포탈죄는 납세의무자가 국가에 대하여 지고 있는 것으로 인정되는 일정액의 조세채무를 포탈한 것을 범죄로 보아 형벌을 과하는 것으로서, 조세포탈죄가 성립하기 위하여는 조세법률주의에 따라 세법이 정한 과세요건이 충족되어 조세채권이 성립하여야만 되는 것이므로, 세법이 납세의무자로 하여금 납세의무를 지도록 정한 과세요건이 구비되지 않는 한 조세채무가 성립되지 않음은 물론 조세포탈죄도 성립할 여지가 없다(대법원 1989.9.29. 선고 89도1356 판결; 대법원 2005.6.10. 선고 2003도5631 판결 참조). 또한 과세관청이 조세심판원의 결정에 따라 당초 부과처분을 취소하였다면 그 부과처분은 처분시에 소급하여 효력을 잃게 되어 원칙적으로 그에 따른 납세의무가 없어진다(대법원 1985.10.22. 선고 83도2933 판결; 대법원 2015.10.29. 선고 2013도14716 판결 참조). 이러한 법리는 조세포탈로 공소제기된 처분사유가 아닌 다른 사유로 과세관청이 당초 부과처분을 취소한 경우에도 마찬가지로 적용된다고 할 것이므로, 이러한 경우에도 조세채무의 성립을 전제로 한 조세포탈죄는 성립할 수 없다"고 판시[17]하여 법인세에서 납세의무확정 이후 공소제기된 항

17) 대법원 2020.12.30. 선고 2018도14753 판결.

목과 무관한 항목이라도 그 항목에 의하여 법인세 납세의무의 전부 또는 일부가 성립되지 않는 경우에는 조세포탈죄도 그에 따라 성립하지 않는다고 하고 있다.

(라) 특가법 제8조에 의하여 가중처벌되는 조세포탈죄의 벌금형에도 조세범처벌법 제20조의 형법규정 적용배제 조항이 적용[18]되는지 여부

피고인은 포탈세액을 전부 단순 합산하여 벌금형을 병과한 조치는 죄형법정주의와 책임주의에 위반된다는 주장을 하였다.

이에 대하여 법원은 "특가법 제8조는 제1항에서 조세범처벌법 제3조 제1항 등에 규정된 죄를 범한 사람의 포탈세액 등이 연간 일정 금액 이상인 경우 가중처벌하도록 하면서, 제2항에서는 그 포탈세액 등의 2배 이상 5배 이하의 벌금을 병과하도록 규정하고 있다. 한편, 조세범처벌법 제20조는 제3조 등의 범칙행위를 한 자에 대해서는 형법 제38조 제1항 제2호 중 벌금경합에 관한 제한가중규정을 적용하지 아니한다고 규정하고 있다. 조세의 종류를 불문하고 1년간 포탈한 세액을 모두 합산한 금액이 특가법 제8조 제1항에서 정한 금액 이상인 때에는 같은 항 위반의 1죄만이 성립하고, 같은 항 위반죄는 1년 단위로 하나의 죄를 구성하며 그 상호간에는 경합범 관계에 있다(대법원 2000.4.20. 선고 99도3822 전원합의체 판결; 대법원 2011.6.30. 선고 2010도10968 판결 참조). 따라서 여러 해에 걸쳐 특가법 제8조 제1항 위반죄를 범할 경우 귀속연도별로 각 죄의 경합범이 성립하고, 같은 조 제2항에 따라 병과되는 벌금에 관하여도 특별한 규정이 없는 한 형법 제38조에서 정한 경합범의 처벌례에 따라야 한다. 그런데 이와 같이 귀속연도별로 벌금을 병과하는 경우에도 조세범처벌법 제20조의 형법규정 적용배제 조항은 모두 적용되므로, 위 규정 중 '형법 제38조 제1항 제2호 중 벌금경합에 관한 제한가중 규정을 적용하지 아니한다'라는 문언의 의미는 판결이 확정되지 아니한 수개의 조세포탈행위를 동시에 벌금형으로 처벌하는 경우 형법 제38조 제1항 제2호 본문에서 규정하고 있는 '가장 중한 죄에 정한 벌금 다액의 2분의 1을 한도로 가중하여 하나의 형을 선고하는 방식'을 적용하지 아니한다는 취지로 해석하여야

---

18) 조세범처벌법 제20조(「형법」 적용의 일부 배제) 제3조부터 제6조까지, 제10조, 제12조부터 제14조까지의 범칙행위를 한 자에 대해서는 「형법」 제38조 제1항 제2호 중 벌금경합에 관한 제한가중규정을 적용하지 아니한다.

형법 제38조 (경합범과 처벌례) ① 경합범을 동시에 판결할 때에는 다음의 구별에 의하여 처벌한다.

1. 가장 중한 죄에 정한 형이 사형 또는 무기징역이나 무기금고인 때에는 가장 중한 죄에 정한 형으로 처벌한다.
2. 각 죄에 정한 형이 사형 또는 무기징역이나 무기금고 이외의 동종의 형인 때에는 가장 중한 죄에 정한 장기 또는 다액에 그 2분의 1까지 가중하되 각 죄에 정한 형의 장기 또는 다액을 합산한 형기 또는 액수를 초과할 수 없다.

한다. 이를 단지 위 형법조항의 본문 중 후단 부분인 '각 죄에 정한 벌금형의 다액을 합산한 액수를 초과할 수 없다'는 부분만의 적용을 배제한다는 취지로 해석할 수는 없다. 따라서 판결이 확정되지 아니한 수개의 죄에 대하여 벌금을 병과하는 경우에는 각 죄마다 벌금형을 따로 양정하여 이를 합산한 액수의 벌금형을 선고하여야 한다(대법원 1996.5.31. 선고 94도952 판결 참조). 같은 취지에서 귀속연도별로 조세포탈금액에 상응하는 벌금을 따로 정하여 이를 합산하는 방식으로 조세범처벌법 제20조를 적용한 것은 정당하여 벌금형 병과와 관련하여 죄형법정주의와 책임주의를 위반한 잘못이 없다"고 판시하여 특가법 제8조에 의하여 가중처벌되는 조세포탈죄 벌금에도 조세범처벌법 제20조의 형법규정 적용배제 조항이 적용된다고 하고 있다.

(2) 해외 SPC를 이용한 양도소득세 · 종합소득세 · 법인세 · 증여세포탈

(가) 해외 SPC에 대한 실질적 주주가 누구인지를 결정하는 기준

홍콩 SPC 2개에 대한 소유자를 내국법인인 P의 대주주 겸 대표이사인 피고인으로 볼 것이지, 아니면 내국법인인 P로 볼 것인지 여부에 대하여, 법원은 "어떤 주식이 실질적으로는 당해 법인의 소유인데 그 주식을 인수할 당시 다른 법인의 명의만을 빌려 인수한 것이라고 인정하기 위하여는, 그 주식을 인수할 당시의 당해 법인과 다른 법인의 관계, 다른 법인 명의로 주식을 인수하게 된 경위, 주식인수대금을 조달하여 납입한 경위, 주권의 소지 여부, 당해 법인이 주주로서 실질적으로 권리를 행사하였는지 여부, 주식처분에 따른 이익이 당해 법인에 귀속되었는지 여부 및 그 밖의 모든 사정을 종합적으로 고려하되, 당해 법인과 다른 법인이 엄연히 법인격을 달리하는 별개의 법인으로서 각기 권리의무의 귀속주체가 될 수 있다는 점을 감안하여 단순히 주식취득에 따른 경제적 효과가 직 · 간접적으로 당해 법인에 미치는지 여부를 기준으로 판단할 것이 아니라 법률상으로도 당해 법인을 실질적인 주식인수인으로 평가할 수 있는지를 기준으로 판단하여야 한다(대법원 2010.10.28. 선고 2009도1149 판결 등 참조). 이와같은 점을 고려할 때, 피고인은 이 사건 주식의 실질적 인수인으로 평가하기 어려우므로 피고인에게 양도소득세 및 종합소득세를 납부하여야 할 의무가 없다"고 판시하여 실질과세의 원칙을 적용하여 위 홍콩 SPC의 소유자를 내국법인인 P로 보고 있다.

(나) 홍콩 SPC 2개의 소득에 대한 실질적 납세의무자 결정, 외국법인 해당 여부, 법인격 부인 대상 여부, 조세회피와 조세포탈의 구별 법리

1) SPC 소득에 대한 납세의무자(소득귀속자) 결정 원리로서 실질과세의 원칙과 조세법률주의

SPC와 그 배후 주주 사이에서 SPC 소득에 대한 실질적 납세의무자(소득귀속자)의 결정 원리로서 실질과세의 원칙과 조세법률주의 관계에 대하여, 법원은 "실질과세의 원칙은 헌법상의 기본이념인 평등의 원칙을 조세법률관계에 구현하기 위한 실천적 원리로서, 조세의 부담을 회피할 목적으로 과세요건사실에 관하여 실질과 괴리되는 비합리적인 형식이나 외관을 취하는 경우에 그 형식이나 외관에 불구하고 실질에 따라 담세력이 있는 곳에 과세함으로써 부당한 조세회피행위를 규제하고 과세의 형평을 제고하여 조세정의를 실현하고자 하는데 주된 목적이 있다. 이는 조세법의 기본원리인 조세법률주의와 대립관계에 있는 것이 아니라 조세법규를 다양하게 변화하는 경제생활관계에 적용함에 있어 예측가능성과 법적 안정성이 훼손되지 않는 범위 내에서 합목적적이고 탄력적으로 해석함으로써 조세법률주의의 형해화를 막고 실효성을 확보한다는 점에서 조세법률주의와 상호보완적이고 불가분적인 관계에 있다고 할 것이다. 실질귀속자 과세의 원칙은 소득이나 수익, 재산, 거래 등의 과세대상에 관하여 귀속 명의와 달리 실질적으로 귀속되는 자가 따로 있는 경우에는 형식이나 외관을 이유로 귀속 명의자를 납세의무자로 삼을 것이 아니라 실질적으로 귀속되는 자를 납세의무자로 삼겠다는 것이고, 당해 주식이나 지분의 귀속 명의자는 이를 지배·관리할 능력이 없고 명의자에 대한 지배권 등을 통하여 실질적으로 이를 지배·관리하는 자가 따로 있으며, 그와 같은 명의와 실질의 괴리가 위 규정의 적용을 회피할 목적에서 비롯된 경우에는, 당해 주식이나 지분은 실질적으로 이를 지배·관리하는 자에게 귀속된 것으로 보아 그를 납세의무자로 삼아야 할 것이다. 그리고 그 경우에 해당하는지는 당해 주식이나 지분의 취득 경위와 목적, 취득자금의 출처, 그 관리와 처분과정, 귀속명의자의 능력과 그에 대한 지배관계 등 제반 사정을 종합적으로 고려하여 판단하여야 한다(대법원 2012.1.19. 선고 2008두8499 전원합의체 판결 참조). 이러한 원리를 종합하면, 위 홍콩 SPC 2개는 설립목적에 경영권 방어 목적이 있어 처음부터 과세관청의 법인세 부과처분을 회피할 목적으로 설립되었다고 보기 어렵고, 그 배후 주주인 국내 P법인과 독립되어 유상증자, 주식 추가매입 등을 거쳐 자금이 별도로 관리되고, 홍콩법에 따라 회계감사를 받았고, 적법하게 법인세 신고를 하고, 국내 과세관청도 위 SPC 2개의 실체 인정을 전제로 국제조세조정에관한법률 제17조를 적용하여 부과처분을 한 사실 등에 비추어 형식적 명의 귀속자로 볼 수 없다"고 판시하고 있다.

2) 외국법인 해당 여부 결정은 SPC 설립 국가법령과 그 실질을 기준으로 결정

어떠한 SPC가 외국법인에 해당하는지를 결정하는 판단기준에 대하여, 법원은 "어떠한 단체를 외국법인으로 볼 수 있는지에 관하여는 법인세법상 외국법인의 구체적 요건에 관하여 본점 또는 주사무소의 소재지 외에 별다른 규정이 없는 이상 단체가 설립된 국가의 법령 내용과 단체의 실질에 비추어 우리나라의 사법상 단체의 구성원으로부터 독립된 별개의 권리·의무의 귀속주체로 볼 수 있는지에 따라 판단하여야 할 것이다. 이러한 법리에 비추어 보면, 홍콩 SPC 2개는 일단 홍콩의 근거법령에 따라 적법하게 설립된 법인으로서 홍콩 근거법령상 그 주주와는 구분되는 별개의 권리의무의 주체인 것으로 보인다. 비록 위 SPC 2개가 별도의 인적·물적 자본 없이 설립된 것이기는 하지만, 우리나라 사법상으로 인적·물적 자본 없이 설립된 특수목적회사도 원칙적으로 그 주주와는 별개의 독립된 법인격을 가진 것으로 인정된다. 따라서 위 홍콩 SPC 2개는 외국법인에 해당한다"고 판시하고 있다.

3) SPC가 법인격 부인 대상 법인인지 여부

SPC의 법인격 부인과 관련하여, 법원은 "특수목적회사(SPC)는 일시적인 목적을 달성하기 위하여 최소한의 자본출자 요건만을 갖추어 인적·물적 자본 없이 설립되는 것이 일반적이다. 따라서 특수목적회사가 그 설립목적을 달성하기 위하여 설립지의 법령이 요구하는 범위 내에서 최소한의 출자재산을 가지고 있다거나 특수목적회사를 설립한 회사의 직원이 특수목적회사의 임·직원을 겸임하여 특수목적회사를 운영하거나 지배하고 있다는 사정만으로는 특수목적회사의 독자적인 법인격을 인정하는 것이 신의성실의 원칙에 위배되는 법인격의 남용으로서 심히 정의와 형평에 반한다고 할 수 없으며, 법인격 남용을 인정하려면 적어도 특수목적회사의 법인격이 배후자에 대한 법률적용을 회피하기 위한 수단으로 함부로 이용되거나, 채무면탈, 계약상 채무의 회피, 탈법행위 등 위법한 목적달성을 위하여 회사제도를 남용하는 등의 주관적 의도 또는 목적이 인정되는 경우라야 한다(대법원 2006.8.25. 선고 2004다26119 판결; 대법원 2010.2.25. 선고 2007다85980 판결 등 참조).

또한 현행 조세 법령 체계를 살펴보더라도 위와 같은 특수목적회사의 설립을 금지하는 규정을 발견하기 어렵고, 나아가 투자목적으로 설립된 특수목적회사에 대해 별도의 인적·물적 시설이 없다는 이유만으로 그 실체를 부인하는 규정도 없다. 오히려 국제조세조정에관한법률 제17조는 최소한의 자본출자 요건만을 갖추고 인적·물적 조직이 없이 조세피난처에 설립된 특수목적회사에 대해서도 그 실체를 인정하는 것을 전제로 하여 그 특수목적회사의 주주가 배당받은 것으로 간주할 수 있는 요건에 관해 규정하고 있다. 따라서 인적·물적 자본 없이 조세피난처에 설립된 법인이라고 하더라도 독립된 법인격을 인정하는 것이 원칙이다.

즉, 국내 과세관청은 원칙적으로 위와 같은 특수목적회사가 그 배후에 있는 내국인 대주주에게 배당하는 경우 그 배당소득을 근거로 하여 그 내국인에게 소득세를 부과하여야 하고, 국제조세조정에관한법률 제17조의 요건이 구비될 경우 '배당가능 유보소득 중 내국인에게 귀속될 금액'을 토대로 하여 소득세를 부과하게 되는 것이다. 다만, 당해 법인이 형식적인 명의자로서 소득이나 수익, 재산, 거래 등의 과세대상을 지배·관리할 능력이 없고, 그 명의자에 대한 지배권 등을 통하여 실질적으로 이를 지배·관리하는 자가 따로 있으며, 그와 같은 명의와 실질의 괴리가 조세를 회피할 목적에서 비롯된 경우 등과 같은 예외적 사정이 증명되는 경우에는 그 과세대상을 실질적으로 지배·관리하는 자에게 그 과세대상이 귀속된 것으로 보아 그를 납세의무자로 삼을 수 있을 뿐이다.

이상의 점을 종합적으로 고려하면, 이 사건 주식의 매각대금은 홍콩 SPC 2개 명의의 계좌에 그대로 보관되어 있다가 배당금 형태로 국내법인 P에 귀속된 점 등이 인정된다. 따라서 이 사건 주식의 양도차익 및 배당소득은 사법상 독립한 법인격을 가진 홍콩 SPC 2개에 귀속된 것으로 보아야 하고, 이를 국내 P법인에 귀속되는 것으로 볼 수는 없으므로 P법인이 법인세에 대하여 납세의무를 부담한다고 볼 수 없다"고 판시하고 있다.

4) 조세회피행위가 조세포탈로 되기 위한 추가적 불법적인 행위의 존재 필요성

조세포탈죄의 부정행위와 조세회피행위의 차이 및 조세회피행위가 조세포탈로 되기 위한 추가적 불법적인 행위의 존재 필요성에 대하여, 법원은 "조세포탈죄에서 '사기 기타 부정한 행위'라 함은, 조세의 포탈을 가능하게 하는 행위로서 사회통념상 부정이라고 인정되는 행위, 즉 조세의 부과와 징수를 불가능하게 하거나 현저히 곤란하게 하는 위계 기타 부정한 적극적 행위를 말한다. 따라서 다른 행위를 수반함이 없이 단순히 세법상의 신고를 하지 아니하거나 허위의 신고를 하는 데 그치는 것은 이에 해당하지 않지만, 과세대상의 미신고나 과소신고와 아울러 수입이나 매출 등을 고의로 장부에 기재하지 않는 행위 등 적극적 은닉의도가 나타나는 사정이 덧붙여진 경우에는 조세의 부과와 징수를 불능 또는 현저히 곤란하게 만든 것으로 인정할 수 있다(대법원 2012.6.14. 선고 2010도9871 판결; 대법원 2014.2.21. 선고 2013도13829 판결 등 참조). 조세포탈은 과세요건 사실이 존재하여 조세채무가 성립한 것임에도 불구하고 국가가 조세채권을 행사하지 못하도록 '불법적인 방법'을 사용하는 행위를 의미함에 반하여, 조세회피는 납세자가 경제인의 합리적이고 통상적인 행위 형식에 의한 것과 동일한 경제적 목적을 달성하면서 조세의 부담을 부당하게 감소시키거나 세법의 혜택을 부당하게 받는 행위를 의미한다. 즉, 납세자가 일정한 경제적 활동을 함에 있어서 통상적인 법형식이나 거래형태를 선택하지 아니하고 우회행위나 다단계행위 등 이례적인 법형식이나 처리방법을 선택하여 통상적인 법형식을 선택하였을 경우와 동일한 경제적 효과를 실현함으로써 통상적인 법형식을 선택한 경우 부담하게 될 조세부담을 경감 또는 배제시키는 것을 말한다. 따라서 조세회피 행위는 원칙적으로 과세대상이 되지 않으나 위와 같은 실질과세의 원칙에 따라 납세의무를 인정하고 있고, 이러한 조세회피 행위에 대하여 곧바로 조세포탈이 성립하는 것은 아니며, 부당한 조세회피 행위를 넘어서는 불법적인 부정행위가 존재하여야 조세포탈죄가 성립한다. 이 사건에서는 국내 조세를 회피하기 위한 적극적 은닉의도가 나타나는 사정 등의 특별한 사정이 없다"고 판시하여 조세피난처인 홍콩 SPC 2개를 이용한 행위는 적극적인 은닉의도가 없어 부정행위에 해당하지 않는다고 판시하고 있다.

(다) 기업회계와 세무회계의 차이로 인한 소득에 대한 부정행위 성립 여부

국제조세조정에관한법률(이하, '국조법'이라 한다) 제17조의 간주배당과 같은 기업회계와 세무회계의 차이로 인한 소득에 대한 부정행위 성립 여부에 대하여, 법원은 "과세관청의 과세처분은 내국법인인 P가 위 홍콩 SPC 2개로부터 배당가능 유보소득을 배당받은 것으로 간주한다는 내용의 국조법 제17조 규정에 따라 세무적으로 배당소득이 의제된 것인 바, 이는 세무회계와 기업회계의 차이로 인하여 생긴 금액에 해당한다. 구 조세범처벌법 제9조의2에서는 '세무회계와 기업회계와의 차이로 인하여 생긴 금액은 부정한 행위로 인하여 생긴 소득금액으로 보지 아니한다'는 취지의 규정이 있었는데 이는 적법한 기업회계를 믿고 이에 따라 행위한 자는 세법상의 간주규정에 따라 부과징수의 대상이 되는 것은 별론으로 하더라도, 적어도 부정행위로써 세금을 포탈하려 하였다는 것으로는 보기 어렵다는 데 있다. 내국법인인 P는 국조법 규정에 따라 세무적으로 배당이 의제된 것으로서 실제배당을 받은 것이 아니다. 기업회계상으로도 P에게 배당한 것으로 기재되지 아니하였다. 국조법 규정은 조세의 부과 및 징수에 관한 규정일 뿐 곧바로 형사책임인 조세포탈을 묻는 근거로는 보기 어렵다. 이러한 취지는 개정된 조세범처벌법의 경우에도 마찬가지라 할 것이다. 이러한 사정들을 고려할 때 적극적 불법행위가 없는 이 사건에서 부정행위가 성립한다고 볼 수 없다"고 판시하고 있다.

(라) SPC를 이용한 수증행위가 부정행위에 해당하기 위한 요건

SPC를 이용하여 증여를 받은 경우에 SPC를 이용한 수증행위가 부정행위에 해당하기 위한 요건에 대하여, 법원은 "SPC를 이용하여 증여를 받고도 그 증여세를 납부하지 아니하여 부정행위로 증여세를 포탈하였다는 위 공소사실이 유죄로 인정되기 위해서는, 이 사건 SPC 보유 계좌에 입금된 자금의 조성 경위와 과정을 알면서도 이를 증여받았다는 사정만으로는 부족하고, 직접 수증재산 및 수증사실에 대한 적극적인 은닉행위를 하였거나 이에 가담한 사실이 인정되어야 비로소 조세포탈죄에서 정한 '사기 그 밖의 부정한 행위'를 인정할 수 있다. 이 사건의 수증자금은 다른 SPC가 보유중이었던 자금 중 일부를 송금받거나 위 SPC계좌 자체에 관한 수익적 소유자의 지위를 이전받는 방법으로 재산을 증여받은 것으로, 이러한 수증행위가 수증사실을 은닉하기 위한 적극적 행위로서 부정행위에 해당한다고 볼수 없다"고 판시하고 있다.

Ⅷ. K유통 M대표 무자료 주류공급 관련 허위세금계산서 사건 (2015년)

1. 배 경

주류 판매업 중 직접 소비자에게 주류를 판매할 수 있는 주류 소매업 면허로는 전문 소매업(주류 백화점, 와인숍 등), 기타 소매업(체육시설, 축제장 등 한정된 장소에서 주류 판매), 의제 소매업(슈퍼, 편의점, 대형 마트 등), 유흥음식점업(일반 음식점 등의 식품접객업) 등이 있다.

전문 소매업자와 의제 소매업자는 주류도매업자로부터 가정용 및 용도구분 표시가 생략된 주류를 구입할 수 있고, 주류를 구입할 때마다 주류 공급자로부터 세금계산서 또는 주류판매계산서를 교부받아 보관하여야 한다. 전문 소매업자 및 의제 소매업자는 최종 소비자에게 주류를 판매하여야 한다. 유흥음식업자와 기타 소매업자는 주류 제조자 또는 주류 도매업자로부터 유흥음식점용 주류만을 구입·판매하여야 하며, 주류 구입시 세금계산서 또는 주류판매계산서를 교부받아 보관하여야 한다. 종합 주류도매업은 주류 제조자나 주류 수입업자로부터 주류를 구입하여 도매하는 업으로 면허를 받아야 한다.

이 사건은 유흥업소 등에 무자료 주류를 공급하였던 국내 무면허 주류판매업자가 주류 중개업 면허를 보유하고 있는 K유통 본사와 직접 거래를 하여 다량의 주류를 공급받았음에도 일반 소비자들에게만 주류판매권한이 있는 K유통 A지점과 거래를 하여 주류를 매수한 것처럼 거래를 위장하여 발생한 허위세금계산서 관련 사건이다.

이 사건은 조세포탈 사건이 아닌 세금계산서 관련 사건이기는 하지만 시중에 많이 유통되는 무자료 주류 공급업자와 관련된 사례로 시사성이 있어 소개하기로 한다.

2. 대표적 공소사실 요지(거짓세금계산서 발급 및 수취)

(1) K유통 본점의 허위 세금계산서 발급 및 매출처별세금계산서합계표 제출

사실은 주류도매업자인 K유통 본점에서 무면허중간판매업자인 Y에게 세금계산서 없이 주류를 공급하였음에도 K유통 본점은 소매판매업자인 K유통 A지점에게 주류를 공급한 다음, K유통 A지점이 무면허중간판매업자인 Y에게 주류를 공급한 것처럼 가장하여 실제 공급한 주류 등 공급량보다 공급가액을 부풀려 거짓으로 기재한 세금계산서를 발급하고, 매출처별세금계산서합계표를 거짓으로 기재하여 정부에 제출하였다.

(2) K유통 A지점의 허위 세금계산서 수취 및 매입처별세금계산서합계표 제출

K유통 A지점은 위 (1)과 같이 K유통 본점으로부터 공급가액을 거짓으로 기재한 세금계산서를 통정하여 수취하고, 매입처별세금계산서합계표를 거짓으로 기재하여 정부에 제출하였다.

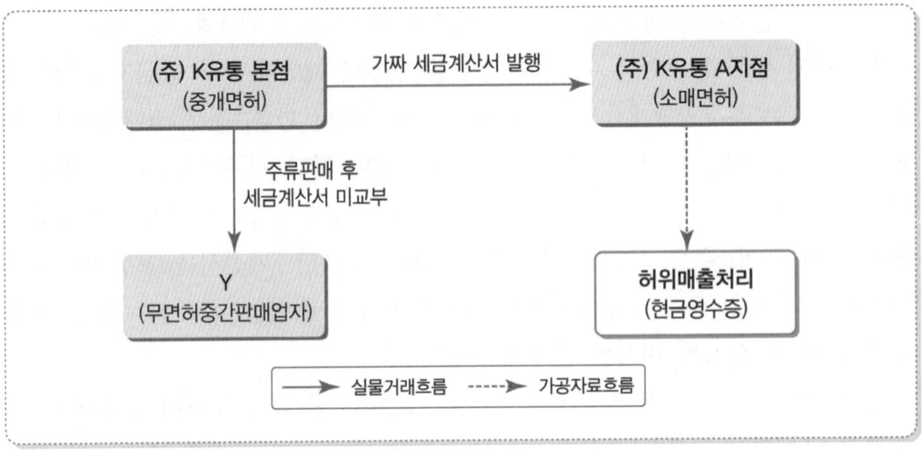

3. 이 사건이 조세범처벌법위반 사건에 미친 영향

(1) 전자세금계산서합계표 제출행위의 거짓세금계산서위반죄 불성립

이 사건에서는 거짓전자세금계산서합계표 제출행위의 범죄성립 여부가 문제되었는데, 이에 대하여 법원은 "부가가치세법 제54조는 제1항에서 사업자는 세금계산서 또는 수입세금계산서를 발급하였거나 발급받은 경우 공급하는 사업자 및 공급받는 사업자의 등록번호와 성명 또는 명칭, 거래기간, 작성 연월일, 거래기간의 공급가액의 합계액 및 세액의 합계액, 그 밖에 대통령령이 정하는 사항을 적은 매출처별세금계산서합계표와 매입처별세금계산서합계표를 해당 예정신고 또는 확정신고를 할 때 함께 제출하여야 한다고 규정하면서도, 제2항에서 전자세금계산서를 발급하거나 발급받고 전자세금계산서 발급명세를 해당 재화 또는 용역의 공급시기가 속하는 과세기간(예정신고의 경우에는 예정신고기간) 마지막 날의 다음 달 11일까지 국세청장에게 전송한 경우에는 매출·매입처별세금계산서합계표 제출의무를 면제하고 있다. 또한 부가가치세법 제54조 제6항 및 부가가치세법 시행령 제97조 제2항의 위임에 따라 부가가치세법 시행규칙 제67조 제3항, 제4항에서 규정한 매출·매입처별세금계산서합계표 서식에서는 과세기간 종료일 다음 달 11일까지 전송된 전자세금계산서 발급분에 대하여는 매출처 수(매입처 수), 총매수, 총공급가액, 총세액을 매출(매입)세금계산서 총합계 항목으로 기재하도록 정하고 있는 반면, 그 외 세금계산서 발급분에 대하여는 위 매출(매입)세금계산서 총합계 항목 외에도 각 거래처별로 사업자등록번호, 상호(법인명), 매수, 공급가액, 세액을 매출처별(매입처별)

명세 항목으로 기재하도록 정하고 있다. 한편 전자세금계산서 제도는 종이세금계산서와 관련하여 과도하게 발생하는 사업자의 납세협력비용 및 과세관청의 행정비용을 절감하고 사업자 간 거래의 투명성을 제고하기 위하여 2008.12.26. 법률 제9268호로 개정된 부가가치세법에서 도입되었고(제16조 제2항, 제3항, 제4항), 도입 당시부터 세금계산서 교부명세를 국세청장에게 전송한 때에는 매출·매입처별세금계산서합계표 제출의무를 면제하였으며(제20조 제1항 단서), 2010.3.31. 기획재정부령 제140호로 개정된 부가가치세법 시행규칙 제21조 제3항, 제4항에서 규정한 매출·매입처별세금계산서합계표 서식에서도 해당 전자세금계산서 발급분에 대하여는 매출처별(매입처별) 명세 항목의 기재 없이 매출처 수(매입처 수), 총매수, 총공급가액, 총세액을 매출(매입)세금계산서 총합계 항목으로 기재하도록 정하고 있었는데, 이러한 규정이 현행 법령까지 조문의 위치만 달라진 채 실질적인 내용의 변경 없이 유지되어 왔다.

이와 같은 규정들과 부가가치세법 문언의 체계, 전자세금계산서와 관련한 부가가치세법의 개정경위 및 입법 취지 등을 종합하여 보면, 전자세금계산서 발급명세를 국세청장에게 전송하여 매출·매입처별세금계산서합계표 제출의무가 면제되는 세금계산서 부분에 대하여 부가가치세법 제54조 제1항에 정한 사업자의 등록번호와 성명 또는 명칭을 개별적으로 특정하지 아니한 채 매출처 수(매입처 수), 총매수, 총공급가액, 총세액을 매출(매입)세금계산서 총합계 항목으로 매출·매입처별세금계산서합계표 서식에 기재하였다고 하더라도, 이는 과세관청의 행정편의를 도모하기 위한 참고사항에 불과할 뿐 매출·매입처별세금계산서합계표를 기재한 경우에 해당한다고 할 수 없으므로, 허위의 매출·매입처별세금계산서합계표 기재 및 제출로 인한 조세범처벌법위반죄 또는 특정범죄가중처벌등에관한법률위반죄가 성립할 수 없다(대법원 2017.12.28. 선고 2017도12650 판결). 이 사건 전자세금계산서 시스템상 발급수취된 세금계산서의 내역이 자동으로 집계되어 작성된 것으로 피고인들이 직접 작성한 것으로 보이지는 아니한다"고 판시[19]하여 무죄를 선고하였다.

⑵ 도매상에서 최종 소비자까지 무자료 주류의 유통구조

무자료 주류 유통과 관련된 거래시스템과 관련하여, 법원은 "① 주류는 제조에서부터 판매에 이르는 전 단계에서 정부로부터 받은 면허가 없으면 불법이다. 특히 주류 제조업자는 반드시 용도별로 구분, 병마개나 상표 등에 용도를 표시해서

19) 서울중앙지방법원 2018.1.11. 선고 2016고단7156 판결.

출고해야 하고, 주류도매업자나 주류수입업자들도 이를 구분해서 판매하도록 하고 있는데, '가정용 주류', '대형매장용 주류', '유흥주점용 주류' 등의 구분이 그것이다. ② 제조사에서 도매, 대형마트, 슈퍼마켓을 거치면서 사업자에 따라 마진율이 달라지는데, 유흥업소에서 대형마트의 주류를 대량으로 구입해서 판매할 경우 유통구조가 왜곡될 뿐만 아니라 가공장부를 통해 탈세를 할 가능성도 높아지기 때문에 이러한 문제점을 차단하기 위해 주세법 관계 규정상 대형마트에서 일정 수량 이상의 주류를 구입할 수 없게 하거나 양주병마다 전자태그를 부착하는 등의 규제가 존재한다. ③ K유통 본점은 소속된 가맹점 및 직영점에게 '대형매장용 주류' 또는 '가정용 주류'를 중개할 수 있는 주류중개업 면허만을, K유통 A지점은 가계소비자에게 '가정용 주류'만을 판매할 수 있는 의제판매업(일반소매) 면허만을 보유하고 있었다. ④ K유통 본점은 주류 판매와 관련하여 세금계산서를 작성하여야 하고, K유통 A지점은 K유통 본점과 달리 소비자에게 판매하는 경우 세금계산서를 작성을 할 필요가 없지만 일정 수량 이상의 주류를 판매하는 경우 구매자의 신분을 확인하여 주류판매기록부를 기재하고 이를 국세청에 보고하도록 되어 있다. ⑤ 그 결과 무면허 주류 중간 판매점업자인 무자료상이 유통구조나 소득내역의 공개를 회피하면서도 대량으로 주류를 구매하려면 K유통 본점을 통할 필요성이 매우 크고, K유통 본점에서는 주류의 매출 증대나 현금 확보를 꾀하면서도 안정적인 대형 매출처를 확보하려면 무면허 주류 중간 판매업자인 무자료상과 직접 거래할 경제적 유인이 있어 보인다, ⑥ 다만, 주류판매 허가상의 제약 때문에 K유통 본점은 그 판매 과정에서 작성하여야 하는 세금계산서는 K유통 본점은 K유통 A지점과의 거래가 있었던 것처럼 정리하였고, K유통 지점에서는 일반 소비자에게 대한 매도로 장부를 정리하였던 것으로 보인다. ⑦ 나아가 위와 같은 거래구조를 감추기 위하여 K유통 A지점에서 주류 무자료상에게 대량으로 주류를 판매하였다고 하면서도 주세법 등 관계 규정상 작성이 강제되어 있는 주류판매기록부를 작성하지 않았던 것으로 생각된다"고 판시[20]하여 이 사건 무자료 주류유통에 따른 거짓세금계산서 작성과정에 대하여 논리적으로 설시하고 있다.

---

20) 서울중앙지방법원 2018.8.17. 선고 2018노298 판결.

Ⅸ. F법인 G대표 조세포탈 사건(2016년)[21)]

1. 배 경

이 사건은 내부자의 제보로부터 수사가 시작되었다. 그러나 제보자가 제보를 한 분식회계 사실은 자신이 직접 관여하거나 확인한 내용이 아니고, 오래전 합병 회사 관련자들로부터 전해들은 전문진술을 근거로 한 것이었다.

이 사건 분식회계 문제의 기초사실이 된 유형자산 감액손실들은 합병되기 전 A회사에서 발생하였던 일들이다. 이 손실들은 세무조정계산서상 유보금액으로 남아 있었고, A회사를 합병한 D회사가 이를 승계하였다. 제보자의 제보 내용이 이와 같이 물적 증거가 충분하지 않은 상태였기 때문에 수사 착수에 어려움이 예상되었음에도, 환급받은 금액이 크고 관련 계열사들 전체에 대한 수사가 진행되고 있었기 때문에 그 수사와 동시에 진행되었다.

이 사건은 부정환급 문제와 조세포탈 사건에서 입증책임이 문제된 사건이다.

2. 공소사실의 요지(법인세 부정환급, 개별소비세 및 교육세포탈)

(1) 법인세 부정환급

A회사의 유형자산 감액손실액 중 D회사가 승계한 천억 원 상당 금액은 고정자산의 분식회계에 따른 허위의 유보금액이다. 이는 가공의 고정자산 상각에 의하여 발생한 것으로 그에 부합하는 객관적 고정자산대장도 없었으므로 감가상각비로 인정받을 수 없는 것들이었다. 위 허위의 유보금액을 개별 항목의 취득원가, 상각범위액, 기초유보금액, 손금추인액 등에 임의로 분배하여 기입하는 방법으로 허위 고정자산대장을 작성하였다. 이를 이용하여 법인세 경정청구 및 부과처분 취소심판청구를 통해 법인세를 일부 환급받고 나머지 부분에 대하여는 법인세 부과처분 취소소송을 제기한 다음 허위주장을 통해 법원을 기망하여 받은 조정권고안을 과세관청에 제출하여 부정행위로 법인세를 환급받았다. 이와 같이 분식회계에 따른 허위의 고정자산대장을 기초로 D회사 등으로 하여금 부정한 방법으로 법인세를 환급받게 하였으므로 특가법위반(조세)죄가 성립한다.

21) 대법원 2021.7.29. 선고 2019도17032 판결(원심판결: 서울고등법원 2019.11.6. 선고 2017노3753 판결).

(2) 개별소비세 및 교육세포탈

A회사의 제품인 C9는 개별소비세법에서 정한 과세대상물품에 해당하므로, 가스터빈 발전기의 연료로 사용한 C9 물량을 허위로 신고한 피고인 G에게는 개별소비세 및 교육세를 포탈한 특가법위반(조세)죄가 성립한다.

3. 이 사건이 조세포탈사건에 미친 영향

(1) 조세포탈죄 유죄판결에는 확실한 증명력을 가진 엄격한 증거가 필요

법원은 "형사재판에서 범죄사실의 인정은 법관으로 하여금 합리적인 의심을 할 여지가 없을 정도의 확신을 가지게 하는 증명력을 가진 엄격한 증거에 의하여야 하므로, 검사의 입증이 위와 같은 확신을 가지게 하는 정도에 충분히 이르지 못한 경우에는 비록 피고인의 주장이나 변명이 모순되거나 석연치 않은 면이 있는 등 유죄의 의심이 간다고 하더라도 피고인의 이익으로 판단하여야 한다. 그리고 위와 같은 엄격한 증명의 대상에는 검사가 공소장에 기재한 구체적 범죄사실이 모두 포함되고, 특히 공소사실에 특정된 범죄의 일시는 피고인의 방어권 행사의 주된 대상이 되므로 엄격한 증명을 통해 그 특정한 대로 범죄사실이 인정되어야 하며, 그러한 증명이 부족한데도 다른 시기에 범행을 하였을 개연성이 있다는 이유로 범죄사실에 대한 증명이 있다고 인정하여서는 아니된다(대법원 2011.4.28. 선고 2010도14487 판결 참조). 조세포탈사건도 형사건이므로 증거의 엄격한 증명력이 요구되고 그 입증이 충분하지 못하면 피고인의 이익으로 하여야 한다"고 판시하였다.

이러한 형사소송법상 엄격한 유죄증거법칙에 근거하여, 법원은 "이 사건 주요서증, 진술증거, 기타 증거 등은 그 증거의 증명력이 부족하고, 달리 고정자산 분식해소에 따른 허위의 유보금액이라고 인정하기에 부족하다"고 판시하여 피고인 G에게 무죄를 선고하였다.

(2) 환급의 전제가 된 행정소송 효력과 부정행위 또는 고의의 성립 관계

이 사건의 환급은 행정소송 판결 등을 통하여 이루어져 행정소송 판결의 효력과 그에 관여한 회계법인이나 변호사 등 전문가들의 범죄인식 여부가 문제되었다.

이에 대하여 법원은 "이 사건 부정환급의 직접적인 발단이 된 경정청구, 심판청구, 행정소송은 분식회계로부터 자유로운 전문가들의 자문과 조력을 기초하여 정상적인 절차에 따라 이루어졌을 가능성을 배제할 수 없다. 또한 이 사건 경정청구, 심판청구, 행정소송을 전후하여 자문이나 조력을 제공한 회계법인이나 변호사 등 전문가들 모두가 부정한 행위를 인식하지 못할 만큼 무지하였거나 이를 알고서도 조력하였다고 단정하기 어렵다"고 판시하여 이 사건 천억 원 상당이 고정자산 분식결산 해소에 따른 허위의 유보금액이라는 점이 합리적 의심의 여지가 없을 정도로 증명되었다거나 피고인 G가 조세포탈죄에서 정하고 있는 부정한 행위를 하였거나 그에 대한 고의가 있었다고 인정하기 부족하다고 하고 있다.

(3) 과세요건의 해석 원칙과 조세채무존재와 조세포탈죄 성립 관계

또한 이 사건에서는 조세포탈죄에 있어서 과세요건에 대한 해석과 조세채무 불성립시 조세포탈죄 성립 여부가 문제되었다.

이에 대하여 법원은 "조세법률주의의 원칙상 과세요건이거나 비과세요건 또는 조세감면요건을 막론하고 조세법규의 해석은 특별한 사정이 없는 한 법문대로 해석하여야 할 것이고 합리적 이유 없이 확장해석하거나 유추해석하는 것은 허용되지 아니하고, 특히 감면요건 규정 가운데 명백히 특혜규정이라고 볼 수 있는 것은 엄격하게 해석하는 것이 조세공평의 원칙에 부합한다(대법원 2011.1.27. 선고 2010도1191 판결 참조). 조세포탈죄는 납세의무자가 국가에 대하여 지고 있는 것으로 인정되는 일정액의 조세채무를 포탈한 것을 범죄로 보아 형벌을 과하는 것으로서, 조세포탈죄가 성립하기 위하여는 조세법률주의에 따라 세법이 정한 과세요건이 충족되어 조세채권이 성립하여야만 되는 것이므로, 세법이 납세의무자로 하여금 납세의무를 지도록 정한 과세요건이 구비되지 않는 한 조세채무가 성립하지 않음은 물론 조세포탈죄도 성립할 여지가 없다(대법원 2005.6.10. 선고 2003도5631 판결 참조). 또한 상급행정기관이 하급행정기관에 대하여 업무처리지침이나 법령의 해석적용에 관한 기준을 정하여 발하는 이른바 행정규칙은 일반적으로 행정조직 내부에서만 효력을 가질 뿐 대외적인 구속력을 갖지 않지만, 법령의 규정이 특정 행정기관에게 그 법령 내용의 구체적 사항을 정할 수 있는 권한을 부여하면서 그 권한 행사의 절차나 방법을 특정하고 있지 않아 수임행정기관이 행정규칙의 형식으로 그 법령의 내용이 될 사항을 구체적으로 정하고 있다면, 그와 같은 행정규칙은 위에서 본 행정규칙이 갖는 일반적 효력으로서가 아니라 행정기관에 법령의 구체적 내용을 보충할 권한을 부여한 법령규정의 효력에 의하여 그 내용을 보충하는 기능을 갖게 되고, 따라서 이와 같은 행정규칙은 당해 법령의 위임 한계를 벗어나지 않는 한 그것들과 결합하여 대외적인 구속력이 있는 법규명령으로서의 효력을 가진다(대법원 2008.3.27. 선고 2006두3742 판결)"고 판시하여 개별소비세법은 법으로 규정되어 있는 물품만을 과세대상으로 삼는 이른바 열거주의를 취하고 있는 바, 이 사건 가스터빈발전기의 연료로 사용한 C9는 산업통상부장관이 고시하는 석유제품 중 부생연료유에 해당하지 않으므로 개별소비세 과세대상물품에 해당한다고 볼 수 없어 조세포탈죄도 성립하지 않는다고 하고 있다.

X. L변호사 조세포탈 사건(2016년)[22)]

1. 배 경

A가 100억 원대 원정도박을 한 혐의로 제1심에서 징역 1년을 선고받은 뒤, 항소심에서 집행유예 등을 조건으로 수십억 원의 선임료를 L변호사에게 교부하였지만 항소심에서 징역 8개월이 선고되자 구치소에서 A는 L변호사의 손목을 비틀고 온갖 욕설을 퍼부으며 "보석을 못 시켜줬으니 돈을 돌려달라"고 협박하였다.

이에 L변호사가 "폭행을 당했다"며 A를 경찰서에 고소하면서 이 사실이 언론에 보도됨에 따라 이른바 A게이트라는 블록버스터급 사법비리가 터지게 되었다. L변호사의 폭행사건이 세상에 알려진 후 A는 L변호사를 과다 수임료 문제로 서울지방변호사회에 진정서를 제출하였다.

서울지방변호사회는 자체 진상조사를 통하여 L변호사가 법조브로커를 통해 사건을 수임하는 등 변호사법을 위반한 혐의를 일부 확인하였다. 대한변호사협회는 L변호사를 변호사법위반 혐의로 검찰에 고발하였다. 검찰에서는 L변호사의 사무실과 관할 세무서, 서울지방변호사회 등을 압수수색하면서 본격적인 수사에 착수했다.

2. 공소사실 요지(부가가치세 포탈)

피고인은 A에 대한 상습도박 항소심 사건을 수임하면서, 2015.12.24.경 A로부터 수임료 명목으로 20억 원을 교부받은 다음, 2016.1.7. 위 사건의 변론을 위하여 변호인 선임서를 제출하고 보석청구서와 항소이유서를 작성하여 제출하고 공판기일에 출석하여 변론하는 등 변호활동을 하다가 2016.3.3. 사임하였다. 피고인은 위와

---

22) 대법원 2017.12.22. 선고 2017도12127 판결.

같이 사임할 때까지는 A로부터 받은 선임료 20억 원에 대한 세금계산서나 영수증을 발급하지 아니하고 있다가, 2016.4.28. 뒤늦게 국세청 전자세금계산서 발급시스템을 이용하여 위 돈의 매출과 관련한 전자세금계산서를 발급하였다. 이와 같이 A 등으로부터 사건을 수임하면서 수임장부 작성을 고의적으로 누락하는 등 부정행위로 부가가치세를 포탈하였다.

3. 이 사건이 조세포탈사건에 미친 영향

(1) 세금계산서 발급시기와 부가가치세포탈죄 성립

부가가치세법상 용역의 공급시기는 '역무의 제공이 완료되는 때' 또는 '용역의 공급시기가 되기 전에 용역에 대한 대가의 전부 또는 일부를 받고 세금계산서 또는 영수증을 발급한 때'이다. 이 사건은 L변호사가 A에게 형사변론이라는 용역을 제공하면서 받은 수임료의 공급시기에 대한 항소심과 대법원 판시 내용이 달라 판결결과가 달라진 사건이다. 용역의 공급시기를 어느 시점으로 보느냐에 따라 부가가치세포탈죄 미수와 기수의 성립 여부가 결정되어 종국적으로 부가가치세포탈죄의 유·무죄 성립에 직접 영향을 끼친 의미가 있는 사건이다.

(2) 법원의 판단

항소심은 "부가가치세포탈죄는 제1기분인 1.1.부터 6.30.까지와 제2기분인 7.1.부터 12.31.까지의 각 과세기간별로 각 과세기간 종료 후 25일의 신고·납부기한이 경과한 때에 기수에 이른다. 한편 부가가치세법상 용역 공급시기는 '역무의 제공이 완료되는 때' 등 또는 '용역의 공급시기가 되기 전에 용역에 대한 대가의 전부 또는 일부를 받고 세금계산서 또는 영수증을 발급한 때'이다(부가가치세법 제16조, 제17조 제1항). 과세표준이나 세액을 허위로 과소신고하여 조세를 포탈한 경우에는 그 납부기한이 경과됨으로써 조세포탈죄는 기수가 된다. 납부기한 이후에 수정신고를 하였다거나 혹은 포탈세액을 추가로 납부한 사실이 있다고 하더라도 이로써 이미 완성한 조세포탈죄의 성립에 아무런 영향을 미칠 수 없고, 납부기한 후에 후발적 사유가 발생하여 당초 부과처분을 경정하더라도 조세포탈죄 성립에 영향을 미치지 않는다(대법원 2017.4.7. 선고 2016도19704 판결 등 참조). 피고인은 2015.12.24.경 A로부터 수임료 20억 원을 수수하였는데, 그 때를 기준으로 한 신고·납부기한인 2016.1.25.이 경과됨으로써 조세포탈죄는 기수가 된다. 2016.4.28. 발급된 세금계산서의 내용에 따라 2016.4.28. 수정신고가 되었다고 하더라도 이미 기수에 이른 조세포탈죄에는 아무런 영향이 없다”고 판시하여 최초 수임료를 받은 시점을 부가가치세상 용역 공급시기로 보아 유죄를 선고하였다.

이에 반하여 대법원은 “A의 형사사건에 관한 변호사로서의 피고인의 역무제공은 2016년 제1기의 과세기간에 속하는 2016.3.3. 변호인을 사임함으로써 완료되었으므로, 부가가치세법 제16조 제1호에 따라 그 때를 A로부터 받은 20억 원과 대가관계에 있는 용역의 공급시기로 봄이 타당하다. 따라서 피고인이 제공한 용역에 관한 부가가치세 신고·납부기한은 2016년도 제1기분의 과세기간 종료 후 25일이 되는 2016.7.25.이라고 보아야 한다. 그런데 피고인은 위 신고·납부기한 전인 2016.4.28. 위 용역대가에 관한 전자세금계산서를 발급하였으므로, 피고인이 사기나 그 밖의 부정한 행위로써 이 부분 수임료의 매출에 관한 부가가치세를 포탈하였다고 할 수 없다”고 판시하여 세금계산서가 정당하게 발급되었으므로 부정행위가 없으므로 부가가치세포탈죄가 성립하지 않는다고 하여 그 견해를 달리하였다.

XI. D제약회사 M회장 조세포탈 사건(2017년)[23]

1. 배 경

D제약회사 M회장도 앞서 살펴본 H제약회사 A대표이사 조세포탈사건과 같이 제약회사의 리베이트 관행에 따라 병·의원 등에 의약품 리베이트를 제공하여 왔었다. M회장은 리베이트 제공에 드는 소요 비용을 집계해 ‘판매비’, ‘매출할인’, ‘선지원’, ‘금융비’ 등의 항목으로 예산안에 편성하여 임원회의와 이사회 승인을 받아 집행했다. 그 집행과정에서 리베이트 비용을 손금처리하면서 허위 영수증 등 장부와 증빙을 조작하여 법인세를 포탈하였다.

그 포탈규모는 우리나라에서 의약품 리베이트와 관련하여서는 가장 큰 규모였다. 이러한 제약회사의 의약품 리베이트 제공행위는 특정경제범죄처벌등에관한법률위반(횡령), 특정범죄가중처벌등에관한법률위반(조세), 약사법위반 등으로 처벌된다. 이 사건으로 M회장 등 D제약회사 임·직원과 리베이트를 받은 의사들이 함께 공소제기되었다.

23) 부산고등법원 2018.12.27. 선고 2018노423 판결. 이 판결은 2019.7.4. 대법원에서 상고기각으로 확정되었다.

2. 공소사실 요지(법인세포탈, 업무상 횡령)

(1) 피고인 M은 의약품 제조·판매 등을 목적으로 설립된 D제약회사의 회장으로, D제약회사 의약품의 판매를 늘리기 위한 사례금 명목으로 거래 병·의원, 약국 등에게 법령상 금지되는 리베이트를 제공하면서, 위 리베이트로 제공되는 자금 지출 중 접대비 한도를 초과하는 금액은 세무회계상 손금으로 인정받을 수 없다는 점을 알면서도, 수백억 원 상당을 리베이트 제공자금으로 지출하고도, 지출결의서 혹은 경비청구서 등의 장부에는 손비처리가 가능한 판매비, 매출할인비, 금융비 등으로 장부를 거짓 기장하거나 허위 간이영수증 등 허위증빙 자료를 첨부하는 등의 부정한 방법으로 접대비 한도를 초과하는 금액 상당의 과세표준을 누락하여 신고함으로써 법인세를 포탈하였다.

(2) 과세관청에서 위 D제약회사에 대하여 세무조사를 실시한 결과 리베이트 자금 등으로 사용된 금액을 접대비 항목으로 분류한 다음, 의·약사 등에게 지급되어 사외로 유출된 금액에 대하여 대표자 상여처분[24]을 하였고, 이를 원천징수의무자인 D제약회사가 대납하였다. 이와 같이 소득세 원천징수금액을 법인이 대표자를 대신하여 납부함으로써 이를 횡령하였다.

3. 이 사건이 조세포탈사건에 미친 영향

(1) 리베이트 비용 성격을 손금처리가 불가능한 반사회적 위법비용으로 일괄 규정

감사원은 서울지방국세청이 종결한 위 D제약회사 등에 대한 법인통합조사 4건을 점검한 결과, 제약회사들이 의·약사들에게 리베이트로 제공한 비용을 접대비 항목으로 분류하면서 접대비 한도 초과금액을 기타 사외유출로 소득처분한 것은 잘못된 소득처분이라고 지적하였다.

이에 따라 앞으로 과세관청과 제약회사들은 리베이트 제공 비용에 대하여는 반사회적 위법비용으로 보고 그 전체 금액에 대하여 손금불산입을 해야 하고, 기존

24) 법인세법 시행령 제106조에서 소득의 귀속이 불분명한 경우에는 대표자에게 귀속된 것으로 본다고 규정하고 있다. 이 규정에 따라 리베이트로 제공된 금액 중 최종 귀속관계가 불분명한 경우 대표자 상여로 처분한다. 이 경우에 당해 법인이 그 처분에 따른 소득세 등을 대납하고 이를 손비로 계상하거나 그 대표자와의 특수관계가 소멸될 때까지 회수하지 아니함에 따라 익금에 산입한 금액은 기타 사외유출로 처리하도록 되어 있다.

에 접대비로 처리하면서 접대비 한도 초과금액에 대하여만 손금불산입하여 오던 관행에 대한 대대적인 변화가 불가피하게 되었다.

또한 리베이트로 제공된 비용에 대한 소득처분도 그 소득이 실질적으로 귀속된 의·약사를 상대로 기타소득으로 처분하라고 지시함에 따라 향후 리베이트를 받는 의·약사들로 하여금 소득세를 부담하도록 소치하였다.

(2) 소득처분으로 인한 원천징수소득세 대납행위와 구상금 채권 회수의무 불이행에 대한 형사책임 여부

이 사건 이전에는 리베이트 자금 등으로 사용된 금액을 접대비로 보고, 사외로 유출된 리베이트 금액에 대하여는 대표자 상여로 처분하면서 대표자에 대한 소득세는 원천징수의무자인 법인이 법인자금으로 과세관청에 대납하였었다. 그리고 최종적으로 기타 사외유출로 소득처분한 후 회수되지 아니한 금액에 대하여는 익금산입하고 법인세를 납부하여 왔었다. 이러한 이유로 법인은 자신이 원천징수의무자로서 대납한 원천징수금액에 대한 회수의무를 제대로 이행하지 않고 있었다.

검찰은 의·약사에게 리베이트를 제공하고 그 비용을 손금처리가 가능한 항목으로 분산처리한 부정한 행위에 대하여 법인세포탈죄로 공소제기하면서, 이전 세무조사 당시에 리베이트 제공 금액을 대표자 상여로 소득처분하면서 법인이 소득세를 대납한 행위를 범죄로 보고 업무상 횡령죄를 적용하여 함께 공소제기하였다.

이에 대하여 법원은 "법인세법상 법인은 대표자 상여처분을 하면서 소득처분된 소득세에 대하여는 원천징수하여 납부할 의무가 있으므로 법인이 세금을 대신 납부하였다는 사실만으로는 횡령죄로 보기 어렵다"고 하여 무죄를 선고하였다.

이와 같이 세법상 원천징수의무 있는 법인이 소득세를 대납한 행위 자체만으로는 업무상 횡령죄가 성립하지 않는 것은 너무도 당연하다. 그러나 법인이 대표이사 등에게 소득처분을 하면서 소득세에 대한 원천징수의무 이행차원에서 대납을 한 다음 원천세 납세의무자인 대표이사 등에게 그에 대한 회수의무를 성실하게 이행하지 아니한 경우에는 업무상 배임죄의 죄책을 부담할 수 있다. 이 사건에서도 검찰은 '피고인들이 공모하여 피고인에게 부과된 소득세 등을 회사자금으로 대납한 후 대납액 상당의 구상금채권을 회수하기 위한 조치를 취하지 아니하여 업무상 배임하였다'라고 선택적으로 업무상 배임죄로 공소제기하였으나, 당초 공소가 제기된 횡령의 공소사실과 선택적으로 추가된 배임의 공소사실은 동일하다고 볼 수 없고, 그럼에도 불구하고 선택적으로 배임의 공소사실을 추가하는 내용의 공소장변경을 허가한 1심의 결정을 위법하다고 하면서 항소심에서 1심에서 허가한 공소장변경허가결정을 취소하였다.

(3) 허위 간이영수증으로 처리된 지출금에 대해 전액 손금(조세포탈금액) 해당 여부

(가) 피고인 주장 요지

① 허위 간이영수증으로 처리된 지출금 전액이 손금에 산입될 수 없는 비용이라고 단정할 수 없다. ② 허위 간이영수증으로 처리된 지출금 전액이 손금에 산입될 수 없다고 하더라도 허위 간이영수증 작성행위가 부정행위라고 보기 어렵고, 또한 통상적인 세무조사 과정에서 위 간이영수증으로 처리된 금액이 손금에 산입될 수 없는 것임을 용이하게 발견할 수 있었으므로, 법인세포탈을 위한 부정행위가 없다.

(나) 법원의 판단

① 법인세법에 따라 손금으로 인정되는 손비는 그 법인의 사업과 관련하여 발생하거나 지출된 손실 또는 비용으로서 일반적으로 용인되는 통상적인 것이거나 수익과 직접 관련된 것이어야 하는데, 간이영수증 처리된 금액 전부가 법인의 사업과 관련하여 지출된 것임을 객관적으로 뒷받침할 수 있는 자료가 없고, 세무조사에서도 위 금액의 사용처가 불분명하다는 이유로 손금에서 제외되었다. ② 이 사건 회사는 리베이트를 제공하였다는 이유로 여러 차례 제재를 받았고, 간이영수증을 이용한 비용의 허위계상 또는 과대계상이 본사의 승인, 지시 아래 전국 각 지점 영업사원들이 동원되어 조직적으로 이루어졌다. ③ 세무조사반의 조사기간 동안 허위 간이영수증을 증빙으로 제시하여 조사직원의 조사에 의하여 허위임이 적발되는 등 영수증의 진위여부를 확인을 하는 데 어려움이 있었고, 향후 재판과정에서 다툴 여지 등을 고려하면, 정당하게 지출한 식비와 명목을 밝힐 수 없는 금액을 전혀 구분하지 않고 일률적으로 간이영수증을 증빙으로 첨부하였다면 이는 적극적 은닉의도가 인정되는 행위이다. ④ 다른 과세관청에서 허위 간이연수증 첨부행위를 부정한 행위에 해당하지 않는다고 판단하였다고 하더라도 그러한 판단에 법원이 구속된다고 볼 수 없다. ⑤ 이 사건 허위 간이영수증 첨부행위는 조세범처벌법 제3조 제6항 제2호의 '거짓 증빙 또는 거짓 문서의 작성 및 수취'에 해당하는 전형적인 부정행위에 해당한다. ⑥ 따라서 간이영수증을 증빙으로 첨부

한 행위는 부정한 행위에 해당한다.

(4) 조세포탈죄에서 공모공동정범의 성립 여부

(가) 피고인들 주장 요지

① 피고인들은 회사의 리베이트에 제공되는 자금 항목으로 이용된 판매관리비에 각종 현금성 지원경비로 처리되는 항목들도 포함되어 있어서, 이를 지속적으로 삭감함으로써 불법적으로 조성될 수 있는 현금 규모를 제한하고자 하였다. ② 현금 보유에 따른 리베이트 제공 위험을 방지하고자 현금성 경비 집행 방식을 투명하게 하였다. ③ 영업현장에서 간이영수증 방식으로 현금을 조성하는 것을 막기 위하여 간이영수증 사용을 최대한 자제하도록 함으로써 그 이전에 비하여 간이영수증 사용액이 훨씬 줄어들었다. ④ 피고인들의 지위에서 허위 간이영수증과 관련한 구체적인 회계처리방법이나 법인세 신고내용까지 알 수 없다. ⑤ 따라서 피고인들에게는 조세포탈의 고의가 존재하지 않고, 기능적 행위지배가 없으므로 공모공동정범에도 해당하지 않는다.

(나) 법원의 판단

법원은 "형법 제30조의 공동정범은 공동가공의 의사와 그 공동의사에 의한 기능적 행위지배를 통한 범죄 실행이라는 주관적·객관적 요건을 충족함으로써 성립하므로, 공모자 중 구성요건행위를 직접 분담하여 실행하지 않은 사람도 위 요건의 충족 여부에 따라 이른바 공모공동정범으로서의 죄책을 질 수 있다. 구성요건행위를 직접 분담하여 실행하지 않은 공모자가 공모공동정범으로 인정되기 위해서는 전체 범죄에서 그가 차지하는 지위·역할, 범죄 경과에 대한 지배나 장악력 등을 종합하여 그가 단순한 공모자에 그치는 것이 아니라 범죄에 대한 본질적 기여를 통한 기능적 행위지배가 존재한다고 인정되어야 한다.

공모공동정범의 경우 범죄의 수단과 모습, 가담하는 인원과 그 성향, 범행 시간과 장소의 특성, 범행과정에서 타인과의 접촉 가능성과 예상되는 반응 등 여러 상황에 비추어, 공모자들이 공모한 범행을 수행하거나 목적을 달성하고자 나아가는 도중에 부수적인 다른 범죄가 파생되리라고 예상하거나 충분히 예상할 수 있는데도 그러한 가능성을 외면한 채 이를 방지하기에 충분한 합리적인 조치를 취하지 않고 공모한 범행에 나아갔다가 결국 그와 같이 예상되던 범행들이 발생하였다면, 비록 그 파생적인 범행 하나하나에 대하여 개별적인 의사의 연락이 없었더라도 당초의 공모자들 사이에 그 범행 전부에 대하여 암묵적인 공모는 물론 그에 대한 기능적 행위지배가 존재한다고 보아야 한다.

2인 이상이 범죄에 공동가공하는 공범관계에서 공모는 법률상 어떤 정형을 요구하는 것이 아니고 2인 이상이 공모하여 범죄에 공동가공하여 범죄를 실현하려는 의사의 결합만 있으면 충분하다. 비록 전체의 모의과정이 없더라도 여러 사람 사이에 순차적으로 또는 암묵적으로 의사의 결합이 이루어지면 공모관계가 성립한다. 이러한 공모관계를 인정하기 위해서는 엄격한 증명이 요구되지만, 피고인이 범죄의 주관적 요소인 공모관계를 부인하는 경우에는 사물의 성질상 이와 상당한 관련성이 있는 간접사실 또는 정황사실을 증명하는 방법으로 이를 증명할 수밖에 없다. 이때 무엇이 상당한 관련성이 있는 간접사실에 해당할 것인지는 정상적인 경험칙에 바탕을 두고 치밀한 관찰력이나 분석력으로 사실의 연결 상태를 합리적으로 판단하는 방법으로 하여야 한다(대법원 2018.4.19. 선고 2017도14322 전원합의체 판결)"라는 판시내용을 전제로 아래와 같이 판시하였다.

① 허위 간이영수증을 이용한 지출을 손금 산입 항목들에 분산 계상한 것은 법인세포탈 의도에서 비롯된 것임이 명확하다. ② 세무조사대상 기간 무렵 피고인들은 회사의 대표이사 등으로 근무하였다. ③ 여러 사정들에 비추어 피고인들이 주요 경영사항 및 자금사정에 대하여 보고받았을 것이라고 보이고, 판매예산편성 및 집행과정, 간이영수증을 통한 지출 증빙 등의 절차를 인식하고 있었다고 보인다. ④ 의료기관 등 개설자에 대한 현금 지급을 금지하기 시작한 2008.12.14. 이전에도 수사기관 및 공정거래위원회 차원에서 리베이트 규제 시도는 계속 존재하였음에도 비용항목을 속여 법인세 신고를 하였다. ⑤ 대법원 전원합의체 판결에 의하여 리베이트 제공 자금이 법인세법상 손금에 산입될 수 없다는 입장이 명확해진 것은 이 사건 조세포탈 범행이 성립한 이후에 발생한 사정에 불과하다. 이와 같은 사정하에서는 구체적인 회계처리방법이나 법인세 신고내용까지는 알지 못하였다고 하더라도 부수적으로 조세포탈의 결과가 발생하리라고 충분히 예상할 수 있었다. 따라서 피고인들에게 조세포탈의 결과 발생에 대한 인식과 이를 용인하겠다는 의사가 있고, 조세포탈 범행에 대한 암묵적인 공모는 물론 그에 대한 행위지배가 있었다고 볼 수 있다.

XII. K그룹 L회장 조세포탈 사건(2018년)

1. 배 경

과세관청은 2017년에 세무조사를 실시하여 K그룹 L회장의 소유로 보이는 차명계좌를 다수 발견하여 차명주식을 상속·증여받고도 이를 미신고해 조세를 포탈했다는 사유 등으로 L회장을 고발하였다.

수사 결과, 상속세 포탈 혐의에 대하여는 차명재산을 상속받은 후 차명상태를 유지하고, 세금을 신고하지 않았다는 사실만으로는 조세포탈 범죄성립에 필요한 '적극적 은닉행위'가 성립될 수 없다는 기본법리를 적용하여 상속세 포탈 혐의에 대하여는 불기소(혐의없음) 처분하였다. 다만, 일부 차명주식 매매와 관련하여 대주주 양도소득세 납부를 회피할 명목으로 차명주식 일부를 보유한 사실이 인정되어 2014.11.경부터 시행된 금융실명거래및비밀보장에관한법률위반죄 등으로 공소제기되어 법원에서 벌금형이 선고·확정되었다.

2. 공소사실 요지

(1) 자본시장과금융투자업에관한법률위반[25)]

(가) 대량보유 보고의무위반

주권상장법인의 주식 등을 대량보유(본인과 그 특별관계자가 보유하게 되는 주식 등의 수의 합계가 그 주식등의 총수의 100분의 5 이상인 경우를 말한다)하게 된 자는 그 날부터 5일 이내에 그 보유 상황, 보유 목적, 그 보유 주식 등에 관한 주요 계약내용, 그 밖에 대통령령으로 정하는 사항을 대통령령으로 정하는 방법에 따라 금융위원회와 거래소에 보고하여야 한다. 그 보유 주식 등의 수의 합계가 그 주식 등의 총수의 100분의 1 이상 변동되거나, 그 보유 주식 등에 관한 주요 계약내용 등의 변경이 있는 경우에는 그 변동된 날부터 5일 이내에 그 변동내용을 대통령령으로 정하는 방법에 따라 금융위원회와 거래소에 보고하여야 한다.

피고인은 주권상장법인인 A회사의 대량보유자로서, 2016.5.경 유상증자에 따른 신주인수권증서 취득 등을 이유로 피고인과 특별관계인들의 보유 주식수가 전체 주식 수의 1% 이상 증가하였음을 이유로 대량보유 변동보고를 하면서 피고인의

25) 자본시장과금융투자업에관한법률 제444조 제18호, 제147조, 제446조 제31호, 제173조 제1항 참조.

보유 주식에 차명주식을 누락하여 중요사항에 대하여 거짓기재를 하였다.

(나) 소유상황 보고의무위반

주권상장법인의 임원 또는 주요주주는 임원 또는 주요주주가 된 날로부터 5일 이내에 누구의 명의로 하든지 자기의 계산으로 소유하고 있는 특정증권 등의 소유 상황을, 그 특정증권 등의 소유상황에 변동이 있는 경우에는 그 변동이 있는 날로부터 5일까지 그 내용을 대통령령으로 정하는 방법에 따라 각각 증권선물위원회와 거래소에 보고하여야 하고, 이러한 보고를 함에 있어 거짓보고를 하여서는 아니된다. 피고인은 A회사의 임원이자 주요 주주로서, 2015.11.경 차명주식 1,000주 상당을 매도하여 그 소유상황에 변동이 발생하였음에도 이를 보고기간 내에 보고하지 아니하는 등 총 17회에 거쳐 보고를 하지 않거나, 거짓 보고를 하였다.

(2) 독점규제및공정거래에관한법률위반[26)]

피고인은 상호출자제한기업집단인 'K'의 동일인이다. 피고인은 2016.1.경 공정거래위원회에서 '소속회사 개요, 소속회사별 주주현황, 동일인 및 친족현황' 등 2016년 상호출자제한기업집단 지정을 위한 자료제출을 요청받은 후, 2016.3. 공정거래위원회에 피고인이 소유한 차명주식들을 동일인 관련주에 포함시키지 않는 방법으로 허위로 기재한 자료를 제출하였다.

(3) 금융실명거래및비밀보장에관한법률위반[27)]

누구든지 탈법행위 등을 목적으로 타인의 실명으로 금융거래를 하여서는 아니된다. 피고인은 차명으로 소유한 A회사 주식의 매도에 따른 대주주 양도소득세 세원이 드러나지 않도록 하고, 위 (가), (나) 기재와 같은 거짓보고, 미보고, 허위 신고가 드러나지 않도록 할 목적으로, 2015.11.경 A회사 차명주식을 보유한 차명계좌를 이용하여 A회사 차명주식을 매도하는 금융거래를 하거나 그 매도자금을 출금하는 금융거래를 하였다.

3. 이 사건이 조세포탈사건에 미친 영향

이 사건은 대주주가 계열사 차명주식을 상속받아 매도하면서 발생할 수 있는

26) 구 독점규제및공정거래에관한법률 제68조 제1호, 제14조 참조.
27) 금융실명거래및비밀보장에관한법률 제6조 제1항, 제3조 제3항 참조.

모든 형사적 이슈들이 망라된 사건이다.

이 사건에서 상속세 포탈이 적극적 부정행위가 없다는 이유로 검찰에서 무혐의 처분되었지만, 조세포탈 이외에도 위 사례에서 보듯이 자본시장과금융투자업에관한법률위반, 독점규제및공정거래에관한법률위반, 금융실명거래및비밀보장에관한법률위반(차명금지법위반) 등으로 처벌될 수 있다. 위 각 죄의 관계는 실체적 경합범 관계에 있다.

제5장

세금계산서 관련 범죄

제1절 총 설

I. 의 의

1. 세금계산서 개념

세금계산서란 사업자가 재화 또는 용역을 공급(부가가치세가 면제되는 재화 또는 용역의 공급은 제외한다)하는 경우에 그 공급을 받는 자에게 발급하여야 하는 세금 영수증을 말한다. 그 세금계산서에는 ① 공급하는 사업자의 등록번호와 성명 또는 명칭, ② 공급받는 자의 등록번호. 다만, 공급받는 자가 사업자가 아니거나 등록한 사업자가 아닌 경우에는 대통령령으로 정하는 고유번호[1] 또는 공급받는 자의 주민등록번호, ③ 공급가액과 부가가치세액, ④ 작성 연월일, ⑤ 그 밖에 대통령령으로 정하는 사항이 기재되어 있어야 한다(부가가치세법 제32조 제1항). 위 ⑤의 그 밖에 대통령령으로 정하는 사항이란 공급하는 자의 주소, 공급받는 자의 상호·성명·주소, 공급하는 자와 공급받는 자의 업태와 종목, 공급품목, 단가와 수량, 공급 연월일, 거래의 종류, 사업자 단위 과세 사업자의 경우 실제로 재화 또는 용역을 공급하거나 공급받는 종된 사업장의 소재지 및 상호 등을 말한다(부가가치세법 시행령 제67조 제2항).

전자세금계산서는 ① 조세특례제한법 제5조의2 제1호에 따른 전사적(全社的) 기업자원 관리설비를 이용하는 방법, ② 재화 또는 용역을 실제 공급하는 사업자를 대신하여 전자세금계산서 발급업무를 대행하는 사업자의 전자세금계산서 발급 시스템을 이용하는 방법, ③ 국세청장이 구축한 전자세금계산서 발급 시스템을 이용하는 방법, ④ 전자세금계산서 발급이 가능한 현금영수증 발급장치 및 그 밖에 국

1) 대통령령으로 정하는 고유번호란 관할 세무서장이 과세자료를 효율적으로 처리하기 위하여 세무서장에게 등록번호에 준하는 고유번호를 부여할 수 있는 권한을 주고 있는데 그렇게 부여하는 번호를 말한다(부가가치세법 시행령 제67조 제1항).

세청장이 지정하는 전자세금계산서 발급 시스템을 이용하는 방법과 같은 전자적 방법으로 세금계산서 기재사항을 계산서 작성자의 신원 및 계산서의 변경 여부 등을 확인할 수 있는 인증시스템을 거쳐 정보통신망으로 발급하는 것을 말한다.

전자세금계산서의 발급의무 대상자는 2022.7.1.부터는 법인사업자와 직전연도 공급가액(과・면세) 합계액이 2억 원 이상인 개인사업자이다.[2] 전자세금계산서 발급의무자가 전자세금계산서가 아닌 종이세금계산서를 발급하는 경우에는 공급가액의 1%에 해당하는 가산세가 부과된다. 재화 등의 공급자는 부가가치세법 제34조[3]가 정한 시기에 전자세금계산서를 발급하여야 한다.

전자세금계산서와 종이세금계산서를 비교하면 아래와 같다.

〈전자세금계산서와 종이세금계산서의 비교〉

구분	전자세금계산서	종이세금계산서
발급의무자	– 법인사업자 – 직전연도 공급가액(과・면세) 합계 2억 원 이상 개인사업자 (2022.7.1.부터 2억 원 이상으로 확대 시행)	공급가액(과・면세) 2억 원 미만 개인사업자
발급시기	– 부가가치세법 제15~17조(공급시기)에 발급 – 월합계 세금계산서 등 특례의 경우 익월 10일까지 발급	좌동

2) 전자세금계산서는 2010.1.경 도입되어 2011.1.경부터 법인사업자만 발급의무가 부과되다가 2012.1.경부터는 직전연도 공급가액 10억 원 이상 개인사업자에게도 발급이 의무화되었으며, 2014.7.경부터는 직전연도 공급가액 3억 원 이상 개인사업자에게 발급의무가 확대되었다. 2019.7.1.경부터는 직전연도의 사업장별 재화 및 용역과 면세 공급가액의 합계액이 3억 원 이상인 개인사업자로 확대되었고, 2022.7.경부터는 직전연도 공급가액 합계액이 2억 원 이상일 경우에 전자세금계산서 의무발행 대상자에 해당한다(부가가치세법 시행령 제68조 참조).

3) 제34조(세금계산서 발급시기) ① 세금계산서는 사업자가 제15조 및 제16조에 따른 재화 또는 용역의 공급시기에 재화 또는 용역을 공급받는 자에게 발급하여야 한다.

② 제1항에도 불구하고 사업자는 제15조 또는 제16조에 따른 재화 또는 용역의 공급시기가 되기 전 제17조에 따른 때에 세금계산서를 발급할 수 있다.

③ 제1항에도 불구하고 다음 각 호의 어느 하나에 해당하는 경우에는 재화 또는 용역의 공급일이 속하는 달의 다음 달 10일(그 날이 공휴일 또는 토요일인 경우에는 바로 다음 영업일을 말한다)까지 세금계산서를 발급할 수 있다.

1. 거래처별로 1역월(1曆月)의 공급가액을 합하여 해당 달의 말일을 작성 연월일로 하여 세금계산서를 발급하는 경우
2. 거래처별로 1역월 이내에서 사업자가 임의로 정한 기간의 공급가액을 합하여 그 기간의 종료일을 작성 연월일로 하여 세금계산서를 발급하는 경우
3. 관계 증명서류 등에 따라 실제거래사실이 확인되는 경우로서 해당 거래일을 작성 연월일로 하여 세금계산서를 발급하는 경우

발급 및 보관형태	- 전자적 방법으로 발급 - 보관의무 없음	종이로 발급 종이로 보관
발급방법	- 국세청 홈택스를 이용하여 발급 - 발급대행시스템(ERP, ASP)을 이용하여 발급	수동
수신방법	- 이메일(E-mail) 등으로 수신	직접 또는 우편 수신
전송의무	- 발급일 다음 날까지 전송	신고 시 합계표 제출
혜택	- 합계표 개별 명세 작성의무 면제	-
불이익	- 미(지연) 발급: 공급가액의 2%(1%) - 미(지연) 전송: 공급가액의 0.5%(0.3%)	좌동
서명	- 공동인증서 또는 보안카드·생체인증(모바일)으로 전자서명	실제인감 (필수요건 아님)

출처: 국세청 홈페이지.

매입·매출처별세금계산서합계표란 사업자가 교부받은 세금계산서를 합계표로 정리하여 예정신고서, 확정신고서와 함께 정부에 제출하는 표를 말한다. 이는 매입세액의 공제와 환급내역이 정당하게 기록되었는지를 확인하기 위한 목적으로 작성된다. 매입처별세금계산서 합계표를 제출하지 않으면 매입세액은 공제받지 못한다. 계산서는 면세사업자가 교부하는 증명서류로서, 법인세법과 소득세법에 따라 발급되고, 공급가액만 표시되어 있고, 부가가치세액은 표시되어 있지 않아 매입세액 공제가 되지 않는다. 일반과세사업자가 면세사업을 겸하고 있을 경우에는 면세사업에 대한 부분에서만 계산서를 발행할 수 있다.

수정세금계산서란 세금계산서를 발급받은 후 ① 그 기재사항의 착오 정정, ② 착오에 의한 이중발급, ③ 공급가액 변동, ④ 계약의 해제, ⑤ 환입 등의 사유가 있을 경우에 발급하는 계산서를 말한다(부가가치세법 제32조 제7항). 이는 세금계산서에는 발행 취소가 없어서 둔 제도로, 기재사항 착오 등 거래내용 변경이 있는데도 불구하고 수정세금계산서를 발행하지 않는다면 공급받는 자는 매입세액공제가 불가능하고, 공급자에게는 세금계산서 미교부 가산세가 부과된다. 다만 수정세금계산서는 납세자가 착오·경미한 과실에 해당하는지를 입증해야 하는 부담이 있고, 불확정개념에 대한 판단에 납세자와 과세관청 사이에 다툼의 여지가 있을 수 있다.

2. 세금계산서의 기능

부가가치세란 상품(재화)의 거래나 서비스(용역)의 제공과정에서 얻어지는 부가가치(이윤)에 대하여 과세하는 세금이다. 부가가치세는 6개월을 과세기간으로 하여 신고·납부하게 되어 있으며 각 과세기간을 다시 3개월로 나누어 예정신고기간을 두고 있다. 부가가치세는 일반적인 경우에 법인사업자는 1년에 4회, 개인사업자는 2회 신고하도록 되어 있다.

부가가치세의 과세대상기간과 신고납부기간은 아래 표와 같다.

과세기간	과세대상기간		신고납부기간	신고대상자
제1기 (1.1.~6.30.)	예정신고	1.1.~3.31.	4.1.~4.25.	법인사업자
	확정신고	1.1.~6.30.	7.1.~7.25.	법인·개인일반 사업자
제2기 (7.1.~12.31.)	예정신고	7.1.~9.30.	10.1.~10.25.	법인사업자
	확정신고	7.1.~12.31.	다음해 1.1.~1.25.	법인·개인일반 사업자

출처: 국세청 홈페이지

부가가치세를 납부하려는 사업자는 사업자등록을 신청하여야 한다. 그 신청은 사업개시일로부터 20일 이내 또는 사업개시 전에 사업장 관할 세무서장에게 신청해야 한다.[4] 사업자가 납부하는 부가가치세는 매출세액에서 매입세액을 차감하여 계산한다. 부가가치세는 물건값에 포함되어 있기 때문에 실지로는 최종 소비자가 부담하며, 사업자는 최종 소비자가 부담한 부가가치세를 과세관청에 납부한다. 영리목적의 유무에 불구하고 사업상 상품(재화)의 판매나 서비스(용역)를 제공하는 모든 사업자는 부가가치세를 신고·납부할 의무가 있다. 이러한 재화 또는 용역의 공급사업자는 재화 등을 공급하면서 세금계산서를 발급하고 공급받는 자로부터 그 대가로 매출세액을 물품 등의 대가와 함께 수령하는데 이 과정에서 매개적 역할을 하는 것이 세금계산서이다. 세금계산서는 사업자간 또는 사업자와 소비자 간에 있어서 송장(invoice)의 역할, 외상거래에 있어서 청구서의 역할, 현금거래에 있어서 재화 또는 용역의 대금영수증의 역할, 부가가치세액의 수수에 대한 세금영수증(tax invoice)의 역할을 한다.[5]

4) 사업개시일로부터 20일 이내에 등록신청을 하지 않는 경우 미등록 가산세(매출세액의 1%)를 부과하며, 사업자등록을 하지 않는 경우 사업자등록 전의 매입세액은 원칙적으로 매출세액에서 공제해주지 않으므로 공제받지 못하는 매입세액만큼 부가가치세 부담이 커지는 불이익에 처해진다. 또한 신고불성실 가산세(납부세액의 20% 또는 40%), 납부불성실 가산세(납부기한 다음 날부터 납부한 날까지 1일 0.03%), 매출처별세금계산서합계표 미제출 가산세(공급가액 1%), 매입처별세금계산서합계표 미제출 가산세(공급가액 1%)를 추가 납부해야 한다.

5) 나성길·신민호·정지선, 부가가치세법론, 2019, 408면.

세금계산서는 부가가치세 자체의 부과·징수뿐만 아니라 그 거래의 귀속명의자에 따라 법인세 또는 소득세의 부과·징수의 중요한 기초 증빙자료이다. 즉 세금계산서를 공급하는 사업자에게는 매출세액의 증빙서류가 되고, 공급받는 자에게는 매입세액의 증빙서류가 되어 매입세액의 공제를 통한 부가가치세액의 과세자료가 된다. 또한 매출액과 필요비용을 증빙하는 증빙서류로서 법인세와 소득세 등의 과세표준 및 세액의 결정에 있어서도 중요한 과세자료가 된다. 이러한 측면에서 세금계산서는 부가가치세와 법인세·소득세 등 근거과세의 원칙을 실현하고 재화와 용역의 유통질서를 확립하는 중요한 역할을 수행하게 된다.

Ⅱ. 부가가치세와 세금계산서

1. 부가가치세와 거래징수

사업자가 재화 또는 용역을 공급하는 경우에는 당해 과세기간에 공급한 재화 또는 용역의 공급가액을 합한 과세표준에 해당하는 공급가액에 부가가치세의 세율인 10%를 곱하여 계산한 부가가치세를 재화 또는 용역을 공급받는 자로부터 징수하여야 한다(부가가치세법 제31조). 사업자 또는 재화를 수입하는 자로서 개인, 법인(국가·지방자치단체와 지방자치단체조합을 포함한다), 법인격이 없는 사단·재단 또는 그 밖의 단체는 부가가치세를 납부할 의무가 있다(부가가치세법 제3조 제1항). 이 규정들은 부가가치세의 거래징수에 관한 규정들로 사업자와 재화를 공급받은 자와의 관계 및 과세권자와 사업자와의 관계를 나타내고 있다. 즉 부가가치세의 담세자는 재화나 용역을 공급받은 자이나 납세의무자는 당해 재화나 용역을 공급하는 자이다.

사업자가 납부할 부가가치세액은 매출세액에서 매입세액을 공제한 금액이므로 사업자측에서는 매입시에 세금계산서를 교부받아 이를 증빙으로 자신이 부담하는 매입세액을 공제받고, 매출시에는 거래와 동시에 세금계산서를 교부받고 거래상대방으로부터 부가가치세를 거래징수하는 것을 본질로 하는 조세가 부가가치세이다.[6] 사업자가 재화 또는 용역을 공급할 경우에 공급자로부터 거래징수한 부가가치세액은 당해 과세기간에 합해져서 부가가치세 매출세액을 구성한다. 이 거래징수한 부가가치세 매출세액은 거래상대방의 매입세액공제의 기초가 된다. 예를 들

6) 헌법재판소 2000.3.30. 선고 98헌바7·18(병합) 결정 참조.

어 매출세액이 매입세액보다 크게 되면 그 차액이 납부할 세액이 되고, 그와 반대로 매출세액이 매입세액보다 적으면 그 차액이 환급받을 세액이 된다.

한편 사업자가 재화를 공급할 때 거래징수를 하지 아니한 경우에는 거래징수하지 못한 매출세액을 거래상대방에게 전가시키지 못하고 자신이 손해를 감수해야 한다. 이때 거래상대방이 사업자인 경우에는 부가가치세를 거래징수당하지 아니하였으므로 자신의 매출세액에서 공제할 매입세액이 없게 되어 매입세액공제를 받을 수 없게 되고, 거래상대방이 최종 소비자인 경우에는 부가가치세 부담없는 재화를 소비하게 되는 결과가 된다.

2. 거래징수의 증빙자료로서의 세금계산서

세금계산서는 부가가치세의 부과와 징수를 위해 수수되는 것이다. 세금계산서에는 일반과세자가 원칙적으로 발급하는 세금계산서, 일반 소매업·음식점업자 등 지정업종 사업자와 간이과세자가 발급하는 영수증, 그리고 면세사업자가 발급하는 계산서 등이 있다. 영수증과 계산서는 소득세 과세 등에서 과세자료로 활용은 되지만 부가가치세법상 세금계산서는 아니다. 면세사업자가 발급하는 계산서는 법인세법과 소득세법에 따라 발급되고, 공급가액만 표시되어 있고, 부가가치세액이 표시되어 있지 않아 매입세액 공제가 되지 않지만 나머지 역할은 세금계산서와 동일하게 중요한 역할을 한다.

이에 따라 2018.12.31. 조세범처벌법 개정으로 그 이전까지 조세범처벌법 제10조에 부가가치세법에 따라 세금계산서(전자세금계산서를 포함한다)를 발급하여야 할 자가 세금계산서를 발급하지 아니하거나 거짓으로 기재하여 발급한 행위만을 처벌하여 왔으나, 2019.1.1.부터는 소득세법 또는 법인세법에 따라 계산서(전자계산서를 포함한다)를 발급하여야 할 자가 계산서를 발급하지 아니하거나 거짓으로 기재하여 발급한 행위도 부가가치세법상 세금계산서와 동일하게 처벌하도록 하고 있다.

사업자 등이 발행할 수 있는 세금계산서 등의 종류는 아래와 같다.

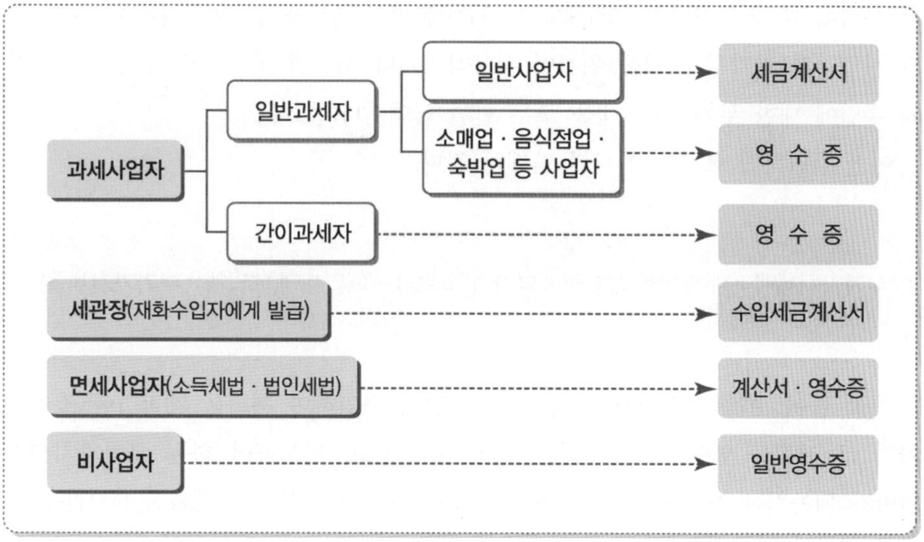

3. 부가가치세 계산

우리 세법은 실질적인 담세력이 있는 곳에 세금을 부과하는데, 이와 같은 담세력 있는 부과대상으로는 소득, 재산, 소비로 분류할 수 있다. 소득세와 법인세는 소득(income)을, 상속세와 증여세는 재산(property)을, 부가가치세와 개별소비세는 소비(expenditure)를 각각 과세대상으로 정하고 있다. 부가가치세는 소비에 부과되는 세금이므로 소비자가 부가가치세를 부담하고 국가를 대신해 사업자가 소비자로부터 걷어 국가에 납부한다. 부가가치세는 사람의 소득 차이에 관계없이 10%의 단일세율을 적용하고 있기 때문에 일반소비세에 해당하고, 소득의 재분배 기능을 다하지 못한다. 이를 보완하기 위하여 부가가치세법은 기초 생활필수품 등에 대해서는 부가가치세를 면제[7]하고 있고, 보석, 고급시계, 고급가방 등 고가사치품에 대하여는 개별소비세를 부과하고 있다.

우리나라 부가가치세법에서 납부하여야 하는 부가가치세액은 매출세액에서 매입세액을 공제한 금액으로 하고 있다(부가가치세법 제37조 제2항). 여기에서 매출세액은 당해 과세기간에 공급한 재화 또는 용역의 공급가액을 합한 과세표준에 해당하는 공급가액에 부가가치세의 세율인 10%를 곱하여 계산한 금액으로 한다(부가가치세법 제29조 제1항, 제30조). 매입세액은 사업자가 자기의 사업을 위하여 사용하였거나 사용할 목적으로 공급받은 재화 또

7) 부가가치세법 제26조.

는 용역에 대한 부가가치세액(제52조 제4항에 따라 납부한 부가가치세액을 포함한다)과 사업자가 자기의 사업을 위하여 사용하였거나 사용할 목적으로 수입하는 재화의 수입에 대한 부가가치세액을 모두 합한 금액이다(부가가치세법 제38조 제1항).

이를 간단하게 표로 표기하면 아래와 같다.

부가가치세액 = 매출세액(매출액×부가가치세율) − 매입세액(매입액×부가가치세율)

예를 들어, A가 시장에서 원재료를 500원에 구입하여 재화를 제작하여 소비자에게 그 재화를 900원에 판매하는 경우 A가 신고, 납부해야 하는 부가가치세가 얼마가 되는지를 산정해 본다면 아래와 같다. A가 시장에서 원재료를 500원에 구입할 때 부가가치세 50원을 포함한 총 550원을 지급하고, 구입한 원재료로 재화를 제작하여 소비자에게 900원에 판매할 경우에는 부가가치세 90원을 포함한 990원을 받는다. 그리고 A가 소비자로부터 받은 부가가치세를 납부해야 하는데, 이 경우 소비자에게 받은 90원을 모두 납부하는 것이 아니라 A가 원재료를 구입하기 위해 시장에서 지급한 부가가치세 50원을 공제하고 남은 40원만 A가 납부하면 된다. 결국, 소비자가 부담한 부가가치세 90원 중 원재료 판매자가 50원을 납부하고, A가 40원을 납부하는 결과가 된다.

사업자가 물건을 판매하면 그 거래 상대방이 소비자인지 또는 사업자인지 불문하고 부가가치세를 징수한다. 사업자는 소비자로부터 징수한 부가가치세(매출세액)에서 자신이 부담했던 부가가치세(매입세액)를 공제한 금액을 납부한다. 이를 전단계 세액공제법이라 한다. 만약 매출세액보다 매입세액이 많다면 부가가치세를 환급받아야 한다. 정부는 세원을 포착하기 위해서 전단계 세액공제법을 강제하고 있다. 사업자 사이의 거래에서도 반드시 부가가치세를 징수하도록 하고 있다. 사업자가 징수당한 부가가치세를 납부할 부가가치세 세액에서 공제하기 위해서는 반드시 세금계산서를 발급받아야 한다. 사업자가 매입세액을 부담하였더라도 거래 상대방으로부터 세금계산서를 발급받지 않았으면 매입세액을 공제받지 못하게 된다. 즉, 매입세액 공제를 통해 세금계산서 수수를 강제함으로써 거래 상대방 사이의 상호검증이 이루어지고 이로 인하여 정부가 세원을 포착하기 쉽게 된다.

Ⅲ. 세금계산서 관련 범죄

앞서 설명한 바와 같이 부가가치세뿐만 아니라 모든 세법 분야에서 중요한 역할을 수행하는 세금계산서를 미발급·미수취하거나, 세금계산서 기재내용이 거짓이거나, 재화와 용역의 공급 없이 세금계산서를 발급·수취하는 경우에는 세금계산서 거래질서의 훼손 이외에도 법인세, 소득세, 부가가치세 등 각종 세금의 부과와 징수에 상당한 장애가 초래된다. 이러한 세금계산서 불성실사범을 엄단하기 위하여 가산세의 부과, 매입세액 불공제 등 세법상의 제재를 가하는 외에 조세범처벌법 제10조와 특정범죄가중처벌등에관한법률 제8조의2를 두어 별도로 형사처벌 규정을 두고 있다.

조세범처벌법 제10조는 과세사업자로 하여금 세금계산서의 거래를 하도록 요구하여 거래를 양성화시키고 세금계산서의 불발급으로 조세의 부과와 징수를 불가능하게 하거나 현저히 곤란하게 하는 것을 사전에 예방하고자 하는 데 그 취지가 있다. 이 규정은 조세수입의 감손이라는 결과발생에 관계없이 세금계산서를 교부하지 아니하는 행위 그 자체를 처벌하고 있어 조세포탈 관련 범죄로서의 성격과 동시에 조세질서범죄로서의 성격을 동시에 가진다. 조세범처벌법 제10조는 세금계산서 관련 범죄를 행위 주체에 따라 세금계산서를 발급하는 자와 수취하는 자, 세금계산서상 거래당사자가 아닌 제3자로 나누어 규정하고, 실물거래 없이 세금계산서만을 수수하는 행위와 그러한 행위를 알선·중개하는 행위를 구분하여 처벌하는 규정을 두고 있다. 즉 조세범처벌법 제10조 제1항은 재화 또는 용역을 공급하는 자의 세금계산서 및 계산서의 '발급'의무 위반행위 등에 대한 처벌을(실물 공급자의 행위), 같은 조 제2항은 재화 또는 용역을 공급받는 자의 세금계산서 및 계산서의 '수취'의무 위반행위 등에 대한 처벌을(실물 수취자의 행위), 같은 조 제3항은 '재화 또는 용역의 공급 없이' 세금계산서 및 계산서를 발급·수취하는 행위 등에 대한 처벌을(소위 자료상의 행위), 같은 조 제4항은 제3항의 행위를 알선·중개하는 행위에 대한 처벌을 규정하고 있다.

세금계산서 관련 범죄 유형에 대하여 요약하면 아래와 같다.

〈세금계산서 관련 범죄 유형〉

			세금계산서 또는 계산서 (전자세금계산서, 계산서 포함)	세금계산서합계표 또는 계산서합계표
공급자	실물거래 있음	미발급 또는 거짓 기재 발급	제10조 제1항 제1호, 제2호(1년 이하 징역 또는 세액의 2배 이하 벌금)	
		매출처별 세금계산서 등 합계표의 거짓 기재 제출		제10조 제1항 제3호, 제4호 (1년 이하 징역 또는 세액의 2배 이하 벌금)
	실물거래 없음	발급	제10조 제3항 제1호, 제2호, 제5항(3년 이하 징역 또는 세액의 3배 이하 벌금 또는 병과)	
		매출처별 세금계산서 등 합계표의 거짓 기재 제출		제10조 3항 제3호, 제4호, 제5항(3년 이하 징역 또는 세액의 3배 이하 벌금 또는 병과)
공급받는자	실물거래 있음	통정 미수취 또는 거짓 기재 수취	제10조 제2항 제1호, 제4호(1년 이하 징역 또는 세액의 2배 이하 벌금)	
		통정 매입처별 세금계산서 등 합계표의 거짓 기재 제출		제10조 3항 제3호, 제4호 (1년 이하 징역 또는 세액의 2배 이하 벌금)
	실물거래 없음	수취	제10조 제3항 제1호, 제2호, 제5항(3년 이하 징역 또는 세액의 3배 이하 벌금 또는 병과)	
		매입처별 세금계산서 등 합계표의 거짓 기재 제출		제10조 제3항 제3호, 제4호, 제5항(3년 이하 징역 또는 세액이 3배 이하 벌금 또는 병과)
알선·중개자	실물거래 없음	제10조 제3항 소정의 행위 알선·중개	제10조 제4항 (3년 이하 징역 또는 세액의 3배 이하 벌금, 세무 대리 세무사 등 1/2 가중)	

제2절 세금계산서 발급의무 위반 등

Ⅰ. 의 의

본죄는 ① 부가가치세법에 따라 세금계산서(전자세금계산서를 포함한다)를 발급하여야 할 자가 세금계산서를 발급하지 아니하거나 거짓으로 기재하여 발급하거나, ② 소득세법 또는 법인세법에 따라 계산서(전자계산서를 포함한다)를 발급하여야 할 자가 계산서를 발급하지 아니하거나 거짓으로 기재하여 발급한 행위, 그리고 ③ 부가가치세법에 따라 매출처별 세금계산서합계표를 제출하여야 할 자가 매출처별 세금계산서합계표를 거짓으로 기재하여 제출한 행위, 또는 ④ 소득세법 또는 법인세법에 따라 매출처별 계산서합계표를 제출하여야 할 자가 매출처별 계산서합계표를 거짓으로 기재하여 제출한 행위에 대하여 처벌하는 규정이다(조세범처벌법 제10조 제1항).

부가가치세법에 의하면 사업자가 재화 또는 용역을 공급하는 경우에는 세금계산서를 그 공급을 받는 자에게 발급하도록 되어 있다(부가가치세법 제32조). 소득세법 제163조[1]는 개인사업자의 계산서 발급의무를, 법인세법 제121조[2]는 법인의 계산서 발급의무를 각각 규정하고 있다. 종전의 조세범처벌법에는 세금계산서와 달리 계산서의 경우에는 재화 또는 용역을 공급하지 아니하거나 공급받지 아니하고 계산서를 발

---

1) 제163조(계산서의 작성 · 발급 등) ① 제168조에 따라 사업자등록을 한 사업자가 재화 또는 용역을 공급하는 경우에는 대통령령으로 정하는 바에 따라 계산서 또는 영수증(이하 "계산서등"이라 한다)을 작성하여 재화 또는 용역을 공급받는 자에게 발급하여야 한다. 이 경우 다음 각 호의 어느 하나에 해당하는 사업자가 계산서를 발급할 때에는 대통령령으로 정하는 전자적 방법으로 작성한 계산서(이 법에서 "전자계산서"라 한다)를 발급하여야 한다.
1. 「부가가치세법」 제32조 제2항에 따른 전자세금계산서를 발급하여야 하는 사업자
2. 제1호 외의 사업자로서 총수입금액등을 고려하여 대통령령으로 정하는 사업자

2) 제121조(계산서의 작성 · 발급 등) ① 법인이 재화나 용역을 공급하면 대통령령으로 정하는 바에 따라 계산서나 영수증(이하 "계산서등"이라 한다)을 작성하여 공급받는 자에게 발급하여야 한다. 이 경우 계산서는 대통령령으로 정하는 전자적 방법으로 작성한 계산서(이하 "전자계산서"라 한다)를 발급하여야 한다.

급하거나 발급받는 행위 및 매출·매입처별 계산서합계표를 거짓으로 기재하여 제출한 경우에만 처벌하고, 계산서의 미발급과 거짓 기재한 계산서 발급 및 매출처별 계산서합계표의 거짓 기재 제출행위, 그리고 통정에 의한 계산서 미수취와 거짓 기재된 계산서 수취 및 매입처별 계산서합계표의 거짓 기재 제출행위에 대한 처벌규정을 두고 있지 않았다. 그러나 앞서 설명한 것처럼 2019.1.1. 개정된 조세범처벌법에서 이에 대한 처벌규정을 같은 법 제10조 제1항 제2호, 제4호 및 같은 법 제10조 제2항 제2호, 제4호에 각각 신설하였다.

조세범처벌법 제10조 제1항은 이러한 세금계산서 등의 발급의무와 매출처별 세금계산서합계표 등을 제출할 의무가 있는 자들이 이를 발급하지 아니하거나 거짓으로 기재하여 발급하거나 거짓으로 기재한 세금계산서합계표 등을 제출한 경우에 1년 이하의 징역 또는 공급가액에 부가가치세의 세율을 적용하여 계산한 세액의 2배 이하에 상당하는 벌금에 처하도록 하고 있는 것이다. 이 규정의 입법취지와 대하여 법원은 "본죄는 세금계산서 발급을 강제하여 거래를 양성화하고, 세금계산서를 발급하지 않거나 발급받지 않아 조세의 부과와 징수를 불가능하게 하거나 현저히 곤란하게 하는 것을 막고자 하는 취지이다"라고 판시[3]하고 있다.

Ⅱ. 주 체

1. 세금계산서 또는 계산서 발급의무 있는 사업자

본죄의 범죄주체는 부가가치세법에 따라 세금계산서를 발급하여야 할 자 또는 발급받아야 할 자로 신분범이다. 부가가치세법상 사업자등록을 하지 않은 미등록 사업자와 같이 세금계산서 발급의무가 없는 자는 부가가치세 포탈의 주체는 될 수 있어도 범죄의 주체는 될 수 없다. 실물거래 없는 경우에 적용되는 조세범처벌법 제10조 제3항은 범죄주체에 제한이 없으므로 본조와 구별된다. 사업자가 재화 또는 용역을 공급하는 경우에는 원칙적으로 세금계산서를 발급하여야 한다.

세금계산서 발급의무는 '사업자'에게만 부과되는데, 사업자란 사업목적이 영리이든 비영리이든 관계없이 사업상 독립적으로 재화 또는 용역을 공급하는 자를 말한다(부가가치세법 제2조 제3호). 세금계산서를 발급하여야 할 자에 관하여, 구 부가가치세법

3) 대법원 2019.6.27. 선고 2018도14148 판결.

(2013.6.7. 법률 제11873호로 전부 개정되기 전의 것)에서는 '납세의무자로 등록한 사업자'가 재화 또는 용역을 공급하는 경우에는 세금계산서를 발급하여야 한다고 규정하고 있다가(제16조 제1항), 2013.7.1. 시행된 부가가치세법에서는 '납세의무자로 등록한 사업자'를 '사업자'로 개정하였다(제32조 제1항). 따라서 개정된 부가가치세법이 시행된 2013.7.1. 이후에 재화 또는 용역을 공급한 '사업자'는 부가가치세법에 따른 사업자등록 여부와 상관없이 조세범처벌법 제10조 제1항 제1호의 '부가가치세법에 따라 세금계산서를 작성하여 발급하여야 할 자'에 해당한다. 이와 같은 미등록 사업자로서는 외국기업의 고정사업장[4]이 이에 해당될 수 있다. 전자세금계산서 발급의무 있는 사업자도 당연히 본조의 범죄 주체가 될 수 있다.

법인사업자와 부가가치세법 시행령으로 정하고 있는 개인사업자는 세금계산서를 발급하려면 전자세금계산서로 발급하여야 할 의무가 있다. 전자세금계산서를 발급하여야 하는 개인사업자로는 직전연도의 사업장별 재화 및 용역의 공급가액(면세 공급가액을 포함한다)의 합계액이 2억 원 이상인 개인사업자가 해당한다. 종이세금계산서의 경우 공급자와 공급받는 자가 공모하여 공급시기에 세금계산서를 발급하지 않고 부가가치세 신고기간에 소급작성하더라도 과세관청은 이를 알 수 없다. 전자세금계산서를 발급하였을 때에는 발급일의 다음 날까지 전자세금계산서 발급명세를 국세청장에게 전송하도록 되어 있다. 이처럼 발급일의 다음 날까지 전자세금계산서 발급명세를 전송할 의무를 부과함으로써 사업자들이 부가가치세 신고기간에 세금계산서를 소급작성하여 탈세행위를 하는 것을 사전에 방지하는 기능을 하고 있다. 위와 같이 전자세금계산서를 발급하는 경우에는 발급일 다음 날까지 전자세금계산서 발급명세를 국세청장에게 전송하여야 하나, 과세기간(예정신고의 경우에는 예정신고기간) 마지막 날의 다음 달 11일까지 국세청장에게 발급명세를 전송하면 매출·매입처별 세금계산서합계표 제출의무가 면제된다(같은 법 제54조 제2항).

한편 부가가치세법은 최종 소비자의 부가가치세 부담을 경감하여 주기 위하여 기초 생활필수품, 국민의 복리후생에 관한 용역 등에 대하여 부가가치세를 면제하고 있다. 부가가치세 면세대상 품목은 부가가치세법 제26조, 제27조와 해당 시행

4) 고정사업장이라 함은 외국기업이 사업의 전부 또는 일부를 수행하는 국내의 고정된 장소를 말한다. 예를 들면, ① 지점, 사무소 또는 영업소, ② 상점, 그 밖의 고정된 판매장소, ③ 작업장, 공장 또는 창고, ④ 6개월을 초과해 존속하는 건축 장소, 건설·조립·설치공사의 현장 또는 이와 관련되는 감독 활동을 수행하는 장소 등이 이에 해당한다. 과거 5년 동안의 고정사업장 귀속소득에 대한 법인세는 물론 같은 기간 중 국내에서 수행하거나 국내에 제공한 용역에 대하여 부가가치세가 추징될 수 있다.

령에 규정되어 있고, 조세특례제한법에도 일부 면세품목이 규정되어 있다. 이처럼 부가가치세가 면세되는 재화 또는 용역을 공급하는 사업자를 부가가치세법상 면세사업자라고 부른다. 면세사업자가 부가가치세가 면세되는 재화 또는 용역을 공급하는 경우에 그 상대방에게 작성, 교부하여 주어야 하는 것이 계산서이다. 면세사업자는 부가가치세를 거래 상대방으로부터 징수하여 납부할 의무는 없으므로 부가가치세법상 사업자는 아니다. 그러나 계속적 활동으로 사업소득을 창출하고 있으므로, 소득세법이나 법인세법상 사업자에 해당하여 소득세 또는 법인세를 납부할 의무가 있다. 따라서 사업자 또는 법인이 재화 또는 용역을 공급하는 경우에는 소득세법 또는 법인세법에 따라 계산서나 영수증을 작성하여 재화 또는 용역을 공급받는 자에게 교부하여야 한다. 이 경우에 계산서를 허위로 발급하거나 발급받는 경우에는 소득세나 법인세를 포탈하는 방법으로 사용될 수 있다. 부가가치세가 부과되는 과세사업자는 부가가치세법에 따라 세금계산서 또는 영수증을 발급하여야 한다. 부가가치세법상 세금계산서 등을 작성하여 발급한 경우에는 계산서 등을 작성·발급한 것으로 보기 때문에 결국 면세사업자(면세 법인사업자 포함)만이 계산서나 영수증의 발급의무가 있다.

앞으로 언급되는 세금계산서의 미발급·미수취, 세금계산서의 거짓기재 발급·수취, 거짓기재한 세금계산서합계표 제출에 대한 법적용은 계산서 또는 계산서합계표 관련 범죄에도 동일하므로 이 장에서는 세금계산서와 계산서를 '세금계산서' 라고 혼용하여 사용하기로 한다.

2. 세금계산서 발급의무가 없는 사업자

부가가치세법상 '사업자'는 일반과세자를 말하므로 간이과세자 및 면세사업자는 이에 해당하지 않는다. 일반과세자라도 부가가치세법상 세금계산서 발급의무가 면제되는 경우와 영수증 발급대상인 경우에는 조세범처벌법 제10조 제1항 제1호의 '부가가치세법에 따라 세금계산서를 작성하여 발급하여야 할 자'에 해당하지 않는다.

(1) 간이과세자

간이과세자란 영세사업자들의 부담을 경감[5]하기 위하여 부가가치세를 간편한 방법으로 신고·납부[6]하도록 하는 간이과세제도의 적용을 받는 사업자이다. 개인

5) 간이과세자의 업종별 부가가치율(2021.7. 이후 적용)

사업자는 업종 · 매출액에 따라 간이과세자와 일반과세자로 구분한다. 간이과세자는 주로 소비자를 대상으로 하는 업종으로 연간 매출액이 소규모인 사업자의 경우에 해당하며, 그 외의 개인사업자는 모두 일반과세자이다. 간이과세자와 일반과세자는 부가가치세에서만 차이가 있고, 소득세 · 원천세 등에서는 차이가 없다. 일반과세자는 10% 부가가치세율이 적용된다. 간이과세자는 업종별로 1.5~4% 낮은 부가가치세율이 적용되지만, 매입액의 0.5%만을 공제받을 수 있으며, 세금계산서는 발행할 수 없고 영수증만 발행할 수 있다. 간이과세자는 부가가치세 혜택을 받는 대신 부가가치세 환급은 받을 수 없다. 개인 간이과세자의 과세대상기간은 일반과세자 등과 달리 1년으로 다음 해 1.1.~1.25.에 1회 신고 · 납부하면 된다.[7]

부가가치세법은 2021.7.1.경부터 직전연도의 공급대가(부가가치세를 포함한 대가) 합계액이 8,000만 원 미만인 사업자를 간이사업자로 정하고, 간이사업자에게 세금계산서 발급의무를 면제하고 대신 영수증을 발급하도록 하고 있다.

(2) 면세사업자

면세사업자란 부가가치세가 면제되는 재화 또는 용역을 공급하는 사업자로서 부가가치세 납세의무가 없는 사업자이다. 부가가치세는 최종 소비자가 부담하는 소비세이고, 단일세율을 적용하고 있기 때문에 소득의 재분배 기능을 다하지 못한다. 이를 보완하기 위하여 부가가치세법은 일반서민들이 소비하는 가공되지 않은 식료품 등 기초생활 필수품 등에 대해서 부가가치세를 면제하기도 하고 또한 국민의 복리후생 등을 목적으로 부가가치세를 면제하기도 한다.

부가가치세 면세대상 품목은 부가가치세법 제26조[8]와 제27조 및 조세특례제한

업 종	부가가치율
소매, 재생용 재료 수집 및 판매업, 음식점업	15%
농 · 임 · 어업, 제조, 소화물 전문 운송업	20%
숙박업	25%
건설, 운수 및 창고업, 정보통신업, 그 밖의 서비스업	30%
금융 및 보험 관련 서비스업, 전문 · 과학 및 기술서비스업, 부동산 임대업	40%

6) 간이 과세자 납부세액＝(매출액×업종별 부가가치율×10%)－{(매입금액(공급대가)×0.5%)}－기타 공제세액＋가산세(2021.7. 이후 적용).

7) 국세청 홈페이지 '부가가치세 개요' 참조.

8) 참고로 부가가치세법 제26조에서 규정하고 있는 몇 가지 면세품을 예시한다면, 가공되지 아니한 농산물 · 축산물 · 수산물과 임산물, 수돗물, 연탄과 무연탄, 여성용 생리처리 위생용품, 의료보건 용역 · 혈액, 교육용역, 항공기 · 고속버스 · 전세버스 · 택시 · 특수자동차 · 특종선박(特種船舶) 또는 고속철도에 의한 여객운송 용역, 삭도 · 유람선 등 관광 또는 유흥 목적의 운송수단에 의한 여객운

법 등에 규정되어 있다. 이와 같이 부가가치세가 면세되는 재화나 용역을 공급하는 사업자에 대하여는 부가가치세를 납부할 의무를 부과하고 있지 않으므로 세금계산서 발급의무가 없다.

(3) 세금계산서 발급의무가 면제되는 일반과세자

일반과세자는 원칙적으로 세금계산서를 발급하여야 한다. 그러나 세금계산서를 발급하기 어렵거나 세금계산서의 발급이 불필요한 경우 등 대통령령으로 정한 불발급 요건에 해당하는 경우에는 세금계산서를 발급하지 아니할 수 있다(부가가치세법 제33조 제1항). 예를 들어, 택시운송 사업자, 노점 또는 행상을 하는 사람, 소매업(다만, 공급받는 자가 세금계산서 발급을 요구하지 아니하는 경우로 한정한다) 등을 세금계산서 발급의무가 면제되는 경우로 규정하고 있다.[9]

또한 일반과세자 중 목욕·이발·미용업, 여객운송업(전세버스업 제외), 입장권을 발행하여 경영하는 사업 등[10]을 제외한 사업을 영위하는 일반과세자가 부가가치세법 제46조 제1항[11]에 따른 신용카드매출전표, 현금영수증 등을 발급한 경우에는 세금계산서를 발급하지 아니하도록 되어 있다(부가가치세법 제33조 제2항). 그리고 간이과세자나 일반과세자 중 주로 최종 소비자에게 재화나 용역을 공급하는 경우에는 그 공급을 받은 자에게 세금계산서를 발급하는 대신 영수증을 발급하여야 한다(부가가치세법 제36조 제1항).

송 용역, 도서·신문·잡지·관보 등을 들 수 있다.

9) 부가가치세법 시행령 제71조.

10) 이 업종들은 일반과세자라 하더라도 세금계산서 발급금지업종으로 영수증만 발급가능하고, 따라서 매입세액공제가 불가능한 업종이다. 이를 제외한 나머지 업종들(소매업, 음식점업, 숙박업, 전세버스업, 변호사 등 전문직 등)은 세금계산서와 영수증 발급이 가능하고, 따라서 세금계산서가 아닌 영수증을 발급하더라도 매입세액공제가 된다.

11) **제46조(신용카드 등의 사용에 따른 세액공제 등)** ① 제1호에 해당하는 사업자가 부가가치세가 과세되는 재화 또는 용역을 공급하고 제34조 제1항에 따른 세금계산서의 발급시기에 제2호에 해당하는 거래증빙서류(이하 이 조에서 "신용카드매출전표등"이라 한다)를 발급하거나 대통령령으로 정하는 전자적 결제수단에 의하여 대금을 결제받는 경우에는 제3호에 따른 금액을 납부세액에서 공제한다.
  1. 사업자: 다음 각 목의 어느 하나에 해당하는 사업자
     가. 주로 사업자가 아닌 자에게 재화 또는 용역을 공급하는 사업으로서 대통령령으로 정하는 사업을 하는 사업자(법인사업자와 직전 연도의 재화 또는 용역의 공급가액의 합계액이 대통령령으로 정하는 금액을 초과하는 개인사업자는 제외한다)
     나. 제36조 제1항 제2호에 해당하는 간이과세자
  2. 거래증빙서류: 다음 각 목의 어느 하나에 해당하는 서류
     가. 「여신전문금융업법」에 따른 신용카드매출전표
     나. 「조세특례제한법」 제126조의3에 따른 현금영수증
     다. 그 밖에 이와 유사한 것으로 대통령령으로 정하는 것
  3. 공제금액(연간 500만원을 한도로 하되, 2023년 12월 31일까지는 연간 1천만원을 한도로 한다): 발급금액 또는 결제금액의 1퍼센트(2023년 12월 31일까지는 1.3퍼센트로 한다)

영수증 발급대상 업종에는 소매업, 음식점업, 숙박업, 미용, 욕탕 및 유사 서비스업, 여객운송업 등이 있다. 이들이 부가가치세법 제46조 제1항에 따라 발급한 신용카드매출전표, 현금영수증 등은 영수증으로 본다(부가가치세법 제36조 제5항). 그러나 위와 같은 경우에도 소매업, 음식점업, 숙박업 등은 거래상대방이 사업자이고, 그 사업자가 사업자등록증을 제시하고 세금계산서 발급을 요구하면 세금계산서를 발급하여야 한다(부가가치세법 제36조 제3항).

Ⅲ. 개별범죄 성립요건

1. 세금계산서 미발급

(1) 의 의

세금계산서 미발급죄는 사업자가 부가가치세법에서 규정하는 세금계산서 발급시기에 세금계산서를 발급하지 아니한 경우에 성립하는 일종의 부작위범이다. 발급이 되지 않아야 범죄가 성립하므로 그 세금계산서를 작성하였는지 여부는 범죄 성립과 직접적인 관계가 없다. 세금계산서 발급시기는 부가가치세법 제34조에 규정되어 있고, 위 규정된 발급시기가 경과함으로써 세금계산서 미발급 범죄의 기수가 성립된다. 이와 달리 부가가치세 포탈죄는 제1기분인 1.1.부터 6.30.까지와 제2기분인 7.1.부터 12.31.까지의 각 과세기간별로 각 과세기간 종료 후 25일의 신고·납부기한이 경과한 때에 기수가 된다. 법원도 "부가가치세법상 역무의 제공이 완료된 시점을 용역의 공급시기로 보아야하고, 용역제공 대가로 돈을 받고 세금계산서를 발행하지 아니하였을 경우에는 부가가치세 포탈죄는 과세기간 종료 후 25일의 신고·납부기한이 경과한 때에 기수가 성립한다"라고 판시[12]하고 있다.

(2) 범죄의 주체

앞서 설명한 것처럼 본죄는 부가가치세법에 따라 세금계산서를 작성하여 발급하여야 할 자만이 주체가 될 수 있는 신분범이다. 따라서 사업자등록을 한 자만이 본죄의 주체가 될 수 있고, 미등록 사업자의 경우에는 세금계산서의 작성·제출의무가 없으므로 본죄의 주체가 될 수 없다. 또한 실제로 재화 또는 용역을 공급하

12) 대법원 2017.12.22. 선고 2017도12127 판결.

는 자에게만 세금계산서의 작성·발급의무가 있으므로 그러한 재화 또는 용역을 공급하지 않은 자는 본죄의 주체가 될 수 없다.

(3) 기수시기로서의 세금계산서 발급시기

(가) 원칙적 발급시기

세금계산서는 부가가치세법상 사업자가 재화 또는 용역의 공급시기에 재화 또는 용역을 공급받는 자에게 발급하여야 한다고 하고 있다(부가가치세법 제34조 제1항). 여기에서 재화의 공급시기는 ① 재화의 이동이 필요한 경우에는 재화가 인도되는 때, ② 재화의 이동이 필요하지 않은 경우에는 재화가 이용가능하게 되는 때, ③ 위 두 규정을 적용할 수 없는 경우에는 재화의 공급이 확정되는 때를 말한다(부가가치세법 제15조 제1항). 예를 들어, 재화이동이 필요한 동산인 경우에는 그 동산이 인도되는 때가 공급시기이고, 그 이동이 불가능한 부동산의 경우에는 잔금을 지급하고 소유권이전등기가 경료되어 부동산을 이용가능하게 된 때가 공급시기이다. 용역의 공급시기는 역무의 제공이 완료되거나 시설물, 권리 등 재화가 사용되는 때이다(부가가치세법 제16조 제1항). 부가가치세법상 용역의 공급시기는 '역무의 제공이 완료되는 때' 등 또는 '용역의 공급시기가 되기 전에 용역에 대한 대가의 전부 또는 일부를 받고 세금계산서 또는 영수증을 발급한 때'이다(부가가치세법 제16조, 제17조 제1항).

(나) 공급시기의 특례에 따른 발급시기

1) 세금계산서 선발급

부가가치세법 제17조에서는 제15조 및 제16조에서 정한 원칙적 공급시기 이전의 특정시기를 공급시기로 인정하는 공급시기에 대한 특례를 규정하고 있다. 이는 재화나 용역을 공급하기 전에 세금계산서를 대금청구서로서 먼저 발급하는 거래관행을 고려한 것이다. 일방 사업자가 재화를 공급하기 전에 계약금 명목으로 대가를 청구할 때, 그 거래 상대방은 아무런 증명서류 없이 계약금을 지급할 수 없으므로 세금계산서 발급을 요구할 수 있다. 이러한 경우에는 재화의 공급시기 이전이라도 세금계산서를 발급할 수 있도록 하고 있다. 이 경우에는 세금계산서 발급시기가 공급시기가 된다.

이와 같이 일반 거래에서 자주 발생하는 경우들을 반영하여 부가가치세법에 몇 가지 조항을 규정하였다. 즉, 부가가치세법 제17조 제1항에서는 재화 또는 용역의 공급시기가 되기 전에 사업자가 재화 또는 용역에 대한 대가의 전부 또는 일부를 받고 그 받은 대가에 대하여 세금계산서를 먼저 발급할 수 있도록 하고 있고, 그 세금계산서를 발급하는 때를 재화 또는 용역의 공급시기로 본다고 하고 있다. 같은 조 제2항에서는 사업자가 재화 또는 용역의 공급시기가 되기 전에 세금계산서를 발급하고 그 세금계산서 발급일부터 7일 이내에 대가를 받으면 해당 세금계산서를 발급한 때를 재화 또는 용역의 공급시기로 보고 있다. 또한 같은 조 제3항에서는 위 제2항의 경우에 ① 거래 당사자 간의 계약서·약정서 등에 대금 청구시기(세금계산서 발급일을 말한다)와 지급시기를 따로 적고, 대금 청구시기와 지급시기 사이의 기간이 30일 이내인 경우, ② 세금계산서 발급일이 속하는 과세기간에 재화 또는 용역의 공급시기가 도래하고 세금계산서에 적힌 대금을 지급받은 것이 확인되는 경우에는 재화 또는 용역을 공급하는 사업자가 그 재화 또는 용역의 공급시기가 되기 전에 세금계산서를 발급하고 그 세금계산서 발급일부터 7일이 지난 후 대가를 받더라도 해당 세금계산서를 발급한 때를 재화 또는 용역의 공급시기로 본다고 규정하고 있다.

2) 세금계산서의 월합계 발급

세금계산서는 공급시마다 매번 1매씩 작성하는 것이 원칙이다. 그런데 고정 거래처와 빈번하게 거래하는 사업자에게 매번 세금계산서를 발급하도록 하는 것은 과도한 시간과 비용이 든다. 이러한 경우를 대비하여 부가가치세법은 고정 거래처와의 거래에서의 효율적인 세금계산서 발급업무를 위하여 별도의 특례규정을 두고 있다. 매월 말을 세금계산서의 작성 연월일로 하여 세금계산서를 다음 달 10일까지 발급할 수 있도록 하고 있다. 이 경우에는 세금계산서를 공급시기 이후에 발급하여도 적법하게 발급된 것으로 인정한다. 이를 '월합계세금계산서'라고 한다.

월합계세금계산서는 ① 거래처별로 1역월(1曆月)의 공급가액을 합하여 해당 달의 말일을 작성 연월일로 하여 세금계산서를 발급하는 경우, ② 거래처별로 1역월 이내에서 사업자가 임의로 정한 기간의 공급가액을 합하여 그 기간의 종료일을 작성 연월일로 하여 세금계산서를 발급하는 경우를 말한다(부가가치세법 제34조 제3항 제1호, 제2호). 이 경우에는 세금계산서 발급시기가 경과한 때, 즉 다음 달 10일이 경과하는 때 세금계산서 미발급 범죄의 기수가 된다.

(다) 부작위범의 기수시기

세금계산서 미발급 범행은 발급하지 않은 세금계산서마다 1개의 범죄가 성립한다. 그 기수시기는 부가가치세법에 따라 세금계산서를 적법하게 발급할 수 있는 기간을 경과한 시점에 성립한다. 앞서 설명한 세금계산서 발급시기 중 가장 뒤늦게까지 발급할 수 있는 최종 법정기간의 종료시점이 종국적인 기수시기가 될 것이다. 그렇다면 부가가치세법 제34조 제3항의 세금계산서 발급시기의 특례에 의하면 재화나 용역의 공급에 따른 모든 세금계산서는 실제 거래사실이 확인되는 경우에는 그 공급일이 속하는 달의 다음 달 10일까지 발급할 수 있으므로 사실상 세금계산서 미발급 범행의 기수시기는 재화나 용역의 공급일이 속하는 달의 다음 달 10일이 경과하는 때에 기수가 되는 경우가 대부분일 것이다.[13)]

2. 세금계산서 거짓 기재 발급

(1) 의　　의

세금계산서의 거짓 기재 발급이란 세금계산서의 필요적 기재사항인 공급자의 등록번호와 성명 또는 명칭, 공급받는 자의 등록번호, 공급가액과 부가가치세액, 작성 연월일의 전부 또는 일부를 기재하지 않거나 사실과 다르게 작성하여 교부하는 것을 말한다. 세금계산서에는 ① 공급하는 사업자의 등록번호와 성명 또는 명칭, ② 공급받는 자의 등록번호(다만 공급받는 자가 사업자가 아니거나 등록한 사업자가 아닌 경우에는 부가가치세법 시행령 제12조에서 정하는 고유번호 또는 공급받는 자의 주민등록번호), ③ 공급가액과 부가가치세액, ④ 작성 연월일, ⑤ 공급하는 자의 주소, ⑥ 공급받는 자의 상호 · 성명 · 주소, ⑦ 공급하는 자와 공급받는 자의 업태와 종목, ⑧ 공급품목, ⑨ 단가와 수량, ⑩ 공급 연월일, ⑪ 거래의 종류, ⑫ 사업자 단위 과세 사업자의 경우 실제로 재화 또는 용역을 공급하거나 공급받는 종된 사업장의 소재지 및 상호 등을 기재하여야 한다(부가가치세법 제32조, 같은 법 시행령 제67조 제2항).

위 ① 내지 ④항까지가 필요적 기재사항이고, 나머지는 임의적 기재사항이다. 필요적 기재사항이 아닌 사항을 기재하지 않거나 거짓 기재하더라도 본죄에 의하여 처벌받지 않는다. 법원도 "세금계산서는 부가가치세 과세사업자가 재화나 용역을 공급하는 때에 이를 공급받은 자에게 작성 · 교부하여야 하는 계산서이므로, 그

13) 같은 취지, 김종근, 조세형사법 해설, 2021, 272면.

작성권자는 어디까지나 재화나 용역을 공급하는 공급자라고 보아야 할 것이고, 공급받는 자의 상호, 성명, 주소는 필요적 기재사항이 아닌 임의적 기재사항에 불과하여 공급받는 자의 상호, 성명, 주소가 기재되어 있지 않은 세금계산서라도 그 효력에는 영향이 없다"라고 판시[14]하고 있다.

부가가치세법 시행규칙에 첨부된 공급자 보관용 및 공급받는 자 보관용 세금계산서 양식은 아래와 같다.

■ 부가가치세법 시행규칙 [별지 제14호서식] (적색) 〈개정 2021. 10. 28.〉

책 번 호 [권 호]

세금계산서(공급자보관용)

일 련 번 호 [|] - [| | |]

공급자	등 록 번 호	- -			공급받는자	등 록 번 호			
	상호(법인명)		성 명 (대표자)			상호(법인명)		성 명 (대표자)	
	사업장 주소					사업장 주소			
	업 태		종 목			업 태		종 목	

작성				공급가액														세액												비 고
연	월	일	빈칸 수	조	천	백	십	억	천	백	십	만	천	백	십	일	천	백	십	억	천	백	십	만	천	백	십	일		

월	일	품 목	규 격	수 량	단 가	공 급 가 액	세 액	비 고

합 계 금 액	현 금	수 표	어 음	외상 미수금	이 금액을 영수 청구 함

210㎜×148.5㎜ (인쇄용지(특급) 34g/㎡)

14) 대법원 2007.3.15. 선고 2007도169 판결.

■ 부가가치세법 시행규칙 [별지 제14호서식] (청색) 〈개정 2021. 10. 28.〉

책 번 호 권 호

세금계산서(공급받는 자 보관용)

일 련 번 호 -

공급자	등 록 번 호	- -			공급받는자	등 록 번 호			
	상호(법인명)		성 명 (대표자)			상호(법인명)		성 명 (대표자)	
	사업장 주소					사업장 주소			
	업 태		종 목			업 태		종 목	

작성				공급가액												세액										비 고
연	월	일	빈칸 수	조	천	백	십	억	천	백	십	만	천	백	십	일	천	백	십	억	천	백	십	만	천	백	십	일	

월	일	품 목	규 격	수 량	단 가	공 급 가 액	세 액	비 고

합 계 금 액	현 금	수 표	어 음	외상 미수금	이 금액을 영수/청구 함

210㎜×148.5㎜ (인쇄용지(특급) 34g/㎡)

(2) 범죄의 주체

앞서 설명한 것처럼 본죄는 부가가치세법에 따라 세금계산서를 작성하여 발급하여야 할 자만이 주체가 될 수 있는 신분범이다. 따라서 사업자등록을 한 자만이 본죄의 주체가 될 수 있고, 미등록 사업자의 경우에는 세금계산서의 작성·제출의무가 없으므로 본죄의 주체가 될 수 없다. 사업자가 법인인 경우에는 세금계산서에 거짓 기재한 법인의 행위자도 본죄의 주체가 될 수 있다. 또한 실제로 재화 또는 용역을 공급하는 자에게만 세금계산서의 작성·발급의무가 있으므로 그러한 재화 또는 용역을 공급하지 않은 자는 본죄의 주체가 될 수 없다.

법원도 "조세범처벌법 제11조의2 제1항이 규정하고 있는 부가가치세법의 규정에 의하여 세금계산서를 작성하여 교부하여야 할 자라 함은 부가가치세법상 사업자로 등록된 사람이 실제로 재화나 용역을 공급하여 구체적으로 세금계산서를 작성하여 교부하여야 할 의무를 부담하는 자만을 의미하는 것이지 실제로 어떤 사람에게 재화를 공급하지 아니하여 부가가치세법상 세금계산서를 작성하여 교부하여야 할 의무가 없는 사업자까지 포함하는 것은 아니라는 것이 당원의 확립된 판례인바(당원 1995.9.29. 선고 94도3376 판결, 1994.6.28. 선고 92도2417 판결, 1995.4.25. 선고 95도100 판결 등 참조), 이 사건의 경우 피고인은 부가가치세법상 사업자로 등록된 사람에는 해당하나 실제로 재화를 공급한 자에는 해당하지 아니하고, 반면에 공범인 위 공소외인은 실제로 재화를 공급한 자에는 해당하나 부가가치세법상 사업자로 등록된 사람에는 해당하지 아니하여 어느 쪽도 위 죄가 요구하는 신분의 요건을 충족시키지 못하고 있으므로 피고인의 행위가 죄가 되지 아니한다"라고 판시[15)]하여 실제 재화를 공급하지 않은 사업자와 사업자등록을 하지 않고 실제 재화를 공급한 사업자 모두 본죄의 주체가 될 수 없다고 하고 있다.

⑶ 거짓 기재 행위

(가) 의 의

본죄는 세금계산서 필요적 기재사항인 공급자의 등록번호와 성명 또는 명칭, 공급받는 자의 등록번호, 공급가액과 부가가치세액, 작성 연월일의 전부 또는 일부를 기재하지 않거나 사실과 다르게 작성하여 교부한 경우에 성립하는 범죄이다. 따라서 필요적 기재사항이 아닌 사항을 기재하지 않거나 거짓 기재하더라도 본죄에 의하여 처벌받지 않는다. 본죄는 실제로 자신의 명의로 재화 등을 일부라도 공급한 경우에 성립하는 범죄이기 때문에 공급가액의 과대 또는 과소 기재 행위가 본 건의 주된 거짓 기재 행위가 된다. 과세기간이 경과된 뒤에 거래일자를 새로운 과세기간으로 기재한 행위도 이에 해당한다. 공급받는 자의 사업자등록번호를 거짓 기재한 행위도 이에 해당한다.

(나) 재화공급자가 실제 공급받지 않은 제3자를 기재하여 발급한 경우

재화 등을 공급한 자가 재화 등을 실제로 공급받은 자가 아닌 다른 사람을 기재하여 세금계산서를 발급한 행위가 조세범처벌법 제10조 제3항에서 정한 '재화 또는 용역을 공급하지 아니하거나 공급받지 아니하고 세금계산서를 발급하거나 발급받은 행위'에 포함되는지 여부와 이 경우에 재화 등을 실제로 공급받은 자에게 세금계산서를 발급하지 않은 행위에 대해서 같은 조 제1항 제1호의 죄가 별개

---

15) 대법원 1996.3.8. 선고 95도1738 판결.

로 성립하는지 여부가 문제된다.

이에 대하여 법원은 "조세범처벌법 제10조 제3항은 '재화 또는 용역을 공급하지 아니하거나 공급받지 아니하고 세금계산서를 발급하거나 발급받은 행위'를 처벌하고 있는데, 여기에는 재화 또는 용역을 아예 공급하지 아니하거나 공급받지 아니하고 세금계산서만을 발급하거나 발급받는 행위뿐만 아니라, 재화 또는 용역을 공급받은 자가 재화 또는 용역을 실제로 공급한 자가 아닌 다른 사람이 작성한 세금계산서를 발급받은 경우도 포함되고, 마찬가지로 재화 또는 용역을 공급한 자가 재화 또는 용역을 실제로 공급받은 자가 아닌 다른 사람에게 세금계산서를 발급한 경우도 포함된다. 그리고 재화 또는 용역을 공급한 자가 재화 또는 용역을 실제로 공급받은 자에게 세금계산서를 발급하지 아니한 행위에 대해서는 법 제10조 제1항 제1호에서 정한 세금계산서 미발급으로 인한 죄가 별개로 성립한다"라고 판시[16]하여 재화를 실제 공급한 자가 공급받는 자를 제3자로 거짓 기재한 경우에는 본죄가 성립하지 않는 대신에 가공세금계산서 발급죄와 세금계산서 미발급죄로 처벌이 된다고 하고 있다.

(다) 실제 재화를 공급받은 자에 대한 공급가액을 재화를 공급받은 또 다른 제3자에게 합하는 방법으로 공급가액을 과대기재하여 발급한 경우

재화를 공급한 피고인이 ① 범죄일람표(1) 중 순번 2 내지 4번 기재와 같이 실물거래 상대방이 아닌 제3자를 공급받는 자로 기재한 세금계산서를 발급하고, ② 범죄일람표(1) 중 순번 2 내지 4번을 제외한 나머지 순번의 공급가액란 기재와 같은 제3자와의 각 실물거래 내역을 이 부분 실물거래 상대방의 해당 실물거래 내역에 합산하는 방법으로 공급가액을 부풀린 뒤 그 부풀린 공급가액과 이 부분 실물거래 상대방을 공급받는 자로 기재한 세금계산서를 발급하였으며, ③ 그와 같은 과정에서 피고인이 범죄일람표(2)기재와 같이 실물거래 상대방에게 세금계산서를 발급하지 않은 사안에 대하여, 법원은 "피고인의 범죄일람표(1) 중 순번 2 내지 4번 기재 범행들은 법 제10조 제3항 제1호에서 정한 가공세금계산서 발급으로 인한 죄에, 범죄일람표(1) 중 순번 2 내지 4번을 제외한 나머지 순번 기재 범행들은 법 제10조 제1항 제1호에서 정한 세금계산서를 거짓으로 기재하여 발급한 죄에, 범죄일람표(2)기재 범행들은 법 제10조 제1항 제1호에서 정한 세금계산서 미발급으로 인한 죄에 각 해당한다"라고 판시[17]하고 있다.

---

16) 대법원 2014.7.10. 선고 2013도10554 판결.

(라) 등록번호 외에 공급받는 자의 '성명 또는 명칭'을 사실과 다르게 기재한 경우

세금계산서의 필요적 기재사항이 아닌 공급받는 자의 '성명 또는 명칭'이 사실과 다르게 기재된 경우에는 당연히 본죄의 거짓 기재 행위에 해당하지 않는다. 법원도 "공급하는 사업자와 관련해서 '등록번호와 성명 또는 명칭'이 필요적 기재사항인 반면 '공급받는 자'와 관련해서 '등록번호'에 한정되고 '공급받는 자의 상호·성명'은 필요적 기재사항에 해당하지 아니하므로, 세금계산서에 기재된 '공급받는 자의 등록번호'를 실제 공급받는 자의 등록번호로 볼 수 있다면 '공급받는 자의 성명 또는 명칭'이 실제 사업자의 것과 다르다는 사정만으로 이를 매입세액공제가 인정되지 않는 사실과 다른 세금계산서라고 단정할 수는 없고, 따라서 자기의 계산과 책임으로 사업을 영위하지 아니하는 타인의 명의를 빌린 사업자가 어느 사업장에 대하여 타인의 명의로 사업자등록을 하되 온전히 자신의 계산과 책임으로 사업을 영위하며 부가가치세를 신고·납부하는 경우와 같이 명칭이나 상호에도 불구하고 해당 사업장이 온전히 실제 사업자의 사업장으로 특정될 수 있는 경우 명의인의 등록번호는 곧 실제 사업자의 등록번호로 기능하는 것이므로, 그와 같은 등록번호가 '공급받는 자'의 등록번호로 기재된 세금계산서는 사실과 다른 세금계산서라고 할 수 없다"라고 판시[18]하고 있다.

(마) 공급시기가 사실과 다르게 기재된 경우

세금계산서 기재사항 중 공급시기가 사실과 다르게 기재된 경우 원칙적으로 매입세액공제가 허용되지 않는 불이익이 따르는 등 사실상 문제가 발생할 여지가 있다. 이에 대하여 법원은 "사업자가 부가가치세를 부담하지 아니한 채 매입세액을 조기 환급받을 의도로 공급시기 전에 미리 세금계산서를 발급받는 등의 특별한 사정이 없는 한, '공급시기 전에 발급된 세금계산서'이더라도 발급일이 속한 과세기간 내에 공급시기가 도래하고 세금계산서의 다른 기재사항으로 보아 거래사실도 진정한 것으로 확인되는 경우에는 구 부가가치세법 시행령 제60조 제2항 제2호(현행 시행령 제75조 제2호)에 의하여 거래에 대한 매입세액은 공제되어야 한다"라고 판시[19]하여 동일한 과세기간에 해당하는지 여부와 실체에 부합하는 세금계산서인지 여부가

17) 위 대법원 2014.7.10. 선고 2013도10554 판결 참조.
18) 대법원 2019.8.30. 선고 2016두62726 판결.
19) 대법원 2016.2.18. 선고 2014두35706 판결.

세액공제 여부를 결정하는 기준이라고 하고 있다.

한편 사업자가 공급시기에 세금계산서를 발급하지 않고 공급시기 이후에 작성연월일을 실제 거래일로 소급하여 발급한 경우에도 매입세액 공제가 가능한지 문제가 발생할 여지가 있다. 이에 대하여 법원은 "매입세액의 공제가 부인되는 세금계산서의 필요적 기재사항의 일부인 '작성연월일'이 사실과 다르게 기재된 경우라 함은 세금계산서의 실제작성일이 거래사실과 다른 경우를 의미하고, 그러한 경우에도 같은 법 시행령 제60조 제2항 제2호(현행 시행령 제75조 제2호)에 의하여 그 세금계산서의 나머지 기재대로 거래사실이 확인된다면 위 거래사실에 대한 매입세액은 공제되어야 하지만, 이는 어디까지나 세금계산서의 실제작성일이 속하는 과세기간과 사실상의 거래시기가 속하는 과세기간이 동일한 경우(이러한 경우이면 세금계산서상의 '작성연월일'이 실제작성일로 기재되든 사실상의 거래시기 또는 어느 특정시기로 소급하여 기재되든 묻지 아니한다)에 한한다"라고 판시[20]하여 사실과 달리 기재된 세금계산서 작성 연월일이 동일한 과세기간에 해당하는지 여부를 세액공제 여부를 결정하는 기준으로 보고 있다.

한편 세금계산서 거짓 기재를 제재하는 매입세액 불공제 제도의 입법취지를 고려할 때, 세금계산서 기재 내용 중 경미한 부분이 사실과 다르다고 하여 바로 세금계산서 거짓 기재죄가 성립한다고 보기는 어렵다고 본다. 특히 세금계산서의 필요적 기재사항인 작성 연월일 등이 거짓으로 기재되어 있다고 하더라도 위 사례처럼 실제로 실물거래가 존재하여 매입세액의 공제가 인정되는 경우에는 본죄가 성립하지 않는다고 해석하는 것이 상당하다고 생각된다.[21]

(바) 세금계산서 발급시기에 대한 특례조항 적용

부가가치세법의 규정에 따라 작성·교부한 세금계산서가 당해 재화의 공급시기가 속하는 과세기간이 경과한 후에 발행일자를 공급시기가 속하는 과세기간 내로 소급하여 작성·교부한 경우에 매입세액 공제가 부인되는 '사실과 다른 세금계산서'에 해당되는지 문제될 수 있다.

이에 대하여, 법원은 "구 부가가치세법 시행령 제54조 제3호는 사업자가 재화를 공급하는 때에는 그 공급시기에 세금계산서를 교부하여야 하나, 재화의 공급시기에 바로 세금계산서를 교부할 수 없는 납세현실 등을 감안하고, 과세기간을 단

20) 대법원 2004.11.18. 선고 2002두5771 전원합의체 판결.
21) 안대희, 조세형사법, 2015, 157면; 김종근, 조세형사법 해설, 2021, 278면.

위로 과세되는 부가가치세법 체제 아래에서 부득이 과세기간을 지키지 못하여 당해 재화를 공급받은 자가 공급자에게 거래징수당한 매입세액을 공제받지 못하게 되는 문제점 등을 완화하는 데 그 취지가 있는 점, 위 조항에서 과세기간에 따라 그 적용범위를 제한하고 있지 아니한 점 등에 비추어 보면, 비록 당해 재화의 공급시기가 속하는 과세기간이 경과한 후에 발행일자를 공급시기가 속하는 과세기간 내로 소급하여 작성·교부한 세금계산서라 하더라도 위 조항에 따라 작성·교부한 경우에는 구 부가가치세법 제17조 제2항 제1호의2 본문에서 규정하고 있는 '사실과 다른 세금계산서'에 해당하지 아니한다"라고 판시[22)]하고 있다. 따라서 구 부가가치세법 시행령 제54조 제3호와 동일한 취지인 부가가치세법 제34조 제3항 제3호 특례조항[23)]에 따라 세금계산서를 작성·교부한 경우에도 당연히 부가가치세법 제39조 제1항 제2호에서 규정[24)]하고 있는 '사실과 다른 세금계산서'에 해당하지 아니한다. 따라서 이 경우에도 본죄로 처벌할 수 없다.

(사) 제3의 중간업체를 끼워 넣어 거래 내용과 다른 세금계산서를 발행한 경우

과거에는 정상적인 회사 사이의 거래이고, 실제 거래가 존재한다면 거래방식이나 법률형식에 대한 당사자의 의사나 사적자치의 원칙을 존중하여 이를 문제삼아 허위세금계산서위반으로 고발하는 사례가 거의 없었다. 그러나 2012.1.29. 대법원에서 실질과세원칙의 적용 논리로 법적 실질보다는 경제적 실질을 강조하는 전원합의체 판결을 선고[25)]하면서 정상적인 회사들 간의 거래에 대해서도 실질적 거래 내용이 경제적 측면에서 세금계산서 발급내역과 일치하는지 여부에 대하여까지

---

22) 대법원 2010.8.19. 선고 2008두5520 판결.

23) **제34조(세금계산서 발급시기)** ① 세금계산서는 사업자가 제15조 및 제16조에 따른 재화 또는 용역의 공급시기에 재화 또는 용역을 공급받는 자에게 발급하여야 한다.
③ 제1항에도 불구하고 다음 각 호의 어느 하나에 해당하는 경우에는 재화 또는 용역의 공급일이 속하는 달의 다음 달 10일(그 날이 공휴일 또는 토요일인 경우에는 바로 다음 영업일을 말한다)까지 세금계산서를 발급할 수 있다.
3. 관계 증명서류 등에 따라 실제거래사실이 확인되는 경우로서 해당 거래일을 작성 연월일로 하여 세금계산서를 발급하는 경우

24) **제39조(공제하지 아니하는 매입세액)** ① 제38조에도 불구하고 다음 각 호의 매입세액은 매출세액에서 공제하지 아니한다.
2. 세금계산서 또는 수입세금계산서를 발급받지 아니한 경우 또는 발급받은 세금계산서 또는 수입세금계산서에 제32조 제1항 제1호부터 제4호까지의 규정에 따른 기재사항(이하 "필요적 기재사항"이라 한다)의 전부 또는 일부가 적히지 아니하였거나 사실과 다르게 적힌 경우의 매입세액(공급가액이 사실과 다르게 적힌 경우에는 실제 공급가액과 사실과 다르게 적힌 금액의 차액에 해당하는 세액을 말한다). 다만, 대통령령으로 정하는 경우의 매입세액은 제외한다.

25) 대법원 2012.1.19. 선고 2008두8499 전원합의체 판결.

조사하여 거래실질과 세금계산서 발급 내역이 일치하지 아니하면 거짓세금계산서 위반죄로 종종 고발한다.

이러한 대표적인 거래형태가 위탁매매와 일반매매의 구분에 따른 세금계산서 발급·수수문제이다. 이 경우에는 일반매매대금과 위탁매매에 따른 용역대금 사이의 차액 상당이 거짓기재된 공급가액에 해당한다. 위탁매매란 타인의 계산으로 자기의 명의로 물품을 매수 또는 매도하고 용역 제공에 대한 보수를 받는 것으로서 명의와 계산의 분리를 본질로 하는 것이므로, 어떠한 계약이 일반매매계약인지 위탁매매계약인지는 계약의 명칭 또는 형식적인 문언을 떠나 그 실질을 중시하여 판단하도록 되어 있다. 이러한 거래의 실질적 내용이 세금계산서 발급 내역과 일치하지 않아 조세범처벌법상 거짓세금계산서 발급죄를 적용하려고 할 경우에는 최초 거래를 시작하게 된 경제적 목적 및 경위, 실질적인 거래 행위와 관련 법리, 당사자 고의 여부 등을 종합적으로 검토하여 범죄 성립 및 고발 유무를 결정하여야 한다.[26)]

3. 세금계산서합계표의 거짓 제출 행위

(1) 개　　요

(가) 의　　의

세금계산서합계표와 관련된 처벌규정들인 조세범처벌법 제10조 제1항 제3호, 제4호는 부가가치세법 등에 따라 매출처별 세금계산서 또는 계산서합계표를 제출하여야 할 자가 매출처별 세금계산서 또는 계산서합계표를 거짓으로 기재하여 제출한 경우에, 제10조 제2항 제3호, 제4호는 부가가치세법 등에 따라 매입처별 세금계산서 또는 계산서합계표를 제출하여야 할 자가 통정하여 매입처별 세금계산서 또는 계산서합계표를 거짓으로 기재하여 제출한 경우에, 제10조 제3항 제3호, 제4호는 재화 또는 용역을 공급하지 아니하거나 공급받지 아니하고 부가가치세법 등에 따른 매출·매입처별 세금계산서 또는 계산서합계표를 거짓으로 기재하여 제출한 경우에 각 성립한다.

(나) 부가가치세 과세기간 및 신고·납부기한

사업자의 부가가치세 과세기간으로 제1기는 1.1.부터 6.30.까지, 제2기는 7.1.부

26) 서울중앙지방검찰청 2016.6.17. 결정 2014형제30855호, 2015형제5604호 불기소 결정문 참조.

터 12.31.까지이다(부가가치세법 제5조 제1항). 일반 과세자의 경우에 예정신고와 확정신고로 나누어 1년에 4번 납부한다.[27] 각 과세기간의 부가가치세 과세표준과 납부세액(또는 환급세액)을 그 과세기간이 끝난 후 25일 이내에 관할 세무서장에게 신고하고, 부가가치세를 납부하여야 한다. 따라서 제1기 예정신고는 4.25.까지, 제1기 확정신고는 7.25.까지, 제2기 예정신고는 10.25.까지, 제2기 확정신고는 다음 해 1.25.까지 하여야 한다(부가가치세법 제48조, 제49조).

다만, 부가가치세법은 개인사업자 및 소규모 법인사업자에 대해서는 예정신고를 요구하고 있지 않고, 관할 세무서장이 각 예정신고마다 직전 과세기간에 대한 납부세액의 50%에 해당하는 금액을 결정하여 고지하고 해당 예정신고기간 내에 징수하도록 하고 있다.

(다) 부가가치세 신고시 세금계산서합계표 제출 의무

세금계산서합계표는 거래처별로 매출·매입 세금계산서의 매수 및 금액을 합산한 표로서, 부가가치세법상 사업자는 부가가치세 예정·확정신고시 신고서에 세금계산서합계표를 첨부하여 제출하여야 한다(부가가치세법 제54조). 과세관청은 세금계산서합계표를 이용하여 당해 사업자의 거래내역을 집계하고, 거래의 양 당사자의 신고내역을 상호 검증함으로써 부가가치세 과세표준 및 세액의 적정을 확인한다.

⑵ 범죄의 주체

본죄의 범죄주체는 부가가치세법에 따라 매출·매입처별 세금계산서합계표를 제출하여야 할 의무가 있는 사업자이다. 사업자가 세금계산서를 발급하였거나 발급받은 경우에는 매출처별 세금계산서합계표와 매입처별 세금계산서합계표(이하 '매출·매입처별 세금계산서합계표'라 한다)를 부가가치세 예정신고 또는 확정신고를 할 때 함께 제출하여야 한다(부가가치세법 제54조 제1항).

다만, 부가가치세법 제54조 제2항에서는 "전자세금계산서를 발급하거나 발급받고 전자세금계산서 발급명세를 해당 재화 또는 용역의 공급시기가 속하는 과세기간(예정신고의 경우에는 예정신고기간) 마지막 날의 다음 달 11일까지 국세청장에게

27) 부가가치세 예정신고기간 및 확정신고기간

과세기간	예정신고기간	확정신고기간
제1기	1.1.~3.31.	4.1.~6.30.
제2기	7.1.~9.30.	10.1.~12.31.

전송한 경우에는 해당 예정신고 또는 확정신고 시 매출·매입처별 세금계산서합계표를 제출하지 않을 수 있다"고 규정하여 세금계산서합계표 제출의무를 면제하고 있다. 이 경우에 해당하면 당연히 본죄에 해당하지 않는다. 전자세금계산서의 경우에는 국세청 시스템에서 관리하고 있기 때문에 납세자가 임의로 전자세금계산서 발급내역에 관한 정보를 수정하는 것도 불가능하다. 뿐만 아니라 과세관청에 그 발급내역이 저장되어 있어서 별도로 세금계산서합계표를 제출받을 필요가 없기 때문이다.[28]

(3) 구성요건

(가) 세금계산서합계표의 거짓 기재 행위

매출·매입처별 세금계산서합계표에는 ① 공급하는 사업자 및 공급받는 사업자의 등록번호와 성명 또는 명칭, ② 거래기간, ③ 작성 연월일, ④ 거래기간의 공급가액의 합계액 및 세액의 합계액, ⑤ 거래처별 세금계산서 발행매수, ⑥ 그 밖에 기획재정부령으로 정하는 사항을 기재하여야 한다(부가가치세법 제54조 제1항, 같은법 시행령 제98조). 매입처별 세금계산서합계표를 제출하지 않거나 또는 제출한 매입처별 세금계산서합계표의 기재사항 중 거래처별 등록번호 또는 공급가액의 전부 또는 일부가 적히지 아니하였거나 사실과 다르게 적힌 경우에는 그 기재사항이 적히지 아니한 부분 또는 사실과 다르게 적힌 부분의 매입세액은 공제도 되지 않고(같은 법 제39조 제1항 제1호), 본죄로 처벌된다.

(나) 허위 세금계산서 발급·수취행위와 허위의 매출·매입처별 세금계산서 합계표 제출행위에 따른 '공급가액'의 별도 산정 여부

이와 관련하여 피고인이 발급한 세금계산서 중 52장의 경우에 공급가액 중 상당금액이 허위로 기재된 것이고, 해당연도 제1기 및 제2기분 부가가치세 확정신고를 하면서 제출한 각 매출처별 세금계산서합계표 기재 공급가액 합계액 중 상당금액이 거짓으로 기재되었다. 그런데 피고인이 해당연도 제1기분 및 제2기분 부가가치세 확정신고를 위해 세무서에 제출한 매출처별 세금계산서합계표 기재의 매출세금계산서 중 상당부분은 전자세금계산서 발급분에 관한 것으로, 그 명세가 해당 과세기간 종료일 다음 달 11일 전에 국세청장에게 전송된 것들이었다.

이 사안에서 허위 세금계산서 발급·수취행위와 허위의 매출·매입처별 세금계

---

28) 김태희, 조세범처벌법, 2020, 157면.

산서합계표 제출행위에 따른 '공급가액'의 별도 산정 여부가 문제되었다. 이에 대하여 법원은 "동일한 거래에 대한 허위 세금계산서 발급·수취행위와 허위의 매출·매입처별 세금계산서합계표 제출행위는 서로 구별되는 별개의 행위로서 각 행위에 따른 결과라고 할 수 있는 '공급가액' 역시 별도로 산정하여야 하며, 특정범죄 가중처벌 등에 관한 법률 제8조의2에 따라 가중처벌을 하기 위한 기준인 '공급가액 등의 합계액'을 산정할 때에도 위와 같이 별도로 산정된 각 '공급가액'을 합산하는 것이 타당하다(대법원 2017.9.7. 선고 2017도10054 판결 참조). 다만 전자세금계산서 제도의 도입으로 2009. 3.26. 개정되어 2010.1.1. 시행된 구 부가가치세법 시행규칙은 종래의 매출·매입처별 세금계산서합계표 서식을 변경하여 매출·매입세금계산서 총합계란을 '전자세금계산서 발행(수취)분'과 '전자세금계산서 외의 발행(수취)분'으로 구분한 다음, '전자세금계산서 발행(수취)분'에는 '전자세금계산서 외의 발행(수취)분'과 달리 전체 매출·매입처수, 매수, 공급가액, 세액만이 기재될 뿐 그 밖에 부가가치세법에서 정한 세금계산서합계표의 필수적 기재사항(제54조 제1항 각호)인 매출·매입처별 명세는 기재되지 않도록 규정하고 있는 점 등 매출·매입처별 세금계산서합계표 기재 내용에 비추어 볼 때, 세금계산서합계표를 제출할 필요가 없는 전자세금계산서 발급분에 관하여 세금계산서합계표를 제출하였다고 하더라도 부가가치세법에 따른 세금계산서합계표를 기재하여 제출한 것으로 평가하기는 어렵고, 따라서 설령 그 부분 거래가 허위로 발급된 전자세금계산서에 관한 것이라고 하더라도 조세범처벌법 제10조 제3항 제3호의 '부가가치세법에 따른 매출·매입처별 세금계산서합계표를 거짓으로 기재하여 정부에 제출한 행위'에 해당한다고 볼 수 없다"라고 판시[29]하여 허위 세금계산서 발급·수취행위와 허위의 매출·매입처별 세금계산서합계표 제출행위는 별개의 행위로 그에 따른 '공급가액'도 별도 산정하여 계산하도록 하면서도 전자세금계산서합계표의 제출과 관련하여서는 그 제도 취지를 일부 반영하도록 하고 있다. 다만, 위 사안에서 종이세금계산서와 과세기간 종료일 다음 달 12일 이후에 전송된 전자세금계산서 발급분에 대하여는 조세범처벌법에 의하여 처벌대상이 되는 부가가치세법상 세금계산서합계표에 해당하므로 그 공급가액이 거짓이면 본죄로 처벌된다.

부가가치세법 시행규칙에 첨부된 매출·매입처별 세금계산서 합계표 양식은 다음과 같다.

---

29) 대법원 2017.12.28. 선고 2017도11628 판결.

■ 부가가치세법 시행규칙 [별지 제38호서식(1)]

홈택스(www.hometax.go.kr)에서도 신청할 수 있습니다.

매출처별 세금계산서합계표(갑)

년 제 기 (월 일 ~ 월 일)

※ 뒤쪽의 작성방법을 읽고 작성하시기 바랍니다. (앞쪽)

1. 제출자 인적사항

① 사업자등록번호	② 상호(법인명)
③ 성명(대표자)	④ 사업장 소재지
⑤ 거래기간 년 월 일 ~ 년 월 일	⑥ 작성일 년 월 일

2. 매출세금계산서 총합계

구 분		⑦ 매출처수	⑧ 매수	⑨ 공급가액 조	십억	백만	천	일	⑩ 세 액 조	십억	백만	천	일
합 계													
과세기간 종료일 다음 달 11일까지 전송된 전자세금계산서 발급분	사업자등록번호 발급분												
	주민등록번호 발급분												
	소 계												
위 전자세금계산서 외의 발급분	사업자등록번호 발급분												
	주민등록번호 발급분												
	소 계												

3. 과세기간 종료일 다음 달 11일까지 전송된 전자세금계산서 외 발급분 매출처별 명세
(합계금액으로 적음)

⑪ 번호	⑫ 사업자 등록번호	⑬ 상호 (법인명)	⑭ 매수	⑮ 공급가액 조	십억	백만	천	일	⑯ 세액 조	십억	백만	천	일	비고
1														
2														
3														
4														
5														

⑰ 관리번호(매출)	-

210mm×297mm[백상지 80g/㎡ 또는 중질지 80g/㎡]

■ 부가가치세법 시행규칙 [별지 제14호의4서식] 〈신설 2017. 3. 10.〉 홈택스(www.hometax.go.kr)에서도 신청할 수 있습니다.

매입자발행세금계산서합계표(갑)

년 제 기 (월 일 ~ 월 일)

※ 아래의 작성방법을 읽고 작성하시기 바랍니다. (앞쪽)

1. 제출자 인적사항

① 사업자등록번호	② 상호(법인명)
③ 성명(대표자)	④ 사업장 소재지
⑤ 거래기간 년 월 일 ~ 년 월 일	⑥ 작성일 년 월 일

2. 매입자발행세금계산서 총합계

구 분	⑦ 매입처수	⑧ 매수	⑨ 공급가액					⑩ 세 액				
			조	십억	백만	천	일	조	십억	백만	천	일
합 계												

3. 매입처별 명세 (합계금액으로 적음)

⑪ 번호	⑫ 사업자 등록번호	⑬ 상호 (법인명)	⑭ 매수	⑮ 공급가액					⑯ 세액					비고
				조	십억	백만	천	일	조	십억	백만	천	일	
1														
2														
3														
4														
5														
6														
7														
8														
9														
10														

⑰ 관리번호(매입)	(권번호) - (페이지 번호)

210mm×297mm[백상지 80g/㎡ 또는 중질지 80g/㎡]

(뒤쪽)

(다) 가공거래 대부분에 일부 실물거래가 존재하는 세금계산서합계표를 가공 세금계산서합계표 일죄로 의율처벌할 수 있는지 여부

매출·매입처별 세금계산서합계표는 매출·매입처별로 거래기간과 거래기간 동안의 공급가액의 합계액 등이 기재되어 한 장으로 제출된다. 일부 실물거래에 따른 공급가액을 부풀려 거짓 기재한 매출·매입처별 세금계산서합계표를 정부에 제출한 경우에는 거래처 자체가 전부 또는 일부가 거짓일 수도 있고, 거래처에 대한 공급가액의 전부 또는 일부가 거짓 기재된 것을 포함할 수 있다.

이 경우에 진실한 공급가액 합계액을 초과하는 허위의 공급가액 부분을 세금계산서합계표의 공급가액에 관한 단순 거짓 기재로 보아 조세범처벌법 제10조 제1항 제3호 또는 제2항 제3호를 적용해야 한다는 견해와 진실한 공급가액 합계액을 초과하는 허위의 공급가액 부분을 실물거래 없이 세금계산서합계표의 공급가액을 거짓 기재한 것으로 보아 조세범처벌법 제10조 제3항 제3호를 적용해야 한다는 견해가 있을 수 있다.

이에 대하여, 법원은 "조세범처벌법 각 규정의 내용 및 입법취지, 매출처별 세금계산서합계표의 의의와 기능 등을 종합하면, 세금계산서합계표에 기재된 각 매출처에의 공급가액에 해당하는 실물거래가 전혀 존재하지 않거나 일부 실물거래가 존재하더라도 전체적으로 그 공급가액을 부풀려 허위로 기재한 합계표를 정부에 제출한 경우에는 위 합계표를 구성하는 개별 세금계산서를 허위기재한 경우와 달리 그 가공 혹은 허위의 공급가액 부분 전체에 관하여 위 허위기재를 내용으로 하는 조세범처벌법 제10조 제3항 제3호 소정의 '부가가치세법의 규정에 의한 재화 또는 용역을 공급하지 아니하고 부가가치세법의 규정에 의한 매출처별 세금계산서합계표를 허위 기재하여 정부에 제출한 행위'에 해당하고, 이는 전체로서 하나의 매출처별 세금계산서합계표를 허위로 작성하여 정부에 제출한 것이므로 그 합계표 안에 여러 매출처별로 각 허위의 사실이 기재되어 있다 하더라도 하나의 조세범처벌법위반죄가 성립할 뿐이다"라고 판시[30]하여 세금계산서합계표에 있어서는 일부 실물거래가 존재하더라도 전체적으로 공급가액을 부풀린 허위(가공) 기재만으로도 조세범처벌법 제10조 제3항 제3호에 해당함을 명백히 하고 있다. 다만, 특정범죄가중처벌등에관한법률 제8조의2 제1항 적용과 관계되는 금액 결정은 개별 거래처에 대한 세금계산서합계표 기재 공급가액을 기준으로 실물거래가 있는

30) 대법원 2010.5.13. 선고 2010도336 판결.

금액을 제외한 나머지 실제 가공거래 금액을 기준으로 결정하여야 한다고 하고 있다.

(4) 기수시기 및 죄수

본죄는 거짓 기재한 세금계산서합계표를 정부에 제출하는 때 기수가 성립한다. 여러 세금계산서합계표를 제출하는 경우에는 각 합계표마다 각각 1죄가 성립한다. 법원도 "구 조세범처벌법 제11조의2 제4항 제3호는 부가가치세법의 규정에 의한 재화 또는 용역을 공급하지 아니하고 매출·매입처별 세금계산서합계표를 허위 기재하여 정부에 제출한 행위를 처벌하도록 규정하고 있는바, 하나의 매출·매입처별 세금계산서합계표에 여러 가지 사항에 관하여 허위의 사실을 기재하였더라도 전체로서 하나의 매출·매입처별 세금계산서합계표를 허위로 작성하여 정부에 제출하는 것이므로 하나의 조세범처벌법위반죄가 성립한다"라고 판시[31]하고 있다.

31) 대법원 2009.8.20. 선고 2008도9634 판결.

제3절 세금계산서 등 수취 불성실

Ⅰ. 의 의
Ⅱ. 범죄의 주체
Ⅲ. 통정의 행위
Ⅳ. 세금계산서의 미수취 또는 거짓 기재된 세금계산서 및 세금계산서합계표 수취 행위

Ⅰ. 의　　의

본죄는 ① 부가가치세법에 따라 세금계산서를 발급받아야 할 자가 통정하여 세금계산서를 발급받지 아니하거나 거짓으로 기재한 세금계산서를 발급받은 행위, ② 소득세법 또는 법인세법에 따라 계산서를 발급받아야 할 자가 통정하여 계산서를 발급받지 아니하거나 거짓으로 기재한 계산서를 발급받은 행위, ③ 부가가치세법에 따라 매입처별 세금계산서합계표를 제출하여야 할 자가 통정하여 매입처별 세금계산서합계표를 거짓으로 기재하여 제출한 행위, ④ 소득세법 또는 법인세법에 따라 매입처별 계산서합계표를 제출하여야 할 자가 통정하여 매입처별 계산서합계표를 거짓으로 기재하여 제출한 행위를 처벌하는 규정이다(조세범처벌법 제10조 제2항). 단순한 세금계산서 미수취나 거짓기재된 세금계산서의 수취로는 처벌되지 아니하고, 통정에 의한 경우에 한하여 본죄로 처벌된다.

Ⅱ. 범죄의 주체

본죄의 주체는 부가가치세법 등에 따라 세금계산서 또는 계산서를 발급받아야 할 자와 매입처별 세금계산서합계표 등을 정부에 제출할 자가 주체가 되는 신분범이다. 매입처별 세금계산서합계표의 제출의무자는 세금계산서를 발급받은 국가, 지방자치단체, 지방자치단체조합, 부가가치세 면제사업자 중 소득세 또는 법인세의 납세의무가 있는 자, 민법 제32조 또는 특별법에 따라 설립된 법인, 각급학교 기성회, 후원회 또는 이와 유사한 단체, 법인세법 제94조의2에 따른 외국법인연락

사무소 등이 이에 해당한다(부가가치세법 제54조 제5항, 부가가치세법 시행령 제99조). 매입처별 세금계산서합계표 제출의무자들은 해당 과세기간이 끝난 후 25일 이내에 납세지 관할세무서에 이를 제출하여야 한다.

Ⅲ. 통정의 행위

본죄는 세금계산서 등의 발급의무 있는 자와 통정하여 세금계산서 등을 미수취하거나 거짓 기재된 세금계산서 등을 수취한 경우에 성립한다. 따라서 통정행위 없이 단순히 세금계산서를 미수취하거나 거짓기재된 세금계산서를 수취한 행위는 이에 해당하지 아니한다. 통정이란 상대방과 범행의 의사를 공동으로 하기로 상호 결의하는 행위를 말한다. 여기서 통정의 상대방은 세금계산서 미발급 및 거짓으로 세금계산서를 작성하여 발급하는 사업자와 이를 미수취하거나 거짓 기재된 세금계산서를 수취하는 사업자가 된다.

법원도 "세금계산서를 발급받아야 할 자가 재화 또는 용역을 공급받으면서 공급자와의 통정에 의하여 공급가액을 부풀리는 등 허위 기재를 한 세금계산서를 발급받은 경우 이러한 행위는 조세범처벌법 제10조 제2항 제1호에서 정한 거짓으로 기재한 세금계산서를 발급받은 죄에 해당하고, 마찬가지로 세금계산서를 발급하여야 할 자가 재화 또는 용역을 공급하면서 공급가액을 부풀리는 등 허위 기재를 한 세금계산서를 발급한 경우 이러한 행위는 법 제10조 제1항 제1호에서 정한 세금계산서를 거짓으로 기재하여 발급한 죄에 해당한다"라고 판시[1)]하여 통정의 양 당사자는 필요적 공범관계에 있음을 간접적으로 밝히고 있다. 이 경우 통정의 방법은 직접적인 방법이건 간접적인 방법이건 제한이 없다.

Ⅳ. 세금계산서의 미수취 또는 거짓 기재된 세금계산서 및 세금계산서합계표 수취 행위

세금계산서 미수취란 세금계산서를 발급받아야 함에도 발급받지 아니하는 것을 말한다. 세금계산서 미수취범도 일종의 부작위범이다. 거짓 기재된 세금계산서를 수취하거나 또는 거짓 기재된 매입처별 세금계산서합계표를 정부에 제출한 행위

---

1) 대법원 2014.7.10. 선고 2013도10554 판결.

에 대한 설명은 앞서 거짓 기재된 세금계산서를 발급하거나 또는 거짓 기재된 매출처별 세금계산서합계표를 정부에 제출한 경우에서 이미 설명한 법리 등이 그대로 적용되므로 여기서는 생략하기로 한다. 본죄는 고의범이므로 세금계산서 수취의무위반 사실과 세금계산서 및 세금계산서합계표 기재사항 중 거짓 기재된 사실에 대한 인식이 있어야 처벌이 가능하다.

제4절 실물거래 없는 세금계산서 관련 범죄

Ⅰ. 의 의

본죄는 재화 또는 용역을 공급하지 아니하거나 공급받지 아니하고, ① 부가가치세법에 따른 세금계산서를 발급하거나 발급받은 행위, ② 소득세법 및 법인세법에 따른 계산서를 발급하거나 발급받은 행위, ③ 부가가치세법에 따른 매출·매입처별 세금계산서합계표를 거짓으로 기재하여 제출한 행위, ④ 소득세법 및 법인세법에 따른 매출·매입처별 계산서합계표를 거짓으로 기재하여 제출한 행위를 한 경우에 성립한다(조세범처벌법 제10조 제3항). 이 규정 입법 전까지 법원이 "아예 사업자등록을 하지 않거나 위장 사업자등록을 하고 재화 또는 용역을 공급하지 않으면서 이를 공급한 것처럼 허위의 세금계산서를 작성, 교부하는 경우에는 세금계산서 허위기재죄가 성립할 수 없다"라고 계속 판시[1]하여 자료상과 같은 가공세금계산서 발급사범에 대하여 부가가치세법의 법리상 처벌을 할 수 없게 되자 이를 보완하기 위하여 1994.12.22. 법률 제4812호로 이 규정을 신설[2]하게 되었다.

조세범처벌법 제10조 제1항, 제2항이 실물거래를 수반한 세금계산서 관련 범죄

1) 대법원 1989.2.28. 선고 88도2337 판결 등 참조.

2) 1994.12. 조세범처벌법 중 개정법률안 심사보고서 3면에는 "실물거래 없이 세금계산서를 접수·알선·중개행위를 하는 소위 자료상에 대한 현행법상의 처벌은 이에 대한 직접적인 처벌 근거가 없어 자료상으로부터 허위 세금계산서를 구입하여 조세를 포탈한 자에 대한 종범으로서 가볍게 처리되고 있으므로, 이번 개정안에서는 부가가치세 체계에 있어 세금계산서와 그 질서 유지의 중요성에 비추어 이에 대한 직접적인 처벌 규정을 마련하고 징역과 벌금형을 병과할 수 있도록 하려는 것은 비록 때늦은 감은 있으나 타당한 조치로 보여짐"이라고 기재하여 입법이유를 설명하고 있다.

를 처벌하는 규정인 반면, 제10조 제3항은 실물거래 없이 세금계산서 관련 위법행위를 한 자를 가중처벌하는 규정이다. 조세범처벌법 제10조 제3항에서는 실물거래의 실체가 전혀 없이 이루어진 세금계산서 수수행위(이른바 자료상)나 실물거래의 실제는 존재하지만 세금계산서를 수수한 당사자 사이에서는 거래의 실체가 전혀 존재하지 않는 경우에 한하여 적용된다. 따라서 일부라도 거래 당사자간 거래의 거래실질이 인정되고, 이에 부수되거나 관련되는 대부분이 가공인 경우에도 조세범처벌법 제10조 제3항이 아닌 조세범처벌법 제10조 제1항으로 처벌해야 한다. 제10조 제3항 위반죄의 경우에는 제10조 제1항, 제2항 위반죄보다 법정형도 높고,[3] 같은 조 제5항에 의하여 징역형과 벌금형이 병과될 수도 있다.

가공세금계산서를 매도·매수하는 자료상의 경우에는 거액의 세금계산서를 단기간에 발행한 뒤 폐업하는 특성이 있어 과세관청에서 쉽게 파악이 가능하다. 자료상으로부터 가공세금계산서를 발급받아 적발되면 그동안의 모든 신고내역에 대한 사후검증도 있게 된다. 또한 과거에는 전산시스템이 발전되지 아니하여 자료상이 많이 활동하였지만 최근에는 전자세금계산서 등 전자시스템을 통해 거래내역을 쉽게 파악할 수 있게 되었다. 이러한 이유로 자료상을 이용한 가공세금계산서 발급은 상당부분 줄어들었고, 실무에서는 실물거래의 실제는 존재하지만 세금계산서를 수수한 당사자 사이에서는 거래의 실체가 전혀 존재하지 않는 경우와 같이 실질과세의 원칙을 적용한 이후에야 가공거래 여부가 판별이 가능한 지능적인 형태의 범죄가 늘어가는 추세에 있다.

Ⅱ. 범죄의 주체

본죄는 범행 주체에 제한이 없는 비신분범이다. 누구든지 재화 또는 용역의 공급 없이 세금계산서를 발급하거나 발급받으면 죄가 성립한다. 그러나 부가가치세법상 사업자등록 없이는 세금계산서를 발급할 수가 없으므로 사업자등록을 한 자만이 가공세금계산서 발급과 가공세금계산서합계표 제출죄의 주체가 될 수 있다. 이 경우 대부분 가공세금계산서의 발행을 위하여 사업자등록을 한 위장·가공 사

3) 조세범처벌법 제10조 제1항과 제2항의 경우에는 1년 이하의 징역 또는 공급가액에 부가가치세 세율을 적용하여 계산한 세액의 2배 이하 상당의 벌금에 처하도록 되어 있고, 제10조 제3항의 경우에는 3년 이하의 징역 또는 공급가액에 부가가치세 세율을 적용하여 계산한 세액의 3배 이하에 상당하는 벌금(정상에 따라 징역형과 벌금형 병과)에 처하도록 되어 있다.

업자와 그 행위자가 주체가 되지만, 실물거래를 하여 오던 정상적인 사업자일지라도 실물거래없이 세금계산서를 발급받은 경우에는 본죄의 주체가 될 수 있다.

재화나 용역을 공급받지 아니하고 세금계산서 등을 발급받은 자로는 자료상으로부터 그 실물거래 없이 발급되는 세금계산서 등을 받은 경우가 대부분이나 자료상 이외의 자로부터 받은 경우에도 본죄가 성립된다. 법원도 "용역을 제공받은 사실이 없음에도 허위 세금계산서를 교부받은 이상 조세범처벌법위반죄가 성립하고, 재화나 용역의 공급 없이 세금계산서의 발행을 업으로 하는 전형적인 이른바 '자료상'으로부터 세금계산서를 교부받은 것이 아니라고 하더라도 이와 달리 볼 것이 아니다"라고 판시[4]하여 실물거래 없이 세금계산서 등을 받은 자는 자료상이 아니더라도 그 신분에 제한 없이 본죄의 주체에 해당된다고 하고 있다.

Ⅲ. 재화 또는 용역 공급없이 세금계산서 등의 발급 · 수취행위

1. 재화 또는 용역을 공급하거나 공급받지 아니한 행위

본죄가 성립하려면 재화 또는 용역을 공급하지 아니하거나 공급받지 아니하고 세금계산서를 발급하거나 발급받아야 한다. 재화의 공급이란 계약상 또는 법률상의 모든 원인에 따라 재화를 인도하거나 양도하는 것이고, 용역의 공급이란 계약상 또는 법률상의 모든 원인에 따라 역무를 제공하거나 시설물, 권리 등 재화를 사용하게 하는 것이다(부가가치세법 제9조, 제11조). 이러한 계약상 또는 법률상의 모든 원인에 따른 재화나 용역의 공급 없이 세금계산서를 발급하거나 수취하는 경우에 본죄가 성립한다. 만약 실물거래가 존재한다면 재화나 용역의 공급시기 이전에 세금계산서를 발급하였다 하더라도 본죄는 성립하지 않는다.

법원도 "재화 또는 용역을 공급함이 없이 세금계산서를 교부한 자라 함은 실물거래 없이 가공의 세금계산서를 발행하는 행위를 하는 자(이른바 자료상)를 의미하는 것으로 보아야 할 것이고, 재화나 용역을 공급하기로 하는 계약을 체결하는 등 실물거래가 있음에도 세금계산서 교부시기에 관한 부가가치세법 등 관계 법령의 규정에 위반하여 세금계산서를 교부함으로써 그 세금계산서를 교부받은 자로 하여금 현실적인 재화나 용역의 공급 없이 부가가치세를 환급받게 한 경우까지 처

---

4) 대법원 2010.1.28. 선고 2007도10502 판결.

벌하려는 규정이라고는 볼 수 없고, 따라서 생산설비 납품계약을 체결하고 계약금의 일부를 지급받은 상태에서 계약금 전액을 공급가액으로 하여 세금계산서를 발급·교부한 행위가 조세범처벌법 제10조 제3항 위반죄에 해당하지 않는다"라고 판시[5]하고, "재화나 용역을 공급하기로 하는 계약을 체결하는 등 실물거래가 있다는 것은 당사자 사이에 재화나 용역을 공급하기로 하는 구속력 있는 합의가 있음을 의미하는 것으로서, 구 부가가치세법 제16조 제1항 제3호, 제5호, 같은 법 시행령 제53조 제1항 제3호, 제4호에서 세금계산서에 기재할 사항 중의 하나로 규정하고 있는 공급가액, 공급품목, 단가, 수량 등에 관하여도 합의가 있어야 한다"라고 판시[6]하여 본죄의 성립을 위하여는 실물거래가 존재하지 않은 상태에서 세금계산서 발행 및 수취한 행위가 있어야 한다고 하고 있다.

2. 재화 또는 용역 공급 여부에 대한 판단

실물거래의 존재 여부에 대한 판단은 세금계산서를 발급하고 발급받은 당사자 사이에 실제 거래가 존재하는지 여부를 우선 판단하여야 한다. 당사자 사이에 거래가 존재하는 경우에 그 다음으로 거래 내용이 실제로 존재하는 거래인지 여부에 대하여 판단하여야 한다. 실제 재화와 용역을 공급하였는지 여부에 대하여는 경제활동에서 거래형태가 너무 복잡하고 다양하여 그 진위를 판단하기가 쉽지 않다.

과거에는 단순한 재화의 공급이 있었는지 여부가 주로 쟁점이 되어 관련 계약이 정상적으로 체결되었는지 여부와 계약체결에 따른 위험부담 등 그 계약에 따른 이행의 존재 여부 등이 주로 문제되어 상대적으로 그 파악이 용이하였다. 그러나 최근에는 이러한 재화의 공급보다는 보이지 않는 무형의 용역제공 여부 등이 실물거래의 존재와 관련하여 자주 문제되고 있다. 무형의 용역이 실질적인 용역거래로 인정받기 위하여는 용역제공과 관련한 직·간접의 경제적 목적과 그에 따른 이익이 있어야 하고, 그러한 경제적 목적이나 이익 없이 단순히 명목상 용역제공이거나 형식에 불과한 경우에는 실질적인 용역거래가 있다고 할 수 없다.

또한 당사자 사이의 거래에 제3자를 거래중간에 끼워넣는 3자 거래에서는 실질과세의 원칙을 적용하여 실질거래를 기초로 한 당사자간의 거래관계로 재구성하여 각 당사자와 제3자와의 기존 거래를 가공거래로 보아 허위계산서 발급·수취

5) 대법원 2004.6.25. 선고 2004도655 판결.
6) 대법원 2012.11.15. 선고 2010도11382 판결.

행위로 고발을 하는 경우가 최근에 종종 있었다. 이러한 경우에는 중간 거래에 제3자가 끼어들게 됨으로써 어떠한 경제적 이익이 추가적으로 발생하였는지 여부 등이 실질 거래를 판단하는 주요 요소가 된다.

재화 또는 용역 제공 당사자와 세금계산서 발급과 수취 당사자가 다른 경우에 대하여, 법원은 "조세범처벌법 제10조 제3항은 '재화 또는 용역을 공급하지 아니하거나 공급받지 아니하고 세금계산서를 발급하거나 발급받은 행위'를 처벌하고 있는데, 여기에는 재화 또는 용역을 아예 공급하지 아니하거나 공급받지 아니하고 세금계산서만을 발급하거나 발급받는 행위뿐만 아니라, 재화 또는 용역을 공급받은 자가 재화 또는 용역을 실제로 공급한 자가 아닌 다른 사람이 작성한 세금계산서를 발급받은 경우도 포함되고, 마찬가지로 재화 또는 용역을 공급한 자가 재화 또는 용역을 실제로 공급받은 자가 아닌 다른 사람에게 세금계산서를 발급한 경우도 포함된다"라고 판시[7]하고, 또한 "두 당사자 간에 실물거래가 존재한다고 하려면 공급하는 사업자 또는 공급받는 사업자와 명목상의 법률관계를 형성하는 것이 아니라 공급하는 사업자로부터 실제로 재화 또는 용역을 공급받거나, 공급받는 자에게 실제로 재화 또는 용역을 공급하는 거래행위를 하여야 하고, 따라서 컴퓨터 도소매업체를 경영하는 자가 A회사가 B회사에게 컴퓨터 및 그 부품을 공급함에 있어 A회사로부터 이를 공급받아 다시 B회사에게 공급하는 것처럼 명의를 대여하고 일정한 이익을 얻으면서 매출세금계산서를 수수한 경우, 조세범처벌법 제10조 제3항 소정의 재화 또는 용역을 공급함이 없이 세금계산서를 교부하거나 교부받은 경우에 해당된다"라고 판시[8]하여 세금계산서에 기재된 실물거래 자체는 객관적으로 존재하지만 그 거래가 세금계산서를 발급하고 발급받는 당사자 사이에 존재하는 것이 아닌 경우에는 실물거래 없이 세금계산서를 발급하거나 발급받은 행위에 해당한다고 하고 있다.

3. 제3자 명의를 이용한 재화 또는 용역 공급없는 세금계산서 발급·수취행위

(1) 의 의

사업자명의를 가진 양 당사자 사이의 단순한 실물거래 없는 세금계산서 발급·

7) 대법원 2014.7.10. 선고 2013도10554 판결.
8) 대법원 2003.1.10. 선고 2002도4520 판결.

수취는 실제 거래에서는 적발이 되기 쉬워 많이 이용되지 않는다. 이러한 실물거래 없는 거래는 제3자를 거래에 포함시키는 경우가 많다. 이 경우에 제3자가 어떠한 방법으로 개입하는지에 따라 관련자들에 대한 적용법조도 달라진다. 아래 사례들을 통하여 제3자가 관여한 경우에 있어서 발생될 수 있는 형사책임에 대하여 살펴보도록 한다.

(2) 제3의 중간업체를 끼워넣는 거래의 조작 행위

두 사업자 사이의 직접적인 거래임에도 불구하고 여러 가지 이유로 중간에 명목상의 사업자를 인위적으로 끼워넣는 방식으로 양자 사이의 거래를 3자 사이 또는 그 이상의 다단계의 거래로 조작하는 경우들을 말한다.

이러한 거래유형은 최근에 종종 적발되는 거래형태인데, A → C의 양자 사이의 직접 거래형태를 A → B → C 3자 사이의 거래형태로 조작하는 것이다. 위와 같은 중간업체에 끼어들어가는 B업체는 신생업체이거나 A업체와 특수관계에 있는 업체가 대부분이다. 이러한 B업체가 실물거래 없이 거래 중간에 끼어드는 이유는 가공세금계산서를 통하여 B업체의 매출증대 효과 또는 거래 다변화를 가장하기 위한 목적이 있거나 A와 특수관계에 있는 C간의 내부거래 비중을 낮추어 공정거래법상 규제들을 회피하기 위한 목적도 있을 수 있다. 또한 가족의 회사를 별다른 역할 없이 중간에 끼워넣어 중간 수수료 등 이익을 받게 하려는 목적에서 행하여지기도 한다. 이러한 거래에 끼어들게 해 준 업체의 직원들은 거래를 도와주는 대가로 금품을 받기도 한다.[9)]

중간에 끼어들은 B업체에게 실질적인 재화와 용역의 공급이 있었는지 여부를 결정하는 요소들로는 ① 실제로 용역 제공 및 재화 이동이 있었는지 여부, ② 직접적인 용역 제공이나 재화 이동이 없었다고 하더라도 중간에서 다른 경제적 기능이나 역할을 담당하였는지, 즉 사업상 특별한 목적이 존재하였는지 여부, ③ 재화 이동 및 재고에 대한 위험책임을 부담하고 있었는지 여부 등을 종합하여 결정하여야 한다.

이러한 거래에서 실질과세의 원칙을 적용하면, 세금계산서는 A가 C에게 발급하는 것이 타당하지만 거래조작에 따라 A는 B에게, B는 C에게 세금계산서를 발급하게 된다. 위 거래의 실질은 A와 C의 거래이므로 A가 B에게, B가 C에게 발급하

9) 대법원 2019.9.10. 선고 2019도7905 판결 참조.

는 세금계산서는 모두 재화나 용역의 공급 없이 발급·수취한 행위에 해당한다.

(3) 실물거래 상대방과 무관한 제3자로부터 세금계산서를 수수하는 행위

A가 B에게 재화를 공급했는데 B가 A와 관련이 없는 C로부터 세금계산서를 작성·교부받는 경우이다. A가 사업자등록을 하지 않아 세금계산서를 작성·교부할 수 없거나, 사업자등록이 있더라도 무자료 매출을 위하여 세금계산서를 발급해주지 않아서 매입세액을 공제받기 위하여 B가 C로부터 세금계산서를 발급받은 경우 등이 있을 수 있다.

이러한 사례에 대하여 법원은 "조세범처벌법 제10조 제3항은 '재화 또는 용역을 공급하지 아니하거나 공급받지 아니하고 세금계산서를 발급하거나 발급받은 행위'를 처벌하고 있는바, 여기에는 재화 또는 용역을 아예 공급하지 아니하거나 공급받지 아니하고 세금계산서만을 발급하거나 발급받는 행위뿐만 아니라, 재화 또는 용역을 공급받은 자가 그 재화 또는 용역을 실제로 공급한 자가 아닌 다른 사람이 작성한 세금계산서를 발급받은 경우도 포함되고, 마찬가지로 재화 또는 용역을 공급한 자가 그 재화 또는 용역을 실제로 공급받은 자가 아닌 다른 사람에게 세금계산서를 발급한 경우도 포함된다. 그리고 재화 또는 용역을 공급한 자가 재화 또는 용역을 실제로 공급받은 자에게 세금계산서를 발급하지 아니한 행위에 대해서는 조세범처벌법 제10조 제1항 제1호에서 정한 세금계산서 미발급으로 인한 죄가 별개로 성립한다"라고 판시[10]하여 세금계산서의 발급의 근거가 되는 실물거래의 존재 여부는 세금계산서를 발급하고 발급받는 당사자 사이에 실물거래가 존재하는지 여부를 기준으로 판단하여야 한다고 하면서, 사업명의자인 C에게는 가공 세금계산서 교부죄가 성립하고, B는 C로부터 재화를 공급받지 아니하고 세금계산서를 발급받았으므로 가공 세금계산서 수취죄가 성립한다고 하고 있다. 또한 B가 C에게 재화를 공급하지 아니한 이상 A가 B에게 재화를 공급하였다는 사실이 C의 가공 세금계산서 교부죄 성립에 영향을 미치지 아니하고, A가 B에게 재화를 공급하고 세금계산서를 발급·교부하지 않은 행위에 대하여는 별개로 조세범처벌법 제10조 제1항 제1호 세금계산서 미발급죄가 성립한다고 하고 있다.

---

10) 대법원 2014.7.10. 선고 2013도10554 판결.

(4) 공급자가 제3자의 동의 또는 동의없이 제3자 명의로 세금계산서를 발급한 행위

A가 B에게 재화를 공급한 사안에서 A가 재화를 공급받지 아니한 C의 위임을 받거나 또는 받지 아니한 상태에서 C의 사업자등록을 이용하여 세금계산서를 발급하여 교부한 경우들이다.

이에 대하여 법원은 "재화 등을 공급하거나 공급받은 자가 제3자의 위임을 받아 제3자의 사업자등록을 이용하여 제3자를 공급하는 자로 기재한 세금계산서를 교부하거나 제3자가 공급받는 자로 기재된 세금계산서를 교부받은 경우 및 제3자 명의로 재화 등의 공급에 관한 세금계산서합계표를 작성하여 정부에 제출한 경우에는, 제3자가 위 세금계산서 수수 및 세금계산서합계표 작성·제출행위를 한 것으로 볼 수 있으므로 그가 재화 등을 공급하거나 공급받지 아니한 이상 조세범처벌법 제10조 제3항 제1호 범행의 정범이 되고, 재화 등을 공급하거나 공급받은 자는 가담 정도에 따라 그 범행의 공동정범이나 방조범이 될 수 있을 뿐 그 범행의 단독정범이 될 수 없다"라고 판시[11]하여 사업명의자인 C는 가공 세금계산서 발급 행위의 책임을 부담하고, A는 C의 범행에 대한 가담 정도에 따라 공동정범이나 방조범이 된다고 하고 있다.

그러나 A가 B에게 재화를 공급하고 'C의 위임 없이' C의 사업자등록을 이용하여 세금계산서를 발급하여 B에게 교부한 경우에 대하여는 법원은 "조세범처벌법 제10조 제3항 제1호는 재화 또는 용역을 공급하지 아니한 자가 자신을 공급하는 자로 기재한 세금계산서를 교부한 행위를 처벌대상으로 규정한 것이므로(대법원 2012.5.10. 선고 2010도13433 판결 등 참조), 재화 또는 용역을 공급하지 아니한 자가 타인 명의를 위조하여 그를 공급하는 자로 기재하여 세금계산서를 교부한 경우에는 세금계산서에 자신을 공급하는 자로 기재하지 않은 이상 사문서위조죄로 처벌할 수 있을지언정 조세범처벌법 제10조 제3항 제1호가 정한 처벌 대상에 해당한다고 할 수 없다(대법원 2012.5.10. 선고 2010도13433 판결 참조)"라고 판시[12]하여, A를 형법상 사문서위조죄 등의 죄책을 물을 수 있음을 별론으로 하고, 조세범처벌법 제10조 제3항 범행의 정범은 될 수 없다고 하고 있다.

---

11) 대법원 2012.5.10. 선고 2010도13433 판결.
12) 대법원 2012.5.10. 선고 2010도13433 판결; 대법원 2014.11.27. 선고 2014도1700 판결.

(5) 실제 공급자가 제3자 동의를 받아 그의 사업자등록 명의를 이용한 행위

재화와 용역의 공급자인 A가 'C의 위임 하에' C명의로 사업자등록을 하고 B에게 재화를 공급한 경우이다.

이에 대하여 법원은 "재화 또는 용역을 공급하는 사람이 실제로는 자신이 직접 사업체를 운영하여 사업자등록을 하면서 형식적으로 명의만을 제3자로 한 경우에는, 명의자인 제3자가 아니라 실제로 사업체를 운영하면서 재화 등을 공급하는 거래행위를 한 사람을 세금계산서를 발급하고 매출·매입처별 세금계산서합계표를 기재·제출하여 부가가치세를 납부하여야 하는 주체로 보아야 한다. 따라서 형식적으로 제3자 명의로 사업자등록이 된 사업체를 운영하여 재화 등을 공급하는 사람이 비록 제3자 명의로 세금계산서를 발행하고 세금계산서합계표를 기재·제출하였다고 하더라도, 조세범처벌법 제11조 제1항에 의하여 제3자 명의를 빌려 사업자등록을 마친 행위로 처벌되거나 조세범처벌법 제10조 제1항에 의하여 세금계산서를 거짓으로 기재하여 교부한 행위로 처벌될 수 있음은 별론으로 하고, 실제로 세금계산서 및 세금계산서합계표에 기재된 수량의 재화 등을 기재된 가격으로 공급한 이상, 이에 대하여 재화 등을 공급하지 아니한 사람이 세금계산서를 발급하거나 공급에 관한 세금계산서합계표를 거짓으로 기재하였다 할 수 없으므로 조세범처벌법 제10조 제3항 제1호 및 제3호에 해당한다고 할 수 없다. 그리고 이러한 경우 실제로 재화 등을 공급하는 사람으로부터 재화 등을 공급받고 제3자 명의의 세금계산서를 발급받은 상대방도 조세범처벌법 제10조 제3항 제1호에서 정한 재화 등을 공급받지 아니하고 세금계산서를 발급받은 경우에 해당한다고 할 수 없다"라고 판시[13]하여 A가 자신의 사업장에서 해당사업을 하면서 사업자등록 명의만 C로 해놓은 경우에는 A를 재화의 공급주체로 보고 있다. 다만, 공급자인 A는 조세범처벌법 제11조 제1항에 의하여 제3자 명의를 빌려 사업자등록을 한 행위로 처벌을 받거나 조세범처벌법 제10조 제1항에 의하여 '공급하는 자'에 관한 사항을 거짓으로 기재하여 발급한 행위로 처벌될 수 있다.

한편 위와 동일한 사안에서 법원은 "실제 사업자인 A가 실물거래 없이 C명의로 세금계산서를 발급하였다면 A의 행위는 가공 세금계산서 발급죄가 성립하고, 명의대여자인 C는 A의 범행에 가담정도에 따라 가공 세금계산서 발급에 대한 방조죄

13) 대법원 2015.2.26. 선고 2014도14990 판결.

가 성립할 수 있다"라고 판시[14]하고 있다.

4. 수정세금계산서를 발급 · 수취한 경우

(1) 의 의

수정세금계산서란 세금계산서 또는 전자세금계산서의 기재사항을 착오로 잘못 적거나 착오에 의한 이중발급, 공급가액변동, 계약의 해제, 환입, 내국신용장 등 사후개설 등 중 위 요건에 하나라도 해당하여 당초의 공급가액에 추가되는 금액 또는 차감되는 금액이 발생하는 경우에 수정하여 작성하는 세금계산서를 말한다(부가가치세법 제32조 제7항). 수정세금계산서는 재화 · 용역의 공급시기가 속하는 과세기간의 확정신고기한 다음 날부터 1년 후까지 작성이 가능하다(부가가치세법 시행령 제68조).

(2) 실물거래 없이 발급 · 수취된 원래의 세금계산서의 전부 또는 일부를 취소하는 음(-)의 수정세금계산서를 발급 · 수취한 경우

원래의 세금계산서가 실물거래 없이 발급 · 수취되어 이를 바로잡는 차원에서 전부 또는 일부를 취소하는 음(-)의 수정세금계산서를 발급한 경우에 최초 발급 · 수취한 세금계산서 가공기재행위와 수정발행된 수정세금계산서 발급 · 수취행위에 대하여, 법원은 "조세범 처벌법 제10조 제3항의 문언과 체계, 입법취지 등을 종합하면, 재화나 용역을 공급하지 아니하거나 공급받지 아니하고 가공의 세금계산서를 발급 · 수취한 후 이를 취소하는 의미에서 같은 공급가액에 음의 표시를 하여 작성한 수정세금계산서를 발급 · 수취한 경우, 뒤의 공급가액이 음수인 수정세금계산서를 발급 · 수취한 행위는 새로이 재화나 용역을 공급하거나 공급받은 것을 내용으로 하는 가공의 세금계산서를 발급 · 수취하기 위한 것이 아니라 앞선 실물거래 없이 가공의 세금계산서를 발급 · 수취한 행위를 바로잡기 위한 방편에 불과하므로, 조세범 처벌법 제10조 제3항 제1호에서 정한 죄에 해당하지 않는다고 봄이 타당하다. 나아가 실물거래 없이 가공의 세금계산서를 발급 · 수취함으로써 조세범 처벌법 제10조 제3항 제1호의 죄가 기수에 이르고, 그 후 이러한 가공의 세금계산서를 취소하는 취지로 음수의 수정세금계산서를 발급 · 수취하였다 하더라도 이미 완성된 위 범죄의 성립에 아무런 영향을 미칠 수 없다. 따라서 특정범죄가중처벌 등에 관한 법률 제8조의2 제1항에 따라 가중처벌을 하기 위한 기준인

---

14) 대법원 2010.7.22. 선고 2010도4068 판결.

'공급가액 등의 합계액'을 산정할 때에도 이와 같이 실물거래 없이 발급·수취한 가공의 세금계산서를 취소하는 의미에서 발급·수취한 음수의 수정세금계산서의 공급가액은 고려할 필요가 없고, 특정범죄 가중처벌 등에 관한 법률 제8조의2 제1항의 공급가액 등의 합계액을 산정함에 있어서 음수의 수정세금계산서 발급·수취분의 공급가액을 차감할 수 없다"라고 판시[15]하여 가공세금계산서로 처벌을 받아야 하는 대상은 원래 발급·수취된 가공세금계산서이고, 후에 이를 바로잡기 위하여 수정되어 발급·수취된 수정세금계산서는 아니라고 하고 있다.

⑶ 실물거래 없이 발급·수취된 원래의 세금계산서의 전부를 음(−)의 세금계산서를 통해 취소한 다음, 다시 양(+)의 수정세금계산서를 발급·수취한 경우

원래의 세금계산서가 실물거래 없이 발급·수취되어 전부를 음(−)의 세금계산서를 통해 취소한 다음, 다시 양(+)의 수정세금계산서를 발급·수취한 경우에 대하여, 법원은 "부가가치세법은 세금계산서(제32조 제1항)와 수정세금계산서(제32조 제7항)를 별도로 규정하고 있기는 하나, 여전히 같은 조문 내에서 이를 규정하고 있고, 발급의무의 면제(제33조), 세금계산서의 발급시기(제34조) 등에 있어서 세금계산서와 수정세금계산서를 동일하게 취급하고 있고, 수정세금계산서도 기존에 발급한 세금계산서에 착오 또는 정정사유가 있을 경우 이에 덧붙여 발급한다는 차이가 있을 뿐, 증빙서류이자 과세자료로서 가지는 본질적인 기능은 세금계산서와 다를 것이 없으므로, 허위로 발급되었을 경우 세정질서에 미칠 위험성도 세금계산서와 동일하다고 평가할 수 있고, 더욱이 수정세금계산서도 세금계산서와 마찬가지로 부가가치세법 시행령 제70조 제1항 각 호의 해당 사유에 따라 공급가액이 증액되는 경우에는 추가 매입세액 공제를 통한 부가가치세 감면의 위험을 초래하므로, 조세범처벌법에서 처벌대상으로 삼고 있는 세금계산서에는 수정세금계산서 역시 당연히 포함된다"라고 판시[16]하여 양(+)의 수정세금계산서에 기재된 공급가액은 원래의 허위 세금계산서의 공급가액과 함께 특정범죄가중처벌등에관한법률 제8조의2 제1항 소정의 공급가액등의 합산대상에 포함된다고 하고 있다.

---

15) 대법원 2020.10.15. 선고 2020도118 판결.
16) 대법원 2020.10.15. 선고 2020도118 판결(원심판결: 서울고등법원 2019.12.12. 선고 2019노11 판결).

(4) 부가가치세법상 수정세금계산서를 발급받아야 함에도 그 대신 별도의 세금계산서를 교부한 경우

부가가치세법상 수정세금계산서 발급요건이 되어 수정세금계산서를 발급받을 수 있었음에도 이를 받지 않고 별도의 세금계산서를 교부한 경우에 대하여, 법원은 "재화 또는 용역을 공급받은 자가 매매계약에 따른 매입세금계산서를 교부받은 이후에 그 계약이 해제되어 수정세금계산서를 교부받아야 함에도 공급자에게 다시 재화 또는 용역을 공급한 것처럼 매출세금계산서를 발행하였다면, 설령 그 과세기간 내의 매출세액과 매입세액의 합계액에 아무런 영향을 미치지 아니한다고 하더라도, 실제로 그에 상응하는 재화 또는 용역을 공급하지 아니한 이상 허위의 매출세금계산서를 교부한 것에 해당한다"라고 판시[17]하여 수정계산서 발급요건에 해당함에도 이에 위반하여 수정세금계산서를 발급하지 아니하고 별도의 세금계산서를 발급한 것은 그 자체로 허위세금계산서에 해당한다고 하고 있다.

5. 세관장을 기망하여 가공수입세금계산서를 발급 · 수취한 경우

수입세금계산서란 무역거래에서 세관장이 외국의 공급자를 대신하여 수입자에게 발행하게 하는 수입물품에 대한 세금계산서를 말한다(부가가치세법 제3조, 제4조). 재화나 용역의 소비에 대한 부가가치세는 그 소비자가 소재하는 국가가 과세하는 것을 원칙으로 하고 있다. 이를 '소비지국 과세원칙'이라고 부른다.[18] 이에 따라 해외에서 생산되어 우리나라로 수입되는 재화에 대해서도 우리나라 정부가 부가가치세를 부과해야 하는데 외국의 수출자가 우리나라의 수입자로부터 징수하여 납부하게 할 수 없기 때문에 수입자에게 직접 부가가치세 납세의무를 지우고 있다. 부가가치세법은 재화의 수입을 부가가치세 과세대상으로 정하고 있어서 재화를 수입하는 자는 재화의 수입에 대하여 관세법에 따라 관세를 세관장에게 신고하고 납부하는 경우에는 재화의 수입에 대한 부가가치세를 함께 신고하고 납부하여야 한다(부가가치세법 제50조). 그리고 세관장은 수입되는 재화에 대하여 부가가치세를 징수할 때에는 수입된 재화에 대한 수입세금계산서를 수입하는 자에게 발급하여야 한다(부가가치세법 제35조 제1항).

이 경우에 수입업자가 재화의 수입을 가장하여 세관장으로부터 수입세금계산서

---

17) 대법원 2014.4.30. 선고 2012도7768 판결.
18) 김종근, 조세형사법 해설, 2021, 308면 이하 참조.

를 발급받는 행위가 조세범처벌법 제10조 제3항 제1호의 재화 또는 용역을 공급받지 아니하고 부가가치세법에 따른 세금계산서를 발급받는 행위에 해당하는지 문제된다.

이에 대하여 법원은 "부가가치세법은 '재화 또는 용역의 공급'과 '재화의 수입'을 엄격하게 구별하여 수입재화에 대한 부가가치세는 재화의 국내거래에 따른 부가가치세와는 납세의무자나 과세표준, 신고·납부절차, 징수절차, 납세의무 성립시기 등 그 과세체계를 달리하여 규정하고 있고, 조세범처벌법 제10조 제3항 제1호는 '재화 또는 용역을 공급받지 아니하고' 세금계산서를 발급받는 행위 등을 처벌하는 조항으로서 '재화를 수입하지 아니하고' 세금계산서를 발급받는 행위에 대하여는 규정하고 있지 않은 바, 따라서 조세범처벌법 제10조 제3항 제1호의 문언과 달리 '재화를 수입하지 아니하고' 수입세금계산서를 발급받은 행위까지 위 법조를 적용하여 처벌하는 것은 죄형법정주의 원칙에 반하여 허용될 수 없다"라고 판시[19] 하여 세관장을 기망하여 받은 가공수입세금계산서는 조세범처벌법 제10조 제3항에 의하여 처벌할 수 없다고 하고 있다.

6. 건설업면허 대여행위의 가공세금계산서 발급·수취해당 여부와 관계

건설업면허를 가지고 있는 A건설회사가 건설공사를 직접 시공한 일이 없이 B에게 건설업면허를 대여하고 그로 하여금 A건설회사 명의로 건설공사를 시공하도록 하여 건설업면허를 대여받은 B가 A건설회사 명의로 건설공사를 한 경우 A건설회사에게 부가가치세 납부의무가 있는지 여부 및 건설업 경영으로 인한 소득에 관하여 A건설회사에게 법인세와 방위세를 부과할 수 있는지 여부에 대하여, 법원은 "건설업면허를 받은 건설회사가 건설공사를 직접 시공한 일이 없이 타인에게 건설업면허를 대여하고 그로 하여금 회사명의로 건설공사를 시공하도록 한 경우 위 회사가 재화나 건설용역을 공급한 일이 없는 이상 재화나 용역의 공급을 과세대상으로 하는 부가가치세를 납부할 의무는 성립할 여지가 없다. 이 경우 실질적으로 건설업을 경영하여 소득을 얻어 경제적 이익을 향수한 것은 건설업면허를 대여받아 실제로 건설공사를 시공한 사람들이라고 할 것이므로 단순한 법률상의 명의자에 불과한 위 회사에게는 건설업면허를 대여함으로 인하여 얻은 소득에 관하여 법인세와 방위세를 부과함은 별론으로 하고, 위 회사가 건설업을 경영하여

---

19) 광주고등법원 2019.10.30. 선고 2018노3261 판결(상고포기로 확정).

소득을 얻은 것으로 보아 그 소득에 관한 법인세와 방위세를 부과할 수는 없다"라고 판시[20]하여 A건설회사가 재화나 건설용역을 공급한 일이 없는 이상 재화나 용역의 공급을 과세대상으로 하는 부가가치세를 납부할 의무는 성립할 여지가 없고, 따라서 A건설회사 명의로 발급하거나 발급받은 세금계산서는 실물거래 없이 수수한 허위 세금계산서에 해당한다고 하고 있다.

반면에 공사도급계약을 체결한 수급인 회사가 그 명의를 타인에게 대여하여 그로 하여금 실제공사를 완성하게 한 후 수급인 회사 명의로 도급인에게 세금계산서를 발행·교부한 경우에 대하여, 법원은 "피고인 회사는 이 사건 'K사옥 신축공사'와 관련하여 공소외 1에게 명의를 대여하여 공소외 1이 피고인 회사 명의로 공사를 하기는 하였으나, 실제로 도급인인 공소외 2와 사이에 위 공사에 관한 도급계약을 체결한 계약당사자는 피고인 회사이며, 단지 공소외 1이 실제공사를 맡아서 하고 공사대금도 사실상 받아갔을 뿐임을 알 수 있으므로, 그와 같은 지위에 있는 피고인 회사가 공소외 1에 의하여 위 신축공사가 대부분 완성된 이후에 도급인인 공소외 2에게 이 사건 세금계산서를 교부한 것이 구 조세범처벌법 제11조의2 제4항 소정의 '재화 또는 용역을 공급함이 없이 세금계산서를 교부'한 행위에 해당한다고 할 수는 없다"라고 판시[21]하고 있다. 위 두 판례는 건설업면허 대여자의 지위가 실제 공사계약을 체결한 자인지 여부에 따라 그 결론을 달리 하고 있다.

Ⅳ. 기수시기 및 죄수

1. 의　　의

본죄는 실물거래 없이 허위세금계산서를 발급하거나 발급받은 때 기수가 된다. 가공세금계산서 발급·수취죄는 각 세금계산서마다 하나의 죄가 성립한다. 법원도 "구 조세범처벌법 제11조의2 제4항 소정의 무거래 세금계산서수수죄는 각 세금계산서마다 하나의 죄가 성립하므로, 세금계산서마다 그 공급가액이 공소장에 기재되어야 개개의 범죄사실이 구체적으로 특정되었다고 볼 수 있고, 세금계산서의 총매수와 그 공급가액의 합계액이 기재되었다고 하여 공소사실이 특정되었다고 볼 수는 없다"라고 판시[22]하고 있다.

20) 대법원 1989.9.29. 선고 89도1356 판결.
21) 대법원 2008.8.11. 선고 2008도4930 판결.

한 사람이 양쪽 회사를 대표하여 양쪽 회사 간에 동일한 세금계산서를 발급하고 발급받은 경우와 매출용 세금계산서와 매입용 세금계산서를 작성한 경우에는 세금계산서마다 각각 1죄가 성립한다. 그러나 동일한 세금계산서를 발급하고 발급받는 행위 자체는 사회통념상 하나의 행위로 평가되므로 그 각 세금계산서를 교부함으로 인한 조세범처벌법위반죄와 이를 교부받음으로 인한 조세범처벌법위반죄는 상상적 경합관계에 해당한다.

2. 세금계산서 범죄와 세금계산서합계표 범죄 사이의 죄수 관계

재화 또는 용역을 공급하지 아니하고 조세범처벌법 제10조 제3항 각 호의 행위를 한 경우에 세금계산서나 계산서를 수수한 때 또는 매출·매입처별 세금계산서합계표나 매출·매입처별 계산서합계표를 제출한 때에 각 문서마다 1개의 죄가 성립한다. 법원도 "동일한 거래에 대한 허위 세금계산서 발급·수취행위와 허위의 매출·매입처별 세금계산서합계표 제출행위는 서로 구별되는 별개의 행위로서 각 행위에 따른 결과라고 할 수 있는 '공급가액' 역시 별도로 산정하여야 하며, 특정범죄가중처벌 등에 관한 법률 제8조의2에 따라 가중처벌을 하기 위한 기준인 '공급가액 등의 합계액'을 산정할 때에도 위와 같이 별도로 산정된 각 '공급가액'을 합산하는 것이 타당하다"라고 판시[23]하고 있다.

3. 세금계산서 범죄와 조세포탈 범죄 사이의 관계

(1) 양죄는 실체적 경합범 관계

실체적 경합범이란 판결이 확정되지 아니한 수개의 죄 또는 금고 이상의 형에 처한 판결이 확정된 죄와 그 판결이 확정되기 전에 범한 죄를 말한다(형법 제37조). 경합범은 독립된 수개의 행위로 구성되어 있고, 각 행위마다 별도의 범죄 구성요건을 충족한다. 이 점에서 1개의 행위가 수개의 죄에 해당하는 상상적 경합과 구별된다. 상상적 경합의 경우에는 가장 무거운 죄에 대하여 정한 형으로 처벌한다. 경합범은 한 명의 행위자에 의하여 수죄가 행하여진 경우에 성립한다. 경합범이 성립하기 위하여는 수개의 행위로 수개의 죄를 범하였다는 실체법적 요건 이외에 수개의 죄가 동일한 하나의 재판에서 같이 판결이 선고될 경우에 한하여 그 의미

---

22) 대법원 2007.6.29. 선고 2007도2076 판결.
23) 대법원 2017.12.28. 선고 2017도11628 판결.

가 있다.

허위세금계산서 작성·제출과 같은 부정행위로 조세를 포탈한 경우에 허위세금계산서 작성·제출 행위와 조세포탈행위의 상호 관계 및 죄수가 문제될 수 있다. 이에 대하여 법원은 "세금계산서합계표를 허위기재하여 정부에 제출하는 행위를 처벌하는 조세범처벌법 제10조 제1항 내지 제3항의 죄와 사기 기타 부정한 행위로써 부가가치세 등의 조세를 포탈하거나 조세 환급·공제를 받는 행위를 처벌하는 조세범처벌법 제3조 제1항의 죄는 구성요건적 행위태양과 보호법익이 서로 다를 뿐 아니라 어느 한 죄의 불법과 책임 내용이 다른 죄의 불법과 책임 내용을 모두 포함하고 있지 아니하므로, 세금계산서합계표를 허위기재하여 정부에 제출하는 방법으로 부가가치세를 포탈하거나 부가가치세의 환급·공제를 받는 경우에는 조세범처벌법 제10조 제1항 내지 제3항의 죄와 같은 법 제3조 제1항의 죄는 별개로 성립하고, 나아가 조세범처벌법 제3조 제1항의 죄가 성립하기 위해서는 세금계산서합계표를 조작하여 제출하는 행위 외에 과세표준과 세액에 관한 허위 신고를 하고 그에 근거하여 조세를 포탈하거나 조세의 환급·공제를 받는 행위가 있어야 하므로, 부가가치세를 포탈하거나 부정하게 환급·공제받는 범죄와 허위기재 세금계산서합계표를 정부에 제출하는 범죄는 법률상 1개의 행위로 볼 수 없고, 두 죄는 실체적 경합관계에 있다"라고 판시[24]하고 있다.

실체적 경합범에 대하여는 가장 무거운 죄에 대하여 정한 형이 사형, 무기징역, 무기금고인 경우에는 흡수주의를 적용하여 가장 무거운 죄에 대하여 정한 형으로 처벌한다(형법 제38조 제1항 제1호). 각 죄에 대하여 정한 형이 사형, 무기징역 또는 무기금고 외의 같은 종류의 형인 경우에는 가장 무거운 죄에 대하여 정한 형의 장기 또는 다액에 그 2분의 1까지 가중하되 각 죄에 대하여 정한 형의 장기 또는 다액을 합산한 형기 또는 액수를 초과할 수 없다(형법 제38조 제1항 제2호). 각 죄에 대하여 정한 형이 무기징역, 무기금고 외의 다른 종류의 형인 경우에는 병과하도록 하고 있다(형법 제38조 제1항 제3호).

(2) 실무상 세금계산서 범죄를 이용한 조세포탈 범죄에 대한 처리

허위세금계산서 작성·제출과 같은 부정행위로 조세를 포탈한 경우에 허위세금계산서 작성·제출과 조세포탈에 대하여 실체적 경합범으로 공소를 제기하는 것이 원칙이다. 그러나 실무상 대부분의 경우 세금계산서 관련 범죄에 대하여는 공

---

24) 대법원 2011.12.8. 선고 2011도9242 판결.

소를 제기하지 않고, 조세포탈죄로만 공소를 제기하고 있다. 최근 5년간 세금계산서 범죄를 이용한 조세포탈 범죄 중 국세청에서 조세포탈범 명단으로 공개된 몇 가지 사례를 들어 보도록 한다.

① 여행업에 종사하는 자가 허위 세금계산서를 발급받아 매입액 등에 포함시켜 신고하는 방법으로 112억 원 상당의 부가가치세와 법인세를 포탈한 행위에 대하여 징역 4년 및 벌금 153억 원을 선고하였다.

② 제조업자가 태양광 시설 관련 컨설팅 용역대가를 본인 계좌로 입금받았으나 세금계산서를 미발급하고 소득을 누락시켜 9억 2천만 원 상당의 부가가치세와 종합소득세를 포탈한 행위에 대하여 징역 1년에 집행유예 2년 및 벌금 6억 1천만 원을 선고하였다.

③ 식자재 도매업자가 매출대금을 차명계좌로 입금받아 세금계산서를 미발급하고 매출신고를 누락하여 10억 8천만 원 상당의 부가가치세와 종합소득세를 포탈한 행위에 대하여 징역 1년에 집행유예 2년을 선고하였다.

④ 의약품업자가 허위의 세금계산서를 수취하고 가공 인건비를 손금으로 처리하는 방법으로 소득을 탈루하여 9억 8천만 원 상당의 부가가치세와 법인세를 포탈한 행위에 대하여 징역 2년 및 벌금 4억 원을 선고하였다.

⑤ 금속가공업자가 허위의 세금계산서를 수취하고 가공 인건비를 손금으로 처리하는 방법으로 23억 6천만 원 상당의 법인세를 포탈한 행위에 대하여 징역 3년에 집행유예 5년을 선고하였다.

⑥ 고비철 도소매업자가 폭탄업체를 설립하고 매출처에 폭탄업체 명의의 세금계산서를 발급한 후 매출처로부터 지급받은 부가가치세를 납부하지 않고 폐업하는 방법으로 8억 7천만 원 상당의 부가가치세를 포탈한 행위에 대하여 징역 3년 6월 및 벌금 30억 원을 선고하였다.

⑦ 건축자재업자가 매출세금계산서를 미발급하여 매출세액을 은닉하고 지급한 물품대금을 반환받고도 매입세금계산서를 수취하고 매입세액을 과다계상하는 방법으로 8억 3천만 원 상당의 부가가치세를 포탈한 행위에 대하여 징역 2년에 집행유예 3년 및 벌금 6억 4천만 원을 선고하였다.

⑧ 의류제조 판매업자가 무자료로 의류원단을 매입하여 제조한 의류를 무자료로 판매한 후 매입 및 매출이 없는 것처럼 신고하여 26억 1천만 원 상당의 부가가치세와 종합소득세를 포탈한 행위에 대하여 징역 3년에 집행유예 5년 및 벌금

23억 3천만 원을 선고하였다.

⑨ 도박사이트 운영업자가 불법 인터넷 도박사이트를 운영하면서 사업자등록을 하지 않고 차명계좌로 입금받고 매출액을 신고·납부하지 않는 등의 방법으로 18억 7천만 원 상당의 부가가치세와 종합소득세를 포탈한 행위에 대하여 징역 3년 6월 및 벌금 20억 원을 선고하였다.

⑩ 부동산업자가 타인 명의를 빌려 법인을 설립하고 자료상으로부터 재화나 용역을 공급받은 것처럼 허위세금계산서를 수취하는 방법으로 2억 원 상당의 부가가치세를 포탈한 행위에 대하여 징역 10월에 집행유예 2년 및 벌금 1천만 원을 선고하였다.

⑪ 운동용품 도소매업을 영위하면서 제품을 판매하였음에도 세금계산서를 발급하지 아니하는 방법으로 매출액을 무신고하여 8억 9천만 원 상당의 부가가치세를 포탈한 행위에 대하여 징역 10월을 선고하였다.

⑫ 건설업자가 타인 명의로 법인을 설립하고 본인이 대표자로 있는 법인에게 허위 세금계산서를 발행하는 방법으로 매입세액공제를 받아 8억 4천만 원 상당의 부가가치세와 법인세를 포탈한 행위에 대하여 징역 2년에 집행유예 3년 및 벌금 8억 5천만 원을 선고하였다.

⑬ 도매업자가 자료상으로부터 허위의 세금계산서를 매수하여 거짓으로 기재된 매입처별 세금계산서합계표를 제출하고, 거래처와 통정하여 매출을 과소신고하는 등의 방법으로 법인세 7억 1천만 원을 포탈한 행위에 대하여 징역 1년 6월에 집행유예 3년 및 벌금 11억 원을 선고하였다.

⑭ 근로자 파견업체를 운영하며 재화 또는 용역을 공급받은 사실이 없음에도 허위세금계산서를 수취하고 부가가치세를 공제받는 방법으로 8억 5천만 원 상당의 부가가치세를 포탈한 행위에 대하여 징역 1년 6월에 집행유예 3년 및 벌금 11억 원을 선고하였다.

⑮ 전기재료 도소매업자가 허위매입세금계산서를 수취하여 매입비용을 과대계상하고 실제 매출이 있었음에도 세금계산서를 발급하지 않는 방법으로 43억 원 상당의 부가가치세와 종합소득세를 포탈한 행위에 대하여 징역 5년 및 벌금 55억 원을 선고하였다.

제5절 가공 세금계산서 발급에 대한 알선·중개

Ⅰ. 의 의

본죄는 조세범처벌법 제10조 제3항의 소정의 행위, 즉 재화 또는 용역을 공급하지 아니하거나 공급받지 아니하고 세금계산서 또는 계산서를 발급하거나 발급받는 행위, 매출·매입처별 세금계산서합계표 또는 매출·매입처별 계산서합계표를 거짓으로 기재하여 제출하는 행위를 알선하거나 중개한 경우에 성립한다.

Ⅱ. 구성요건

본죄는 실물거래가 없는 세금계산서 등 수수행위를 알선·중개하는 경우에 성립한다. 본죄의 주체에는 제한이 없다. 알선은 어떠한 일이 잘 되도록 중간에서 주선하는 일을 가리키고, 중개는 타인 간의 법률행위를 매개하는 것을 말한다. 본죄의 알선·중개는 재화 또는 용역의 공급 없이 세금계산서 등을 발급하는 자와 발급받는 자를 중간에서 매개하거나 주선하여 연결시키는 일체의 행위로서 유상·무상을 불문한다. 통상 수수료를 받고 알선·중개하는 경우가 대부분이나, 대가의 수수 여부는 범죄 성립요건이 아니고, 정상에 참작할 사유에 불과하다. 실물거래 없는 세금계산서 등의 발급·수취행위를 전제로 성립하는 범죄이므로, 알선·중개의 대상으로서 실제 세금계산서 등을 발급하거나 발급받는 행위가 존재하여야 한다.

Ⅲ. 세무사 등에 대한 가중처벌

본죄를 범한 자에 대하여는 3년 이하의 징역 또는 공급가액에 부가가치세의 세율을 적용하여 계산한 세액의 3배 이하에 상당하는 벌금에 처한다. 세무사법 제22조 제2항은 '세무사로서 조세범처벌법에 규정된 범죄와 형법 중 공무원의 직무에 관한 죄를 교사한 자는 그에 대하여 적용할 해당 조문의 형기 또는 벌금의 3분의 1까지 가중하여 벌한다'라고 규정하고 있다.

그런데 세무를 대리하는 세무사·공인회계사 및 변호사가 조세범처벌법 제10조 제3항의 행위를 알선하거나 중개한 때에는 세무사법 제22조 제2항에도 불구하고 해당 형의 2분의 1을 가중한다(조세범처벌법 제10조 제4항 후문). 이는 세무사 등 세무대리인이 자료상 행위를 중개·알선하여 탈세를 조장하거나 협력하는 행위를 하였을 경우에는 일반인들에 대한 형벌보다 가중처벌함으로써 세무사 등 세무대리인의 청렴도를 제고하여 가공세금계산서 관련 범죄를 예방하기 위함이다.

제6절 특정범죄가중처벌등에관한법률 제8조의2에 의한 가중처벌

Ⅰ. 의 의

1. 입법취지

본죄는 공급가액 등의 합계액이 일정액 이상이라는 가중사유를 구성요건화하여 조세범처벌법 제10조 제3항의 가공 세금계산서와 계산서 수수, 매출·매입처별 세금계산서합계표 제출 및 제10조 제4항의 전단의 그 중개·알선행위를 합쳐서 하나의 범죄로 유형화하여 그에 대한 법정형을 상향하고 벌금을 필요적으로 병과하도록 함으로써 자료상 행위에 대한 엄정한 처벌을 위하여 규정[1]되었다.

법원도 "구 조세범처벌법 제10조 제3항 제1호에 따르면, '재화 또는 용역을 공급하지 아니하거나 공급받지 아니하고 부가가치세법에 따른 세금계산서를 발급하거나 발급받은 행위'를 한 사람은 3년 이하의 징역 또는 그 세금계산서에 기재된 공급가액에 부가가치세의 세율을 적용하여 계산한 세액의 3배 이하에 상당하는 벌금에 처한다. 그런데 특가법 제8조의2는 영리를 목적으로 구 조세범처벌법 제10조 제3항의 죄를 범한 사람은 세금계산서에 기재된 공급가액 등을 합산하여 그 합계액이 50억 원 이상인 경우에는 3년 이상의 유기징역에 처하고, 합계액이 30억

1) 2005.12.7. 특가법 일부 개정 법률안 제안이유 2면에는 '현행법 규정 중 뇌물죄, 횡령·배임죄에 의한 국고손실, 관세법 위반죄 및 조세포탈범에 대한 가중처벌의 기준이 되는 금액이 그동안의 물가변동 등 경제적 상황의 변화에 따른 화폐가치를 반영하고 있지 못하여 현실과 맞지 아니한 점이 있기 때문에 이를 조정함으로써 균형있고 적정한 양형을 도모하려는 것임. 또한 영리의 목적으로 허위로 세금계산서를 교부하는 등 세법질서를 문란하게 하는 행위가 근절되지 아니하고 있어서 그 중 사안이 무거운 경우를 가려 이를 가중처벌할 필요가 있으므로 가중처벌 규정을 신설하려는 것임'이라고 기재하고 있다.

원 이상 50억 원 미만인 경우에는 1년 이상의 유기징역에 처하며, 합계액에 부가가치세의 세율을 적용하여 계산한 세액의 2배 이상 5배 이하의 벌금을 병과한다고 규정하고 있다. 이러한 가중처벌 규정이 특가법에 별도로 마련된 이유는 세금계산서 수수질서를 확립하여 궁극적으로 근거과세와 공평과세를 실현하기 위한 것이다"라고 판시[2]하고 있다.

2. 이 규정의 특징

조세범처벌법 제10조 제3항은 실물거래의 실체가 전혀 없이 이루어진 세금계산서 수수행위(이른바 자료상)나 실물거래의 실제는 존재하지만 세금계산서를 수수한 당사자 사이에서는 거래의 실체가 전혀 존재하지 않는 경우에 한하여 적용된다. 따라서 조금이라도 거래 당사자간에 거래의 실질이 인정되고, 이에 부수되거나 관련되는 부분이 가공인 경우에는 조세범처벌법 제10조 제3항이 아닌 조세범처벌법 제10조 제1항으로 처벌해야 한다. 조세범처벌법 제10조 제3항 각 호의 행위인 세금계산서나 계산서를 수수한 때 또는 매출·매입처별 세금계산서합계표나 매출·매입처별 계산서합계표를 제출한 경우에는 각 문서마다 1개의 죄가 성립하는 것이 원칙이다.

그러나 특가법 제8조의2 제1항은 공급가액 등의 합계액이 일정액 이상이라는 가중사유를 구성요건화하여 조세범처벌법 제10조 제3항의 행위와 합쳐 하나의 범죄유형으로 하고 그에 대한 법정형을 규정한 특징이 있다.

법원도 "구 특가법 제8조의2 제1항은 공급가액등의 합계액이 일정액 이상이라는 가중사유를 구성요건화하여 구 조세범처벌법 제11조의2 제4항의 행위와 합쳐 하나의 범죄유형으로 하고 그에 대한 법정형을 규정한 것이므로, 세금계산서, 계산서, 매출·매입처별 세금계산서합계표에 기재된 공급가액을 합산한 금액이 구 특가법 제8조의2 제1항에서 정한 금액 이상인 때에는 구 특가법 제8조의2 제1항 위반의 일죄만이 성립한다"라고 판시[3]하고 있다. 또한 법원은 "특가법 제8조 제1항은 연간 포탈세액이 일정액 이상이라는 가중사유를 구성요건화하여 조세범처벌법 제9조 제1항의 행위와 합쳐서 하나의 범죄유형으로 하고 그에 대한 법정형을 규정한 것이므로, 조세의 종류를 불문하고 1년간 포탈한 세액을 모두 합산한 금액

---

2) 대법원 2020.2.13. 선고 2019도12842 판결.
3) 대법원 2011.9.29. 선고 2009도3355 판결.

이 특가법 제8조 제1항 소정의 금액 이상인 때에는 같은 항 위반의 1죄만이 성립하고, 또한 같은 항 위반죄는 1년 단위로 하나의 죄를 구성하며 그 상호간에는 경합범 관계에 있다 할 것이다"라고 판시[4]하여 같은 가중입법 형태를 취한 특가법 제8조의2도 죄수, 각 죄 상호 관계 등에 있어서 위 특가법 제8조 제1항과 동일한 법리가 적용된다고 보고 있다.

한편, 법원은 "특가법 제8조의 규정은 자연인을 가중처벌하기 위한 규정임이 명백하므로, 법인에 대하여는 특가법상으로 가중하여 처벌한다는 명문의 처벌규정(양벌규정)이 없는 이상 특가법 제8조에 의하여 법인을 가중처벌할 수 없음은 죄형법정주의의 원칙상 당연하다"라고 판시[5]하고 있는 바, 이 판례는 특가법 제8조에 관한 것이나, 해당 법리는 특가법 제8조의2의 해석에도 그대로 적용된다.

3. 고발전치주의 적용 여부

특가법 제16조는 제6조(관세법위반행위의 가중처벌) 및 제8조(조세포탈의 가중처벌)의 죄에 대해서는 고소 또는 고발이 없는 경우에도 공소를 제기할 수 있다. 따라서 이 부분 범죄에 대하여는 과세관청의 고발 없이도 수사기관에서 직접 인지하여 공소제기가 가능하다. 한편, 조세범처벌법 제21조는 조세범처벌법에 따른 범칙행위에 대해서는 국세청장, 지방국세청장 또는 세무서장의 고발이 없으면 검사는 공소를 제기할 수 없다고 규정하고 있다.

특가법 제8조의2의 죄에 대해서는 특가법이나 조세범처벌법에 고발이 필요한지 여부에 대해 특별한 규정이 없다. 따라서 특가법 제8조의2의 죄의 경우에는 제8조와 달리 공소제기에 과세관청의 고발이 여전히 필요하다고 해석함이 상당하다. 법원도 "특가법 제8조의2 제1항의 죄는 조세범처벌법 제10조 제3항 및 제4항 전단의 죄 중 영리의 목적이 있고 공급가액등의 합계액이 일정금액 이상인 경우를 가중처벌하는 것에 불과하여 위 조세범처벌법 규정에 의하여 규율되지 아니하는 새로운 유형의 범죄를 신설한 것으로 볼 수 없으므로, 법률에 별도의 규정이 없는 한 조세범처벌법 제21조에 따라 국세청장, 지방국세청장 또는 세무서장의 고발이 없으면 공소를 제기할 수 없다"라고 판시[6]하여 고발전치주의가 적용된다고 하고 있다.

---

4) 대법원 2000.4.20. 선고 99도3822 전원합의체 판결.
5) 대법원 1992.8.14. 선고 92도299 판결.
6) 대법원 2014.9.24. 선고 2013도5758 판결.

Ⅱ. 구성요건

1. 조세범처벌법 제10조 제3항 및 제4항 전단의 행위에 한정하여 적용

본죄는 재화 또는 용역의 공급없이 세금계산서를 발급·수취하는 행위를 처벌하기 위한 경우인 속칭 '자료상'과 무자료 세금계산서를 주고받은 행위와 그 중개·알선행위에 대하여만 적용된다 따라서 조세범처벌법 제10조 제1항의 사실과 다른 거짓 기재 세금계산서 등 미발급, 거짓 기재 세금계산서 등 발급, 제10조 제2항의 거짓 기재 세금계산서 등 미수취, 거짓 기재 세금계산서 등 수취 등에는 적용되지 아니한다. 즉, 가공세금계산서 수수가 아닌 일부라도 실물거래가 있는 경우에는 특가법 제8조의2가 적용될 수 없다.

다만, 앞서 본 것처럼 조세범처벌법 제10조 제3항 제2호의 거짓으로 기재한 매출·매입처별 세금계산서합계표를 제출한 경우에는 일부 실물거래가 있더라도 가공거래로 보도록 되어 있으므로 특가법의 적용대상이 된다.

2. 영리의 목적으로 발급·수취

특가법 제8조의2는 기본범죄인 조세범처벌법 제10조 제3항 위반죄에 추가적인 구성요건인 '영리의 목적'과 '공급가액의 합계액의 일정 금액(30억 원) 이상'을 요건으로 하고 있어, 위 추가 구성요건 모두에 해당할 경우 이를 가중처벌하는 구조로 되어 있다.

여기에서 '영리의 목적'은 무거래 세금계산서 교부행위 등과 같이 근본적으로 '허위의 세금계산서 수수를 통하여 국가의 과세권 내지 세수를 침탈함으로써 스스로의 영리를 취하려는 목적'을 의미하는 것이다. 따라서 허위의 세금계산서 수수가 있었더라도 이를 직접적인 수단으로 한 영리취득의 목적이 없는 경우, 즉 이로 인한 직접적인 경제적 이익은 존재하지 않으면서 관련 부가가치세 매출세액은 모두 납부되고 법인세법상 과세소득에도 변동이 없는 경우에는 '영리의 목적' 또한 인정될 수 없다고 보는 것이 타당하다. 그러나 법원은 "특가법 제8조의2 제1항에서의 '영리의 목적'이란 행위자가 재화 또는 용역의 공급 없이 세금계산서를 수수하는 행위 자체에 관하여 대가를 받는 등 직접적인 경제적 이익을 취득할 목적뿐만 아니라 가공의 외형을 창출하거나 불법에 가담함으로써 얻을 수 있는 간접적인 경제적 이익을 취득할 목적까지 포섭한다"라고 판시[7]하여 영리의 목적을 폭넓게 인정하고 있다.

법원이 영리의 목적이 있다고 긍정한 사례를 보면, ① 영리의 목적이란 널리 경제적인 이익을 취득할 목적을 말하는 것으로서, 과세자료의 거래를 통하여 조세를 포탈함으로써 경제적인 이익을 얻고자 하는 목적이나 부정한 이익을 얻으려는 범행의 수단으로서 재화 또는 용역을 공급하지 아니하거나 공급받지 아니하고 부가가치세법에 따른 세금계산서를 발급하거나 발급받아 경제적인 이익을 취득하려는 목적,[8] ② 실제 거래 없이 가공의 세금계산서를 이용하여 부당하게 부가가치세를 환급·공제받으려는 목적,[9] ③ 거짓으로 기재한 매입처별 세금계산서합계표를 제출하여 부당하게 부가가치세를 환급·공제받으려는 목적,[10] ④ 허위의 거래실적을 만들어 은행에서 대출을 받으려는 목적 또는 기존 대출금의 상환을 연장 받으려는 목적,[11] ⑤ 회사의 매출을 부풀려 대기업이나 해외로부터 수주를 유지하거나 받기 위한 주된 목적과 회사를 코스닥에 상장시키는데 도움이 되도록 하기 위한 부수적인 목적,[12] ⑥ 거래처와 거래관계를 유지하거나 거래처로부터 미수금을 변제받기 위해 거래처 대표자의 지시에 따라 거짓 기재한 세금계산서를 수수한 경우,[13] ⑦ 피고인이 대표이사로 있던 영농조합법인의 매출실적을 부풀려 높은 평가점수를 받고 이를 토대로 보조금, 보조사업 등에 혜택을 받기 위한 목적,[14] ⑧ 피고인이 운영하는 회사들의 매출실적을 부풀려 피고인 회사들이 관급공사의 입찰자격을 갖추려는 의도로 피고인 회사들 상호간에 재화 또는 용역을 공급한 것처럼 허위로 세금계산서를 세무서에 제출한 경우[15] 등이 있다. 위 사례들을 종합하여 보면, 법원은 본래 이 규정의 입법목적인 '영리의 목적'을 추가적 구성요건 요소로 보아 엄격하게 해석하지 않고 공급가액 등의 합계액이 30억 원 이상이면 바로 영리의 목적이 사실상 존재하는 것으로 추정된다고 해석하여 영리의 목적을

7) 대법원 2013.9.27. 선고 2013도7953 판결(원심판결: 서울고등법원 2013.6.14. 선고 2013노981 판결).
8) 대법원 2015.5.28. 선고 2015도146 판결.
9) 대법원 2014.9.26. 선고 2014도6479 판결.
10) 대법원 2014.9.24. 선고 2013도5758 판결.
11) 대법원 2010.2.11. 선고 2009도13342 판결.
12) 대법원 2011.9.29. 선고 2011도4397 판결.
13) 광주고등법원 2014.10.23. 선고 2014노299 판결(상고포기로 확정).
14) 대법원 2011.10.13. 선고 2011도9104 판결(원심판결: 대구고등법원 2011.6.30. 선고 2011노97 판결).
15) 대법원 2013.9.27. 선고 2013도7953 판결(원심판결: 서울고등법원 2013.6.14. 선고 2013노981 판결).

폭넓게 인정하는 경향에 있다.

3. 공급가액등의 합계액이 30억 원 또는 50억 원 이상에 해당

(1) 공급가액 등 합계액 계산 대상

조세범처벌법 제10조 제3항은 실물거래 없이 세금계산서 관련 위법행위를 하는 경우에 관한 벌칙을 정하고 있고, 제1호에서 세금계산서를, 제2호에서 계산서를, 제3호에서 매출·매입처별 세금계산서합계표를, 제4호에서 매출·매입처별 계산서합계표를 각각 규정하고 있다. 세금계산서합계표 및 계산서합계표 제출행위는 가공거래에 대한 각 세금계산서 및 계산서 발급 후 부가가치세 신고시 필수적으로 수반되는 사후적 행위에 불과하여 허위의 세금계산서를 발급 또는 발급받은 선행행위에 의하여 이미 성립된 세금계산서 범죄에 의하여 완전히 평가된 법익침해행위로서 이른바 '불가벌적 사후행위'에 해당하는 측면도 있다.

여기에 세금계산서 공급가액 이외에 세금계산서합계표의 공급가액이 재차 기재되어 있다는 점을 근거로, 특가법상 공급가액을 모두 합산하는 것은 허위기재에 따른 공급가액(또는 매입가액)을 가공이라는 하나의 행위에 대하여 위반 금액만큼을 이중으로 계산하겠다는 것과 같은 측면도 있다. 이득액의 규모에 따라 범칙자의 법정형을 달리하는 특가법 제8조의2 측면에서 보면 세금계산서합계표 제출행위는 다른 새로운 법익을 침해하지 않는 불가벌적 사후행위이므로, 제8조의2에 따른 '공급가액 등의 합계액'을 계산할 때 세금계산서 및 세금계산서합계표에 기재된 공급가액을 각 합산가중 처벌하는 것은 형사법 원칙에도 부합하지 않는 측면도 있다.

이러한 여러 문제가 상존하는 특가법 제8조의2 제1항 공급가액등의 합계액을 계산할 경우에 조세범처벌법 제10조 제3항 각 호별 합산액을 의미하는지(호별 합산설), 아니면 제10조 제3항 각 호의 문서에 기재된 공급가액 또는 매출·매입금액을 모두 합산한 금액을 의미하는지(전체 합산설)가 문제된다. 호별 합산설은 각 호별로 규정하고 있는 문서의 성격과 기능이 다르므로 각 호별 문서의 공급가액의 합계액이 30억 원 이상이면 특가법 제8조의2 제1항 위반죄가 성립하고, 그 각 호별로 별죄가 성립한다는 견해이다. 전체 합산설은 특가법 제8조의2에 규정된 '영리의 목적'이라는 주관적 요소는 세금계산서, 계산서, 세금계산서합계표, 계산서합계표에 관한 모든 위법행위를 통합하는 기능을 하고, '공급가액등의 합계액'에 세금계산서, 계산서, 세금계산서합계표, 계산서합계표를 모두 합산하는 것이 문리해석에 충실하다는 점을 이유로 행위자를 중심으로 각 문서에 관한 행위를 모두 포괄하여 계산하여야 한다는 견해이다.

법원은 "특가법 제8조의2 제1항은 공급가액등의 합계액이 일정액 이상이라는 가중사유를 구성요건화하여 조세범처벌법 제10조 제3항의 행위와 합쳐 하나의 범죄유형으로 하고 그에 대한 법정형을 규정한 것이므로, 세금계산서, 계산서, 매출·매입처별 세금계산서합계표에 기재된 공급가액을 합산한 금액이 특가법 제8조의2 제1항에서 정한 금액 이상인 때에는 특가법 제8조의2 제1항 위반의 일죄만이 성립한다"라고 판시[16]하여 전체합산설의 입장에 있다. 이에 따르면, 조세범처벌법 제10조 제3항 제1호의 가공 매출세금계산서와 가공 매입세금계산서도 합산대상이 되고, 제10조 제3항 제3호의 매출·매입처별 세금계산서합계표도 서로 합산대상이 되며, 제1호 세금계산서와 제3호 세금계산서합계표도 모두 합산대상이 된다.

(2) 포괄일죄 요건을 구비

특가법 제8조의2 제1항 위반죄는 포괄일죄에 해당한다. 포괄일죄란 형법상 개념으로 밀접한 시간적 또는 장소적 연관성을 갖고 단일 의사에 의해 여러 구성요건적 불법을 저지른 경우에 수 개의 행위가 포괄하여 1개의 구성요건에 해당하여 1죄로 구성하는 것을 말한다.

법원은 "조세범처벌법 제10조 제3항의 각 위반행위가 영리를 목적으로 단일하고 계속된 범의 아래 일정기간 계속하여 행해지고 그 행위들 사이에 시간적·장소적 연관성이 있으며 범행의 방법 간에도 동일성이 인정되는 등 하나의 특가법 제8조의2 제1항 위반행위로 평가될 수 있고, 그 행위들에 해당하는 문서에 기재된 공급가액등을 모두 합산한 금액이 위 조항에 정한 금액에 해당하면, 그 행위들에 대하여 포괄하여 위 조항 위반의 1죄가 성립될 수 있다"라고 판시[17]하고, 또한 "한 사람이 여러 사업자명의로 허위 매출·매입처별 세금계산서합계표를 제출하거나 허위 세금계산서를 발급한 경우, 서로 다른 사업자명의로 세금계산서나 합계표가 작성되었다 하더라도 영리의 목적으로 단일하고 계속된 범의 아래 일정기간 계속하여 행하여지고 그 행위들 사이에 시간적·장소적 연관성이 있으며 범행의 방법 간에도 동일성이 인정되는 등 하나의 특가법 제8조의2 위반행위로 평가될

16) 대법원 2011.9.29. 선고 2009도3355 판결.
17) 대법원 2018.10.25. 선고 2018도9810 판결.

수 있다면 비록 각각 다른 과세기간에 작성된 문서들일지라도 포괄하여 특가법 제8조의2 위반죄가 성립하는 것이지, 사업자명의별로 각각 1개의 특가법 제8조의2 위반죄가 성립하는 것은 아니다"라고 판시[18]하여 본죄의 경우에는 조세포탈의 특가법과는 달리 연간이라는 제한이 없으므로 형법상 포괄일죄의 요건을 구비하고 있는 한도 내에서는 과세기간의 제약 없이 본죄가 성립한다고 하고 있다.

(3) 세금계산서와 세금계산서합계표의 이중계산 여부

세금계산서 이외에 세금계산서합계표에도 공급가액이 또 기재되어 있다는 점을 근거로, 특가법상 공급가액에 모두 합산하는 것은 하나의 가공행위에 의하여 발생한 금액을 이중으로 계산하는 문제가 있을 수 있다는 주장에 대하여, 법원은 "동일한 거래에 대한 허위 세금계산서 발급·수취행위와 허위의 매출·매입처별 세금계산서합계표 제출행위는 서로 구별되는 별개의 행위로서 각 행위에 따른 결과라고 할 수 있는 '공급가액' 역시 별도로 산정하여야 하며, 특가법 제8조의2에 따라 가중처벌을 하기 위한 기준인 '공급가액 등의 합계액'을 산정할 때에도 위와 같이 별도로 산정된 각 '공급가액'을 합산하는 것이 타당하다"라고 판시[19]라고 있다.

이 판결의 제1심 법원은 세금계산서와 세금계산서합계표에 중복된 가공거래가 포함되었음에도 이를 단순 합산하여 그 합계액을 기준으로 특가법을 적용하여 가중처벌한다면, 실질적으로 하나인 일련의 행위를 두 배로 가중하여 처벌하는 결과를 초래하여 불합리하므로 중복된 부분의 금액을 '공급가액등의 합계액' 산정에서 제외해야 한다고 판시하였으나, 항소심 법원은 "기존의 대법원 판결[20]에서 '공급가액 등의 합계액'을 산정함에 있어서는 조세범처벌법 제10조 제3항 제1호의 세금계산서와 같은 항 제3호의 세금계산서합계표상의 공급가액을 합산하여야 한다는 점을 분명히 하였다. 또한 조세범처벌법 제10조 제3항 제1호는 행위자들 사이에 실물거래 없이 세금계산서의 수수가 이루어지는 경우를 처벌하는 것이지만, 같은 항 제3호는 행위자가 세금계산서합계표를 거짓으로 기재하여 정부에 제출하는 경우를 처벌하는 것이므로, 같은 항 제1호와 제3호는 일시, 장소, 상대방, 행위객체(수단) 등을 달리할 뿐만 아니라 각기 별개로 성립할 수 있다는 점에서, 이들 행위는 원칙적으로 실체적 경합범으로 보아야 한다. 특가법 제8조의2는 조세포탈을 처벌

18) 대법원 2015.6.23. 선고 2015도2207 판결.
19) 대법원 2017.12.28. 선고 2017도11628 판결.
20) 대법원 2011.9.29. 선고 2009도3355 판결.

하는 것이 아니라 허위 과세자료의 거래행위 자체를 규제하는 것이므로, 조세포탈이라는 동일한 목적 아래 허위 세금계산서의 수수행위와 이를 포함한 허위 세금계산서합계표의 제출행위를 하였더라도, 위 두 행위는 각 행위마다 별죄를 구성하는 것이 원칙이다. 위와 같은 두 행위에 대한 위법성의 크기를 합산하여 가중처벌한다고 하여 불합리하다고 할 수는 없다. 특가법 제8조의2 제1항의 '공급가액 등의 합계액'을 산정함에 있어서는 동일한 가공거래에 관한 것이라고 하더라도 조세범처벌법 제10조 제3항 제1호의 세금계산서와 같은 항 제3호의 세금계산서합계표상의 공급가액을 합산하여야 한다고 봄이 타당하다"라고 판시하였다. 대법원도 항소심과 같은 입장을 견지하였다.

(4) 동일인이 두 회사를 경영하며 세금계산서를 발급하고 발급받은 경우

한 사람이 세금계산서를 발급하고 발급받는 두 회사를 모두 경영하면서 실물거래 없이 재화 또는 용역을 공급하는 사업자로서 허위 세금계산서를 발급하는 한편, 다른 별개의 사업자로서 실제로는 재화나 용역을 공급받지 않으면서 위 허위 세금계산서를 발급받은 행위는 행위가 단일하고 동일하여 1개의 범죄로 볼 것인지 또는 수개의 범죄로 볼 것이지 여부가 문제되었다.

이에 대하여 법원은 "한 사람이 양쪽 회사를 대표하여 양쪽 회사 간에 동일한 세금계산서를 발급하고 발급받은 경우, 매출용 세금계산서와 매입용 세금계산서에 대해 각각 1죄가 성립하지만, 동일한 세금계산서를 발급하고 발급받는 행위 자체는 사회관념상 하나의 행위로 평가되므로 그 각 세금계산서를 교부함으로 인한 조세범처벌법위반죄와 이를 교부받음으로 인한 조세범처벌법위반죄는 상상적 경합관계에 해당한다"라고 판시[21]하고 있다. 또한 법원은 "특가법 제8조의2 가중처벌 규정은 세금계산서 수수질서를 확립하여 궁극적으로 근거과세와 공평과세를 실현하기 위한 것이고, 세금계산서는 이를 발급하는 사업자와 발급받는 사업자 모두에게 부가가치세 과세자료가 되며, 조세범처벌법 제10조 제3항 제1호가 세금계산서를 발급한 사람과 발급받은 사람을 모두 처벌하고 있는 점 등을 종합하여 보면, 특가법 제8조의2에서 정한 공급가액 등의 합계액을 산정할 때에는 발급하는 사업자로서의 공급가액과 발급받는 사업자로서의 공급가액을 합산하는 것이 타당하다"라고 판시[22]하여 특가법상 공급가액을 산정함에 있어서도 모두 합산하는 것

---

21) 대법원 2012.10.25. 선고 2012도7172 판결.
22) 대법원 2020.2.13. 선고 2019도12842 판결.

을 원칙으로 하고 있다.

Ⅲ. 기수시기 및 죄수

포괄일죄는 구성요건의 성질상 동종 행위의 반복이 예상되는 경우 및 수개의 행위가 이미 완성된 위법상태를 유지하는 데 지나지 않는 경우에 해당하여 수개의 행위가 법적 의미에서 1개의 행위에 흡수되어 일죄를 구성하는 형태의 범행이다. 이러한 포괄일죄의 경우에 공소시효의 기산점이 되는 기수시기는 마지막 범죄의 실행행위가 종료한 시점이 된다.[23]

본죄의 경우에도 여러 개의 조세범처벌법 제10조 제3항에 해당하는 범죄가 포괄하여 1개의 특가법 제8조의2 위반 범죄를 구성하는 경우이므로 개별 조세범처벌법 제10조 제3항 위반 범죄는 특가법 제8조의2 위반 범죄에 흡수되어 별죄를 구성하지 않고, 맨 마지막에 행해진 범죄의 실행행위가 종료할 때에 특가법 제8조의2 위반 범죄의 기수가 성립한다.

특가법 제8조의2는 자연인인 행위자에게 적용되고, 양벌책임의 적용대상자인 법인은 이 규정이 적용되지 않는다. 즉 조세범처벌법 제10조 제3항의 위반행위를 한 행위자가 특가법 제8조의2 제1항의 요건을 충족하여 가중처벌된다고 하더라도, 양벌책임 대상자인 법인은 조세범처벌법 제10조 제3항 위반으로 처벌된다. 법인의 대표자가 수개의 조세범처벌법 제10조 제3항 위반행위에 대하여 특가법 제8조의2 제1항 위반의 1죄로 처벌받는 경우에 있어서 조세범처벌법 제18조의 양벌규정에 의하여 처벌되는 법인의 죄수에 대하여, 법원은 "법인의 대표자가 수개의 조세범처벌법 제10조 제3항 위반행위에 대하여 특가법 제8조의2 위반의 1죄로 처벌받는다고 하더라도 조세범처벌법 제18조의 양벌규정에 의하여 처벌되는 법인의 조세범처벌법위반죄는 무거래 세금계산서 수수행위 등으로 인한 조세범처벌법위반죄의 죄수에 관한 일반법리가 적용되어 특별한 사정이 없는 한 각 세금계산서 등 문서마다 1개의 죄가 성립된다고 보아야 한다"고 판시[24]하고 있다. 이와 같이 행위자에게 하나의 특가법위반죄가 성립하고, 법인에게 수개의 조세범처벌법 제10조 제3항 위반죄가 성립하는 경우에는 행위자는 맨 마지막에 행해진 가공 세금계산

23) 대법원 1996.10.25. 선고 96도1088 판결.
24) 대법원 2015.6.24. 선고 2014도16273 판결.

서의 수수행위가 종료한 때를 기산점으로 하여 10년의 공소시효[25]가 적용되고, 법인은 각각의 가공 세금계산서가 수수된 때를 기산점으로 하여 각각 7년의 공소시효[26]가 적용된다. 특가법 제8조의2의 경우에는 양벌책임 대상자인 법인의 경우에 특별한 규정이 없으므로 특가법 제8조와 달리 조세범처벌법 제18조 단서 규정이 적용되지 않고, 형사소송법상 공소시효 일반이론[27]이 적용된다.

포괄일죄는 소송법상으로도 일죄가 된다. 따라서 포괄일죄에 속하는 하나의 범죄에 대하여 유죄판결을 받은 경우에 그 판결의 기판력은 판결 이전에 범한 모든 행위에 미친다. 법원은 "특가법 제8조의2 제1항 위반죄에 대한 확정판결이 있는 때에는 그 확정판결의 범죄사실과 포괄일죄 관계에 있는 것으로 평가되는 허위 세금계산서 발급 등의 범죄에 대해 그 확정판결의 기판력이 미친다. 그러나 확정판결의 기판력이 미치는 범위는 확정된 사건 자체의 범죄사실과 죄명을 기준으로 정하는 것이 원칙이므로, 그 전의 확정판결에서 조세범처벌법 제10조 제3항 각 호의 위반죄로 처단되는데 그친 경우에는, 확정된 사건 자체의 범죄사실이 뒤에 공소가 제기된 사건과 종합하여 특가법 제8조의2 제1항 위반의 포괄일죄에 해당하는 것으로 판단된다 하더라도, 뒤늦게 앞서의 확정판결을 포괄일죄의 일부에 대한 확정판결이라고 보아 기판력이 사실심 판결 선고 전의 이 사건 특가법 제8조의2 제1항 위반죄에 미친다고 볼 수 없다(대법원 2004.9.16. 선고 2001도3206 전원합의체 판결 참조)"고 판시[28]하고 있다.

참고로 위 대법원 2004.9.16. 선고 2001도3206 전원합의체 판결에서는 "상습범으로서 포괄적 일죄의 관계에 있는 여러 개의 범죄사실 중 일부에 대하여 유죄판

---

25) 특가법 제8조의2 법정형이 최대 3년 이상 유기징역이므로 형사소송법 제249조가 적용되어 공소시효는 10년이다.

26) 조세범처벌법 제22조가 적용되어 공소시효는 7년이다. 조세범처벌법 제22조(공소시효 기간) 제3조부터 제14조까지에 규정된 범칙행위의 공소시효는 7년이 지나면 완성된다. 다만, 제18조에 따른 행위자가 「특정범죄가중처벌 등에 관한 법률」 제8조의 적용을 받는 경우에는 제18조에 따른 법인에 대한 공소시효는 10년이 지나면 완성된다.

27) **형사소송법 제249조(공소시효의 기간)** ① 공소시효는 다음 기간의 경과로 완성한다.
1. 사형에 해당하는 범죄에는 25년
2. 무기징역 또는 무기금고에 해당하는 범죄에는 15년
3. 장기 10년 이상의 징역 또는 금고에 해당하는 범죄에는 10년
4. 장기 10년 미만의 징역 또는 금고에 해당하는 범죄에는 7년
5. 장기 5년 미만의 징역 또는 금고, 장기10년 이상의 자격정지 또는 벌금에 해당하는 범죄에는 5년
6. 장기 5년 이상의 자격정지에 해당하는 범죄에는 3년
7. 장기 5년 미만의 자격정지, 구류, 과료 또는 몰수에 해당하는 범죄에는 1년

② 공소가 제기된 범죄는 판결의 확정이 없이 공소를 제기한 때로부터 25년을 경과하면 공소시효가 완성한 것으로 간주한다.

28) 대법원 2015.6.23. 선고 2015도2207 판결.

결이 확정된 경우에, 그 확정판결의 사실심 판결 선고 전에 저질러진 나머지 범죄에 대하여 새로이 공소가 제기되었다면 그 새로운 공소는 확정판결이 있었던 사건과 동일한 사건에 대하여 다시 제기된데 해당하므로 이에 대하여는 판결로써 면소의 선고를 하여야 하는 것인바(형사소송법 제326조 제1호), 다만 이러한 법리가 적용되기 위해서는 전의 확정판결에서 당해 피고인이 상습범으로 기소되어 처단되었을 것을 필요로 하는 것이고, 상습범 아닌 기본 구성요건의 범죄로 처단되는데 그친 경우에는, 가사 뒤에 기소된 사건에서 비로소 드러났거나 새로 저질러진 범죄사실과 전의 판결에서 이미 유죄로 확정된 범죄사실 등을 종합하여 비로소 그 모두가 상습범으로서의 포괄적 일죄에 해당하는 것으로 판단된다 하더라도 뒤늦게 앞서의 확정판결을 상습범의 일부에 대한 확정판결이라고 보아 그 기판력이 그 사실심 판결 선고 전의 나머지 범죄에 미친다고 보아서는 아니된다"라고 판시하여 포괄일죄라고 하여 모든 범죄사실에 대하여 기판력이 미치는 것이 아니라 확정판결의 기판력이 미치는 범위는 확정된 사건 자체의 범죄사실과 죄명을 기준으로 정하는 것이 원칙이라고 하여 그 범위를 한정하고 있다. 이는 포괄일죄로 기소되기 전의 확정판결의 범행이 매우 경미한 사안임에도 이러한 경미한 사안의 확정판결의 기판력이 확정판결 이전의 중한 행위들에까지 미처 처벌할 수 없게 되는 부당한 재판결과를 막기 위한 조치로 판단된다.

제6장

기타 조세범처벌 범죄

제1절 면세유 부정유통

Ⅰ. 농어민 등에 대한 면세유 부정유통	Ⅱ. 외국항행선박 등에 대한 면세유 부정유통

Ⅰ. 농어민 등에 대한 면세유 부정유통

1. 관련 규정

> **조세범처벌법 제4조(면세유 부정유통)** ① 「조세특례제한법」 제106조의2 제1항 제1호[1]에 따른 석유류를 같은 호에서 정한 용도 외의 다른 용도로 사용·판매하여 조세를 포탈하거나 조세의 환급·공제를 받은 석유판매업자(같은 조 제2항에 따른 석유판매업자를 말한다)는 3년 이하의 징역 또는 포탈세액등의 5배 이하의 벌금에 처한다.

2. 의　　의

면세유 제도란 석유류 금액에 부가되는 부가가치세, 개별소비세, 교통·에너지·환경세, 교육세, 자동차세가 면제된 금액으로 농업인·임업인·어민 등에게 공급하여 혜택을 주는 제도를 말한다. 본죄는 이러한 면세유를 석유판매업자가 법에서 정한 용도 외의 다른 용도로 사용·판매하여 조세를 포탈하거나 조세의 환급·공제를 받은 경우에 성립하는 범죄이다. 본죄는 조세범처벌법 제3조 제1항과 같이 '사기나 그 밖의 부정한 행위'를 구성요건으로 규정하고 있지 않으므로 면세유를 부정유통하는 행위로 충분하고 별도의 부정행위가 있어야 하는 것은 아

---

1) **조세특례제한법 제106조의2(농업·임업·어업용 및 연안여객선박용 석유류에 대한 부가가치세 등의 감면 등)** ① 다음 각 호의 어느 하나에 해당하는 석유류(「석유 및 석유대체연료 사업법」에 따른 석유제품을 말한다. 이하 이 조에서 "면세유"라 한다)의 공급에 대해서는 부가가치세와 제조장 또는 보세구역에서 반출되는 것에 대한 개별소비세, 교통·에너지·환경세, 교육세 및 자동차 주행에 대한 자동차세를 대통령령으로 정하는 바에 따라 면제한다. 이 경우 제1호는 2021년 12월 31일까지 공급하는 것에만 적용하고, 제2호는 2022년 12월 31일까지 공급하는 것에만 적용한다.

1. 대통령령으로 정하는 농민, 임업에 종사하는 자 및 어민(이하 이 조에서 "농어민등"이라 한다)이 농업·임업 또는 어업에 사용하기 위한 석유류로서 대통령령으로 정하는 것.

니다.

현행 세법상 휘발유와 경유에는 교통・에너지・환경세, 교육세, 부가가치세, 자동차 주행에 대한 자동차세(지방세)가 부과되고, 그 밖의 석유류에는 개별소비세, 교육세, 부가가치세가 부과된다. 이들 특별세들은 교통・에너지・환경세율을 기준으로 계산하고 있다. 즉 교통・에너지・환경세율은 교통시설의 확충과 대중교통 육성 사업, 에너지 및 자원 관련 사업, 환경의 보전・개선사업 및 유가 변동에 따른 지원 사업에 필요한 재원의 조달과 해당 물품의 수급을 위하여 휘발유와 이와 유사한 대체유류는 리터당 529원,[2] 경유 및 이와 유사한 대체유류는 리터당 375원을 기준으로 그 세율의 100분의 30의 범위에서 대통령령으로 조정할 수 있는 탄력세율을 적용하고 있다(교통・에너지・환경세법 제2조, 같은 법 시행령 제3조의2). 교육세는 교통・에너지・환경세법에 따라 납부하여야 할 교통・에너지・환경세액에 15% 세율을 곱하여 계산한 금액을 그 세액으로 한다(교육세법 제5조). 자동차세의 조정세율은 과세물품에 대한 교통・에너지・환경세액의 1천분의 260으로 한다(지방세법 제136조, 같은 법 시행령 제131조).

따라서 휘발유를 1리터 구입하고, 그 리터당 가격이 1,500원이라고 가정할 경우 위 각종 세금과 10% 부가가치세를 적용할 경우에 소비자에게 공급되는 가액의 약 60%인 900원 정도가 세금이 된다.

3. 입법취지

조세특례제한법은 농어촌의 경제적 안정을 지원하기 위해 농업・임업・어업용으로 사용되는 유류에 대하여 부가가치세, 개별소비세, 교통・에너지・환경세, 교육세, 자동차 주행에 대한 자동차세를 면제하도록 규정하고 있다. 이러한 좋은 의도로 제정된 면세유 제도가 높은 면세율 때문에 범죄로 활용되는 경우가 빈번하게 발생하였다.

이에 따라 종전에는 이러한 면세유 부정유통에 의한 조세포탈을 구 조세범처벌법 제9조 제1항(현행 조세범처벌법 제3조 제1항)에 의하여 처벌하였으나, 그 요건이 엄격하여 면세유 부정유통에 대한 처벌을 강화하기 위해 2010.1.1. 조세범처벌법 전면 개정시 요건을 완화하여 본죄를 별도로 신설하였다. 이러한 입법 당시의 본죄에 대한 강력 대응 의지 때문에 면세유 부정유통으로 인한 조세포탈죄의 법정형은 '3년 이하의 징역

---

2) 현재 대통령령에 의하여 탄력적으로 결정된 휘발유와 이와 유사한 대체유류는 2022년 12월 31일까지는 리터당 332.5원으로 한다(교통・에너지・환경세법 시행령 제3조의2).

또는 포탈세액등의 5배 이하의 벌금'으로 조세범처벌법 제3조 제1항의 법정형보다 높다.

4. 면세유 공급절차

면세유에 대한 구체적인 공급 요건과 범위는 농·축산·임·어업용 기자재 및 석유류에 대한 부가가치세 영세율 및 면세 적용 등에 관한 특례규정(이하 '영농기자재등면세규정'이라고 약칭한다) 제15조에 규정되어 있다. 농업 및 내수면 어업용 면세유와 일반 어업용 면세유는 그 공급체계가 구분되어 운영하고 있다.

농업 및 내수면 어업용 면세유는 석유 판매업자가 부가가치세, 개별소비세, 교통·에너지·환경세, 교육세가 과세된 석유를 공급받아 농어민 등에게 면세가격으로 판매한 다음, 면제되는 세액을 직접 관할 세무서로부터 환급·공제받는 방식으로 진행된다(조세특례제한법 제106조의2 제2항).

일반 어업용 면세유는 수산업협동조합중앙회가 석유판매업자 중 석유정제업자나 석유수출입업자로부터 그들이 개별소비세, 교통·에너지·환경세, 교육세 및 자동차세가 과세된 상태로 저유소 등으로 반출해 둔 석유류를 면세 가격으로 구매하여 수산업협동조합 직영 주유소나 공급대행 계약을 체결한 주유소를 통해 어민들에게 공급하는 방식으로 진행된다. 이때 어민들은 면세유 구입대금을 주유소에서 결제하지 않고 일선 수산업협동조합에서 면세유류구입카드 등으로 결제한 다음 출고지시서를 발급받아 이를 주유소에 제시하는 방법으로 구매를 하게 된다. 석유정제업자나 석유수출입업자는 부가가치세, 개별소비세, 교통·에너지·환경세, 교육세가 과세된 석유류를 위와 같이 면세유로 공급한 경우 관할 세무서로부터 면제되는 세액을 환급받거나 납부 또는 징수할 세액에서 공제받을 수 있다(조세특례제한법 제106조의2 제2항).[3)]

농업 및 내수면 어업용 면세유 공급체계는 아래 도표와 같다.

3) 김종근, 조세형사법 해설, 2021, 239~240면 참조.

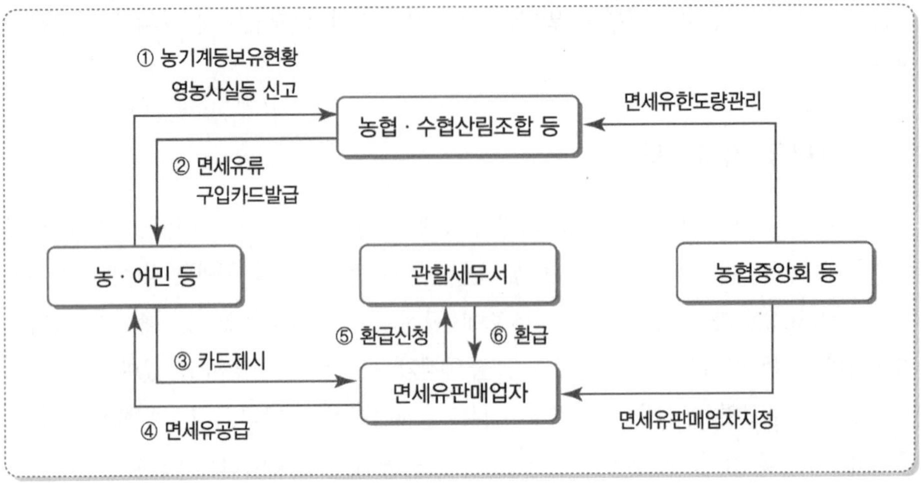

일반 어업용 면세유 공급체계는 아래 도표와 같다.

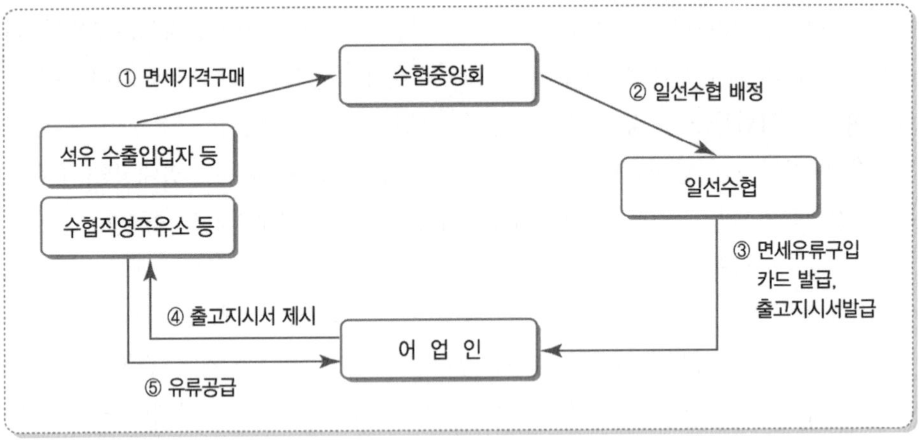

5. 범죄의 주체

본죄의 주체는 조세특례제한법 제106조의2 제2항에 따른 석유판매업자로서 부가가치세, 개별소비세, 교통 · 에너지 · 환경세, 교육세의 납세의무자와 조세범처벌법 제18조 소정의 행위자, 조세특례제한법 제106조의2 제2항[4)]에 따라 면세된 개

4) 제106조의2(농업 · 임업 · 어업용 및 연안여객선박용 석유류에 대한 부가가치세 등의 감면 등) ② 주유소 등 대통령령으로 정하는 석유판매업자가 부가 가치세, 개별소비세, 교통 · 에너지 · 환경세, 교육세 및 자동차세가 과세된 석유류를 공급받아 농어민 등에게 공급한 석유류가 제1항 각 호의 어

별소비세, 교통 · 에너지 · 환경세, 교육세의 환급 · 공제를 직접 받을 권한이 부여된 개별소비세, 교통 · 에너지 · 환경세, 교육세의 담세자이다. 석유류에 관한 개별소비세, 교통 · 에너지 · 환경세 등의 납세의무자는 석유류를 제조하여 반출하거나 보세구역에서 반출하는 자, 관세를 납부할 의무가 있는 자에 해당하는 석유정제업자와 석유수출입업자이다(개별소비세법 제3조, 교통 · 에너지 · 환경세법 제3조). 이 같은 형태의 조세에 대하여 석유류를 제조장으로부터 반출하거나 수입신고를 하는 때에 부과한다고 하여 반출과세라고도 한다(개별소비세법 제4조, 교통 · 에너지 · 환경세법 제4조).

한편 석유류를 공급하는 모든 석유판매업자는 부가가치세의 납세의무자가 된다. 개별소비세, 교통 · 에너지 · 환경세 및 교육세가 과세된 석유류를 공급받아서 농어민 등에게 면세가격으로 공급하는 석유판매업자는 개별소비세, 교통 · 에너지 · 환경세 및 교육세의 담세자에 불과할 뿐 그 납세의무자에 해당하지 않는다. 그러나 조세특례제한법 제106조의2 제2항에 의한 담세자로서 자신이 부담한 개별소비세, 교통 · 에너지 · 환경세 및 교육세를 환급신청하여 지급받는 부정환급이 가능하기 때문에 그 범위 내에서 본죄의 주체가 될 수 있다. 본죄의 주체가 아닌 농어민 등이 면세유류 구입카드 등으로 공급받은 석유류를 석유판매업자와 상관없이 스스로 농업 · 임업 · 어업용 외의 용도로 사용한 경우에는 감면세액을 추징당할 뿐 본죄로 처벌되지 않는다. 다만, 농어민 등이 석유판매업자와 공모하여 본죄를 범할 때는 석유판매업자의 공범으로 처벌된다.

6. 법정 용도 외 사용 · 판매를 통한 조세포탈 또는 환급 · 공제의 결과 발생

면세유류의 법정 용도 외 사용 · 판매행위란 면세유를 주유소 고객들에게 과세유류 가격으로 판매하여 일반 용도로 사용하게 하는 것과 같이 원래의 면세유 유통 목적인 농업 및 내수면 어업용으로 사용하지 않는 행위를 말한다.

농업 및 내수면 어업용 면세유 공급 과정을 간단하게 살펴보면, 석유정제업자나 석유수출입업자가 농어업용 면세유를 농어민 등에게 직접 공급하는 경우는 거의 없다. 일반적으로 석유정제업자나 석유수출입업자로부터 부가가치세, 개별소비세, 교통 · 에너지 · 환경세 및 교육세가 과세된 석유류를 공급받은 석유판매업자가 이

느 하나에 해당하는 경우에는 석유판매업자는 대통령령으로 정하는 바에 따라 신청하여 면제되는 세액을 환급받거나 납부 또는 징수할 세액에서 공제받을 수 있다.

를 농어민 등에게 우선 면세가격으로 공급한다. 농어업용 면세유의 경우 농어민 등이 면세유류 관리기관인 조합으로부터 미리 발급받은 면세유류구입카드를 이용하여 석유판매업자에게 대금을 결제하고 면세유류를 구입할 수 있다. 석유판매업자가 면세유를 정한 용도 외로 사용·판매하기 위해서는 이를 구입할 수 있는 면세유류구입카드를 소지한 농어민 등과의 상호 공모가 불가피하다. 이러한 이유로 통상 농어민 등에 대한 면세유의 부정유통 범행은 석유판매업자가 농어민 등과 공모하여 농어민 등에게 발급된 면세유류구입카드로 석유류 대금을 결제하여 그에 해당하는 면세유를 확보한 다음 농어민 등에게 출고하지 아니하고 제3자에게 과세가격에 판매하는 방식으로 행하여지고 있다.

일반 어업용 면세유의 경우에 있어서는 면세유 부정유통으로써 개별소비세, 교통·에너지·환경세, 교육세를 포탈하거나 환급공제를 받을 수 있는 자로는 납세의무자인 석유정제업자나 석유수출업자에 의해서만 가능하도록 되어 있다. 그러나 석유정제업자나 석유수출업자가 직접 수산업협동조합중앙회와 공모하여 면세유를 법정 용도 외로 빼돌리는 경우는 현실적으로 상정하기 쉽지 않다. 석유판매업자가 부정유통한 면세유에 대한 부가가치세를 거래징수하지 않고 과세표준신고시 이를 매출세액에서 누락하여 신고·납부기한이 경과한 경우 부가가치세 포탈의 결과가 발생한다. 부정환급은 면제되는 세액을 환급신청하여 실제로 이를 환급받거나 납부 또는 징수할 세액에서 공제받는 경우에 부정환급의 결과가 발생하여 기수가 된다.

7. 특가법 제8조 적용 대상

특가법 제8조는 조세범처벌법 제4조 위반의 경우도 포함하고 있다. 따라서 조세범처벌법 제4조를 위반의 경우에도 조세범처벌법 제3조 제1항, 제5조, 지방세기본법 제102조 제1항 위반으로 인한 연간 포탈세액을 전부 합산하여 특가법 제8조 제1항 적용 여부를 결정하여야 한다. 특가법 제8조 제1항이 적용되면, 같은 조 제2항에 따라 징역형과 벌금형이 필요적으로 병과되고, 같은 법 제16조에 따라 고발전치주의가 적용되지 않는다.

Ⅱ. 외국항행선박 등에 대한 면세유 부정유통

1. 관련 규정

> **조세범처벌법 제4조(면세유 부정유통)** ② 「개별소비세법」 제18조 제1항 제11호[5)6)] 및 「교통・에너지・환경세법」 제15조 제1항 제3호[7)]에 따른 외국항행선박 또는 원양어업선박에 사용할 목적으로 개별소비세 및 교통・에너지・환경세를 면제받는 석유류를 외국항행선박 또는 원양어업선박 외의 용도로 반출하여 조세를 포탈하거나, 외국항행선박 또는 원양어업선박 외의 용도로 사용된 석유류에 대하여 외국항행선박 또는 원양어업선박에 사용한 것으로 환급・공제받은 자는 3년 이하의 징역 또는 포탈세액등의 5배 이하의 벌금에 처한다.

2. 구성요건

본죄는 석유정제업자, 석유수출입업자 또는 기타 석유판매업자가 외국항행선박 또는 원양어업선박에 사용할 목적으로 개별소비세 및 교통・에너지・환경세를 면제받는 석유류를 외국항행선박 또는 원양어업선박 외의 용도로 반출하여 조세를 포탈하거나, 외국항행선박 또는 원양어업선박 외의 용도로 사용된 석유류에 대하여 외국항행선박 또는 원양어업선박에 사용한 것으로 가장하여 환급・공제받은 경우에 성립한다. 외국항행선박 등에 대한 면세유 유통구조도 농어업용 면세유의 유통구조와 거의 유사하다.

---

5) **개별소비세법 제18조(조건부면세)** ① 다음 각 호의 어느 하나에 해당하는 물품에 대해서는 대통령령으로 정하는 바에 따라 개별소비세를 면제한다.
 9. 외국항행선박, 원양어업선박 또는 항공기에 사용하는 석유류
 11. 외국 무역선, 원양어업선박 또는 외국항행 항공기에서 사용할 것으로 인정되는 연료 외의 소모품.

6) 법조항에 기재된 제11호는 제9호의 오기임이 명백하여 제9호로 개정되어야 한다(김종근, 조세형사법 해설, 2021, 247면 참조). 이와 같은 오류는 구 개별소비세법(2010.11.26. 법률 제10310호로 개정되기 전의 것) 개정 시 제18조 제1항 제11호가 제9호로 자리를 옮겼음에도 조세범처벌법이 이를 반영하지 못한 것에서 비롯된 것으로 보인다.

7) **교통・에너지・환경세법 제15조(조건부면세)** ① 다음 각 호의 어느 하나에 해당하는 물품에 대하여 대통령령이 정하는 바에 따라 관할세무서장 또는 세관장의 승인을 얻은 경우에는 교통・에너지・환경세를 면제한다.
 3. 의료용・의약품제조용・비료제조용・농약제조용 또는 석유화학공업용 원료로 사용하는 것과 외국항행선박・원양어업선박 또는 항공기에 사용하는 것

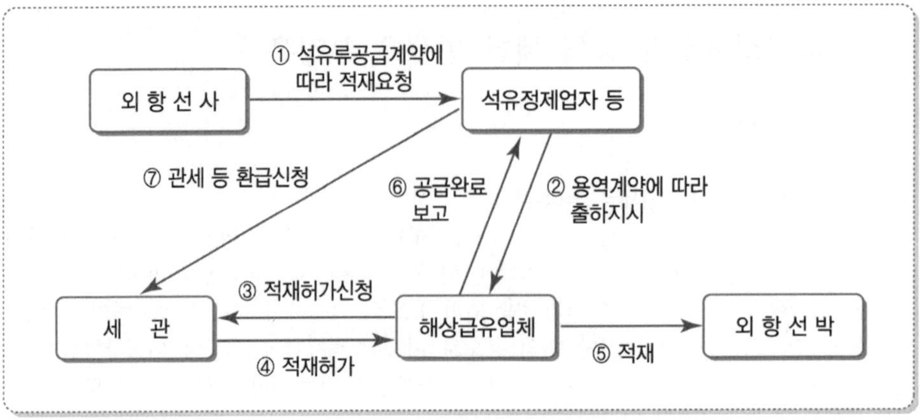

본죄는 범죄주체인 석유정제업자, 석유수출입업자 또는 기타 석유판매업자가 외국항행선박 등에 공급하는 해상면세유를 법정 용도 외로 반출하거나 사용하여야 하기 때문에 외국항행선사, 급유업체, 외국항행선박의 선장 등이 공모하지 않으면 그 범행이 쉽지 않다. 실제 자주 발생하는 해상면세유 부정유통은 본죄의 주체인 석유정제업자 등이 직접 가담하는 경우는 거의 없고 그 업체로부터 해상면세유 급유를 위임받은 급유업체가 해상면세유를 급유받는 외국항행선박의 선원 등과 공모하여 적재허가신청을 받은 양보다 적은 양만을 급유하고 나머지는 외국항행선박의 선원 등으로부터 저렴하게 구입하여 이를 육상 석유판매업자에게 양도하고, 육상 석유판매업자는 이를 과세유로 유통하는 방식으로 행하여진다.[8)]

이러한 경우에는 본죄의 범죄주체인 석유정제업자, 석유수출입업자 또는 기타 석유판매업자가 범행에 가담하지 않은 관계로 신분범인 본죄는 성립할 여지가 없다. 다만, 위와 같은 행위에 가담한 관계자들은 해상면세유 부정유통 과정에서 행한 허위 세금계산서 발급 및 수수, 매출누락에 따른 법인세포탈 등으로 처벌된다. 본죄는 조세범처벌법 제3조 제1항과 달리 '사기나 그 밖의 부정한 행위'가 구성요건으로 규정되어 있지 않으므로 면세유를 부정유통하는 행위 외에 별도의 부정행위가 있어야 하는 것은 아니다.

---

8) 김종근, 조세형사법 해설, 2021, 251면 참조.

제2절 면세유류 구입카드 등의 부정 발급

1. 관련 규정

> **조세범처벌법 제4조의2(면세유류 구입카드 등의 부정 발급)** 「조세특례제한법」 제106조의2 제11항 제1호[1]의 행위를 한 자는 3년 이하의 징역 또는 3천만원 이하의 벌금에 처한다.

2. 구성요건

면세유류 구입카드란 일정한 요건을 갖춘 농어민이 면세유류 관리기관이 배정하는 한도 내에서 면세유를 공급받을 수 있도록 면세유류관리기관으로부터 여신전문금융업법에 따라 교부받은 직불카드 또는 신용카드를 말한다(영농기자재등면세규정 제16조 제1항). 출고지시서란 면세유류 구입카드 발급대상이 아닌 일부 어민 및 임업인이 면세유를 공급받을 수 있도록 면세유류 관리기관이 교부하는 출고지시서 또는 구입권으로서 국세청장이 그 서식 등을 정한 것을 말한다(영농기자재등면세규정 제16조 제2항). 이러한 면세유류 구입카드와 출고지시서를 면세유류 구입카드 등이라고 말한다(조세특례제한법 제106조의2 제4항 참조). 농어민 등이 면세유를 공급받기 위해서는 농업협동조합 등으로부터 면세유류 구입카드 또는 출고지시서를 발급받아야 한다. 면세유류 관리기관으로는 농업협동조합, 산림조합, 수산업협동조합 등이 있다(조세특례제한법 제106조의2 제3항 참조).

조세특례제한법 제106조의2 제11항 제1호에서 말하는 면세유류 구입카드 등의 부정 발급행위란 '면세유류 관리기관인 조합이 거짓이나 그 밖의 부정한 방법으로 면세유류 구입카드 등을 발급하는 경우'를 말한다. 면세유류 관리기관인 조합은

---

1) **조세특례제한법 제106조의2(농업 · 임업 · 어업용 및 연안여객선박용 석유류에 대한 부가가치세 등의 감면 등)** ⑪ 면세유류 관리기관인 조합이 제1호에 해당하는 경우에는 해당 석유류에 대한 부가가치세, 개별소비세, 교통 · 에너지 · 환경세, 교육세 및 자동차세의 감면세액의 100분의 40에 해당하는 금액을, 제2호에 해당하는 경우에는 해당 석유류에 대한 부가가치세, 개별소비세, 교통 · 에너지 · 환경세, 교육세 및 자동차세의 감면세액의 100분의 20에 해당하는 금액을 대통령령으로 정하는 바에 따라 가산세로 징수한다.
   1. 거짓이나 그 밖의 부정한 방법으로 면세유류 구입카드등을 발급하는 경우

농어민 등이 신고한 농기계 등 보유현황과 영농규모를 확인한 후 농어민 등에게 면세유류 구입카드 등을 발급하도록 되어 있다(조세특례제한법 제106조의2 제6항). 이 경우에 위 조합이 거짓이나 그 밖의 부정한 방법으로 면세유류 구입카드 등을 발급하여 주면, 그 면세유류 구입카드 등을 이용하여 면세유 공급대상이 아닌 자가 면세유를 공급받아 면세유가 부정하게 유통되는 결과를 초래된다. 따라서 조세특례제한법 제106조의2 제11항 제1호에서 이러한 위반행위에 가산세를 부과하고, 2014.1.1.부터는 법률 제12172호로 조세범처벌법을 개정하면서 위 제4조의2를 신설하여 형사처벌까지 하고 있다.

본죄의 주체는 면세유류 구입카드 등을 발급하는 조합으로 규정하고 있다. 다만 조세범처벌법 제18조 양벌규정에 의해 그 행위자인 대표자, 임·직원 등도 본죄의 주체가 될 수 있고, 조합도 양벌규정에 의하여 같이 처벌된다. 본죄는 고의범이므로, 조합의 임·직원 등이 과실로 거짓 신청 사실을 알지 못하고 면세유류 구입카드 등을 발급하는 경우에는 처벌되지 아니한다.

제3절 가짜석유제품의 제조 또는 판매

Ⅰ. 관련 규정

> **조세범처벌법 제5조(가짜석유제품의 제조 또는 판매)** 「석유및석유대체연료사업법」 제2조 제10호[1]에 따른 가짜석유제품을 제조 또는 판매하여 조세를 포탈한 자는 5년 이하의 징역 또는 포탈한 세액의 5배 이하의 벌금에 처한다.

Ⅱ. 의 의

정상적인 석유는 원유를 증류, 정제, 배합 등 여러 공정을 거쳐 환경, 안전, 자동차의 성능 등을 고려해 생산한 제품이다. 반면 가짜석유란 조연제 또는 첨가제 등 명칭 여하와 관계없이 석유제품에 다른 석유제품 등을 혼합하는 방법으로 차량, 기계의 연료로 사용하거나 사용하게 될 목적으로 제조된 것을 말한다. 성분은 크게 차이는 없으나 가짜 석유는 자동차의 성능, 환경오염, 인체에 악영향을 끼친다. 시중에 가장 많이 유통되는 가짜 휘발유는 대부분 석유제품과 톨루엔, 알코올

---

1) 석유 및 석유대체연료 사업법 제2조(정의) 이 법에서 사용하는 용어의 뜻은 다음과 같다.
10. "가짜석유제품"이란 조연제(助燃劑), 첨가제(다른 법률에서 규정하는 경우를 포함한다), 그 밖에 어떠한 명칭이든 다음 각 목의 어느 하나의 방법으로 제조된 것으로서 「자동차관리법」 제2조 제1호에 따른 자동차 및 대통령령으로 정하는 차량·기계(휘발유 또는 경유를 연료로 사용하는 것만을 말한다)의 연료로 사용하거나 사용하게 할 목적으로 제조된 것(제11호의 석유대체연료는 제외한다)을 말한다.
가. 석유제품에 다른 석유제품(등급이 다른 석유제품을 포함한다)을 혼합하는 방법
나. 석유제품에 석유화학제품(석유로부터 물리·화학적 공정을 거쳐 제조되는 제품 중 석유제품을 제외한 유기화학제품으로서 산업통상자원부령으로 정하는 것을 말한다. 이하 같다)을 혼합하는 방법
다. 석유화학제품에 다른 석유화학제품을 혼합하는 방법
라. 석유제품이나 석유화학제품에 탄소와 수소가 들어 있는 물질을 혼합하는 방법

등 석유화학제품을 단순 혼합하여 제조하고, 가짜 경유는 등유를 혼합하는 경우가 75%, 기타 석유제품을 혼합하는 경우가 25% 정도이다.

한편 정상적인 휘발유를 공급할 경우에 그에 따르는 세금으로는 부가가치세, 개별소비세, 교통 · 에너지 · 환경세, 교육세, 자동차 주행에 대한 자동차세 등 소비자에게 공급되는 가액의 약 60%에 달하는 금액의 세금을 납부하여야 한다. 이를 탈루하기 위하여 가짜석유제품을 제조하여 판매하는 행위가 빈발하고 있다. 종전에는 이러한 가짜석유제품 제조 등에 의한 조세포탈행위를 구 조세범처벌법 제9조 제1항(현행 조세범처벌법 제3조 제1항)에 의해 처벌하였다. 그러나 이 규정만으로는 그 처벌에 어려움이 있어 가짜석유제품 제조 · 판매행위에 대한 처벌을 강화하기 위해 2010.1.1. 조세범처벌법 전면 개정 시 위와 같이 별도의 조문을 신설하여 통상의 조세포탈범보다 더 높은 형으로 처벌하도록 하였다.

Ⅲ. 범죄의 주체

본죄의 주체는 가짜석유제품을 제조 또는 판매하여 부가가치세, 교통 · 에너지 · 환경세와 그 부가세인 교육세 등을 납부할 의무가 있는 납세의무자와 조세범처벌법 제18조 소정의 행위자이다. 가짜석유제품도 교통 · 에너지 · 환경세법에 의한 과세물품이다(교통 · 에너지 · 환경세법 제2조, 동법 시행령 제3조 제1호 나목, 제2호 나목). 따라서 가짜석유제품을 제조 또는 판매한 자는 교통 · 에너지 · 환경세를 납부하여야 하는데 이를 납부하지 아니한 자가 이에 해당한다.

Ⅳ. 납세의무 성립

가짜석유제품은 이를 제조하여 반출하는 때에 제조 · 반출하는 자에게 교통 · 에너지 · 환경세를 과세한다(교통 · 에너지 · 환경세법 제3조, 제4조). 그리고 교통 · 에너지 · 환경세의 납세의무자는 부가세인 교육세를 납부할 의무가 있다(교육세법 제3조 제3호). 위와 같은 교육세의 납세의무자는 교통 · 에너지 · 환경세법에 따라 해당세액을 신고 · 납부하는 때에 그에 대한 교육세를 신고 · 납부하여야 한다(교육세법 제9조 제2항). 가짜석유제품을 제조하여 판매한 행위가 사업상 독립적으로 재화를 공급한 것에 해당하면 부가가치세를 신고 · 납부할 의무가 있다. 교통 · 에너지 · 환경세에 대해서는 가짜석유제품을 제조하여 반출하는 때에 조세채무가 성립하고 그 즉시 납세의무가 성립한다. 가짜석유제품 유통에 따른 부가가치세의 경우에는 이를 제3자에게 판매 또는 공급하고 과세기간이 경과한 때 납세의무가 성립한다.

한편 가짜석유제품을 제조 또는 판매하여 조세를 포탈한 사건에 있어서 부가가치세 및 교통·에너지·환경세를 산정하면서 제품의 제조를 위해 구입한 원재료에 대한 세액을 공제하지 않은 경우에 그 포탈세액 산정이 잘못되었는지 여부에 대하여 법원은 "부가가치세법에 의하면 사업자가 정부에 납부하여야 할 부가가치세액은 매출세액에서 매입세액을 공제한 금액으로 하되 세금계산서를 교부받지 아니하였거나 교부받은 세금계산서를 제출하지 아니한 경우에는 매입세액을 공제하지 아니하는 것으로 되어 있고, 조세포탈범에 대한 형사절차에서 확정하여야 할 포탈세액은 당해 포탈범에 대하여 부과하여야 할 세법 상의 납세의무액수와 그 범위를 같이 하여야 하므로 매입세금계산서를 교부받지 아니하거나 제출하지 아니한 경우, 매입세액을 매출세액에서 공제하지 않고 포탈세액을 인정하여야 하고(대법원 2000.2.8. 선고 99도5191 판결 등 참조), 교통·에너지·환경세법 및 그 시행령에 의하면 위 제품의 제조를 위해 구입한 원재료에 대한 세액을 공제받기 위해서는 그 사유의 발생사실을 증명하는 일정한 서류 등을 첨부하여 관할세무서장에게 신청하여야 하는 것으로 되어 있어 교통·에너지·환경세의 포탈세액 산정에 있어서도 같은 법리가 적용되는데, 피고인이 매입세금계산서를 교부받지 아니하고 교통·에너지·환경세의 공제를 위해 그 사유의 발생사실을 증명하는 서류 등을 첨부하여 이를 신청하지 아니한 이 사건의 경우에 있어서 부가가치세 및 교통·에너지·환경세가 산정될 당시 피고인이 위 제품의 제조를 위해 구입한 원재료에 대한 세액이 공제되지 않았다고 하여 그 포탈세액 산정이 잘못되었다고 볼 수 없다"고 판시[2)]하고 있다.

Ⅴ. 조세포탈행위 및 고의

1. 조세포탈행위

조세범처벌법 제5조에서는 '가짜석유제품을 제조 또는 판매하여 조세를 포탈한 자'라고만 규정되어 있고, 조세포탈죄의 구성요건 중 하나인 '사기나 그 밖의 부정

---

2) 대법원 2017.12.5. 선고 2013도7649 판결.

한 행위'를 구체적 구성요건 요소로 명시하지 않고 있다.

유사석유제품을 제조하여 조세를 포탈하는 행위와 관련하여 조세의 부과와 징수를 불가능하게 하거나 현저히 곤란하게 하는 적극적 행위 없이 단순히 과세표준을 신고하지 않거나 거짓으로 신고하는 행위도 위 포탈행위에 포함되는지 여부에 대하여 법원은 "유사석유 제조와 관련하여 조세범으로 처벌하는 것을 확대·강화하고자 조세범처벌법 제5조가 신설되었는데, '사기나 그 밖의 부정한 행위'를 구성요건 요소로 명시하고 있지 않고, 처벌조항에서 '유사석유제품을 제조하여 조세를 포탈'하는 행위란 유사석유제품을 제조하여 물품을 반출하거나 사업상 독립적으로 재화를 공급함으로써 교통·에너지·환경세, 교육세, 부가가치세 등의 납세의무를 부담하는 자가 그 조세의 부과와 징수를 피하여 면하는 것을 말하는 것이므로, 처벌조항의 문언, 입법 연혁과 목적, 조세범처벌법의 체계 등에 비추어 보면, 조세의 부과와 징수를 불가능하게 하거나 현저히 곤란하게 하는 적극적인 행위를 하지 않고, 단순히 유사석유제품의 제조와 관련하여 납세신고를 하지 않거나 거짓으로 신고하는 행위도 여기서 말하는 조세의 포탈행위에 해당한다"고 판시[3]하여 일반 조세포탈죄에서의 포탈행위와 달리 해석하고 있다.

2. 고　　의

한편 가짜석유제품을 제조 또는 판매하는 일반적 사람의 입장에서 조세포탈사실에 대한 인식까지 쉽지 않다면서 조세포탈에 대한 고의가 없었다는 주장에 대하여 법원은 "조세범처벌법 제5조에는 '사기나 그 밖의 부정한 행위'와 같이 조세포탈의 방법을 한정하는 규정이 없어 조세범 처벌법 제5조의 '포탈'이 위계 기타 부정한 적극적 행위에 의하여 이루어지는 경우만으로 한정된다고 해석할 수는 없고, 사업자등록을 하지 않은 채 세법상의 신고를 하지 아니함으로써 조세를 포탈하는 경우에도 위 조항에 의하여 처벌된다고 보아야 하는 점, 피고인은 유사석유제품을 제조·판매하면서 반출된 유사석유제품의 수량 및 그로 인한 소득의 존재에 대하여 인식하고 있었을 뿐만 아니라, 유사석유를 제조·판매할 경우 정상적인 세금납부가 불가능하여 조세포탈은 필연적으로 수반될 수밖에 없는데, 피고인의 경력, 피고인이 위 사업을 하게 된 경위나 동기 등에 비추어 보면, 피고인이 유사석유제품을 제조·판매하면서 사업자등록을 하지 않아 위 소득 등에 대한 세금이

---

3) 대법원 2017.12.5. 선고 2013도7649 판결.

부과되기 어렵다는 사정에 대하여도 인식하고 있었다고 판단되는 점 등을 종합하면, 피고인의 조세포탈 행위와 그에 대한 고의가 인정된다"고 판시[4]하여 고의 성립을 인정하고 있다.

3. 사　　례

본죄와 관련한 몇가지 실무 사례[5]를 들면 아래와 같다.

(1) 주유소 경영자가 조세 회피 및 강제집행의 면탈을 목적으로 타인 명의를 사용하여 주유소를 운영하면서 가짜경유를 판매하고 신고 누락하는 방법으로 교통·에너지·환경세와 교육세, 부가가치세 42억 원 상당을 포탈한 행위에 대하여 징역 1년 6월을 선고하였다.

(2) 가짜석유판매업자가 세금을 포탈할 목적으로 타인 명의로 주유소를 등록하여 가짜경유를 제조, 판매하고 실제 공급받지 아니한 경유를 공급받은 것처럼 매입처별 세금계산서합계표에 매입액을 허위로 기재하는 방법으로 교통·에너지·환경세와 교육세, 부가가치세 29억 원 상당을 포탈한 행위에 대하여 징역 2년, 집행유예 3년, 벌금 13억 원을 선고하였다.

(3) 가짜석유판매업자가 가짜석유제품을 제조하여 판매하면서 고의적으로 장부를 작성하지 아니하고 타인 명의 사업자등록을 이용하는 방법으로 교통·에너지·환경세와 종합소득세, 부가가치세 12억 6천만 원 상당을 포탈한 행위에 대하여 징역 2년 6월, 집행유예 3년, 벌금 10억 5천만 원을 선고하였다.

(4) 가짜석유판매업자가 다수의 공범들과 공모하여 가짜석유를 제조, 판매하면서 교통·에너지·환경세와 교육세, 부가가치세 10억 7천만 원 상당을 포탈한 행위에 대하여 징역 6월을 선고하였다.

Ⅵ. 특가법 적용 및 다른 범죄와 관계

1. 특가법 제8조 적용

특가법 제8조는 조세범처벌법 제5조 위반의 경우도 포함하고 있다. 따라서 조

4) 위 대법원 2017.12.5. 선고 2013도7649 판결.
5) 국세청 조세포탈범 명단공개 사이트 참조.

세범처벌법 제3조 제1항, 제4조, 제5조, 지방세기본법 제102조 제1항 위반으로 인한 포탈세액을 전부 합산하여 특가법 제8조 제1항 적용 여부를 결정하여야 한다. 특가법 제8조 제1항이 적용되면, 같은 조 제2항에 따라 징역형과 벌금형이 필요적으로 병과되고, 같은 법 제16조에 따라 고발전치주의가 적용되지 않는다.

2. 석유및석유대체연료사업법위반죄와의 관계

유사석유제품을 제조하여 판매한 경우에는 석유및석유대체연료사업법위반과 특가법위반(조세)의 양죄가 성립할 수 있다. 예를 들어, 등유와 윤활유를 혼합하여 제조한 유사 경유를 다른 사람들에게 판매한 경우에 '유사석유를 다른 사람에게 판매한 행위'에 대하여는 석유및석유대체연료사업법위반죄가 성립하고, '유사석유제품을 제조하여 판매하고도 그에 관한 부가가치세 등을 신고·납부하지 않고 조세를 포탈한 행위'에 대하여는 조세범처벌법위반 또는 특가법위반(조세)가 성립한다. 이 경우에 두 죄의 관계가 문제 될 수 있다.

이에 대하여 법원은 "석유및석유대체연료사업법위반죄로 판결이 확정되었는데, 그 범죄사실은 피고인이 유사석유제품을 판매하였다는 것이다. 이 사건 공소사실은 피고인이 위와 같은 유사석유제품을 제조하여 판매하고도 그에 관한 부가가치세 등을 신고·납부하지 않고 조세를 포탈하였다는 것이다. 위 석유사업법위반죄의 범죄사실은 그 내용이나 행위의 태양, 피해법익이 조세의 포탈행위로 인한 이 사건 공소사실과 서로 다르다. 따라서 석유사업법위반죄의 범죄사실과 이 사건 공소사실 사이에는 기본적 사실관계의 동일성을 인정할 수 없다(대법원 2012.2.9. 선고 2010도16094 판결 참조). 원심이 같은 취지에서 위 확정판결의 기판력이 이 사건 공소사실에 미치지 않는다고 판단한 것은 정당하다. 원심판결이 공소사실의 동일성, 죄수관계, 기판력에 관한 법리 등을 오해한 잘못이 없다"고 판시[6]하여 양죄는 실체적 경합범 관계에 있다고 하고 있다.

---

6) 대법원 2017.12.5. 선고 2013도7649 판결.

제4절 무면허 주류의 제조 및 판매

Ⅰ. 관련 규정

> **제6조(무면허 주류의 제조 및 판매)** 「주류면허등에관한법률」에 따른 면허를 받지 아니하고 주류, 밑술·술덧을 제조(개인의 자가소비를 위한 제조는 제외한다)하거나 판매한 자는 3년 이하의 징역 또는 3천만원(해당 주세 상당액의 3배의 금액이 3천만원을 초과할 때에는 그 주세 상당액의 3배의 금액) 이하의 벌금에 처한다. 이 경우 밑술과 술덧은 탁주로 본다.

Ⅱ. 의 의

본죄는 주류 면허 등에 관한 법률에 따른 면허를 받지 아니하고 주류, 밑술, 술덧을 제조(개인의 자가소비를 위한 제조는 제외한다)하거나 판매하는 경우 성립한다. 여기에서 주류 면허는 주류 면허 등에 관한 법률 제3조 주류제조면허, 제4조 밑술 또는 술덧제조면허, 제5조 주류판매업면허를 말한다.[1] 주류의 제조 및 판매업 면허는 제조장 및 판매장별로 따로 받아야 한다. 따라서 면허받은 장소에서 판매하

1) 종전에는 '주세법'에서 주세 부과 규정, 주류 제조·판매 면허 등 주류 행정 관련 규정을 모두 포괄하여 규정하고 있었으나, 그중 주류 제조·판매 면허 등 주류 행정 관련 규정을 분리하여 '주류면허등에관한법률(2021.1.1. 시행)'로 제정하였다.
주류면허등에관한법률 제3조(주류 제조면허) ① 주류를 제조하려는 자는 「주세법」 제5조에 따른 주류의 종류별로 주류 제조장마다 대통령령으로 정하는 시설기준과 그 밖의 요건을 갖추어 관할 세무서장의 면허를 받아야 한다. 같은 주류 제조장에서 면허받은 주류의 종류 외에 다른 주류를 제조하려는 경우에도 또한 같다.
제4조(밑술 또는 술덧의 제조면허) 밑술 또는 술덧을 제조하려는 자는 제조장별로 대통령령으로 정하는 시설기준과 그 밖의 요건을 갖추어 관할 세무서장의 면허를 받아야 한다. (단서 생략)
제5조(주류 판매업면허) ① 주류 판매업(판매중개업 또는 접객업을 포함한다. 이하 같다)을 하려는 자는 대통령령으로 정하는 주류 판매업의 종류별로 판매장마다 대통령령으로 정하는 시설기준과 그 밖의 요건을 갖추어 관할 세무서장의 면허를 받아야 한다.

지 않고 다른 장소에서 주류 판매행위, 면허정지기간 중 주류판매행위, 면허없는 사람이 면허받은 사람 명의로 주류를 사서 판매한 경우에도 무면허 주류판매에 해당한다.

Ⅲ. 구성요건

본죄는 면허를 받지 아니 하고 주류, 밑술·술덧을 제조하거나 판매한 경우에 성립한다. 본 조항에서는 주류 제조 면허나 판매 면허 없이 주류를 제조·판매하는 행위 자체를 처벌하고 있다. 법원은 "주류의 제조 및 판매업의 면허는 제조장 및 판매장별로 받아야 하므로, 면허받은 제조·판매장소가 아닌 장소에서 제조·판매하는 경우에도 무면허 주류 제조·판매행위에 해당한다"고 판시[2)]하고 있다.

무면허 제조자, 판매자 등이 제조·판매행위 이외에 실제 조세포탈까지 하였다면 본죄와 별도로 조세포탈죄가 성립한다. 양죄는 실체적 경합범 관계에 있다. 또한 주류 제조 또는 판매행위가 완료되어야 본죄가 성립하므로, 단순히 매매계약을 체결하거나 주류에 대한 현실적 인도가 없는 경우에는 본죄가 성립하지 않는다. 그리고 무상의 교부행위는 판매행위에 해당하지 아니하므로 본죄로 처벌할 수 없다. 본조 위반죄는 무면허 제조·판매행위별로 일죄가 성립하나, 계속적이고 동일한 의사 아래 동일한 행위가 반복되는 영업범인 경우 포괄일죄로 처벌된다.

---

2) 대법원 1975.12.23. 선고 75도2553 판결.

제5절 체납처분[1] 면탈 관련 범죄

Ⅰ. 관련 규정

> **조세범처벌법 제7조(체납처분 면탈)** ① 납세의무자 또는 납세의무자의 재산을 점유하는 자가 체납처분의 집행을 면탈하거나 면탈하게 할 목적으로 그 재산을 은닉·탈루하거나 거짓 계약을 하였을 때에는 3년 이하의 징역 또는 3천만원 이하의 벌금에 처한다.
> ② 「형사소송법」 제130조 제1항에 따른 압수물건의 보관자 또는 「국세징수법」 제49조 제1항에 따른 압류물건의 보관자가 그 보관한 물건을 은닉·탈루하거나 손괴 또는 소비하였을 때에도 제1항과 같다.
> ③ 제1항과 제2항의 사정을 알고도 제1항과 제2항의 행위를 방조하거나 거짓 계약을 승낙한 자는 2년 이하의 징역 또는 2천만원 이하의 벌금에 처한다.

Ⅱ. 체납처분면탈죄

1. 의　　의

본죄는 납세의무자 또는 납세의무자의 재산을 점유하는 자가 체납처분의 집행을 면탈하거나 면탈하게 할 목적으로 그 재산을 은닉·탈루하거나 거짓 계약을 하였을 경우에 성립한다. 형법 제327조는 "강제집행을 면할 목적으로 재산을 은닉, 손괴, 허위양도 또는 허위의 채무를 부담하여 채권자를 해한 자에게 3년 이하의 징역 또는 천만원 이하의 벌금에 처한다"고 규정하고 있다. 체납처분면탈죄는 형법상 강제집행면탈죄[2]와 유사한 유형의 범죄로서 구성요건에 대한 해석 및 법

1) 2021.1.1. 개정·시행된 국세징수법에서 '체납처분'이라는 용어가 '강제징수'로 변경되었다.
2) 형법 제327조(강제집행면탈) 강제집행을 면할 목적으로 재산을 은닉, 손괴, 허위양도 또는 허위의 채무를 부담하여 채권자를 해한 자는 3년 이하의 징역 또는 1천만원 이하의 벌금에 처한다.

리적용에 있어서 양죄를 대체로 동일하게 취급하고 있다. 형법상 강제집행면탈죄가 사인인 채권자의 권리행사를 보호하기 위한 것인 반면, 본죄는 국가적 법익인 조세징수권을 보호법익으로 한다. 강제집행면탈죄가 적용되는 강제집행은 민사집행법의 적용대상인 강제집행 또는 가압류·가처분 등의 집행을 가리키는 것이므로, 국세징수법에 의한 체납처분을 면탈할 목적으로 재산을 은닉하는 등의 행위는 위 죄의 규율대상에 포함되지 않는다.

법원도 "형법 제327조의 강제집행면탈죄가 적용되는 강제집행은 민사집행법의 적용대상인 강제집행 또는 가압류·가처분 등의 집행을 가리키는 것이므로(대법원 1972.5.31. 선고 72도1090 판결 참조), 국세징수법에 의한 체납처분을 면탈할 목적으로 재산을 은닉하는 등의 행위는 위 죄의 규율대상에 포함되지 않는다. 한편 구 「보조금의예산및관리에관한법률」(2009.1.30. 법률 제9347호로 개정되기 전의 것) 제30조 제1항, 제31조 제1항에 의한 보조금의 교부결정 취소 및 보조금 반환명령은 행정처분이고 그 처분이 있어야 반환의무가 발생하는 것이므로, 반환받을 보조금에 대한 징수권은 공법상의 권리로서 사법상의 채권과는 그 성질을 달리한다(대법원 2012.3.15. 선고 2011다17328 판결 참조). 따라서 구 보조금관리법 제33조가 '반환하여야 할 보조금에 대하여는 국세징수의 예에 따라 이를 징수할 수 있다'고 규정한 것은 보조금의 반환에 대하여는 국세체납처분의 예에 따라 강제징수할 수 있도록 한 것뿐이고, 이를 민사집행법에 의한 강제집행과 국세체납처분에 의한 강제징수 중에서 선택할 수 있도록 허용한 규정이라고 볼 것은 아니다"라고 판시[3]하고 있다.

납세의무자의 재산은닉 등 행위시를 기준으로 납세의무자에게 체납처분의 집행을 확보하기에 충분한 다른 재산이 있었다면, 국가의 징수권을 해할 위험이나 체납처분면탈 범의가 있었다고 보기 어려우므로 본죄가 성립하지 않는다.[4]

2. 체납처분 절차

국세징수법상 체납[5]이란 납세자가 국세를 지정납부기한까지 납부하지 아니하는 것을 말한다(국세징수법 제2조 제1항 제2호). 체납처분은 조세를 납부할 기한에 납부하지 않는 경우에 있어서 국가기관의 행정상의 강제징수처분이다. 체납처분은 크게 [독촉 - 압류 - 환가 - 충당(배분)]의 과정을 거쳐 이루어진다. 체납처분은 성질상 일종의 강제집행절

3) 대법원 2012.4.26. 선고 2010도5693 판결.
4) 이와 관련한 강제집행면탈죄 관련 판결로는 대법원 2011.9.8. 선고 2011도5165 판결이 있다.
5) 국세청에서 2021년까지 공개한 체납기간 1년 이상, 체납국세 2억 원 이상인 고액·상습 개인 체납자는 32,598명이고, 법인은 13,961건이다.

차에 속하며 국세징수법에 규정되어 있다.

국세징수법상의 강제징수절차에 대하여 간단하게 살펴보면, 먼저 관할 세무서장은 납세자로부터 국세를 징수하려는 경우에는 국세의 과세기간, 세목, 세액, 산출근거, 납부기한 등을 기재한 납부고지서를 납세자에게 발급하여야 한다(국세징수법 제6조). 납세자가 국세를 지정납부기한까지 완납하지 아니한 경우 관할 세무서장은 지정납부기한이 지난 후 10일 이내에 체납된 국세에 대한 독촉장을 발급하여야 한다(국세징수법 제10조). 관할 세무서장은 납세자가 위 독촉을 받고 지정된 기한까지 국세 또는 체납액을 완납하지 아니한 경우 재산의 압류, 압류재산의 매각·추심 및 청산의 절차에 따라 강제징수를 하여야 한다(국세징수법 제24조).

3. 범죄의 주체

본죄의 주체는 '납세의무자 또는 납세의무자의 재산을 점유하는 자'이다. 납세의무자는 세법에 따라 국세를 납부할 의무가 있는 자를 말한다(국세기본법 제2조 제9호). 여기에는 연대납세의무자, 제2차 납세의무자, 보증인도 포함된다(국세기본법 제2조 제10호 참조). 그리고 납세의무자가 법인인 경우에는 법인의 대표자, 대리인, 종업원 등이 행위자로서 범죄주체가 될 수 있다(조세범처벌법 제18조).

4. 체납처분의 집행을 받을 우려가 있는 상태의 의미

체납처분면탈죄가 성립하기 위하여는 납세의무자 또는 납세의무자의 재산을 점유하는 자가 체납처분의 집행을 받을 우려가 있는 상태에서 체납처분의 대상이 된 재산을 은닉·탈루하거나 거짓 계약을 체결하여야 한다.

여기에서 체납처분의 집행을 받을 우려가 있는 상태는 어떠한 상태를 가리키는지 문제된다. 이에 대한 명확한 규정이나 해석은 존재하지 아니한다. 따라서 체납처분면탈죄와 구성요건이 유사한 강제집행면탈죄의 법리를 유추적용할 수가 있다. 강제집행면탈죄에서의 강제집행을 받을 객관적 상태의 존재에 대하여 법원은 "강제집행면탈죄는 위태범으로서 현실적으로 민사소송법에 의한 강제집행 또는 가압류, 가처분의 집행을 받을 우려가 있는 객관적인 상태 아래 즉 채권자가 본안 또는 보전소송을 제기하거나 제기할 태세를 보이고 있는 상태에서 주관적으로 강제집행을 면탈하려는 목적으로 재산을 은닉, 손괴, 허위양도하거나 허위의 채무를 부담하여 채권자를 해할 위험이 있으면 성립하는 것이고, 반드시 채권자를 해하는 결과가 야기되거나 행위자가 어떤 이득을 취하여야 범죄가 성립하는 것은 아니며(대법원 1984.3.13. 선고 84도18 판결, 1989.5.23. 선고 88도343 판결, 1994.10.14. 선고 94도2056 판결 등 참조), 현실적으로 강제집행을 받을 우려가 있는 상태에서 강제집행을 면탈할 목적으로 허위의 채무를 부담하는 등의 행위를 하는 경우에는 달리 특별한 사정이 없는 한 채권자를 해할 위험이 있다고 보아야 할 것이다"라고 판시[6]하여 강제집행면탈죄는 위태범으로서 현실적으로 강제집행을 받을 우려가 있는 상태에서 강제집행을 면탈할 목적으로 허위의 채무를 부담하는 등의 행위를 하는 경우에는 달리 특별한 사정이 없는 한 채권자를 해할 위험이 있다고 보아야 한다고 하고 있다. 본죄 또한 강제집행면탈죄에서와 마찬가지로 체납처분의 집행을 받을 우려가 있는 객관적인 상태를 해석함에 있어서 위 판례를 참조할 필요가 있다.

앞서 설명하였듯이 체납처분은 크게 [독촉 - 압류 - 환가 - 충당(배분)]의 과정을 거쳐 이루어진다. 관할 세무서장은 납세자로부터 국세를 징수하려는 경우에는 국세의 과세기간, 세목, 세액, 산출 근거, 납부기한 등을 기재한 납부고지서를 납세자에게 발급하여야 한다(국세징수법 제6조). 납세자가 국세를 지정납부기한까지 완납하지 아니한 경우 관할 세무서장은 지정납부기한이 지난 후 10일 이내에 체납된 국세에 대한 독촉장을 발급하여야 한다(국세징수법 제10조). 관할 세무서장은 납세자가 위 독촉을 받고 지정된 기한까지 국세 또는 체납액을 완납하지 아니한 경우 비로소 재산의 압류 등 강제징수절차에 들어간다.

이와 같은 절차를 고려할 때 언제 체납처분을 받을 객관적인 상태에 있다고 볼 것인지 문제된다. 먼저, 납세의무가 신고나 결정 또는 경정에 의해 구체적으로 확정되어 있으면 체납처분을 받을 객관적인 상태에 있다고 할 것이다. 왜냐하면 납세의무자 입장에서 납세의무가 확정된 상태에서 재산을 은닉한다면 객관적으로 체납처분면탈의 의도가 있다고 보이기 때문이다. 또한 납세의무가 구체적으로 확정되고 납부기한 내에 세금의 납부가 이루어지지 않는 경우에는 국세징수법에 따라 당연히 독촉절차를 걸쳐 체납처분이 진행되므로, 과세관청으로부터 체납처분에 관한 별도의 언동이 없더라도 체납처분을 받을 객관적인 상태가 존재한다고 보는 것이 일반 경험칙에 부합한다.

다만, 납세의무가 추상적으로 성립된 이후부터 구체적으로 확정되기 전까지의 시기에도 체납처분을 받을 객관적인 상태에 있을 수 있는지 문제가 될 수 있다.

---

6) 대법원 1996.1.26. 선고 95도2526 판결 등.

이에 대하여 법원은 "현실적으로 체납이 되거나 체납이 예상되는 사유 발생 시 체납처분이 국세징수법에 따라 의무적으로 이루어지므로 과세요건 충족 시에 과세관청이 체납처분을 하겠다는 별도의 언동이 없더라도 체납처분을 받을 객관적인 상태가 인정될 수 있다"고 판시[7]하기도 하고, "과세요건 충족 후 납세의무가 신고나 결정에 의해 구체적으로 확정되기 전에는 과세관청이 납세의무자에게 어떠한 독촉을 하였다는 등 과세관청의 체납처분 집행이 임박하였다고 볼만한 사정이 있어야만 체납처분을 받을 우려가 있는 객관적 상태가 인정된다"고 판시[8]하여 전자의 판시 내용과 다르게 판단을 하고 있는 판결이 있는 바, 납세의무가 추상적으로 성립한 이후에는 납세자가 어느 정도는 구체적 납세의무에 대한 인식이 있기는 하겠지만 형사처벌까지 하기 위하여는 그것만으로는 부족하고 납세의무자에게 별도로 위법성을 인식하게 할 만한 추가 조치가 있어야 비로소 체납처분의 집행을 받을 우려가 있는 상태에 있었다고 보는 것이 상당하여 후자의 판결이 타당하다고 생각된다.

5. 재산의 은닉과 거짓 계약 체결 및 탈루 행위

재산의 은닉이란 국가로 하여금 재산의 발견을 불가능하게 하거나 곤란하게 하는 일체의 행위를 말한다. 재산의 소재를 불명케 하는 경우는 물론 그 소유관계를 불명하게 하는 경우도 포함한다. 예를 들어 부동산의 등기나 등록 명의를 다른 사람 명의로 변경한다거나, 가재도구, 집기, 비품, 기계 등의 동산의 경우에는 잘 아는 지인의 집에 숨겨 놓는 행위 등이 이에 해당한다. 거짓계약이란 허위 계약에 의해 재산의 소유관계를 불명하게 하는 것으로 허위양도 또는 허위의 채무부담 등을 말한다. 예를 들어 채무자 자신의 재산을 제3자에게 매도한 것처럼 매매계약을 체결하거나 변제기가 돌아오지 않은 채권에 대한 압류를 피하기 위하여 제3자와 허위채권양도계약을 체결하여 이전시킴으로써 자신의 재산과 분리하거나 그리고 자신의 부동산을 잘 아는 사람과 허위채권계약을 체결한 다음, 채권자 명의로 근저당권이나 질권 계약을 체결하여 강제집행을 방해하는 방법 등이 이에 해당한다. 탈루란 매매·증여·멸실 등 납세의무자로부터 제3자에게 재산의 소유권을 이

---

7) 창원지방법원 2019.5.15. 선고 2017노223 판결(상고포기로 확정).
8) 대법원 2018.11.15. 선고 2017도18758 판결(원심판결: 대구지방법원 2017.10.19. 선고 2016노5397 판결); 대법원 2018.10.12. 선고 2017도10630 판결(원심판결: 수원지방법원 2017.6.19. 선고 2016노3133 판결).

전하거나 그 효용을 해함으로써 납세의무자의 재산을 체납처분의 대상에서 제외시키는 행위를 말한다. 강제집행면탈죄의 구성요건에 탈루행위가 규정되어 있지 않음에 대비하여 체납처분면탈죄에는 이 내용을 포함시킨 이유는 국세징수권을 개인 채권보다 더 확실하게 보호하려는 의도가 있어 보인다.

그러나 이 규정을 그대로 적용할 경우에 선의의 제3자와의 관계에서 일부 부작용도 예상된다.[9] 즉, 납세자가 체납처분을 면탈할 목적으로 진정한 의사로써 재산을 정상적으로 양도하거나 소비하여 조세징수권자인 국가에 불이익을 초래하는 결과가 된 경우에 그와 같은 진정하고 정상적인 재산의 양도나 소비행위를 체납처분면탈에서의 '탈루'로 볼 수 있는지의 문제가 바로 그것이다. 이에 대하여 법원은 "납세의무자가 재산을 양도하거나 금전을 지급하였더라도 그것이 채무의 변제 등을 위한 진정한 것이라면, 그것이 체납처분의 집행을 면탈할 목적으로 이루어진 것이라고 하더라도 조세범처벌법 제7조 소정의 체납처분면탈죄에 해당한다고 볼 수 없다"고 판시[10]하여 사법상 유효하고 진실한 행위일 경우에 그 행위가 체납처분의 집행을 면탈할 목적으로 행하여진 행위라 하더라도 탈루에 포함되지 않는다고 하고 있다.

이와 관련한 문제는 탈루 규정이 없는 강제집행면탈죄에서도 쟁점이 되었다. 이에 대하여 법원은 "강제집행면탈죄에 있어서 은닉이라 함은 강제집행을 면탈할 목적으로 강제집행을 실시하는 자로 하여금 채무자의 재산을 발견하는 것을 불능 또는 곤란하게 만드는 것을 말하는 것으로서 진의에 의하여 재산을 양도하였다면 설령 그것이 강제집행을 면탈할 목적으로 이루어진 것으로서 채권자의 불이익을 초래하는 결과가 되었다고 하더라도 강제집행면탈죄의 허위양도 또는 은닉에는 해당하지 아니한다 할 것이다"라고 판시[11]하여 위 판결과 같은 취지로 판시를 하고 있다.

6. 체납처분의 집행을 면탈할 목적의 존재

본죄는 주관적으로 체납처분의 집행을 면탈하거나 면탈하게 할 목적이 있어야 성립하는 목적범이다. 납세의무자에게는 체납처분의 집행을 면탈할 목적이 있어야

---

9) 김종근, 조세형사법 해설, 2021, 329~330면 참조.

10) 부산지방법원 2018.1.11. 선고 2016고단6923 판결(항소기각, 상고포기로 확정); 수원지방법원 성남지원 2019.11.12. 선고 2019고단1336 판결(항소기각, 상고포기로 확정).

11) 대법원 2000.9.8. 선고 2000도1447 판결.

하고, 납세의무자의 재산을 점유하는 자는 납세의무자에 대한 체납처분의 집행을 면탈하게 할 목적이 있어야 한다. 체납처분면탈죄에서 목적은 체납처분을 피한다는 인식을 가지고 면탈행위로 나가면 성립하는 것으로 적극적 의욕이나 확정적 인식이 존재함을 필요로 하지 않고, 미필적 인식이 있으면 된다.

7. 기수시기

본죄는 체납처분의 집행을 받을 우려가 있는 객관적인 상태에서 이를 면탈하려는 목적으로 납세의무자의 재산을 은닉·탈루하거나 거짓 계약을 체결함으로써 국가의 징수권을 해할 위험이 발생하면 성립하는 위태범이다. 따라서 반드시 체납처분을 면탈하는 결과가 야기되거나 행위자가 어떤 이득을 취하여야 범죄가 성립하는 것은 아니다.

Ⅲ. 압류물건 은닉 등

본죄는 형사소송법 제130조 제1항에 따른 압수물건의 보관자 또는 국세징수법 제49조 제1항에 따른 압류물건의 보관자가 그 보관한 물건을 은닉·탈루하거나 손괴 또는 소비하였을 때에 성립한다. 조세범처벌절차법 제8조에 의하면 세무공무원은 조세범칙조사를 하기 위하여 필요한 경우에는 조세범칙행위 혐의자 또는 참고인을 심문하거나 압수 또는 수색할 수 있다. 조세범처벌절차법에 규정된 사항 외에 압수 또는 수색에 관하여는 형사소송법 규정을 준용하도록 되어 있다(같은 법 제10조). 따라서 세무공무원이 조세범처벌절차법에 의해 물건을 압수한 경우, 운반 또는 보관이 불편한 압수물에 관하여는 형사소송법 제130조 제1항[12]을 준용하여 간수자를 두거나 소유자 또는 적당한 자의 승낙을 얻어 보관하게 할 수 있다.

국세징수법 제48조 제1항에 의하면 동산 또는 유가증권의 압류는 세무공무원의 점유의 방법으로 하고, 압류의 효력은 세무공무원이 점유한 때에 발생한다. 운반하기 곤란한 동산은 체납자 또는 제3자에게 보관하게 할 수 있다. 이 경우 봉인이나 그 밖의 방법으로 압류재산임을 명백히 하여야 한다(같은 법 제49조 제1항). 위와 같은 압수물건의 보관자, 압류물건의 보관자가 그 보관한 물건은 은닉·탈루하거나 손괴 또는

---

12) 형사소송법 제130조(압수물의 보관과 폐기) ① 운반 또는 보관에 불편한 압수물에 관하여는 간수자를 두거나 소유자 또는 적당한 자의 승낙을 얻어 보관하게 할 수 있다.

소비하였을 때에 3년 이하의 징역 또는 3천만 원 이하의 벌금에 처하도록 되어 있다.

Ⅳ. 체납처분 면탈 방조

본죄는 조세범처벌법 제7조 제1항 체납처분면탈 범행과 제2항 압류물건은닉 범행의 사정을 알고도 그와 같은 행위를 방조하거나 거짓 계약을 승낙하는 경우에 성립한다. 본죄의 범행에 대하여는 형법상 방조범 등 일반 형법 규정에 의하여 대부분 처벌이 가능하다. 형법 총칙의 일반 이론을 적용할 경우에 방조범은 필요적 감경 대상이다(형법 제32조 제2항). 그러나 본죄에 의하면 그보다 가중된 법정형으로 처벌할 수 있다.

제6절 장부의 소각·파기 등

Ⅰ. 관련 규정

> **조세범처벌법 제8조(장부의 소각·파기 등)** 조세를 포탈하기 위한 증거인멸의 목적으로 세법에서 비치하도록 하는 장부 또는 증빙서류(「국세기본법」 제85조의3 제3항에 따른 전산 조직을 이용하여 작성한 장부 또는 증빙서류를 포함한다)를 해당 국세의 법정신고기한이 지난 날부터 5년 이내에 소각·파기 또는 은닉한 자는 2년 이하의 징역 또는 2천만원 이하의 벌금에 처한다.

Ⅱ. 의 의

본죄는 조세를 포탈하기 위한 증거인멸의 목적으로 세법에서 비치하도록 하는 장부 또는 증빙서류를 해당 국세의 법정신고기한이 지난 날부터 5년 이내에 소각·파기 또는 은닉한 경우에 성립한다. 국세기본법 제16조 제1항에서는 납세의무자가 세법에 따라 장부를 갖추어 기록하고 있는 경우에는 과세관청은 과세표준의 조사와 결정은 그 장부와 이와 관계되는 증거자료에 의하여야 한다는 근거과세의 원칙을 정하고 있다. 이외에도 정확한 세액을 산정하기 위해서는 장부와 이에 관계되는 증명서류의 구비와 보존이 필수적이다. 이와 같은 이유로 작성이 의무화되어 있는 장부와 이와 관계되는 증거자료를 조세포탈을 위한 증거인멸 목적으로 국세 부과제척기간인 해당 국세의 법정신고기한이 지난 날부터 5년 이내에 소각·파기·은닉한 경우에는 형사처벌을 할 필요성이 있어서 입법되었다.

Ⅲ. 구성요건

1. 조세포탈을 위한 증거인멸의 목적 존재

본죄는 조세를 포탈하기 위한 증거인멸의 목적이 있을 것을 필요로 하는 목적범이다. 형법에서의 증거인멸죄는 타인의 형사사건에 관한 증거를 인멸하는 경우에만 성립하고, 자신의 범행에 대하여는 증거인멸죄가 성립하지 않는다. 본죄는 납세의무자 본인이 자신에 대한 과세 및 조세포탈 처벌을 회피하기 위하여 증거인멸을 꾀하는 경우가 대부분으로 자신의 조세탈루를 위한 증거인멸행위가 주로 처벌의 대상이 된다는 점에서 형법상 증거인멸죄와 구별된다. 납세의무자가 아닌 제3자가 납세의무자를 위하여 증거인멸을 꾀하는 경우가 있을 수 있는데, 이 경우에도 본조에 의하여 처벌된다.

조세를 포탈하기 위한 증거인멸의 목적이 인정되기 위하여는 행위자가 자신에게 장부 및 증명서류의 비치·보존의무가 있음에도 이를 준수하지 않았다는 사정만으로 부족하고, 납세의무의 성립을 예상하고 이를 회피하기 위하여 장부 등을 소각·파기·은닉행위를 하여야 비로소 조세를 포탈하기 위한 증거인멸의 목적이 있다고 볼 수 있다.

2. 세법에 비치의무 있는 장부 또는 증빙서류의 소각·파기 또는 은닉 행위

국세기본법과 개별 세법에서는 국세의 부과와 징수를 위해 장부와 증명서류를 비치하고 보존하도록 규정하고 있다. 납세의무자는 각 세법에서 규정하는 바에 따라 모든 거래에 관한 장부 및 증거서류를 성실하게 작성하여 비치하여야 한다(국세기본법 제85조의3)[1]. 개별 세법인 소득세법 제160조, 제160조의2, 법인세법 제112조, 제116

---

1) 제85조의3(장부 등의 비치와 보존) ① 납세자는 각 세법에서 규정하는 바에 따라 모든 거래에 관한 장부 및 증거서류를 성실하게 작성하여 갖춰 두어야 한다.
② 제1항에 따른 장부 및 증거서류는 그 거래사실이 속하는 과세기간에 대한 해당 국세의 법정신고기한이 지난 날부터 5년간 보존하여야 한다. 다만, 제26조의2 제3항에 해당하는 경우에는 같은 항에서 규정한 날까지 보존하여야 한다.
③ 납세자는 제1항에 따른 장부와 증거서류의 전부 또는 일부를 전산조직을 이용하여 작성할 수 있다. 이 경우 그 처리과정 등을 대통령령으로 정하는 기준에 따라 자기테이프, 디스켓 또는 그 밖의 정보보존 장치에 보존하여야 한다.
④ 제1항을 적용하는 경우 「전자문서 및 전자거래 기본법」 제5조 제2항에 따른 전자화문서로 변

조, 부가가치세법 제71조에서도 납세의무자에게 장부와 증명서류를 작성하여 비치할 의무를 부여하고 있다. 이에 따라 소득세법상 사업자는 원칙적으로 복식부기 방식에 의하여 장부를 기록·비치하여야 한다. 다만, 업종별 일정 규모 이하의 사업자의 경우에는 간편 장부를 기록·비치할 수 있다. 또한 비용 등의 지출증명 수취·보관의무, 기부금 영수증 발급명세의 작성·보관의무 등이 있다.

법인의 경우에는 복식부기의 방식으로 장부를 작성·비치하여야 한다. 비영리법인의 경우에는 수익사업을 하는 경우에만 작성·비치의무가 있다. 그리고 소득세법상 사업자와 마찬가지로 법인도 지출증명서류의 수취 및 보관의무, 기부금 영수증 발급명세의 작성·보관의무 등이 있다. 부가가치세법상 사업자는 본인의 납부세액 또는 환급세액과 관계되는 모든 거래사실을 장부에 기재하여 사업장에 비치하여야 한다. 한편 납세의무자는 장부와 증거서류의 전부 또는 일부를 전산조직을 이용하여 작성할 수 있다. 이 경우 그 처리과정 등을 대통령령으로 정하는 기준에 따라 자기테이프, 디스켓 또는 그 밖의 정보보존 장치에 보존하여야 한다(국세기본법 제85조의3 제3항).

3. 법정신고기한이 경과한 날로부터 5년 이내의 행위

위와 같이 작성한 장부 및 증거서류는 그 거래사실이 속하는 과세기간에 대한 해당 국세의 법정신고기한이 지난 날부터 5년간 보존하여야 한다(국세기본법 제85조의3 제1항, 제2항). 따라서 본죄는 해당 국세의 법정신고기한이 지난 날부터 5년 이내에 소각·파기 또는 은닉한 경우에 성립한다.

국세의 제척기간이란 국세를 부과할 수 있는 기간으로 정부가 국세부과권을 무한정으로 행사하지 않을 경우 납세의무가 불안정하게 될 수 있으므로 조세법률관계의 조속한 안정을 위해 정한 것으로 법정신고기한의 다음 날 등 국세를 부과할 수 있는 날부터 기산하도록 되어 있다(국세기본법 제26조의2). 위 규정에 따르면 일반적인 조세의 경우에는 5년(역외거래는 7년), 납세자가 법정 신고기한까지 과세표준신고서를 제출하지 않은 일반 조세의 미신고의 경우에는 7년(역외거래는 10년), 부정행위로 국세를 포탈하거나 환급 및 공제받은 경우에는 10년(역외거래는 15년), 상속세 및 증

환하여 같은 법 제31조의2에 따른 공인전자문서센터에 보관한 경우에는 제1항에 따라 장부 및 증거서류를 갖춘 것으로 본다. 다만, 계약서 등 위조·변조하기 쉬운 장부 및 증거서류로서 대통령령으로 정하는 것은 그러하지 아니하다.

여세의 경우는 10년, 부정행위로 상속 및 증여세를 포탈한 경우에는 15년이 지나면 부과제척기간이 도과한다. 장부 및 증거서류 보존기간은 장부 등의 작성 · 비치가 필요한 소득세, 법인세, 부가가치세의 제척기간이 원칙적으로 5년인 점을 고려하여 5년으로 정한 것이다.

Ⅳ. 장부의 소각 · 파기를 통한 조세포탈죄와의 관계

장부의 소각 · 파기 행위는 조세포탈죄에서 규정하는 사기 기타 부정한 행위에 해당한다(조세범처벌법 제3조 제6항 제3호 참조). 조세를 포탈하기 위해 장부를 소각 · 파기하고 허위 과소신고 또는 미신고 등으로 조세포탈죄가 성립하는 경우에는 본죄와 조세포탈죄가 별개로 성립한다. 양죄는 실체적 경합범 관계에 있다. 본죄는 장부의 소각 · 파기 즉시 성립하는 위태범이므로 실제로 조세포탈의 결과가 발생하였는지 여부와 무관하게 본죄가 성립한다. 그러나 실무에서는 조세포탈죄로 기소가 되면 본죄에 대하여 별도로 기소를 하지 않고 있다. 따라서 본죄는 조세포탈죄가 구성요건불비로 처벌되지 아니하는 경우에 실제로 의미가 있다.

장부의 소각 · 파기 행위를 통한 몇 가지 조세포탈 사례[2)]를 들면 아래와 같다.

(1) 성형의과 의사가 병원의 실매출을 축소하기 위해 전산프로그램 및 매출일계표 등 자료삭제, 중국카드결제 단말기 사용, 환치기 계좌 이용 등의 행위로 현금매출 등 신고 누락하는 방법으로 종합소득세, 부가가치세 23억 3천만 원 상당을 포탈한 행위에 대하여 징역 1년 6월, 집행유예 3년, 벌금 12억 원을 선고하였다.

(2) 제조업에 종사하는 자가 허위세금계산서를 토대로 매출원가를 과다계상하고, 부산물 거래에 대한 매출세금계산서를 발행하지 아니하고 장부 및 증빙 파기하는 방법으로 법인세 45억 7천만 원 상당을 포탈한 행위에 대하여 징역 2년, 벌금 46억 원을 선고하였다.

(3) 가구 도매업을 영위하면서 거래업체들과의 거래내역에 관한 장부를 파기하고 실제 거래대금보다 세금계산서를 축소 발급하는 방법으로 부가가치세 및 소득세 28억 2천만 원 상당을 포탈한 행위에 대하여 징역 1년 6월, 집행유예 2년, 벌금 30억 원을 선고하였다.

(4) 유흥주점 경영하는 자가 유흥주점의 각 사업자등록 명의를 위장하여 실제

---

2) 국세청 조세포탈범 명단공개 사이트 참조.

업주를 숨기고, 일일매출을 확인할 수 있는 매출장부를 파기하였으며, 웨이터들이 지급받은 현금매출액 등을 신고하지 않는 등의 방법으로 소득세, 부가가치세 등 136억 4천만 원 상당을 포탈한 행위에 대하여 징역 4년, 벌금 140억 원을 선고하였다.

제7절 성실신고 방해행위

Ⅰ. 관련 규정
Ⅱ. 타인의 조세에 관한 거짓 신고
Ⅲ. 거짓 신고 등 선동 · 교사

Ⅰ. 관련 규정

> 조세범처벌법 제9조(성실신고 방해행위) ① 납세의무자를 대리하여 세무신고를 하는 자가 조세의 부과 또는 징수를 면하게 하기 위하여 타인의 조세에 관하여 거짓으로 신고를 하였을 때에는 2년 이하의 징역 또는 2천만원 이하의 벌금에 처한다.
> ② 납세의무자로 하여금 과세표준의 신고(신고의 수정을 포함한다. 이하 "신고"라 한다)를 하지 아니하게 하거나 거짓으로 신고하게 한 자 또는 조세의 징수나 납부를 하지 않을 것을 선동하거나 교사한 자는 1년 이하의 징역 또는 1천만원 이하의 벌금에 처한다.

Ⅱ. 타인의 조세에 관한 거짓 신고

1. 의　　의

본죄는 납세의무자를 대리하여 세무신고를 하는 자가 조세의 부과 또는 징수를 면하게 하기 위하여 타인의 조세에 관하여 거짓으로 신고를 하였을 경우에 성립한다. 법원은 "이 처벌조항은 행위주체를 단순히 '납세의무자를 대리하여 세무신고를 하는 자'로 정하고 있을 뿐, 세무사법 등의 법령에 따라 세무대리를 할 수 있는 자격과 요건을 갖춘 자 등으로 한정하고 있지 않다. 또한 처벌조항은 납세의무자를 대리하여 거짓으로 세무신고를 하는 경우 그 자체로 조세포탈의 결과가 발생할 위험이 매우 크다는 점 등을 고려하여 조세포탈행위와 별도로 그 수단이자 전 단계인 거짓신고행위를 처벌하는 것으로 볼 수 있다"고 판시[1]하여 납세의무자를 대리하여 세무신고를 하는 자에 세무사 자격이 없더라도 납세의무자의 위임을

---

1) 대법원 2019.11.14. 선고 2019도9269 판결.

받아 대여받은 세무사 명의로 납세의무자를 대리하여 세무신고를 하는 자도 본죄의 처벌대상에 포함된다고 하면서 동시에 입법취지도 밝히고 있다.

2. 범죄의 주체

본죄는 '납세의무자를 대리하여 세무신고를 하는 자'가 범죄주체가 된다. 세무대리를 하는 세무사, 공인회계사, 세무사의 직무를 하는 변호사 등이 통상 본죄의 주체가 된다. 한편, 앞서 소개한 바와 같이 납세의무자를 대리하여 세무신고를 하는 자에는 세무사 자격이 없더라도 납세의무자의 위임을 받아 대여받은 세무사 명의로 납세의무자를 대리하여 세무신고를 하는 자도 포함된다.

3. 타인의 조세에 관하여 거짓 신고 행위

타인의 조세에 관한 거짓 신고 행위만이 처벌대상이 된다. 예를 들어, 세무사가 납세의무자를 대리하여 세무신고를 하면서 납세의무자의 양도소득세 부과 또는 징수를 면하게 하기 위하여 허위의 부동산 매매계약서를 작성한 후 과세관청에 조세를 거짓으로 신고하는 방법으로 양도소득세 2억 3천만 원 상당을 포탈하게 하고 벌금 2천만 원을 선고받은 사안이 이에 해당한다. 그러나 세무사업을 운영하면서 세무신고를 직접 대리하지 않고 중고자동차 매입금액을 부풀리는 방법으로 부가가치세 매입세액을 과다 공제를 받도록 도와주어 부가가치세 25억 원 상당을 포탈하게 한 행위로 징역 2년에 집행유예 3년 및 벌금 6억 6천만 원을 선고받은 사안의 경우에는 이 조문이 적용되지 않고 부가가치세포탈 방조죄로 처벌되었다.[2)]

본인의 조세에 관한 허위 신고, 법인의 대표자가 법인의 사무로서 법인의 세무신고를 하는 경우에는 타인의 조세에 관한 신고가 아니므로 조세포탈로 처벌은 될 수는 있어도 본 건 범죄의 처벌대상이 되지는 않는다.

4. 고 의

본죄는 고의범이다. 따라서 납세의무자를 대리하여 세무신고를 하는 자가 조세의 부과 또는 징수를 면하게 할 의도로 거짓으로 신고를 한다는 사실을 알면서도 신고를 한 경우에 본죄가 성립한다. 따라서 납세의무자의 말을 사실로 믿고 거짓

---

2) 국세청 조세포탈범 명단공개 사이트 참조.

에 대한 인식 없이 세무신고를 대리한 세무사 등에게는 고의가 없으므로 본죄가 성립하지 않는다.

Ⅲ. 거짓 신고 등 선동·교사

본죄는 납세의무자로 하여금 과세표준의 신고(신고의 수정을 포함한다. 이하 "신고"라 한다)를 하지 아니하게 하거나 거짓으로 신고하게 한 자 또는 조세의 징수나 납부를 하지 않을 것을 선동하거나 교사한 경우에 성립하는 범죄이다.

조세범처벌법 제9조 제2항 전단은 납세의무자에 대하여 과세표준의 미신고 또는 거짓신고를 교사한 경우에 성립한다. 이 범죄는 피교사자인 납세의무자가 교사자의 교사내용과 같이 과세표준의 신고하지 아니하거나 거짓으로 신고한 경우에 비로소 기수가 되어 범죄가 성립한다. 같은 조 제2항 후단은 납세의무자로 하여금 조세의 징수나 납부를 하지 않을 것을 선동하거나 교사하여 납세의무자가 교사내용대로 실행한 경우 비로소 기수가 되어 범죄가 성립한다. 여기에서 선동이나 피교사 대상자로는 납세의무자뿐만 아니라 조세를 징수하거나 납부하는 사람인 세무공무원, 원천징수의무자, 부가가치세의 거래징수 의무자 등이 이에 해당한다.

제8절 명의대여행위 등

Ⅰ. 관련 규정 Ⅱ. 의 의	Ⅲ. 구성요건

Ⅰ. 관련 규정

> **조세범처벌법 제11조(명의대여행위등)** ① 조세의 회피 또는 강제집행의 면탈을 목적으로 타인의 성명을 사용하여 사업자등록을 하거나 타인 명의의 사업자등록을 이용하여 사업을 영위한 자는 2년 이하의 징역 또는 2천만원 이하의 벌금에 처한다.
> ②조세의 회피 또는 강제집행의 면탈을 목적으로 자신의 성명을 사용하여 타인에게 사업자 등록을 할 것을 허락하거나 자신 명의의 사업자등록을 타인이 이용하여 사업을 영위하도록 허락한 자는 1년 이하의 징역 또는 1천만원 이하의 벌금에 처한다.

Ⅱ. 의 의

본죄는 조세의 회피 또는 강제집행의 면탈을 목적으로 타인의 성명을 사용하여 사업자등록을 하거나 타인 명의의 사업자등록을 이용하여 사업을 영위한 경우와 조세의 회피 또는 강제집행의 면탈을 목적으로 자신의 성명을 사용하여 타인에게 사업자등록을 할 것을 허락하거나 자신 명의의 사업자등록을 타인이 이용하여 사업을 영위하도록 허락한 경우에 성립한다. 이 범죄의 경우에 사업자등록 명의대여자보다 명의차용자의 위법성과 비난가능성이 더 크기 때문에 명의차용자의 법정형이 더 높다.

사업자등록제도는 과세관청이 납세의무자를 파악하고 그 과세자료를 쉽게 확보하기 위하여 둔 제도이다. 사업자는 사업장마다 대통령령으로 정하는 바에 따라 사업개시일부터 20일 이내에 사업장 관할 세무서장에게 사업자등록을 신청하도록 되어 있다(부가가치세법 제8조 제1항, 소득세법 제168조, 법인세법 제111조). 사업자등록은 단순한 사업사실에 대한 신고로서 사업자가 소관 세무서장에게 소정의 사업자등록신청서를 제출함으로써 사업자등록이 된다.

법원도 "부가가치세법상의 사업자등록은 과세관청으로 하여금 부가가치세의 납세의무자를 파악하고 그 과세자료를 확보케 하려는데 입법취지가 있는 것으로서, 이는 단순한 사업사실의 신고로서 사업자가 소관 세무서장에게 소정의 사업자등록신청서를 제출함으로써 성립되는 것이고, 사업자등록증의 교부는 이와 같은 등록사실을 증명하는 증서의 교부행위에 불과한 것이며, 이와 마찬가지로 사업자등록증에 대한 검열 역시 과세관청이 등록된 사업을 계속하고 있는 사업자의 신고사실을 증명하는 사실행위에 지나지 않는 것으로 세무서장이 납세의무자의 면세사업자등록증을 검열하고, 이에 따른 사업자등록증을 교부하거나 면세사업자로서 한 부가가치세 예정신고 및 확정신고를 받은 행위만으로는 세무서장이 납세의무자에게 그가 영위하는 사업에 관하여 부가가치세를 과세하지 아니함을 시사하는 언동이나 공적인 견해를 표명한 것이라 할 수 없다"고 판시[1]하고 있다. 실질적인 납세의무자가 타인의 명의로 사업자등록을 하거나 타인 명의의 사업자등록을 이용하여 사업을 하게 되면 소득의 실질귀속자에 대한 조세의 부과와 징수가 어려워지고 강제집행 또한 곤란하게 되므로 이를 처벌하기 위해 본죄가 규정되었다.

Ⅲ. 구성요건

1. 사업자등록명의 차용 또는 대여 행위

실제 생활에서 사업자등록명의를 차용하거나 대여해 주는 동기는 다양하다. 예를 들면, 이전의 세금체납에 의한 추징 등을 피하기 위한 경우, 처음부터 세금을 납부할 의사 없이 세금납부 능력이 없는 사람을 바지사장으로 내세워 사업자등록을 하는 경우, 단독사업자임에도 소득 분산을 하여 소득세를 적게 내려는 의도로 공동사업자인 것처럼 사업자등록을 하는 경우, 유흥업소 등 탈세에 쉽게 노출되어 있는 업종에서 단속에 걸리더라도 명의를 변경해가며 계속 사업을 하기 위하여 제3자 명의로 사업자등록을 하는 경우, 그리고 자료상 영업을 하기 위한 경우 등이 이에 해당한다.

이러한 사업자등록명의를 차용하거나 대여해 주는 행위는 상호 통정에 의하여 하는 것이 일반적이다. 법원도 "사업자등록명의를 차용하거나 대여해 주는 조세범

1) 대법원 2000.2.11. 선고 98두2119 판결.

처벌법 제11조 규정의 내용, 입법 취지 및 형벌법규는 엄격하게 해석하여야 한다는 죄형법정주의의 원칙 등에 비추어 보면, 위 구성요건은 사업자등록에서의 사업자의 성명 자체를 다른 사람의 것을 사용하거나 이를 허락한 경우를 말하는 것일 뿐이고, 다른 특별한 사정이 없는 한 법인의 사업자등록을 하면서 단지 법인의 대표자 성명을 다른 사람의 것을 사용하거나 이를 허락한 경우는 위 구성요건에 해당하지 않는다"고 판시[2)]하고 있다.

따라서 명의대여자의 허락이 있어야 하므로, 타인이 무단으로 명의를 도용한 것이라면 명의대여자에게 책임을 물을 수 없다. 명의대여자가 명의대여의 대가를 받았는지 여부는 본죄의 성립과 무관하다. 이 범죄의 경우에는 사업자등록 명의대여행위와 명의차용행위 모두를 처벌하고 있다.

2. 조세의 회피 또는 강제집행면탈 목적의 존재

본죄는 조세의 회피 또는 강제집행면탈 목적이 있어야 성립하는 목적범이다. 조세의 회피는 조세의 부과·납부가 되지 않게 하는 것으로서 조세포탈의 목적과는 구별된다. 강제집행의 면탈은 형법에 강제집행면탈죄가 별도로 규정되어 있고, 본죄는 과세관청의 고발을 소추조건으로 하고 있는 점 등을 고려하면, 국세징수법상 체납처분만을 의미한다고 봄이 타당하다.

이전의 세금체납에 의한 체납처분 등을 회피하기 위한 경우, 세금납부 의사나 능력이 없는 사람을 바지사장으로 내세워 사업자등록을 하는 경우, 단독사업자임에도 소득분산을 위해 공동사업자인 것처럼 사업자등록을 하는 경우 등은 조세의 회피 또는 강제집행면탈의 목적이 인정된다.[3)]

3. 고　　의

본죄는 고의범이다. 사업자등록 명의대여의 경우에는 친·인척 등의 요청으로 사업자등록명의를 어떻게 사용하는지에 대한 이유를 상세히 묻지 않고 대여해 주는 경우도 상당수 있다. 이 경우에 명의대여자에게도 조세의 회피 또는 강제집행의 면탈에 대한 인식이 있어야 한다. 명의대여자가 조세의 회피 또는 강제집행면탈의 목적이 있는 것을 알지 못하고 명의차용자에게 자신의 성명을 사용하여 사

2) 대법원 2016.11.10. 선고 2016도10770 판결.
3) 김종근, 조세형사법 해설, 2021, 345면 참조.

업자등록을 할 것을 허락하는 등의 경우에는 본죄가 성립하지 않는다.

4. 사업자등록명의 대여를 이용한 조세포탈 범죄와의 관계

본죄와 본죄를 이용한 조세포탈죄의 관계는 각 구성요건을 달리하므로 실체적 경합범 관계에 있다. 그러나 본죄를 이용하여 조세포탈 행위를 한 경우에 소세포탈죄로만 처벌하고 본죄에 대하여는 별도로 처벌을 하지 않고 있다.

아래 실무 사례[4]에서도 해당 조세포탈죄로만 처벌하고 있다.

(1) 타인명의로 사업자등록을 하고 실내 건축공사업을 운영하면서 장부를 기록·관리하지 않고 차명계좌를 이용하여 거래를 은폐하는 방법으로 6억 2천만 원 상당을 포탈한 행위에 대하여 부가가치세와 종합소득세포탈죄로만 징역 10월에 집행유예 2년을 선고하였다.

(2) 유흥주점업을 운영하면서 유흥주점의 각 사업자등록명의를 위장하고, 일일장부를 파기한 후 현금매출을 신고하지 않고, 허위 매출장을 작성하여 사무실에 비치하는 방법으로 86억 원 상당을 포탈한 행위에 대하여 부가가치세, 개별소비세, 교육세포탈죄로만 징역 2년 6월에 벌금 90억 원을 선고하였다.

(3) 고비철 도소매업자가 타인 명의로 고철업체를 운영하면서 거짓으로 기재한 매출·매입처별 세금계산서합계표를 제출하여 부가가치세 18억 8천만 원을 부당하게 공제받아 조세를 포탈한 행위에 대하여 부가가치세포탈죄로만 징역 6년과 벌금 96억 원을 선고하였다.

(4) 기획부동산업을 영위하면서 타인 명의로 사업자등록을 하여 종합소득세를 회피하고 소득을 분산·은닉하는 방법으로 19억 7천만 원을 포탈한 행위에 대하여 종합소득세포탈죄로만 징역 3년에 벌금 18억 원을 선고하였다.

(5) 컴퓨터 도소매업자가 조세의 회피 또는 강제집행의 면탈을 목적으로 자신의 성명을 사용하여 타인이 사업자등록을 하고 사업을 영위하도록 허락하였고 실행위자와 공모하여 매출액을 누락하고 폐업하는 방법으로 8억 2천만 원을 포탈한 행위에 대하여 부가가치세포탈죄로만 징역 1년 6월에 집행유예 2년, 추징금 2천만 원을 선고하였다.

---

4) 국세청 조세포탈범 명단공개 사이트 참조.

제9절 납세증명표지의 불법사용 등

Ⅰ. 관련 규정

> 조세범처벌법 제12조(납세증명표지의 불법사용 등) 다음 각 호의 어느 하나에 해당하는 자는 2년 이하의 징역 또는 2천만원 이하의 벌금에 처한다.
> 1. 「주류 면허 등에 관한 법률」 제22조에 따른 납세증명표지(이하 이 조에서 "납세 증명표지"라 한다)를 재사용하거나 정부의 승인을 받지 아니하고 이를 타인에게 양도한 자
> 2. 납세증명표지를 위조하거나 변조한 자
> 3. 위조하거나 변조한 납세증명표지를 소지 또는 사용하거나 타인에게 교부한 자
> 4. 「인지세법」 제8조 제1항 본문[1]에 따라 첨부한 종이문서용 전자수입인지를 재사용한 자

Ⅱ. 납세증명표지의 불법사용 등

1. 의 의

본죄는 납세증명표지를 재사용하거나 정부의 승인을 받지 아니하고 이를 타인에게 양도한 자, 납세증명표지를 위조하거나 변조한 자, 그리고 위조하거나 변조한 납세증명표지를 소지 또는 사용하거나 타인에게 교부한 자를 처벌하기 위한 규정이다. 납세증명표지란 주세 보전을 위하여 반출하는 주류의 용기에 붙이는 납세 또는 면세사실을 증명하는 표지로서, 납세증지, 납세병마개, 납세증표를 말한다.

국세청장은 주세 보전을 위하여 필요하다고 인정하는 경우에는 납세증명표지로

1) 인지세법 제8조(납부) ① 인지세는 과세문서에 「수입인지에 관한 법률」 제2조 제2항 제1호에 따른 종이문서용 전자수입인지(이하 '종이문서용 전자수입인지'라 한다)를 첨부하여 납부한다.

서 납부 또는 면세사실을 증명하는 증지(이하 '납세증지'라 한다)를 출고하는 주류의 용기에 붙이도록 할 수 있다. 이 경우 주류제조자가 납부 또는 면세사실을 증명하는 병마개(이하 '납세병마개'라 한다) 또는 증표(이하 '납세증표'라 한다)를 사용하는 경우에는 납세증지를 붙인 것으로 본다(주류면허등에관한법률 제22조 제1항),[2] (같은 법 시행령 제30조 제1항). 다만, 주류제조자가 주류의 반출을 객관적으로 확인할 수 있는 자동계수기를 설치한 경우에는 관할 지방국세청장의 승인을 받아 납세증지를 붙이지 않을 수 있다(동법 시행령 제30조 제2항).

2. 구성요건

주류는 주류 제조장에서 반출되는 때 주세의 납세의무가 성립·확정되도록 되어 있다(주세법 제9조, 제10조 등 참조). 따라서 주류 제조업자는 출고하는 주류에 반드시 납세증명표지를 첨부 또는 사용하여야 한다. 주류의 종류에 따라 납세증명표지 첨부방식에 차이가 있다. 탁주, 약주, 청주, 맥주, 과실주, 소주, 위스키, 브랜디, 일반 증류주, 리큐르, 기타주류 제조자가 주류를 출고할 때에는 주류의 용기에 주세의 납세 또는 면세사실을 증명하는 주세납세증지를 교부받아 첨부하여야 한다. 주세의 납세 또는 면세사실을 증명하는 주세납세병마개를 사용하는 때에는 주세납세증지를 첨부한 것으로 본다. 생맥주와 관입하는 주류 등 납세증지 또는 납세병마개 사용이 곤란한 주류에는 납세증표를 사용하거나 첨부해야 한다(주세납세증명표지에 관한 주류 제조자가 지켜야 할 사항 고시 제2조 등 참조).

주류에는 고율의 주세가 부과되기 때문에 이를 면탈하기 위하여 출고 수량을 속이거나 주세를 납부하지 아니한 무자료 주류를 유통하는 일이 발생하게 된다. 이를 차단하기 위하여 주류에 조세를 납부하였음을 증명하는 표지를 부착하도록 하여 출고를 제한하고 있는 것이다. 위와 같은 방법으로 첨부 내지 사용하여야 하는 납세증명표지를 관련 규정에 위반하여 납세증명표지를 재사용하거나 정부의 승인을 받지 아니하고 타인에게 양도하거나 납세증명표지를 위조·변조하거나 위조·변조한 납세증명표지를 사용하거나 타인에게 양도한 경우에 본죄가 적용된다.

납세증명표지를 양수한 행위를 본조에 규정한 납세증지의 양도행위에 가공한 공동정범으로 볼 수 있는지 여부와 관련하여 법원은 "조세범처벌법 제12조에 의

---

2) **주류면허등에관한법률 제22조(납세증명표지)** ① 국세청장은 주세 보전을 위하여 필요하다고 인정되면 대통령령으로 정하는 바에 따라 반출하는 주류의 용기에 「주세법」 제10조 및 제13조에 따른 납세 또는 「주세법」 제20조에 따른 면세 사실을 증명하는 표지(이하 "납세증명표지"라 한다)를 하게 할 수 있다.
② 국세청장은 납세증명표지의 규격, 사용방법 및 절차 등에 관하여 제조자에게 필요한 명령을 할 수 있다.

하면 '납세증지를 재사용하거나 정부의 승인을 받지 아니하고 이를 타인에게 양도한 자'를 처벌하도록 규정하고 있을 뿐 납세증지를 양수한 자를 처벌하는 조항이 없을 뿐 아니라 납세필증을 양수한 사람의 행위를 양도행위에 가공한 공동정범으로 볼 수 없는 것이므로 원심이 납세증지의 양수행위에 대하여 무죄선고를 하였음은 정당하다"고 판시[3]하여 납세증명표지 양수자에 대하여는 처벌을 못하도록 하고 있다.

주세를 포탈할 목적으로 납세증지를 위조한 행위는 납세증명표지 위조죄를 구성하고, 위조한 납세증명표지를 주류 용기에 첨부하여 출고함으로써 주세를 포탈하면 별도로 조세포탈죄가 성립한다. 납세증명표지의 부정사용 등의 죄는 조세포탈죄와 실체적 경합범 관계에 있다.

Ⅲ. 전자수입인지 재사용

1. 의 의

본죄는 인지세법에 따라 첨부한 종이문서용 전자수입인지를 재사용한 경우에 성립한다.

2. 구성요건

전자수입인지란 수입인지 중 정보통신망을 통하여 발행하는 수입인지를 말한다. 전자수입인지에는 종이문서에 첨부하는 출력물 형태의 전자수입인지인 종이문서용 전자수입인지와 전자문서에 붙이는 전자적 정보형태의 전자수입인지인 전자문서용 전자수입인지가 있다(수입인지에관한법률 제2조). 인지세는 국내에서 재산에 관한 권리 등의 창설·이전 또는 변경에 관한 계약서나 이를 증명하는 그 밖의 문서를 작성할 때에 그 문서에 대하여 부과하는 세금이다(인지세법 제1조). 인지세는 과세문서에 종이문서용 전자수입인지를 첨부하는 방법으로 납부하고(인지세법 제8조 제1항), 이 경우 전자수입인지 업무대행기관이 제공하는 정보통신망에 종이문서용 전자수입인지를 사용하였음을 입력하는 방식으로 소인(消印)하여야 한다(인지세법 제10조).

형법 제218조에서는 인지를 위조한 자를, 형법 제221조에서는 인지의 소인을

---

3) 대법원 1970.11.30. 선고 70도2112 판결.

말소한 자를 각 처벌하고 있다. 그러나 소인된 인지를 재사용한 경우에 대하여는 처벌규정이 없다. 이를 보완하기 위하여 소인된 인지를 재사용하는 방법으로 인지세를 탈루하는 행위를 처벌하고자 본죄를 규정하였다. 본죄는 재사용하는 인지의 수만큼 범죄가 성립한다. 소인된 인지의 재사용으로 인지세를 포탈한 경우에는 본죄와 별도로 조세포탈죄가 성립한다. 양죄는 실체적 경합범 관계에 있다.[4)]

4) 김태희, 조세범처벌법, 2020, 353면 이하 참조.

제10절 원천징수의무자의 처벌

Ⅰ. 관련 규정

> 조세범처벌법 제13조(원천징수의무자의 처벌) ① 조세의 원천징수의무자가 정당한 사유 없이 그 세금을 징수하지 아니하였을 때에는 1천만원 이하의 벌금에 처한다.
> ② 조세의 원천징수의무자가 정당한 사유 없이 징수한 세금을 납부하지 아니하였을 때에는 2년 이하의 징역 또는 2천만원 이하의 벌금에 처한다.

Ⅱ. 의 의

본죄는 조세의 원천징수의무자가 정당한 사유 없이 그 세금을 징수하지 아니하거나, 조세의 원천징수의무자가 정당한 사유 없이 징수한 세금을 납부하지 아니하였을 경우에 성립한다. 원천징수란 납세의무자가 직접 세금을 납부하지 않고 납세의무자에게 소득을 지급하는 자가 납세의무자가 납부하여야 할 세금을 세법이 정하는 바에 따라 정부를 대신하여 징수하여 정부에 납부하는 제도이다. 조세를 원천징수하여야 할 의무가 있는 소득의 지급자를 원천징수의무자라고 하고, 소득을 지급받는 자를 원천납세의무자라고 한다. 원천징수제도는 납세의무자에게 소득이 지급될 때마다 세금징수가 이루어지게 됨으로써 납세자에게 편리한 점도 있지만 국가가 더 쉽고 투명하게 세금을 걷게 됨으로써 소득금액이 양성화되고 세수가 조기확보되어 세금을 걷는 비용이 절약되는 효과가 있다. 각 세목에 따른 원천징수의무는 소득세법 제127조, 법인세법 제73조, 제98조, 농어촌특별세법 제7조 제3항에서 규정하고 있다.

원천징수는 조세수입의 조기 확보와 조세 징수의 효율성 도모 등을 위한 제도이다. 실무상, 입시학원 강사에 대한 급여를 지급하거나 사업주가 직원들에게 정기적인 급여 이외에 각종 급여성 항목을 지급하면서 원천징수의무를 누락하는 경우가 많은데 이와 같은 경우 본조를 적용하여 처벌한다. 법인세 관련하여, 외국법인의 국내원천소득에 대한 원천징수의무(법인세법 제98조 참조)를 이행하지 아니한 경우에도 본조를 적용한다.

Ⅲ. 범죄의 주체

본죄는 원천징수의무자가 범죄 주체가 되는 신분범이다. 원천징수의무자란 국내에서 거주자, 비거주자 및 법인에게 세법에 따른 원천징수대상 소득금액이나 수입금액을 지급하는 개인이나 법인으로서 소득이나 수입을 지급받는 자로부터 소득세·법인세를 원천징수하여 국고에 납부하여야 할 의무를 지는 자를 말한다(원천징수사무처리규정 제2조).

Ⅳ. 구성요건

1. 원천징수의무 불이행 또는 원천징수금 미납부 행위

원천징수의무자는 원칙적으로 소득금액 또는 수입금액을 납세의무자에게 지급할 때에 그 소득 또는 수입에 대한 세금을 원천징수하여야 한다. 원천징수의무자가 위 원천징수를 하여야 할 시기에 정당한 사유 없이 원천징수를 하지 않으면 원천징수 불이행죄가 성립한다. 원천징수의무는 현실적으로 소득을 지급하는 때 발생한다. 따라서 현실적으로 소득이 지급되지 않으면 원천징수의무가 발생하지 아니하므로 원천징수의무 불이행죄도 성립하지 않는다. 원천징수의무가 있는 국세관련법률로는 소득세법, 법인세법, 농어촌특별세법, 조세특례제한법 등이 이에 해당한다.

실질적 소득귀속자를 결정하는 실질과세의 원칙은 원천징수의무자가 원천납세의무자를 결정할 때에도 적용된다. 법원도 “실질과세의 원칙은 원천징수에도 그대로 적용되므로, 국내원천배당 소득을 지급하는 자는 특별한 사정이 없는 한 그 소득에 관하여 귀속 명의와 달리 실질적으로 귀속되는 자가 따로 있는지를 조사하여 실질적인 귀속자를 기준으로 그 소득에 대한 법인세를 원천징수할 의무가 있고, 다만 국내원천배당소득을 지급하는 자가 거래 또는 소득금액의 지급과정에서 성실하게 조사하여 확보한 자료 등을 통해서도 그 소득의 실질적인 귀속자가 따로 있다는 사실을 알 수 없었던 경우까지 실질적인 귀속자를 기준으로 그 소득에 대한 법인세를 원천징수할 의무가 있다고 볼 수는 없다"고 판시[1]하고 있다. 원천징수의무자는 원천납세의무자로부터 원천징수한 소득세나 법인세를 그 징수일이 속하는 달의 다음 달 10일까지 원천징수 관할세무서 등에 납부하여야 한다(소득세법 제128조, 법인세법 제73조). 원천징수의무자가 정당한 사유 없이 원천징수한 세액의 전부 또는 일부를 위 납부기한까지 납부하지 아니하면 원천징수금 미납부죄가 성립한다. 원천징수의무 불이행보다 원천징수한 세금을 정부에 납부하지 않은 행위의 위법성과 비난가능성이 더 크기 때문에 원천징수 불이행죄보다 원천징수금 미납부죄의 법정형이 더 높게 되어 있다.

2. 정당한 사유의 부존재

본죄는 원천징수의무자가 정당한 사유 없이 세금에 대한 원천징수의무를 불이행하거나 세액을 원천징수하고도 원천징수세액을 미납부한 경우에 성립한다. 원천징수의무 불이행과 관련하여 가산세를 부과할 수 없는 정당한 사유의 존재 여부[2]가 문제된 사안에서 법원은 "정당한 사유란 객관적으로 원천징수의무의 이행을 기대하는 것이 무리라서 그 의무해태를 탓할 수 없다고 볼만한 사정을 말하고, 따라서 업무량 폭주와 처리건수의 과다라는 사정은 의무해태를 탓할 수 없는 정당한 사유로 보기 어렵다"고 판시[3]하고 있는데, 이 판결은 본죄의 정당한 사유에 대한 해석에도 적용이 가능하다.[4]

또 법원은 "정당한 사유란 천재·지변·화재·전화 기타 재해를 입거나 도난을 당하는 등 원천징수의무자가 마음대로 할 수 없는 사유 즉 위법성을 조각시키거나 책임을 조각할 만한 사유를 의미한다고 할 것이므로, 납세의무자의 원천징수 거절, 법률의 부지만으로는 원천징수의무를 불이행함에 있어 정당한 사유가 있다고 볼 수 없다"고 판시[5]하여 구체적인 사례를 들고 있다.

---

1) 대법원 2013.4.11. 선고 2011두3159 판결.
2) 국세기본법 제48조 제1항에 의하면 정부는 이 법 또는 세법에 따라 가산세를 부과하는 경우 납세자가 의무를 이행하지 아니한 데에 정당한 사유가 있는 경우 해당 가산세를 부과하지 아니한다.
3) 대법원 2005.4.15. 선고 2003두4089 판결.
4) 같은 취지로는 안대희, 조세형사법, 2015, 194면.
5) 서울중앙지방법원 2010.6.17. 선고 2009고합768 판결.

V. 죄 수

원천징수 불이행죄나 원천징수금 미납부죄의 경우에 납세의무자에 대한 소득지급시 원천징수를 하지 아니하였거나 원천징수한 원천징수금을 미납부하였다는 이유로 처벌하는 것이다. 따라서 한 개의 의무불이행 수만큼 일죄가 성립한다. 즉 원천징수의무자는 원천징수한 소득세나 법인세를 그 징수일이 속하는 달의 다음 달 10일까지 원천징수 관할세무서 등에 납부하여야 하는데(소득세법 제128조, 법인세법 제73조), 위 납부기한을 경과할 때마다 1개의 범죄가 성립한다.

원천징수가 매달 급여 지급시에 다수의 피고용자를 상대로 일괄해서 행해지는 경우에 원천징수의무를 이행하지 않은 사안에서 법원은 "근로소득에 대한 원천징수를 이행하지 않음으로 인한 조세범처벌법위반죄의 구성요건은 근로소득지급이 아니라 근로소득에 대하여 원천징수를 하지 아니하였다는 것이므로 근로소득자 전부에 대하여 하나의 포괄일죄가 성립하되, 매월분의 근로소득을 지급하는 때에 소득세를 원천징수하지 아니한 죄와 연말정산에 따른 소득세를 원천징수하지 아니한 죄[6]가 각 성립하여 이들은 실체적 경합범의 관계에 있다"고 판시[7]하고 있다.

한편 원천징수의무자에 대한 조세포탈죄 성립 및 죄수와 관련하여 법원은 "1인의 원천징수의무자가 수인의 납세의무자와 공모하여 조세를 포탈한 경우에도 조세포탈의 주체는 어디까지나 각 납세의무자이고 원천징수의무자는 각 납세의무자의 조세포탈에 가공한 공범에 불과하므로, 그 죄수는 각 납세의무자별로 각각 1죄가 성립하고 이를 포괄하여 1죄가 성립하는 것은 아니라 할 것이고, 따라서 연간 포탈세액이 일정액 이상에 달하는 경우를 구성요건으로 하고 있는 특가법 제8조의 적용에 있어서도 그 적용대상이 되는지 여부는 납세의무자별로 연간 포탈세액을 각각 나누어 판단하여야 하고, 각 포탈세액을 모두 합산하여 그 적용여부를 판단할 것은 아니다"라고 판시[8]하고 있다.

---

6) 근로소득에 대한 원천징수의 방법으로 원천징수의무자가 매월분의 근로소득을 지급하는 때에는 근로소득 간이세액표에 의하여 소득세를 원천징수하고(소득세법 제134조 제1항), 원천징수의무자는 해당 과세기간의 다음 연도 2월분 근로소득을 지급하는 때에는 근로소득세액의 연말정산 등의 규정에 의하여 소득세를 원천징수하도록 되어 있다(소득세법 제134조 제2항).

7) 대법원 2011.3.24. 선고 2010도13345 판결.

8) 대법원 1998.5.8. 선고 97도2429 판결.

제11절 거짓으로 기재한 근로소득 원천징수영수증의 발급 등

Ⅰ. 관련 규정

> 조세범처벌법 제14조(거짓으로 기재한 근로소득 원천징수영수증의 발급 등) ① 타인이 근로장려금(「조세특례제한법」 제2장 제10절의2에 따른 근로장려금을 말한다)을 거짓으로 신청할 수 있도록 근로를 제공받지 아니하고 다음 각 호의 어느 하나에 해당하는 행위를 한 자는 2년 이하의 징역 또는 그 원천징수영수증 및 지급명세서에 기재된 총급여·총지급액의 100분의 20 이하에 상당하는 벌금에 처한다.
> 1. 근로소득 원천징수영수증을 거짓으로 기재하여 타인에게 발급한 행위
> 2. 근로소득 지급명세서를 거짓으로 기재하여 세무서에 제출한 행위
>
> ② 제1항의 행위를 알선하거나 중개한 자도 제1항과 같은 형에 처한다.

Ⅱ. 의 의

본죄는 조세특례제한법상 근로장려금을 타인으로 하여금 거짓으로 신청할 수 있도록 할 의도로 근로를 제공받지 아니하고 근로소득 원천징수영수증을 거짓으로 기재하여 타인에게 발급한 경우와 근로소득 지급명세서를 거짓으로 기재하여 세무서에 제출한 경우에 성립한다. 이와 같은 행위를 알선하거나 중개한 자도 같은 형으로 처벌하도록 하고 있다.

Ⅲ. 구성요건

근로장려금이란 정부가 일정 금액 이하의 저소득 가구에 대해 근로소득 금액을

기준으로 산정한 근로장려금을 세금 환급의 형태로 지급하는 제도이다(조세특례제한법 제100조의2 이하 참조). 이는 열심히 일은 하고 있지만, 소득이 적어 생계가 어려운 근로자를 대상으로 장려금을 지급하는 정부의 복지제도로 근로장려세제라고 한다.

근로장려금을 신청할 때에는 근로소득 원천징수영수증 등을 첨부하여야 한다(조세특례제한법 시행령 제100조의7 제2항). 근로소득을 지급하는 원천징수의무자는 해당 과세기간의 다음 연도 2월 말일까지 그 근로소득의 금액과 그 밖에 필요한 사항을 적은 원천징수영수증을 근로소득자에게 발급하여야 한다(소득세법 제143조). 이 과정에서 타인이 근로장려금을 거짓으로 신청할 수 있도록 근로를 제공받지 아니하고 근로소득 원천징수영수증을 거짓으로 기재하여 타인에게 발급하면 본죄가 성립한다.

또한 소득세 납세의무가 있는 개인에게 근로소득을 지급하려고 하는 자는 근로소득 지급 명세서를 그 지급일이 속하는 과세기간의 다음 연도 2월 말일까지 원천징수 관할 세무서장 등에게 제출하여야 한다(소득세법 제164조). 그 과정에서 타인이 근로장려금을 거짓으로 신청할 수 있도록 근로를 제공받지 아니하고 근로소득 지급명세서를 거짓으로 기재하여 세무서에 제출하면 본죄가 성립한다. 이와 같은 행위를 중개하거나 알선한 자도 같은 형으로 처벌한다.

제12절 해외금융계좌정보의 비밀유지 의무 등의 위반

Ⅰ. 금융정보 불법제공, 누설 등

1. 관련 규정

조세범처벌법 제15조(해외금융계좌정보의 비밀유지 의무 등의 위반) ① 「국제조세조정에 관한 법률」 제38조 제2항부터 제4항까지 및 제57조를 위반한 사람은 5년 이하의 징역 또는 3천만원 이하의 벌금에 처한다.
② 제1항의 죄를 범한 자에 대해서는 정상(情狀)에 따라 징역형과 벌금형을 병과할 수 있다.
국제조세조정에 관한 법률 제36조(조세정보 및 금융정보의 교환) ③ 우리나라의 권한 있는 당국은 체약상대국의 권한 있는 당국이 조세조약에 따라 거주자・내국법인 또는 비거주자・외국법인의 금융정보(「금융실명거래 및 비밀보장에 관한 법률」 제2조 제3호에 따른 금융거래의 내용에 대한 정보 또는 자료를 말한다. 이하 이 조에서 같다)를 요청하는 경우 「금융실명거래 및 비밀보장에 관한 법률」 제4조에도 불구하고 다음 각 호의 어느 하나에 해당하는 금융정보의 제공을 금융회사등(같은 법 제2조 제1호에 따른 금융회사등을 말한다. 이하 같다)의 특정 점포에 요구할 수 있다. 이 경우 그 금융회사등에 종사하는 사람은 요구받은 금융정보를 제공하여야 한다.
1. 조세에 관한 법률에 따라 제출의무가 있는 과세자료에 해당하는 금융정보
2. 상속・증여재산의 확인에 필요한 금융정보
3. 체약상대국의 권한 있는 당국이 조세 탈루 혐의를 인정할 만한 명백한 자료를 확인하기 위하여 필요한 금융정보
4. 체약상대국 체납자의 재산조회에 필요한 금융정보
5. 체약상대국의 권한 있는 당국이 「국세징수법」 제9조 제1항 각 호의 어느 하나에 해당하는 사유로 필요한 금융정보

④ 우리나라의 권한 있는 당국은 제3항에 따라 체약상대국의 권한 있는 당국이 요청하는 정보가 다음 각 호에 해당하는 경우에는 그 금융정보의 제공을 금융회사등의 장에게 요구할 수 있다. 이 경우 그 금융회사등에 종사하는 사람은 요구받은 금융정

> 보를 제공하여야 한다.
> 1. 특정 금융거래와 관련된 명의인의 인적 사항을 특정할 수 없는 집단과 관련된 정보인 경우
> 2. 「상속세 및 증여세법」 제83조 제1항에 따른 금융재산 일괄 조회에 해당하는 정보인 경우
>
> ⑤ 우리나라의 권한 있는 당국은 조세조약에 따라 체약상대국과 상호주의에 따른 정기적인 금융정보의 교환을 위하여 필요한 경우 「금융실명거래 및 비밀보장에 관한 법률」 제4조에도 불구하고 체약상대국의 조세 부과 및 징수와 납세의 관리에 필요한 거주자·내국법인 또는 비거주자·외국법인의 금융정보의 제공을 금융회사등의 장에게 요구할 수 있다. 이 경우 그 금융회사등에 종사하는 사람은 대통령령으로 정하는 바에 따라 이를 제공하여야 한다.
>
> ⑥ 금융회사등은 국가 간 금융정보의 교환을 지원하기 위하여 제6항에 따른 요구가 없는 경우에도 그 사용 목적에 필요한 최소한의 범위에서 해당 금융회사등의 금융거래 상대방(조세조약에 따른 체약상대국이 아닌 다른 국가의 금융거래 상대방을 포함한다. 이하 같다)에 대한 납세자번호(개별 국가에서 납세자 식별을 위하여 부여된 고유번호를 말한다)를 포함한 인적 사항 등을 미리 확인·보유할 수 있다.
>
> **제38조(비밀유지의무 등)** ① 금융회사등에 종사하는 사람은 제36조 제3항·제4항 및 제6항을 위반하여 금융정보의 제공을 요구받으면 그 요구를 거부하여야 한다.
>
> ② 제36조 제3항·제4항·제6항 및 제7항에 따라 금융정보를 알게 된 사람은 그 금융정보를 체약상대국의 권한 있는 당국 외의 자에게 제공 또는 누설하거나 그 목적 외의 용도로 이용해서는 아니 되며, 누구든지 금융정보를 알게 된 사람에게 그 금융정보의 제공을 요구해서는 아니 된다.
>
> ③ 제3항과 제36조 제3항, 제4항 및 제6항을 위반하여 제공되거나 누설된 금융정보를 취득한 사람은 그 위반 사실을 알게 된 경우 그 금융정보를 타인에게 제공하거나 누설해서는 아니 된다.

2. 의 의

본죄는 조세조약에 따라 국가 사이의 거주자 등에 대한 금융정보 요구·제공 또는 정기적인 금융정보의 교환과정에서 국조법 제38조 제2항 내지 제4항에 의하여 요구되는 비밀유지의무 등을 위반하여 금융정보 불법제공, 누설 등의 행위를 한 경우에 성립한다.

원래 해외금융계좌정보의 비밀유지의무 위반행위에 대한 처벌 규정과 해외금융계좌 정보의 신고의무 위반행위에 대한 처벌 규정은 구 국조법(2018.12.31. 법률 제16099호로 개정되기 전의 것) 제31조의2, 제34조의2에 있었으나, 2019.1.1. 조세범처벌법 개정시 위 제31조의2, 제34조의2 규정을 삭제하고 같은 내용으로 조세범처벌법 제15조, 제16조에 신설되

었다.

3. 구성요건

본죄는 조세조약에 따라 금융정보 요구·제공 또는 정기적인 금융정보의 교환 과정에서 요구되는 비밀유지의무 등을 위반하여 금융정보 불법제공, 누설 등의 행위를 한 경우에 성립한다.

우리나라의 기획재정부장관 또는 그의 권한을 위임받은 자[1]는 조세의 부과와 징수, 조세 불복에 대한 심리 및 형사 소추 등을 위하여 필요한 조세정보를 다른 법률에 어긋나지 아니하는 범위에서 획득하여 우리나라와 조세조약을 체결한 상대국가와 교환할 수 있다(국조법 제36조 제1항). 또한 기획재정부장관 등은 체약상대국의 권한 있는 당국이 조세조약에 따라 금융정보를 요청하는 경우 또는 상호주의에 따른 정기적인 금융정보의 교환을 위하여 필요한 경우에는 금융회사 등에 금융정보의 제공을 요청할 수 있다. 이 경우에는 그 금융회사 등에 종사하는 사람은 요구받은 금융정보를 제공하여야 한다(국조법 제36조 제3항, 제4항, 제6항). 금융회사 등은 국가 간 금융정보의 교환을 지원하기 위하여 권한 있는 당국의 요구가 없는 경우에도 관련 정보를 미리 확인·보유할 수 있다(국조법 제36조 제7항).

한편 금융회사 등에 종사하는 사람은 국조법 제36조 제3항, 제4항, 제6항을 위반하여 금융정보의 제공을 요구받으면 그 요구를 거부하여야 한다. 또한 같은 법 제36조 제3항, 제4항, 제6항, 제7항에 따라 금융정보를 알게 된 사람은 그 금융정보를 체약 상대국의 권한 있는 당국 외의 자에게 제공 또는 누설하거나 그 목적 외의 용도로 이용해서는 아니 된다. 이를 위반하여 제공되거나 누설된 금융정보를 취득한 사람도 그 금융정보를 타인에게 제공하거나 누설하여서는 아니 된다. 이와 같은 의무를 부담하는 사람이 위 법규들을 위반하는 경우에 본죄가 성립한다.

---

1) 국조법 제2조 제1항 제9호에서는 우리나라의 '권한있는 당국"으로 기획재정부장관 또는 그의 권한을 위임받은 자로 정하고, 체약 당사자의 경우에는 조세조약에서 권한 있는 당국으로 지정한 자로 정하고 있다.

Ⅱ. 해외금융계좌정보의 비밀유지 위반 등

1. 관련 규정

> **조세범처벌법 제15조(해외금융계좌정보의 비밀유지 의무 등의 위반)** ① 「국제조세조정에 관한 법률」 제38조 제2항부터 제4항까지 및 제57조를 위반한 사람은 5년 이하의 징역 또는 3천만원 이하의 벌금에 처한다.
> ② 제1항의 죄를 범한 자에 대해서는 정상(情狀)에 따라 징역형과 벌금형을 병과할 수 있다.
> **국제조세조정에 관한 법률 제57조(해외금융계좌정보의 비밀유지)** ① 세무공무원은 해외금융계좌정보를 타인에게 제공 또는 누설하거나 목적 외의 용도로 사용해서는 아니 된다. 다만, 「국세기본법」 제81조의13 제1항 각 호의 어느 하나에 해당하는 경우에는 그 사용 목적에 맞는 범위에서 해외금융계좌정보를 제공할 수 있다.
> ② 제1항에 따라 해외금융계좌정보를 알게 된 자는 이를 타인에게 제공 또는 누설하거나 그 목적 외의 용도로 사용해서는 아니 된다.

2. 구성요건

본죄는 세무공무원이 해외금융계좌정보를 타인에게 제공 또는 누설하거나 목적 외의 용도로 사용하거나, 목적 외의 용도로 해외금융계좌정보를 사용한 경우와 국조법 제57조 제1항 단서에 따라 알게 된 해외금융계좌정보를 타인에게 제공 또는 누설하거나 그 목적 외의 용도로 사용한 경우에 성립한다. 해외금융계좌를 보유한 거주자 및 내국법인 중에서 해당 연도의 매월 말일 중 어느 하루의 해외금융계좌 잔액이 5억 원을 초과하는 자는 해외금융계좌정보를 다음 연도 6월 1일부터 30일까지 납세지 관할세무서장에게 신고하여야 한다(국조법 제53조). 이 과정에서 세무공무원 또는 국조법 제57조 제1항 단서에 따라 해외금융계좌정보를 알게 된 사람이 이를 타인에게 제공 또는 누설하거나 목적 외의 용도로 사용한 경우 본죄가 성립한다.

한편, 조세범처벌법 제18조 양벌규정을 보면, 국조법 제57조를 위반한 행위(같은 법 제15조 제1항 후단)는 양벌규정 적용에서 제외한다고 규정하고 있으므로, 같은 법 제15조 제1항 후단 위반죄는 양벌규정이 적용되지 않는다.

국세기본법 제81조의13 제1항 각호의 세무공무원으로부터 해외금융정보를 제공받은 사람 중 공무원이 아닌 사람은 형법이나 그 밖의 법률에 따른 벌칙을 적용할 때에는 공무원으로 간주한다(국세기본법 제81조의13 제5항).

제13절 해외금융계좌정보의 신고의무 불이행

I. 관련 규정 II. 의 의	III. 구성요건

Ⅰ. 관련 규정

> **조세범처벌법 제16조(해외금융계좌 신고의무 불이행)** ①「국제조세조정에 관한 법률」 제53조 제1항에 따른 계좌신고의무자로서 신고기한 내에 신고하지 아니한 금액이나 과소 신고한 금액(이하 이 항에서 "신고의무 위반금액"이라 한다)이 50억원을 초과하는 경우에는 2년 이하의 징역 또는 신고의무 위반금액의 100분의 13 이상 100분의 20 이하에 상당하는 벌금에 처한다. 다만, 정당한 사유가 있는 경우에는 그러하지 아니하다.
> ② 제1항의 죄를 범한 자에 대해서는 정상에 따라 징역형과 벌금형을 병과할 수 있다.

Ⅱ. 의 의

본죄는 해외금융회사에 개설된 해외금융계좌를 보유한 거주자 및 내국법인이 해당연도의 매월 말일 중 어느 하루의 보유계좌잔액(보유 계좌가 복수인 경우에는 각 계좌 잔액을 합산한다)이 5억 원을 초과하는 신고의무자가 신고기한 내 신고하지 아니한 금액이나 과소 신고한 금액이 50억 원을 초과하고, 이에 대하여 정당한 사유가 없는 경우에 성립한다. 해외금융계좌신고제도는 우리나라를 비롯한 세계 각국이 역외탈세와 국내자산의 해외유출에 대한 우려가 국가 재정확보에 큰 부담으로 작용하면서 해외자산에 대한 신고제도를 신설, 강화하는 차원에서 둔 제도이다.

해외금융계좌 신고제도가 최초로 도입된 2010.12.27. 당시에는 신고의무를 위반하는 자에게 과태료만 부과되었다. 2013.1.1.부터 신고의무 위반금액이 50억 원을 초과하는 경우에 형사처벌하는 규정이 도입되었다. 2019.1.1. 국조법에 있던 규정이 삭제되고 조세범처벌법 제16조가 신설되었다. 조세범처벌법 제22조 공소시효 특례 규정은 같은 법 제15조, 제16조에는 적용되지 않으므로, 제16조 위반죄는 형사소송법 제249조에 따라 5년의 공소시효가 적용된다.

Ⅲ. 구성요건

1. 신고 의무자

신고대상연도 종료일 현재 신고의무면제자가 아닌 거주자 또는 내국법인이 해외금융계좌 신고의무자가 된다. 거주자란 국내에 주소를 두거나 183일 이상 거소를 둔 개인을 말하며,[1] 주소는 국내에서 생계를 같이하는 가족 및 국내에 소재하는 자산의 유무 등 생활관계의 객관적 사실에 따라 판정하게 된다.[2] 국외에서 근무하는 공무원, 내국법인의 국외사업장이나 내국법인이 100% 출자한 해외현지법인에 파견된 임·직원은 거주자에 해당하므로 해외금융계좌 신고의무가 있다. 외국인 비거주자는 신고대상연도 종료일 10년 전부터 국내에 주소나 거소를 둔 기간의 합계가 5년을 초과한 경우에만, 그리고 대한민국 국민으로서 외국의 영주권을 취득한 자는 신고대상연도 종료일 2년 전부터 국내에 거소를 둔 기간의 합계가 183일을 초과하는 경우에만 신고의무가 있다.

신고대상 계좌잔액은 개인별로 보유하는 계좌의 잔액으로만 판단하며, 부부, 가족 등의 계좌와 합산하지 않는다. 계좌의 명의자와 실질적 소유자가 다른 경우 모두 신고의무자에 해당된다.[3] 해외금융회사에 개설한 예·적금, 주식·채권·펀드 등 각종 수익증권, 선물·옵션 등 파생상품, 보험상품 등을 위하여 개설한 모든 계좌에 보유한 현금, 주식, 채권, 증권, 보험 등 모든 신고대상금융자산의 합이 신고대상연도 중 매월 말일의 종료시간 현재 보유한 자산별로 구분하여 산정한 금액을 해당 표시통화의 기준환율·재정환율로 각각 환산한 후 합산하여 산출한 원화평가액 기준으로 모든 해외금융계좌 잔액의 합계액이 5억 원을 초과하는 날이 하루라도 있으면 그 잔액의 최고평가금액을 신고해야 한다. 해외금융부채는 신고대상이 아니므로, 해외금융자산에서 해외금융부채를 차감하고 신고하는 것이 아니

1) 소득세법 제1조의2.
2) 소득세법 시행령 제2조 제1항.
3) 국조법 제53조 제2항.

다. 신고의무자는 해외금융계좌신고서를 관할세무서에 제출하거나 인터넷 홈택스로 전자신고하면 된다. 별도의 첨부서류는 없다. 해외금융계좌와 관련된 국외금융소득(이자, 배당) 등은 매년 5월 종합소득세신고시 국내소득과 합산하여 신고하는 것이므로 해외금융계좌신고제도와는 별개이다.

해외금융계좌 신고의무자가 신고기한 내에 해외금융계좌정보를 신고하지 않거나 과소신고한 경우 미신고 또는 과소신고 금액에 최대 20%의 과태료가 부과된다.[4] 또한 해당 납세지 관할 세무서장이 신고의무자에게 신고의무 위반금액의 출처에 대하여 소명을 요구할 수 있으며, 신고의무자가 소명하지 않거나 거짓소명한 경우 미소명 또는 거짓소명한 금액에 최대 20%의 추가 과태료가 부과된다. 그리고 미신고 또는 과소신고의 금액이 50억 원을 초과하는 경우에는 명단공개 및 2년 이하의 징역 또는 신고의무 위반금액의 20% 이하에 상당하는 벌금에 처해진다. 신고기한 내 해외금융계좌정보를 과소신고한 경우 과세당국이 과태료를 부과하기 전까지 수정신고할 수 있고, 신고기한 내 해외금융계좌를 신고하지 않은 경우에도 과태료를 부과하기 전까지는 해외금융계좌정보에 대해 기한 후 신고를 할 수 있다. 수정신고 또는 기한 후 신고를 한 경우 과태료를 최대 70%까지 감경받을 수 있으며, 과소신고 또는 미신고에 대한 금액에 대한 출처소명의무가 면제되어 추가 과태료가 부과되지 않고 해외금융계좌 신고의무 위반자 명단공개대상에서 제외된다.

2012년부터 해외금융계좌신고제도의 실효성을 제고하고 성실신고를 장려하기 위해 도입된 신고포상금제도는 해외금융계좌신고의무 위반행위를 적발하는 데 중요한 자료를 제공한 경우 최고 20억 원의 범위에서 적발에 따른 과태료 또는 벌금액의 5～15% 상당의 포상금을 지급하는 제도이다.

2. 신고대상 연도 매월 말일 보유계좌잔액 5억 원 초과

해외금융계좌를 보유한 거주자 및 내국법인 중에서 해당 연도의 매월 말일 중 어느 하루의 해외금융계좌 잔액(해외금융계좌가 여러 개인 경우에는 각 해외금융계좌 잔액을 합산한 금액을 말한다)이 5억 원을 초과하는 사람은 해외금융계좌정보를 다음 연도 6월 1일부터 30일까지 납세지 관할세무서장에게 신고하여야 한다(국조법 제53조 제1항, 국조법 시행령 제92조). 그리고 해외금융계좌 중 실지명의에 의하지 아니한 계좌 등 그 계좌의 명의자와

4) 국조법 제62조 제1항.

실질적 소유자가 다른 경우에는 그 명의자와 실질적 소유자가, 공동명의계좌인 경우에는 각 공동명의자가 해당 해외금융계좌를 각각 보유한 것으로 보므로 신고의무 또한 각각 부담한다(국조법 제53조 제2항).

신고자가 신고해야 할 해외금융계좌정보는 ① 보유자의 성명·주소 등 신원에 관한 정보, ② 계좌번호, 해외금융회사등의 이름, 매월 말일의 보유계좌 잔액의 최고금액 등 보유계좌에 관한 정보, ③ 제53조 제2항에 따른 해외금융계좌 관련자에 관한 정보를 말한다(국조법 제52조 제3호). 해외금융계좌의 미신고 금액이나 과소신고 금액, 즉 신고의무 위반금액이 50억 원을 초과한 경우 국세정보공개심의위원회의 심의를 거쳐 인적사항을 공개할 수 있다.[5] 신고의무 위반행위가 본죄에 해당하여 조세범처벌법 제16조 제1항에 따라 처벌되거나 조세범처벌절차법 제15조 제1항에 따른 통고처분을 받고 그 통고대로 이행한 경우에는 제1항에 따른 과태료를 부과하지 아니한다.[6]

3. 정당한 사유없이 미신고 또는 과소신고 행위

해외금융계좌에 대한 미신고 또는 과소신고를 이행하지 않은 정당한 이유가 있을 경우에는 본죄로 처벌할 수 없다. 계좌신고의무자로서 신고기한 내에 신고하지 아니한 금액이나 과소신고한 금액이 50억 원을 초과하는 경우에는 2년 이하의 징역 또는 신고의무 위반금액의 100분의 13 이상 100분의 20 이하에 상당하는 벌금에 처한다.

5) 국세기본법 제85조의5.
6) 국조법 제62조 제4항.

부록

조세사건에 대한 양형위원회의 양형기준

자료 출처: 양형위원회 홈페이지

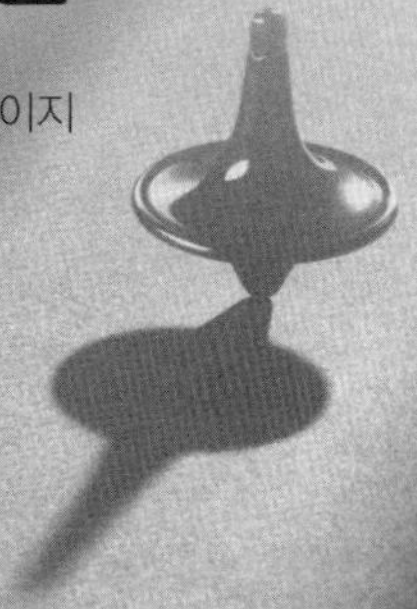

- 형종 및 형량의 기준
- 유형의 정의
- 양형인자의 정의
- 양형인자의 평가원칙
- 다수범죄 처리기준
- 집행유예 기준
- 집행유예 참작사유의 정의
- 집행유예 참작사유의 평가원칙

〈형종 및 형량의 기준〉

1. 일반 조세포탈

유형	구분	감경	기본	가중
1	3억 원 미만	~8월	6월~10월	8월~1년2월
2	3억 원 이상, 5억 원 미만	6월~1년	8월~1년2월	1년~2년
3	5억 원 이상	8월~1년6월	1년~2년	1년6월~2년6월

포탈세액 등이 3억 원 이상, 5억 원 미만이면서 그 포탈세액 등이 신고·납부세액 또는 결정·고지세액의 100분의 30 이상인 경우는 3유형에 포섭

<table>
<tr><th colspan="2">구분</th><th>감경요소</th><th>가중요소</th></tr>
<tr><td rowspan="2">특별
양형
인자</td><td>행위</td><td>· 사실상 압력 등에 의한 소극적 범행가담
· 실제 이득액이 경미한 경우
· 단지 조세의 납부시기가 연기되는 결과를 발생시킨 것임이 명백한 경우
· 미필적 고의로 조세포탈행위를 저지른 경우</td><td>· 계획적·조직적 범행
· 2년 이상의 계속적·반복적 범행
· 피지휘자에 대한 교사</td></tr>
<tr><td>행위자/
기타</td><td>· 농아자
· 심신미약
· 자수·내부비리 고발 또는 수정신고·기한 후 신고
· 포탈한 조세를 상당 부분 납부한 경우 등</td><td>· 동종 누범
· 상습범인 경우
· 세무를 대리하는 세무사·공인회계사·변호사의 중개·알선·교사행위 또는 세무공무원의 범행</td></tr>
<tr><td rowspan="2">일반
양형
인자</td><td>행위</td><td>· 경제적으로 급박한 상황에서 조세포탈을 저지른 경우
· 포탈한 세액 중 일정 부분 이상이 징수되었거나 징수되리라 예상되는 경우
· 소극 가담</td><td>· 포탈한 조세의 징수를 회피하기 위하여 재산을 은닉한 경우
· 서면에 의한 경고, 회계감사 또는 과세관청의 실지조사에도 불구하고 범행을 계속한 경우
· 세무공무원과 결탁한 경우
· 세무조사 등을 방해한 경우</td></tr>
<tr><td>행위자/
기타</td><td>· 진지한 반성
· 형사처벌 전력 없음
· 포탈한 조세의 납부를 위한 진지한 노력</td><td>· 이종 누범 또는 누범에 해당하지 않는 동종 실형전과(집행종료 후 10년 미만)</td></tr>
</table>

2. 특가법상 조세포탈

유형	구분	감경	기본	가중
1	5억 원 이상, 10억 원 미만	1년6월~2년6월	2년~4년	3년~5년
2	10억 원 이상, 200억 원 미만	2년6월~5년	4년~6년	5년~8년
3	200억 원 이상	4년~7년	5년~9년	8년~12년

구분		감경요소	가중요소
특별양형인자	행위	· 사실상 압력 등에 의한 소극적 범행가담 · 실제 이득액이 경미한 경우 · 단지 조세의 납부시기가 연기되는 결과를 발생시킨 것임이 명백한 경우 · 미필적 고의로 조세포탈행위를 저지른 경우	· 계획적 · 조직적 범행 · 피지휘자에 대한 교사
	행위자/기타	· 농아자 · 심신미약 · 자수 · 내부비리 고발 또는 수정신고 · 기한 후 신고 · 포탈한 조세를 상당 부분 납부한 경우 등	· 동종 누범 · 세무를 대리하는 세무사 · 공인회계사 · 변호사의 중개 · 알선 · 교사행위 또는 세무공무원의 범행
일반양형인자	행위	· 경제적으로 급박한 상황에서 조세포탈을 저지른 경우 · 포탈한 세액 중 일정 부분 이상이 징수되었거나 징수되리라 예상되는 경우 · 소극 가담	· 포탈한 조세의 징수를 회피하기 위하여 재산을 은닉한 경우 · 서면에 의한 경고, 회계감사 또는 과세관청의 실지조사에도 불구하고 범행을 계속한 경우 · 세무공무원과 결탁한 경우 · 세무조사 등을 방해한 경우
	행위자/기타	· 진지한 반성 · 형사처벌 전력 없음 · 포탈한 조세의 납부를 위한 진지한 노력	· 이종 누범 또는 누범에 해당하지 않는 동종 실형전과(집행종료 후 10년 미만)

3. 일반 허위 세금계산서 수수 등

유형	구분	감경	기본	가중
1	30억 원 미만	~10월	6월~1년	10월~1년2월
2	30억 원 이상, 50억 원 미만	6월~1년	8월~1년2월	1년~2년
3	50억 원 이상	8월~1년6월	1년~2년	1년6월~2년6월

구분		감경요소	가중요소
특별 양형 인자	행위	· 사실상 압력 등에 의한 소극적 범행가담 · 실제 이득액이 경미한 경우 · 조세포탈의 목적이 없거나 조세포탈의 결과가 발생하지 않은 경우	· 계획적 · 조직적 범행 · 영리를 목적으로 계속적 · 반복적으로 한 범행(1유형) · 피지휘자에 대한 교사
	행위자/기타	· 농아자 · 심신미약 · 자수 또는 내부비리 고발	· 동종 누범 · 세무를 대리하는 세무사 · 공인회계사 · 변호사의 중개 · 알선 · 교사행위 또는 세무공무원의 범행
일반 양형 인자	행위	· 범죄수익 대부분을 소비하지 못하고 보유하지도 못한 경우 · 소극 가담	· 세무공무원과 결탁한 경우 · 세무조사 등을 방해한 경우 · 우월적 지위를 이용하여 거래중단 등을 내세우며 거래처에 허위 세금계산서 수수를 요구한 경우
	행위자/기타	· 진지한 반성 · 형사처벌 전력 없음	· 이종 누범 또는 누범에 해당하지 않는 동종 실형전과(집행종료 후 10년 미만)

4. 특가법상 허위 세금계산서 수수 등

유형	구분	감경	기본	가중
1	30억 원 이상, 50억 원 미만	6월~1년6월	1년~2년	1년6월~3년
2	50억 원 이상, 300억 원 미만	1년6월~2년6월	2년~4년	3년~5년
3	300억 원 이상	2년~4년	3년~6년	5년~7년

구분		감경요소	가중요소
특별 양형 인자	행위	· 사실상 압력 등에 의한 소극적 범행가담 · 실제 이득액이 경미한 경우 · 조세포탈의 목적이 없거나 조세포탈의 결과가 발생하지 않은 경우	· 계획적 · 조직적 범행 · 피지휘자에 대한 교사
	행위자/기타	· 농아자 · 심신미약 · 자수 또는 내부비리 고발	· 동종 누범 · 세무를 대리하는 세무사 · 공인회계사 · 변호사의 중개 · 알선 · 교사행위 또는 세무공무원의 범행
일반 양형 인자	행위	· 범죄수익 대부분을 소비하지 못하고 보유하지도 못한 경우 · 소극 가담	· 세무공무원과 결탁한 경우 · 세무조사 등을 방해한 경우 · 우월적 지위를 이용하여 거래중단 등을 내세우며 거래처에 허위 세금계산서 수수를 요구한 경우

행위자/ 기타	· 진지한 반성 · 형사처벌 전력 없음	· 이종 누범 또는 누범에 해당하지 않는 동종 실형전과(집행종료 후 10년 미만)

〈유형의 정의〉

1. 일반 조세포탈

아래 구성요건 및 적용법조에 해당하는 행위를 의미한다(이하 같음).

구성요건	적용법조	법정형
일반 조세포탈로서 포탈세액이 5억 원 미만인 경우	조세범처벌법 제3조 제1항 본문, 지방세기본법 제129조 제1항 본문	2년 이하 징역 또는 포탈세액 등의 2배 이하 벌금(병과 가능)
일반 조세포탈로서 ① 포탈세액이 3억 원 이상~5억 원 미만인 경우이고, 포탈세액 등이 신고세액 등의 30/100 이상인 경우, ② 포탈세액이 5억 원 이상인 경우	조세범처벌법 제3조 제1항 단서, 지방세기본법 제129조 제1항 단서	3년 이하 징역 또는 포탈세액 등의 3배 이하 벌금(병과 가능)
상습 조세포탈	조세범처벌법 제3조 제4항, 지방세기본법 제129조 제5항	조세범처벌법 제3조 제1항 및 지방세기본법 제129조 제1항이 규정한 법정형의 1/2 가중

(1) 제1유형: 포탈세액, 환급·공제받은 세액(이하 '포탈세액 등'이라 한다)이 3억 원 미만인 경우를 의미한다.
(2) 제2유형: 포탈세액 등이 3억 원 이상, 5억 원 미만인 경우를 의미한다.
(3) 제3유형: 포탈세액 등이 3억 원 이상, 5억 원 미만이면서 그 포탈세액 등이 신고·납부세액 또는 결정·고지세액의 100분의 30 이상인 경우, 포탈세액 등이 5억 원 이상인 경우를 의미한다.

2. 특가법상 조세포탈

구성요건	적용법조	법정형
포탈세액 등이 연간 5억 원 이상, 10억 원 미만인 경우	특가법 제8조 제1항 제2호	3년 이상 징역, 포탈세액 등의 2배 이상 5배 이하에 상당하는 벌금형을 병과
포탈세액 등이 연간 10억 원 이상인 경우	특가법 제8조 제1항 제1호	무기 또는 5년 이상 징역, 포탈세액 등의 2배 이상 5배 이하에 상당하는 벌금형을 병과

(1) 제1유형: 포탈하거나 환급받은 세액 또는 징수하지 아니하거나 납부하지 아니한 세액(이하 '포탈세액 등'이라 한다)이 5억 원 이상, 10억 원 미만인 경우를 의미한다.

(2) 제2유형: 포탈세액 등이 연간 10억 원 이상, 200억 원 미만인 경우를 의미한다.

(3) 제3유형: 포탈세액 등이 연간 200억 원 이상인 경우를 의미한다.

3. 일반 허위 세금계산서 수수 등

구성요건	적용법조	법정형
재화 또는 용역의 공급 없이 세금계산서 등을 발급하거나 발급받는 행위 또는 거짓으로 기재한 매출·매입처별 세금계산서 합계표 등의 제출	조세범처벌법 제10조 제3항	3년 이하 징역 또는 공급가액 등에 부가가치세 세율을 적용한 세액의 3배 이하의 벌금(병과 가능)
위 행위의 알선·중개행위	조세범처벌법 제10조 제4항	3년 이하 징역 또는 공급가액 등에 부가가치세 세율을 적용한 세액의 3배 이하의 벌금(병과 가능)

(1) 제1유형: 재화 또는 용역을 공급하지 아니하거나 공급받지 아니하고 발급하거나 발급받은 세금계산서 및 계산서에 기재된 공급가액이나 매출처별 세금계산서합계표나 매입처별 세금계산서합계표에 기재된 공급가액 또는 매출·매입 합계액(이하 '공급가액 또는 매출·매입금액의 합계액'이라 한다)이 30억 원 미만인 경우를 의미한다(위 행위를 알선 중개한 경우도 포함한다. 이하 같다).

(2) 제2유형: 공급가액 또는 매출·매입금액의 합계액이 30억 원 이상, 50억 원 미만인 경우를 의미한다.

(3) 제3유형: 공급가액 또는 매출·매입금액의 합계액이 50억 원 이상인 경우를 의미한다.

4. 특가법상 허위 세금계산서 수수 등

구성요건	적용법조	법정형
영리를 목적으로 한 행위로서 공급가액 등의 합계액이 30억 원 이상 50억 원 미만인 경우	특가법 제8조의2 제1항 제2호	1년 이상의 징역, 공급가액 등의 합계액에 부가가치세 세율을 적용한 세액의 2배 이상 5배 이하의 벌금을 병과
영리를 목적으로 한 행위로서 공급가액 등의 합계액이 50억 원 이상인 경우	특가법 제8조의2 제1항 제1호	3년 이상의 징역, 공급가액 등의 합계액에 부가가치세 세율을 적용한 세액의 2배 이상 5배 이하의 벌금을 병과

(1) 제1유형: 영리를 목적으로 재화 또는 용역을 공급하지 아니하거나 공급받지 아니하고 발급하거나 발급받은 세금계산서 및 계산서에 기재된 공급가액이나 매출처

별 세금계산서합계표나 매입처별 세금계산서합계표에 기재된 공급가액이 매출・매입금액의 합계액(이하 '공급가액 또는 매출・매입금액의 합계액'이라 한다)이 30억 원 이상, 50억 원 미만인 경우를 의미한다(위 행위를 알선하거나 중개한 경우도 포함한다. 이하 같다).

(2) 제2유형: 공급가액 또는 매출・매입금액의 합계액이 50억 원 이상, 300억 원 미만인 경우를 의미한다.

(3) 제3유형: 공급가액 또는 매출・매입금액의 합계액이 300억 원 이상인 경우를 의미한다.

〈양형인자의 정의〉

1. 일반 조세포탈 / 특가법상 조세포탈

(1) 실제 이득액이 경미한 경우

피고인이 범행을 통하여 실제로 취득한 이익이 포탈세액에 비하여 미미한 경우로서 다음 요소 중 하나 이상에 해당하는 경우를 의미한다.

- 행위자 개인에게 조세포탈로 인한 이익이 귀속되지 아니한 경우
- 실제 거래는 있었으나 매입 세금계산서를 수취하지 못하여 허위의 세금계산서를 조작하여 조세포탈에 이른 경우
- 그 밖에 이에 준하는 경우

(2) 단지 조세의 납부시기가 연기되는 결과를 발생시킨 것임이 명백한 경우

법인세, 소득세, 부가가치세 등의 기간과세에 있어서 과세표준에 산입될 익금이나 손금의 확정시기의 조작 등 단지 조세의 납부시기가 연기되는 결과를 발생시킨 것임이 명백한 경우를 의미한다.

※ "실제 이득액이 경미한 경우"는 중복하여 적용하지 아니함

(3) 계획적・조직적 범행

다음 요소 중 하나 이상에 해당하는 경우를 의미한다.

- 범행의 수단과 방법을 사전에 치밀하게 계획한 경우
- 다수인이 역할을 분담하여 조직적으로 범행한 경우
- 증거인멸을 사전에 치밀하게 준비한 경우
- 그 밖에 이에 준하는 경우

(4) 내부비리 고발

구조적 탈세행위에 가담해 온 피고인이 범죄를 단절시키고자 하는 자발적 동기

에서 내부비리를 고발함으로써 수사 또는 세무조사가 개시된 경우를 의미한다.

(5) 수정신고 · 기한 후 신고

포탈세액에 대하여 국세기본법 제45조(또는 지방세기본법 제50조)에 따라 법정신고기한이 지난 후 2년 이내에 수정신고를 하거나 같은 법 제45조의3(또는 지방세기본법 제52조)에 따라 법정신고기한이 지난 후 6개월 이내에 기한 후 신고를 한 경우를 의미한다.

(6) 포탈한 조세를 상당 부분 납부한 경우 등

다음 요소 중 하나 이상에 해당하는 경우를 의미한다.

- 피고인이 포탈세액 중 약 2/3 이상을 자진하여 납부한 경우(국세기본법 제51조의 국세환급금의 충당에 의한 경우를 포함)
- 피고인이 담보의 제공이나 분할납부의 약속 등으로 장래 포탈세액 중 약 2/3 이상을 자진하여 납부할 것임이 명백한 경우
- 그 밖에 이에 준하는 경우

(7) 포탈한 세액 중 일정 부분 이상이 징수되었거나 징수되리라 예상되는 경우

피고인의 재산에 체납처분이 집행되어 포탈세액 중 약 1/3 이상이 징수되었거나 징수되리라 예상되는 경우(국세기본법 제51조의 국세환급금의 충당에 의한 경우를 포함)를 의미한다.

(8) 소극 가담

피고인이 수동적으로 참여하거나 범행 수행에 소극적인 역할만 담당한 경우를 의미한다.

(9) 포탈한 조세의 징수를 회피하기 위하여 재산을 은닉한 경우

재산을 의도적으로 은닉하여 포탈세액의 징수에 지장을 초래하는 경우를 의미한다.

다만, 조세범처벌법 제7조, 지방세기본법 제130조에 해당하는 경우와 같이 별도의 범죄에 해당하는 경우는 제외한다.

2. 일반 허위 세금계산서 수수 등 / 특가법상 허위 세금계산서 수수 등

(1) 사실상 압력 등에 의한 소극적 범행가담

다음 요소 중 하나 이상에 해당하는 경우를 의미한다.

- 거래처와의 관계를 유지하기 위하여 거래처의 요구로 허위 매출세금계산

서를 교부한 경우

· 그 밖에 이에 준하는 경우

(2) 조세포탈의 목적이 없거나 조세포탈의 결과가 발생하지 않은 경우

단순한 외형 부풀리기 등을 위한 허위 세금계산서 관련 범죄로서 조세포탈의 목적이 없거나 조세포탈의 결과와 관련이 없는 경우를 의미한다.

(3) 계획적 · 조직적 범행

다음 요소 중 하나 이상에 해당하는 경우를 의미한다.

· 범행의 수단과 방법을 사전에 치밀하게 계획한 경우

· 다수인이 역할을 분담하여 조직적으로 범행한 경우

· 증거인멸을 사전에 치밀하게 준비한 경우

· 그 밖에 이에 준하는 경우

(4) 내부비리 고발

구조적 탈세행위에 가담해 온 피고인이 범죄를 단절시키고자 하는 자발적 동기에서 내부비리를 고발함으로써 수사 또는 세무조사가 개시된 경우를 의미한다.

(5) 소극 가담

피고인이 수동적으로 참여하거나 범행 수행에 소극적인 역할만 담당한 경우를 의미한다.

〈양형인자의 평가원칙〉

1. 형량범위의 결정방법

형량범위는 특별양형인자를 고려하여 결정한다.

다만, 복수의 특별양형인자가 있는 경우에는 아래와 같은 원칙에 따라 평가한 후 그 평가결과에 따라 형량범위의 변동 여부를 결정한다.

(1) 같은 숫자의 행위인자는 같은 숫자의 행위자/기타인자보다 중하게 고려한다.

(2) 같은 숫자의 행위인자 상호간 또는 행위자/기타인자 상호간은 동등한 것으로 본다.

(3) 위 (1), (2) 원칙에 의하여도 형량범위가 확정되지 않는 사건에 대하여는 법관이 위 (1), (2) 원칙에 기초하여 특별양형인자를 종합적으로 비교 · 평가함으로써 형량범위의 변동 여부를 결정한다.

양형인자에 대한 평가 결과 가중요소가 큰 경우에는 가중적 형량범위를, 감경요소가 큰 경우에는 감경적 형량범위를, 그 밖의 경우에는 기본적 형량범위를 선택할 것을 권고한다.

2. 선고형의 결정방법

선고형은 위 1항에 의하여 결정된 형량범위 내에서 일반양형인자와 특별양형인자를 종합적으로 고려하여 결정한다.

〈공통원칙〉

1. 양형기준상 권고 형량범위의 특별조정

(1) 특별양형인자에 대한 평가결과 가중영역에 해당하는 사건에서 특별가중인자만 2개 이상 존재하거나 특별가중인자가 특별감경인자보다 2개 이상 많을 경우에는 양형기준에서 권고하는 형량범위 상한을 1/2까지 가중한다.

(2) 특별양형인자에 대한 평가결과 감경영역에 해당하는 사건에서 특별감경인자만 2개 이상 존재하거나 특별감경인자가 특별가중인자보다 2개 이상 많을 경우에는 양형기준에서 권고하는 형량범위 하한을 1/2까지 감경한다.

2. 양형기준상 권고 형량범위와 법률상 처단형 범위와의 관계

양형기준에서 권고하는 형량범위가 법률상 가중/감경에 의한 처단형 범위와 불일치하는 경우에는 법률상 처단형의 상한 또는 하한에 따른다.

3. 법률상 임의적 감경사유의 처리 방법

양형기준의 양형인자표에 포함된 법률상 임의적 감경사유에 대하여 법관이 법률상 감경을 하지 않기로 하는 경우에는 작량감경 사유로 고려한다.

〈다수범죄 처리기준〉

1. 적용범위

양형기준이 설정된 범죄 사이의 형법 제37조 전단 경합범에 대하여 적용한다. 다만, 양형기준이 설정된 범죄와 양형기준이 설정되지 아니한 범죄 사이의 형법 제37조 전단 경합범에 관하여는 그 하한은 양형기준이 설정된 범죄의 양형기준상 형량범위의 하한에 따른다.

2. 기본범죄 결정

기본범죄는 형종 선택 및 법률상 가중/감경을 거친 후 형이 가장 중한 범죄를

의미한다. 다만, 위 범죄의 양형기준상 형량범위 상한이 이와 경합되는 범죄의 양형기준상 형량범위 상한보다 낮은 경우에는 경합되는 범죄를 기본범죄로 한다.

3. 동종경합범 처리방법

일반 조세포탈 범죄 사이의 동종경합범, 특가법상 조세포탈 범죄 사이의 동종경합범, 일반 허위 세금계산서 수수 등 범죄 사이의 동종경합범, 특가법상 허위 세금계산서 수수 등 범죄 사이의 동종경합범에 대하여는 아래의 다수범죄 처리방법을 적용한다.

(1) 포탈세액 또는 공급가액 등의 합계액을 합산한 금액을 기준으로 결정하되, 그 유형 중에서 제반 사정을 고려하여 적정하다고 판단되는 형량범위 영역을 선택한다.
(2) 다만, 합산 결과 가장 중한 단일범죄보다 유형이 1단계 높아지는 경우에는 형량범위 하한의 1/3을 감경하고, 가장 중한 단일범죄보다 유형이 2단계 이상 높아지는 경우에는 형량범위 하한의 1/2을 감경하되, 가장 중한 단일범죄에 적용되는 유형의 형량범위 하한을 한도로 한다.

일반 조세포탈 범죄, 특가법상 조세포탈 범죄, 일반 허위 세금계산서 수수 등 범죄, 특가법상 허위 세금계산서 수수 등 범죄 사이의 경합범에 대하여는 아래의 '이종경합범 처리방법'의 예에 따른다.

4. 이종경합범 처리방법

이종경합범에 대하여는 양형기준상 하나의 범죄로 취급되는 경우 외에는 아래의 다수범죄 가중방법을 적용한다.

(1) 2개의 다수범에 있어서는, 기본범죄의 형량범위 상한에 다른 범죄의 형량범위 상한의 1/2을 합산하여 형량범위를 정한다.
(2) 3개 이상의 다수범에 있어서는, 기본범죄의 형량범위 상한에 다른 범죄 중 형량범위 상한이 가장 높은 범죄의 형량범위 상한의 1/2, 두 번째로 높은 범죄의 형량범위 상한의 1/3을 합산하여 형량범위를 정한다.
(3) 기본범죄의 형량범위 하한보다 다른 범죄의 형량범위 하한이 높은 경우에는 다수범죄 처리 결과로 인한 형량범위 하한은 다른 범죄의 형량범위 하한으로 한다.

다만, 일반 조세포탈 범죄 사이의 동종경합범, 특가법상 조세포탈 범죄 사이의 동종경합범, 일반 허위 세금계산서 수수 등 범죄 사이의 동종경합범, 특가법상 허위 세금계산서 수수 등 범죄 사이의 동종경합범이 포함되어 있는 경우에는 먼저 위 각 동종경합범에 대한 처리방법을 적용하여 산출한 각 형량범위를 기준으로 위 다수범죄 가중방법을 적용한다.

〈집행유예 기준〉

1. 조세포탈 유형

구분	부정적	긍정적
주요 참작 사유	· 계획적 · 조직적 범행 · 2년 이상의 계속적 · 반복적 범행 (일반 조세포탈 유형) · 세무를 대리하는 세무사 · 공인회계사 · 변호사의 중개 · 알선 · 교사행위 또는 세무공무원의 범행 · 동종 전과(5년 이내의, 집행유예 이상 또는 3회 이상 벌금)	· 사실상 압력 등에 의한 소극적 범행가담 · 실제 이득액이 경미한 경우 · 단지 조세의 납부시기가 연기되는 결과를 발생시킨 것임이 명백한 경우 · 포탈한 조세를 상당부분 납부한 경우 등 · 형사처벌 전력 없음 · 자수, 내부비리 고발 또는 수정신고 · 기한 후 신고
일반 참작 사유	· 동종 전과 및 통고처분 등 제재조치를 받은 전력 또는 2회 이상 집행유예 이상 전과 · 사회적 유대관계 결여 · 진지한 반성 없음 · 공범으로서 주도적 역할 · 포탈한 조세의 징수를 회피하기 위하여 재산을 은닉한 경우 · 서면에 의한 경고, 회계감사 또는 과세관청의 실지조사에도 불구하고 범행을 계속한 경우 세무공무원과 결탁한 경우	· 경제적으로 급박한 상황에서 조세포탈을 저지른 경우 · 포탈한 세액 중 일정 부분 이상이 징수되었거나 징수되리라 예상되는 경우 또는 포탈한 조세의 납부를 위한 진지한 노력 · 사회적 유대관계 분명 · 진지한 반성 · 집행유예 이상 전과 없음 · 피고인이 고령 · 공범으로서 소극 가담 · 피고인의 건강상태가 매우 좋지 않음 · 피고인의 구금이 부양가족에게 과도한 곤경을 수반

2. 허위 세금계산서 수수 등 유형

구분	부정적	긍정적
주요 참작 사유	· 계획적 · 조직적 범행 · 영리를 목적으로 계속적 · 반복적으로 한 범행(일반 허위 세금계산서 수수 등 1유형) · 세무를 대리하는 세무사 · 공인회계사 · 변호사의 중개 · 알선 · 교사행위 또는 세무공무원의 범행 · 동종 전과(5년 이내의, 집행유예 이상 또는 3회 이상 벌금)	· 사실상 압력 등에 의한 소극적 범행가담 · 실제 이득액이 경미한 경우 · 조세포탈의 목적이 없거나 조세포탈의 결과가 발생하지 않은 경우 · 형사처벌 전력 없음 · 자수, 내부비리 고발

일반 참작 사유	· 동종 전과 및 통고처분 등 제재조치를 받은 전력 또는 2회 이상 집행유예 이상 전과 · 사회적 유대관계 결여 · 진지한 반성 없음 · 공범으로서 주도적 역할 · 세무공무원과 결탁한 경우 · 우월적 지위를 이용하여 거래중단 등을 내세우며 거래처에 허위 세금계산서 수수를 요구한 경우 · 세무조사 등을 방해하거나 범행 후 증거은폐 또는 은폐 시도	· 허위 매출금액에 대한 세액을 납부한 경우 · 범죄수익 대부분을 소비하지 못하고 보유하지도 못한 경우 · 사회적 유대관계 분명 · 진지한 반성 · 집행유예 이상 전과 없음 · 피고인이 고령 · 공범으로서 소극 가담 · 피고인의 건강상태가 매우 좋지 않음 · 피고인의 구금이 부양가족에게 과도한 곤경을 수반

〈집행유예 참작사유의 정의〉

양형인자와 동일한 집행유예 참작사유

· 양형인자의 정의 부분과 같다.

전과의 기간 계산

· 전과의 기간은 집행유예는 판결 확정일, 실형은 집행 종료일로부터 범행시까지로 계산한다.

〈집행유예 참작사유의 평가원칙〉

권고되는 형이 징역형인 경우 그 집행 여부를 판단함에 있어 주요참작사유는 일반참작사유보다 중하게 고려함을 원칙으로 하되, 권고 기준은 아래와 같다.

① 주요긍정사유만 2개 이상 존재하거나 주요긍정사유가 주요부정사유보다 2개 이상 많을 경우에는 집행유예를 권고한다.

② 주요부정사유만 2개 이상 존재하거나 주요부정사유가 주요긍정사유보다 2개 이상 많을 경우에는 실형을 권고한다.

③ 위 ① 또는 ②에 해당하나 일반부정(긍정)사유와 일반긍정(부정)사유의 개수 차이가 주요긍정(부정)사유와 주요부정(긍정)사유의 개수 차이보다 많은 경우이거나, 위 ① 또는 ②에 해당하지 않는 경우에는 집행유예 참작사유를 종합적으로 비교 · 평가하여 집행유예 여부를 결정한다.

참고문헌

■ 국내 단행본

고성춘, 「조세형사법」, 삼일인포마인, 2013.
금융위원회 금융정보분석원, 「자금세탁방지 연차보고서」, 2016~2020.
김종근, 「조세형사법 해설」, 삼일인포마인, 2021.
김완석 외 3인, 「주석 국세기본법」, 삼일인포마인, 2020.
김태희, 「조세범 처벌법」, 박영사, 2020.
나성길 · 신민호 · 정지선, 「부가가치세법론」, 삼일인포마인, 2019.
대검찰청 중앙수사부, 「기업회계분석 수사실무」, 2009.
법무연수원, 「기업범죄 수사실무」, 2012.
______, 「횡령 · 배임범죄 수사실무」, 2012.
______, 「사기범죄 수사실무」, 2012.
______, 「역외탈세의 현안 및 대책세미나」, 2013.
사법연수원, 「조세법총론(Ⅰ, Ⅱ)」, 2014.
______, 「소득세법」, 2015.
______, 「법인세법」, 2015.
______, 「상속세 및 증여세법연구」, 2015.
______, 「경제범죄론」, 2013.
______, 「신종범죄론」, 2014.
서문식, 「우리나라 외환관리」, 박영사, 2021.
서울북부지방검찰청, 「조세범죄벌칙해설서」, 2022.
서울행정법원 조세소송실무연구회, 「조세소송실무」(개정판), 사법발전재단, 2016.
소순무 외 8인, 「2014 변호사 세무편람」, 세광디자인프린팅, 2014.
안대희, 「조세형사법」, ㈜도서출판 평안, 2015.
오 윤, 「세법원론」, 한국학술정보, 2020.
이시윤, 「신민사소송법」, 박영사, 2018.
이재상 · 장영민 · 강동범, 「형법총론」, 박영사, 2022.
이준봉, 「조세법총론」, 삼일인포마인, 2016.
이창희, 「세법강의」, 박영사, 2022.
이태로 · 한만수, 「조세법강의」, 박영사, 2020.
임승순, 「조세법」, 박영사, 2020.

■ 논문 및 기타자료

곽태훈, “조세포탈에서 포탈세액의 입증문제”, 「2020 변호사」, 2020.

김미아, “부당과소신고 가산세에 있어서 조세포탈목적이 필요한지 여부”, 「조세실무연구」 5, 2014.

김종민, “조세포탈범의 형사처벌과 관련한 제문제”, 「사법논집」 제45집, 2007.

김중곤, “특수목적법인(SPC)의 권리능력”, 「BFL」, 서울대학교 금융법센터, 2005.

김천수, “‘조세포탈의 목적’의 구체적 적용에 관한 소고, －사기 기타 부정한 행위의 적극적 은닉의도를 중심으로－”, 「조세와 법」 제12권 제2호, 2019.

김태희, “조세범처벌법상 세금계산서 관련범과 죄수”, 「조세법연구」 제22권 제2호, 2016.

노형철, “노형철의 세법강의 1.~24.”, 「세정일보」, 2019.4.~2020.7.

류석준, “조세범 처벌법 제9조 제1항의 처벌대상 행위와 가벌성의 범위”, 「비교형사법연구」 제10권 제2호, 비교형사법학회, 2008.

목동호, “조세포탈죄와 세금계산서 관련 범죄의 죄수 관계”, 「경기법조」 제26호, 2019.

서경환, “기망행위에 의한 조세포탈과 사기죄의 성립 여부”, 「대법원판례해설」, 법원도서관, 2008.

송옥렬, “회사법상 비상장주식 평가의 쟁점과 대안”, 「법학」 제52권 제3호, 서울대학교 법학연구소, 2011.

안창남 · 양수경, “세금계산서에 따른 조세범죄에 관한 연구”, 「조세법연구」 제22권 제2호, 한국세법학회, 2016.

양인준, “세법상 비상장주식 평가문제와 그 대안”, 「조세연구」 제17권 제1집, 한국조세연구포럼, 2017.

오 윤, “조세 피난처를 이용한 조세회피와 탈세 대응방안”, 「역외탈세의 현안 및 대책 세미나」, 법무연수원, 2013.

유철영, “실질과세 원칙 적용해 소득귀속되지 않은 자를 납세의무자로 할 수 있나”, 「세정일보」, 2021.10.25.

______, “상증세법 제35조 소정의 증여세 과세대상인 고가양도 여부 판단기준인 ‘시가’에 보충적 평가방법에 의하여 평가한 방법이 포함되는지 여부”, 「로앤비」, 2013.3.

윤지현, “실질과세의 원칙과 가장행위에 관한 고찰 -판례를 중심으로－”, 「중앙법학」 제9집 제2호, 중앙법학회, 2007.

이성일, “조세포탈죄의 진정신분범 여부에 관한 고찰”, 「저스티스」 통권 제187호, 2021.

______, “소송사기, 조세포탈죄, 위계공무집행방해죄의 행위수단의 통일적 이해”, 「법조」 통권 751호, 2022.

이임동, “조세회피처 페이퍼컴퍼니를 이용한 조세포탈죄 성립 여부에 관한 소고”, 「조세연구」 제19권 제1집, 2019.
이재호 · 이경호, "조세범 처벌법상 '사기나 그 밖의 부정한 행위'의 해석기준에 관한 소고", 「조세와 법」 제6권 제2호, 서울시립대학교 법학연구소, 2013.
이재희, "조세회피행위의 규제와 조세법률주의", 「저스티스」 통권 제115호, 한국법학원, 2010.
이준봉, "조세포탈죄의 고의에 관한 연구", 「조세법연구」 제25권 제3호, 한국세법학회, 2019.
이중교, "소득세법상 권리확정주의의 위상에 대한 재정립", 「저스티스」 제142호, 한국법학원, 2014.
_____, "취득세와 등록세의 회피에 관한 연구: '스타타워 사건'을 중심으로", 「법조」 제57권 제9호(통권 제624호), 법조협회, 2008.
이진석, "위법소득과 몰수 · 추징", 「대법원판례해설」 제106호, 법원도서관, 2016.
이창희, "조세조약과 실질과세", 「사법」 제25호, 사법발전재단, 2013.
이천현, "조세포탈죄의 기수시기와 죄수", 「경희법학」 제48권 제4호, 2013.
이철송, "조세포탈죄의 구성요건과 논리(Ⅰ)(Ⅱ)", 「월간조세」, 2015.7~8.
조용주, "조세범처벌의 문제점과 적절한 양형을 위한 연구", 「조세연구」 제18권 제6집, 2018.
조윤희 · 곽태훈, "특정범죄 가중처벌 등에 관한 법률 제8조의2 범죄 구성요건에 관한 비판적 고찰", 「조세법연구」 제23권 제3호, 한국세법학회, 2017.
장한철, "조세포탈죄의 성립문제에 관한 일고찰", 「법과 정책연구」 제5권 제1호, 2018.
정성윤, "역외탈세 관련 주요사건의 분석을 통한 조세포탈죄처벌법령의 개선방안", 「조세연구」 제14권 제3집, 2014.
조현욱, "조세범 처벌법상 사기나 그 밖의 부정한 행위의 의미", 「홍익법학」 제16권 제3호, 홍익대학교 법학연구소, 2015.
조현욱 · 류여해, "타인의 사업자 등록을 이용하여 그 명의로 세금계산서를 발급한 재화공급자의 죄책", 「비교형사법연구」 제17권 제2호, 2017.
최형기, "판례를 중심으로 한 조세포탈범의 성립요건과 문제점", 「재판자료」 제50집, 1990.
차규현, "체납처분면탈죄의 성립과 납세의무 확정 요부", 「조세와 법」 제8권 제2호, 서울시립대학교 법학연구소, 2015.
황남석, "실질과세원칙의 적용과 관련된 최근 판례의 동향 및 쟁점", 「조세법연구」 제23권 제1호, 한국세법학회, 2017.
_____, "조세포탈죄의 객관적 구성요건으로서의 부정행위", 「사법」 제42호, 2017.

판례색인

[하급심]

사항색인

ㄴ

ㄷ

ㄹ

ㅁ

ㅂ

ㅇ

ㅊ

ㅌ

ㅍ

ㅎ

저자약력

연세대학교 법과대학 졸업(학사, 1985)
서울대학교 법과대학원 졸업(석사, 1987)
북경대학교 방문학자 과정(1997)
제19기 사법연수원 수료(1990)
수원지방검찰청 특수부 검사(1994)
대검찰청 중앙수사부 검사(1997)
서울중앙지방검찰청 특수1, 3부 검사 및 부부장 검사(2000, 2004)
서울북부지방검찰청 형사6부장(특수·공안 전담, 2006)
삼성비자금수사·감찰본부 팀장(2007)
서울중앙지방검찰청 형사4부장(조세 전담, 2008)
인천지방검찰청 2차장 검사(특수·공안·관세·출입국 전담, 2009)
의정부지검 고양지청장(2011)

사법연수원, 회사범죄 강의(1999-2014)
법무연수원, 금융계좌 압수수색 실무 강의(2012-2013)
법무연수원, 형사조세 강의(2014-2018)
관세청, 무역기반금융범죄 조사전문가 과정 강의(2017-2018)
성균관대학교, 자금세탁방지 전문가과정 강의(2015-)
김·장 법률사무소, 조세형사법 연구모임 진행(2015-)

현재 김·장 법률사무소 변호사(2013-)

조세형사법

2023년 1월 1일 초판 인쇄
2023년 1월 5일 초판 1쇄 발행

저 자 지 익 상
발행인 배 효 선

발행처 도서출판 法 文 社

주 소 10881 경기도 파주시 회동길 37-29
등 록 1957년 12월 12일/제2-76호(윤)
전 화 (031)955-6500~6 FAX (031)955-6525
E-mail (영업) bms@bobmunsa.co.kr
(편집) edit66@bobmunsa.co.kr
홈페이지 http://www.bobmunsa.co.kr
조 판 법 문 사 전 산 실

정가 55,000원 ISBN 978-89-18-91369-8